致同研究之企业会

上市公司执行企业会计准则年报披露示例（2024）

致同会计师事务所（特殊普通合伙）专业技术部　编

中国财经出版传媒集团
经济科学出版社
Economic Science Press
·北 京·

图书在版编目（CIP）数据

上市公司执行企业会计准则年报披露示例．2024 / 致同会计师事务所（特殊普通合伙）专业技术部编．北京：经济科学出版社，2025.3．--（致同研究之企业会计准则实务指引系列）．-- ISBN 978-7-5218-6735-0

Ⅰ．F279.246

中国国家版本馆 CIP 数据核字第 2025Q728U6 号

责任编辑：周国强　黄双蓉
责任校对：杨　海　王肖楠　齐　杰
责任印制：张佳裕

上市公司执行企业会计准则年报披露示例（2024）
SHANGSHI GONGSI ZHIXING QIYE KUAIJI ZHUNZE NIANBAO PILU SHILI（2024）
致同会计师事务所（特殊普通合伙）专业技术部　编
经济科学出版社出版、发行　新华书店经销
社址：北京市海淀区阜成路甲 28 号　邮编：100142
总编部电话：010-88191217　发行部电话：010-88191522

网址：www.esp.com.cn
电子邮箱：esp@esp.com.cn
天猫网店：经济科学出版社旗舰店
网址：http://jjkxcbs.tmall.com
北京联兴盛业印刷股份有限公司印装
787×1092　16 开　80.5 印张　1810000 字
2025 年 3 月第 1 版　2025 年 3 月第 1 次印刷
ISBN 978-7-5218-6735-0　定价：228.00 元
（图书出现印装问题，本社负责调换。电话：010-88191545）

致同免责声明

www. grantthornton. cn

致同会计师事务所（特殊普通合伙）是与致同国际有限公司（Grant Thornton International Ltd）相关联的独立成员所。

“Grant Thornton（致同）”是指 Grant Thornton 成员所提供审计、税务和咨询等服务时所使用的品牌，可按语境指代一家或多家成员所。致同国际有限公司不以自身名义提供服务。致同国际有限公司及致同全球组织中的每一家成员所及其关联机构均为独立的法律实体，彼此间不存在任何义务，也不为彼此的行为或疏漏承担任何责任。

出版物所含信息仅作参考之用。致同会计师事务所（特殊普通合伙）不对任何依据本出版物内容所采取或不采取行动而导致的直接、间接或意外损失承担责任。

编　委　会

序　言

致同中国荣誉主席、致同研究院院长　**徐华**

《致同研究之企业会计准则实务指引系列（第五册）：上市公司执行企业会计准则年报披露示例（2024）》是致同会计师事务所在连续21年对沪深A股上市公司年度报告进行跟踪分析、归纳总结的基础上，编写的一本对资本市场具有参考和借鉴意义的书籍。该书选取长期股权投资、企业合并、合并财务报表、收入、政府补助、金融工具、股份支付、租赁等主要会计准则，对相关准则在执行过程中的常见会计事项进行归纳，对准则的判断框架和流程进行梳理，以信息披露为切入点，将上市公司年度财务报告的相关披露示例呈现于读者，是一本很实用的工具书。

会计处理的最终反映是披露。会计信息披露质量的关键在于披露是否真实可靠、披露是否充分及时以及披露的对象之间是否具有可比性。真实、可靠源自企业对会计准则的理解和应用，以长期股权投资、合并财务报表为例，涉及如何判断控制、针对不同性质的被投资单位判断控制的主要考虑因素有哪些、持股比例超过50%但不认定为控制的原因是什么、持股比例在20%以上是否一定对被投资单位能够实施重大影响等在实务当中需要企业根据不同情况作出判断和处理的问题。准则涉及的内容繁多且部分准则要求较为原则，单纯地靠知识点记忆很难应对复杂的实务情形。本书以结构化、系统化的方式将准则的内容进行提炼，独特和创新之处在于每一章节都对准则的判断框架和适用流程以图表的形式进行了梳理；同时辅以上市公司年报中针对同类型事项的示例，会计处理和披露一目了然。

本书除了关注企业会计准则规范的主要事项，对部分证监会监管指标的披露也进行了整理，例如非经常性损益常见事项的披露。本书还及时跟踪了保险合同准则、数据资源和ESG事项的披露。A+H股境内外披露差异分析及披露示例则按照确认计量差异、列报差异和披露差异将企业会计准则与国际财务报告准则的主要差异进行了汇总，有助于有境外资本市场需求的企业的“走出去”战略。

致同会计师事务所将结合企业会计准则的最新变化，持续关注上市公司年度报告，研究企业会计准则所涉及的复杂会计事项，深入挖掘披露案例，为资本市场提供更多有参考意义的实务案例。

2024年12月

前　　言

致同会计师事务所（特殊普通合伙）首席合伙人　**李惠琦**

致同研究包括企业会计准则实务指引、国际财务报告准则实务指引、美国公认会计原则实务指引、审计准则实务指引、行业及监管案例研究五大系列，部分研究成果也已陆续通过致同官微、致同官网等渠道对外发布。目前，致同研究出版物包括《致同研究之美国公认会计原则实务指引系列》（第一册至第四册），《致同研究之企业会计准则实务指引系列（第一册）：上市公司执行企业会计准则年报披露示例（2018）》、《致同研究之企业会计准则实务指引系列（第二册）：新金融工具准则解析及实务应用示例》、《致同研究之企业会计准则实务指引系列（第三册）：新收入准则解析与行业应用示例》、《致同研究之企业会计准则实务指引系列（第四册）：新租赁准则解析与实务应用》及《致同研究之审计准则实务指引系列（第一册）：新审计报告准则解读及上市公司审计报告案例解析》。

本书是致同研究之企业会计准则实务指引系列的第五册，也是《致同研究之企业会计准则实务指引系列（第一册）：上市公司执行企业会计准则年报披露示例（2018）》的再版。近几年，收入准则、金融工具准则、租赁准则等新会计准则陆续修订并实施，证监会陆续发布会计类监管适用指引第1号至第4号，并更新了《公开发行证券的公司信息披露编报规则第15号——财务报告的一般规定（2023年修订）》等的相关监管要求。我们结合这些规则的新变化，深入挖掘上市公司年报中具有参考借鉴意义的信息披露案例，整理出版本书。

本书共分为八章，内容涵盖长期股权投资、企业合并、收入确认、金融工具、公允价值、资产减值、政府补助、保险合同等重要准则涉及的常见会计事项的披露示例。同时，对于非经常性损益、重要性标准、数据资源、ESG事项等特殊事项的披露示例也进行了整理。

信息披露是资本市场的命脉，上市公司会计信息的披露质量直接影响投资者的投资决策、经济利益以及资本市场的秩序稳定。对上市公司执行企业会计准则的信息披露进行深入研究，可以为企业、会计师事务所、会计从业人员提供更多具有重要借鉴意义的实务案例，期望本书能为企业更好地理解和运用企业会计准则进行信息披露提供一定的帮助。

2024年12月

编 者 序

致同会计师事务所（特殊普通合伙）高级合伙人 **童登书**

上市公司会计信息披露的质量一直是我国政府监管部门重点关注的领域。为掌握上市公司执行企业会计准则、企业内部控制规范和财务信息披露规则的情况，证监会会计部每年都会组织专门力量，抽样审阅上市公司的年度财务报告，重点关注股权投资和企业合并、收入确认、金融工具、公允价值、资产减值、非经常性损益、政府补助等方面的会计处理、财务信息披露情况及其存在的问题，并对内部控制评价与审计报告的披露情况进行分析和总结，形成年度监管报告。因此，通过研究上市公司的信息披露情况，归纳总结实务披露案例，具有良好的实践意义。

致同会计师事务所（特殊普通合伙）专业技术部从2003年年报开始，连续21年对沪深A股上市公司年度报告进行跟踪分析，形成事务所内部会计提示。《上市公司执行企业会计准则年报披露示例（2024）》结合年报分析研究成果，从长期股权投资和企业合并、收入确认、金融工具、公允价值、资产减值、非经常性损益、政府补助等重要准则涉及的常见会计事项中选取一些广受关注的事项进行归纳整理和分析。本书主要包括八章：第一章介绍了合并五项准则应用披露示例，第二章介绍了金融工具及公允价值五项准则应用披露示例，第三章介绍了收入及政府补助准则应用披露示例，第四章介绍了股份支付准则应用披露示例，第五章介绍了租赁准则应用披露示例，第六章介绍了资产减值准则应用披露示例，第七章介绍了保险合同准则应用披露示例，第八章介绍了其他准则及监管要求应用披露示例。

第一章——合并五项准则应用披露示例。合并五项准则是实务中对长期股权投资以及合并报表等系列准则的合称，具体包括《企业会计准则第2号——长期股权投资》《企业会计准则第20号——企业合并》《企业会计准则第33号——合并财务报表》《企业会计准则第40号——合营安排》《企业会计准则第41号——在其他主体中权益的披露》。合并五项准则相关内容是实务运用中的难点，涉及会计事项复杂，需要较多运用判断。常见会计事项包括股权投资类型的判断、权益法的会计处理、股权投资的变化跨越重大经济界限时在个别报表和合并报表中的处理、同一控制和非同一控制下企业合并的区分及会计处理等。本章选取了结构化主体纳入合并范围的判断、确认非同一控制下企业合并中的无形资产以及共同经营、合营企业的判断等事项的披露示例。

第二章——金融工具及公允价值五项准则应用披露示例。金融工具及公允价值五项准则包括《企业会计准则第 22 号——金融工具确认和计量》《企业会计准则第 23 号——金融资产转移》《企业会计准则第 24 号——套期会计》《企业会计准则第 37 号——金融工具列报》《企业会计准则第 39 号——公允价值计量》。随着金融市场的不断发展，金融产品不断创新，复杂多样的创新金融工具层出不穷，与金融工具相关的会计处理问题也越来越复杂，尤其是复杂金融工具的分类与计量、金融资产转移是否终止确认的判断、金融负债与权益工具的区分、套期会计、金融工具的披露等相关问题。本章选取了应收票据贴现或背书的终止确认、与金融工具相关的风险披露、公允价值的确定方法等披露示例。

第三章——收入及政府补助准则应用披露示例。2021 年 1 月 1 日起，A 股上市公司和其他执行企业会计准则的企业已经全面执行新收入准则。本章主要涵盖了收入的确认、计量和相关信息披露，以及政府补助的确认、计量和相关信息披露。

第四章——股份支付准则应用披露示例。股权激励带来的双赢结果使得越来越多的公司将其作为激励员工的一种方式，股份支付的处理理念正在逐渐被我国上市公司所理解和运用。股份支付准则常见的会计事项包括股份支付的确认、股份支付中激励成本的分摊、权益结算股份支付的会计处理、现金结算的股份支付的会计处理、集团内股份支付的会计处理、股份支付计划的取消与作废时的会计处理等。本章选取了股份支付中激励成本的分摊、权益结算股份支付、现金结算股份支付等披露示例。

第五章——租赁准则应用披露示例。2021 年 1 月 1 日起，A 股上市公司和其他执行企业会计准则的企业已经全面执行新租赁准则。新租赁准则执行过程中涉及职业判断较多的常见问题，本章主要选取了租赁准则的适用范围、租赁的识别、租赁的分拆、租赁期的判断、折现率的确定方法、售后租回交易、与使用权资产和租赁负债相关的递延所得税等披露示例。

第六章——资产减值准则应用披露示例。本章主要介绍商誉减值、存货减值、其他长期资产减值涉及相关准则常见会计事项及披露示例。其中，商誉减值相关内容在实务运用中是难点，涉及较多复杂会计事项判断，受到企业、审计机构和监管层的广泛关注。

第七章——保险合同准则应用披露示例。财政部于 2020 年 12 月正式发布《企业会计准则第 25 号——保险合同》。在境内外同时上市的企业以及在境外上市并采用国际财务报告准则或企业会计准则编制财务报表的企业自 2023 年 1 月 1 日起实施，其他执行企业会计准则的企业（包括境内上市公司）自 2026 年 1 月 1 日起实施。本章主要介绍新保险合同准则会计政策变更、保险合同资产和负债、保险服务收入/保险服务费用/其他综合收益、关键假设、保险风险等披露示例。

第八章——其他准则及监管要求应用披露示例。本章主要涵盖了重要性标准确定方法和选择依据、持有待售的非流动资产，研发支出，无形资产准则，投资性房地产准则，债务重组准则，或有事项准则，现金流量表，会计政策、会计估计变更、前期差错，数据资源对财务报表的影响，ESG 事项对财务报表的影响，非经常性损益列报，A+H股境内外披露差异分析等相关披露示例。

我们希望本书可以作为会计专业学生、学者、会计从业人员、会计师事务所审计从业人员及财务报表使用者更好地理解和运用企业会计准则进行信息披露和报表分析的参考工具。

本书的应用示例摘录自相关上市公司公开披露的年度报告，实务中应以企业会计准则的规定和监管要求为准。致同的分析成果是基于各上市公司公开披露的年度报告，致同不对其相关会计处理发表评论，本书引用的内容也不表明致同赞同或不赞同其做法。本书不应视为专业建议，未征得具体专业意见之前，不应依据本书所述内容采取或不采取任何行动。

2024年12月

目 录

图目录

表目录

第一章

合并五项准则应用披露示例

第一节　合并五项准则常见会计事项及判断框架

近年来，上市公司企业并购、重大资产重组等交易日渐频繁且日趋复杂，越来越多的公司参与对合伙企业、信托计划、资产管理计划等各种形式的结构化主体的投资，这些对外投资交易复杂多样，相应的会计处理问题也日益突出。权益性投资的分类、企业合并的会计处理、合并报表范围的确定及权益法的应用等问题，均是上市公司执行企业会计准则的重点和难点问题。本节将重点讨论《企业会计准则第2号——长期股权投资》《企业会计准则第20号——企业合并》《企业会计准则第33号——合并财务报表》《企业会计准则第40号——合营安排》《企业会计准则第41号——在其他主体中权益的披露》（以下简称合并五项准则）涉及的常见会计事项、准则内在判断逻辑，并提供相应披露示例。如无特别说明，本章示例来自相关公司公开披露的2023年年度报告。

一、合并五项准则常见会计事项

合并五项准则构成一个体系，对权益性投资的初始确认与分类、计量、列报和披露等进行了规范。

值得注意的是，2024年3月，财政部会计司编写的《企业会计准则应用指南汇编2024》，是对此前的42项准则应用指南、17个会计准则解释、35个应用案例、77个实施问答、4份年报工作通知等实施指导材料进行的全面梳理和更新，从而替代了《企业会计准则讲解2010》和18本应用指南单行本。本书各章节“准则相关规定与监管指引”中涉及准则应用指南的内容摘自《企业会计准则应用指南汇编2024》。

合并五项准则与国际财务报告准则对应关系如表1－1所示。

表1－1　　　　合并五项准则与国际财务报告准则对应关系

中国企业会计准则	国际财务报告准则
《企业会计准则第2号——长期股权投资》（2014）	《国际会计准则第27号——单独财务报表》（2011） 《国际会计准则第28号——在联营企业和合营企业中的投资》（2011）
《企业会计准则第20号——企业合并》（2006）	《国际财务报告准则第3号——业务合并》（2008）
《企业会计准则第33号——合并财务报表》（2014）	《国际财务报告准则第10号——合并财务报表》（2011）
《企业会计准则第40号——合营安排》（2014）	《国际财务报告准则第11号——合营安排》（2011）
《企业会计准则第41号——在其他主体中权益的披露》（2014）	《国际财务报告准则第12号——在其他主体中权益的披露》（2011）

合并五项准则涉及的常见会计事项主要包括：

1. 对权益性投资分类的会计判断。投资取得日，相关的投资分类不同，初始确认与计量、后续计量和列报均不同。根据对被投资单位的相关活动参与程度，权益性投资可分类为对子公司投资、对联营企业或合营企业投资以及金融资产投资。涉及的重大会计判断包括：

（1）重大影响的判断。

（2）共同控制的判断。针对合营安排，还应区分是共同经营还是合营企业。

（3）控制的判断。其中，投资方对结构化主体或非营利机构是否存在控制的认定，是准则执行中的难点问题。

（4）其他会计判断。如对外投资是属于权益性投资还是债权投资？投资方购买的是业务还是资产？投资方是否属于投资性主体？投资方可否认定为风险投资机构、证券投资基金或类似会计主体，等等。

2. 对权益性投资的增资或减资的会计处理。是否跨越重大会计处理界限，相应适用的会计处理原则等。涉及的重大会计判断包括：

（1）跨越重大会计处理界限时，增资前原持有股权或增资后剩余股权的公允价值的确定、相关其他综合收益的会计处理等。

（2）控制权发生变化时，个别财务报表和合并财务报表的不同会计处理。

3. 企业合并的会计处理。企业合并类型不同，适用的会计处理原则也不同。涉及的重大会计判断包括：

（1）企业合并类型的判断。是属于同一控制下的企业合并、还是非同一控制下的企业合并。同一控制下的企业合并，按照权益结合法的会计原则处理，不确认商誉，以各方对最终控制方而言的账面价值进行合并，合并对价与取得的账面净资产的差额（即交易差价）调整合并财务报表的资本公积。非同一控制下的企业合并，按照购买法的会计原则处理，合并成本及取得子公司净资产均应按照公允价值计量，二者差异确认为商誉或负商誉。

（2）非同一控制下的企业合并，是属于正向购买、还是反向购买的判断。交易前后，集团控制权发生转移的，属于反向购买。反向购买交易中，法律上的子公司是会计上的母公司。

反向购买的会计处理中，相关判断包括：会计上被购买的子公司是否保留业务，反向购买的合并成本的认定、商誉的计算、合并财务报表中股本的列报等。

（3）非同一控制下的企业合并中合并成本的确定、合并成本分摊的会计处理。包括或有对价的确认与计量、被投资单位可辨认净资产的确认（如合并产生的无形资产）。

4. 合并财务报表的会计处理。涉及的重大会计判断包括：

（1）合并范围的判断。例如对结构化主体是否控制的判断、对托管经营业务是否控制的判断、签署一致行动协议是否能够实现控制、对清算子公司是否继续控制的判断等。

（2）多次交易、分步取得被投资单位控制权，或多次交易、分步丧失控制权的会计处理。此类业务涉及对前后多次交易是否属于一揽子交易的判断。另外，分步取得控制权的多次交易，还涉及企业合并类型的判断。不同情形下，适用不同的会计处理原则。

（3）合并日或子公司处置完成日的判断。

（4）站在企业集团角度对特殊交易事项的调整。例如，企业集团发行的金融工具，承担的义务在企业集团成员和将企业集团作为一个整体角度可能不同。

5. 权益法核算的会计处理。涉及的重大会计判断包括：

（1）被投资单位净资产发生变化，投资方的会计处理。

（2）与联营企业、合营企业之间发生的未实现内部交易损益的抵销。

6. 在其他主体中权益的披露涉及的重大判断事项主要包括：

（1）对其他主体实施控制、共同控制或重大影响的重大判断和假设，以及这些判断和假设变更的情况。

（2）应当披露按照《企业会计准则第33号——合并财务报表》被确定为投资性主体的重大判断和假设，以及虽然不符合《企业会计准则第33号——合并财务报表》有关投资性主体的一项或多项特征但仍被确定为投资性主体的原因。

（3）应当披露企业集团内子公司的相关信息、纳入合并财务报表范围的结构化主体的相关信息。

（4）应当披露重要的合营安排或联营企业的相关信息。

（5）应当披露未纳入合并财务报表范围的结构化主体的相关信息。

我们对上市公司历年财务报告中披露的相关内容进行了关注和追踪，并从上述问题中选取了一些广受关注的事项进行分析。

二、合并五项准则相关判断框架

（一）权益性投资适用准则框架

1. 权益性投资适用准则分析。

权益性投资适用准则如表1－2所示。

表 1－2　　　　　　　　　　权益性投资适用准则

投资类别	适用准则	会计处理核心要求	披露适用准则
（1）子公司投资			
①一般主体对子公司的投资	《企业会计准则第 2 号——长期股权投资》《企业会计准则第 33 号——合并财务报表》	个别财务报表：按照《企业会计准则第 2 号——长期股权投资》的规定，采用成本法核算。 合并财务报表：该子公司纳入合并范围，按照《企业会计准则第 33 号——合并财务报表》处理	《企业会计准则第 41 号——在其他主体中权益的披露》
②投资性主体对子公司的投资（区分纳入合并财务报表的服务性子公司、不纳入合并财务报表的子公司）	《企业会计准则第 2 号——长期股权投资》《企业会计准则第 33 号——合并财务报表》《企业会计准则第 22 号——金融工具确认和计量》	纳入合并财务报表的服务性子公司：与一般主体对子公司的投资处理原则一致，个别财务报表和合并财务报表分别按照《企业会计准则第 2 号——长期股权投资》和《企业会计准则第 33 号——合并财务报表》处理	《企业会计准则第 41 号——在其他主体中权益的披露》
		不纳入合并财务报表的非服务性子公司：按照《企业会计准则第 22 号——金融工具确认和计量》的规定，以公允价值计量且其变动计入当期损益	《企业会计准则第 41 号——在其他主体中权益的披露》《企业会计准则第 37 号——金融工具列报》
（2）联营投资、合营投资			
①一般主体对联营企业或合营企业的投资	《企业会计准则第 2 号——长期股权投资》《企业会计准则第 40 号——合营安排》	按照《企业会计准则第 2 号——长期股权投资》的规定，采用权益法核算	《企业会计准则第 41 号——在其他主体中权益的披露》
②投资性主体对联营企业或合营企业的投资	《企业会计准则第 2 号——长期股权投资》《企业会计准则第 40 号——合营安排》《企业会计准则第 22 号——金融工具确认和计量》	按照《企业会计准则第 22 号——金融工具确认和计量》的规定，以公允价值计量且其变动计入当期损益	《企业会计准则第 41 号——在其他主体中权益的披露》《企业会计准则第 37 号——金融工具列报》
③风险投资机构、共同基金以及类似主体对联营企业或合营企业的投资	《企业会计准则第 2 号——长期股权投资》《企业会计准则第 40 号——合营安排》《企业会计准则第 22 号——金融工具确认和计量》	选择 1：在初始确认时按照《企业会计准则第 2 号——长期股权投资》的规定，采用权益法核算	《企业会计准则第 41 号——在其他主体中权益的披露》
		选择 2：在初始确认时按照《企业会计准则第 22 号——金融工具确认和计量》的规定，以公允价值计量且其变动计入当期损益	《企业会计准则第 41 号——在其他主体中权益的披露》《企业会计准则第 37 号——金融工具列报》

续表

投资类别	适用准则	会计处理核心要求	披露适用准则
(3) 共同经营	《企业会计准则第40号——合营安排》	按照《企业会计准则第40号——合营安排》的规定，合营方按其份额确认共同持有的资产、共同承担的负债，以及按其份额确认享有的收入和共同经营发生的费用	《企业会计准则第41号——在其他主体中权益的披露》及相关准则
(4) 不具有控制、共同控制和重大影响的权益性投资	《企业会计准则第22号——金融工具确认和计量》	按照《企业会计准则第22号——金融工具确认和计量》进行核算	《企业会计准则第41号——在其他主体中权益的披露》

注：对于从集团合并层面整体来看具有控制、共同控制或重大影响的权益工具投资，应在合并报表层面按合并报表编制原则核算子公司投资，统一按权益法核算（除非是通过风险投资机构、共同基金、信托公司或包括投连险基金在内的类似主体间接持有的部分）联营企业或合营企业投资。

2. 权益性投资适用准则图示。

权益性投资适用准则如图1－1所示。

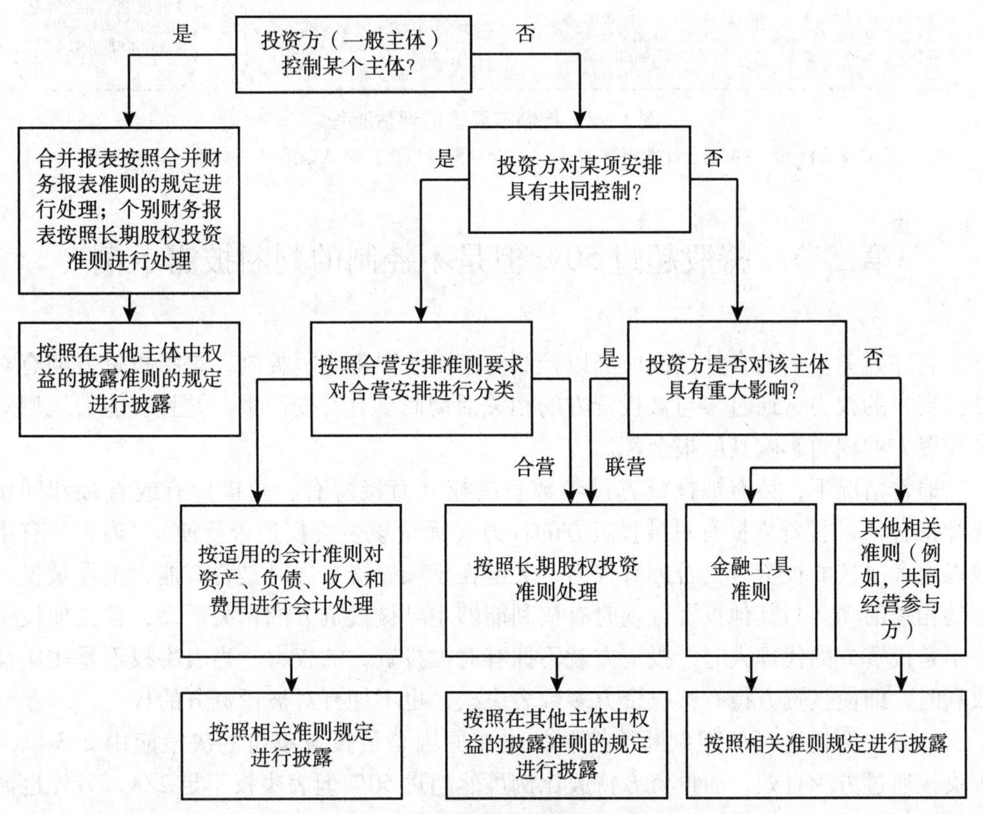

图1－1　权益性投资适用准则

（二）控制三要素的评估流程

控制三要素的评估流程如图 1－2 所示。

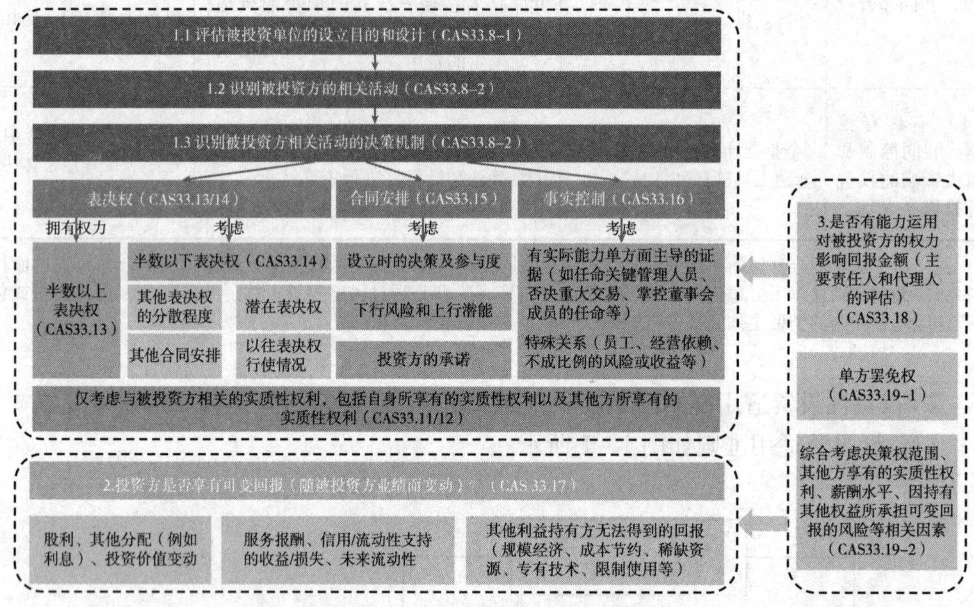

图 1－2　控制三要素的评估流程

注：CAS33. 8－1，指《企业会计准则第 33 号——合并财务报表》第八条第（一）款，其他类同。

第二节　持股超过 50% 但是不控制的判断披露示例

合并财务报表的合并范围应当以控制为基础予以确定。控制，是指投资方拥有对被投资方的权力，通过参与被投资方的相关活动而享有可变回报，并且有能力运用对被投资方的权力影响其回报金额。

通常情况下，持有被投资方过半数表决权（直接持有、间接持有或直接和间接合计持有）的投资方拥有对被投资方的权力（无论该表决权是否行使）。确定持有半数以上表决权的投资方是否拥有权力，关键在于该投资方现时是否有能力主导被投资方的相关活动。当其他投资方现时有权利能够主导被投资方的相关活动，且其他投资方不是投资方的代理人时，投资方就不拥有对被投资方的权力。当表决权不是实质性权利时，即使投资方持有被投资方多数表决权，也不拥有对被投资方的权力。

持股比例超过 50% 但判断不控制的主要原因是被投资单位的决策应由 2/3 以上表决权通过方为有效，而投资方持股比例虽然超过 50% 但表决权不足 2/3。另外也涉及因委托经营而不能主导被投资方的相关活动等情形。

一、准则相关规定与监管指引（节选）

（一）《企业会计准则第 33 号——合并财务报表》

第七条　合并财务报表的合并范围应当以控制为基础予以确定。

控制，是指投资方拥有对被投资方的权力，通过参与被投资方的相关活动而享有可变回报，并且有能力运用对被投资方的权力影响其回报金额。

第十三条　除非有确凿证据表明其不能主导被投资方相关活动，下列情况，表明投资方对被投资方拥有权力；

（一）投资方持有被投资方半数以上的表决权的。

（二）投资方持有被投资方半数或以下的表决权，但通过与其他表决权持有人之间的协议能够控制半数以上表决权的。

（二）《企业会计准则应用指南汇编 2024》“第三十四章　合并财务报表”

三、合并范围

（一）投资方拥有对被投资方的权力

通常情况下，当被投资方的相关活动由持有半数以上表决权的投资方决定，或者主导被投资方相关活动的管理层多数成员（管理层决策由多数成员表决通过）由持有半数以上表决权的投资方聘任时，无论该表决权是否行使，持有被投资方过半数表决权的投资方拥有对被投资方的权力，但下述两种情况除外：

一是存在其他安排赋予被投资方的其他投资方拥有对被投资方的权力。例如，存在赋予其他方拥有表决权或实质性潜在表决权的合同安排，且该其他方不是投资方的代理人时，投资方不拥有对被投资方的权力。

二是投资方拥有的表决权不是实质性权利。例如，有确凿证据表明，由于客观原因无法获得必要的信息或存在法律法规的障碍，投资方虽持有半数以上表决权但无法行使该表决权时，该投资方不拥有对被投资方的权力。

……

（3）投资方拥有多数表决权但没有权力。确定持有半数以上表决权的投资方是否拥有权力，关键在于该投资方现时是否有能力主导被投资方的相关活动。当其他投资方现时有权力能够主导被投资方的相关活动，且其他投资方不是投资方的代理人时，投资方就不拥有对被投资方的权力。当表决权不是实质性权利时，即使投资方持有被投资方多数表决权，也不拥有对被投资方的权力。例如，被投资方相关活动被政府、法院、管理人、接管人、清算人或监管人等其他方主导时，投资方虽然持有多数表决权，但也不可能主导被投资方的相关活动。被投资方自行清算的除外。

（三）《企业会计准则第 2 号——长期股权投资》

第二条　本准则所称长期股权投资，是指投资方对被投资单位实施控制、重大影响的权益性投资，以及对其合营企业的权益性投资……

重大影响，是指投资方对被投资单位的财务和经营政策有参与决策的权力，但并不能够控制或者与其他方一起共同控制这些政策的制定。在确定能否对被投资单位施加重大影响时，应当考虑投资方和其他方持有的被投资单位当期可转换公司债券、当期可执行认股权证等潜在表决权因素。投资方能够对被投资单位施加重大影响的，被投资单位为其联营企业。

（四）证监会《监管规则适用指引——会计类第 1 号》

1-9　控制的判断

一、委托、受托经营业务

公司在判断对受托经营的业务（即标的公司）是否拥有控制时，需重点关注以下问题：

一是关于对标的公司拥有权力的认定。在判断是否对标的公司拥有权力时，除日常运营活动相关的权力外，还应当考虑是否拥有主导对标的公司价值产生重大影响的决策事项的能力和权力。例如，部分委托经营协议中约定，标的公司进行重大资产购建、处置、重大投融资行为等可能对标的公司价值具有重大影响的决策时，需经委托方同意。这种情况下，受托方不具有主导对标的公司价值产生重大影响的活动的权力，不应认定受托方对标的公司拥有权力。又如，部分委托受托经营业务中，委托方或双方并无长期保持委托关系的意图，部分委托协议中赋予当事一方随时终止委托关系的权力等。前述情况下，受托方仅能在较短或不确定的期间内对标的公司施加影响，不应认定受托方对标的公司拥有权力。

二是关于享有可变回报的认定。从标的公司获得的可变回报，不仅包括分享的基于受托经营期间损益分配的回报，还应考虑所分享和承担的标的公司整体价值变动的报酬和风险。例如，部分委托经营协议中虽然约定委托期间标的公司损益的绝大部分比例由受托方享有或承担，但若标的公司经营状况恶化则受托方到期不再续约，这表明受托方实际上并不承担标的公司价值变动的主要报酬或风险，不应认为受托方享有标的公司的重大可变回报。又如，部分委托经营协议中虽然约定受托方享有标的公司的可变回报，但回报的具体计量方式、给付方式等并未作明确约定，有关回报能否实际给付存在不确定性，根据实质重于形式的原则，也不应认定受托方享有可变回报。

二、有固定期限的一致行动协议

一致行动协议带有期限，且期限结束后投资方不拥有对被投资方控制权的，很可能表明投资方无法对被投资方可变回报具有重大影响的事项（如重大资产的购建、处置、重大投融资等）进行决策。这种情况下，投资方不具有主导对被投资方价值产生重大影响的活动的权力，不应因一致行动协议而认定对被投资方拥有控制。

（五）《公开发行证券的公司信息披露编报规则第 15 号——财务报告的一般规定（2023 年修订）》

第二十九条　公司应披露企业集团的构成，包括子公司的名称、注册资本、主要经营地及注册地、业务性质、公司的持股比例、取得方式。子公司的持股比例不同于表决权比例的，应说明表决权比例及差异原因。

公司持有其他主体半数或以下表决权但仍控制该主体、以及公司持有其他主体半数以上表决权但不控制该主体的，公司应披露相关判断和依据。披露确定公司是代理人还是委托人的判断和依据。对于纳入合并范围的重要的结构化主体，应披露控制的相关判断和依据。

二、持股超过 50%但不控制的披露示例

示例 1-1　万华化学（600309. SH）

重要的合营企业或联营企业（部分摘录）

合营企业或联营企业名称	主要经营地	注册地	业务性质	持股比例（%）		对合营企业或联营企业投资的会计处理方法
				直接	间接	
一、合营企业						
宁波榭北热电有限公司	中国	宁波市	制造业		55	权益法核算
杭州浙凯工程技术有限公司	中国	杭州市	服务业		51	权益法核算

宁波榭北热电有限公司系公司之子公司万华热电与香港利万集团有限公司共同出资设立，万华热电持有该公司 55% 股权。根据宁波榭北热电有限公司的公司章程，董事会由 5 名董事组成，其中本集团委派 3 名董事，董事会的决议必须经到会董事 2/3 以上同意并通过方为有效，因此对其共同控制属于合营企业，采用权益法进行核算。

杭州浙凯工程技术有限公司系由公司之子公司 Chematur Engineering AB 和浙江工程设计有限公司共同出资设立，Chematur Engineering AB 持有该公司 51% 股权。根据 Chematur Engineering AB 和浙江工程设计有限公司关于杭州浙凯工程技术有限公司的合资协议，董事会由 4 名董事组成，其中本集团委派 2 名董事，公司重大事项需要董事会半数以上董事同意并通过方为有效，因此双方对其共同控制，属于合营企业，采用权益法进行核算。

示例1-2 华大基因（300676. SZ）

长期股权投资（附注部分摘录）

本公司于2018年4月投资490,000.00美元（折合人民币3,086,354.76元）收购Bangkok 49%股权。根据股东协议，董事会由4名董事组成，本公司在董事会中占有两席席位，股东会上，重大事项须需经全体股东一致同意方可通过决议，故本公司与其他股东共同控制Bangkok，将其作为合营企业，用权益法进行后续计量的长期股权投资进行核算。2022年1月1日，BGI Tech Solutions（Hong Kong）Co., Ltd.（以下简称"香港科服"）将49%的股权以港币20,531,437.81元转让至BGI Health（HK）Co., Ltd.。2022年5月30日，BGI Health（HK）Co., Ltd.对Bangkok增加投资款泰铢51,600,000.00元（折合人民币10,394,209.42元）。2022年8月26日，BGI Health（HK）Co., Ltd.共计以泰铢14,000,000.00元（折合人民币2,820,134.33元）从泰国股东Mr. TaritUdomcharoenchaikit、Mr. SomchaiPraphanchit分别购买1%的股权，此后，BGI Health（HK）Co., Ltd.对Bangkok持有51%的股权。2022年10月27日，BGI Health（HK）Co., Ltd.对Bangkok增加投资款泰铢45,900,000.00元（折合人民币9,246,011.87元）。根据最新公司章程，Bangkok设有董事会，目前董事会由11名董事组成，其中4名董事由本公司提名，7名董事由泰国股东提名。章程约定每位董事有一票表决权，董事会决议经出席会议的董事过半数或3/4票通过方可作出。因此，本公司仍然与其他股东共同控制Bangkok，本年继续将其作为合营企业，用权益法进行后续计量长期股权投资进行核算。于本年，本公司收到Bangkok发放的现金股利合计人民币4,465,167.70元。

本公司于2018年9月与宝鸡市蟠龙新区开发建设有限公司签订《关于设立陕西华大瑞尔科技有限公司的出资协议》，陕西华大瑞尔于2018年12月正式成立。协议约定，本公司以现金出资人民币5,100,000.00元，持有51%股权。根据协议，董事会由5名董事组成，本公司在董事会中占有3席席位，对于应由董事会决议的重大事项，需要全体董事的2/3以上通过方可形成决议，因此本公司与宝鸡市蟠龙新区开发建设有限公司共同控制陕西华大瑞尔，将其作为合营企业，用权益法进行后续计量的长期股权投资进行核算。

示例1-3 百济神州-U（688235. SH）

长期股权投资（部分摘录）

2022年6月1日，本公司与MapKure签署了B轮《优先股购买协议》，协议约定以每股1美元的价格分两次总共购买10,000,000股B系列优先股，其他股东同比例增资，于2022年6月本集团完成6,000,000股优先股的首次交割，于2023年1月本集团完成4,000,000股优先股的交割，截至2023年12月31日，本公司对MapKure持有的股权比例为55.56%，低于MapKure公司章程中约定的最低决策持股比例，属于共同控制。管理层将该项投资作为合营企业计入长期股权投资，并采用权益法进行后续计量。

示例1－4　浦发银行（600000. SH）

合营企业和联营企业的基础信息

被投资单位名称	主要经营地	注册地	对集团是否具有战略性	持股比例（直接）	业务性质
合营企业——					
浦银安盛基金管理有限公司（a）		上海	是	51%	金融业

（a）根据浦银安盛的章程，涉及决定公司的战略计划和公司自有资金的投资计划、授权董事会批准公司的年度财务预算方案与决算方案、批准公司的利润分配方案与弥补亏损方案、批准公司的任何股权转让和批准修改章程等事项的股东会决议须以特别决议的形式，经持有与会股东代表所持表决权2/3以上的股东代表同意才能通过，因此虽然本集团持有浦银安盛51%的表决权股份，但仍无法单独对其施加控制。

示例1－5　信达地产（600657. SH）

在子公司中的权益（部分摘录）

报告期末，本公司持有广州启创置业有限公司股权比例60.00%，合作方广州金茂置业有限公司持股比例40.00%。根据双方合作协议及广州启创置业有限公司章程，广州启创置业有限公司由本公司与广州金茂置业有限公司共同控制，作为本公司合营企业对外披露。

示例1－6　隆基绿能（601012. SH）

重要的合营企业或联营企业（部分摘录）

企业名称	主要经营地	注册地	业务性质	持股比例（%）		对合营企业或联营企业投资的会计处理方法
				直接	间接	
铜川峡光	陕西省铜川市	铜川市	投资、开发		51.00	权益法

本集团对铜川峡光比例虽然高于50%，但根据公司章程，本集团行使49%的表决权，委派董事占董事会人数未过半，高管任命无决定权，不参与被投资方生产经营，故对铜川峡光不具有控制权，不纳入合并范围。

第三节　持股低于50%但是控制的判断披露示例

持股低于50%但是控制的主要原因包括委派2/3以上董事、其他股东表决权分散、有权主导相关活动的决策等。

一、准则相关规定与监管指引（节选）

（一）《企业会计准则第33号——合并财务报表》

第七条　合并财务报表的合并范围应当以控制为基础予以确定。

控制，是指投资方拥有对被投资方的权力，通过参与被投资方的相关活动而享有可变回报，并且有能力运用对被投资方的权力影响其回报金额。

第十三条　除非有确凿证据表明其不能主导被投资方相关活动，下列情况，表明投资方对被投资方拥有权力：

（一）投资方持有被投资方半数以上的表决权的。

（二）投资方持有被投资方半数或以下的表决权，但通过与其他表决权持有人之间的协议能够控制半数以上表决权的。

第十四条　投资方持有被投资方半数或以下的表决权，但综合考虑下列事实和情况后，判断投资方持有的表决权足以使其目前有能力主导被投资方相关活动的，视为投资方对被投资方拥有权力：

（一）投资方持有的表决权相对于其他投资方持有的表决权份额的大小，以及其他投资方持有表决权的分散程度。

（二）投资方和其他投资方持有的被投资方的潜在表决权，如可转换公司债券、可执行认股权证等。

（三）其他合同安排产生的权利。

（四）被投资方以往的表决权行使情况等其他相关事实和情况。

（二）《企业会计准则应用指南汇编2024》“第三十四章　合并财务报表”

三、合并范围

（一）投资方拥有对被投资方的权力

3. 确定投资方拥有的与被投资方相关的权力。

(4) 持有被投资方半数或半数以下表决权。

持有半数或半数以下表决权的投资方（或者虽持有半数以上表决权，但表决权比例仍不足以主导被投资方相关活动的投资方，本部分以下同），应综合考虑下列事实和情况，以判断其持有的表决权与相关事实和情况相结合是否赋予投资方拥有对被投资方的权力。

①投资方持有的表决权份额相对于其他投资方持有的表决权份额的大小，以及其他投资方持有表决权的分散程度。投资方持有的绝对表决权比例或相对于其他投资方持有的表决权比例越高，其现时能够主导被投资方相关活动的可能性越大；为否决投资方意见而需要联合的其他投资方越多，投资方现时能够主导被投资方相关活动的可能性越大。

（三）《公开发行证券的公司信息披露编报规则第 15 号——财务报告的一般规定（2023 年修订）》

第二十九条　公司应披露企业集团的构成，包括子公司的名称、注册资本、主要经营地及注册地、业务性质、公司的持股比例、取得方式。子公司的持股比例不同于表决权比例的，应说明表决权比例及差异原因。

公司持有其他主体半数或以下表决权但仍控制该主体、以及公司持有其他主体半数以上表决权但不控制该主体的，公司应披露相关判断和依据。披露确定公司是代理人还是委托人的判断和依据。对于纳入合并范围的重要的结构化主体，应披露控制的相关判断和依据。

二、事实控制判断流程

事实控制判断流程如图 1－3 所示。

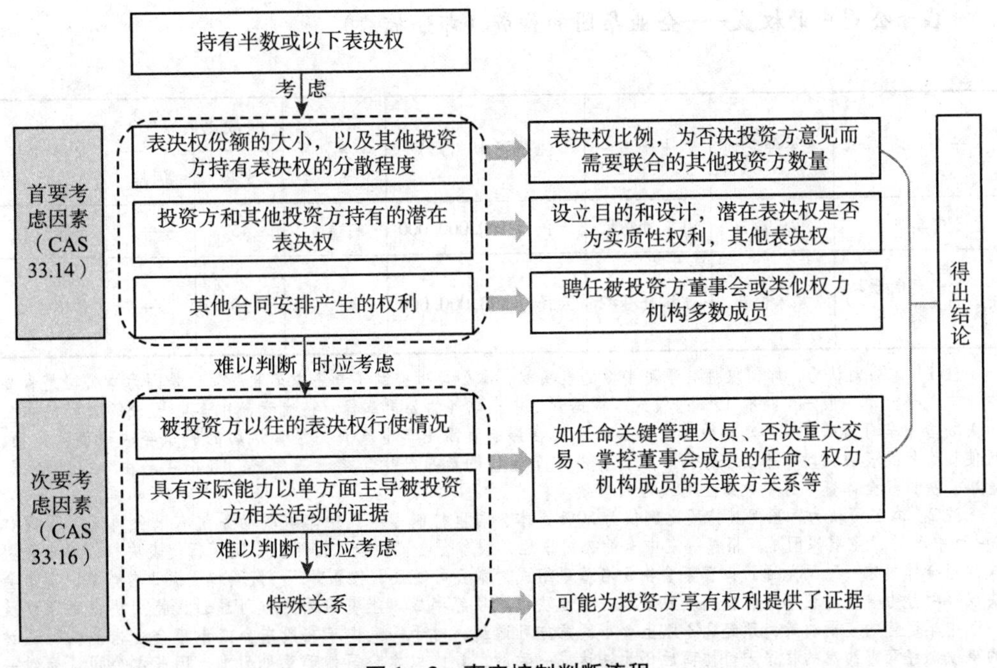

图 1－3　事实控制判断流程

不明确时考虑特殊关系如图1－4所示。

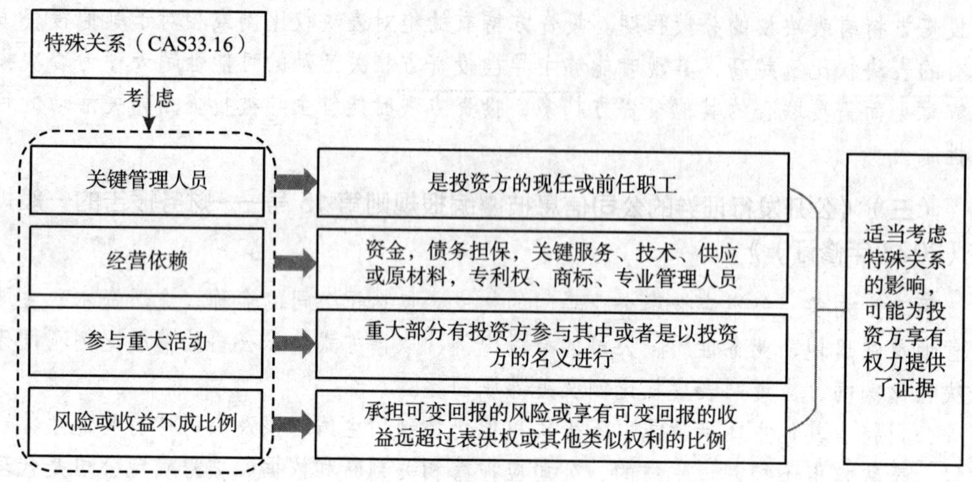

图1－4　不明确时考虑特殊关系

三、持股低于50%但是控制的判断披露示例

示例1－7　时代电气（688187. SH）

在子公司中的权益——企业集团的构成（部分摘录）

子公司名称	主要经营地	注册地	注册资本（元）	业务性质	持股比例（%）		取得方式
					直接	间接	
青岛中车电气	山东青岛	山东青岛#2	人民币100,000,000	制造业	45	—	直接设立
一汽中车电驱动系统有限公司	吉林长春	吉林长春#2	人民币500,000,000	制造业	50	—	直接设立

注1：本公司认为，即使仅拥有不足半数的表决权，本公司也控制了青岛中车电气。这是因为本公司是青岛中车电气最大单一股东，持有45%的股权。根据青岛中车电气的公司章程，持有青岛中车电气38%股权的本公司关联方中车青岛四方机车车辆股份有限公司承诺在影响青岛中车电气有关经营活动的股东会决议事项方面，行使提案权及表决权时与本公司保持一致；青岛中车电气的董事会由7名董事组成，其中4名由本公司委任，董事会决议经全体董事过半数以上通过即为有效。

注2：本公司认为，虽然其持股比例仅为50%，本公司也控制了一汽中车电驱动系统有限公司（以下简称“一汽中车”），主要原因是：根据一汽中车的公司章程，股东会会议由股东按照出资比例行使表决权，股东会决议须经全体股东一致同意通过；董事会由5名董事组成，本公司委派3名董事，一汽股权委派2名董事，董事会决议事项分为普通决议事项和特别决议事项，普通决议事项经半数以上董事同意方可通过，特别决议事项涉及一汽中车运营的重要决策，须经2/3以上董事同意方可通过；对于一汽中车在股东会或董事会上未能获得通过的事项，经双方约定的程序进行协商后仍无法达成一致的，最终以本公司处理意见为准，因此本公司认为对一汽中车具有控制权。

示例1－8　法拉电子（600563.SH）——2022年年报

在子公司中的权益——企业集团的构成（部分摘录）

子公司名称	主要经营地	注册地	业务性质	持股比例（%）		取得方式
				直接	间接	
上海美星电子有限公司	上海市	上海虹漕路	电子元件制造及销售	40		投资

本公司是上海美星公司最大单一股东，持有40%的股份。上海美星公司其他60%的股份由11位个人股东持有，持股比例2.5%－15%不等。本公司可控制的表决权远超过其他个人股东持有的表决权份额，且可以主导上海美星公司相关活动的政策制定和表决过程，通过参与上海美星公司的相关活动而享有回报。且自收购之日起，未出现其他股东投票不认可本公司对上海美星公司的经营决策的情况。因此，本公司实质上享有对上海美星公司的控制权。

示例1－9　长飞光纤（601869.SH）

在子公司中的权益——企业集团的构成（部分摘录）

子公司名称	主要经营地	注册地	持股比例（%）		取得方式
			直接	间接	
长飞光坊（武汉）科技有限公司（注3）	湖北省武汉市	湖北省武汉市	38.17		设立
博创科技股份有限公司（注4）	上海市	浙江省嘉兴市	19.33		非同一控制下企业合并
长芯盛（武汉）科技股份有限公司（注1）	湖北省武汉市	湖北省武汉市	37.35	8.17	设立

注1：于2023年12月31日，本公司对长芯盛（武汉）科技股份有限公司及其子公司直接持股比例为37.35%，本公司子公司博创科技于2023年12月完成现金收购长芯盛42.29%股份，即本公司直接或间接持有长芯盛的表决权合计45.52%，低于50%，但基于如下原因，本公司管理层认为能够对长芯盛实施控制并将其纳入合并范围：

a. 自2021年12月29日至2023年12月24日，本公司在长芯盛董事会中的席位达半数，且与提名剩余董事会席位的全部股东签订协议，其派驻的长芯盛董事亦不会损害或影响本公司对长芯盛的控制权；本公司与长芯盛的其他八位合计持股35%的股东签订协议，上述八位股东承诺不损害或影响本公司对长芯盛的控制权，亦不与其他长芯盛股东联合损害或影响本公司对长芯盛的控制权。

b. 自2023年12月25日起，本公司之子公司博创科技成为长芯盛第一大股东，持有长芯盛的表决权为42.29%，且在董事会中的席位为5席占4席；本公司为长芯盛第二大股东，持有长芯盛的表决权为37.35%。

注3：于2023年12月31日，本公司对长飞光坊（武汉）科技有限公司（以下简称“长飞光坊”）及其子公司持股比例为38.17%，持有长飞光坊的表决权低于50%，但基于如下原因，本公司管理层认为本公司能够对长飞光坊实施控制并将其纳入合并范围：与合计持有长飞光坊13.34%股权的股东包括武汉楚坊佳盈企业管理合伙企业（有限合伙）、武汉楚坊佳成企业管理合伙企业（有限合伙）、武汉楚坊佳泰企业管理合伙企业（有限合

伙）、武汉楚坊佳宁企业管理合伙企业（有限合伙）、武汉楚坊佳雅企业管理合伙企业（有限合伙）签署了一致行动协议，取得了全部该等13.34%股权的表决权，合计持有代表51.51%股权的表决权。

注4：于2023年12月31日，本公司对博创科技股份有限公司（以下简称“博创科技”）及其子公司持股比例为19.33%，持有博创科技的表决权低于50%，但基于如下原因，本公司管理层认为本公司能够对博创科技实施控制并将其纳入合并范围：

a. 2023年7月，博创科技向本公司发行股票定增事项完成，本次发行完成后本公司对博创科技的直接持股比例上升至19.36%，即本公司通过本次认购博创科技向特定对象发行股票进一步增强了控制权。

b. 博创科技原控股股东ZHU WEI对博创科技持股比例超过11%，自2022年7月起将其持有的股份对应的表决权无偿、排他、唯一且不可撤销地委托本公司行使。2023年8月，因ZHU WEI及配偶WANG XIAOHONG减持博创科技股份，导致与本公司所持股份占博创科技总股本比例超过ZHUWEI夫妇所持博创科技股份合计比例7个百分点。根据相关协议，在此情况下表决权委托方有权书面通知受托方解除，ZHU WEI于当月书面通知本公司解除表决权委托协议。同时，根据相关协议，若解除了表决权委托，除非本公司及本公司控制的关联方所持有的博创科技股份合计占博创科技总股本的比例达到或超过ZHU WEI及其关联方所持有的公司股份合计比例15个百分点，否则ZHU WEI及WANG XIAOHONG无偿且不可撤销地放弃其所持博创科技剩余股份（包括该等股份因配股、送股、转增股等而增加的股份）的表决权，亦不委托任何其他方行使该部分剩余股份的表决权。前述放弃表决权对应的具体权利包括但不限于：召集、召开和出席上市公司股东大会；股东提案权；提议选举或罢免董事、监事及其他议案及关于需股东表决的相关事项的表决权。

c. 本公司为博创科技第一大股东，其他股份由众多股东广泛持有，股权分散；除本公司外，无单个持有表决权比例超过5%的股东。

示例1-10 大秦铁路（601006.SH）

在子公司中的权益——企业集团的构成（部分摘录）

子公司名称	主要经营地	注册地	持股比例（%）		取得方式
			直接	间接	
唐港铁路公司（注5）	河北唐山市	河北唐山市	19.73		同一控制下企业合并取得

注5：于2018年12月，本公司收购太原局集团公司持有的唐港铁路公司19.73%股权，合并成本为人民币15.76亿元。本公司收购唐港铁路公司的股权后，由于唐港铁路公司的实际经营依赖于本公司，而且其他股东国投交通控股有限公司（持股比例15.13%）、唐山曹妃甸实业港务有限公司（持股比例15.13%）和河北建投交通投资有限责任公司（持股比例11.64%）也同意与本公司在股东会和董事会上就相关事项行使表决权时与本公司保持一致，因此本公司管理层认为本公司能够主导唐港铁路公司相关活动，对其具有控制权，并将其纳入合并范围。

示例1-11 上港集团（600018.SH）

在子公司中的权益——企业集团的构成（部分摘录）

子公司名称	主要经营地	业务性质	持股比例（%）		取得方式
			直接	间接	
上海集装箱码头有限公司	上海	交通运输业	50		投资
上海浦东国际集装箱码头有限公司	上海	交通运输业	40		投资
上海明东集装箱码头有限公司	上海	交通运输业	50		投资
江苏沪通集装箱码头有限公司	南通	水上运输业	40		设立

(1) 本集团因拥有生产指泊权，故对上海集装箱码头有限公司、上海浦东国际集装箱码头有限公司、上海沪东集装箱码头有限公司、上海明东集装箱码头有限公司的生产经营起控制作用。

(2) 于2022年10月28日，本公司与江苏省港口集团有限公司、南通港口集团有限公司共同投资设立江苏沪通集装箱码头有限公司。江苏沪通集装箱码头有限公司的董事会审议批准公司的经营方针、经营计划和投资计划、投资方案、年度财务预算方案和决算方案。董事会由6名董事组成，其中本公司占3个席位，所有董事会决议须经全体董事半数或半数以上，且必须包含上港集团推荐的3名董事同意表决通过方为有效。因此本公司对其有控制权，将其纳入合并范围。

示例1－12　包钢股份（600019. SH）

在子公司中的权益——企业集团的构成（部分摘录）

子公司名称	主要经营地	注册资本（元）	注册地	业务性质	持股比例（%）		取得方式
					直接	间接	
上海宝信软件股份有限公司（“宝信软件”）（注2）	中国	2, 403, 382, 537. 00	上海市	信息技术业	48. 89		同一控制下企业合并取得

注2：于资产负债表日，本集团对宝信软件投资比例为48. 89%，本公司是宝信软件的单一最大股东，其他股东持有的股权分散，本公司拥有对宝信软件的实际控制权。

第四节　持股20%以上或以下是否具有重大影响的判断披露示例

投资方能够对被投资单位施加重大影响的，被投资单位为其联营企业。投资方对联营企业的长期股权投资，应当采用权益法核算。投资方直接或通过子公司间接持有被投资单位20%以上但低于50%的表决权时，一般认为对被投资单位具有重大影响，除非有明确的证据表明这种情况下不能参与被投资单位的生产经营决策，不形成重大影响，比较常见的情形是未在被投资单位的董事会中派有代表或不具有投资决策权。

相反，如果投资方直接或通过子公司间接持有被投资单位20%以下的表决权，一般认为对被投资单位不具有重大影响，除非能够证明存在这种影响。比较常见的情形是在被投资单位的董事会中派有代表，其他情形包括长期战略合作、提供全面的市场资源和技术支持等。

一、准则相关规定与监管指引（节选）

（一）《企业会计准则第 2 号——长期股权投资》

第二条　本准则所称长期股权投资，是指投资方对被投资单位实施控制、重大影响的权益性投资，以及对其合营企业的权益性投资……

重大影响，是指投资方对被投资单位的财务和经营政策有参与决策的权力，但并不能够控制或者与其他方一起共同控制这些政策的制定。在确定能否对被投资单位施加重大影响时，应当考虑投资方和其他方持有的被投资单位当期可转换公司债券、当期可执行认股权证等潜在表决权因素。投资方能够对被投资单位施加重大影响的，被投资单位为其联营企业。

（二）《企业会计准则应用指南汇编 2024》“第三章　长期股权投资”

二、适用范围

（三）投资方对被投资单位具有重大影响的权益性投资，即对联营企业投资。重大影响，是指对一个企业的财务和经营政策有参与决策的权力，但并不能够控制或者与其他方一起共同控制这些政策的制定。实务中，较为常见的重大影响体现为在被投资单位的董事会或类似权力机构中派有代表，通过在被投资单位财务和经营决策制定过程中的发言权实施重大影响。投资方直接或通过子公司间接持有被投资单位20%以上但低于50%的表决权时，一般认为对被投资单位具有重大影响，除非有明确的证据表明该种情况下不能参与被投资单位的生产经营决策，不形成重大影响。相反，如果投资方直接或通过子公司间接持有被投资单位20%以下的表决权，一般认为对被投资单位不具有重大影响，除非能够明确证明存在这种影响。在确定能否对被投资单位施加重大影响时，一方面应考虑投资方直接或间接持有被投资单位的表决权股份，同时要考虑投资方及其他方持有的当期可执行潜在表决权在假定转换为对被投资单位的股权后产生的影响，如被投资单位发行的当期可转换的认股权证、股份期权及可转换公司债券等的影响。

四、重大影响的判断

企业通常可以通过下列一种或几种情形来判断是否对被投资单位具有重大影响：

（一）在被投资单位的董事会或类似权力机构中派有代表。在这种情况下，由于在被投资单位的董事会或类似权力机构中派有代表，并相应享有实质性的参与决策权，投资方通过该代表参与被投资单位财务和经营政策的制定，从而可能对被投资单位施加重大影响。

（二）参与被投资单位财务和经营政策制定过程。这种情况下，在制定政策过程中可以为其自身利益提出建议和意见，从而可能对被投资单位施加重大影响。

（三）与被投资单位之间发生重要交易。有关的交易因对被投资单位的日常经营具有重要性，进而一定程度上可能影响到被投资单位的生产经营决策。

（四）向被投资单位派出管理人员。在这种情况下，管理人员有权力主导被投资单位的相关活动，从而可能对被投资单位施加重大影响。

（五）向被投资单位提供关键技术资料。因被投资单位的生产经营需要依赖投资方的技术或技术资料，表明投资方可能对被投资单位施加重大影响。

存在上述一种或多种情形并不意味着投资方一定对被投资单位具有重大影响。企业需要综合考虑所有事实和情况来作出恰当的判断。例如，企业不应仅仅以撤回或委派董事、委派监事、增加或减少持有被投资单位的股份等个别事实为依据作出判断。

（三）《企业会计准则第41号——在其他主体中权益的披露》

第六条　企业应当披露对其他主体实施控制、共同控制或重大影响的重大判断和假设，以及这些判断和假设变更的情况，包括但不限于下列各项：

企业持有其他主体半数或以下的表决权但仍控制该主体的判断和假设，以及这些判断和假设变更的情况，或者持有其他主体半数以上表决权但并不控制该主体的判断和假设。

企业持有其他主体20%以下的表决权但对该主体具有重大影响的判断和假设，或者持有其他主体20%或以上的表决权但对该主体不具有重大影响的判断或假设。

企业通过单独主体达成合营安排的，确定该合营安排是共同经营还是合营企业的判断和假设。

判断企业是代理人还是委托人的判断和假设。

（四）证监会《监管规则适用指引——会计类第1号》

1－2　重大影响的判断

重大影响，是指对被投资单位的财务和经营政策有参与决策的权力。

监管实践发现，部分公司在判断对被投资单位是否具有重大影响时对准则的理解存在偏差和分歧。现就该事项的意见如下：

重大影响的判断关键是分析投资方是否有实质性的参与权而不是决定权。另外，值得注意的是，重大影响为对被投资单位的财务和经营政策有“参与决策的权力”而非“正在行使的权力”（例如，投资方已派驻董事并积极参与被投资方的经营管理），其判断的核心应当是投资方是否具备参与并施加重大影响的权力，而投资方是否正在实际行使该权力并不是判断的关键所在。

投资方有权力向被投资单位委派董事，一般可认为对被投资单位具有重大影响，除非有明确的证据表明其不能参与被投资单位的财务和经营决策。投资方向被投资单位派驻了董事，但存在明确的证据表明其不能实际参与被投资单位的财务和经营决策时，不应认定为对被投资单位具有重大影响，例如，存在被投资单位控股股东等积极反对投资方欲对其施加影响的事实，可能表明投资方不能实质参与被投资单位的经营决策。

一般而言，在被投资单位的股权结构以及投资方的持股比例等未发生实质变化的情况下，投资方不应在不同的会计期间，就是否对被投资单位具有重大影响，作出不同的会计判断。

（五）《公开发行证券的公司信息披露编报规则第 15 号——财务报告的一般规定（2023 年修订）》

第三十九条　对于重要的合营企业或联营企业，公司应披露以下信息：

（一）合营企业或联营企业的名称、主要经营地及注册地、业务性质、公司的持股比例。持股比例不同于表决权比例的，应说明表决权比例及差异原因。

（二）公司持有其他主体 20% 以下表决权但具有重大影响，或者持有其他主体 20% 或以上表决权但不具有重大影响的，应披露相关判断和依据。

（三）公司对合营企业或联营企业投资的会计处理方法。

（四）本期从合营企业或联营企业收到的股利。

（五）合营企业或联营企业的净资产、营业收入、净利润等重要财务信息（划分为持有待售的除外）。对于按照权益法进行会计处理的合营企业或联营企业，应披露上述财务信息调整至公司对合营企业或联营企业投资账面价值的调节过程。

二、持股 20%以下但具有重大影响的披露示例

示例 1－13　上港集团（600018. SH）

重要的合营企业或联营企业（部分摘录）

本集团综合考虑合营企业和联营企业是否为上市公司、其账面价值占本集团合并总资产的比例、权益法核算的长期股权投资收益占本集团合并净利润的比例等因素，确定重要的合营企业和联营企业，列示如下：

合营企业或联营企业名称	主要经营地	注册地	业务性质	于 2023 年 12 月 31 日持股比例（%）		对合营企业或联营企业投资的会计处理方法
				直接	间接	
联营企业——						
上海银行股份有限公司（i）	上海市	上海市	金融业	8. 297	0. 026	权益法
中国邮政储蓄银行股份有限公司（ii）	北京市	北京市	金融业	0. 454	3. 394	权益法
东方海外（国际）有限公司（iii）	中国香港	Bermuda	交通运输业	—	9. 068	权益法

（i）于 2023 年 12 月 31 日，本公司及下属子公司合并持有上海银行股份有限公司（以下简称“上海银行”）股份 1, 182, 364, 612 股，占总股本的 8. 323%（2022 年 12 月 31 日：8. 323%），为其第二大股东。本集团

在上海银行董事会中占有1个席位（本集团委派的董事同时担任董事会下设战略委员会和提名与薪酬委员会委员），对其具有重大影响，按权益法进行长期股权投资核算。

（ii）于2023年12月31日，本公司持有中国邮政储蓄银行股份有限公司（“邮储银行”）股份449,839,226股，占总股本的0.454%（2022年12月31日：0.487%），本公司之子公司上港香港持有邮储银行股份3,365,621,041股，占总股本的3.394%（2022年12月31日：3.643%），本集团合计持有邮储银行股份3,815,460,267股，占总股本的3.848%（2022年12月31日：4.130%）。本集团在邮储银行董事会中占有1个席位（本集团委派的董事担任董事会下设社会责任与消费者权益保护和关联交易控制委员），对其具有重大影响，按权益法进行长期股权投资核算。

（iii）于2023年12月31日，本公司下属子公司BVI发展持有东方海外（国际）有限公司（以下简称“东方海外”）股份59,880,536股，占总股本的9.068%（2022年12月31日：9.068%），为其第二大股东。本集团在东方海外董事会中占有1个席位（本集团委派的董事同时担任董事会下设提名委员会和风险委员会委员），对其具有重大影响，按权益法进行长期股权投资核算。

示例1－14　福莱特（601865.SH）

重要的合营企业或联营企业（部分摘录）

合营企业或联营企业名称	主要经营地	注册地	业务性质	持股比例（%）		对合营企业或联营企业投资的会计处理方法
				直接	间接	
嘉兴市燃气集团股份有限公司	浙江	浙江	天然气管道安装、销售、运营	4.53		权益法

本集团持有H股上市公司嘉兴燃气的股权，同时本集团的实际控制人之一是嘉兴燃气的非执行董事，能够参与其经营及财务决策，因此本集团能够对嘉兴燃气的经营及财务施加重大影响，故对其股权投资的会计核算方法为按照权益法核算的长期股权投资。

示例1－15　中交地产（000736.SZ）

在合营企业和联营企业中的权益（部分摘录）

联营企业	主要经营地及注册地	业务性质	注册资本（万元）	持股比例（%）		会计处理
				直接	间接	
首铸二号（东莞）房地产有限公司（注1）	东莞	房地产开发	100	—	9.25	权益法
北京铭海置业有限公司（注2）	北京	房地产开发	280,000.00	—	10	权益法

注1：本公司之子公司深圳中交房地产有限公司2018年参与投资设立首铸二号（东莞）房地产有限公司，持股比例为9.25%，深圳中交房地产有限公司与持股首铸二号（东莞）房地产有限公司5%的股东本公司关联方中交鼎信股权投资管理有限公司（以下简称“中交鼎信”）及持股0.75%的股东中致（深圳）咨询管理有限公司签订股东一致行动人协议，在行使股东和董事权利开展日常经营管理活动时保持一致，如三方出现分歧，由持股多数决定，三方共同在该项目公司委派1位董事，本公司对首铸二号（东莞）房地产有限公司经营管理

能够产生重大影响。

注2：本公司之子公司华通置业有限公司2021年参与投资设立北京铭海置业有限公司，持股比例为10%。根据北京铭海置业有限公司章程约定，股东会按出资比例行使表决权，董事会共5人，华通置业有限公司委派1人，董事会决议经全体董事过半数通过生效。本公司对北京铭海置业有限公司经营管理能够产生重大影响。

示例1-16　万华化学（600309. SH）

重要的合营企业或联营企业（部分摘录）

合营企业或联营企业名称	主要经营地	注册地	业务性质	持股比例（%）		对合营企业或联营企业投资的会计处理方法
				直接	间接	
联营企业						
林德气体（烟台）有限公司（注1）	中国	烟台市	制造业	10		权益法核算
华能（莱州）新能源科技有限公司（注2）	中国	烟台市	制造业		18.57	权益法核算
上海乐橘科技有限公司（注3）	中国	上海市	服务业	15		权益法核算

注1：本公司持有林德气体（烟台）有限公司10%的权益，根据公司章程，董事会由5名董事组成，其中本公司委派1名董事，因此能够对该公司的经营决策产生重大影响，故采用权益法进行核算。

注2：本公司子公司万华匈牙利持有华能（莱州）新能源科技有限公司18.57%的股权。根据公司章程，董事会由5名董事组成，其中万华匈牙利委派1名董事，能够对该公司的经营决策产生重大影响，采用权益法进行核算。

注3：本公司持有上海乐橘科技有限公司15%的股权。根据公司章程，董事会由9名董事组成，其中本公司委派1名董事，能够对该公司的经营决策产生重大影响，采用权益法进行核算。

示例1-17　浪潮信息（000977. SZ）

重要的合营企业或联营企业（部分摘录）

合营企业或联营企业名称	主要经营地	注册地	业务性质	持股比例（%）		对合营企业或联营企业投资的会计处理方法
				直接	间接	
东港股份有限公司	济南	济南	印刷和记录媒体复制业	0.566		权益法
山东华芯半导体有限公司	济南	济南	计算机、通信和其他电子设备制造业	10.00		权益法
山东华芯优创科技有限公司	济南	济南	软件和信息技术服务业	10.00		权益法

（1）本公司持有东港股份有限公司股权比例为0.566%，本公司向其委派1名董事及1名监事，故本公司对其仍具有重大影响。

（2）本公司持有山东华芯半导体有限公司股权比例为10.00%，本公司向其委派3名董事及2名监事，故本公司对其仍具有重大影响。

（3）本公司持有山东华芯优创科技有限公司股权比例为10.00%，本公司向其委派3名董事及1名监事，故本公司对其仍具有重大影响。

三、持股20%以上但无重大影响的披露示例

示例1-18　重庆路桥（600106.SH）——2022年年报

重要的合营企业或联营企业（部分摘录）

合营企业或联营企业名称	主要经营地	业务性质	持股比例（%）		对合营企业或联营企业投资的会计处理方法
			直接	间接	
重庆渝涪高速公路有限公司	重庆市渝北区	高速公路	33		权益法核算

注：公司第一大股东的控股股东同方国信投资控股有限公司持有重庆渝涪高速公路有限公司37%的股权。

公司持有重庆联顺合气创业投资基金合伙企业（有限合伙）20%的股权，因公司不具有投资决策权，仅享有固定分红权利，对其不具有重大影响。

示例1-19　岭南股份（002717.SZ）

重要的合营企业或联营企业（部分摘录）

A. 公司持有上海清科岭协投资管理合伙企业（有限合伙）24.39%的股权，因公司不享有投资决策权，仅享有固定分红权利，对其不具有重大影响。

第五节　特殊事项下权益法的应用披露示例

采用权益法对长期股权投资进行核算时，特殊事项下权益法的应用在实务中是难点，涉及较多复杂会计事项判断，例如，当被投资单位的股权结构以及投资方的持股比例等未发生实质变化的情况下，是否对被投资单位具有重大影响作出不同的会计判断等。

一、准则相关规定与监管指引（节选）

（一）《企业会计准则第2号——长期股权投资》

第二条　本准则所称长期股权投资，是指投资方对被投资单位实施控制、重大影

响的权益性投资，以及对其合营企业的权益性投资……

重大影响，是指投资方对被投资单位的财务和经营政策有参与决策的权力，但并不能够控制或者与其他方一起共同控制这些政策的制定。在确定能否对被投资单位施加重大影响时，应当考虑投资方和其他方持有的被投资单位当期可转换公司债券、当期可执行认股权证等潜在表决权因素。投资方能够对被投资单位施加重大影响的，被投资单位为其联营企业。

（二）《企业会计准则应用指南汇编2024》“第三章　长期股权投资”

四、重大影响的判断

企业通常可以通过下列一种或几种情形来判断是否对被投资单位具有重大影响：

（一）在被投资单位的董事会或类似权力机构中派有代表。在这种情况下，由于在被投资单位的董事会或类似权力机构中派有代表，并相应享有实质性的参与决策权，投资方通过该代表参与被投资单位财务和经营政策的制定，从而可能对被投资单位施加重大影响。

（二）参与被投资单位财务和经营政策制定过程。这种情况下，在制定政策过程中可以为其自身利益提出建议和意见，从而可能对被投资单位施加重大影响。

（三）与被投资单位之间发生重要交易。有关的交易因对被投资单位的日常经营具有重要性，进而一定程度上可能影响到被投资单位的生产经营决策。

（四）向被投资单位派出管理人员。在这种情况下，管理人员有权力主导被投资单位的相关活动，从而可能对被投资单位施加重大影响。

（五）向被投资单位提供关键技术资料。因被投资单位的生产经营需要依赖投资方的技术或技术资料，表明投资方可能对被投资单位施加重大影响。

存在上述一种或多种情形并不意味着投资方一定对被投资单位具有重大影响。企业需要综合考虑所有事实和情况来作出恰当的判断。例如，企业不应仅仅以撤回或委派董事、委派监事、增加或减少持有被投资单位的股份等个别事实为依据作出判断。

……

需要注意的是，对于投资方与其联营企业或合营企业之间发生投出或出售资产交易而产生的未实现内部交易损益中归属于投资方的部分，投资方在编制合并财务报表时，应当在个别财务报表抵销的基础上进行调整。对于投资方向联营企业或合营企业投出或出售资产的顺流交易而产生的未实现内部交易损益中归属于投资方的部分，投资方在编制合并财务报表时，在个别财务报表处理的基础上，应当对有关未实现的收入和成本或资产处置损益等中归属于投资方的部分予以抵销，并相应调整相关投资收益；对于联营企业或合营企业向投资方投出或出售资产的逆流交易而产生的未实现内部交易损益中归属于投资方的部分，投资方在编制合并财务报表时，在个别财务报表处理的基础上，应当对有关资产账面价值中包含的未实现内部交易损益中归属于投资方的部分予以抵销，并相应调整长期股权投资的账面价值。

此外，需要说明的是，投资方与其联营企业及合营企业之间发生的无论是顺流交易还是逆流交易产生的未实现内部交易损失，其中属于所转让资产发生减值损失的，有关未实现内部交易损失在个别财务报表和合并财务报表中均不应予以抵销。

……

在确认了有关的投资损失以后，被投资单位在以后期间实现净利润或其他综合收益增加净额时，投资方应当按照以前确认或登记有关投资净损失时的相反顺序进行会计处理，即依次减记未确认投资净损失金额、恢复其他长期权益和恢复长期股权投资的账面价值，同时，投资方还应当重新复核预计负债的账面价值，有关会计处理如下：

①投资方当期对被投资单位净利润和其他综合收益增加净额的分享额小于或等于前期未确认投资净损失的，根据登记的未确认投资净损失的类型，弥补前期未确认的应分担的被投资单位净亏损或其他综合收益减少净额等投资净损失。

②投资方当期对被投资单位净利润和其他综合收益增加净额的分享额大于前期未确认投资净损失的，应先按照以上①的规定弥补前期未确认投资净损失；对于前者大于后者的差额部分，依次恢复其他长期权益的账面价值和恢复长期股权投资的账面价值，同时按权益法确认该差额。即按顺序分别借记“长期应收款”、“长期股权投资”等科目，贷记“投资收益”或“其他综合收益”科目。

投资方应当按照第十四章或有事项的有关内容，对预计负债的账面价值进行复核，并根据复核后的最佳估计数予以调整。

（三）证监会《监管规则适用指引——会计类第4号》

4－5　权益法下顺流交易产生的未实现内部交易损益以处置或视同处置股权方式实现时的会计处理

权益法下，投资方计算确认应享有或分担被投资单位的净损益时，对于与被投资单位之间发生的未实现内部交易损益按照应享有的比例计算归属于投资方的部分，投资方在编制合并财务报表时，应当对顺流交易有关未实现的收入和成本或资产处置损益等中归属于投资方的部分予以抵销（投出或出售的资产构成业务的除外），在此基础上确认投资收益。

监管实践发现，部分公司对于与原联营企业、合营企业之间顺流交易产生的未实现内部交易损益以处置或视同处置联营企业、合营企业股权的方式得以实现时的会计处理，存在理解上的偏差和分歧。现就该事项的意见如下：

对于投资方与联营企业、合营企业之间发生顺流交易产生的未实现内部交易损益，因处置或视同处置联营企业、合营企业股权导致未实现内部交易损益得以实现，投资方应作为股权处置损益计入当期投资收益，前期在投资方合并财务报表中予以抵销的未实现内部交易相关收入、成本或资产处置损益等不予恢复。

（四）证监会《监管规则适用指引——会计类第3号》

3－1　权益法下顺流交易产生的未实现内部交易损益抵销相关会计处理

权益法下，投资方计算确认应享有或分担被投资单位的净损益时，对于与被投资单位之间发生的未实现内部交易损益按照应享有的比例计算归属于投资方的部分，应当予以抵销（投出或出售的资产构成业务的除外），在此基础上确认投资收益。

监管实践发现，在长期股权投资账面价值已减记至零的情况下，部分公司对于与联营企业、合营企业之间的顺流交易产生的未实现内部交易损益抵销相关会计处理，存在理解上的偏差和分歧。现就该事项的意见如下：

对于与联营企业、合营企业之间发生的顺流交易，投资方在应用权益法确认享有的净损益时，应将顺流交易产生的未实现内部交易损益，按其享有比例予以抵销。在长期股权投资账面价值已减记至零的情况下，考虑长期股权投资账面价值不应出现负数，投资方应当将长期股权投资账面价值不足以抵销的部分确认为递延收益，待后续相关损益实现时再结转至损益。

3－2　权益法下未确认投资净损失后续得到弥补的会计处理

权益法下，投资方应随着被投资单位所有者权益的变动相应调整增加或减少长期股权投资的账面价值。投资方按权益法确认应分担被投资单位的净亏损或被投资单位其他综合收益减少净额，将有关长期股权投资冲减至零并产生了未确认投资净损失的，被投资单位在后续期间实现净利润或其他综合收益增加净额时，投资方应当按照以往确认或登记有关投资净损失时的相反顺序进行会计处理。

监管实践发现，部分公司对于权益法下被投资单位产生的未确认投资净损失，在后续被投资单位所有者权益发生变动时应如何进行会计处理，存在理解上的偏差和分歧。现就该事项的意见如下：

权益法核算下，被投资单位所有者权益发生变动时，投资方应按照其分享比例调整长期股权投资账面价值（损益调整、其他综合收益及其他权益变动），并相应确认投资损益、其他综合收益及资本公积，以反映被投资单位所有者权益变动情况。如果投资方长期股权投资已冲减至零并存在未确认的投资净损失，后续当被投资单位的净资产增加时，投资方应先按照其分享比例以及被投资单位净资产变动项目，分别确认相关投资损益、其他综合收益、资本公积以及长期股权投资账面价值；再按照当期应享有的被投资单位净资产变动净额与前期未确认的投资净损失两者孰低，确认前期未确认的投资净损失，尚未确认的投资净损失继续在备查簿中登记。

（五）证监会《监管规则适用指引——会计类第 1 号》

1－2　重大影响的判断

重大影响，是指对被投资单位的财务和经营政策有参与决策的权力。

监管实践发现，部分公司在判断对被投资单位是否具有重大影响时对准则的理解存在偏差和分歧。现就该事项的意见如下：

重大影响的判断关键是分析投资方是否有实质性的参与权而不是决定权。另外，值得注意的是，重大影响为对被投资单位的财务和经营政策有“参与决策的权力”而非“正在行使的权力”（例如，投资方已派驻董事并积极参与被投资方的经营管理），其判断的核心应当是投资方是否具备参与并施加重大影响的权力，而投资方是否正在实际行使该权力并不是判断的关键所在。

投资方有权力向被投资单位委派董事，一般可认为对被投资单位具有重大影响，除非有明确的证据表明其不能参与被投资单位的财务和经营决策。投资方向被投资单位派驻了董事，但存在明确的证据表明其不能实际参与被投资单位的财务和经营决策时，不应认定为对被投资单位具有重大影响，例如，存在被投资单位控股股东等积极反对投资方欲对其施加影响的事实，可能表明投资方不能实质参与被投资单位的经营决策。

一般而言，在被投资单位的股权结构以及投资方的持股比例等未发生实质变化的情况下，投资方不应在不同的会计期间，就是否对被投资单位具有重大影响，作出不同的会计判断。

1－1　特殊股权投资的确认与分类

长期股权投资，是指投资方对被投资方实施控制、共同控制或重大影响的权益性投资。该定义包含两个核心要素：一是该投资为权益性投资，二是投资方应对被投资方具有控制、共同控制或重大影响。

监管实践发现，部分公司在一些特殊股权投资的确认与分类方面，对准则的理解存在偏差和分歧。现就具体事项如何适用上述原则的意见如下：

一、附回售条款的股权投资

对于附回售条款的股权投资，投资方除拥有与普通股股东一致的投票权及分红权等权利之外，还拥有一项回售权，例如投资方与被投资方约定，若被投资方未能满足特定目标，投资方有权要求按投资成本加年化10%收益（假设代表被投资方在市场上的借款利率水平）的对价将该股权回售给被投资方。该回售条款导致被投资方存在无法避免向投资方交付现金的合同义务。基于投资方对被投资方的持股比例和影响程度不同，区分为以下两种情形：

情形1：投资方持有被投资方股权比例为3%，对被投资方没有重大影响；

情形2：投资方持有被投资方股权比例为30%，对被投资方有重大影响。

现就上述两种情形下被投资方和投资方的会计处理意见如下：

情形1：

从被投资方角度看，由于被投资方存在无法避免的向投资方交付现金的合同义务，应分类为金融负债进行会计处理。

从投资方角度看，投资方对被投资方没有重大影响，该项投资应适用金融工具准则。因该项投资不满足权益工具定义，合同现金流量特征不满足仅为对本金和以未偿付本金金额为基础的利息的支付，应分类为以公允价值计量且其变动计入当期损益的金融资产。

情形2：

被投资方的会计处理同情形1。

从投资方角度看，长期股权投资准则所规范的投资为权益性投资，因该准则中并没有对权益性投资进行定义，企业需要遵照实质重于形式的原则，结合相关事实和情况进行分析和判断。投资方应考虑该特殊股权投资附带的回售权以及回售权需满足的特定目标是否表明其风险和报酬特征明显不同于普通股。如果投资方实质上承担的风险和报酬与普通股股东明显不同，该项投资应当整体作为金融工具核算，相关会计处理同情形1。如果投资方承担的风险和报酬与普通股股东实质相同，因对被投资方具有重大影响，应分类为长期股权投资，回售权应视为一项嵌入衍生工具，并进行分拆处理。对投资方而言，持有上述附回售条款的股权投资期间所获得的股利，应按该股权投资的分类，适用具体会计准则规定进行处理。

二、认缴制下尚未出资的股权投资

认缴制下，投资方在未实际出资前是否应确认与所认缴出资相关的股权投资，应结合法律法规规定与具体合同协议确定，若合同协议有具体约定的，按照合同约定进行会计处理；合同协议没有具体约定的，则应根据《公司法》等法律法规的相关规定进行会计处理。对于投资的初始确认，若合同明确约定认缴出资的时间和金额，且投资方按认缴比例享有股东权利，则投资方应确认一项金融负债及相应的资产；若合同没有明确约定，则属于一项未来的出资承诺，不确认金融负债及相应的资产。

（六）证监会《上市公司年报会计监管报告》

《上市公司2023年年度财务报告会计监管报告》

根据企业会计准则及相关规定，长期股权投资是指投资方对被投资单位实施控制、重大影响的权益性投资，以及对其合营企业的权益性投资。权益性投资是指投资方承担的风险和报酬与普通股股东实质相同的投资。企业需要遵照实质重于形式的原则，结合相关事实和情况分析判断投资方承担的风险与报酬。

审阅分析发现，部分上市公司持有被投资方25%股权，并约定若被投资方未能满足上市等特定目标，上市公司有权将其持有股份以某一固定价格全部回售给被投资方。上市公司初始核算相关投资时，因能向被投资方委派董事参与生产和经营决策，认定对被投资方具有重大影响，并分别确认了长期股权投资和衍生金融资产，其中后者初始分拆确认的金额远大于前者。通常情况下，若对赌回购协议价值在初始取得时已较为重大，则很可能表明投资方实质上承担的风险和报酬特征明显不同于普通股股东，因此相关投资不构成权益性投资，应适用金融工具准则，整体作为一项金融资产进行核算。

《2021年上市公司年报会计监管报告》

1. 未正确抵销权益法下顺流交易产生的未实现内部交易损益

根据企业会计准则及相关规定，投资方计算确认应享有或应分担被投资单位的净损益时，对于与联营企业之间发生的未实现内部交易损益按照应享有的比例计算归属于投资方的部分，应当予以抵销（投出或出售的资产构成业务的除外），并在此基础上确认投资收益。

年报分析发现，部分上市公司本期发生向联营企业出售资产的顺流交易，且应予以抵销的未实现内部交易损益金额大于长期股权投资的账面价值，上市公司在抵销未实现内部交易损益时，仅以长期股权投资的账面价值减记至零为限。该项顺流交易中，内部交易损益尚未得以对外实现，上市公司确认享有的净损益时应以全部抵销未实现内部交易损益为基础予以计算。考虑到长期股权投资账面价值不应出现负数，可将不足抵销的部分确认为递延收益，待后续实现时再结转损益。

《2019 年上市公司年报会计监管报告》

1. 长期股权投资分类不正确

年报分析发现，个别上市公司在对其合营企业持股比例不变的情况下，与其他合营方协议约定在一段固定期限内，无论合营企业盈亏与否，上市公司均获得固定回报，上市公司据此将其持有的合营企业股权从长期股权投资转为其他非流动金融资产；个别上市公司在对被投资单位持股比例未发生变化的情况下，将其持有的对被投资单位的股权投资从权益法核算的长期股权投资转为其他权益工具投资；另有个别上市公司持有境外上市某公司 15% 股权并向其委派了董事，该董事于报告期末辞任董事职务，对此上市公司未能充分说明董事辞任对股权投资“重大影响”判断的影响，直接将该部分股权投资从长期股权投资调整为交易性金融资产，以公允价值重新计量并确认相关投资收益。一般而言，在被投资单位的股权结构以及对被投资单位持股比例未发生实质变化的情况下，上市公司不应在不同的会计期间对被投资单位是否具有共同控制或重大影响作出不同的会计判断。

（七）《关于严格执行企业会计准则 切实做好企业 2022 年年报工作的通知》（财会［2022］32 号）

企业应当按照《企业会计准则第 2 号——长期股权投资》（财会〔2014〕14 号）、《企业会计准则第 40 号——合营安排》（财会〔2014〕11 号）的相关规定，判断是否对被投资单位具有重大影响或共同控制，并进行相应会计处理和披露。在判断对被投资单位是否具有重大影响时，企业应当综合考虑所有事实和情况，对其是否具有对被投资单位的财务和经营政策有参与决策的权力来作出恰当的判断，不应仅以撤回或委派董事、委派监事、增加或减少持有被投资单位的股份等个别事实为依据作出判断。

二、新公司法下认缴出资义务的确认

2023 年 12 月 29 日，十四届全国人大常委会第七次会议表决通过新修订的《中华人民共和国公司法》（以下简称“新公司法”），自 2024 年 7 月 1 日起施行。新公司法第四十七条规定，有限责任公司全体股东认缴的出资额由股东按照公司章程的规定自公司成立之日起五年内缴足。

对于认缴制下股东5年内出资义务的会计处理，若符合负债定义，如出资时间确定，且公司章程等规定股东按照认缴比例行使表决权、参与利润分配和清算资产分配，则应在认缴时点全额确认负债；若公司章程等规定股东按照实缴比例行使表决权、参与利润分配和清算资产分配，则未实缴出资的股东不确认负债或者在出现不可避免支付义务时确认负债。

约定按实缴比例行使股东权利时，如未发生不能清偿到期债务（新公司法第五十四条）和减资补亏（新公司法第二百二十五条）的情况，股东未按期缴足出资额的情况结果为失权，投资方并不存在不可无条件避免的支付义务，因此无须全额确认金融负债；另外，参考国际会计准则理事会（IASB）修订的负债的定义，经济利益的流出通常伴随资产的获得，在股东按实缴比例享有收益的情况下，在未缴出资期间股东并未获得经济利益，因此也不承担经济利益流出的现时义务，无须确认负债。如发生债务逾期或减资补亏的情况，则投资方就认缴款有不可避免的支付义务，应于该等情况发生时点确认金融负债及相应的资产。同时，认缴股东对公司债权人的追偿权和对股权受让人的补足义务（新公司法第八十八条）作为财务担保合同进行处理，计提预计负债。

三、认缴制下尚未出资的股权投资的应用披露示例

示例1-20　成都先导（688222.SH）

其他应付款

单位：元

项目	期末余额	期初余额
应付投资款（注1）	3,000,000.00	3,000,000.00

注1：2022年7月13日，本公司对联营公司成都先衍认缴出资人民币4,000,000.00元。2022年9月29日，本公司实际缴纳出资人民币1,000,000.00元。根据成都先衍章程约定，本公司需于2042年12月31日前完成出资，并且本公司按认缴比例享有股东权利，因此，对于尚未出资的部分，本集团将其在“其他应付款”项目列示。

示例1-21　天迈科技（300807.SZ）

重要的合营企业或联营企业（部分摘录）

合营企业或联营企业名称	主要经营地	注册地	业务性质	持股比例（%）		对合营企业或联营企业投资的会计处理方法
				直接	间接	
哈尔滨交通集团通恒科技有限公司	哈尔滨	哈尔滨	信息系统集成服务	13.50		权益法

公司持有通恒科技13.50%股权，由公司委派1名董事，故公司对其持股未达到20%但对其具有重大影响。

预计负债

单位：元

项目	期末余额	期初余额	形成原因
其他	619,853.62	220,087.77	参股公司就注册资本认缴部分承担超额亏损
合计	619,853.62	220,087.77	

2022年年报：本期参股公司哈尔滨交通集团通恒科技有限公司的投资收益为-462,982.13元，冲减长期股权投资账面价值242,894.36元后，确认预计负债220,087.77元。

示例1-22　悦安新材（688786.SH）

预计负债

单位：元

项目	期初余额	期末余额	形成原因
投资损失		35,999.48	详见说明
合计		35,999.48	

说明：2023年2月10日本公司与天津爱能新动力一号科技合伙企业、齐集投资管理（上海）有限公司等股东共同设立悦安海风（海南）新材料科技有限公司（以下简称“海风公司”），注册资本1,000万元，本公司持股25%。因海风公司股东均未实缴出资额，对于海风公司本期发生的开办费用，本公司按认缴出资比例确认投资损失3.60万元，同时确认预计负债3.60万元。

四、因撤回或委派董事等改变权益法核算的应用披露示例

因撤回或委派董事等改变权益法核算的应用披露示例汇总如表1-3所示。

表1-3　　因撤回或委派董事等改变权益法核算的应用披露示例汇总

披露示例	持股比例及委派董事变化情况	会计核算方法的变化情况
（一）拟变更相关投资的性质与会计核算方法，但未实现		
示例1-23　游久游戏（600652.SH）	（1）持股比例从6.35%增加至7.99%； （2）董事会提名从薪酬委员会委员转任为风险管理委员会委员	拟从金融资产变更至长期股权投资核算。经问询，再次公告，继续在金融资产核算

续表

披露示例	持股比例及委派董事变化情况	会计核算方法的变化情况
示例 1－24 雅戈尔（600177. SH）	（1）持股比例从 4.99% 增加至 5.00%； （2）从未委派董事到委派非执行董事	拟从金融资产变更至长期股权投资核算。经问询，再次公告，继续在金融资产核算
示例 1－25 翰宇药业（300199. SZ）	（1）持股比例从 13.58% 减少至 10.19%； （2）撤回董事	拟从长期股权投资变更至金融资产核算。经问询，再次公告，继续在长期股权投资核算
（二）拟变更相关投资的性质与会计核算方法，已实现		
示例 1－25 翰宇药业（300199. SZ）	（1）持股比例从 10.19% 减少至 9.69%； （2）撤回董事，且已经永久放弃董事提名权	发生实质变化，不再产生重大影响，从长期股权投资变更至金融资产核算
示例 1－26 海南矿业（601969. SH）	（1）9.99%（持股未变化）； （2）撤回董事，且已经永久放弃董事提名权	发生实质变化，不再产生重大影响，从长期股权投资变更为金融资产核算

示例 1－23 游久游戏（600652. SH）

《关于变更北京国际信托有限公司会计核算方法的公告》（2019 年 9 月）（部分摘录）

公司于 2000 年 12 月和 2001 年 6 月总出资 1.424 亿元投资了北京信托，目前，持有北京信托股权 13,959.53 万股，占其注册资本 22.00 亿元的 6.35%，为第五大股东，并向北京信托董事会派驻董事 1 名。

根据《企业会计准则第 2 号——长期股权投资》及相关应用指南中关于重大影响的相关规定，结合公司所持北京信托的股权投资在公司总资产的比重、公司对北京信托持股比例、实际管理等因素认定，公司虽向北京信托董事会派驻 1 名董事，但该董事一直担任提名与薪酬委员会委员，未积极主动参与北京信托财务和经营政策的制定，未曾向北京信托董事会提交议案，公司仅将该项股权投资作为财务投资，不具有、亦未谋求实施对北京信托重大影响的能力。因此，该项股权投资适用《企业会计准则第 22 号——金融工具确认和计量》。

2019 年 7 月 25 日，经北京信托董事会会议决议，公司派驻的董事许先生从原任的董事会提名与薪酬委员会委员转任为风险管理委员会委员。随后，许先生以董事会风险管理委员会委员的身份开始履职。信托公司是以管理风险为重要使命的金融机构，尤其是在近年“资管新规”出台之后，增强主动管理能力和风控能力建设是对信托公司的重要要求。北京信托董事会风险管理委员会负责制定信托公司风险管理目标和政策、完善和健全信托公司风险管理的体系建设，制定公司风险管理的流程管控程序等工作。因此，公司派驻北京信托董事具体职务调整并开始履职，对其董事会在风险管理和经营方面的影响力得以增强。

2019年9月26日，公司与北京宏达信资产经营有限公司（以下简称“宏达信”）签署的《授权委托书》约定，宏达信将持有北京信托1.64%股权所对应的股东会表决权全部授予公司。公司在北京信托股东会的表决权比例由原来的6.35%增加至7.99%，在北京信托股东会的影响力得以增强。

2019年9月26日，公司召开会议研究决定，在依法合规的前提下，采取措施，进一步发挥对北京信托的影响力：

（1）落实重大事项决策审批

北京信托包括财务和经营决策相关在内的所有董事会议案和股东会议案，需要经公司经理层集体研究决定，再交由派驻北京信托的董事发表意见，从而有效维护保障公司的利益。

（2）积极参与政策制定

积极提交与北京信托风险管理和财务、经营政策相关议案，主动参与其相关政策的制定，有效发挥公司在北京信托经营发展中应有的作用。

基于前述事实，公司认为对北京信托的影响力已进一步增强，并已具有重大影响，对北京信托的股权投资满足上述规定，因此，对该项股权投资的核算方法由“以公允价值计量且其变动计入其他综合收益的金融资产”转为“长期股权投资”，并按权益法进行核算。

《关于取消对北京国际信托有限公司会计核算方法变更的公告》（2019年11月）（部分摘录）

会计师事务所意见

1. 公司派驻北京信托的董事许先生从原任的董事会提名与薪酬委员会委员转任为风险管理委员会委员，履职职责的调整不足以使公司对北京信托的影响力产生实质性变化。

2. 根据公开信息，北京信托前四大股东持股合计为79.21%，在股东会上的表决权占有绝对优势，公司在接受宏达信持有北京信托1.64%的股东会表决权授权后，公司在北京信托股东会的表决权比例由原来的6.35%增加至7.99%。在其他股东持有股份不是高度分散的情况下，公司增加的1.64%表决权比例不足以使公司对北京信托的影响力产生实质性变化。

3. 公司欲通过积极参与北京信托重大事项决策及政策制定等措施，以加强对该项股权的管理的意图不能表明是对北京信托现时影响力的增强。

综上所述，我们认为，游久游戏虽然存在派驻北京信托的董事任职委员会调整、在北京信托股东会中表决权比例有所增加以及所持北京信托股权价值占公司净资产比重大幅增加而加强股权管理的有关情况及影响变化，但由于以上事项变化不构成实质性变化，不建议公司对北京信托的股权投资改按权益法核算。

经反复核实和审慎考虑，并结合会计师事务所书面意见，公司决定取消对北京信托会计核算方法的变更，对该项股权投资仍划分为“以公允价值计量且其变动计入其他综合收益的金融资产”，在“其他权益工具投资”中核算，按公允价值进行计量，并将公允价值变动计入其他综合收益。

示例1－24　雅戈尔（600177. SH）

《关于变更对中国中信股份有限公司会计核算方法的公告》（2018年4月）（部分摘录）

截至2018年3月29日，公司持有中信股份145,451,400股，投资成本2,036,477.06万港元，折人民币1,636,309.31万元；期末账面价值1,597,056.37万港元，折人民币1,283,234.80万元，作为金融资产核算。

鉴于：

1. 公司副总经理兼财务负责人吴先生于2018年3月20日获委任为中信股份非执行董事；

2. 公司为中信股份第三大股东，且公司对中信股份的持股比例于2018年3月29日由4.99%增加至5.00%；

3. 根据《企业会计准则第2号——长期股权投资》的规定，投资企业对被投资单位具有共同控制或重大影响的长期股权投资，应采用权益法核算。

《关于取消对中国中信股份有限公司会计核算方法变更的提示性公告》（2018年4月）（部分摘录）

经审慎核实，公司拟根据会计师事务所的书面意见，取消对中信股份的会计核算方法变更事项，继续以金融资产核算该项投资。

会计师事务所意见：

1. 2018年3月29日，雅戈尔在二级市场买入中信股份0.1万股，持股比例达到5%，该0.1万股本身并不会实质增加雅戈尔对中信股份的影响，且其增持并不足以表明公司已改变对中信股份的持有意图，其持有意图仍是作为财务投资者以获取中信股份的高额股息分配等收益。

2. 中信股份前两大股东持股比例达到78.13%，在其股东大会的表决权上前两大股东占有绝对优势，增持后雅戈尔持股比例仅为5%。在其他股东持有股份不是高度分散的情况下，5%有表决权的股份通常并不足以达到重大影响，因此雅戈尔通过股东大会参与中信股份的经营及财务决策施加影响的量级不够。

3. 中信股份于2018年4月18日发布《董事会名单与其角色和职能》的公告，公告显示雅戈尔副总经理兼财务负责人吴先生由2018年3月20日起成为中信股份非执行董事。

中信股份董事会由17名董事组成，雅戈尔通过其在董事会中1/17的席位对中信股份实施的影响是非常有限的。此外，中信股份董事会设立的五个委员会，包括审计与风险委员会（监控公司的财务报告系统、风险管理及内部监控系统等）、提名委员会（制定董事提名政策、程序及准则，就董事的委任或重新委任向董事会提出建议等）、薪酬委员会（厘定各执行董事及高级管理人员的薪酬等）、战略委员会（考虑公司的重大战略方向、中长期发展计划及五年发展计划，并向董事会作出建议）和特别委员会［处理对公司及董事进行的所有调查（包括协助调查）和涉及对公司及其董事的法律程序］，董事会将相关职能授权给该五个委员会。除执行董事外，13名非执行董事中有11名非执行董事均在相关委员会中任职，但雅戈尔派出的吴先生在上述委员会中未担任任何职务，表明相对绝大多数非执行董事而言，雅戈尔派出董事无法参与中信股份的重大经营及财务决策相关专委会职责的履行。

综上所述，我们认为，雅戈尔简单地以上述对中信股份增持并委派1名非执行董事而判断其能够对中信股份施加实质性重大影响的依据不充分，因此不建议雅戈尔对中信股份改按权益法核算。

示例1-25 翰宇药业（300199. SZ）

《关于对参股公司会计核算方法变更的公告》（2020年12月）（部分摘录）

公司2015年投资上海健麾信息技术股份有限公司（以下简称“健麾信息”），持有其15%的股权。健麾信息董事会由9名成员组成，公司委派了1名董事，参与投后管理。

截至2020年12月22日，健麾信息发行新股上市之后，公司持有健麾信息10.19%的股权，董事会成员9名，公司委派了1名董事。根据目前公司的战略规划，公司未来将投入更多的精力专注多肽药物研发生产及销售主业，聚焦糖尿病、消化、心血管、妇产等四大治疗领域。经公司管理层审慎商议，公司决定对参股健麾信息的定位进行调整，公司将由原来作为健麾信息经营与决策的积极参与方调整为财务投资方。基于上述调整，公司决定放弃向健麾信息派出董事的权利，PINXIANG YU女士将辞去健麾信息董事职务，自董事会决议通过之日起公司将不再拥有健麾信息董事会席位，不再通过董事会参与其财务及经营决策并对其施加重大影响。

《关于取消参股公司会计核算方法变更的公告》（2021年4月）（部分摘录）

公司因健麾信息上市之后对健麾信息的持股比例从13.58%被动稀释为10.19%，PINXIANG YU女士辞去健麾信息董事职务，且公司放弃向健麾信息派出董事的权利，而得出公司不再对健麾信息存在重大影响的判断存在理解差异，判断该会计核算方法变更存在瑕疵，认为公司现阶段对健麾信息股权投资核算方法的变更依据不充分。本着会计核算谨慎性和一致性原则，综合年审机构的意见，公司决定取消对健麾信息的会计核算方法变更，继续以长期股权投资列报，按照权益法进行核算。

会计师事务所意见

PINXIANG YU女士虽然辞去了健麾信息董事职务，并且翰宇药业放弃向健麾信息派出董事的权利，但是根据健麾信息的公司章程（2020年12月）第八十三条规定：“公司董事会、监事会、单独或者合并持有公司已发行股份1%以上的股东可以提案的方式提出独立董事候选人，公司董事会、监事会、单独或者合并持有公司已发行股份3%以上的股东可以提案的方式提出非独立董事、股东担任的监事、外部监事候选人，并经股东大会选举决定”。截至2020年末翰宇药业持股比例10.19%，拥有提名权，翰宇药业“派出董事的权利”仍在。

重大影响为对被投资单位的财务和经营政策有“参与决策的权力”而非“正在行使的权力”，其判断的核心应当是投资方是否具备参与并施加重大影响的权力，而投资方是否正在实际行使该权力并不是判断的关键所在。在持股比例前后未有重大变化的情况下，翰宇药业对健麾信息“参与决策的权力”并未发生重大变化，翰宇药业仍然对健麾信息具有重大影响。

《关于对深圳证券交易所关注函的回复公告》（2022 年 1 月）（部分摘录）

2021 年 11 月 25 日，公司向健麾信息发出《关于永久放弃对健麾信息的董事提名权的承诺函》，根据公司战略发展规划，翰宇药业郑重承诺永久放弃健麾信息董事提名权，且不会通过参与健麾信息财务及经营决策对其施加重大影响，健麾信息于 2021 年 11 月 26 日确认回执。

自此，公司将永久放弃健麾信息董事提名权。公司对健麾信息不具有重大影响，不适用《企业会计准则第 2 号——长期股权投资》的核算。

根据《企业会计准则第 2 号——长期股权投资》的规定，投资方因处置部分股权投资等原因丧失了对被投资单位的共同控制或重大影响的，处置后的剩余股权应当改按《企业会计准则第 22 号——金融工具确认和计量》核算。

翰宇药业已于 2021 年 12 月 22 日通过大宗交易方式减持 680,000 股，占健麾信息总股本的 0.5%，本次减持后，公司持有健麾信息的股权比例由 10.19% 变更为 9.69%。鉴于公司持有股权的目的已经发生变化、原委派的董事已撤销且已经永久放弃对健麾信息的董事提名权，因此，不再对被投资单位产生重大影响。翰宇药业对当前持有的相应股权比照上述规定进行会计处理。

示例 1－26　海南矿业（601969. SH）

《关于对参股公司会计核算方法变更的公告》（2018 年 4 月）（部分摘录）

海南矿业股份有限公司（以下简称“公司”、“本公司”及“海南矿业”）于 2015 年 2 月 13 日第二届董事会第十九次会议审议通过《关于授权经营层 3 亿元额度进行矿产资源类企业权益性投资的议案》。为实现公司在矿业领域的多元发展，增加公司投资收益，公司与中广核矿业有限公司（以下简称“中广核”，香港联交所股份代号：01164. HK）签署认购协议，通过全资子公司香港鑫茂投资有限公司认购中广核增发的 659,400,000 股股票，每股价格 0.52 港元，投资金额合计港币 342,888,000 元（约折合人民币 304,659,417 元）。认购股份占中广核已发行股本约 11.10%，占紧随认购事项完成后中广核全部经扩大已发行股本约 9.99%。认购完成后，海南矿业向中广核董事会派驻 1 名非执行董事。因此公司被认为能够对中广核实施重大影响并将其作为长期股权投资核算。

公司在认购中广核股份后向中广核董事会派驻 1 名非执行董事，并将其会计处理作为长期股权投资核算。在后续与中广核的沟通中，公司深刻意识到铀矿和核能资源属于重要战略资源，涉及国家安全，行业壁垒较高，一般企业难以实质参与其运营活动，并且公司内部缺乏专业的核能研究人员，公司比较了维持继续投入的资源和成本与给公司带来的收益，认为该商业模式从成本和效益角度考虑并不能给公司带来预期的收益，因此公司决定改变对中广核投资的商业模式，由业务整合发展改变为其他商业模式，不再对其进行战略投资并撤出对其所派董事，并向中广核书面声明在投资期内将无条件放弃其对中广核继续派驻董事的权力。于2017年12月4日，公司所派驻的董事向中广核董事会递交了辞呈，中广核随后对外进行了公告。公司在转换日2017年12月4日（董事辞任日）对长期股权投资予以终止确认。

公司根据变更后持有中广核股权投资的目的，将长期股权投资指定为交易性金融资产并按照公允价值计量且变动计入当期损益予以后续计量，转换日该投资公允价值与账面价值之间的差额计入当期损益。

会计师事务所就上交所《关于对海南矿业2017年年度报告的事后审核问询函》中部分涉及财务报表项目问询意见的专项说明（部分摘录）

（一）公司回复

由于看好全球清洁能源市场特别是中国核电及核电发展的良好趋势，公司希望能够通过投资中广核矿业有限公司（以下简称“中广核”）进入铀矿及核能资源领域，以实现公司在矿业领域的多元发展，公司于2016年11月9日与中广核（香港联交所股份代号：01164. HK）签署认购协议，通过全资子公司香港鑫茂投资有限公司认购中广核增发的659, 400, 000股股票，每股价格0. 52港元，投资金额合计港币342, 888, 000元（约折合人民币304, 659, 417元）。认购股份占中广核已发行股本约11. 10%，占紧随认购事项完成后中广核全部经扩大已发行股本约9. 99%。认购完成后，公司向中广核董事会派驻1名非执行董事。

根据《企业会计准则第2号——长期股权投资》的相关规定：“长期股权投资，是指投资方对被投资单位实施控制、重大影响的权益性投资，以及对其合营企业的权益性投资。重大影响，是指投资方对被投资单位的财务和经营政策有参与决策的权力，但并不能够控制或者与其他方一起共同控制这些政策的制定。”同时根据《企业会计准则讲解（2010）》“第三章　长期股权投资”：“实务中较为常见的重大影响体现为在被投资单位的董事会或类似权力机构中派有代表，通过在被投资单位生产经营决策制定过程中的发言权实施重大影响”。由于公司在2016年认购中广核后向中广核董事会派驻1名非执行董事，因此公司被认为能够对中广核实施重大影响并将其作为长期股权投资核算。

公司基于以上商业实质，依据相关准则对中广核股权投资的会计核算进行了转换。公司认为在转换日前后发生了两项实质性变更：1）公司认为对中广核股权投资的商业模式及盈利模式已经发生了实质性变化（如上所述）；2）公司认为对中广核实施具有实质性重大影响的权力发生了实质性变化，具体分析如下：

根据中国证券监督管理委员会会计部组织编写的《上市公司执行企业会计准则案例解析》中提到，企业会计准则将重大影响定义为“对被投资单位的财务和经营政策有参与决策的权力”。中广核为一家注册在开曼的香港上市公司，根据中广核的公司章程和董事提名选取的流程和香港的公司条例，股东并非自动取得董事提名的权力，除董事推荐参与选取以外，任何人士均无资格于任何大会上获选出任董事之职，因此在公司明确声明在投资期内将无条件放弃其对中广核继续派驻董事的权力的情况下，公司已经无法控制中广核的董事会再推荐公司的人员作为中广核的董事，在法律和客观条件下公司已经丧失了通过董事会对中广核的财务和经营政策有参与决策的权力，同时公司也没有任何其他方式来对中广核实施重大影响。对此，海南如瑜律师事务所已经就公司放弃董事派遣的权力的书面声明的法律效力以及中广核董事推选任命流程发表了明确的法律意见，同意公司的判断。

公司此项交易的商业实质是，最初公司考虑到目前我国具有核电站运营资质的运营商只有中广核、中核和国核三家。公司计划通过对中广核的投资扩大产业链，涉足新型环保能源消费行业，并通过业务模式的变化来增加公司的收益。但在2017年后续与中广核持续沟通中，公司深刻意识到铀矿和核能资源属于重要战略资源，涉及国家安全，行业壁垒较高，一般企业难以实质参与其运营活动。由于核电行业技术壁垒较高，最新的行业动态信息公开较少，公司内部又缺乏专业的核能研究人员，公司比较了维持继续投入的资源和成本与给公司带来的收益，认为该商业模式从成本和效益角度考虑并不能给公司带来预期的收益，因此公司决定改变对中广核投资的商业模式，由业务整合发展改变为其他商业模式，不再对其进行战略投资并撤出对其所派董事，并向中广核书面声明在投资期内将无条件放弃其对中广核继续派驻董事的权力。于2017年12月4日，公司所派驻的董事向中广核董事会递交了辞呈，中广核随后对外进行了公告。

根据《企业会计准则第2号——长期股权投资》的规定，已经丧失了对被投资单位的财务和经营政策有参与决策的权力，无法通过在被投资单位生产经营决策制定过程中的发言权实施重大影响，因此公司在转换日2017年12月4日（董事辞任日）对长期股权投资予以终止确认。同时根据《企业会计准则第2号——长期股权投资》第十五条的规定："投资方因处置部分股权投资等原因丧失了对被投资单位的共同控制或重大影响的，处置后的剩余股权应当改按《企业会计准则第22号——金融工具确认和计量》核算，其在丧失共同控制或重大影响之日的公允价值与账面价值之间的差额计入当期损益。原股权投资因采用权益法核算而确认的其他综合收益，应当在终止采用权益法核算时采用与被投资单位直接处置相关资产或负债相同的基础进行会计处理"。另根据《企业会计准则第22号——金融工具确认和计量》的规定："满足以下条件之一的金融资产应当划分为交易性金融资产：（1）取得金融资产的目的主要是为了近期内出售或回购或赎回；（2）属于进行集中管理的可辨认金融工具组合的一部分，具有客观证据表明企业近期采用短期获利方式对该组合进行管理；（3）属于金融衍生工具"，因此，公司根据变更后持有中广核股权投资的目的，将其指定为交易性金融资产并按照公允价值计量且变动计入当期损益予以后续计量，转换日该投资公允价值与账面价值之间的差额计入当期损益。该会计处理对公司2017年度合并财务报表的影响如下：

截至2017年12月31日，该会计处理致使合并资产负债表减少长期股权投资人民币289,023,553.68元，增加以公允价值计量且其变动计入当期损益的金融资产人民币347,255,404.02元（2017年12月31日以公允价值计量且其变动计入当期损益的金融资产余额人民币3.92亿元中另包含公司持有的上市公司股票人民币4,463万元），增加递延所得税负债人民币7,028,337.88元，增加其他综合收益（原股权投资因采用权益法核算而确认的其他综合收益转出）人民币5,527,134.79元；另致使合并利润表增加投资收益人民币45,823,744.67元，增加公允价值变动收益（转换日至2017年12月31日以公允价值计量且其变动计入当期损益的金融资产的公允价值变动）人民币6,880,970.88元，增加所得税费用人民币7,028,337.88元，合计增加合并净利润及归属于母公司股东的净利润人民币45,676,377.67元。

（二）审计师核查意见

基于我们为海南矿业2017年度的财务报表整体发表审计意见执行的审计工作，我们认为海南矿业对中广核的投资从长期股权投资转换为以公允价值计量且其变动计入当期损益的金融资产的会计处理与公司年报中披露的长期股权投资和金融资产的会计政策相符且在重大方面符合企业会计准则的相关规定。

五、权益法核算和公允价值计量转换的应用披露示例

示例1－27　长盈精密（300115.SZ）

其他权益工具投资

单位：元

项目名称	期末余额	期初余额	指定为以公允价值计量且其变动计入其他综合收益的原因
深圳倍声声学技术有限公司	4,990,833.97	4,990,833.97	

指定为以公允价值计量且其变动计入其他综合收益的权益工具投资的原因：2022年7月11日因苏州麦星致远创业投资企业（有限合伙）债转股增资完成后持有深圳倍声声学技术有限公司17.2410%股权，公司持有深圳倍声声学技术有限公司的股权被稀释至5.972422%，且不再拥有董事席位，核算方法由权益法变更为以公允价值计量且其变动计入其他综合收益的权益工具投资。

示例1－28　奇安信－U（688561.SH）

其他权益工具投资

本期存在终止确认的情况说明：

单位：元

项目	因终止确认转入留存收益的累计利得	因终止确认转入留存收益的累计损失	终止确认的原因
广西数广威奇科技有限公司	836,289.00		本期受让11%股权并享有1名董事会席位，对被投资单位具有重大影响，从公允价值计量转换为权益法核算

示例1－29　华友钴业（603799. SH）

其他非流动金融资产（部分摘录）

单位：元

被投资单位	期初数	本期增加	本期减少	期末数
MBM公司	520, 935, 766. 89		520, 935, 766. 89	

根据子公司华涌国际与MBM公司于2022年签署的《可转债协议》，子公司华涌国际认购MBM公司10.00%股权比例的可转债，认购金额共计1.07万亿印尼盾。2023年，公司将对MBM公司的可转债转为股权，因对该公司具有重大影响，列报长期股权投资。

示例1－30　趣睡科技（301336. SZ）

其他非流动金融资产

单位：元

项目	期末余额	期初余额
以公允价值计量且其变动计入当期损益的金融资产	14, 122, 667. 00	

说明：本公司于2023年9月26日转让横琴纯真生活股权投资基金合伙企业（有限合伙）3.48%股权，转让后持股比例为17.849%，并从企业投资决策委员会中退出，不再对企业产生重大影响，本期由长期股权投资转为其他非流动金融资产。

六、附回售权的股权投资的应用披露示例

示例1－31　翱捷科技－U（688220. SH）

其他非流动金融资产（部分摘录）

单位：元

项目	期末余额	期初余额
权益工具投资	267, 602, 460. 52	68, 020, 700. 00

其他说明：

(a) 根据本集团与神顶科技（南京）有限公司（以下简称“神顶科技”）所签订的投资协议，虽然本集团对神顶科技派驻董事，存在重大影响，但考虑到本集团对上述投资拥有回售权等特殊权利，使得本集团实质上承担的风险和报酬与普通股股东明显不同，故本集团将该项权益投资及相关优先权利整体作为一项金融工具核算，将其分类为以公允价值计量且其变动计入损益的金融资产，因预期长期持有，列示为其他非流动金融资产。

(b) 根据本集团与深圳三地一芯电子股份有限公司（以下简称“三地一芯”）及深圳赤子心科技有限公司（以下简称“赤子心”）所签订的投资协议，本集团对该两家企业未派驻董事，对其无重大影响，且本集团对上述两项投资拥有回售权等特殊权利，使得本集团实质上承担的风险和报酬与普通股股东明显不同，故本集团将该两项投资作为金融工具核算，将其分类为以公允价值计量且及其变动计入损益的金融资产，因预期长期持有，列示为其他非流动金融资产。

示例 1－32　英科医疗（300677. SZ）

其他非流动金融资产（部分摘录）

单位：元

项目	期末余额	期初余额
债务工具投资	946, 883, 362. 00	881, 443, 303. 00
权益工具投资	23, 500, 000. 00	3, 500, 000. 00
合计	970, 383, 362. 00	884, 943, 303. 00

其他说明：

单位：元

被投资单位	期初数	期末数
宁波顺泽橡胶有限公司（ii）	74, 730, 000. 00	104, 243, 077. 00
浙江天晨胶业股份有限公司（ii）	33, 316, 923. 00	51, 176, 923. 00

(ii) 根据本集团与宁波顺泽及浙江天晨（以下合称“被投资公司”）所签订的投资协议，虽然本集团对宁波顺泽及浙江天晨派驻董事，但是考虑到本集团对上述两项投资拥有回售权等特殊权利，使得本集团实质上承担的风险和报酬与普通股股东明显不同，故本集团将该两项投资整体作为金融工具核算，将其分类为以公允价值计量且及其变动计入损益的金融资产，列示为其他非流动金融资产。

示例1－33　电声股份（300805. SZ）

其他非流动金融资产（部分摘录）

单位：元

项目	期末余额	期初余额
以公允价值计量且其变动计入当期损益的金融资产		
其中：权益工具投资	20, 925, 479. 46	16, 664, 400. 00
股权回售权	5, 539, 858. 61	4, 520, 407. 71
合计	26, 465, 338. 07	21, 184, 807. 71

其他说明：

本集团持有对联营公司杭州东芳极萃生物科技有限公司股权投资的回售权，当出现协议约定的情形时，本集团有权要求被投资企业或其创始人按照协议约定条件回购本集团持有的全部或部分股权。

七、权益法核算未实现内部交易损益在合并财务报表中调整的应用披露示例

示例1－34　天振股份（301356. SZ）

在合营安排或联营企业中的权益

（1）重要的合营企业或联营企业。

合营企业或联营企业名称	主要经营地	注册地	业务性质	持股比例（%）		对合营企业或联营企业投资的会计处理方法
				直接	间接	
越南优和公司	越南	越南	制造业	28.93		权益法
越南艾米公司	越南	越南	制造业	29.00		权益法

（2）重要联营企业的主要财务信息。

单位：元

项目	期末余额/本期发生额		期初余额/上期发生额	
	越南优和公司	越南艾米公司	越南优和公司	越南艾米公司
流动资产	5, 244, 559. 37	23, 525, 380. 71	5, 415, 669. 57	14, 003, 628. 19
非流动资产	18, 029, 999. 08	21, 149, 990. 22	20, 200, 498. 52	14, 713, 538. 34

续表

项目	期末余额/本期发生额		期初余额/上期发生额	
	越南优和公司	越南艾米公司	越南优和公司	越南艾米公司
资产合计	23, 274, 558. 45	44, 675, 370. 93	25, 616, 168. 09	28, 717, 166. 53
流动负债	1, 024, 571. 84	31, 204, 871. 73	3, 063, 681. 17	12, 896, 895. 63
非流动负债				
负债合计	1, 024, 571. 84	31, 204, 871. 73	3, 063, 681. 17	12, 896, 895. 63
少数股东权益				
归属于母公司股东权益	22, 249, 986. 61	13, 470, 499. 20	22, 552, 486. 92	15, 820, 270. 90
按持股比例计算的净资产份额	6, 437, 811. 44	3, 906, 444. 77	6, 525, 338. 86	4, 587, 878. 56
调整事项				
——商誉				
——内部交易未实现利润		31, 209. 71	25, 770. 41	115, 515. 83
——其他		-31, 209. 71	-25, 770. 41	-115, 515. 83
对联营企业权益投资的账面价值	6, 437, 811. 44	3, 906, 444. 77	6, 525, 338. 86	4, 587, 878. 56
存在公开报价的联营企业权益投资的公允价值				
营业收入	8, 795, 327. 03	30, 495, 594. 74	9, 130, 565. 18	21, 085, 576. 29
净利润	-90, 110. 93	-2, 822, 327. 90	2, 434, 585. 78	626, 205. 45
终止经营的净利润				
其他综合收益	-207, 766. 76	472, 556. 20	1, 070, 248. 74	781, 291. 69
综合收益总额	-297, 877. 69	-2, 349, 771. 70	3, 504, 834. 52	1, 407, 497. 14
本年度收到的来自联营企业的股利				

其他说明：

在合并财务报表层面抵销有关资产账面价值中包含的因逆流交易产生的未实现内部交易损益，相应调整对联营企业的长期股权投资账面价值-3. 12 万元。

示例 1-35　英可瑞（300713. SZ）

在合营安排或联营企业中的权益

不重要的合营企业和联营企业的汇总财务信息：

单位：元

联营企业	期末余额/本期发生额	期初余额/上期发生额
投资账面价值合计	15, 736, 651. 69	16, 336, 574. 93
下列各项按持股比例计算的合计数		

续表

联营企业	期末余额/本期发生额	期初余额/上期发生额
——净利润	-919, 588. 49	-935, 499. 66
——综合收益总额	-919, 588. 49	-935, 499. 66

其他说明：

联营企业按持股比例计算的净利润合计数与权益法核算的长期股权投资收益差异原因为对关联交易进行了顺流交易抵销。

示例1-36 南山控股（002314. SZ）

递延收益

单位：元

项目	期初余额	本期增加	本期减少	期末余额	形成原因
政府补助	352, 872, 296. 17	9, 566, 800. 00	29, 827, 995. 40	332, 611, 100. 77	
其他递延收益（注）	32, 566, 685. 18		1, 968, 396. 75	30, 598, 288. 43	
合计	385, 438, 981. 35	9, 566, 800. 00	31, 796, 392. 15	363, 209, 389. 20	—

注：其他递延收益系本集团本年向联营企业提供资金并获取利息收入的顺流交易，在抵销未实现内部交易损益时，长期股权投资的账面价值减记至零后，不足抵销的部分确认为递延收益，待后续实现时再结转损益。

示例1-37 国科微（300672. SZ）

递延收益

单位：元

项目	期初余额	本期增加	本期减少	期末余额	形成原因
政府补助	185, 384, 947. 84	48, 224, 000. 00	128, 319, 041. 64	105, 289, 906. 20	各项补贴
未实现内部交易损益	203, 453. 31	669, 567. 82		873, 021. 13	未实现内部交易损益
合计	185, 588, 401. 15	48, 893, 567. 82	128, 319, 041. 64	106, 162, 927. 33	

第六节 共同经营、合营企业的判断披露示例

合营安排，是指一项由两个或两个以上的参与方共同控制的安排。共同控制，是

指按照相关约定对某项安排所共有的控制，并且该安排的相关活动必须经过分享控制权的参与方一致同意后才能决策。合营安排分为共同经营和合营企业。

共同控制一定是唯一的集体控制。如果所有参与方或一组参与方必须一致行动才能决定某项安排的相关活动，则称所有参与方或一组参与方集体控制该安排。

合营安排准则明确了界定合营安排的原则：一项安排的法律构架不再是确定会计处理时的最关键因素，要求基于合营安排下各方的权利和义务来确定分类。安排的结构是会计处理的唯一决定因素。

合营企业一定是单独主体（separate vehicle），此时合营安排自身承担经营相关风险——价格风险、存货风险、需求变化风险等。当合营安排未通过单独主体达成时，该合营安排为共同经营。在这种情况下，合营方通常通过相关约定享有与该安排相关资产的权利并承担与该安排相关负债的义务，同时，享有相应收入的权利，并承担相应费用的责任。

一、准则相关规定与监管指引（节选）

（一）《企业会计准则第 2 号——长期股权投资》

第二条　本准则所称长期股权投资，是指投资方对被投资单位实施控制、重大影响的权益性投资，以及对其合营企业的权益性投资。

在确定被投资单位是否为合营企业时，应当按照《企业会计准则第 40 号——合营安排》的有关规定进行判断。

（二）《企业会计准则第 40 号——合营安排》

第二条　合营安排，是指一项由两个或两个以上的参与方共同控制的安排。合营安排具有下列特征：

（一）各参与方均受到该安排的约束；

（二）两个或两个以上的参与方对该安排实施共同控制。任何一个参与方都不能够单独控制该安排，对该安排具有共同控制的任何一个参与方均能够阻止其他参与方或参与方组合单独控制该安排。

第五条　共同控制，是指按照相关约定对某项安排所共有的控制，并且该安排的相关活动必须经过分享控制权的参与方一致同意后才能决策。

第九条　合营安排分为共同经营和合营企业。

共同经营，是指合营方享有该安排相关资产且承担该安排相关负债的合营安排。

合营企业，是指合营方仅对该安排的净资产享有权利的合营安排。

第十一条　未通过单独主体达成的合营安排，应当划分为共同经营。

单独主体，是指具有单独可辨认的财务架构的主体，包括单独的法人主体和不具备法人主体资格但法律认可的主体。

第十二条　通过单独主体达成的合营安排，通常应当划分为合营企业。但有确凿证据表明满足下列任一条件并且符合相关法律法规规定的合营安排应当划分为共同经营：

（一）合营安排的法律形式表明，合营方对该安排中的相关资产和负债分别享有权利和承担义务。

（二）合营安排的合同条款约定，合营方对该安排中的相关资产和负债分别享有权利和承担义务。

（三）其他相关事实和情况表明，合营方对该安排中的相关资产和负债分别享有权利和承担义务，如合营方享有与合营安排相关的几乎所有产出，并且该安排中负债的清偿持续依赖于合营方的支持。

第十五条　合营方应当确认其与共同经营中利益份额相关的下列项目，并按照相关企业会计准则的规定进行会计处理：

（一）确认单独所持有的资产，以及按其份额确认共同持有的资产；

（二）确认单独所承担的负债，以及按其份额确认共同承担的负债；

（三）确认出售其享有的共同经营产出份额所产生的收入；

（四）按其份额确认共同经营因出售产出所产生的收入；

（五）确认单独所发生的费用，以及按其份额确认共同经营发生的费用。

第十九条　合营方应当按照《企业会计准则第 2 号——长期股权投资》的规定对合营企业的投资进行会计处理。

（三）《企业会计准则及应用指南汇编 2024》“第四十章　合营安排”

四、合营安排的分类

（一）单独主体

本章中的单独主体（下同），是指具有单独可辨认的财务架构的主体，包括单独的法人主体和不具备法人主体资格但法律所认可的主体。单独主体并不一定要具备法人资格，但必须具有法律所认可的单独可辨认的财务架构，确认某主体是否属于单独主体必须考虑适用的法律法规。

具有可单独辨认的资产、负债、收入、费用、财务安排和会计记录，并且具有一定法律形式的主体，构成法律认可的单独可辨认的财务架构。合营安排最常见的形式包括有限责任公司、合伙企业、合作企业等。某些情况下，信托、基金也可被视为单独主体。

（二）合营安排未通过单独主体达成

当合营安排未通过单独主体达成时，该合营安排为共同经营。在这种情况下，合营方通常通过相关约定享有与该安排相关资产的权利、并承担与该安排相关负债的义务，同时，享有相应收入的权利、并承担相应费用的责任，因此该合营安排应当划分为共同经营。

（三）合营安排通过单独主体达成

如果合营安排通过单独主体达成，在判断该合营安排是共同经营还是合营企业时，通常首先分析单独主体的法律形式，法律形式不足以判断时，将法律形式与合同安排结合进行分析，法律形式和合同安排均不足以判断时，进一步考虑其他相关事实和情况。

（四）《公开发行证券的公司信息披露编报规则第 15 号——财务报告的一般规定（2023 年修订）》

（六）对合营企业或联营企业投资存在公开报价的，应披露相关信息。

第四十四条　对于重要的共同经营，公司应披露共同经营的名称、主要经营地及注册地、业务性质、公司的持股比例或享有的份额。持股比例或享有的份额不同于表决权比例的，应说明表决权比例及差异原因。

共同经营为单独主体的，应披露判断为共同经营的依据。

二、年报披露示例

示例 1－38　洛阳钼业（603993. SH）

重要的共同经营——2022 年年报

共同控制经营名称	主要经营地	注册地	业务性质	持股比例/享有的份额（%）	
				直接	间接
Northparkes Joint Venture（NJV）（注）	澳大利亚	澳大利亚	铜金矿的开采	—	80

注：2013 年 12 月 1 日，本公司完成了收购 Northparkes 铜金矿的非法人合营公司 NJV80% 的共同控制权益以及 North Mining Limited 持有的与 Northparkes 铜金矿经营业务相关的若干关联资产。收购后，非法人合营公司 NJV 成为本公司的一个共同控制经营。

NJV 拥有的 Northparkes 矿山为一项位于澳大利亚新南威尔士 Parkes 镇西北 Goonumbla 以崩塌式开采的优质铜金矿业务。Northparkes 自 1993 年营运至今，剩余使用年限超过 20 年。NJV 总部位于澳大利亚新威尔士州 Parkes 镇。NJV 由本公司下属子公司 CMOC Mining 持有 80% 的共同控制权益，剩余 20% 权益分别由 Sumitomo Metal Mining Oceania Pty Ltd（SMM）及 SC Mineral Resources Pty Ltd（SCM）持有。

根据 NJV 管理协议，本公司为管理人对持有的 Northparkes 矿山管理业务负责管理 Northparkes 的日常运作，合营各方作为 NJV 的共同控制人，对 Northparkes 矿山相关合营安排的资产按比例享有权力以及就与 Northparkes 矿山相关合营安排有关的负债按比例承担责任。合营各方之间达成一致协议，同意为确保各方的利益（包括各自的产量份额），在任何合营一方违约情况下保护对方合营者的利益。

示例1－39　中国移动（600941. SH）

重要的共同经营

为高效提升5G网络覆盖，本集团与中国广电订立了一系列具体合作协议（“共建共享协议”）以共建共享700MHz 5G无线网络。根据共建共享协议，双方围绕中国广电获得的国家相关部门授权使用的700MHz全部频率共建共享700MHz无线网络（包括但不限于基站、天线等设备资产）。双方联合确定网络建设计划，未经另一方同意，任何一方不得处置（转让、抵押、质押等）其所享有的合作范围内的全部或部分700MHz无线网络资产所有权。本集团先行承担协议约定范围内700MHz 5G无线网络全部建设费用，并在法律上享有上述无线网络资产所有权。中国广电按双方基于公平合理协商的条款向本集团支付网络使用费，因此，双方均享有700MHz无线网络使用权。在遵守相关法律、法规及监管要求的前提下，中国广电可分阶段向本集团按届时市场公允评估价购买50%的700MHz 5G无线资产。

示例1－40　中国电信（601728. SH）

共同经营

2019年9月9日，本集团与中国联合网络通信有限公司（“中国联通”）签订框架合作协议书（“合作协议”）以共建共享5G接入网络。根据合作协议，本集团与中国联通划定区域，在全国范围内共同建设和运营一张5G接入网络。在中国联通建设、运营和维护5G接入网络的地区，本集团依托中国联通的网络开展5G业务；在本集团建设、运营和维护5G接入网络的地区，中国联通依托本集团的网络开展5G业务。

根据合作协议，本集团与中国联通共享5G频率资源，5G核心网络各自建设、运营和维护。双方共同确保5G网络共建共享区域内的网络规划、建设、维护及服务标准统一，保证同等的服务水平。

5G网络共建共享安排由本集团与中国联通通过双方共同设立的协调和推进机构达成一致，以建立双方一致同意的相关机制、制度和规则。该共同协调和推进机构的主要职能是共同开展网络规划、投资决策、项目立项及验收等相关工作，包括确定5G基站的站址及设备型号等，并协调5G共建共享网络的运行及维护，确保合作协议的有效实施。例如，全区域内的5G基站建设的时间、范围及站址，设备的选择及维护供货商的委任，均需由双方协商并达成一致同意。

在共同经营下，双方的业务和品牌保持独立经营，用户归各公司所属。双方用户所产生的收入各自确认，成本和费用各自承担，同时双方建造的资产和相关负债各自确认和承担。

示例1-41　潍柴动力（000338. SZ）

重要的合营企业或联营企业（部分摘录）——2022年年报

合营企业或联营企业名称	主要经营地	注册地	业务性质	持股比例（%）		对合营企业或联营企业投资的会计处理方法
				直接	间接	
合营企业						
（1）西安双特	陕西	陕西	制造业		51.00	权益法
联营企业						
（1）山东重工集团财务有限公司	山东	山东	财务公司	31.25	6.25	权益法

重要合营企业的主要财务信息

本集团持有西安双特51.00%股权，西安双特的另外两位股东为陕西法士特汽车传动集团有限责任公司（以下简称“法士特传动”）和卡特彼勒（中国）投资有限公司（以下简称“卡特彼勒”），持股比例分别为4.00%和45.00%。西安双特董事会由7名董事组成，其中3名由本集团委任，1名由法士特传动委任，另外3名由卡特彼勒委任，根据西安双特公司章程约定，重要董事会决议需要董事会全体同意通过，因此西安双特属于本集团合营企业。

重要联营企业的主要财务信息

本集团持有山东重工集团财务有限公司（“山东重工财务公司”）37.50%股权，山东重工财务公司为本集团提供存款、信贷、结算及其他金融服务，是本集团重要的联营企业，本集团对该联营企业采用权益法核算。

合营企业或联营企业发生的超额亏损

单位：元

合营企业或联营企业名称	累计未确认前期累计的损失	本期未确认的损失（或本期分享的净利润）	本期末累积未确认的损失
陕西欧舒特汽车股份有限公司	100,938,494.26	3,491,219.13	104,429,713.39
保定陕汽天马汽车有限公司	7,750,463.68		7,750,463.68

由于本集团对陕西欧舒特汽车股份有限公司和保定陕汽天马汽车有限公司不负有承担额外损失义务，因此在确认应分担其发生的净亏损时，以长期股权投资的账面价值以及其他实质上构成对其净投资的长期权益减记至零为限。

示例1－42　长飞光纤（601869. SH）

重要的合营企业或联营企业（部分摘录）

合营企业或联营企业名称	主要经营地	注册地	业务性质	持股比例（%）		对合营企业或联营企业投资的会计处理方法
				直接	间接	
长飞光纤光缆（上海）有限公司	上海市	上海市	生产及销售光缆	75.00		权益法

在合营企业或联营企业的持股比例不同于表决权比例的说明：根据长飞光纤光缆（上海）有限公司的公司章程细则，其财务及营运决策须获得全体投资者一致同意通过。因此，本公司及其他投资者共同控制该合营公司。

第七节　合并范围的判断披露示例——结构化主体

随着金融产品多样化的发展以及公司多渠道投资需求日益增加，上市公司越来越多地参与合伙企业、信托计划、资产管理计划、资产支持证券、基金、理财产品等结构化主体的投资。结构化主体指在确定其控制方时没有将表决权或类似权利作为决定因素而设计的主体。由于结构化主体的契约式安排，在形式和内容上均复杂多变。作为结构化主体的投资方，无论是债权性投资还是权益性投资，判断是否控制结构化主体的基本依据都是《企业会计准则第33号——合并财务报表》及其应用指南，《会计准则解释第8号》对商业银行是否控制理财产品作了具体指引，其内在逻辑同样适用于其他主体判断其是否控制信托计划和资管计划等结构化主体。对于结构化主体的信息披露主要依据《企业会计准则第41号——在其他主体中权益的披露》及证监会发布的《公开发行证券的公司信息披露编报规则第15号——财务报告的一般规定(2023年修订)》。

一、准则相关规定与监管指引（节选）

（一）《企业会计准则第33号——合并财务报表》

第二十一条　母公司应当将其全部子公司（包括母公司所控制的单独主体）纳入合并财务报表的合并范围。

第七条　合并财务报表的合并范围应当以控制为基础予以确定。

控制，是指投资方拥有对被投资方的权力，通过参与被投资方的相关活动而享有可变回报，并且有能力运用对被投资方的权力影响其回报金额。

第九条　投资方享有现时权利使其目前有能力主导被投资方的相关活动，而不论其是否实际行使该权利，视为投资方拥有对被投资方的权力。

第十七条　投资方自被投资方取得的回报可能会随着被投资方业绩而变动的，视为享有可变回报。投资方应当基于合同安排的实质而非回报的法律形式对回报的可变性进行评价。

第十八条　投资方在判断是否控制被投资方时，应当确定其自身是以主要责任人还是代理人的身份行使决策权，在其他方拥有决策权的情况下，还需要确定其他方是否以其代理人的身份代为行使决策权。

第十九条　在确定决策者是否为代理人时，应当综合考虑该决策者与被投资方以及其他投资方之间的关系。

（一）存在单独一方拥有实质性权利可以无条件罢免决策者的，该决策者为代理人。

（二）除（一）以外的情况下，应当综合考虑决策者对被投资方的决策权范围、其他方享有的实质性权利、决策者的薪酬水平、决策者因持有被投资方中的其他权益所承担可变回报的风险等相关因素进行判断。

（二）《企业会计准则及应用指南汇编2024》“第三十四章　合并财务报表”

三、合并范围

（三）有能力运用对被投资方的权力影响其回报金额

决策者在确定其是否为代理人时，应综合考虑该决策者与被投资方以及其他方之间的关系，尤其需要考虑下列四项：

(1) 决策者对被投资方的决策权范围。在评估决策权范围时，应考虑相关协议或法规允许决策者决策的活动，以及决策者对这些活动进行决策时的自主程度。与该评估相关的因素包括但不限于：被投资方的设立目的与设计、被投资方面临的风险及转移给其他投资方的风险，以及决策者在设计被投资方过程中的参与程度。例如，如果决策者参与被投资方设计的程度较深（包括确定决策权范围），则可能表明决策者有机会，也有动机获得使其有能力主导相关活动的权利，但这一情况本身并不足以认定决策者必然能够主导相关活动。允许决策者（如资产管理人）主导被投资方相关活动的决策权范围越广，越能表明决策者拥有权力，但并不意味着该决策者一定是主要责任人。

(2) 其他方享有的实质性权利。其他方享有的实质性权利可能会影响决策者主导被投资方相关活动的能力。其他方持有实质性罢免权或其他权利并不一定表明决策者是代理人。存在单独一方拥有实质性罢免权并能够无理由罢免决策者的事实，足以表明决策者是代理人。当拥有此权利者超过一方，且不存在未经其他方同意即可罢免决策者的一方时，这些权利本身不足以表明决策者为其他方的代理人。在罢免决策者时需要联合起来行使罢免权的各方的数量越多，决策者的其他经济利益（即薪酬和其他利益）的比重和可变动性越强，则其他方所持有的权利在判断决策者是否是代理人时的权重就越轻。

在判断决策者是否是代理人时，应考虑其他方所拥有的限制决策者决策的实质性权利，这与考虑上述罢免权的方法相似。例如，决策者决策所需取得认可的其他方的数量越少，该决策者越有可能是代理人。在考虑其他方持有的权利时，应评估被投资方董事会（或其他权力机构）可行使的权利及其对决策权的影响。

(3) 决策者的薪酬水平。相对于被投资方活动的预期回报，决策者薪酬的比重（量级）和可变动性越大，决策者越有可能不是代理人。当同时满足下列两项时，决策者有可能是代理人：一是决策者的薪酬与其所提供的服务相称；二是薪酬协议仅包括在公平交易基础上有关类似服务和技能水平商定的安排中常见的条款、条件或金额。决策者不能同时满足上述两个条件的，不可能是代理人。

(4) 决策者因持有被投资方的其他利益而承担可变回报的风险。持有被投资方其他利益表明该决策者可能是主要责任人。对于在被投资方持有其他利益（如对被投资方进行投资或提供被投资方业绩担保）的决策者，在判断其是否为代理人时，应评估决策者因该利益所面临的可变回报的风险。评估时，决策者应考虑：

①决策者享有的经济利益（包括薪酬和其他利益）的比重和可变动性。决策者享有的经济利益的比重和可变动性越大，该决策者越有可能是主要责任人。

②决策者面临的可变回报风险是否与其他投资方不同，如果是，这些不同是否会影响其行为。例如，决策者持有次级权益，或向被投资方提供其他形式的信用增级，表明决策者可能是主要责任人。

（七）对结构化主体的控制

随着企业所有权和经营组织形式的多样化，企业参与合伙企业、信托计划、资产管理计划、资产支持证券、基金、理财产品等结构化主体的投资、发起设立或管理也日益普遍和多样化。对于发起设立、管理或投资的结构化主体，企业应当严格按照本章的相关规定，以控制为基础判断是否应将其纳入合并范围。

实务中，商业银行及其子公司（以下统称商业银行）发行多种形式的理财产品。商业银行应当判断是否控制其发行的理财产品。如果商业银行控制该理财产品，应当将该理财产品纳入合并范围。

商业银行在判断是否控制其发行的理财产品时，应当综合考虑其本身直接享有以及通过所有子公司（包括控制的结构化主体）间接享有权利而拥有的权力、可变回报及其联系。分析可变回报时，至少应当关注下列方面：

可变回报通常包括商业银行因向理财产品提供管理服务等获得的决策者薪酬和其他利益：前者包括各种形式的理财产品管理费（含各种形式的固定管理费和业绩报酬等），还可能包括以销售费、托管费以及其他各种服务收费的名义收取的实质上为决策者薪酬的收费；后者包括各种形式的直接投资收益，提供信用增级或支持等而获得的补偿或报酬，因提供信用增级或支持等而可能发生或承担的损失，与理财产品进行其他交易或者持有理财产品其他利益而取得的可变回报，以及销售费、托管费和其他各种名目的服务收费等。其中，提供的信用增级包括担保（例如保证理财产品投资者的本金或收益、为理财产品的债务提供保证等）、信贷承诺等；提供的支持包括财务或其他支持，例如流动性支持、回购承诺、向理财产品提供融资、购买理财产品持有的资产、同理财产品进行衍生交易等。

商业银行在分析享有的可变回报时，不仅应当分析与理财产品相关的法律法规及各项合同安排的实质，还应当分析理财产品成本与收益是否清晰明确，交易定价（含收费）是否符合市场或行业惯例，以及是否存在其他可能导致商业银行最终承担理财产品损失的情况等。商业银行应当慎重考虑其是否在没有合同义务的情况下，对过去发行的具有类似特征的理财产品提供过信用增级或支持的事实或情况，至少包括下列几个方面：

1. 提供该信用增级或支持的触发事件及其原因，以及预期未来发生类似事件的可能性和频率。

2. 商业银行提供该信用增级或支持的原因，以及作出这一决定的内部控制和管理流程；预期未来出现类似触发事件时，是否仍将提供信用增级和支持（此评估应当基于商业银行对于此类事件的应对机制以及内部控制和管理流程，且应当考虑历史经验）。

3. 因提供信用增级或支持而从理财产品获取的对价，包括但不限于该对价是否公允，收取该对价是否存在不确定性以及不确定性的程度。

4. 因提供信用增级或支持而面临损失的风险程度。

如果商业银行根据控制的三要素判断对所发行的理财产品不构成控制，但在该理财产品的存续期内，商业银行向该理财产品提供了合同义务以外的信用增级或支持，商业银行应当至少考虑上述各项事实和情况，重新评估是否对该理财产品形成控制。经重新评估后认定对理财产品具有控制的，商业银行应当将该理财产品纳入合并范围。同时，对于发行的具有类似特征（如具有类似合同条款、基础资产构成、投资者构成、商业银行参与理财产品而享有可变回报的构成等）的理财产品，商业银行也应当按照一致性原则予以重新评估。

（三）《关于严格执行企业会计准则　切实做好企业2023年年报工作的通知》（财会［2023］29号）

关于合并财务报表。

1. 关于控制的判断。企业应当按照《企业会计准则第33号——合并财务报表》（财会〔2014〕10号，以下简称合并财务报表准则）的相关规定，综合考虑所有相关事实和情况，按照控制定义的三项要素判断企业是否控制被投资方。企业在判断是否拥有对被投资方的权力时，应当仅考虑与被投资方相关的实质性权利，包括自身所享有的实质性权利以及其他方所享有的实质性权利。企业不应仅以子公司自愿破产、签订一致行动协议或修改公司章程等个别事实为依据作出判断，随意改变合并财务报表范围。对控制的评估是持续的，当环境或情况发生变化时，投资方需要评估控制的三项要素中的一项或多项是否发生了变化，是否影响了投资方对被投资方控制的判断。企业应当审慎考虑与子公司相关的实质性权利，对是否丧失对子公司的控制权进行综合判断。

合并财务报表的合并范围应当以控制为基础予以确定，不仅包括根据表决权（或类似权利）本身或者结合其他安排确定的子公司，也包括基于一项或多项合同安排决定的结构化主体。在判断是否将结构化主体纳入合并范围时，如证券化产品、资产支持融资工具、部分投资基金（如 REITs）等，企业应当严格遵循上述有关要求，按照合并财务报表准则的相关规定，综合所有事实和情况进行判断和会计处理。企业应当将所有控制的被投资方纳入合并范围（涉及母公司是投资性主体的情形除外），不得将未控制或丧失控制权的被投资方纳入合并范围，也不得将控制的被投资方不纳入合并范围。

（四）《公开发行证券的公司信息披露编报规则第 15 号——财务报告的一般规定（2023 年修订）》

第七节　在其他主体中的权益

第二十九条　……公司持有其他主体半数或以下表决权但仍控制该主体、以及公司持有其他主体半数以上表决权但不控制该主体的，公司应披露相关判断和依据。披露确定公司是代理人还是委托人的判断和依据。对于纳入合并范围的重要的结构化主体，应披露控制的相关判断和依据。

第三十八条　公司向纳入合并财务报表范围的结构化主体提供了财务支持或其他支持，或者有提供此类支持意向的，应披露相关信息。

第四十五条　对于未纳入合并财务报表范围的结构化主体，公司应披露结构化主体的基础信息、财务报表中确认的与在结构化主体中权益相关的资产及负债的账面价值及列报项目、在结构化主体中权益的最大损失敞口及其确定方法，并分析该最大损失敞口与财务报表中确认的资产和负债的差异及原因。

公司发起设立未纳入合并财务报表范围的结构化主体，且资产负债表日在该结构化主体中没有权益的，公司应披露相关原因，以及当期从结构化主体获得的收益及收益类型、当期转移至结构化主体的所有资产在转移时的账面价值。

公司有向未纳入合并报表范围的结构化主体提供财务支持或其他支持的意向的，或者在没有合同约定的情况下向未纳入合并财务报表范围的结构化主体提供了支持，应披露提供支持的相关信息。

公司应披露有助于投资者充分理解未纳入合并财务报表范围的结构化主体相关的风险及对公司影响的其他信息。

（五）证监会《上市公司年报会计监管报告》

《上市公司 2023 年年度财务报告会计监管报告》

审阅分析发现，部分上市公司未能恰当确定其合并范围：一是对子公司拥有控制权而未纳入合并范围。例如，部分上市公司持有多个股权比例超过 90% 的项目公司，仅简单以项目公司主要经营活动已预先设定、公司不具有决策权为由，未将相关项目公司纳入合并财务报表。通常情况下，对于已预先设定主要经营活动的项目公司，仍存在对其回报产生重大影响的相关活动，上市公司应进一步分析并识别项目公司成立后对投资回报产生重大影响的活动及其决策机制，并评估其是否可以主导项目公司相关活动。二是将不具有控制权的公司纳入合并范围……

《上市公司2022年年度财务报告会计监管报告》

审阅分析发现，部分上市公司作为原始权益人以持有的应收账款作为基础资产，转让给证券公司作为计划管理人设立的资产支持专项计划（ABS），向合格投资者发行资产支持证券募集资金。资产支持专项计划设置优先级和次级份额，上市公司认购全部次级份额，但未合理判断是否应将该ABS纳入合并财务报表范围。上市公司应当结合其在该ABS中承担的风险，以及其与管理人各自享有可变回报的情况等，恰当判断是否应将该ABS纳入合并财务报表范围。在判断是否承担了绝大多数的可变回报风险时，上市公司应综合考虑基础资产应收账款未来的预期信用损失情况，审慎分析次级份额是否实际承担了所有的下行风险，如应收账款的信用风险、延迟支付风险、利率风险等因素。

《2019年上市公司年报会计监管报告》

年报分析发现，部分上市公司仅基于有限合伙人的身份，就认为对其投资的合伙企业不具有控制，未纳入合并报表范围。例如有的上市公司作为有限合伙人持有结构化主体99%份额，剩余1%份额由普通合伙人持有，普通合伙人作为执行事务合伙人负责结构化主体日常事务的管理并收取固定报酬。该结构化主体的设立目的是服务于上市公司的并购或融资需求，上市公司参与并主导其设立。这种情况下，上市公司依据持有的份额按比例承担和分享了该结构化主体绝大部分的风险和可变回报，并且结合其设立目的，应将其纳入合并报表范围。

《2017年上市公司年报会计监管报告》

年报分析发现，部分上市公司承担了对其投资的合伙企业其他投资者的差额补足义务或回购义务，以保证其他投资者可以收回投资本金和预期回报。但是，上市公司仅基于其有限合伙人的身份，或者仅基于其未在合伙企业的投资委员会中占半数以上席位，就认为对该合伙企业不具有控制，未将其纳入合并报表范围。

年报分析发现，部分上市公司在判断是否控制时，容易忽视结构化主体的设立目的、其他方是否享有实质性权力等因素。例如，个别上市公司参与设立有限合伙企业（并购基金），并认购其全部劣后级份额，将其分类为以权益法核算的长期股权投资进行会计处理。根据合伙协议，上市公司对合伙企业优先级份额本金及固定收益承担保证义务，优先级合伙人在合伙企业投资决策委员会中享有席位，优先级合伙人委派的决策委员对拟投资项目享有一票否决权。考虑到合伙协议对优先、劣后级的设置以及上市公司对优先级退出本金和收益做出的保证安排，优先级合伙人实质上享有固定回报，并不承担合伙企业的经营风险，其在投资决策委员会中存在一票否决权安排，实质上应视为一种保障资金安全的保护性权利。上市公司享有合伙企业所有剩余的可变收益、承担全部亏损风险，同时从设立目的分析，如合伙企业是为上市公司的战略发展需要设立的，上市公司相较其他投资方有更强的动机和意图主导合伙企业的相关投资活动以影响其回报，即上市公司对此合伙企业具有控制，应当予以合并。

《2015 年上市公司年报会计监管报告》

结构化主体纳入合并报表范围的判断：

根据企业会计准则及相关规定，对于上市公司发起设立、管理或投资的结构化主体，当公司拥有对结构化主体的权力、享有可变回报，并且有能力运用对结构化主体的权力来影响其回报的金额时，应将该结构化主体纳入合并范围。

年报分析中发现，部分上市公司在持有资产管理计划的全部劣后级份额或对优先级份额承担本金及收益保证义务，并且能对资产管理计划的投资方向、后续管理或处置等相关活动拥有权力的情况下，仍未将该类资产管理计划纳入合并范围，而仅将持有的份额作为金融资产或其他类别资产进行会计处理。部分上市公司仅根据其在合伙企业中的名义角色（普通合伙人或有限合伙人）判断是否将结构化主体纳入合并范围，而未根据合伙协议的具体条款，持有份额的性质（优先级、普通级或劣后级）、以及进入与退出机制等相关事实和情况，综合分析其作为普通合伙人或有限合伙人对合伙企业相关活动的决策权、享有的回报与承担的风险等因素，判断是否对合伙企业具有控制。

二、理财产品是否纳入合并的披露示例

（一）简要分析

当商业银行对理财产品拥有权力，且通过参与理财产品的相关活动而享有可变回报时，如果商业银行是主要责任人，则其控制该理财产品。

银行理财产品通常都是由商业银行设计的，理财资金的投资方向、范围、策略，以及理财收益的分配都是由商业银行事先设计；理财产品成立后的具体运作，如投资对象、买入卖出的决定、投资资产出现风险时的后续管理等也都是由商业银行作出决策。商业银行通常享有现时权利使其目前有能力主导被理财产品的相关活动，因此商业银行通常对其发行的理财产品拥有“权力”。

商业银行的可变回报的可变动性，是指对回报金额或回报率自身可能发生的变动分布情况，即相对值的度量。商业银行应该结合其薪酬与拥有的其他利益一起考虑其可变回报的量级和可变动性。量级和可变动性越大，越可能表明商业银行是主要责任人。面临风险敞口的可变动性应该与理财产品整体回报的可变动性做比较。虽然主要以预计回报为基础，但也应当考虑商业银行资产管理人所面临可变动报酬的最大敞

口。此外，商业银行还应考虑其所面临可变回报的风险敞口是否与其他投资者不同以及是否可能影响其行为。

对于理财产品，商业银行所获得的回报主要包括固定费用、业绩报酬和投资报酬。固定费用主要包括销售费、托管费和管理费等，其金额通常根据投资者投入的资金总额、理财产品认购协议中约定的年化费率及实际理财天数来计算确定。理财产品通常约定，理财产品的投资收益减去固定费用再减去支付给投资者预期收益之后，若还有剩余，则全部作为业绩报酬归属商业银行。

分析可变回报时，需将所有口径内收费、收益、补偿、报酬都纳入考虑，并且需考虑可能发生或承担的损失。

声誉风险本身不足以赋予控制，但是它可能增加商业银行面临的报酬可变动性的风险，因而商业银行有动机获取适当的权利以拥有权力。因此需要分析提供过信用增级或支持的事实或情况对未来具有类似特征的理财产品的影响。

2015 年 12 月发布的《企业会计准则解释第 8 号》并未明确对于“量级”和“可变动性”如何具体考虑。例如，是否要求两者均达到一定标准方可认定为控制；或者量级和可变动性其中之一达到一定标准，就可以认定为控制；或者对量级赋予更大的权重，即使可变动性非常大但量级不大，也不认定为控制；抑或如果可变动性非常大，即使量级不大（如持有次级权益但次级权益占理财产品的比例非常小时），也要认定为控制。商业银行在判断是否控制其发行的理财产品时，应当综合考虑其本身直接享有以及通过所有子公司（包括控制的结构化主体）间接享有权利而拥有的权力、可变回报及其联系。

（二）年报披露示例

示例 1-43　建设银行（601939. SH）

未纳入合并范围的结构化主体

未纳入本集团合并范围的相关结构化主体包括本集团为获取投资收益而持有的理财产品、资产管理计划、信托计划、基金和资产支持类证券等，以及旨在向客户提供各类财富管理服务并收取管理费、手续费及托管费而发行的非保本理财产品、设立的信托计划及基金等。

于 2023 年 12 月 31 日及 2022 年 12 月 31 日，本集团为上述未合并结构化主体的权益确认的资产包括相关的投资和计提的应收管理费、手续费及托管费等。相关的账面余额及最大风险敞口如下：

单位：百万元

项目	2023 年 12 月 31 日	2022 年 12 月 31 日
金融投资		
以公允价值计量且其变动计入当期损益的金融资产	170, 525	130, 468

续表

项目	2023 年 12 月 31 日	2022 年 12 月 31 日
以摊余成本计量的金融资产	7, 789	15, 425
以公允价值计量且其变动计入其他综合收益的金融资产	2, 317	187
长期股权投资	14, 257	15, 394
其他资产	3, 498	3, 444
合计	198, 386	164, 918

于 2023 年度及 2022 年度，本集团自上述未合并结构化主体取得的损益如下：

单位：百万元

项目	2023 年度	2022 年度
利息收入	658	957
手续费及佣金收入	11, 563	16, 432
投资收益	7, 949	3, 234
公允价值变动损失	(3, 577)	(909)
合计	16, 593	19, 714

于 2023 年 12 月 31 日，本集团发起设立的未纳入合并范围的结构化主体规模为人民币 47, 139. 47 亿元（2022 年 12 月 31 日：人民币 48, 907. 26 亿元）。于 2023 年度，本集团与发行的非保本理财产品相关结构化主体开展的买入返售交易日均余额为人民币 20. 85 亿元。于 2023 年 12 月 31 日，该等交易无余额。该等交易均按照市场价格或一般商业条款进行，交易损益对本集团无重大影响。

示例 1 -44 常熟银行（601128. SH）

本集团管理的未纳入合并范围的结构化主体：

本集团管理的未纳入合并范围的结构化主体主要包括本集团发行和销售的理财产品，本集团未对此类理财产品（“非保本理财产品”）的本金和收益提供任何承诺。作为这些产品的管理人，本集团代理客户将募集到的理财资金根据产品合同的约定投入相关基础资产，根据产品运作情况分配收益给投资者。本集团作为资产管理人获取销售费、管理费等手续费收入。本集团认为集团享有的该类结构化主体的可变动回报并不显著，该类未纳入合并范围的理财产品的最大损失风险敞口为该等理财产品的手续费收入，金额不重大。

于 2023 年 12 月 31 日，本集团发起设立但未纳入合并范围的非保本理财产品余额为人民币 29, 302, 345 千元（2022 年 12 月 31 日：人民币 33, 758, 006 千元）。于

2023 年度，本集团于该类非保本理财产品中获得的利益主要包括手续费及佣金收入计人民币 82,014 千元（2022 年：人民币 220,661 千元）。

本集团投资的未纳入合并范围的结构化主体

本集团亦通过投资在独立第三方机构发起的基金、资产支持证券、信托和资产管理计划和债权投资计划中持有权益。本集团通过投资该结构化主体获取收益。本集团对该类结构化主体不具有控制，因此未合并该结构化主体。

本集团通过直接持有投资而在独立第三方机构管理的结构化主体中享有的权益在合并资产负债表中的相关资产项目列示如下：

单位：千元

类别	期末		
	交易性金融资产	债权投资	账面金额合计
基金	8,817,461		8,817,461
资产支持证券	905,001		905,001
信托和资管计划		2,105,413	2,105,413
债权融资计划		1,151,751	1,151,751
合计	9,722,462	3,257,164	12,979,626

2022 年年报

纳入本集团合并范围的结构化主体主要为理财产品。本集团作为理财产品管理人考虑对该等结构化主体是否存在控制，并基于本集团作为资产管理人的决策范围、理财产品持有人的权力、提供管理服务而获得的报酬和面临的可变动收益风险敞口等因素来判断本集团作为理财产品管理人是主要责任人还是代理人。对于本集团提供保本的理财产品，当其发生损失时，本集团有义务根据相关理财产品担保协议承担损失，因此也将其纳入合并范围。

于 2022 年 12 月 31 日和 2021 年 12 月 31 日，本集团无由本集团作为理财产品管理人且需纳入财务报表合并范围的理财产品，单只理财产品对集团的财务影响均不重大。理财产品投资者享有的权益在吸收存款中列示。

示例 1－45　厦门银行（601187. SH）

本集团主要在金融投资、资产管理和资产证券化等业务中会涉及结构化主体，这些结构化主体通常以发行证券或其他方式募集资金以购买资产。本集团会分析判断是否对这些结构化主体存在控制，以确定是否将其纳入合并财务报表范围。本集团在结构化主体中的权益的相关信息如下：

2.1　本集团发起的结构化主体

本集团在开展理财业务过程中，设立了不同的目标界定明确且范围较窄的结构化主体，向客户提供专业化的投资机会。截至2023年12月31日，本集团委托理财资金参见附注十、6，其中未合并的理财产品存量合计余额为人民币12,248,491,641.23元（2022年12月31日：人民币12,301,871,417.61元）。于2023年度，本集团自上述理财产品取得的手续费收入为人民币67,052,157.98元（2022年度：人民币78,000,509.20元）。

2.2　第三方机构发起的结构化主体

本集团投资的未纳入合并范围内的结构化主体，包括基金、资产支持证券、资金信托计划及资产管理计划。于2023年度，本集团并未对该类结构化主体提供过流动性支持（2022年度：无）。

本集团通过直接投资在第三方机构发起的结构化主体中分占的权益列示如下：

单位：元

项目	交易性金融资产	债权投资	其他债权投资	合计	最大损失敞口
基金	14,393,572.639.29			14,393,572,639.292	14,393,572,639.292
资产支持证券			29,220,302.96	9,220,302.96	9,220,302.96
信托投资计划及资产管理计划受益权投资		409,722,584.98		409,722,584.98	409,722,584.98
合计	14,393,572.639.29	409,722,584.98	29,220,302.96	14,832,515,527.23	14,832,515,527.23

示例1-46　宁波银行（002142.SZ）

本集团发起的未纳入合并范围的结构化主体

理财产品

本集团发起并管理的未纳入合并范围内的结构化主体主要为本集团作为管理人而发行并管理的非保本理财产品。本集团在对潜在目标客户群分析研究的基础上，设计并向特定目标客户群销售资金投资和管理计划，并将募集到的理财资金根据产品合同的约定投入相关金融市场或投资相关金融产品，在获取投资收益后，根据合同约定分配给投资者。本集团作为资产管理人获取手续费及佣金收入。截至2023年12月31日本集团此类未合并的银行理财产品规模合计人民币4,020.51亿元（2022年12月31日：人民币3,966.52亿元）。

于2023年12月31日，本集团在上述理财产品中的投资之账面价值共计人民币2.97亿元（2022年12月31日：1.04亿元）。上述理财产品中投资的最大损失敞口与其账面价值相近。

本年本集团从本集团发行并管理但未纳入合并财务报表范围的理财产品中获得的管理费收入为人民币12.55亿元（2022年：人民币15.32亿元）。

示例1－47　南京银行（601009. SH）

本集团管理的未纳入合并范围的结构化主体主要包括本集团为发行和销售理财产品而成立的资金投资和管理计划，本集团未对此等理财产品（“非保本理财产品”）的本金和收益提供任何承诺。作为这些产品的管理人，本集团代理客户将募集到的理财资金根据产品合同的约定投入相关基础资产，根据产品运作情况分配收益给投资者。本集团认为该等结构化主体相关的可变动回报并不显著。2023年度，本集团未向理财产品提供流动性支持（2022年度：同）。

于2023年12月31日，由本集团发行并管理的未纳入合并范围的理财产品的总规模为人民币3,739.86亿元（2022年12月31日：人民币3,426.46亿元）。

于2023年12月31日，本集团在上述理财产品中的投资之账面价值共计人民币9.11亿元（2022年12月31日：81.76亿元）。

……

本集团投资的未纳入合并范围内的结构化主体，包括理财产品、资产支持证券、资金信托计划及资产管理计划。于2023年度，本集团并未对该类结构化主体提供过流动性支持（2022年度：无）。

于2023年12月31日本集团因投资未纳入合并范围的结构化主体的利益所形成的资产的账面价值（含应收利息）、最大损失风险敞口如下：

单位：千元

项目	账面价值			合计	最大风险敞口
	交易性金融资产	其他债权投资	债权投资		
理财产品	1,035,379			1,035,379	1,035,379
资金信托计划及资产管理计划	137,622,855	41,537,330	638,942	179,799,127	179,799,127
资产支持证券	1,126,021		391,736	1,517,757	1,517,757
基金	174,133,398			174,133,398	174,133,398

示例1－48　贵阳银行（601997. SH）

本集团管理的未纳入合并范围的结构化主体

本集团主要在金融投资、资产管理、信贷资产转让等业务中会涉及结构化主体，这些结构化主体通常以发行证券或其他方式募集资金以购买资产。本集团会分析判断是否对这些结构化主体存在控制，以确定是否将其纳入合并财务报表范围。本集团在未纳入合并财务报表范围的结构化主体中的权益的相关信息如下：

理财产品

本集团在中国内地开展理财业务过程中，设立了不同的目标界定明确且范围较窄的结构化主体，向客户提供专业化的投资机会。截至 2023 年 12 月 31 日及 2022 年 12 月 31 日，本集团此类非合并的银行理财产品规模余额合计分别为人民币 644.22 亿元及人民币 673.58 亿元。非合并的理财业务相关的手续费和管理费收入于 2023 年度及 2022 年度分别为人民币 260,228 千元及人民币 354,663 千元。

示例 1-49　西安银行（600928.SH）

本集团作为发起人但未纳入合并财务报表范围的结构化主体，主要包括本集团发起设立的非保本理财产品。这些结构化主体的性质和目的主要是管理投资者的资产并收取管理费，其融资方式是向投资者发行理财产品。本集团在这些未纳入合并财务报表范围的结构化主体中享有的收益主要是通过管理这些结构化主体收取管理费收入。2023 年，本集团因对该类理财产品提供资产管理服务而收取的中间业务收入为人民币 0.96 亿元（2022 年：人民币 2.34 亿元）。于资产负债表日，本集团应收该类理财产品的管理及其他服务手续费在合并资产负债表中反映的资产项目账面价值金额不重大。

截至 2023 年 12 月 31 日，本集团发起设立但未纳入合并财务报表范围的非保本理财产品的规模余额为人民币 317.42 亿元（2022 年 12 月 31 日：人民币 283.51 亿元）。

示例 1-50　农业银行（601288.SH）

（1）纳入合并范围内的结构化主体。

本集团纳入合并范围的结构化主体包括本集团发行、管理和/或投资的部分资产管理计划、基金产品以及资产证券化产品。由于本集团对此类结构化主体拥有权力，通过参与相关活动享有可变回报，并且有能力运用对被投资方的权力影响其可变回报，因此本集团对此类结构化主体存在控制。

（2）未纳入合并范围内的结构化主体。

本集团发行及管理的未纳入合并范围的结构化主体：

本集团发行及管理的未纳入合并范围的结构化主体主要包括非保本理财产品，本集团未对此等理财产品的本金和收益提供任何承诺。理财产品主要投资于货币市场工具、债券以及非标准化债权等资产。作为理财产品的管理人，本集团代理客户将募集到的理财资金根据产品合同的约定投入相关基础资产，根据产品运作情况分配收益给投资者。

于 2023 年 12 月 31 日，非保本理财产品投资的资产规模为人民币 17,747.90 亿元（2022 年 12 月 31 日：人民币 20,046.87 亿元），对应的未到期非保本理财产品规模为人民币 16,852.87 亿元（2022 年 12 月 31 日：人民币 19,331.55 亿元）。于 2023 年度，本集团于非保本理财产品中获得的利益主要包括手续费及佣金净收入计人民币 34.40 亿元（2022 年：人民币 57.42 亿元）以及本集团与非保本理财产品买入返售交易产生的利息净收入计人民币 8.42 万元（2022 年：人民币 0 元）。本集团与理财产品进行的买入返售的交易基于市场价格进行定价。这些交易的余额代表了本集团对理财产品的最大风险敞口。于2023年度，上述买入返售交易金额平均敞口以及加权平均期限分别为人民币410.55万元以及3天（2022年：未进行上述交易）。于2023年12月31日和2022年12月31日，上述交易无敞口。上述交易并非本集团的合同义务，于2023年度和2022年度，本集团与任一第三方之间不存在由于上述理财产品导致的、增加本集团风险的协议性流动性安排、担保或其他承诺，亦不存在本集团承担理财产品损失的条款。

此外，本集团发行及管理的其他未纳入合并范围的结构化主体为基金、资产管理计划以及资产证券化产品。于2023年12月31日，该等产品的资产规模为人民币3,086.43亿元（2022年12月31日：人民币4,236.68亿元）。于2023年度，本集团从该等产品获得的利益主要包括手续费及佣金净收入计人民币11.66亿元（2022年：人民币15.56亿元）。

本集团持有投资的其他未纳入合并范围的结构化主体：

为了更好地运用资金获取收益，本集团投资于部分其他机构发行或管理的未纳入合并范围的结构化主体，相关损益列示在投资损益以及利息收入中。这些未合并结构化主体主要为本集团投资的资产管理产品、理财产品、基金产品、信托计划、资产支持证券及债权投资计划等。于2023年12月31日，本集团持有以上未纳入合并范围的结构化主体的账面价值和由此产生的最大风险敞口为人民币800.49亿元（2022年12月31日：人民币734.97亿元），分别在本集团合并财务报表的以公允价值计量且其变动计入当期损益的金融资产、以摊余成本计量的债权投资、以公允价值计量且其变动计入其他综合收益的其他债权和其他权益工具投资分类中列示。上述集团持有投资的未纳入合并范围的结构化主体的总体规模，无公开可获得的市场资料。

三、信托计划是否纳入合并的披露示例

（一）简要分析

当信托发起人（原始权益人）对其委托计划管理人设立的信托计划（结构化主体）拥有权力，且通过参与信托计划的相关活动而享有可变回报时，如果发起人是主要责任人，则其控制该信托计划。

发起人通常都参与了信托计划的设计，并且承担对资产的管理、债权催收、追偿等。计划管理人一般仅提供通道，发起人通常享有现时权利使其目前有能力主导被信托计划的相关活动，因此发起人通常对其发行的信托计划拥有“权力”。

发起人的可变回报的可变动性，是指对回报金额或回报率自身可能发生的变动分布情况，即相对值的度量。发起人应该结合其持有的资产支持证券（通常可能是次级档）的收益、差额支付义务与拥有的其他利益（如获得的流动性）一起考虑其可变回报的量级和可变动性。量级和可变动性越大，越可能表明发起人是主要责任人。面临风险敞口的可变动性应该与信托计划整体回报的可变动性做比较。此外，发起人

还应考虑其所面临可变回报的风险敞口是否与其他投资者不同以及是否可能影响其行为。

分析可变回报时，需将所有口径内收益、补偿、间接利益都纳入考虑，并且需考虑可能发生或承担的损失风险。

目前对于发行的信托计划，发起人（原始权益人）通常是将以自有资金参与全部或大部分次级权益的、作为主要责任的信托计划纳入合并范围，而对于作为服务机构，对转让予信托计划的金融资产进行管理，并作为资产管理人收取相应手续费收入，同时亦持有较少部分信托计划的各级资产支持证券的，通常认为可变动回报并不显著，从而不纳入合并范围。

（二）年报披露示例

示例 1 – 51 中国中铁（601390. SH）

对结构化主体的合并

在确定是否合并结构化主体时，本集团在综合考虑所有相关事实和情况的基础上，对这些主体是否具有控制权进行判断。对于本公司之下属子公司中铁信托同时作为信托计划的投资人和管理人的情形，本集团综合评估其通过持有结构化主体中的投资份额而享有的以及作为管理人获得的回报的可变动性相比专项计划的整体可变收益水平是否重大，并且当本集团对于结构化主体的权力将影响其取得的可变回报时，本集团合并该等结构化主体。于 2023 年 12 月 31 日，所有合并的结构化主体资产总额为人民币 10, 513, 747 千元（2022 年 12 月 31 日：人民币 12, 613, 525 千元），合并资产包括货币资金、交易性金融资产、其他非流动金融资产、债权投资和其他应收款等；其中其他权益持有人持有的份额为人民币 3, 347, 551 千元（2022 年 12 月 31 日：人民币 1, 760, 393 千元），列示于其他应付款和长期应付款。

对于本集团直接投资或通过认购信托产品间接投资的基金合伙企业，本集团综合评估直接或间接持有的结构化主体的份额而享有的可变回报量级及可变动性是否重大，并且当本集团对于结构化主体的权力将影响其取得的可变回报时，本集团合并该等结构化主体。

示例 1 – 52 陆家嘴（600663. SH）

对于纳入合并范围的重要的结构化主体，控制的依据

结构化主体或通过受托经营等方式形成控制权的经营实体：对于本集团作为管理人或投资顾问的资产管理计划和信托计划，本集团在综合考虑对其拥有的投资决策权及可变回报的敞口等因素后，认定对个别资产管理计划和信托计划拥有控制权，并将其纳入合并范围。

示例 1 – 53 江苏租赁（600901. SH）——2021 年年报

纳入合并范围的结构化主体主要为本公司开展资产证券业务中发起的由第三方信

托公司设立的信托计划。

资产支持证券

结构化主体名称	注	本公司投资比例（%）	初始发行规模（亿元）
苏租2019年第一期绿色租赁资产证券化信托	(1)/(2)	27.60	人民币19.20

本公司考虑对结构化主体运营的参与程度等进行判断，以评估本公司通过参与上述结构化主体的相关活动而享有的权利、可变回报以及运用享有的权利影响可变回报的能力。

于2021年12月31日，本公司作为发起人、资产服务机构及次级档资产支持证券持有人参与上述结构化主体的经营，对其实施控制，故将其纳入本公司合并财务报表的合并范围。

(1) 该资产支持证券或信托权益的次级档部分均由本公司认购，次级档的受偿顺序劣后于优先档该资产支持证券或信托权益的次级档部分均由本公司认购，次级档的受偿顺序劣后于优先档。

(2) 作为资产服务机构本公司有权以自己的名义进行基础资产回收管理包括但不限于强制执行等法律程序。因此，本公司通过行使对上述结构化主体所拥有的权力主导结构化主体的相关活动，这一权利的实际行使情况将直接影响本公司从结构化主体中获得的可变回报。

四、资管计划是否纳入合并的披露示例

（一）简要分析

当证券公司对资产管理计划拥有权力，且通过参与资产管理计划的相关活动而享有可变回报时，如果证券公司是主要责任人，则其控制该资产管理计划。

资产管理计划通常是由证券公司设计的，资产管理计划的投资方向、范围、策略，以及投资收益的分配是由证券公司事先设计；资产管理计划成立后的具体运作，如投资对象、买入卖出的决定、投资资产出现风险时的后续管理等也通常由证券公司作出决策。证券公司通常享有现时权利使其目前有能力主导被资管计划的相关活动，因此证券公司通常对其发行的资管计划拥有“权力”。

证券公司的可变回报的可变动性，是指对回报金额或回报率自身可能发生的变动分布情况，即相对值的度量。证券公司应该结合其管理费与拥有的其他利益一起考虑其可变回报的量级和可变动性。量级和可变动性越大，越可能表明证券公司是主要责任人。面临风险敞口的可变动性应该与资产管理计划整体回报的可变动性做比较。此外，证券公司还应考虑其所面临可变回报的风险敞口是否与其他投资者不同以及是否

可能影响其行为。

对于资产管理计划，证券公司所能获得的回报主要包括固定管理费、浮动业绩报酬及直接投资次级档的收益。固定管理费通常是证券公司作为资产管理计划的管理人，按照资产管理计划初始委托财产的一定比例收取的。浮动业绩报酬是证券公司作为资产管理计划的管理人，按照所管理的资产管理计划的收益的一定比例提取的。直接投资次级档收益是证券公司作为资产管理计划的管理人同时直接投资取得了资产管理计划的部分次级权益份额所取得的投资收益。

分析可变回报时，需将所有口径内收费、收益、补偿、报酬都纳入考虑，并且需考虑可能发生或承担的损失（下行风险）。

目前对于发行的资产管理计划，证券公司通常是将自己作为管理人且以自有资金参与的、作为主要责任的资产管理计划纳入合并范围，而对于证券公司投资该资产管理计划的性质和目的主要是管理投资者的资产并赚取管理费的，通常不纳入合并范围。

需要注意的是，《企业会计准则应用指南汇编2024》“第三十四章　合并财务报表”新增了【例34－21】和【例34－22】，阐述了结构化主体控制的判断中需要考虑的要点，持有部分次级份额也可能使得承担被投资方损失和享有其回报权利的敞口重大到足以表明是主要责任人。

（二）年报披露示例

示例1－54　山西证券（002500.SZ）

纳入合并财务报表范围的结构化主体

单位：元

结构化主体名称	2023年12月31日 实际持有份额	2022年12月31日 实际持有份额
融通基金融海41号（QDII）单一资产管理计划	974,868,696	974,327,571
宝盈金元宝26号集合资产管理计划	880,117,162	
山西信托信宝13号集合资金信托计划	130,000,000	130,000,000
山西信托信宝12号集合资金信托计划	41,000,000	41,000,000
山西信托信宝15号集合资金信托计划	12,280,000	12,280,000
山证国际大商所铁矿石期货指数ETF	79,311,983	81,885,888
……		
通怡彤得1号私募证券投资基金		50,000,000
其他	15,024,283	186,297,579
合计	4,195,273,777	2,472,841,837

上述结构化主体中，山西信托信宝12号集合资金信托计划、山西信托信宝13号集合资金信托计划、山西信托信宝15号集合资金信托计划及山证国际大商所铁矿石期货指数ETF于本集团子公司层面被纳入合并范围，其余结构化主体于本集团层面被纳入合并范围。

本集团作为上述结构化主体管理人或委托人考虑对该等结构化主体是否存在控制，并基于本集团的决策范围、结构化主体其他方的权力和面临的可变动收益风险敞口等因素来判断本集团是主要责任人还是代理人。对于上述纳入合并范围的结构化主体，本集团作为主要责任人身份行使投资决策权，且本集团所享有的总收益在结构化主体总收益中占比较大，因此将其纳入合并范围。

于2023年12月31日，上述结构化主体应付其他持有人的本金为人民币22,827,114元（2022年12月31日：人民币57,441.429元），损失为人民币13,311,858元（2022年12月31日：收益为人民币13,335,420元）。

示例1-55　招商证券（600999.SH）

结构化主体

本集团合并了部分结构化主体，这些结构化主体主要为资产管理计划、基金及有限合伙企业。对于本集团同时作为结构化主体的管理人和投资人的情形，本集团综合评估其持有投资份额而享有的回报以及作为结构化主体管理人的管理人报酬是否将使本集团面临可变回报的影响重大，从而本集团应作主要责任人。

于2023年12月31日，本集团合并了50个结构化主体（2022年12月31日：56个结构化主体），纳入合并范围的结构化主体的总资产为人民币34,296,080,727.25元（2022年12月31日：人民币22,473,686,187.71元）。

合并该等结构化主体对本集团于2023年12月31日和2022年12月31日的财务状况以及2023年度和2022年度的经营成果及现金流量影响并不重大，因此，未对这些被合并主体的财务信息进行单独披露。

示例1-56　中信建投（601066.SH）

在结构化主体中的权益

本集团主要在投资及资产管理业务中会涉及结构化主体。本集团会分析判断是否对这些结构化主体存在控制，以确定是否将其纳入合并财务报表范围。

纳入合并范围的结构化主体

由于本公司或本公司的子公司作为部分结构化主体的管理人或投资顾问制定投资决策，且以自有资金投资了结构化主体部分份额，承担了产品绝大部分或所有的风险且享有产品绝大部分或所有的可变收益。因此，本集团将其纳入财务报表的合并范围。

于2023年12月31日及2022年12月31日，纳入合并范围的结构化主体资产总额，本集团对纳入合并范围的结构化主体的初始投资及最大风险敞口载列如下：

单位：元

项目	2023 年 12 月 31 日	2022 年 12 月 31 日
资产总额	6, 107, 981, 981. 50	8, 328, 446, 667. 67
初始投资	4, 652, 507, 195. 14	6, 743, 730, 236. 17
最大风险敞口	4, 530, 014, 794. 79	6, 853, 562, 117. 98

示例 1 – 57　东吴证券（601555. SH）

在合并的结构化主体中的权益

本集团合并的结构化主体主要为本公司作为管理人或投资者的资产管理计划。本集团综合评估因持有的份额而享有的回报以及作为资产管理计划管理人的管理人报酬是否将使本集团面临可变回报的影响重大，并据此判断本集团是否为资产管理计划的主要责任人。

2023 年度纳入本集团合并报表范围的结构化产品共 19 个，其中有 3 个产品已于 2023 年度清算（2022 年度：19 个，其中有 1 个产品已于 2022 年度清算）。于 2023 年 12 月 31 日，合并资产管理计划的总资产为人民币 5, 453, 308, 735. 73 元（2022 年 12 月 31 日：人民币 4, 129, 704, 294. 23 元）。

在未纳入合并财务报表范围的结构化主体中的权益

本集团作为结构化主体的管理者，在报告期间对资产管理计划及合伙企业拥有管理权。除已于附注 6、3 所述本集团已合并的结构化主体外，本集团在结构化主体中因持有份额而享有的可变回报并不重大，因此并未合并该等结构化主体。合并资产负债表中上述投资的账面金额等同由本集团发行未纳入合并范围但持有权益的结构化主体而可能存在的最大风险敞口，详情列示如下：

单位：元

项目	2023 年 12 月 31 日		2022 年 12 月 31 日	
	账面价值	最大风险敞口	账面价值	最大风险敞口
交易性金融资产	2, 535, 378, 263. 66	2, 535, 378, 263. 66	1, 881, 208, 982. 31	1, 881, 208, 982. 31

本年度本集团从由本集团发起设立但未有自有资金投入且未纳入合并财务报表范围的结构化主体中获取的管理费收入及业绩报酬为人民币 177, 659, 218. 60 元（2022 年度：人民币 232, 198, 374. 59 元）。

本集团通过直接持有投资而在第三方机构发起设立的结构化主体中享有权益，这些结构化主体未纳入本集团的合并财务报表范围，主要包括资产管理计划、信托计划、基金、合伙企业和其他理财产品等。这些结构化主体的性质和目的主要是管理投资者的资产并赚取管理费，其融资方式是向投资者发行投资产品。

合并资产负债表中上述投资的账面金额等同于本集团因持有第三方机构发行的未合并结构化主体而可能存在的最大风险敞口，详情列示如下：

单位：元

项目	2023 年 12 月 31 日		2022 年 12 月 31 日	
	账面价值	最大风险敞口	账面价值	最大风险敞口
交易性金融资产	13,409,359,218.42	13,409,359,218.42	11,353,967,812.05	11,353,967,812.05

示例 1-58　东方财富（300059. SZ）

在未纳入合并财务报表范围的结构化主体中的权益

于 2023 年 12 月 31 日，本公司未纳入合并财务报表范围的结构化主体主要为本公司管理的证券投资基金、私募投资基金及资产管理计划。这些证券投资基金、私募投资基金及资产管理计划根据合同约定投资于各类许可的金融产品。

于 2023 年 12 月 31 日，本公司在上述结构化主体中的投资之账面价值共计约人民币 196,251,720.49 元，全部分类为交易性金融资产。上述证券投资基金、私募投资基金及资产管理计划投资的最大损失敞口与其账面价值相近。

本年度本公司从由本公司发起设立但未纳入合并财务报表范围的且资产负债表日在该结构化主体中没有权益的证券投资基金、私募投资基金及资产管理计划中获取的管理费收入为人民币 24,123,607.66 元。

五、合伙企业是否纳入合并的披露示例

（一）简要分析

实务中，私募投资基金往往采用有限合伙企业形式，从普通合伙人（GP）、有限合伙人（LP）处募集资金，负责对外投资的取得、管理与处置。

根据《合伙企业法》的规定，有限合伙企业由 GP 执行合伙事务，即通常由 GP 负责私募投资基金的日常管理。但是一些私募投资基金会设立投资决策委员会作为投资决策机构，投资决策委员会委员通常包括 GP 以及 LP 委派的委员。

需要注意的是，对于结构化主体，表决权可能不能对合伙企业等结构化主体回报产生重大影响，被投资方的相关活动可能是由一项或多项合同安排决定的。因此，即使 LP 不能单方面决定投资决策委员会的决议事项，如果合伙企业设立目的为投资于符合 LP 发展战略需求的企业，该 LP 预先设定了投资范围或具体投资项目使其实质上拥有主导相关活动的权力，此时，投资决策委员会决策的事项对合伙企业的回报影响可能并不重大，因此，投资决策委员会的决策机制不一定是判断是否拥有权力的决

定性因素。

GP 享有的可变回报通常包括按照 GP 的实际出资额的一定比率收取的管理费、按照 GP 的出资额享有的成本回收，以及按约定享有的超额业绩报酬。实务中对于私募投资基金的收益分配会有不同的模式，如保证 LP 本金之后，收益的 X% 归 GP，剩余（1 - X)% 按照所有合伙人的份额比例进行分配；保证 LP 本金和一定的收益率（例如，本金的 Y%）之后，剩余部分收益全部归 GP 享有；保证 LP 和 GP 本金加一定的收益率（例如，本金的 Z%）之后，GP 对剩余收益再享有一定比例（例如，剩余收益的 M%），之后的剩余收益全部由 LP 享有等。

可变回报的量级，是指对回报金额或回报率绝对值的度量。可变回报的可变动性，是指对回报金额或回报率自身可能发生的变动分布情况，即相对值的度量。GP 应该结合其管理费、按出资比例享有的回报以及所拥有的其他利益一起考虑其可变回报的量级和可变动性。量级和可变动性越大，越可能表明 GP 是主要责任人。面临风险敞口的可变动性应该与私募投资基金整体回报的可变动性做比较。虽然主要以预计回报为基础，但也应当考虑 GP 所面临可变动报酬的最大敞口。如果 GP 可变回报的量级和可变动性均不重大，其可能是代理人。此外，还应考虑 LP 所拥有的其他权利，如 LP 享有无条件罢免 GP 的权利。如果某一 LP 享有无条件罢免 GP 的权利，则 GP 是代理人。

不能仅以 GP 和 LP 的身份判断哪一方拥有控制权，要结合合伙企业的设立目的、决策机制、可变回报的量级和可变动性等因素综合判断。

（二）年报披露示例

示例 1 - 59　行动教育（605098. SH）

对于纳入合并范围的重要的结构化主体，控制的依据：海南躬行私募基金合伙企业（有限合伙）系本公司于 2021 年 9 月 14 日同上海添宥投资管理有限公司（“上海添宥”）合伙成立的有限合伙企业。全体合伙人对合伙企业的总认缴出资额为人民币 20,000 万元，其中上海添宥以现金认缴出资额合计为人民币 100 万元，占合伙企业认缴出资总额 0.50%；本公司以现金认缴出资额合计为人民币 19,900 万元，占合伙企业认缴出资总额的 99.50%，截至 2023 年 12 月 31 日，已实缴出资人民币 11,400 万元。

示例 1 - 60　中国神华（601088. SH）

在未纳入合并财务报表范围的结构化主体中的权益

2021 年 1 月 22 日，本公司作为有限合伙人参与设立国能新能源基金。国能新能源基金以私募基金从事股权投资、投资管理、资产管理等活动，发行规模为人民币 100.20 亿元。本公司以自有资金出资人民币 40 亿元，国能新能源基金其他投资方认缴规模共人民币 60.20 亿元。本公司对国能新能源基金不具有控制，因此未合并国能新能源基金，本公司对国能新能源基金具有重大影响。截至2023年末，本公司已实缴资本金人民币11.03亿元。本公司对该结构化主体的最大风险敞口以出资额为限。本公司不存在向国能新能源基金提供财务支持的义务和意图。

2021年9月29日，本公司作为有限合伙人参与设立国能低碳基金。国能低碳基金以私募基金从事股权投资、投资管理、资产管理等活动，发行规模为人民币60.01亿元。本公司以自有资金出资人民币20亿元，国能低碳基金其他投资方认缴规模共人民币40.01亿元。本公司对国能低碳基金不具有控制，因此未合并国能低碳基金，本公司对国能低碳基金具有重大影响。截至2023年末，本公司已实缴资本金人民币5.47亿元。本公司对该结构化主体的最大风险敞口以出资额为限。本公司不存在向国能低碳基金提供财务支持的义务和意图。

示例1-61　中国交建（601800.SH）

未纳入合并财务报表范围的结构化主体中的权益

单位：元

项目	2023年12月31日	2022年12月31日
持有资产支持证券及资产支持票据的优先级份额（注1）	37,000,000	29,631,750
认缴由本集团合营企业中交建银（厦门）股权投资基金管理有限公司作为基金管理人发售的各类契约型基金的份额（注2）	971,084,795	1,571,229,262
认缴由本集团之子公司中交投资基金（北京）管理有限公司作为基金管理人发售的各类契约型基金的份额（注3）	6,120,721,204	4,765,914,021
认缴其他基金（注4）	12,172,072,735	9,385,908,618
合计	19,300,878,734	15,752,683,651

注1：截至2023年12月31日，本集团累计发行规模为人民币72,543,192,440元的资产支持证券及资产支持票据，相关资产支持证券及资产支持票据的次级份额为人民币5,064,368,691元，于2023年12月31日，本集团持有资产支持证券及资产支持票据优先级份额为人民币19,000,000元，次级份额为人民币18,000,000元。本公司对金额为人民币67,088,823,749元优先级资产支持证券及资产支持票据本金及固定收益与资产支持证券专项计划及资产支持票据信托各期可分配资金的差额部分承担流动性补足义务。由于本集团持有的优先级及次级份额均不足5%，且评估未来承担流动性补足的可能性低，因而未将该些专项计划及信托纳入本集团合并范围。

注2：截至2023年12月31日，本集团认缴由本集团合营企业中交建银（厦门）股权投资基金管理有限公司作为普通合伙人发起的有限合伙企业的有限合伙人份额共计人民币2,149,100,000元；认缴由本集团合营企业中交建银（厦门）股权投资基金管理有限公司作为基金管理人发售的各类契约型基金的份额共计人民币908,465,000元。该些基金为本集团未纳入合并范围的结构化主体，于其他非流动金融资产核算。该些基金作为股权出资投向本集团的合营及联营项目公司。截至2023年12月31日，该些基金已募集人民币1,205,025,000元。于2023年12月31日，本集团在该些基金的最大风险敞口为本集团在资产负债表日所实缴基金份额的公允价值人民币971,084,795元。本集团不存在向该些契约型基金提供财务支持的义务和意图。

注3：截至2023年12月31日，本集团认缴由本集团之子公司中交投资基金（北京）管理有限公司作为普通合伙人发起的有限合伙企业的有限合伙人份额共计人民币29,184,866,401元；认缴由本集团之子公司中交投资基金（北京）管理有限公司作为基金管理人发售的各类契约型基金的份额共计人民币2,209,687,873元。该些基金为本集团未纳入合并范围的结构化主体，于其他非流动金融资产核算。该些基金作为股权出资投向本集团合营及联营项目公司。截至2023年12月31日，该些基金已募集人民币36,848,057,840元。于2023年12月31日，本集团在该些基金的最大风险敞口为本集团在资产负债表日所实缴基金份额的公允价值人民币

6,120,721,204 元。本集团不存在向该些基金提供财务支持的义务和意图。

注 4：本集团因业务发展需要，参与发起设立广西交投伍期交通建设投资基金合伙企业（有限合伙）、重庆领航高速六号股权投资基金合伙企业（有限合伙）、广西交投柒期交通建设投资基金合伙企业（有限合伙）、广西交投拾肆期交通建设投资基金合伙企业（有限合伙）和广西平陆运河壹号产业发展基金合伙企业（有限合伙）等基金，以上基金为本集团未纳入合并范围的结构化主体，于其他非流动金融资产核算。于 2023 年 12 月 31 日，本集团在以上基金的最大风险敞口为本集团在资产负债表日所实缴基金份额的公允价值合计人民币 12,172,072,735 元。本集团不存在向以上基金提供财务支持的义务和意图。

本集团对上述结构化主体持有的表决权份额并不足以使其有能力主导该结构化主体的相关活动并影响其可变回报金额，因而不将其纳入合并范围。

示例 1－62　中国能建（601868.SH）

未纳入合并财务报表范围的结构化主体的相关说明：

1. 未纳入合并财务报表范围的结构化主体的基础信息。本公司参与发起设立了若干基金产品或合伙企业，这些基金公司或合伙企业为本公司未纳入合并范围的结构化主体。截至 2023 年 12 月 31 日，上述结构化主体投资规模合计约为人民币 105,156,300 千元，其中本公司认缴金额约为人民币 40,668,590 千元，本公司实缴金额约为人民币 10,606,844 千元，分别于长期股权投资——联营/合营企业、其他非流动金融资产或其他权益工具投资中核算。本公司各年末在该等结构化主体中的最大风险敞口为本公司截至各年末实缴的出资额。本公司不存在向该等结构化主体提供财务支持的义务和意图。

2. 发行的资产支持证券情况。本公司发行了若干资产支持证券，本公司持有相关资产支持证券部分次级份额，截至 2023 年 12 月 31 日，本公司持有上述资产支持证券的次级份额为人民币 207,000 千元，在交易性金融资产或其他非流动金融资产中核算。本公司对部分上述资产支持证券优先级资产支持证券本金及固定收益承担流动性补足义务。由于本公司仅持有部分劣后级份额，且评估未来承担流动性补足的可能性低，因而未将该些专项计划及信托纳入本公司合并范围。

示例 1－63　吉比特（603444.SH）

子公司名称	主要经营地	注册地	业务性质	持股比例（%）		取得方式
				直接	间接	
吉相股权	福建厦门	福建厦门	股权投资	100.00		投资设立
吉相天成基金	福建厦门	福建厦门	股权投资	41.50	13.69	投资设立

对于纳入合并范围的重要的结构化主体，控制的依据：

吉相天成基金是由本公司、本公司的子公司及其他第三方共同发起设立的股权投资基金。基金设立目的为投资于符合本公司发展战略需求的企业。根据合同安排，吉相股权作为普通合伙人，本公司作为有限合伙人持有的基金份额占比超过 50%，投资决策委员会由3名委员组成，本公司及吉相股权有权各自委派1名。因此，本公司实质上拥有主导吉相天成基金相关活动的权力，通过参与吉相天成基金的相关活动而享有可变回报以及有能力运用权力影响可变回报，本公司能够控制该结构化主体，符合《企业会计准则第33号——合并财务报表》中有关合并报表范围相关规定，将其纳入本公司合并财务报表范围。

六、REITs是否纳入合并的披露示例

（一）简要分析

1. REITs简介。

不动产投资信托基金（real estate investment trust，REITs），是向投资者发行收益凭证，募集资金投资于不动产，并向投资者分配投资收益的一种投资基金。REITs主要投资于不动产项目，例如购物中心、写字楼、酒店公寓、产业园、工业厂房、基础设施等，以租金收入和不动产升值为投资者提供回报。

基础设施公募REITs，是指依法向社会投资者公开募集资金形成基金财产，通过基础设施资产支持证券等特殊目的载体持有基础设施项目，由基金管理人等主动管理运营上述基础设施项目，并将产生的绝大部分收益分配给投资者的标准化金融产品。基础设施包括仓储物流，收费公路、机场港口等交通设施，水电气热等市政设施，百货商场、购物中心、农贸市场等消费基础设施，污染治理、信息网络、产业园区、保障性租赁住房、清洁能源等符合国家重大战略、发展规划、产业政策、投资管理法规等相关要求的其他基础设施。按照规定，我国基础设施公募REITs在证券交易所上市交易。

2020年4月，中国证监会、国家发展改革委发布了《关于推进基础设施领域不动产投资信托基金（REITs）试点相关工作的通知》（证监发〔2020〕40号），明确了REITs试点的基本原则、试点项目要求和试点工作安排，标志着境内基础设施领域的公募REITs试点正式起步。2020年8月，证监会发布了《公开募集基础设施证券投资基金指引（试行）》（证监会公告〔2020〕54号），明确了我国基础设施公募REITs的定义和产品运作模式、机构主体责任、发售方式、运作规范、投资限制等相关要求。2023年10月，该文件修订为《公开募集基础设施证券投资基金指引（试行）》（证监会公告〔2023〕55号），扩充了基础设施的范围。2021年6月29日，国家发展改革委《关于进一步做好基础设施领域不动产投资信托基金（REITs）试点工作的通知》（发改投资〔2021〕958号）明确了重点支持的六大区域和九大行业，以及试点项目申报要求。

《关于进一步推进基础设施领域不动产投资信托基金（REITs）常态化发行相关工作的通知》（证监发〔2023〕17号）提出推动扩募发行常态化。按照市场化法治化原则，鼓励运营业绩良好、投资运作稳健、会计基础工作规范的上市REITs通过增发份额收购资产，开展并购重组活动。

2. REITs 的交易结构。

基础设施公募 REITs 坚持权益导向，拥有基础设施项目完全的控制权和处置权，是享有基础设施项目权益、平层设计、不设“票面利率”、依赖基础资产产生的现金流进行收益分配的产品。基础设施基金采取封闭式运作，存续期内公募基金份额持有人不能申请赎回基金份额。在公募基金上市后，投资者后续可通过二级市场转让方式退出。

基础设施公募 REITs 采用“公募基金 + 基础设施资产支持证券”的产品结构。基金应当将 80% 以上资产投资于资产支持证券，即一个基础设施公募基金可以投资多只资产支持证券，但应持有其投资的每个资产支持证券的全部份额。基金通过资产支持证券和项目公司等特殊目的载体取得基础设施项目完全所有权或经营权利，拥有特殊目的载体及基础设施项目完全的控制权和处置权。基金管理人主动运营管理基础设施项目，以获取基础设施项目租金、收费等稳定现金流为主要目的。允许基金管理人设立专门子公司承担基础设施项目运营管理职责，也可以委托符合条件的外部管理机构负责部分运营管理职责。

收益分配方面，要求每年分配不得少于 1 次，分配比例不得低于合并后基金年度可供分配金额的 90%。可供分配金额是在净利润基础上进行合理调整后的金额，相关计算调整项目至少包括基础设施项目资产的公允价值变动损益、折旧与摊销，同时应当综合考虑项目公司持续发展、偿债能力和经营现金流等因素。

REITs 的交易结构如图 1－5 所示。

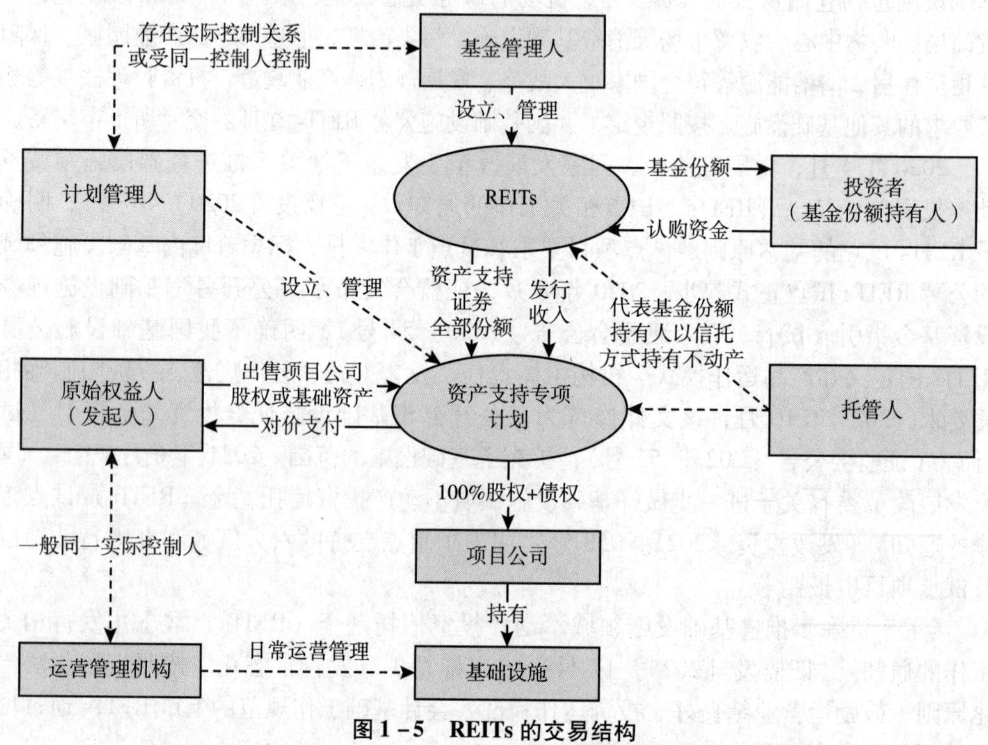

图 1－5　REITs 的交易结构

3. 基础设施公募 REITs 相关会计处理。

原始权益人层面，相关会计处理问题主要包括：是否控制基金及控制时其他份额持有人出资的属性、不控制基金时持有基金份额的列报等。

(1) 控制的判断。

监管要求基础设施项目原始权益人应当参与基础设施基金份额战略配售，战略配售比例不得低于本次基金份额发售数量的 20%，且持有基础设施基金份额期限自上市之日起不少于 60 个月。原始权益人是否控制 REITs，需要依据《企业会计准则第 33 号——合并财务报表》中控制的三要素进行判断。

基金管理人虽然拥有广泛的权力，但由于公募 REITs 是封闭式基金，基金管理人不持有份额，且基金管理人的回报主要来自管理费，可变回报的量级和可变动性都不大，因此即使有权力也通常是代理人，其代表份额持有人做决策。

如果原始权益人持有的 REITs 份额足够大，例如可以在持有人大会上更换管理人，或者原始权益人作为 REITs 的运营管理机构实质上不能被替换（与运营管理机构存在关联关系的基金份额持有人就解聘、更换运营管理机构事项无须回避表决），并且在 REITs 基金的其他份额比较分散的情况下，原始权益人拥有权力。

是否控制公募 REITs 的判断流程如图 1 - 6 所示。

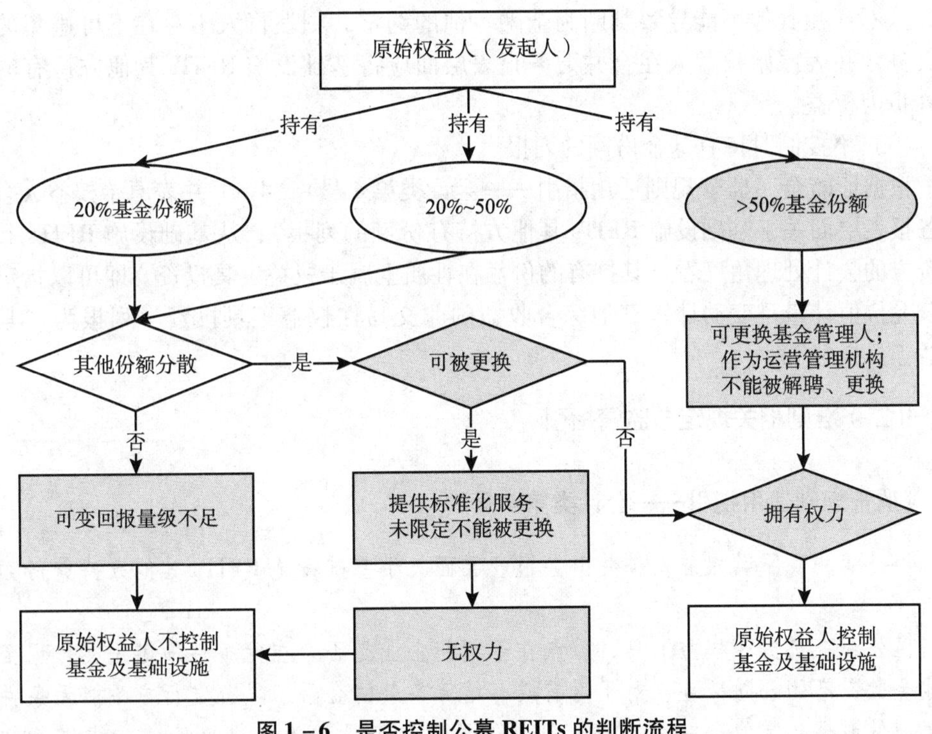

图 1 - 6 是否控制公募 REITs 的判断流程

（2）其他份额持有人出资的属性。

《公开募集基础设施证券投资基金指引（试行）》（证监会公告〔2020〕54 号）第三十条要求：基础设施基金应当将 90% 以上合并后基金年度可供分配金额以现金形式分配给投资者。基础设施基金的收益分配在符合分配条件的情况下每年不得少于 1 次。如果分配义务是无法避免的，则属于合同义务，其他份额持有人的出资属于金融负债。

根据证监会《监管规则适用指引——会计类第 4 号》“4－1 并表原始权益人合并财务报表层面关于基础设施 REITs 其他方持有份额的列报”，并表原始权益人合并财务报表层面对于基础设施 REITs 其他方持有的份额，列报为负债还是权益，主要取决于原始权益人是否存在无条件避免交付现金或其他金融资产的义务，具体考虑以下两方面因素：一是基础设施 REITs 是否可以避免现金分配义务。根据证监会、交易所等相关监管要求，若基础设施 REITs 产品连续两年未按照相关规定将不低于基金年度可供分配金额的 90% 进行收益分配的，相关基金产品将按规定被交易所终止上市。据此，发行人有权选择在交易所终止上市以避免前述规定要求的现金分配义务。二是基础设施 REITs 是否可以避免到期强制清算义务。基础设施 REITs 虽然成立时设置了初始期限，但其可通过扩募购入新的基础设施资产延长合同期限。因此，如发行人已依照相关规定要求说明前述分配、终止上市和扩募延期安排，且不存在其他可能导致判断为金融负债的约定，则发行人不存在不可避免的支付义务，并表原始权益人在合并财务报表层面应将基础设施 REITs 其他方持有的份额列报为权益。

（3）不控制时持有基金份额的列报。

根据证监会《监管规则适用指引——会计类第 4 号》“4－1 并表原始权益人合并财务报表层面关于基础设施 REITs 其他方持有份额的列报”，从基础设施 REITs 其他投资方的会计处理角度看，其持有的份额在性质上属于权益工具投资。即可以指定为以公允价值计量且变动计入其他综合收益的非交易性权益工具投资（列报为“其他权益工具投资”）。

（二）准则相关规定与监管指引

《监管规则适用指引——会计类第 4 号》

4－1　并表原始权益人合并财务报表层面关于基础设施 REITs 其他方持有份额的列报

区分金融负债和权益工具，重点在于判断企业是否存在无条件地避免交付现金或其他金融资产的合同义务。对于附有或有结算条款的金融工具，发行方不能无条件地避免交付现金、其他金融资产或者以其他导致该工具成为金融负债的方式进行结算的，应当将其分类为金融负债；但是如果满足只在发行方清算时才需结算、或者或有结算条款几乎不具有可能性等条件时，应当将其分类为权益工具。

监管实践发现，部分公司对于并表原始权益人在合并财务报表层面将基础设施领域不动产投资信托基金（简称“基础设施 REITs”）其他方持有的份额列报为负债还是权益，存在理解上的偏差和分歧。现就该事项的意见如下：

并表原始权益人合并财务报表层面对于基础设施 REITs 其他方持有的份额，列报为负债还是权益，主要取决于原始权益人是否存在无条件避免交付现金或其他金融资产的义务，具体考虑以下两方面因素：一是基础设施 REITs 是否可以避免现金分配义务。根据证监会、交易所等相关监管要求，若基础设施 REITs 产品连续两年未按照相关规定将不低于基金年度可供分配金额的 90% 进行收益分配的，相关基金产品将按规定被交易所终止上市。据此，发行人有权选择在交易所终止上市以避免前述规定要求的现金分配义务。二是基础设施 REITs 是否可以避免到期强制清算义务。基础设施 REITs 虽然成立时设置了初始期限，但其可通过扩募购入新的基础设施资产延长合同期限。因此，如发行人已依照相关规定要求说明前述分配、终止上市和扩募延期安排，且不存在其他可能导致判断为金融负债的约定，则发行人不存在不可避免的支付义务，并表原始权益人在合并财务报表层面应将基础设施 REITs 其他方持有的份额列报为权益。从基础设施 REITs 其他投资方的会计处理角度看，其持有的份额在性质上属于权益工具投资。

《监管规则适用指引——会计类第 1 号》

1－5　同一控制下企业合并的认定

二、新设主体取得集团内其他公司控制权的交易

某些交易中，集团出于内部重组目的设立一个新主体，新主体作为合并方取得同一集团内其他部分公司的控制权，且集团拟短期内将新主体对外出售。在这种情况下，新主体取得集团内其他公司控制权的交易能否作为同一控制下的企业合并处理，取决于新主体的合并财务报表是作为原控股股东的延伸还是作为新控股股东的延伸。如果集团内部重组交易完全由原控股股东主导，无论其在一年内能否成功将新主体出售，该重组交易均不会被撤销，则新主体的合并财务报表作为原控股股东的延伸，按照同一控制下企业合并处理较为合理。反之，如果该重组交易与原控股股东后续丧失对新主体的控制权的交易互为前提，构成“一揽子交易”，若原控股股东最终未将新主体成功出售，新主体取得集团内其他公司控制权的交易将全部撤销的情况下，则新主体的合并财务报表作为新控股股东的延伸，按照非同一控制下企业合并处理较为合理。

（三）年报披露示例

原始权益人相关会计处理披露示例汇总如表 1－4 所示。

表 1-4　原始权益人相关会计处理披露示例汇总

序号	基金全称	项目类型	主要原始权益人	基金存续期（年）	自持比例（%）	原始权益人合并报表层面	资产类型
1	富国首创水务封闭式基础设施证券投资基金	生态环保	首创环保（600008.SH）	26	51.00	纳入合并范围，将其他份额持有人的出资列为少数股东权益	特许经营权类
2	博时招商蛇口产业园封闭式基础设施证券投资基金	园区基础设施	招商蛇口（001979.SZ）	50	32.00	长期股权投资，权益法核算	产权类
3	鹏华深圳能源清洁能源封闭式基础设施证券投资基金	能源基础设施	深圳能源（000027.SZ）	34	51.39	纳入合并范围，将其他份额持有人的出资列为少数股东权益	特许经营权类

示例 1-64　首创环保（600008.SH）

2021 年 6 月 21 日，首创水务封闭式基础设施公募 REITs 在上海证券交易所成功挂牌上市。

在子公司的所有者权益份额发生变化且仍控制子公司的交易（2021 年半年报部分摘录）

报告期内，公司不断完善资产管理体系，增强资产经营能力，将存量项目深圳首创水务有限责任公司和合肥十五里河首创水务有限责任公司作为标的资产设立富国首创水务封闭式基础设施证券投资基金并于上交所正式挂牌交易，成为首批试点公募 REITs 中唯一一家以污水处理基础设施为基础资产的产品。对深圳首创和合肥十五里河权益份额从 100% 降低至 51%，仍具有控制。

在子公司中的权益（2023 年年报部分摘录）

单位：元

子公司名称	主要经营地	注册资本	注册地	业务性质	持股比例（%）		取得方式
					直接	间接	
富国首创水务封闭式基础设施证券投资基金	上海	185,000.00	上海	投资	51		设立或投资

重要的非全资子公司（2023 年年报部分摘录）

单位：元

子公司名称	少数股东持股比例	本期归属于少数股东的损益	本期向少数股东宣告分派的股利	期末少数股东权益余额
富国首创水务封闭式基础设施证券投资基金	49.00	19,970,099.45	77,346,450.04	722,086,648.34

示例1－65　招商蛇口（001979. SZ）

长期股权投资（部分摘录）

持有博时招商蛇口产业园封闭式基础设施证券投资基金32%股份。

单位：元

被投资单位	本年年初数	本年增减变动			本年年末数	减值准备本年年末余额
		追加投资	权益法下确认的投资损益	宣告发放现金股利或利润		
博时招商蛇口产业园封闭式基础设施证券投资基金	653, 429, 939. 19	398, 060, 600. 40	40, 076, 427. 49	－33, 187, 893. 90		

示例1－66　深圳能源（000027. SZ）

长期股权投资（公司财务报表主要项目注释部分摘录）

对子公司投资：

单位：元

单位名称	年初余额	本年增加	本年减少	年末余额	本年计提减值准备	减值准备年末余额
鹏华深圳能源清洁能源封闭式基础设施证券投资基金	1, 804, 177, 000. 00			1, 804, 177, 000. 00		

重要的非全资子公司（部分摘录）

子公司名称	少数股东的持股比例（%）	本年归属于少数股东的损益	本年向少数股东宣告分派的股利	年末少数股东权益余额
鹏华深圳能源清洁能源封闭式基础设施证券投资基金	49. 00	228, 094, 821. 03	313, 697, 907. 00	1, 697, 317, 411. 57

第八节　合并范围的判断披露示例——签署一致行动协议等

《企业会计准则第33号——合并财务报表》引入了单一控制判断模型，以控制作为合并的单一基础，并明确规定控制构成的三个要素，即主导被投资者的权力、面临被投资者可变回报的风险或取得可变回报的权利、利用对被投资者的权力影响投资者回报的能力。

通常情况下，持有被投资方过半数表决权（直接持有、间接持有或直接和间接合计持有）的投资方拥有对被投资方的权力（无论该表决权是否行使）。投资方持有被投资方半数或以下的表决权，但通过与其他表决权持有人之间的协议能够控制半数以上表决权的，也表明投资方对被投资方拥有权力。

一、准则相关规定与监管指引（节选）

（一）《企业会计准则第 33 号——合并财务报表》

第七条　合并财务报表的合并范围应当以控制为基础予以确定。

控制，是指投资方拥有对被投资方的权力，通过参与被投资方的相关活动而享有可变回报，并且有能力运用对被投资方的权力影响其回报金额。

第九条　投资方享有现时权利使其目前有能力主导被投资方的相关活动，而不论其是否实际行使该权利，视为投资方拥有对被投资方的权力。

第十三条　除非有确凿证据表明其不能主导被投资方相关活动，下列情况，表明投资方对被投资方拥有权力：

（一）投资方持有被投资方半数以上的表决权的。

（二）投资方持有被投资方半数或以下的表决权，但通过与其他表决权持有人之间的协议能够控制半数以上表决权的。

第十四条　投资方持有被投资方半数或以下的表决权，但综合考虑下列事实和情况后，判断投资方持有的表决权足以使其目前有能力主导被投资方相关活动的，视为投资方对被投资方拥有权力：

（一）投资方持有的表决权相对于其他投资方持有的表决权份额的大小，以及其他投资方持有表决权的分散程度。

（二）投资方和其他投资方持有的被投资方的潜在表决权，如可转换公司债券、可执行认股权证等。

（三）其他合同安排产生的权利。

（四）被投资方以往的表决权行使情况等其他相关事实和情况。

（二）《企业会计准则及应用指南汇编 2024》“第三十四章　合并财务报表”

三、合并范围

（一）投资方拥有对被投资方的权力

(2) 投资方持有被投资方半数或以下表决权，但通过与其他表决权持有人之间的协议能够控制半数以上表决权。投资方自己持有的表决权虽然只有半数或以下，但通过与其他表决权持有人之间的协议使其可以持有足以主导被投资方相关活动的表决权，从而拥有对被投资方的权力。该类协议安排需确保投资方能够主导其他表决权持有人的表决，即，其他表决权持有人按照投资方的意愿进行表决，而不是投资方与其他表决权持有人协商并根据双方协商一致的结果进行表决。

……

(4) 持有被投资方半数或半数以下表决权。

持有半数或半数以下表决权的投资方（或者虽持有半数以上表决权，但表决权比例仍不足以主导被投资方相关活动的投资方，本部分以下同），应综合考虑下列事实和情况，以判断其持有的表决权与相关事实和情况相结合是否赋予投资方拥有对被投资方的权力。

①投资方持有的表决权份额相对于其他投资方持有的表决权份额的大小，以及其他投资方持有表决权的分散程度。投资方持有的绝对表决权比例或相对于其他投资方持有的表决权比例越高，其现时能够主导被投资方相关活动的可能性越大；为否决投资方意见而需要联合的其他投资方越多，投资方现时能够主导被投资方相关活动的可能性越大。

……

③其他合同安排产生的权利。投资方可能通过持有的表决权和其他决策权相结合的方式使其当前能够主导被投资方的相关活动。例如，合同安排赋予投资方能够聘任被投资方董事会或类似权力机构多数成员，这些成员能够主导董事会或类似权力机构对相关活动的决策。但是，在不存在其他权利时，仅仅是被投资方对投资方的经济依赖（如供应商和其主要客户的关系）不会导致投资方对被投资方拥有权力。

④其他相关事实或情况。如果根据上述第①至③项所列因素尚不足以判断投资方是否控制被投资方，应综合考虑投资方享有的权利、被投资方以往表决权行使情况及下列事实或情况进行判断：

一是投资方是否能够任命或批准被投资方的关键管理人员，这些关键管理人员能够主导被投资方的相关活动。

二是投资方是否能够出于自身利益决定或者否决被投资方的重大交易。

三是投资方是否能够控制被投资方董事会等类似权力机构成员的任命程序，或者从其他表决权持有人手中获得代理投票权。

四是投资方与被投资方的关键管理人员或董事会等类似权力机构中的多数成员是否存在关联关系（例如，被投资方首席执行官与投资方首席执行官为同一人）。

五是投资方与被投资方之间是否存在特殊关系。在评价投资方是否拥有对被投资方的权力时，应当适当考虑这种特殊关系的影响，这种特殊关系可能为投资方享有权力提供了证据。特殊关系通常包括：被投资方的关键管理人员是投资方的现任或前任职工，被投资方的经营活动依赖于投资方（例如，被投资方依赖于投资方提供经营活动所需的大部分资金，投资方为被投资方的大部分债务提供了担保，被投资方在关键服务、技术、供应或原材料方面依赖于投资方，投资方掌握了诸如专利权、商标等对被投资方经营而言至关重要的资产，被投资方依赖于投资方为其提供具备与被投资方经营活动相关专业知识等的关键管理人员等），被投资方活动的重大部分有投资方参与其中或者是以投资方的名义进行，投资方自被投资方承担可变回报的风险（或享有可变回报的收益）的程度远超过其持有的表决权或其他类似权利的比例（例如，投资方承担或有权获得被投资方回报的比例为70%，但仅持有不到半数的表决权）等。

投资方持有被投资方表决权比例越低，否决投资方提出的关于相关活动的议案所需一致行动的其他投资者数量越少，投资者就越需要在更大程度上运用上述证据，以判断是否拥有主导被投资方相关活动的权力。

在被投资方的相关活动是通过表决权进行决策的情况下，当投资方持有的表决权比例不超过半数时，投资方在考虑了所有相关情况和事实后仍不能确定投资方是否拥有被投资方的权力的，投资方不控制被投资方。

（三）《监管规则适用指引——会计类第1号》

合并财务报表的范围应当以控制为基础予以确定。控制的定义包含三个核心要素：一是投资方拥有对被投资方的权力，有能力主导被投资方的相关活动；二是投资方对被投资方享有可变回报；三是投资方有能力运用对被投资方的权力影响其回报金额。

监管实践发现，部分公司在判断是否对被投资方拥有控制时对准则的理解存在偏差和分歧。现就具体事项如何适用上述原则的意见如下：

一、委托、受托经营业务

公司在判断对受托经营的业务（即标的公司）是否拥有控制时，需重点关注以下问题：

一是关于对标的公司拥有权力的认定。在判断是否对标的公司拥有权力时，除日常运营活动相关的权力外，还应当考虑是否拥有主导对标的公司价值产生重大影响的决策事项的能力和权力。例如，部分委托经营协议中约定，标的公司进行重大资产购建、处置、重大投融资行为等可能对标的公司价值具有重大影响的决策时，需经委托方同意。这种情况下，受托方不具有主导对标的公司价值产生重大影响的活动的权力，不应认定受托方对标的公司拥有权力。又如，部分委托受托经营业务中，委托方或双方并无长期保持委托关系的意图，部分委托协议中赋予当事一方随时终止委托关系的权力等。前述情况下，受托方仅能在较短或不确定的期间内对标的公司施加影响，不应认定受托方对标的公司拥有权力。

二是关于享有可变回报的认定。从标的公司获得的可变回报，不仅包括分享的基于受托经营期间损益分配的回报，还应考虑所分享和承担的标的公司整体价值变动的报酬和风险。例如，部分委托经营协议中虽然约定委托期间标的公司损益的绝大部分比例由受托方享有或承担，但若标的公司经营状况恶化则受托方到期不再续约，这表明受托方实际上并不承担标的公司价值变动的主要报酬或风险，不应认为受托方享有标的公司的重大可变回报。又如，部分委托经营协议中虽然约定受托方享有标的公司的可变回报，但回报的具体计量方式、给付方式等并未作明确约定，有关回报能否实际给付存在不确定性，根据实质重于形式的原则，也不应认定受托方享有可变回报。

二、有固定期限的一致行动协议

一致行动协议带有期限，且期限结束后投资方不拥有对被投资方控制权的，很可能表明投资方无法对被投资方可变回报具有重大影响的事项（如重大资产的购建、处置、重大投融资等）进行决策。这种情况下，投资方不具有主导对被投资方价值产生重大影响的活动的权力，不应因一致行动协议而认定对被投资方拥有控制。

（四）证监会《上市公司年报会计监管报告》

《2019 年上市公司年报会计监管报告》

年报分析发现，个别上市公司仅通过与其他投资方签署附期限的一致行动协议或将子公司部分表决权暂时授予其他股东就认定不再控制该子公司；个别上市公司在对子公司持股比例未发生变化的情况下，仅通过改变子公司章程、协议或投票权等约定就认为丧失对子公司的控制，并确认了股权处置收益。

根据企业会计准则及相关规定，合并财务报表范围应当以控制为基础予以确定。投资方应当在综合考虑所有相关事实和情况的基础上，对是否控制被投资方进行判断，例如其承担的风险水平和享有的可变回报是否与被投资方的其他投资者存在显著差别等。反之，不应仅通过暂时获取或授予其他股东表决权/投票权、修改公司章程或签订一致行动协议等方式改变合并报表范围。

《2017 年上市公司年报会计监管报告》

上市公司与其他投资方达成一致行动协议的情况下，是否应将被投资公司合并，应当基于“控制”的定义和原则，综合考虑一致行动协议的商业意图，一致行动协议授予上市公司的权力是否明确、完整等因素进行判断。年报分析发现，个别上市公司通过与其他投资方签署一致行动协议，将持股比例不超过 50% 的被投资公司纳入合并范围。该一致行动协议未明确其他方是否将与被投资公司相关活动相关的表决权完整授予上市公司，协议期间也未明确约定。仅依据该一致行动协议，无法有效判断上市公司对被投资方的权力、可变回报等的持续性。上市公司不应将此被投资单位纳入合并范围。

《2015 年上市公司年报会计监管报告》

上市公司通过协议将子公司委托其他企业进行管理或接受其他方委托管理标的企业的，应结合委托经营协议条款，综合考虑委托经营的商业目的与经济实质、对被委托单位的经营管理及处置权、是否享有被委托经营标的剩余权益以及享有可变回报（包括委托期间和退出时的可变回报）的重大程度、董事会等类似权力机构成员任命程序、与委托经营交易对手方是否为关联方等因素，判断上市公司与委托经营标的企业是否存在控制关系，从而确定是否将其纳入合并报表范围。年报分析发现，不同公司针对委托经营情况下是否存在控制的判断所考虑的因素不同，对相同或相似因素所产生影响的判断也存在差异，导致不同公司将委托经营标的纳入合并范围的口径不一致。此外，上市公司还应当根据《公开发行证券的公司信息披露编报规则第 15 号——财务报告的一般规定》的相关要求充分披露对委托受托经营情况下是否存在控制的判断依据。

二、一致行动协议对合并的影响披露示例

（一）简要分析

投资方持有被投资方半数或以下表决权但拥有权力的判断，通常是基于投资方与其他表决权持有人之间的一致行动协议可以确保投资方能够主导其他表决权持有人的表决，即其他表决权持有人按照投资方的意愿进行表决，而不是投资方与其他表决权持有人协商并根据双方协商一致的结果进行表决。

（二）年报披露示例

示例 1 - 67　京东方 A（000725. SZ）

在其他主体中的权益

在子公司中的权益（部分摘录）

子公司名称	主要经营地	注册地	业务性质	注册资本（元）	持股比例或类似权益比例（%）		取得方式
					直接	间接	
合肥京东方显示技术有限公司	中国合肥	中国合肥	……	24,000,000,000	36.67		非同一控制下企业合并
武汉京东方光电科技有限公司	中国武汉	中国武汉	……	26,000,000,000	47.14		非同一控制下企业合并
重庆京东方显示技术有限公司（“重庆京东方显示”）	中国重庆	中国重庆	……	26,000,000,000	38.46		非同一控制下企业合并
成都京东方显示科技有限公司	中国成都	中国成都	……	21,550,000,000	35.03		非同一控制下企业合并
华灿光电股份有限公司	中国武汉	中国武汉	……	1,616,698,797	23.01		非同一控制下企业合并

本公司与合肥芯屏产业投资基金（有限合伙）于2019年1月23日签订了一致行动协议，合肥芯屏产业投资基金（有限合伙）同意按照本公司的意愿作为一致行动人，无条件且不可撤销地按本公司的意见行使表决权，故本公司对合肥显示技术的表决权比例为100%。

本公司分别与武汉京东方股东武汉临空港经济技术开发区工业发展投资集团有限公司、湖北省长柏产业投资基金合伙企业（有限合伙）于2018年12月25日以及2021年2月5日签订了一致行动协议，武汉临空港经济技术开发区工业发展投资集团有限公司、湖北省长柏产业投资基金合伙企业（有限合伙）同意按照本公司的意愿作为一致行动人，无条件且不可撤销地按本公司的意见行使表决权，故本公司对武汉京东方的表决权比例为100%。

本公司与重庆京东方显示股东重庆战略性新兴产业股权投资基金合伙企业（有限合伙）、重庆渝资光电产业投资有限公司于2018年12月25日签订了一致行动协议，本公司与重庆京屏股权投资基金合伙企业（有限合伙）于2021年3月31日签订了一致行动协议，本公司与重庆建信钧衡私募股权投资基金合伙企业（有限合伙）于2021年6月30日签订了一致行动协议。重庆战略性新兴产业股权投资基金合伙企业（有限合伙）、重庆渝资光电产业投资有限公司、重庆建信钧衡私募股权投资基金合伙企业（有限合伙）、重庆京屏股权投资基金合伙企业（有限合伙）同意按照本公司的意愿作为一致行动人，无条件且不可撤销地按本公司的意见行使表决权，故本公司对重庆京东方显示的表决权比例为100%。

本公司与成都显示科技股东成都先进制造产业投资有限公司、成都空港兴城投资集团有限公司于2020年12月17日签订了一致行动协议，与南京中电熊猫信息产业集团有限公司于2020年12月31日签订了一致行动协议，与中电金投控股有限公司于2022年6月28日签订了一致行动协议，与雅安雅双投资有限公司于2022年11月30日签订了一致行动协议，成都先进制造产业投资有限公司、成都空港兴城投资集团有限公司、雅安雅双投资有限公司、南京中电熊猫信息产业集团有限公司、中电金投控股有限公司统一按照本公司的意愿作为一致行动人，无条件且不可撤销地按本公司的意见行使表决权，故本公司对成都显示科技的表决权比例为96.75%。

本公司与New Sure Limited于2022年11月4日签署股份表决权管理协议，New Sure Limited同意无条件且不可撤销地将其持有华灿光电的表决权、提名权及其附属权利委托给本公司行使及管理；本公司与义乌和谐芯光股权投资合伙企业（有限合伙）于2022年11月10日签署了协议书，义乌和谐芯光股权投资合伙企业（有限合伙）承诺不会单独、共同或协助第三方谋求华灿光电的控制权；珠海华发科技产业集团有限公司于2022年11月10日向本公司出具了承诺函，承诺珠海华发科技产业集团有限公司及其控制的主体不会单独、共同或协助第三方谋求华灿光电的控制权，亦不会与华灿光电股东通过委托、协议、联合、签署一致行动协议等方式形成一致行动关系或谋求华灿光电控制权，故本公司对华灿光电的表决权比例为26.52%，成为控股股东。

示例1－68　复旦微电（688385. SH）

子公司名称	主要经营地	注册资本（万元）	注册地	业务性质	持股比例（%）		取得方式
					直接	间接	
上海华岭集成电路技术股份有限公司（"华岭股份"）	上海	26,680	上海	芯片测试	42.75		投资设立
上海复微迅捷科技股份有限公司（"复微迅捷"）	上海	5,000	上海	技术服务与开发	40.85		投资设立

本公司原持有华岭股份50.29%的股份。于2022年10月28日，华岭股份向社会公众增发股份，本公司持有华岭股份的股权比例降为42.75%。管理层认为本公司对华岭股份仍具有控制权，是因为本公司是华岭股份的最大单一股东，华岭股份其他的股份由众多其他股东广泛持有。

本公司与复微迅捷的另一股东（持有复微迅捷15%股份）签订了一致行动人协议，约定在行使复微迅捷股东大会及董事会议案表决权时，对方保证在行使表决权时与本公司保持一致，通过协议安排能够对复微迅捷财务和经营决策实施控制，将复微迅捷纳入合并范围。

示例1－69　中交地产（000736. SZ）

在子公司中的权益（部分摘录）

子公司名称	主要经营地/注册地	业务性质	直接持股比例（%）	间接持股比例（%）	取得方式
重庆肃品房地产开发有限公司（注7）	重庆	房地产开发	35.00		设立
中交城市发展（山东）有限公司（注8）	济南	房地产开发	20.00		同一控制下企业合并
昆明中交东盛房地产有限公司（注9）	昆明	房地产开发	50.00		设立
重庆美宸房地产开发有限公司（注10）	重庆	房地产开发	49.6		设立
中交贵州房地产有限公司（注11）	贵州	房地产开发	35.00		设立
中交鑫盛贵安新区置业有限公司（注12）	贵州	房地产开发	35.00		设立
广西中交城市投资发展有限公司（注13）	玉林	房地产开发	40.00		同一控制下企业合并
中交雄安产业发展有限公司（注14）	雄安	房地产开发	40.00		设立

注7：本公司持有重庆肃品房地产开发有限公司35%的股权，重庆金科房地产开发有限公司和厦门大唐房地产集团有限公司分别持有重庆肃品房地产开发有限公司35%和30%的股权。根据本公司与重庆金科房地产开

发有限公司、厦门大唐房地产集团有限公司签订的合作开发协议，重庆金科房地产开发有限公司、厦门大唐房地产集团有限公司同意本公司在股东会中享有51%的表决权。重庆肃品房地产开发有限公司股东会决议（除修改公司章程、增加或者减少注册资本、对外担保，以及公司合并、分立、解散或者变更公司形式）经代表1/2以上表决权的股东通过。董事会共5人，本公司委派3人，董事会决议经代表1/2以上表决权董事通过。因此，本公司管理层认为，本公司拥有对重庆肃品房地产开发有限公司的控制权，相应将其纳入本集团合并范围。

注8：本公司持有中交城市发展（山东）有限公司20%的股权，本公司的母公司中交房地产集团持有中交城市发展（山东）有限公司40%的股权。

中交城市发展（山东）有限公司股东会由股东按出资比例行使表决权，股东会决议经全体股东一致表决同意通过；董事会成员共5名，中交房地产集团委派2人，本公司委派1人。董事会决议须经全体董事1/2以上表决通过。由于中交城市发展（山东）有限公司股东会仅就特殊事项进行决议，中交城市发展（山东）有限公司的日常经营决策权下放至董事会。根据本公司与中交房地产集团的约定，中交房地产集团在中交城市发展（山东）有限公司股东会及董事会上就议案行使提案权和表决权时，以本公司的投票意愿为表达，与本公司派出的股东代表或董事代表保持一致。因此，本公司可通过控制董事会，从而控制中交城市发展（山东）有限公司全部的生产、经营、投融资活动，进而改变自身的可变回报。在日常经营中，本公司主导项目开发（操盘）。因此本公司拥有对中交城市发展（山东）有限公司的控制权，相应将其纳入本集团合并范围。

注9：本公司持有昆明中交东盛房地产有限公司50%的股权，云南碧桂园房地产开发有限公司和昆明众鑫建设项目管理合伙企业（有限合伙）分别持有昆明中交东盛房地产有限公司49%和1%的股权。

根据昆明中交东盛房地产有限公司章程约定，股东会按出资比例行使表决权，股东会决议需要全体股东1/2以上表决权通过；董事会共5人，本公司委派3人，云南碧桂园房地产开发有限公司委派2人，董事会决议经代表1/2以上表决权董事通过。本公司与云南碧桂园房地产开发有限公司签署一致行动人协议，约定双方行使股东权利、董事权利时采取一致行动；在股东会和董事会行使提案权和表决权时，如无法就提案事项或表决事项达成一致意见的，以本公司或其委派的董事的意见进行提案或表决。因此，本公司管理层认为，本公司拥有对昆明中交东盛房地产有限公司的控制权，相应将其纳入本集团合并范围。

注10：本公司持有重庆美宸房地产开发有限公司49.6%的股权，重庆市金科宸居置业有限公司与重庆和美建设项目管理合伙企业（有限合伙）分别持有其49.9%以及0.5%的股权。根据重庆美宸房地产开发有限公司章程约定，股东会按出资比例行使表决权，股东会决议需要全体股东1/2以上表决权通过。董事会共3人，本公司委派2人，董事会决议经全体董事过半数通过生效。本公司与重庆和美建设项目管理合伙企业（有限合伙）签署协议，约定存续期内各方行使股东权利、董事权利、开展日常经营活动时采取一致行动；无法达成一致意见时，以本公司或本公司委派的董事的意见进行提案或表决。因此，本公司管理层认为，本公司拥有对重庆美宸房地产开发有限公司的控制权，相应将其纳入本集团合并范围。

注11：本公司与同受中交集团控制的关联方中交西南投资发展有限公司（以下简称“西南投资”）、中交第四航务工程局有限公司、中交第二航务工程局有限公司、中交路桥建设有限公司（以下简称“中交路建”）、中交第四航务工程勘察设计院有限公司及中国市政工程西南设计研究总院有限公司（以下简称“市政西南院”）共同出资设立中交贵州房地产有限公司，持股比例分别为35%、6%、25%、15%、9%、5%及5%。本公司与西南投资、中交路建及市政西南院签订股东协议，约定在股东会和董事会行使提案权和表决权时，如无法就提案事项或表决事项达成一致意见的，以本公司或本公司委派的董事的意见进行提案或表决。因此，本公司管理层认为，本公司拥有对中交贵州房地产有限公司的控制权，相应将其纳入本集团合并范围。

注12：本公司与同受中交集团控制的关联方西南投资、中交路建、中交建筑集团有限公司及中交第二公路工程局有限公司共同出资设立中交鑫盛贵安新区置业有限公司，持股比例分别为35%、8%、24%、18%及15%。本公司与西南投资及中交路建签订股东协议，约定在股东会和董事会行使提案权和表决权时，如无法就提案事项或表决事项达成一致意见的，以本公司或本公司委派的董事的意见进行提案或表决。因此，本公司管理层认为，本公司拥有对中交鑫盛贵安新区置业有限公司的控制权，相应将其纳入本集团合并范围。

注13：本公司持有广西中交城市投资发展有限公司40%的股权，中交城市投资控股有限公司和中交一航局城市投资发展（天津）有限公司分别持有广西中交城市投资发展有限公司30%的股权。根据广西中交城市投资发展有限公司章程约定，股东会按出资比例行使表决权，股东会决议需要全体股东1/2以上表决权通过；董事会共5人，本公司委派3人，董事会决议经代表1/2以上表决权董事通过。本公司与中交一航局城市投资发展（天津）有限公司签署协议，约定双方行使股东权利、董事权利时采取一致行动；在股东会和董事会行使提案权和表决权时，如无法就提案事项或表决事项达成一致意见的，以本公司或本公司委派的董事的意见进行提案或表决。因此，本公司管理层认为，本公司拥有对广西中交城市投资发展有限公司的控制权，相应将其纳入本集团合并范围。

注14：本公司与同受中交集团控制的关联方中交投资有限公司和中交雄安投资有限公司共同出资设立中交雄安产业发展有限公司，持股比例分别为40%、40%及20%。本公司与中交投资有限公司和中交雄安投资有限公司签订一致行动协议书，约定在股东会和董事会行使提案权和表决权时，如无法就提案事项或表决事项达成一致意见的，以本公司或本公司委派的董事的意见进行提案或表决。因此，本公司管理层认为，本公司拥有对中交雄安产业发展有限公司的控制权，相应将其纳入本集团合并范围。

示例1－70　彤程新材（603650.SH）——2021年年报

非同一控制下企业合并

被购买方名称	股权取得时点	股权取得成本（元）	股权取得比例（%）	股权取得方式	购买日	购买日至期末被购买方的收入（元）	购买日至期末被购买方的净利润（元）
北京科华	2021年2月24日	43,650,000.00	6.7218	现金购买	2021年2月24日	104,120,072.89	－38,652,541.35

其他说明：本集团原持有北京科华35.5375%的股权，对其具有重大影响，因而将其作为合营公司。本年内，本集团以现金人民币43,650,000.00元取得了北京科华6.7218%的股权，并与Meng Technology Inc. 签订一致行动人协议。交易完成后，本集团持有北京科华42.2593%的股权，并依据一致行动人协议在股东会中拥有过半数的表决权、在董事会中拥有过2/3的席位，因而取得对北京科华的控制权。购买日确定为2021年2月24日。

示例1－71　新天绿能（600956.SH）——2021年年报

子公司名称	丧失控制权的时点	丧失控制权时点的确定依据	丧失控制权之日剩余股权的比例（%）	丧失控制权之日剩余股权的账面价值（元）	丧失控制权之日剩余股权的公允价值（元）	按照公允价值重新计量剩余股权产生的利得或损失（元）
崇礼建投华实风能有限公司	2021年9月15日	与合营方不再签署一致行动人协议	51	104,690,197.56	106,635,711.71	1,945,514.15
张北建投华实风能有限公司	2021年9月15日	与合营方不再签署一致行动人协议	51	69,190,999.03	69,458,852.92	267,853.89

其他说明：

于丧失控制权之前，本集团和都城伟业集团有限公司（“都城伟业”）分别持有崇礼建投和张北建投的51%和49%的股权份额。崇礼建投和张北建投的最高权力机关是股东会，股东会作出决策事项时须经2/3以上表决权通过，股东按照出资比例行使表决权；董事会成员共5人，本集团和都城伟业各委派2位董事，职工董事1名由职工代表大会选举产生。董事会作出决策时须经出席会议的4/5及以上同意。本集团与都城伟业签署了一致行动人协议，除保护性条款外，如增加或减少注册资本、合并分立清算、变更章程外，其他事项的表决，都城伟业均与本集团投票保持一致。因此本集团通过协议控制了崇礼建投和张北建投，并作为子公司进行核算和纳入集团合并范围内。

于2021年9月15日，都城伟业将其在上述两个公司持有的49%股权份额转让给鲁能新能源（集团）有限公司（“鲁能新能源”）。鲁能新能源与都城伟业同受一母公司中国绿发投资集团有限公司最终控制。鲁能新能源在受让了都城伟业的投资份额后，不再与本集团签署一致行动人协议。由此，鉴于两家被投资公司的章程中约定的决策机制，本集团对这两家公司不再具有控制，应作为处置子公司处理。

三、受托表决对合并的影响披露示例

（一）简要分析

投资方持有被投资方半数或以下表决权时，除签署一致行动协议之外，也会通过委托经营等形式受托行使其他投资方的表决权从而取得被投资公司的控制权。

需要注意的是，《企业会计准则应用指南汇编2024》“第三十四章　合并财务报表”新增了【例34－9】，阐述了通过托管经营协议形成控制的判断要点，如决策权范围广泛（包含重大资产的处置权）、委托方不能单方面终止委托管理关系、享有受托期间重大的可变回报等。反之，若受托方仅能在较短或不确定的期间内对标的公司施加影响，不应认定受托方对标的公司拥有权力；从标的公司获得的可变回报，不仅包括分享的基于受托经营期间损益分配的回报，还应考虑所分享和承担的标的公司整体价值变动的报酬和风险。

（二）年报披露示例

示例1－72　奥佳华（002614. SZ）

处置子公司

本期是否存在丧失子公司控制权的交易或事项：

子公司名称	丧失控制权时点的处置价款（元）	丧失控制权时点的处置比例（%）	丧失控制权时点的处置方式	丧失控制权的时点	丧失控制权时点的判断依据	处置价款与处置投资对应的合并财务报表层面享有该子公司净资产份额的差额（元）
宁德奥佳华智能健康设备有限公司	43, 550, 000. 00	100. 00	协议转让	2023年10月	完成资产交割	6, 528, 245. 29

续表

子公司名称	丧失控制权时点的处置价款（元）	丧失控制权时点的处置比例（%）	丧失控制权时点的处置方式	丧失控制权的时点	丧失控制权时点的判断依据	处置价款与处置投资对应的合并财务报表层面享有该子公司净资产份额的差额（元）
深圳盈合麦田传媒有限公司		51.00	协议转让	2023年8月	完成资产交割	-2,080,614.51

说明：2023年8月公司签署《委托经营管理协议》及《往来还款并担保协议》，将公司所持深圳盈合麦田传媒有限公司（以下简称“盈合麦田”）51%股权享有的经营权委托盈合麦田的少数股东深圳华益传媒有限公司管理。根据《委托经营管理协议》，公司将对盈合麦田不再具有控制影响，按照会计准则相关规定，盈合麦田不再纳入公司合并报表范围。

示例1-73　南山控股（002314.SZ）——2021年年报

本期发生的非同一控制下企业合并

单位：元

被购买方名称	股权取得时点	股权取得方式	购买日	购买日的确定依据	购买日至期末被购买方的收入	购买日至期末被购买方的净利润
深圳赤湾胜宝旺工程有限公司	2021年4月10日	一致行动人协议	2021年4月10日	一致行动人协议、章程、董事会决议等	432,494,299.42	4,237,388.17

其他说明：

2021年，南山集团下属子公司赤晓企业以现金对价人民币150,000,000.00元取得的深圳赤湾胜宝旺工程有限公司（以下简称“胜宝旺”）32%的股权。2021年4月10日，赤晓企业与南山控股签订了《赤湾胜宝旺表决权托管协议》，协议约定，南山控股有权就32%的股权行使赤晓企业所享有的除处分权、收益权以及表决权保留事项（变更公司章程，增加或减少注册资本，胜宝旺合并、分立、解散或变更公司形式）以外的一切股东权力和权利，因此南山控股合计持有胜宝旺64%的表决权。

本集团将2021年4月10日确定为购买日。

示例1-74　海康威视（002415.SZ）——2021年年报

单次处置对子公司投资即丧失控制权的情形

于2021年3月，本集团与中电海康和萤石科技三方签署了《〈委托管理协议〉

之终止协议》，同意《委托管理协议》于2021年3月27日终止，《委托管理协议》终止后，本集团不再行使对萤石科技的实际经营管理权，不再负责萤石科技的生产、经营和管理，不再享有《委托管理协议》约定的其他对萤石科技的权利。本集团自2021年3月27日起不再控制萤石科技，因此不再将萤石科技纳入合并财务报表合并范围。

示例1-75　中国中车（601766.SH）——2021年年报

处置子公司

于2021年7月，本公司下属子公司中车株机公司与中车集团的控股子公司株机实业公司签订股权托管协议等一系列相关协议，将中车株机公司下属控股子公司南非株机公司的100%的股权委托株机实业公司管理，并自股权托管协议签订之日起委托株机实业公司行使全部股东权利。2021年7月18日，股权托管协议签订并完成托管，本公司下属子公司中车株机公司丧失对南非株机公司的控制权，不再将其纳入本集团合并财务报表范围。

四、其余股权分散纳入合并的披露示例

（一）简要分析

当投资方作为第一大股东，虽然其自身持股比例不足以达到50%以上，但是其余股东股权分散，根据出资协议安排或者其他小股东不参与相关活动的决策，以及其余股东之间不存在一致行动决议等因素，使第一大股东具有实际控制权。

（二）年报披露示例

示例1-76　光明乳业（600597.SH）

在子公司中的权益（部分摘录）

子公司名称	主要经营地	注册资本	注册地	业务性质	持股比例（%）		取得方式
					直接	间接	
新莱特（i）	新西兰	46,478万新西兰元	新西兰	乳品加工、销售		39	非同一控制下的企业合并
Synlait Milk Finance Limited（i）	新西兰		新西兰	金融服务		39	非同一控制下的企业合并
The New Zealand Dairy Company Limited（i）	新西兰		新西兰	乳品加工、销售		39	非同一控制下的企业合并

续表

子公司名称	主要经营地	注册资本	注册地	业务性质	持股比例（%）		取得方式
					直接	间接	
Eighty Nine Richard Pearse Drive Limited（i）	新西兰		新西兰	乳品加工、销售		39	非同一控制下的企业合并
新来特商务咨询（上海）有限公司（i）	中国	141万元人民币	上海	商务咨询		39	非同一控制下的企业合并
Dairyworks Limited（i）	新西兰		新西兰	乳品加工、销售		39	非同一控制下的企业合并
Synlait Milk（Holdings）No. 1 Limited（i）	新西兰		新西兰	乳品加工、销售		39	非同一控制下的企业合并
Synlait Milk（Dunsandel Farms）Limited（i）	新西兰		新西兰	乳品加工、销售		39	非同一控制下的企业合并

光明乳业集团在2010年度收购了新莱特51%的股权。截至2023年12月31日，本集团对新西兰上市公司新莱特公司及其子公司持股比例为39.01%，为其第一大股东。考虑到股东大会的出席率和剩余股东持股比例较为分散，光明乳业虽然持股比例未超过50%，但仍能达到控制。此外，光明乳业可以任命董事会中5/8的席位，在董事会表决权上超过半数，实质控制了董事会。

示例1－77　法拉电子（600563. SH）

子公司名称	主要经营地	注册资本（万元）	注册地	业务性质	持股比例（%）		取得方式
					直接	间接	
上海美星电子有限公司	上海市	1,128	上海虹漕路	电子元件制造及销售	40		投资
上海鹭海电子有限公司	上海市	100	上海市松江区	电子元件制造		40	设立
沭阳美星照明科技有限公司	江苏沭阳	1,000	沭阳县钱集镇工业区工业路6号	电子元件制造		40	设立
沭阳会川电器科技有限公司	江苏沭阳	200	沭阳县塘沟镇福强路6号	电子元件制造		40	设立

本公司认为，即使仅拥有不足半数的表决权，本公司也控制了上海美星电子有限公司（“上海美星公司”）。这是因为本公司是上海美星公司最大单一股东，持有40%的股份。上海美星公司其他60%的股份由11位个人股东持有，持股比例2.5%～15%

不等，本公司可控制的表决权远超过其他个人股东持有的表决权份额，且可以主导上海美星公司相关活动的政策制定和表决过程，通过参与上海美星公司的相关活动而享有回报。且自收购之日起，未出现其他股东投票不认可本公司对上海美星公司的经营决策的情况。因此，本公司实质上享有对上海美星公司的控制权。

示例1-78　中国中铁（601390. SH）

在子公司中的权益

子公司名称	主要经营地	注册地	注册资本（千元）	业务性质	持股比例（%）		取得方式
					直接	间接	
中铁工业（注1）	中国	北京	2, 221, 552	工业制造	49. 12	—	同一控制下企业合并取得/资产重组

注1：本集团对中铁工业的持股比例为49. 12%，本集团有能力实际控制中铁工业（A股上市公司）的财务及经营决策，因此将其作为子公司纳入合并财务报表范围。2023年7月，本公司之子公司中铁二局建设将其持有的中铁工业28. 57%股权转让给本公司，自此，本公司直接持有中铁工业49. 12%的股权。

示例1-79　上海电气（601727. SH）——2021年年报

在子公司中的权益（部分摘录）

子公司名称	主要经营地	注册地	法人类别	业务性质	已发行股本及债券信息	持股比例（%）		取得方式
						直接	间接	
通讯公司（注3）	上海	上海	其他有限责任	制造业	无	40	—	设立或投资

注3：本公司虽仅持有通讯公司40%的股权，但根据公司章程：

根据公司章程第二十一条，通讯公司的所有股东应在股东会上就董事会提议的议案投赞成票，及股东会上的议案须经代表2/3以上表决权的通讯公司股东表决通过。

根据公司章程第二十六条，通讯公司设董事会。董事会由7名董事组成，其中本公司推荐3名、上海星地通推荐1名、上海东骏推荐1名、北京富信推荐1名、鞍山盛华推荐1名。通讯公司董事应由股东会选举产生，各股东应对通讯公司其他股东提名或者免职的董事的任命或免职议案投赞成票。

根据公司章程第二十八条，通讯公司董事会负责（包括但不限于）：（1）决定通讯公司的经营计划和投资方案（经营计划）；（2）制订通讯公司的年度财务预算方案、决算方案（财务预算）；（3）聘任或者解聘通讯公司总经理（聘任经理）；（4）根据总经理的提名，聘任或者解聘公司副总经理、财务负责人，及决定其报酬事项。

根据公司章程第三十一条，通讯公司董事会会议议案须经2/3以上董事表决通过。但公司章程第二十八条项下之经营计划、财务预算及聘任经理等事项对通讯公司经营活动是重要的且是通讯公司相关活动，须经40%通讯公司董事且包括本公司推荐的董事同意即可通过。

鉴于以上所述，本公司认为：

（1）本公司可以决定包括通讯公司董事长在内的其中3名董事的任免（超过通讯公司董事会成员的40%），因此其于通讯公司的主要财务及经营事项方面起主导作用，及本公司可以决定聘任或者解聘通讯公司总经理及根据总经理的提名聘任或者解聘副总经理或财务负责人，因此，本公司可以任命或批准通讯公司的关键管理人员。

（2）虽然股东会是通讯公司的最高权力机构，且股东会会议上的议案须经代表2/3以上表决权的股东表决通过。根据公司章程约定，通讯公司的所有股东应在股东会上就董事会提议的议案投赞成票。此外，本公司提名的3名董事占通讯公司董事会全体成员超过40%，经营计划、财务预算及聘任经理等事项需要经40%通讯公司董事且包括本公司推荐的董事同意方可通过。因此，根据公司章程，本公司能够通过控制董事会7个董事席位中的3个席位决定通讯公司有关经营计划、财务预算及聘任经理的议案。因此本公司在通讯公司的经营计划、财务预算及聘任经理方面占据控制权地位并能控制通讯公司的相关活动。

（3）本公司持有通讯公司40%的股权，为通讯公司第一大股东，有权享有重大的可变回报。

综上，本公司对通讯公司的主要财务、经营决策事项等相关活动享有控制权，有权享有重大的可变回报，且有能力运用控制权力影响回报金额。根据《企业会计准则第33号——合并财务报表》第七条及第十六条，通讯公司的财务报表应并入本公司的合并财务报表。

第九节　反向购买披露示例

一、准则相关规定与监管指引（节选）

（一）财政部《关于非上市公司购买上市公司股权实现间接上市会计处理的复函》（财会便［2009］17号）

一、非上市公司取得上市公司的控制权，未形成反向购买的，应当按照《企业会计准则第20号——企业合并》的规定执行。

二、非上市公司以所持有的对子公司投资等资产为对价取得上市公司的控制权，构成反向购买的，上市公司编制合并财务报表时应当区别以下情况处理：

（一）交易发生时，上市公司未持有任何资产负债或仅持有现金、交易性金融资产等不构成业务的资产或负债的，上市公司在编制合并财务报表时，应当按照《财政部关于做好执行会计准则企业2008年年报工作的通知》（财会函〔2008〕60号）的规定执行（企业购买上市公司，被购买的上市公司不构成业务的，购买企业应按照权益性交易的原则进行处理，不得确认商誉或确认计入当期损益）。

（二）交易发生时，上市公司保留的资产、负债构成业务的，应当按照《企业会计准则第20号——企业合并》及相关讲解的规定执行，即对于形成非同一控制下企业合并的，企业合并成本与取得的上市公司可辨认净资产公允价值份额的差额应当确认为商誉或是计入当期损益。

三、非上市公司取得上市公司的控制权，构成反向购买的，上市公司在其个别财务报表中应当按照《企业会计准则第2号——长期股权投资》等的规定确定取得资产的入账价值。上市公司的前期比较个别财务报表应为其自身个别财务报表。

（二）证监会《关于切实做好2011年年报编制、审计和披露工作的公告》

非同一控制下企业合并中，作为购买方的上市公司以发行本公司股票作为合并对价的，一般情况下，企业合并成本应以上市公司股票在购买日的公开市场价格为基础计算确定。在董事会就企业合并事项的决议公告日到购买日之间时间间隔较长，且在此期间公司股票价格出现较大幅度波动的情况下，如果作为合并对价发行的股票同时附有一定限售期和限售条件的，可以采用适当的估值技术确定公司发行股票的价值，并据此计算企业合并成本。在极特殊的情况下，如果上市公司能够证明被购买方的公允价值可以更为可靠地确定，也可以以被购买方在购买日的公允价值为基础计算确定企业合并成本。

（三）《企业会计准则应用指南汇编（2024）》"第二十章　企业合并"

反向购买的处理

非同一控制下的企业合并，以发行权益性证券交换股权的方式进行的，通常发行权益性证券的一方为购买方。但某些企业合并中，发行权益性证券的一方在合并后被参与合并的另一方所控制的，发行权益性证券的一方虽然为法律上的母公司，但其为会计上的被购买方，该类企业合并通常称为"反向购买"。例如，甲公司为一家规模较小的上市公司，乙公司为一家规模较大的贸易公司。乙公司拟通过收购甲公司的方式达到上市目的，但该交易是通过甲公司向乙公司原股东发行普通股用以交换乙公司原股东持有的对乙公司股权方式实现。该项交易后，乙公司原股东持有甲公司50%以上股权，甲公司持有乙公司50%以上股权，甲公司为法律上的母公司、乙公司为法律上的子公司，但从会计角度，甲公司为被购买方，乙公司为购买方。

1. 企业合并成本。

反向购买中，法律上的子公司（购买方）的企业合并成本是指其如果以发行权益性证券的方式为获取在合并后报告主体的股权比例，应向法律上母公司（被购买方）的股东发行的权益性证券数量与权益性证券的公允价值计算的结果。购买方的权益性证券在购买日存在公开报价的，通常应以公开报价作为其公允价值；购买方的权益性证券在购买日不存在可靠公开报价的，应参照购买方的公允价值和被购买方的公允价值二者之中有更为明显证据支持的作为基础，确定假定应发行权益性证券的公允价值。

2. 合并财务报表的编制。

反向购买后，法律上的母公司应当遵从下列原则编制合并财务报表：

（1）合并财务报表中，法律上子公司的资产、负债应以其在合并前的账面价值进行确认和计量。

（2）合并财务报表中的留存收益和其他权益余额应当反映的是法律上子公司在合并前的留存收益和其他权益余额。

（3）合并财务报表中的权益性工具的金额应当反映法律上子公司合并前发行在外的股份面值以及假定在确定该项企业合并成本过程中新发行的权益性工具的金额。但是，在合并财务报表中的权益结构应当反映法律上母公司的权益结构，即法律上母公司发行在外权益性证券的数量及种类。

（4）法律上母公司的有关可辨认资产、负债在并入合并财务报表时，应以其在购买日确定的公允价值进行合并，企业合并成本大于合并中取得的法律上母公司

（被购买方）可辨认净资产公允价值份额的差额体现为商誉，小于合并中取得的法律上母公司（被购买方）可辨认净资产公允价值份额的差额确认为合并当期损益。

（5）合并财务报表的比较信息应当是法律上子公司的比较信息（即法律上子公司的前期合并财务报表）。

（6）法律上子公司的有关股东在合并过程中未将其持有的股份转换为对法律上母公司股份的，该部分股东享有的权益份额在合并财务报表中应作为少数股东权益列示。因法律上子公司的部分股东未将其持有的股份转换为法律上母公司的股权，其享有的权益份额仍仅限于对法律上子公司的部分，该部分少数股东权益反映的是少数股东按持股比例计算享有法律上子公司合并前净资产账面价值的份额。另外，对于法律上母公司的所有股东，虽然该项合并中其被认为被购买方，但其享有合并形成报告主体的净资产及损益，不应作为少数股东权益列示。

（7）非上市公司以所持有的对子公司投资等资产为对价取得上市公司的控制权，构成反向购买的，上市公司编制合并财务报表时应当区别下列情况处理：

①交易发生时，上市公司未持有任何资产负债或仅持有现金等不构成业务的资产或负债的，应当按照权益性交易的原则进行处理，不得确认商誉，也不得将差额计入当期损益。

②交易发生时，上市公司保留的资产、负债构成业务的，企业合并成本与取得的上市公司可辨认净资产公允价值份额的差额应当确认为商誉或计入当期损益。

需要注意的是，上市公司在其个别财务报表中应当按照“第三章　长期股权投资”等的规定确定取得资产的入账价值。上市公司的前期比较个别财务报表应为其自身个别财务报表。

（四）《监管规则适用指引——会计类第 1 号》

1-8　反向购买

反向购买中，被购买方（即上市公司）构成业务的，购买方应按照非同一控制下企业合并的原则进行处理。被购买方不构成业务的，购买方应按照权益性交易的原则进行处理，不得确认商誉或当期损益。

监管实践发现，部分公司在应用反向购买的会计处理原则时对准则的理解存在偏差和分歧。现就反向购买交易中具体事项的会计处理意见如下：

一、被购买的上市公司不构成业务的常见情形

下述三种情形一般可以认定为被购买的上市公司不构成业务，购买方按照权益性交易的原则进行处理：

一是上市公司通过一定的交易安排置出全部资产负债（即“空壳”上市公司），非上市公司的股东以持有的股权或资产认购上市公司向其定向发行的股票，成为发行后上市公司的控股股东；

二是上市公司除现金和金融资产外无其他非货币性资产，非上市公司的股东以持有的股权或资产认购上市公司向其定向发行的股票，成为发行后上市公司的控股

股东；

三是上市公司和非上市公司进行重大资产置换，在上市公司向非上市公司的股东出售其全部资产负债的同时，上市公司从非上市公司的股东处购入其持有的非上市公司的股权，上述两项交易的价款差额由上市公司向非上市公司的股东定向发行股票进行支付，发行后非上市公司的股东成为上市公司的控股股东。

二、注入上市公司的并非一个法律实体

在反向购买的定义中，并未要求会计上的购买方是一个法律实体，应该更关注其是否构成会计主体，不能仅因为会计上的购买方不是一个法律主体就判断交易不是反向购买。

三、涉及现金对价的反向购买

某些反向购买交易中，上市公司（法律上的母公司/会计上的被购买方）支付的对价既包括发行股份又包括现金对价。虽然针对反向购买编制的合并财务报表以法律上的母公司（会计上的被购买方）的名义发布，但实质为法律上的子公司（会计上的购买方）财务报表的延续。因此，上市公司在反向购买中支付的现金对价，应在购买日作为合并主体对会计上的购买方（法律上的子公司）的原股东利润分配进行会计处理。

（五）《公开发行证券的公司信息披露编报规则第 15 号——财务报告的一般规定（2023 年修订）》

第三十一条　公司以发行股份购买资产等方式实现非上市公司或业务借壳上市并构成反向购买的，还应说明构成反向购买的依据、交易之前公司的资产是否构成业务及其判断依据、合并成本的确定方法、交易中确认的商誉或计入当期的损益或调整权益的金额及其计算过程。

二、反向购买简要分析

非同一控制下的企业合并，以发行权益性证券交换股权的方式进行的，通常发行权益性证券的一方为收购方。但某些企业合并中，发行权益性证券的一方因其生产经营决策在合并后被参与合并的另一方所控制，发行权益性证券的一方虽然为法律上的母公司，但为会计上的被收购方，该类企业合并通常称为“反向购买”。

反向购买是非同一控制下的企业合并，是采用发行权益性证券交换股权的交易方式，发行权益性证券的一方（法律上母公司）丧失生产经营决策权，企业控制权转移到法律上的子公司。

此前实务中，很多反向购买认定为不构成业务按权益性交易处理，而对于是否构成业务存在不同的主观判断。在构成业务的反向购买中，也有企业分析了合并成本高于所购买的净资产的公允价值部分不完全属于商誉，很大一部分属于“壳资源”的价值，因而对属于“壳资源”的价值部分按照权益性交易处理，计入资本公积。

三、反向购买披露示例

反向购买会计处理基本情况披露示例汇总如表1－5所示。

表1－5　　反向购买会计处理基本情况披露示例汇总

序号	参考示例	会计处理基本情况
1	示例1－80　分众传媒（002027. SZ）	不构成业务
2	示例1－81　航天发展（000547. SZ）	构成业务
3	示例1－82　山鹰纸业（600567. SH）	构成业务，合并成本小于可辨认净资产公允价值的份额的差额确认为损益
4	示例1－83　南通科技（600862. SH）	构成业务，形成1,082.84万元商誉
5	示例1－84　未名医药（002581. SZ）	构成业务
6	示例1－85　海澜之家（600398. SH）	构成业务，合并成本小于可辨认净资产公允价值份额的差额确认损益8,220.27万元

示例1－80　分众传媒（002027. SZ）——2015年年报

1. 本次反向购买基本情况

公司以全部资产及负债（以下简称“置出资产”）与重组方持有的分众多媒体技术（上海）有限公司100%股权（以下简称“置入资产”）中等值部分进行资产置换，置出资产由易贤忠或其指定方承接。

根据国众联资产评估土地房地产估价有限公司出具的国众联评报字（2015）第3－016号评估报告，以2015年5月31日为基准日，本次交易的置出资产评估值为86,936.05万元。根据《重大资产置换协议》，经交易各方友好协商，置出资产作价88,000.00万元。

根据中联资产评估集团有限公司出具的中联评报字〔2015〕第1064号评估报告，以2015年5月31为基准日，选用收益法评估结果作为最终评估结论，本次交易的购买资产分众多媒体技术（上海）有限公司100%股权的评估值为4,587,107.91万元，评估增值4,339,180.99万元，增值率1750.19%。根据《发行股份及支付现金购买资产协议》，经交易各方友好协商，分众多媒体技术（上海）有限公司100%股权作价4,570,000.00万元。

置入资产与置出资产的差额部分由本公司以发行股份及支付现金的方式自分众多媒体技术（上海）有限公司全体股东处购买。其中，向分众传媒（中国）控股有限公司支付现金，购买其所持有的分众多媒体技术（上海）有限公司11%股权对应的差额部分；向除分众传媒（中国）控股有限公司以外的其他股东发行股份，购买其所持有的分众多媒体技术（上海）有限公司89%股权对应的差额部分。

置入资产超出置出资产价值的差额部分为4,482,000.00万元。据此，本公司将向分众传媒（中国）控股有限公司支付现金493,020.00万元。2015年12月，本公司向除分众传媒（中国）控股有限公司以外的重组方非公开发行股份3,813,556,382股，发行价格为10.46元/股（发行股份的定价基准日为本公司第五届董事会第十七次会议决议公告日，不低于定价基准日前120个交易日本公司股票交易均价的90%，即9.79元/股）。发行后重组方占本公司总股本的比例为92.65%。

2. 本次交易构成反向购买的依据、不构成业务的判断及依据、按照权益性交易处理时调整权益的金额及其计算

本公司以全部资产及负债与分众多媒体技术（上海）有限公司全体股东持有的分众多媒体技术（上海）有限公司的等值股份进行置换，从而控股合并分众多媒体技术（上海）有限公司，从法律意义上，本次合并是以本公司为合并主体对分众多媒体技术（上海）有限公司进行非同一控制下企业合并，但鉴于合并完成后，重组方期末持有本公司92.65%的股权，根据《企业会计准则第20号——企业合并》的相关规定，本次企业合并在会计上应认定为反向购买。

因本公司原与业务相关的资产和负债均在本次重组中置出，根据《企业会计准则》、《财政部关于做好执行会计准则企业2008年年报工作的通知》（财会函〔2008〕60号）和财政部会计司《关于非上市公司购买上市公司股权实现间接上市会计处理的复函》（财会便〔2009〕17号）的规定，故判断本次向分众传媒（中国）控股有限公司等重组方发行股份及支付现金购买资产，收购其持有分众多媒体技术（上海）有限公司的100%股权，为不构成业务的反向购买。在编制合并报表时按权益性交易的原则进行处理，不确认商誉或当期损益。

示例1-81　航天发展（000547.SZ）——2015年年报

1. 交易基本信息，交易构成反向购买的依据，上市公司保留的资产、负债是否构成业务及其依据，合并成本的确定

根据中国证券监督管理委员会《关于核准神州学人集团股份有限公司向中国航天科工防御技术研究院等发行股份购买资产并募集配套资金的批复》（证监许可〔2015〕1004号）核准，公司向中国航天科工防御技术研究院发行116,146,578股、向航天科工资产管理有限公司发行45,251,914股、向南京晨光高科创业投资有限公司发行11,312,978股、向南京基布兹航天科技投资中心（有限合伙）发行89,598,789股、向南京康曼迪航天科技投资中心（有限合伙）发行48,419,547股、向南京高新技术经济开发有限责任公司发行53,095,578股、向江苏高鼎科技创业投资有限公司发行13,273,895股，合计发行377,099,279股人民币普通股购买南京长峰100%股权，发行价格4.30元/股；同时向科工集团非公开发行103,944,032股新股募集配套资金，发行价格5.20元/股。

本次交易完成后，科工集团直接持有公司103,944,032股，占公司股权比例为

7.27%，同时通过科工集团下属的防御院、航天资产、晨光创投共间接持有上市公司172,711,470股，占公司股权比例为12.08%。科工集团通过直接和间接共持有公司276,655,502股，共占公司股权比例为19.35%。同时，科工集团通过与基布兹和康曼迪签署的《一致行动协议书》，实际控制基布兹和康曼迪拥有的公司9.65%股份的投票权。因此，科工集团拥有公司实际支配表决权的股票为414,673,838股，占公司股权比例为29.01%，成为公司第一大股东和实际控制人。

此项交易发生时，公司保留的资产、负债构成业务，向科工集团下属的防御院等发行股份购买资产并向科工集团募集配套资金符合反向购买的定义，公司为法律上的母公司、会计上的子公司（被购买方），南京长峰为法律上的子公司、会计上的母公司（购买方），合并报表根据《企业会计准则第20号——企业合并》、《企业会计准则讲解（2010）》、财政部《关于非上市公司购买上市公司股权实现间接上市会计处理的复函》（财会便〔2009〕17号）的相关规定进行编制，具体如下：

（1）2015年6月18日，本次交易标的南京长峰100.00%股权已过户至上市公司名下，相关工商变更登记手续已办理完毕，南京长峰取得了南京市工商行政管理局高新技术产业开发区分局换发后的《企业法人营业执照》；2015年6月24日，福建华兴会计师事务所（特殊普通合伙）出具《验资报告》（闽华兴所（2015）验字C－012号），确认截至2015年6月24日止，神州学人已收到防御院、航天资产、晨光创投、基布兹、康曼迪、南京高新、高鼎投资以各自持有的南京长峰股权投入的新增注册资本（股本）合计人民币377,099,279.00元，收到航天科工集团认缴新增注册资本（股本）合计人民币103,944,032.00元，增加后的注册资本总额为人民币1,429,628,897.00元；2015年7月2日，中国证券登记结算有限责任公司深圳分公司出具《股份登记申请受理确认书》，本次发行股份购买资产发行的377,099,279股A股已分别预登记至防御院等7名交易对方名下，本次募集配套资金发行的103,944,032股A股预登记至航天科工集团名下。本次交易购买日确定为2015年7月1日。

（2）本次反向购买的合并成本是假定南京长峰以发行权益性证券的方式为获取在合并后报告主体的股权比例，应向法律上母公司（原神州学人）的股东发行的权益性证券数量（125,773,986股）与权益性证券的公允价值（依据本次交易的成交价确定为每股32.43元）计算的结果为4,078,850,365.98元。

（3）合并财务报表中，法律上子公司（南京长峰）系会计上母公司，其纳入合并的资产负债系以其在合并前的账面价值进行确认和计量。

（4）合并财务报表中的留存收益和其他权益余额反映的是南京长峰公司合并前的留存收益和其他权益余额。

（5）合并财务报表中的权益性工具的金额反映的是南京长峰合并前发行在外的股份面值以及假定在确定本次合并成本过程中新发行的权益性工具的金额。但在合并报表中的权益结构反映的是法律上母公司的权益结构，即公司发行在外权益性证券的数量和种类。

（6）公司的有关可辨认资产负债在并入合并财务报表时，系以其在购买日确定的公允价值进行合并，合并成本大于合并中取得的被购买方可辨认净资产公允价值的份额1,645,193,892.23元体现为商誉。

（7）合并财务报表的比较信息是法律上子公司南京长峰的比较信息，即本合并报表的期初数系南京长峰前期（2014年度）的备考合并报表数。该备考合并财务报表已经瑞华会计师事务所（特殊普通合伙）审计，并于2015年3月2日出具了瑞华专审字〔2015〕32040002号《审计报告》。

2. 会计上的被购买方原神州学人原有业务在购买日可辨认资产、负债情况

单位：元

项目	神州学人集团股份有限公司（合并）	
	购买日公允价值	购买日账面价值
资产：		
货币资金	1,744,258,803.78	1,744,258,803.78
以公允价值计量且其变动计入当期损益的金融资产	8,200.00	8,200.00
应收票据	57,886,000.00	57,886,000.00
应收款项	361,448,691.78	361,448,691.78
预付款项	33,417,753.57	33,417,753.57
应收股利	80,200,000.00	80,200,000.00
其他应收款	281,787,424.51	281,787,424.51
存货	605,745,791.41	605,745,791.41
其他流动资产	107,489,468.47	107,489,468.47
可供出售金融资产	190,907,225.10	188,316,201.53
固定资产	230,647,232.16	190,907,225.10
在建工程	20,799,166.29	20,799,166.29
无形资产	166,558,667.29	101,688,133.76
开发支出	2,250,792.01	2,250,792.01
商誉	399,838,438.14	399,838,438.14
长期待摊费用	2,954,454.24	2,954,454.24
递延所得税资产	13,883,175.70	13,883,175.70
资产合计	4,297,490,260.87	4,192,879,720.28
负债：		
短期流动负债	1,109,461,413.46	1,109,461,413.46
应付债券	416,608,402.60	416,608,402.60
递延收益	94,885,487.56	94,885,487.56

续表

项目	神州学人集团股份有限公司（合并）	
	购买日公允价值	购买日账面价值
递延所得税负债	53, 571, 602. 18	53, 571, 602. 18
负债合计	1, 674, 526, 905. 80	1, 674, 526, 905. 80
净资产	2, 622, 963, 355. 07	2, 518, 352, 814. 48
减：少数股东权益	189, 306, 881. 32	168, 389, 960. 87
取得的净资产	2, 433, 656, 473. 75	2, 349, 962, 853. 61

购买日至年末会计上被购买方的收入、净利润情况

购买日至年末会计上被购买方实现营业收入 732, 871, 206. 61 元，实现净利润 79, 305, 651. 60 元。

示例 1－82　山鹰纸业（600567. SH）——2013 年年报

1. 财务报表的编制基础

本公司财务报表以持续经营为编制基础。鉴于本公司向泰盛实业等二十九方发行股份收购吉安集团的重大重组事项已于 2013 年 7 月实施完成，本财务报表具体编制方法为：

（1）泰盛实业通过协议收购山鹰集团持有本公司 11, 898. 08 万股股份，以及与其他二十八方拥有的吉安集团 99. 85% 股权为对价认购本公司定向发行的 159, 071. 64 万股股份后，直接或间接方式共计持有本公司 127, 399. 49 万股，取得本公司的控制权。上述交易行为构成反向购买，由于本公司在交易发生时持有构成业务的资产或负债，故根据财政部 2009 年 3 月 13 日发布的《关于非上市公司购买上市公司股权实现间接上市会计处理的复函》（财会便〔2009〕17 号）和《企业会计准则第 20 号——企业合并》及相关讲解的规定，本公司在编制财务报表时，按照购买法的原则进行处理。

（2）吉安集团的资产、负债在并入财务报表时，以其账面价值进行确认和计量；本公司重组前的可辨认资产、负债在并入财务报表时，以本公司在购买日（2013 年 7 月 31 日）的公允价值进行确认，合并成本小于可辨认净资产公允价值的份额的差额确认为损益。

（3）财务报表中的留存收益和其他权益余额反映的是吉安集团账面的留存收益和其他权益余额。

（4）财务报表中权益性工具的金额是根据购买日权益性工具的金额以及本公司购买日后权益性工具实际变动金额确定，购买日权益性工具的金额是以吉安集团购买日前的实收资本以及按《企业会计准则》规定在合并财务报表中新增实收资本之和。但是，财务报表中的权益结构反映的是合并后本公司的权益结构（即发行在外的权益性证券数量和种类），包括本公司本次为了收购吉安集团而发行的权益。

(5) 合并财务报表的比较信息系吉安集团（法律上子公司）上年同期合并财务报表。

(6) 母公司本期及上年同期财务报表均为本公司（法律上母公司）个别财务报表。

(7) 关联方及关联交易均以合并财务报表的口径进行认定和披露。

2. 合并范围发生变更的说明

因非同一控制下企业合并而增加子公司的情况说明。泰盛实业通过协议收购山鹰集团持有本公司11,898.08万股股份，以及与其他二十八方拥有的吉安集团99.85%股权为对价认购本公司定向发行的159,071.64万股股份后，直接或间接方式共计持有本公司127,399.49万股（占本公司总股本的40.10%），取得本公司的控制权，上述交易行为构成反向购买。由于吉安集团于2013年7月办妥工商变更登记手续，故将购买日确定为2013年7月31日，吉安集团（会计上母公司）自购买日起将本公司（会计上子公司）纳入合并财务报表范围。

示例1-83　南通科技（600862.SH）——2015年年报

本公司2015年11月30日完成重大资产重组：根据本公司2015年第二次临时股东大会决议以及中国证券监督管理委员会证监许可〔2015〕2398号《关于核准南通科技投资集团股份有限公司向中航高科技发展有限公司等发行股份购买资产并募集配套资金的批复》，公司向中航高科技发展有限公司等七家法人发行566,340,463股股份，购买其合计持有的中航复合材料有限责任公司100%股权、北京优材京航生物科技有限公司100%股权、北京优材百慕航空器材有限公司100%股权。

1. 本次交易的主要内容

①本公司控股股东及实际控制人南通产控及其全资子公司南通工贸向中航高科无偿划转其持有的本公司152,143,900股股份（占本公司总股本的23.85%），其中南通产控划转持有的本公司31,912,296股股份，南通工贸划转持有的本公司120,231,604股股份；②公司将全资子公司通能精机100%股权出售给南通产控；③公司通过向中航高科等本次拟注入资产交易对方发行股份，购买其持有的中航复材100%股权、优材京航100%股权和优材百慕100%股权；④公司向中航高科、艾克天晟、启越新材非公开发行股份募集配套资金，募集资金总额不超过本次交易总额的25%。前述①、②、③三项交易同时生效、互为前提，任何一项内容因未获得相关政府部门或监管机构批准而无法付诸实施，则三项交易均不予实施；上述交易④在前三项交易的基础上实施，但交易④实施与否或者配套资金是否足额募集，均不影响前三项交易的实施。

公司本次重大资产重组完成后，中航高科技发展有限公司持有本公司42.86%的股权，中航高科技发展有限公司一致行动人等各股东合计持有本公司53.58%的股权，本公司控股股东由南通产控变更为中航高科技发展有限公司，本次重大资产重组构成反向收购。

2. 本次反向购买合并财务报表的编制原则

根据《企业会计准则》、《企业会计准则讲解（2010）》以及财政部会计司财会便〔2009〕17号《关于非上市公司购买上市公司股权实现间接上市会计处理的复函》等相关规定，本公司确定本次反向购买合并财务报表的编制原则如下：

①法律上的子公司（中航复合材料有限责任公司、北京优材京航生物科技有限公司、北京优材百慕航空器材有限公司）作为会计上的购买方，其资产、负债以其在合并前的账面价值进行确认和计量。法律上的母公司（本公司）作为会计上的被购买方，其可辨认资产、负债在并入合并报表时，以其在2015年11月30日确定的公允价值进行合并，合并成本与取得的会计上被购买方可辨认净资产公允价值之间的差额确认为商誉。

②合并财务报表中的留存收益和其他权益性余额反映法律上子公司（中航复合材料有限责任公司、北京优材京航生物科技有限公司、北京优材百慕航空器材有限公司）在合并前的留存收益和其他权益余额。

③合并财务报表中的权益性工具的金额应当反映法律上子公司（中航复合材料有限责任公司、北京优材京航生物科技有限公司、北京优材百慕航空器材有限公司）合并前发行在外的股份面值以及假定在确定该项企业合并过程中新发行的权益性工具的金额。但是在合并财务报表中的权益结构应当反映法律上母公司（本公司）的权益结构，即本公司发行在外权益性证券的数量及种类。

④合并财务报表的比较信息应当是法律上子公司的比较信息，即中航复合材料有限责任公司、北京优材京航生物科技有限公司、北京优材百慕航空器材有限公司的前期模拟合并财务报表。

3. 合并成本的确定方法

合并财务报表采用适当的估值技术计量本公司原有业务于2015年11月30日的整体公允价值，估值方法是以可比公司2015年11月30日平均市净率以及本公司的账面净资产得出，以此公允价值确定反向购买的合并成本。

4. 交易中确认的商誉或计入当期的损益或调整权益的金额及其计算方法

根据反向购买的会计处理方法，本合并财务报表将产生商誉，商誉的金额为上述所确定的合并成本减去本公司原有业务2015年11月30日可辨认净资产公允价值的差额10,828,365.39元。

示例1-84　未名医药（002581.SZ）——2015年年报

公司2015年9月交割完成的重大资产重组交易行为构成反向购买，根据《企业会计准则》及相关解释规定，本报告期第四季度合并报表按照反向购买合并原则编制，而上表中第一季度、第二季度、第三季度财务指标为法律上子公司未名医药有限公司前期合并财务报表数据，而非法律上母公司已披露的2015年第一季度、第二季度、第三季度的财务报告信息。

合并交易基本情况

根据本公司股东会决议，并经中国证监会核准，2015 年本公司以发行股份并支付现金的形式向未名医药原全体股东购买其持有的未名医药全部股权。本次交易共向未名医药原全体股东发行股份 378, 207, 586. 00 股。增发完成后公司注册资本变更为 659, 735, 586. 00 元。

新增股份于 2015 年 9 月 24 日在深圳证券交易所上市交易，未名集团、深圳三道等 20 名未名医药原股东成为本公司股东。未名集团持有本公司约 26. 38% 的股份，成为本公司控股股东；潘爱华、杨晓敏、罗德顺、赵芙蓉通过未名集团持有本公司 26. 38% 的股份，通过深圳三道持有本公司约 3. 05% 的股份，潘爱华、杨晓敏、罗德顺、赵芙蓉合计持有本公司约 29. 43% 的股份，成为上市公司的实际控制人。公司控股股东、实际控制人发生变更，故以 2015 年 9 月 30 日作为反向购买的购买日。

未名医药（反向购买前上市公司部分）原有的资产、负债具有投入、加工处理和产出能力，能够独立计算其成本费用和所产生的收入。因此该项合并属于构成业务的反向购买。

根据反向购买和非同一控制下企业合并的规定，法律上母公司未名医药原有业务自 2015 年 10 月至 2015 年 12 月（购买日至报告期期末）产生的损益计入合并利润表，前述期间未名医药原有业务共实现收入 93, 106, 835. 83 元，实现净利润 17, 643, 001. 26 元。

示例 1 - 85　海澜之家（600398. SH）——2014 年年报

财务报表的编制基础

本公司以持续经营为基础，根据实际发生的交易和事项，按照财政部颁布的《企业会计准则——基本准则》及具体会计准则、应用指南、解释以及其他相关规定进行确认和计量，在此基础上编制财务报表。

鉴于本公司向海澜集团有限公司等七方股东发行股份收购海澜服饰的重大重组事项已于 2014 年 2 月实施完成，本财务报表具体编制方法为：

（1）海澜集团有限公司受让江阴第三精纺毛纺有限公司持有的本公司 15, 057. 84 万股股份以及海澜服饰股东以其拥有的海澜服饰 100. 00% 股权为对价认购本公司定向发行的 384, 615. 38 万股股份，从而海澜集团有限公司和海澜服饰其他股东合计持有本公司 88. 96% 的股权，取得本公司的控制权。上述交易行为构成反向购买，由于本公司在交易发生时持有构成业务的资产或负债，故根据财政部 2009 年 3 月 13 日发布的《关于非上市公司购买上市公司股权实现间接上市会计处理的复函》（财会便〔2009〕17 号）和《企业会计准则第 20 号——企业合并》及相关讲解的规定，本公司在编制财务报表时，按照购买法的原则进行处理。

（2）海澜服饰的资产、负债在并入财务报表时，以其账面价值进行确认和计量；本公司重组前的可辨认资产、负债在并入财务报表时，以本公司在购买日（2014 年 2 月 28 日）的公允价值进行确认，合并成本小于可辨认净资产公允价值的份额的差额确认为损益。

(3) 财务报表中的留存收益和其他权益余额反映的是海澜服饰账面的留存收益和其他权益余额。

(4) 财务报表中权益性工具的金额是根据购买日权益性工具的金额以及本公司购买日后权益性工具实际变动金额确定，购买日权益性工具的金额是以海澜服饰购买日前的实收资本以及按《企业会计准则》在合并财务报表中新增实收资本之和。但是，财务报表中的权益结构反映的是合并后本公司的权益结构（即发行在外的权益性证券数量和种类），包括本公司本次为了收购海澜服饰而发行的权益。

(5) 合并财务报表的比较信息系海澜服饰（法律上子公司）上年同期合并财务报表。

(6) 母公司本期及上年同期财务报表均为本公司（法律上母公司）个别财务报表。

(7) 关联方及关联交易均以合并财务报表的口径进行认定和披露。

第十节　确认非同一控制下企业合并中的无形资产的披露示例

商誉是企业合并成本在取得的被购买方可辨认资产、负债之间进行分配后的剩余价值。而被购买方可辨认净资产公允价值，是指合并中取得的被购买方可辨认资产的公允价值减去负债及或有负债公允价值后的余额。

上市公司通过企业合并取得了被购买方的一系列资产，这不仅包括有形资产以及被购买方财务报表中已确认的无形资产，还可能包括一些被购买方拥有的、但在其财务报表中没有确认的无形资产，例如内部研发形成的非专利技术、内部产生的品牌等。对被购买方而言，这些内部产生的无形资产可能不符合会计准则规定的确认条件，未体现在被购买方的财务报表中。而对购买方而言，在初始确认企业合并中购入的被购买方资产时，应充分识别这些被购买方拥有的、但在其财务报表中未确认的无形资产，对于满足会计准则规定的可辨认标准的，应当确认为无形资产。

非同一控制下的企业合并中，购买方在对企业合并中取得的被购买方资产进行初始确认时，应当对被购买方拥有的、但在其财务报表中未确认的无形资产进行充分辨认和合理判断，满足可辨认标准之一的，应确认为无形资产。相反地，某些被购买方所确认的项目，购买方可能不会确认。例如，在被购买方报表中确认为资产的与以前业务合并相关的商誉，该项外购的商誉不属于被购买方的可辨认资产。

一、准则相关规定与监管指引（节选）

（一）《企业会计准则第6号——无形资产》

第三条　无形资产，是指企业拥有或者控制的没有实物形态的可辨认非货币性资产。资产满足下列条件之一的，可以认为符合资产定义中的可辨认性标准：

1. 能够从被购买方中分离或者划分出来，并能单独或者与相关合同、资产或负债一起，用于出售、转移、授予许可、租赁或者交换。

2. 源自合同性权利或其他法定权利，无论这些权利是否可以从企业或其他权利和义务中转移或者分离。

（二）《企业会计准则第20号——企业合并》

第十四条　被购买方可辨认净资产的公允值，是指合并中取得的被购买方可辨认资产的公允值减去负债及或有负债公允价值后的余额。被购买方各项可辨认资产、负债及或有负债，符合下列条件的，应当单独予以确认：

1. 合并中取得的被购买方除无形资产以外的其他各项资产（不仅限于被购买方原已确认的资产），其所带来的经济利益很可能流入企业且公允价值能够可靠地计量的，应当单独予以确认并按照公允价值计量。

合并中取得的无形资产，其公允价值能够可靠地计量的，应当单独确认为无形资产并按照公允价值计量。

2. 合并中取得的被购买方除或有负债以外的其他各项负债，履行有关的义务很可能导致经济利益流出企业且公允价值能够可靠地计量的，应当单独予以确认并按照公允价值计量。

3. 合并中取得的被购买方或有负债，其公允价值能够可靠地计量的，应当单独确认为负债并按照公允价值计量。

（三）《企业会计准则及应用指南汇编2024》“第二十章　企业合并”

二、适用范围

（二）企业合并中取得的经营活动或资产的组合是否构成业务的判断

1. 构成业务的要素。

业务是指企业内部某些生产经营活动或资产的组合，该组合一般具有投入、加工处理过程和产出能力，能够独立计算其成本费用或所产生的收入。合并方在合并中取得的生产经营活动或资产的组合（以下简称组合）构成业务，通常应具有下列三个要素：

（1）投入，指原材料、人工、必要的生产技术等无形资产以及构成产出能力的机器设备等其他长期资产的投入。

（2）加工处理过程，指具有一定的管理能力、运营过程，能够组织投入形成产出能力的系统、标准、协议、惯例或规则。

（3）产出，包括为客户提供的产品或服务、为投资者或债权人提供的股利或利息等投资收益，以及企业日常活动产生的其他的收益。

2. 构成业务的判断条件。

有关组合是否构成一项业务，应结合所取得生产经营活动或资产的内在联系及加工处理过程等进行综合判断。合并方在合并中取得的组合应当至少同时具有一项投入和一项实质性加工处理过程，且二者相结合对产出能力有显著贡献，该组合才构成业务。例如，甲企业收购乙企业的股权，乙企业的资产包括一项采矿权和少量现金，未持有开采活动所需的生产设施、巷道等其他开展生产经营活动所必要的资产，也未开展开采活动，甲企业的该项股权收购未能满足同时具有一项投入和一项实质性加工处理过程，也无实际产出，不构成业务。合并方在合并中取得的组合是否有实际产出并不是判断其构成业务的必要条件。实务中出现的如一个企业对另一个企业某条具有独立生产能力的生产线的合并、一家保险公司对另一家保险公司寿险业务的合并等，一般构成业务合并。

企业应当考虑产出的下列情况分别判断加工处理过程是否是实质性的：

(1) 该组合在合并日无产出的，同时满足下列条件的加工处理过程应判断为是实质性的：①该加工处理过程对投入转化为产出至关重要；②具备执行该过程所需技能、知识或经验的有组织的员工，且具备必要的材料、权利、其他经济资源等投入，例如技术、研究和开发项目、房地产或矿区权益等。

(2) 该组合在合并日有产出的，满足下列条件之一的加工处理过程应判断为是实质性的：①该加工处理过程对持续产出至关重要，且具备执行该过程所需技能、知识或经验的有组织的员工；②该加工处理过程对产出能力有显著贡献，且该过程是独有、稀缺或难以取代的。

企业在判断组合是否构成业务时，应当从市场参与者角度考虑可以将其作为业务进行管理和经营，而不是根据合并方的管理意图或被合并方的经营历史来判断。

3. 判断非同一控制下企业合并中取得的组合是否构成业务，也可选择采用集中度测试。

集中度测试是非同一控制下企业合并的购买方在判断取得的组合是否构成一项业务时，可以选择采用的一种简化判断方式。进行集中度测试时，如果购买方取得的总资产的公允价值几乎相当于其中某一单独可辨认资产或一组类似可辨认资产的公允价值的，则该组合通过集中度测试，应判断为不构成业务，且购买方无须按照上述“2. 构成业务的判断条件”的规定进行判断；如果该组合未通过集中度测试，购买方仍应按照上述“2. 构成业务的判断条件”的规定进行判断。

购买方应当按照下列规定进行集中度测试：

(1) 计算确定取得的总资产的公允价值。取得的总资产不包括现金及现金等价物、递延所得税资产以及由递延所得税负债影响形成的商誉。购买方通常可以通过下列公式之一计算确定取得的总资产的公允价值：

①总资产的公允价值 = 合并中取得的非现金资产的公允价值 +（购买方支付的对价 + 购买日被购买方少数股东权益的公允价值 + 购买日前持有被购买方权益的公允价值 − 合并中所取得的被购买方可辨认净资产公允价值）− 递延所得税资产 − 由递延所得税负债影响形成的商誉

②总资产的公允价值 = 购买方支付的对价 + 购买日被购买方少数股东权益的公允

价值＋购买日前持有被购买方权益的公允价值＋取得负债的公允价值（不包括递延所得税负债）－取得的现金及现金等价物－递延所得税资产－由递延所得税负债影响形成的商誉

（2）关于单独可辨认资产。单独可辨认资产是企业合并中作为一项单独可辨认资产予以确认和计量的一项资产或资产组。如果资产（包括租赁资产）及其附着物分拆成本重大，应当将其一并作为一项单独可辨认资产，例如土地和建筑物。

（3）关于一组类似资产。企业在评估一组类似资产时，应当考虑其中每项单独可辨认资产的性质及其与管理产出相关的风险等。例如，某企业收购一家新药研发企业，该企业正在进行两项研发活动，分别开发治疗两种不同疾病的药物，均已进入临床试验阶段，由于两种药物分别用于治疗不同疾病，开发和完成药物的技术风险等存在不同，考虑这两项单独可辨认资产的性质及其与管理产出相关的风险，不应作为一组类似资产。下列情形通常不能作为一组类似资产：①有形资产和无形资产；②不同类别的有形资产，例如存货和机器设备；③不同类别的可辨认无形资产，例如商标权和特许权；④金融资产和非金融资产；⑤不同类别的金融资产，例如应收款项和权益工具投资；⑥同一类别但风险特征存在重大差别的可辨认资产等。

例如，甲企业购买从事仓储物流服务的乙企业100%股权，甲、乙在股权交易前不存在关联方关系，甲企业选择采用集中度测试判断取得的组合是否构成业务。乙企业除持有少量现金资产外，其核心资产为若干个化工产品仓储相关的储罐，由于相关储罐资产处于同一物流基地，所提供的仓储服务对象、经营风险等非常类似，考虑其中每项单独可辨认资产的性质及其与管理产出相关的风险后可以识别为一组类似资产。经测算，由于甲企业取得的总资产的公允价值几乎相当于其中储罐资产的公允价值，该组合通过了集中度测试，不构成业务。

六、非同一控制下企业合并的处理

（一）非同一控制下企业合并的处理原则

（2）企业合并中取得无形资产的确认。购买方在企业合并中取得的无形资产应符合第七章无形资产中对于无形资产的界定且其在购买日的公允价值能够可靠计量。没有实物形态的非货币性资产要符合无形资产的定义，关键要看其是否满足可辨认性标准，即是否能够从企业中分离或者划分出来，并能单独或者与相关合同、资产或负债一起，用于出售、转移、授予许可、租赁或者交换；或者应源自于合同性权利或其他法定权利，无论这些权利是否可以从企业或其他权利和义务中转移或分离。非同一控制下的企业合并中，购买方在对企业合并中取得的被购买方资产进行初始确认时，应当对被购买方拥有的、但在其财务报表中未确认的无形资产进行充分辨认和合理判断，满足下列条件之一的，应确认为无形资产：

①源于合同性权利或其他法定权利；

②能够从被购买方中分离或者划分出来，并能单独或与相关合同、资产和负债一起，用于出售、转移、授予许可、租赁或交换。

公允价值能够可靠计量的情况下，应区别于商誉单独确认的无形资产一般包括：

商标、版权及与其相关的许可协议、特许权、分销权等类似权利、专利技术、专有技术等。企业应当在附注中披露在非同一控制下的企业合并中取得的被购买方无形资产的公允价值及其公允价值的确定方法。

（四）证监会《监管规则适用指引——会计类第4号》

4－7　非同一控制下企业合并中被购买方与政府补助相关的递延收益的会计处理

非同一控制下企业合并中，被购买方可辨认资产、负债等应当按照购买日的公允价值予以确认和计量，企业合并成本大于合并中取得的被购买方可辨认净资产公允价值份额的差额，确认为合并商誉。

监管实践发现，部分公司对于非同一控制下企业合并中被购买方与政府补助相关的递延收益在购买日如何确认和计量存在理解上的偏差和分歧。现就该事项的意见如下：

非同一控制下的企业合并中，无论被购买方在其自身财务报表中对政府补助采用总额法还是净额法进行会计处理，购买方在购买日所确认的被购买方各项可辨认资产和负债的公允价值应保持一致，确认的合并商誉金额也应一致。购买方对于被购买方自身的财务报表中因政府补助确认的递延收益，如果相关政府补助款项不存在需要返还的现时义务，则购买方不应将该递延收益单独识别为一项可辨认负债。

（五）《监管规则适用指引——发行类第5号》

5－3　客户资源或客户关系及企业合并涉及无形资产的判断

一、客户资源或客户关系，只有源自合同性权利或其他法定权利且确保能在较长时期内获得稳定收益，才能确认为无形资产。发行人无法控制客户资源或客户关系带来的未来经济利益的，不应确认无形资产。发行人开拓市场过程中支付的营销费用，或仅购买相关客户资料，而客户并未与出售方签订独家或长期买卖合同，有关“客户资源”或“客户关系”支出通常应为发行人获取客户渠道的费用。

发行人已将客户资源或客户关系确认为无形资产的，应详细说明确认的依据，是否符合无形资产的确认条件。发行人应在资产负债表日判断是否存在可能发生减值的迹象，如考虑上述无形资产对应合同的实际履行情况与确认时设定的相关参数是否存在明显差异等。保荐机构及申报会计师应针对上述事项发表明确意见。

二、非同一控制下企业合并中，购买方在初始确认购入的资产时，应充分识别被购买方拥有但财务报表未确认的无形资产，满足会计准则规定确认条件的，应确认为无形资产。

在企业合并确认无形资产的过程中，发行人应保持专业谨慎，充分论证是否存在确凿证据以及可计量、可确认的条件，评估师应按照公认可靠的评估方法确认其公允价值。保荐机构及申报会计师应保持应有的职业谨慎，详细核查发行人确认的无形资产是否符合会计准则规定的确认条件和计量要求，是否存在虚构无形资产情形，是否存在估值风险和减值风险。

（六）证监会《上市公司年报会计监管报告》

《上市公司 2023 年年度财务报告会计监管报告》

审阅分析发现，部分上市公司自非关联方购买标的公司 100% 股权，该标的公司在购买日前仅拥有一项生产资质，不存在任何可辨认资产、可辨认负债和员工，实际为“空壳公司”，上市公司错误地认定该收购构成企业合并，并将全部购买价款确认为商誉。由于“空壳公司”无法满足业务的定义，不满足企业合并的认定条件，上市公司不应将相关支付价款确认为商誉。

《上市公司 2022 年年度财务报告会计监管报告》

根据企业会计准则及相关规定，非同一控制下企业合并采用购买法核算，被购买方可辨认资产、负债应当按照合并日确定的公允价值列示，企业合并成本大于合并中取得的被购买方可辨认净资产公允价值份额的差额，确认为商誉。如果被购买方涉及与资产相关的政府补助，无论被购买方在其个别报表中是采用净额法直接抵减相关资产的账面价值，还是采用总额法单独确认递延收益，购买方在非同一控制下企业合并中都应按照该项资产在合并日的公允价值进行初始确认。对于被购买方采用总额法核算的与资产相关政府补助，如果其不存在需要返还政府补助款项的现时义务，则购买方不应将该递延收益单独识别为一项可辨认负债。

审阅分析发现，部分上市公司在非同一控制下企业合并中，错误地将被购买方因与资产相关的政府补助确认的递延收益作为购买日取得的一项可辨认负债，并以其账面价值作为购买日的公允价值，减少了可辨认净资产的公允价值，高估了商誉初始确认的金额。无论被购买方在其自身财务报表中对政府补助采用总额法还是净额法进行核算，购买方基于购买日的公允价值所确认的被购买方的各项可辨认资产和负债应保持一致，确认的商誉金额也应一致。

《2018 年上市公司年报会计监管报告》

年报分析发现，并购重组交易中普遍存在对被收购方可辨认净资产确认不充分并低估其公允价值的现象。这一现象在新兴行业（如医药生物、传媒、计算机等）表现尤为突出，这些行业的并购标的多为轻资产公司，其商业价值很可能来自于未确认的无形资产（如客户关系、合同权益等），对这类资产辨认不充分导致商誉金额在初始确认时被高估。

《2017 年上市公司年报会计监管报告》

年报分析发现，部分上市公司在非同一控制下企业合并中确认了大额商誉，其商誉占合并对价的比例高达 90% 以上。大额商誉形成的原因之一是上市公司未能充分识别和确认被购买方拥有的无形资产，导致应确认为无形资产的金额被直接计入商誉。

《2016 年上市公司年报会计监管报告》

年报分析中发现，部分上市公司在非同一控制下企业合并中确认了大额商誉，商誉占合并对价的比例高达 90%。大额商誉形成的可能原因之一是上市公司未能充分识别和确认被购买方拥有的无形资产，导致应确认为无形资产的金额被直接计入商誉。

《2013 年上市公司年报会计监管报告》

非同一控制下企业合并中无形资产的识别与确认

近年来，上市公司的并购行为比较活跃，上市公司通过企业合并取得了被购买方的一系列资产，这不仅包括有形资产以及被购买方财务报表中已确认的无形资产，还可能包括一些被购买方拥有的、但其财务报表中没有确认的无形资产，例如内部研发形成的非专利技术、内部产生的品牌等。在被购买方层面，这些内部产生的无形资产不符合会计准则规定的确认条件，未体现在被购买方的财务报表中。而在购买方层面，购买方在初始确认企业合并中购入的被购买方资产时，应充分识别这些被购买方拥有的、但在其财务报表中未确认的无形资产，对于满足会计准则规定的可辨认标准的，应当确认为无形资产。

年报分析中发现，部分上市公司在非同一控制下企业合并中确认了大额商誉，商誉占合并对价的比例高达 80% 甚至 90% 以上，而大额商誉形成的主要原因之一是上市公司未能充分识别和确认被购买方拥有的无形资产。此类未充分识别和确认无形资产的情况在轻资产行业的企业合并中较为常见。例如，网络及手机游戏行业中已研发成功上线运营的游戏、电子技术及通信行业中内部研发形成的非专利技术、动漫行业中的动漫版权、网游行业中的知名游戏平台、广告行业中的优质媒体广告资源、在线教育行业中的高点击量网站、市场壁垒较高的行业中与大型下游厂商建立的合同性客户关系等，都是可能符合可辨认标准的无形资产，但不少上市公司在相关企业合并中没有充分识别并确认这些无形资产。

企业合并中无形资产的识别及确认不充分，直接结果是应确认为无形资产的金额被计入商誉，进而影响合并日后上市公司的经营业绩。商誉和无形资产在经济利益消耗方式、受益年限、后续计量方面都存在较大差异。无形资产应在使用寿命内系统地摊销，而商誉无需摊销、定期进行减值测试。由于商誉减值的判断受主观因素影响较大，因此，企业合并中无形资产确认不充分很可能会对购买日后上市公司的经营业绩产生影响，使得上市公司的经营业绩被高估。

从实务操作角度来看，上述企业合并中无形资产确认不充分的情况，一方面是源于上市公司对准则相关规定的理解和把握不到位，没有认识到购买方层面的无形资产确认不同于被收购方，或对于无形资产可辨认标准的认识不全面。另一方面，在轻资产行业公司以定价为目的的评估中，虽然实务中同时按照收益法和资产基础法两种方法进行估值，但此类评估关注的重点是收益法估值的合理性，而资产基础法下的评估则往往没有充分识别被购买方财务报表以外的无形资产。这种情况下，如果没有专门进行以财务报告为目的的评估，而是直接按照上述资产基础法的评估结果确认企业合并中取得的无形资产，会导致企业合并中的无形资产确认不充分。此外，即使识别出了无形资产，能否可靠计量也在一定程度上影响了无形资产的确认。

二、企业合并中的无形资产披露示例

企业合并中的无形资产披露示例汇总如表 1 -6 所示。

表 1 -6　　企业合并中的无形资产披露示例汇总

序号	参考示例	无形资产项目
1	示例 1 -86　复星医药（600196. SH）	药证、销售网络
2	示例 1 -87　健之佳（605266. SH）	有利租约
3	示例 1 -88　华泰证券（601688. SH）	与现有客户的关系、商标
4	示例 1 -89　深圳燃气（601139. SH）	合同权益
5	示例 1 -90　粤电力 A（000539. SZ）	有利合同
6	示例 1 -91　安道麦 A（000553. SZ）	禁止竞争协议和排他协议

示例 1 -86　复星医药（600196. SH）

重要会计政策及会计估计——无形资产（部分摘录）

部分药证、商标权、专利权及专有技术、特许经营权作为使用寿命不确定的无形资产。此类无形资产不予摊销，无论是否存在减值迹象，每年均进行减值测试；在每个会计期间对其使用寿命进行复核，如果有证据表明使用寿命是有限的，则按使用寿命有限的无形资产的政策进行会计处理。

合并财务报表项目注释——无形资产（部分摘录）

单位：元

项目	土地使用权	商标权	专利权及专有技术	软件使用权	药证	销售网络	特许经营权
原价							
年初余额	2, 346, 958, 451. 25	1, 110, 516, 369. 08	5, 881, 632, 532. 03	304, 701, 349. 38	3, 409, 253, 621. 23	2, 039, 430, 389. 24	1, 264, 625, 998. 46
购置	68, 673, 229. 76	19, 350. 00	111, 281, 222. 76	75, 264, 987. 46		19, 067, 359. 85	588, 585, 144. 20
非同一控制下企业合并	114, 635, 773. 66	90, 321, 960. 25	81, 618, 616. 03	83, 760, 438. 99	51, 440, 381. 64	388, 648, 693. 44	

续表

项目	土地使用权	商标权	专利权及专有技术	软件使用权	药证	销售网络	特许经营权
开发支出转入	(12, 281, 806. 82)		137, 853, 080. 70		693, 919, 264. 82		
处置	2, 864. 81		(29, 916, 493. 02)	(2, 049, 097. 51)			
汇率变动的影响	2, 517, 988, 512. 66	4, 613, 137. 02	32, 086, 031. 65	3, 414, 648. 62	694, 800. 50	24, 183, 581. 92	6, 211, 664. 89

示例1-87　健之佳（605266. SH）

重要会计政策及会计估计——无形资产（部分摘录）

有利租约是在企业合并、业务合并中本集团承接的优于市场价格的租约。企业合并、业务合并时将有利租约的租金与该租约市场价格之间的差额按公允价值确认，并按其剩余租赁期平均摊销。

合并财务报表项目注释——无形资产（部分摘录）

单位：元

项目	土地使用权	商标使用权	著作权	软件	有利租约
一、账面原值					
1. 期初余额	34, 598, 124. 34	16, 977, 630. 95	29, 493. 03	62, 101, 852. 98	17, 813, 221. 66
2. 本期增加金额				8, 807, 007. 27	6, 318, 351. 94
（1）购置				2, 334, 210. 65	
（2）内部研发					
（3）企业合并增加					6, 318, 351. 94
（4）在建工程转入				6, 472, 796. 62	

示例1-88　华泰证券（601688. SH）——2022年年报

无形资产（部分摘录）

单位：元

项目	土地使用权	交易席位费	与现有经济商的关系	与现有客户的关系	商标	软件及其他
原值						
年初余额	1, 768, 329, 191. 21	125, 497, 526. 81	3, 636, 196, 976. 83	202, 008, 589. 65	312, 823, 882. 26	3, 172, 991, 503. 59
非同一控制下企业合并增加				23, 426, 699. 61	10, 981, 265. 44	26, 355, 037. 06

使用寿命不确定的无形资产：

本集团无法预见与现有经纪商及与现有客户的关系为企业带来的经济利益期限，将该项无形资产视为使用寿命不确定的无形资产。

于2022年12月31日，本集团基于与现有经纪商的关系的可回收金额能否可靠估计的判断，对与现有经纪商的关系进行减值测试。可收回金额以预计未来现金流量现值的方法确定，本集团根据管理层批准的Assetmark Financial Holdings，Inc. 的7年期的财务预算和折现率15.18%预计该资产组的未来现金流量现值，该折现率已反映相关资产的特定风险。超过财务预算之后年份的现金流量以3.5%的长期平均增长率推断。

于2022年12月31日，本集团基于与现有客户的关系的可回收金额能否可靠估计的判断，对与现有客户的关系进行减值测试。可收回金额以预计未来现金流量现值的方法确定，本集团根据管理层批准的Voyant，Inc. 10年期的财务预算和折现率19.91%预计该资产组的未来现金流量现值，该折现率已反映相关资产的特定风险。超过财务预算之后年份的现金流量以2.5%的长期平均增长率推断。

示例1-89　深圳燃气（601139.SH）——2021年年报

无形资产（部分摘录）

单位：元

项目	土地使用权	特许经营权	专利权及专有技术	商标权	合同权益	办公系统及其他
账面原值						
1. 期初余额	720,054,198.52	613,792,438.47	82,121,510.24			386,199,568.71
2. 本期增加金额	119,990,714.91	63,464,663.31	186,905,863.74	86,446,615.52	688,403,900.00	66,936,332.54
(1) 购置	18,746,941.57		1,366,917.96			39,947,335.97
(2) 内部研发						26,601,565.37
(3) 企业合并增加	101,243,773.34	63,464,663.31	185,538,945.78	86,446,615.52	688,403,900.00	387,431.20

合同权益系本集团于2021年收购4家光伏发电公司而取得的合同性权利，以取得日的公允价值入账。相关合同性权利源自该4家光伏发电公司与电网公司签订的长期发售电合同，按多期超额收益法及合同预计收益年限确认其公允价值。

示例1-90　粤电力A（000539.SZ）——2021年年报

无形资产（部分摘录）

单位：元

项目	输变电配套工程使用权	土地使用权	海域使用权	软件	有利合同	非专利技术及其他
原价						
2020年12月31日（经重列）	260,331,315	2,894,539,357	129,906,544	182,597,453	—	38,656,100
本年增加						
购置	—	174,876,591	—	15,116,764	—	612,549
在建工程转入	—	—	—	17,001,433	—	234,550
非同一控制下企业合并	—	65,084,734	—	—	52,211,380	—

非同一控制下的企业合并

本集团采用估值技术来确定标的公司的资产负债于购买日的公允价值。主要资产的评估方法及其关键假设列示如下：

固定资产的评估方法为重置成本法：评估资产时按评估资产的现时重置成本扣减其各项损耗价值来确定被评估资产价值的方法，其基本计算公式为评估值等于重置全价乘以综合成新率；

无形资产主要为土地使用权及有利合同，土地使用权主要以基准地价系数修正法进行评估：利用当地政府制定的基准地价，对出让年限、区域、个别、市场转让等因素进行系数修正，从而获取宗地土地使用权价格；有利合同主要以折现现金流量法进行评估，为计算未来现金流量现值，管理层对未来若干年的风电的营业收入、风力发电的成本、经营费用及适用折现率进行预测及估计。

示例1-91　安道麦A（000553.SZ）

无形资产（部分摘录）

单位：千元

项目	专有技术及产品登记	重组购入新增的无形资产	计算机软件	销售权及商标权	客户关系	土地使用权（注1）	其他（注2）	合计
一、账面原值								
2023年1月1日	12,204,376	4,182,457	1,216,249	794,577	578,572	510,272	588,585	20,075,088

续表

项目	专有技术及产品登记	重组购入新增的无形资产	计算机软件	销售权及商标权	客户关系	土地使用权（注1）	其他（注2）	合计
本年增加								
购置	539, 543		168, 812			517	43, 391	752, 263
企业合并增加	6, 418			30, 070	52, 182			88, 670
本年减少								
处置或报废	(21, 147)		(8, 836)			(4, 427)		(34, 410)
外币报表折算差	231, 021	70, 917	21, 139	15, 735	11, 569	655	7, 190	358, 226
2023 年 12 月 31 日	12, 960, 211	4, 253, 374	1, 397, 364	840, 382	642, 323	507, 017	639, 166	21, 239, 837

注 1：部分以色列土地尚未以本集团的名义在土地登记处注册，主要原因系注册程序或技术问题。

注 2：主要包含了禁止竞争协议和排他协议。

第十一节　非同一控制下的企业合并中确认的或有对价披露示例

一、准则相关规定与监管指引（节选）

（一）《企业会计准则第 2 号——长期股权投资》

第五条　企业合并形成的长期股权投资，应当按照下列规定确定其初始投资成本：

（二）非同一控制下的企业合并，购买方在购买日应当按照《企业会计准则第 20 号——企业合并》的有关规定确定的合并成本作为长期股权投资的初始投资成本。

（二）《企业会计准则及应用指南汇编 2024》“第二十章　企业合并”

五、同一控制下企业合并的处理

（二）同一控制下企业合并的会计处理

4. 同一控制下企业合并或有对价的会计处理。

某些情况下，合并各方可能在合并协议中约定，根据未来一项或多项或有事项的发生，合并方通过发行额外证券、支付额外现金或其他资产等方式追加合并对价，或者要求返还之前已经支付的对价，即或有对价。同一控制下企业合并或有对价应按照第三章长期股权投资的有关规定进行会计处理。

六、非同一控制下企业合并的处理

（一）非同一控制下企业合并的处理原则

3. 确定企业合并成本。

某些情况下，合并各方可能在合并协议中约定，根据未来一项或多项或有事项的发生，购买方通过发行额外证券、支付额外现金或其他资产等方式追加合并对价，或者要求返还之前已经支付的对价。购买方应当将合并协议约定的或有对价作为企业合并转移对价的一部分，按照其在购买日的公允价值计入企业合并成本。根据“第三十八章金融工具列报”、“第二十二章金融工具确认和计量”以及其他相关章的规定，或有对价符合权益工具和金融负债定义的，购买方应当将支付或有对价的义务确认为一项权益或负债；符合资产定义并满足资产确认条件的，购买方应当将符合合并协议约定条件的、可收回的部分已支付合并对价的权利确认为一项资产。

购买日后12个月内出现对购买日已存在情况的新的或者进一步证据而需要调整或有对价的，应当予以确认并对原计入合并商誉的金额进行调整；其他情况下发生的或有对价变化或调整，应当区分下列情况进行会计处理：或有对价为权益性质的，不进行会计处理；或有对价为资产或负债性质的，按照相应章有关规定处理，如果属于第二十二章金融工具确认和计量中的金融工具，应采用公允价值计量，公允价值变化产生的利得和损失应按该章规定计入当期损益；如果不属于第二十二章金融工具确认和计量中的金融工具，应按照第十四章或有事项或其他相应章处理。

（三）《企业会计准则第22号——金融工具确认和计量》

第五条　衍生工具，是指属于本准则范围并同时具备下列特征的金融工具或其他合同：

（一）其价值随特定利率、金融工具价格、商品价格、汇率、价格指数、费率指数、信用等级、信用指数或其他变量的变动而变动，变量为非金融变量的，该变量不应与合同的任何一方存在特定关系。

（二）不要求初始净投资，或者与对市场因素变化预期有类似反应的其他合同相比，要求较少的初始净投资。

（三）在未来某一日期结算。

第十九条　企业在非同一控制下的企业合并中确认的或有对价构成金融资产的，该金融资产应当分类为以公允价值计量且其变动计入当期损益的金融资产，不得指定为以公允价值计量且其变动计入其他综合收益的金融资产。

第二十一条　在非同一控制下的企业合并中，企业作为购买方确认的或有对价形成金融负债的，该金融负债应当按照以公允价值计量且其变动计入当期损益进行会计处理。

（四）《企业会计准则第37号——金融工具列报》

第九条　权益工具，是指能证明拥有某个企业在扣除所有负债后的资产中的剩余权益的合同。企业发行的金融工具同时满足下列条件的，符合权益工具的定义，应当将该金融工具分类为权益工具：

（一）该金融工具应当不包括交付现金或其他金融资产给其他方，或在潜在不利条件下与其他方交换金融资产或金融负债的合同义务；

（二）将来须用或可用企业自身权益工具结算该金融工具。如为非衍生工具，该金融工具应当不包括交付可变数量的自身权益工具进行结算的合同义务；如为衍生工具，企业只能通过以固定数量的自身权益工具交换固定金额的现金或其他金融资产结算该金融工具。企业自身权益工具不包括应按照本准则第三章分类为权益工具的金融工具，也不包括本身就要求在未来收取或交付企业自身权益工具的合同。

（五）《监管规则适用指引——会计类第 2 号》

非同一控制下企业合并中，购买方应当将业绩补偿条款产生的或有对价作为合并成本的一部分，按照其在购买日的公允价值计入企业合并成本，或有对价公允价值的后续变动计入当期损益。

监管实践发现，部分公司对于在业绩承诺期内交易双方修订业绩补偿条款的会计处理存在分歧。现就该事项的意见如下：

非同一控制下企业合并购买日后的业绩承诺期内，在法律法规允许的前提下，交易双方协商对业绩补偿的金额、支付时间、支付方式等进行修订，且已就该事项严格履行了股东大会等必要内部决策流程。这种情况下，购买方应将业绩补偿条款修订导致的或有对价公允价值变动计入当期损益。

（六）《监管规则适用指引——会计类第 1 号》

非同一控制下企业合并中的或有对价构成金融资产或金融负债的，应当以公允价值计量并将其变动计入当期损益；或有对价属于权益性质的，应作为权益性交易进行会计处理。

监管实践发现，部分公司在核算非同一控制下企业合并的或有对价时对准则的理解存在偏差和分歧。现就具体事项如何适用上述原则的意见如下：

一、或有对价的公允价值

购买方在购买日和后续资产负债表日确定或有对价的公允价值时，应当综合考虑标的企业未来业绩预测情况、或有对价支付方信用风险及偿付能力、其他方连带担保责任、货币时间价值等因素。涉及股份补偿的，或有对价的公允价值应当以根据协议确定的补偿股份数，乘以或有对价确认时该股份的市价（而非购买协议中约定的发行价格）计算，并同时考虑上述因素。

值得注意的是，或有对价公允价值的变化即使发生在购买日后 12 个月内，也不属于计量期间的调整事项，不应对购买日合并成本及商誉的金额进行调整。

二、以自身股份结算的或有对价的后续计量

非同一控制下企业合并形成的或有对价中，若购买方根据标的公司的业绩情况确定收回自身股份的数量，该或有对价在购买日不满足“固定换固定”的条件，不属于一项权益工具，而是属于一项金融资产。因此，购买方应当在购买日将该或有对价分类为以公允价值计量且其变动计入损益的金融资产。随着标的公司实际业绩的确定，购买方能够确定当期应收回的自身股份的具体数量，则在当期资产负债表日，该或有对价满足“固定换固定”的条件，应将其重分类为权益工具（其他权益工具），以重分类日相关股份的公允价值计量，并不再核算相关股份的后续公允价值变动。在实际收到并注销股份时，终止确认上述其他权益工具，并相应调整股本和资本公积等。

三、以标的公司少数股权结算的或有对价

以标的公司少数股权结算的或有对价，在合并报表层面，同样适用上述会计处理原则。具体而言，当标的公司实际业绩确定时，将因或有对价确认的金融资产重分类为权益工具（其他权益工具），不再核算相关股份的后续公允价值变动；当购买方实际收到业绩承诺人补偿的标的公司少数股权时，应作为收购少数股东权益处理，即终止确认上述其他权益工具，并相应冲减少数股东权益，差额计入资本公积，资本公积不足冲减的，则冲减留存收益。

四、向股权转让方以外的标的公司其他股东支付业绩补偿

非同一控制下企业合并的业绩对赌安排中，购买方可能向标的公司的股权转让方以外的其他股东支付业绩补偿，且不是为了获取其他股东的商品或服务。尽管该业绩补偿安排中包括对非交易对手方的业绩承诺，但作为企业合并交易达成的条件，其实质是购买方为了获得标的公司股权而支付的对价，应作为企业合并的或有对价处理。

（七）证监会《上市公司年报会计监管报告》

《上市公司 2023 年年度财务报告会计监管报告》

审阅分析发现，部分上市公司自其控股股东和第三方股东购买目标公司 100% 股权并实现非同一控制下企业合并，该目标公司原为控股股东的联营企业。对此，上市公司与控股股东签订业绩补偿协议，控股股东承担以现金结算的业绩补偿义务，相关业绩补偿设置显著超过市场公平交易水平，且控股股东承担的义务金额超出了其原持股比例所对应的补偿金额。上市公司将控股股东提供的业绩承诺整体确认为交易性金融资产，且后续变动全额计入当期损益。前述情形下，控股股东承担的业绩补偿义务显失公允，其超额业绩补偿部分的实质为对上市公司的资本性投入，上市公司应在收到业绩补偿时将其中超额部分计入所有者权益。

《2021 年上市公司年报会计监管报告》

未恰当确认和计量或有对价

根据企业会计准则及相关规定，企业在非同一控制下的企业合并中确认的或有对价构成金融资产的，应当分类为以公允价值计量且其变动计入当期损益的金融资产。

年报分析发现，部分上市公司确认或有对价时，未充分考虑支付方信用风险、偿

债能力、货币价值等因素，仅以尚未收到业绩补偿款为由未确认或有对价。有的公司以前年度以现金收购子公司控制权，并与子公司原控股股东约定分期支付部分收购价款，若子公司业绩未达标，则上市公司可在应收原股东的业绩补偿款中优先抵减应支付的股权转让款。有的公司发行股份购买子公司股权后，子公司原控股股东从二级市场购入上市公司股票并质押给上市公司，作为子公司业绩承诺未完成时的履约保证。前述情况下，上市公司存在尚未支付且可抵减的股权转让款，或者补偿义务方已质押的股票等作为补偿款项回收的保证，上市公司应当确认或有对价，并在计量公允价值时合理考虑可抵减股权转让款或者质押股票的影响。

未恰当确认股东为上市公司承担的或有负债

根据企业会计准则及相关规定，非同一控制下的企业合并下，购买方应当将合并协议约定的或有对价作为合并对价的一部分。企业在判断接受股东代为偿债、债务豁免或捐赠等事项是否为权益性交易时，应分析该交易是否公允以及是否存在商业合理性，若其经济实质具有资本性投入性质，相关利得应计入所有者权益。

年报分析发现，个别上市公司以前年度发行股份购买资产，形成非同一控制下企业合并，根据收购协议，标的公司原股东需承担该标的公司出售前存在的或有负债。本年度，因标的公司以前年度取得土地使用权后未按时动工需补缴土地出让款，上市公司收到原股东支付的该土地出让款后，将其作为权益性交易计入资本公积。上市公司应合理分析原股东承担标的公司或有负债的商业实质，如果补偿款实质为股权转让交易对价的组成部分，应按照或有对价相关规定进行会计处理。

《2020 年上市公司年报会计监管报告》

根据企业会计准则及相关规定，非同一控制下的企业合并下，企业合并成本包括购买方为进行企业合并支付的现金或非现金资产、发行或承担的债务、发行的权益性证券等在购买日的公允价值等。购买方应当将合并协议约定的或有对价作为企业合并转移对价的一部分，按照其在购买日的公允价值计入企业合并成本。除购买日后 12 个月内出现对购买日已存在情况的新的或者进一步证据而需要调整或有对价的，其他情况下发生的或有对价变化或调整，应根据会计准则有关规定进行处理。金融资产和金融负债应当在资产负债表内分别列示，不得相互抵销，除非同时满足下列条件：(1) 企业具有抵销已确认金额的法定权利，且该法定权利当前可执行；(2) 企业计划以净额结算，或同时变现该金融资产和清偿该金融负债。

年报分析发现，个别上市公司以前年度以分期付款方式受让子公司原股东股份，形成非同一控制下企业合并，子公司原股东作出业绩承诺并根据业绩实现情况给予上市公司补偿。本期子公司未实现业绩承诺，上市公司直接将按照收购协议约定本期应支付的股权转让款确认为营业外收入，未确认或有对价。上市公司应恰当区分与核算非同一控制下企业合并的合并成本与或有对价。对于或有对价，除在购买日按照公允价值计入企业合并成本外，其后续公允价值的变动应计入当期损益。对于合并成本中包括的尚未支付的协议约定股权转让款，应确认相关金融负债，除满足相关条件外，不应与或有对价形成的金融资产相互抵销并按净额列示。

根据企业会计准则及相关规定，企业在非同一控制下的企业合并中确认的或有对价构成金融资产的，该金融资产应以公允价值计量且其变动计入当期损益。

年报分析发现，个别上市公司以前年度以发行股份方式对外收购子公司。根据业绩补偿承诺，若子公司未实现业绩承诺，子公司原股东应以股份形式向上市公司进行补偿，若上市公司在盈利补偿期间实施现金分红的，相关现金分红部分应作相应返还。本年度因子公司未实现业绩承诺，上市公司回购注销子公司原股东应返还的股份及相应股利，其中对于收回的原已分配的现金股利，上市公司将转回未分配利润。上市公司应以公允价值对或有对价形成的金融资产进行计量，前期已发放的现金股利，其应构成或有对价公允价值的组成部分，后续收回已分配的现金股利应反映在或有对价公允价值变动中。

《2019 年上市公司年报会计监管报告》

根据企业会计准则及相关规定，企业在非同一控制下的企业合并中确认的或有对价，符合权益工具和金融负债定义的，购买方应当将支付或有对价的义务确认为一项权益或负债；构成金融资产的，该金融资产应当分类为以公允价值计量且其变动计入当期损益的金融资产。由于发行的金融工具原合同条款约定的条件或事项随着时间的推移或经济环境的改变而发生变化，可能会导致已发行金融工具的重分类；发行方原分类为金融负债的金融工具，自不再被分类为金融负债之日起，发行方应当将其重分类为权益，以重分类日金融负债的账面价值计量。

年报分析发现，个别上市公司以前年度发生非同一控制下企业合并，并与标的公司原股东约定业绩承诺补偿。在 2018 年业绩承诺期届满时标的公司业绩未达标，上市公司根据业绩补偿协议可确定应收回股份数量且预计很可能收回。上市公司将该或有对价确认为以公允价值计量且其变动计入当期损益的金融资产，并持续以公允价值计量至 2019 年实际结算日，在 2019 年确认大额公允价值变动收益。上市公司在 2018 年能够确定应收回的自身股份具体数量时，其持有的或有对价资产不再满足金融资产的定义，而是满足了“以固定数量的自身权益工具交换固定金额的现金或其他金融资产进行结算”的条件，应将其重分类为权益，并以重分类日金融资产的账面价值计量，不应再确认持有自身权益工具的后续公允价值变动。

根据企业会计准则及相关规定，非同一控制下企业合并中的或有对价构成金融资产的，该金融资产应当分类为以公允价值计量且其变动计入当期损益的金融资产，通常列报为交易性金融资产。以标的公司少数股权结算的或有对价同样适用上述会计处理原则。当购买方实际收到业绩承诺人补偿的标的公司少数股权时，应作为收购少数股东权益核算，即终止确认以公允价值计量的或有对价金融资产，并相应冲减少数股东权益，差额计入资本公积。

年报分析发现，个别上市公司未正确确认业绩补偿款：一是将非同一控制下企业合并中确认的应收业绩补偿款，错误地分类为以摊余成本计量的金融资产，并列报为其他应收款；二是个别上市公司通过非同一控制下企业合并取得的子公司业绩未达标，根据收购协议约定，业绩承诺人将该子公司的部分股权无偿转让给上市公司作为补偿；在此情形下上市公司错误地将少数股权的取得成本（零元）与自购买日开始持续计算的子公司可辨认净资产份额之间的差额，全部计入资本公积，未确认相关金融资产及其公允价值变动损益。

《2018 年上市公司年报会计监管报告》

根据企业会计准则及相关规定，非同一控制下企业合并中，购买方应将合并协议约定的或有对价按照其在购买日的公允价值计入企业合并成本，并确认相应的资产或负债；属于金融工具的，应以公允价值进行后续计量。涉及股份补偿的，或有对价的公允价值应当以根据协议确定的补偿股份数，乘以或有对价确认时该股份的市价计算，同时考虑标的企业未来业绩预测情况、或有对价支付方信用风险及偿付能力、其他方连带担保责任、货币时间价值等因素。

年报分析发现，个别上市公司在资产负债表日对或有对价形成的金融资产进行后续计量时，错误地采用补偿协议中约定的发行价格确定补偿股份的公允价值，未采用资产负债表日公司股票的市场交易价格。此外，个别上市公司在出售方持有的公司股份已被质押或冻结的情况下，仍然简单将合同约定需返还的金额认定为该金融资产的公允价值，而未考虑取得该股份补偿的可能性等因素对或有对价计量的影响。

《2017 年上市公司年报会计监管报告》

年报分析发现，针对附有业绩补偿条款的并购交易，大多数上市公司在确定企业合并成本时未恰当考虑或有对价的影响，在购买日及后续会计期间将或有对价的公允价值简单计量为零，或在后续结算年度将实际支付或收到的补偿直接计入当期损益或调整权益。个别公司在标的公司业绩承诺不达标时，以收购时的股份发行价格确认和计量应收补偿股份相关金融资产及损益，而未按照应收补偿股份在资产负债表日的公允价值进行计量。

《2016 年上市公司年报会计监管报告》

年报分析发现，大多数附有业绩补偿条款的并购交易在确定企业合并成本时没有考虑或有对价的影响，在购买日及后续会计期间，将或有对价的公允价值简单计量为零，且未披露相关公允价值计量所采用的重要估计和判断。

《2015 年上市公司年报会计监管报告》

年报分析发现，与业绩补偿条款相关的或有对价的会计处理在实务中容易被忽视或存在不同理解。大多数附有业绩补偿条款的并购交易在确定企业合并成本时没有考虑或有对价的影响，仅在或有对价实际结算的年度进行会计处理。例如，在购买日和或有对价实际发生结算前的会计期间，将或有对价的金额简单认定为零或者合同约定的最大支付金额，没有综合考虑未来业绩承诺实现的可能性、或有对价支付方的信用风险、货币时间价值、可能需支付或返回股权的公允价值等因素，合理估计或有对价的公允价值；在或有对价发生结算年度，直接将实际支付或收到的现金补偿计入营业外支出或营业外收入；对于以自身股份结算的或有对价，部分公司未结合具体条款，分析判断其是否构成一项权益工具，而直接在结算期间将发行或收回股份作为权益交易处理。此外，部分公司尽管基于或有对价条款确认了一项资产或负债，但计量其公允价值时，仅考虑当期业绩目标实现情况，而未考虑整个考核期间业绩目标可能实现情况的影响。从并购交易的披露看，绝大多数上市公司未在合并当年披露相关的业绩承诺条款，仅在业绩条件未完成、公司收到卖方补偿时才披露业绩承诺条款；部分上市公司虽然披露业绩承诺条款，但并未在购买日及后续期间披露与或有对价公允价值计量相关的信息。

《2014 年上市公司年报会计监管报告》

或有合并对价的确认与计量口径不一致：年报分析发现，多数企业合并都存在或有对价安排，但部分上市公司确定合并成本时没有考虑或有对价；将或有对价的金额认定为零或者合同约定的最大支付金额，没有基于未来业绩承诺实现的可能性、或有对价支付方的信用风险、货币时间价值等因素，对或有对价的公允价值做出合理估计。

二、非同一控制下的企业合并中确认的或有对价披露示例

示例 1－92　中材国际（600970. SH）

交易性金融资产

单位：元

项目	期末余额	期初余额
以公允价值计量且其变动计入当期损益的金融资产	251, 478, 793. 74	601, 169, 931. 64
其中：		
权益工具投资	99, 314, 548. 57	102, 888, 724. 13
银行理财产品	4, 635. 95	476, 454, 178. 66
外汇远期合约	13, 480. 98	1, 183, 124. 97
基金	21, 187, 667. 51	20, 643, 903. 88
或有对价	130, 958, 460. 73	
合计	251, 478, 793. 74	601, 169, 931. 64

其他说明：

或有对价系根据本公司于2022年收购的子公司浙江博宇机电有限公司时的业绩承诺所确认的业绩补偿款。

示例1－93　中新集团（601512. SH）

交易性金融资产

单位：元

项目	期末余额	期初余额
以公允价值计量且其变动计入当期损益的金融资产		
其中：		
衍生金融资产（注）	21, 214, 786. 41	
减：列示于其他非流动金融资产的衍生金融资产	10, 297, 169. 88	
合计	10, 917, 616. 53	

注：本集团于2021年1月26日完成购买和顺环保股权。根据本集团与交易对手签署的相关协议，交易对手承诺2021年度、2022年度、2023年度、2024年度和2025年度净利润分别低于约定承诺将给予本集团补偿。本集团将交易对手对本集团的承诺确认为企业合并的或有对价，作为一项资产，该项金融资产分类为衍生金融资产，本集团以公允价值计量并将其变动计入当期损益。

示例1－94　探路者（300005. SZ）

交易性金融资产

单位：元

项目	期末余额	期初余额
以公允价值计量且其变动计入当期损益的金融资产	388, 548, 872. 92	253, 105, 066. 67
其中：		
银行理财产品	388, 548, 872. 92	253, 105, 066. 67
指定以公允价值计量且其变动计入当期损益的金融资产	56, 507, 823. 50	85, 697, 206. 00
其中：		
业绩补偿承诺或有对价	56, 507, 823. 50	85, 697, 206. 00
合计	445, 056, 696. 42	338, 802, 272. 67

其他说明：业绩补偿承诺或有对价系北京芯能电子科技有限公司（以下简称“北京芯能”）原股东因转让其股权而对北京芯能的业绩补偿承诺。

公允价值的披露（部分摘录）

对于在活跃市场上交易的金融工具，本公司以其活跃市场报价确定其公允价值；对于不在活跃市场上交易的金融工具，本公司采用估值技术确定其公允价值。所使用的估值模型主要为现金流量折现模型和市场可比公司模型等。估值技术的输入值主要包括无风险利率、基准利率、汇率、信用点差、流动性溢价、缺乏流动性折扣等。

示例1－95　潍柴动力（000338. SZ）——2022年年报

交易性金融资产

单位：元

项目	期末余额	期初余额
分类为以公允价值计量且其变动计入当期损益的金融资产		
其中：其他债务工具	132, 424, 536. 00	11, 261, 500. 90
远期外汇合约	144, 301, 176. 00	73, 932, 582. 59
交叉货币互换及利率互换工具	8, 209, 727. 40	331, 279, 399. 24
结构性存款	11, 568, 985, 753. 44	5, 858, 380, 715. 38
企业合并或有对价		112, 338, 702. 84
权益工具投资	10, 099, 374. 60	
合计	11, 864, 020, 567. 44	6, 387, 192, 900. 95

公允价值的披露——不可观察输入值

如下为第三层次公允价值计量的重要不可观察输入值概述：

单位：元

项目	2022年末公允价值	2021年末公允价值（已重述）	估值技术	不可观察输入值	范围区间（加权平均值）
金融资产					
交易性金融资产					
企业合并或有对价		112, 338, 702. 84	蒙特卡洛模拟法	主营业务收入	
其他权益工具投资					
山推工程机械股份有限公司	815, 509, 293. 28	811, 640, 760. 30	看跌期权法	股息率、预期年化波动率	
厦门丰泰国际新能源汽车有限公司	2, 693, 327. 00	2, 654, 652. 00	市场比较法	市销率倍数	0. 77
华融湘江银行	39, 990, 000. 00	44, 130, 000. 00	市场比较法	市净率	0. 62
Zhejiang EP Equipment Co. , Ltd.	222, 464, 313. 00	127, 362, 727. 70	收益法	现金流量	
其他	219, 498, 986. 66	214, 026, 814. 75			

续表

项目	2022 年末公允价值	2021 年末公允价值（已重述）	估值技术	不可观察输入值	范围区间（加权平均值）
小计	1, 300, 155, 919. 94	1, 199, 814, 954. 75			
金融负债					
其他非流动负债					
看跌期权	36, 275, 712. 30	35, 282, 673. 90	二叉树期权定价模型	股权价值波动率	

示例1－96　埃夫特－U（688165. SH）

公允价值变动收益

单位：元

产生公允价值变动收益的来源	本期发生额	上期发生额
交易性金融资产	－1, 952, 453. 45	－993, 222. 52
或有对价	4, 293, 603. 82	2, 438, 400. 00
合计	2, 341, 150. 37	1, 445, 177. 48

注：2017 年 9 月，本集团收购由 Ceresa 家族持有的意大利白车身焊装系统集成商 WFC 之 100% 股权。2019 年 5 月，该交易定价调整为 WFC 2019 年、2020 年、2021 年三年经审计的调整后净利润平均值的 10 倍，并且，双方同意设置向下保底价仍为 1. 08 亿欧元，向上封顶价修改为 1. 3 亿欧元。本集团初始投资成本以初始预测数 1. 3 亿欧元计量，且本集团于以前年度累计支付交易对价 1. 2 亿欧元。

由于 WFC 2019 年、2020 年、2021 年三年调整后的净利润平均值的 10 倍无法达到保底价 1. 08 亿欧元，实际最终对价预计将按照 1. 08 亿欧元计算。因此，本集团于 2021 年末确认公允价值变动损益 0. 12 亿欧元，折合人民币 86, 636, 400. 00 元，并将预计退还的股权收购款 0. 12 亿欧元（折合人民币 86, 636, 400. 00 元）列报为交易性金融资产。截至 2023 年 12 月 31 日，该款项已全额收回。

2023 年度，因汇率变动对该或有对价确认公允价值变动收益人民币 4, 293, 603. 82 元。

示例1－97　万科 A（000002. SZ）——2021 年年报

合并成本及商誉（部分摘录）

单位：元

合并成本	福建伯恩物业集团有限公司	
	账面价值	公允价值
现金及权益性证券	1, 814, 400, 000. 00	1, 814, 400, 000. 00
或有对价	191, 792, 000. 00	191, 792, 000. 00

续表

合并成本	福建伯恩物业集团有限公司	
	账面价值	公允价值
合并成本合计	2,006,192,000.00	2,006,192,000.00
减：取得的可辨认净资产公允价值份额		801,095,186.22
商誉		1,205,096,813.78

本年收购福建伯恩物业集团有限公司的对价由其2021年及其未来年度预测的利润水平确认，收购对价为20.06亿元，其中18.14亿元为基准价格，剩余款项为根据福建伯恩物业集团有限公司2021年的预测净利润确定的或有对价，该收购对价将在1年内支付。

福建伯恩物业集团有限公司商誉金额为12.05亿元，形成原因主要为合并对价大于合并日取得可辨认净资产公允价值份额，合并对价根据交易对价确定，交易对价是根据资产评估报告确认的。

公允价值的披露（部分摘录）

持续第三层次公允价值计量的交易性金融负债为本集团需支付的股权收购款或有对价，本集团根据收购条款及被收购标的预计净利润水平估算公允价值。

示例1-98　安道麦A（000553.SZ）——2021年年报

非同一控制下企业合并

合并成本及商誉

2021年5月28日，本集团完成了对江苏辉丰生物农业股份有限公司（以下简称“江苏辉丰”）的全资子公司安道麦辉丰（江苏）有限公司（以下简称“安道麦辉丰”）51%股权的收购。安道麦辉丰是江苏辉丰植保产品合成和生产配方制剂的重要工厂。此次收购是在51%安道麦辉丰（上海）农业技术有限公司（以下简称“安道麦上海”）股权收购完成后进行的。安道麦上海也是江苏辉丰的全资子公司，专注于重点配方的农作物保护产品在中国的销售和分销，安道麦上海的51%股权收购于2020年12月31日完成。

收购安道麦上海和安道麦辉丰的现金对价合计约为人民币12.29亿元，其中为确保江苏辉丰完成收购交割义务，递延支付款项为人民币2.54亿元。根据股权购买协议，若被收购业务（包括安道麦上海及安道麦辉丰）在5年内达到业绩预期，本集团还需支付额外的对价。另外，在完成上述收购后，分别授予买卖双方在一定期间内行使买入（卖出）被收购公司剩余49%股权的选择权。

上年度，财务报表中以暂时价值（根据《企业会计准则第20号——企业合并》的定义）为基础对收购安道麦上海进行初始会计计量。本年度，财务报表中包含对收购安道麦上海相关的收购对价分摊和商誉的最终确认。

本集团自上述收购日起分别对安道麦辉丰和安道麦上海实现控制，并在合并财务报表中包含其业绩。与业绩挂钩的或有对价，在收购日以公允价值计量；根据“预期收购方法”将授予卖方作为少数股东的看跌期权按行使期权的现值确认为一项负债。

上年度收购安道麦上海的收购对价分摊和商誉的最终认定，以及本年度完成的收购安道麦辉丰的对价分摊和商誉的最终认定的情况如下：

单位：千元

合并成本	安道麦上海及安道麦辉丰合计
现金	974, 557
其他应付款	254, 000
预计负债——或有对价	13, 140
授予少数股东的看跌期权	998, 022
减：取得的可辨认净资产公允价值份额	2, 112, 556
商誉/合并成本小于取得的可辨认净资产公允价值份额的金额	127, 163

第十二节　通过多次交易分步实现的企业合并披露示例

一、准则相关规定与监管指引（节选）

（一）《企业会计准则及应用指南汇编 2024》“第三十四章　合并财务报表”

六、特殊交易的会计处理

（一）追加投资的会计处理

2. 企业因追加投资等原因能够对非同一控制下的被投资方实施控制的，对于购买日之前持有的被购买方的股权，应当按照该股权在购买日的公允价值进行重新计量；购买日之前持有的被购买方股权被指定为以公允价值计量且其变动计入其他综合收益的金融资产的，公允价值与其账面价值之间的差额计入留存收益，该股权原计入其他综合收益的累计公允价值变动转出至留存收益；购买日之前持有的被购买方的股权作为以公允价值计量且其变动计入当期损益的金融资产或者权益法核算的长期股权投资的，公允价值与其账面价值之间的差额计入当期投资收益；购买日之前持有的被购买方的股权涉及权益法核算下的其他综合收益以及权益法核算下的除净损益、其他综合收益和利润分配外的其他所有者权益变动（以下简称“其他所有者权益变动”）的，与其相关的其他综合收益应当在购买日采用与被投资方直接处置相关资产或负债相同的基础进行会计处理，与其相关的其他所有者权益变动应当转为购买日所属当期投资收益。

企业通过多次交易分步实现非同一控制下企业合并的，在合并财务报表上，首先，应结合分步交易的各个步骤的协议条款，以及各个步骤中所分别取得的股权比例、取得对象、取得方式、取得时点及取得对价等信息来判断分步交易是否属于“一揽子交易”。各项交易的条款、条件以及经济影响符合以下一种或多种情况的，通常应将多次交易事项作为“一揽子交易”进行会计处理：(1) 这些交易是同时或者在考虑了彼此影响的情况下订立的；(2) 这些交易整体才能达成一项完整的商业结果；(3) 一项交易的发生取决于至少一项其他交易的发生；(4) 一项交易单独看是不经济的，但是和其他交易一并考虑时是经济的。

如果分步取得对子公司股权投资直至取得控制权的各项交易属于“一揽子交易”，应当将各项交易作为一项取得子公司控制权的交易，并区分企业合并的类型分别进行会计处理。

如果不属于“一揽子交易”，在合并财务报表中，还应区分企业合并的类型分别进行会计处理。对于分步实现的非同一控制下企业合并，应按照上述相关规定进行会计处理。

（二）《监管规则适用指引——会计类第 2 号》

一揽子交易分步实现非同一控制下企业合并的会计处理

非同一控制下的企业合并，购买方在购买日应当按照企业会计准则的规定计算确定合并成本，并将其作为长期股权投资的初始投资成本。

监管实践发现，部分公司对于一揽子交易分步实现非同一控制下企业合并时相关投资应如何进行会计处理存在理解上的偏差和分歧。现就该事项的意见如下：

购买方以一揽子交易方式分步取得对被投资单位的控制权，双方协议约定，若购买方最终未取得控制权，一揽子交易将整体撤销，并返还购买方已支付价款。这种情况下，购买方应按照相关规定恰当确定购买日和企业合并成本，在取得控制权时确认长期股权投资，取得控制权之前已支付的款项应作为预付投资款项处理。

（三）证监会《上市公司 2022 年年度财务报告会计监管报告》

合并财务报表范围变化时原未实现内部交易损益的会计处理错误。

根据企业会计准则及相关规定，企业因追加投资等原因能够对非同一控制下的被投资方实施控制的，对于购买日之前持有的被购买方的股权，应当按照该股权在购买日的公允价值进行重新计量。母公司因处置部分股权投资或其他原因丧失了对原有子公司控制的，在合并财务报表中，对于剩余股权，应当按照丧失控制权日的公允价值进行重新计量。

审阅分析发现，部分上市公司处置子公司股权并丧失控制权，从对子公司的投资转为对联营企业的投资。在丧失控制权后，上市公司在合并财务报表层面错误地按照持有联营企业的股权比例对合并期间形成的未实现内部交易损益继续抵销。另有部分上市公司通过多次交易分步实现非同一控制下企业合并，从对联营企业的投资转为对子公司的投资。在纳入合并财务报表范围后，上市公司错误地对原与联营企业之间的未实现内部交易损益继续抵销。对于上述两类交易，在合并财务报表中，无论是丧失控制权日后持有的将采用权益法核算的剩余股权投资，还是合并日前已经持有的采用权益法核算的股权投资，都需要按照公允价值进行重新计量，会计处理上应视同原未实现内部交易损益已经全部实现，上市公司无需继续抵销。

（四）《公开发行证券的公司信息披露编报规则第 15 号——财务报告的一般规定（2023 年修订）》

分步实现企业合并的，除上述信息之外，还应披露以下信息：

1. 购买日之前原持有股权的取得时点、取得比例、取得成本和取得方式。

2. 购买日之前原持有股权在购买日的账面价值、公允价值，以及按照公允价值重新计量所产生的利得或损失的金额。

3. 购买日之前原持有股权在购买日公允价值的确定方法及主要假设。

4. 购买日之前与原持有股权相关的其他综合收益转入投资收益或留存收益的金额。

二、通过多次交易分步实现的企业合并披露示例

示例 1 - 99　富邦股份（300387. SZ）

非同一控制下企业合并（部分摘录）

被购买方名称	股权取得时点	股权取得成本（元）	股权取得比例（%）	股权取得方式	购买日	购买日的确定依据	购买日至期末被购买方的收入（元）	购买日至期末被购买方的净利润（元）	购买日至期末被购买方的现金流（元）
湘渝生物	2023 年 6 月 27 日	79, 102, 303. 52	70. 00	购买	2023 年 6 月 27 日	取得控制权	69, 902, 427. 97	8, 694, 604. 18	10, 888, 962. 49

注：2021 年 12 月 10 日，公司第三届董事会第二十次会议决议审议通过《关于收购湘渝生物科技（岳阳）有限公司 70% 股权的议案》，公司拟与湖南湘渝科技有限公司及其实际控制人余松、周爱荣签订《股权转让协议》，拟以自有资金不高于 8, 750 万元分四次收购湖南湘渝科技有限公司持有的湘渝生物科技（岳阳）有限公司 70% 的股权。公司拟分四次分别受让湖南湘渝科技有限公司持有的湘渝生物科技（岳阳）有限公司 35%、24. 5%、7% 及 3. 5% 的股权，公司 2021 年 12 月 22 日、2021 年 12 月 24 日，分别支付投资款 17, 000, 000. 00 元、18, 000, 000. 00 元，2022 年 1 月 24 日，湘渝生物在岳阳县市场监督管理局办理完成了上述第一次涉及 35% 股权转让的相关工商变更登记，并换发了营业执照。公司 2023 年 6 月 27 日以电汇方式背书转让汇票 15, 350, 968. 00 元，另支付投资款 15, 380, 708. 52 元，合计 30, 731, 676. 52 元。

2023 年 6 月 21 日，湘渝生物在岳阳县市场监督管理局办理完成了上述第二次涉及 24. 5% 股权转让的相关工商变更登记，并换发了营业执照，第二次股权转让完成，

至此公司累计持有湘渝生物59.5%股权，将其纳入合并范围。

因公司签订的收购湘渝生物的协议满足一揽子交易的条件，故本期公司对其持股份额按70%核算。

示例1－100　博士眼镜（300622. SZ）

非同一控制下企业合并

被购买方名称	股权取得时点	股权取得成本（元）	股权取得比例（%）	股权取得方式	购买日	购买日的确定依据	购买日至期末被购买方的收入（元）	购买日至期末被购买方的净利润（元）	购买日至期末被购买方的现金流（元）
杭州汉高信息科技有限公司	2023年3月28日	22,939,528.00	68.00	一揽子交易——受让股份	2023年3月28日	取得控制权	1,788,392.17	－4,302,885.33	432,417.23
杭州镜联易购网络科技有限公司	2023年3月10日	8,515,800.00	51.06	一揽子交易——增资	2023年3月10日	取得控制权	254,926.03	－5,929,758.86	－13,618,152.34

其他说明：本公司2023年2月28日第四届董事会第十七次会议决议，经审议，董事会同意公司与洪良勇先生、杭州汉高信息科技有限公司（以下简称“汉高信息”）签署《关于杭州汉高信息科技有限公司之股权转让协议》，公司使用自有资金人民币2,293.9528万元收购由洪良勇先生100%持有的汉高信息68%的股权；同时，董事会同意公司与杭州镜联易购网络科技有限公司（以下简称“镜联易购”）、杭州镜联企业管理合伙企业（有限合伙）（以下简称“镜联合伙”）、安吉视通企业管理合伙企业（有限合伙）、洪良勇先生、汉高信息共同签署《关于杭州镜联易购网络科技有限公司之增资协议》，公司与镜联合伙共同对汉高信息持有74.5800%股权的控股子公司镜联易购进行增资，增资总额为人民币1651.5800万元，其中，公司使用自有资金851.5800万元认购镜联易购的新增注册资本36.2618万元，对应其增资后21.2895%的股权，增资款中超过其认缴注册资本的部分计入资本公积（以下简称“本次交易”）。本次交易完成后，公司将直接持有汉高信息68%的股权，同时直接持有镜联易购21.2895%的股权，并通过汉高信息间接持有镜联易购29.7747%的股权，合计持有镜联易购51.0642%的股权。汉高信息和镜联易购将成为公司的控股子公司，并纳入合并报表范围。

示例1－101　蓝天燃气（605368. SH）——2022年年报

非同一控制下企业合并

2021年12月16日，公司与长葛市宇龙实业股份有限公司（以下简称“宇龙实业”）签署了《股权转让协议》，宇龙实业将其持有的长葛蓝天48%股权转让给本公司；2022年1月，公司召开董事会通过了《关于公司发行股份购买资产暨关联交易方案的议案》，拟以发行股份的方式购买宇龙实业持有的长葛蓝天52%的股权。2022年5月6日，公司召开2022年第一次临时股东大会，逐项审议并通过了《关于公司发行股份购买资产暨关联交易方案的议案》等本次交易相关议案，决议收购长葛蓝天剩余52%股权，并于2022年6月13日获得证监会的核准批复。2022年6月20日在中国证券登记结算有限责任公司上海分公司办理完毕股份登记手续。本次发行股份购买资产目的是收购长葛蓝天100%股权，为了达到100%股权，基于同一个商业目的，以整体达成一个商业结果为前提而进行的考虑。本公司将两次收购作为一揽子交易进行业务处理。本期收购长葛蓝天形成商誉金额177,787,329.48元。

示例1－102　蒙娜丽莎（002918.SZ）——2021年年报

非同一控制下企业合并

被购买方名称	股权取得时点	股权取得成本（元）	股权取得比例（%）	股权取得方式	购买日	购买日的确定依据	购买日至期末被购买方的收入（元）	购买日至期末被购买方的净利润（元）
高安市蒙娜丽莎新材料有限公司	2021年2月9日	651,000,000.00	70.00	非同一控制下企业合并	2021年1月31日	控制权实际转让日为2021年2月9日	1,003,170,218.38	－48,934,860.00

其他说明：

2020年12月31日，公司召开第二届董事会第三十二次会议，会议审议通过以支付现金的方式受让江西普京陶瓷有限公司（以下简称“普京陶瓷”）持有的高安市至美善德新材料有限公司（以下简称“至美善德”）股权并成为至美善德的控股股东。同日，公司与普京陶瓷、自然人冼伟泰签署《股权收购框架协议》。

2021年2月7日，公司召开第二届董事会第三十四次会议，会议审议通过了《关于收购高安市至美善德新材料有限公司股权并对其增资的议案》，并于同日与普京陶瓷、自然人冼伟泰及标的公司至美善德签署了《关于高安市至美善德新材料有限公司之股权收购协议》。协议约定：公司以现金40,100.00万元受让普京陶瓷持有的至美善德58.97%的股权，并以现金25,000.00万元认缴至美善德新增注册资本4,411.76万元，上述交易方案完成后，公司持有至美善德70.00%的股权；本次交易中的标的股权转让完成市场监管变更登记之日为交割日，自此至美尚德成为公司的控股子公司。

2021年2月9日，至美善德已完成上述股权受让及增资的市场监督变更登记手续，注册资本增加到16,411.7647万元，普京陶瓷持有4,923.5294万元，占比30%；

公司持有11,488.2353万元，占比70%。公司以支付现金方式受让普京陶瓷持有的至美尚德股权并以现金增资方式认缴至美尚德新增注册资本属于一揽子交易。同日，至美尚德更名为高安市蒙娜丽莎新材料有限公司，并领取了由高安市市场监督管理局出具的企业变更信息及换发的营业执照。

可辨认资产、负债公允价值的确定方法：

流动资产25,000万元为公司根据《关于高安市至美善德新材料有限公司之股权收购协议》约定需投入的增资款。

固定资产、无形资产和应付职工薪酬的公允价值取自中瑞世联资产评估集团有限公司于2021年2月5日出具的《蒙娜丽莎集团股份有限公司拟进行股权收购所涉及的高安市至美善德新材料有限公司股东全部权益价值项目资产评估报告》（中瑞评报字〔2021〕第000134号）的评估值。

递延所得税负债根据高安市蒙娜丽莎新材料有限公司的适用税率乘以可辨认资产和负债的公允价值与账面价值的差额计算。

示例1-103　中兰环保（300854.SZ）——2021年年报

非同一控制下企业合并

被购买方名称	股权取得时点	股权取得成本（元）	股权取得比例（%）	股权取得方式	购买日	购买日的确定依据	购买日至期末被购买方的收入（元）	购买日至期末被购买方的净利润（元）
武汉市中兰环能科技有限公司	2021年10月22日	30,086,000.00	100.00	购买	2021年10月22日	取得控制权	3,346,369.92	361,456.36
成都豪胜洁绿环保科技有限责任公司	2021年10月22日	4,165,000.00	49.00	购买	2021年10月22日	取得控制权	982,521.20	219,846.81
武汉豪胜星火环保科技有限公司	2021年10月22日	7,333,300.00	66.67	购买	2021年10月22日	取得控制权	1,814,124.20	637,372.69

其他说明：

本公司之全资子公司中兰环能于2021年9月29日以现金方式向5名自然人股东收购武汉环能100%的股权。由武汉环能收购参股子公司其他股东的股权，具体包括：（1）成都豪胜（目前武汉环能持股51%）49%的股权；（2）豪胜星火（目前武汉环能持股33.33%）66.67%的股权。武汉环能原持有天门豪胜100%的股权，武汉星火原持有英德齐鑫100%的股权，成都豪胜原持有成都尚绿100%的股权。本次收购完成后，公司将持有武汉环能100%股权，武汉环能收购豪胜星火、成都豪胜后，中兰环能将通过武汉环能间接持有豪胜星火、成都豪胜、天门豪胜、英德齐鑫、成都尚绿100%的股权。

上述拟收购事项资金来源为公司自有资金，中兰环能向5名自然人股东收购武汉豪胜洁绿100%股权，交易对价为30,086,000.00元，武汉豪胜洁绿后续收购参股子公司成都豪胜洁绿49%股权，交易对价为4,165,000.00元，武汉豪胜洁绿后续收购参股子公司武汉豪胜星火66.67%股权，交易对价为7,333,300.00元，合计交易金额为人民币41,584,300.00元。深圳中兰环能科技有限公司于2021年10月22日支付5名自然人股东第二期款，根据协议达到控制（运营已交接完成）。2021年10月31日武汉环能及下属子公司、孙公司纳入报表合并范围。

合并成本公允价值的确定方法、或有对价及其变动的说明：

根据会计师事务所出具的武汉豪胜洁绿环保科技有限公司2020年1月至2021年6月审计报告，2021年6月30日股东权益为24,429,236.51元，至合并日2021年10月31日，其中：（1）武汉市中兰环能科技有限公司股权转让价格为30,086,000.00元，可辨认净资产21,587,002.77元与收购价之差确认为投资损失8,498,997.23元。（2）成都豪胜洁绿环保科技有限公司股权转让价格为4,165,000元，可辨认净资产为9,837,257.34元与收购价之差确认为投资收益5,672,257.34元。（3）武汉豪胜星火环保科技有限公司股权转让价格为7,333,300元，可辨认净资产为6,659,435.28元与收购价之差确认为投资损失673,864.72元。综上所述，以上的交易步骤作为一项整体工作，旨在实现同一交易目的，互为前提和条件，构成一揽子交易，总体可辨认净资产与收购价之差确认投资损失3,500,604.61元。

第十三节　通过多次交易分步处置对子公司股权投资直至丧失控制权披露示例

一、准则相关规定与监管指引（节选）

（一）《企业会计准则第33号——合并财务报表》

第五十一条　企业通过多次交易分步处置对子公司股权投资直至丧失控制权的，如果处置对子公司股权投资直至丧失控制权的各项交易属于一揽子交易的，应当将各项交易作为一项处置子公司并丧失控制权的交易进行会计处理；但是，在丧失控制权之前每一次处置价款与处置投资对应的享有该子公司净资产份额的差额，在合并财务报表中应当确认为其他综合收益，在丧失控制权时一并转入丧失控制权当期的损益。

（二）《企业会计准则及应用指南汇编2024》“第三章　长期股权投资”

十、长期股权投资的处置和划分为持有待售的长期股权投资

（一）长期股权投资的处置

企业通过多次交易分步处置对子公司股权投资直至丧失控制权，如果上述交易属于一揽子交易的，应当将各项交易作为一项处置子公司股权投资并丧失控制权的交易进行会计处理；但是，在丧失控制权之前每一次处置价款与所处置的股权对应的长期股权投资账面价值之间的差额，在个别财务报表中，应当先确认为其他综合收益，到丧失控制权时再一并转入丧失控制权的当期损益。

（三）《企业会计准则及应用指南汇编2024》“第三十四章　合并财务报表”

六、特殊交易的会计处理（二）处置对子公司投资的会计处理

2. 母公司因处置对子公司长期股权投资而丧失控制权的会计处理。

(2) 多次交易分步处置子公司。

①会计处理。

企业通过多次交易分步处置对子公司股权投资直至丧失控制权，在合并财务报表中，首先，应结合分步交易的各个步骤的交易协议条款、分别取得的处置对价、出售股权的对象、处置方式、处置时点等信息来判断分步交易是否属于“一揽子交易”。

如果分步交易不属于“一揽子交易”，则在丧失对子公司控制权以前的各项交易，应按照本章上述“母公司在不丧失控制权的情况下部分处置对子公司的长期股权投资”的有关规定进行会计处理。

如果分步交易属于“一揽子交易”，则应将各项交易作为一项处置原有子公司并丧失控制权的交易进行会计处理，其中，对于丧失控制权之前的每一次交易，处置价款与处置投资对应的享有该子公司自购买日开始持续计算的净资产账面价值的份额之间的差额，在合并财务报表中应当计入其他综合收益，在丧失控制权时一并转入丧失控制权当期的损益。

（四）《监管规则适用指引——会计类第3号》

3－3　母公司丧失控制权时对应收原子公司款项的会计处理

企业处置子公司时，在合并财务报表中，对应收的原子公司款项应当按照金融工具准则有关规定进行会计处理，确认和计量的金额与该应收款项在母公司个别财务报表原账面余额之间的差额抵减处置子公司产生的投资收益。

《公开发行证券的公司信息披露编报规则第15号——财务报告的一般规定(2023年修订)》第三十三条　本期发生丧失子公司控制权交易或事项的，应披露以下信息：

（一）丧失控制权的时点及判断依据、处置价款、处置比例、处置方式。

（二）处置价款与处置投资所对应的合并财务报表层面享有该子公司净资产份额的

差额；及与原子公司股权投资相关的其他综合收益转入投资损益或留存收益的金额。

（三）丧失控制权之日，合并财务报表层面剩余股权的账面价值、公允价值，以及按照公允价值重新计量所产生的利得或损失的金额。

（四）在丧失控制权之日，合并财务报表层面剩余股权的公允价值的确定方法及主要假设。

通过多次交易分步处置对子公司投资至丧失控制权的，还应披露以下信息：判断各项交易是否构成"一揽子交易"的原则，前期处置股权的处置时点以及处置价款、处置比例、处置方式、处置价款与处置投资所对应的合并财务报表层面享有该子公司净资产份额的差额等。

（五）证监会《上市公司2023年年度财务报告会计监管报告》

根据企业会计准则及相关规定，企业丧失了对被投资方的控制权的，在编制合并财务报表时，对于剩余股权，应当按照其在丧失控制权日的公允价值进行重新计量。处置股权取得的对价与剩余股权的公允价值之和，减去按原持股比例计算应享有原子公司自购买日或合并日开始持续计算的净资产的份额之间的差额，计入丧失控制权当期的投资收益。

审阅分析发现，部分上市公司处置子公司时，错误地以母公司个别财务报表中应收原子公司款项的账面余额作为合并财务报表中应收原子公司款项的初始确认金额，未同时调整处置子公司投资收益。上市公司处置子公司时，在合并财务报表中，对应收原子公司款项应当按照金融工具准则规定以公允价值进行会计处理，并将初始确认金额与该应收款项在母公司个别财务报表账面余额之间的差额，抵减处置子公司产生的投资收益。

二、通过多次交易分步处置对子公司股权投资直至丧失控制权披露示例

示例1-104　有棵树（300209. SZ）

处置子公司

子公司名称	前期处置股权的处置时点	前期处置股权的处置价款（元）	前期处置股权的处置比例（%）	前期处置股权的处置方式	前期处置股权的处置价款与处置投资对应的合并财务报表层面享有该子公司净资产份额的差额（元）	分步处置过程中的各项交易是否构成一揽子交易	是否构成一揽子交易的判断依据
江苏天泽智联信息技术有限公司（以下简称"天泽智联"）	2023年9月12日	1,500,000.00	58.00	股权转让	2,146,382.88	是	58.00%

分步处置股权至丧失控制权过程中的各项交易构成一揽子交易的原因

2023 年 3 月，公司与天泽智联、徐州盘石企业管理咨询合伙企业（有限合伙）、南京噼哩噼哩企业管理咨询中心（有限合伙）、徐州格远投资管理有限公司签订合作协议，约定了公司向天泽智联实缴注册资本、徐州格远投资管理有限公司向天泽智联增资、公司对天泽智联减资、公司分次向徐州格远投资管理有限公司转让其持有的天泽智联股权等一系列股权交易。通过合同中约定的一系列股权交易，公司将持有的 58% 的股权（实际出资 150.00 万元）全部转出。上述交易在同一转让协议中同时约定，且合同中约定前项股权交易是后一项股权交易的前提。公司实缴注册资本、徐州格远投资管理有限公司增资、公司减资，这几项股权交易单独看并不经济，结合最后一次股权转让一并考虑才能反映真正的经济影响。由此判断，上述各项交易构成一揽子交易。

示例 1-105　直真科技（003007. SZ）

合并范围的变更——处置子公司

子公司名称	前期处置股权的处置时点	前期处置股权的处置价款（元）	前期处置股权的处置比例（%）	前期处置股权的处置方式	前期处置股权的处置价款与处置投资对应的合并财务报表层面享有该子公司净资产份额的差额（元）	分步处置过程中的各项交易是否构成一揽子交易	是否构成一揽子交易的判断依据
北京直真软件技术有限公司	2022 年 10 月 26 日	16, 200, 000. 00	20. 00	处置子公司股权	10, 431, 315. 45	是	与同一交易对手基于同一商业目的

资本公积

公司 2022 年、2023 年转让直真软件股权的交易是与同一交易对手基于同一商业目而订立，构成一揽子交易，故调整资本公积计入其他综合收益。本期由于丧失控制权进而确认为当期投资收益。

以公允价值计量的资产和负债

公司 2022 年、2023 年转让直真软件股权的交易是公司与同一交易对手基于同一商业目而订立，构成一揽子交易，截至 2023 年 12 月 31 日，公司仍持有直真软件 49% 股权，并预计 2024 年通过第二次股权转让完成出售，故转入持有待售资产。

示例1-106　奥锐特（605116. SH）

处置子公司

子公司名称	前期处置股权的处置时点	前期处置股权的处置价款（元）	前期处置股权的处置比例（%）	前期处置股权的处置方式	前期处置股权的处置价款与处置投资对应的合并财务报表层面享有该子公司净资产份额的差额（元）	分步处置过程中的各项交易是否构成一揽子交易	是否构成一揽子交易的判断依据
卓肽医药公司	2023年6月30日	7, 236, 000. 00	6. 0284	出售	1, 463, 913. 66	否	
卓肽医药公司	2023年9月15日	58, 000, 000. 00	45. 00	出售	31, 669, 568. 72	否	

分步处置股权至丧失控制权过程中的各项交易不构成一揽子交易的原因：

2023年6月，根据公司与广东卓知创业投资合伙企业（有限合伙）（卓知合伙企业）签订的股权转让协议，公司以723. 60万元的价格向卓知合伙企业转让本公司所持有卓肽医药公司6. 0284%的股权。本次转让后公司持有卓肽医药公司45%股权，仍是其第一大股东，同时彭志恩先生继续担任卓肽医药公司执行董事职务（卓肽医药公司不设董事会，设执行董事1名），故仍将其纳入合并范围。

2023年9月，根据公司与广州卓优投资合伙企业（有限合伙）（卓优合伙企业）、青岛青新智慧创业投资合伙企业（有限合伙）（青新智慧合伙企业）和福建新希望健康产业投资中心（有限合伙）（福建新希望合伙企业）签订的股权转让协议，公司分别以600. 00万元、1, 844. 70万元和3, 355. 30万元的价格向卓优合伙企业、青新智慧合伙企业、福建新希望合伙企业转让本公司所持有卓肽医药公司5%、14. 19%和25. 81%的股权。本次转让后，公司不再持有卓肽医药公司股权，彭志恩先生不再担任卓肽医药公司执行董事职务，卓肽医药公司自2023年9月30日起不再纳入公司合并范围。

公司上述两次股权转让交易虽然时间间隔较短，但两次交易均独立定价、独立决策，两次决策并不互为条件。同时上述两次股权转让交易对手不同，且交易对手之间并不都存在关联关系，不满足认定为一揽子交易的条件。

示例1－107　美盈森（002303. SZ）

处置子公司

子公司名称	股权处置时点	股权处置价款（元）	股权处置比例（%）	股权处置方式	处置价款与处置投资对应的合并财务报表层面享有该子公司净资产份额的差额（元）	丧失控制权的时点	丧失控制权时点的确定依据	丧失控制权之日剩余股权的比例（%）
郑州市美盈森环保科技有限公司	2021年3月16日	10, 000, 000. 00	21. 08	转让	895, 518. 44	2022年5月25日	相关工商变更登记手续已完成	
郑州市美盈森环保科技有限公司	2021年6月3日	12, 987, 918. 73	27. 92	转让	－974, 863. 09	2022年5月25日	相关工商变更登记手续已完成	
郑州市美盈森环保科技有限公司	2022年5月25日	23, 926, 201. 12	51. 00	转让	2, 575, 387. 29	2022年5月25日	相关工商变更登记手续已完成	

分步处置股权至丧失控制权过程中的各项交易不构成一揽子交易的原因：鉴于公司处置郑州市美盈森环保科技有限公司股权事宜，三次股权转让协议都是独立合同且分别签订，三次转让互不影响且独立定价，不存在因任意某次交易的变化而导致其他次交易的变更的情形。因此，本次转让郑州市美盈森环保科技有限公司股权至丧失控制权过程中的三次交易不构成一揽子交易。

第二章

金融工具及公允价值五项准则应用披露示例

第一节 金融工具及公允价值五项准则常见会计事项及判断框架

在国际金融市场全球化发展趋势的带动，以及我国加快建设金融强国、为中国式现代化全面推进强国建设提供有力金融支撑的需求下，中国的金融市场快速发展，已初具规模。随着金融市场的不断发展，复杂多样的创新金融工具层出不穷，与金融工具相关的会计处理问题也越来越复杂，尤其是复杂金融工具的分类与计量、金融资产转移、金融负债与权益工具的区分、套期会计、金融工具的披露等相关问题；与此同时，根据企业会计准则相关规定，越来越多的报表项目与交易，尤其是金融工具的公允价值的计量与披露，包括估值技术的应用等问题也成为上市公司执行企业会计准则的重点和难点。我们在此归纳了金融工具及公允价值计量常见会计事项及其准则的逻辑框架及相关问题披露示例。如无特别说明，本章示例来自相关公司公开披露的2023 年度报告。

一、金融工具及公允价值五项准则常见会计事项

金融工具及公允价值五项准则包括四项金融工具准则和公允价值计量准则。在企业会计准则体系框架下，与金融工具相关的具体准则主要包括《企业会计准则第 22 号——金融工具确认和计量》《企业会计准则第 23 号——金融资产转移》《企业会计准则第 24 号——套期会计》《企业会计准则第 37 号——金融工具列报》，其分别规范了金融资产和金融负债的确认和计量、金融资产转移是否构成终止确认、套期会计

以及金融工具的列报及披露等问题。

2008 年国际金融危机发生后，金融工具准则饱受争议，国际会计准则理事会（IASB）对金融工具准则进行了较大幅度的修订，并于 2014 年 7 月发布了《国际财务报告准则第 9 号——金融工具》（以下简称 IFRS9），于 2018 年 1 月 1 日生效。为切实解决我国企业金融工具相关会计实务问题、实现我国企业会计准则与国际财务报告准则的持续全面趋同，按照《中国企业会计准则与国际财务报告准则持续趋同路线图》（财会〔2010〕10 号）的要求，财政部借鉴 IFRS9 并结合我国实际情况和需要，修订了金融工具相关会计准则。

2017 年 3 月和 5 月，财政部发布了修订后的新金融工具企业会计准则，包括《企业会计准则第 22 号——金融工具确认和计量》《企业会计准则第 23 号——金融资产转移》《企业会计准则第 24 号——套期会计》《企业会计准则第 37 号——金融工具列报》（以下统称"新金融工具准则"）。修订后的新金融工具准则实现了与 IFRS9 和《国际财务报告准则第 7 号——金融工具披露》（以下简称 IFRS7）的趋同。新金融工具准则自 2018 年 1 月 1 日起在境内外同时上市的企业，以及在境外上市并采用国际财务报告准则或企业会计准则编制财务报告的企业施行，自 2019 年 1 月 1 日起在其他境内上市企业施行，自 2021 年 1 月 1 日起在执行企业会计准则的非上市企业施行，鼓励企业提前施行。考虑准则转换的复杂度，财政部 2020 年发布《关于进一步贯彻落实新金融工具相关会计准则的通知》（财会〔2020〕22 号），允许部分非上市企业和资产管理产品推迟至 2022 年 1 月 1 日起实施。

截至目前，除部分保险公司外，各类执行企业会计准则的企业均已完成对新金融工具准则的转换。符合《财政部关于保险公司执行新金融工具相关会计准则有关过渡办法的通知》（财会〔2017〕20 号）中关于暂缓执行新金融工具相关会计准则条件的保险公司，其执行新金融工具相关会计准则的日期允许暂缓至执行《企业会计准则第 25 号——保险合同》（财会〔2020〕20 号）的日期，即在境内外同时上市以及在境外上市并采用国际财务报告准则或企业会计准则编制财务报表的保险公司，自 2023 年 1 月 1 日起执行；其他执行企业会计准则的保险公司自 2026 年 1 月 1 日起执行。同时，允许保险公司提前执行。

公允价值计量方面，财政部于 2014 年发布了《企业会计准则第 39 号——公允价值计量》（以下简称"公允价值计量准则"），在此之前，有关公允价值计量的规定和要求分散在其他相关准则中，如《企业会计准则第 3 号——投资性房地产》《企业会计准则第 20 号——企业合并》《企业会计准则第 22 号——金融工具确认和计量》等，但这些准则关于公允价值如何计量的规定并不完全一致，相关的要求与指引也不充分。公允价值计量准则对资产、负债以及企业自身权益工具的公允价值计量和披露进行了规范。除特定情况外，其他会计准则要求或允许采用公允价值计量的，应遵循公允价值计量准则的要求，但对于是否应当以公允价值计量相关资产或负债、何时进行具体计量、公允价值变动应当记入当期损益还是其他综合收益等会计处理问题，由要求或允许采用公允价值进行计量或披露的其他相关会计准则进行规范。

金融工具及公允价值五项准则相关内容是实务运用中的难点，涉及较多复杂会计事项判断，常见会计事项包括：

1. 金融工具准则和长期股权投资准则的边界：对一项权益性投资是否具有控制、共同控制和重大影响的判断，如对合伙企业投资的会计处理、权益法或成本法与金融工具公允价值计量之间的转换等。

2. 金融工具的分类：根据金融资产的业务模式和合同现金流量特征确定金融资产的分类，包括对应收款项、结构性存款、理财产品、大额存单、资产管理计划、可转换公司债券、信托产品、资产支持证券投资的分类与计量；对权益工具投资的初始分类等。

3. 金融工具的计量：金融资产公允价值的计量，如对其他债权投资、交易性金融资产以及其他权益工具投资；实际利率的确定；利息收入和利息支出的计提等。

4. 嵌入衍生工具的会计处理：对混合合同中嵌入衍生工具的识别、分拆与计量。

5. 金融资产减值的确认与计量：包括预期信用损失模型（简化方法/三阶段法）的选取；三阶段的划分；信用风险组合的确定；预期信用损失的计提方法（如迁徙率模型、回归分析法等）；前瞻性调整的确定；财务担保合同和贷款承诺预期信用损失的计提等。

6. 金融资产转移：是否终止确认的判断，如应收账款保理业务、资产证券化业务、资产管理计划中收益权的转让等能否导致终止确认。

7. 金融负债与权益工具的区分：优先股、永续债、无固定期限委托贷款等创新型金融工具的会计属性；复合金融工具的计量；合并报表层面会计属性的重新判断等。

8. 金融资产与金融负债的抵销：质押的理财产品与质押贷款的抵销；不同交易主体间应收款项与应付款项的抵销；内保外贷业务的会计处理等。

9. 套期会计：套期会计适用性判断；套期会计的账务处理等。

10. 金融工具的披露：金融工具会计政策的披露；金融资产转移的披露；套期保值业务运用套期会计的披露；金融工具风险的披露等。

11. 公允价值计量：资产和负债计量单元的识别；相关资产或负债的特征与资产持有者特征的区分；估值技术的应用；公允价值层次的划分；公允价值的披露等。

我们对上市公司历年财务报告中的相关内容进行了关注和追踪，并从上述问题中选取了一些广受关注的事项进行分析。

二、金融工具及公允价值五项准则的相关判断框架

（一）金融工具的定义

金融工具，是指形成一方的金融资产并形成其他方的金融负债或权益工具的合同。金融工具的定义如图 2－1 所示。

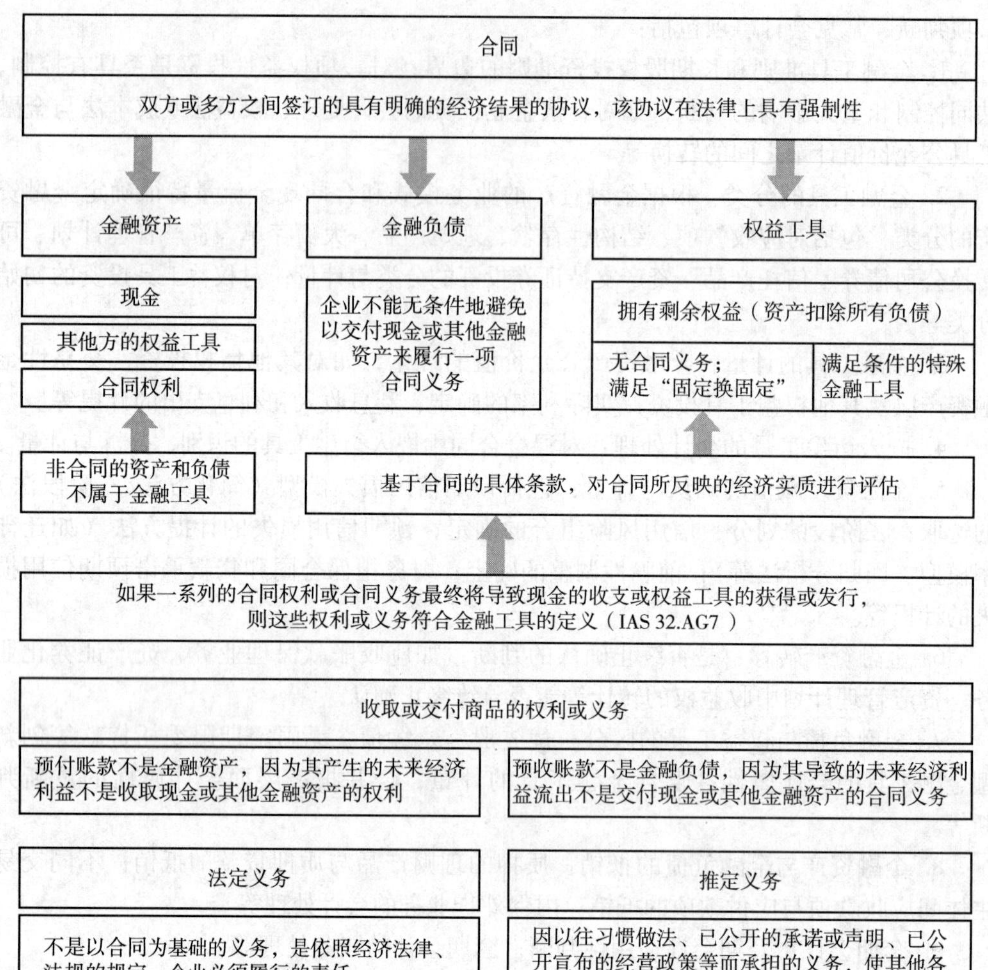

图 2-1　金融工具的定义

（二）金融资产分类与计量框架

金融资产分类与计量框架如图 2-2 所示。其中，FVOCI（债务工具）是指根据《企业会计准则第 22 号——金融工具确认和计量》第十八条分类为以公允价值计量且其变动计入其他综合收益的金融资产，FVTPL 是指根据《企业会计准则第 22 号——金融工具确认和计量》第十九条分类为以公允价值计量且其变动计入当期损益的金融资产，FVOCI（权益工具）是指根据《企业会计准则第 22 号——金融工具确认和计量》第十九条在初始确认时将非交易性权益工具投资指定为以公允价值计量且其变动计入其他综合收益的金融资产。

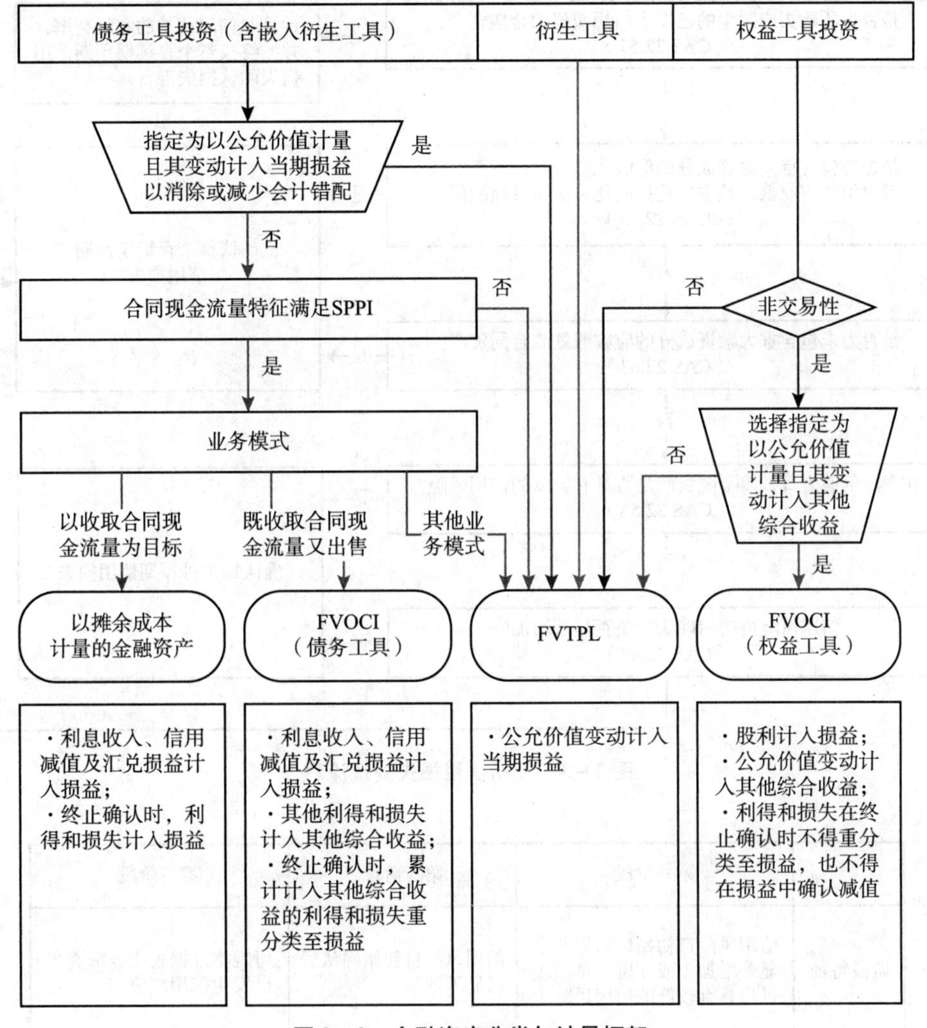

图 2-2　金融资产分类与计量框架

（三）预期信用损失处理流程

预期信用损失处理流程如图 2-3 所示。

（四）三阶段法预期信用损失的确认

对于购买或源生时未发生信用减值的金融工具（始终按照整个存续期内预期信用损失的变动确认损失准备的除外），企业可以将其发生信用减值的过程分为三个阶段，对于不同阶段的金融工具的减值有不同的会计处理方法，如图 2-4 所示。

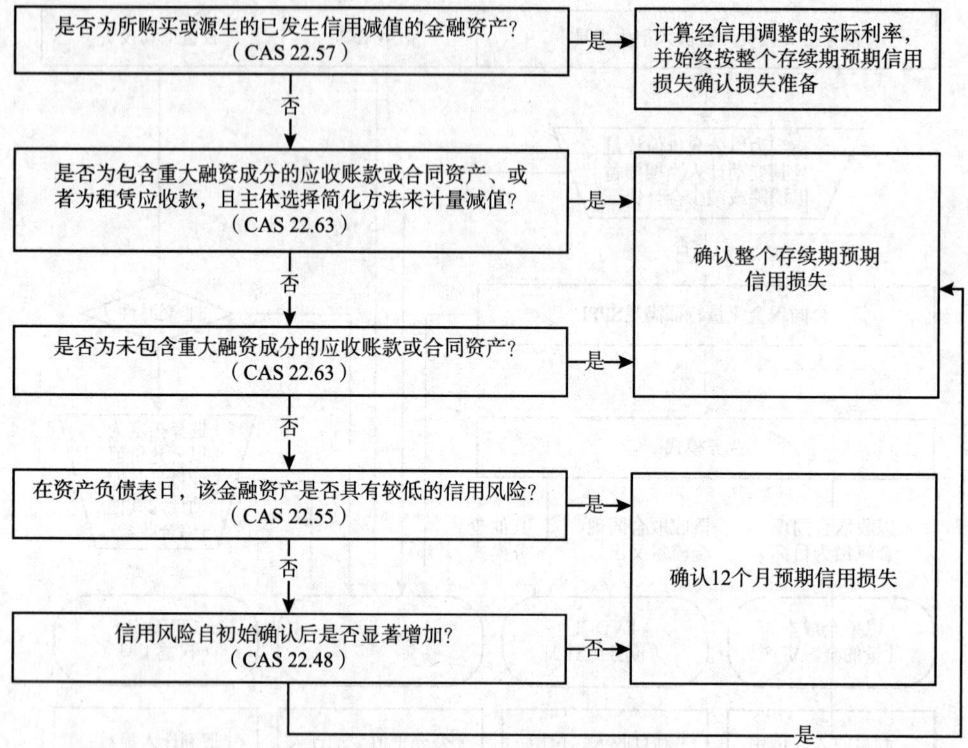

图2－3　预期信用损失处理流程

	第一阶段	第二阶段	第三阶段
阶段特征	信用风险自初始确认后并未显著增加（或在资产负债表日只具有较低的信用风险）	信用风险自初始确认后已显著增加	可观察证据表明金融资产已发生信用减值
损失准备	未来12个月内预期信用损失	整个存续期内预期信用损失	整个存续期内预期信用损失
利息收入	账面余额乘以实际利率	账面余额乘以实际利率	摊余成本（账面余额扣除累计计提的损失准备）乘以实际利率

图2－4　三阶段法预期信用损失的确认

（五）金融资产终止确认判断流程

金融资产终止确认判断流程如图2－5所示。

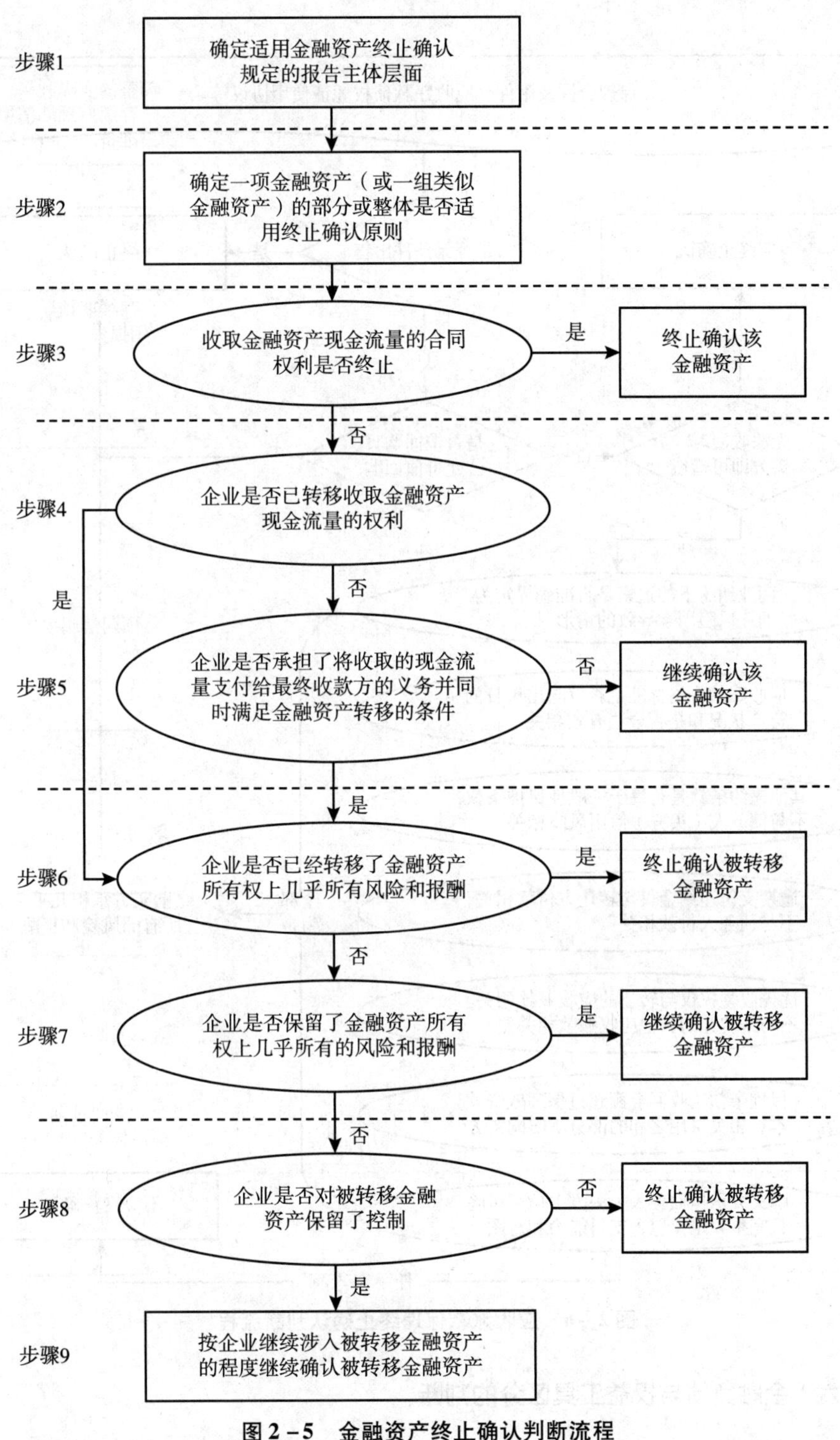

图2－5　金融资产终止确认判断流程

应收账款保理终止确认判断流程如图2－6所示。

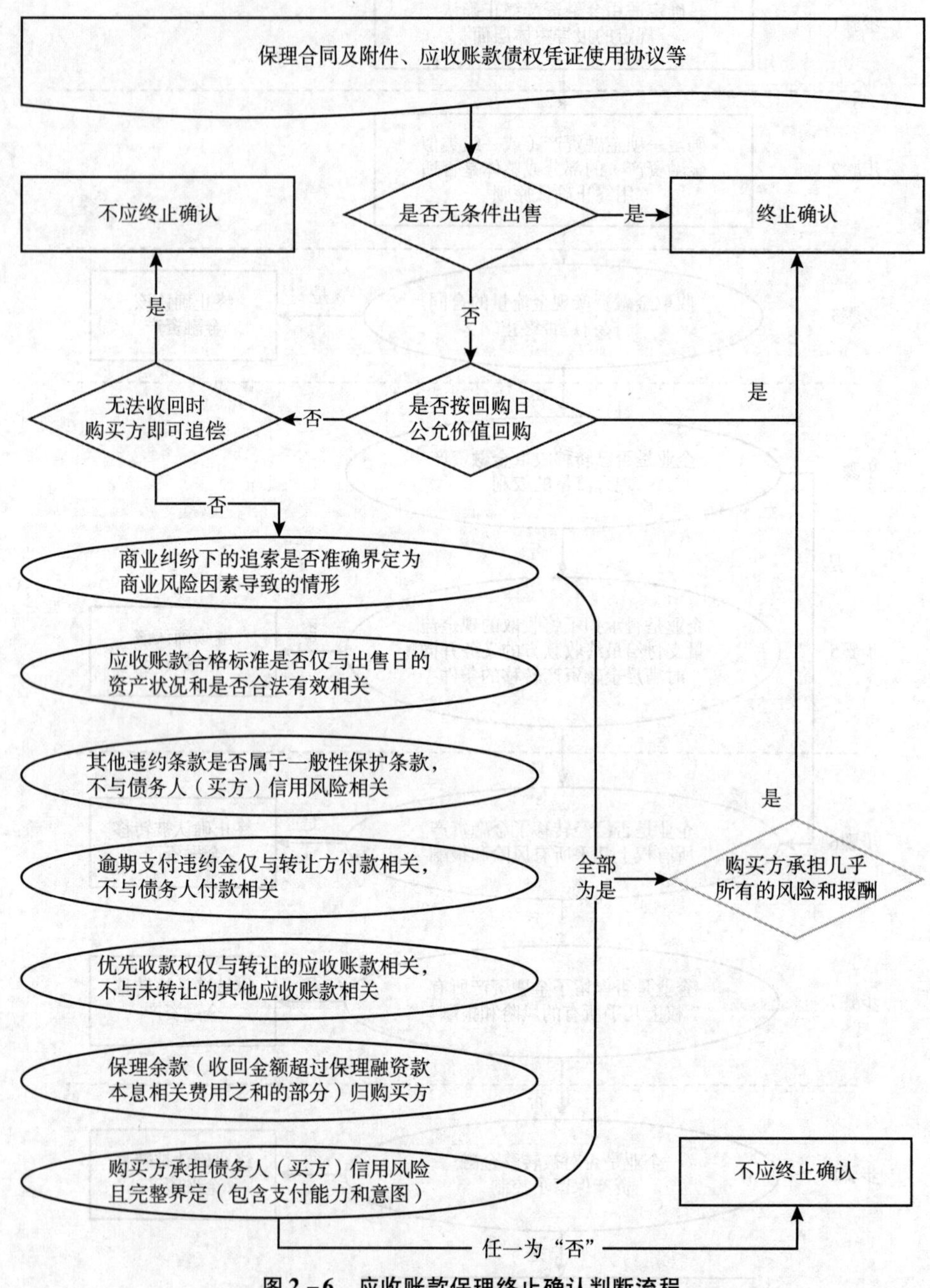

图 2－6　应收账款保理终止确认判断流程

（六）金融负债与权益工具区分的判断

金融负债与权益工具区分的判断如图 2－7 所示。

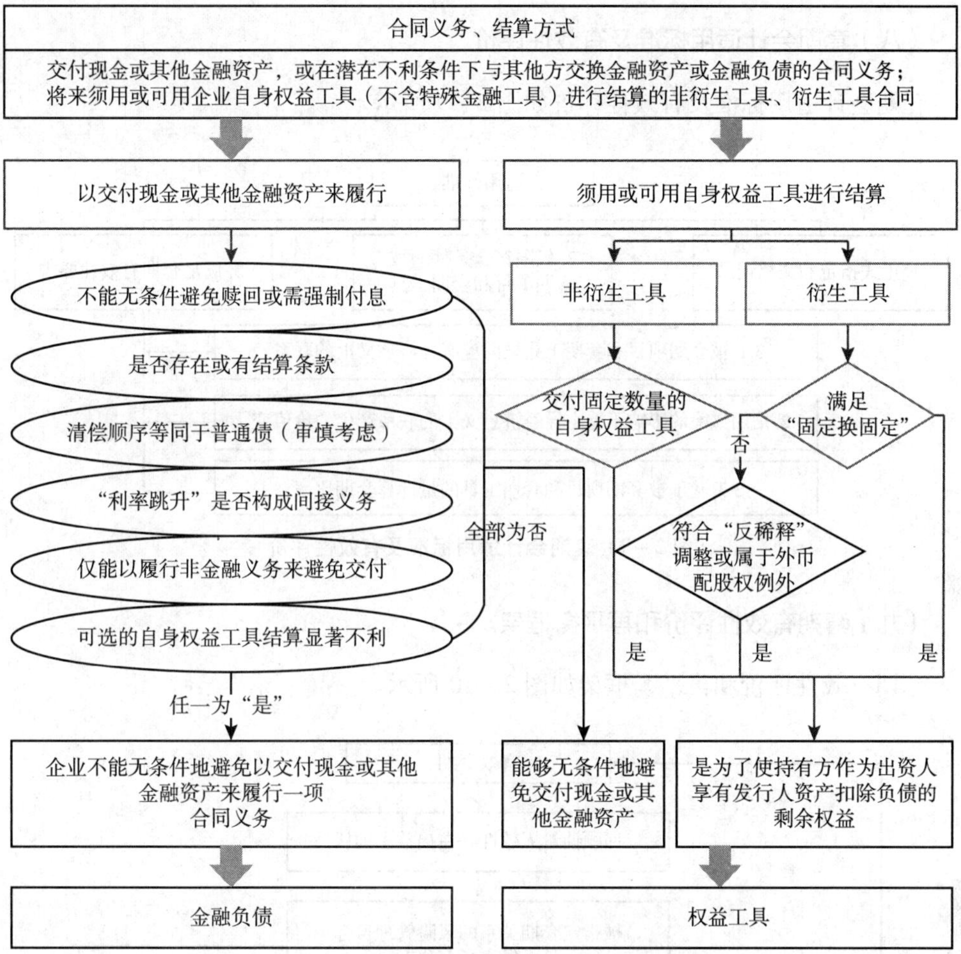

合同义务、结算方式
交付现金或其他金融资产，或在潜在不利条件下与其他方交换金融资产或金融负债的合同义务；
将来须用或可用企业自身权益工具（不含特殊金融工具）进行结算的非衍生工具、衍生工具合同
以交付现金或其他金融资产来履行
须用或可用自身权益工具进行结算
不能无条件避免赎回或需强制付息
是否存在或有结算条款
清偿顺序等同于普通债（审慎考虑）
“利率跳升”是否构成间接义务
仅能以履行非金融义务来避免交付
可选的自身权益工具结算显著不利
全部为否
任一为“是”
非衍生工具
衍生工具
交付固定数量的自身权益工具
满足“固定换固定”
否
符合“反稀释”调整或属于外币配股权例外
是
是
是
企业不能无条件地避免以交付现金或其他金融资产来履行一项合同义务
能够无条件地避免交付现金或其他金融资产
是为了使持有方作为出资人享有发行人资产扣除负债的剩余权益
金融负债
权益工具

图 2-7　金融负债与权益工具区分的判断

（七）金融资产与金融负债的抵销判断

金融资产与金融负债抵销的判断框架如图 2-8 所示。

当前可执行的法定抵销权
+
净额结算或同时结算的计划
以相互抵销后的净额列示
承担净额风险（没有信用风险或流动性风险敞口）

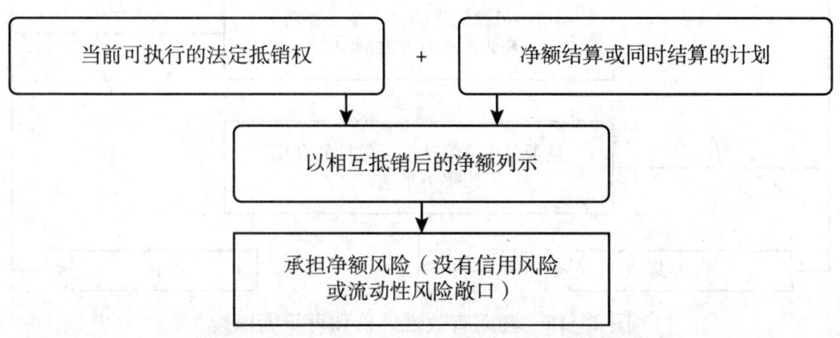

图 2-8　金融资产与金融负债抵销的判断框架

（八）套期会计适用标准及有效性评价

套期会计适用标准及有效性评价如图 2－9 所示。

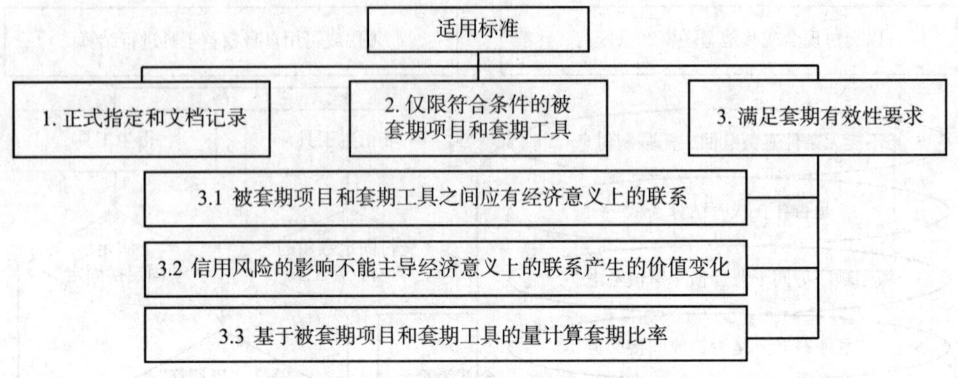

图 2－9　套期会计适用标准及有效性评价

（九）套期有效性评价和再平衡框架

套期有效性评价和再平衡框架如图 2－10 所示。

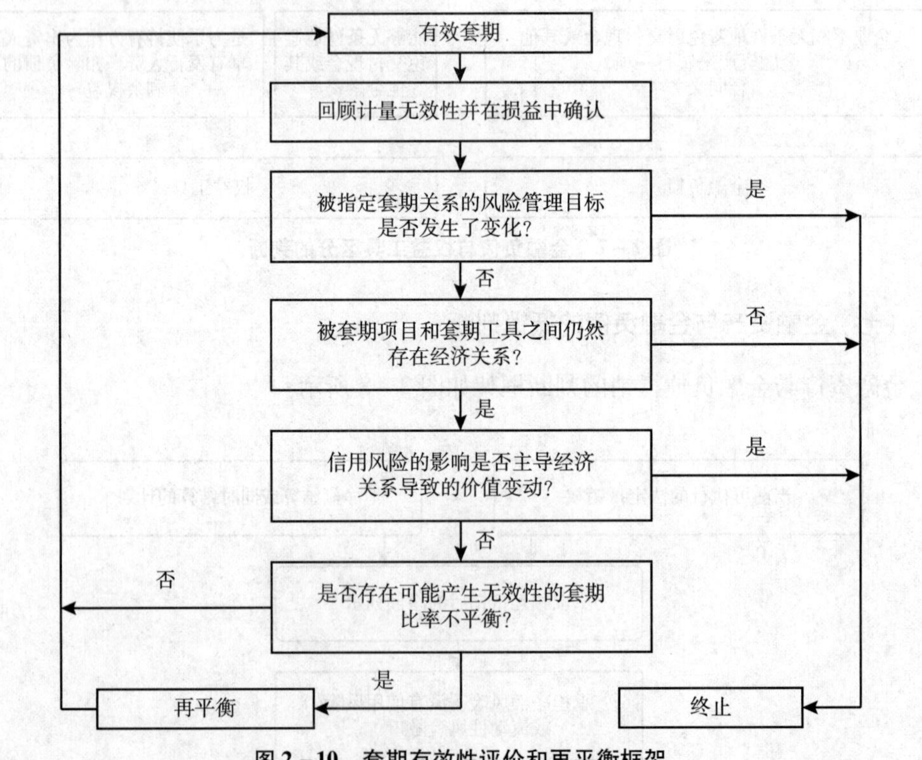

图 2－10　套期有效性评价和再平衡框架

（十）公允价值计量准则应用框架

公允价值计量准则应用框架如图 2 – 11 所示。

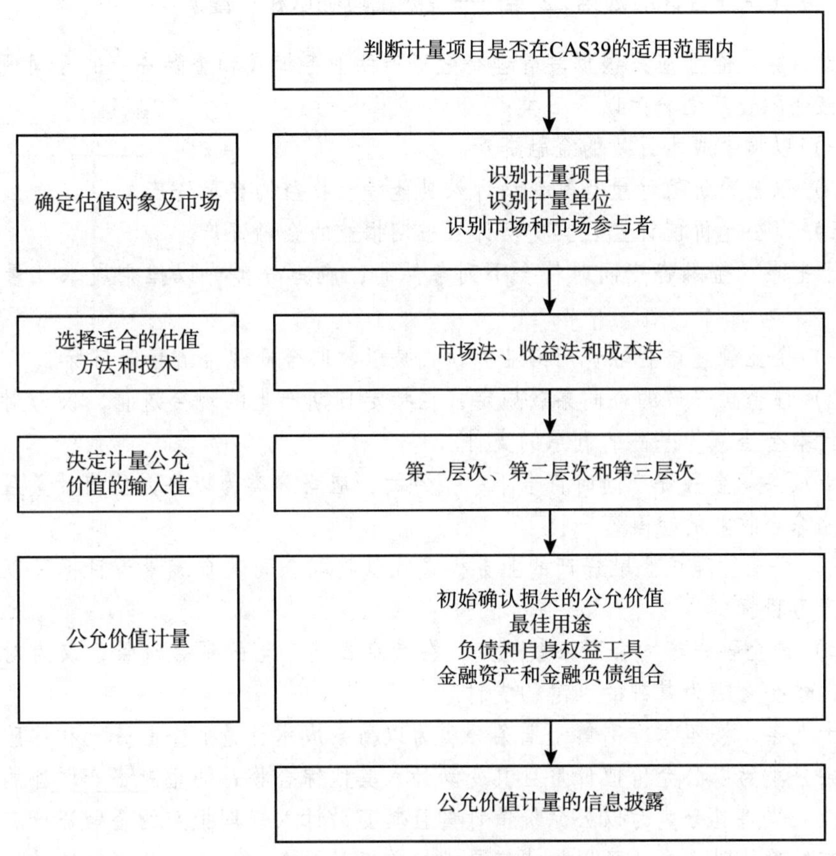

图 2 – 11　公允价值计量准则应用框架

第二节　金融资产的分类披露示例

随着金融业务的发展，越来越多的金融机构发起、设立品种多样的理财产品。就金融机构发行的理财产品而言，除对于其作为结构化主体是否应纳入合并财务报表这一复杂判断之外，金融机构对其发行的理财产品在单体财务报表上如何体现，投资方对购买的理财产品在报表上如何体现也是常见的会计实务难题。金融工具的分类应依据《企业会计准则第 22 号——金融工具确认和计量》，根据具体事实和情况进行分析判断。本节将选取部分有代表性的理财产品分类的披露示例以供参考。

一、准则相关规定与监管指引（节选）

（一）《企业会计准则第 22 号——金融工具确认和计量》

第十六条　企业应当根据其管理金融资产的业务模式和金融资产的合同现金流量特征，将金融资产划分为以下三类：

（一）以摊余成本计量的金融资产。

（二）以公允价值计量且其变动计入其他综合收益的金融资产。

（三）以公允价值计量且其变动计入当期损益的金融资产。

第十七条　金融资产同时符合下列条件的，应当分类为以摊余成本计量的金融资产：

（一）企业管理该金融资产的业务模式是以收取合同现金流量为目标。

（二）该金融资产的合同条款规定，在特定日期产生的现金流量，仅为对本金和以未偿付本金金额为基础的利息的支付。

第十八条　金融资产同时符合下列条件的，应当分类为以公允价值计量且其变动计入其他综合收益的金融资产：

（一）企业管理该金融资产的业务模式既以收取合同现金流量为目标又以出售该金融资产为目标。

（二）该金融资产的合同条款规定，在特定日期产生的现金流量，仅为对本金和以未偿付本金金额为基础的利息的支付。

第十九条　按照本准则第十七条分类为以摊余成本计量的金融资产和按照本准则第十八条分类为以公允价值计量且其变动计入其他综合收益的金融资产之外的金融资产，企业应当将其分类为以公允价值计量且其变动计入当期损益的金融资产。

在初始确认时，企业可以将非交易性权益工具投资指定为以公允价值计量且其变动计入其他综合收益的金融资产，并按照本准则第六十五条规定确认股利收入。该指定一经做出，不得撤销。企业在非同一控制下的企业合并中确认的或有对价构成金融资产的，该金融资产应当分类为以公允价值计量且其变动计入当期损益的金融资产，不得指定为以公允价值计量且其变动计入其他综合收益的金融资产。

（二）《企业会计准则应用指南汇编 2024》“第二十二章　金融工具确认和计量”

六、金融资产的分类

（一）关于企业管理金融资产的业务模式

1. 业务模式评估。

企业管理金融资产的业务模式，是指企业如何管理其金融资产以产生现金流量。业务模式决定企业所管理金融资产现金流量的来源是收取合同现金流量、出售金融资产还是两者兼有。

企业确定其管理金融资产的业务模式时，应当注意下列方面：

(1) 企业应当在金融资产组合的层次上确定管理金融资产的业务模式，而不必按照单个金融资产逐项确定业务模式。金融资产组合的层次应当反映企业管理该金融资产的层次。有些情况下，企业可能将金融资产组合分拆为更小的组合，以合理反映企业管理该金融资产的层次。例如，企业购买一个抵押贷款组合，该组合中的一部分贷款以收取合同现金流量为目标管理，其他贷款以出售为目标管理，在该情况下，企业可将该抵押贷款组合分拆为两个更小的组合以确定其管理相关金融资产的业务模式。

(2) 一个企业可能会采用多个业务模式管理其金融资产。例如，企业持有一组以收取合同现金流量为目标的投资组合，同时还持有另一组既以收取合同现金流量为目标又以出售该金融资产为目标的投资组合，企业对这两个投资组合的管理采用了不同的业务模式。

(3) 企业应当以企业关键管理人员决定的对金融资产进行管理的特定业务目标为基础，确定管理金融资产的业务模式。其中，“关键管理人员”是指第三十七章关联方披露中定义的关键管理人员。

(4) 企业的业务模式并非企业自愿指定，而是一种客观事实，通常可以从企业为实现其目标而开展的特定活动中得以反映。企业应当考虑在业务模式评估日可获得的所有相关证据，包括企业评价和向关键管理人员报告金融资产业绩的方式、影响金融资产业绩的风险及其管理方式以及相关业务管理人员获得报酬的方式（如报酬是基于所管理资产的公允价值还是所收取的合同现金流量）等。

(5) 企业不得以按照合理预期不会发生的情形为基础确定管理金融资产的业务模式。例如，对于某金融资产组合，如果企业预期仅会在压力情形下将其出售，且企业合理预期该压力情形不会发生，则该压力情形不得影响企业对该金融资产组合的业务模式的评估。

(6) 企业集团及各子公司应当根据各自的实际情况确定其管理金融资产的业务模式。对于同一金融资产组合，集团和子公司对其管理该组合的业务模式的判断通常应当一致。

此外，如果金融资产实际现金流量的实现方式不同于评估业务模式时的预期，只要企业在评估业务模式时已经考虑了当时所有可获得的相关信息，这一差异不构成企业财务报表的前期差错，也不改变企业在该业务模式下持有的剩余金融资产的分类。但是，企业在评估新的金融资产的业务模式时，应当考虑这些信息。

2. 以收取合同现金流量为目标的业务模式。

在以收取合同现金流量为目标的业务模式下，企业管理金融资产旨在通过在金融资产存续期内收取合同付款来实现现金流量，而不是通过持有并出售金融资产产生整体回报。

需要说明的是，以收取合同现金流量为目标的业务模式并不要求企业必须将所有此类金融资产持有至到期。换言之，即使企业出售金融资产或者预计未来会出售金融资产，此类金融资产的业务模式仍然可能是以收取合同现金流量为目标。企业在评估其业务模式时，应当考虑此前出售此类资产的原因、时间、频率和出售的价值以及对未来出售的预期。此前出售资产的事实只是为企业提供相关依据，而不能决定业务模式。如果企业能够解释出售的原因，并且证明出售并不反映业务模式的改变，出售频率或者出售价值在特定时期内的增加不一定与以收取合同现金流量为目标的业务模式相矛盾，在这种情况下，不能仅因存在出售情况或者出售超过一定比例而认为其管理相关金融资产的业务模式不是以收取合同现金流量为目标。

在以收取合同现金流量为目标的业务模式下，金融资产的信用质量影响着企业收取合同现金流量的能力。因此，企业在金融资产的信用风险增加时，为减少因信用恶化所导致的潜在信用损失而将其出售，其管理该金融资产的业务模式仍然可能是以收取合同现金流量为目标。如果企业在金融资产到期日前出售金融资产，即使与信用风险管理活动无关，在出售只是偶然发生（即使价值重大），或者单独及汇总而言出售的价值非常小（即使频繁发生）的情况下，企业管理相关金融资产的业务模式仍然可能是以收取合同现金流量为目标。此外，如果出售发生在金融资产临近到期时，且出售所得接近待收取的剩余合同现金流量，企业管理相关金融资产的业务模式仍然可能是以收取合同现金流量为目标。

（三）《财政部关于修订印发2019年度一般企业财务报表格式的通知》（财会［2019］6号）

“交易性金融资产”项目，反映资产负债表日企业分类为以公允价值计量且其变动计入当期损益的金融资产，以及企业持有的指定为以公允价值计量且其变动计入当期损益的金融资产的期末账面价值。该项目应根据“交易性金融资产”科目的相关明细科目的期末余额分析填列。自资产负债表日起超过一年到期且预期持有超过一年的以公允价值计量且其变动计入当期损益的非流动金融资产的期末账面价值，在“其他非流动金融资产”项目反映。

“债权投资”项目，反映资产负债表日企业以摊余成本计量的长期债权投资的期末账面价值。该项目应根据“债权投资”科目的相关明细科目期末余额，减去“债权投资减值准备”科目中相关减值准备的期末余额后的金额分析填列。自资产负债表日起一年内到期的长期债权投资的期末账面价值，在“一年内到期的非流动资产”项目反映。企业购入的以摊余成本计量的一年内到期的债权投资的期末账面价值，在“其他流动资产”项目反映。

“应收利息”仅反映相关金融工具已到期可收取但于资产负债表日尚未收到的利息，基于实际利率法计提的金融工具的利息应包含在相应金融工具的账面余额中；“应付利息”仅反映相关金融工具已到期应支付但于资产负债表日尚未支付的利息；基于实际利率法计提的金融工具的利息应包含在相应金融工具的账面余额中。“应收款项融资”项目，反映资产负债表日以公允价值计量且其变动计入其他综合收益的应收票据和应收账款等。

“其他应收款”项目，应根据“应收利息”“应收股利”和“其他应收款”科目的期末余额合计数，减去“坏账准备”科目中相关坏账准备期末余额后的金额填列。其中的“应收利息”仅反映相关金融工具已到期可收取但于资产负债表日尚未收到的利息。基于实际利率法计提的金融工具的利息应包含在相应金融工具的账面余额中。

“其他应付款”项目，应根据“应付利息”“应付股利”和“其他应付款”科目的期末余额合计数填列。其中的“应付利息”仅反映相关金融工具已到期应支付但于资产负债表日尚未支付的利息。基于实际利率法计提的金融工具的利息应包含在相应金融工具的账面余额中。

（四）《企业会计准则解释第 15 号》

关于资金集中管理相关列报

企业根据相关法规制度，通过内部结算中心、财务公司等对母公司及成员单位资金实行集中统一管理的，对于成员单位归集至集团母公司账户的资金，成员单位应当在资产负债表“其他应收款”项目中列示，或者根据重要性原则并结合本企业的实际情况，在“其他应收款”项目之上增设“应收资金集中管理款”项目单独列示；母公司应当在资产负债表“其他应付款”项目中列示。对于成员单位从集团母公司账户拆借的资金，成员单位应当在资产负债表“其他应付款”项目中列示；母公司应当在资产负债表“其他应收款”项目中列示。

对于成员单位未归集至集团母公司账户而直接存入财务公司的资金，成员单位应当在资产负债表“货币资金”项目中列示，根据重要性原则并结合本企业的实际情况，成员单位还可以在“货币资金”项目之下增设“其中：存放财务公司款项”项目单独列示；财务公司应当在资产负债表“吸收存款”项目中列示。对于成员单位未从集团母公司账户而直接从财务公司拆借的资金，成员单位应当在资产负债表“短期借款”项目中列示；财务公司应当在资产负债表“发放贷款和垫款”项目中列示。

资金集中管理涉及非流动项目的，企业还应当按照《企业会计准则第 30 号——财务报表列报》关于流动性列示的要求，分别在流动资产和非流动资产、流动负债和非流动负债列示。

在集团母公司、成员单位和财务公司的资产负债表中，除符合《企业会计准则第 37 号——金融工具列报》中有关金融资产和金融负债抵销的规定外，资金集中管理相关金融资产和金融负债项目不得相互抵销。

企业应当在附注中披露企业实行资金集中管理的事实，作为“货币资金”列示但因资金集中管理支取受限的资金的金额和情况，作为“货币资金”列示、存入财务公司的资金金额和情况，以及与资金集中管理相关的“其他应收款”、“应收资金集中管理款”、“其他应付款”等列报项目、金额及减值有关信息。

本解释所称的财务公司，是指依法接受银保监会的监督管理，以加强企业集团资金集中管理和提高企业集团资金使用效率为目的，为企业集团成员单位提供财务管理服务的非银行金融机构。

二、理财产品投资的分类披露示例

（一）简要分析

《企业会计准则第 22 号——金融工具确认和计量》（CAS 22）要求企业根据其管理金融资产的业务模式和金融资产的合同现金流量特征，将金融资产划分为三类：以摊余成本计量的金融资产（AC）；以公允价值计量且其变动计入其他综合收益的金融资产（FVOCI——债务工具）；以公允价值计量且其变动计入当期损益的金融资产（FVTPL）。

2021 年 1 月发布的《关于严格执行企业会计准则　切实加强企业 2020 年年报工作的通知》（财会〔2021〕2 号）和 2021 年 4 月发布的《金融工具准则实施问答》指出，企业持有的符合《中国银保监会办公厅关于进一步规范商业银行结构性存款业务的通知》（银保监办发〔2019〕204 号）定义的结构性存款（即嵌入金融衍生产品的存款，通过与利率、汇率、指数等的波动挂钩或者与某实体的信用情况挂钩，使存款人在承担一定风险的基础上获得相应的收益），通常应当分类为以公允价值计量且其变动计入当期损益的金融资产，记入“交易性金融资产”科目，并在资产负债表中“交易性金融资产”项目列示。

判断理财产品投资能否以摊余成本计量，重点是分析其合同现金流量特征是否与基本借贷安排相一致，如果金融资产合同中包含与基本借贷安排无关的合同现金流量风险敞口或波动性敞口（例如权益价格或商品价格变动敞口）的条款，则此类合同不符合本金加利息的合同现金流量特征。此外，还有两项特殊考虑：（1）如果合同现金流量特征仅对金融资产的合同现金流量构成极其微小的影响，则不会影响金融资产的分类；（2）如果现金流量特征仅在极端罕见、显著异常且几乎不可能的事件发生时才影响该工具的合同现金流量，那么该现金流量特征是不现实的，也不影响金融资产的分类。但是，首先，需要注意的是，“极其微小”的门槛非常高，不能因收益率变动很小就认定仅对合同现金流量构成极其微小的影响。其次，“不现实”不是“可能性极小”，基于历史波动情况分析时，需考虑过去跨周期时的波动区间，而不是仅考虑挂钩期间（观察期）的变动情况。

值得注意的是，2024 年 5 月 30 日，IASB 发布了对《国际财务报告准则第 9 号——金融工具》及《国际财务报告准则第 7 号——金融工具：披露》的小范围修订，包括对评估一项金融资产是否满足仅为本金及未偿付本金金额之利息的支付标准作出澄清并提供进一步指引，针对包含可能会导致现金流量发生变更的合同条款的特定金融工具［比如具有与环境、社会和治理（ESG）目标实现情况挂钩特征的部分金融工具］增加新的披露要求。在评估金融资产的合同现金流量是否与基本借贷安排一致时，主体需要分别考虑利息的不同要素。利息的评估应聚焦于主体获得了什么补偿，而非获得了多少补偿。但主体获得的补偿金额可能表明，主体获得了除基本借贷风险和成本以外的其他补偿。合同现金流量在与非基本借贷风险或成本的变量（如权益工具的价值或商品的价格）挂钩，或者代表债务人收入或利润的一部分时，不与基本借贷安排相一致。如果或有特征引起的合同现金流量在其变化（不管现金流量变化可能性的大小）前后均与基本借贷安排相一致，主体可能还需要评估或有事项的性质。如果或有事项的性质与基本借贷风险和成本的变化不直接相关，那么当且仅当在所有可能的合同情景下，合同现金流量与不包含或有特征，但具有相同合同条款的金融工具所产生的合同现金流量不存在显著差异时，金融资产产生的合同现金流量仅为对本金和以未偿付本金金额为基础的利息的支付。

（二）年报披露示例

理财产品列报分类年报披露示例汇总如表 2－1 所示。

表 2－1　理财产品列报分类年报披露示例汇总

序号	参考示例	理财产品列报分类
1	示例 2－1　紫金矿业（601899. SH）	将以短期获利为目的进行的基金、跟单保理业务合作经营项目资金、银行理财产品及结构性存款计入交易性金融资产
2	示例 2－2　迪哲医药－U（688192. SH）	将保本浮动收益型理财产品计入交易性金融资产
3	示例 2－3　宁沪高速（600377. SH）	将投资于银行和其他金融机构发行的理财产品计入交易性金融资产。这些理财产品通常有预设的到期期限和预计回报率，投资范围广泛，包括政府和公司债券、央行票据、货币市场基金以及其他中国上市和非上市的权益证券
4	示例 2－4　炬光科技（688167. SH）	将非保本浮动收益类理财产品计入交易性金融资产
5	示例 2－5　海螺水泥（600585. SH）	将非保本保息理财产品计入交易性金融资产，将长期非保本保息理财产品计入其他非流动金融资产
6	示例 2－6　中国平安（601318. SH）	将理财产品投资计入债权投资
7	示例 2－7　宝钢股份（600019. SH）	将信托理财产品计入债权投资
8	示例 2－8　东鹏饮料（605499. SH）	将非保本浮动收益理财产品计入其他非流动金融资产

示例 2－1　紫金矿业（601899. SH）

交易性金融资产

单位：元

项目	2023 年	2022 年
以公允价值计量且其变动计入当期损益的金融资产		
债务工具投资	180, 347, 204	111, 086, 559

续表

项目	2023 年	2022 年
权益工具投资（注1）	3, 742, 815, 575	3, 486, 317, 085
衍生金融资产（注2）	353, 193, 503	46, 793, 246
一年内到期的其他非流动金融资产	1, 030, 688, 403	62, 500, 000
其他（注3）	5, 307, 044, 685	1, 387, 111, 449
合计	180, 347, 204	5, 093, 808, 339

注1：本集团以短期获利为目的进行的股权投资。

注2：衍生金融资产明细如下：

单位：元

项目	2023 年	2022 年
（1）未指定套期关系的衍生金融资产	60, 741, 632	44, 753, 966
其中：金属远期合约	38, 173, 584	13, 952, 859
外汇远期合约	860, 357	20, 537, 893
金属期货合约	19, 699, 387	2, 369, 514
股票掉期协议	2, 008, 304	7, 893, 700
（2）套期工具——金属远期合约	292, 451, 871	2, 039, 280
合计	353, 193, 503	46, 793, 246

注3：本集团以短期获利为目的进行的基金、跟单保理业务合作经营项目资金、银行理财产品及结构性存款，明细如下：

单位：元

项目	2023 年	2022 年
基金	994, 146, 317	894, 779, 598
银行理财产品及结构性存款	36, 542, 086	457, 331, 851
跟单保理业务		35, 000, 000
合计	1, 030, 688, 403	1, 387, 111, 449

示例 2－2　迪哲医药－U（688192. SH）

交易性金融资产

单位：元

项目	期末余额	期初余额
以公允价值计量且其变动计入当期损益的金融资产	673, 998, 296. 76	1, 294, 796, 721. 67

说明：本集团交易性金融资产均为购买的保本浮动收益型理财产品。于 2023 年 12 月 31 日，上述银行理财产品公允价值变动收益为人民币 1, 088, 296. 76 元（2022 年 12 月 31 日：人民币 3, 736, 721. 67 元）。

示例 2 –3　宁沪高速（600377. SH）

交易性金融资产

单位：元

种类	2023 年	2022 年
以公允价值计量且其变动计入当期损益的金融资产	3, 663, 586, 404. 72	3, 474, 620, 148. 26
其中：理财产品投资（注 1）	3, 637, 000, 000. 00	3, 444, 000, 000. 00
其他投资（注 2）	26, 586, 404. 72	30, 620, 148. 26
合计	3, 663, 586, 404. 72	3, 474, 620, 148. 26

注 1：理财产品投资

本集团将其闲余资金投资于银行和其他金融机构发行的理财产品。这些理财产品通常有预设的到期期限和预计回报率，投资范围广泛，包括政府和公司债券、央行票据、货币市场基金以及其他中国上市和非上市的权益证券，本集团将其分类为以公允价值计量且其变动计入当期损益的金融资产，列报为交易性金融资产。

注 2：其他投资

其他投资主要包括基金投资及股票投资。本集团将其分类为以公允价值计量且其变动计入当期损益的金融资产，列报为交易性金融资产。

示例 2 –4　炬光科技（688167. SH）

交易性金融资产

单位：元

项目	期末余额	期初余额
以公允价值计量且其变动计入当期损益的金融资产		737, 349, 255. 93
其中：理财产品		737, 349, 255. 93

说明：于 2022 年 12 月 31 日本集团持有保本浮动收益类结构性存款和非保本浮动收益类理财产品 737, 349, 255. 93 元。本集团不存在向该产品提供财务支持的义务和意图。

示例 2 –5　海螺水泥（600585. SH）

交易性金融资产

单位：元

种类	2023 年 12 月 31 日	2022 年 12 月 31 日
以公允价值计量且其变动计入当期损益的金融资产		
——结构性存款	245, 000, 000	8, 056, 302, 600

续表

种类	2023年12月31日	2022年12月31日
——短期理财产品	1,039,885,000	1,528,070,000
——权益工具投资	925,847,788	1,170,548,784
合计	2,210,732,788	10,754,921,384

于2023年12月31日，以公允价值计量且其变动计入当期损益的金融资产主要为本集团向特定银行购买的保本浮动收益结构性存款人民币245,000,000元（2022年12月31日：人民币8,000,000,000元），非保本保息理财产品人民币1,000,000,000元(2022年12月31日：人民币1,400,000,000元）。

本集团持有的交易性金融资产权益工具公允价值按2023年12月31日的市场报价确定。

其他非流动金融资产

单位：元

种类	2023年12月31日	2022年12月31日
以公允价值计量且其变动计入当期损益的金融资产		
——长期理财产品		1,001,300,000
合计		1,001,300,000

于2023年12月31日，以公允价值计量且其变动计入当期损益的其他非流动金融资产为本集团向特定银行购买的长期非保本保息理财产品人民币0元（2022年12月31日：人民币1,000,000,000元)。

示例2-6　中国平安（601318. SH)

以公允价值计量且其变动计入当期损益的金融资产

单位：百万元

项目	2023年12月31日	2022年12月31日
债券		
政府债	200,566	135,150
金融债	307,378	290,788
企业债	78,485	81,142
基金	475,511	517,951
股票	156,514	83,995

续表

项目	2023 年 12 月 31 日	2022 年 12 月 31 日
优先股	22, 929	23, 164
非上市股权	127, 304	133, 295
债权计划	72, 237	60, 698
理财产品投资	258, 313	238, 092
其他投资	103, 810	76, 244
合计	1, 803, 047	1, 640, 519
上市	316, 044	198, 459
非上市	1, 487, 003	1, 442, 060
合计	1, 803, 047	1, 640, 519

债权投资

单位：百万元

项目	2023 年 12 月 31 日	2022 年 12 月 31 日
债券		
政府债	892, 641	767, 761
金融债	32, 113	32, 047
企业债	47, 433	53, 131
债权计划	14, 196	16, 102
理财产品投资	117, 172	147, 424
其他投资	186, 775	148, 373
总额	1, 290, 330	1, 164, 838
减：减值准备	(46, 977)	(40, 803)
净额	1, 243, 353	1, 124, 035
上市	62, 757	61, 208
非上市	1, 180, 596	1, 062, 827
合计	1, 243, 353	1, 124, 035

其他债权投资

单位：百万元

项目	2023 年 12 月 31 日	2022 年 12 月 31 日
债券		
政府债	1, 973, 152	1, 733, 996

续表

项目	2023 年 12 月 31 日	2022 年 12 月 31 日
金融债	352, 063	380, 170
企业债	75, 772	78, 393
债权计划	108, 515	114, 289
融出资金		49, 126
理财产品投资	127, 506	144, 816
合计	2, 637, 008	2, 500, 790
其中：摊余成本	2, 365, 076	2, 350, 214
累计公允价值变动	271, 932	150, 576
上市	364, 740	375, 826
非上市	2, 272, 268	2, 124, 964
合计	2, 637, 008	2, 500, 790

截至 2023 年 12 月 31 日，本集团对持有的其他债权投资确认的减值准备余额为人民币 8, 818 百万元（2022 年 12 月 31 日：人民币 8, 557 百万元），请见附注八、22。

示例 2 –7　宝钢股份（600019. SH）

债权投资情况

单位：元

项目	期末余额		
	账面余额	减值准备	账面价值
信托理财产品	325, 000, 000. 00	—	325, 000, 000. 00
定期存款	4, 176, 255, 535. 48		4, 176, 255, 535. 48
合计	4, 501, 255, 535. 48	—	4, 501, 255, 535. 48

于 2023 年 12 月 31 日，本集团认为债权投资无须计提信用减值准备。

期末重要的债权投资

单位：元

项目	期末余额			
	面值（元）	票面利率（%）	实际利率（%）	到期日
产品 1	275, 000, 000. 00	3. 35	3. 35	2025/11/30
产品 2	50, 000, 000. 00	3. 35	3. 35	2025/11/30

续表

项目	期末余额			
	面值（元）	票面利率（%）	实际利率（%）	到期日
产品3	4,000,000,000.00	2.30	2.30	2025/8/30
产品4	176,255,535.48	2.30	2.30	2025/8/1
减：一年内到期的非流动资产			—	—
合计	4,501,255,535.48			

注：本集团信托理财产品已于本年签署展期协议。

示例2-8　东鹏饮料（605499.SH）

交易性金融资产

单位：元

项目	期末余额	期初余额
以公允价值计量且其变动计入当期损益的金融资产	1,238,553,398.40	2,037,155,429.38
其中：银行理财产品	706,276,036.86	2,037,155,429.38
货币基金	433,618,116.98	
权益工具投资	98,659,244.56	
合计	1,238,553,398.40	2,037,155,429.38

其他非流动金融资产

单位：元

项目	期末余额	期初余额
银行理财产品	309,426,323.50	1,858,545,131.76
私募股权基金	342,612,339.34	363,243,092.74
减：列示于一年内到期的其他金融资产	-309,426,323.50	-1,605,084,472.29
合计	342,612,339.34	616,703,752.21

其他说明：

本集团持有的银行理财产品的投资范围主要为银行间市场信贷资产、各类债券和货币市场工具等。本集团在该产品的最大风险敞口为所购份额在资产负债表日的账面价值309,426,323.50元。本集团不存在向该产品提供财务支持的义务和意图。

三、结构性存款的分类披露示例

（一）简要分析

结构性存款，即嵌入金融衍生产品的存款，通过与利率、汇率、指数等的波动挂钩或者与某实体的信用情况挂钩，使存款人在承担一定风险的基础上获得相应的收益。对商业银行而言，结构性存款需纳入表内核算，按照存款管理。结构性存款不同于一般性存款，具有一定投资风险。但结构性存款在法律关系、业务实质、管理模式、会计处理、风险隔离等方面，与理财产品“代客理财”的资产管理属性存在差异。

2021 年 1 月发布的《关于严格执行企业会计准则　切实加强企业 2020 年年报工作的通知》（财会〔2021〕2 号）和 2021 年 4 月发布的《金融工具准则实施问答》指出，企业持有的符合《中国银保监会办公厅关于进一步规范商业银行结构性存款业务的通知》（银保监办发〔2019〕204 号）定义的结构性存款（即嵌入金融衍生产品的存款，通过与利率、汇率、指数等的波动挂钩或者与某实体的信用情况挂钩，使存款人在承担一定风险的基础上获得相应的收益），通常应当分类为以公允价值计量且其变动计入当期损益的金融资产，记入“交易性金融资产”科目，并在资产负债表中“交易性金融资产”项目列示。

（二）年报披露示例

结构性存款列报分类年报披露示例汇总如表 2－2 所示。

表 2－2　　结构性存款列报分类年报披露示例汇总

序号	参考示例	结构性存款列报分类
1	示例 2－9　洛阳钼业（603993. SH）	将结构性存款计入交易性金融资产，该结构性存款收益率与汇率挂钩
2	示例 2－10　巨人网络（002558. SZ）	将结构性存款计入交易性金融资产，该结构性存款收益率预期年化收益率为 1.25%－1.90%
3	示例 2－11　金风科技（002202. SZ）	将结构性存款计入交易性金融资产，该结构性存款收益率与观察期内汇率挂钩
4	示例 2－12　翱捷科技－U（688220. SH）	将结构性存款计入交易性金融资产，保本浮动收益类结构性存款，收益率与黄金价格波动挂钩
5	示例 2－13　微芯生物（688321. SH）	将结构性存款计入交易性金融资产，该产品收益与欧元/美元的最终定价日即期价格与期初定价日的波动情况挂钩
6	示例 2－14　慧辰股份（688500. SH）	将保本结构性存款计入交易性金融资产
7	示例 2－15　上海电影（601595. SH）	将结构性存款计入交易性金融资产

示例2-9　洛阳钼业（603993. SH）

交易性金融资产

单位：元

项目	年末公允价值	年初公允价值
以公允价值计量且其变动计入当期损益的金融资产		
其中：应收款项（注1）	7, 751, 071, 843. 39	4, 105, 796, 953. 55
结构性存款（注2）	502, 249, 297. 87	100, 000, 000. 00
理财产品	10, 149, 030. 84	10, 231, 506. 89
金融机构基金产品	21, 168, 198. 07	20, 764, 481. 75
合计	8, 284, 638, 370. 17	4, 236, 792, 942. 19

注1：本集团主要产品铜、铅、锌精矿、氢氧化钴等的售价根据交付时的市场价格暂时确定，价格通常根据交付后指定时期或期间内伦敦金属交易所所报的月平均现货价格或其他约定的组价方式确定。本集团将相关业务形成的应收账款分类为按公允价值计量且其变动计入当期损益的金融资产。

于2023年12月31日，账面价值为901, 438, 528. 91美元（折合人民币6, 384, 618, 668. 71元）的应收款项用于获取短期借款的质押（2022年：367, 659, 035. 48美元，折合人民币2, 560, 598, 118. 50元）。

注2：系本集团本年向境内金融机构购买的人民币结构性存款，收益率与上海黄金交易所之上海金基准价及汇率挂钩，本集团将其分类为以公允价值计量且其变动计入当期损益的金融资产。

示例2-10　巨人网络（002558. SZ）

交易性金融资产

单位：元

项目	2023年	2022年
以公允价值计量且其变动计入当期损益的金融资产		
权益工具投资（注1）	211, 059, 151. 80	286, 355, 930. 28
债务工具投资（注2）		95, 266, 268. 87
衍生金融资产（注3）	3, 500, 000. 00	3, 000, 000. 00
合计	214, 559, 151. 80	384, 622, 199. 15

注1：本集团以短期获利为目的进行的股票投资，于2023年12月31日，公允价值为人民币211, 059, 151. 80元。

注2：本集团以人民币300, 000, 000. 00元认购《中国民生信托·至信333号干散货项目集合资金信托计划信托合同》（“333号信托计划”）300, 000, 000份，以人民币100, 000, 000. 00元认购《中国民生信托·至信275号干散货项目集合资金信托计划》（“275号信托计划”）100, 000, 000份（每1元信托资金对应的信托受益权为一个信托单位）。自2021年第四季度起，本集团未收到333号信托计划及275号信托计划（“信托计划”）的信托收益。2022年2月8日，本集团就信托计划未能依约向本集团分配信托收益事宜，向北京金融法院提起诉讼。主要诉讼请求为判令解除信托计划、判令中国民生信托有限公司（“民生信托”）返还该等信托计划本金共计人民币4亿元，并支付按预期收益率计算的自2021年10月1日至实际支付之日止的信托收益。此两项诉请金额暂

共计人民币410,010,833.35元，其中333号信托计划为人民币307,687,500.00元，275号信托计划为人民币102,323,333.35元。同时，本集团向北京金融法院申请冻结民生信托与诉请金额等额的财产，进行财产保全。2023年12月21日及2023年12月29日北京金融法院分别针对上述275号信托计划及333号信托计划诉讼作出一审判决，本集团胜诉；于2024年1月，民生信托上诉，进入二审阶段。考虑到民生信托的经济状况未得到改善，于2023年12月31日，该等债务工具投资年末公允价值金额为0。

注3：本集团以人民币3,500,000.00元认购《交通银行蕴通财富定期型结构性存款协议》，预期年化收益率为1.25% -1.90%。于2023年12月31日，公允价值为人民币3,500,000.00元。

示例2-11　金风科技（002202.SZ）

交易性金融资产

单位：元

项目	期末余额	期初余额
以公允价值计量且其变动计入当期损益的金融资产	700,000,000.00	500,000,000.00
其中：		
结构性存款	700,000,000.00	500,000,000.00
合计	700,000,000.00	500,000,000.00

说明：

2023年12月31日，本集团为提高资金利用效率，使用暂时闲置资金购入的结构性存款的余额为人民币700,000,000.00元（2022年12月31日：人民币500,000,000.00元）。该结构性存款收益率与观察期内汇率挂钩，期限短于6个月，作为交易性金融资产核算。

示例2-12　翱捷科技-U（688220.SH）

交易性金融资产

单位：元

项目	期末余额	期初余额
以公允价值计量且其变动计入当期损益的金融资产	1,904,525,657.04	4,069,504,164.38
其中：结构性存款	1,904,525,657.04	4,019,403,342.46
收益凭证		50,100,812.92
合计	1,904,525,657.04	4,069,504,164.38

说明：

于2023年12月31日，交易性金融资产系本集团购入的结构性存款和收益凭证，其中结构性存款系与伦敦金、上海金交易基准价、欧元兑美元即期汇率以及英镑兑美元即期汇率等挂钩的短期存款，预期年化收益率在2.00% -3.00%。

示例2－13 微芯生物（688321. SH）

交易性金融资产

单位：元

项目	期末余额	期初余额
以公允价值计量且其变动计入当期损益的金融资产	216, 717, 350. 00	291, 066, 434. 50

其他说明：

本集团于2023年12月31日持有的以公允价值计量且其变动计入当期损益的金融资产主要为成都银行结构性存款、上海银行结构性存款及招商银行结构性存款，产品收益与黄金价格水平或与欧元/美元的最终定价日即期价格与期初定价日的波动情况挂钩。本集团分析其合同现金流量代表的不仅仅为对本金和以未偿付本金为基础的利息的支付，因此将该结构性存款分类为以公允价值计量且其变动计入当期损益的金融资产，列报为交易性金融资产。

示例2－14 慧辰股份（688500. SH）

交易性金融资产

单位：元

项目	期末余额	期初余额
以公允价值计量且其变动计入当期损益的金融资产		
其中：结构性存款	484, 316, 613. 70	461, 869, 902. 78
合计	484, 316, 613. 70	461, 869, 902. 78

说明：

截至2023年12月31日，公司有保本型结构性存款484, 316, 613. 70元人民币。其中，350, 000, 000. 00元人民币保本型结构性存款存放于中信银行北京朝阳支行，80, 000, 000. 00元人民币保本结构性存款存放于上海银行北京顺义支行，50, 000, 000. 00元人民币保本结构性存款存放于北京银行股份有限公司五棵松支行，在持有期间的累计公允价值变动为4, 316, 613. 70元。

示例2－15 上海电影（601595. SH）

交易性金融资产

单位：元

项目	期末余额	期初余额
以公允价值计量且其变动计入当期损益的金融资产	373, 019, 263. 04	58, 504, 136. 13
其中：		

续表

项目	期末余额	期初余额
影片投资——成本		11, 951, 320. 17
影片投资——公允价值变动		-3, 831, 430. 62
结构性存款——成本	370, 000, 000. 00	50, 000, 000. 00
结构性存款——公允价值变动	1, 669, 263. 04	384, 246. 58
会展项目投资——成本	1, 350, 000. 00	
合计	373, 019, 263. 04	58, 504, 136. 13

四、银行存款披露示例

（一）简要分析

银行存款通常以摊余成本计量。根据 CAS 22，摊余成本，应当以该金融资产或金融负债的初始确认金额经下列调整后的结果确定：（1）扣除已偿还的本金；（2）加上或减去采用实际利率法将该初始确认金额与到期日金额之间的差额进行摊销形成的累计摊销额；（3）扣除累计计提的损失准备（仅适用于金融资产）。即摊余成本本身就包含本金、利息及金融资产减值。

银行活期存款计提的利息、定期存款尚未到结息日基于实际利率法计提的利息都属于摊余成本的组成部分，应包含在相应金融工具的账面余额中，即与本金一起核算，列报时考虑流动性。具体而言，银行活期存款和短期定期存款计提的利息在“货币资金——银行存款”列报，对应损益项目是“财务费用——利息收入”。对于存期大于 1 年且资产负债表日距离到期日大于 1 年的定期存款：（1）若按活期利率计提利息，本金和计提的利息均列报于“货币资金——银行存款”；（2）若按定期利率计提利息，从流动性角度分析，企业将持有定期存款至到期日并收取合同现金流，属于非流动资产，建议本金和利息列报于“其他非流动资产——定期存款”，并进行披露说明。

企业利用财务公司、资金结算中心等平台将集团内部资金集中管理，实务中有些企业将其作为“其他应收款”列示，有些企业将其作为“货币资金”列示，导致会计信息不可比和报表使用者的误读。《企业会计准则解释第 15 号》强调归集至集团母公司账户的资金，成员单位应当在资产负债表“其他应收款”项目列示。此外，为突出资金集中管理存款的特殊性，成员单位可以增设“应收资金集中管理款”项目，在“其他应收款”项目之上单独列示。

对于成员单位未归集至集团母公司账户而直接存入财务公司的资金，成员单位应当在资产负债表“货币资金”项目中列示，根据重要性原则并结合本企业的实际情况，成员单位还可以在“货币资金”项目之下增设“其中：存放财务公司款项”项目单独列示。需要注意的是，如果公司将大额银行存款存放于控股股东控制的集团财务公司，因集团财务公司出现流动性困难，公司存放在财务公司的存款出现无法及时兑付、无法正常支取等情形，则公司应合理判断集团财务公司信用风险变化情况，恰当计提预期信用损失。

根据《关于严格执行企业会计准则 切实做好企业2022年年报工作的通知》（财会〔2022〕32号），企业持有由中国人民银行发行的数字人民币的，可以增设“数字货币——人民币”科目进行核算，在资产负债表中将其列报在“货币资金”项目，并根据《企业会计准则第31号——现金流量表》等规定判断是否属于现金及现金等价物和进行相应列报。

不同类型银行存款列报汇总如表2－3所示。

表2－3　　不同类型银行存款列报汇总

<table>
<tr><th colspan="2">项目</th><th colspan="2">计量/损益表项目</th><th>资产负债表列报项目</th></tr>
<tr><td colspan="2">活期存款</td><td colspan="2">资产负债表日，对最后10天的利息进行计提：
借：银行存款——应计利息
贷：财务费用——利息收入</td><td>本金：货币资金——银行存款；
利息：货币资金——银行存款——应计利息</td></tr>
<tr><td rowspan="7">定期存款</td><td rowspan="2">存期≤3个月</td><td colspan="2">若按活期利率计提利息：
借：银行存款——应计利息
贷：财务费用——利息收入</td><td rowspan="4">本金：货币资金——银行存款；
利息：货币资金——银行存款——应计利息</td></tr>
<tr><td colspan="2">若按定期利率计提利息
借：银行存款——应计利息
贷：财务费用——利息收入</td></tr>
<tr><td rowspan="2">3个月<存期≤1年</td><td colspan="2">若按活期利率计提利息
借：银行存款——应计利息
贷：财务费用——利息收入</td></tr>
<tr><td colspan="2">若按定期利率计提利息
借：银行存款——应计利息
贷：财务费用——利息收入</td></tr>
<tr><td rowspan="3">存期>1年</td><td colspan="2">若按活期利率计提利息
借：银行存款——应计利息
贷：财务费用——利息收入</td><td>本金：货币资金——银行存款；
利息：货币资金——银行存款——应计利息</td></tr>
<tr><td rowspan="2">若按定期利率计提利息</td><td>存期大于1年但资产负债表日距离到期日小于1年的定期存款</td><td>本金：货币资金——银行存款；
利息：货币资金——银行存款——应计利息</td></tr>
<tr><td>存期大于1年且资产负债表日距离到期日大于1年的定期存款</td><td>本金：其他非流动资产——定期存款；
利息：其他非流动资产——定期存款——应计利息</td></tr>
</table>

现金流量表列报方面，定期存款若按活期利率计提利息，本金属于“现金”；若按定期利率计提利息，存期≤3个月时，本金属于“现金等价物”；存期＞3个月时，本金不属于“现金和现金等价物”。计提的尚未收到的利息不属于“现金和现

金等价物”。

（二）年报披露示例

银行存款列报分类披露示例汇总如表 2-4 所示。

表 2-4　　银行存款列报分类披露示例汇总

序号	参考示例	银行存款列报分类
1	示例 2-16　新华文轩（601811. SH）	其他货币资金包含“支付宝”应用程序账户、“微信”应用程序账户余额
2	示例 2-17　青岛啤酒（600600. SH）	货币资金包含银行存款及其应收利息；列示于现金流量表的现金及现金等价物不包含计提的存款应收利息
3	示例 2-18　生益电子（688183. SH）	货币资金——存款应收利息
4	示例 2-19　上海电影（601595. SH）	其他非流动资产包括一年以上定期存款本金及应收利息
5	示例 2-20　海尔生物（688139. SH）	一年内到期的非流动资产包括一年内到期的定期存款及利息
6	示例 2-21　锦江酒店（600754. SH）	其他非流动资产包括长期定期存款（含应收利息）
7	示例 2-22　东鹏饮料（605499. SH）	其他流动资产、债权投资包括大额存单

示例 2-16　新华文轩（601811. SH）

货币资金

单位：元

项目	期末余额	期初余额
库存现金	179, 253. 14	187, 653. 59
银行存款	9, 069, 443, 251. 83	7, 760, 122, 171. 46
其他货币资金	48, 041, 320. 55	41, 490, 681. 57
存放财务公司存款		
合计	9, 117, 663, 825. 52	7, 801, 800, 506. 62
其中：存放在境外的款项总额		

其他说明：

本年末，银行存款余额中包含 3 个月以上定期存款，金额为人民币 4, 395, 140, 000. 00 元（2022 年 12 月 31 日：人民币 3, 135, 000, 000. 00 元），利率为 1. 80% -3. 85%，本年管理层持有该定期存款意图为灵活安排资金，根据资金需求情况随时进行资金支取。

本年末，其他货币资金包含“支付宝”应用程序账户、“微信”应用程序账户、电商平台网店账户及证券账户中的余额人民币 8, 720, 319. 82 元（2022 年 12 月 31 日：人民币 1, 774, 804. 23 元），其余为受限货币资金，受限货币资金情况参见附注（七）、31。

示例 2－17　青岛啤酒（600600. SH）

货币资金

单位：元

项目	2023 年 12 月 31 日	2022 年 12 月 31 日
库存现金	90, 093	203, 052
银行存款	4, 277, 183, 058	4, 537, 704, 358
存放同业款项（i）	13, 979, 254, 429	12, 441, 894, 918
存放中央银行款项（ii）	791, 743, 445	841, 892, 213
其他货币资金（iii）	233, 833, 617	33, 237, 314
合计	19, 282, 104, 642	17, 854, 931, 855
其中：存放在境外的款项（iv）	99, 237, 540	93, 205, 699

（i）系本公司之子公司财务公司存放于境内银行的款项及其应收利息。

（ii）系本公司之子公司财务公司存放于中央银行的法定准备金及其应收利息。于 2023 年 12 月 31 日，法定准备金要求的缴存比例为吸收存款余额的 5%（2022 年 12 月 31 日：5%）。

（iii）于 2023 年 12 月 31 日，其他货币资金中包括存入银行的住房维修基金 33, 279, 248 元（2022 年 12 月 31 日：33, 157, 586 元），存出投资款 200, 474, 362 元（2022 年 12 月 31 日：无）；其他保证金 80, 007 元（2022 年 12 月 31 日：79, 728 元）。

（iv）于 2023 年 12 月 31 日，存放在境外的款项系本公司之子公司香港公司、澳门公司和越南公司分别存放在中国香港、中国澳门和越南的库存现金和银行存款及其应收利息。存放在境外的款项不存在汇回限制。

列示于现金流量表的现金及现金等价物：

单位：元

项目	2023 年 12 月 31 日	2022 年 12 月 31 日
货币资金	19, 282, 104, 642	17, 854, 931, 855
存放于非金融机构的款项	2, 358, 917	3, 254, 329
减：受到限制的存放中央银行款项	（791, 743, 445）	（841, 892, 213）

续表

项目	2023 年 12 月 31 日	2022 年 12 月 31 日
受到限制的银行定期存款	(8, 730, 000, 000)	(3, 900, 000, 000)
受到限制的其他货币资金	(33, 359, 255)	(33, 237, 314)
存款应收利息	(437, 275, 588)	(243, 185, 873)
	9, 292, 085, 271	12, 839, 870, 784

示例 2 – 18　生益电子（688183. SH）

货币资金

单位：元

项目	期末余额	期初余额
库存现金	805. 91	504. 30
银行存款	413, 292, 250. 55	1, 158, 402, 512. 04
其他货币资金	15, 465, 037. 75	4, 176, 512. 58
银行存款应收利息	145, 890. 10	755, 691. 64
存放财务公司存款		
合计	428, 903, 984. 31	1, 163, 335, 220. 56
其中：存放在境外的款项总额	9, 180, 758. 56	618, 748. 75

其他说明：

所有银行存款均以公司名义于银行等金融机构开户储存。

截至期末，其他货币资金余额系公司为开立银行承兑汇票存入的保证金。

货币资金期末余额较期初余额减少 734, 431, 236. 25 元，降幅 63. 13%。主要系本期募集资金投入以及归还贷款所致。

示例 2 – 19　上海电影（601595. SH）

货币资金

单位：元

项目	期末余额	期初余额
库存现金	16, 159. 23	17, 610. 53
银行存款	781, 032, 867. 50	1, 300, 329, 992. 08
其他货币资金	2, 659, 921. 34	1, 064, 792. 15

续表

项目	期末余额	期初余额
应计利息	1, 158, 611. 56	3, 844, 717. 98
存放财务公司存款		
合计	784, 867, 559. 63	1, 305, 257, 112. 74
其中：存放在境外的款项总额		

其中因抵押、质押或冻结等对使用有限制，因资金集中管理支取受限，以及放在境外且资金汇回受到限制的货币资金明细如下：

单位：元

项目	期末余额	上年年末余额
定期存款	70, 800, 000. 00	448, 500, 000. 00
应计利息	1, 158, 611. 56	3, 844, 717. 98
诉讼冻结金	196, 610. 02	667, 584. 26
工程保证金		1, 500, 000. 00
合计	72, 155, 221. 58	454, 512, 302. 24

其他非流动资产

单位：元

项目	期末余额			期初余额		
	账面余额	减值准备	账面价值	账面余额	减值准备	账面价值
一年以上定期存款	13, 355, 983. 33		13, 355, 983. 33	243, 620, 480. 00		243, 620, 480. 00
长期租赁合同押金	38, 549, 526. 25		38, 549, 526. 25	37, 695, 890. 65		37, 695, 890. 65
设备采购预付款	7, 250, 000. 00	4, 060, 000. 00	3, 190, 000. 00	7, 250, 000. 00	4, 060, 000. 00	3, 190, 000. 00
合计	59, 155, 509. 58	4, 060, 000. 00	55, 095, 509. 58	288, 566, 370. 65	4, 060, 000. 00	284, 506, 370. 65

示例2－20　海尔生物（688139. SH）

货币资金

单位：元

项目	期末余额	期初余额
库存现金		
银行存款	1, 256, 613, 658. 54	929, 424, 352. 48
其他货币资金	12, 375, 396. 12	22, 354, 729. 97
合计	290, 611. 00	951, 779, 082. 45
其中：存放在境外的款项总额	1, 269, 279, 665. 66	204, 860, 632. 28

一年内到期的非流动资产

单位：元

项目	期末余额	期初余额
一年内到期的债权投资		
一年内到期的其他债权投资		
一年内到期的定期存款及利息	108, 105, 833. 00	
合计		

示例2－21　锦江酒店（600754. SH）

货币资金

单位：元

项目	期末余额	期初余额
库存现金	4, 636, 752. 31	6, 658, 070. 90
银行存款	3, 775, 099, 840. 01	2, 813, 721, 834. 38
其他金融机构存款	3, 135, 690, 685. 87	3, 918, 048, 477. 36
其他货币资金		
合计	6, 915, 427, 278. 19	6, 738, 428, 382. 64
其中：存放财务公司存款	3, 135, 690, 685. 87	3, 918, 048, 477. 36

注1：本集团上述银行存款中由于诉讼被冻结的银行存款为人民币4, 988, 414. 56元（年初数：人民币9, 970, 578. 50元），由于账户长期未使用冻结的银行存款为人民币14, 285, 281. 76元（年初数：人民币4, 782, 215. 87元）。本集团上述银行存款中包含保函保证金人民币1, 000, 000. 00元（年初数：人民币1, 000, 000. 00元）。

注2：其他金融机构存款系存于锦江国际集团财务有限责任公司（经批准的非银行金融机构）的款项。

注3：本集团上述货币资金中一年内到期的定期存款及利息为人民币1, 900, 703, 085. 00元（年初数：人民币653, 000, 000. 00元）。

其他非流动资产

单位：元

项目	期末余额			期初余额		
	账面余额	减值准备	账面价值	账面余额	减值准备	账面价值
定期存款	257, 586, 777. 25		257, 586, 777. 25	1, 365, 000, 000. 00		1, 365, 000, 000. 00
应收定期存款利息	3, 278, 795. 59		3, 278, 795. 59	78, 174, 281. 40		78, 174, 281. 40
地下建筑租赁使用费	43, 178, 555. 40		43, 178, 555. 40	44, 937, 630. 11		44, 937, 630. 11
保证金及押金	57, 734, 002. 17		57, 734, 002. 17	44, 914, 898. 52		44, 914, 898. 52
委托贷款	3, 382, 385. 00		3, 382, 385. 00	19, 935, 200. 00		19, 935, 200. 00
应收委托贷款利息				5, 801. 38		5, 801. 38
合计	365, 160, 515. 41		365, 160, 515. 41	1, 552, 967, 811. 41		1, 552, 967, 811. 41

其他说明：

于2023年12月31日，本集团持有的长期定期存款（含应收利息）金额为人民币260, 865, 572. 84元，本集团按照单项资产基础对上述长期定期存款（含应收利息）进行预期信用损失计量的损失准备并不重大。

于2023年12月31日，本集团委托中国民生银行上海分行向上海吉野家快餐有限公司发放委托贷款人民币3, 382, 385. 00元，贷款期限为2023年11月3日至2026年11月2日，年利率为2. 25%。本集团按照单项资产基础对上述委托贷款进行预期信用损失计量的损失准备并不重大。

于2023年12月31日，其他非流动资产中保证金及押金金额为人民币57, 734, 002. 17元，本集团按照未来12个月内预期信用损失计量的损失准备并不重大。

示例2-22　东鹏饮料（605499. SH）

货币资金

单位：元

项目	期末余额	期初余额
库存现金	429. 50	13. 00
银行存款	5, 707, 108, 722. 67	2, 031, 132, 503. 32

续表

项目	期末余额	期初余额
其他货币资金	316, 440, 139. 13	122, 520, 216. 60
应收利息	34, 142, 650. 37	3, 907, 730. 69
合计	6, 057, 691, 941. 67	2, 157, 560, 463. 61
其中：存放在境外的款项总额	3, 633, 466, 073. 44	701, 202, 995. 65

银行存款中的定期存款信息如下：

单位：元

项目	2023 年 12 月 31 日	2022 年 12 月 31 日
	人民币金额	人民币金额
原存期三个月内		
——人民币		200, 000, 000. 00
——美元	657, 984, 218. 08	97, 504, 400. 00
小计	657, 984, 218. 08	297, 504, 400. 00
原存期三个月以上且一年以内（含一年）		
——美元	2, 832, 036, 153. 22	487, 522, 000. 00
——港元		105, 038, 680. 50
小计	2, 832, 036, 153. 22	592, 560, 680. 50
合计	3, 490, 020, 371. 30	890, 065, 080. 50

于 2023 年 12 月 31 日，其他货币资金包括本集团向银行申请开具承兑汇票及信用证所存入的保证金 305, 802, 000. 00 元（2022 年 12 月 31 日：112, 345, 568. 45 元）；本集团向银行申请开具无条件、不可撤销的担保函所存入的保证金 10, 310, 969. 78 元（2022 年 12 月 31 日：10, 174, 648. 15 元）；本集团在证券保证金账户中的余额为 327, 169. 35 元（2022 年 12 月 31 日：无）。

原存期三个月以上且一年以内的定期存款、其他货币资金以及应收利息在编制现金流量表时，不作为现金。

其他流动资产

单位：元

项目	期末余额	期初余额
大额存单		709, 227, 155. 33
待认证/抵扣进项税	235, 776, 375. 51	121, 144, 470. 22

续表

项目	期末余额	期初余额
预交所得税	1, 215, 458. 36	3, 898, 885. 07
合计	236, 991, 833. 87	834, 270, 510. 62

债权投资

单位：元

项目	期末余额			期初余额		
	账面余额	减值准备	账面价值	账面余额	减值准备	账面价值
大额存单	922, 421, 503. 76		922, 421, 503. 76	1, 142, 215, 141. 25		1, 142, 215, 141. 25
存期超过一年的定期存款	407, 972, 222. 23		407, 972, 222. 23			
减：列示于其他流动资产的大额存单				-709, 227, 155. 33		-709, 227, 155. 33
减：一年内到期的非流动资产的债权投资	-110, 315, 890. 41		-110, 315, 890. 41	-50, 009, 150. 31		-50, 009, 150. 31
合计	1, 220, 077, 835. 58		1, 220, 077, 835. 58	382, 978, 835. 61		382, 978, 835. 61

五、银行借款披露示例

（一）简要分析

短期借款、长期借款通常以摊余成本计量。根据 CAS 22，摊余成本，应当以该金融资产或金融负债的初始确认金额经下列调整后的结果确定：（1）扣除已偿还的本金；（2）加上或减去采用实际利率法将该初始确认金额与到期日金额之间的差额进行摊销形成的累计摊销额；（3）扣除累计计提的损失准备（仅适用于金融资产）。即摊余成本本身就包含本金、利息及减值。

短期借款尚未到结息日时计提的利息在“短期借款”列报，已到期应支付但于资产负债表日尚未支付的利息列报在“应付利息”。

对于一次还本付息的长期借款、应付债券，按实际利率法计提的利息列报在“长期借款”“应付债券”；对于分期还本付息的长期借款、应付债券，按实际利率法计提的利息与本金一起核算，列报上考虑流动性可将一年内支付的部分列报于“一年内到期的非流动负债”，已到期应支付但尚未支付的利息列报在“应付利息”。

（二）年报披露示例

银行借款列报分类披露示例汇总如表 2－5 所示。

表 2－5　　银行借款列报分类披露示例汇总

序号	参考示例	银行借款列报分类
1	示例 2－23　中信特钢（000708. SZ）	短期借款——借款利息
2	示例 2－24　青岛啤酒（600600. SH）	短期借款——应付利息
3	示例 2－25　工业富联（601138. SH）	短期借款——应付利息
4	示例 2－26　皖通高速（600012. SH）	长期借款——应付利息
5	示例 2－27　秦港股份（601326. SH）	短期借款——应付利息
6	示例 2－28　中国广核（003816. SZ）	一年内到期的非流动负债——长期借款应付利息

示例 2－23　中信特钢（000708. SZ）

短期借款

单位：元

项目	期末余额	期初余额
信用借款本金（i）	6, 581, 268, 900. 00	4, 946, 959, 200. 00
信用借款利息	2, 159, 381. 11	2, 231, 535. 43
保证借款本金（ii）	863, 036, 612. 84	322, 271, 640. 23
保证借款利息	9, 967, 648. 34	1, 238, 181. 24
质押借款本金（iii）	813, 080, 086. 04	
质押借款利息	163, 031. 01	
质押/抵押借款本金（iv）	400, 000, 000. 00	
质押/抵押借款利息	427, 777. 80	
合计	813, 080, 086. 04	5, 272, 700, 556. 90

（i）于 2023 年 12 月 31 日，银行信用借款 6, 581, 268, 900. 00 元（2022 年 12 月 31 日：4, 946, 959, 200. 00 元）中，无（2022 年 12 月 31 日：41, 886, 000. 00 元）系

由子公司为集团内其他子公司提供担保取得的短期借款，420,000,000.00 元系由关联方中信财务有限公司提供的信用借款（2022 年 12 月 31 日：1,071,886,000 元）。

（ii）于 2023 年 12 月 31 日，银行保证借款 863,036,612.84 元（2022 年 12 月 31 日：322,271,640.23 元）系由中信泰富有限公司提供担保取得的短期借款。

（iii）于 2023 年 12 月 31 日，质押借款 813,080,086.04 元系由已贴现但尚未到期不可终止确认的银行承兑汇票 617,411,032.02 元（2022 年 12 月 31 日：无）和商业承兑汇票 195,669,054.02 元作为质押取得的短期借款（2022 年 12 月 31 日：无）。

（iv）于 2023 年 12 月 31 日，质押/抵押借款 400,000,000.00 元，系由账面价值 175,696,228.60 元的应收账款作为质押物及账面价值 179,893,531.95 元的存货作为抵押物取得的质押抵押借款（2022 年 12 月 31 日：无）。

（v）于 2023 年 12 月 31 日，短期借款的利率区间为 0.50% 至 5.85%（2022 年 12 月 31 日：0.50% 至 5.25%）。

长期借款

单位：元

项目	期末余额	期初余额
信用借款本金（i）	16,818,280,000.00	8,201,500,000.00
信用借款利息	19,139,626.36	8,427,444.31
减：一年内到期的长期借款－信用借款本金	3,095,100,000.00	398,400,000.00
信用借款利息	19,139,626.36	8,427,444.31
抵押借款本金（ii）	2,150,678,058.00	
抵押借款利息	2,836,389.50	
减：一年内到期的长期借款－抵押借款本金		
抵押借款利息	2,836,389.50	
抵押/质押借款本金（iii）	1,140,848,448.35	
抵押/质押借款利息	1,496,667.58	
减：一年内到期的长期借款－抵押/质押借款本金		
抵押/质押借款利息	1.496,667.58	
合计	17,014,706,506.35	7,803,100,000.00

（i）于 2023 年 12 月 31 日，银行信用借款 16,818,280,000.00 元（2022 年 12 月 31 日：8,201,500,000.00 元）中，3,226,500,000.00 元（2022 年 12 月 31 日：899,000,000.00 元）系由子公司为集团内其他子公司提供担保取得的长期借款。

于 2023 年 12 月 31 日，信用借款 4,748,080,000.00 元系由关联方中信财务有限公司提供的信用借款（2022 年 12 月 31 日：2,680,000,000.00 元）；信用借款

2,429,000,000.00 元系由关联方中信银行股份有限公司提供的信用借款（2022 年 12 月 31 日：894,000,000.00 元）。

（ii）于 2023 年 12 月 31 日，以固定资产作为抵押物取得的抵押借款 2,150,678,058.00 元（2022 年 12 月 31 日：无）：

于 2023 年 12 月 31 日，抵押借款 305,918,058.00 元系由关联方中信银行股份有限公司提供的抵押借款（2022 年 12 月 31 日：无）

（iii）于 2023 年 12 月 31 日，以固定资产作为抵押物及定期存单作为质押物取得的抵押/质押借款 1,140,848,448.35 元（2022 年 12 月 31 日：无）。

（iv）2023 年 12 月 31 日长期借款的利率区间为 2.34% 至 6.56%（2022 年 12 月 31 日：2.34% 至 3.15%）。

示例 2－24　青岛啤酒（600600.SH）

短期借款

单位：元

项目	币种	2023 年 12 月 31 日	2022 年 12 月 31 日
信用借款（i）	港币		223,325,000
应付利息	人民币		2,086,423
合计			225,411,423

于 2023 年 12 月 31 日，本集团无短期借款［2022 年 12 月 31 日：信用借款系银行发放给本公司之子公司香港公司的借款，人民币本金为 223,325,000 元（港币原币 250,000,000 元）］。

示例 2－25　工业富联（601138.SH）

短期借款

单位：千元

项目	期末余额	期初余额
信用借款——美元	29,179,997	36,425,590
信用借款——人民币	4,763,032	7,376,399
信用借款——欧元	3,692,113	3,503,759
信用借款——新台币	2,164,317	1,382,713
信用借款——日元	469,994	601,645
信用借款——新加坡元	267,593	362,817

续表

项目	期末余额	期初余额
信用借款——澳大利亚元	242, 420	330, 878
信用借款——捷克克朗	22, 202	238, 051
应付利息——人民币	244, 823	162, 785
应付利息——美元	41, 534	109, 086
应付利息——新台币	2, 874	3, 969
合计	41, 090, 899	50, 497, 692

短期借款分类的说明：

于2023年12月31日，本集团不存在逾期短期借款，人民币短期借款的利率区间为1. 10%至2. 40%（2022年12月31日：1. 35%至2. 80%），非人民币短期借款的利率区间为0. 55%至6. 16%（2022年12月31日：0. 45%至6. 40%）。

示例2－26　皖通高速（600012. SH）

长期借款

单位：元

项目	期末余额	期初余额
质押借款	3, 358, 407, 147. 91	3, 443, 748, 609. 57
信用借款	3, 119, 000, 000. 00	3, 200, 000, 000. 00
应付利息	10, 512, 266. 31	10, 848, 652. 66
减：一年内到期的长期借款	528, 197, 911. 57	452, 611, 336. 41
合计	5, 959, 721, 502. 65	6, 201, 985, 925. 82

长期借款分类的说明：

于2023年12月31日，银行质押借款人民币300, 000, 000. 00元系以本集团享有的合宁高速公路通行费收入作为质押，利息每季度支付一次，本金于2024年至2027年偿还，固定年利率为1. 2%。

（a）银行质押借款人民币730, 356, 033. 50元系以本集团享有的宁宣杭高速狸宣段通行费收入作为质押，利息每季度支付一次，本金于2024年至2035年偿还；银行质押借款人民币1, 759, 490, 687. 17元系以本集团享有的宁宣杭高速宣宁段通行费收入作为质押，利息每季度支付一次，本金于2024年至2041年偿还；银行质押借款人民币568, 560, 427. 24元系以本集团享有的宁宣杭高速宁千段通行费收入作为质押，利息每半年或每季度支付一次，本金于2024年至2036年偿还。上述长期借款利率按借款合同规定随全国银行间同业拆借中心公布的贷款市场报价利率（LPR）每年调整一次。

于2022年12月31日，银行质押借款人民币380,000,000.00元系以本集团享有的合宁高速公路通行费收入作为质押，利息每季度支付一次，本金于2023年至2027年偿还，固定年利率为1.2%。

银行质押借款人民币763,747,050.35元系以本集团享有的宁宣杭高速狸宣段通行费收入作为质押，利息每季度支付一次，本金于2023年至2035年偿还；银行质押借款人民币1,733,560,000.00元系以本集团享有的宁宣杭高速宣宁段通行费收入作为质押，利息每季度支付一次，本金于2023年至2040年偿还；银行质押借款人民币566,441,559.22元系以本集团享有的宁宣杭高速宁千段通行费收入作为质押，利息每半年或每季度支付一次，本金于2023年至2036年偿还。上述长期借款利率按借款合同规定随全国银行间同业拆借中心公布的贷款市场报价利率（LPR）每年调整一次。

（b）于2023年12月31日，银行信用借款人民币1,969,000,000.00元系由本集团为收购安庆大桥公司股权及相关债权的借款，利息每季度支付一次，本金于2024年至2028年偿还。上述长期借款利率按借款合同规定随全国银行间同业拆借中心公布的贷款市场报价利率（LPR）每年调整一次。

银行信用借款人民币50,000,000.00元系由本集团为G50沪渝高速广德至宣城段改扩建工程项目的借款，利息每季度支付一次，本金于2025年至2042年偿还。上述长期借款利率按借款合同规定随全国银行间同业拆借中心公布的贷款市场报价利率（LPR）每年调整一次。

银行信用借款人民币1,100,000,000.00元系由本集团为G50沪渝高速广德至宣城段改扩建工程项目的借款，利息每季度支付一次，本金于2025年至2052年偿还。上述长期借款利率按借款合同规定随全国银行间同业拆借中心公布的贷款市场报价利率（LPR）每年调整一次。

于2022年12月31日，银行信用借款人民币2,250,000,000.00元系由本集团为收购安庆大桥公司股权及相关债权的借款，利息每季度支付一次，本金于2023年至2028年偿还。上述长期借款利率按借款合同规定随全国银行间同业拆借中心公布的贷款市场报价利率（LPR）每年调整一次。

银行信用借款人民币200,000,000.00元系由本集团用于日常经营周转需要的借款，利息每季度支付一次，本金于2024年至2025年偿还。上述长期借款利率按借款合同规定随全国银行间同业拆借中心公布的贷款市场报价利率（LPR）每年调整一次。

银行信用借款人民币50,000,000.00元系由本集团为G50沪渝高速广德至宣城段改扩建工程项目的借款，利息每季度支付一次，本金于2025年至2042年偿还。上述长期借款利率按借款合同规定随全国银行间同业拆借中心公布的贷款市场报价利率（LPR）每年调整一次。

银行信用借款人民币700,000,000.00元系由本集团为G50沪渝高速广德至宣城段改扩建工程项目的借款，利息每季度支付一次，本金于2025年至2052年偿还。上述长期借款利率按借款合同规定随全国银行间同业拆借中心公布的贷款市场报价利率（LPR）每年调整一次。

其他说明：于2023年12月31日，上述借款的年利率为1.2% -4.55%（2022年12月31日：1.2% -4.9%）。

示例2-27 秦港股份（601326.SH）

短期借款

单位：元

项目	期末余额	期初余额
信用借款	500,000,000.00	260,000,000.00
短期借款应付利息	252,083.33	270,111.11
合计	500,252,083.33	260,270,111.11

其他说明：于2023年12月31日，本集团无逾期借款。

示例2-28 中国广核（003816.SZ）

短期借款

单位：元

项目	期末余额	期初余额
信用借款	14,239,744,609.06	11,921,386,787.04
短期借款应付利息	14,869,593.75	9,095,258.87
合计	14,254,614,202.81	11,930,482,045.91

短期借款分类的说明：于2023年12月31日及2022年12月31日，本集团无已逾期未偿还的短期借款。

一年内到期的非流动负债

单位：元

项目	期末余额	期初余额
一年内到期的长期借款	21,307,583,279.79	16,682,623,230.22
一年内到期的应付债券	2,000,242,305.56	3,996,403,438.97

续表

项目	期末余额	期初余额
一年内到期的租赁负债	245, 107, 342. 68	281, 454, 453. 09
长期借款应付利息	286, 352, 127. 32	233, 861, 779. 59
应付债券应付利息	112, 718, 946. 24	172, 034, 716. 01
一年内到期的离职后福利计划负债	5, 007, 376. 36	4, 065, 909. 85
合计	23, 957, 011, 377. 95	21, 370, 443, 527. 73

长期借款

单位：元

项目	期末余额	期初余额
质押借款	88, 742, 435, 633. 69	126, 587, 969, 848. 03
抵押借款		231, 900, 000. 00
信用借款	91, 833, 451, 577. 96	－16, 682, 623, 230. 22
减：一年内到期的长期借款	－21, 307, 583, 279. 79	160, 074, 949, 905. 97
合计	91, 833, 451, 577. 96	126, 587, 969, 848. 03

长期借款分类的说明：

1. 质押借款由本集团以在售电协议、保险合同权益及所持股权项下的权益提供质押。截至2023年12月31日，广核投、台山投以及本公司以其持有台山核电的股权，广核投、本公司以及中广核核电投资有限公司以其持有岭东核电的股权提供质押用于取得该等长期借款。关于本集团上述质押借款的其他质押情况，详见附注（七）21。

2. 抵押借款由本公司之子公司岭东核电、工程公司以设备提供抵押，具体情况详见附注（七）21。

其他说明：

项目	2023 年度	2022 年度
上述借款年利率区间	1. 50% －5. 15%	2. 49% －5. 15%

六、应收款项融资披露示例

（一）简要分析

根据财政部《关于修订印发2019年度一般企业财务报表格式的通知》（财会

〔2019〕6号），“应收款项融资”项目，反映资产负债表日以公允价值计量且其变动计入其他综合收益的应收票据和应收账款等。

分类为以公允价值计量且其变动计入其他综合收益的金融资产，企业管理该金融资产的业务模式既以收取合同现金流量为目标又以出售该金融资产为目标。需要注意的是，金融资产管理业务模式中的“出售”，应当是满足会计终止确认条件下的金融资产出售行为。

若企业有应收票据贴现或背书的情形，需考虑能否终止确认，以及贴现或背书的原因、时间、频率、出售的量级、对未来贴现或背书的预期来判断出售对业务模式的影响。具体而言：

首先，需要判断背书或贴现是否可以终止确认。仅当应收票据的贴现或背书导致应收票据的终止确认，该贴现和背书才在评估业务模式时作为一项出售金融资产的活动考虑。例如，若公司背书或贴现的银行承兑汇票主要是承兑行信用等级较高的银行承兑汇票，则考虑业务模式是否包含“出售”目的。

其次，确定出售（即从会计核算角度来看，金融资产在到期前被终止确认）的金额和频率。出售本身并不能决定业务模式。例如，并不频繁（即使金额重大）的应收票据贴现或背书，或者单独及汇总而言金额非常小（即使发生频繁）的应收票据贴现或背书，企业的业务模式的目标也可以是持有以收取合同现金流量。例如，若公司发生较为频繁、涉及金额也重大的应收票据终止确认，则业务模式既以收取合同现金流量为目标又以出售该金融资产为目标。

最后，确定管理应收票据的组合层次。例如，应收票据整体作为组合来评估业务模式；区分银行承兑汇票和商业承兑汇票两个组合分别评估业务模式；划分为信用等级较高的银行承兑的汇票，信用等级不高的银行承兑的汇票和由企业承兑的商业承兑汇票。若公司将银行承兑汇票和商业承兑汇票作为一个组合考虑业务模式，则在发生由贴现或背书导致的频繁、金额重大的终止确认时，应将应收票据整体列报为“应收款项融资”；若公司区分银行承兑汇票和商业承兑汇票两个组合分别评估业务模式，则商业承兑汇票仍列报为“应收票据”，银行承兑汇票在发生由贴现或背书导致的频繁、金额重大的终止确认时，列报为“应收款项融资”。

（二）年报披露示例

应收款项融资列报分类披露示例汇总如表2－6所示。

表2－6　应收款项融资列报分类披露示例汇总

序号	参考示例	应收款项融资列报分类
1	示例2－29　紫金矿业（601899. SH）	银行承兑汇票、商业承兑汇票、应收账款
2	示例2－30　中国铝业（601600. SH）	银行承兑汇票
3	示例2－31　中海油服（601808. SH）	银行承兑汇票

续表

序号	参考示例	应收款项融资列报分类
4	示例2－32　国药股份（600511. SH）	银行承兑汇票、应收账款
5	示例2－33　美的集团（000333. SZ）	银行承兑汇票、应收账款
6	示例2－34　上海石化（600688. SH）	银行承兑汇票、应收账款
7	示例2－35　青岛港（601298. SH）	银行承兑汇票
8	示例2－36　中国通号（688009. SH）	银行承兑汇票、以公允价值计量且其变动计入其他综合收益的其他信用工具

示例2－29　紫金矿业（601899. SH）

应收款项融资

单位：元

项目	2023年	2022年
应收票据（注1）	2, 729, 252, 517	2, 949, 903, 644
应收账款	69, 517, 341	41, 645, 270
合计	2, 798, 769, 858	2, 991, 548, 914

注1：本集团根据获取合同现金流量模式将部分应收票据分类为以公允价值计量且其变动计入其他综合收益的金融资产，列报为应收款项融资。

项目	2023年	2022年
银行承兑汇票	2, 764, 042, 155	2, 810, 768, 150
商业承兑汇票		176, 089, 524
小计	2, 764, 042, 155	2, 986, 857, 674
减：其他综合收益——公允价值变动	34, 789, 638	36, 954, 030
余额	2, 729, 252, 517	2, 949, 903, 644

本集团2023年和2022年均无对外质押的应收款项融资。

本集团2023年和2022年均不存在出票人未履约而将应收款项融资转为应收账款的情况。

已背书或贴现但在资产负债表日尚未到期的应收票据如下：

项目	2023年		2022年	
	终止确认	未终止确认	终止确认	未终止确认
银行承兑汇票	4, 830, 819. 599	1. 326, 710, 846	3, 201, 624, 672	1, 321, 665, 087
商业承兑汇票				176, 089, 524
合计	4, 830, 819. 599	1. 326, 710, 846	3, 201, 624, 672	1, 497, 754, 611

示例2-30　中国铝业（601600. SH）

应收款项融资

(1) 应收款项融资分类列示。

单位：元

项目	期末余额	期初余额
银行承兑汇票	2,579,110	1,356,480

(2) 期末公司已质押的应收款项融资。

单位：元

项目	期末余额
银行承兑汇票	189,487

(3) 期末公司已背书或贴现且在资产负债表日尚未到期的应收款项融资。

单位：元

项目	期末终止确认金额	期末未终止确认金额
银行承兑汇票	27,633,306	

其他说明：

本集团视其日常资金管理的需要将一部分银行承兑汇票进行贴现和背书，本集团管理该类应收票据的业务模式既包括收取合同现金流量为目标又包括出售为目标，且满足终止确认的条件，故将该部分银行承兑汇票分类为以公允价值计量且其变动计入其他综合收益的金融资产。

于2023年12月31日，本集团无单项计提减值准备的银行承兑汇票。本集团按照整个存续期预期信用损失计量坏账准备。本集团认为所持有的银行承兑汇票信用风险特征类似，无单项计提减值准备的银行承兑汇票。此外，银行承兑汇票不存在重大信用风险，不会因银行违约而产生重大损失（2022年12月31日：无）。

于2023年12月31日，本集团列示于应收款项融资的已质押的应收银行承兑汇票金额为189,487千元（2022年12月31日：175,758千元）（附注七、(64)）于2023年12月31日，本集团列示于应收款项融资的已背书或已贴现但尚未到期的银行承兑汇票为27,633,306千元，均已终止确认。

2023年度本集团不存在重要的应收款项融资的核销情况（2022年度：无）。

示例2－31　中海油服（601808. SH）

应收款项融资

单位：元

项目	期末余额	期初余额
银行承兑汇票	351, 950, 000	8, 200, 000
合计	351, 950, 000	8, 200, 000

本集团在管理企业流动性的过程中会在部分应收银行承兑汇票到期前进行贴现或背书转让，并基于已将几乎所有的风险和报酬转移给相关交易对手之情况终止确认已贴现或背书的应收银行承兑汇票。该等本集团管理应收银行承兑汇票的业务模式既以收取合同现金流量为目标又以出售该金融资产为目标，因此其应收银行承兑汇票分类为以公允价值计量且其变动计入其他综合收益，公允价值的确定方法详见附注十三、3。

于2023年12月31日，本集团无已质押的应收款项融资（2022年12月31日：无）。

于2023年12月31日，本集团应收款项融资均系与客户进行交易产生，因评估信用风险较低，未计提信用损失准备（2022年12月31日：无）。

示例2－32　国药股份（600511. SH）

应收款项融资

单位：元

项目	2023年12月31日	2022年12月31日
应收账款	2, 876, 443, 914. 90	5, 810, 532, 422. 43
应收票据	1, 045, 757, 959. 28	1, 015, 174, 484. 79
减：预期信用损失准备	－28, 764, 439. 16	－58, 437, 493. 07
合计	3, 893, 437, 435. 02	6, 767, 269, 414. 15

本集团在日常资金管理中将部分应收账款通过银行办理保理进行出售，将部分银行承兑汇票背书或贴现，且满足金融资产终止确认的条件。本集团管理上述应收账款/应收票据的业务模式既以收取合同现金流量为目标又以出售为目标，因此，本集团将该等应收账款/应收票据重分类为以公允价值计量且其变动计入其他综合收益的金融资产，列报为应收款项融资。

2023年度，本集团因办理无追索权的应收账款保理（附注四（49））以及应收票据的背书/贴现（附注四（49））且其所有权上几乎所有的风险和报酬已转移给其他方，相应终止确认应收账款和应收票据的账面金额（附注四（3）（c）除外）分别约人民币57.12亿元和39.94亿元（2022年：约53.50亿元和29.37亿元），确认贴现及保理支出约人民币9,088.28万元，计入投资收益（2022年：9,321.20万元）（附注四（49））。

于2023年12月31日，本集团已无质押取得借款的分类为应收款项融资的应收应收账款（2022年12月31日：无）。

分类为应收款项融资的应收账款及预期信用损失准备按类别披露：

项目	2023年			
	账面余额（元）	比例（%）	坏账准备（元）	计提比例（%）
按信用风险特征组合计提坏账准备	2,876,443,914.90	100.00	-28,764,439.16	1.00

于2023年12月31日及2022年12月31日，无单项计提预期信用损失准备的分类为应收款项融资的应收账款。

本集团按信用风险组合计提坏账准备的分类为应收款项融资的应收账款情况如下：

项目	2023年		
	估计发生违约的账面余额（元）	预期信用损失率（%）	整个存续期预期信用损失（元）
1年以内	2,876,443,914.90	1.00	-28,764,439.16
1年至2年			
2年至3年			
合计	2,876,443,914.90		-28,764,439.16

示例2-33　美的集团（000333.SZ）

应收款项融资

单位：千元

项目	2023年12月31日	2022年12月31日
应收款项融资	13,330,008	13,526,540

本集团的应收款项融资为根据日常资金管理需要，预计通过转让、贴现或背书回

款并终止确认的应收账款和银行承兑汇票。2023 年度本集团背书和贴现银行承兑汇票且其所有权上几乎所有的风险和报酬已转移给其他方，相应终止确认的银行承兑汇票账面价值为 37, 374, 909, 000 元（2022 年度：39, 064, 235, 000 元），相关贴现损失 19, 609, 000 元（2022 年度：55, 701, 000 元）。

于 2023 年 12 月 31 日及 2022 年 12 月 31 日，本集团按照整个存续期预期信用损失计量坏账准备，本集团认为所持有的银行承兑汇票信用风险特征类似，无单项计提减值准备的银行承兑汇票。此外，本集团认为所持有的银行承兑汇票不存在重大信用风险，不会因银行违约而产生重大损失。

于 2023 年 12 月 31 日，除附注四（3）b 外，本集团已背书或已贴现但尚未到期的银行承兑汇票为 10, 285, 438, 000 元（2022 年 12 月 31 日：12, 368, 841, 000 元），均已终止确认。

2023 年度本集团不存在重大的应收款项融资的核销情况（2022 年度：无）。

示例 2 – 34　上海石化（600688. SH）

应收款项融资

单位：千元

项目	2023 年	2022 年
应收票据	79, 146	136, 945
应收账款	157, 341	445, 409
合计	236, 487	582, 354

（1）应收票据。

（i）本集团视其日常资金管理的需要将一部分银行承兑汇票进行贴现和背书，且符合终止确认的条件，故将应收票据分类为以公允价值计量且其变动计入其他综合收益的金融资产。于 2023 年 12 月 31 日，分类为以公允价值计量且其变动计入其他综合收益的金融资产的应收票据金额为人民币 79, 146 千元（2022 年 12 月 31 日：人民币 136, 945 千元）。

（ii）本集团无单项计提减值准备的银行承兑汇票，均按照整个存续期预期信用损失计量坏账准备。于 2023 年 12 月 31 日及 2022 年 12 月 31 日，本集团认为所持有的银行承兑汇票不存在重大信用风险，不会因银行违约而产生重大损失。

（iii）于 2023 年 12 月 31 日，本集团无质押的应收票据（2022 年 12 月 31 日：无）。

（iv）于 2023 年 12 月 31 日，本集团列示于应收款项融资的已背书或已贴现且在资产负债表日尚未到期的应收票据如下：

单位：千元

种类	已终止确认	未终止确认
银行承兑汇票	493,707	—

于2023年12月31日，本集团将人民币493,707千元（2022年12月31日：人民币375,036千元）的未到期应收票据背书或贴现，而由于本公司管理层认为该等未到期票据所有权的风险及回报已实质转移，故而整体终止确认该等应收票据、应付供货商款项及短期借款。本集团对该等整体终止确认的未到期应收票据的继续涉入程度以出票银行无法向票据持有人结算款项为限。本集团继续涉入所承受的可能最大损失为背书予供货商及贴现予银行的未到期应收票据款项，金额为人民币493,707千元（2022年12月31日：人民币375,036千元）。该等未到期应收票据限期均为一年以内。

（2）应收账款。

（i）本集团下属子公司中国金山联合贸易有限责任公司（“金贸公司”）和上海金贸国际贸易有限公司（“金贸国际”）视其日常资金管理的需要将一部分应收账款进行无追索权的福费廷业务，这两家子公司管理应收账款的业务模式既包括收取合同现金流量为目标又包括出售为目标，故将这两家子公司的第三方应收账款分类为以公允价值计量且其变动计入其他综合收益的金融资产。于2023年12月31日，分类为以公允价值计量且其变动计入其他综合收益的金融资产的应收账款余额为人民币157,341千元（2022年12月31日：人民币445,409千元）。

（ii）因金融资产转移而终止确认的应收账款分析如下：

于2023年12月31日，本集团下属子公司金贸国际和金贸公司对应收账款进行无追索权的福费廷业务而终止确认的应收账款账面余额为人民币254,029千元（2022年：人民币203,834千元）。

示例2-35　青岛港（601298.SH）

应收款项融资

单位：元

项目	期末余额	期初余额
银行承兑汇票	314,538,178	280,619,222

本集团视日常资金管理的需要将一部分银行承兑汇票进行背书或贴现，且满足终止确认的条件，故将本集团信用评级较好的银行承兑汇票分类为以公允价值计量且其变动计入其他综合收益的金融资产。

于2023年12月31日，本集团认为所持有的银行承兑汇票信用风险特征类似，无单项计提减值准备的银行承兑汇票。此外，本集团认为持有的银行承兑汇票不存在重大信用风险，不会因银行违约而产生重大损失。

2023 年度本集团背书和贴现银行承兑汇票且其所有权上几乎所有的风险和报酬已转移给其他方，相应终止确认的银行承兑汇票账面价值分别为 797, 870, 814 元和 159, 441, 293 元（2022 年度：1, 066, 209, 346 元和 147, 768, 743 元），相关贴现损失金额 748, 554 元，计入投资收益（2022 年度：1, 708, 936 元）。

示例 2－36　中国通号（688009. SH）

应收款项融资

1. 应收款项融资分类列示

单位：元

项目	期末余额	期初余额
银行承兑汇票	374, 075, 903. 41	652, 778, 029. 27
以公允价值计量且其变动计入其他综合收益的其他信用工具	598, 643, 422. 87	396, 187, 742. 58
合计	972, 719, 326. 28	1, 048, 965, 771. 85

注：本公司在日常资金管理中将部分银行承兑汇票背书或贴现，管理上述应收票据和其他信用工具的业务模式既以收取合同现金流量为目标又以出售为目标，因此将该应收票据和其他信用工具重分类为以公允价值计量且其变动计入其他综合收益的金融资产，将其列报为应收款项融资。

2. 期末公司已质押的应收款项融资

单位：元

项目	期末已质押金额
以公允价值计量且其变动计入其他综合收益的其他信用工具	500, 000. 00

3. 期末公司已背书或贴现且资产负债表日尚未到期的应收款项融资

单位：元

项目	期末终止确认金额	期末未终止确认金额
银行承兑汇票	439, 903, 335. 27	
以公允价值计量且其变动计入其他综合收益的其他信用工具	68, 522, 549. 52	500, 000. 00
合计	508, 4125, 884. 79	500, 000. 00

第三节　金融资产减值披露示例

《企业会计准则第 22 号——金融工具确认和计量》（2017 年修订）不再采用已发

生损失法，而是根据预期信用损失法，考虑包括前瞻性信息在内的各种可获得信息。三阶段法下，对于购入或源生的未发生信用减值的金融资产，企业应当判断金融工具的违约风险自初始确认以来是否显著增加，如果已显著增加，企业应采用概率加权方法，计算确定该金融工具在整个存续期的预期信用损失，以此确认和计提减值损失准备。如果未显著增加，企业应当按照相当于该金融工具未来 12 个月内预期信用损失的金额确认和计提损失准备。

本节将选取部分金融资产减值披露示例以供参考。

一、准则相关规定与监管指引（节选）

（一）《企业会计准则第 22 号——金融工具确认和计量》

第四十六条　企业应当按照本准则规定，以预期信用损失为基础，对下列项目进行减值会计处理并确认损失准备：

（一）按照本准则第十七条分类为以摊余成本计量的金融资产和按照本准则第十八条分类为以公允价值计量且其变动计入其他综合收益的金融资产。

（二）租赁应收款。

（三）合同资产。合同资产是指《企业会计准则第 14 号——收入》定义的合同资产。

（四）企业发行的分类为以公允价值计量且其变动计入当期损益的金融负债以外的贷款承诺和适用本准则第二十一条（三）规定的财务担保合同。

损失准备，是指针对按照本准则第十七条计量的金融资产、租赁应收款和合同资产的预期信用损失计提的准备，按照本准则第十八条计量的金融资产的累计减值金额以及针对贷款承诺和财务担保合同的预期信用损失计提的准备。

第四十七条　预期信用损失，是指以发生违约的风险为权重的金融工具信用损失的加权平均值。

信用损失，是指企业按照原实际利率折现的、根据合同应收的所有合同现金流量与预期收取的所有现金流量之间的差额，即全部现金短缺的现值。其中，对于企业购买或源生的已发生信用减值的金融资产，应按照该金融资产经信用调整的实际利率折现。由于预期信用损失考虑付款的金额和时间分布，因此即使企业预计可以全额收款但收款时间晚于合同规定的到期期限，也会产生信用损失。

在估计现金流量时，企业应当考虑金融工具在整个预计存续期的所有合同条款（如提前还款、展期、看涨期权或其他类似期权等）。企业所考虑的现金流量应当包括出售所持担保品获得的现金流量，以及属于合同条款组成部分的其他信用增级所产生的现金流量。

企业通常能够可靠估计金融工具的预计存续期。在极少数情况下，金融工具预计存续期无法可靠估计的，企业在计算确定预期信用损失时，应当基于该金融工具的剩余合同期间。

第四十八条　除了按照本准则第五十七条和第六十三条的相关规定计量金融工具损失准备的情形以外，企业应当在每个资产负债表日评估相关金融工具的信用风险自初始确认后是否已显著增加，并按照下列情形分别计量其损失准备、确认预期信用损失及其变动：

（一）如果该金融工具的信用风险自初始确认后已显著增加，企业应当按照相当于该金融工具整个存续期内预期信用损失的金额计量其损失准备。无论企业评估信用损失的基础是单项金融工具还是金融工具组合，由此形成的损失准备的增加或转回金额，应当作为减值损失或利得计入当期损益。

（二）如果该金融工具的信用风险自初始确认后并未显著增加，企业应当按照相当于该金融工具未来12个月内预期信用损失的金额计量其损失准备，无论企业评估信用损失的基础是单项金融工具还是金融工具组合，由此形成的损失准备的增加或转回金额，应当作为减值损失或利得计入当期损益。

未来12个月内预期信用损失，是指因资产负债表日后12个月内（若金融工具的预计存续期少于12个月，则为预计存续期）可能发生的金融工具违约事件而导致的预期信用损失，是整个存续期预期信用损失的一部分。

企业在进行相关评估时，应当考虑所有合理且有依据的信息，包括前瞻性信息。为确保自金融工具初始确认后信用风险显著增加即确认整个存续期预期信用损失，企业在一些情况下应当以组合为基础考虑评估信用风险是否显著增加。整个存续期预期信用损失，是指因金融工具整个预计存续期内所有可能发生的违约事件而导致的预期信用损失。

第四十九条　对于按照本准则第十八条分类为以公允价值计量且其变动计入其他综合收益的金融资产，企业应当在其他综合收益中确认其损失准备，并将减值损失或利得计入当期损益，且不应减少该金融资产在资产负债表中列示的账面价值。

第五十条　企业在前一会计期间已经按照相当于金融工具整个存续期内预期信用损失的金额计量了损失准备，但在当期资产负债表日，该金融工具已不再属于自初始确认后信用风险显著增加的情形的，企业应当在当期资产负债表日按照相当于未来12个月内预期信用损失的金额计量该金融工具的损失准备，由此形成的损失准备的转回金额应当作为减值利得计入当期损益。

第五十一条　对于贷款承诺和财务担保合同，企业在应用金融工具减值规定时，应当将本企业成为做出不可撤销承诺的一方之日作为初始确认日。

第五十二条　企业在评估金融工具的信用风险自初始确认后是否已显著增加时，应当考虑金融工具预计存续期内发生违约风险的变化，而不是预期信用损失金额的变化。企业应当通过比较金融工具在资产负债表日发生违约的风险与在初始确认日发生违约的风险，以确定金融工具预计存续期内发生违约风险的变化情况。

在为确定是否发生违约风险而对违约进行界定时，企业所采用的界定标准，应当与其内部针对相关金融工具的信用风险管理目标保持一致，并考虑财务限制条款等其他定性指标。

第五十三条　企业通常应当在金融工具逾期前确认该工具整个存续期预期信用损失。企业在确定信用风险自初始确认后是否显著增加时，企业无须付出不必要的额外成本或努力即可获得合理且有依据的前瞻性信息的，不得仅依赖逾期信息来确定信用风险自初始确认后是否显著增加；企业必须付出不必要的额外成本或努力才可获得合理且有依据的逾期信息以外的单独或汇总的前瞻性信息的，可以采用逾期信息来确定信用风险自初始确认后是否显著增加。

无论企业采用何种方式评估信用风险是否显著增加，通常情况下，如果逾期超过30日，则表明金融工具的信用风险已经显著增加。除非企业在无须付出不必要的额外成本或努力的情况下即可获得合理且有依据的信息，证明即使逾期超过30日，信用风险自初始确认后仍未显著增加。如果企业在合同付款逾期超过30日前已确定信用风险显著增加，则应当按照整个存续期的预期信用损失确认损失准备。

如果交易对手方未按合同规定时间支付约定的款项，则表明该金融资产发生逾期。

第五十四条　企业在评估金融工具的信用风险自初始确认后是否已显著增加时，应当考虑违约风险的相对变化，而非违约风险变动的绝对值。在同一后续资产负债表日，对于违约风险变动的绝对值相同的两项金融资产，初始确认时违约风险较低的金融工具比初始确认时违约风险较高的金融工具的信用风险变化更为显著。

第五十五条　企业确定金融工具在资产负债表日只具有较低的信用风险的，可以假设该金融工具的信用风险自初始确认后并未显著增加。

如果金融工具的违约风险较低，借款人在短期内履行其合同现金流量义务的能力很强，并且即便较长时期内经济形势和经营环境存在不利变化但未必一定降低借款人履行其合同现金流量义务的能力，该金融工具被视为具有较低的信用风险。

第五十六条　企业与交易对手方修改或重新议定合同，未导致金融资产终止确认，但导致合同现金流量发生变化的，企业在评估相关金融工具的信用风险是否已经显著增加时，应当将基于变更后的合同条款在资产负债表日发生违约的风险与基于原合同条款在初始确认时发生违约的风险进行比较。

第五十七条　对于购买或源生的已发生信用减值的金融资产，企业应当在资产负债表日仅将自初始确认后整个存续期内预期信用损失的累计变动确认为损失准备。在每个资产负债表日，企业应当将整个存续期内预期信用损失的变动金额作为减值损失或利得计入当期损益。即使该资产负债表日确定的整个存续期内预期信用损失小于初始确认时估计现金流量所反映的预期信用损失的金额，企业也应当将预期信用损失的有利变动确认为减值利得。

第五十八条　企业计量金融工具预期信用损失的方法应当反映下列各项要素：

（一）通过评价一系列可能的结果而确定的无偏概率加权平均金额。

（二）货币时间价值。

（三）在资产负债表日无须付出不必要的额外成本或努力即可获得的有关过去事项、当前状况以及未来经济状况预测的合理且有依据的信息。

第五十九条　对于适用本准则有关金融工具减值规定的各类金融工具，企业应当按照下列方法确定其信用损失：

（一）对于金融资产，信用损失应为企业应收取的合同现金流量与预期收取的现金流量之间差额的现值。

（二）对于租赁应收款项，信用损失应为企业应收取的合同现金流量与预期收取的现金流量之间差额的现值。其中，用于确定预期信用损失的现金流量，应与按照《企业会计准则第21号——租赁》用于计量租赁应收款项的现金流量保持一致。

（三）对于未提用的贷款承诺，信用损失应为在贷款承诺持有人提用相应贷款的情况下，企业应收取的合同现金流量与预期收取的现金流量之间差额的现值。企业对贷款承诺预期信用损失的估计，应当与其对该贷款承诺提用情况的预期保持一致。

（四）对于财务担保合同，信用损失应为企业就该合同持有人发生的信用损失向其做出赔付的预计付款额，减去企业预期向该合同持有人、债务人或任何其他方收取的金额之间差额的现值。

（五）对于资产负债表日已发生信用减值但并非购买或源生已发生信用减值的金融资产，信用损失应为该金融资产账面余额与按原实际利率折现的估计未来现金流量的现值之间的差额。

第六十条　企业应当以概率加权平均为基础对预期信用损失进行计量。企业对预期信用损失的计量应当反映发生信用损失的各种可能性，但不必识别所有可能的情形。

第六十一条　在计量预期信用损失时，企业需考虑的最长期限为企业面临信用风险的最长合同期限（包括考虑续约选择权），而不是更长期间，即使该期间与业务实践相一致。

第六十二条　如果金融工具同时包含贷款和未提用的承诺，且企业根据合同规定要求还款或取消未提用承诺的能力并未将企业面临信用损失的期间限定在合同通知期内的，企业对于此类金融工具（仅限于此类金融工具）确认预期信用损失的期间，应当为其面临信用风险且无法用信用风险管理措施予以缓释的期间，即使该期间超过了最长合同期限。

第六十三条　对于下列各项目，企业应当始终按照相当于整个存续期内预期信用损失的金额计量其损失准备：

（一）由《企业会计准则第14号——收入》规范的交易形成的应收款项或合同资产，且符合下列条件之一：

1. 该项目未包含《企业会计准则第14号——收入》所定义的重大融资成分，或企业根据《企业会计准则第14号——收入》规定不考虑不超过一年的合同中的融资成分。

2. 该项目包含《企业会计准则第14号——收入》所定义的重大融资成分，同时企业做出会计政策选择，按照相当于整个存续期内预期信用损失的金额计量损失准备。企业应当将该会计政策选择适用于所有此类应收款项和合同资产，但可对应收款项类和合同资产类分别做出会计政策选择。

（二）由《企业会计准则第21号——租赁》规范的交易形成的租赁应收款，同时企业做出会计政策选择，按照相当于整个存续期内预期信用损失的金额计量损失准备。企业应当将该会计政策选择适用于所有租赁应收款，但可对应收融资租赁款和应收经营租赁款分别做出会计政策选择。

在适用本条规定时，企业可对应收款项、合同资产和租赁应收款分别选择减值会计政策。

（二）《企业会计准则应用指南汇编2024》“第二十二章　金融工具确认和计量”

十一、金融工具的减值

（三）预期信用损失的计量

预期信用损失是以违约概率为权重的、金融工具现金流缺口（即合同现金流量与预期收到的现金流量之间的差额）的现值的加权平均值。

企业计量金融工具预期信用损失的方法应当反映下列各项要素：（1）通过评价一系列可能的结果而确定的无偏概率加权平均金额；（2）货币时间价值；（3）在资产负债表日无须付出不必要的额外成本或努力即可获得的有关过去事项、当前状况以及未来经济状况预测的合理且有依据的信息。

在不违反金融工具预期信用损失计量方法应反映的上述各项要素的前提下，企业可在计量预期信用损失时运用简便方法。例如，对于应收账款的预期信用损失，企业可参照历史信用损失经验，编制应收账款逾期天数与固定准备率对照表，以此为基础计算预期信用损失。

如果企业的历史经验表明不同细分客户群体发生损失的情况存在显著差异，那么企业应当对客户群体进行恰当的分组，在分组基础上运用上述简便方法。企业可用于对资产进行分组的标准可能包括：地理区域、产品类型、客户评级、担保物以及客户类型（如批发和零售客户）。

1. 预期信用损失的计算基础。

……

2. 折现率。

企业应当采用相关金融工具初始确认时确定的实际利率或其近似值，将现金流缺口折现为资产负债表日的现值，而不是预计违约日或其他日期的现值。如果金融工具具有浮动利率，则应当采用当前实际利率（即最近一次利率重设后的实际利率）对现金流缺口进行折现。

（1）对于购买或源生已发生信用减值的金融资产，企业应当采用在初始确认时确定的经信用调整的实际利率（即购买或源生时将减值后的预计未来现金流量折现为摊余成本的利率）。

（2）对于租赁应收款，企业应当采用按照第二十一章租赁计量租赁应收款所使用的相同折现率。

（3）对于贷款承诺，企业应当采用在确认源自该承诺的贷款时将应用的实际利率或其近似值。

(4) 对于无法确定实际利率的财务担保合同或贷款承诺，企业应当采用反映货币时间价值和相关现金流量特有风险的折现率。

3. 预期信用损失的概率加权属性。

根据预期信用损失的定义以及本章的相关规定，企业对预期信用损失的估计是概率加权的结果，应当始终反映发生信用损失的可能性和不发生信用损失的可能性（即便最可能发生的结果是不存在任何信用损失），而不是仅对最坏或最好的情形作出估计。

实务中，在某些情形下，运用相对简单的模型可能就足以满足上述要求。例如，一个较大的具有共同风险特征的金融工具组合（如小额贷款）的平均信用损失，可能是概率加权金额的合理估计值。而在某些情形下，可能需要使用大量具体的情景模拟，以识别有关现金流量金额、时间分布以及各种结果估计概率的具体数值。在该情形下，预期信用损失应当至少反映发生信用损失和不发生信用损失两种可能性（即需要估计发生信用损失的概率和金额）。

4. 计量预期信用损失所采集和使用的信息。

……

5. 估计预期信用损失的期间。

……

6. 担保物的影响。

在预期信用损失计量中，企业对现金流缺口的估计应当反映源自担保物或其他信用增级的预期现金流（即使该现金流的预期发生时间超过了合同期限），前提是该担保物或信用增级属于金融工具合同条款的组成部分且企业尚未将其在资产负债表中确认。企业在判断信用增级是否属于合同条款组成部分时，应当结合多种因素进行考虑。例如，金融工具的合同是否对该信用增级进行了索引、金融工具的相关监管法规是否强制要求纳入相关信用增级、金融工具合同与相关信用增级是否为同时或相近时间签订且互为条件、相关信用增级是否可以单独转让等。需要说明的是，“属于合同条款组成部分的其他信用增级”并不要求其必须与金融工具载于同一合同，未与金融工具载于同一合同、但实质上与金融工具的合同构成一个整体的其他信用增级条款也包括在内。

企业对被担保金融工具的预期现金流缺口的估计，应当反映源自担保物的预期现金流的金额（减去取得和出售该担保物的成本）和时间，无需考虑该抵债是否很可能发生。

对于所有因抵债而获得的担保物，企业均不应将其独立于被担保金融工具单独确认为一项资产，除非该担保物满足本章或其他章规定的资产确认标准。

(四) 金融资产减值与利息收入的计算

1. 未发生信用减值的金融资产

对于处于信用减值第一阶段和第二阶段的金融资产以及适用实务简化处理的应收

款项、合同资产和租赁应收款，企业应当按照该金融资产的账面余额（即不考虑减值影响）乘以实际利率的金额确定其利息收入。

2. 已发生信用减值的金融资产

当对金融资产预期未来现金流量具有不利影响的一项或多项事件发生时，该金融资产成为已发生信用减值的金融资产，即处于信用减值第三阶段的金融资产。

金融资产已发生信用减值的证据包括下列可观察信息：(1) 发行方或债务人发生重大财务困难；(2) 债务人违反合同，如偿付利息或本金违约或逾期等；(3) 债权人出于与债务人财务困难有关的经济或合同考虑，给予债务人在任何其他情况下都不会做出的让步；(4) 债务人很可能破产或进行其他财务重组；(5) 发行方或债务人财务困难导致该金融资产的活跃市场消失；(6) 以大幅折扣购买或源生一项金融资产，该折扣反映了发生信用损失的事实。金融资产发生信用减值，有可能是多个事件的共同作用所致，未必是可单独识别的事件所致。

对于已发生信用减值的金融资产，企业应分下列两种情形计算和确认利息收入：

(1) 对于购买或源生时未发生信用减值、但在后续期间发生信用减值的金融资产，企业应当在发生减值的后续期间，按照该金融资产的摊余成本（即账面余额减已计提减值）乘以初始确认时确定的实际利率计算得到的金额确认利息收入。

(2) 对于购买或源生时已发生信用减值的金融资产，企业应当自初始确认起，按照该金融资产的摊余成本乘以经信用调整的实际利率（即购买或源生时将减值后的预计未来现金流量折现为摊余成本的利率）计算得到的金额确认利息收入。

（三）财政部金融工具准则应用案例

《预期信用损失法应用案例（一）——以内部评级体系为基础》(2023 年 7 月 17 日)

《预期信用损失法应用案例（二）——不以内部评级体系为基础的简化方法》(2023 年 7 月 17 日)

（四）财政部金融工具准则实施问答

问：在计量金融工具的预期信用损失时，应当如何考虑财务担保合同等信用增级所产生的现金流量？

答：根据《企业会计准则第 22 号——金融工具确认和计量》第四十七条，信用损失是指企业按照原实际利率折现的、根据合同应收的所有合同现金流量与预期收取的所有现金流量之间的差额，即全部现金短缺的现值。预期收取的所有现金流量不限于合同明确载明的条款所产生的现金流量，还应当包括出售所持担保品获得的现金流量以及属于合同条款组成部分的其他信用增级所产生的现金流量。其中，“属于合同条款组成部分的其他信用增级”包括未与金融工具载明于同一合同、但实质上与金融工具的合同构成一个整体的其他信用增级条款。企业在计量金融工具的预期信用损失时，应当考虑属于合同条款组成部分的财务担保合同等信用增级所产生的现金流量，但该信用增级相关现金流量已单独确认的，则在计量预期信用损失时不可重复考虑。

问：银行收回已核销的贷款，应当如何进行会计处理？

答：银行收回已核销的以摊余成本计量的贷款，按实际收到的金额，借记“贷款”科目，贷记“贷款损失准备”科目；借记“存放中央银行款项”等科目，贷记“贷款”科目；借记“贷款损失准备”科目，贷记“信用减值损失”科目；或者采用简化处理，即借记“存放中央银行款项”等科目，贷记“信用减值损失”科目。

问：企业对向其他企业提供的委托贷款、财务担保或向集团关联企业提供的资金借贷等进行减值会计处理时，是否可以采用按照整个存续期内预期信用损失的金额计量损失准备的简化处理方法？

答：根据金融工具确认计量准则第四十八条、第五十七条、第六十三条并参照相关应用指南，对于购买或源生的已发生信用减值的金融资产，企业应当在资产负债表日仅将自初始确认后整个存续期内预期信用损失的累计变动确认为损失准备。《企业会计准则第14号——收入》（财会〔2017〕22号）规范的交易形成的不含重大融资成分（包括根据收入准则不考虑不超过一年的合同中的融资成分）的应收款项或合同资产，企业应当始终按照整个存续期内预期信用损失的金额计量其损失准备。收入准则规范的交易形成的包含重大融资成分的应收款项或合同资产和由《企业会计准则第21号——租赁》（财会〔2018〕35号）规范的交易形成的租赁应收款，企业可以作出会计政策选择，按照相当于整个存续期内预期信用损失的金额计量其损失准备。除上述情形以外的金融资产，企业应当在每个资产负债表日评估其信用风险自初始确认后是否已显著增加，按金融工具发生信用减值的不同阶段分别计量其损失准备、确认预期信用损失及其变动。

因此，企业以预期信用损失为基础，对向其他企业提供的委托贷款、财务担保或向集团内关联企业提供的资金借贷等进行减值会计处理时，应当将其发生信用减值的过程分为三个阶段，对不同阶段的预期信用损失采用相应的会计处理方法，不得采用按照整个存续期内预期信用损失的金额计量损失准备的简化处理方法。

问：新冠肺炎疫情下，企业在应用预期信用损失法时应重点关注哪些问题？

答：（1）在无须付出不必要的额外成本或努力的前提下，企业应用的预期信用损失法应当反映有关过去事项、当前状况以及未来经济状况预测的合理且有依据的信息。在评估未来经济状况时，既要考虑疫情的影响，也要考虑政府等采取的各类支持性政策。

（2）企业应当加强对预期信用损失法下使用模型的管理，定期对模型进行重检并根据具体情况进行必要的修正。考虑疫情引发的不确定性，应当适当调整模型及其假设和参数。在确定反映疫情影响下经济状况变化的多种宏观经济情景及其权重时，应当恰当运用估计和判断。包括适时调整经济下行情景的权重、考虑政府支持性政策对借款人违约概率及相关金融资产违约损失率的影响等。无法或难以及时通过适当调整模型及其假设和参数反映疫情潜在影响的，企业可以通过管理层“叠加”进行正向或负向调整。企业应当规范管理层“叠加”的运用和审批。

（3）因借款人或客户所在的区域和行业等受疫情影响程度不同，可能导致贷款、应收款项等金融资产的风险特征发生变化，企业应当考虑这些变化对评估信用风险对应相关金融资产所在组别的影响，必要时应当根据相关金融资产的共同风险特征重新划分组别。

（4）银行等金融机构因疫情原因提供临时性延期还款便利的，应当根据延期还款的具体条款和借款人的还款能力等分析判断相关金融资产的信用风险是否自初始确认后已显著增加。例如，银行针对某类贷款的所有借款人提供延期还款便利的，应当进一步分析借款人的信用状况和还款能力等，既应当充分关注并及时识别此类借款人信用风险是否显著增加，也不应当仅因其享有延期还款便利而将所有该类贷款认定为信用风险自初始确认后已显著增加。再如，银行针对某类贷款的延期还款便利仅限于满足特定条件的对象的，应当评估这些特定条件是否表明贷款信用风险自初始确认后已显著增加。

（5）企业应当按照企业会计准则的要求披露确定预期信用损失所采用的估计技术、关键假设和参数等相关信息，并重点披露各经济情景中所使用的关键宏观经济参数的具体数值、管理层“叠加”调整的影响、对政府等提供的支持性政策的考虑等。

问：某企业于资产负债表日对金融资产计提损失准备，资产负债表日至财务报告批准报出日之间，该笔金融资产到期并全额收回。对于以往计提的损失准备，该企业是否应当作为资产负债表日后调整事项调整资产负债表日的财务报表？

答：根据《企业会计准则第29号——资产负债表日后事项》（财会〔2006〕3号）并参照相关讲解，资产负债表日后事项是调整事项还是非调整事项，取决于该事项表明的情况在资产负债表日或以前是否已经存在。若该情况在资产负债表日或以前已经存在，则属于调整事项；反之，则属于非调整事项。

企业在资产负债表日后终止确认金融资产，属于表明资产负债表日后发生的情况的事项，即非调整事项。如果企业在资产负债表日考虑所有合理且有依据的信息，已采用预期信用损失法基于有关过去事项、当前状况以及未来经济状况预测计提了信用减值准备，不能仅因资产负债表日后交易情况认为已计提的减值准备不合理，并进而调整资产负债表日的财务报表。

（五）财政部关于切实做好企业年报工作的通知

《关于严格执行企业会计准则　切实做好企业2023年年报工作的通知》（财会〔2023〕29号）

（十三）关于金融工具

关于预期信用损失准备的确认。企业应当按照金融工具确认计量准则的规定，以预期信用损失为基础对以摊余成本计量的应收款项、合同资产以及相关贷款承诺、财务担保合同等进行减值会计处理并确认损失准备，不得以其信用风险较低为由不对其确认损失准备。

《关于严格执行企业会计准则　切实做好企业2022年年报工作的通知》（财会〔2022〕32号）

企业应当按照金融工具确认计量准则的规定，以预期信用损失为基础对以摊余成本计量的应收账款、其他应收款等进行减值会计处理并确认损失准备，不得以应收账款尚处于信用期内或信用卡年费未逾期等为由不对其确认损失准备。

企业在对应收账款的预期信用损失准备进行估计时，应当充分考虑客户的类型、所处行业、信用风险评级、历史回款情况等信息，判断同一账龄组合中的客户是否具有共同的信用风险特征。若某一客户信用风险特征与组合中其他客户显著不同，或该客户信用风险特征发生显著变化，企业不应继续将应收该客户款项纳入原账龄组合计提损失准备。

银行保险机构应当准确识别信托计划、债权计划等非标资产的底层资产和风险，充足计提减值准备，提高非标资产信息披露透明度。执行《企业会计准则第22号——金融工具确认和计量》（财会〔2006〕3号）的保险公司应利用单项测试和组合测试相结合的方式对非标资产进行减值测试，对单独测试未发生减值的金融资产（包括单项金额重大和不重大的金融资产），应当包括在具有类似信用风险特征的金融资产组合中再进行减值测试。

《关于严格执行企业会计准则　切实做好企业2020年年报工作的通知》财会〔2021〕2号

执行新金融工具相关会计准则的企业应当加强对准则实施过程的流程控制和动态管理，完善预期信用损失法的治理机制和管理措施，改进信用风险评估方法，及时、充分识别预期风险，按规定计提信用风险减值准备。预期信用损失法相关模型和参数的调整应当有理有据，反映预期信用风险变化，重要模型和关键参数的调整应有专家论证并报董事会审批。企业应当严格执行《关于进一步贯彻落实新金融工具相关会计准则的通知》（财会〔2020〕22号）中新冠肺炎疫情下应用预期信用损失法的相关规定。

企业以预期信用损失为基础，对向其他企业提供的委托贷款、财务担保或向集团关联企业提供资金借贷等进行减值会计处理时，应当将其发生信用减值的过程分为三个阶段，对不同阶段的预期信用损失采用相应的会计处理方法，不得采用按照整个存续期内预期信用损失的金额计量损失准备的简化处理方法。

（六）证监会监管规则适用指引

《监管规则适用指引——会计类第2号》

2－9　应收账款预期信用损失的计量

企业在计量应收账款预期信用损失时，可以信用风险特征为依据，基于历史经验对细分客户群体发生损失情况进行分析判断，从而对客户群体进行恰当分组。在分组基础上，企业可运用简便方法，参照历史损失经验，编制应收账款逾期天数与固定准备率对照表，计算预期信用损失。当应收账款信用风险特征发生变化时，企业应当对应收账款组合进行相应调整。

监管实践发现，部分公司对如何以组合方式计量应收账款预期信用损失存在理解上的偏差和分歧。现就该事项的意见如下：

当企业采用简便方法以账龄为基础计量应收账款预期信用损失时，企业应充分考虑客户的类型、所处行业、信用风险评级、历史回款情况等信息，判断同一账龄组合中的客户是否具有共同的信用风险特征。若某一客户信用风险特征与组合中其他客户显著不同，或该客户信用风险特征发生显著变化，企业不应继续将应收该客户款项纳入原账龄组合计量预期信用损失。

实务中，因部分客户信用风险发生显著变化，企业与客户协商调整回款方式，如将应收账款转为对客户的股权投资、由客户以非货币性资产偿还等方式收回应收账款。上述回款方式的变化，表明该类客户的信用风险特征与组合中其他客户的信用风险显著不同，企业在计量应收账款预期信用损失时，不应将该类客户继续纳入原组合中。

企业应基于重要性和成本效益原则建立和实施与应收账款相关的内部控制，识别、调整应收账款组合并恰当计量预期信用损失。

《监管规则适用指引——发行类第5号》

5－2 应收款项减值

保荐机构及申报会计师应对发行人应收款项包括但不限于以下事项进行核查并发表明确意见：

一、根据预期信用损失模型，发行人可依据包括客户类型、商业模式、付款方式、回款周期、历史逾期、违约风险、时间损失、账龄结构等因素形成的显著差异，对应收款项划分不同组合分别进行减值测试。

二、发行人评估预期信用损失，应考虑所有合理且有依据的信息，包括前瞻性信息，并说明预期信用损失的确定方法和相关参数的确定依据。

三、如果对某些单项或某些组合应收款项不计提坏账准备，发行人应充分说明并详细论证未计提的依据和原因，是否存在确凿证据，是否存在信用风险，账龄结构是否与收款周期一致，是否考虑前瞻性信息，不应仅以欠款方为关联方客户、优质客户、政府工程客户或历史上未发生实际损失等理由而不计提坏账准备。

四、发行人重要客户以现金、银行转账以外方式回款的，应清晰披露回款方式。

五、发行人应清晰说明应收账款账龄的起算时点，分析披露的账龄情况与实际是否相符；应收账款初始确认后又转为商业承兑汇票结算的或应收票据初始确认后又转为应收账款结算的，发行人应连续计算账龄并评估预期信用损失；应收账款保理业务，如为有追索权债权转让，发行人应根据原有账龄评估预期信用损失。

六、发行人应参考同行业上市公司确定合理的应收账款坏账准备计提政策；计提比例与同行业上市公司存在显著差异的，应在招股说明书中披露具体原因。

（七）证监会《上市公司年报会计监管报告》

《上市公司 2023 年年度财务报告会计监管报告》

应收款项预期信用损失计量不恰当

根据企业会计准则及相关规定，预期信用损失，是指以发生违约的风险为权重的金融工具信用损失的加权平均值。信用损失是指企业按照原实际利率折现的、根据合同应收的所有合同现金流量与预期收取的所有现金流量之间的差额。预期收取的所有现金流量应当包括属于合同条款组成部分的信用增级所产生的现金流量。当企业采用组合方法计量预期信用损失时，企业不应将具有不同风险特征的金融工具归为同一组合，且当组合内的客户信用风险特征发生变化时，企业应当及时调整组合划分情况。

审阅分析发现，部分上市公司对于应收租赁保证金、不含重大融资成分且预计可全额回收的应收款项以及逾期应收款项等相关预期信用损失计量不恰当：

一是未恰当考虑应收租赁保证金可抵扣租金的合同权利。部分上市公司依据租赁合同支付给出租方可退回的租赁保证金，并约定该租赁保证金在租赁合同期最后 6 个月可用于抵扣租金。上市公司前期按照账龄法对该租赁保证金计提坏账准备，后续抵扣租金时又将相关坏账准备全额转回，造成财务报表异常波动。企业在计提预期信用损失时，应考虑属于合同条款组成部分且未在资产负债表中确认的信用增级所产生的现金流量。上述情形下，上市公司应将租赁保证金未来可抵扣租金的合同权利视为合同条款组成部分的信用增级并在计量预期信用损失时予以考虑，而不应简单基于账龄法计提坏账准备。

二是错误地考虑了不属于合同条款组成部分的信用增级所产生的现金流量。有的上市公司因原实控人对公司的应收款项和合同资产的回收情况提供了保证，因此在确认应收款项和合同资产减值准备时，错误地以原实控人保证金额为限冲回了预期信用损失；还有的上市公司对同一企业同时存在应收款项和应付款项，且双方未签署债权债务抵销协议，该上市公司在计提预期信用损失时，错误地以相关应收应付抵减后的净额为基础计量应收款项预期信用损失。上市公司在计量预期信用损失时，对于其原实控人单方面提供的担保、以及同时存在应付客户款项等增信情况，应分析有关增信是否构成应收款项合同条款组成部分，例如原实控人担保是否构成对原应收款项合同的实质性修改并成为修改后新的应收款项合同条款的组成部分、上市公司是否具有应收款项存续期间内可执行的法定抵销权等，若有关增信无法构成合同条款组成部分，则上市公司应将其作为独立事项进行会计处理，而不能简单地将增信金额直接抵减预期信用损失。

三是计量应收账款坏账准备时错误考虑了货币时间价值损失。部分上市公司对不含重大融资成分且预计可全额回收的应收款项，在计量其预期信用损失时错误进行了折现，导致该应收账款账龄越长、坏账准备计提比例越低。在不存在重大融资成分的情况下，应收账款以交易价格为初始入账金额，即该应收账款的实际利率为零。此情形下，应收账款货币时间价值上的损失不应反映为会计意义上的坏账损失。

四是未恰当划分信用风险特征组合。有的上市公司同一风险组合内，同时包含了其投资活动中的对外借款和经营活动中支付的保证金及押金，相关债务人的信用状况及相关资产的信用增级特征存在显著差别；有的上市公司同一风险组合内的金融资产的预期信用损失率存在较大差别，相关组合确定合理性存疑，上市公司应进一步细化分类风险组合并充分披露相关信息。

五是未能恰当计提已逾期的长期应收款项坏账准备。部分上市公司对于分期收款的长期应收款项，将原分期收款安排下已逾期部分认定为逾期，按照逾期天数组合计提坏账准备；对于原分期收款安排下尚未到期部分仍按照未逾期状态以账龄组合方式计提坏账准备，未认定逾期部分的坏账准备率远低于已逾期部分。一般而言，对于同一合同中包含的分期收款安排，当其中某一期应收款项发生逾期，通常表明债务人的信用风险状况已发生显著变化。上市公司在计提坏账准备时，应基于债务人的信用风险状况等情况，整体估计长期应收款的合同现金流量与预期收取的现金流量之间的差额，不应分别针对已到期和未到期部分作出不同的会计处理。

《上市公司2022年年度财务报告会计监管报告》

（一）未及时计提应收账款预期信用损失

根据企业会计准则及相关规定，当企业无法以合理成本评估单项应收账款预期信用损失信息时，应当根据信用风险特征对应收账款进行恰当分组。当客户信用风险特征发生变化时，企业应当及时调整组合划分情况，恰当计提预期信用损失。

审阅分析发现，部分上市公司本期以某客户无可执行财产为由，对相关应收账款计提大额预期信用损失。然而，该客户以前期间已存在多起诉讼，财务状况和实际支付能力存疑，信用风险已显著下降，上市公司未恰当分析其信用风险变化情况，而是继续按照原组合方式，以较低的损失率对相关应收账款计提预期信用损失，导致以前多个报告期间计提预期信用损失明显偏低，相关损失集中在本期一次性确认，不符合准则相关规定。

（五）错误将预期信用损失率的变化作为会计政策变更

根据企业会计准则及相关规定，会计政策变更，是指企业对相同的交易或者事项由原来采用的会计政策改用另一会计政策的行为，一般采用追溯调整法处理。企业在评估金融工具预期信用损失时应当考虑所有合理且有依据的信息（包括前瞻性信息），并需在每个资产负债表日以最近可利用的、可靠的信息为基础作出新的判断。

审阅分析发现，部分上市公司本期调整了应收票据坏账计提比例，并将其作为会计政策变更进行追溯调整。按照会计准则要求，上市公司应当在每个资产负债表日根据最近可利用的可靠信息对预期信用损失作出新的判断。因此，若上市公司预期信用损失模型及减值计提方法（如损失概率加权属性）均未发生变化，而是依据资产负债表日相关事实情况相应调整损失计提比率，此事项不属于会计政策变更，不应进行追溯调整。

（九）未恰当区分债务重组和预期信用损失

根据企业会计准则及相关规定，债务重组是指在不改变交易对手方的情况下，经债权人和债务人协定或法院裁定，就清偿债务的时间、金额或方式等重新达成协议的交易。债务重组采用以修改其他条款方式进行的，债权人应当区分修改其他条款是否导致全部债权终止确认采取不同的会计处理。

审阅分析发现，部分上市公司最初给予客户三年分期付款安排，后期考虑约定收款期较长，与客户重新约定将分期付款方式调整为集中支付，同时给予一些利息减免。上市公司在商品控制权转移时，按照商品的现销价格确认应收账款和销售收入。双方协商更改付款方式后，上市公司错误地将客户支付款项与应收账款之间的差额确认为预期信用损失。债权人和债务人就清偿债务的时间、金额或方式等重新达成协议的交易，属于债务重组，上市公司应当就达成的利息减免确认一项债务重组损益。

《2021年上市公司年报监管报告》

2. 未恰当计提预期信用损失

根据企业会计准则及相关规定，企业分类为以摊余成本计量的金融资产、合同资产、符合规定的财务担保合同等需要按照预期信用损失模型计提减值准备。预期信用损失模型下，减值准备的计提不以减值的实际发生为前提，而是以未来可能的违约事件造成的损失的期望值来计量资产负债表日应当确认的减值准备。

年报分析发现，部分上市公司在对应收账款、合同资产以及财务担保合同计提预期信用损失时，存在以下问题：

一是仅以应收账款在资产负债表日后全额收回为由不计提预期信用损失。资产负债表日至财务报告批准报出日前，上市公司收回应收账款并予以终止确认，属于资产负债表日后发生的非调整事项。上市公司应当考虑在资产负债表日已经存在且能够获取的所有合理的信息，基于有关过去事项、当前状况以及未来经济状况预测对金融资产计提预期信用损失。

二是仅以相关款项尚处于信用账期内为由而不计提预期信用损失。个别上市公司以合同约定的信用账期为基础，将应收账款划分为不同组合，对处于信用账期内的应收账款，上市公司未计提预期信用损失。上市公司应以客户信用风险为基础，分析客户信用风险状况并合理计提减值准备。

三是未恰当识别客户的信用风险特征的变化。个别上市公司对本期转入破产重整阶段客户的应收账款，继续按照以往年度账龄组合及对应减值准备计提比例计提预期信用损失。该客户由正常经营状态转入破产重整状态，表明其信用风险已发生显著变化，与原组合中其他客户的信用风险已经显著不同，上市公司在计量应收账款预期信用损失时，不应将该类客户继续纳入原组合中。

四是不恰当地以应收应付抵减后金额为基础计提预期信用损失。个别上市公司存在对同一企业的应收账款及应付账款，因其不具有当前可执行的法定抵销权，不符合金融资产与金融负债相互抵销净额列报的条件，分别列报应收账款及应付账款，但上市公司却错误以该应收应付抵减后的净额为基础，计量应收账款的预期信用损失。上市公司在计量应收账款预期信用损失时，对于同时存在应付客户的款项，应基于合同条款、法律规定等，分析是否具有当前可执行的法定抵销权。若不具有该抵销权，则不能简单以应收应付抵减后的净额为基础计量预期信用损失，而应进一步分析该应付客户款项对相关应收账款预期可收回现金流的影响，在此基础上按照准则要求计提预期信用损失。

五是同一客户相关的合同资产与应收账款减值准备计提政策不一致。部分上市公司在计量同一客户相关的合同资产、应收账款预期信用损失时，采用不同的计提比例，其中个别上市公司合同资产预期信用损失计提比例远低于应收账款。预期信用损失以客户的违约风险为基础，同一客户的违约风险相同，上市公司对于同一客户的合同资产与应收账款，采用不同计提比例计量预期信用损失时，应充分分析两者存在不同违约风险损失的原因及合理性。

六是未恰当计提财务担保合同预期信用损失。个别上市公司向客户销售产品，并为购买公司产品而与银行、融资租赁公司开展按揭贷款、融资租赁等信用销售业务的客户提供担保。上市公司根据收入准则相关规定，判定销售业务满足收入确认条件并确认相应收入。本年度，因部分客户出现贷款逾期，公司垫付大额款项，并就垫付的款项确认其他应收款及减值准备；对于未出现逾期的客户，上市公司仅披露对外担保信息，未计提预期信用损失，亦未说明原因。上市公司应以客户的信用风险为基础，预计所有财务担保合同因客户违约需赔付的金额，并计提预期信用损失。在个别客户出现贷款逾期、上市公司已作出赔付的情况下，上市公司还应充分披露说明相关客户信用风险是否发生变化、相关预期信用损失是否计提充分。

3. 未确认处于信用减值第三阶段金融资产的利息收入

根据企业会计准则及相关规定，对于以摊余成本计量的金融资产，企业应当按照实际利率法确认利息收入。对处于信用减值第一、第二阶段的金融资产，利息收入应当根据金融资产的账面余额（不考虑减值影响）乘以实际利率计算确定。对处于信用减值第三阶段的金融资产，应当按照该金融资产的摊余成本（账面余额减已计提减值）乘以实际利率的金额确定其利息收入。

年报分析发现，个别上市公司的贷款及应收款项已发生信用减值损失，被划分为处于信用减值第三阶段的金融资产。上市公司以其收取利息可能性较小为由，未能恰当按照准则要求基于该金融资产的摊余成本（账面余额减已计提减值）和实际利率计算利息收入。此外，对于收取利息实际可能性较小的贷款及应收款项，上市公司应进一步分析计提的相关信用减值准备是否充分。

《2020 年上市公司年报监管报告》

3. 金融工具计量和减值相关问题

（1）未恰当评估与划分信用风险组合

根据企业会计准则及相关规定，以组合为基础上进行信用风险变化评估时，企业可以共同风险特征为依据，将金融工具分为不同组别，从而使有关评估更为合理并能及时识别信用风险的显著增加。企业不应将具有不同风险特征的金融工具归为同一组别。年报分析发现，个别上市公司主营业务涉及多个不同行业，上市公司简单将不同行业客户的应收账款作为一个组合计提预期信用损失。上市公司应充分评估不同行业客户的信用风险特征是否相同，并根据情况划分不同组合分别计提预期信用损失。

（2）未合理计提支取受限存款的减值损失

根据企业会计准则及相关规定，银行存款核算以摊余成本计量的、企业存入银行或其他金融机构的各种款项。当对金融资产预期未来的现金流量具有不利影响的一项或多项事件发生时，该金融资产成为已发生信用减值的金融资产。金融资产已发生信用减值的证据包括下列可观察信息：发行人或债务人发生重大财务困难；债务人违反合同，如偿付利息或本金违约或逾期等；债务人很可能破产或进行其他财务重组等。年报分析发现，个别上市公司将大额银行存款存放于控股股东控制的集团财务公司，因集团财务公司出现流动性困难，上市公司存放在财务公司的存款出现无法及时兑付、无法正常支取等情形，但上市公司未对该银行存款计提预期信用损失。上市公司应合理判断集团财务公司信用风险变化情况，恰当计提预期信用损失。

《2019年上市公司年报监管报告》

3. 金融工具减值相关问题

（1）未恰当计提预期信用损失

根据企业会计准则及相关规定，企业分类为以摊余成本计量的金融资产、以公允价值计量且其变动计入其他综合收益的金融资产和财务担保合同需要按照预期信用损失模型计提预期信用损失。企业在评估预期信用损失时应当考虑所有合理且有依据的信息，包括前瞻性信息，合理确定相关资产的减值方法和减值参数，并在每个资产负债表日进行重新评估。当对金融资产预期未来现金流量具有不利影响的一项或多项事件发生时，该金融资产成为已发生信用减值的金融资产。

年报分析发现，部分上市公司在计提预期信用损失时，存在下列问题：一是在新金融工具准则的转换日对应收账款和应收票据等金融资产的减值准备未做任何调整，计量使用的参数与原金融工具准则也基本相同，未能按照预期信用损失计量的要求考虑前瞻性信息；二是对于部分应收票据、应收账款和其他应收款中的应收关联方往来款，未计提预期信用损失；三是针对金额重大的对外财务担保合同，未计提相关预期信用损失。

（2）未恰当运用预期信用损失模型

根据企业会计准则及相关规定，对于其他除购买或源生时已发生信用减值之外的金融资产，应运用三阶段减值模型计量预期信用损失。对于收入准则所规定的、不含重大融资成分的应收款项和合同资产，应当始终按照整个存续期内预期信用损失的金额计量其损失准备，即运用预期信用损失的简化模型。

年报分析发现，部分上市公司未能恰当运用预期信用损失的计量模型：一是个别上市公司对于金融工具减值的三阶段划分不正确，未能在资产负债表日评估金融工具的信用风险自初始确认后是否已显著增加，以及是否已发生信用减值，笼统地将信用减值都划分为第一阶段；二是个别上市公司确认的应收账款不含重大融资成分，但未运用简化模型计量预期信用损失，而是仅对单项金额重大并单独计提坏账的应收账款运用简化模型，但对按信用风险组合特征计提坏账的应收账款运用三阶段减值模型；三是个别上市公司对其他应收款未按三阶段减值模型计量预期信用损失，而是错误地运用了简化模型。

4. 金融工具列报相关问题

(5) 财务担保损失列报问题

根据企业会计准则及相关规定，信用减值损失项目反映的是企业按照准则要求计提的各项金融工具减值准备所形成的预期信用损失，包括财务担保合同按照预期信用损失模型计提的信用损失等。年报分析发现，在新金融工具准则施行后，部分上市公司将财务担保合同计提的预期信用损失错误地计入当期营业外支出，未计入信用减值损失项目。

《2018 年上市公司年报监管报告》

1. 新金融工具准则实施相关问题

(2) 金融工具减值相关问题

一是预期信用损失的核算范围有误。根据新金融工具准则，企业分类为以摊余成本计量的金融资产、以公允价值计量且其变动计入其他综合收益的金融资产和财务担保合同等均需按准则要求采用“预期信用损失法”进行减值测试。年报分析发现，部分上市公司针对应收票据、应收关联方往来款，以及金额重大的对外财务担保合同，未按规定计提相关预期信用损失。

二是预期信用损失阶段划分不正确。根据新金融工具准则，企业应将金融工具发生信用减值的过程按照信用风险程度分为三个阶段，并在资产负债表日评估金融工具信用风险自初始确认后是否已显著增加，对于不同阶段金融工具的减值应用不同的会计处理方法。年报分析发现，部分上市公司对于金融工具减值的三阶段划分不正确，没有在资产负债表日评估金融工具的信用风险自初始确认后是否已显著增加，以及是否已发生信用减值，笼统地将信用减值都划分为第一阶段。例如，对于债务人已申请破产的长期应收款，应属于初始确认后已发生信用减值的金融资产，上市公司未将其划分为第三阶段，未按照整个存续期的预期信用损失计量损失准备。

三是预期信用损失模型的计量问题。根据新金融工具准则，企业需要按照预期信用损失模型计量相关金融资产的减值损失并进行适当披露。企业在评估预期信用损失时应当考虑所有合理且有依据的信息，包括前瞻性信息，合理确定相关资产的减值方法和减值参数，并在每个资产负债表日进行重新评估。年报分析发现，部分上市公司并未在新金融工具准则的转换日对应收账款和应收票据等金融资产的减值准备做任何调整，预期信用损失的计量参数与原金融工具准则下的参数也基本相同，可能并未恰当考虑预期信用损失模型的相关规定并进行相应的会计处理。

2. 金融资产减值的确认时点不适当

（1）存在减值的客观证据时未及时计提减值准备

年报分析发现，部分上市公司的金融资产在以前年度已经存在减值的客观证据，但未计提减值准备，导致2018年集中确认大额资产减值损失，存在“洗大澡”的嫌疑。例如，个别上市公司的债务人在以前年度已经出现了违约、败诉、失信等行为，但是未针对其应收账款单项计提合理的坏账准备；个别上市公司在以前年度已发现其投资的企业发生巨额亏损，并已向法院申请强制执行以收回投资，但是未对可供出售金融资产计提减值；部分上市公司在2018年对各类应收款项、其他应收账款等资产进行全面清查，并集中确认大额减值损失。

（2）对已处置子公司的应收款项未计提坏账准备

上市公司对子公司的应收款项需在合并报表中抵销，但在处置子公司后，应在处置时点对被处置子公司的应收款项进行减值测试，并根据减值测试结果充分计提坏账准备。年报分析发现，有的上市公司在处置亏损的子公司后，仍拥有对该公司金额重大的应收款项。被处置的子公司已资不抵债，偿债能力明显不足，但上市公司未对相关应收款项计提充分的坏账准备。

（八）财政部《企业会计准则实施典型案例集》

案例6－7　财务担保合同预期信用损失的确认

财务担保合同在现代商业活动中的应用较为广泛。实务中，部分企业对于财务担保合同的会计处理存在困惑，尤其容易忽略财务担保合同也需要考虑预期信用损失。

一、案例背景

2×19年2月，A公司为其联营企业C公司的银行贷款4.5亿元提供财务担保。C公司对该项银行贷款以其房产作为抵押物。2×21年，C公司银行贷款出现逾期，银行起诉C公司，法院于2×21年12月判决A公司需承担借款本金、利息及罚息的连带清偿责任，金额合计5亿元，同时A公司有权在偿付后向C公司追偿损失。自2×21年法院判决后，A公司开始对该项财务担保合同以预期信用损失为基础确认损失准备。A公司没有将此项财务担保合同作为以公允价值计量且其变动计入当期损益的金融负债。

问题：A公司对该项财务担保合同预期信用损失的会计处理是否恰当？

二、案例解析

1. 案例分析

首先，A公司的此项财务担保合同不属于以公允价值计量且其变动计入当期损益的金融负债，且该项财务担保不涉及金融资产转移相关情形。因此，该财务担保合同适用《企业会计准则第22号——金融工具确认和计量》（财会〔2017〕7号，以下简称“金融工具确认和计量准则”）第二十一条（三）的规定。

其次，本案例中，A 公司是从 2×21 年法院判决后才开始对该项财务担保合同考虑预期信用损失。根据金融工具确认和计量准则第四十六条的规定，对于适用本准则第二十一条（三）规定的财务担保合同，企业应当以预期信用损失为基础进行减值会计处理并确认损失准备。也就是说，企业作为担保方，在整个担保期间都应该合理估计预期信用损失，对财务担保合同考虑预期信用损失的时点并不受法院判决的影响。因此，在 2×19 至 2×21 年度，自 A 公司签订该项财务担保合同以来的每个资产负债表日，A 公司均应对该项财务担保合同的预期信用损失进行合理估计，并确认损失准备。

2. 案例结论

综上所述，根据金融工具确认和计量准则等有关规定，A 公司对该项财务担保合同预期信用损失的会计处理不正确。A 公司在 2×19 和 2×20 年度也应当对该项财务担保合同以预期信用损失为基础确认损失准备，而不应等到法院判决之后。

三、案例启示

实务中，企业往往容易忽略对财务担保合同以预期信用损失为基础进行减值会计处理并确认损失准备，考虑预期信用损失的时点也容易出现滞后。企业应当准确理解和执行金融工具确认和计量准则的相关规定，在整个担保期间对财务担保合同合理估计预期信用损失并确认损失准备。

（九）证监会《上市公司执行企业会计准则案例解析（2024）》

案例 2－03　应收商业承兑汇票减值问题

一、案例背景

2×19 年末，上市公司 A 应收商业承兑汇票 8.4 亿元，其中应收 B 公司 5.4 亿元，分类为以摊余成本计量的金融资产，均未计提减值准备；A 公司同时对 B 公司有应收账款约 10 亿元，分类为以摊余成本计量的金融资产，已按公司会计政策计提坏账准备。B 公司为上市公司，发生严重亏损，年末资产负债率 90%，营运资本为负，已发生严重财务困难。

问题：A 公司应收 B 公司商业承兑汇票期末未计提减值准备是否恰当？

二、会计准则及相关规定（略）

三、案例解析

以摊余成本计量的应收票据及应收账款，无论其是否存在发生信用减值的客观证据，A 公司均应采用预期信用损失的方法按照整个存续期内预期信用损失或 12 个月内预期信用损失计提坏账准备。

在本案例中，B 公司已发生严重财务困难，表明 A 公司应收 B 公司账款及商业承兑汇票均已发生信用减值，A 公司应按照整个存续期内的预期信用损失计量其损失准备，具体核算科目的不同不应影响其减值的判断和计提。在计量预期信用损失时，对于应收票据，应考虑不同票据的违约风险。

例如对于银行承兑汇票与商业承兑汇票，由于交易对手方性质不同，其违约风险可能不同；而对于银行承兑汇票，信用等级较高的银行与信用等级不高的银行，其签发的银行承兑汇票的违约风险可能不同；同样，对于商业承兑汇票，信用和财务状况较好的企业与信用和财务状况较差的企业，其签发的商业承兑汇票的违约风险也可能不同，取得汇票的企业面临的票据减值风险亦可能有所不同。

在实务中，很多公司忽视了对应收票据减值的考虑。无论是应收银行承兑汇票还是应收商业承兑汇票，均应按照企业会计准则预期信用损失的计提要求恰当计提减值。

案例2－17　应收账款的减值准备

根据《企业会计准则第22号——金融工具确认和计量》（2017年修订），减值方法从已发生损失模型变为预期信用损失模型，在减值的确认和计量上都有了较大的变化。本案例对于金融工具准则下减值的适用范围和方法、应收账款减值矩阵法的应用及应收账款减值准备的披露问题进行讨论。

一、减值适用范围及方法

（一）案例背景

A公司自2×18年1月1日起执行现行金融工具准则。2×18年1月1日，A公司存在应收账款、合同资产、应收租赁款、其他应收款（包括应收关联方往来款）、以摊余成本计量的贷款、分类为以公允价值计量且其变动计入其他综合收益的债券、股票投资等资产，也存在对外提供的财务担保合同等。

问题：A公司所持有和发行的工具中，哪些需要计提预期信用损失？具体适用什么减值方法？

（二）会计准则及相关规定（略）

（三）案例解析

现行金融工具准则下的减值规定适用范围大于金融工具的范围，不仅包括金融资产、贷款承诺和财务担保合同等工具，还包括金融工具准则范围以外的资产，如合同资产和应收租赁款。

现行金融工具准则下的减值是基于预期信用损失而确认的损失准备，其一般方法为采用三阶段模型确认预期信用损失，即依据自初始确认后信用风险是否显著增加，信用损失准备按整个存续期预期信用损失或12个月内预期信用损失计量。同时，对于满足条件的应收款项、合同资产以及租赁应收款，准则要求必须或可以选择简化方法（以下简称简易法），即允许始终按照整个存续期预期信用损失确认减值准备。此外，对于购买或源生的已发生信用减值的金融资产，也应当将整个存续期内预期信用损失的累计变动确认为损失准备。

根据《企业会计准则第22号——金融工具确认和计量》（2017年修订）的相关规定，下表列示了现行金融工具准则下减值规定的适用范围，以及所适用的减值方法。

减值规定的适用范围以及适用的减值方法

范围	一般方法	简易法
《企业会计准则第22号——金融工具确认和计量》（2017年修订）范围内的下列工具：		
不含重大融资成分的应收账款		√
包含重大融资成分的应收账款	会计政策选择	
购买或源生的已发生信用减值的金融资产		√
其他以摊余成本计量的、以公允价值计量其变动计入其他综合收益的债权类金融资产	√	
贷款承诺和财务担保合同	√	
《企业会计准则第14号——收入》（2017年修订）确认的下列资产：		
不含重大融资成分的合同资产		√
包含重大融资成分的合同资产	会计政策选择	
《企业会计准则第21号——租赁》（2018年修订）确认的下列资产：		
应收租赁款	会计政策选择	

从上表可以看出，只有《企业会计准则第14号——收入》（2017年修订）规范的交易形成的应收款项和合同资产，《企业会计准则第21号——租赁》（2018年修订）规范的交易形成的应收租赁款，以及购买或源生的已发生信用减值的金融资产可采用简易法，其中不含重大融资成分的应收款项和合同资产以及购买或源生的已发生信用减值的金融资产必须采用简易法，包含重大融资成分的应收款项和合同资产以及应收租赁款可以选择采用一般方法或者简易法。对于包含重大融资成分的应收款项和合同资产以及应收租赁款，企业可以分别单独选择会计政策，例如可以对应收账款采用简易法，而对应收租赁款采用一般方法。但是，除前述准则明确可以适用简易法的资产外，其他的金融资产（包括其他应收款、应收关联方往来款等）不能适用简易法，应始终采用一般方法计量预期信用损失。

二、分组

（一）案例背景

A公司是一家从事工业设备生产的制造型企业，既有批发又有零售业务。A公司与客户的结算方式一般是在90天内收款且不提供融资。A公司注意到其历史上的信用损失率和客户的账龄相关，并且批发客户与零售客户的历史损失率有所不同。基于以上历史经验，A公司将应收账款以客户类型及账龄进行组合。A公司对其截至2×18年12月31日的应收账款余额分成以下几组，如下表所示。

应收账款余额分组

单位：万元

客户类型＼账龄	1 年以内	1－2 年	2－3 年	3 年以上
批发客户	30,000	7,400	1,000	1,700
零售客户	40,000	2,000	800	5,550

A 公司对其零售客户的应收账款无重大信用风险集中，A 公司无法也没有必要对每一笔应收账款的信用风险进行单独跟踪。根据历史经验，A 公司判断“账龄”是该应收账款组合的重要信用风险特征，故使用账龄构造信用风险矩阵。

截至 2×18 年财务报告报出日，A 公司截至 2×18 年 12 月 31 日的 1,000 笔零售客户的应收账款中，有 20 笔已经收回，金额合计为 2,000 万元。

问题：A 公司是否可以选择将期后已经收回的应收账款单独计算减值而不包含在减值矩阵中?

（二）会计准则及相关规定（略）

（三）案例解析

如问题“一、减值适用范围及方法”中所述，根据准则的规定，A 公司的应收账款没有重大融资成分，因此应采用简易法计算预期信用损失，即始终按照整个存续期的预期信用损失金额计量其损失准备。由于 A 公司的客户众多且大部分应收账款金额不大，可以采用减值矩阵法分组计算预期信用损失。

在减值矩阵法下，A 公司通过统计历史损失率和前瞻性调整估计应收账款各个账龄的损失率。假设 A 公司统计的历史损失率是 5%，则 A 公司合计 1,000 笔应收账款期后收回的 20 笔应收账款是预料之中的正常进展，属于 95% 未减值个体中的一部分。如果损失率估计准确，在时间足够长的情况下，除 5% 损失部分外的其余应收账款未来都可以收回，因此不能因为在报告日前收回了 20 笔应收账款就将其剔除在组合计提减值的应收账款总体之外，这样可能会造成减值准备计提不足。

三、采用迁徙率法计算应收账款减值准备

（一）案例背景

背景和数据同上个案例。

在分组后，A 公司对零售客户按照减值矩阵法组合计算 2×18 年 12 月 31 日应收账款的预期信用损失。

问题：A 公司如何估计应收账款的损失率并按照矩阵法计算减值?

（二）会计准则及相关规定（略）

（三）案例解析

根据准则的相关规定，A 公司在估计应收账款的损失率时，需要考虑历史损失率和前瞻性调整的影响。历史损失率是计算应收账款损失率的起点，在统计历史损失率的时候，A 公司采用了迁徙率法。具体方法如下：

第一步：数据汇总与整理。

为了计算损失率，A公司对历史数据进行汇总和整理，观察并汇总了过去4年的账龄分布情况，如下表所示。

账龄分布情况

单位：千元

账龄	2×15年末	2×16年末	2×17年末	2×18年末
1年以内	300,000	200,000	250,000	400,000
1—2年	70,000	30,000	17,000	20,000
2—3年	13,000	28,000	12,000	8,000
3年以上	10,000	21,700	45,000	55,500
其中：				
上年末即为3年以上账龄，本年继续迁徙部分	—	10,000	21,700	45,000
本年新增部分	10,000	11,700	23,300	10,500
合计	393,000	279,700	324,000	483,500

第二步：迁徙率及历史损失率计算。

在收集汇总了各账龄段的应收账款数据后，A公司进一步计算各账龄段的迁徙率，如下表所示。

各账龄段迁徙率

单位：%

账龄		2×15年至2×16年迁徙率	2×16年至2×17年迁徙率	2×17年至2×18年迁徙率	三年平均迁徙率
1年以内	A	10.00*	8.50	8.00	8.83
1—2年	B	40.00	40.00	47.06	42.35
2—3年	C	90.00	83.21	87.50	86.90
3年以上	D	100.00	100.00	100.00	100.00

*当年迁徙率为上年末该账龄余额至下年末仍未收回的金额占上年末该账龄余额的比重。例如：2×15年末1年以内余额为300,000千元，至2×16年末仍未收回的部分会迁徙至1—2年，为30,000千元，由此得到1年以内的迁徙率为10%（30,000/300,000），其余期间迁徙率也以此方法推算。

A公司通过分析历史损失数据认为，账龄超过3年以上的应收账款，损失的可能性近似为100%。基于此前提，A公司理论上可以用应收账款迁徙到3年以上的可能性来近似估计其历史损失率。例如，在本案例中对于账龄为1年以内的应收账款，损失率可以用1年以内、1—2年、2—3年及3年以上的迁徙率相乘得出，代表此账龄的应收账款最终迁徙到3年以上从而无法收回的可能性，金额为3.25%，以此类推。

根据迁徙率结果计算历史损失率，如下表所示。

历史损失率

账龄	损失率（%）	计算过程（A×B×C×D）
1年以内	3.25	8.83%×42.35%×86.9%×100%
1—2年	36.81	42.35%×86.9%×100%
2—3年	86.90	86.9%×100%
3年以上	100.00	100%

需要说明的是，在本案例中的迁徙率法并不是实务中唯一可行的估计损失率的方法，也并未考虑实务中更为复杂的情况，因而不一定适用于所有公司。由于准则并未对估计应收账款历史损失率的具体方法作出明确的规定，因此公司应当根据实际情况，考虑多种可能因素的影响，合理估计应收账款的历史损失率。

第三步：前瞻性调整及确定预期信用损失率。

A公司认为与零售客户应收账款可收回性最为相关的因素是失业率，并预期未来失业率将会增加并将导致零售客户更高的应收账款损失率。为了对历史损失率进行调整以反映目前情况及合理和可支持的预期信息，A公司根据在以往类似失业率时的历史损失率情况，相应将每个账龄段对应损失率提高5%，从而计算出预期损失率。

最后，A公司根据预期损失率计算出预期信用损失，计算过程如下表所示。

预期信用损失

账龄	2×18年末余额（千元）	预期损失率（%）［历史损失率×(1+5%)］	预期信用损失（千元）
1年以内	400,000	3.41%	13,640
1—2年	20,000	38.65%	7,730
2—3年	8,000	91.25%	7,300
3年以上	55,500	100.00%	55,500
总计	483,500		84,170

四、应收账款减值准备的披露

（一）案例背景

背景和数据同上个案例。

问题：A公司应对应收账款的预期信用损失进行哪些披露？

（二）会计准则及相关规定（略）

（三）案例解析

根据上述准则的相关要求，A公司对于应收账款的信用风险至少应披露以下信息：对于信用风险敞口及其形成原因、风险管理目标、政策和程序；以组合为基础评估应收账款预期信用损失的组合方法；应收账款减值所采用的输入值、假设和估值技术；确定预期信用损失时如何考虑前瞻性信息，包括宏观经济信息的使用；应收账款评估方法或者假设发生重大变化的情况和原因；以及根据《企业会计准则第37号——金融工具列报（应用指南）》（2018年修订）【例31】的要求进行的披露，见下表。

应收账款信用风险披露情况

项目	应收账款账龄				
	1年以内	1—2年	2—3年	3年以上	合计
预期信用损失率（%）	3.41	38.65	91.25	100	
估计发生违约的账面余额（千元）	400,000	20,000	8,000	55,500	483,500
整个存续期预期信用损失（千元）	13,640	7,730	7,300	55,500	84,170

案例2－18　如何确定集团合并财务报表应收账款预期信用损失率

一、案例背景

甲公司持有乙公司80%的股权，持有丙公司100%的股权。甲公司对乙公司、丙公司均具有控制权。甲、乙、丙三家公司的应收账款历史损失率见下表。

各公司应收账款历史损失率

单位：%

账龄	甲公司历史损失率	乙公司历史损失率	丙公司历史损失率
1年以内	5	1	10
1—2年	10	5	30
2—3年	20	10	50
3—4年	50	30	70
4—5年	80	50	80
5年以上	100	80	100

资产负债表日，对于合并财务报表中如何对预期信用损失进行估计，实务中存在如下两种处理方式：

方式一：自下而上的方法，即集团内各单位站在自身财务报表的角度分别基于自身的数据估计本单位的预期信用损失率，然后在合并报表附注中将各单位计提预期信用损失的情况分别列示。因为各单位面对的客户群体及其信用风险不同，各自管理方式和管理水平也不同，所以应分别考虑预期信用损失的估计。

方式二：自上而下的方法，母公司结合各子公司的情况综合考虑后统一制定综合预期信用损失率。《企业会计准则第 22 号——金融工具确认和计量》第五十八条要求，企业计量金融工具预期信用损失应当反映通过评价一系列可能的结果而确定的无偏概率加权平均金额。

结合各单位应收账款的权重，计算出加权平均历史损失率见下表。

各公司加权平均历史损失率

单位：%

账龄	甲公司权重	甲公司历史损失率	乙公司权重	乙公司历史损失率	丙公司权重	丙公司历史损失率	加权平均历史损失率
1 年以内	40	5	40	1	20	10	4
1 - 2 年	50	10	30	5	20	30	13
2 - 3 年	50	20	30	10	20	50	23
3 - 4 年	60	50	20	30	20	70	50
4 - 5 年	60	80	10	50	30	80	77
5 年以上	80	100	10	80	10	100	98

问题：集团合并财务报表中应收账款的预期信用损失率如何确定？

二、会计准则及相关规定（略）

三、案例解析

大型上市企业集团通常会开展多元化的经营，即下属各子公司会开展不同类型的业务，而各子公司开展不同业务所面临的客户类型不同，其面对的信用风险也会有所不同。

根据企业会计准则相关规定，公司通常应在单项工具层面计提预期信用损失。当企业在单项工具层面无法以合理成本获得关于信用风险显著增加的充分证据时，在组合基础上评估信用风险是否显著增加则是可行的。

在此情形下，上市公司可以根据客户的信用风险特征，并以相同的信用风险特征为基础，对类似的客户进行组合管理，并在组合层面分析其预期信用损失风险变动情况。

当组合内某一客户的信用风险特征发生变化，导致其与该组合内其他客户的信用风险特征明显不同时，上市公司应考虑是否将其从以组合为基础的评估变更为以单项工具为基础的评估，或者将其纳入其他信用风险特征相同的组合中计提。

同时，在基于相同的客户信用风险特征计提预期信用损失后，上市公司无须在合并财务报表层面对所有的应收账款采用相同的预期信用风险计提比例。

案例2－19　长期拖欠但预计能够全额回款的应收账款坏账准备计提问题

一、案例背景

实务中，部分上市公司的客户由于在交易中处于强势地位或者付款审批程序繁琐，会出现拖欠款项一年甚至两年以上的情形，但是这些客户往往资金实力雄厚，拖欠的货款最终都会全额支付。

问题：上市公司对于该类应收账款计提坏账准备时，是否需要考虑由于客户拖欠造成的货币时间价值损失？

二、会计准则及相关规定（略）

三、案例解析

根据金融工具准则，预期信用损失是指以发生违约的风险为权重的金融工具信用损失的加权平均值，而信用损失是指企业按照原实际利率折现的，根据合同应收的所有现金流量与预期收取的所有现金流量之间的差额，即全部现金短缺的现值。即对现金流量短缺进行折现的前提是存在“实际利率”，而不是仅仅考虑收款期是否超过1年。因此应收账款预期信用损失的计提是否需要考虑由于拖欠造成的货币时间价值上的损失，取决于应收账款初始确认时实际利率是否为零，因此需要综合考虑收入准则中重大融资成分的相关要求。

为协调收入准则和金融工具准则，对于应收账款初始入账金额的确定，应首先按照收入准则的规定，判断合同中是否包含重大融资成分。根据收入准则，企业向客户转让商品与客户支付相关款项之间存在时间间隔并不足以表明合同中包含重大融资成分。例如，如果合同承诺的对价金额与现销价格之间的差额是由于向客户或企业提供融资利益以外的其他原因所导致的，且这一差额与产生该差额的原因是相称的，则该合同并没有包含重大融资成分。此外，为简化实务操作，如果在合同开始日，企业预计客户取得商品控制权与客户支付价款间隔不超过一年的，可以不考虑合同中存在的重大融资成分。

在不存在或可以不考虑重大融资成分的情况下，应收账款的初始入账金额就是交易价格，这意味着实际利率通常为零。在此前提下，虽然客户拖欠款项未在信用期内归还，但预期仍能全额回款的话，由于实际利率为零，经过折现后的交易价格也不会发生变化，因此，货币时间价值上的损失不会反映为会计意义上的坏账损失。

但是，如果上述客户最终未全额回款存在信用风险，那么在计量预期信用损失时仍应当恰当考虑该信用风险。

案例2－20　首次执行现行金融工具准则时应收账款减值准备变化是会计政策变更还是会计估计变更

一、案例背景

A公司自2×18年1月1日开始适用现行金融工具准则。在原金融工具准则下，A公司的应收账款按照账龄法计提减值准备，分别为1年以内、1～2年、2～3年、3

年以上，计提比例分别为5%、20%、50%、100%。

A 公司执行现行金融工具准则后，按照规定对应收账款的坏账计提比例有所调整。因此 2×18 年 1 月 1 日，A 公司应收账款减值准备的金额较 2×17 年 12 月 31 日增加了 1,000 万元。

问题：上述变更属于会计政策变更还是会计估计变更？

二、会计准则及相关规定（略）

三、案例解析

因本案例讨论的问题是针对现行金融工具准则首次执行日金融资产减值的变化，而减值的变化一般会被理解为会计估计的变化，所以在实务中会对这种变更是属于会计政策变更还是会计估计变更产生疑问。

现行金融工具准则下对于减值的确认和计量的规定有了本质变化，从已发生损失模型变为预期信用损失模型。从理论上看，减值方法的变化主要体现在：

（一）预期信用损失模型是单一的减值模型

在原准则下，企业根据金融资产的类别来应用不同的减值评估方法，例如对可供出售金融资产的债务工具的减值估计是基于公允价值的波动，与以摊余成本计量的类似金融资产的减值方法不一致，因此一些报表使用者质疑，如果持有金融资产的目的不是用出售，那么以公允价值计量减值可能没有相关性。此外，在原准则下权益工具投资的减值不能转回损益，而债务工具投资的减值可以转回，也存在处理上的不一致。

在现行金融工具准则下，相同的减值模型适用于所有需要减值的金融工具，无论是以摊余成本计量的金融资产还是以公允价值计量且其变动计入其他综合收益的金融资产，由于其合同现金流量特征仅代表本金及利息的支付，且持有金融资产以收取合同现金流量是相关业务模式的一项必备特征，因此预期信用损失模型估计减值的基础是合同现金流量短缺和信用风险变动，而不是资产的公允价值变动。

（二）预期信用损失的计量

在原准则下，企业根据最可能出现的结果估计金融资产的已发生减值准备，而不考虑发生违约风险的概率。在现行准则下，预期信用损失是在金融工具的剩余存续期内预期现金流量短缺的现值，而对现金流量的估计为期望值，即对现金流量金额和时间的估计是以概率加权平均后的结果。所以，预期信用损失的金额将同时反映发生违约的风险，以及发生违约后产生的损失金额。

（三）预期信用损失的确认更为及时

在原准则下，只有当存在减值的客观证据或发生信用损失时才确认信用损失，其结果是企业即使已预见到了未来事项对减值的影响，也不能考虑进来，导致信用损失确认延迟，并在全球金融危机期间被认定为会计准则的一项缺陷。

在现行准则下，相关金融资产在初始确认的时候即应当考虑预期信用损失，并在报告日需要利用可获得的最佳信息对信用损失预期的变动进行更新，因此更具前瞻性。该模型与已发生损失模型相比考虑了更广泛的信息，能更迅速地反映经济状况的变化，更早地对预期信用损失进行确认。

根据《企业会计准则第28号——会计政策、会计估计变更和差错更正》的规定，会计政策是指企业在会计确认、计量和报告中所采用的原则、基础和会计处理方法。根据上文分析，预期信用损失模型使得企业在确认和计量减值时所采用的原则、基础和会计处理方法发生了变化，属于一项会计政策变更，相关变动应在现行金融工具准则的首次执行日计入当日的留存收益中。

此外，现行准则规定企业在评估预期信用损失时应当考虑所有合理且有依据的信息，包括前瞻性信息，合理确定相关资产的减值方法和减值参数，在每个资产负债表日以最近可利用的、可靠的信息为基础作出新的判断。所以每一期预期信用损失的计算结果有可能不同。

二、应收账款减值披露示例

（一）简要分析

《企业会计准则第22号——金融工具确认和计量》（CAS 22）要求，对于由《企业会计准则第14号——收入》规范的交易形成、不包含重大融资成分（包括不考虑不超过一年的合同中融资成分的情况）的应收账款，企业应当始终按照整个存续期内预期信用损失的金额计量其损失准备（企业对此没有选择权）；对于包含重大融资成分的应收账款，企业可以选择始终按照相当于整个存续期内预期信用损失的金额计量其损失准备。

在不违反金融工具预期信用损失计量方法应反映的各项要素的前提下，企业可在计量预期信用损失时运用简便方法。例如，对于应收账款的预期信用损失，企业可参照历史信用损失经验，编制应收账款逾期天数与固定准备率对照表，以此为基础计算预期信用损失。

信用损失，是指企业按照原实际利率折现的、根据合同应收的所有合同现金流量与预期收取的所有现金流量之间的差额。根据现值的定义，即使企业能够全额收回合同约定的金额，但如果收款时间晚于合同规定的时间，也会产生信用损失。当对预期信用损失进行折现时要求采用实际利率，原应收款项初始确认时，若不存在重大融资成分，其实际利率通常为零。但是，如果应收账款到期（原预计期限）仍未收款，而付款期限得以重新安排以至于实际上包含了重大融资成分，则实际利率可能不再为零。

需要注意的是，《企业会计准则应用指南汇编2024》“第二十二章　金融工具确认和计量”对应收账款减值的指引细化了要求，企业应当以预期信用损失为基础对以摊余成本计量的应收账款、其他应收款等进行减值会计处理并确认损失准备，不得以应收账款尚处于信用期内或信用卡年费未逾期等为由不对其确认损失准备。企业在对应收账款的预期信用损失准备进行估计时，应当充分考虑客户的类型、所处行业、信用风险评级、历史回款情况等信息，判断同一账龄组合中的客户是否具有共同的信用风险特征。若某一客户信用风险特征与组合中其他客户显著不同，或该客户信用风险特征发生显著变化，企业不应继续将应收该客户款项纳入原账龄组合计提损失准备。

企业以预期信用损失为基础，对向其他企业提供的委托贷款、财务担保或向集团关联企业提供资金借贷等进行减值会计处理时，应当将其发生信用减值的过程分为三个阶段，对不同阶段的预期信用损失采用相应的会计处理方法，不得采用按照整个存续期内预期信用损失的金额计量损失准备的简化处理方法。

此外，如果企业在资产负债表日考虑所有合理且有依据的信息，已采用预期信用损失法基于有关过去事项、当前状况以及未来经济状况预测对相关金融资产计提了损失准备，该金融资产在资产负债表日至财务报告批准报出日之间到期并全额收回的，不应仅仅因资产负债表日后交易情况认为已计提的减值准备不合理而调整资产负债表日的财务报表。

（二）年报披露示例

应收款项减值政策披露示例汇总如表 2－7 所示。

表 2－7　　应收款项减值政策披露示例汇总

序号	参考示例	应收款项减值政策
1	示例 2－37　中国中铁（601390. SH）	无论是否存在重大融资成分，本集团均按照整个存续期的预期信用损失计量损失准备。 当单项应收账款无法以合理成本评估预期信用损失的信息时，依据信用风险特征将应收账款划分为若干组合，在组合基础上计算预期信用损失，应收账款确定组合的依据如下： 应收账款组合 1　应收中央企业客户 应收账款组合 2　应收中铁工合并范围内客户 应收账款组合 3　应收地方政府/地方国有企业客户 应收账款组合 4　应收中国国家铁路集团有限公司 应收账款组合 5　应收海外企业客户 应收账款组合 6　应收其他客户 对于划分为组合的应收账款，编制应收账款账龄与整个存续期预期信用损失率对照表
2	示例 2－38　广深铁路（601333. SH）	对于因销售商品、提供劳务等日常经营活动形成的应收账款，无论是否存在重大融资成分，均按照整个存续期的预期信用损失计量损失准备。 当单项金融资产无法以合理成本评估预期信用损失的信息时，本集团依据信用风险特征将应收款项划分为若干组合，在组合基础上计算预期信用损失，确定组合的依据如下： 组合一　通过中国国家铁路集团有限公司（“中铁集团”）清算的业务形成的应收账款 组合二　委托运输服务及综合服务收入形成的应收账款 组合三　非委托运输及综合服务收入及不通过中铁集团清算的业务形成的应收账款 组合四　信用风险较低的银行承兑汇票 组合五　非贸易性应收款项 对于划分为组合的应收账款，参考历史信用损失经验，结合当前状况以及对未来经济状况的预测，编制应收账款账龄分析整个存续期预期信用损失率，计算预期信用损失

续表

序号	参考示例	应收款项减值政策
3	示例2－39　中国中车（601766. SH）	对于因销售商品、提供劳务等日常经营活动形成的应收账款，无论是否存在重大融资行为，均按照整个存续期的预期信用损失计量损失准备。本集团基于历史信用损失经验、使用准备矩阵计算上述金融资产的预期信用损失，相关历史经验根据资产负债表日债务人的特定因素以及对当前状况和未来经济状况预测的评估进行调整。 对于应收账款，通常按照信用风险特征组合计量其损失准备。若某一对手方信用风险特征与组合中其他对手方显著不同，或该对手方信用风险特征发生显著变化，对应收该对手方款项按照单项计提损失准备。 根据客户信用风险特征的不同，将应收账款划分为中央企业客户组合、地方政府/地方国有企业客户组合和其他客户组合三个组合
4	示例2－40　上海电气（601727. SH）	对于因销售商品、提供劳务等日常经营活动形成的应收账款，无论是否存在重大融资成分，均按照整个存续期的预期信用损失计量损失准备。 对于已发生信用减值等信用风险特征显著不同的应收账款，根据不同情况的合同对手方的历史信用损失经验、经营模式、当前状况及对其未来状况的预测，并结合外部律师的专业法律意见、与诉讼相关的保全资产情况，评估多情景下预计现金流量分布的不同情况，并根据不同情景下的预期信用损失率和各情景发生的概率权重，相应计提预期信用损失。 按照单项计算预期信用损失的各类金融资产，其信用风险特征与该类中的其他金融资产显著不同。对于未发生信用减值的应收款项或当单项金融资产无法以合理成本评估预期信用损失的信息时，依据客户信用风险特征是否存在重大差异，将应收款项划分为若干组合，在组合基础上计算预期信用损失，确定组合的依据如下： 应收账款组合1：分行业应收账款账龄，以逾期日作为账龄的起算时点； 应收账款组合2：主权信用应收账款，以逾期日作为账龄的起算时点。 对于划分为组合的应收账款，编制应收账款逾期天数与整个存续期预期信用损失率对照表，计算预期信用损失
5	示例2－41　中集集团（000039. SZ）	对于因销售商品、提供劳务等日常经营活动形成的应收账款，无论是否存在重大融资成分，均按照整个存续期的预期信用损失计量损失准备。 按照单项计算预期信用损失的各类金融资产，其信用风险特征与该类中的其他金融资产显著不同。当单项应收账款无法以合理成本评估预期信用损失的信息时，依据信用风险特征将应收账款划分为若干组合，在组合基础上计算预期信用损失，确定组合的依据如下： 应收账款组合1　集装箱制造业务组合； 应收账款组合2　道路运输车辆业务组合； 应收账款组合3　能源、化工及液态食品装备业务组合； 应收账款组合4　海洋工程业务组合； 应收账款组合5　空港与物流装备、消防与救援设备业务组合； 应收账款组合6　物流服务业务组合； 应收账款组合7　循环载具业务组合； 应收账款组合8　其他业务组合。 对于划分为组合的应收账款，通过违约风险敞口与整个存续期预期信用损失率，计算预期信用损失

示例2－37　中国中铁（601390. SH）

会计政策

对于因销售商品、提供劳务等日常经营活动形成的应收票据、应收账款、应收款项融资和合同资产，无论是否存在重大融资成分，本集团均按照整个存续期的预期信用损失计量损失准备。

按照单项计算预期信用损失的应收票据、应收账款、应收款项融资和合同资产，其信用风险特征与该类中的其他金融资产显著不同。当单项应收票据、应收账款、应收款项融资和合同资产无法以合理成本评估预期信用损失的信息时，本集团依据信用风险特征将应收票据、应收账款、应收款项融资和合同资产划分为若干组合，在组合基础上计算预期信用损失，确定组合的依据如下：

应收账款组合1　应收中央企业客户；

应收账款组合2　应收中铁工合并范围内客户；

应收账款组合3　应收地方政府/地方国有企业客户；

应收账款组合4　应收中国国家铁路集团有限公司；

应收账款组合5　应收海外企业客户；

应收账款组合6　应收其他客户。

对于划分为组合的应收账款，本集团参考历史信用损失经验，结合当前状况以及对未来经济状况的预测，编制应收账款账龄与整个存续期预期信用损失率对照表，计算预期信用损失。

重要会计估计和判断

应收账款及合同资产的预期信用损失

本集团对应收账款及合同资产按照整个存续期内预期信用损失的金额计量其损失准备。对于已发生信用减值的应收账款和合同资产，单项确认预期信用损失；当无法以合理成本评估单项资产的预期信用损失时，本集团按照信用风险特征将应收账款和合同资产划分为若干组合，通过违约风险敞口和整个存续期预期信用损失率计算预期信用损失。在确定预期信用损失时，本集团参考历史信用损失经验等数据，并结合当前状况和前瞻性信息对历史数据进行调整。如果预期信用损失率计算结果较管理层以往预期信用损失率存在差异，管理层将考虑是否需要调整对预期信用损失率的估计。

财务报表项目注释

应收账款

单位：千元

项目	2023 年 12 月 31 日	2022 年 12 月 31 日
应收账款	172, 496, 944	133, 869, 677
减：坏账准备	15, 645, 128	11, 631, 888
净额	156, 851, 816	122, 237, 789

本集团对于应收账款，无论是否存在重大融资成分，均按照整个存续期的预期信用损失计量损失准备。

应收账款的坏账准备按类别分析如下：

项目	2023年12月31日			
	账面余额		坏账准备	
	金额（千元）	占总额比例（%）	金额（千元）	计提比例（%）
单项计提坏账准备（i）	15,325,175	8.88	9,459,253	61.72
按组合计提坏账准备（ii）	157,171,769	91.12	6,185,875	3.94
合计	172,496,944	100.00	15,645,128	9.07

（i）于2023年12月31日，单项计提坏账准备的应收账款分析如下：

名称	账面余额（千元）	整个存续期预期信用损失率（%）	坏账准备（千元）	理由
应收账款单位1	2,207,862	26.00	574,044	已发生信用减值，预计可收回金额低于账面价值
应收账款单位2	884,537	100.00	884,537	
应收账款单位3	607,520	17.96	109,111	
应收账款单位4	381,143	100.00	381,143	
应收账款单位5	261,583	21.64	56,613	
其他	10,982,530	67.87	7,453,805	
合计	15,325,175		9,459,253	

（ii）组合计提坏账准备的应收账款分析如下：

组合——应收中央企业客户。

账龄	2023年12月31日			2022年12月31日		
	账面余额（千元）	坏账准备		账面余额（千元）	坏账准备	
		整个存续期预期信用损失率（%）	金额（千元）		整个存续期预期信用损失率（%）	金额（千元）
一年以内	11,505,000	0.20	23,010	8,708,374	0.20	17,417
一到二年	2,015,944	3.00	60,478	1,179,909	3.00	35,397
二到三年	650,910	5.00	32,546	562,855	5.00	28,143
三到四年	325,194	12.00	39,023	256,924	12.00	30,831
四到五年	125,911	18.00	22,664	133,340	18.00	24,001

续表

账龄	2023年12月31日			2022年12月31日		
	账面余额（千元）	坏账准备		账面余额（千元）	坏账准备	
		整个存续期预期信用损失率（%）	金额（千元）		整个存续期预期信用损失率（%）	金额（千元）
五年以上	205,002	40.00	82,001	191,135	40.00	76,454
合计	14,827,961		259,722	11,032,537		212,243

组合——应收地方政府/地方国有企业客户。

账龄	2023年12月31日			2022年12月31日		
	账面余额（千元）	坏账准备		账面余额（千元）	坏账准备	
		整个存续期预期信用损失率（%）	金额（千元）		整个存续期预期信用损失率（%）	金额（千元）
一年以内	72,248,832	0.40	288,995	50,558,625	0.40	202,235
一到二年	9,277,636	5.00	463,882	9,979,830	5.00	498,992
二到三年	4,914,790	10.00	491,479	4,797,958	10.00	479,796
三到四年	2,638,746	18.00	474,974	1,941,377	18.00	349,448
四到五年	1,328,511	25.00	332,128	1,197,738	25.00	299,435
五年以上	2,552,749	50.00	1,276,374	1,478,044	50.00	739,022
合计	92,961,264		3,327,832	69,953,572		2,568,928

组合——应收中国国家铁路集团有限公司。

账龄	2023年12月31日			2022年12月31日		
	账面余额（千元）	坏账准备		账面余额（千元）	坏账准备	
		整个存续期预期信用损失率（%）	金额（千元）		整个存续期预期信用损失率（%）	金额（千元）
一年以内	10,685,584	0.20	21,371	7,629,196	0.20	15,258
一到二年	1,586,811	3.00	47,604	1,370,625	3.00	41,119
二到三年	368,843	5.00	18,442	357,952	5.00	17,898
三到四年	266,841	10.00	26,684	440,916	10.00	44,092

续表

账龄	2023年12月31日			2022年12月31日		
	账面余额（千元）	坏账准备		账面余额（千元）	坏账准备	
		整个存续期预期信用损失率（%）	金额（千元）		整个存续期预期信用损失率（%）	金额（千元）
四到五年	227, 122	15.00	34, 068	95, 779	15.00	14, 367
五年以上	312, 087	30.00	93, 626	226, 337	30.00	67, 901
合计	13, 447, 288		241, 795	10, 120, 805		200, 635

组合——应收海外企业客户。

账龄	2023年12月31日			2022年12月31日		
	账面余额（千元）	坏账准备		账面余额（千元）	坏账准备	
		整个存续期预期信用损失率（%）	金额（千元）		整个存续期预期信用损失率（%）	金额（千元）
一年以内	2, 235, 858	1.00	22, 359	1, 286, 061	1.00	12, 861
一到二年	28, 302	8.00	2, 264	146, 705	8.00	11, 736
二到三年	68, 262	18.00	12, 287	13, 565	18.00	2, 442
三到四年	7, 579	35.00	2, 653	1, 523	35.00	533
四到五年	908	50.00	454	347, 429	50.00	173, 714
五年以上	327, 708	100.00	327, 708	19, 800	65.00	19, 800
合计	2, 668, 617		367, 725	1, 815, 083		221, 086

组合——应收其他客户。

账龄	2023年12月31日			2022年12月31日		
	账面余额（千元）	坏账准备		账面余额（千元）	坏账准备	
		整个存续期预期信用损失率（%）	金额（千元）		整个存续期预期信用损失率（%）	金额（千元）
一年以内	24, 722, 063	0.50	123, 610	17, 964, 221	0.50	89, 821
一到二年	3, 745, 871	6.00	224, 752	2, 750, 106	6.00	165, 006
二到三年	1, 969, 238	15.00	295, 386	1, 171, 367	15.00	175, 705

续表

账龄	2023年12月31日			2022年12月31日		
	账面余额（千元）	坏账准备		账面余额（千元）	坏账准备	
		整个存续期预期信用损失率（%）	金额（千元）		整个存续期预期信用损失率（%）	金额（千元）
三到四年	807, 779	30.00	242, 334	661, 845	30.00	198, 553
四到五年	551, 468	40.00	220, 587	880, 378	40.00	344, 978
五年以上	1, 470, 220	60.00	882, 132	635, 672	60.00	357, 267
合计	33, 266, 639		1, 988, 801	24, 063, 589		1, 331, 330

（iii）2023年度，本集团计提坏账准备人民币6, 207, 592千元（2022年度：人民币3, 418, 195千元）；本年转回坏账准备人民币1, 700, 277千元（2022年度：人民币2, 197, 137千元）。无转回金额重要的应收账款。

示例2－38　广深铁路（601333. SH）

会计政策

对于因销售商品、提供劳务等日常经营活动形成的应收票据、应收账款及合同资产，无论是否存在重大融资成分，本集团均按照整个存续期的预期信用损失计量损失准备。

按照单项计算预期信用损失的各类金融资产，其信用风险特征与该类中的其他金融资产显著不同。当单项金融资产无法以合理成本评估预期信用损失的信息时，本集团依据信用风险特征将应收款项划分为若干组合，在组合基础上计算预期信用损失，确定组合的依据如下：

组合一　通过中国国家铁路集团有限公司（“中铁集团”）清算的业务形成的应收账款；

组合二　委托运输服务及综合服务收入形成的应收账款；

组合三　非委托运输及综合服务收入及不通过中铁集团清算的业务形成的应收账款；

组合四　信用风险较低的银行承兑汇票；

组合五　非贸易性应收款项。

对于划分为组合的应收账款和应收票据，本集团参考历史信用损失经验，结合当前状况以及对未来经济状况的预测，编制应收账款账龄分析整个存续期预期信用损失率，计算预期信用损失。

重要会计估计和判断

应收账款预期信用损失的计量

本集团依据信用风险特征将应收账款划分为若干组合，在组合的基础上结合违约风险敞口以及预期信用损失率，包括违约概率、违约损失率以及前瞻性信息的预测，计算预期信用损失，确认坏账准备。管理层主要从客户的信用情况以及经营现状综合判断和估计。本集团定期监控并复核与预期信用损失计算相关的假设。在考虑前瞻性信息时，本集团使用的指标包括经济下滑的风险、外部市场环境、技术环境、客户情况的变化等。

如实际发生的信用损失与原估计有差异时，该差异将会于未来期间内影响本集团相关金融资产的账面价值。

财务报表项目注释

应收账款

单位：元

项目	2023 年 12 月 31 日	2022 年 12 月 31 日
应收账款	6, 273, 374, 534	4, 684, 730, 203
减：坏账准备（d）	(33, 822, 678)	(28, 435, 748)
合计	6, 239, 551, 856	4, 656, 294, 455

（d）坏账准备

单位：元

类别	期初余额	本期变动金额				期末余额
		计提	收回或转回	转销或核销	其他变动	
应收账款	28, 435, 748	5, 386, 930				33, 822, 678
合计	28, 435, 748	5, 386, 930				33, 822, 678

本集团的应收账款按照整个存续期的预期信用损失计量损失准备。

（i）于 2023 年 12 月 31 日及 2022 年 12 月 31 日，本集团无单独计提坏账准备的应收账款。

（ii）于 2023 年 12 月 31 日及 2022 年 12 月 31 日，按组合计提坏账准备的应收账款分析如下：

项目	2023 年 12 月 31 日			2022 年 12 月 31 日		
	账面余额（元）	坏账准备		账面余额（元）	坏账准备	
		整个存续期预期信用损失率（%）	金额（元）		整个存续期预期信用损失率（%）	金额（元）
组合一	269, 407, 292			230, 613, 262		
组合二	5, 641, 293, 534	0. 55	(31, 688, 008)	4, 273, 060, 768	0. 58	(24, 814, 625)

续表

项目	2023 年 12 月 31 日			2022 年 12 月 31 日		
	账面余额（元）	坏账准备		账面余额（元）	坏账准备	
		整个存续期预期信用损失率（%）	金额（元）		整个存续期预期信用损失率（%）	金额（元）
组合三	361, 121, 581	0.97	（2, 134, 670）	177, 292, 029	2.00	（3, 621, 123）
合计	6, 271, 822, 407		（33, 822, 678）	4, 680, 966, 059		（28, 435, 748）

（iii）2023 年度，本公司新增坏账准备 5, 386, 930 元（2022 年度：4, 684, 599 元）；无收回或转回的坏账准备（2022 年度：无）。

（iv）2023 年度，本集团无实际核销的应收账款（2022 年度：无）。

示例 2－39　中国中车（601766. SH）

会计政策

对于因销售商品、提供劳务等日常经营活动形成的应收账款，无论是否存在重大融资行为，本集团均按照整个存续期的预期信用损失计量损失准备。本集团基于历史信用损失经验、使用准备矩阵计算上述金融资产的预期信用损失，相关历史经验根据资产负债表日债务人的特定因素以及对当前状况和未来经济状况预测的评估进行调整。

应收账款的坏账准备

（a）按照信用风险特征组合计提坏账准备的组合类别及确定依据：

应收账款	本集团根据客户信用风险特征的不同，将应收账款划分为中央企业客户组合、地方政府/地方国有企业客户组合和其他客户组合三个组合

（b）按照单项计提坏账准备的单项计提判断标准：

本集团对于应收账款，通常按照信用风险特征组合计量其损失准备。若某一对手方信用风险特征与组合中其他对手方显著不同，或该对手方信用风险特征发生显著变化，对应收该对手方款项按照单项计提损失准备。

财务报表项目注释

应收账款

（2）按坏账计提方法分类披露：

类别	期末余额				
	账面余额		坏账准备		账面价值（千元）
	金额（千元）	比例（%）	金额（千元）	计提比例（%）	
按单项计提	4, 526, 798	4. 1	(3, 087, 057)	68. 2	1, 439, 741
按组合计提	106, 704, 113	95. 9	(2, 438, 027)	2. 3	104, 266, 086
合计	111, 230, 911	100. 0	(5, 525, 084)	—	105, 705, 827

按单项计提坏账准备：

账龄	期末余额			
	账面余额（千元）	坏账准备（千元）	计提比例（%）	计提理由
按单项计提坏账准备的应收账款	4, 526, 798	(3, 087, 057)	68. 2	注

注：本集团考虑可获得的与对方单位相关的合理且有依据的信息（包括前瞻性信息），对预期信用损失进行评估并计提损失准备。

按组合计提坏账准备：

账龄	期末余额			
	计提比例（%）	2023 年 12 月 31 日账面余额（千元）	坏账准备（千元）	2023 年 12 月 31 日账面价值（千元）
1 年以内	0. 1—2. 0	92, 629, 710	(658, 728)	91, 970, 982
1—2 年	1. 0—10. 0	8, 550, 313	(439, 200)	8, 111, 113
2—3 年	5. 0—25. 0	3, 474, 007	(368, 130)	3, 105, 877
3—4 年	20. 0—30. 0	725, 860	(197, 034)	528, 826
4—5 年	35. 0—50. 0	561, 916	(234, 579)	327, 337
5 年以上	60. 0—70. 0	762, 307	(540, 356)	221, 951
合计	—	106, 704, 113	(2, 438, 027)	104, 266, 086

按预期信用损失一般模型计提坏账准备：

单位：千元

项目	整个存续期预期信用损失（未发生信用减值）	整个存续期预期信用损失（已发生信用减值）	合计
2023 年 1 月 1 日余额	1, 846, 203	2, 663, 979	4, 510, 182
本期计提	746, 742	551, 371	1, 298, 113

续表

项目	整个存续期预期信用损失（未发生信用减值）	整个存续期预期信用损失（已发生信用减值）	合计
本期转回	(161, 408)	(147, 022)	(308, 430)
本期核销	(462)	(18, 585)	(19, 047)
其他变动	6, 952	37, 314	44, 266
2023 年 12 月 31 日余额	2, 438, 027	3, 087, 057	5, 525, 084

示例 2 – 40　上海电气（601727. SH）

会计政策

对于因销售商品、提供劳务等日常经营活动形成的应收票据、应收账款、应收款项融资和合同资产，无论是否存在重大融资成分，本集团均按照整个存续期的预期信用损失计量损失准备。

对于已发生信用减值等信用风险特征显著不同的应收商业承兑汇票、应收账款和合同资产，本集团根据不同情况的合同对手方的历史信用损失经验、经营模式、当前状况及对其未来状况的预测，并结合外部律师的专业法律意见、与诉讼相关的保全资产情况，评估多情景下预计现金流量分布的不同情况，并根据不同情景下的预期信用损失率和各情景发生的概率权重，相应计提预期信用损失。

按照单项计算预期信用损失的各类金融资产，其信用风险特征与该类中的其他金融资产显著不同。对于未发生信用减值的应收款项或当单项金融资产无法以合理成本评估预期信用损失的信息时，本集团依据客户信用风险特征是否存在重大差异，将应收款项划分为若干组合，在组合基础上计算预期信用损失，确定组合的依据如下：

应收账款	
组合 1	分行业应收账款账龄，以逾期日作为账龄的起算时点
组合 2	主权信用应收账款，以逾期日作为账龄的起算时点

对于划分为组合的因销售商品、提供劳务等日常经营活动形成的应收银行承兑票据和应收款项融资，本集团参考历史信用损失经验，结合当前状况以及对未来经济状况的预测，通过违约风险敞口和整个存续期预期信用损失率，计算预期信用损失。

对于划分为组合的应收商业承兑票据、应收账款及合同资产，本集团参考历史信用损失经验，结合当前状况以及对未来经济状况的预测，编制应收商业承兑票据、应收账款及合同资产逾期天数与整个存续期预期信用损失率对照表，计算预期信用损失。

财务报表项目注释

应收账款

单位：千元

项目	2023 年 12 月 31 日	2022 年 12 月 31 日
应收账款	58, 427, 795	55, 475, 944
减：坏账准备	17, 949, 869	17, 195, 975
合计	40, 477, 926	38, 279, 969

按坏账计提方法分类披露。

单位：千元

名称	账面余额	坏账准备	账面价值
按单项计提坏账准备	16, 496, 146	12, 722, 680	3, 773, 466
其中：			
单项计提（(d)(iii)）	16, 496, 146	12, 722, 680	3, 773, 466
按组合计提坏账准备	41, 931, 649	5, 227, 189	36, 704, 460
其中：			
主权信用组合（(d)(iv)）	1, 077, 291	392, 988	684, 303
分行业的应收账款账龄组合（(d)(v)）	40, 854, 358	4, 834, 201	36, 020, 157
合计	58, 427, 795	17, 949, 869	40, 477, 926

(d) 坏账准备的情况：

应收账款坏账准备变动如下：

单位：千元

类别	期初余额	本期变动金额						期末余额
		计提	应收票据转入	收回或转回	处置子公司减少	转销或核销	其他变动	
应收账款坏账准备	17, 195, 975	1, 197, 603	445, 924	781, 165	69, 622	38, 846		17, 949, 869
合计	17, 195, 975	1, 197, 603	445, 924	781, 165	69, 622	38, 846		17, 949, 869

2023 年度计提的坏账准备金额为人民币 1, 197, 603 千元，收回或转回的坏账准

备金额为人民币781, 165千元，其中单项转回的坏账金额为人民币473, 382千元。

（iii）按单项计提坏账准备：

名称	期末余额			
	账面余额（千元）	坏账准备（千元）	计提比例（%）	计提理由
应收账款1	3, 478, 575	3, 478, 575	100	(a)
应收账款2	2, 333, 335	1, 796, 436	64～83	(b)
应收账款3	2, 191, 732	1, 147, 232	52	(a)
应收账款4	1, 786, 058	1, 783, 648	100	(a)
应收账款5	1, 193, 017	643, 947	54	(a)
其他	5, 513, 429	3, 872, 842	26～100	对方财务状况困难，预计部分无法收回
合计	16, 496, 146	12, 722, 680		—

（a）于2021年度，本集团陆续发现下属上海电气通讯技术有限公司（“通讯公司”）的应收账款普遍逾期，回款停滞。为减少损失，通讯公司已陆续正式对相关客户于法院提起诉讼。截至2023年12月31日，通讯公司结合诉讼最新进展情况、外部律师的专业法律意见与诉讼相关的资产保全情况，通过计算不同情景下应收账款的合同现金流量与预期能收到的现金流量之间差额的现值的概率加权金额，确认预期信用损失。于2023年12月31日，累计计提预期信用损失人民币7, 053, 402千元。如果后续相关诉讼或对手方还款能力进一步恶化等有关情况发生重大不利变化，公司亦可能需要进一步计提损失。

（b）于2023年12月31日，本集团应收某第三方集团内不同子公司的款项合计人民币2, 333, 335千元。本集团根据该第三方集团内处于不同情况的子公司的历史信用损失经验、经营模式、当前状况及对其未来状况的预测，评估了多情景下预计现金流量分布的不同情况，并根据不同情景下的预期信用损失率和各情景发生的概率权重，累计计提坏账余额人民币1, 796, 436千元。

（iv）按组合计提坏账准备：

组合计提项目：主权信用组合。

单位：千元

项目	期末余额	
	应收账款	坏账准备
主权信用组合	1, 077, 291	392, 988
合计	1, 077, 291	392, 988

于2023年12月31日，应收账款原值计人民币1,077,291千元，坏账计人民币392,988千元，净值计人民币684,303千元（2022年12月31日：应收账款原值计人民币690,314千元，坏账计人民币478,967千元，净值计人民币211,347千元）系应收含有主权信用风险的款项。

（v）组合计提项目：分行业的应收账款账龄组合。

于2023年12月31日及2022年12月31日，除（iv）中提及应收含有主权信用风险的款项外，其他分行业的应收账款账龄组合计提坏账准备的应收账款汇总分析如下：

项目	期末余额		
	应收账款（千元）	坏账准备（千元）	计提比例（%）
未逾期	22,454,407	316,097	0.1～4
逾期一年以内	7,469,339	637,588	5～19
逾期一年至两年	5,496,960	801,376	3～40
逾期两年至三年	2,572,026	930,623	17～80
逾期三年至四年	1,269,454	900,117	33～100
逾期四年至五年	884,945	649,688	57～100
逾期五年以上	707,227	598,712	70～100
合计	40,854,358	4,834,201	

示例2－41　中集集团（000039.SZ）

会计政策

对于因销售商品、提供劳务等日常经营活动形成的应收票据、应收账款、应收款项融资、合同资产和长期应收款，无论是否存在重大融资成分，本集团均按照整个存续期的预期信用损失计量损失准备。

按照单项计算预期信用损失的各类金融资产，其信用风险特征与该类中的其他金融资产显著不同。当单项应收账款、应收票据、应收款项融资、合同资产和长期应收款无法以合理成本评估预期信用损失的信息时，本集团依据信用风险特征将应收账款、应收票据、应收款项融资、合同资产和长期应收款划分为若干组合，在组合基础上计算预期信用损失，确定组合的依据如下：

组合	依据
应收票据组合1	商业承兑汇票
应收票据组合2	银行承兑汇票

续表

组合	依据
应收款项融资	银行承兑汇票
应收账款组合1	集装箱制造业务组合
应收账款组合2	道路运输车辆业务组合
应收账款组合3	能源、化工及液态食品装备业务组合
应收账款组合4	海洋工程业务组合
应收账款组合5	空港与物流装备、消防与救援设备业务组合
应收账款组合6	物流服务业务组合
应收账款组合7	循环载具业务组合
应收账款组合8	其他业务组合
合同资产组合1	空港与物流装备、消防与救援设备业务组合

对于划分为组合的应收账款和因销售商品、提供劳务等日常经营活动形成的应收票据和应收款项融资，本集团参考历史信用损失经验，结合当前状况以及对未来经济状况的预测，通过违约风险敞口与整个存续期预期信用损失率，计算预期信用损失。

财务报表项目注释

应收账款

单位：千元

项目	2023年12月31日	2022年12月31日
应收账款	24, 120, 988	23, 277, 217
减：坏账准备	(1, 171, 515)	(990, 615)
合计	22, 949, 473	22, 286, 602

(d) 坏账准备。

本集团对于应收账款，无论是否存在重大融资成分，均按照整个存续期的预期信用损失计量损失准备。

应收账款的坏账准备按类别分析如下：

项目	2023年12月31日			
	账面余额		坏账准备	
	金额（千元）	占总额比例（%）	金额（千元）	占总额比例（%）
单项计提坏账准备（i）	749, 725	3.11	387, 208	51.65
按组合计提坏账准备（ii）	23, 371, 263	96.89	784, 307	3.36
合计	24, 120, 988	100	1, 171, 515	4.86

（i）于2023年12月31日，单项计提坏账准备应收账款分析如下：

项目	账面余额（千元）	整个存续期预期信用损失率（%）	坏账准备（千元）	理由
集装箱制造业务组合	405,408	12.94	52,477	
能源、化工及液态食品装备业务组合	143,444	99.93	143,341	
空港与物流装备、消防与救援设备业务组合	159,024	94.04	149,541	（1）
物流服务业务	17,830	100.00	17,830	
海洋工程业务组合	24,019	100.00	24,019	
合计	749,725		387,208	

（1）该项主要为中集天达对China Topcan Investment Ltd. 的应收账款余额全额计提信用减值损失，参见附注四（5）（a）。

（ii）于2023年12月31日，组合计提坏账准备应收账款分析如下：

组合1——集装箱制造业务组合。

项目	2023年12月31日			2022年12月31日		
	账面余额	坏账准备		账面余额	坏账准备	
	金额（千元）	整个存续期预期信用损失率（%）	金额（千元）	金额（千元）	整个存续期预期信用损失率（%）	金额（千元）
未逾期	3,861,128	0.02	758	3,620,587	0.02	851
逾期1个月以内	585,502	0.33	1,943	284,149	0.23	658
逾期1至3个月	378,637	0.57	2,174	1,090,325	0.57	6,223
逾期3至12个月	491,472	2.28	11,224	683,708	2.28	15,613
逾期1至2年	172,289	6.17	10,631	137,231	5.59	7,671
逾期2至3年	340	100.00	340			
合计	5,489,368		27,070	5,816,000		31,016

组合2——道路运输车辆业务组合。

项目	2023年12月31日			2022年12月31日		
	账面余额	坏账准备		账面余额	坏账准备	
	金额（千元）	整个存续期预期信用损失率（%）	金额（千元）	金额（千元）	整个存续期预期信用损失率（%）	金额（千元）
未逾期	2,481,763	2.08	51,515	2,246,529	2.29	51,376
逾期1个月以内	491,179	8.17	40,134	338,498	5.09	17,243

续表

项目	2023年12月31日			2022年12月31日		
	账面余额	坏账准备		账面余额	坏账准备	
	金额（千元）	整个存续期预期信用损失率（%）	金额（千元）	金额（千元）	整个存续期预期信用损失率（%）	金额（千元）
逾期1至3个月	298, 745	8.17	24, 410	165, 745	5.09	8, 442
逾期3至12个月	455, 569	8.17	37, 224	307, 093	5.09	15, 643
逾期1至2年	62, 551	36.80	23, 021	114, 183	29.23	33, 377
逾期2至3年	42, 537	77.14	32, 812	8, 506	82.45	7, 013
逾期3到5年	23, 813	100.00	23, 813	19, 551	96.65	18, 896
逾期5年以上	26, 088	100.00	26, 088	21, 844	96.65	21, 112
合计	3, 882, 245		259, 017	3, 221, 949		173, 102

组合3——能源、化工及液态食品装备业务组合。

项目	2023年12月31日			2022年12月31日		
	账面余额	坏账准备		账面余额	坏账准备	
	金额（千元）	整个存续期预期信用损失率（%）	金额（千元）	金额（千元）	整个存续期预期信用损失率（%）	金额（千元）
未逾期	2, 703, 263	2.44	65, 828	2, 474, 321	1.91	47, 184
逾期1个月以内	233, 021	2.96	6, 898	296, 032	6.23	18, 430
逾期1至3个月	114, 952	2.96	3, 403	146, 035	6.23	9, 091
逾期3至12个月	242, 484	4.46	10, 815	201, 037	8.96	18, 017
逾期1至2年	46, 491	17.46	8, 119	67, 118	29.72	19, 948
逾期2至3年	17, 594	25.83	4, 545	63, 522	46.18	29, 337
逾期3到5年	15, 360	45.03	6, 917	15, 164	89.69	13, 601
逾期5年以上	30, 092	100.00	30, 092	32, 987	100.00	32, 987
合计	3, 403, 257		136, 617	3, 296, 216		188, 595

组合4——海洋工程业务组合。

项目	2023 年 12 月 31 日			2022 年 12 月 31 日		
	账面余额	坏账准备		账面余额	坏账准备	
	金额（千元）	整个存续期预期信用损失率（%）	金额（千元）	金额（千元）	整个存续期预期信用损失率（%）	金额（千元）
未逾期	1, 179, 459	0. 25	2, 956	1, 756, 411	0. 34	5, 971
逾期 1 个月以内	147	4. 76	7			
逾期 1 至 3 个月	6, 542	5. 00	327			
逾期 3 至 12 个月	4, 299	5. 00	215			
逾期 1 至 2 年	24, 763	70. 59	17, 479			
逾期 2 至 3 年				19, 714	75. 15	14, 816
逾期 3 到 5 年	18, 581	100. 00	18, 581	21, 634	100. 00	21, 634
逾期 5 年以上				1, 252	100. 00	1, 252
合计	1, 233, 791		39, 565	1, 799, 011		43, 673

组合 5——空港与物流装备、消防与救援设备业务组合。

项目	2023 年 12 月 31 日			2022 年 12 月 31 日		
	账面余额	坏账准备		账面余额	坏账准备	
	金额（千元）	整个存续期预期信用损失率（%）	金额（千元）	金额（千元）	整个存续期预期信用损失率（%）	金额（千元）
未逾期	1, 950, 298	0. 81	15, 813	1, 892, 118	0. 85	16, 076
逾期 1 个月以内	159, 847	5. 51	8, 808	141, 180	5. 50	7, 761
逾期 1 至 3 个月	267, 553	5. 51	14, 744	112, 457	5. 50	6, 181
逾期 3 至 12 个月	319, 338	5. 51	17, 597	589, 146	5. 50	32, 386
逾期 1 至 2 年	258, 335	19. 05	49, 215	244, 551	16. 78	41, 037
逾期 2 至 3 年	100, 037	44. 79	44, 807	75, 532	42. 85	32, 369
逾期 3 年以上	102, 226	84. 04	85, 913	89, 229	69. 04	61, 600
合计	3, 157, 634		236, 897	3, 144, 213		197, 410

组合 6——物流服务业务组合。

项目	2023年12月31日			2022年12月31日		
	账面余额	坏账准备		账面余额	坏账准备	
	金额（千元）	整个存续期预期信用损失率（%）	金额（千元）	金额（千元）	整个存续期预期信用损失率（%）	金额（千元）
未逾期	2,609,749	0.87	22,600	1,913,596	1.02	19,529
逾期1个月以内	379,638	1.00	3,796	322,281	1.78	5,740
逾期1至3个月	143,779	1.00	1,438	165,488	1.78	2,947
逾期3至12个月	148,336	1.00	1,483	200,478	1.78	3,570
逾期1至2年	64,171	20.00	12,834	29,700	20.00	5,940
逾期2至3年	8,415	80.00	6,732	11,085	80.00	8,868
逾期3年以上	15,334	100.00	15,334	13,689	100.00	13,689
合计	3,369,422		64,217	2,656,317		60,283

组合7——循环载具业务组合。

项目	2023年12月31日			2022年12月31日		
	账面余额	坏账准备		账面余额	坏账准备	
	金额（千元）	整个存续期预期信用损失率（%）	金额（千元）	金额（千元）	整个存续期预期信用损失率（%）	金额（千元）
未逾期	641,678	0.27	1,763	575,850	1.03	5,950
逾期1个月以内	76,487	3.00	2,295	24,194	3.23	781
逾期1至3个月	45,363	3.00	1,361	65,772	3.72	2,448
逾期3至12个月	45,436	3.00	1,363	41,500	9.30	3,858
逾期1至2年	3,703	30.00	1,111	5,578	64.31	3,587
逾期2年以上	3,073	100.00	3,073	1,020	100.00	1,020
合计	815,740		10,966	713,914		17,644

组合8——其他业务组合。

项目	2023 年 12 月 31 日			2022 年 12 月 31 日		
	账面余额	坏账准备		账面余额	坏账准备	
	金额（千元）	整个存续期预期信用损失率（%）	金额（千元）	金额（千元）	整个存续期预期信用损失率（%）	金额（千元）
未逾期	1, 943, 303	0. 02	393	1, 736, 200	0. 05	851
逾期 1 个月以内	3, 252	0. 86	28	212, 922	1. 03	2, 194
逾期 1 至 3 个月	31, 768	1. 17	371	43, 675	5. 36	2, 341
逾期 3 至 12 个月	30, 610	1. 17	359	47, 846	8. 13	3, 888
逾期 1 至 2 年	3, 443	39. 99	1, 377	20, 664	87. 23	18, 024
逾期 2 年以上	7, 430	100. 00	7, 430	3, 568	100. 00	3, 568
合计	2, 019, 806		9, 958	2, 064, 875		30, 866

（e）本年度计提的坏账准备为 342, 993 千元（2022 年度：402, 948 千元），收回或转回的坏账准备为 154, 607 千元（2022 年度：129, 779 千元），无重要坏账准备收回或转回。

（f）本年度实际核销的应收账款账面余额为 24, 435 千元（2022 年度：179, 963 千元），坏账准备金额为 24, 435 千元（2022 年度：179, 963 千元），无重要坏账准备核销。

（g）于 2023 年 12 月 31 日，本集团无应收账款质押给银行作为取得短期借款的担保（2022 年度：无）。

三、合同资产减值披露示例

（一）简要分析

合同资产，是指企业已向客户转让商品而有权收取对价的权利，且该权利取决于时间流逝之外的其他因素。企业拥有的、无条件（即，仅取决于时间流逝）向客户收取对价的权利应当作为应收款项单独列示。合同资产并非金融资产，但其减值应按照《企业会计准则第 22 号——金融工具确认和计量》规定进行处理，以预期信用损失为基础，对合同资产进行减值会计处理并确认损失准备。

对于由《企业会计准则第 14 号——收入》规范的交易形成、不包含重大融资成分（包括不考虑不超过一年的合同中融资成分的情况）的合同资产，企业应当始终按照整个存续期内预期信用损失的金额计量其损失准备（企业对此没有选择权）；对于包含重大融资成分的合同资产，企业可以选择始终按照相当于整个存续期内预期信用损失的金额计量其损失准备。

在不违反金融工具预期信用损失计量方法应反映的各项要素的前提下，企业可在计量预期信用损失时运用简便方法。例如，对于合同资产的预期信用损失，企业可参照历史信用损失经验，编制逾期天数与固定准备率对照表，以此为基础计算预期信用损失。

如果企业的历史经验表明不同细分客户群体发生损失的情况存在显著差异，那么企业应当对客户群体进行恰当的分组，在分组基础上运用上述简便方法。企业可用于对资产进行分组的标准可能包括：地理区域、产品类型、客户评级、担保物以及客户类型（如批发和零售客户）。

（二）年报披露示例

合同资产减值计提披露示例汇总如表2-8所示。

表2-8　　合同资产减值计提披露示例汇总

序号	参考示例	合同资产的减值计提
1	示例2-42　中国中铁（601390. SH）	对于因销售商品、提供劳务等日常经营活动形成的合同资产，无论是否存在重大融资成分，均按照整个存续期的预期信用损失计量损失准备。 当单项合同资产无法以合理成本评估预期信用损失的信息时，依据信用风险特征将合同资产划分为若干组合，在组合基础上计算预期信用损失，确定组合的依据如下： 合同资产组合1：基础设施建设项目； 合同资产组合2：土地一级开发项目； 合同资产组合3：金融资产模式的政府和社会资本合作（PPP）项目； 合同资产组合4：未到期的质保金。 对于划分为组合的合同资产，参考历史信用损失经验，结合当前状况以及对未来经济状况的预测，通过违约风险敞口和整个存续期预期信用损失率，计算预期信用损失
2	示例2-43　中国中冶（601618. SH）	对由收入准则规范的交易形成的未包含重大融资成分或不考虑不超过一年的合同中的融资成分的合同资产按照相当于整个存续期内预期信用损失的金额计量损失准备。 除对单项金额重大且已发生信用减值的款项单独确定其信用损失外，集团在组合基础上采用减值矩阵评估应收账款的预期信用损失
3	示例2-44　中国中车（601766. SH）	对于因销售商品、提供劳务等日常经营活动形成的合同资产以及租赁交易形成的租赁应收款，始终按照相当于整个存续期内预期信用损失的金额计量其损失准备。基于历史信用损失经验、使用准备矩阵计算上述金融资产的预期信用损失，相关历史经验根据资产负债表日债务人的特定因素，以及对当前状况和未来经济状况预测的评估进行调整。 （a）按照信用风险特征组合计提坏账准备的组合类别及确定依据： 合同资产：本集团根据客户信用风险特征的不同，将合同资产划分为中央企业客户组合、地方政府/地方国有企业客户组合和其他客户组合三个组合。 （b）按照单项计提坏账准备的单项计提判断标准： 本集团对于合同资产，通常按照信用风险特征组合计量其损失准备。若某一对手方信用风险特征与组合中其他对手方显著不同，或该对手方信用风险特征发生显著变化，对应收该对手方款项按照单项计提损失准备。 除对单项金额重大或已发生信用减值的合同资产单独计提预期信用损失外，在组合基础上采用减值矩阵确定合同资产的预期信用损失

续表

序号	参考示例	合同资产的减值计提
4	示例2－45　上海电气（601727. SH）	无论是否存在重大融资成分，本集团均按照整个存续期的预期信用损失计量损失准备。 对于已发生信用减值等信用风险特征显著不同的合同资产，本集团根据不同情况的合同对手方的历史信用损失经验、经营模式、当前状况及对其未来状况的预测，并结合外部律师的专业法律意见、与诉讼相关的保全资产情况，评估多情景下预计现金流量分布的不同情况，并根据不同情景下的预期信用损失率和各情景发生的概率权重，相应计提预期信用损失。 对于划分为组合的合同资产，参考历史信用损失经验，结合当前状况以及对未来经济状况的预测，编制合同资产逾期天数与整个存续期预期信用损失率对照表，计算预期信用损失
5	示例2－46　中集集团（000039. SZ）	无论是否存在重大融资成分，均按照整个存续期的预期信用损失计量损失准备。 按照单项计算预期信用损失的各类金融资产，其信用风险特征与该类中的其他金融资产显著不同。当单项合同资产无法以合理成本评估预期信用损失的信息时，依据信用风险特征将合同资产划分为若干组合，在组合基础上计算预期信用损失，合同资产确定组合的依据如下： 合同资产组合1：海洋工程类； 合同资产组合2：能源、化工及液态食品装备业务组合； 合同资产组合3：空港与物流装备、消防与救援设备业务组合

示例2－42　中国中铁（601390. SH）

会计政策

对于因销售商品、提供劳务等日常经营活动形成的应收票据、应收账款、应收款项融资和合同资产，无论是否存在重大融资成分，本集团均按照整个存续期的预期信用损失计量损失准备。

当单项应收票据、应收账款、应收款项融资和合同资产无法以合理成本评估预期信用损失的信息时，本集团依据信用风险特征将应收票据、应收账款、应收款项融资和合同资产划分为若干组合，在组合基础上计算预期信用损失，确定组合的依据如下：

合同资产组合1　基础设施建设项目；

合同资产组合2　土地一级开发项目；

合同资产组合3　金融资产模式的政府和社会资本合作项目；

合同资产组合4　未到期的质保金。

对于划分为组合的应收票据、应收款项融资和合同资产，本集团参考历史信用损失经验，结合当前状况以及对未来经济状况的预测，通过违约风险敞口和整个存续期预期信用损失率，计算预期信用损失。

重要会计估计和判断

应收账款及合同资产的预期信用损失

本集团对应收账款及合同资产按照整个存续期内预期信用损失的金额计量其损失

准备。对于已发生信用减值的应收账款和合同资产，单项确认预期信用损失；当无法以合理成本评估单项资产的预期信用损失时，本集团按照信用风险特征将应收账款和合同资产划分为若干组合，通过违约风险敞口和整个存续期预期信用损失率计算预期信用损失。在确定预期信用损失时，本集团参考历史信用损失经验等数据，并结合当前状况和前瞻性信息对历史数据进行调整。如果预期信用损失率计算结果较管理层以往预期信用损失率存在差异时，管理层将考虑是否需要调整对预期信用损失率的估计。

财务报表项目注释

合同资产

单位：千元

项目	2023 年 12 月 31 日	2022 年 12 月 31 日
合同资产	481, 924, 211	376, 877, 723
减：减值准备	5, 199, 585	4, 011, 597
小计	476, 724, 626	372, 866, 126
减：列示于其他非流动资产的合同资产（附注四（28））		
原值	244, 623, 921	204, 656, 190
减值准备	2, 090, 220	1, 524, 650
小计	242, 533, 701	203, 131, 540
合计	234, 190, 925	169, 734, 586

合同资产无论是否存在重大融资成分，本集团均按照整个存续期的预期信用损失计量损失准备。

（i）于 2023 年 12 月 31 日，单项计提减值准备的合同资产分析如下：

项目	账面余额（千元）	整个存续期预期信用损失率（%）	减值准备（千元）	理由
合同资产 1	4, 813, 115	1. 70	81, 823	预期信用损失
合同资产 2	2, 692, 477	1. 70	45, 772	预期信用损失
合同资产 3	740, 315	47. 88	354, 437	预期信用损失
合同资产 4	489, 312	4. 39	21, 468	预期信用损失
合同资产 5	342, 617	60. 00	205, 570	预期信用损失
其他	7, 328, 271	14. 51	1, 063, 293	
合计	16, 406, 107		1, 772, 363	

2023 年度本集团不存在重要的合同资产的核销情况（2022 年度：无）。

（ii）于2023年12月31日，组合计提减值准备的合同资产分析如下：

项目	账面余额（千元）	整个存续期预期信用损失率（%）	减值准备（千元）	理由
基础设施建设项目	205,685,043	1.03	2,128,057	预期信用损失
金融资产模式的PPP项目	154,545,088	0.50	772,725	预期信用损失
未到期的质保金	105,287,973	0.50	526,440	预期信用损失
合计	465,518,104		3,427,222	

（iii）于2023年12月31日，账面价值为人民币85,923,702千元（2022年12月31日：人民币61,045,408千元）的合同资产已质押取得人民币54,336,957千元（2022年12月31日：人民币37,129,999千元）的长期借款（附注四（41）（a））。

（iv）于2023年12月31日，本集团无用于质押取得短期借款的合同资产（2022年12月31日：账面价值为人民币237,406千元的合同资产已质押取得人民币139,292千元的短期借款）（附注四（30）（b））。

其他非流动资产

单位：千元

项目	2023年12月31日	2022年12月31日
合同资产（附注四（10））（注）	244,623,921	204,656,190
抵债资产	1,153,124	443,547
预付购地款	534,505	590,262
预付设备款	517,822	244,493
预付购房款	354,315	1,673,298
预付投资款	239,947	436,043
代垫土地整理款	1,178,745	1,175,873
其他	8,481,854	11,807,126
小计	257,084,233	221,026,832
减：减值准备	3,868,534	3,925,314
合计	253,215,699	217,101,518

注：合同资产主要包括金融资产模式的PPP项目和未到期的质保金。本集团PPP项目包括轨道交通、高速公路、水务、市政基础设施、地下管廊等类型，相关PPP项目合同中包括付费机制、绩效考核、调价机制以及项目合同变更等相关条款均可能影响未来现金流量金额、时间和风险。本集团对PPP项目资产享有使用、收益等权利。本年PPP项目合同无重大的变更情况。

示例2－43　中国中冶（601618. SH）

会计政策

本集团对由收入准则规范的交易形成的未包含重大融资成分或不考虑不超过一年的合同中的融资成分的合同资产与应收账款按照相当于整个存续期内预期信用损失的金额计量损失准备。

重要会计估计和判断

金融工具和合同资产减值

本集团采用预期信用损失模型对金融工具和合同资产的减值进行评估，应用预期信用损失模型需要作出重大判断和估计，需考虑所有合理且有依据的信息，包括前瞻性信息。在作出这些判断和估计时，本集团根据历史还款数据结合经济政策、宏观经济指标、行业风险等因素推断债务人信用风险的预期变动。不同的估计可能会影响减值准备的计提，已计提的减值准备可能并不等于未来实际的减值损失金额。

与金融工具相关的风险

信用风险

除对单项金额重大且已发生信用减值的款项单独确定其信用损失外，本集团在组合基础上采用减值矩阵评估应收账款的预期信用损失。本集团的应收账款涉及大量客户，账龄信息可以反映这些客户对于应收账款的偿付能力。本集团依据不同类型客户的信用风险特征将应收账款划分为若干组合，根据历史数据计算各组合在不同账龄期间的历史实际损失率，并考虑当前及未来经济状况的预测，如对国内生产总值增速、消费者物价指数等前瞻性信息进行调整得出预期损失率。对于合同资产和长期应收款，本集团综合考虑结算期、合同约定付款期、债务人的财务状况和债务人所处行业的经济形势，并考虑上述前瞻性信息进行调整后对于预期信用损失进行合理评估。

财务报表项目注释

合同资产

(1) 合同资产分类：

单位：千元

项目	2023年12月31日		
	账面余额	减值准备	账面价值
工程承包服务相关的合同资产	125, 250, 114	5, 192, 720	120, 057, 394
工程质保金相关的合同资产	1, 950, 598	174, 283	1, 776, 315
合计	127, 200, 712	5, 367, 003	121, 833, 709

本集团提供的工程承包类服务通常整体构成单项履约义务，并属于在某一时段内履行的履约义务，本集团采用投入法，按照累计实际发生的成本占预计总成本的比例

确定履约进度。工程承包服务需定期与客户进行结算，相关合同对价于结算完成后构成本集团拥有的无条件向客户收取对价的权利，于应收款项列示。一般情况下，工程承包服务合同的履约进度与结算进度存在时间上的差异。2023 年 12 月 31 日，部分工程承包服务合同的履约进度大于结算进度，从而形成相关合同资产，其将于合同对价结算时转入应收款项。

本集团提供的工程承包类服务与客户进行结算后形成的工程质保金，于质保期结束且未发生重大质量问题后，本集团拥有无条件向客户收取对价的权利。因此，该部分工程质保金形成合同资产或其他非流动资产，并于质保期结束且未发生重大质量问题后转入应收款项。

（2）按减值准备计提方法分类披露：

类别	期末余额				
	账面余额		减值准备		账面价值（千元）
	金额（千元）	比例（%）	金额（千元）	计提比例（%）	
按单项计提减值准备（a）	12,094,32	9.51	2,398,232	19.83	9,696,089
按信用风险特征组合计提减值准备（b）	115,106,391	90.49	2,968,771	2.58	112,137,620
合计	127,200,712	100.00	5,367,003	—	121,833,709

（a）本年末单项计提减值准备的合同资产情况如下：

名称	2023 年 12 月 31 日			
	账面余额（千元）	减值准备（千元）	计提比例（%）	计提理由
项目 1	3,789,318			本集团考虑可获得的与对方单位相关的合理且有依据的信息（包括前瞻性信息），对预期信用损失进行评估并计提减值准备
其他	8,305,003	2,398,232	28.88	
合计	12,094,321	2,398,232	19.83	

（b）本年末按信用风险特征组合计提减值准备的合同资产情况如下：

账龄	账面余额（千元）	减值准备（千元）	计提比例（%）
1 年以内	85,774,407	1,834,480	2.14
1 年至 2 年	18,364,957	446,776	2.43
2 年至 3 年	5,959,165	204,422	3.43

续表

账龄	账面余额（千元）	减值准备（千元）	计提比例（%）
3年至4年	3, 034, 347	194, 307	6. 40
4年至5年	960, 609	120, 211	12. 51
5年以上	1, 012, 906	168, 575	16. 64
合计	115, 106, 391	2, 968, 771	2. 58

（3）合同资产减值准备变动：

单位：千元

项目	2022年12月31日	本年计提	本年转回	其他变动	2023年12月31日
资产减值准备	4, 673, 475	1, 599, 354	（472, 656）	（433, 170）	5, 367, 003

（4）西澳SINO铁矿项目情况：

2012年度，由于一些诸如澳大利亚极端天气等不可预计的原因，本集团全资子公司中冶西澳矿业有限公司（以下简称“中冶西澳”）承接的共包括六条生产线建设的西澳SINO铁矿项目被迫延期。该项目业主为中国中信股份有限公司（“中信股份”），本集团与中国中信集团有限公司（“中信集团”，中信股份的母公司）就项目延期和成本超支后的合同总价进行了协商。双方同意2011年12月30日签署的《关于西澳大利亚SINO铁矿项目的工程总承包补充协议（三）》项下完成第二条主工艺生产线带负荷联动试车的相关建设成本应控制在43.57亿美元以内。对于项目建设实际发生的总成本将在第三方审计认定后给予确认为最终合同额。根据上述与中信集团就合同总价达成的共识及对总成本的预计，本集团于2012年度共确认该项目合同损失4.81亿美元，约合人民币30.35亿元。

截至2013年12月31日，中冶西澳承接的该项目第一、二条线已建成投产。2013年12月24日，中冶西澳与中信股份全资子公司SinoIron Pty Ltd.（“业主”）签订了《关于西澳大利亚SINO铁矿项目的工程总承包合同补充协议（四）》（《补充协议（四）》）。据此，由中冶西澳于2013年底将该项目第一、二条生产线和相关建设工程移交给业主；中冶西澳在原总承包合同项下的建设、安装、调试工作结束。对于第三至六条线工程建设，中冶西澳和本集团下属中冶北方工程技术有限公司已分别与业主新签订了《项目管理服务协议》及《工程设计、设备采购管理技术服务协议》，为业主提供后续技术服务管理服务。同时，双方同意共同委托独立第三方对项目已完工程的总支出及工程造价的合理性、工期延期的原因及责任等进行审计。双方将参照第三方审计结果，办理最终工程结算。

本集团以预期信用损失为基础，对相关应收账款（附注五、5.（2）（a））及合同资产进行评估。本集团认为：虽然最终合同额尚需经过第三方审计后确定，但是，相关建设成本应控制在43.57亿美元以内是本集团与中信集团间达成的共识，本集团合理预期该共识不会发生改变，本集团于2023年12月31日无须额外确认合同损失。

2023年12月31日，上述项目应收账款金额为人民币1,709,906千元，合同资产金额为人民币3,789,318千元。待第三方审计结束后，本集团将与中信集团及业主积极进行协商、谈判以确定最终合同额，并进行相应的会计处理。

示例2-44　中国中车（601766.SH）

会计政策

对于因销售商品、提供劳务等日常经营活动形成的应收票据、应收账款、应收款项融资和合同资产以及租赁交易形成的租赁应收款，本集团始终按照相当于整个存续期内预期信用损失的金额计量其损失准备。本集团基于历史信用损失经验、使用准备矩阵计算上述金融资产的预期信用损失，相关历史经验根据资产负债表日债务人的特定因素，以及对当前状况和未来经济状况预测的评估进行调整。

（a）按照信用风险特征组合计提坏账准备的组合类别及确定依据：

合同资产：本集团根据客户信用风险特征的不同，将合同资产划分为中央企业客户组合、地方政府/地方国有企业客户组合和其他客户组合三个组合。

（b）按照单项计提坏账准备的单项计提判断标准：

本集团对于应收票据、应收账款、其他应收款和合同资产，通常按照信用风险特征组合计量其损失准备。若某一对手方信用风险特征与组合中其他对手方显著不同，或该对手方信用风险特征发生显著变化，对应收该对手方款项按照单项计提损失准备。

重要会计估计和判断

应收款项及合同资产信用损失准备

本集团除对单项金额重大或已发生信用减值的应收款项及合同资产单独计提预期信用损失外，在组合基础上采用减值矩阵确定应收款项及合同资产的预期信用损失。对单项确定信用损失的应收款项及合同资产，本集团基于资产负债表日可获得的合理且有依据的信息并考虑前瞻性信息，通过估计预期收取的现金流量确定信用损失。对于除上述之外的应收款项及合同资产，本集团基于历史回款情况对具有类似信用风险特征的各类应收款项及合同资产按组合确定相应的损失准备的比例。减值矩阵基于本集团历史信用损失经验，考虑无须付出不必要的额外成本或努力即可获得的合理且有依据的前瞻性信息确定。2023年12月31日，本集团已重新评估历史实际信用损失率并考虑了前瞻性信息的变化。

财务报表项目注释

合同资产

（1）合同资产情况：

单位：千元

项目	期末余额		
	账面余额	坏账准备	账面价值
销货合同相关的合同资产	50, 038, 763	(528, 640)	49, 510, 123
工程类业务相关的合同资产	11, 861, 781	(129, 706)	11, 732, 075
小计	61, 900, 544	(658, 346)	61, 242, 198
减：列示于其他非流动资产的合同资产	—	—	(27, 652, 063)
合计	—	—	33, 590, 135

注1：本集团的销货合同通常约定在不同的阶段按比例分别付款。本集团在商品验收移交时点确认收入，对于不满足无条件收款权的收取对价的权利确认为合同资产，根据流动性列示于合同资产/其他非流动资产。

注2：本集团提供的工程服务按照履约进度确认收入，在客户办理验工结算后收取合同对价。本集团按照履约进度确认的收入超过客户办理结算的对价的部分，确认为合同资产，根据流动性列示于合同资产/其他非流动资产。

本集团提供的工程类服务与客户结算后形成的工程质保金，本集团于质保期结束且未发生重大质量问题后拥有无条件向客户收取对价的权利。因此，该部分工程质保金形成合同资产，并于质保期结束且未发生重大质量问题后转入应收款项。

2023 年 12 月 31 日，本集团用于质押的合同资产账面价值折合人民币 553, 276 千元（2022 年 12 月 31 日：账面价值折合人民币 567, 992 千元的合同资产作为本集团取得银行借款的质押）。

2023 年 12 月 31 日，合同资产余额中包括的关联方往来余额，详见附注十四、6。

（3）按坏账计提方法分类披露：

类别	期末余额				
	账面余额		坏账准备		账面价值（千元）
	金额（千元）	比例（%）	金额（千元）	比例（%）	
按单项计提减值准备	180, 555	0. 3	(79, 894)	44. 2	100, 661
按组合计提坏账准备	61, 719, 989	99. 7	(578, 452)	0. 9	61, 141, 537
合计	61, 900, 544	100. 0	(658, 346)	—	61, 242, 198

按单项计提坏账准备：

名称	期末余额			
	账面余额（千元）	坏账准备（千元）	计提比例（%）	计提理由
按单项计提坏账准备的合同资产	180, 555	(79, 894)	44. 2	注

注：本集团考虑可获得的与对方单位相关的合理且有依据的信息（包括前瞻性信息），对预期信用损失进行评估并计提损失准备。

按组合计提坏账准备：

名称	期末余额		
	合同资产（千元）	坏账准备（千元）	计提比例（%）
组合1	15, 560, 545	(23, 266)	0. 1
组合2	35, 960, 217	(384, 011)	1. 1
组合3	10, 199, 227	(171, 175)	1. 7
合计	61, 719, 989	(578, 452)	—

（4）本年合同资产计提信用损失准备情况：

单位：千元

信用损失准备	整个存续期预期信用损失（未发生信用减值）	整个存续期预期信用损失（已发生信用减值）	合计
2023年1月1日余额	467, 781	36, 759	504, 540
本期计提	184, 293	52, 319	236, 612
本期转回	(74, 185)	(1, 000)	(75, 185)
本期核销	(59)	(5, 820)	(5, 879)
其他变动	622	(2, 364)	(1, 742)
2023年12月31日余额	578, 452	79, 894	658, 346

示例2－45　上海电气（601727. SH）

会计政策

对于因销售商品、提供劳务等日常经营活动形成的应收票据、应收账款、应收款项融资和合同资产，无论是否存在重大融资成分，本集团均按照整个存续期的预期信用损失计量损失准备。

对于已发生信用减值等信用风险特征显著不同的应收商业承兑汇票、应收账款和合同资产，本集团根据不同情况的合同对手方的历史信用损失经验、经营模式、当前状况及对其未来状况的预测，并结合外部律师的专业法律意见、与诉讼相关的保全资产情况，评估多情景下预计现金流量分布的不同情况，并根据不同情景下的预期信用损失率和各情景发生的概率权重，相应计提预期信用损失。

对于划分为组合的应收商业承兑票据、应收账款及合同资产，本集团参考历史信用损失经验，结合当前状况以及对未来经济状况的预测，编制应收商业承兑票据、应收账款及合同资产逾期天数与整个存续期预期信用损失率对照表，计算预期信用损失。

财务报表项目注释

合同资产情况

单位：千元

项目	期末余额		
	账面余额	减值准备	账面价值
合同资产	36,731,233	1,611,312	35,119,921
减：列示于其他非流动资产的合同资产（附注四（38））	-13,206,524		-13,206,524
合计	23,524,709	1,611,312	21,913,397

（a）合同资产无论是否存在重大融资成分，本集团均按照整个存续期的预期信用损失计量损失准备。于2023年12月31日，本集团按单项计提减值准备的合同资产如下：

名称	期末余额			
	账面余额（千元）	整个存续期预期信用损失率（%）	坏账准备（千元）	理由
合同资产1	164,105	100	164,105	（i）
合同资产2	161,407	77	124,749	（ii）
合同资产3	90,501	100	90,501	对方财务状况严重困难，预计无法收回
其他	793,901	60	474,062	对方财务状况严重困难，预计无法收回
合计	1,209,914		853,417	

（i）于2023年12月31日，本集团对某客户的应收款项合计人民币269,767千元（2022年12月31日：人民币469,354千元），其中合同资产人民币164,105千元（2022年12月31日：人民币158,501千元）。因该客户已处于资金短缺状态，并涉及数项诉讼，本集团认为该项合同资产难以收回，因此全额计提合同资产减值准备。

（ii）于2023年12月31日，本集团应收某第三方集团内不同子公司款项合计人民币161,407千元（2022年12月31日：人民币191,192千元）。本集团根据该第三方集团内处于不同情况的子公司的历史回款情况、经营模式、当前状况及对其未来状况的预测，评估了多情景下预计现金流量分布的不同情况，并根据不同情景下的预期信用损失率和各情景发生的概率权重，相应累计计提预期信用损失人民币124,749千元（2022年12月31日：人民币119,495千元）。

（b）于2023年12月31日，分行业组合计提资产减值损失的合同资产汇总分析如下：

名称	期末余额		
	合同资产（千元）	坏账准备（千元）	计提比例（%）
未逾期	35,521,319	757,895	0.1－3
合计	35,521,319	757,895	

示例2－46 中集集团（000039.SZ）

会计政策

对于因销售商品、提供劳务等日常经营活动形成的应收票据、应收账款、应收款项融资、合同资产和长期应收款，无论是否存在重大融资成分，本集团均按照整个存续期的预期信用损失计量损失准备。

按照单项计算预期信用损失的各类金融资产，其信用风险特征与该类中的其他金融资产显著不同。当单项应收账款、应收票据、应收款项融资、合同资产和长期应收款无法以合理成本评估预期信用损失的信息时，本集团依据信用风险特征将应收账款、应收票据、应收款项融资、合同资产和长期应收款划分为若干组合，在组合基础上计算预期信用损失，确定组合的依据如下：

项目	组合
合同资产组合1	海洋工程类
合同资产组合2	能源、化工及液态食品装备业务组合
合同资产组合3	空港与物流装备、消防与救援设备业务组合

财务报表项目注释

合同资产

单位：千元

项目	2023年12月31日	2022年12月31日
合同资产	7,281,975	4,008,341
减：合同资产减值准备	（83,802）	（80,503）
合计	7,198,173	3,927,838

合同资产无论是否存在重大融资成分，本集团均按照整个存续期的预期信用损失

计量损失准备。

空港与物流装备、消防与救援设备相关业务与客户通常约定分阶段结算，典型结算时点包括：（1）合同签订后，预付至合同价款的10%—30%；（2）设备运抵项目现场并经验收通过，支付至合同价款的60%—70%；（3）项目经初验通过，支付至合同价款的70%—85%；（4）项目经终验通过，支付至合同价款的90%—95%；（5）项目质保期结束，支付完毕合同剩余价款。在项目执行中，当已收或应收的合同价款超过已完成的劳务，将超过部分确认为合同负债，反之则确认为合同资产。

海洋工程相关业务通常在合同中约定分阶段结算，典型结算时点包括：（1）合同生效/合同签订后1—15日内，预付合同价款的5%—30%；（2）项目开工，钢板切割后，支付至合同价款的15%—60%；（3）船舶龙骨铺设及最终位置被船级社和买方代表确认后，支付至合同价款的45%—70%；（4）项目下水试航后，支付至合同价款的90%—95%；（5）交船议定书后/船舶完成注册后，支付完毕合同剩余价款。在项目执行中，当已收或应收的合同价款超过已完成的劳务，将超过部分确认为合同负债，反之则确认为合同资产。

能源、化工及液态食品装备相关业务通常在合同中约定分段结算，典型结算时点包括：（1）合同生效日后，按照合同总价的20%—30%支付预付款；（2）设备运抵项目现场并经验收通过，支付至合同价款的50%—60%；（3）项目经初验通过，支付至合同价款的70%—80%；（4）项目经终验通过，支付至合同价款的90%；（5）项目质保期结束，支付完毕合同剩余价款，通常约10%。在项目执行中，当已收或应收的合同价款超过已完成的劳务，将超过部分确认为合同负债，反之则确认为合同资产。

于2023年12月31日，单项计提减值准备的合同资产分析如下：

项目	账面余额（千元）	整个存续期预期信用损失率（%）	减值准备（千元）
能源、化工及液态食品装备类	111, 223	27. 46	30, 544
其他	20, 839		
合计	132, 062		30, 544

于2023年12月31日，组合计提减值准备的合同资产分析如下：

项目	账面余额（千元）	整个存续期预期信用损失率（%）	减值准备（千元）
海洋工程类	3, 040, 200	0. 57	17, 221
能源、化工及液态食品装备类	2, 232, 791	1. 10	24, 582
空港与物流装备、消防与救援设备类	1, 403, 220	0. 82	11, 455

续表

项目	账面余额（千元）	整个存续期预期信用损失率（%）	减值准备（千元）
其他	473, 702		
合计	7, 149, 913		53, 258

2023 年度本集团不存在重要的合同资产的核销情况（2022 年度：无）。

四、应收票据减值披露示例

（一）简要分析

根据《企业会计准则应用指南汇编 2024》“第二十二章　金融工具确认和计量”，应收票据科目核算企业以摊余成本计量的因销售商品、提供劳务等而收到的商业汇票，包括银行承兑汇票、财务公司承兑汇票、商业承兑汇票等。

根据《关于严格执行企业会计准则　切实做好企业 2021 年年报工作的通知》（财会〔2021〕32 号），企业因销售商品、提供服务等取得的、不属于《中华人民共和国票据法》规范票据的“云信”“融信”等数字化应收账款债权凭证，不应当在“应收票据”项目中列示。另外，根据《商业汇票承兑、贴现与再贴现管理办法》（中国人民银行中国银行保险监督管理委员会令〔2022〕第 4 号），电子商业汇票的出票、承兑、贴现、贴现前的背书、质押、保证、提示付款和追索等业务，应当通过人民银行认可的票据市场基础设施办理。供应链票据属于电子商业汇票。如果法律上认定供应链票据属于《商业汇票承兑、贴现与再贴现管理办法》的范围、具备《票据法》规定的要件，则持有方应当自法律认定生效日（2023 年 1 月 1 日）起将其作为“应收票据”进行会计处理（根据其业务模式列示为应收票据或应收款项融资），且无须对前期比较期间数据进行追溯调整。

对于由《企业会计准则第 14 号——收入》规范的交易形成、不包含重大融资成分（包括不考虑不超过一年的合同中融资成分的情况）的应收票据，企业应当始终按照整个存续期内预期信用损失的金额计量其损失准备（企业对此没有选择权）；对于包含重大融资成分的应收票据，企业可以选择始终按照相当于整个存续期内预期信用损失的金额计量其损失准备。对除此以外的应收票据，企业应当在每个资产负债表日评估信用风险自初始确认后是否已显著增加，通过违约风险敞口和未来 12 个月内或整个存续期预期信用损失率，计算预期信用损失。

在不违反金融工具预期信用损失计量方法应反映的各项要素的前提下，企业可在计量预期信用损失时运用简便方法。例如，对于应收票据的预期信用损失，企业可参照历史信用损失经验，编制逾期天数与固定准备率对照表，以此为基础计算预期信用损失。

（二）年报披露示例

应收票据减值计提披露示例汇总如表 2－9 所示。

表 2－9　　　　应收票据减值计提披露示例汇总

序号	参考示例	应收票据的减值计提
1	示例 2－47　时代电气（688187. SH）	对于因销售商品、提供劳务等日常经营活动形成的应收票据，始终按照相当于整个存续期内预期信用损失的金额计量其损失准备。 按照信用风险特征组合计提坏账准备：应收票据划分为银行承兑汇票、应收铁路总公司及其附属企业（“铁总”）商业承兑汇票、应收除铁总外的中央国有企业商业承兑汇票、应收地方政府或地方国有企业商业承兑汇票以及应收其他企业商业承兑汇票五个组合。 按照单项计提坏账准备：若某一对手方信用风险特征与组合中其他对手方显著不同，或该对手方信用风险特征发生显著变化，对应收该对手方款项按照单项计提损失准备
2	示例 2－48　中信重工（601608. SH）	对于因销售商品、提供劳务等日常经营活动形成的应收票据，无论是否存在重大融资成分，均按照整个存续期的预期信用损失计量损失准备。 应收票据的组合类别及确定依据： 基于应收票据的承兑人信用风险作为共同风险特征，将其划分为不同组合，并确定预期信用损失会计估计政策：a. 承兑人为商业银行的银行承兑汇票，本集团评价该类款项具有较低的信用风险，不确认预期信用损失；b. 承兑人为商业承兑汇票，按照整个存续期预期信用损失计量坏账准备。
3	示例 2－49　浙能电力（600023. SH）	对于因销售商品、提供劳务等日常经营活动形成的应收票据，无论是否存在重大融资成分，均按照整个存续期的预期信用损失计量损失准备。当单项金融资产无法以合理成本评估预期信用损失的信息时依据信用风险特征将应收款项划分为若干组合，在组合基础上计算预期信用损失。确定组合的依据和计提方法如下： 银行承兑汇票组合； 商业承兑汇票组合。 除此以外的应收票据，参考历史信用损失经验，结合当前状况以及对未来经济状况的预测，通过违约风险敞口和未来 12 个月内或整个存续期预期信用损失率，计算预期信用损失
4	示例 2－50　曲美家居（603818. SH）	对于因销售商品、提供劳务等日常经营活动形成的应收票据，无论是否存在重大融资成分，均按照整个存续期的预期信用损失计量损失准备。 当单项金融资产无法以合理成本评估预期信用损失的信息时，依据信用风险特征将应收款项划分为若干组合，在组合基础上计算预期信用损失，确定组合的依据和计提方法如下： 承兑汇票组合：除需单项评估外的所有应收票据。 对于划分为组合的因销售商品、提供劳务等日常经营活动形成的应收票据，参考历史信用损失经验，结合当前状况以及对未来经济状况的预测，通过违约风险敞口和整个存续期预期信用损失率，计算预期信用损失

续表

序号	参考示例	应收票据的减值计提
5	示例 2－51　上海机电（600835. SH）	对于因销售商品、提供劳务等日常经营活动形成的应收票据、应收账款、应收款项融资、长期应收款和合同资产，无论是否存在重大融资成分，均按照整个存续期的预期信用损失计量损失准备。 对于已发生信用减值等信用风险特征显著不同的应收商业承兑汇票，根据处于不同情况的合同对手方的历史信用损失经验、当前状况及对其未来状况的预测，评估了多情景下预计现金流量分布的不同情况，并根据不同情景下的预期信用损失率和各情景发生的概率权重，相应计提预期信用损失。 对于未发生信用减值的应收票据或当单项金融资产无法以合理成本评估预期信用损失的信息时，依据客户信用风险特征是否存在重大差异，将应收票据划分组合，在组合基础上计算预期信用损失，确定组合的依据和计提方法如下： 组合 1：银行承兑汇票； 组合 2：商业承兑汇票。 对于划分为组合的因销售商品、提供劳务等日常经营活动形成的应收银行承兑票据，参考历史信用损失经验，结合当前状况以及对未来经济状况的预测，通过违约风险敞口和整个存续期预期信用损失率，计算预期信用损失。 对于划分为组合的应收商业承兑票据，参考历史信用损失经验，结合当前状况以及对未来经济状况的预测，编制应收商业承兑票据逾期天数与整个存续期预期信用损失率对照表，计算预期信用损失

示例 2－47　时代电气（688187. SH）

会计政策

对于因销售商品、提供劳务等日常经营活动形成的应收票据、应收账款、应收款项融资和合同资产以及租赁交易形成的租赁应收款，本集团始终按照相当于整个存续期内预期信用损失的金额计量其损失准备。本集团基于历史信用损失经验、使用准备矩阵计算上述金融资产的预期信用损失，相关历史经验根据资产负债表日债务人的特定因素，以及对当前状况和未来经济状况预测的评估进行调整。

（Ⅰ）按照信用风险特征组合计提坏账准备的组合类别及确定依据。

项目	组合
应收票据	根据承兑人信用风险特征的不同，本集团将应收票据划分为银行承兑汇票、应收铁路总公司及其附属企业（“铁总”）商业承兑汇票、应收除铁总外的中央国有企业商业承兑汇票、应收地方政府或地方国有企业商业承兑汇票以及应收其他企业商业承兑汇票五个组合

对于划分为组合的应收款项，本集团考虑包括账龄、历史损失情况等情况，并针对未来经济状况等影响因素适当调整整个存续期预期信用损失率，通过违约风险敞口和整个存续期预期信用损失率，计算预期信用损失。

（Ⅱ）按照单项计提坏账准备的单项计提判断标准。

本集团对于应收票据、应收账款、应收款项融资、其他应收款和合同资产，通常按照信用风险特征组合计量其损失准备。若某一对手方信用风险特征与组合中其他对手方显著不同，或该对手方信用风险特征发生显著变化，对应收该对手方款项按照单项计提损失准备。例如，当某对手方发生严重财务困难，应收该对手方款项的预期信用损失率已显著高于其所处于账龄区间的预期信用损失率时，对其单项计提损失准备。

财务报表项目注释

（1）应收票据分类列示

单位：元

项目	期末余额	期初余额
银行承兑票据	487, 296, 226	238, 121, 922
商业承兑票据	1, 892, 185, 109	3, 171, 786, 124
减：信用损失准备	2, 599, 116	5, 371, 158
合计	2, 376, 882, 219	3, 404, 536, 888

（5）按坏账计提方法分类披露

类别	期末余额				
	账面余额		坏账准备		账面价值（元）
	金额（元）	比例（%）	金额（元）	比例（%）	
按组合计提坏账准备	2, 379, 481, 335	100.00	2, 599, 116	0.11	2, 376, 882, 219
商业承兑票据	1, 892, 185, 109	79.52	2, 599, 116	0.14	1, 889, 585, 993
银行承兑票据	487, 296, 226	20.48			487, 296, 226
合计	2, 379, 481, 335	100.00	2, 599, 116	0.11	2, 376, 882, 219

银行承兑汇票：于2023年12月31日，本集团认为所持有的银行承兑汇票不存在重大信用风险，故未计提信用损失准备。

商业承兑汇票：商业承兑汇票按四大类客户组合分别计提信用损失准备，每类组合均涉及大量客户，其分别具有相同的风险特征。

按组合计提坏账准备：

名称	期末余额			
	应收票据（元）	坏账准备（元）	账面价值（元）	计提比例（%）
银行承兑汇票	487, 296, 226	616, 295		
除铁总外的中央国有企业客户商业承兑汇票	267, 282, 603	344, 947	267, 283	0.10

续表

名称	期末余额			
	应收票据（元）	坏账准备（元）	账面价值（元）	计提比例（%）
地方政府或地方国有企业客户商业承兑汇票	11,947,877	1,776,237	119,479	1.00
铁总商业承兑汇票	1,612,954,629	1,102,852	2,212,354	0.14
合计	2,379,481,335	3,840,331	2,599,116	

（6）坏账准备的情况

单位：元

类别	期初余额	期末余额				期末余额
		计提	收回或转回	转销或核销	其他变动	
商业承兑汇票	5,371,158	349,419	-3,121,461			2,599,116
合计	5,371,158	349,419	-3,121,461			2,599,116

示例2-48　中信重工（601608.SH）

会计政策

对于因销售商品、提供劳务等日常活动形成的应收票据、应收账款、应收款项融资和合同资产，无论是否存在重大融资成分，本集团均按照整个存续期的预期信用损失计量损失准备。本集团参考历史信用损失经验，结合当前状况以及对未来经济状况的预测，通过违约风险敞口和整个存续期预期信用损失率，计算预期信用损失。

应收票据的组合类别及确定依据。

本集团基于应收票据的承兑人信用风险作为共同风险特征，将其划分为不同组合，并确定预期信用损失会计估计政策：a. 承兑人为商业银行的银行承兑汇票，本集团评价该类款项具有较低的信用风险，不确认预期信用损失；b. 承兑人为商业承兑汇票，按照整个存续期预期信用损失计量坏账准备。

财务报表项目注释

（1）应收票据分类列示

单位：元

项目	期末余额	期初余额
银行承兑票据		
商业承兑票据	96,876,749.14	353,926,951.49
合计	96,876,749.14	353,926,951.49

(4) 按坏账计提方法分类披露

类别	期末余额				
	账面余额		坏账准备		账面价值（元）
	金额（元）	比例（%）	金额（元）	计提比例（%）	
按单项计提坏账准备					
按组合计提坏账准备	97,363,566.97	100.00	486,817.83	0.50	96,876,749.14
其中：					
银行承兑票据					
商业承兑票据	97,363,566.97	100.00	486,817.83	0.50	96,876,749.14
合计	97,363,566.97		486,817.83		96,876,749.14

组合计提项目：银行承兑汇票（无）、商业承兑汇票。

单位：元

名称	本期变动金额		
	计提	收回或转回	转销或核销
商业承兑汇票	97,363,566.97	486,817.83	0.50
合计	97,363,566.97	486,817.83	

(5) 坏账准备的情况

单位：元

类别	期初余额	本期变动金额				期末余额
		计提	收回或转回	转销或核销	其他变动	
按组合计提预期信用损失的应收票据	1,778,527.40	-1,291,709.57				486,817.83
合计	1,778,527.40	-1,291,709.57				486,817.83

示例 2-49　浙能电力（600023.SH）

会计政策

对于因销售商品、提供劳务等日常经营活动形成的应收票据、应收账款、应收款项融资和合同资产，无论是否存在重大融资成分，本公司均按照整个存续期的预期信用损失计量损失准备。当单项金融资产无法以合理成本评估预期信用损失的信息时，本公司依据信用风险特征将应收款项划分为若干组合，在组合基础上计算预期信用损失。确定组合的依据和计提方法如下：

银行承兑汇票组合

商业承兑汇票组合

对于划分为组合的应收账款和因销售商品、提供劳务等日常经营活动形成的应收票据和应收款项融资，本公司参考历史信用损失经验，结合当前状况以及对未来经济状况的预测，编制应收账款账龄天数与整个存续期预期信用损失率对照表，计算预期信用损失。除此以外的应收票据、应收款项融资和划分为组合的其他应收款，本公司参考历史信用损失经验，结合当前状况以及对未来经济状况的预测，通过违约风险敞口和未来12个月内或整个存续期预期信用损失率，计算预期信用损失。

财务报表项目注释

（1）应收票据分类列示

单位：元

项目	期末余额	期初余额
银行承兑票据	714,986,319.43	1,000,122,587.73
商业承兑票据	121,351,209.58	
合计	836,337,529.01	1,000,122,587.73

说明：本公司应收票据期末余额中，本年非同一控制下合并的中来股份对应余额125,945,520.41元，其中：银行承兑汇票4,594,310.83元、商业承兑汇票121,351,209.58元。

（4）按坏账计提方法分类披露

类别	期末余额				
	账面余额		坏账准备		账面价值（元）
	金额（元）	比例（%）	金额（元）	比例（%）	
按单项计提坏账准备					
其中：					
按组合计提坏账准备	844,770,323.41	100.00	8,432,794.40	1.00	836,337,529.01
其中：					
商业承兑票据	128,632,852.18	15.23	7,281,642.60	5.66	121,351,209.58
银行承兑票据	716,137,471.23	84.77	1,151,151.80	0.16	714,986,319.43
合计	844,770,323.41	—	8,432,794.40	—	836,337,529.01

按组合计提坏账准备：

组合计提项目：商业承兑汇票组合。

名称	期末余额		
	应收票据（元）	坏账准备（元）	计提比例（%）
商业承兑汇票	128, 632, 852. 18	7, 281, 642. 60	5. 66
合计	128, 632, 852. 18	7, 281, 642. 60	5. 66

组合计提项目：银行承兑汇票组合。

名称	期末余额		
	应收票据（元）	坏账准备（元）	计提比例（%）
银行承兑汇票	716, 137, 471. 23	1, 151, 151. 80	0. 16
合计	716, 137, 471. 23	1, 151, 151. 80	0. 16

（5）坏账准备的情况

单位：元

类别	期初余额	本期变动金额				期末余额
		计提	收回或转回	转销或核销	其他变动	
按组合计提坏账准备	424, 046. 09	－8, 859, 080. 01	424, 046. 09		17, 291, 874. 41	8, 432, 794. 40
其中：商业承兑汇票组合		－10, 010, 231. 81			17, 291, 874. 41	7, 281, 642. 60
银行承兑汇票组合			424, 046. 09			1, 151, 151. 80
合计	424, 046. 09	－8, 859, 080. 01	424, 046. 09		17, 291, 874. 41	8, 432, 794. 40

示例 2－50　曲美家居（603818. SH）

会计政策

对于因销售商品、提供劳务等日常经营活动形成的应收票据、应收账款和合同资产，无论是否存在重大融资成分，本集团均按照整个存续期的预期信用损失计量损失准备。

按照单项计算预期信用损失的各类金融资产，其信用风险特征与该类中的其他金融资产显著不同。当单项金融资产无法以合理成本评估预期信用损失的信息时，本集团依据信用风险特征将应收款项划分为若干组合，在组合基础上计算预期信用损失，确定组合的依据和计提方法如下：

承兑汇票组合：除需单项评估外的所有应收票据。

对于划分为组合的应收账款和因销售商品、提供劳务等日常经营活动形成的应收票据，本集团参考历史信用损失经验，结合当前状况以及对未来经济状况的预测，通过违约风险敞口和整个存续期预期信用损失率，计算预期信用损失。

财务报表项目注释

（1）应收票据分类列示

单位：元

项目	期末余额	期初余额
银行承兑票据		
商业承兑票据		7,805,972.41
合计		73,818,043.85

（4）按坏账计提方法分类披露

类别	期初余额				
	账面余额		坏账准备		账面价值（元）
	金额（元）	比例（%）	金额（元）	计提比例（%）	
按单项计提坏账准备					
商业承兑票据——房地产开发商客户					
按组合计提坏账准备	7,834,800.00	100.00	28,827.59	0.37	7,805,972.41
商业承兑票据	7,834,800.00	100.00	28,827.59	0.37	7,805,972.41
银行承兑票据					
合计	7,834,800.00	—	28,827.59	—	7,805,972.41

（5）坏账准备的情况

单位：元

类别	期初余额	本期变动金额		
		计提	收回或转回	转销或核销
商业承兑票据	28,827.59		28,827.59	
合计	28,827.59		28,827.59	

2022 年度，本集团部分房地产开发商客户债务偿付出现困难，于 2022 年 12 月 31 日，本集团对所持该客户的商业承兑汇票评估了不同场景下预计可能回收的现金

流量，并根据其与合同应收的现金流量之间差额的现值，计提坏账准备28,827.59元。本年度，上述商业承兑汇票均已到期承兑。

示例2－51　上海机电（600835.SH）

会计政策

对于因销售商品、提供劳务等日常经营活动形成的应收票据、应收账款、应收款项融资、长期应收款和合同资产，无论是否存在重大融资成分，本集团均按照整个存续期的预期信用损失计量损失准备。

对于已发生信用减值等信用风险特征显著不同的应收商业承兑汇票、应收账款和合同资产，本集团根据处于不同情况的合同对手方的历史信用损失经验、当前状况及对其未来状况的预测，评估了多情景下预计现金流量分布的不同情况，并根据不同情景下的预期信用损失率和各情景发生的概率权重，相应计提预期信用损失。

按照单项计算预期信用损失的各类金融资产，其信用风险特征与该类中的其他金融资产显著不同。对于未发生信用减值的应收款项或当单项金融资产无法以合理成本评估预期信用损失的信息时，本集团依据客户信用风险特征是否存在重大差异，将应收款项划分为包括房地产相关行业客户在内的若干组合，在组合基础上计算预期信用损失，确定组合的依据和计提方法如下：

应收票据

组合	依据
组合1	银行承兑汇票
组合2	商业承兑汇票

对于划分为组合的因销售商品、提供劳务等日常经营活动形成的应收银行承兑票据和应收款项融资，本集团参考历史信用损失经验，结合当前状况以及对未来经济状况的预测，通过违约风险敞口和整个存续期预期信用损失率，计算预期信用损失。

对于划分为组合的应收商业承兑票据、应收账款、长期应收款及合同资产，本集团参考历史信用损失经验，结合当前状况以及对未来经济状况的预测，编制应收商业承兑票据、应收账款、长期应收款及合同资产逾期天数与整个存续期预期信用损失率对照表，计算预期信用损失。

财务报表项目注释

应收票据分类列示

单位：元

项目	期末余额	期初余额
银行承兑票据	73,534,535.01	96,154,720.96
商业承兑票据	903,000,630.93	1,223,384,694.76

续表

项目	期末余额	期初余额
减：坏账准备	-399, 194, 550. 95	-393, 094, 975. 44
合计	577, 340, 614. 99	926, 444, 440. 28

(c) 按坏账计提方法分类及披露坏账准备：

本集团的应收票据均因销售商品、提供劳务等日常经营活动产生，无论是否存在重大融资成分，均按照整个存续期的预期信用损失计量损失准备。

类别	期末余额				
	账面余额		坏账准备		账面价值（元）
	金额（元）	比例（%）	金额（元）	计提比例（%）	
按单项计提坏账准备	848, 287, 321. 06	86. 87	398, 310, 416. 24	46. 95	449, 976, 904. 82
其中：					
商业承兑汇票	848, 287, 321. 06	86. 87	398, 310, 416. 24	46. 95	449, 976, 904. 82
按组合计提坏账准备	128, 247, 844. 88	13. 13	884, 134. 71	0. 69	127, 363, 710. 17
其中：					
商业承兑汇票	54, 713, 309. 87	5. 60	884, 134. 71	1. 62	53, 829, 175. 16
银行承兑汇票	73, 534, 535. 01	7. 53			73, 534, 535. 01
合计	976, 535, 165. 94	—	399, 194, 550. 95	—	577, 340, 614. 99

(i) 按单项计提坏账准备：

于 2023 年 12 月 31 日，本集团针对已发生信用减值等信用风险显著不同的应收商业承兑汇票分析如下：

名称	期末余额			
	账面余额（元）	坏账准备（元）	计提比例（%）	计提理由
应收商业承兑汇票集团 1	740, 709, 006. 90	361, 350, 343. 74	48. 78	注 a
应收商业承兑汇票集团 2	40, 093, 062. 00	13, 759, 125. 75	34. 32	注 a
应收商业承兑汇票集团 3	22, 900, 601. 75	8, 015, 759. 15	35. 00	注 a
应收商业承兑汇票集团 4	14, 273, 802. 97	4, 402, 781. 75	30. 85	注 a
应收商业承兑汇票集团 5	12, 068, 500. 75	4, 019, 576. 93	33. 31	注 a

续表

名称	期末余额			
	账面余额（元）	坏账准备（元）	计提比例（%）	计提理由
其他	18, 242, 346. 69	6, 762, 828. 92	37. 07	注 a
合计	848, 287, 321. 06	398, 310, 416. 24	46. 95	—

注 a：于 2023 年 12 月 31 日，本集团应收某些第三方集团内不同子公司的商业承兑票据合计 848, 287, 321. 06 元，相关的合同负债合计 262, 820, 506. 78 元。本集团根据该等第三方集团内处于不同情况的子公司的历史回款情况、经营模式、当前状况及对其未来状况的预测，评估了多情景下预计现金流量分布的不同情况，并根据不同情景下的预期信用损失率和各情景发生的概率权重，相应计提预期信用损失，相关金额为 398, 310, 416. 24 元，计入当期损益 30, 685, 904. 47 元。

此外，本集团与该等集团的部分子公司达成债务重组安排，以其资产抵偿对本集团应付商业承兑票据（“资产抵债交易”）。截至 2023 年 12 月 31 日，与 199, 048, 595. 46 元（2022 年 12 月 31 日：188, 455, 451. 00 元）商业承兑汇票对应的资产抵债交易已经完成相关资产的网签手续，本集团相应终止确认应收款项，并相应确认其他非流动资产 199, 048, 595. 46 元（2022 年 12 月 31 日：188, 455, 451. 00 元）[附注四（31）]（略）。

（ii）按组合计提坏账准备：

组合计提项目：银行承兑汇票。

名称	期末余额		
	账面余额（元）	坏账准备（元）	计提比例（%）
银行承兑汇票	73, 534, 535. 01		
合计	73, 534, 535. 01		

于 2023 年 12 月 31 日，本集团按照整个存续期预期信用损失计量坏账准备。本集团认为所持该组合内的银行承兑汇票不存在重大信用风险，不会因银行违约而产生重大损失，坏账准备的计量金额不重大。

组合计提项目：商业承兑汇票。

名称	期末余额		
	账面余额（元）	坏账准备（元）	计提比例（%）
商业承兑汇票	54, 713, 309. 87	884, 134. 71	1. 62
合计	54, 713, 309. 87	884, 134. 71	1. 62

本集团定期对客户信用记录和财务状况进行监控，综合客户与本集团交易往来的

信用记录是否存在明显异常、客户最近财务状况及其他公开市场信息等情况判断信用风险特征是否存在重大差异，根据客户历史回款情况、当前状况及对其未来状况的预测，相应计提预期信用损失。

于2023年12月31日，本集团对该组合内的商业承兑汇票按照整个存续期预期信用损失计量坏账准备，相关金额为884,134.71元（2022年12月31日：3,131,065.34元），计入当期损益为转回1,315,768.45元（2022年度：计提1,846,520.25元）。

（iii）坏账准备的情况：

单位：元

类别	期初余额	本期变动金额				期末余额
		计提	收回或转回	转销或核销	其他变动	
单项计提坏账准备	389,963,910.10	7,415,343.96			931,162.18	398,310,416.24
组合计提坏账准备	3,131,065.34		1,315,768.45		-931,162.18	884,134.71
合计	393,094,975.44	7,415,343.96	1,315,768.45			399,194,550.95

其他变动：从组合计提转入单项计提。

五、应收款项融资减值披露示例

（一）简要分析

根据《企业会计准则第22号——金融工具确认和计量》（2017年修订），对于能通过现金流量仅为对本金和以未偿付本金金额为基础的利息的支付（即SPPI测试）的金融资产，如果企业管理该金融资产的业务模式既以收取合同现金流量为目标又以出售该金融资产为目标，则应当分类为以公允价值计量且其变动计入其他综合收益的金融资产。

根据财政部《关于修订印发2019年度一般企业财务报表格式的通知》（财会〔2019〕6号），“应收款项融资”项目，反映资产负债表日以公允价值计量且其变动计入其他综合收益的应收票据和应收账款等。

对于由《企业会计准则第14号——收入》规范的交易形成、不包含重大融资成分（包括不考虑不超过一年的合同中融资成分的情况）的应收款项融资，企业应当始终按照整个存续期内预期信用损失的金额计量其损失准备（企业对此没有选择权）；对于包含重大融资成分的应收款项融资，企业可以选择始终按照相当于整个存续期内预期信用损失的金额计量其损失准备。对除此以外的应收款项融资，企业应当在每个资产负债表日评估信用风险自初始确认后是否已显著增加，通过违约风险敞口和未来12个月内或整个存续期预期信用损失率，计算预期信用损失。

分类为以公允价值计量且其变动计入其他综合收益的金融资产，企业应当在其他综合收益中确认其损失准备，并将减值损失或利得计入当期损益，且不应减少该金融资产在资产负债表中列示的账面价值。

（二）年报披露示例

应收款项融资减值计提披露示例汇总如表 2－10 所示。

表 2－10　应收款项融资减值计提披露示例汇总

序号	参考示例	应收款项融资的减值计提
1	示例 2－52　中集车辆（301039. SZ）	对于因销售商品、提供劳务等日常经营活动形成的应收款项融资，无论是否存在重大融资成分，均按照整个存续期的预期信用损失计量损失准备。 依据信用风险特征将应收款项划分为若干组合，在组合基础上计算预期信用损失，确定组合的依据和计提方法如下： 组合 1：银行承兑汇票； 组合 2：商业承兑汇票； 组合 3：应收账款
2	示例 2－53　中国中车（601766. SH）	对于因销售商品、提供劳务等日常经营活动形成的应收款项融资，始终按照相当于整个存续期内预期信用损失的金额计量其损失准备。基于历史信用损失经验、使用准备矩阵计算上述金融资产的预期信用损失，相关历史经验根据资产负债表日债务人的特定因素，以及对当前状况和未来经济状况预测的评估进行调整
3	示例 2－54　隆基绿能（601012. SH）	对于因销售商品、提供劳务等日常经营活动形成的应收款项融资，无论是否存在重大融资成分，均按照整个存续期的预期信用损失计量损失准备。 当单项金融资产无法以合理成本评估预期信用损失的信息时，本集团依据信用风险特征将应收款项划分为若干组合，在组合基础上计算预期信用损失，确定组合的依据和计提方法如下： 应收款项融资：银行承兑汇票组合。 对于划分为组合因销售商品、提供劳务等日常经营活动形成的应收款项融资，参考历史信用损失经验，结合当前状况以及对未来经济状况的预测，通过违约风险敞口和整个存续期预期信用损失率，计算预期信用损失。除此以外的应收款项融资，参考历史信用损失经验，结合当前状况以及对未来经济状况的预测，通过违约风险敞口和未来 12 个月内或整个存续期预期信用损失率，计算预期信用损失
4	示例 2－55　青岛港（601298. SH）	对于因销售商品、提供劳务等日常经营活动形成的应收款项融资，无论是否存在重大融资成分，均按照整个存续期的预期信用损失计量损失准备。 当单项金融资产无法以合理成本评估预期信用损失的信息时，依据信用风险特征将应收款项划分为若干组合，在组合基础上计算预期信用损失，确定组合的依据和计提方法如下： 应收款项融资组合：银行承兑汇票。 对于划分为组合的因销售商品、提供劳务等日常经营活动形成的应收款项融资，参考历史信用损失经验，结合当前状况以及对未来经济状况的预测，通过违约风险敞口和整个存续期预期信用损失率，计算预期信用损失。除此以外的应收款项融资，参考历史信用损失经验，结合当前状况以及对未来经济状况的预测，通过违约风险敞口和未来 12 个月内或整个存续期预期信用损失率，计算预期信用损失

示例 2-52 中集车辆（301039. SZ）

会计政策

对于因销售商品、提供劳务等日常经营活动形成的应收票据、应收账款和应收款项融资，无论是否存在重大融资成分，本集团均按照整个存续期的预期信用损失计量损失准备。

除上述应收票据、应收账款、应收款项融资、合同资产和应收租赁款外，于每个资产负债表日，本集团对处于不同阶段的金融工具的预期信用损失分别进行计量。金融工具自初始确认后信用风险未显著增加的，处于第一阶段，本集团按照未来12个月内的预期信用损失计量损失准备；金融工具自初始确认后信用风险已显著增加但尚未发生信用减值的，处于第二阶段，本集团按照该工具整个存续期的预期信用损失计量损失准备；金融工具自初始确认后已经发生信用减值的，处于第三阶段，本集团按照该工具整个存续期的预期信用损失计量损失准备。

本集团依据信用风险特征将应收款项划分为若干组合，在组合基础上计算预期信用损失，确定组合的依据和计提方法如下：

项目	组合
组合 1	银行承兑汇票
组合 2	商业承兑汇票
组合 3	应收账款

本集团将计提或转回的损失准备计入当期损益。对于持有的以公允价值计量且其变动计入其他综合收益的债务工具，本集团在将减值损失或利得计入当期损益的同时调整其他综合收益。

财务报表项目注释

应收款项融资

（1）应收款项融资分类列示：

单位：元

项目	期末余额	期初余额
银行承兑汇票	236, 715, 903. 76	258, 818, 435. 64
合计	236, 715, 903. 76	258, 818, 435. 64

（2）按坏账计提方法分类披露：

类别	期末余额				
	账面余额		坏账准备		账面价值（元）
	金额（元）	比例（%）	金额（元）	计提比例（%）	
其中：					
按组合计提坏账准备	237,439,755.05	100.00	723,851.29	0.30	236,715,903.76
其中：					
银行承兑票据	237,439,755.05	100.00	723,851.29	0.30	236,715,903.76
合计	237,439,755.05	100.00	723,851.29	0.30	236,715,903.76

按组合计提坏账准备：

名称	期末余额		
	账面余额（元）	坏账准备（元）	计提比例（%）
银行承兑票据	237,439,755.05	723,851.29	0.30
合计	237,439,755.05	723,851.29	

按预期信用损失一般模型计提坏账准备：

单位：元

坏账准备	第一阶段	第二阶段	第三阶段	合计
	未来12个月预期信用损失	整个存续期预期信用损失（未发生信用减值）	整个存续期预期信用损失（已发生信用减值）	
2023年1月1日余额	775,928.14			775,928.14
2023年1月1日余额在本期				
本期计提	723,851.29			723,851.29
本期转回	775,928.14			775,928.14
2023年12月31日余额	723,851.29			723,851.29

（3）本期计提、收回或转回的坏账准备的情况：

单位：元

类别	期初余额	本期变动金额				期末余额
		计提	收回或转回	转销或核销	其他变动	
应收款项融资	775,928.14	723,851.29	775,928.14			723,851.29
合计	775,928.14	723,851.29	775,928.14			723,851.29

（7）应收款项融资本期增减变动及公允价值变动情况：

单位：元

项目	期初数	本期公允价值变动损益	本期计提减值	本期购买金额	本期出售金额	期末数
应收款项融资	258,818,435.64		-52,076.85	3,813,089,583.48	3,835,244,192.21	236,715,903.76

示例2-53　中国中车（601766.SH）

会计政策

对于因销售商品、提供劳务等日常经营活动形成的应收票据、应收账款、应收款项融资和合同资产以及租赁交易形成的租赁应收款，本集团始终按照相当于整个存续期内预期信用损失的金额计量其损失准备。本集团基于历史信用损失经验、使用准备矩阵计算上述金融资产的预期信用损失，相关历史经验根据资产负债表日债务人的特定因素，以及对当前状况和未来经济状况预测的评估进行调整。

财务报表项目注释

应收款项融资

（1）应收款项融资分类列示：

单位：千元

项目	期末余额	期初余额
应收票据	8,874,246	5,311,061
应收账款	2,623,853	1,424,514
合计	11,498,099	6,735,575

（4）按坏账计提方法分类披露：

类别	期末余额					期初余额				
	账面余额		坏账准备		账面价值（千元）	账面余额		坏账准备		账面价值（千元）
	金额（千元）	比例（%）	金额（千元）	计提比例（%）		金额（千元）	比例（%）	金额（千元）	计提比例（%）	
按组合计提	11, 498, 099	100		—	11, 498, 099	6, 735, 655	100	（80）	—	6, 735, 575
合计	11, 498, 099	100		—	11, 498, 099	6, 735, 655	100	（80）	—	6, 735, 575

按预期信用损失一般模型计提坏账准备：

单位：千元

坏账准备	第二阶段	合计
	整个存续期预期信用损失（未发生信用减值）	
2023 年 1 月 1 日余额	80	80
本期转回	（80）	（80）
2023 年 12 月 31 日余额		

（5）应收款项融资本期增减变动及公允价值变动情况：

单位：千元

项目	期末余额
成本	11, 735, 442
公允价值	11, 498, 099
累计计入其他综合收益的公允价值变动金额	（237, 343）

示例 2 - 54　隆基绿能（601012. SH）

会计政策

对于因销售商品、提供劳务等日常经营活动形成的应收票据、应收账款、应收款项融资和合同资产，无论是否存在重大融资成分，本集团均按照整个存续期的预期信用损失计量损失准备。

按照单项计算预期信用损失的各类金融资产，其信用风险特征与该类中的其他金融资产显著不同。当单项金融资产无法以合理成本评估预期信用损失的信息时，本集团依据信用风险特征将应收款项划分为若干组合，在组合基础上计算预期信用损失，确定组合的依据和计提方法如下：

项目	组合
组合1	银行承兑汇票组合

对于划分为组合的应收账款和因销售商品、提供劳务等日常经营活动形成的应收票据和应收款项融资，本集团参考历史信用损失经验，结合当前状况以及对未来经济状况的预测，通过违约风险敞口和整个存续期预期信用损失率，计算预期信用损失。除此以外的应收票据、应收款项融资和划分为组合的其他应收款，本集团参考历史信用损失经验，结合当前状况以及对未来经济状况的预测，通过违约风险敞口和未来12个月内或整个存续期预期信用损失率，计算预期信用损失。

本集团将计提或转回的损失准备计入当期损益。对于持有的以公允价值计量且其变动计入其他综合收益的债务工具，本集团在将减值损失或利得计入当期损益的同时调整其他综合收益。

财务报表项目注释

应收票据

2023年度，本公司及本集团部分子公司视日常资金管理的需要将一部分银行承兑汇票进行贴现和背书，故将该等子公司符合标准的银行承兑汇票分类为以公允价值计量且其变动计入其他综合收益的金融资产，列示为应收款项融资。除上述公司外的其他公司仅对极少数应收银行承兑汇票进行了背书或贴现并已终止确认，故仍将该等公司符合标准的银行承兑汇票分类为以摊余成本计量的金融资产。

7. 应收款项融资

（1）应收款项融资分类列示：

单位：元

项目	期末余额	期初余额
银行承兑汇票	786, 589, 947. 93	1, 558, 583, 832. 50
合计	786, 589, 947. 93	1, 558, 583, 832. 50

（4）按坏账计提方法分类披露：

类别	期末余额				
	账面余额		坏账准备		账面价值（元）
	金额（元）	比例（%）	金额（元）	计提比例（%）	
按单项计提坏账准备					
其中：					
按组合计提坏账准备	786, 589, 947. 93	100. 00			786, 589, 947. 93

续表

类别	期末余额				
	账面余额		坏账准备		账面价值（元）
	金额（元）	比例（%）	金额（元）	计提比例（%）	
其中：					
银行承兑汇票	786,589,947.93	100.00			786,589,947.93
合计	786,589,947.93	—		—	786,589,947.93

组合计提项目：银行承兑汇票。

名称	期末余额		
	应收融资款项（元）	坏账准备（元）	计提比例（%）
银行承兑汇票	786,589,947.93		
合计	786,589,947.93		

各阶段划分依据和坏账准备计提比例：

于2023年12月31日，本集团认为所持有的银行承兑汇票信用风险特征类似，无单项计提减值准备的银行承兑汇票。此外，本集团认为所持有的银行承兑汇票不存在重大信用风险，不会因银行违约而产生重大损失。

(7) 应收款项融资本期增减变动及公允价值变动情况：

2023年度，本公司及本集团部分子公司视其日常资金管理的需要将一部分银行承兑汇票进行贴现和背书，故将该等子公司符合标准的银行承兑汇票分类为以公允价值计量且其变动计入其他综合收益的金融资产，列示为应收款项融资。

示例2-55 青岛港（601298.SH）

会计政策

对于因销售商品、提供劳务等日常经营活动形成的应收票据、应收账款、应收款项融资和合同资产，无论是否存在重大融资成分，本集团均按照整个存续期的预期信用损失计量损失准备。

按照单项计算预期信用损失的各类金融资产，其信用风险特征与该类中的其他金融资产显著不同。当单项金融资产无法以合理成本评估预期信用损失的信息时，本集团依据信用风险特征将应收款项划分为若干组合，在组合基础上计算预期信用损失，确定组合的依据和计提方法如下：

应收款项融资及应收票据组合：

应收银行承兑汇票组合　银行承兑汇票

应收票据组合A　应收合并范围内公司的商业承兑汇票（适用于公司财务报表）；

应收票据组合B　应收合并范围外公司的商业承兑汇票。

对于划分为组合的应收账款、应收租赁款和因销售商品、提供劳务等日常经营活动形成的应收票据和应收款项融资，本集团参考历史信用损失经验，结合当前状况以及对未来经济状况的预测，通过违约风险敞口和整个存续期预期信用损失率，计算预期信用损失。除此以外的应收票据、应收款项融资和划分为组合的其他应收款及长期应收款，本集团参考历史信用损失经验，结合当前状况以及对未来经济状况的预测，通过违约风险敞口和未来12个月内或整个存续期预期信用损失率，计算预期信用损失。

本集团将计提或转回的损失准备计入当期损益。对于持有的以公允价值计量且其变动计入其他综合收益的债务工具，本集团在将减值损失或利得计入当期损益的同时调整其他综合收益。

财务报表项目注释

应收款项融资

（1）应收款项融资分类列示：

单位：元

项目	期末余额	期初余额
银行承兑汇票	314, 538, 178	280, 619, 222
合计	314, 538, 178	280, 619, 222

（7）应收款项融资本期增减变动及公允价值变动情况：

本集团视日常资金管理的需要将一部分银行承兑汇票进行背书或贴现，且满足终止确认的条件，故将本集团信用评级较好的银行承兑汇票分类为以公允价值计量且其变动计入其他综合收益的金融资产。

于2023年12月31日，本集团认为所持有的银行承兑汇票信用风险特征类似，无单项计提减值准备的银行承兑汇票。此外，本集团认为所持有的银行承兑汇票不存在重大信用风险，不会因银行违约而产生重大损失。

六、长期应收款减值披露示例

（一）简要分析

企业的长期应收款，包括融资租赁产生的应收款项、为客户提供重大融资利益的销售商品和提供劳务等产生的应收款项等，以及实质上构成对被投资单位净投资的长期权益。

根据《企业会计准则第22号——金融工具确认和计量》，对于由《企业会计准则第14号——收入》规范的交易形成、包含重大融资成分的长期应收款，企业可以选择始终按照相当于整个存续期内预期信用损失的金额计量其损失准备，也可以选择在每个资产负债表日评估信用风险自初始确认后是否已显著增加，通过违约风险敞口和未来12个月内或整个存续期预期信用损失率，计算预期信用损失。

（二）年报披露示例

长期应收款减值计提披露示例汇总如表2－11所示。

表2－11　　长期应收款减值计提披露示例汇总

序号	参考示例	长期应收款涉及的内容
1	示例2－56　北辰实业（601588. SH）	对于因销售商品、提供劳务等日常经营活动形成的长期应收款，存在重大融资成分，选择按照整个存续期的预期信用损失计量损失准备。 当单项金融资产无法以合理成本评估预期信用损失的信息时，依据信用风险特征将应收款项划分为若干组合如下： 长期应收款组合1　应收保证金； 长期应收款组合2　应收关联公司款项。 对于划分为组合的其他应收款、长期应收款，参考历史信用损失经验，结合当前状况以及对未来经济状况的预测，通过违约风险敞口和未来12个月内或整个存续期预期信用损失率，计算预期信用损失
2	示例2－57　创业环保（600874. SH）	对于划分为组合的因销售产品、提供劳务等日常经营活动形成的长期应收款，参考历史信用损失经验，结合当前状况以及对未来经济状况的预测，通过违约风险敞口和整个存续期预期信用损失率，计算预期信用损失。 将金额重大且信用风险明显较低单项金融资产，以及自初始确认后信用风险已显著增加或确认已发生信用减值的金融资产按照单项来评估预期信用损失。 当单项金融资产无法以合理成本评估预期信用损失的信息时，依据信用风险特征将应收款项划分为若干组合，在组合基础上计算预期信用损失，确定组合的依据和计提方法如下： 组合1　合并范围内关联方组合（仅适用于公司财务报表）：应收纳入合并范围的关联方的应收款项； 组合2　银行承兑汇票：信用风险较低的银行； 组合3　政府客户组合：除省会城市以及直辖市政府所属特许经营授权方相关客户以外的其他政府相关客户，以初始确认时点作为账龄的起算时点； 组合4　其他客户组合：应收其他客户款项，以初始确认时点作为账龄的起算时点； 组合5　项目保证金组合：应收项目保证金； 组合6　其他组合：除增值税退税、项目保证金以外的其他应收款
3	示例2－58　深高速（600548. SH）	组合一　应收深汕特别合作区开发建设有限公司代垫款； 组合二　应收融资租赁款项； 组合三　电费补贴收入
4	示例2－59　中国铁建（601186. SH）	基于单项和信用风险特征组合为基础评估长期应收款的预期信用损失

续表

序号	参考示例	长期应收款涉及的内容
5	示例2－60　中兴通讯(000063. SZ)	对于包含重大融资成分的应收款项以及合同资产，选择运用简化计量方法，按照相当于整个存续期内的预期信用损失金额计量损失准备

示例2－56　北辰实业（601588. SH）

会计政策

对于因销售商品、提供劳务等日常经营活动形成的应收账款，无论是否存在重大融资成分，本集团均按照整个存续期的预期信用损失计量损失准备。对于应收租赁款，本集团亦选择按照整个存续期的预期信用损失计量损失准备。

除上述应收账款和应收租赁款外，于每个资产负债表日，本集团对处于不同阶段的金融工具的预期信用损失分别进行计量。金融工具自初始确认后信用风险未显著增加的，处于第一阶段，本集团按照未来12个月内的预期信用损失计量损失准备；金融工具自初始确认后信用风险已显著增加但尚未发生信用减值的，处于第二阶段，本集团按照该工具整个存续期的预期信用损失计量损失准备；金融工具自初始确认后已经发生信用减值的，处于第三阶段，本集团按照该工具整个存续期的预期信用损失计量损失准备。

按照单项计算预期信用损失的各类金融资产，其信用风险特征与该类中的其他金融资产显著不同。当单项金融资产无法以合理成本评估预期信用损失的信息时，本集团依据信用风险特征将应收款项划分为若干组合，在组合基础上计算预期信用损失，确定组合的依据和计提方法如下：

长期应收款组合1　应收保证金；

长期应收款组合2　应收关联公司款项。

对于划分为组合的其他应收款、长期应收款，本集团参考历史信用损失经验，结合当前状况以及对未来经济状况的预测，通过违约风险敞口和未来12个月内或整个存续期预期信用损失率，计算预期信用损失。

财务报表项目注释

长期应收款

（1）长期应收款情况：

单位：元

项目	期末余额			期初余额			折现率区间
	账面余额	坏账准备	账面价值	账面余额	坏账准备	账面价值	
应收关联方款项	655, 124, 700	302, 516, 752	352, 607, 948	220, 500, 000	119, 321, 399	101, 178, 601	—
应收保证金及其他	43, 103, 689	409, 485	42, 694, 204	65, 044, 030	748, 006	64, 296, 024	—
合计	698, 228, 389	302, 926, 237	395, 302, 152	285, 544, 030	120, 069, 405	165, 474, 625	—

（2）按预期信用损失一般模型计提坏账准备：

单位：元

项目	第一阶段	第二阶段	第三阶段	合计
	未来12个月预期信用损失	整个存续期预期信用损失（未发生信用减值）	整个存续期预期信用损失（已发生信用减值）	
2023年1月1日余额	748,006		119,321,399	120,069,405
2023年1月1日余额在本期	748,006		119,321,399	120,069,405
——转入第二阶段				
——转入第三阶段				
——转回第二阶段				
——转回第一阶段				
本期计提			183,195,353	183,195,353
本期转回	338,521			338,521
本期转销				
本期核销				
其他变动				
2023年12月31日余额	409,485		302,516,752	302,926,237

示例2－57　创业环保（600874.SH）

会计政策

对于因销售产品、提供劳务等日常经营活动形成的应收票据、应收账款，无论是否存在重大融资成分，本集团均按照整个存续期的预期信用损失计量损失准备。

除上述应收票据、应收账款外，于每个资产负债表日，本集团对处于不同阶段的金融工具的预期信用损失分别进行计量。金融工具自初始确认后信用风险未显著增加的，处于第一阶段，本集团按照未来12个月内的预期信用损失计量损失准备；金融工具自初始确认后信用风险已显著增加但尚未发生信用减值的，处于第二阶段，本集团按照该工具整个存续期的预期信用损失计量损失准备；金融工具自初始确认后已经发生信用减值的，处于第三阶段，本集团按照该工具整个存续期的预期信用损失计量损失准备。

本集团将金额重大且信用风险明显较低单项金融资产，以及自初始确认后信用风险已显著增加或确认已发生信用减值的金融资产按照单项来评估预期信用损失。

按照单项计算预期信用损失的各类金融资产，其信用风险特征与该类中的其他金融资产显著不同。当单项金融资产无法以合理成本评估预期信用损失的信息时，本集团依据信用风险特征将应收款项划分为若干组合，在组合基础上计算预期信用损失，确定组合的依据和计提方法如下：

组合1	合并范围内关联方组合（仅适用于公司财务报表）	应收纳入合并范围的关联方的应收款项
组合2	银行承兑汇票	信用风险较低的银行
组合3	政府客户组合	除省会城市以及直辖市政府所属特许经营授权方相关客户以外的其他政府相关客户，以初始确认时点作为账龄的起算时点
组合4	其他客户组合	应收其他客户款项，以初始确认时点作为账龄的起算时点
组合5	项目保证金组合	应收项目保证金
组合6	其他组合	除增值税退税、项目保证金以外的其他应收款

对于划分为组合的应收账款和因销售产品、提供劳务等日常经营活动形成的应收票据及长期应收款，本集团参考历史信用损失经验，结合当前状况以及对未来经济状况的预测，通过违约风险敞口和整个存续期预期信用损失率，计算预期信用损失。

财务报表项目注释

长期应收款

（1）长期应收款情况：

单位：千元

项目	期末余额			折现率区间
	账面余额	坏账准备	账面价值	
融资租赁款				
其中：未实现融资收益				
分期收款销售商品				
分期收款提供劳务				
应收天津市水务局	2, 811, 314	5, 104	2, 806, 210	
应收天津市贷款道路建设车辆通行费征收办公室款项	139, 185	241	138, 944	
特许经营权安排应收款项	1, 770, 541	27, 458	1, 743, 083	
应收巴彦淖尔市财政局	142, 532	1, 948	140, 584	
合计	4, 863, 572	34, 751	4, 828, 821	—

（2）按坏账计提方法分类披露：

类别	期末余额				
	账面余额		坏账准备		账面价值（千元）
	金额（千元）	比例（%）	金额（千元）	计提比例（%）	
按单项计提坏账准备	2,950,499	60.67	5,345	0.18	2,945,154
其中：					
应收天津市水务局	2,811,314	57.80	5,104	0.18	2,806,210
应收天津市贷款道路建设车辆通行费征收办公室款项	139,185	2.86	241	0.14	138,944
按组合计提坏账准备	1,913,073	39.33	29,406	1.39	1,883,667
其中：					
特许经营权安排应收款项	1,770,54	36.40	27,458	1.39	1,743,083
应收巴彦淖尔市财政局	142,532	2.93	1,948	1.37	140,584
合计	4,863,572	—	34,751	—	4,828,821

按单项计提坏账准备：

名称	期末余额			
	账面余额（千元）	坏账准备（千元）	计提比例（%）	计提理由
应收天津市水务局	2,811,314	5,104	0.18	本集团结合天津市水务局历史回款情况以及对未来回款情况的预期，将预计回款时间超过12个月的应收账款现值分类为“长期应收款”。整个存续期内采用与应收账款一致的预期信用损失率0.18%，坏账准备余额约为5.1百万元
应收天津市贷款道路建设车辆通行费征收办公室款项	139,185	241	0.14	该款项是在道路特许经营期内以未来保证最低交通流量为基础按照实际利率法确定的应收款项摊余成本。天津市贷款道路建设车辆通行费征收办公室为天津市政府下辖事业单位，具有较低的信用风险。根据历史经验，本公司均能在约定期限内收款。因此本公司预计该应收款项整个存续期预期信用损失率为0.14%，坏账准备余额约为0.2百万元
合计	2,950,499	5,345	0.18	—

按组合计提坏账准备：

名称	期末余额		
	长期应收款（千元）	坏账准备（千元）	计提比例（%）
特许经营权安排应收款项	1, 969, 524	27, 458	1. 39
应收巴彦淖尔市财政局	142, 532	1, 948	1. 37
合计	2, 112, 056	29, 406	—

（1）据《特许经营服务协议》约定，在特许经营期间，本集团有权向接受服务的对象收取可确定金额的现金，根据解释第 14 号本集团将拥有的收取该对价的权利在特许经营项目资产建设完成后，确认为长期应收款。该长期应收款的收款期为 10 年至 30 年，按照实际利率法确定摊余成本。由于客户基本为除省会城市以及直辖市政府客户以外的其他政府客户，因此整个存续期内采用与应收账款一致的预期信用损失率 1. 39%，坏账准备余额约为 27. 5 百万元。

（2）本集团结合内蒙古巴彦淖尔市财政局以及巴彦淖尔市临河区财政局历史回款情况以及对未来回款情况的预期，将预计回款时间超过 12 个月的应收账款现值分类至长期应收款。客户为除省会城市以及直辖市政府客户以外的其他政府客户，整个存续期内的预期信用损失率与应收账款一致，均为 1. 37%，坏账准备余额约为 1. 9 百万元。

（3）按预期信用损失一般模型计提坏账准备：

单位：千元

项目	第一阶段	第二阶段	第三阶段	合计
	未来 12 个月预期信用损失	整个存续期预期信用损失（未发生信用减值）	整个存续期预期信用损失（已发生信用减值）	
2023 年 1 月 1 日余额	51, 138			51, 138
2023 年 1 月 1 日余额在本期				
——转入第二阶段				
——转入第三阶段				
——转回第二阶段				
——转回第一阶段				
本期计提				
本期转回	16, 387			16, 387
本期转销				

续表

项目	第一阶段	第二阶段	第三阶段	合计
	未来12个月预期信用损失	整个存续期预期信用损失（未发生信用减值）	整个存续期预期信用损失（已发生信用减值）	
本期核销				
其他变动				
2023年12月31日余额	34,751			34,751

示例2-58　深高速（600548.SH）

会计政策

本集团对以摊余成本计量的金融资产、分类为以公允价值计量且其变动计入其他综合收益的金融资产、租赁应收款、合同资产、不属于以公允价值计量且其变动计入当期损益的金融负债以及因金融资产转移不符合终止确认条件或继续涉入被转移金融资产所形成金融负债的财务担保合同以预期信用损失为基础进行减值会计处理并确认损失准备。

本集团对由收入准则规范的交易形成的全部合同资产和应收票据及应收账款，以及由《企业会计准则第21号——租赁》规范的交易形成的租赁应收款按照相当于整个存续期内预期信用损失的金额计量损失准备。

对于其他金融工具，除购买或源生的已发生信用减值的金融资产外，本集团在每个资产负债表日评估其信用风险自初始确认后是否已经显著增加，若该金融工具的信用风险自初始确认后已显著增加，本集团按照相当于该金融工具整个存续期内预期信用损失的金额计量其损失准备；若该金融工具的信用风险自初始确认后并未显著增加，本集团按照相当于该金融工具未来12个月内预期信用损失的金额计量其损失准备。信用损失准备的增加或转回金额，除分类为以公允价值计量且其变动计入其他综合收益的金融资产外，作为减值损失或利得计入当期损益。对于分类为以公允价值计量且其变动计入其他综合收益的金融资产，本集团在其他综合收益中确认其信用损失准备，并将减值损失或利得计入当期损益，且不减少该金融资产在资产负债表中列示的账面价值。

财务报表项目注释

长期应收款

（1）长期应收款情况：

单位：元

项目	2023年12月31日		
	账面余额	坏账准备	账面价值
应收融资租赁款项（注1）	1,313,436,928.10	21,883,569.82	1,291,553,358.28
电费补贴收入（注2）	1,270,230,085.06	22,302,840.47	1,247,927,244.59

续表

项目	2023 年 12 月 31 日		
	账面余额	坏账准备	账面价值
应收深汕特别合作区开发建设有限公司代垫款	60, 229, 723. 92		60, 229, 723. 92
小计	2, 643, 896, 737. 08	44, 186, 410. 29	2, 599, 710, 326. 79
减：一年内到期的长期应收款	269, 438, 513. 88	4, 663, 943. 75	264, 774, 570. 13
其中：应收深汕特别合作区开发建设有限公司代垫款	9, 412, 279. 18		9, 412, 279. 18
应收融资租赁款项（注 1）	260, 026, 234. 70	4, 663, 943. 75	255, 362, 290. 95
合计	2, 374, 458, 223. 20	39, 522, 466. 54	2, 334, 935, 756. 66

注 1：系本公司之子公司融资租赁公司应收的融资租赁设备款租金及利息。截至 2023 年 12 月 31 日，融资租赁款项为人民币 1, 313, 436, 928. 10 元（2022 年 12 月 31 日：人民币 1, 185, 090, 984. 80 元）。

注 2：为本集团下从事新能源业务的子公司包头南风、乾智公司、乾新公司、乾慧公司、永城助能与宁夏中卫尚未收到的电费补贴款。2023 年度，上述公司依据相关文件确定的补贴收入为人民币 403, 617, 224. 96 元，2023 年度收到的补贴款计人民币 221, 846, 679. 25 元。

（2）按坏账准备计提方法分类披露：

类别	2023 年 12 月 31 日				
	账面余额		坏账准备		账面价值（元）
	金额（元）	比例（%）	金额（元）	计提比例（%）	
按组合计提坏账准备					
组合一	60, 229, 723. 92	2. 28			60, 229, 723. 92
组合二（应收融资租赁款项）	1, 313, 436, 928. 10	49. 68	21, 883, 569. 82	1. 67	1, 291, 553, 358. 28
组合三（电费补贴收入）	1, 270, 230, 085. 06	48. 04	22, 302, 840. 47	1. 76	1, 247, 927, 244. 59
合计	2, 643, 896, 737. 08	100. 00	44, 186, 410. 29		2, 599, 710, 326. 79

按组合计提坏账准备：

组合一	2023 年 12 月 31 日		
	账面余额（元）	坏账准备（元）	计提比例（%）
应收深汕特别合作区开发建设有限公司代垫款	60, 229, 723. 92		

续表

组合二（应收融资租赁款项）	2023 年 12 月 31 日		
	账面余额（元）	坏账准备（元）	计提比例（%）
正常	644, 923, 597. 22	6, 604, 147. 82	1. 02
关注	668, 513, 330. 88	15, 279, 422. 00	2. 29
合计	1, 313, 436, 928. 10	21, 883, 569. 82	

组合三（电费补贴收入）	2023 年 12 月 31 日		
	账面余额（元）	坏账准备（元）	计提比例（%）
已获电费补贴审批	1, 120, 446, 131. 15	5, 602, 230. 66	0. 50
电费补贴申请中	149, 783, 953. 91	16, 700, 609. 81	11. 15
合计	1, 270, 230, 085. 06	22, 302, 840. 47	

按预期信用损失一般模型计提坏账准备：

单位：元

项目	第一阶段未来 12 个月预期信用损失	整个存续期预期信用损失（未发生信用减值）	整个存续期预期信用损失（已发生信用减值）	合计
2023 年 1 月 1 日	27, 874, 456. 27			27, 874, 456. 27
——转入第二阶段				
——转入第三阶段				
——转回第二阶段				
——转回第一阶段				
本年计提	19, 940, 629. 20			19, 940, 629. 20
本年转回	3, 628, 675. 18			3, 628, 675. 18
终止确认金融资产（包括直接减记）而转出				
其他变动				
2023 年 12 月 31 日	44, 186, 410. 29			44, 186, 410. 29

（3）坏账准备的情况：

单位：元

类别	2023 年 1 月 1 日	本年增加	本年减少	2023 年 12 月 31 日
应收融资租赁款项	22, 432, 158. 58	3, 080, 086. 42	3, 628, 675. 18	21, 883, 569. 82
电费补贴收入	5, 442, 297. 69	16, 860, 542. 78		22, 302, 840. 47
合计	27, 874, 456. 27	19, 940, 629. 20	3, 628, 675. 18	44, 186, 410. 29

示例2-59　中国铁建（601186. SH）

会计政策

本集团对由收入准则规范的交易形成的应收款项与合同资产以及租赁应收款按照相当于整个存续期内预期信用损失的金额计量损失准备。

对于其他金融工具，除购买或源生的已发生信用减值的金融资产外，本集团在每个资产负债表日评估相关金融工具的信用风险自初始确认后的变动情况。若该金融工具的信用风险自初始确认后并未显著增加，本集团按照相当于该金融工具未来12个月内预期信用损失的金额计量其损失准备。金融工具自初始确认后信用风险已显著增加，本集团按照相当于该金融工具整个存续期内预期信用损失的金额计量其损失准备。

财务报表项目注释

长期应收款

单位：千元

项目	2023年12月31日		
	账面余额	信用损失准备	账面价值
应收长期工程款	67, 686, 218	2, 314, 022	65, 372, 196
PPP项目应收款项	10, 463, 336	76, 660	10, 386, 676
一级土地开发	20, 704, 036	106, 952	20, 597, 084
其他	29, 521, 058	1, 004, 473	28, 516, 585
合计	128, 374, 648	3, 502, 107	124, 872, 541
减：一年内到期的非流动资产：	15, 216, 381	202, 918	15, 013, 463
其中：应收长期工程款	4, 392, 424	56, 187	4, 336, 237
PPP项目应收款项	2, 235, 505	32, 121	2, 203, 384
一级土地开发	3, 756, 602	19, 033	3, 737, 569
其他	4, 831, 850	95, 577	4, 736, 273
一年以后到期的长期应收款合计	113, 158, 267	3, 299, 189	109, 859, 078

本集团基于单项和信用风险特征组合为基础评估长期应收款的预期信用损失。

类别	2023年12月31日				
	账面余额		信用损失准备		账面价值（千元）
	金额（千元）	比例（%）	金额（千元）	计提比例（%）	
单项计提信用损失准备	4, 667, 537	3. 64	2, 028, 406	43. 46	2, 639, 131
按信用风险特征组合计提信用损失准备	123, 707, 111	96. 36	1, 473, 701	1. 19	122, 233, 410
合计	128, 374, 648	100. 00	3, 502, 107	2. 73	124, 872, 541

于2023年12月31日，对于包含重大融资成分的长期应收款均按照折现后净值列示，折现率为3.65%～5.50%（2022年12月31日：折现率为3.65%－5.50%）。

于2023年12月31日，单项计提信用损失准备的长期应收账款情况如下：

单位名称	2023年12月31日			理由
	账面余额（千元）	信用损失准备（千元）	计提比例（%）	
单位1	1,384,993	371,015	26.79	注
单位2	745,412	430,828	57.80	注
单位3	682,097	226,827	33.25	注
单位4	525,139	525,139	100.00	注
单位5	268,007	40,201	15.00	注
其他	1,061,889	434,396	40.91	注
合计	4,667,537	2,028,406	43.46	注

注：本集团结合款项预计可收回情况，对其计提信用损失准备。

于2023年12月31日，按信用风险特征组合（附注八、3）计提减值准备的长期应收款情况如下：

项目	账面余额（千元）	信用损失准备	
		金额（千元）	计提比例（%）
组合1	102,948,331	1,206,371	1.17
组合2	119,273	1,306	1.09
组合3	13,122,340	96,688	0.74
组合4	7,517,167	169,336	2.25
合计	123,707,111	1,473,701	

长期应收款信用损失准备的变动如下：

单位：千元

项目	2023年	2022年
年初余额	2,312,838	960,518
本年计提	1,360,666	1,089,866
减：本年转回	196,799	151,674

续表

项目	2023 年	2022 年
减：本年核销		2, 778
其他	25, 402	416, 906
年末余额	3, 502, 107	2, 312, 838

与金融工具相关的风险

金融工具风险——信用风险

除对单项金额重大且已发生信用减值的合同资产和长期应收款单独确定其信用损失外，本集团依据不同类型客户的信用风险特征划分为若干组合（包括国有企事业单位、国内铁路工程业主、海外项目业主、具有关联方关系的客户及其他类型客户），以历史实际损失率为基础，并考虑上述前瞻性信息进行调整后确定预期损失率和减值矩阵，以此评估合同资产和长期应收款的预期信用损失。

于 2023 年 12 月 31 日，本集团由收入准则规范的交易形成的长期应收款（含一年内到期的长期应收款）的信用风险敞口信息和预期信用损失信息如下：

单位：千元

	账面余额		
	未发生信用减值	已发生信用减值	合计
2023 年 12 月 31 日	86, 093, 121	2, 297, 133	88, 390, 254
	信用损失准备		
	未发生信用减值	已发生信用减值	合计
2023 年 1 月 1 日	871, 133	869, 713	1, 740, 846
本年计提	483, 911	334, 757	818, 668
本年转回	(143, 941)		(158, 306)
其他	19, 766	(14, 365)	19, 766
2023 年 12 月 31 日	1, 230, 869	1, 190, 105	2, 420, 974

示例 2－60　中兴通讯（000063. SZ）

会计政策

对于不含重大融资成分的应收款项、合同资产以及其他流动资产中的应收票据，本集团运用简化计量方法，按照相当于整个存续期内的预期信用损失金额计量损失准备。

对于包含重大融资成分的应收款项以及合同资产，本集团选择运用简化计量方法，按照相当于整个存续期内的预期信用损失金额计量损失准备。

除上述采用简化计量方法以外的金融资产，本集团在每个资产负债表日评估其信用风险自初始确认后是否已经显著增加，如果信用风险自初始确认后未显著增加，处于第一阶段，本集团按照相当于未来 12 个月内预期信用损失的金额计量损失准备，并按照账面余额和实际利率计算利息收入；如果信用风险自初始确认后已显著增加但尚未发生信用减值的，处于第二阶段，本集团按照相当于整个存续期内预期信用损失的金额计量损失准备，并按照账面余额和实际利率计算利息收入；如果初始确认后发生信用减值的，处于第三阶段，本集团按照相当于整个存续期内预期信用损失的金额计量损失准备，并按照摊余成本和实际利率计算利息收入。对于资产负债表日只具有较低信用风险的金融工具，本集团假设其信用风险自初始确认后未显著增加。

本集团基于单项和组合评估金融工具的预期信用损失。本集团考虑了不同客户的信用风险特征，以共同风险特征为依据，以账龄组合为基础评估金融工具的预期信用损失，本集团根据合同约定收款日计算账龄。除前述组合评估预期信用损失的金融工具外，本集团单项评估其预期信用损失。对于存在客观证据表明该单项应收账款或合同资产的信用风险与其他的应收账款和合同资产的信用风险有显著不同的，按照该单项合同下应收的所有合同现金流现值与预期收取的所有现金流量现值之间的差额计提信用减值损失。

财务报表项目注释

长期应收款/长期应收款保理

（1）长期应收款：

项目	2023 年 12 月 31 日			2022 年 12 月 31 日			折现率区间
	账面余额（千元）	坏账准备（千元）	账面价值（千元）	账面余额（千元）	坏账准备（千元）	账面价值（千元）	
分期收款提供通信系统建设工程	2,048,547	34,988	2,013,559	2,729,098	166,885	2,562,213	4.10%—6.16%
合计	2,048,547	34,988	2,013,559	2,729,098	166,885	2,562,213	

（2）长期应收款坏账准备的变动：

单位：千元

日期	年初余额	本年计提/（转回）	本年核销	汇率影响	年末余额
2023 年 12 月 31 日	166,885	（131,788）		（109）	34,988

长期应收款考虑不同客户的信用风险特征，按照整个存续期预期信用损失计提，长期应收款均未到期，预期信用损失率为1.71%。

（3）长期应收款转移：

不符合终止确认条件的长期应收款的转移，本集团在“长期应收款保理”科目和“长期应收款保理”之“银行拨款”科目单独反映。于2023年该等应收账款保理金额为人民币10,509千元（2022年：人民币186,025千元）；该等保理之银行拨款金额为人民币11,062千元（2022年：人民币195,210千元）。长期应收账款转移，具体参见附注九、5。

（a）长期应收款保理。

单位：千元

项目	2023年12月31日			2022年12月31日		
	账面余额	坏账准备	账面价值	账面余额	坏账准备	账面价值
分期收款提供通信系统建设工程	2,048,547	34,988	2,013,559	2,729,098	166,885	2,562,213

（b）长期应收款保理坏账准备的变动。

单位：千元

日期	年初余额	本年计提/(转回)	本年核销	汇率影响	年末余额
2023年12月31日	166,885	(131,788)		(109)	34,988

七、债权投资减值披露示例

（一）简要分析

根据财政部《关于修订印发2019年度一般企业财务报表格式的通知》（财会〔2019〕6号），“债权投资”项目反映资产负债表日企业以摊余成本计量的长期债权投资的期末账面价值。

《企业会计准则第22号——金融工具确认和计量》要求以预期信用损失为基础，对以摊余成本计量的金融资产、以公允价值计量且其变动计入其他综合收益的债权投资、合同资产、租赁应收款等项目进行减值会计处理并确认损失准备。

（二）年报披露示例

债权投资减值计提披露示例汇总如表2－12所示。

表 2 – 12　　　　　　　　　债权投资减值计提披露示例汇总

序号	参考示例	债权投资涉及的内容
1	示例 2 – 61　邮储银行（601658. SH）	在每个资产负债表日评估相关金融工具的信用风险自初始确认后是否已显著增加，分别计量其减值准备、确认预期信用损失及其变动： 如果该金融工具的信用风险自初始确认后已显著增加，按照相当于该金融工具整个存续期内预期信用损失的金额计量其减值准备。 如果该金融工具的信用风险自初始确认后并未显著增加，按照相当于该金融工具未来 12 个月内（若存续期少于 12 个月，按照预计存续期内）预期信用损失的金额计量其减值准备。 由此形成的减值准备的增加或转回金额，作为减值损失或利得计入当期损益
2	示例 2 – 62　中国银行（601988. SH）	
3	示例 2 – 63　招商银行（600036. SH）	
4	示例 2 – 64　中国中铁（601390. SH）	
5	示例 2 – 65　中国中车（601766. SH）	

示例 2 – 61　邮储银行（601658. SH）

会计政策

对于以摊余成本计量和以公允价值计量且其变动计入其他综合收益的债务工具，以及贷款承诺和财务担保合同，本集团结合前瞻性信息评估预期信用损失。

本集团在每个资产负债表日评估相关金融工具的信用风险自初始确认后是否已显著增加，并按照下列情形分别计量其减值准备、确认预期信用损失及其变动：

如果该金融工具的信用风险自初始确认后已显著增加，本集团按照相当于该金融工具整个存续期内预期信用损失的金额计量其减值准备。无论本集团评估信用损失的基础是单项金融工具还是金融工具组合，由此形成的减值准备的增加或转回金额，作为减值损失或利得计入当期损益。

如果该金融工具的信用风险自初始确认后并未显著增加，本集团按照相当于该金融工具未来12个月内（若存续期少于12个月，按照预计存续期内）预期信用损失的金额计量其减值准备，无论本集团评估信用损失的基础是单项金融工具还是金融工具组合，由此形成的减值准备的增加或转回金额，作为减值损失或利得计入当期损益。

财务报表项目注释

债权投资

1. 按发行人分析如下：

单位：百万元

项目	合并		银行	
	2023 年 12 月 31 日	2022 年 12 月 31 日	2023 年 12 月 31 日	2022 年 12 月 31 日
债券				
——政府	1, 471, 521	1, 413, 809	1, 468, 262	1, 412, 879

续表

项目	合并		银行	
	2023 年 12 月 31 日	2022 年 12 月 31 日	2023 年 12 月 31 日	2022 年 12 月 31 日
——金融机构（1）	1, 879, 813	1, 673, 179	1, 878, 001	1, 672, 097
——公司	156, 869	111, 242	156, 659	110, 788
债券合计	3, 508, 203	3, 198, 230	3, 502, 922	3, 195, 764
同业存单	347, 717	292, 767	346, 026	292, 767
——金融机构	115, 306	149, 341	115, 306	149, 341
资产支持证券	8, 945	12, 289	8, 945	12, 289
——金融机构	33, 965	45, 137	33, 965	45, 137
债权融资计划	4, 014, 136	3, 697, 764	4, 007, 164	3, 695, 298
——公司	（25, 926）	（28, 166）	（25, 920）	（28, 160）
其他债务工具	3, 988, 210	3, 669, 598	3, 981, 244	3, 667, 138
——金融机构（2）	1, 471, 521	1, 413, 809	1, 468, 262	1, 412, 879
总额	1, 879, 813	1, 673, 179	1, 878, 001	1, 672, 097
减值准备	156, 869	111, 242	156, 659	110, 788
账面价值	3, 508, 203	3, 198, 230	3, 502, 922	3, 195, 764

（1）金融机构发行的债券包括国家开发银行与中国农业发展银行于2015 年发行的人民币长期专项债券。于 2023 年 12 月 31 日，上述专项债券账面价值为人民币 3, 074. 05 亿元，原始期限 10—20 年（2022 年 12 月 31 日：账面价值为人民币 3, 414. 95 亿元，原始期限 10—20 年）。

（2）其他债务工具主要包括信托投资计划、资产管理计划等。

2. 债权投资按账面余额变动情况列示如下：

单位：百万元

合并	2023 年度			
金融投资——债权投资	第一阶段 12 个月 预期信用损失	第二阶段 整个存续期 预期信用损失	第三阶段 整个存续期 预期信用损失	总计
2023 年 1 月 1 日的账面余额	3, 669, 511	8, 095	20, 158	3, 697, 764
转移：				
转移至第一阶段				
转移至第二阶段	（521）	540	（19）	

续表

合并	2023 年度			
金融投资——债权投资	第一阶段 12 个月 预期信用损失	第二阶段 整个存续期 预期信用损失	第三阶段 整个存续期 预期信用损失	总计
转移至第三阶段				
终止确认或结清	(803, 876)	(2, 634)	(681)	(807, 191)
新增源生或购入的金融资产	1, 125, 460			1, 125, 460
核销			(1, 897)	(1, 897)
2023 年 12 月 31 日的账面余额	3, 990, 574	6, 001	17, 561	4, 014, 136

3. 债权投资减值准备变动情况列示如下：

单位：百万元

合并	2023 年度			
金融投资——债权投资	第一阶段 12 个月 预期信用损失	第二阶段 整个存续期 预期信用损失	第三阶段 整个存续期 预期信用损失	总计
2023 年 1 月 1 日的减值准备	4, 633	3, 424	20, 109	28, 166
转移：				
转移至第一阶段				
转移至第二阶段	(48)	67	(19)	
转移至第三阶段				
由阶段转移导致的预期信用损失变化		1		1
终止确认或结清	(1, 703)	(948)	(679)	(3, 330)
新增源生或购入的金融资产	3, 084			3, 084
重新计量	54	(205)	43	(108)
核销			(1, 897)	(1, 897)
2023 年 12 月 31 日的减值准备	10	2, 339	17, 557	10

示例 2 - 62　中国银行（601988. SH）

会计政策

本集团在资产负债表日对以摊余成本计量的金融资产、以公允价值计量且其变动计入其他综合收益的债务工具投资，以及贷款承诺和财务担保合同，以预期信用损失为基础，评估并确认相关减值准备。

预期信用损失的计量

预期信用损失是以发生违约的风险为权重的金融工具信用损失的加权平均值。信用损失是本集团按照原实际利率折现的、根据合同应收的所有合同现金流量与预期收取的所有现金流量之间的差额，即全部现金短缺的现值。其中，对于本集团购买或源生的已发生信用减值的金融资产，应按照该金融资产经信用调整的实际利率折现。

根据金融工具自初始确认后信用风险的变化情况，本集团区分三个阶段计算预期信用损失：

第一阶段：自初始确认后信用风险无显著增加的金融工具纳入阶段一，按照该金融工具未来12个月内预期信用损失的金额计量其减值准备；

第二阶段：自初始确认后信用风险显著增加，但尚无客观减值证据的金融工具纳入阶段二，按照该金融工具整个存续期内预期信用损失的金额计量其减值准备；

第三阶段：在资产负债表日存在客观减值证据的金融资产纳入阶段三，按照该金融工具整个存续期内预期信用损失的金额计量其减值准备。

对于前一会计期间已经按照相当于金融工具整个存续期内预期信用损失的金额计量了减值准备，但在当期资产负债表日，该金融工具已不再属于自初始确认后信用风险显著增加的情形的，本集团在当期资产负债表日按照相当于未来12个月内预期信用损失的金额计量该金融工具的减值准备。

对于购买或源生的已发生信用减值的金融资产，本集团在资产负债表日仅将自初始确认后整个存续期内预期信用损失的累计变动确认为损失准备。在每个资产负债表日，本集团将整个存续期内预期信用损失的变动金额作为减值损失或利得计入当期损益。

本集团计量金融工具预期信用损失的方式反映了：

（1）通过评价一系列可能的结果而确定的无偏概率加权金额；

（2）货币时间价值；

（3）在无须付出不必要的额外成本或努力的情况下可获得的有关过去事项、当前状况及未来经济状况预测的合理且有依据的信息。

在计量预期信用损失时，并不需要识别每一可能发生的情形。然而，本集团通过反映信用损失发生的可能性及不会发生信用损失的可能性（即使发生信用损失的可能性极低），来考虑信用损失发生的风险或概率。预期信用损失计量中所使用的参数、假设及估计技术，参见附注十一、2.3预期信用损失计量。

财务报表项目注释

金融投资

单位：百万元

以摊余成本计量的金融资产	合并		银行	
	2023年12月31日	2022年12月31日	2023年12月31日	2022年12月31日
债券				
中国内地发行人				

续表

以摊余成本计量的金融资产	合并		银行	
	2023 年 12 月 31 日	2022 年 12 月 31 日	2023 年 12 月 31 日	2022 年 12 月 31 日
——政府（4）（5）	2, 435, 134	2, 469, 861	2, 417, 037	2, 448, 477
——公共实体及准政府	75, 889	73, 194	71, 388	69, 475
——政策性银行	197, 520	158, 855	174, 467	136, 138
——金融机构	43, 645	55, 060	38, 789	49, 827
公司	12, 668	21, 693	6, 440	14, 595
——东方资产管理公司（6）	152, 433	152, 433	152, 433	152, 433
中国香港、澳门、台湾地区及其他国家和地区发行人				
——政府	194, 020	178, 204	130, 252	91, 597
——公共实体及准政府	119, 169	94, 515	79, 265	58, 317
——金融机构	70, 788	66, 163	9, 703	7, 056
——公司	10, 285	8, 778	2, 788	2, 947
小计	3, 311, 551	3, 278, 756	3, 082, 562	3, 030, 862
信托投资、资产管理计划及其他	23, 761	17, 853	4, 773	5, 086
应计利息	35, 568	35, 201	33, 360	33, 421
减：减值准备	（10, 697）	（9, 887）	（9, 025）	（9, 450）
以摊余成本计量的金融资产小计	3, 360, 183	3, 321, 923	3, 111, 670	3, 059, 919

（4）1998 年 8 月 18 日，财政部向本行定向发行面额为人民币 425 亿元的特别国债。此项债券将于 2028 年 8 月 18 日到期，年利率原为 7. 20%，于 2004 年 12 月 1 日起调整为 2. 25%。

（5）本行通过分支机构承销及分销财政部发行的部分国债并根据售出的金额取得手续费收入。该等国债持有人可以要求提前兑付持有的国债，而本行亦有义务履行兑付责任。于 2023 年 12 月 31 日，本行持有的该等国债的相关余额为人民币 12. 65 亿元（2022 年 12 月 31 日：人民币 14. 49 亿元）。

（6）1999 年和 2000 年，本行向中国东方资产管理公司剥离不良资产。作为对价，中国东方资产管理公司向本行定向发行面额为人民币 1, 600 亿元的金融债券。根据本行与中国东方资产管理股份有限公司签订最新延期协议，该债券于 2025 年 6 月 30 日到期。财政部将继续对本行持有的该债券本息给予资金支持。本行于 2020 年 1 月接到财政部通知，明确从 2020 年 1 月 1 日起，未支付款项利率按照计息前一年度五年期国债收益水平，逐年核定。截至 2023 年 12 月 31 日，本行累计收到提前还款合计人民币 75.67 亿元。

以摊余成本计量的金融资产减值准备变动情况列示如下：

单位：百万元

项目	2023 年			
	12 个月预期信用损失	整个存续期预期信用损失		合计
	阶段一	阶段二	阶段三	
年初余额	2,812	68		9,887
转至阶段二	(3)	3		
转至阶段三		(13)	13	
阶段转换导致增提		12	496	508
本年计提	141	24	261	426
汇率变动及其他	(142)		18	(124)
年末余额	2,808	94	7,795	10,697

示例 2-63　招商银行（600036.SH）

会计政策

本集团对适用《企业会计准则 22 号——金融工具确认和计量》（以下简称“金融工具准则”）减值相关规定的金融资产（包括以摊余成本计量的金融资产、分类为以公允价值计量且其变动计入其他综合收益的金融资产）、租赁应收款、贷款承诺和财务担保合同等按预期信用损失模型评估减值。本集团会在每个报告日更新预期信用损失的金额，以反映金融工具自初始确认后的信用风险变化。

本集团结合前瞻性信息评估金融工具的预期信用损失。12 个月预期信用损失代表金融工具因报告日后 12 个月内可能发生的拖欠事件而导致的预期信用损失。整个存续期内的预期信用损失是指因金融工具整个预计存续期内所有可能发生的拖欠事件而导致的预期信用损失。预期信用损失的评估是根据债务人特有的因素、一般经济状况、对报告日期当前状况的评估以及对未来状况的预测进行的。

对于以上适用金融工具准则减值相关规定的金融工具，除购买或源生的已减值的金融资产，本集团按照这些金融工具自初始确认后信用风险是否显著增加来判断是否确认整个存续期预期信用损失。当这些金融工具在初始确认后信用风险未显著增加时，本集团按照相当于 12 个月预期信用损失来计提预期信用损失准备（以下简称“信用损失准备”或“损失准备”）；当信用风险显著增加时，本集团按照整个存续期预期信用损失来计提损失准备。本集团对由收入准则规范的交易形成的全部应收账款按照相当于整个存续期内预期信用损失的金额计量损失准备。

财务报表项目注释

以摊余成本计量的债务工具投资

单位：百万元

项目	本集团		本行	
	2023年12月31日	2022年12月31日	2023年12月31日	2022年12月31日
以摊余成本计量的债务工具投资（a）（b）	1,768,010	1,579,845	1,726,074	1,557,849
应收利息	20,796	19,294	20,578	19,225
小计	1,788,806	1,599,139	1,746,652	1,577,074
以摊余成本计量的债务工具投资损失准备（a）（b）（c）	(39,390)	(43,448)	(39,237)	(43,294)
应收利息损失准备	(392)	(234)	(383)	(234)
小计	(39,782)	(43,682)	(39,620)	(43,528)
合计	1,749,024	1,555,457	1,707,032	1,533,546

（a）以摊余成本计量的债务工具投资：

单位：百万元

项目	本集团		本行	
	2023年12月31日	2022年12月31日	2023年12月31日	2022年12月31日
债券投资：				
按发行人分类	1,680,262	1,452,499	1,638,558	1,430,728
政府债券	1,179,073	993,624	1,151,328	977,298
政策性银行债券	442,206	394,126	441,954	394,126
商业银行及其他金融机构债券	51,732	56,913	40,204	53,326
其他债券	7,251	7,836	5,072	5,978
按上市情况分类	1,680,262	1,452,499	1,638,558	1,430,728
境内上市	1,607,814	1,395,184	1,604,266	1,391,873
境外上市	41,533	33,319	30,897	24,809
非上市	30,915	23,996	3,395	14,046
上市债券投资的公允价值	1,708,448	1,457,373	1,684,097	1,442,866
其他投资：	87,748	127,346	87,516	127,121

续表

项目	本集团		本行	
	2023 年 12 月 31 日	2022 年 12 月 31 日	2023 年 12 月 31 日	2022 年 12 月 31 日
按投资标的分类	73, 709	108, 616	73, 709	108, 616
非标资产——贷款	3, 738	5, 500	3, 738	5, 500
非标资产——同业债权资产收益权	9, 622	12, 582	9, 390	12, 357
非标资产——其他	679	648	679	648
其他	87, 748	127, 346	87, 516	127, 121
按上市情况分类	87, 748	127, 346	87, 516	127, 121
非上市	1, 768, 010	1, 579, 845	1, 726, 074	1, 557, 849
合计	(39, 390)	(43, 448)	(39, 237)	(43, 294)
损失准备	(13, 193)	(10, 120)	(13, 173)	(10, 107)
——阶段一（12 个月预期信用损失）	(486)	(960)	(486)	(955)
——阶段二（整个存续期预期信用损失——未减值）	(25, 711)	(32, 368)	(25, 578)	(32, 232)
——阶段三（整个存续期预期信用损失——已减值）	1, 728, 620	1, 536, 397	1, 686, 837	1, 514, 555
以摊余成本计量的债务工具投资净额	1, 680, 262	1, 452, 499	1, 638, 558	1, 430, 728

（b）以摊余成本计量的债务工具投资按预期信用损失的评估方式：

单位：百万元

项目	本集团			
	2023 年 12 月 31 日			
	阶段一（12 个月预期信用损失）	阶段二（整个存续期预期信用损失——未减值）	阶段三（整个存续期预期信用损失——已减值）	合计
以摊余成本计量的债务工具投资总额	1, 738, 945	1, 517	27, 548	1, 768, 010
减：损失准备	(13, 193)	(486)	(25, 711)	(39, 390)
以摊余成本计量的债务工具投资净额	1, 725, 752	1, 031	1, 837	1, 728, 620

（c）以摊余成本计量的债务工具投资损失准备变动情况列示如下：

单位：百万元

项目	本集团			
	2023 年			
	阶段一（12 个月预期信用损失）	阶段二（整个存续期预期信用损失——未减值）	阶段三（整个存续期预期信用损失——已减值）	合计
年初余额	10, 120	960	32, 368	43, 448
转移：				
——至阶段一				
——至阶段二	(37)	37		
——至阶段三		(484)	484	
本年计提/(转回)	3, 111	(25)	(4, 313)	(1, 227)
本年核销/处置	(5)	(1)	(2, 904)	(2, 910)
收回已核销的债权			66	66
汇率变动	4	(1)	10	13
年末余额	13, 193	486	25, 711	39, 390

示例 2－64　中国中铁（601390. SH）

重要会计估计和判断

本集团对处于不同阶段的债权投资的预期信用损失的金额计量其损失准备。本集团通过债权投资违约风险敞口和预期信用损失率计算债权投资预期信用损失，并基于违约概率和违约损失率确定预期信用损失率。在确定预期信用损失率时，本集团使用内部历史信用损失经验等数据，并结合当前状况和前瞻性信息对历史数据进行调整。在评估前瞻性信息时，本集团采用了与应收账款和合同资产预期信用损失一致的方法。

本集团判断信用风险显著增加的主要标准包括以下一个或多个指标发生显著变化：逾期天数、债务人所处的经营环境、内外部信用评级、实际或预期经营成果的显著变化、担保物价值或担保方信用评级的显著下降从而将影响违约概率等。

财务报表项目注释

债权投资

单位：千元

项目	2023 年 12 月 31 日	2022 年 12 月 31 日
长期贷款及应收款项	34, 411, 233	32, 748, 662
减：减值准备	4, 621, 257	5, 322, 303

续表

项目	2023 年 12 月 31 日	2022 年 12 月 31 日
小计	29, 789, 976	27, 426, 359
减：列示于一年内到期的非流动资产的债权投资（附注四（12））		
——原值	4, 133, 964	8, 777, 765
——减值准备	621, 340	490, 162
小计	3, 512, 624	8, 287, 603
合计	26, 277, 352	19, 138, 756

于 2023 年 12 月 31 日，重要的债权投资如下：

名称	性质	账面余额（千元）	年利率（%）	到期日
被投资单位 1	有息借款	2, 487, 988	4. 90	2031 年
被投资单位 2	有息借款	1, 953, 006	4. 65	2025 年
被投资单位 3	有息借款	1, 773, 252	4. 07	2029 年
被投资单位 4	有息借款	1, 428, 283	5. 23	2026 年
被投资单位 5	有息借款	1, 326, 638	4. 07	2036 年
合计		8, 969, 167		

（i）于 2023 年 12 月 31 日，本集团评估持有的债权投资的信用风险自初始确认后是否已经显著增加，通过违约风险敞口和未来 12 个月内或整个存续期预期信用损失率，计算预期信用损失，相关金额为人民币 4, 621, 257 千元（2022 年 12 月 31 日：人民币 5, 322, 303 千元）。

（ii）于 2023 年 12 月 31 日，以摊余成本计量的债权投资人民币 4, 862, 887 千元（2022 年 12 月 31 日：人民币 4, 694, 433 千元）由固定资产、无形资产、投资性房地产或由第三方担保。

2023 年度本集团不存在重要的债权投资的核销情况（2022 年度：无）。

示例 2－65　中国中车（601766. SH）

会计政策

本集团以预期信用损失为基础，对下列项目进行减值会计处理并确认损失准备：

（1）以摊余成本计量的金融资产；

（2）合同资产；

（3）租赁应收款。

本集团持有的其他以公允价值计量的金融资产不适用预期信用损失模型，包括以公允价值计量且其变动计入当期损益的债权投资或权益工具投资，指定为以公允价值计量且其变动计入其他综合收益的权益工具投资，以及衍生金融资产。

对于因销售商品、提供劳务等日常经营活动形成的应收票据、应收账款、应收款项融资和合同资产以及租赁交易形成的租赁应收款，本集团始终按照相当于整个存续期内预期信用损失的金额计量其损失准备。本集团基于历史信用损失经验、使用准备矩阵计算上述金融资产的预期信用损失，相关历史经验根据资产负债表日债务人的特定因素，以及对当前状况和未来经济状况预测的评估进行调整。

除应收票据、应收账款、应收款项融资、合同资产和租赁应收款外，本集团对满足下列情形的金融工具按照相当于未来12个月内预期信用损失的金额计量其损失准备，对其他金融工具按照相当于整个存续期内预期信用损失的金额计量其损失准备：该金融工具在资产负债表日只具有较低的信用风险或该金融工具的信用风险自初始确认后并未显著增加。

财务报表项目注释

债权投资

债权投资情况：

单位：千元

项目	期末余额			期初余额		
	账面余额	信用损失准备	账面价值	账面余额	信用损失准备	账面价值
民生银行同业存单	981, 193		981, 193			
中国人寿海外10年期美元债券	375, 304		375, 304			
中信银行国际10年期美元债券	211, 953		211, 953			
中国飞机租赁集团控股有限公司7年期中期票据	193, 200		193, 200	189, 562		189, 562
其他	46, 799		14, 040	46, 799		46, 799
小计	1, 808, 449	(32, 759)	1, 775, 690	236, 361		236, 361
减：计入一年内到期的非流动资产的债权投资	(193, 200)	(32, 759)	(193, 200)			
合计	1, 615, 249	(32, 759)	1, 582, 490	189, 562		189, 562

与金融工具相关的风险

信用风险

本集团金融资产和其他项目的信用风险敞口：

单位：千元

项目	期末账面余额			
	未来12个月预期信用损失	整个存续期预期信用损失（未发生信用减值）	整个存续期预期信用损失（已发生信用减值）	合计
以摊余成本计量的金融资产：				55, 929, 833
货币资金	55, 929, 833			11, 863, 160
应收票据		11, 863, 160		111, 230, 911
应收账款		106, 704, 113	4, 526, 798	2, 836, 840
其他应收款	1, 481, 465		1, 355, 375	1, 143, 475
其他流动资产	1, 143, 475			2, 095, 416
发放贷款和垫款（含一年内到期）	1, 193, 490	901, 926		1, 808, 449
债权投资（含一年内到期）	1, 808, 449			7, 595, 758
长期应收款（除融资租赁款）（含一年内到期）		4, 889, 913	2, 705, 845	11, 498, 099
分类为以公允价值计量且其变动计入其他综合收益的金融资产：				
应收款项融资			180, 555	
其他项目			764, 509	
合同资产（含非流动部分）				
长期应收款——融资租赁款（含一年内到期）				

注：对于由收入准则规范的交易形成的应收款项、合同资产及由租赁准则规范的交易形成的应收融资租赁款，本集团采用简化方法来计量整个存续期的预期信用损失的金额。

本集团应收票据、应收账款、应收款项融资、其他应收款、合同资产、发放贷款和垫款、债权投资、长期应收款的损失准备变动情况详见附注七、3，七、4，七、6，七、8，七、5，七、12，七、13和七、14。

八、其他债权投资减值披露示例

（一）简要分析

根据财政部《关于修订印发2019年度一般企业财务报表格式的通知》（财会〔2019〕6号），“其他债权投资”项目，反映资产负债表日企业分类为以公允价值计量且其变动计入其他综合收益的长期债权投资的期末账面价值。该项目应根据“其他债权投资”科目的相关明细科目的期末余额分析填列。自资产负债表日起一年内到期的长期债权投资的期末账面价值，在“一年内到期的非流动资产”项目反映。企业购入的以公允价值计量且其变动计入其他综合收益的一年内到期的债权投资的期末账面价值，在“其他流动资产”项目反映。

《企业会计准则第22号——金融工具确认和计量》要求以预期信用损失为基础，对以摊余成本计量的金融资产、以公允价值计量且其变动计入其他综合收益的债权投资、合同资产、租赁应收款等项目进行减值会计处理并确认损失准备。

（二）年报示例

其他债权投资减值计提披露示例汇总如表2－13所示。

表2－13　其他债权投资减值计提披露示例汇总

序号	参考示例	其他债权投资涉及的内容
1	示例2－66　农业银行（601288. SH）	在每个资产负债表日评估相关金融工具的信用风险自初始确认后是否已显著增加，分别计量其减值准备、确认预期信用损失及其变动： 如果该金融工具的信用风险自初始确认后已显著增加，按照相当于该金融工具整个存续期内预期信用损失的金额计量其减值准备。 如果该金融工具的信用风险自初始确认后并未显著增加，按照相当于该金融工具未来12个月内（若存续期少于12个月，按照预计存续期内）预期信用损失的金额计量其减值准备。 以公允价值计量且其变动计入其他综合收益的债务工具，在其他综合收益中确认其损失准备，并将减值损失或利得计入当期损益，且不应减少该金融资产在资产负债表中列示的账面价值
2	示例2－67　建设银行（601939. SH）	
3	示例2－68　招商证券（600999. SH）	
4	示例2－69　上海电气（601727. SH）	
5	示例2－70　宝钢股份（600019. SH）	

示例2－66　农业银行（601288. SH）

会计政策

对于以摊余成本计量和以公允价值计量且其变动计入其他综合收益的债务工具金融资产，以及部分贷款承诺和财务担保合同，本集团结合前瞻性信息进行预期信用损失评估。

对于纳入预期信用损失计量的金融工具，运用“三阶段”减值模型分别计量其损失准备、确认预期信用损失：

（i）阶段一：自初始确认后信用风险并未显著增加的金融工具，其损失阶段划分为阶段一。

（ii）阶段二：自初始确认后信用风险显著增加，但并未将其视为已发生信用减值的金融工具，其损失阶段划分为阶段二。信用风险显著增加的判断标准，参见附注十三、3信用风险。

(iii) 阶段三：对于已发生信用减值的金融工具，其损失阶段划分为阶段三。已发生信用减值资产的定义，参见附注十三、3 信用风险。

阶段一金融工具按照相当于该金融工具未来 12 个月内预期信用损失的金额计量其损失准备，阶段二和阶段三金融工具按照相当于该金融工具整个存续期内预期信用损失的金额计量其损失准备。预期信用损失计量中所使用的参数、假设及估计，参见附注十三、3 信用风险。

财务报表项目注释

以公允价值计量且其变动计入其他综合收益的其他债权和其他权益工具投资。

单位：百万元

项目	本集团			
	2023 年 12 月 31 日			
	债务工具的摊余成本/权益工具的成本	公允价值	累计计入其他综合收益的公允价值变动金额	累计已计提减值金额
其他债权投资（1）	2, 174, 855	2, 195, 685	20, 830	(3, 870)
其他权益工具投资（2）（略）	5, 930	7, 366	1, 436	不适用
合计	2, 180, 785	2, 203, 051	22, 266	(3, 870)

（1）其他债权投资。

（a）按发行机构类别分析：

单位：百万元

项目	本集团		本行	
	2023 年 12 月 31 日	2022 年 12 月 31 日	2023 年 12 月 31 日	2022 年 12 月 31 日
债券	1, 102, 019	870, 339	1, 058, 963	853, 463
政府债券	243, 852	235, 712	233, 591	227, 921
公共实体及准政府债券	703, 570	429, 063	684, 113	424, 527
金融机构债券	120, 006	135, 994	107, 516	125, 109
公司债券	2, 169, 447	1, 671, 108	2, 084, 183	1, 631, 020
债券小计	9, 178	10, 558	2, 084, 183	1, 631, 020
其他（i）	2, 178, 625	1, 681, 666	16, 185	15, 236
小计	17, 060	15, 739	2, 100, 368	1, 646, 256
应计利息	2, 195, 685	1, 697, 405	1, 058, 963	853, 463
合计	1, 102, 019	870, 339	233, 591	227, 921

（i）其他主要包括本集团投资的信托计划及债权投资计划，属于本集团持有的其他未纳入合并范围的结构化主体投资（附注十、4（2））。

（b）按预期信用损失的评估方式分析：

单位：百万元

项目	本集团			
	2023 年 12 月 31 日			
	阶段一	阶段二	阶段三	合计
	12 个月预期信用损失	整个存续期预期信用损失		
以公允价值计量且其变动计入其他综合收益的其他债权投资账面价值	2, 194, 783	885	17	2, 195, 685
以公允价值计量且其变动计入其他综合收益的其他债权投资损失准备	（3, 848）	（7）	（15）	（3, 870）

处于预期信用损失阶段二和阶段三的以公允价值计量且其变动计入其他综合收益的其他债权投资主要包括本行投资的公司债券和金融机构债券。

（c）按损失准备变动情况分析（ii）

单位：百万元

项目	本集团			
	2023 年			
	阶段一	阶段二	阶段三	总计
	12 个月预期信用损失	整个存续期预期信用损失		
2022 年 1 月 1 日	6, 078	9	256	6, 343
转移：				
阶段一转移至阶段二	（1）	1		
阶段三转移至阶段二		77	（77）	
新增源生或购入的金融资产	981			981
重新计量	（1, 224）	（77）		
到期或转出	（1, 986）	（3）	（164）	（2, 153）
2023 年 12 月 31 日	3, 848	7	15	3, 870

于 2023 年 12 月 31 日，本集团以公允价值计量且其变动计入其他综合收益的其他债权投资损失准备的减少，主要由于存量债权到期或转出及存量债权投资的重新计量所致。

示例 2－67　建设银行（601939. SH）

会计政策

本集团在资产负债表日以预期信用损失为基础，对分类为以摊余成本计量的金融资产和分类为以公允价值计量且其变动计入其他综合收益的债务工具，以及贷款承诺和财务担保合同进行减值会计处理并确认损失准备。对于纳入预期信用损失计量的金融工具，运用“三阶段”减值模型分别计量其损失准备、确认预期信用损失：

预期信用损失，是指以发生违约的风险为权重的金融工具信用损失的加权平均值。信用损失，是指本集团按照原实际利率折现的、根据合同应收的所有合同现金流量与预期收取的所有现金流量之间的差额，即全部现金短缺的现值。其中，对于本集团购买或源生的已发生信用减值的金融资产，按照该金融资产经信用调整的实际利率折现。

本集团计量金融工具预期信用损失的方法反映下列各项要素：（i）通过评价一系列可能的结果而确定的无偏概率加权平均金额；（ii）货币时间价值；（iii）在资产负债表日无须付出不必要的额外成本或努力即可获得的有关过去事项、当前状况以及未来经济状况预测的合理且有依据的信息。

本集团在每个资产负债表日对于处于不同阶段的金融工具的预期信用损失分别进行计量，并分别确认损失准备及其变动：金融工具自初始确认后信用风险未显著增加的，处于阶段一，本集团按照未来 12 个月内的预期信用损失计量损失准备；金融工具自初始确认后信用风险已显著增加但尚未发生信用减值的，处于阶段二，本集团按照该工具整个存续期的预期信用损失计量损失准备；金融工具自初始确认后已经发生信用减值的，处于阶段三，本集团按照该工具整个存续期的预期信用损失计量损失准备。无论本集团评估信用损失的基础是单项金融工具还是金融工具组合，由此形成的损失准备的增加或转回金额，应当作为减值损失或利得计入当期损益。

以公允价值计量且其变动计入其他综合收益的债务工具，本集团在其他综合收益中确认其损失准备，并将减值损失或利得计入当期损益，且不应减少该金融资产在资产负债表中列示的账面价值。

财务报表项目注释

金融投资

（1）按计量方式分析：

（c）以公允价值计量且其变动计入其他综合收益的金融资产：

单位：百万元

项目	注释	本集团		本行	
		2023 年 12 月 31 日	2022 年 12 月 31 日	2023 年 12 月 31 日	2022 年 12 月 31 日
债券	（i）	2, 224, 783	2, 008, 371	2, 031, 848	1, 845, 418
权益工具	（ii）	9, 948	7, 447	18, 843	17, 883
合计		2, 234, 731	2, 015, 818	2, 050, 691	1, 863, 301

按发行机构类别分析

（i）债券。

单位：百万元

项目	本集团		本行	
	2023 年 12 月 31 日	2022 年 12 月 31 日	2023 年 12 月 31 日	2022 年 12 月 31 日
政府	1, 310, 050	1, 235, 685	1, 247, 905	1, 184, 771
中央银行	31, 937	40, 064	7, 557	12, 390
政策性银行	482, 236	430, 348	452, 572	402, 598
银行及非银行金融机构	229, 794	137, 231	194, 474	110, 939
企业	112, 312	116, 483	75, 575	86, 458
累计计入其他综合收益的公允价值变动	33, 072	22, 935	30, 335	23, 989
小计	2, 199, 401	1, 982, 746	2, 008, 418	1, 821, 145
应计利息	25, 382	25, 625	23, 430	24, 273
合计	2, 224, 783	2, 008, 371	2, 031, 848	1, 845, 418
上市（注）	2, 102, 571	1, 907, 491	1, 960, 653	1, 789, 112
其中：于香港上市	71, 707	61, 905	39, 326	31, 250
非上市	122, 212	100, 880	71, 195	56, 306
合计	2, 224, 783	2, 008, 371	2, 031, 848	1, 845, 418

注：上市债券包括在中国内地银行间债券市场交易的债券。

（ii）本集团将部分非交易性权益投资指定为以公允价值计量且其变动计入其他综合收益的金融投资。于2023 年度，本集团对该类权益投资确认的股利收入为人民币 0. 11 亿元（2022 年度：人民币 0. 18 亿元）。处置该类权益投资的金额为人民币 0. 46 亿元（2022 年度：无），从其他综合收益转入未分配利润的累计利得为人民币 0. 26 亿元（2022 年度：无）。

（2）金融投资损失准备变动情况。

（b）以公允价值计量且其变动计入其他综合收益的金融资产：

单位：百万元

本集团	注释	2023 年度			
		阶段一	阶段二	阶段三	合计
2023 年 1 月 1 日		5, 558	42	372	5, 972
转移：					
转移至阶段一					
转移至阶段二					
转移至阶段三			（45）	45	
新增源生或购入的金融资产		1, 941			1, 941
在本年终止确认的金融资产		（1, 858）	（3）	（6）	（1, 867）
重新计量	（i）	（622）	23	174	（425）
本年核销				（213）	（213）
2023 年 12 月 31 日		5, 019	17	372	5, 408

（i）重新计量主要包括违约概率、违约损失率、违约风险敞口的更新，及因阶段转移计提/回拨的金融投资损失准备金额。

示例 2－68　招商证券（600999. SH）

会计政策

本集团以预期信用损失为基础，对下列项目进行减值会计处理并确认损失准备：

（1）以摊余成本计量的金融资产和以公允价值计量且其变动计入其他综合收益的债务工具投资；

（2）租赁应收款；

（3）合同资产；

（4）本集团发行的分类为以公允价值计量且其变动计入当期损益的金融负债以外的贷款承诺。

预期信用损失，是指以发生违约的风险为权重的金融工具信用损失（即全部现金短缺的现值）的加权平均值。

本集团对不含重大融资成分的应收账款按照简化模型计量损失准备，即按照相当于整个存续期内预期信用损失的金额计量损失准备。本集团对重大应收账款单独进行减值测试，并且对具有类似信用风险特征的应收账款组合采用减值矩阵计提减值。

对于其他金融工具，本集团在每个资产负债表日评估相关金融工具的信用风险自初始确认后是否已显著增加，并按照下列情形分别计量其损失准备、确认预期信用损失及其变动：

如果该金融工具的信用风险自初始确认后已显著增加，按照相当于该金融工具整个存续期内预期信用损失的金额计量其损失准备。由此形成的损失准备的增加或转回金额，应当作为减值损失或利得计入当期损益。

如果该金融工具的信用风险自初始确认后并未显著增加，按照相当于该金融工具未来12个月内预期信用损失的金额计量其损失准备。由此形成的损失准备的增加或转回金额，应当作为减值损失或利得计入当期损益。

财务报表项目注释

其他债权投资

（1）按项目列示：

单位：元

项目	2023年12月31日				
	初始成本	应计利息	公允价值变动	账面价值	累计减值准备
国债	24,442,475,210.56	355,710,339.88	24,464,721.68	24,822,650,272.12	
地方债	18,820,000,000.00	283,273,869.87	122,171,152.02	19,225,445,021.89	
金融债	8,608,332,062.08	232,237,253.94	45,987,727.95	8,886,557,043.97	
企业债	8,399,459,109.65	129,695,736.60	24,760,512.76	8,553,915,359.01	4,409,818.04
其他	9,156,000,000.00	127,617,463.52	25,852,156.38	9,309,469,619.90	4,556,933.61
合计	69,426,266,382.29	1,128,534,663.81	243,236,270.79	70,798,037,316.89	8,966,751.65

（2）存在或有承诺条件的其他债权投资：

单位：元

项目	限制条件	2023年12月31日	2022年12月31日
债券	卖出回购业务转让过户或质押	30,331,665,065.26	30,202,225,204.15
债券	债券借贷业务质押	18,040,778,135.89	15,948,938,800.22
债券	衍生业务保证金质押	72,580,206.68	575,324,294.67

（3）预期信用损失减值准备：

单位：元

<table>
<tr><td rowspan="3">其他债权投资</td><td colspan="4">2023 年 12 月 31 日</td></tr>
<tr><td>第一阶段</td><td>第二阶段</td><td>第三阶段</td><td rowspan="2">合计</td></tr>
<tr><td>未来 12 个月预期信用减值损失</td><td>整个存续期（未发生信用减值）预期信用损失</td><td>整个存续期预期信用损失（已发生信用减值）</td></tr>
<tr><td>本金及应计利息</td><td>70, 798, 037, 316. 89</td><td></td><td></td><td>70, 798, 037, 316. 89</td></tr>
<tr><td>减值准备</td><td>8, 966, 751. 65</td><td></td><td></td><td>8, 966, 751. 65</td></tr>
</table>

本年及上年其他债权投资信用损失准备无重大的阶段间的转移。

示例 2－69　上海电气（601727. SH）

会计政策

本集团对于以摊余成本计量的金融资产、以公允价值计量且其变动计入其他综合收益的债务工具投资、合同资产和财务担保合同等，以预期信用损失为基础确认损失准备。

对于因销售商品、提供劳务等日常经营活动形成的应收票据、应收账款、应收款项融资、长期应收款和合同资产，无论是否存在重大融资成分，本集团均按照整个存续期的预期信用损失计量损失准备。

除上述应收票据、应收账款、应收款项融资、长期应收款和合同资产外，于每个资产负债表日，本集团对处于不同阶段的金融工具的预期信用损失分别进行计量。金融工具自初始确认后信用风险未显著增加的，处于第一阶段，本集团按照未来 12 个月内的预期信用损失计量损失准备；金融工具自初始确认后信用风险已显著增加但尚未发生信用减值的，处于第二阶段，本集团按照该工具整个存续期的预期信用损失计量损失准备；金融工具自初始确认后已经发生信用减值的，处于第三阶段，本集团按照该工具整个存续期的预期信用损失计量损失准备。

对于在资产负债表日具有较低信用风险的金融工具，本集团假设其信用风险自初始确认后并未显著增加，认定为处于第一阶段的金融工具，按照未来 12 个月内的预期信用损失计量损失准备。

本集团对于处于第一阶段和第二阶段的金融工具，按照其未扣除减值准备的账面余额和实际利率计算利息收入。对于处于第三阶段的金融工具，按照其账面余额减已计提减值准备后的摊余成本和实际利率计算利息收入。

本集团将计提或转回的损失准备计入当期损益。对于持有的以公允价值计量且其变动计入其他综合收益的债务工具，本集团在将减值损失或利得计入当期损益的同时调整其他综合收益。

财务报表项目注释

其他债权投资

（a）其他债权投资情况：

单位：千元

项目	期初余额	应计利息	本期公允价值变动	期末余额	成本	累计公允价值变动	累计在其他综合收益中确认的损失准备
债务工具投资——同业存单	15, 486, 059			4, 244, 935	4, 205, 790	39, 145	
减：列示于其他流动资产的其他债权投资（附注四（5））	－15, 486, 059			－4, 244, 935			
合计					4, 205, 790	39, 145	

2022 年 12 月 31 日其他债权投资情况：

单位：千元

债务工具投资——同业存单	2022 年 12 月 31 日
——成本	15, 447, 192
——累计公允价值变动	38, 867

其他说明：

于 2023 年 12 月 31 日，本集团认为该等债务工具投资信用减值风险很低，未计提重大预期信用损失。

本集团持有的同业存单主要包括：

单位：千元

同业存单名称	同业存单主要从事的投资活动	2023 年 12 月 31 日账面价值
同业存单一	银行业存款类金融机构面向个人、非金融企业、机关团体等发行的一种大额存款凭证	1, 484, 172
同业存单二	银行业存款类金融机构面向个人、非金融企业、机关团体等发行的一种大额存款凭证	686, 100
同业存单三	银行业存款类金融机构面向个人、非金融企业、机关团体等发行的一种大额存款凭证	587, 522
同业存单四	银行业存款类金融机构面向个人、非金融企业、机关团体等发行的一种大额存款凭证	494, 859

（b）以公允价值计量的其他债权投资相关信息分析如下：

项目	2023 年 12 月 31 日	2022 年 12 月 31 日
债券		
——公允价值		
——摊余成本		
——累计计入其他综合收益		
同业存单		
——公允价值	4, 244, 935	15, 486, 059
——摊余成本	4, 205, 790	15, 447, 192
——累计计入其他综合收益	39, 145	38, 867
合计		
——公允价值	4, 244, 935	15, 486, 059
——摊余成本	4, 205, 790	15, 447, 192
——累计计入其他综合收益	39, 145	38, 867

示例 2 – 70　宝钢股份（600019. SH）

会计政策

本集团以预期信用损失为基础，对以摊余成本计量的金融资产及以公允价值计量且其变动计入其他综合收益的债务工具投资、合同资产等进行减值处理并确认损失准备。

对于不含重大融资成分的应收款项以及合同资产，本集团运用简化计量方法，按照相当于整个存续期内的预期信用损失金额计量损失准备。

除上述采用简化计量方法以外的金融资产，本集团在每个资产负债表日评估其信用风险自初始确认后是否已经显著增加，如果信用风险自初始确认后未显著增加，处于第一阶段，本集团按照相当于未来 12 个月内预期信用损失的金额计量损失准备，并按照账面余额和实际利率计算利息收入；如果信用风险自初始确认后已显著增加但尚未发生信用减值的，处于第二阶段，本集团按照相当于整个存续期内预期信用损失的金额计量损失准备，并按照账面余额和实际利率计算利息收入；如果初始确认后发生信用减值的，处于第三阶段，本集团按照相当于整个存续期内预期信用损失的金额计量损失准备，并按照摊余成本和实际利率计算利息收入。对于资产负债表日只具有较低信用风险的金融工具，本集团假设其信用风险自初始确认后未显著增加。

财务报表项目注释

其他债权投资

（1）其他债权投资情况：

单位：元

项目	期初余额	应计利息	利息调整	本期公允价值变动	处置减少	期末余额	成本	累计公允价值变动	累计在其他综合收益中确认的减值准备
2023 年	2, 648, 186, 108. 50			6, 476, 197. 85	-2, 648, 186, 108. 50				
减：一年内到期的非流动资产	49, 965, 300. 00			195, 095. 48	-49, 965, 300. 00				
合计	2, 598, 220, 808. 50			6, 281, 102. 37	-2, 598, 220, 808. 50				

（4）减值准备计提情况：

减值准备	第一阶段	第二阶段	第三阶段	合计
	未来 12 个月预期信用损失	整个存续期预期信用损失（未发生信用减值）	整个存续期预期信用损失（已发生信用减值）	
2023 年 1 月 1 日余额	780, 963. 52	—	48, 440, 011. 70	49. 220. 975. 22
2023 年 1 月 1 日余额在本期				
——转入第二阶段				
——转入第三阶段				
——转回第二阶段				
——转回第一阶段				
本期计提	314, 568. 70	—	—	314. 563. 70
本期转回	-780, 963. 52	—	—	-780, 963. 52
本期转销				
本期核销				
其他变动	-314, 568. 70	—	-48, 440, 011. 70	-48, 754. 580. 40
2023 年 12 月 31 日余额				

九、信用风险显著增加及已减值的标准披露示例

（一）简要分析

除购买或源生时已发生信用减值的金融资产以及应收款项、合同资产和租赁应收款外，企业应当在每个资产负债表日评估相关金融工具的信用风险自初始确认后是否

显著增加，并按照信用风险自初始确认后已显著增加或未显著增加的情形分别计量其损失准备、确认预期信用损失及其变动。

具体而言，对于购买或源生时未发生信用减值的金融工具（始终按照整个存续期内预期信用损失的变动确认损失准备的除外），企业可以将其发生信用减值的过程分为三个阶段，对于不同阶段的金融工具的减值有不同的会计处理方法：

（1）信用风险自初始确认后未显著增加（第一阶段）。对处于该阶段的金融工具，企业应当按照未来12个月的预期信用损失计量损失准备，并按其账面余额（即未扣除减值准备）和实际利率计算利息收入（若该工具为金融资产，下同）。

（2）信用风险自初始确认后已显著增加但尚未发生信用减值（第二阶段）。对处于该阶段的金融工具，企业应当按照该工具整个存续期的预期信用损失计量损失准备，并按其账面余额和实际利率计算利息收入。

（3）初始确认后发生信用减值（第三阶段）。对处于该阶段的金融工具，企业应当按照该工具整个存续期的预期信用损失计量损失准备，并按其摊余成本（账面余额减已计提减值准备，也即账面价值）和实际利率计算利息收入。

对于购买或源生时已发生信用减值的金融资产，企业应当仅将初始确认后整个存续期内预期信用损失的变动确认为损失准备，并按其摊余成本和经信用调整的实际利率计算利息收入。

（二）年报披露示例

示例2－71　农业银行（601288. SH）

信用风险显著增加的判断标准和违约定义：

本集团在每个资产负债表日评估相关金融工具的信用风险自初始确认后是否已显著增加。本集团进行金融资产的损失阶段划分时充分考虑反映其信用风险是否出现显著变化的各种合理且有依据的信息，包括前瞻性信息。主要考虑因素有监管及经营环境、内外部信用评级、偿债能力、经营能力、贷款合同条款及还款行为等。本集团以单项金融工具或者具有相似信用风险特征的金融工具组合为基础，通过比较金融工具在资产负债表日发生违约的风险与在初始确认日发生违约的风险，以确定金融工具预计存续期内发生违约风险的变化情况。违约是指未按合同约定偿付债务，或其他违反债务合同且对正常偿还债务产生重大影响的行为。

本集团通过设置定量、定性标准以判断金融工具的信用风险自初始确认后是否发生显著增加，判断标准主要为债务人信用风险分类变化、违约概率变化、逾期状态以及其他表明信用风险显著增加的情况，具体包括：信用类资产自初始确认后，风险分类由正常类变化为关注类；法人客户违约概率上升超过一定幅度，并根据初始确认时违约概率不同制定差异化标准，如初始确认违约概率较低（例如，低于3%），当违约概率级别下降至少5个级别时，视为信用风险显著上升；个人客户违约概率超过一定水平。在判断金融工具的信用风险自初始确认后是否显著增加时，本集团根据会计准则要求将逾期超过30天作为信用风险显著增加的上限指标。

如果在报告日金融工具被确定为具有较低信用风险，本集团假设该金融工具的信用风险自初始确认后并未显著增加。本集团将内部评级与全球公认的低信用风险定义（例如外部“投资等级”评级）相一致的金融工具，确定为具有较低信用风险。

已发生信用减值资产的定义：

在新金融工具准则下为确定是否发生信用减值时，本集团所采用的界定标准，与内部针对相关金融工具的信用风险管理目标保持一致，同时考虑定量、定性指标。本集团评估债务人是否发生信用减值时，主要考虑以下因素：

（1）发行方或债务人发生重大财务困难；

（2）债务人违反合同，如偿付利息或本金违约或逾期等；

（3）债权人出于与债务人财务困难有关的经济或合同考虑，给予债务人在任何其他情况下都不会作出的让步；

（4）债务人很可能破产或进行其他债务重组；

（5）发行方或债务人财务困难导致该金融资产的活跃市场消失；

（6）以大幅折扣购买或源生一项金融资产，该折扣反映了发生信用损失的事实；

（7）债务人对本集团的任何本金、垫款、利息或投资的债券逾期超过90天。

金融资产发生信用减值，有可能是多个事件的共同作用所致，未必是可单独识别的事件所致。

示例2－72　招商银行（600036. SH）

信用风险显著增加

如附注3所述，如果信用风险显著增加，本集团按照整个存续期预期信用损失计提损失准备。

在评估金融工具自初始确认后信用风险是否显著增加时，本集团对比金融工具及其他工具在初始确认日和报告日的违约风险情况。在实际操作中，本集团在评估信用风险是否显著增加时考虑金融工具的内部信用风险评级（附注58（a）（i））实际或预期显著恶化情况、内部预警信号、债项五级分类结果、逾期天数等。本集团定期回顾评价标准是否适用当前情况。

满足下列任意条件的批发业务，本集团认为其信用风险显著增加：债项五级分类为关注类；债项逾期天数超过30天（含）；该客户内部信用风险评级下迁达到一定标准；该客户预警信号达到一定级别；该客户出现本集团认定的其他重大风险信号等。

满足下列任意条件的零售业务和信用卡业务，本集团认为其信用风险显著增加：债项五级分类为关注类；债项逾期天数超过30天（含）；该客户或者债项出现信用风险预警信号；该客户出现本集团认定的其他重大风险信号等。

如果：i）违约风险较低，ii）借款人在近期内具有很强的履行合同现金流量义务的能力，以及iii）经济和商业条件的不利变化从长远来看不一定会降低借款人履行合同现金流量义务的能力，债务工具被确定为具有较低的信用风险。

对于贷款承诺和财务担保合同，本集团成为不可撤销承诺一方的日期被视为评估金融工具减值的初始确认日。

本集团认为，如果债务工具逾期90天（含）及以上或者债项五级分类为次级类、可疑类、损失类［此三类也包括债务工具逾期90天（含）及以上］，则进入第三阶段。

示例2－73　华泰证券（601688. SH）

信用风险显著增加

本集团通过比较金融工具在资产负债表日发生违约的风险与在初始确认日发生违约的风险，以确定金融工具预计存续期内发生违约风险的相对变化，以评估金融工具的信用风险自初始确认后是否已显著增加。在确定信用风险自初始确认后是否显著增加时，本集团考虑无须付出不必要的额外成本或努力即可获得的合理且有依据的信息，包括前瞻性信息。本集团考虑的信息包括：

——债务人未能按合同到期日支付本金和利息的情况；

——已发生的或预期的金融工具的外部或内部信用评级（如有）的严重恶化；

——已发生的或预期的债务人经营成果的严重恶化；

——现存的或预期的技术、市场、经济或法律环境变化，并将对债务人对本集团的还款能力产生重大不利影响。

根据金融工具的性质，本集团以单项金融工具或金融工具组合为基础评估信用风险是否显著增加。以金融工具组合为基础进行评估时，本集团可基于共同信用风险特征对金融工具进行分类，例如逾期信息和信用风险评级。本集团认为金融资产在下列情况发生违约：

——借款人不大可能全额支付其对本集团的欠款，该评估不考虑本集团采取例如变现抵押品（如果持有）等追索行动；

——已发生信用减值的金融资产。

本集团在资产负债表日评估以摊余成本计量的金融资产和以公允价值计量且其变动计入其他综合收益的债权投资是否已发生信用减值。当对金融资产预期未来现金流量具有不利影响的一项或多项事件发生时，该金融资产成为已发生信用减值的金融资产。金融资产已发生信用减值的证据包括下列可观察信息：

——发行方或债务人发生重大财务困难；

——债务人违反合同，如偿付利息或本金违约或逾期等；

——本集团出于与债务人财务困难有关的经济或合同考虑，给予债务人在任何其他情况下都不会作出的让步；

——债务人很可能破产或进行其他财务重组；

——发行方或债务人财务困难导致该金融资产的活跃市场消失；

——以大幅折扣购买或源生一项金融资产，该折扣反映了发生信用损失的事实。

示例2－74　辽港股份（601880. SH）

信用风险显著增加判断标准

本集团在每个资产负债表日评估相关金融工具的信用风险自初始确认后是否已显著增加。在确定信用风险自初始确认后是否显著增加时，本集团考虑在无须付出不必要的额外成本或努力即可获得合理且有依据的信息，包括基于本集团历史数据的定性和定量分析、外部信用风险评级以及前瞻性信息。本集团以单项金融工具或者具有相似信用风险特征的金融工具组合为基础，通过比较金融工具在资产负债表日发生违约的风险与在初始确认日发生违约的风险，以确定金融工具预计存续期内发生违约风险的变化情况。

当触发以下一个或多个定量、定性标准时，本集团认为金融工具的信用风险已发生显著增加：

（1）定量标准主要为报告日剩余存续期违约概率较初始确认时上升超过一定比例；

（2）定性标准主要为债务人经营或财务情况出现重大不利变化、预警客户清单等。

已发生信用减值资产的定义：

为确定是否发生信用减值，本集团所采用的界定标准与内部针对相关金融工具的信用风险管理目标保持一致，同时考虑定量、定性指标。本集团评估债务人是否发生信用减值时，主要考虑以下因素：

（1）发行方或债务人发生重大财务困难；

（2）债务人违反合同，如偿付利息或本金违约或逾期等；

（3）债权人出于与债务人财务困难有关的经济或合同考虑，给予债务人在任何其他情况下都不会作出的让步；

（4）债务人很可能破产或进行其他财务重组；

（5）发行方或债务人财务困难导致该金融资产的活跃市场消失；

（6）以大幅折扣购买或源生一项金融资产，该折扣反映了发生信用损失的事实。

金融资产发生信用减值，有可能是多个事件的共同作用所致，未必是可单独识别的事件所致。

示例2－75　中国中冶（601618. SH）

信用风险显著增加

本集团利用可获得的合理且有依据的前瞻性信息，通过比较金融工具在资产负债表日发生违约的风险与在初始确认日发生违约的风险，以确定金融工具的信用风险自初始确认后是否已显著增加。对于财务担保合同，本集团在应用金融工具减值规定时，将本集团成为作出不可撤销承诺的一方之日作为初始确认日。

本集团在评估信用风险是否显著增加时会考虑如下因素：

——信用风险变化所导致的内部价格指标是否发生显著变化；

——预期将导致债务人履行其偿债义务的能力是否发生显著变化的业务、财务或经济状况的不利变化；

——债务人经营成果实际或预期是否发生显著变化；

——债务人所处的监管、经济或技术环境是否发生显著不利变化；

——作为债务抵押的担保物价值或第三方提供的担保或信用增级质量是否发生显著变化，这些变化预期将降低债务人按合同规定期限还款的经济动机或者影响违约概率；

——预期将降低债务人按合同约定期限还款的经济动机是否发生显著变化；

——借款合同的预期变更，包括预计违反合同的行为是否可能导致的合同义务的免除或修订、给予免息期、利率跳升、要求追加抵押品或担保或者对金融工具的合同框架作出其他变更；

——债务人预期表现和还款行为是否发生显著变化；

——合同付款是否发生逾期超过30日（含）。

于资产负债表日，若本集团判断金融工具只具有较低的信用风险，则本集团假定该金融工具的信用风险自初始确认后并未显著增加。如果金融工具的违约风险较低，借款人在短期内履行其合同现金流量义务的能力很强，并且即使较长时期内经济形势和经营环境存在不利变化但未必一定降低借款人履行其合同现金流量义务的能力，该金融工具被视为具有较低的信用风险。

已发生信用减值的金融资产

当本集团预期对金融资产未来现金流量具有不利影响的一项或多项事件发生时，该金融资产成为已发生信用减值的金融资产。金融资产已发生信用减值的证据包括下列可观察信息：

——发行方或债务人发生重大财务困难；

——债务人违反合同，如偿付利息或本金违约或逾期等；

——债权人出于与债务人财务困难有关的经济或合同考虑，给予债务人在任何其他情况下都不会作出的让步；

——债务人很可能破产或进行其他财务重组；

——发行方或债务人财务困难导致该金融资产的活跃市场消失；

——以大幅折扣购买或源生一项金融资产，该折扣反映了发生信用损失的事实。

十、预期信用损失计量的参数披露示例

（一）简要分析

预期信用损失是以违约概率为权重的、金融工具现金流缺口（即合同现金流量与预期收到的现金流量之间的差额）的现值的加权平均值。

企业计量金融工具预期信用损失的方法应当反映下列各项要素：（1）通过评价一系列可能的结果而确定的无偏概率加权平均金额；（2）货币时间价值；（3）在资产负债表日无须付出不必要的额外成本或努力即可获得的有关过去事项、当前状况以

及未来经济状况预测的合理且有依据的信息。

在不违反金融工具预期信用损失计量方法应反映的上述各项要素的前提下，企业可在计量预期信用损失时运用简便方法。例如，对于应收账款的预期信用损失，企业可参照历史信用损失经验，编制应收账款逾期天数与固定准备率对照表，以此为基础计算预期信用损失。

（二）年报披露示例

预期信用损失计量的参数披露示例汇总如表2－14所示。

表2－14　预期信用损失计量的参数披露示例汇总

序号	参考示例	预期信用损失计量的参数
1	示例2－76　农业银行（601288. SH）	预期信用损失计量的相关参数包括违约概率、违约损失率和违约风险敞口，以当前风险管理所使用的内部评级体系为基础，根据新金融工具准则的要求，考虑历史统计数据（如交易对手评级、担保方式及抵质押物类别、还款方式等）的定量分析及前瞻性信息，建立违约概率、违约损失率及违约风险敞口模型
2	示例2－77　邮储银行（601658. SH）	根据信用风险是否发生显著增加以及资产是否已发生信用减值，本集团对不同的资产分别以12个月或整个存续期的预期信用损失计量减值准备。预期信用损失是违约概率（PD）、违约风险敞口（EAD）及违约损失率（LGD）三者的乘积折现后的结果
3	示例2－78　平安银行（000001. SZ）	本集团采用违约概率/违约损失率模型法评估预期信用损失，针对非零售业务阶段三风险敞口，采用现金流折现模型法评估资产的预期损失。 违约概率/违约损失率模型法是通过对信用风险敞口的违约风险暴露、违约概率、违约损失率、存续期等模型参数进行估计并计算预期信用损失的方法。现金流折现模型法是按照未来现金流量现值低于账面价值的差额确定预期信用损失的方法
4	示例2－79　广深铁路（601333. SH）	对于划分为组合的应收账款和应收票据，结合违约风险敞口、违约概率、违约损失率以及前瞻性信息的预测，计算预期信用损失。 对于划分为组合的其他应收款等，结合当前状况以及对未来经济状况的预测，通过违约风险敞口和未来12个月内或整个存续期预期信用损失率，计算预期信用损失
5	示例2－80　上海电气（601727. SH）	通过违约风险敞口和预期信用损失率计算预期信用损失，并基于违约概率和违约损失率或基于账龄矩阵确定预期信用损失率。在确定预期信用损失率时，使用内部历史信用损失经验等数据，并结合当前状况和前瞻性信息对历史数据进行调整

示例2－76　农业银行（601288. SH）

金融风险管理

预期信用损失计量的参数

根据信用风险是否发生显著增加以及是否已发生信用减值，本集团对不同的资产分别以12个月或整个存续期的预期信用损失计量减值准备。预期信用损失计量的相关参数包括违约概率、违约损失率和违约风险敞口。本集团以当前风险管理所使用的内部评级体系为基础，根据新金融工具准则的要求，考虑历史统计数据（如交易对手评级、担保方式及抵质押物类别、还款方式等）的定量分析及前瞻性信息，建立违约概率、违约损失率及违约风险敞口模型。

相关定义如下：

——违约概率是指借款人在未来12个月或在整个剩余存续期发生违约的可能性；

——违约风险敞口是指在未来12个月或在整个剩余存续期中，在违约发生时，本集团应被偿付的金额；

——违约损失率是指本集团对违约敞口发生损失程度作出的预期。根据交易对手的类型、追索方式和优先级，以及担保品或其他信用支持的可获得性不同，违约损失率也有所不同。违约损失率为违约发生时风险敞口损失的百分比。

示例2－77　邮储银行（601658. SH）

金融风险管理

对参数、假设及估计技术的说明

根据信用风险是否发生显著增加以及资产是否已发生信用减值，本集团对不同的资产分别以12个月或整个存续期的预期信用损失计量减值准备。预期信用损失是违约概率（PD）、违约风险敞口（EAD）及违约损失率（LGD）三者的乘积折现后的结果。

相关定义如下：

违约概率（PD）：是指在未来某个特定时期内，如未来12个月或整个存续期间，债务人不能按照合同约定偿还本息或履行相关义务的可能性。本集团违约概率以内部评级模型计算结果或对于未采用内部评级法的金融资产，采用历史数据测算法，对具有类似信用风险特征的资产组合测算得到的客户历史违约数据为基础，加入前瞻性信息以反映当前宏观经济环境下的“时点型”债务人违约概率。

违约损失率（LGD）：是指债务人如果发生违约将给债权人所造成的损失金额占债权金额的比率，即损失的严重程度。本集团违约损失率为内部评级模型计算结果或对于未采用内部评级法的金融资产，采用历史数据测算法，对具有类似信用风险特征的资产组合，按照客户类型、担保方式、历史不良贷款清收经验等因素，逐笔统计违约资产的回收金额和回收时间，计算自违约之日起未来一段期间内该资产组合的违约损失情况。

违约风险敞口（EAD）：是指预期违约时的表内和表外风险敞口总额。

本集团通过预计未来各资产组合的违约概率、违约损失率和违约风险敞口，来确定预期信用损失。本集团将这三者相乘并对其存续性进行调整（如发生违约），再将各期间的计算结果折现至资产负债表日并加总确定预期信用损失金额。预期信用损失计算中使用的折现率为实际利率或其近似值。

本集团定期监控预期信用损失计算相关的假设，并根据评估结果作出必要的更新与调整。

示例2－78　平安银行（000001. SZ）

模型和参数

本集团采用违约概率/违约损失率模型法评估预期信用损失，针对非零售业务阶段三风险敞口，采用现金流折现模型法评估资产的预期损失。

违约概率/违约损失率模型法是通过对信用风险敞口的违约风险暴露、违约概率、违约损失率、存续期等模型参数进行估计并计算预期信用损失的方法。现金流折现模型法是按照未来现金流量现值低于账面价值的差额确定预期信用损失的方法。

违约概率是指借款人在未来12个月或在整个剩余存续期，无法履行其偿付义务的可能性。本集团的违约概率以内部评级模型结果为基础进行调整或按组合评估得出的历史违约经验，加入前瞻性信息，以反映当前宏观经济环境下的时点违约概率。

违约损失率是指本集团对违约风险暴露发生损失程度作出的预期，为违约发生时风险敞口损失的百分比。

违约风险敞口是指在违约发生时，本集团应被偿付的金额。

本集团采用内部信用风险评级反映单个交易对手的违约概率评估结果，且对不同类别的交易对手采用不同的内部评级模型。在贷款申请时收集的借款人及特定贷款信息都被纳入评级模型。本集团的评级体系包括33个未违约等级及1个违约等级。本集团定期监控并复核预期信用损失计算相关的假设，包括各期限下的违约概率、违约损失率和违约风险敞口等的变动情况。

示例2－79　广深铁路（601333. SH）

会计政策

对于划分为组合的应收账款和应收票据，本集团结合违约风险敞口、违约概率、违约损失率以及前瞻性信息的预测，计算预期信用损失。

对于划分为组合的其他应收款等，本集团结合当前状况以及对未来经济状况的预测，通过违约风险敞口和未来12个月内或整个存续期预期信用损失率，计算预期信用损失。

重要会计估计和判断

(i) 应收账款预期信用损失的计量

本集团依据信用风险特征将应收账款划分为若干组合，在组合的基础上结合违约风险敞口以及预期信用损失率，包括违约概率、违约损失率以及前瞻性信息的预测，计算预期信用损失，确认坏账准备。管理层主要从客户的信用情况以及经营现状综合判断和估计。本集团定期监控并复核与预期信用损失计算相关的假设。在考虑前瞻性信息时，本集团使用的指标包括经济下滑的风险、外部市场环境、技术环境、客户情况的变化等。

如实际发生的信用损失与原估计有差异时，该差异将会于未来期间内影响本集团相关金融资产的账面价值。

示例 2－80　上海电气（601727. SH）

会计政策

预期信用损失的计量

本集团通过违约风险敞口和预期信用损失率计算预期信用损失，并基于违约概率和违约损失率或基于账龄矩阵确定预期信用损失率。在确定预期信用损失率时，本集团使用内部历史信用损失经验等数据，并结合当前状况和前瞻性信息对历史数据进行调整。

十一、前瞻性信息披露示例

（一）简要分析

根据《企业会计准则第 22 号——金融工具确认和计量》（2017 年修订），预期信用损失是以违约概率为权重的、金融工具现金流缺口（即合同现金流量与预期收到的现金流量之间的差额）的现值的加权平均值。企业计量金融工具预期信用损失的方法应当反映下列各项要素：（1）通过评价一系列可能的结果而确定的无偏概率加权平均金额；（2）货币时间价值；（3）在资产负债表日无须付出不必要的额外成本或努力即可获得的有关过去事项、当前状况以及未来经济状况预测的合理且有依据的信息。

因此，企业在进行预期信用损失相关评估时，应当考虑前瞻性信息。在考虑前瞻性信息时，企业无须对金融工具整个预计存续期内的情况作出预测，准则并不要求企业对很远的未来作出详细估计，企业只需根据现有资料对未来情况进行推断。

企业计量金融工具预期信用损失的方法应当反映通过评价一系列可能的结果而确定的无偏概率加权平均金额，对预期信用损失的估计应当始终反映发生信用损失的可能性以及不发生信用损失的可能性（即便最可能发生的结果是不存在任何信用损失），而不是仅对最坏或最好的情形作出估计。

（二）年报披露示例

前瞻性信息披露示例汇总如表 2－15 所示。

表 2－15　　前瞻性信息披露示例汇总

序号	参考示例	前瞻性信息
1	示例 2－81　上海电气（601727. SH）	“基准”“不利”及“有利”这三种经济情景的权重分别是 60%、30% 和 10%； 关键宏观经济参数包括国内生产总值、生产价格指数、工业增加值、广义货币供应量、固定资产投资完成额

续表

序号	参考示例	前瞻性信息
2	示例2－82　中国中铁（601390. SH）	“基准”“不利”及“有利”这三种经济情景的权重分别是50%、40%和10%； 关键宏观经济参数包括国内生产总值和工业增加值
3	示例2－83　工商银行（601398. SH）	结合宏观数据分析及专家判断结果确定乐观、中性、悲观的情景及其权重，其中乐观、悲观情景权重相若，中性情景权重略高； 关键宏观经济参数为国内生产总值
4	示例2－84　招商银行（600036. SH）	多场景权重采取基准场景为主、其余场景为辅的原则，结合量化计量和专家判断进行设置，2023年12月31日基准情景权重占比最高； 除国内生产总值、消费者物价指数、生产者物价指数、广义货币供应量等常见经济指标外，还纳入行业类、利率汇率类、调查指数类等多类别指标。基准情景下，综合外部权威机构发布的预测值、行内专业团队及相关模型预测结果进行设置，其余情景参考历史实际数据进行分析预测。以国内生产总值（年度同比）和消费者物价指数（当月同比）为例，2023年12月31日基准情景下，对未来一年的预测值分别为4.80%（2022年：4.80%）和1.50%（2022年：2.80%）
5	示例2－85　中信建投（601066. SH）	针对主要产品类型分析，设定了乐观、基准和悲观三种场景，目前本集团采用的基准情景权重超过非基准情景权重； 使用宏观经济景气指数先行指数和融资融券市场平均担保比作为宏观经济前瞻性预测代理变量。其中基准情景下宏观经济景气先行指数季度环比预测值－3.49%，融资融券市场平均担保比月度环比预测值－21.37%。以上各指标在乐观和悲观情景下的预测值围绕基准值变动幅度不超过±100%

示例2－81　上海电气（601727. SH）

在考虑前瞻性信息时，本集团考虑了不同的宏观经济情景。于2023年度，“基准”“不利”及“有利”这三种经济情景的权重分别是60%、30%和10%（2022年度：60%、30%和10%）。本集团定期监控并复核与预期信用损失计算相关的重要宏观经济假设和参数，包括经济下滑的风险、外部市场环境、技术环境、客户情况的变化、国内生产总值、生产价格指数、工业增加值、广义货币供应量、固定资产投资完成额等。于2023年度，本集团已考虑了不同宏观经济情景下的不确定性，相应更新了相关假设和参数。各情景中所使用的主要关键宏观经济参数列示如下：

单位：%

参数	经济情景		
	基准	不利	有利
国内生产总值	4.76	3.90	5.10
生产价格指数	0.16	－0.80	0.60
工业增加值	4.62	4.20	5.00

续表

参数	经济情景		
	基准	不利	有利
广义货币供应量	9.73	8.80	10.90
固定资产投资完成额	4.77	2.70	8.50

2022 年度，本集团在各情景中所使用的关键宏观经济参数列示如下：

单位：%

参数	经济情景		
	基准	不利	有利
国内生产总值	4.76	3.90	5.10
生产价格指数	0.16	-0.80	0.60
工业增加值	4.62	4.20	5.00
广义货币供应量	9.73	8.80	10.90
固定资产投资完成额	4.77	2.70	8.50

示例 2-82　中国中铁（601390.SH）

在考虑前瞻性信息时，本集团考虑了不同的宏观经济情景。2023 年度，“基准”“不利”及“有利”这三种经济情景的权重分别是 50%、40% 和 10%（2022 年度：50%、40% 和 10%）。本集团定期监控并复核与预期信用损失计算相关的重要宏观经济假设和参数，包括经济政策、宏观经济指标、行业风险和客户情况的变化等。2023 年度，本集团已考虑了不同宏观经济情景下的不确定性，相应更新了相关假设和参数，各情景中所使用的关键宏观经济参数列示如下：

单位：%

参数	经济情景		
	基准	不利	有利
国内生产总值	5.06	4.59	5.33
工业增加值	4.74	4.26	4.99

示例 2-83　工商银行（601398.SH）

信用风险显著增加的评估及预期信用损失的计算涉及前瞻性信息。本集团通过历史数据分析，识别出与计算预期信用损失相关联的宏观经济指标包括国内生产总值

（GDP）、居民消费价格指数（CPI）和广义货币供应量（M2）、消费者信心指数等。本集团通过回归分析确定这些经济指标与违约概率和违约损失率之间的关系，以确定这些指标历史上的变化对违约概率和违约损失率的影响。这些经济指标对违约概率和违约损失率的影响，对不同的业务类型有所不同。本集团至少每季度对这些经济指标进行预测，并提供未来一年经济情况的最佳估计。

本集团结合宏观数据分析及专家判断结果确定乐观、中性、悲观的情景及其权重，从而计算本集团加权平均预期信用损失准备金，其中乐观、悲观情景权重相若，中性情景权重略高，各情景权重较2022年12月31日未发生变化。

于2023年12月31日，本集团考虑了不同的宏观经济情景，结合同期基数效应等因素对经济增长情况的影响，对宏观经济指标进行前瞻性预测。其中，用于估计预期信用损失的国内生产总值（GDP）当期同比增长率在不同情景下的预测值如下：中性情景下为5.0%，乐观情景下为6.3%，悲观情景下为4.0%。

本集团对前瞻性计量所使用的宏观经济指标进行了敏感性分析。于2023年12月31日，当中性情景中的重要经济指标上浮或下浮10%时，预期信用损失的变动不超过5%（2022年12月31日：不超过5%）。

示例2-84　招商银行（600036.SH）

本集团根据资产不同的风险特征，将资产划分为不同的资产组，并根据资产组的风险特征，在合理的成本和时间范围内，收集外部权威数据、内部风险相关数据进行建模，除国内生产总值、消费者物价指数、生产者物价指数、广义货币供应量等常见经济指标外，还纳入行业类、利率汇率类、调查指数类等多类别指标。经量化统计建模并结合专家判断，本集团设置多种前瞻场景，对宏观经济指标、风险参数进行预测。基准情景下，本集团综合外部权威机构发布的预测值、行内专业团队及相关模型预测结果进行设置，其余情景参考历史实际数据进行分析预测。以国内生产总值（年度同比）和消费者物价指数（当月同比）为例，2023年12月31日基准情景下，本集团对未来一年的预测值分别为4.80%（2022年：4.80%）和1.50%（2022年：2.80%）。

本集团多场景权重采取基准场景为主、其余场景为辅的原则，结合量化计量和专家判断进行设置，2023年12月31日基准情景权重占比最高。经敏感性测算，当乐观场景权重上升10%，基准场景权重下降10%时，本集团于2023年12月31日的预期信用损失金额较当前结果减少约2.8%（2022年12月31日：减少约3.1%）。当悲观场景权重上升10%，基准场景权重下降10%时，预期信用损失金额较当前结果增加约5.6%（2022年12月31日：增加约5.2%）。

本集团定期对宏观经济指标池的各项指标进行预测，以加权的12个月预期信用损失（阶段一）或加权的整个存续期预期信用损失（阶段二及阶段三）计量相关的损失准备。

示例 2－85　中信建投（601066. SH）

信用风险显著增加的评估及预期信用损失的计算均涉及前瞻性信息。本集团通过历史数据分析，识别出影响各资产组合的信用风险及预期信用损失的关键经济指标，主要包括国内生产总值累计同比、生产者价格指数累计同比、固定资产投资完成额累计同比、金融机构各项贷款余额同比等。本集团通过回归分析确定这些经济指标与宏观因子之间的关系，通过对不同情景宏观因子的预测，利用 Merton 模型将对未来的宏观预测作用至预期信用损失的计算中。

本集团认为所有资产组合均应当考虑应用三种不同情景来恰当反映关键经济指标发展的非线性特征。本集团结合统计分析及专家判断来确定情景权重，也同时考虑了各情景所代表的可能结果范围。本集团在每一个资产负债表日重新评估情景的数量及特征。于 2023 年 12 月 31 日及 2022 年 12 月 31 日，本集团针对主要产品类型分析，设定了乐观、基准和悲观三种场景，目前本集团采用的基准情景权重超过非基准情景权重。

于 2023 年度，本集团使用宏观经济景气先行指数和融资融券市场平均担保比作为宏观经济前瞻性预测代理变量。使用不同置信度环比相对变化历史分布区分乐观、基准、悲观情景。

其中基准情景下宏观经济景气先行指数季度环比预测值－3. 49%，融资融券市场平均担保比月度环比预测值－21. 37%。以上各指标在乐观和悲观情景下的预测值围绕基准值变动幅度不超过±100%。

本集团在判断信用风险是否发生显著增加时，使用了基准及其他情景下的整个存续期违约概率乘以情景权重，并考虑了定性、定量和上限指标。本集团以加权的 12 个月预期信用损失或加权的整个存续期预期信用损失计量相关的损失准备。上述加权的信用损失是由各情景下预期信用损失乘以相应情景的权重计算得出。

于 2023 年 12 月 31 日，本集团综合考虑当前经济情况、国际形势等影响，根据最新经济预测情况更新了用于前瞻性计量的相关经济指标。与其他经济预测类似，对预计经济指标和发生可能性的估计具有高度的固有不确定性，因此实际结果可能同预测存在重大差异。本集团认为这些预测体现了对可能结果的最佳估计。

第四节　金融资产转移披露示例

为加快资金回笼、改善资产负债结构，越来越多的公司将持有的金融资产予以转让。实务中，不少企业选择以票据方式进行结算，相应企业贴现或者背书应收票据进行结算的交易越来越多。应收账款保理、金融资产证券化等业务均为类似交易。此类交易中，企业转移了金融资产，面临是否应终止确认相关金融资产的问题。判断金融资产能否终止确认，应当依据《企业会计准则第 23 号——金融资产转移》等进行判断。金融资产转移的披露应适用《企业会计准则第 37 号——金融工具列报》。

一、准则相关规定与监管指引（节选）

（一）《企业会计准则第 23 号——金融资产转移》

第五条　金融资产满足下列条件之一的，应当终止确认：

（一）收取该金融资产现金流量的合同权利终止。

（二）该金融资产已转移，且该转移满足本准则关于终止确认的规定。

第六条　金融资产转移，包括下列两种情形：

（一）企业将收取金融资产现金流量的合同权利转移给其他方。

（二）企业保留了收取金融资产现金流量的合同权利，但承担了将收取的该现金流量支付给一个或多个最终收款方的合同义务，且同时满足下列条件：

1. 企业只有从该金融资产收到对等的现金流量时，才有义务将其支付给最终收款方。企业提供短期垫付款，但有权全额收回该垫付款并按照市场利率计收利息的，视同满足本条件。

2. 转让合同规定禁止企业出售或抵押该金融资产，但企业可以将其作为向最终收款方支付现金流量义务的保证。

3. 企业有义务将代表最终收款方收取的所有现金流量及时划转给最终收款方，且无重大延误。企业无权将该现金流量进行再投资，但在收款日和最终收款方要求的划转日之间的短暂结算期内，将所收到的现金流量进行现金或现金等价物投资，并且按照合同约定将此类投资的收益支付给最终收款方的，视同满足本条件。

第七条　企业在发生金融资产转移时，应当评估其保留金融资产所有权上的风险和报酬的程度，并分别下列情形处理：

（一）企业转移了金融资产所有权上几乎所有风险和报酬的，应当终止确认该金融资产，并将转移中产生或保留的权利和义务单独确认为资产或负债。

（二）企业保留了金融资产所有权上几乎所有风险和报酬的，应当继续确认该金融资产。

（三）企业既没有转移也没有保留金融资产所有权上几乎所有风险和报酬的（即除本条（一）、（二）之外的其他情形），应当根据其是否保留了对金融资产的控制，分别下列情形处理：

1. 企业未保留对该金融资产控制的，应当终止确认该金融资产，并将转移中产生或保留的权利和义务单独确认为资产或负债。

2. 企业保留了对该金融资产控制的，应当按照其继续涉入被转移金融资产的程度继续确认有关金融资产，并相应确认相关负债。

继续涉入被转移金融资产的程度，是指企业承担的被转移金融资产价值变动风险或报酬的程度。

第八条　企业在评估金融资产所有权上风险和报酬的转移程度时，应当比较转移前后其所承担的该金融资产未来净现金流量金额及其时间分布变动的风险。

企业承担的金融资产未来净现金流量现值变动的风险没有因转移而发生显著变化的，表明该企业仍保留了金融资产所有权上几乎所有风险和报酬。如将贷款整体转移并对该贷款可能发生的所有损失进行全额补偿，或者出售一项金融资产但约定以固定价格或者售价加上出借人回报的价格回购。

企业承担的金融资产未来净现金流量现值变动的风险相对于金融资产的未来净现金流量现值的全部变动风险不再显著的，表明该企业已经转移了金融资产所有权上几乎所有风险和报酬。如无条件出售金融资产，或者出售金融资产且仅保留以其在回购时的公允价值进行回购的选择权。

企业通常不需要通过计算即可判断其是否转移或保留了金融资产所有权上几乎所有风险和报酬。在其他情况下，企业需要通过计算评估是否已经转移了金融资产所有权上几乎所有风险和报酬的，在计算和比较金融资产未来现金流量净现值的变动时，应当考虑所有合理、可能的现金流量变动，对于更可能发生的结果赋予更高的权重，并采用适当的市场利率作为折现率。

第九条　企业在判断是否保留了对被转移金融资产的控制时，应当根据转入方是否具有出售被转移金融资产的实际能力而确定。转入方能够单方面将被转移金融资产整体出售给不相关的第三方，且没有额外条件对此项出售加以限制的，表明转入方有出售被转移金融资产的实际能力，从而表明企业未保留对被转移金融资产的控制；在其他情形下，表明企业保留了对被转移金融资产的控制。

在判断转入方是否具有出售被转移金融资产的实际能力时，企业考虑的关键应当是转入方实际上能够采取的行动。被转移金融资产不存在市场或转入方不能单方面自由地处置被转移金融资产的，通常表明转入方不具有出售被转移金融资产的实际能力。

转入方不大可能出售被转移金融资产并不意味着企业（转出方）保留了对被转移金融资产的控制。但存在看跌期权或担保而限制转入方出售被转移金融资产的，转出方实际上保留了对被转移金融资产的控制。如存在看跌期权或担保且很有价值，导致转入方实际上不能在不附加类似期权或其他限制条件的情形下将该被转移金融资产出售给第三方，从而限制了转入方出售被转移金融资产的能力，转入方将持有被转移金融资产以获取看跌期权或担保下相应付款的，企业保留了对被转移金融资产的控制。

第十三条　企业在判断金融资产转移是否满足本准则规定的金融资产终止确认条件时，应当注重金融资产转移的实质。

（一）企业转移了金融资产所有权上几乎所有风险和报酬，应当终止确认被转移金融资产的常见情形有：

1. 企业无条件出售金融资产。

2. 企业出售金融资产，同时约定按回购日该金融资产的公允价值回购。

3. 企业出售金融资产，同时与转入方签订看跌期权合同（即转入方有权将该金融资产返售给企业）或看涨期权合同（即转出方有权回购该金融资产），且根据合同条款判断，该看跌期权或看涨期权为一项重大价外期权（即期权合约的条款设计，使得金融资产的转入方或转出方极小可能会行权）。

（二）企业保留了金融资产所有权上几乎所有风险和报酬，应当继续确认被转移金融资产的常见情形有：

1. 企业出售金融资产并与转入方签订回购协议，协议规定企业将回购原被转移金融资产，或者将予回购的金融资产与售出的金融资产相同或实质上相同、回购价格固定或原售价加上回报。

2. 企业融出证券或进行证券出借。

3. 企业出售金融资产并附有将市场风险敞口转回给企业的总回报互换。

4. 企业出售短期应收款项或信贷资产，并且全额补偿转入方可能因被转移金融资产发生的信用损失。

5. 企业出售金融资产，同时与转入方签订看跌期权合同或看涨期权合同，且根据合同条款判断，该看跌期权或看涨期权为一项重大价内期权（即期权合约的条款设计，使得金融资产的转入方或转出方很可能会行权）。

（三）企业应当按照其继续涉入被转移金融资产的程度继续确认被转移金融资产的常见情形有：

1. 企业转移金融资产，并采用保留次级权益或提供信用担保等方式进行信用增级，企业只转移了被转移金融资产所有权上的部分（非几乎所有）风险和报酬，且保留了对被转移金融资产的控制。

2. 企业转移金融资产，并附有既非重大价内也非重大价外的看涨期权或看跌期权，导致企业既没有转移也没有保留所有权上几乎所有风险和报酬，且保留了对被转移金融资产的控制。

（二）《企业会计准则第 37 号——金融工具列报》

第九十八条　企业应当就资产负债表日存在的所有未终止确认的已转移金融资产，以及对已转移金融资产的继续涉入，按本准则要求单独披露。

本章所述的金融资产转移，包括下列两种情形：

（一）企业将收取金融资产现金流量的合同权利转移给另一方。

（二）企业保留了收取金融资产现金流量的合同权利，但承担了将收取的现金流量支付给一个或多个最终收款方的合同义务。

第九十九条　企业对于金融资产转移所披露的信息，应当有助于财务报表使用者了解未整体终止确认的已转移金融资产与相关负债之间的关系，评价企业继续涉入已终止确认金融资产的性质和相关风险。

企业按照本准则第一百零一条和第一百零二条所披露信息不能满足本条前款要求的，应当披露其他补充信息。

第一百条　本章所述的继续涉入，是指企业保留了已转移金融资产中内在的合同权利或义务，或者取得了与已转移金融资产相关的新合同权利或义务。转出方与转入方签订的转让协议或与第三方单独签订的与转让相关的协议，都有可能形成对已转移金融资产的继续涉入。如果企业对已转移金融资产的未来业绩不享有任何利益，也不承担与已转移金融资产相关的任何未来支付义务，则不形成继续涉入。下列情形不形成继续涉入：

（一）与转移的真实性以及合理、诚信和公平交易等原则有关的常规声明和保证，这些声明和保证可能因法律行为导致转移无效。

（二）以公允价值回购已转移金融资产的远期、期权和其他合同。

（三）使企业保留了收取金融资产现金流量的合同权利但承担了将收取的现金流量支付给一个或多个最终收款方的合同义务的安排，且这类安排满足《企业会计准则第23号——金融资产转移》第六条（二）中的三个条件。

第一百零一条　对于已转移但未整体终止确认的金融资产，企业应当按照类别披露下列信息：

（一）已转移金融资产的性质；

（二）仍保留的与所有权有关的风险和报酬的性质；

（三）已转移金融资产与相关负债之间关系的性质，包括因转移引起的对企业使用已转移金融资产的限制；

（四）在转移金融资产形成的相关负债的交易对手方仅对已转移金融资产有追索权的情况下，应当以表格形式披露所转移金融资产和相关负债的公允价值以及净头寸，即已转移金融资产和相关负债公允价值之间的差额；

（五）继续确认已转移金融资产整体的，披露已转移金融资产和相关负债的账面价值；

（六）按继续涉入程度确认所转移金融资产的，披露转移前该金融资产整体的账面价值、按继续涉入程度确认的资产和相关负债的账面价值。

第一百零二条　对于已整体终止确认但转出方继续涉入已转移金融资产的，企业应当至少按照类别披露下列信息：

（一）因继续涉入确认的资产和负债的账面价值和公允价值，以及在资产负债表中对应的项目。

（二）因继续涉入导致企业发生损失的最大风险敞口及确定方法。

（三）应当或可能回购已终止确认的金融资产需要支付的未折现现金流量（如期权协议中的行权价格）或其他应向转入方支付的款项，以及对这些现金流量或款项的到期期限分析。如果到期期限可能为一个区间，应当以企业必须或可能支付的最早日期为依据归入相应的时间段。到期期限分析应当分别反映企业应当支付的现金流量（如远期合同）、企业可能支付的现金流量（如签出看跌期权）以及企业可选择支付的现金流量（如购入看涨期权）。在现金流量不固定的情形下，上述金额应当基于每个资产负债表日的情况披露。

（四）对本条（一）至（三）定量信息的解释性说明，包括对已转移金融资产、继续涉入的性质和目的，以及企业所面临风险的描述等。其中，对企业所面临风险的描述包括下列各项：

1. 企业对继续涉入已终止确认金融资产的风险进行管理的方法；

2. 企业是否应先于其他方承担有关损失，以及先于本企业承担损失的其他方应承担损失的顺序及金额；

3. 企业向已转移金融资产提供财务支持或回购该金融资产的义务的触发条件。

（五）金融资产转移日确认的利得或损失，以及因继续涉入已终止确认金融资产当期和累计确认的收益或费用（如衍生工具的公允价值变动）。

（六）终止确认产生的收款总额在本期分布不均衡的（例如大部分转移金额在临近报告期末发生），企业应当披露本期最大转移活动发生的时间段、该段期间所确认的金额（如相关利得或损失）和收款总额。

企业在披露本条所规定的信息时，应当按照其继续涉入面临的风险敞口类型分类汇总披露。例如，可按金融工具类别（如附担保或看涨期权继续涉入方式）或转让类型（如应收账款保理、证券化和融券）分类汇总披露。企业对某项终止确认的金融资产存在多种继续涉入方式的，可按其中一类汇总披露。

第一百零三条　企业按照本准则第一百条的规定确定是否继续涉入已转移金融资产时，应当以自身财务报告为基础进行考虑。

（三）《企业会计准则应用指南汇编2024》“第二十三章　金融资产转移”

三、金融资产终止确认的定义

金融资产终止确认，是指企业将之前确认的金融资产从其资产负债表中予以转出。金融资产满足下列条件之一的，应当终止确认：

1. 收取该金融资产现金流量的合同权利终止。

2. 该金融资产已转移，且该转移满足本章关于终止确认的规定。

在第一个条件下，企业收取金融资产现金流量的合同权利终止，如因合同到期而使合同权利终止，金融资产不能再为企业带来经济利益，应当终止确认该金融资产。在第二个条件下，企业收取一项金融资产现金流量的合同权利并未终止，但若企业转移了该项金融资产，同时该转移满足本章关于终止确认的规定，在这种情况下，企业也应当终止确认被转移的金融资产。

下列情形也会导致金融资产的终止确认：

1. 合同的实质性修改。企业与交易对手方修改或者重新议定合同并且构成实质性修改的，将导致企业终止确认原金融资产，同时按照修改后的条款确认一项新金融资产。

2. 核销金融资产。当企业合理预期不再能够全部或部分收回金融资产合同现金流量时，应当直接减记该金融资产的账面余额。这种减记构成相关金融资产的终止确认。

（四）《企业会计准则解释第17号》

二、关于供应商融资安排的披露

本解释所称供应商融资安排（又称供应链融资、应付账款融资或反向保理安排，下同）应当具有下列特征：一个或多个融资提供方提供资金，为企业支付其应付供应商的款项，并约定该企业根据安排的条款和条件，在其供应商收到款项的当天或之后向融资提供方还款。与原付款到期日相比，供应商融资安排延长了该企业的付款期，或者提前了该企业供应商的收款期。仅为企业提供信用增级的安排（如用作担保的信用证等财务担保）以及企业用于直接与供应商结算应付账款的工具（如信用卡）不属于供应商融资安排。

（一）披露。

1. 企业在根据《企业会计准则第31号——现金流量表》进行附注披露时，应当汇总披露与供应商融资安排有关的下列信息，以有助于报表使用者评估这些安排对该企业负债、现金流量以及该企业流动性风险敞口的影响：

（1）供应商融资安排的条款和条件（如延长付款期限和担保提供情况等）。但是，针对具有不同条款和条件的供应商融资安排，企业应当予以单独披露。

（2）报告期期初和期末的下列信息：

①属于供应商融资安排的金融负债在资产负债表中的列报项目和账面金额。

②第①项披露的金融负债中供应商已从融资提供方收到款项的，应披露所对应的金融负债的列报项目和账面金额。

③第①项披露的金融负债的付款到期日区间（例如自收到发票后的30至40天），以及不属于供应商融资安排的可比应付账款（例如与第①项披露的金融负债属于同一业务或地区的应付账款）的付款到期日区间。如果付款到期日区间的范围较大，企业还应当披露有关这些区间的解释性信息或额外的区间信息（如分层区间）。

（3）第（2）①项披露的金融负债账面金额中不涉及现金收支的当期变动（包括企业合并、汇率变动以及其他不需使用现金或现金等价物的交易或事项）的类型和影响。

2. 企业在根据《企业会计准则第37号——金融工具列报》的要求披露流动性风险信息时，应当考虑其是否已获得或已有途径获得通过供应商融资安排向企业提供延期付款或向其供应商提供提前收款的授信。企业在根据《企业会计准则第37号——金融工具列报》的要求识别流动性风险集中度时，应当考虑供应商融资安排导致企业将其原来应付供应商的部分金融负债集中于融资提供方这一因素。

（二）新旧衔接。

企业在首次执行本解释的规定时，无需披露可比期间相关信息，并且无需在首次执行本解释规定的年度报告中披露第1（2）项下②和③所要求的期初信息。企业无需在首次执行本解释规定的中期报告中披露第1项和第2项所要求的信息。

（五）《关于严格执行企业会计准则　切实做好企业2023年年报工作的通知》（财会［2023］29号）

（十三）关于金融工具

关于应收账款的终止确认。企业通过保理、资产证券化等方式转让应收账款，应当按照《企业会计准则第23号——金融资产转移》（财会〔2017〕8号）的规定，根据相关合同的经济实质，而非仅以其合同形式，判断该转让是否导致应收账款的终止确认。

（六）证监会《监管规则适用指引——会计类第2号》

2-10　金融资产管理业务模式中“出售”的判断标准

如果一项金融资产对外“出售”但并未终止确认，意味着企业仍将通过收取该金融资产存续期内合同现金流量的方式实现经济利益，该种业务模式不满足“通过持有并出售金融资产产生整体回报”的情形。因此，金融资产管理业务模式中“出售”，应当是满足会计终止确认条件下的金融资产出售行为。

（七）证监会《上市公司年报会计监管报告》

《上市公司2022年年度财务报告会计监管报告》

错误核算已背书或贴现但不能终止确认的应收票据产生的金融负债

根据企业会计准则及相关规定，企业初始确认金融负债，应当按照公允价值计量。对于后续以摊余成本计量的金融负债，企业应当在金融负债预计存续期内，对实际利率计算中包括的各项费用、支付或收取的贴息、交易费用及溢价或折价进行摊销。

审阅分析发现，部分上市公司对于已贴现但不能终止确认的应收票据，错误地直接按照应收票据的票面金额确认短期借款，与实际收到的扣除贴现利息后的金额之间的差额，一次性确认为财务费用（贴现利息）。上市公司应当按照公允价值（即实际收到的扣除贴现利息后的金额）对金融负债进行初始计量，一次性支付的贴现利息应当体现在后续按实际利率法分期确认的利息费用中。

《2020年上市公司年报会计监管报告》

利息相关列报问题

(1) 应收票据贴现产生的利息列报错误

根据企业财务报表格式相关规定，“以摊余成本计量的金融资产终止确认收益”项目，反映企业因转让等情形导致终止确认以摊余成本计量的金融资产而产生的利得或损失，并根据“投资收益”科目的相关明细科目的发生额分析填列。

年报分析发现，个别上市公司错误地将未满足终止确认条件的应收票据贴现而产生的利息支出记入“投资收益”科目。对于不满足终止确认条件的应收票据贴现取得的现金，在资产负债表中应确认为一项借款，因此在票据到期前按实际利率计算的利息费用，应计入财务费用。

现金流量表相关问题

其他现金流量分类不正确

年报分析发现，部分上市公司在现金流量表编制和列报方面存在问题：一是对于收到的票据贴现款、票据到期解付款、票据相关保证金的收付款均分类为筹资活动现金流量，未根据其实际业务性质将已终止确认的票据贴现取得的现金、因采购性质而产生票据结算及相关保证金的收付款分类为经营活动或投资活动现金流量；二是对于因收购的标的公司未达业绩承诺而收到的业绩补偿款，错误地分类为筹资活动现金流量，未正确分类为投资活动现金流量。

《2018 年上市公司年报监管报告》

错误地将未到期已保理的商业汇票终止确认

根据票据法及企业会计准则相关规定，在转让合同中未明确约定不附追索权的情况下，商业承兑汇票即使贴现、背书或保理，与其所有权相关的主要风险并没有转移，不满足终止确认条件。年报分析发现，部分上市公司终止确认了未到期已保理的商业承兑汇票，票据到期被拒付，公司对相关的追索诉讼确认预计负债，并披露为非经常性损益。商业承兑汇票的信用风险较高，在附有追索权进行保理的情况下不应终止确认，同时应确认相关金融负债；如果保理后被拒付，上市公司应当对该应收票据计提坏账准备，并计入经常性损益。

《2017 年上市公司年报监管报告》

应收商业承兑汇票的终止确认

根据企业会计准则及有关规定，金融资产的终止确认取决于金融资产所有权上主要风险和报酬的转移程度，并且风险与报酬的转移程度是对交易前后风险变动相对值的度量，而非风险本身的绝对值度量。风险与报酬的转移不应仅针对信用风险，还应综合考虑其他风险，如利率风险、延期付款风险、外汇风险等。商业承兑汇票的主要风险为信用风险和延期付款风险。

年报分析发现，部分上市公司将背书转让的商业承兑汇票终止确认。根据我国票据法对追索权的规定，在背书转让合同未明确约定无追索权的情况下，该类金融资产所有权相关的主要风险并没有转移，背书公司不应终止确认相关资产。

《2015 年上市公司年报监管报告》

应收账款保理业务的会计处理

为加快资金回笼、改善资产负债结构，越来越多的公司与金融机构开展应收账款保理业务。应收账款保理后能否终止确认，应综合考虑转移的应收账款结构（如单笔转让、批量转让、部分转让或循环额度转让等）、转让形式（如转让收取合同现金流量的权利或现金流量过手安排）、保理应收账款的基础特征（如信用风险、延迟支付风险及提前偿还风险特征）等因素，以判断应收账款的所有重大风险是否已经转移。

年报分析发现，部分公司在对应收账款保理业务进行会计处理时，未按照准则的要求对合同的具体条款予以分析判断，仅凭与金融机构签订的形式上无追索权的保理协议而终止确认该应收账款，导致不恰当的会计结果。例如，某公司与银行有关无追索权应收账款保理业务安排中，公司将一笔或多笔应收账款的90%转让至银行而自留10%部分，同时约定当从付款方收到款项时优先支付给银行，直至银行受让的应收款项全部收回。该项安排中，公司实质上以自留份额为银行回收应收账款提供担保，该应收账款很可能不能终止确认。公司应结合应收账款的信用风险特征进行分析，不能因为形式上无追索权而直接终止确认该应收账款。

又如，个别公司与银行有关无追索权应收账款保理业务安排中，当保理的应收账款逾期，银行仍未从付款方收回款项时，公司需针对该逾期未收到的应收款项向银行支付利息或罚息，直至银行收回全部款项，该项安排中公司实质上承担了应收款项延迟付款风险，也很可能影响应收账款的终止确认。公司应根据其承担延迟付款风险的程度进行分析，不能因为形式上无追索权而直接终止确认该应收账款。

《2013年上市公司年报会计监管报告》

对于承兑行信用等级不够高的银行承兑汇票、由企业承兑的商业承兑汇票以及应收账款，资产相关的主要风险为信用风险和延期付款风险。由于我国票据法对追索权进行了明确规定，银行也大多在应收账款保理中保留追索权，因此这类金融资产在贴现、背书或保理后，其所有权相关的上述主要风险并没有转移给银行，相应企业在贴现、背书或保理此类金融资产时不应终止确认。

对于承兑行信用等级较高的银行承兑汇票，资产相关的主要风险是利率风险。通常情况下，由于利率风险已随票据的贴现及背书转移，相关票据可以在贴现、背书时予以终止确认。

（八）《票据法》

第十条　票据的签发、取得和转让，应当遵循诚实信用的原则，具有真实的交易关系和债权债务关系。票据的取得，必须给付对价，即应当给付票据双方当事人认可的相对应的代价。

第二十七条　持票人可以将汇票权利转让给他人或者将一定的汇票权利授予他人行使。出票人在汇票上记载“不得转让”字样的，汇票不得转让。持票人行使第一款规定的权利时，应当背书并交付汇票。背书是指在票据背面或者粘单上记载有关事项并签章的票据行为。

第六十一条　汇票到期被拒绝付款的，持票人可以对背书人、出票人以及汇票的其他债务人行使追索权。汇票到期日前，有下列情形之一的，持票人也可以行使追索权：

（一）汇票被拒绝承兑的；

（二）承兑人或者付款人死亡、逃匿的；

（三）承兑人或者付款人被依法宣告破产的或者因违法被责令终止业务活动的。

（九）财政部《企业会计准则实施典型案例集》

案例6－3　无追索权的保理合同相关应收账款的终止确认

企业与银行或商业保理公司（以下简称“保理商”）签署无追索保理合同，将持有的应收账款转让给保理商，提前收回现金，是企业常用的一种融资方式。企业在办理应收账款保理业务后是否立即终止确认该应收账款，将对财务报表和有关业绩指标产生影响。在保理合同条款设计较为复杂时，能否终止确认保理合同相关的应收账款，是实务判断的难点。

一、案例背景

A公司（甲方）与B银行（乙方）签订无追索权的应收账款保理合同，合同约定A公司将收取应收账款现金流的合同权利转移给B银行。合同中相关关键事项的约定如下：

“无追索权保理，是指乙方作为保理商，在甲方将商务合同项下应收账款转让给乙方的基础上，向甲方提供的综合性金融服务；该等服务包括信用风险担保、保理预付款、应收账款管理。所谓无追索权是指，在乙方为商务合同的买方（即应收账款的债务方）核定的信用风险担保额度内，对于经乙方核准的应收账款，在该等核准应收账款因买方信用风险不能收回时，乙方承担担保付款的责任，如乙方就已受核准的单笔应收账款已向甲方支付保理预付款，乙方对该等保理预付款不向甲方追索。但是，若已受核准的单笔应收账款发生争议导致买方未及时足额向乙方付款，则乙方无担保付款责任，若乙方已就该笔应收账款向甲方支付保理预付款，则乙方有权无条件向甲方进行追索。”

“争议，指信用风险以外的任何原因导致乙方受让的应收账款不能按时完全或部分全额收回的任何情形，包括但不限于：买方因对商务合同项下的义务履行提出异议而拒绝接受货物、服务或相关发票，或对有关应收账款提出抗辩、拒绝全额或部分付款、反追索或抵销主张；第三人对应收账款提出任何权利主张。”

“信用风险，仅指因买方破产、倒闭、无支付能力或恶意拖欠所导致的买方未能在应收账款到期日后180天内足额付款。所谓恶意拖欠，是指买方在应收账款到期日的180天内未足额付款、也未提出争议的情形。”

根据以上合同相关条款的约定，A公司认为该应收账款所有权上几乎所有的风险和报酬已经转移给B银行，因而将该应收账款予以终止确认。

问题：A公司将该无追索权的保理合同相关的应收账款予以终止确认的做法是否恰当？

二、案例解析

1. 案例分析

企业在判断一项无追索权的应收账款保理合同能否终止确认时，应当按照金融资产终止确认的判断流程，对权利是否转移、风险和报酬是否转移等进行判断。即A公司应当根据《企业会计准则第23号——金融资产转移》（财会〔2017〕8号，以下简称“金融资产转移准则”）第七条和第八条，以及《〈企业会计准则第23号——金融资产转移〉应用指南2018》“四、关于金融资产终止确认的判断流程”（五）2（6）的相关规定，判断是否保留了该应收账款所有权上几乎所有风险和报酬，从而确定是否能够终止确认该应收账款。

首先，本案例中，A公司与B银行签订无追索权的应收账款保理合同，合同约定企业将收取应收账款现金流的合同权利转移给B银行，该项业务属于法定转移。

其次，合同约定由买方信用导致的风险，保理商不向企业追索，由争议导致的风险则向企业追索；同时，信用风险的定义包含了180天的时间限制。以上合同约定显示，所谓“无追索权保理合同”并非保理商无条件地放弃对企业的追索权，而是将追索权限定在保理商定义的“信用风险”范围之外，与《企业会计准则第37号——金融工具列报》（财会〔2017〕14号）第四十条中信用风险的定义“信用风险，指金融工具的一方不履行义务，造成另一方发生财务损失的风险”相比，该合同约定的信用风险范围更窄，相当于保理商仅承担180天的延期付款风险。当延期付款超过180天，银行可以向A公司追偿，由A公司承担相应的损失，也就是说，应收账款无法收回的风险并没有完全转移给银行。

2. 案例结论

综上所述，根据金融资产转移准则等有关规定，A公司将该无追索权的保理合同相关应收账款予以终止确认的做法不恰当。

三、案例启示

无追索权保理业务相关的应收账款是否终止确认，对财务报表和有关业绩指标都会产生影响：第一，资产负债表层面，终止确认应收账款会影响企业的资产负债率、应收账款周转率等财务指标；第二，利润表层面，终止确认应收账款将影响信用减值损失的计提，进而影响损益；第三，现金流量表层面，如满足终止确认条件，收回应收账款所收到的现金为经营活动的现金流入，如不满足终止确认条件，则相当于用应收账款融资，收到的现金为筹资活动现金流入，因此是否终止确认将影响经营活动和筹资活动净现金流。

实务中，企业对无追索权的应收账款保理合同终止确认常见的问题通常有以下两种：第一，企业出于降低应收账款规模的动机，倾向于将应收账款按终止确认处理，以此提高应收账款周转率。第二，无追索权的保理合同条款设计复杂，影响会计判断。保理商将合同条款中与“追索权”相关的约定设计得较为隐蔽，使得商业纠纷的范围扩大、信用风险的范围缩小，导致形式上“无追索权”、实质上有“追索权”。

为此，报表编制者应当秉持“实质重于形式”的原则，认识到仅从“无追索权保理合同”的表面形式上并不能判定该应收账款满足终止确认的要求，应当仔细研究保理合同的条款约定，对交易是否符合金融资产转移的定义、是否转移了金融资产所有权上几乎所有的风险和报酬进行分析和判断，并结合金融资产转移和终止确认的其他相关规定得出合理结论。此外，企业应加强内部控制，提升对流动性风险的管理，通过正确的会计处理方式真实反映应收账款规模。

（十）证监会《上市公司执行企业会计准则案例解析（2024）》

案例2-05　金融资产的终止确认

实质重于形式是企业进行会计处理、选择会计政策的前提。企业发生的交易或事项在多数情况下其经济实质和法律形式是一致的，但在有些情况下，因为某些特别的需要，企业会进行一些经济实质和法律形式不一致的交易。实质重于形式要求企业应当按照交易或者事项的经济实质进行会计确认、计量和报告，不仅仅以交易或者事项的法律形式为依据。其中，对于金融资产的终止确认，企业会计准则规定了一系列的条件。实务中，往往需要结合具体合同条款，按照实质重于形式的原则，考虑在涉及金融资产转移的交易中，相关金融资产是否能够终止确认。

一、案例背景

A公司为上市公司，2×18年6月，A公司与第三方B公司签订股权转让框架协议，将C公司15%的股权转让给B公司（转让前A公司将持有的股权确认为金融资产）。协议明确此次股权转让标的为C公司15%的股权，总价款5.4亿元，B公司分三次支付，2×18年支付了第一笔款项1.8亿元。为了保证B公司的利益，A公司在2×18年将C公司5%的股权变更登记为B公司，但B公司暂时并不拥有与该5%股权对应的表决权，也不拥有分配该5%股权对应的利润的权利。

问题：A公司是否应该在2×18年度确认该5%股权的处置损益？

二、会计准则及相关规定（略）

三、案例解析

金融资产是以合同为基础而存在的。金融资产的终止确认，也是围绕着金融资产相关的合同权利展开的。企业会计准则规定金融资产在两种情形下，应当终止确认。一种情形是收取金融资产现金流量的合同权利已终止。例如，应收账款到期收回欠款，该合同权利就自然终止。另一种情形是金融资产已经转移且该转移符合准则规定的终止确认条件。所谓金融资产已转移指的是以下两种情况之一：（1）企业将收取金融资产现金流量的合同权利转移给其他方；（2）将金融资产转移给另一方，但保留收取金融资产现金流量的合同权利，并承担将收取的现金流量支付给最终收款方的合同义务。此时，只有在金融资产已经转移的情况下，才能根据准则的规定进行终止确认的判断。因此，在收取金融资产现金流量的合同权利并未终止的情形下，金融资产转移是金融资产终止确认的一个必要前提。

本案例中，A公司名义上将5%的股权转让给B公司，属于将收取金融资产现金流量的合同权利转移给其他方，但是实质上，B公司并没有拥有对应的表决权，也并不享有股权对应的利润分配权，即A公司保留了金融资产所有权上几乎所有风险和报酬，应当继续确认该金融资产。因此，A公司不应当确认该5%股权的处置损益，应将收到的款项作为金融负债处理。

案例 11 - 02　现金流的分类

在应收票据贴现且不符合金融资产终止确认条件的情况下，贴现现金流作为筹资活动流入似乎更符合准则中筹资活动的定义；在应收票据贴现符合金融资产终止确认条件的情况下，相关现金流入作为经营活动流入更能够反映其经济实质，也更符合准则规定。

二、应收票据贴现或背书的披露示例

（一）简要分析

1. 金融资产终止确认的一般原则

金融资产终止确认的情况包括：（1）收取该金融资产现金流量的合同权利终止；（2）该金融资产已转移，且该转移满足准则关于终止确认的规定；（3）合同的实质性修改；（4）核销金融资产。

上述第（2）点金融资产转移中，通常需要判断是否应终止确认所转移的金融资产。如果企业转移金融资产后不再保留任何与被转移金融资产相关的权利或义务，这种情况下终止确认被转移金融资产的结论通常比较明确。但如果企业在转移金融资产后承担无条件以转让价格回购被转移金融资产的义务，且在回购之前需要支付利息，这种情况下企业承担的被转移金融资产的风险与自身持有的相同金融资产的风险没有实质区别，则不能终止确认被转移金融资产。如果金融资产的转移介于上述两种极端情况之间，企业在转移金融资产后保留了与被转移金融资产相关的某些权利或义务，则是否能够终止确认被转移金融资产就需要进行更加详细的分析，必须严格按照金融资产终止确认流程进行判断。

票据背书转让、商业票据贴现业务中涉及金融资产转移和终止确认的判断和相应会计处理。

2. 对票据贴现或背书终止确认的简要分析

根据《票据法》，汇票的出票人、背书人、承兑人和保证人对持票人承担连带责任。持票人可以不按照汇票债务人的先后顺序，对其中任何一人、数人或者全体行使追索权，因此，票据贴现或背书是属于附追索权的金融资产转移。

对于已贴现或背书的应收票据能否终止确认同样适用终止确认的一般原则，即：企业已将应收票据所有权上几乎所有的风险和报酬转移给银行或被背书方的，应当终止确认该应收票据。在分析应收票据所有权上的风险和报酬转移时，需考虑的主要风险包括信用风险、延迟支付风险和利率风险。

实务中，可以根据承兑人信用等级情况进行判断。对于承兑人信用等级不够高的银行承兑汇票、由企业承兑的商业承兑汇票，资产相关的主要风险为信用风险和延迟支付风险。由于我国票据法对追索权进行了明确规定，因这类应收票据在贴现或背书转让后，其所有权相关的上述主要风险并没有转移，相应企业在贴现或背书转让此类应收票据时不应终止确认。

对于承兑行信用等级较高的银行承兑汇票，资产相关的主要风险是利率风险。通常情况下，由于利率风险已随票据的贴现及背书转让而转移，相关票据可以在贴现、背书时予以终止确认。

（二）年报披露示例

应收票据贴现或背书的终止确认披露示例汇总如表2－16所示。

表2－16　　应收票据贴现或背书的终止确认披露示例汇总

序号	参考示例	应收票据贴现或背书的终止确认
1	示例2－86　金隅集团(601992. SH)	期末公司已背书或贴现且在资产负债表日尚未到期的应收票据包括银行承兑汇票和商业承兑汇票，公司认为实质上依然保留其几乎所有的风险和报酬，包括承担贴现及背书票据的违约风险，因此继续全额确认这部分已贴现和背书票据，同时确认相关由于贴现产生的银行借款和背书票据结算的应付款项
2	示例2－87　时代电气(688187. SH)	期末公司已背书或贴现且在资产负债表日尚未到期的应收票据包括银行承兑汇票和商业承兑汇票，公司认为保留了与该等背书应收票据所有权上几乎所有的风险和报酬，包括相关的违约风险，因此继续确认该等背书票据及相关已清偿应付账款的账面价值
3	示例2－88　复旦微电(688385. SH)	期末公司已背书或贴现且在资产负债表日尚未到期的应收票据包括银行承兑汇票和商业承兑汇票，均存在终止确认和未终止确认两种情况
4	示例2－89　潍柴动力(000338. SZ)	期末公司已背书或贴现且在资产负债表日尚未到期的应收票据包括银行承兑汇票和商业承兑汇票，均存在终止确认和未终止确认两种情况
5	示例2－90　长飞光纤(601869. SH)	期末公司已背书或贴现且在资产负债表日尚未到期的应收票据包括银行承兑汇票和商业承兑汇票，实质上依然保留其几乎所有的风险和报酬，包括承担贴现及背书票据的违约风险，因此继续全额确认这部分已贴现和背书票据

示例2－86　金隅集团（601992. SH）

财务报表项目注释

(1) 应收票据分类列示：

单位：元

项目	期末余额	期初余额
银行承兑票据	256, 403, 385. 75	21, 913, 374. 00
商业承兑票据	383, 900, 242. 57	428, 130, 492. 70

续表

项目	期末余额	期初余额
减：应收票据坏账准备	27, 123, 603. 53	27, 780, 744. 42
合计	613, 180, 024. 79	422, 263, 122. 28

（3）期末公司已背书或贴现且在资产负债表日尚未到期的应收票据：

单位：元

项目	期末终止确认金额	期末未终止确认金额
银行承兑票据		72, 991, 177. 23
商业承兑票据		207, 745, 893. 41
合计		280, 737, 070. 64

金融资产转移

（1）转移方式分类：

转移方式	已转移金融资产性质	已转移金融资产金额（元）	终止确认情况	终止确认情况的判断依据
票据背书/票据贴现	应收票据	280, 737, 070. 64	未终止确认	保留了其几乎所有的风险和报酬，包括与其相关的违约风险
票据背书/票据贴现	应收票据	2, 504, 171, 864. 36	继续涉入	既没有转移也没有保留金融资产所有权上几乎所有的风险和报酬，且保留了对相关金融资产的控制
票据背书/票据贴现	应收票据	576, 773, 981. 29	终止确认	已经转移了其几乎所有的风险和报酬
保理	应收账款	52, 695, 569. 25	未终止确认	保留了其几乎所有的风险和报酬，包括与其相关的违约风险
保理	应收账款		继续涉入	既没有转移也没有保留金融资产所有权上几乎所有的风险和报酬，且保留了对相关金融资产的控制
保理	应收账款	202, 590, 855. 84	终止确认	已经转移了其几乎所有的风险和报酬
合计	—	3, 616, 969, 341. 38	—	—

（2）因转移而终止确认的金融资产：

项目	金融资产转移的方式	终止确认的金融资产金额（元）	与终止确认相关的利得或损失
应收票据	票据背书/票据贴现	576, 773, 981. 29	
应收账款	保理	202, 590, 855. 84	
合计		779, 364, 837. 13	

（3）继续涉入的转移金融资产：

项目	资产转移方式	继续涉入形成的资产金额（元）	继续涉入形成的负债金额（元）
应收票据	票据背书/票据贴现	2, 504, 171, 864. 36	2, 504, 171, 864. 36
合计	—	2, 504, 171, 864. 36	2, 504, 171, 864. 36

其他说明：

已转移但未整体终止确认的金融资产

于2023年12月31日，本集团已背书给供应商用于结算应付账款或贴现的银行承兑汇票和商业承兑汇票的账面价值为人民币72, 991, 177. 23元和人民币207, 745, 893. 41元（2022年12月31日：人民币220, 653, 374. 00元和人民币338, 598, 540. 64元）。本集团认为，本集团保留了其几乎所有的风险和报酬，包括与其相关的违约风险，因此，继续全额确认其及与之相关的已结算应付账款并确认银行借款。背书或贴现后，本集团不再保留使用其的权利，包括将其出售、转让或质押给其他第三方的权利。于2023年12月31日，本集团以其结算且供应商有追索权的应付账款或确认的短期借款账面价值合计为人民币280, 737, 070. 64元（2022年12月31日：人民币559, 251, 914. 64元）

已整体终止确认但继续涉入的已转移金融资产

于2023年12月31日，本集团已背书给供应商用于结算应付账款或贴现给银行未到期的银行承兑汇票的账面价值为人民币2, 504, 171, 864. 36元（2022年12月31日：银行承兑汇票人民币4, 539, 999, 230. 84元，均包括计入应收票据和应收款项融资科目部分）。于2023年12月31日，其到期日为1至12个月，根据《票据法》相关规定，若承兑银行拒绝付款的，其持有人有权向本集团追索（“继续涉入”）。本集团认为，本集团已经转移了其几乎所有的风险和报酬，因此，全额终止确认其及与之相关的已结算应付账款。继续涉入及回购的最大损失和未折现现金流量等于其账面价值。本集团认为，继续涉入公允价值并不重大。

2023年12月31日，本集团于其转移日未确认利得或损失。本集团无因继续涉入已终止确认金融资产当年度和累计确认的收益或费用。背书在本年大致均衡发生。

示例2-87　时代电气（688187.SH）

财务报表项目注释

(1) 应收票据分类列示：

单位：元

项目	期末余额	期初余额
银行承兑票据	487, 296, 226	238, 121, 922
商业承兑票据	1, 892, 185, 109	3, 171, 786, 124
减：应收票据坏账准备	2, 599, 116	5, 371, 158
合计	2, 376, 882, 219	3, 404, 536, 888

(2) 期末公司已质押的应收票据：

单位：元

项目	期末已质押金额
银行承兑票据	10, 000, 000
合计	10, 000, 000

(3) 期末公司已背书或贴现且在资产负债表日尚未到期的应收票据：

单位：元

项目	期末未终止确认金额
银行承兑票据	47, 841, 836
商业承兑票据	18, 400, 000
合计	66, 241, 836

本集团认为其保留了与该等背书应收票据所有权上几乎所有的风险和报酬，包括相关的违约风险，因此，本集团继续确认该等背书票据及相关已清偿应付账款的账面价值。

金融资产转移

(1) 转移方式分类：

期末本集团已转移且在资产负债表日尚未到期的金融资产明细如下：

转移方式	已转移金融资产性质	已转移金融资产金额（元）	终止确认情况	终止确认情况的判断依据
背书	一般商业银行承兑的银行承兑汇票	47,841,836	未终止确认	保留了与该等背书应收票据所有权上几乎所有的风险和报酬，包括相关的违约风险
背书	商业承兑汇票	18,400,000	未终止确认	保留了与该等背书应收票据所有权上几乎所有的风险和报酬，包括相关的违约风险
背书	具有较高信用的商业银行承兑的银行承兑汇票	233,984,762	已全部终止确认	该金融资产已转移，且将金融资产所有权上几乎所有的风险和报酬转移给转入方
贴现	具有较高信用的商业银行承兑的银行承兑汇票	1,670,798,698	已全部终止确认	该金融资产已转移，且将金融资产所有权上几乎所有的风险和报酬转移给转入方
保理	云信	1,144,625,722	已全部终止确认	该金融资产已转移，且将金融资产所有权上几乎所有的风险和报酬转移给转入方
合计		3,115,651,018		

（2）因转移而终止确认的金融资产：

期末本集团已转移并终止确认的金融资产明细如下：

单位：元

项目	金融资产转移的方式	终止确认的金融资产金额	与终止确认相关的利得或损失
银行承兑汇票	背书	233,984,762	—
银行承兑汇票	贴现	1,670,798,698	8,026,446
云信	保理	1,144,625,722	17,646,089
合计		3,049,409,182	25,672,535

示例2－88　复旦微电（688385.SH）

财务报表项目注释

（1）应收票据分类列示：

单位：元

项目	期末余额	期初余额
银行承兑票据	22,231,659.30	44,206,905.70
商业承兑票据	368,714,544.65	207,937,151.43
合计	390,946,203.95	252,144,057.13

（2）期末公司已质押的应收票据：

单位：元

项目	期末已质押金额
银行承兑汇票	2, 101, 398. 24
商业承兑汇票	69, 953, 438. 00
合计	72, 054, 836. 24

（3）期末公司已背书或贴现且在资产负债表日尚未到期的应收票据：

单位：元

项目	期末终止确认金额	期末未终止确认金额
银行承兑汇票	685, 238, 801. 08	2, 101, 398. 24
银行承兑汇票	3, 000, 000. 00	69, 953, 438. 00
合计	853, 229, 132. 11	72, 054, 836. 24

金融资产转移

（1）转移方式分类：

转移方式	已转移金融资产性质	已转移金融资产金额（元）	终止确认情况	判断依据
票据背书	银行承兑汇票	87, 882, 785. 18	终止确认	转移了其几乎所有的风险和报酬
票据贴现	商业承兑票据	42, 961, 700. 00	未终止确认	保留了其几乎所有的风险和报酬
票据背书	商业承兑票据	26, 991, 738. 00	未终止确认	保留了其几乎所有的风险和报酬
票据背书	银行承兑汇票	2, 101, 398. 24	未终止确认	保留了其几乎所有的风险和报酬
合计		159, 937, 621. 42		

（2）因转移而终止确认的金融资产：

项目	金融资产转移的方式	终止确认的金融资产金额（元）	与终止确认相关的利得或损失
应收票据	票据背书	87, 882, 785. 18	
合计		87, 882, 785. 18	

其他说明：

已转移但未整体终止确认的金融资产

于2023年12月31日，本集团无已贴现的银行承兑汇票（2022年12月31日：人民币4,000,000.00元），已贴现的商业承兑汇票人民币42,961,700.00元（2022年12月31日：无），本集团已背书的银行承兑汇票人民币2,101,398.24元（2022年12月31日：无），本年集团已背书的商业承兑汇票人民币26,991,738.00元（2022年12月31日：无）。本集团认为，本集团保留了其几乎所有的风险和报酬，包括与其相关的违约风险，因此，将贴现和背书商业票据所取得的价款（账面价值）确认为一项金融负债计入短期借款和其他流动负债。贴现或背书后，本集团不再保留使用其的权利，包括将其出售、转让或质押给其他第三方的权利。

已整体终止确认但继续涉入的已转移金融资产

于2023年12月31日，本集团已背书给供应商用于结算应付账款的银行承兑汇票的账面价值为人民币87,882,785.18元（2022年12月31日：人民币36,113,749.15元）。于2023年12月31日，其到期日为3至6个月，根据《票据法》相关规定，若承兑银行拒绝付款的，其持有人有权向本公司追索（"继续涉入"）。本公司认为，本公司已经转移了其几乎所有的风险和报酬，因此，终止确认其及与之相关的已结算应付账款的账面价值。继续涉入及回购的最大损失和未折现现金流量等于其账面价值。本公司认为，继续涉入公允价值并不重大。

2023年度，本公司于其转移日未确认利得或损失。本公司无因继续涉入已终止确认金融资产当年度和累计确认的收益或费用。背书在本年度大致均衡发生。

示例2-89　潍柴动力（000338.SZ）

财务报表项目注释

（1）应收票据分类列示：

单位：元

项目	期末余额	期初余额
银行承兑票据	8,444,020,941.36	9,491,886,182.48
商业承兑票据	259,115,686.86	110,700,160.99
合计	8,703,136,628.22	9,602,586,343.47

上述应收票据均为一年内到期。

（2）期末公司已质押的应收票据：

单位：元

项目	期末已质押金额
银行承兑汇票	5,260,389,158.46
合计	5,260,389,158.46

（3）期末公司已背书或贴现且在资产负债表日尚未到期的应收票据：

单位：元

项目	期末终止确认金额	期末未终止确认金额
银行承兑票据	1,390,762,990.63	1,702,000.00
商业承兑票据	350,000.00	450,000.00
合计	1,391,112,990.63	2,152,000.00

（4）期末公司因出票人未履约而将其转应收账款的票据：

于2023年12月31日，本集团无因出票人无力履约而将票据转为应收账款的票据（2022年12月31日：无）。

金融资产转移

已转移但未整体终止确认的金融资产

于2023年12月31日，本集团已转移但未整体终止确认的长期应收款为人民币9,342,128,870.40元（2022年12月31日：人民币7,534,696,296.90元）。

已整体终止确认但继续涉入的已转移金融资产

于2023年12月31日，本集团未到期的已背书或贴现的承兑汇票的账面价值为人民币6,318,255,289.76元（2022年12月31日：人民币2,905,727,836.20元）。于2023年12月31日，其到期日为1~12个月，根据《票据法》相关规定，若承兑银行拒绝付款的，其持有人有权向本集团追索（“继续涉入”）。

本集团认为，本集团已经转移了其几乎所有的风险和报酬，因此，终止确认其及与之相关的已结算应付账款的账面价值。继续涉入及回购的最大损失和未折现现金流量等于其账面价值。本集团认为，继续涉入公允价值并不重大。

2023年度，本集团于其转移日确认的利得或损失并不重大。本集团无因继续涉入已终止确认金融资产当年度和累计确认的收益或费用。背书和贴现在本年度大致均衡发生。

示例2-90　长飞光纤（601869.SH）

4. 财务报表项目注释

应收票据

（1）应收票据分类列示：

单位：元

项目	期末余额	期初余额
银行承兑票据	584,932,712	552,898,889
商业承兑票据	141,403,950	145,723,395
合计	726,336,662	698,622,284

（3）期末公司已背书或贴现且在资产负债表日尚未到期的应收票据：

单位：元

项目	期末终止确认金额	期末未终止确认金额
银行承兑票据		117, 457, 557
商业承兑票据		8, 339, 900
合计		125, 797, 457

金融资产转移

于2023年12月31日，本集团继续确认的已贴现票据和已背书票据的账面金额分别为人民币32, 444, 036元和人民币93, 353, 421元（2022年12月31日：人民币183, 940, 408元和人民币43, 930, 919元）。针对这部分已贴现或背书票据，董事会认为本集团实质上依然保留其几乎所有的风险和报酬，包括承担贴现及背书票据的违约风险，因此本集团继续全额确认这部分已贴现和背书票据，同时确认相关由于贴现产生的银行借款和背书票据结算的应付款项。于贴现和背书转让后，本集团不再保留已贴现和背书票据的任何使用权，包括将贴现和背书票据销售、转让或质押给其他第三方。于2023年12月31日，继续确认的已贴现票据和已背书票据结算的应付款项的账面金额分别为人民币32, 444, 036元和人民币93, 353, 421元（2022年12月31日：人民币183, 940, 408元和人民币43, 930, 919元）。董事会认为，已转移资产及相关负债的公允价值差异不重大。

三、应收账款保理的披露示例

（一）简要分析

根据《民法典》第七百六十一条，保理合同是应收账款债权人将现有的或者将有的应收账款转让给保理人，保理人提供资金融通、应收账款管理或者催收、应收账款债务人付款担保等服务的合同。应收账款保理是企业将赊销形成的未到期应收账款在满足一定条件的情况下，转让给保理商，以获得流动资金支持，加快资金周转。

通常情况下，追索权条款的存在使得销售商保留了应收账款所有权上几乎所有的风险和报酬，即应继续确认被保理的应收账款。有追索权的保理业务的经济实质是销售商以应收账款为质押取得借款，保理商并不收取信用风险担保费用，而只收取贸易融资利息费用（实质上是贷款利息收入）和其他劳务服务费用，所以成本一般会比无追索权的保理业务低。

但不能仅凭与金融机构签订的形式上“无追索权”的保理协议而终止确认该应

收账款，无论保理合同是否附追索权，均应结合运用风险和报酬分析与控制分析来确定一项转让是否符合终止确认的条件。目前实务中常见的销售商与保理商签订“无追索权”保理安排中，常见销售商仍实际承担应收账款信用风险或迟付风险的条款，导致无法满足终止确认条件。

需要注意的是，《企业会计准则应用指南汇编2024》“第二十三章金融资产转移”对【例23－10】和【例23－11】进行了修改，考虑金融企业和非金融企业财务报表格式的区别，明确了示例企业为非金融企业并修改对应科目；强调了预计因发生迟付而需要支付时即确认信用减值损失，而非实际支付赔偿时；修改关于账面价值、账面余额、摊余成本的表述，金融资产摊余成本为账面余额减已计提减值准备，即账面价值；同时，补充了提供担保继续涉入情形中，担保到期时冲销继续涉入负债和继续涉入资产的会计分录；增加了采用实际利率法分期摊销继续涉入负债初始计量金额与行权日账面余额之间的差额的会计分录，以及采用实际利率法分期摊销债权投资的会计分录。此外，【例23－15】修改了会计分录涉及的会计科目；信用增级的对价确认应采用实际利率法，删除了容易造成误解的表述“根据收入确认原则”；同时，修改了已转移贷款发生损失情况下，转出方计提信用减值损失分录，并根据题目背景删除了实际赔付的表述。

（二）年报披露示例

应收账款保理的终止确认披露示例汇总如表2－17所示。

表2－17　应收账款保理的终止确认披露示例汇总

序号	参考示例	应收账款保理的终止确认
1	示例2－91　中国交建（601800. SH）	应收账款保理存在终止确认和未终止确认两种情况。如果应收账款债务人推迟付款，集团被要求偿还款项，保留了金融资产所有权上几乎所有的风险和报酬的，不终止确认该金融资产
2	示例2－92　复星药业（600196. SH）	应收账款保理均未终止确认
3	示例2－93　华新水泥（600801. SH）	应收账款保理均终止确认。集团和供应链金融平台达成了应收账款保理安排并将某些应收账款转让给该供应链平台上集团的债权人或在信用等级较高的银行贴现，集团未暴露于转移后应收账款债务人违约风险
4	示例2－94　中国中冶（601618. SH）	应收账款保理均终止确认
5	示例2－95　中国中车（601766. SH）	应收账款保理均终止确认

示例2-91 中国交建（601800. SH）

金融资产转移

转移方式	已转移金融资产性质	已转移金融资产金额（元）	终止确认情况	终止确认情况的判断依据
票据背书及贴现	应收票据	400, 840, 106	未终止确认	保留了其几乎所有的风险和报酬，包括与其相关的违约风险
票据背书及贴现	应收票据	686, 387, 142	终止确认	已经转移了其几乎所有的风险和报酬
保理	应收账款及长期应收款	9, 542, 384, 792	未终止确认	保留了其几乎所有的风险和报酬，包括与其相关的违约风险
保理	应收账款及长期应收款	66, 522, 828, 258	终止确认	已经转移了其几乎所有的风险和报酬
资产证券化	应收账款、长期应收款及合同资产	560, 000, 000	未终止确认	保留了其几乎所有的风险和报酬，包括与其相关的违约风险
资产证券化	应收账款、长期应收款及合同资产	34, 151, 902, 474	终止确认	已经转移了其几乎所有的风险和报酬
合计		111, 864, 342, 772		

于2023年度，因转移而终止确认的金融资产如下：

单位：元

项目	金融资产转移的方式	终止确认的金融资产金额	与终止确认相关的利得或损失
应收票据	票据背书	646, 086, 668	
应收票据	票据贴现	40, 300, 474	246, 360
应收账款及长期应收款	保理	66, 522, 828, 258	1, 271, 499, 432
应收账款、长期应收款及合同资产	资产证券化	34, 151, 902, 474	601, 426, 737
合计		101, 361, 117, 874	1, 873, 172, 529

已转移但未整体终止确认的金融资产

……

作为日常业务的一部分，本集团和部分金融机构达成了应收账款保理安排并将某些应收账款转让给金融机构。在该安排下，如果应收账款债务人推迟付款，本集团被要求偿还款项。本集团保留了金融资产所有权上几乎所有的风险和报酬的，不终止确认该金融资产。转移后，本集团不再保留使用其的权利，包括将其出售、转让或质押给其他第三方的权利。于2023年12月31日，该安排下转移但尚未结算的应收账款3,807,823,741元（2022年12月31日：无），在该安排下转移但尚未结算的长期应收款5,734,561,051元（2022年12月31日：无）。

示例2－92　复星药业（600196.SH）

金融资产转移

转移方式	已转移金融资产性质	已转移金融资产金额（元）	终止确认情况	终止确认情况的判断依据
票据背书	应收票据	342,266,768.26	终止确认	已经转移了其几乎所有的风险和报酬
票据贴现	应收票据	998,620,467.42	终止确认	已经转移了其几乎所有的风险和报酬
保理	应收账款	13,500,000.00	未终止确认	保留了其几乎所有的风险和报酬，包括与其相关的违约风险
合计		1,354,387,235.68		

示例2－93　华新水泥（600801.SH）

金融资产转移

转移方式	已转移金融资产性质	已转移金融资产金额（元）	终止确认情况	终止确认情况的判断依据
票据背书/票据贴现	应收票据	469,469,687	未终止确认	保留了其几乎所有的风险和报酬，包括与其相关的违约风险
票据背书/票据贴现	应收款项融资	5,539,410,830	终止确认	已经转移了其几乎所有的风险和报酬
保理	应收账款	177,387,129	终止确认	已经转移了其几乎所有的风险和报酬
合计		6,186,267,646		

（2）因转移而终止确认的金融资产

单位：元

项目	金融资产转移的方式	终止确认的金融资产金额	与终止确认相关的利得或损失
应收票据	票据背书/票据贴现	5,539,410,830	
应收账款	保理	177,387,129	2,542,762
合计		5,716,797,959	2,542,762

已整体终止确认但继续涉入的已转移金融资产

作为日常业务的一部分，本集团和供应链金融平台达成了应收账款保理安排并将某些应收账款转让给该供应链平台上本集团的债权人或在信用等级较高的银行贴现。本集团未暴露于转移后应收账款债务人违约风险。转移或贴现后，本集团不再保留使用其的权利，包括将其出售、转让或质押给其他第三方的权利。于2023年12月31日，在该安排下转移的应收账款的原账面价值为60,574,547元（2022年12月31日：无），在该安排下贴现的应收账款的原账面价值为116,812,582元（2022年12月31日：无）。

2023年12月31日，本集团于其转移日未确认利得或损失。本集团无因继续涉入已终止确认金融资产当年度和累计确认的收益或费用。背书在本年大致均衡发生。

示例2－94　中国中冶（601618.SH）

金融资产转移

于2023年12月31日，本集团将以摊余成本计量的应收款项以无追索权保理、资产证券化方式转移给金融机构或出售给第三方单位，终止确认的应收款项账面余额合计为99,206,817千元，确认了损失1,737,172千元，计入投资损失。在该安排下，本集团已将应收账款所有权上几乎所有风险和报酬转移给该专项计划，因此终止确认相关应收款项。

2023年，本集团于其转移日未确认利得或损失。本集团无因继续涉入已终止确认金融资产当年度和累计确认的收益或费用。背书及贴现在本年度大致均衡发生。

示例2－95　中国中车（601766.SH）

金融资产转移

2023年12月31日，本集团将金额为人民币3,570,164千元（2022年度：人民币6,191,797千元）的应收账款转让给银行以换取货币资金，本集团认为该等应收账款所有权上几乎所有的风险和报酬已经转移予对方，因此终止确认该等应收账款。本集团就该等应收账款终止确认形成的损失计入投资收益，为人民币44,760千元（2022年度：人民币140,102千元）。

四、资产证券化业务的披露示例

（一）简要分析

1. 资产证券化的概念

资产证券化是指发起人（原始权益人）将缺乏流动性，但具有可预测现金流的资产或者资产组合（基础资产）出售给特定的机构或载体，通过对其风险和现金流进行结构性重组，并实施一定的信用增级，以该基础资产产生的现金流为支持发行证券（资产支持证券），从而将其预计现金流转换为可出售、可流通的证券产品，以获得融资并最大化提高资产流动性的一种结构性融资手段。

与传统债务融资方式相比，资产证券化融资是基于资产信用，而非发起人的信用。标准资产证券化的核心是把购买资产证券化产品与购买原始权益人债券区别开来。资产证券化的证券风险与资产的特性和产品结构设计有关，与原始权益人的信用状况无关。

另外，根据《证券公司及基金管理公司子公司资产证券化业务管理规定》（证监会公告〔2014〕49 号），资产证券化业务，是指以基础资产所产生的现金流为偿付支持，通过结构化等方式进行信用增级，在此基础上发行资产支持证券的业务活动。而《金融机构信贷资产证券化试点监督管理办法》（银监会 2005 年第 3 号令）及《信贷资产证券化试点管理办法》（银监会公告〔2005〕第 7 号）则规定，信贷资产证券化业务，是指银行业金融机构作为发起机构，将信贷资产信托给受托机构，由受托机构以资产支持证券的形式向投资机构发行受益证券，以该财产所产生的现金支付资产支持证券收益的结构性融资活动。银行间交易商协会所称的资产支持票据，是指非金融企业为实现融资目的，采用结构化方式，通过发行载体发行的，由基础资产所产生的现金流作为收益支持的，按约定以还本付息等方式支付收益的证券化融资工具。

2. 资产证券化交易结构

资产证券化交易结构如图 2 – 12 所示。

3. 终止确认会计处理核心判断

中国人民银行、中国银行业监督管理委员会、财政部联合发布的《关于进一步扩大信贷资产证券化试点有关事项的通知》（银发〔2012〕127 号）要求，信贷资产证券化会计处理按照《企业会计准则第 23 号——金融资产转移》及财政部发布的相关企业会计准则解释的有关规定执行。

实务中，应该针对具体资产证券化的具体条款，按实质重于形式的原则，根据上述条款进行判断。而且，在判断之前，需要在合并报表层面分析原始权益人是否应当合并资产支持专项计划、信托计划等特殊目的主体（SPV）。

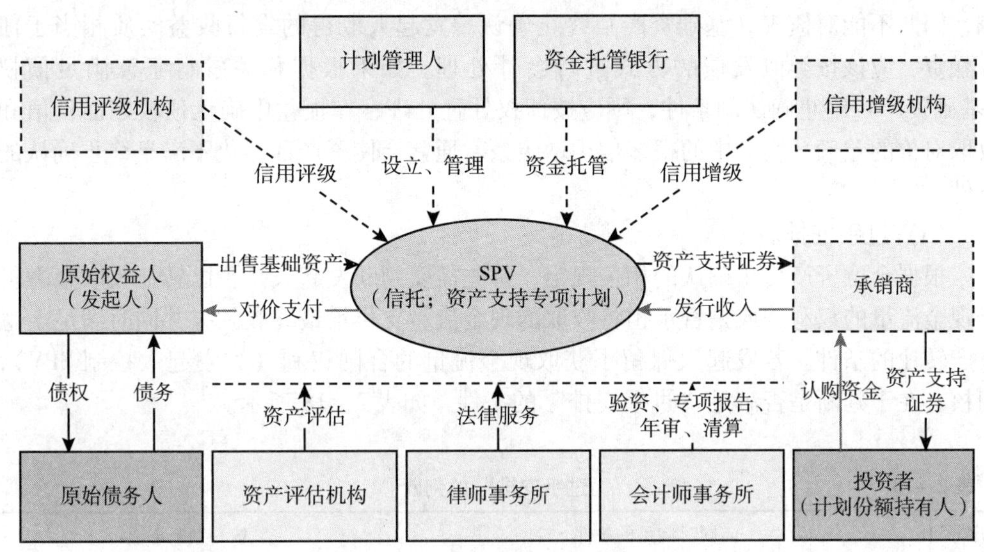

图 2-12　资产证券化交易结构

（1）是否控制 SPV。

根据《企业会计准则第 23 号——金融资产转移》（2017 年修订），企业对金融资产转入方具有控制权的，除在该企业个别财务报表基础上应用本准则外，在编制合并财务报表时，还应当按照《企业会计准则第 33 号——合并财务报表》的规定合并所有纳入合并范围的子公司（含结构化主体），并在合并财务报表层面应用本准则。

对于发起设立、管理或投资的结构化主体，企业应当严格按照《企业会计准则第 33 号——合并财务报表》的相关规定，以控制为基础判断是否应将其纳入合并范围。

需要注意的是，《企业会计准则应用指南汇编 2024》“第三十四章　合并财务报表”新增【例 34-22】，阐述了结构化主体控制的判断中需要考虑的要点，持有部分次级份额也可能使得承担被投资方损失和享有其回报权利的敞口重大到足以表明是主要责任人。

（2）一般原则。

发起人向 SPV 转让债权类基础资产，应该根据《企业会计准则第 23 号——金融资产转移》规定的原则判断是否可以对该债权终止确认。

发起人通常会为资产证券化提供信用增级。对于内部增级，发起人通常会采取超额担保、认购次级收益凭证、基础资产回购承诺等措施，这些措施相当于发起人享有债权（基础资产）的超额收益，并承担了债权（基础资产）损失的最终风险。对于外部增级，发起人通常会采取第三方担保等方式，而且多数会同时存在发起人向第三方提供反担保的情形。

如果这些信用增级条款影响足够重大，使得发起人面临的风险没有因基础资产转移发生实质性改变，则表明该发起人仍保留了金融资产所有权上几乎所有的风险和报酬，因此不能对债权（基础资产）终止确认。发起人取得的发行收益实质相当于债务融资，应该按类似发债的方式进行会计处理。如果根据相关发行条款满足债权（基础资产）终止确认的条件，则应按债权处置处理，在损益中确认债权账面价值和收取对价的差额。实务中的很多信用增级条款通常会使资产证券化不满足终止确认的条件。

（3）过手安排。

根据金融资产终止确认的相关规定，首先需要判断发起人是否已转让收取金融资产现金流量的权利，或是否承担将收取的现金流量支付给最终收款方并同时满足金融资产转让的条件。若发起人保留了获取现金流量的合同权利（如发起人控制 SPV），则核心在于判断是否满足“过手安排”的条件，如表 2 – 18 所示。

表 2 – 18　　“过手安排”的判断

序号	需同时满足的条件	核心判断事项
①	企业只有从该金融资产收到对等的现金流量时，才有义务将其支付给最终收款方。企业提供短期垫付款，但有权全额收回该垫付款并按照市场利率计收利息的，视同满足本条件	无论是否收到原始债务人的支付，均需向投资人支付现金流？或者发起人向 SPV 提前支付了保证金
②	转让合同规定禁止企业出售或抵押该金融资产，但企业可以将其作为向最终收款方支付现金流量义务的保证	发起人是否有权出售或抵押原始资产
③	企业有义务将代表最终收款方收取的所有现金流量及时划转给最终收款方，且无重大延误。企业无权将该现金流量进行再投资，但在收款日和最终收款方要求的划转日之间的短暂结算期内，将所收到的现金流量进行现金或现金等价物投资，并且按照合同约定将此类投资的收益支付给最终收款方的，视同满足本条件	专项账户内资金投资的对象是否可以投资“现金或现金等价物”之外的项目，如超过 3 个月的国债、发放贷款？ 专项账户内资金投资的收益是否可由发起人享有
	若①②③的回答有“是”，则发起人未转让金融资产，需要继续确认该项资产	

注：①表明发起人（转出方）没有负债（支付现金的现时义务），②和③表明转出方没有资产（控制与被转移资产之相关的未来经济利益）。

（4）风险和报酬分析。

风险和报酬分析旨在确定金融资产转让后，发起人（原始权益人）是否继续承担该资产所有权上的风险和/或继续享有其产生的收益。风险和报酬分析包含的典型风险有利率风险、信用风险（即违约风险）、延迟支付风险、外汇风险、权益价格风险及提前偿付风险。对于应收账款，需考虑的主要风险是信用风险和延迟支付风险；如果以外币交易，可能还需考虑外汇风险；对于抵押贷款，需考虑的主要风险可能是利率风险、提前偿付风险和信用风险。

风险和报酬分析应当考虑在金融资产转让后保留的风险和报酬与转让前的风险和报酬相比是否不再重大。历史上没有违约和逾期未付的记录并不能证明转让的贷款和应收账款没有风险。

如果根据合同协议，与金融资产的未来现金流量现值的总变动相比，发起人作为转出方承担的变动风险不再重大，则被视为已经转移了金融资产所有权上几乎所有的风险和报酬。需要注意的是，被转让资产净现金流量金额和时点变动的程度的计量是同总变动相对应的，并不因为转出方承担的资产剩余风险和报酬的绝对值很小，就可以达到终止确认。也就是说，风险和报酬分析的目的是确定哪一方承担着资产现金流量的变动风险，而不是谁承担了最多的预计损失。

（二）年报披露示例

资产支持证券的终止确认披露示例汇总如表2－19所示。

表2－19　　资产支持证券的终止确认披露示例汇总

序号	参考示例	资产支持证券的终止确认
1	示例2－96　招商银行（600036. SH）	对于符合终止确认条件的信贷资产证券化，全部终止确认已转移的信贷资产，对于既没有转移也没有保留与所转让信贷资产所有权有关的几乎所有风险和报酬，且保留了对该信贷资产的控制，合并资产负债表上会按照继续涉入程度确认该项资产，其余部分终止确认
2	示例2－97　平安银行（000001. SZ）	对于部分资产证券化业务，集团在该等业务中可能会持有部分次级档的信贷资产支持证券，从而可能对所转让信贷资产保留了继续涉入。集团在资产负债表上会按照继续涉入程度确认该项资产，其余部分终止确认
3	示例2－98　中国交建（601800. SH）	于2023年度，集团将部分应收账款转移给特定目的实体，由该实体向投资者发行资产支持证券，集团通过认购次级资产支持证券的方式承担所转移应收款项的信用风险。由于集团保留了相关应收款项的几乎全部风险和报酬，未终止确认相关应收款项
4	示例2－99　北辰实业（601588. SH）	公司为优先A类及优先B类资产支持证券提供差额补足及流动性支持的增信承诺，且持有C类资产支持证券，未终止确认，计入长期应付款
5	示例2－100　上汽集团（600104. SH）	公司之子公司作为发起机构发行固定利率优先级资产支持证券，未终止确认，计入应付债券

示例2－96　招商银行（600036. SH）

重要会计政策及会计估计

资产证券化

作为经营活动的一部分，本集团将部分信贷资产证券化，一般是将这些资产出售给结构化主体，然后再由其向投资者发行证券。证券化金融资产的权益以优先级资产支持证券或次级资产支持证券，或其他剩余权益（“保留权益”）的形式体现。

在运用证券化金融资产的会计政策时，本集团已考虑转移至其他实体的资产的风险和报酬转移程度，以及本集团对该实体行使控制权的程度：

（1）当本集团已转移该金融资产所有权上几乎全部风险和报酬时，本集团将终止确认该金融资产；

（2）当本集团保留该金融资产所有权上几乎全部风险和报酬时，本集团将继续确认该金融资产；

（3）如本集团并未转移或保留该金融资产所有权上几乎全部风险和报酬，本集团将考虑对该金融资产是否存在控制。如果本集团并未保留控制权，本集团将终止确认该金融资产，并把在转移中产生或保留的权利及义务分别确认为资产或负债。如本集团保留控制权，则根据对金融资产的继续涉入程度确认金融资产。

对于未能符合终止确认条件的信贷资产证券化，相关金融资产不终止确认并维持原来的分类，从第三方投资者筹集的资金以融资款处理。

当证券化导致金融资产终止确认或部分终止确认时，本集团将已转让金融资产的账面价值按照终止确认的金融资产与保留权益的金融资产各自的公允价值进行分配。证券化的收益或亏损，即收到的对价与终止确认的金融资产的分配账面金额之间的差额，计入投资收益。保留的权益的计量方式与证券化之前一致。

金融资产转移

信贷资产证券化

本集团开展了将信贷资产出售给特殊目的信托，再由特殊目的信托向投资者发行资产支持证券的资产证券化业务。本集团在该等信贷资产转让业务中可能会持有部分次级档投资，从而对所转让信贷资产保留了部分风险和报酬。本集团会按照风险和报酬的保留程度，分析判断是否终止确认相关信贷资产。

本集团根据附注3（7）（c）中列示的标准进行了评估，对于符合终止确认条件的信贷资产证券化，本集团全部终止确认已转移的信贷资产。2023年度本集团通过该等信贷资产证券化交易转让的贷款价值为人民币22,589百万元（2022年：人民币17,362百万元），从而转移了贷款所有权的绝大部分风险及回报，本集团已终止确认该等证券化贷款的全部金额。

对于既没有转移也没有保留与所转让信贷资产所有权有关的几乎所有风险和报酬，且保留了对该信贷资产的控制，本集团合并资产负债表上会按照继续涉入程度确认该项资产，其余部分终止确认。继续涉入所转让金融资产的程度，是指本集团承担的被转移金融资产价值变动风险或报酬的程度。2023年度本集团无新增继续涉入的证券化信贷资产（2022年：无）。截至2023年12月31日，本集团继续涉入的资产和负债均为人民币5,274百万元（2022年12月31日：人民币5,274百万元），分别列示于本集团的其他资产和其他负债中。

示例2－97　平安银行（000001.SZ）

财务报表项目注释

结构化主体

本集团发起并管理的未纳入合并范围内的另一类型的结构化主体为本集团由于开展资产证券化业务由第三方信托公司设立的特定目的信托。特定目的信托从本集团购买信贷资产，以信贷资产产生的现金为基础发行资产支持证券融资。于2023年12月31日，由本集团作为贷款资产管理人的未纳入合并范围的该等特定目的信托的发起总规模为人民币21,639百万元（2022年12月31日：人民币43,748百万元）。本集团作为该特定目的信托的贷款服务机构，对转让予特定目的信托的信贷资产进行管理，并作为贷款资产管理人收取相应手续费收入。

本集团亦持有部分特定目的信托的各级资产支持证券。本集团于该等结构化主体享有的相关可变动回报并不显著。于2023年12月31日，本集团持有该等未纳入合并范围的特定目的信托的账面余额为人民币1,796百万元（2022年12月31日：人民币1,883百万元），其账面价值与其公允价值相若。

于2023年12月31日，本集团未向未纳入合并范围的该等特定目的信托提供财务支持（2022年12月31日：无）。

对于部分资产证券化业务，本集团在该等业务中可能会持有部分次级档的信贷资产支持证券，从而可能对所转让信贷资产保留了继续涉入。本集团在资产负债表上会按照继续涉入程度确认该项资产，其余部分终止确认。继续涉入所转让金融资产的程度，是指该金融资产价值变动使本集团面临的风险水平。于2023年12月31日，本集团确认的继续涉入资产价值为人民币1,487百万元（2022年12月31日：人民币1,487百万元）。

示例2-98　中国交建（601800.SH）

重要会计政策及会计估计

资产证券化

本集团将部分应收款项、合同资产和特许经营权（“信托财产”）证券化，将资产信托给结构化主体，由该主体向投资者发行优先/劣后级资产支持证券。信托财产在支付信托税负和相关费用之后，优先用于偿付优先级资产支持证券的本金及利息，全部本息偿付之后剩余的信托财产作为次级资产支持证券的收益，归次级资产支持证券持有人。

针对金融资产证券化业务，本集团首先根据持有的劣后级份额、享有的业绩报酬以及拥有的权力等分析是否应合并结构化主体。若本集团保留了收取金融资产现金流量的合同权利，但承担了将收取的该现金流量支付给一个或多个最终收款方的合同义务，当且仅当同时符合以下三个条件时，本集团按照附注三、10考虑转移至其他实体的资产的风险和报酬程度确定相关会计处理，否则本集团继续确认被转让金融资产。本集团只有从该金融资产收到对等的现金流量时，才有义务将其支付给最终收款方；转让合同规定禁止本集团出售或抵押该金融资产，但本集团可以将其作为向最终收款方支付现金流量义务的保证；及本集团有义务将代表最终收款方收取的所有现金流量及时划转给最终收款方，且无重大延误。

针对特许经营权证券化业务，本集团首先根据持有的劣后级份额、享有的业绩报酬以及拥有的权力等分析是否应合并结构化主体。其次，本集团按照附注三、6考虑对特许经营权持有主体（“项目公司”）的控制权分析是否应合并项目公司。

金融资产转移

转移方式	已转移金融资产性质	已转移金融资产金额（元）	终止确认情况	终止确认情况的判断依据
票据背书及贴现	应收票据	400, 840, 106	未终止确认	保留了其几乎所有的风险和报酬，包括与其相关的违约风险
票据背书及贴现	应收票据	686, 387, 142	终止确认	已经转移了其几乎所有的风险和报酬
保理	应收账款及长期应收款	9, 542, 384, 792	未终止确认	保留了其几乎所有的风险和报酬，包括与其相关的违约风险
保理	应收账款及长期应收款	66, 522, 828, 258	终止确认	已经转移了其几乎所有的风险和报酬
资产证券化	应收账款、长期应收款及合同资产	560, 000, 000	未终止确认	保留了其几乎所有的风险和报酬，包括与其相关的违约风险
资产证券化	应收账款、长期应收款及合同资产	34, 151, 902, 474	终止确认	已经转移了其几乎所有的风险和报酬
合计		111, 864, 342, 772		

于2023年度，因转移而终止确认的金融资产如下：

单位：元

项目	金融资产转移的方式	终止确认的金融资产金额	与终止确认相关的利得或损失
应收票据	票据背书	646, 086, 668	
应收票据	票据贴现	40, 300, 474	246, 360
应收账款及长期应收款	保理	66, 522, 828, 258	1, 271, 499, 432
应收账款、长期应收款及合同资产	资产证券化	34, 151, 902, 474	601, 426, 737
合计		101, 361, 117, 874	1, 873, 172, 529

已转移但未整体终止确认的金融资产

于2023年度，本集团将部分应收账款转移给特定目的实体，由该实体向投资者发行资产支持证券，而本集团通过认购次级资产支持证券的方式承担所转移应收款项的信用风险。该安排下转移但尚未结算的应收款项人民币560, 000, 000元（2022年

12 月 31 日：人民币 1,994,755,000 元）。由于本集团保留了相关应收款项的几乎全部风险和报酬，本集团未终止确认相关应收款项。

已整体终止确认但继续涉入的已转移金融资产

就本集团通过资产证券化方式已整体终止确认的已转移应收账款，长期应收款及合同资产的继续涉入情况，请参考附注十四、2。

或有事项

截至 2023 年 12 月 31 日，本公司之子公司累计发行规模为人民币 72,543,192,440 元（2022 年 12 月 31 日：人民币 59,390,365,659 元）的资产支持证券及资产支持票据。对于金额为人民币 67,088,823,749 元（2022 年 12 月 31 日：人民币 54,283,964,900 元）的优先级资产支持证券及资产支持票据，本集团对资产支持证券专项计划及资产支持票据信托各期可分配资金与各期应支付该等优先级资产支持证券及优先级资产支持票据的固定收益和本金的差额部分承担流动性补足支付义务。本集团评估承担流动性补足的可能性低。

示例 2-99　北辰实业（601588.SH）

长期应付款

单位：元

项目	期末余额	期初余额
长期应付款	5,512,543,000	2,369,407,571
专项应付款	—	—
合计	5,512,543,000	2,369,407,571

（1）按款项性质列示长期应付款。

单位：元

项目	期初余额	期末余额
应付少数股东款项	4,160,630,361	1,264,833,310
应付关联方款项	500,615,694	1,301,886,806
资产支持专项计划（ii）	750,174,644	591,924,493
减：一年内到期的应付少数股东款项	3,091,758,091	1,159,385,310
减：一年内到期的长期应付款应付关联方款项	613,784,977	591,924,493
减：一年内到期的长期应付款资产支持专项计划	615,694	1,886,806
合计	2,658,261,937	2,148,384,872

其他说明：

（ii）经上海证券交易所“上证函〔2018〕1320号”文核准，于2018年12月20日，本公司之全资子公司北辰地产发行天风—北辰长沙洲际酒店资产支持专项计划，募集金额为人民币1,050,000,000元，其中优先A类资产支持证券人民币527,000,000元，利率为5.2%，期限为18年，分期还本；优先B类资产支持证券人民币473,000,000元，利率为6.2%，期限为18年，到期一次还本；C类资产支持证券人民币50,000,000元，由北辰地产认购，不设预期收益率，期限为18年。每三年为优先类资产支持证券持有人的开放退出申报期。本集团为优先A类及优先B类资产支持证券提供差额补足及流动性支持的增信承诺。于2021年11月30日，优先A类资产支持证券票面利率调整为4.2%，优先B类资产支持证券票面利率调整为4.7%。

经上海证券交易所“上证函〔2023〕556号”文核准，于2023年3月29日，本集团发行中信建投—天风—北辰世纪中心资产支持专项计划（以下称“世纪中心专项计划”），募集金额为人民币2,861,000,000元，其中优先级资产支持证券人民币2,860,000,000元，利率为5%，期限为18年，到期一次还本；次级资产支持证券人民币1,000,000元，由本公司认购，不设预期收益率，期限为18年。每三年为优先级资产支持证券持有人的开放退出申报期。本集团为优先级资产支持证券提供差额补足及流动性支持的增信承诺，同时本集团以持有的北辰世纪中心A座投资性房地产自2023年1月1日（含）起至债权足额清偿之日（不含）止期间与相关付费义务人签署的全部运营合同（包括但不限于租赁合同）及其任何修改、补充及变更所产生的现有和未来的金钱债权及其收益（包括租金及其他收入）权利作质押。

示例2-100　上汽集团（600104.SH）

应付债券

单位：元

项目	期末余额	期初余额
非银行金融机构债	11,179,669,853.77	19,315,362,791.62
金融资产支持证券及票据（注2）	2,976,143,639.18	6,026,262,030.14
公司债	5,137,331,084.53	2,523,956,849.36
中期票据	506,629,589.09	1,515,329,589.05
减：一年内到期的应付债券	8,375,400,633.36	14,258,489,955.48
合计	11,424,373,533.21	15,122,421,304.69

注2：本公司之子公司上汽通用金融于2023年4月11日发起发行面值总计为16.80亿元的资产支持证券，包括面值总计为人民币10亿元、固定利率为2.40%的优先A1级资产支持证券及面值总计为人民币6.80亿元、固定利率为2.56%的优先A2级资产支持证券，其中固定利率优先A1级资产支持证券预期2024年4月到期，固定利率优先A2级资产支持证券预期到期日为2024年11月，于本年末，上述债券账面余额为人民币1,467,174,922.39元，其中人民币1,467,174,922.39元将于一年内到期。本公司之子公司上汽金控于2023年3月7日发起发行面值总计为人民币8.23亿元、利率为2.70%的优先级票据，优先级资产支持证券的预期到期日

为 2024 年 9 月 26 日，次级资产支持证券的预期到期日为 2027 年 5 月 26 日。上汽金控另于 2023 年 12 月 7 日发起发行面值总计为人民币 12.2 亿元的资产支持证券，包括面值总计为人民币 9 亿元、利率为 2.95% 的优先 A1 级证券和面值总计为人民币 3.20 亿元、利率为 3.00% 的优先 A2 级证券，优先 A1 级证券预期到期日为 2024 年 10 月 28 日，优先 A2 级证券预期到期日为 2025 年 5 月 26 日。于本年末，上述债券账面余额为人民币 1,508,968,716.79 元，其中人民币 1,364,855,579.80 元将于一年内到期。

第五节　金融负债与权益工具的区分披露示例

在鼓励与规范创新金融工具发展、深化金融体制改革的背景下，越来越多的金融和非金融机构通过发行优先股、永续债补充资本、筹集稳定资金。将优先股、永续债划分为负债还是权益对企业财务报表各项指标有重大影响，而区分金融负债与权益工具的判断过程又相对复杂、颇具挑战。判断金融工具的会计属性，应当依据《企业会计准则第 37 号——金融工具列报》，结合合同具体条款，包括股利取消机制、利息递延机制、股利制动机制、股利推动机制、赎回/回售机制、利率跳升机制等进行分析判断。就目前优先股、永续债在年报中披露的情况来看，绝大多数计入了权益工具，个别作为负债进行披露。本节将选取部分有代表性的金融负债与权益工具区分披露示例以供参考。

一、准则相关规定与监管指引（节选）

（一）《企业会计准则第 37 号——金融工具列报》

第二章　金融负债和权益工具的区分

第七条　企业应当根据所发行金融工具的合同条款及其所反映的经济实质而非仅以法律形式，结合金融资产、金融负债和权益工具的定义，在初始确认时将该金融工具或其组成部分分类为金融资产、金融负债或权益工具。

第八条　金融负债，是指企业符合下列条件之一的负债：

（一）向其他方交付现金或其他金融资产的合同义务。

（二）在潜在不利条件下，与其他方交换金融资产或金融负债的合同义务。

（三）将来须用或可用企业自身权益工具进行结算的非衍生工具合同，且企业根据该合同将交付可变数量的自身权益工具。

（四）将来须用或可用企业自身权益工具进行结算的衍生工具合同，但以固定数量的自身权益工具交换固定金额的现金或其他金融资产的衍生工具合同除外。企业对全部现有同类别非衍生自身权益工具的持有方同比例发行配股权、期权或认股权证，使之有权按比例以固定金额的任何货币换取固定数量的该企业自身权益工具的，该类配股权、期权或认股权证应当分类为权益工具。其中，企业自身权益工具不包括应按照本准则第三章分类为权益工具的金融工具，也不包括本身就要求在未来收取或交付企业自身权益工具的合同。

第九条　权益工具，是指能证明拥有某个企业在扣除所有负债后的资产中的剩余权益的合同。企业发行的金融工具同时满足下列条件的，符合权益工具的定义，应当将该金融工具分类为权益工具：

（一）该金融工具应当不包括交付现金或其他金融资产给其他方，或在潜在不利条件下与其他方交换金融资产或金融负债的合同义务；

（二）将来须用或可用企业自身权益工具结算该金融工具。如为非衍生工具，该金融工具应当不包括交付可变数量的自身权益工具进行结算的合同义务；如为衍生工具，企业只能通过以固定数量的自身权益工具交换固定金额的现金或其他金融资产结算该金融工具。企业自身权益工具不包括应按照本准则第三章分类为权益工具的金融工具，也不包括本身就要求在未来收取或交付企业自身权益工具的合同。

第十条　企业不能无条件地避免以交付现金或其他金融资产来履行一项合同义务的，该合同义务符合金融负债的定义。有些金融工具虽然没有明确地包含交付现金或其他金融资产义务的条款和条件，但有可能通过其他条款和条件间接地形成合同义务。

如果一项金融工具须用或可用企业自身权益工具进行结算，需要考虑用于结算该工具的企业自身权益工具，是作为现金或其他金融资产的替代品，还是为了使该工具持有方享有在发行方扣除所有负债后的资产中的剩余权益。如果是前者，该工具是发行方的金融负债；如果是后者，该工具是发行方的权益工具。在某些情况下，一项金融工具合同规定企业须用或可用自身权益工具结算该金融工具，其中合同权利或合同义务的金额等于可获取或需交付的自身权益工具的数量乘以其结算时的公允价值，则无论该合同权利或合同义务的金额是固定的，还是完全或部分地基于除企业自身权益工具的市场价格以外变量（例如利率、某种商品的价格或某项金融工具的价格）的变动而变动的，该合同应当分类为金融负债。

第十一条　除根据本准则第三章分类为权益工具的金融工具外，如果一项合同使发行方承担了以现金或其他金融资产回购自身权益工具的义务，即使发行方的回购义务取决于合同对手方是否行使回售权，发行方应当在初始确认时将该义务确认为一项金融负债，其金额等于回购所需支付金额的现值（如远期回购价格的现值、期权行权价格的现值或其他回售金额的现值）。如果最终发行方无需以现金或其他金融资产回购自身权益工具，应当在合同到期时将该项金融负债按照账面价值重分类为权益工具。

第十二条　对于附有或有结算条款的金融工具，发行方不能无条件地避免交付现金、其他金融资产或以其他导致该工具成为金融负债的方式进行结算的，应当分类为金融负债。但是，满足下列条件之一的，发行方应当将其分类为权益工具：

（一）要求以现金、其他金融资产或以其他导致该工具成为金融负债的方式进行结算的或有结算条款几乎不具有可能性，即相关情形极端罕见、显著异常且几乎不可能发生。

（二）只有在发行方清算时，才需以现金、其他金融资产或以其他导致该工具成为金融负债的方式进行结算。

（三）按照本准则第三章分类为权益工具的可回售工具。

附有或有结算条款的金融工具，指是否通过交付现金或其他金融资产进行结算，或者是否以其他导致该金融工具成为金融负债的方式进行结算，需要由发行方和持有方均不能控制的未来不确定事项（如股价指数、消费价格指数变动、利率或税法变动、发行方未来收入、净收益或债务权益比率等）的发生或不发生（或发行方和持有方均不能控制的未来不确定事项的结果）来确定的金融工具。

第十三条　对于存在结算选择权的衍生工具（例如合同规定发行方或持有方能选择以现金净额或以发行股份交换现金等方式进行结算的衍生工具），发行方应当将其确认为金融资产或金融负债，但所有可供选择的结算方式均表明该衍生工具应当确认为权益工具的除外。

第十四条　企业应对发行的非衍生工具进行评估，以确定所发行的工具是否为复合金融工具。企业所发行的非衍生工具可能同时包含金融负债成分和权益工具成分。对于复合金融工具，发行方应于初始确认时将各组成部分分别分类为金融负债、金融资产或权益工具。

企业发行的一项非衍生工具同时包含金融负债成分和权益工具成分的，应于初始计量时先确定金融负债成分的公允价值（包括其中可能包含的非权益性嵌入衍生工具的公允价值），再从复合金融工具公允价值中扣除负债成分的公允价值，作为权益工具成分的价值。复合金融工具中包含非权益性嵌入衍生工具的，非权益性嵌入衍生工具的公允价值应当包含在金融负债成分的公允价值中，并且按照《企业会计准则第22号——金融工具确认和计量》的规定对该金融负债成分进行会计处理。

第十五条　在合并财务报表中对金融工具（或其组成部分）进行分类时，企业应当考虑企业集团成员和金融工具的持有方之间达成的所有条款和条件。企业集团作为一个整体，因该工具承担了交付现金、其他金融资产或以其他导致该工具成为金融负债的方式进行结算的义务的，该工具在企业集团合并财务报表中应当分类为金融负债。

第三章　特殊金融工具的区分

第十六条　符合金融负债定义，但同时具有下列特征的可回售工具，应当分类为权益工具：

（一）赋予持有方在企业清算时按比例份额获得该企业净资产的权利。这里所指企业净资产是扣除所有优先于该工具对企业资产要求权之后的剩余资产；这里所指按比例份额是清算时将企业的净资产分拆为金额相等的单位，并且将单位金额乘以持有方所持有的单位数量。

（二）该工具所属的类别次于其他所有工具类别，即该工具在归属于该类别前无须转换为另一种工具，且在清算时对企业资产没有优先于其他工具的要求权。

（三）该工具所属的类别中（该类别次于其他所有工具类别），所有工具具有相同的特征（例如它们必须都具有可回售特征，并且用于计算回购或赎回价格的公式或其他方法都相同）。

（四）除了发行方应当以现金或其他金融资产回购或赎回该工具的合同义务外，该工具不满足本准则规定的金融负债定义中的任何其他特征。

（五）该工具在存续期内的预计现金流量总额，应当实质上基于该工具存续期内企业的损益、已确认净资产的变动、已确认和未确认净资产的公允价值变动（不包括该工具的任何影响）。

可回售工具，是指根据合同约定，持有方有权将该工具回售给发行方以获取现金或其他金融资产的权利，或者在未来某一不确定事项发生或者持有方死亡或退休时，自动回售给发行方的金融工具。

第十七条　符合金融负债定义，但同时具有下列特征的发行方仅在清算时才有义务向另一方按比例交付其净资产的金融工具，应当分类为权益工具：

（一）赋予持有方在企业清算时按比例份额获得该企业净资产的权利；

（二）该工具所属的类别次于其他所有工具类别；

（三）该工具所属的类别中（该类别次于其他所有工具类别），发行方对该类别中所有工具都应当在清算时承担按比例份额交付其净资产的同等合同义务。

产生上述合同义务的清算确定将会发生并且不受发行方的控制（如发行方本身是有限寿命主体），或者发生与否取决于该工具的持有方。

第十八条　分类为权益工具的可回售工具，或发行方仅在清算时才有义务向另一方按比例交付其净资产的金融工具，除应当具有本准则第十六条或第十七条所述特征外，其发行方应当没有同时具备下列特征的其他金融工具或合同：

（一）现金流量总额实质上基于企业的损益、已确认净资产的变动、已确认和未确认净资产的公允价值变动（不包括该工具或合同的任何影响）；

（二）实质上限制或固定了本准则第十六条或第十七条所述工具持有方所获得的剩余回报。

在运用上述条件时，对于发行方与本准则第十六条或第十七条所述工具持有方签订的非金融合同，如果其条款和条件与发行方和其他方之间可能订立的同等合同类似，不应考虑该非金融合同的影响。但如果不能做出此判断，则不得将该工具分类为权益工具。

第十九条　按照本章规定分类为权益工具的金融工具，自不再具有本准则第十六条或第十七条所述特征，或发行方不再满足本准则第十八条规定条件之日起，发行方应当将其重分类为金融负债，以重分类日该工具的公允价值计量，并将重分类日权益工具的账面价值和金融负债的公允价值之间的差额确认为权益。

按照本章规定分类为金融负债的金融工具，自具有本准则第十六条或第十七条所述特征，且发行方满足本准则第十八条规定条件之日起，发行方应当将其重分类为权益工具，以重分类日金融负债的账面价值计量。

第二十条　企业发行的满足本章规定分类为权益工具的金融工具，在企业集团合并财务报表中对应的少数股东权益部分，应当分类为金融负债。

（二）《永续债相关会计处理的规定》（财会［2019］2号）

《永续债相关会计处理的规定》是对CAS22和CAS37等企业会计准则相关规定及相关应用指南内容的整合细化，并未提出新的分类原则或推翻此前的规定。

1. 关于到期日

永续债发行方在确定永续债会计分类时，应当以合同到期日等条款内含的经济实质为基础，谨慎判断是否能无条件地避免交付现金或其他金融资产的合同义务。当永续债合同其他条款未导致发行方承担交付现金或其他金融资产的合同义务时，发行方应当区分下列情况处理：

（1）永续债合同明确规定无固定到期日且持有方在任何情况下均无权要求发行方赎回该永续债或清算的，通常表明发行方没有交付现金或其他金融资产的合同义务。

（2）永续债合同未规定固定到期日且同时规定了未来赎回时间（即“初始期限”）的：

①当该初始期限仅约定为发行方清算日时，通常表明发行方没有交付现金或其他金融资产的合同义务。但清算确定将会发生且不受发行方控制，或者清算发生与否取决于该永续债持有方的，发行方仍具有交付现金或其他金融资产的合同义务。

②当该初始期限不是发行方清算日且发行方能自主决定是否赎回永续债时，发行方应当谨慎分析自身是否能无条件地自主决定不行使赎回权。如不能，通常表明发行方有交付现金或其他金融资产的合同义务。

2. 关于清偿顺序

永续债发行方在确定永续债会计分类时，应当考虑合同中关于清偿顺序的条款。当永续债合同其他条款未导致发行方承担交付现金或其他金融资产的合同义务时，发行方应当区分下列情况处理：

（1）合同规定发行方清算时永续债劣后于发行方发行的普通债券和其他债务的，通常表明发行方没有交付现金或其他金融资产的合同义务。

（2）合同规定发行方清算时永续债与发行方发行的普通债券和其他债务处于相同清偿顺序的，应当审慎考虑此清偿顺序是否会导致持有方对发行方承担交付现金或其他金融资产合同义务的预期，并据此确定其会计分类。

3. 关于利率跳升和间接义务

永续债发行方在确定永续债会计分类时，应当考虑CAS37第十条规定的“间接义务”。永续债合同规定没有固定到期日、同时规定了未来赎回时间、发行方有权自主决定未来是否赎回且如果发行方决定不赎回则永续债票息率上浮（即“利率跳升”或“票息递增”）的，发行方应当结合所处实际环境考虑该利率跳升条款是否构成交付现金或其他金融资产的合同义务。

如果跳升次数有限、有最高票息限制（即“封顶”）且封顶利率未超过同期同行业同类型工具平均的利率水平，或者跳升总幅度较小且封顶利率未超过同期同行业同类型工具平均的利率水平，可能不构成间接义务；如果永续债合同条款虽然规定了票息封顶，但该封顶票息水平超过同期同行业同类型工具平均的利率水平，通常构成间接义务。

（三）《企业会计准则应用指南汇编2024》“第三十八章　金融工具列报”

四、金融负债和权益工具的区分

（二）金融负债和权益工具区分的基本原则

1. 是否存在无条件地避免交付现金或其他金融资产的合同义务。

（1）如果企业不能无条件地避免以交付现金或其他金融资产来履行一项合同义务，则该合同义务符合金融负债的定义。

（2）如果企业能够无条件地避免交付现金或其他金融资产，例如能够根据相应的议事机制自主决定是否支付股息（即无支付股息的义务），同时所发行的金融工具没有到期日且合同对手没有回售权，或虽有固定期限但发行方有权无限期递延（即无支付本金的义务），则此类交付现金或其他金融资产的结算条款不构成金融负债。

企业应当基于真实、完整的合同进行相关分析和判断。在实务中，有时存在部分条款措辞不够严谨或不够明确的情况。企业应当确保合同措辞明确，能够以此为基础作出合理的会计判断。

（四）或有结算条款

实务中，出于对自身商业利益的保障和公平原则考虑，合同双方会对一些不能由各自控制的情况下是否要求支付现金（包括股票）作出约定，这些“或有结算条款”可以包括与外部市场有关的、或者与发行方自身情况有关的事项。例如，甲公司发行了一项永续债，可能约定一旦发行人发生下列事项中的一项或几项，那么该永续债一次到期应付，除非持有人大会通过豁免的决议，这些事项包括：甲公司无力偿债，拖欠到期应付款项，停止或暂停支付所有或大部分债务，持续经营能力发生重大不利变化，发生超过净资产10%以上重大损失，收入、利润、资产负债率等财务指标承诺未达标，会计、税收或其他法规政策变动等导致财务状况发生重大变化，受到超过一定金额的处罚或受到政府机构、监管部门的调查，高管人员出现重大个人诚信问题，创始股东或实际控制人严重违约，控制权变更或信用评级被降级，首次公开发行（IPO）失败，股票停牌超过一定期限，发生投资者认定足以影响债权实现的其他事项。出于防止低估负债和防止通过或有条款的设置来避免对复合工具中负债成分进行确认的目的，发行方需要对这些条款确认金融负债，除非能够证明或有事件是极端罕见、显著异常且几乎不可能发生的情况或者仅限于清算事件。在上例中，由于发行人不能控制能否按时偿债、持续经营能力会否发生重大不利变化，是否会发生超过净资产10%以上重大损失、财务指标承诺能否达标、财务状况是否发生重大变化、是否受到处罚或调查、高管人员会否出现重大个人诚信问题、创始股东或实际控制人是否会违约、控制权是否会变更或信用等级是否会被降级、首次公开发行能否成功、是否会发生长期股票停牌、是否会发生其他投资者认定足以影响债权实现的事项等情形，且这些情形不是极端罕见、显著异常且几乎不可能发生的情况或者清算事件，发行人进而无法无条件地避免以交付现金或其他金融资产来履行一项合同义务。因此，包含此类条款的永续债应当被分类为金融负债。再如，甲公司发行了一项永续债，每年按照合同条款支付利息，但同时约定其利息只在发行方有可供分配利润时才需支付，如果发行方可供分配利润不足则可能无法履行该项支付义务。虽然利息的支付取决于是否有可供分配利润，使得利息支付义务成为或有情况下的义务，但是，甲公司并不能无条件地避免支付现金的合同义务，因此，该公司应当将该永续债划分为一项金融负债。

（四）《企业会计准则解释第16号》

二、关于发行方分类为权益工具的金融工具相关股利的所得税影响的会计处理

该问题主要涉及《企业会计准则第18号——所得税》等准则。

（一）相关会计处理。

对于企业（指发行方，下同）按照《企业会计准则第37号——金融工具列报》等规定分类为权益工具的金融工具（如分类为权益工具的永续债等），相关股利支出按照税收政策相关规定在企业所得税税前扣除的，企业应当在确认应付股利时，确认与股利相关的所得税影响。该股利的所得税影响通常与过去产生可供分配利润的交易或事项更为直接相关，企业应当按照与过去产生可供分配利润的交易或事项时所采用的会计处理相一致的方式，将股利的所得税影响计入当期损益或所有者权益项目（含其他综合收益项目）。对于所分配的利润来源于以前产生损益的交易或事项，该股利的所得税影响应当计入当期损益；对于所分配的利润来源于以前确认在所有者权益中的交易或事项，该股利的所得税影响应当计入所有者权益项目。

（二）新旧衔接。

本解释规定的分类为权益工具的金融工具确认应付股利发生在2022年1月1日至本解释施行日之间的，涉及所得税影响且未按照以上规定进行处理的，企业应当按照本解释的规定进行调整。本解释规定的分类为权益工具的金融工具确认应付股利发生在2022年1月1日之前且相关金融工具在2022年1月1日尚未终止确认的，涉及所得税影响且未按照以上规定进行处理的，企业应当进行追溯调整。企业进行上述调整的，应当在财务报表附注中披露相关情况。

（五）财政部金融工具准则实施问答

问：企业支付永续债利息的会计处理是否与税务处理一致？

答：根据金融工具列报准则第七条，发行永续债的企业应当根据永续债合同条款及其所反映的经济实质而非仅以法律形式，结合金融负债和权益工具的定义，在初始确认时将永续债分类为金融负债或权益工具，永续债利息相应作为利息支出或股利分配。

根据《关于永续债企业所得税政策问题的公告》（财政部、税务总局公告2019年第64号），企业发行的永续债，可以适用股息、红利企业所得税政策。符合规定条件的，也可以按照债券利息适用企业所得税政策。其中，符合规定条件是指符合下列条件中5条（含）以上：（1）被投资企业对该项投资具有还本义务；（2）有明确约定的利率和付息频率；（3）有一定的投资期限；（4）投资方对被投资企业净资产不拥

有所有权；(5) 投资方不参与被投资企业日常生产经营活动；(6) 被投资企业可以赎回，或满足特定条件后可以赎回；(7) 被投资企业将该项投资计入负债；(8) 该项投资不承担被投资企业股东同等的经营风险；(9) 该项投资的清偿顺序位于被投资企业股东持有的股份之前。

因此，会计上将永续债作为金融负债或权益工具处理，不一定对应适用税务上的利息或股利政策，反之亦然。企业采取的会计核算方式与税务处理方法不一致的，在进行税务处理时须作出相应纳税调整。

问：对于按照金融工具列报准则第三章分类为权益工具的特殊金融工具，发行方在企业个别财务报表及集团合并财务报表中应当如何分类？投资方能否将持有的上述金融工具指定为以公允价值计量且其变动计入其他综合收益的金融资产？

答：根据金融工具列报准则第十六条、第十七条、第十八条和第二十条并参照相关应用指南，对于可回售工具，例如某些开放式基金的可随时赎回的基金份额，以及发行方仅在清算时才有义务向另一方按比例交付其净资产的金融工具，例如属于有限寿命工具的封闭式基金、理财产品的份额、信托计划等寿命固定的结构化主体的份额，如果满足金融工具列报准则第十六条、第十七条、第十八条的要求，则发行方在其个别财务报表中作为权益工具列报，在企业集团合并财务报表中对应的少数股东权益部分，应当分类为金融负债。

上述金融工具对于发行方而言不满足权益工具的定义，对于投资方而言也不属于权益工具投资，投资方不能将其指定为以公允价值计量且其变动计入其他综合收益的金融资产。

问：封闭式基金、理财产品、信托计划等寿命固定或可确定的结构化主体，是否符合持续经营假设？

答：根据《企业会计准则——基本准则》并参照相关讲解，持续经营，是指在可以预见的将来，企业将会按当前的规模和状态继续经营下去，不会停业，也不会大规模削减业务。在持续经营前提下，会计确认、计量和报告应当以企业持续、正常的生产经营活动为前提。

明确这个基本假设，就意味着会计主体将按照既定用途使用资产，按照既定合约条件清偿债务，并根据企业会计准则进行确认、计量和报告，而不是按照企业破产清算有关会计处理规定处理。因此，对于封闭式基金、理财产品、信托计划等寿命固定或可确定的结构化主体，有限寿命本身并不影响持续经营假设的成立。

（六）财政部金融工具准则应用案例

1. 《金融负债与权益工具的区分应用案例——投资者保护条款》
2. 《金融负债与权益工具的区分应用案例——发行人作为合同一方承担的义务》
3. 《金融负债与权益工具的区分应用案例——补充协议导致发行人义务变化》
4. 《金融负债与权益工具的区分应用案例——中止和恢复回售权》
5. 《金融负债与权益工具的区分应用案例——对减资程序的考虑》

（七）财政部关于年报工作的通知

《关于严格执行企业会计准则　切实做好企业 2022 年年报工作的通知》（财会〔2022〕32 号）

企业应当按照《企业会计准则第 37 号——金融工具列报》（财会〔2017〕14 号）和《永续债相关会计处理的规定》（财会〔2019〕2 号）等，根据永续债合同条款及其所反映的经济实质而非法律形式，在初始确认时分类为金融负债或权益工具。发行方与投资方对于同一项永续债的分类应当保持匹配。

一些情况下，企业发行的永续债附有或有结算条款，对应的或有事件包括：发生净资产一定比例以上的重大损失；收入、利润、资产负债率等财务指标未达标；受到超过一定金额的处罚或受到政府机构、监管部门的调查；会计、税收或其他法规政策变动导致发行方财务状况受到影响；首次公开发行（IPO）失败；股票停牌超过一定期限；发布 IPO 招股说明书；发行人未能偿还其他到期债务；信用评级降级等。这些事件往往不是极端罕见、显著异常且几乎不可能发生的情况，也不仅限于清算事件，如果发行方不能无条件地避免交付现金、其他金融资产或以其他导致该工具成为金融负债的方式进行结算，应当将该永续债分类为金融负债。

"股利制动机制"（企业如果不宣派或支付永续债利息则不能宣派或支付普通股股利）和"股利推动机制"（企业如果宣派或支付普通股股利也须宣派或支付永续债利息）本身不会导致永续债被分类为金融负债。

发行方发行分类为权益工具的永续债，所承担的承销费应当冲减资本公积；相关永续债的利息支出应当作为发行方的利润分配，计入应付股利。

《关于严格执行企业会计准则　切实做好企业 2021 年年报工作的通知》（财会〔2021〕32 号）

对于可回售工具，例如某些开放式基金的可随时赎回的基金份额，以及发行方仅在清算时才有义务向另一方按比例交付其净资产的金融工具，例如属于有限寿命工具的封闭式基金、理财产品的份额、信托计划等寿命固定的结构化主体的份额，如果满足《企业会计准则第 37 号——金融工具列报》（财会〔2017〕14 号）第三章中规定的分类为权益工具的条件，发行方在其个别财务报表中应当作为权益工具列报，在企业集团合并财务报表中对应的少数股东权益部分应当分类为金融负债。

（八）会计准则委员会会计准则实务问答

问："让渡表决权"和"拖卖权"条款是否构成间接义务，从而使相关金融工具符合《企业会计准则第 37 号——金融工具列报》（财会〔2017〕14 号）中金融负债的定义？

答：假设债权人将债权转为对债务人的股权投资，同时约定在未来某个时点可以询问债务人的母公司是否愿意受让该股权，如果债务人母公司不同意，债权人有权要求：(1) 让渡表决权，即母公司让渡对其子公司股东会表决权给债权人，从而失去对其子公司的控制，但享有的利润和净资产份额不受影响；(2) 拖卖权，即债权人将股权转让给第三方时，有权要求母公司跟随其按相同比例以公允价格出售所持子公司的股权给第三方，并收到股权转让对价。

根据金融工具列报准则及其应用指南，企业不能无条件地避免以交付现金或其他金融资产来履行一项合同义务的，该合同义务符合金融负债的定义。有些金融工具虽然没有明确地包含交付现金或其他金融资产义务的条款和条件，但有可能通过其他条款和条件间接地形成合同义务。例如，企业可能在显著不利的条件下选择交付现金或其他金融资产，而不是选择履行非金融合同义务或交付自身权益工具。

通常情况下，在债务人的母公司合并报表层面，如果能够判断不会在显著不利的条件下选择交付现金或其他金融资产，上述“让渡表决权”和“拖卖权”不构成间接义务，不应因存在上述条款认为相关金融工具符合金融负债的定义。

问：根据《企业会计准则第37号——金融工具列报》（财会〔2017〕14号），对于因发行永续债支付的利息，其会计处理是否一定与税收处理一致？

答：根据金融工具列报准则第七条，发行永续债的企业应当根据永续债合同条款及其所反映的经济实质而非仅以法律形式，结合金融负债和权益工具的定义，在初始确认时将永续债分类为金融负债或权益工具，因发行永续债支付的利息相应作为利息支出或股利分配。

根据《关于永续债企业所得税政策问题的公告》（财政部、税务总局公告2019年第64号），企业发行的永续债，可以适用股息、红利企业所得税政策。符合规定条件的，也可以按照债券利息适用企业所得税政策。其中，符合规定条件是指符合下列条件中5条（含）以上：(1) 被投资企业对该项投资具有还本义务；(2) 有明确约定的利率和付息频率；(3) 有一定的投资期限；(4) 投资方对被投资企业净资产不拥有所有权；(5) 投资方不参与被投资企业日常生产经营活动；(6) 被投资企业可以赎回，或满足特定条件后可以赎回；(7) 被投资企业将该项投资计入负债；(8) 该项投资不承担被投资企业股东同等的经营风险；(9) 该项投资的清偿顺序位于被投资企业股东持有的股份之前。

因此，会计上将永续债作为金融负债或权益工具处理，不一定对应适用税务上的利息或股利政策，反之亦然。企业采取的税收处理办法与会计核算方式不一致的，在进行税收处理时须作出相应纳税调整。

（九）证监会监管规则适用指引

《监管规则适用指引——会计类第3号》

3-5　对少数股权远期收购义务的会计处理

企业在合并财务报表中对金融工具（或其组成部分）进行分类时，应当考虑企业集团成员和金融工具的持有方之间达成的所有条款和条件，以确定企业集团作为一个整体是否因该工具承担了交付现金或其他金融资产的义务。如果一项合同使发行方承担了以现金或其他金融资产回购自身权益工具的义务，发行方应当在初始确认时将该义务确认为一项金融负债，其金额等于回购所需支付金额的现值。

监管实践发现，部分公司对于附少数股权远期收购义务的企业合并相关会计处理存在理解上的偏差和分歧。现就该事项的意见如下：

非同一控制下企业合并中，如果购买方存在对少数股东的远期收购义务，在合并财务报表中，企业承担了一项不能无条件避免的支付现金以回购自身权益工具的合同义务，在合并日应将该回购义务确认为一项金融负债，金额为回购义务所需支付金额的现值。

企业应根据合同条款的具体约定，判断少数股东权益是否实质上仍存在并进行相应会计处理。如果相关事实表明少数股东实质上仍享有普通股相关权利和义务，则在合并财务报表中应继续确认少数股东权益，企业确认上述金融负债的同时应冲减资本公积（资本公积不足冲减的，冲减留存收益）。反之，如果少数股东不具有普通股相关权利和义务，如不享有表决权、分红权、股票增值收益权等，则在合并财务报表中不应再继续确认少数股东权益，而应将上述金融负债视为合并成本的一部分。

《监管规则适用指引——发行类第4号》

4-3　对赌协议

投资机构在投资发行人时约定对赌协议等类似安排的，保荐机构及发行人律师、申报会计师应当重点就以下事项核查并发表明确核查意见：一是发行人是否为对赌协议当事人；二是对赌协议是否存在可能导致公司控制权变化的约定；三是对赌协议是否与市值挂钩；四是对赌协议是否存在严重影响发行人持续经营能力或者其他严重影响投资者权益的情形。存在上述情形的，保荐机构、发行人律师、申报会计师应当审慎论证是否符合股权清晰稳定、会计处理规范等方面的要求，不符合相关要求的对赌协议原则上应在申报前清理。

发行人应当在招股说明书中披露对赌协议的具体内容、对发行人可能存在的影响等，并进行风险提示。

解除对赌协议应关注以下方面：

(1) 约定“自始无效”，对回售责任“自始无效”相关协议签订日在财务报告出具日之前的，可视为发行人在报告期内对该笔对赌不存在股份回购义务，发行人收到的相关投资款在报告期内可确认为权益工具；对回售责任“自始无效”相关协议签订日在财务报告出具日之后的，需补充提供协议签订后最新一期经审计的财务报告。

(2) 未约定“自始无效”的，发行人收到的相关投资款在对赌安排终止前应作为金融工具核算。

（十）证监会上市公司年报监管报告

《上市公司 2023 年年度财务报告会计监管报告》

（一）永续型融资工具分类不正确

根据企业会计准则及相关规定，企业因直接或间接的合同义务导致不能无条件地避免以交付现金或其他金融资产的，相关合同义务符合金融负债的定义。封顶票息水平超过同期同行业同类型工具利率跳升条款设定的平均利率水平，通常构成间接义务。

审阅分析发现，部分上市公司对于发行的永续型融资工具的会计处理不恰当。例如，有的上市公司发行的永续债违约条款约定，当发行人或其合并报表范围内的企业发生债务违约，或发行人丧失清算能力、进入破产流程等情形发生时，发行人构成违约并应立即清偿相关本金和利息；还有上市公司发行的可续期信托贷款的票息跳升幅度较高，且跳升上限远超同期同行业同类型工具平均的利率水平。此类由发行人不可控事件触发还本还息义务的违约条款，或封顶票息超过同期同行业同类型工具设定的平均利率水平，导致有关安排构成交付现金的合同义务，上市公司应将包含类似条款的相关金融工具（或其组成部分）分类为金融负债。

（二）金融负债和权益工具分类不恰当

根据企业会计准则及相关规定，企业不能无条件地避免以交付现金或其他金融资产来履行一项合同义务的，则应将相关合同义务确认为金融负债。

审阅分析发现，部分上市公司收到少数股东增资并承诺增资后每年向少数股东支付固定金额分红款，控股股东为上市公司支付现金提供流动性支持，上市公司错误地将收到的股东增资款确认为权益。前述情况下，上市公司存在不可避免支付现金分红的义务，控股股东为其支付现金提供担保，并不影响对上市公司支付现金义务的判断，上市公司应将其收到的附现金分红义务的股东增资款确认为金融负债。

《上市公司 2022 年年度财务报告会计监管报告》

（三）未恰当计量以自身股份结算的或有对价

根据企业会计准则及相关规定，将来须用或可用企业自身权益工具结算的衍生工具，企业只能通过以固定数量的自身权益工具交换固定金额的现金或其他金融资产结算该金融工具，应分类为权益工具。对于非同一控制下企业合并形成的或有对价，若购买方根据标的公司的业绩情况确定收回自身股份的数量，相关或有对价在购买日不满足“固定换固定”的条件，则不属于权益工具，应按照金融资产进行核算。后续随着标的公司实际业绩的确定，购买方能够确定当期应收回股份具体数量时，则应将其确认为权益工具（其他权益工具）。

审阅分析发现，部分公司通过发行股份方式实施非同一控制下企业合并，并与标的公司原股东约定业绩承诺期内任一会计年度下的当期累计实际净利润数未达到承诺标准，则原股东应于当年即时以其本次交易取得的股份进行业绩补偿。标的公司

2022 年度净利润未能达标，公司错误地将应收业绩补偿款确认为其他应收款，同时增加资本公积。由于在 2022 年底，应补偿的股份数量已确定，满足“固定换固定”的条件，公司应将相关股份补偿确认为一项权益工具，并按照资产负债表日该权益工具的公允价值确认相关损益，后续不再确认其公允价值变动。

《2021 年上市公司年报监管报告》

未确认少数股权远期收购义务

根据企业会计准则及相关规定，在合并财务报表中对金融工具（或其组成部分）进行分类时，企业应当考虑企业集团成员和金融工具的持有方之间达成的所有条款和条件，以确定企业集团作为一个整体是否因该工具承担了交付现金或其他金融资产的义务。如果一项合同使发行方承担了以现金或其他金融资产回购自身权益工具的义务，发行方应当在初始确认时将该义务确认为一项金融负债，其金额等于回购所需支付金额的现值。

年报分析发现，个别上市公司与其关联方共同收购子公司时，关联方将所持子公司少数股权对应的表决权全部委托给上市公司行使，并约定在后续 6 个月至 30 个月内，上市公司以固定价格加年化利率收购关联方所持有子公司股权。上市公司按照本次收购的对价确认长期股权投资并以此为合并成本计算确认商誉，在合并财务报表中将关联方持有的子公司股权确认为少数股东权益。上述交易中，在合并财务报表层面，因承担了一项不能无条件避免的支付现金以回购自身权益工具的合同义务，上市公司应将收购少数股东权益确认为一项金融负债，金额为回购义务所需支付金额的现值。同时，上市公司应根据股权转让协议相关条款约定，判断少数股东权益实质上是否仍存在并进行相应会计处理。若相关事实表明少数股东不拥有普通股相关权利和义务，如不享有表决权、分红权、股票增值收益权等，上市公司在合并报表层面不应再确认少数股东权益，而应将上述负债视为合并成本的一部分，以此为基础计算确认商誉金额。反之，若少数股东实质上仍拥有普通股相关权利和义务，则上市公司应在合并报表层面确认相关金融负债，同时冲减资本公积。

《2020 年上市公司年报监管报告》

未正确界定权益工具投资

根据企业会计准则及相关规定，在初始确认时，企业可以将非交易性权益工具投资指定为以公允价值计量且其变动计入其他综合收益的金融资产，并列报于“其他权益工具投资”。此处权益工具投资中的“权益工具”是指对于工具发行方来说，满足《企业会计准则第 37 号——金融工具列报》中权益工具定义的工具。符合金融负债定义但是被分类为权益工具的特殊金融工具本身并不符合权益工具的定义，从投资方的角度也就不符合指定为以公允价值计量且其变动计入其他综合收益的金融资产的条件。

年报分析发现，个别上市公司对外进行投资，持有被投资单位的优先股，上市公司未恰当分析优先股相关特征而将该投资指定为以公允价值计量且其变动计入其他综合收益的金融资产。实务中，优先股协议条款较为复杂，往往存在嵌入衍生条款以及固定股息率的强制分红、强制赎回等条款，导致从发行方角度优先股并非整体满足权益工具定义，相应地从投资方角度不满足指定为以公允价值计量且其变动计入其他综合收益的金融资产的条件。

《2019 年上市公司年报监管报告》

将不满足权益工具定义的投资指定为其他权益工具投资

根据企业会计准则及相关规定，企业可以将非交易性权益工具投资指定为以公允价值计量且其变动计入其他综合收益的金融资产，并作为其他权益工具投资列报。此处的权益工具是指对于工具发行方来说，满足权益工具定义的工具。符合金融负债定义但是被发行人分类为权益工具的特殊金融工具（包括可回售工具和发行方仅在清算时才有义务向另一方按比例交付其净资产的金融工具），本身并不符合权益工具的定义，因此从投资方的角度不符合将其指定为以公允价值计量且其变动计入其他综合收益的金融资产的条件。年报分析发现，部分上市公司将不满足权益工具定义的金融资产，如可赎回私募基金投资、对有限寿命主体的投资等，错误地指定为以公允价值计量且其变动计入其他综合收益的金融资产。

《2018 年上市公司年报监管报告》

未正确区分金融负债和权益工具

年报分析发现，部分上市公司合并范围内的结构化主体为有限寿命的主体（例如明确约定合伙期限的合伙企业），上市公司在合并报表中将该结构化主体其他投资人的出资分类为少数股东权益。对于此类结构化主体其他投资人的出资，在个别报表层面和合并报表层面应当分别考虑。在有限合伙企业个别报表层面，如果其仅在清算时才有义务向投资方按比例交付其净资产，且同时满足特殊金融工具的其他特征，应分类为权益工具。在合并报表层面，企业集团作为一个整体，由于该结构化主体到期清算是确定事件且不受企业集团的控制，在清算时承担了向其他方交付现金的义务，应当将其他方的出资分类金融负债。

《2016 年上市公司年报监管报告》

年报分析发现，个别上市公司混淆了金融负债和权益工具。

例如有的上市公司发起设立某发展基金，该发展基金有固定的投资期限、约定了投资收益率、约定了投资期限届满之后的回购事宜，明显不满足权益工具的定义，但仍将该类工具确认为权益工具；有的上市公司承担了一项以固定金额或可确定金额回购子公司少数股东股权的合同义务，在合并报表中仍将其作为少数股东权益处理。

《2015 年上市公司年报监管报告》

权益工具与金融负债的区分

根据企业会计准则及相关规定，对金融工具分类时，应当考虑金融工具合同所有条款。报告主体因该工具承担了交付现金或其他金融资产的义务，则该工具应当分类为金融负债。年报分析发现，针对向信托计划或资产管理计划等结构化主体转让子公司部分股权以获得融资的交易，部分上市公司未从报告主体整体层面充分考虑其是否承担一项合同支付义务并确认一项金融负债，而是直接作为处置子公司部分股权（未丧失控制权）的权益性交易，将结构化主体持有的子公司股权作为少数股东权益进行处理。例如，有的上市公司向有限期限的信托计划转让子公司的部分股权（不丧失控制权），同时认购该信托计划中的全部劣后级份额，导致需要合并该信托计划。从合并报表角度看，实际并未处置子公司股权且不会产生新的少数股东权益，并且由于信托计划为有限期限，在合并报表层面相当于其承担了一项在该信托计划清算时向优先级份额持有人进行清偿的合同义务，因此应在合并财务报表中将信托计划优先级份额确认为金融负债。又如，一项资产管理计划向上市公司子公司增资，上市公司承诺在一定时间或触发一定条件（上市公司不能控制其发生与否）时，以本金加一定回报的金额回购该股权。从合并报表角度看，上市公司承担了一项以固定金额或可确定金额回购子公司股权的合同义务，应将其确认为一项金融负债，该交易不会导致处置子公司股权且不会产生少数股东权益。

此外，部分上市公司向少数股东签发卖出期权，但并未针对该项股份回购义务确认任何的金融负债。例如，某公司在收购目标公司股权并形成控制的交易中与少数股东约定，对方有权向该公司转让剩余少数股权，即该交易形成一项股份回购义务，但公司并未针对持有人的售回选择权确认一项金融负债，仅在后续期间实际履行回购义务时作为购买少数股东权益进行处理。

（十一）财政部《企业会计准则实施典型案例集》

案例6-4　不控制有限合伙企业的投资方所持份额在合并财务报表中的列报

近年来，较多企业出于资源整合、上下游联动、产业孵化等目的以有限合伙企业形式设立产业投资基金，或者借助有限合伙企业进行融资。部分有限合伙企业具有到期清算，并向所有合伙人按出资比例进行分配的特点。对于不控制有限合伙企业的投资人所持份额，在控制有限合伙企业的投资人合并财务报表层面应列示为权益工具还是金融负债，直接影响企业的资产负债率等关键财务指标，是实务中的关注热点。

一、案例背景

2×19年1月1日，A、B、C三家公司共同设立一个有限合伙企业形式的产业投资基金。A公司持有60%的有限合伙份额，B公司、C公司各持有20%的有限合伙份额。

根据合伙协议约定，该合伙企业的合伙期限为7年。期限届满时合伙企业进行清算，在清偿全部债务后如有剩余资产，将剩余资产按照合伙人持有份额比例分配给各合伙人，且该合伙企业仅在清算时才对其净资产进行分配。另外，该合伙企业的投资人委员会负责决议合伙企业包括对外投资、标的处置等对其回报产生重大影响的活动。投资人委员会共设立5席，其中A公司委派3席，B公司、C公司各委派1席。该合伙企业的日常管理由A公司负责。该合伙企业未发行其他劣后于A、B、C三家公司所持合伙企业份额的工具。

该合伙企业在编制其个别财务报表时，将A、B、C三家公司持有的合伙企业份额分类为权益工具。根据《企业会计准则第33号——合并财务报表》（财会〔2014〕10号）关于合并范围的有关规定，A公司对该有限合伙企业形成控制，将其纳入合并财务报表编制范围，并采用与合伙企业个别财务报表同样的处理方式，将B公司、C公司持有的合伙企业份额分类为权益工具。

问题：A公司在合并财务报表层面，将B公司、C公司持有的合伙企业份额划分为权益工具是否恰当？

二、案例解析

1. 案例分析

根据《企业会计准则第37号——金融工具列报》（财会〔2017〕14号，以下简称"金融工具列报准则"）第十七条的规定，在合伙企业个别财务报表层面，A、B、C三家公司所持有的合伙企业份额应当被分类为权益工具。但是，在A公司合并财务报表层面，B公司、C公司持有的有限合伙企业份额不应直接沿用合伙企业个别财务报表中的分类方式，而是应当严格按照金融工具列报准则第十条、第十五条和第二十条的有关规定进行判断和列报。

根据合伙协议，A公司合并该合伙企业后形成企业集团，该企业集团因合伙协议的安排承担了向B公司、C公司交付现金或其他金融资产的合同义务。因此，虽然B公司、C公司所持有的合伙企业份额在合伙企业的个别财务报表中分类为权益工具，但在企业集团的合并财务报表中，B公司、C公司所持有的合伙企业份额，应当分类为金融负债。

2. 案例结论

综上所述，根据金融工具列报准则等有关规定，在A公司的合并财务报表层面，将B公司、C公司持有的合伙企业份额划分为权益工具是不恰当的，应当分类为金融负债。

三、案例启示

少数有限合伙企业的合伙人所持份额，在合并财务报表层面应列报为权益工具还是金融负债，应当严格按照金融工具列报准则第十条、第十五条、第十七条和第二十条等有关规定进行判断。实务中常见的问题有以下两种：第一种是惯性思维，习惯性地将法律上的"少数股东"持有的份额在合并财务报表中列示为"少数股东权益"；第二种是部分合伙企业存在将应当划分为金融负债的金融工具划分为权益工具的动机，以此降低企业的杠杆率，便于融资业务的开展。报表编制者应当认真理解和应用相关会计准则规定。

案例6－5　永续债相关的权益工具和金融负债分类的判断

永续债一般没有固定到期日或期限非常长，持有人可以按期一直取得利息。永续债的发行很普遍，形式包括永续中票、可续期公司债券、永续信托计划、可转股可续期融资计划等。永续债既有“股性”，又有“债性”，将其分类为权益工具还是金融负债，将直接影响企业的杠杆率。

一、案例背景

2×20年度，大型国有独资企业A（以下简称“A企业”）经营状况良好，经营活动现金流量稳定，但其债务规模较大，资产负债率高。A企业发行永续债“2×20年度第一期中期票据”，金额为30亿元，没有固定到期日。关于该永续债的续期选择权、利率跳升、强制付息等相关合同约定及其他情况如下：

（1）续期选择权。

在该永续债每个重定价周期末，发行人有权选择将其期限延续5年，或选择在该重定价周期末全额兑付此永续债。发行人应至少于每个重定价周期第5个计息年度的付息日前30个工作日，在相关媒体上刊登“续期选择权行使公告”。

（2）利率跳升。

A企业的永续债利率跳升次数有限，其所在市场同期同行业同类型工具的平均利率跳升幅度为300个基点。A企业永续债将利率控制在当期基准利率初始利差加300个基点水平，封顶利率未超过市场同期同行业同类型工具的平均利率。

（3）破产清算。

A企业永续债的本金和利息在破产清算时的清偿顺序劣后于发行方发行的普通债券和其他债务。且A企业属于国家交通基础设施运营行业，发生清算的可能性很小。

（4）或有结算条款。

A企业发行的永续债无或有结算条款。

（5）强制付息。

强制付息事件及强制付息的限制条件如下表所示：

融资工具名称	强制付息事件	强制付息的限制条件
2×20年度第一期中期票据	付息日前12个月内，发生以下事件的，发行人不得递延当期利息以及按照本条款已经递延的所有利息及其孳息： （1）向股东分红； （2）减少注册资本	有递延支付利息的情形时，直至已递延利息及其孳息全部清偿完毕，不得从事下列行为： （1）向股东分红； （2）减少注册资本

（6）利润上缴。

A企业每年按照省人民政府国有资产监督管理委员会、省财政厅的文件申报并上缴国有资本收益。国有资本收益包括应交利润、国有股股息、股利等，应交利润金额为按照应交利润基数乘以10%申报并上缴。

综合考虑上述情况，A企业将其发行的“2×20年度第一期中期票据”分类为权益工具。

问题：A企业将上述永续债分类为权益工具的做法是否恰当？

二、案例解析

1. 案例分析

企业应当根据《企业会计准则第37号——金融工具列报》（财会〔2017〕14号，以下简称“金融工具列报准则”）和《永续债相关会计处理的规定》（财会〔2019〕2号，以下简称“永续债会计处理规定”）的相关规定，按照金融负债与权益工具的定义，综合考虑永续债赎回权、利率跳升及清偿顺序等合同条款，谨慎判断应当将永续债分类为权益工具还是金融负债。

对本案例中A企业发行的永续债相关情况分析如下：

（1）续期选择权。根据永续债会计处理规定“二、关于永续债发行方会计分类应当考虑的因素（一）关于到期日”的规定，当该初始期限不是发行方清算日且发行方能自主决定是否赎回永续债时，发行方应当谨慎分析自身是否能无条件地自主决定不行使赎回权。如不能，通常表明发行方有交付现金或其他金融资产的合同义务。本案例中，A企业拥有对该永续债的自主赎回权和利息自主支付权，票据持有人不能强制发行人赎回。因此，不会导致A企业承担交付现金或其他金融资产的合同义务。

（2）利率跳升。根据永续债会计处理规定“二、关于永续债发行方会计分类应当考虑的因素（三）关于利率跳升和间接义务”的规定，如果跳升次数有限、有最高票息限制（即“封顶”）且封顶利率未超过同期同行业同类型工具平均的利率水平，或者跳升总幅度较小且封顶利率未超过同期同行业同类型工具平均的利率水平，可能不构成间接义务。本案例中，A企业发行的上述永续债利率跳升次数有限，且封顶利率未超过同期同行业同类型工具平均的利率水平。因此，不会导致A企业承担交付现金或其他金融资产的间接义务。

（3）清偿顺序。根据永续债会计处理规定“二、关于永续债发行方会计分类应当考虑的因素（二）关于清偿顺序”的规定，合同规定发行方清算时永续债劣后于发行方发行的普通债券和其他债务的，通常表明发行方没有交付现金或其他金融资产的合同义务。本案例中，A企业永续债的本金和利息在破产清算时的清偿顺序劣后于发行方发行的普通债券和其他债务。因此，A企业通常没有交付现金或其他金融资产的合同义务。

（4）强制付息事件。根据强制付息事件的规定，在付息日前的12个月内，如果发行人向股东分红或是减少注册资本，则发行人将不能行使延期支付利息权。根据A企业利润上缴的相关规定，A企业每年按照省人民政府国有资产监督管理委员会、省财政厅的文件申报并上缴国有资本收益。作为国有企业，上缴利润也属于向股东分红，即A企业上缴国有资本收益导致A企业不可以递延利息的支付，因而承担未来需要付息的合同义务。根据金融工具列报准则第十条的规定，A企业不能无条件地避免在未来交付现金或其他金融资产的合同义务，因此，该永续债应当分类为金融负债。

2. 案例结论

综上所述，根据金融工具列报准则、永续债会计处理等有关规定，A企业将上述永续债分类为权益工具的做法不恰当。A企业发行的永续债符合金融负债的定义，应当分类为金融负债。

三、案例启示

近年来，国内金融市场出现各种形式的创新金融工具，如优先股和永续债等。对于这些创新金融工具，发行方在确定其会计分类是权益工具还是金融负债时，应该严格按照金融工具列报准则和永续债会计处理规定，结合该工具的经济实质及合同约定进行谨慎判断。

案例6-6　企业发行自身权益工具发生融资顾问服务费的会计处理

实务中，随着企业融资方式和渠道的日益丰富，与融资相关的费用种类和名目也不断增加，例如财务顾问费、融资顾问服务费和咨询服务费等，这些费用通常属于直接归属于融资交易的增量费用。企业通常对于首次公开发行股票过程中发生的交易费用的会计处理关注较多，而容易忽视非公开融资情况下发生的交易费用应该如何会计处理。

一、案例背景

2×21年10月1日，A公司计划通过增发自身权益工具融资，聘请专业顾问机构B公司为此次交易提供独立财务顾问服务。根据双方约定，B公司接受委托为A公司提供以下服务：（1）协助A公司完成融资前的必要准备工作；（2）确定意向投资方并代表A公司进行接触；（3）协助谈判，完成投资协议签署并推动最终交割。B公司推荐投资方并协助A公司成功完成融资交易时，按照实际交易对价的3%向A公司收取融资顾问服务费。

A公司和B公司约定，“投资方”为任何在委托有效期内与A公司完成上述融资交易的机构或个人；或任何在委托有效期内经由B公司参与引见、接洽或谈判并在委托有效期结束后的6个月内与A公司完成上述融资交易的机构或个人。“交易对价”为在交易中由投资方向A公司直接或间接支付或将要支付的全部资金或其他等价物。委托有效期从2×21年11月1日（“委托有效期起始日”）起至下列三个时点中最早的日期：（1）交易交割日；（2）任何一方向另一方发出书面终止通知的30日后；（3）自委托有效期起始日开始的12个月后。

2×21年12月1日，A公司与投资方C公司签署投资协议并进行交易交割，C公司向A公司增资5,000万元，取得A公司增发的1,000万股普通股股份。A公司向C公司发行的普通股股份符合《企业会计准则第37号——金融工具列报》（财会〔2017〕14号，以下简称“金融工具列报准则”）中权益工具的定义。2×21年12月15日，A公司向B公司支付150万元融资顾问服务费。A公司在2×21年年报中，将向B公司支付的融资顾问服务费确认为管理费用。

问题：A公司将向B公司支付的融资顾问服务费确认为管理费用的会计处理是否恰当？

二、案例解析

1. 案例分析

首先，本案例中，A公司向投资方C公司增发的普通股股份符合金融工具列报准则中权益工具的定义，为A公司发行的自身权益工具。

其次，根据金融工具列报准则第二十三条的规定，A公司在发行自身权益工具时支付给B公司的融资顾问服务费属于支付给第三方中介的一项专业服务费用，且直接归属于该权益性交易。同时，根据《〈企业会计准则第37号——金融工具列报〉应用指南2018》“七、收益和库存股”（一）的相关规定，该融资顾问服务费是在A公司每发生一笔融资交易后才会相应产生的，是可以直接归属于A公司发行自身权益工具的增量费用。因此，A公司向B公司支付的融资顾问服务费应当从权益中扣减。

2. 案例结论

综上所述，根据金融工具列报准则等有关规定，A公司将向B公司支付的融资顾问服务费确认为管理费用的会计处理不恰当，应当从权益中扣减。

三、案例启示

对于非公开融资情况下发生的交易费用应该如何会计处理，企业往往容易产生疏忽。一些企业没有对交易费用是否直接归属于相应的权益性交易进行判断，而直接将交易费用计入当期费用。还有些企业对合同中称为“财务顾问费”“融资顾问服务费”“咨询服务费”等费用没有结合准则进行准确判断，认为这些费用不属于金融工具列报准则第二十三条中的“交易费用”，因而未从权益中扣减。企业应当严格按照金融工具列报准则的相关规定进行会计处理。

（十二）证监会《上市公司执行企业会计准则案例解析（2024）》

案例2-01　负债与权益的区分

《企业会计准则——基本准则》要求企业应当按照交易或者事项的经济实质进行会计确认、计量和报告，不仅仅以交易或者事项的法律形式为依据。企业发生的交易或事项在多数情况下其经济实质和法律形式是一致的，但在有些情况下也会出现不一致。例如，有时投资方投入的资金，法律形式上是一项权益资本，但会计上可能被认定为一项负债。企业接受的资金投入，应该作为权益还是作为负债，是企业会计准则执行过程中需要关注的问题。

近年来，国内市场上永续债、可续期债、永续中票等永续工具层出不穷，这些永续工具多设计为没有固定到期日、发行人有权无限期递延利息支付，发行人形式上没有还本付息的合同义务，从而符合准则关于权益工具的定义；另一方面，考虑持有人对于“债”的诉求，通过股利推动/制动机制、利率跳升机制以及发行人赎回权乃至投资者保护等条款，持有人合理预期发行人将会按时还本付息。针对这些复杂的条款设计，企业需要仔细分析合同条款及其所反映的经济实质进行判断。

一、案例背景

A公司为上市公司，A公司与B公司合资设立房地产开发有限公司C公司，注册资本5亿元，其中A公司出资3亿元，占注册资本的60%，B公司出资2亿元，占注册资本的40%。2×18年3月，A公司、B公司与D信托签署了增资协议，由D信托发起设立“××股权投资集合信托计划”，D信托向C公司增资5亿元。增资完成后，C公司的注册资本增加至10亿元，其中A公司持有30%的股权、B公司持有20%、D信托持有50%。该信托规模为10亿元。根据相关协议安排，A公司仍然控制C公司。C公司定期向信托计划支付固定收益的利息，且3年后，信托计划将以减资的形式从C公司收回所投入全部资金。

问题：A公司合并报表中对C公司权益归属于母公司的比例应该是60%还是30%？

二、会计准则及相关规定（略）

三、案例解析

通常情况下，企业比较容易分辨所发行的金融工具是权益工具还是金融负债，但也会遇到比较复杂的情况。如果企业发行的金融工具合同条款中包括向其他方交付现金或其他金融资产的合同义务或者包括在潜在不利条件下与其他方交换金融资产或金融负债的合同义务，该金融工具为金融负债。例如，企业发行的优先股，虽然形式上是股权投资，但是如果该优先股合同规定，无论当年是否盈利，企业每年均应向优先股股东支付固定股利，并且在优先股到期时偿还优先股股东投入的本金，该项优先股实质上是企业发行的一项金融负债。如果企业发行的金融工具合同条款中没有包括向其他方交付现金或其他金融资产的合同义务，也没有包括在潜在不利条件下与其他方交换金融资产或金融负债的合同义务，通常会确认为权益工具。

如果企业发行的金融工具将来须用或可用自身权益工具进行结算，还需要继续区分不同情况进行判断：如发行的金融工具为非衍生工具，且该金融工具包括交付可变数量的自身权益工具进行结算的合同义务，则分类为金融负债，否则为权益工具。例如，企业约定将来交付等值于100万元的本企业股票进行结算的合同，虽然该项合同不是以现金或其他金融资产结算的，但是交付的是可变数量的股票（数量需视结算当时的股票市价而定），该合同应当分类为一项金融负债。如发行的金融工具为衍生工具，且该金融工具不是只能通过以固定数量的自身权益工具交换固定数额的现金或其他金融资产进行结算的，则分类为金融负债，否则为权益工具。例如，企业发行的可转换公司债，其中的可转换权是一项衍生工具，该衍生工具结算时需要交付企业自身股票，如果合同条款中已经约定，以每股10元的价格进行转股，则属于将来通过以固定数量的自身权益工具交换固定数额的现金进行结算的合同，该转换权应当分类为一项权益工具。

由此可见，法律形式上的债务，可能并不一定是会计上的债务；法律形式上的股权，也可能并不一定是会计意义上的权益，实务中应该根据准则的相关判断原则具体判断。

在本案例中，C 公司需要定期向信托计划支付固定收益，且该信托有期限，到期需支付所有投资本金，因此，法律上虽然信托是作为股权投资方，但该交易实质上是 A 公司通过 D 信托从外部引入新的债权人。C 公司应当将该信托计划分类为一项金融负债。因此，在 A 公司合并报表层面，C 公司权益归属于母公司的比例为 60%，而不是法律形式上的 30%。

【相关案例之一】

股权信托融资应作为负债还是权益进行会计处理

（一）案例背景

甲上市公司（以下简称甲公司）的子公司乙向丙信托公司以股权信托的方式进行融资，金额为人民币 4.5 亿元，期限 3 年。该融资款作为丙公司对乙公司的增资，其中人民币 2,000 万元作为实收资本，人民币 4.3 亿元作为资本公积。增资后，乙公司实收资本由原来的人民币 5,000 万元增至人民币 7,000 万元，丙公司持股 28.57%。

甲公司与丙公司同时约定，信托存续期间，丙公司不参与乙公司的具体经营管理，也无表决权，但享有参与分红的权利。信托期限届满之日，甲公司回购丙公司持有的股权，股权信托计划终止。股权回购款为投资款本金人民币 4.5 亿元加上固定回报，并扣除累计已支付的现金股利（如有）。其中，固定回报为按照投资款本金人民币 45 亿元和年利率 8% 计算的金额。

问题：分别从甲公司合并财务报表和乙公司个别财务报表的角度，股权信托融资应作为金融负债还是权益工具进行会计处理？

（二）案例解析

在本案例中，甲公司承担了从丙公司回购股权的义务，表明甲公司存在向丙公司交付现金的合同义务。根据企业会计准则及相关规定，在甲公司合并财务报表层面，该股权信托融资应作为金融负债进行会计处理。

乙公司并未因股权融资承担向丙公司交付现金或其他金融资产的合同义务，亦未承担在潜在不利条件下，与丙公司交换金融资产或金融负债的合同义务，因此，在乙公司个别财务报表层面，应当将股权信托融资作为权益工具进行会计处理。

综上所述，在甲公司合并财务报表层面，应当将股权信托融资作为金融负债进行会计处理；在乙公司个别财务报表层面，应当将股权信托融资作为权益工具进行会计处理。

【相关案例之二】

带有或有结算条款的可续期公司债券应作为负债还是权益进行会计处理

（一）案例背景

A 上市公司发行可续期公司债券 20 亿元，当发生如下情形时，经债券持有人会议作出决议，A 公司本次债券项下所有未偿还本金和相应利息立即到期，由 A 公司立即予以兑付：(1) 发生超过净资产10%以上的重大损失；(2) 发生重大诉讼或经济纠纷；(3) 财务状况发生重大不利变化；(4) 财务指标承诺未达标；(5) A公司的主体评级或本期债券评级发生严重不利变化；(6) 发行人行业政策或市场环境发生重大不利变化；(7) 控制权变更。

问题：A公司认为，上述导致本次债券立即到期的各项事项几乎不具有可能性，应分类为权益工具，A公司会计处理是否正确？

（二）案例解析

在本案例中，上述导致本次债券立即到期的各项事项是发行方和持有方均不能控制的未来不确定事项。根据准则规定，如果这些事项几乎不具有可能性，即相关情形极端罕见、显著异常且几乎不可能发生时，不影响该工具分类为权益工具。准则中对于几乎不具有可能性的定义是相当苛刻的，实务中，一般而言，合同中约定的具有商业实质的条款不能被认定为几乎不具有可能性。

当发生上述事项时，A公司是否须立即予以兑付由债权人会议决定，A公司无法控制债权人会议决议，也无法控制上述事项是否发生，进而无法无条件地避免还本付息的合同义务，A公司应将该可续期公司债券分类为金融负债。

【相关案例之三】

（一）案例背景

2×16年末，某上市公司的子公司（以下简称A公司）与某银行旗下投资管理公司（B公司）、某信托公司（C公司）签订合伙协议，发起设立有限合伙企业（P合伙企业）。P合伙企业规模10亿元，A公司为普通合伙人，认缴100万元；第三方投资人B公司和C公司作为有限合伙人，分别认缴2.99亿元和7亿元，合伙期限20年。股权结构如下图所示。

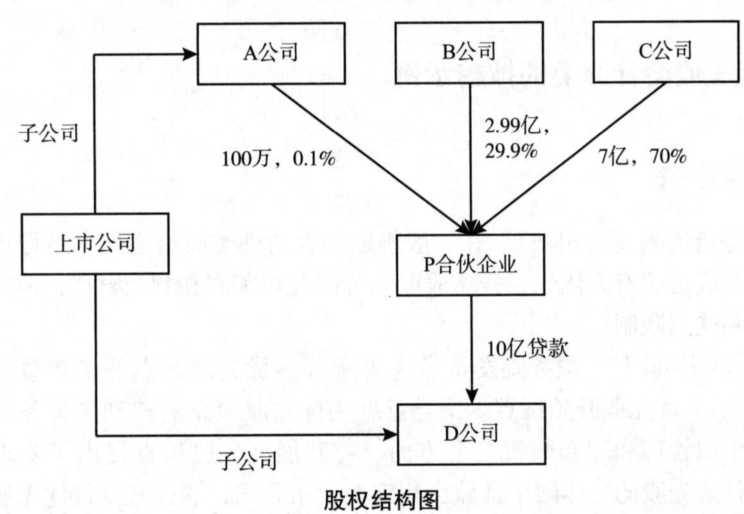

股权结构图

P合伙企业设立的主要目的是向上市公司另一子公司（以下简称D公司）发放

委托贷款。有限合伙人根据实缴出资计算收益，B 公司的收益率为中国人民银行公布的 1 ~5 年期贷款基础利率下浮 15%，C 公司的收益率为 3.9%，有限合伙人收益分配后，收益余额 100% 归于普通合伙人。

除非发生强制付息事件，普通合伙人有权决定将有限合伙人当期股息推迟至下一期支付，且不受到任何递延支付股息次数的限制，股息递延不构成合伙企业违约，递延股息在递延期间累计计息。当合伙人提议并经合计持有实缴出资总额 2/3 以上的合伙人表决通过，或者合伙企业经营期限届满时，合伙企业应被终止并清算。

上市公司认为，根据合伙协议约定，A 公司作为合伙企业的普通合伙人，拥有对于有限合伙事务的独占及排他的投资业务决策权、管理权、执行权等，能够控制合伙企业可变回报，因此将合伙企业纳入合并范围，并将合伙企业中有限合伙人权益作为少数股东权益核算。

问题：上市公司对合伙企业的有限合伙人出资部分应作为少数股东权益核算还是金融负债核算？

（二）案例解析

在本案例中，上市公司合并了 P 合伙企业。在上市公司的合并财务报表层面，企业集团作为一个整体考虑，由于该结构化主体为固定期限，将在到期时清算或者在经合计持有实缴出资总额 2/3 以上的合伙人表决通过后可以提前清算，因此清算是确定事件且不受企业集团的控制，在清算时承担了向 B 公司和 C 公司等其他方投资人交付现金的义务，应当将其他方的出资分类为金融负债而不是少数股东权益。因此，上市公司实质上是通过成立一个结构化主体 P 合伙企业对外进行融资，虽然可以通过 P 合伙企业的普通合伙人决定将有限合伙人当期股息推迟至下一期支付，且不受到任何递延支付股息次数的限制，股息递延不构成合伙企业违约，但是该约定并不能避免当 P 合伙企业到期清算时上市公司在合并层面的支付义务。

二、优先股会计分类的披露示例

（一）简要分析

优先股是指依照《公司法》，在一般规定的普通种类股份之外，另行规定的其他种类股份，其股份持有人优先于普通股股东分配公司利润和剩余财产，但参与公司决策管理等权利受到限制。

2013 年 11 月 30 日，国务院发布了《关于开展优先股试点的指导意见》（国发〔2013〕46 号），优先股开始试点。指导意见从优先股股东的权利与义务、优先股发行与交易、组织管理和配套政策三个方面，对开展优先股试点提出了要求。试点期间，公开发行优先股的主体限于证监会规定的上市公司，非公开发行优先股的主体限于上市公司（含注册地在境内的境外上市公司）和非上市公众公司。

2014 年 3 月 21 日，证监会发布《优先股试点管理办法》（证监会令第 97 号），明确非银行上市公司公开发行的优先股，在有可分配税后利润的情况下必须向优先股股东分配股息，且未向优先股股东足额派发股息的差额部分应当累积到下一会计年度。非银行上市公司不得发行可转换为普通股的优先股。

2014 年 4 月 18 日，银监会、证监会联合发布了《关于商业银行发行优先股补充一级资本的指导意见》（银监发〔2014〕12 号）。规定了商业银行发行优先股的申请条件和发行程序，进一步明确了优先股作为商业银行其他一级资本工具的合格标准。商业银行应在发行合约中明确有权取消优先股的股息支付且不构成违约事件；未向优先股股东足额派发的股息不累积到下一计息年度。商业银行应设置将优先股强制转换为普通股的条款，即当触发事件发生时，商业银行按合约约定将优先股转换为普通股（须采取非公开方式）。商业银行不得发行附有回售条款的优先股。

发行方因优先股股东根据合同安排享有优先权而承担的合同义务，是区分优先股是债务工具还是权益工具并进而拆分不同成分的关键。合同义务是将一项金融工具划分为负债的必要条件。这种合同义务可以明确地确立，也可以间接地形成。但是，这种义务必须由金融工具的条款和条件来确立。

由于优先股合同条款的多样化，各项条款本身或与其他条款的组合效果都可能影响或改变对负债或权益分类的判断，以及对这类复合型金融产品各成分的拆分和核算方式。优先股条款及分析示例如表 2 – 20 所示。

表 2 – 20　　　　优先股条款及分析示例

项目	优先股条款	分类时的考虑
本金的赎回	本金无须赎回，或发行方可自主决定是否赎回	可能表明具有权益特征，但须分析股息的支付机制：若必须支付股息，则负债部分等于支付的永续股利的现值；若自主决定是否支付股息，则属于权益。 若发行方可自行选择在某一未来日期赎回，则发行方以现金赎回股票的看涨期权是一项嵌入衍生工具
	需在某固定或未来日期按照固定或可确定的金额强制赎回	负债，还需分析股息的支付机制。若必须支付股息，则整体为负债；若自主决定是否支付股息，则负债部分等于赎回金额的现值，权益部分等于发行收入减去负债部分
股息支付	发行方可自主决定是否支付或无限期地递延股息而无任何支付义务（即使股息可累积）	可能表明具有权益特征，还需分析本金的赎回机制。若本金无须赎回或发行方可自主决定是否赎回，则属于权益；若本金需强制赎回，则负债部分等于赎回金额的现值，权益部分等于发行收入减去负债部分
	强制付息——固定股息，发行方不能递延支付	负债。若本金无须赎回或发行方可自主决定是否赎回，则负债部分等于支付的永续股利的现值；若本金需强制赎回，则整体为负债

续表

项目	优先股条款	分类时的考虑
股息支付	强制付息——浮动股息	负债。若本金无须赎回或发行方可自主决定是否赎回，则负债部分等于支付的永续股利的现值；若本金需强制赎回，则整体为负债。 应分析浮动机制是否构成一项嵌入衍生工具并评估其是否与主合同紧密相关
	股息支付与另一项强制付息的金融工具相关联	若优先股的股息支付与另一项强制付息的金融工具相关联，即支付另一关联工具的利息时，就必须支付该优先股股息，则仍然形成了支付该优先股股息的合同义务
赎回选择权	需在某固定或未来日期按照固定或可确定的金额强制赎回	若必须支付股息，则整体为负债；若自主决定是否支付股息，则负债部分等于赎回金额的现值，权益部分等于发行收入减去负债部分，但若赎回时需支付的金额还包括未支付的股利，则整体上为负债
	仅发行方有权选择赎回	可能不影响其分类。 若必须支付股息，则负债部分等于支付的永续股利的现值，且发行方以现金赎回股票的看涨期权是一项嵌入衍生工具；若自主决定是否支付股息，则属于权益
	投资方有权选择赎回	负债，还需分析股息的支付机制。若必须支付股息，则整体上为负债，且以现金赎回股票的嵌入看跌期权是一项嵌入衍生工具；若自主决定是否支付股息，则负债部分等于赎回金额的现值，权益部分等于发行收入减去负债部分，但若赎回时需支付的金额还包括未支付的股利，则整体上为负债
剩余利润分配	无权同普通股股东一起参加剩余利润分配	通常不影响根据其他条款划分的类别
	有权同普通股股东一起参加剩余利润分配	通常表明存在权益成分（享有剩余收益），但还需考虑金融负债的计量金额
转股权条款	转换为固定数量的股份或固定金额转换固定数量的股份	该转股权具有权益特征，通常需要拆分
	转换为可变数量的股份或固定金额转换可变数量的股份	该转股权具有负债特征，需要判断是否需要拆分

注：假定表中所述优先股均不满足“可回售工具或清算产生的义务”中划分为权益的条件。

需要注意的是，并不因为是普通股，发行方就必然能够自主决定普通股股息的派发。有时因为监管法规或者公司章程等的特殊规定或约定，发行方可能无法自主决定普通股股息的派发，因而导致普通股股息的支付构成一项金融负债，若此时优先股的股息支付与普通股相关联，则支付优先股股息的合同义务构成金融负债。

其他条款，包括表决权条款、担保条款等还需要根据具体情况进行分析。

上述分析，仅是针对常见条款的简单汇总，实务中很可能出现更复杂的优先股设计，从而导致更复杂的分析和会计处理。

需要注意的是，《企业会计准则应用指南汇编2024》“第三十八章　金融工具列报”

中形成间接合同义务的举例增加了“仅能以履行非金融义务来避免交付现金”的情形。

（二）年报披露示例

优先股的会计分类披露示例汇总如表2－21所示。

表2－21　　优先股的会计分类披露示例汇总

序号	参考示例	金融负债与权益工具
1	示例2－101　招商银行（600036. SH）	计入“其他权益工具”
2	示例2－102　建设银行（601939. SH）	计入“其他权益工具”
3	示例2－103　浦发银行（600000. SH）	计入“其他权益工具”
4	示例2－104　工商银行（601398. SH）	计入“其他权益工具”
5	示例2－105　华新水泥（600801. SH）	计入“应付债券”

示例2－101　招商银行（600036. SH）

其他权益工具

（a）优先股

项目	发行时间	会计分类	股息率（%）	发行价格（元/股）	数量（百万股）	金额（人民币百万元）	到期日	转股条件	转换情况
境内优先股（注（i））	2017年12月22日	权益工具	3.62	人民币100	275	27,468	永久存续	注（ii）	无
合计					275	27,468			

发行在外的优先股变动情况如下：

项目	发行时间	2023年1月1日		本年增减变动		2023年12月31日	
		数量（百万股）	金额（人民币百万元）	数量（百万股）	金额（人民币百万元）	数量（百万股）	金额（人民币百万元）
境内优先股（注（i））	2017年12月22日	275	27,468			275	27,468
合计		275	27,468			275	27,468

注：

（i）经中国相关监管机构的批准，本行于2017年12月22日在境内发行了非累积优先股，面值总额为人民币27,500百万元，每股面值为人民币100元，发行数量为275,000,000股，初始股息率为4.81%，在存续期内按约定重置，且最高不得超过16.68%。2022年12月18日，本行在本次境内优先股发行满五年之际按照市场规则进行股息调整，票面年股息率调整为3.62%。

（ii）本行发行的境内优先股具有以下强制转股触发条件：

（1）当其他一级资本工具触发事件发生时，即核心一级资本充足率降至5.125%（或以下）时，本行有权在无须获得优先股股东同意的情况下将届时已发行且存续的本次优先股按照票面总金额将境内优先股全部或部分转为A股普通股，并使本行的核心一级资本充足率恢复到5.125%以上。在部分转股情形下，本次优先股按同等比例、以同等条件转股。

（2）当二级资本工具触发事件发生时，本行有权在无须获得优先股股东同意的情况下将届时已发行且存续的本次优先股按照票面总金额将境内优先股全部或部分转为A股普通股。其中，二级资本工具触发事件是指以下两种情形的较早发生者：①金融监管总局认定若不进行转股或减记，本行将无法生存；②相关部门认定若不进行公共部门注资或提供同等效力的支持，本行将无法生存。

当本行发生上述强制转股情形时，应当报金融监管总局审查并决定，并按照《证券法》及证监会和香港法规的相关规定，履行临时报告、公告等信息披露义务。

本行以现金形式支付境内优先股股息。上述优先股股东按照约定的股息率分配后，不再同普通股股东一起参加剩余利润分配。上述优先股采取非累积股息支付方式，本行有权取消上述优先股的股息，且不构成违约事件。如本行全部或部分取消上述优先股的派息，自股东大会决议通过次日起，直至决定重新开始向优先股股东派发全额股息前，本行将不会向普通股股东分配利润。由于上述优先股采取非累积股息支付方式，因此本行不会派发以前年度已经被取消的股息。

上述境内优先股无到期日，但是自发行结束之日起满5年或以后，经金融监管总局批准并符合相关要求，本行有权赎回全部或部分上述优先股。但是本行不负有必须赎回优先股的义务，优先股股东无权要求本行赎回优先股，且不应形成优先股将被赎回的预期。

上述发行的境内优先股扣除发行费用后，募集资金净额合计人民币27,468百万元已计入本行其他一级资本。

示例2－102　建设银行（601939.SH）

其他权益工具

（1）优先股。

（a）年末发行在外的优先股情况：

发行在外的金融工具	发行时间	会计分类	年末适用股息率（%）	发行价格（元/股）	数量（百万股）	币种	金额（百万元）	到期日	赎回/转换情况
2017年境内优先股	2017年12月21日	权益工具	4.75	100	600	人民币	60,000	永久存续	无
减：发行费用							(23)		
账面价值							59,977		

（b）主要条款：

股息

境内优先股采用分阶段调整的票面股息率，票面股息率为基准利率加固定息差，每5年为一个票面股息率调整期，其中固定息差以本次发行时确定的票面股息率扣除发行时的基准利率确定，一经确定不再调整。上述优先股采取非累积股息支付方式，本行有权取消本次优先股派息，且不构成违约事件。本行可以自由支配取消的优先股股息用于偿付其他到期债务。如本行全部或部分取消本次优先股的股息发放，自股东大会决议通过次日起，直至恢复全额支付股息前，本行将不会向普通股股东分配利润。取消优先股派息除构成对普通股的分配限制以外，不构成对本行的其他限制。

优先股采用每年付息一次的方式。

赎回条款

境内优先股自发行结束之日（即2017年12月27日）起至少5年后，经中国银保监会批准并符合相关要求，本行有权赎回全部或部分本次优先股。本次优先股赎回期自赎回期起始之日起至本次优先股被全部赎回或转股之日止。本次境内优先股的赎回价格为发行价格加当期应支付且尚未支付的股息。

强制转股

当其他一级资本工具触发事件发生时，即核心一级资本充足率降至5.125%（或以下）时，本行有权在无须获得优先股股东同意的情况下，将届时已发行且存续的本次优先股按约定全额或部分转为A股普通股，并使本行的核心一级资本充足率恢复到触发点（即5.125%）以上。在部分转股情形下，本次优先股按同等比例、以同等条件转股。当本次优先股转换为A股普通股后，任何条件下不再被恢复为优先股。当二级资本工具触发事件发生时，本行有权在无须获得优先股股东同意的情况下，将届时已发行且存续的本次优先股按照约定全额转为A股普通股。当本次优先股转换为A股普通股后，任何条件下不再被恢复为优先股。其中，二级资本工具触发事件是指以下两种情形的较早发生者：(1) 中国银保监会认定若不进行转股或减记，本行将无法生存；(2) 相关部门认定若不进行公共部门注资或提供同等效力的支持，本行将无法生存。本行发生优先股强制转换为普通股的情形时，将报中国银保监会审查并决定，并按照《证券法》及中国证监会的相关规定，履行临时报告、公告等信息披露义务。

本行发行的优先股分类为权益工具，列示于资产负债表股东权益中。上述优先股发行所募集的资金在扣除发行费用后，全部用于补充本行其他一级资本，提高本行资本充足率。

(c) 发行在外的优先股变动情况：

发行在外的金融工具	2023年1月1日		本年增减变动		2023年12月31日	
	数量（百万股）	账面价值（百万元）	数量（百万股）	账面价值（百万元）	数量（百万股）	账面价值（百万元）
2017年境内优先股	600	59,977			600	59,977
合计	600	59,977			600	59,977

示例2－103　浦发银行（600000. SH）

其他权益工具

单位：百万元

本集团及本行	2023年12月31日	2022年12月31日
计入本行一级资本的其他权益工具 ——浦发转债权益成份（1）	2, 782	2, 782
计入本行其他一级资本的其他权益工具（2）	109, 909	109, 909
合计	112, 691	112, 691

（1）于2023年12月31日，本行发行的可转换公司债券权益成份为人民币27. 82亿元（2022年12月31日：人民币27. 82亿元），具体信息参见附注五、23（18）。

（2）计入本行其他一级资本的其他权益工具。

发行在外的其他权益工具	付息率	发行价格（元/股）	数量（亿股）	年初金额（百万元）	本年变动	年末金额（百万元）	到期日或续期情况	转换情况
浦发优1（a）	第一个5年的股息率为6%；第二个5年的股息率为5. 58%	100	1. 5	15, 000		15, 000	无到期日	未发生转换
浦发优2（a）	第一个5年的股息率为5. 5%；第二个5年的股息率为4. 81%	100	1. 5	15, 000		15, 000	无到期日	未发生转换
19浦发银行永续债	前五年的股息率为4. 73%	100	3. 0	30, 000		30, 000	无到期日	未发生转换
20浦发银行永续债	前五年的股息率为4. 75%	100	5. 0	50, 000		50, 000	无到期日	未发生转换
减：发行费用				(91)		(91)		
账面价值				109, 909		109, 909		

（a）于2014年11月28日和2015年3月6日，本行向境内投资者发行票面金额合计人民币300亿元的非累积优先股，本行按扣除发行费用后的金额计人民币299. 20亿元计入其他权益工具。在优先股存续期间，在满足相关要求的情况下，如得到监管部门的批准，本行有权在优先股发行日期满5年之日起于每年的优先股股息支付日行

使赎回权，赎回全部或部分本次发行的优先股，优先股股东无权要求本行赎回优先股。发行的优先股采用分阶段调整的票面股息率，即在一个5年的股息率调整期内以固定股息率每年一次以现金方式支付股息。本行有权全部或部分取消优先股股息的宣派和支付。

当本行发生下述强制转股触发事件时，经监管部门批准，本行发行并仍然存续的优先股将全部或部分转为本行普通股：

（1）当本行核心一级资本充足率降至5.125%（或以下）时，由本行董事会决定，本次发行的优先股应按照强制转股价格全额或部分转为本行A股普通股，并使本行的核心一级资本充足率恢复至5.125%以上；

（2）当本行发生二级资本工具触发事件时，发行的优先股应按照强制转股价格全额转为本行A股普通股。

当满足强制转股触发条件时，仍然存续的优先股将在监管部门批准的前提下以人民币7.62元/股的价格全额或部分转换为A股普通股。在董事会决议日后，当本行发生送红股、转增股本、增发新股（不包括因本行发行的带有可转为普通股条款的融资工具，如优先股、可转换公司债券等转股而增加的股本）和配股等情况时，本行将按上述条件出现的先后顺序，依次对转股价格按照既定公式进行累计调整。

依据适用的法律法规和《中国银监会关于浦发银行非公开发行优先股及修改公司章程的批复》（银监复〔2014〕564号），优先股募集资金用于补充本行其他一级资本。

在本行清算时，本行优先股股东优先于普通股股东分配，其所获得的清偿金额为票面金额，如本行剩余财产不足以支付的，按照优先股股东持股比例分配。

示例2－104　工商银行（601398.SH）

其他权益工具

1. 优先股

（1）发行在外的优先股：

发行在外的金融工具	发行时间	会计分类	股息率	发行价格	数量（百万股）	原币（百万元）	折合人民币（百万元）	到期日	转股条件	转换情况
境外										
美元优先股	23/09/2020	权益工具	3.58%	20美元/股	145	2,900	19,716	永久存续	强制转股	无
境内										
2015年人民币优先股	18/11/2015	权益工具	4.58%	100人民币元/股	450	45,000	45,000	永久存续	强制转股	无
2019年人民币优先股	19/09/2019	权益工具	4.20%	100人民币元/股	700	70,000	70,000	永久存续	强制转股	无
募集资金合计							134,716			

（2）主要条款及基本情况：

（i）股息。

境外及境内优先股股息每一年度支付一次。

在境外及境内优先股发行后的5年内股息率不变；随后每隔5年重置一次（该股息率由基准利率加上固定息差确定）。固定息差为境外及境内优先股发行时股息率与基准利率之间的差值，且在存续期内保持不变。

（ii）股息发放条件。

在确保资本充足率满足监管法规要求的前提下，本行在依法弥补以往年度亏损、提取法定公积金和一般准备后，有可分配税后利润的情况下，可以向境外及境内优先股股东分配股息，且优先于普通股股东。境外优先股与境内优先股的支付顺序相同。在任何情况下，经股东大会审议通过后，本行有权取消境外及境内优先股的全部或部分股息支付，且不构成违约事件。

（iii）股息制动机制和设定机制。

如本行全部或部分取消境外及境内优先股的股息支付，在完成宣派当期优先股股息之前，本行将不会向普通股股东分配股息。

境外及境内优先股采取非累积股息支付方式，即未向优先股股东足额派发的股息的差额部分，不累积到下一计息年度。优先股的股东按照约定的股息率分配股息后，不再与普通股股东一起参加剩余利润分配。

本行以现金形式支付境外及境内优先股股息，计息本金为届时已发行且存续的本次相应期间内境外优先股清算优先金额或境内优先股票面总金额（即优先股发行价格与届时已发行且存续的优先股股数的乘积）。

（iv）清偿顺序及清算方法。

境外及境内优先股的股东位于同一受偿顺序，受偿顺序排在存款人、一般债权人及可转换债券持有人、次级债持有人、二级资本债券持有人及其他二级资本工具持有人之后，优先于本行普通股股东。

（v）强制转股条件。

对于境内优先股，当其他一级资本工具触发事件发生时，即核心一级资本充足率降至5.125%（或以下）时，本行有权在无须获得境内优先股股东同意的情况下将届时已发行且存续的境内优先股按照票面总金额全部或部分转为A股普通股，并使本行的核心一级资本充足率恢复到5.125%以上；当上述境内优先股转换为A股普通股后，任何条件下不再被恢复为优先股。

当二级资本工具触发事件发生时，本行有权在无须获得境内优先股股东同意的情况下将届时已发行且存续的境内优先股按照票面总金额全部转为A股普通股。当上述境内优先股转换为A股普通股后，任何条件下不再被恢复为优先股。对于境外优先股，当任何无法生存触发事件发生时，本行有权在获得中国银保监会批准但无须获得优先股股东或普通股股东同意的情况下将届时已发行且存续的境外优先股按照总金额全部或部分不可撤销地、强制性地转换为相应数量的H股普通股。当境外优先股转换为H股普通股后，任何条件下不再被恢复为优先股。

境外优先股的初始转股价格为每股H股5.73港元，2015年境内优先股的初始强制转股价格为人民币3.44元，2019年境内优先股的初始强制转股价格为人民币5.43元。当本行H股普通股或A股普通股发生配送红股等情况时，本行将依次对强制转股价格进行累积调整。

(vi) 赎回条款。

在取得中国银保监会批准并满足赎回条件的前提下，本行有权在第一个赎回日以及后续任何股息支付日赎回全部或部分境外优先股。境外优先股的赎回价格为清算优先金额加当期已宣告且尚未支付的股息。境外优先股的第一个赎回日为发行结束之日起5年后。

自境内优先股发行日或发行结束之日起5年后，经中国银保监会事先批准并符合相关要求，本行有权全部或部分赎回境内优先股。境内优先股赎回期为自赎回起始之日起至全部赎回或转股之日止。境内优先股的赎回价格为票面金额加当期已宣告且尚未支付的股息。

(3) 发行在外的优先股变动情况：

发行在外的金融工具	2023年1月1日			本年增减变动			2023年12月31日		
	数量（百万股）	原币（百万元）	折合人民币（百万元）	数量（百万股）	原币（百万元）	折合人民币（百万元）	数量（百万股）	原币（百万元）	折合人民币（百万元）
境外									
美元优先股	145	2,900	19,716				145	2,900	19,716
境内									
2015年人民币优先股	450	45,000	45,000				450	45,000	45,000
2019年人民币优先股	700	70,000	70,000				700	70,000	70,000
合计			139,274						134,716

于2023年12月31日，本行发行的优先股扣除相关发行费用后的余额计人民币1,346.14亿元（2022年12月31日：人民币1,346.14亿元）。

示例2-105　华新水泥（600801.SH）

(1) 应付债券。

单位：元

项目	期末余额	期初余额
2020年发行海外债券	2,118,883,795	2,080,547,640
2021年面向专业投资者公开发行债券（第一期）		1,298,627,200

续表

项目	期末余额	期初余额
2022 年发行公司债券（低碳转型挂钩债券）（第一期）	898, 886, 009	898, 168, 591
子公司优先股（注 4）	147, 690, 327	148, 943, 421
2023 年发行债券	799, 018, 899	
合计	3, 964, 479, 030	4, 426, 286, 852

注 4：2021 年 8 月，本集团子公司华新香港（坦桑尼亚）投资有限公司与中非基金有限公司订立认购协议，据此本集团子公司以每股 1 美元的价格发行 1, 925 万优先股，总现金对价为美元 1, 925 万元。2021 年 8 月，该轮优先股完成发行及实缴。公司管理层将优先股在金融负债中核算并以公允价值计量。

（4）划分为金融负债的其他金融工具说明。

期末发行在外的优先股、永续债等其他金融工具基本情况：

发行在外的金融工具	期初		本期增加		本期减少		期末		应付利息余额（元）
	数量（股）	账面价值（元）	数量（股）	账面价值（元）	数量（股）	账面价值（元）	数量（股）	账面价值（元）	
子公司优先股	19, 250, 000	148, 943, 421		2, 273, 424		3, 526, 518	19, 250, 000	147, 690, 327	3, 698, 043
合计	19, 250, 000	148, 943, 421		2, 273, 424		3, 526, 518	19, 250, 000	147, 690, 327	3, 698, 043

三、永续债会计分类的披露示例

（一）简要分析

永续债券（perpetual bond）是没有到期日，投资人可以按票面利息永久取得利息的债券。我国《公司法》规定：公司债券，是指公司依照法定程序发行、约定在一定期限还本付息的有价证券。《企业债券管理条例》及《公司债券发行试点办法》中的定义也类似。也就是说，目前公司债券与企业债券都限定了“一定期限”，未实现“永续”，已经发行的永续债都采取“可续期”的形式。

2018 年 3 月，中国银监会、中国人民银行、中国证监会、中国保监会和国家外汇局联合发布《关于进一步支持商业银行资本工具创新的意见》，明确支持商业银行通过多种渠道发行资本工具，提出要在原有优先股及减计型二级资本债券的基础上积极研究增加资本工具种类，为银行发行无固定期限资本债券、转股型二级资本债券、含定期转股条款资本债券和总损失吸收能力债务工具等资本工具创造有利条件。

2018 年 12 月 25 日，国务院金融稳定发展委员会办公室召开专题会议，研究多渠道支持商业银行补充资本有关问题，推动尽快启动永续债发行。

2019 年 1 月 24 日，中国人民银行发布公告，决定创设央行票据互换工具（Central Bank Bills Swap，CBS)，为银行发行永续债提供流动性支持。

2020 年 3 月，国家发展和改革委员会发布了《关于企业债券发行实施注册制有关事项的通知》。同日，证监会发布了《关于公开发行公司债券实施注册制有关事项的通知》，上交所和深交所也发布了相关业务安排的通知。通知明确自 2020 年 3 月 1 日起，公司债券公开发行实行注册制。公开发行公司债券，由证券交易所负责受理、审核，并报证监会履行发行注册程序。

对于发行人而言，永续债券与股票的性质相近，可以获得长期投资资本，可能具有权益属性。对于银行等金融企业而言，永续债券可以被视做可计入非核心一级资本的混合资本工具；而对于非金融企业而言，其发行的永续债券在满足一定条件下可以在财务报表中体现为权益工具而非债务工具。

从条款来看，永续债券一般具备如下特征：

（1）清偿顺序。

永续债一般为次级债务，其清偿顺序优先于普通股与优先股，也有一些设置为与普通债券清偿顺序一致，此时应当审慎考虑此清偿顺序是否会导致持有方对发行方承担交付现金或其他金融资产合同义务的预期，导致分类为负债。

（2）期限与赎回条款。

期限安排是永续债券最突出的特征，一般没有明确的到期时间或者期限非常长。

另外，永续债券一般都带有发行人赎回条款，即发行人在条款约定的时间点或者时间段内拥有按约定价格赎回永续债券的权利。赎回条款的存在可能使得永续债的实际存续期并非“永久”。

（3）票息和利率重置条款。

永续债的票息水平一般较高。而且多数永续债设置了“可变票息”或“利率跳升”，即对永续债在进入赎回期之前和赎回期设置不同的票面利率，后者一般高于前者，这样的安排实际上达到了促使发行人赎回债券的效果。

（4）利息延迟支付。

永续债的发行人可自主决定延迟支付利息或在一定条件下强制延迟支付利息，且一般还约定延迟的利息可约定累计（复利/单利），也可约定免除（有条件/无条件）。

（5）股息推动和停发机制。

永续债的发行人向清偿顺序相同或靠后的证券（如普通股）派息时，必须向永续债券付息。永续债券利息未获全额清偿前，清偿顺序相同或靠后的证券亦不得派息。

（6）无担保。

永续债存在次级属性，加上为满足计入权益所需要的诸多条件，一般不设置担保等条款。

（二）年报披露示例

永续债的会计分类披露示例汇总如表 2－22 所示。

表 2－22　　　　永续债的会计分类披露示例汇总

序号	参考示例	金融负债与权益工具
1	示例 2－106　建设银行（601939. SH）	计入“其他权益工具”
2	示例 2－107　工商银行（601398. SH）	计入“其他权益工具”
3	示例 2－108　广发证券（000776. SZ）	计入“其他权益工具”
4	示例 2－109　金风科技（002202. SZ）	计入“其他权益工具”
5	示例 2－110　中铁工业（600528. SH）	计入“其他权益工具”

示例 2－106　建设银行（601939. SH）

其他权益工具

永续债

（a）年末发行在外的永续债变动情况：

发行在外的金融工具	发行时间	会计分类	初始股息率（%）	发行价格（元/张）	数量（百万张）	币种	金额（百万元）	到期日	赎回/转换情况
2019 年无固定期限资本债券	2019 年 11 月 13 日	权益工具	4. 22	100	400	人民币	40, 000	永续存续	无
2022 年无固定期限资本债券	2022 年 8 月 29 日	权益工具	3. 20	100	400	人民币	40, 000	永续存续	无
2023 年无固定期限资本债券（第一期）	2023 年 7 月 14 日	权益工具	3. 29	100	400	人民币	30, 000	永续存续	无
2023 年无固定期限资本债券（第二期）	2023 年 9 月 22 日	权益工具	3. 37	100	400	人民币	30, 000	永续存续	无
减：发行费用							(9)		
账面价值							139, 991		

（b）主要条款：

票面利率和利息发放。

无固定期限资本债券采用分阶段调整的票面利率，自发行缴款截止日起每 5 年为一个票面利率调整期，在一个票面利率调整期内以约定的相同票面利率支付利息。票面利率包括基准利率和固定利差两个部分。

本行有权取消全部或部分无固定期限资本债券派息，且不构成违约事件，本行在行使该项权利时将充分考虑债券持有人的利益。本行可以自由支配取消的无固定期限资本债券利息用于偿付其他到期债务。如本行全部或部分取消无固定期限资本债券的派息，自股东大会决议通过次日起，直至决定重新开始向无固定期限资本债券持有人全额派息前，本行将不会向普通股股东进行收益分配。无固定期限资本债券采取非累积利息支付方式，即未向债券持有人足额派息的差额部分，不累积到下一计息年度。

无固定期限资本债券采用每年付息一次的付息方式。

赎回条款。

本行自发行之日起5年后，有权于每年付息日（含发行之日后第5年付息日）全部或部分赎回无固定期限资本债券。在无固定期限资本债券发行后，如发生不可预计的监管规则变化导致无固定期限资本债券不再计入其他一级资本，本行有权全部而非部分地赎回无固定期限资本债券。

本行须在得到金融监管总局批准并满足下述条件的前提下行使赎回权：(1) 使用同等或更高质量的资本工具替换被赎回的工具，并且只有在收入能力具备可持续性的条件下才能实施资本工具的替换；(2) 或者行使赎回权后的资本水平仍明显高于金融监管总局规定的监管资本要求。

减记条款。

对于2019年无固定期限资本债券，当其他一级资本工具触发事件发生时，即本行核心一级资本充足率降至5.125%（或以下），本行有权在报金融监管总局并获同意、但无须获得债券持有人同意的情况下，将届时已发行且存续的无固定期限资本债券按照票面总金额全部或部分减记，促使核心一级资本充足率恢复到5.125%以上。在部分减记情形下，所有届时已发行且存续的无固定期限资本债券与本行其他同等条件的减记型其他一级资本工具按票面金额同比例减记。当二级资本工具触发事件发生时，本行有权在无须获得债券持有人同意的情况下将届时已发行且存续的无固定期限资本债券按照票面总金额全部减记。其中，二级资本工具触发事件是指以下两种情形的较早发生者：(1) 金融监管总局认定若不进行减记本行将无法生存；(2) 相关部门认定若不进行公共部门注资或提供同等效力的支持，本行将无法生存。当债券本金被减记后，债券即被永久性注销，并在任何条件下不再被恢复。

对于2022年和2023年无固定期限资本债券，当无法生存触发事件发生时，本行有权在无须获得债券持有人同意的情况下，将无固定期限资本债券的本金进行部分或全部减记。无固定期限资本债券按照存续票面金额在设有同一触发事件的所有其他一级资本工具存续票面总金额中所占的比例进行减记。无法生存触发事件是指以下两种情形的较早发生者：(1) 金融监管总局认定若不进行减记，本行将无法生存；(2) 相关部门认定若不进行公共部门注资或提供同等效力的支持，本行将无法生存。减记部分不可恢复。

受偿顺序。

无固定期限资本债券的受偿顺序在存款人、一般债权人和处于高于无固定期限资本债券顺位的次级债务之后，本行股东持有的所有类别股份之前；无固定期限资本债券与本行其他偿还顺序相同的其他一级资本工具同顺位受偿。

本行发行的上述债券分类为权益工具，列示于资产负债表股东权益中。上述债券发行所募集的资金在扣除发行费用后，全部用于补充本行其他一级资本，提高本行资本充足率。

（c）发行在外的永续债变动情况：

发行在外的金融工具	2023 年 1 月 1 日		本期增加/（减少）		2023 年 12 月 31 日	
	数量（百万股）	账面价值（百万元）	数量（百万股）	账面价值（百万元）	数量（百万股）	账面价值（百万元）
2019 年无固定期限资本债券	400	39,991			400	39,991
2022 年无固定期限资本债券	400	40,000			400	40,000
2023 年无固定期限资本债券（第一期）			300	30,000	300	30,000
2023 年无固定期限资本债券（第二期）			300	30,000	300	30,000
合计	800	79,991	600	60,000	1,400	139,991

示例 2－107　工商银行（601398. SH）

其他权益工具

永续债

（1）发行在外的永续债：

发行在外的初始金融工具	发行时间	会计分类	初始利息率（%）	发行价格	数量（百万张）	原币（百万元）	折合人民币（百万元）	到期日	转股条件	转换情况
境外										
美元永续债	24/09/2021	权益工具	3.20	注（i）	不适用	6,160	39,793	永久存续	无	无
境内										
人民币 2019 年永续债	26/07/2019	权益工具	4.45	人民币 100 元/张	800	80,000	80,000	永久存续	无	无
人民币 2021 年第一期永续债	04/06/2021	权益工具	4.04	人民币 100 元/张	700	70,000	70,000	永久存续	无	无

续表

发行在外的初始金融工具	发行时间	会计分类	初始利息率（%）	发行价格	数量（百万张）	原币（百万元）	折合人民币（百万元）	到期日	转股条件	转换情况
人民币 2021 年第二期永续债	24/11/2021	权益工具	3.65	人民币 100 元/张	300	30,000	30,000	永久存续	无	无
募集资金合计							219,793			

(i) 境外永续债的规定面值为 200,000 美元，超过部分为 1,000 美元的整数倍，按照规定面值 100% 发行。

(2) 永续债主要条款及基本情况：

经相关监管机构批准，本行于 2019 年 7 月 26 日、2021 年 6 月 4 日及 2021 年 11 月 24 日在全国银行间债券市场分别发行了总规模为人民币 800 亿元、人民币 700 亿元、人民币 300 亿元的无固定期限资本债券（以下分别简称“2019 年境内永续债”、“2021 年第一期境内永续债”及“2021 年第二期境内永续债”，合称“境内永续债”）。

本行于 2021 年 9 月 24 日在香港联交所发行了总规模为 61.6 亿美元的无固定期限资本债券（以下简称“境外永续债”）。

本行上述境内外永续债的募集资金将依据适用法律，经监管机构批准，用于补充本行其他一级资本。

(i) 利息。

境内永续债的单位票面金额为人民币 100 元。2019 年境内永续债前 5 年票面利率为 4.45%，每 5 年重置利率；2021 年第一期境内永续债前 5 年票面利率为 4.04%，每 5 年重置利率；2021 年第二期境内永续债前 5 年票面利率为 3.65%，每 5 年重置利率。该利率由基准利率加上初始固定利差确定，初始固定利差为境内永续债发行时票面利率与基准利率之间的差值，且在存续期内保持不变。境内永续债利息每年支付一次。

境外永续债前 5 年票面利率为 3.20%，每 5 年重置利率；该利率由基准利率加上固定利差确定，且在存续期内保持不变。境外永续债利息每半年支付一次。

(ii) 利息制动机制和设定机制。

境内永续债及境外永续债采取非累积利息支付方式。本行有权取消全部或部分境内永续债及境外永续债派息，且不构成违约事件。本行可以自由支配取消的境内永续债及境外永续债利息用于偿付其他到期债务，但直至恢复派发全额利息前，本行将不会向普通股股东分配利润。

(iii) 清偿顺序及清算方法。

境内永续债的受偿顺序在存款人、一般债权人和处于高于境内永续债顺位的次级债持有人之后，本行股东持有的所有类别股份之前；境外永续债的受偿顺序在存款人、一般债权人、二级资本债持有人和处于高于境外永续债顺位的次级债持有人之后，本行股东持有的所有类别股份之前。境内永续债及境外永续债与本行其他偿还顺序相同的其他一级资本工具同顺位受偿。

（iv）减记条款。

对于2019年境内永续债，当其他一级资本工具触发事件发生时，即本行核心一级资本充足率降至5.125%（或以下），本行有权在报中国银保监会并获同意、但无须获得债券持有人同意的情况下，将届时已发行且存续的本期境内永续债按照票面总金额全部或部分减记，以使本行的核心一级资本充足率恢复到5.125%以上。当二级资本工具触发事件发生时，本行有权在无须获得债券持有人同意的情况下将届时已发行且存续的本期境内永续债按照票面总金额全部减记。

对于2021年第一期境内永续债及2021年第二期境内永续债，当无法生存触发事件发生时，本行有权在无须获得债券持有人同意的情况下，将届时已发行且存续的相关境内永续债的本金进行部分或全部减记。

对于境外永续债，当发生无法生存触发事件时，本行有权在无须获得债券持有人同意的情况下，将届时已发行且存续的境外永续债的本金进行部分或全部减记。

（v）赎回条款。

境内永续债及境外永续债的存续期与本行持续经营存续期一致。本行自发行之日起5年后，有权于每个付息日（含发行之日后第5年付息日）全部或部分赎回境内永续债及境外永续债。在境内永续债及境外永续债发行后，如发生不可预计的监管规则变化导致境内永续债及境外永续债不再计入其他一级资本，本行有权全部而非部分地赎回境内永续债及境外永续债。

（3）发行在外的永续债变动情况：

发行在外的金融工具	2023年1月1日			本年增减变动			2023年12月31日		
	数量（百万张）	原币（百万元）	折合人民币（百万元）	数量（百万张）	原币（百万元）	折合人民币（百万元）	数量（百万张）	原币（百万元）	折合人民币（百万元）
境外									
美元永续债	1	6,160	39,793				不适用	6,160	39,793
境内									
人民币2019年永续债	800	80,000	80,000				800	80,000	80,000
人民币2021年第一期永续债	700	70,000	70,000				700	70,000	70,000
人民币2021年第二期永续债	300	30,000	30,000				300	30,000	30,000
合计			86,691						219,793

于2023年12月31日，本行发行的永续债扣除相关发行费用后的余额计人民币2,197.17亿元（2022年12月31日：人民币2,197.17亿元）

示例2-108　广发证券（000776.SZ）

其他权益工具

永续债	2023年12月31日		本年增加		本年减少		2023年12月31日	
	数量（张）	账面价值（元）	数量（张）	账面价值（元）	数量（张）	账面价值（元）	数量（张）	账面价值（元）
	110,000,000	10,990,000,000.00	115,000,000	11,488,500,000.00			225,000,000	22,478,500,000.00
合计	110,000,000	10,990,000,000.00	115,000,000	11,488,500,000.00			225,000,000	22,478,500,000.00

于2023年12月31日的永续次级债详情如下：

发行时间	债券名称	发行金额（人民币千元）	票面利率（%）
2021年9月	21广发Y1	1,000,000.00	3.95
2022年6月	22广发Y1	2,700,000.00	3.75
2022年7月	22广发Y2	5,000,000.00	3.53
2022年8月	22广发Y3	2,300,000.00	3.48
2023年3月	23广发Y1	500,000.00	4.20
2023年4月	23广发Y2	3,000,000.00	4.10
2023年5月	23广发Y3	5,000,000.00	3.78
2023年6月	23广发Y4	3,000,000.00	3.73

经中国证监会批准，本公司总计发行八期永续次级债券（以下统称“永续债”）。本公司有权于永续债第5个和其后每个付息日按面值加应付利息（包括所有递延支付的利息及其孳息）赎回该债券。永续债票面利率在前5个计息年度内保持不变。如本公司未行使赎回权，自第6个计息年度起，永续债每5年重置一次票面利率，重置票面利率以当期基准利率加上初始利差再加上300个基点确定。当期基准利率为票面利率重置日前5个工作日中国债券信息网公布的中债银行间固定利率国债收益率曲线中，待偿期为5年的国债收益率算术平均值。

债券附设发行人递延支付利息权，除非发生强制付息事件，债券的每个付息日，本公司可自行选择将当期利息以及已经递延的所有利息及其孳息推迟至下一个付息日支付，且不受到任何递延支付利息次数的限制。强制付息事件是指付息日前12个月，本公司向普通股股东分红或减少注册资本。当发生强制付息事件时，本公司不得递延当期利息及已经递延的所有利息及其孳息。

本公司发行的永续债属于权益性工具，在本集团及本公司资产负债表列示于所有者权益中。

示例2－109　金风科技（002202. SZ）

其他权益工具

（1）期末发行在外的优先股、永续债等其他金融工具基本情况

发行在外的金融工具	期初		本期增加		本期减少		期末	
	数量（张）	账面价值（元）	数量（张）	账面价值（元）	数量（张）	账面价值（元）	数量（张）	账面价值（元）
2020年第一期永续债（注1）	10, 000, 000. 00	997, 000, 000. 00			10, 000, 000. 00	997, 000, 000. 00		
可续期信托贷款（注2）	—	1, 500, 000, 000. 00	—	549, 818, 181. 82	—		—	2, 049, 818, 181. 82
2022年第一期债权融资计划（注3）	5, 000, 000. 00	498, 875, 000. 00			5, 000, 000. 00	498, 875, 000. 00		
合计	15, 000, 000. 00	2, 995, 875, 000. 00	—	549, 818, 181. 82	15, 000, 000. 00	1, 495, 875, 000. 00	—	2, 049, 818, 181. 82

注1：本公司于2020年8月27日发行新疆金风科技股份有限公司2020年度第一期中期票据（“2020年第一期永续债”），票据于发行人依照发行条款约定的赎回之前长期存续，并在发行人依据发行条款的约定赎回时到期。票面利率5.2%，本公司有权选择递延支付利息，到期后本公司有权选择续展，且不受续展次数限制，续展期间票面利息按照当期基准利率＋初始信用利差＋300BP确定。本公司将其分类为其他权益工具。于2023年8月，本公司以人民币1, 000, 000, 000. 00元赎回2020年第一期永续债，导致其他权益工具减少人民币997, 000, 000. 00元，资本公积减少人民币3, 000, 000. 00元。

注2：本公司分别于2021年11月及2022年9月办理可续期信托贷款，本金总额分别为人民币1, 000, 000, 000. 00元及人民币500, 000, 000. 00元，借款到期后本公司有权选择续展，且不受续展次数限制。初始借款利率分别为5.5%及4.7%。

本公司有权选择递延支付利息，每个贷款期限届满后的次日起，借款利率即应按照合同约定发生重置，每次重置后的年化借款利率应在前一个贷款期限届满之日所适用的年利率的基础上跃升300个基点，重置后的借款利率以最高9.50%为限。本公司将其分类为其他权益工具。

本公司于2023年6月办理可续期信托贷款，本金总额为人民币300, 000, 000. 00元，初始借款利率为5.37%。本公司有权选择递延支付利息，每个融资周期届满后的次日起，票面利率即应发生重置，每次重置后的票面利率按照上期投资利率＋300BP或当期基准利率＋初始利差＋300BP孰高确定，重置后的票面利率以最高9.50%为限。本公司将其分类为其他权益工具。

本公司于2023年12月办理可续期信托贷款，合同总额为500, 000, 000. 00元，已提取本金总额为人民币249, 818, 181. 82元，初始借款利率为5.3%。本公司有权选择递延支付利息，每个融资周期届满后的次日起，票

面利率即应发生重置，每次重置后的票面利率按照上期投资利率+300BP或当期基准利率+初始利差+300BP孰高确定，重置后的票面利率以最高9.50%为限。本公司将其分类为其他权益工具。

注3：本公司于2022年6月14日发行金风科技股份有限公司2022年度第一期债权融资计划，债权融资计划到期后本公司有权选择续展，且不受续展次数限制。票面利率为5.22%。本公司有权选择递延支付利息，每个融资周期届满后的次日起，票面利率即应发生重置，每次重置后的票面利率按照上期投资利率+300BP或当期基准利率+初始利差+300BP孰高确定，重置后的票面利率以最高9.50%为限。本公司将其分类为其他权益工具。于2023年12月，本公司以人民币500,000,000.00元赎回2022年第一期债权融资计划，导致其他权益工具减少人民币498,875,000.00元，资本公积减少人民币1,125,000.00元。

示例2-110　中铁工业（600528.SH）

其他权益工具

（a）年末发行在外的可续期公司债券金融工具变动情况：

发行在外的金融工具	2022年12月31日		本年增加		本年减少		2023年12月31日	
	数量（万张）	账面价值（元）	数量（万张）	账面价值（元）	数量（万张）	账面价值（元）	数量（万张）	账面价值（元）
2020年可续期公司债券（第一期）	1,250	1,253,323,972.60		1,250,000.00	1,250	1,254,573,972.60		
2022年可续期公司债券（第一期）	1,300	1,300,706,986.30		706,986.30		706,986.30	1,300	1,300,706,986.30
2023年可续期公司债券（第一期）			1,200	1,203,982,191.78			1,200	1,203,982,191.78
合计	2,550	2,554,030,958.90	1,200	1,205,939,178.08	1,250	1,255,280,958.90	2,500	2,504,689,178.08

（b）年末发行在外的可续期公司债券的基本情况：

（i）本公司于2020年12月3日发行可于2023年（品种一）及以后期间赎回的中铁高新工业股份有限公司2020年公开发行可续期公司债券（第一期）（以下称“可续期公司债券”）。实际发行总额为人民币1,250,000,000.00元，扣除承销费等相关交易费用后实际收到现金人民币1,248,750,000.00元。根据该可续期公司债券的发行条款，本公司附有按年利率每年派发现金利息的权利，并无偿还本金或支付任何利息的合约义务，可续期公司债券首个周期的票面年利率为4.77%（品种一），每3年（品种一）重置一次。除非发生强制付息事件（包括向普通股股东分红及减少注册资本），于可续期公司债券的每个付息日，本公司可自行选择将当期利息以及按照本条款已经递延的所有利息及其孳息推迟至下一个付息日支付，且不受到任何递延支付利息次数的限制。本公司认为该可续期公司债券并不符合金融负债的定义，将发行总额扣除相关交易费用后实际收到的金额确认为权益，宣告派发利息则作为利润分配处理。于2023年12月，本公司决定不行使续期选择权并以票面价值赎回2020年第一期可续期公司债券（品种一）。因此，将资本公积中的发行费用人民币1,250,000.00元转入其他权益工具，之后减少其他权益工具账面价值人民币1,254,573,972.60元（含票面金额、发行费用及孳息）。

（ii）本公司于2022年12月26日发行可于2025年（品种一）及以后期间赎回的中铁高新工业股份有限公司2022年公开发行可续期公司债券（第一期）（以下称“可续期公司债券”）。实际发行总额为人民币1,300,000,000.00元，扣除承销费等相关交易费用后实际收到现金人民币1,299,350,000.00元。根据该可续期公司债券的发行条款，本公司附有按年利率每年派发现金利息的权利，并无偿还本金或支付任何利息的合约义务，可续期公司债券首个周期的票面年利率为3.97%（品种一），每3年（品种一）重置一次。除非发生强制付息事件（包括向普通股股东分红及减少注册资本），于可续期公司债券的每个付息日，本公司可自行选择将当期利息以及按照本条款已经递延的所有利息及其孳息推迟至下一个付息日支付，且不受到任何递延支付利息次数的限制。本公司认为该可续期公司债券并不符合金融负债的定义，将发行总额扣除相关交易费用后实际收到的金额确认为权益，相关交易费用冲减资本公积，宣告派发利息则作为利润分配处理。

（iii）本公司于2023年11月23日发行可于2025年（品种一）和2026年（品种二）及以后期间赎回的中铁高新工业股份有限公司2023年公开发行科技创新可续期公司债券（第一期）（以下称“可续期公司债券”）。品种一实际发行总额为人民币500,000,000.00元，品种二实际发行总额为人民币700,000,000.00元，扣除承销费等相关交易费用后实际收到现金人民币1,199,400,00.00元。根据该可续期公司债券的发行条款，本公司附有按年利率每年派发现金利息的权利，并无偿还本金或支付任何利息的合约义务，可续期公司债券首个周期的票面年利率分别为3.10%（品种一）和3.25%（品种二），每2年（品种一）和每3年（品种二）重置一次。除非发生强制付息事件（包括向普通股股东分红及减少注册资本），于可续期公司债券的每个付息日，本公司可自行选择将当期利息以及按照本条款已经递延的所有利息及其孳息推迟至下一个付息日支付，且不受到任何递延支付利息次数的限制。本公司认为该可续期公司债券并不符合金融负债的定义，将发行总额扣除相关交易费用后实际收到的金额确认为权益，相关交易费用冲减资本公积，宣告派发利息则作为利润分配处理。

（c）其他权益工具利息计提情况：

2023年度，本公司根据年末发行在外的可续期公司债券的发行条款，支付可续期公司债券利息人民币111,235,000.00元（2022年度：人民币121,675,000.00元）。由于上述可续期公司债券属于累积型其他权益工具，本公司于2023年12月31日自未分配利润计提可续期公司债券利息人民币4,689,178.08元计入其他权益工具（2022年12月31日：人民币5,280,958.90元）。

（i）本公司于2019年11月20日发行可于2022年（品种一）及以后期间赎回的

中铁高新工业股份有限公司 2019 年公开发行可续期公司债券（第一期）（以下称“可续期公司债券”）。实际发行总额为人民币 1,460,000,000.00 元，扣除承销费等相关交易费用后实际收到现金人民币 1,458,540,000.00 元。根据该可续期公司债券的发行条款，本公司附有按年利率每年派发现金利息的权利，并无偿还本金或支付任何利息的合约义务，可续期公司债券首个周期的票面年利率为 4.25%（品种一），每 3 年（品种一）重置一次。除非发生强制付息事件（包括向普通股股东分红及减少注册资本），于可续期公司债券的每个付息日，本公司可自行选择将当期利息以及按照本条款已经递延的所有利息及其孳息推迟至下一个付息日支付，且不受到任何递延支付利息次数的限制。本公司认为该可续期公司债券并不符合金融负债的定义，将发行总额扣除相关交易费用后实际收到的金额确认为权益，宣告派发利息则作为利润分配处理。

（b）年末发行在外的永续债的基本情况（续）：

（ii）本公司于 2020 年 12 月 3 日发行可于 2023 年（品种一）及以后期间赎回的中铁高新工业股份有限公司 2020 年公开发行可续期公司债券（第一期）（以下称“可续期公司债券”）。实际发行总额为人民币 1,250,000,000.00 元，扣除承销费等相关交易费用后实际收到现金人民币 1,248,750,000.00 元。根据该可续期公司债券的发行条款，本公司附有按年利率每年派发现金利息的权利，并无偿还本金或支付任何利息的合约义务，可续期公司债券首个周期的票面年利率为 4.77%（品种一），每 3 年（品种一）重置一次。除非发生强制付息事件（包括向普通股股东分红及减少注册资本），于可续期公司债券的每个付息日，本公司可自行选择将当期利息以及按照本条款已经递延的所有利息及其孳息推迟至下一个付息日支付，且不受到任何递延支付利息次数的限制。本公司认为该可续期公司债券并不符合金融负债的定义，将发行总额扣除相关交易费用后实际收到的金额确认为权益，宣告派发利息则作为利润分配处理。

（c）其他权益工具利息计提情况：

2021 年度，本公司根据年末发行在外的可续期公司债券的发行条款，支付可续期公司债券利息人民币 121,675,000.00 元（2020 年度：人民币 62,050,000.00 元）。由于上述可续期公司债券属于累积型其他权益工具，本公司于 2021 年 12 月 31 日自未分配利润计提可续期公司债券利息人民币 11,210,616.44 元计入其他权益工具（2020 年 12 月 31 日：人民币 11,210,616.44 元）。

四、回购自身权益工具的义务披露示例

（一）简要分析

根据《企业会计准则第 37 号——金融工具列报》第十一条，如果一项合同使发行方承担了以现金或其他金融资产回购自身权益工具的义务，即使发行方的回购义务取决于合同对手方是否行使回售权，发行方应当在初始确认时将该义务确认为一项金融负债，其金额等于回购所需支付金额的现值（如远期回购价格的现值、期权行权价格

的现值或其他回售金额的现值)。如果最终发行方无须以现金或其他金融资产回购自身权益工具，应当在合同到期时将该项金融负债按照账面价值重分类为权益工具。

（二）年报披露示例

回购自身权益工具的义务披露示例汇总如表 2 – 23 所示。

表 2 – 23　　　　　　回购自身权益工具的义务披露示例汇总

序号	参考示例	回购自身权益工具的义务
1	示例 2 – 111　长飞光纤（601869. SH）	股权回购款系子公司在增资过程中收到外部投资者的投资款，由于若干外部投资者拥有一项回售权，按照《企业会计准则第 37 号——金融工具列报》的规定，将投资款作为金融负债列报
2	示例 2 – 112　比亚迪（002594. SZ）	在一定条件下，比亚迪需承担以固定金额回购战略投资者对比亚迪半导体所投资股权的义务，以该义务的现值金额确认负债
3	示例 2 – 113　辽港股份（601880. SH）	国开发展基金有限公司对集团子公司大连集装箱码头物流有限公司的合营公司增资 35, 000, 000. 00 元。根据投资合同，大连港集发物流有限责任公司负有将国开发展基金有限公司持有的股份按增资前持股比例无条件回购的义务，集团针对该回购义务相应确认长期应付款
4	示例 2 – 114　秦港股份（601326. SH）	长期应付款为本集团对唐山京唐铁路有限公司的股权回购款 34, 000, 000. 00 元

示例 2 – 111　长飞光纤（601869. SH）

长期应付款

单位：元

项目	期末余额	期初余额
长期应付款		673, 846, 130
专项应付款		
合计		673, 846, 130

（1）按款项性质列示长期应付款

单位：元

项目	期末余额	期初余额
股权回购款		639, 999, 941
股权回购款利息		33, 846, 189
小计		673, 846, 130

注：股权回购款系子公司在增资过程中收到外部投资者的投资款，由于若干外部投资者拥有一项回售权，按照《企业会计准则第 37 号——金融工具列报》的规定，本集团将上述投资款作为金融负债列报。

示例2－112　比亚迪（002594. SZ）

其他非流动负债

单位：元

项目	期末余额	期初余额
递延收益	25, 890, 036	17, 473, 112
预计负债	11, 970, 385	6, 265, 409
外部往来款	9, 477, 880	3, 079, 533
股东投资回购权（注1）	3, 245, 440	78, 794
长期财务担保合同	61, 984	26, 896, 848

注1：2020年5月26日，比亚迪召开第六届董事会第三十八次会议，审议通过了《关于控股子公司引入战略投资者的议案》，同意本公司及本集团之子公司比亚迪半导体与第三方投资者签署《股东协议》。协议约定在一定条件下，比亚迪需承担以固定金额回购战略投资者对比亚迪半导体所投资股权的义务。截至2023年12月31日，该义务的现值金额为人民币3, 245, 440千元（2022年12月31日：人民币3, 079, 533千元）。

示例2－113　辽港股份（601880. SH）

长期应付款

单位：元

项目	期末余额	期初余额
长期应付款	17, 500, 000. 00	17, 500, 000. 00
专项应付款		
合计	17, 500, 000. 00	17, 500, 000. 00

（1）按款项性质列示长期应付款

单位：元

项目	期末余额	期初余额
股权回购款	17, 500, 000. 00	17, 500, 000. 00
减：一年内到期的长期应付款		
一年后到期的长期应付款	17, 500, 000. 00	17, 500, 000. 00

其他说明：

国开发展基金有限公司对本集团子公司大连集装箱码头物流有限公司的合营公司

大连港毅都冷链有限公司增资35,000,000.00元，增资后大连集装箱码头物流有限公司持股比例由50%降至46.64%。根据投资合同，大连港集发物流有限责任公司自2030年12月10日起负有将国开发展基金有限公司持有的股份按增资前持股比例无条件回购的义务，本集团针对该回购义务相应确认长期应付款。

长期应付款到期日分析如下：

项目	2023年12月31日	2022年12月31日（已重述）
1年内到期（含1年）		
2年内到期（含2年）		
3到5年内到期（含3年和5年）		
5年以上	17,500,000.00	17,500,000.00
合计	17,500,000.00	17,500,000.00

示例2-114　秦港股份（601326.SH）

长期应付款

单位：元

项目	期末余额	期初余额
长期应付款	34,000,000.00	36,000,000.00
减：一年内到期部分	2,000,000.00	2,000,000.00
合计	32,000,000.00	34,000,000.00

于2023年12月31日，长期应付款为本集团对唐山京唐铁路有限公司的股权回购款34,000,000.00元。

长期应付款到期日分析：

单位：元

项目	期末余额	期初余额
1年内到期（含1年）	2,000,000.00	2,000,000.00
2年到期（含2年）	2,000,000.00	2,000,000.00
2到5年内到期（含5年）	10,000,000.00	8,000,000.00
5年以上	20,000,000.00	24,000,000.00
合计	34,000,000.00	36,000,000.00

五、指定为以公允价值计量且其变动计入当期损益的金融负债披露示例

（一）简要分析

根据《企业会计准则第22号——金融工具确认和计量》第二十一条，除下列各项外，企业应当将金融负债分类为以摊余成本计量的金融负债：

1. 以公允价值计量且其变动计入当期损益的金融负债，包括交易性金融负债（含属于金融负债的衍生工具）和指定为以公允价值计量且其变动计入当期损益的金融负债。

2. 不符合终止确认条件的金融资产转移或继续涉入被转移金融资产所形成的金融负债。对此类金融负债，企业应当按照金融资产转移相关规定进行计量。

3. 不属于上述第1项或第2项情形的财务担保合同，以及不属于上述第1项的、以低于市场利率贷款的贷款承诺。企业作为此类财务担保合同的担保方或此类贷款承诺的发行方的，应当在初始确认后按照依据金融工具准则所确定的损失准备金额以及初始确认金额扣除依据收入相关规定所确定的累计摊销额后的余额孰高进行计量。

混合合同包含一项或多项嵌入衍生工具，且其主合同不属于《企业会计准则第22号——金融工具确认和计量》准则规范的资产的，企业可以将其整体指定为以公允价值计量且其变动计入当期损益的金融工具。但下列情况除外：（1）嵌入衍生工具不会对混合合同的现金流量产生重大改变；（2）在初次确定类似的混合合同是否需要分拆时，几乎不需分析就能明确其包含的嵌入衍生工具不应分拆。如嵌入贷款的提前还款权，允许持有人以接近摊余成本的金额提前偿还贷款，该提前还款权不需要分拆。

实务中企业可能持有或发行可回售工具（属于混合合同）。该金融工具的特征在于，持有人拥有将该金融工具回售给发行人以换取一定金额现金或其他金融资产的权利，其中，相关现金或其他金融资产的金额随着可能发生增减变动的权益指数或商品指数的变动而变动。除非发行人在初始确认时将该可回售工具指定为以公允价值计量且其变动计入当期损益的金融负债，否则，发行人应分拆嵌入衍生工具（即与权益工具或商品指数挂钩的本金支付），因为该嵌入衍生工具与主合同（债务工具）不紧密相关。但是，对于可随时回售以换取与企业净资产价值一定比例份额等值的现金的可回售工具（如开放式共同基金份额或某些投资联结产品），分拆嵌入衍生工具并对其各组成部分进行核算的结果是，发行人在报告期末以应付的赎回金额来计量混合合同，因此可以不分拆。

（二）年报披露示例

指定为以公允价值计量且其变动计入当期损益的金融负债披露示例汇总如表2-24所示。

表 2-24　指定为以公允价值计量且其变动计入当期损益的金融负债披露示例汇总

序号	参考示例	指定为以公允价值计量且其变动计入当期损益的金融负债
1	示例 2-115　深高速（600548. SH）	差额补足义务导致确认指定为以公允价值计量且其变动计入当期损益的金融负债
2	示例 2-116　山东黄金（600547. SH）	对单一黄金租赁业务应付黄金租赁业务款和结构化主体其他持有者份额以公允价值为基础进行管理和评价，将其指定为以公允价值计量且其变动计入当期损益的金融负债
3	示例 2-117　光大证券（601788. SH）	以公允价值计量且其变动计入当期损益的金融负债是合并结构化主体所产生的金融负债，集团有义务于结构化主体到期或其他投资者赎回时基于账面净值及该结构化主体的有关条款向其他投资者付款
4	示例 2-118　招商证券（600999. SH）	指定为以公允价值计量且其变动计入当期损益的金融负债的余额主要为第三方在纳入集团合并范围的结构化主体中享有的权益
5	示例 2-119　广发证券（000776. SZ）	指定为以公允价值计量且其变动计入当期损益的金融负债包括结构化票据和收益凭证

示例 2-115　深高速（600548. SH）

交易性金融负债

单位：元

项目	2023 年 1 月 1 日	本年增加	本年减少	2023 年 12 月 31 日	指定的理由和依据
差额补足义务	133, 009, 243. 01	15, 108, 066. 13		148, 117, 309. 14	不适用
合计	133, 009, 243. 01	15, 108, 066. 13		148, 117, 309. 14	

注：本集团于 2022 年 1 月受让深投控国际所持有深投控基建 100% 股权，并承担了对 CMF Global Quantitative Multi-asset Segregated Portfolio Company 和 CMF Global Quantitative Stable Segregated Portfolio（合称“CMFGlobal”）的差额补足义务，并将该差额补足义务续期至 2028 年 8 月 17 日或本公司和美华公司、CMFGlobal 任何一方根据续期收益补足协议书面通知或按照该协议其他约定确定的提前到期日。CMFGlobal 在 2028 年 8 月 17 日前出售其所持有的湾区发展 9. 45% 的股权时，转让价款未达到约定投资成本港币 1, 075, 713, 016. 54 元的差额部分由本集团予以补足，同时，在续期期间 CMF Global 通过湾区发展获取的年投资回报收益率未达到约定水平的部分由本集团予以补足。2023 年 12 月 31 日，本集团根据上述情况确认差额补足义务人民币 148, 117, 309. 14 元。

示例 2-116　山东黄金（600547. SH）

交易性金融负债

单位：元

项目	期初余额	期末余额	指定的理由和依据
交易性金融负债			
其中：指定为以公允价值计量且其变动计入当期损益的金融负债	11, 265, 744, 835. 92	781, 220, 784. 51	

续表

项目	期初余额	期末余额	指定的理由和依据
其中：应付黄金租赁业务款	11, 206, 694, 086. 21	728, 077, 087. 75	
结构化主体其他持有者份额	59, 050, 749. 71	53, 143, 696. 76	
合计	11, 265, 744, 835. 92	781, 220, 784. 51	

本集团对单一黄金租赁业务应付黄金租赁业务款和结构化主体其他持有者份额以公允价值为基础进行管理和评价，并将其指定为以公允价值计量且其变动计入当期损益的金融负债。

示例 2 – 117　光大证券（601788. SH）

交易性金融负债

（1）以公允价值计量且其变动计入当期损益的金融负债

单位：元

类别	期末公允价值		
	分类为以公允价值计量且其变动计入当期损益的金融负债	指定为以公允价值计量且其变动计入当期损益的金融负债	合计
第三方在结构化主体中享有的权益	41, 035, 327. 40	254, 981, 244. 98	296, 016, 572. 38
合计	41, 035, 327. 40	254, 981, 244. 98	296, 016, 572. 38

本集团以公允价值计量且其变动计入当期损益的金融负债是合并结构化主体所产生的金融负债，本集团有义务于结构化主体到期或其他投资者赎回时基于账面净值及该结构化主体的有关条款向其他投资者付款。

示例 2 – 118　招商证券（600999. SH）

交易性金融负债

单位：元

项目	2023 年 12 月 31 日		
	分类为以公允价值计量且其变动计入当期损益的金融负债	指定为以公允价值计量且其变动计入当期损益的金融负债	公允价值合计
债券	39, 184, 029, 355. 65		39, 184, 029, 355. 65
股票	1, 798, 215, 076. 04		1, 798, 215, 076. 04

续表

<table>
<tr><td rowspan="2">项目</td><td colspan="3">2023 年 12 月 31 日</td></tr>
<tr><td>分类为以公允价值计量且其变动计入当期损益的金融负债</td><td>指定为以公允价值计量且其变动计入当期损益的金融负债</td><td>公允价值合计</td></tr>
<tr><td>结构性票据</td><td>1, 641, 627, 928. 44</td><td></td><td>1, 641, 627, 928. 44</td></tr>
<tr><td>其他（注）</td><td>380, 721, 553. 34</td><td>1, 530, 922, 003. 14</td><td>1, 911, 643, 556. 48</td></tr>
<tr><td>合计</td><td>43, 004, 593, 913. 47</td><td>1, 530, 922, 003. 14</td><td>44, 535, 515, 916. 61</td></tr>
</table>

注：指定为以公允价值计量且其变动计入当期损益的金融负债的余额主要为第三方在纳入本集团合并范围的结构化主体中享有的权益。

截至 2023 年 12 月 31 日，本集团指定为以公允价值计量且其变动计入当期损益的金融负债的公允价值并未发生由于本集团自身信用风险变化导致的重大变动。公允价值确认依据详见附注九、公允价值的披露。

示例 2－119　广发证券（000776. SZ）

交易性金融负债

单位：元

类别	2023 年 12 月 31 日	2022 年 12 月 31 日
分类为以公允价值计量且其变动计入当期损益的金融负债		
第三方在结构化主体中享有的权益（注 1）	1, 337, 892, 474. 89	1, 605, 651, 209. 15
债券	233, 748, 592. 75	781, 609, 712. 21
股票	176, 412, 467. 08	
小计	1, 748, 053, 534. 72	2, 387, 260, 921. 36
指定为以公允价值计量且其变动计入当期损益的金融负债		
收益凭证	12, 121, 582, 409. 66	5, 934, 614, 818. 75
结构化票据	3, 739, 426, 547. 48	3, 663, 268, 008. 04
小计	15, 861, 008, 957. 14	9, 597, 882, 826. 79
合计	17, 609, 062, 491. 86	11, 985, 143, 748. 15

注 1：本集团将自身作为主要责任人而持有的结构化主体（如基金及资产管理计划等）纳入合并财务报表的合并范围，由于本集团作为结构化主体发行人具有合约义务以现金回购结构化主体份额或者在结构化主体清算时有义务按比例支付净资产，因此本集团将本集团以外各方持有的结构化主体份额确认为交易性金融负债。

截至 2023 年 12 月 31 日，本集团指定为以公允价值计量且其变动计入当期损益的金融负债的公允价值并未发生由于本集团自身信用风险变化导致的重大变动。

第六节　套期业务披露示例

一、准则相关规定与监管指引（节选）

（一）《企业会计准则第 24 号——套期会计》

第三条　套期分为公允价值套期、现金流量套期和境外经营净投资套期。

公允价值套期，是指对已确认资产或负债、尚未确认的确定承诺，或上述项目组成部分的公允价值变动风险敞口进行的套期。该公允价值变动源于特定风险，且将影响企业的损益或其他综合收益。其中，影响其他综合收益的情形，仅限于企业对指定为以公允价值计量且其变动计入其他综合收益的非交易性权益工具投资的公允价值变动风险敞口进行的套期。

现金流量套期，是指对现金流量变动风险敞口进行的套期。该现金流量变动源于与已确认资产或负债、极可能发生的预期交易，或与上述项目组成部分有关的特定风险，且将影响企业的损益。

境外经营净投资套期，是指对境外经营净投资外汇风险敞口进行的套期。境外经营净投资，是指企业在境外经营净资产中的权益份额。

对确定承诺的外汇风险进行的套期，企业可以将其作为公允价值套期或现金流量套期处理。

第四条　对于满足本准则第二章和第三章规定条件的套期，企业可以运用套期会计方法进行处理。

套期会计方法，是指企业将套期工具和被套期项目产生的利得或损失在相同会计期间计入当期损益（或其他综合收益）以反映风险管理活动影响的方法。

第五条　套期工具，是指企业为进行套期而指定的、其公允价值或现金流量变动预期可抵销被套期项目的公允价值或现金流量变动的金融工具，包括：

（一）以公允价值计量且其变动计入当期损益的衍生工具，但签出期权除外。企业只有在对购入期权（包括嵌入在混合合同中的购入期权）进行套期时，签出期权才可以作为套期工具。嵌入在混合合同中但未分拆的衍生工具不能作为单独的套期工具。

（二）以公允价值计量且其变动计入当期损益的非衍生金融资产或非衍生金融负债，但指定为以公允价值计量且其变动计入当期损益、且其自身信用风险变动引起的公允价值变动计入其他综合收益的金融负债除外。

企业自身权益工具不属于企业的金融资产或金融负债，不能作为套期工具。

第九条　被套期项目，是指使企业面临公允价值或现金流量变动风险，且被指定为被套期对象的、能够可靠计量的项目。企业可以将下列单个项目、项目组合或其组成部分指定为被套期项目：

（一）已确认资产或负债。

（二）尚未确认的确定承诺。确定承诺，是指在未来某特定日期或期间，以约定价格交换特定数量资源、具有法律约束力的协议。

（三）极可能发生的预期交易。预期交易，是指尚未承诺但预期会发生的交易。

（四）境外经营净投资。

上述项目组成部分是指小于项目整体公允价值或现金流量变动的部分，企业只能将下列项目组成部分或其组合指定为被套期项目：

（一）项目整体公允价值或现金流量变动中仅由某一个或多个特定风险引起的公允价值或现金流量变动部分（风险成分）。根据在特定市场环境下的评估，该风险成分应当能够单独识别并可靠计量。风险成分也包括被套期项目公允价值或现金流量的变动仅高于或仅低于特定价格或其他变量的部分。

（二）一项或多项选定的合同现金流量。

（三）项目名义金额的组成部分，即项目整体金额或数量的特定部分，其可以是项目整体的一定比例部分，也可以是项目整体的某一层级部分。若某一层级部分包含提前还款权，且该提前还款权的公允价值受被套期风险变化影响的，企业不得将该层级指定为公允价值套期的被套期项目，但企业在计量被套期项目的公允价值时已包含该提前还款权影响的情况除外。

第十五条　公允价值套期、现金流量套期或境外经营净投资套期同时满足下列条件的，才能运用本准则规定的套期会计方法进行处理：

（一）套期关系仅由符合条件的套期工具和被套期项目组成。

（二）在套期开始时，企业正式指定了套期工具和被套期项目，并准备了关于套期关系和企业从事套期的风险管理策略和风险管理目标的书面文件。该文件至少载明了套期工具、被套期项目、被套期风险的性质以及套期有效性评估方法（包括套期无效部分产生的原因分析以及套期比率确定方法）等内容。

（三）套期关系符合套期有效性要求。

套期有效性，是指套期工具的公允价值或现金流量变动能够抵销被套期风险引起的被套期项目公允价值或现金流量变动的程度。套期工具的公允价值或现金流量变动大于或小于被套期项目的公允价值或现金流量变动的部分为套期无效部分。

第十六条　套期同时满足下列条件的，企业应当认定套期关系符合套期有效性要求：

（一）被套期项目和套期工具之间存在经济关系。该经济关系使得套期工具和被套期项目的价值因面临相同的被套期风险而发生方向相反的变动。

（二）被套期项目和套期工具经济关系产生的价值变动中，信用风险的影响不占主导地位。

（三）套期关系的套期比率，应当等于企业实际套期的被套期项目数量与对其进行套期的套期工具实际数量之比，但不应当反映被套期项目和套期工具相对权重的失衡，这种失衡会导致套期无效，并可能产生与套期会计目标不一致的会计结果。例如，企业确定拟采用的套期比率是为了避免确认现金流量套期的套期无效部分，或是为了创造更多的被套期项目进行公允价值调整以达到增加使用公允价值会计的目的，可能会产生与套期会计目标不一致的会计结果。

第十七条　企业应当在套期开始日及以后期间持续地对套期关系是否符合套期有效性要求进行评估，尤其应当分析在套期剩余期限内预期将影响套期关系的套期无效部分产生的原因。企业至少应当在资产负债表日及相关情形发生重大变化将影响套期有效性要求时对套期关系进行评估。

第十八条　套期关系由于套期比率的原因而不再符合套期有效性要求，但指定该套期关系的风险管理目标没有改变的，企业应当进行套期关系再平衡。

本准则所称套期关系再平衡，是指对已经存在的套期关系中被套期项目或套期工具的数量进行调整，以使套期比率重新符合套期有效性要求。基于其他目的对被套期项目或套期工具所指定的数量进行变动，不构成本准则所称的套期关系再平衡。

企业在套期关系再平衡时，应当首先确认套期关系调整前的套期无效部分，并更新在套期剩余期限内预期将影响套期关系的套期无效部分产生原因的分析，同时相应更新套期关系的书面文件。

第二十二条　公允价值套期满足运用套期会计方法条件的，应当按照下列规定处理：

（一）套期工具产生的利得或损失应当计入当期损益。如果套期工具是对选择以公允价值计量且其变动计入其他综合收益的非交易性权益工具投资（或其组成部分）进行套期的，套期工具产生的利得或损失应当计入其他综合收益。

（二）被套期项目因被套期风险敞口形成的利得或损失应当计入当期损益，同时调整未以公允价值计量的已确认被套期项目的账面价值。被套期项目为按照《企业会计准则第22号——金融工具确认和计量》第十八条分类为以公允价值计量且其变动计入其他综合收益的金融资产（或其组成部分）的，其因被套期风险敞口形成的利得或损失应当计入当期损益，其账面价值已经按公允价值计量，不需要调整；被套期项目为企业选择以公允价值计量且其变动计入其他综合收益的非交易性权益工具投资（或其组成部分）的，其因被套期风险敞口形成的利得或损失应当计入其他综合收益，其账面价值已经按公允价值计量，不需要调整。

被套期项目为尚未确认的确定承诺（或其组成部分）的，其在套期关系指定后因被套期风险引起的公允价值累计变动额应当确认为一项资产或负债，相关的利得或损失应当计入各相关期间损益。当履行确定承诺而取得资产或承担负债时，应当调整该资产或负债的初始确认金额，以包括已确认的被套期项目的公允价值累计变动额。

第二十三条　公允价值套期中，被套期项目为以摊余成本计量的金融工具（或其组成部分）的，企业对被套期项目账面价值所作的调整应当按照开始摊销日重新计算的实际利率进行摊销，并计入当期损益。该摊销可以自调整日开始，但不应当晚于对被套期项目终止进行套期利得和损失调整的时点。被套期项目为按照《企业会计准则第22号——金融工具确认和计量》第十八条分类为以公允价值计量且其变动计入其他综合收益的金融资产（或其组成部分）的，企业应当按照相同的方式对累计已确认的套期利得或损失进行摊销，并计入当期损益，但不调整金融资产（或其组成部分）的账面价值。

第二十四条　现金流量套期满足运用套期会计方法条件的，应当按照下列规定处理：

（一）套期工具产生的利得或损失中属于套期有效的部分，作为现金流量套期储备，应当计入其他综合收益。现金流量套期储备的金额，应当按照下列两项的绝对额中较低者确定：

1. 套期工具自套期开始的累计利得或损失；

2. 被套期项目自套期开始的预计未来现金流量现值的累计变动额。

每期计入其他综合收益的现金流量套期储备的金额应当为当期现金流量套期储备的变动额。

（二）套期工具产生的利得或损失中属于套期无效的部分（即扣除计入其他综合收益后的其他利得或损失），应当计入当期损益。

第二十五条　现金流量套期储备的金额，应当按照下列规定处理：

（一）被套期项目为预期交易，且该预期交易使企业随后确认一项非金融资产或非金融负债的，或者非金融资产或非金融负债的预期交易形成一项适用于公允价值套期会计的确定承诺时，企业应当将原在其他综合收益中确认的现金流量套期储备金额转出，计入该资产或负债的初始确认金额。

（二）对于不属于本条（一）涉及的现金流量套期，企业应当在被套期的预期现金流量影响损益的相同期间，将原在其他综合收益中确认的现金流量套期储备金额转出，计入当期损益。

（三）如果在其他综合收益中确认的现金流量套期储备金额是一项损失，且该损失全部或部分预计在未来会计期间不能弥补的，企业应当在预计不能弥补时，将预计不能弥补的部分从其他综合收益中转出，计入当期损益。

第二十六条　当企业对现金流量套期终止运用套期会计时，在其他综合收益中确认的累计现金流量套期储备金额，应当按照下列规定进行处理：

（一）被套期的未来现金流量预期仍然会发生的，累计现金流量套期储备的金额应当予以保留，并按照本准则第二十五条的规定进行会计处理。

（二）被套期的未来现金流量预期不再发生的，累计现金流量套期储备的金额应当从其他综合收益中转出，计入当期损益。被套期的未来现金流量预期不再极可能发生但可能预期仍然会发生，在预期仍然会发生的情况下，累计现金流量套期储备的金额应当予以保留，并按照本准则第二十五条的规定进行会计处理。

第二十七条　对境外经营净投资的套期，包括对作为净投资的一部分进行会计处理的货币性项目的套期，应当按照类似于现金流量套期会计的规定处理：

（一）套期工具形成的利得或损失中属于套期有效的部分，应当计入其他综合收益。

全部或部分处置境外经营时，上述计入其他综合收益的套期工具利得或损失应当相应转出，计入当期损益。

（二）套期工具形成的利得或损失中属于套期无效的部分，应当计入当期损益。

第二十八条　企业根据本准则第十八条规定对套期关系作出再平衡的，应当在调整套期关系之前确定套期关系的套期无效部分，并将相关利得或损失计入当期损益。

套期关系再平衡可能会导致企业增加或减少指定套期关系中被套期项目或套期工具的数量。企业增加了指定的被套期项目或套期工具的，增加部分自指定增加之日起作为套期关系的一部分进行处理；企业减少了指定的被套期项目或套期工具的，减少部分自指定减少之日起不再作为套期关系的一部分，作为套期关系终止处理。

（二）《企业会计准则第37号——金融工具列报》

第五十七条　企业应当披露与套期会计有关的下列信息：

（一）企业的风险管理策略以及如何应用该策略来管理风险；

（二）企业的套期活动可能对其未来现金流量金额、时间和不确定性的影响；

（三）套期会计对企业的资产负债表、利润表及所有者权益变动表的影响。

企业在披露套期会计相关信息时，应当合理确定披露的详细程度、披露的重点、恰当的汇总或分解水平，以及财务报表使用者是否需要额外的说明以评估企业披露的定量信息。企业按照本准则要求所确定的信息披露汇总或分解水平应当和《企业会计准则第39号——公允价值计量》的披露要求所使用的汇总或分解水平相同。

第五十八条　企业应当披露其进行套期和运用套期会计的各类风险的风险敞口的风险管理策略相关信息，从而有助于财务报表使用者评价：每类风险是如何产生的、企业是如何管理各类风险的（包括企业是对某一项目整体的所有风险进行套期还是对某一项目的单个或多个风险成分进行套期及其理由），以及企业管理风险敞口的程度。与风险管理策略相关的信息应当包括：

（一）企业指定的套期工具；

（二）企业如何运用套期工具对被套期项目的特定风险敞口进行套期；

（三）企业如何确定被套期项目与套期工具的经济关系以评估套期有效性；

（四）套期比率的确定方法；

（五）套期无效部分的来源。

第五十九条　企业将某一特定的风险成分指定为被套期项目的，除应当披露本准则第五十八条规定的相关信息外，还应当披露下列定性或定量信息：

（一）企业如何确定该风险成分，包括风险成分与项目整体之间关系性质的说明；

（二）风险成分与项目整体的关联程度（例如被指定的风险成分以往平均涵盖项目整体公允价值变动的百分比）。

第六十条　企业应当按照风险类型披露相关定量信息，从而有助于财务报表使用者评价套期工具的条款和条件及这些条款和条件如何影响企业未来现金流量的金额、时间和不确定性。这些要求披露的明细信息应当包括：

（一）套期工具名义金额的时间分布；

（二）套期工具的平均价格或利率（如适用）。

第六十一条　在因套期工具和被套期项目频繁变更而导致企业频繁地重设（即终止及重新开始）套期关系的情况下，企业无需披露本准则第六十条规定的信息，但应当披露下列信息：

（一）企业基本风险管理策略与该套期关系相关的信息；

（二）企业如何通过运用套期会计以及指定特定的套期关系来反映其风险管理策略；

（三）企业重设套期关系的频率。

在因套期工具和被套期项目频繁变更而导致企业频繁地重设套期关系的情况下，如果资产负债表日的套期关系数量并不代表本期内的正常数量，企业应当披露这一情况以及该数量不具代表性的原因。

第六十二条　企业应当按照风险类型披露在套期关系存续期内预期将影响套期关系的套期无效部分的来源，如果在套期关系中出现导致套期无效部分的其他来源，也应当按照风险类型披露相关来源及导致套期无效的原因。

第六十三条　企业应当披露已运用套期会计但预计不再发生的预期交易的现金流量套期。

第六十四条　对于公允价值套期，企业应当以表格形式、按风险类型分别披露与被套期项目相关的下列金额：

（一）在资产负债表中确认的被套期项目的账面价值，其中资产和负债应当分别单独列示；

（二）资产负债表中已确认的被套期项目的账面价值、针对被套期项目的公允价值套期调整的累计金额，其中资产和负债应当分别单独列示；

（三）包含被套期项目的资产负债表列示项目；

（四）本期用作确认套期无效部分基础的被套期项目价值变动；

（五）被套期项目为以摊余成本计量的金融工具的，若已终止针对套期利得和损失进行调整，则应披露在资产负债表中保留的公允价值套期调整的累计金额。

第六十五条　对于现金流量套期和境外经营净投资套期，企业应当以表格形式、按风险类型分别披露与被套期项目相关的下列金额：

（一）本期用作确认套期无效部分基础的被套期项目价值变动；

（二）根据《企业会计准则第 24 号——套期会计》第二十四条的规定继续按照套期会计处理的现金流量套期储备的余额；

（三）根据《企业会计准则第 24 号——套期会计》第二十七条的规定继续按照套期会计处理的境外经营净投资套期计入其他综合收益的余额；

（四）套期会计不再适用的套期关系所导致的现金流量套期储备和境外经营净投资套期中计入其他综合收益的利得和损失的余额。

第六十六条　对于每类套期类型，企业应当以表格形式、按风险类型分别披露与套期工具相关的下列金额：

（一）套期工具的账面价值，其中金融资产和金融负债应当分别单独列示；

（二）包含套期工具的资产负债表列示项目；

（三）本期用作确认套期无效部分基础的套期工具的公允价值变动；

（四）套期工具的名义金额或数量。

第六十七条　对于公允价值套期，企业应当以表格形式、按风险类型分别披露与套期工具相关的下列金额：

（一）计入当期损益的套期无效部分；

（二）计入其他综合收益的套期无效部分；

（三）包含已确认的套期无效部分的利润表列示项目。

第六十八条　对于现金流量套期和境外经营净投资套期，企业应当以表格形式、按风险类型分别披露与套期工具相关的下列金额：

（一）当期计入其他综合收益的套期利得或损失；

（二）计入当期损益的套期无效部分；

（三）包含已确认的套期无效部分的利润表列示项目；

（四）从现金流量套期储备或境外经营净投资套期计入其他综合收益的利得和损失重分类至当期损益的金额，并应区分之前已运用套期会计但因被套期项目的未来现金流量预计不再发生而转出的金额和因被套期项目影响当期损益而转出的金额；

（五）包含重分类调整的利润表列示项目；

（六）对于风险净敞口套期，计入利润表中单列项目的套期利得或损失。

第六十九条　企业按照《企业会计准则第30号——财务报表列报》的规定在提供所有者权益各组成部分的调节情况以及其他综合收益的分析时，应当按照风险类型披露下列信息：

（一）分别披露按照本准则第六十八条（一）和（四）的规定披露的金额；

（二）分别披露按照《企业会计准则第24号——套期会计》第二十五条（一）和（三）的规定处理的现金流量套期储备的金额；

（三）分别披露对与交易相关的被套期项目进行套期的期权时间价值所涉及的金额，以及对与时间段相关的被套期项目进行套期的期权时间价值所涉及的金额；

（四）分别披露对与交易相关的被套期项目进行套期的远期合同的远期要素和金融工具的外汇基差所涉及的金额，以及对与时间段相关的被套期项目进行套期的远期合同的远期要素和金融工具的外汇基差所涉及的金额。

第七十条　企业因使用信用衍生工具管理金融工具的信用风险敞口而将金融工具（或其一定比例）指定为以公允价值计量且其变动计入当期损益的，应当披露下列信息：

（一）对于用于管理根据《企业会计准则第24号——套期会计》第三十四条的规定被指定为以公允价值计量且其变动计入当期损益的金融工具信用风险敞口的信用

衍生工具，每一项名义金额与当期期初和期末公允价值的调节表；

（二）根据《企业会计准则第24号——套期会计》第三十四条的规定将金融工具（或其一定比例）指定为以公允价值计量且其变动计入当期损益时，在损益中确认的利得或损失；

（三）当企业根据《企业会计准则第24号——套期会计》第三十五条的规定对该金融工具（或其一定比例）终止以公允价值计量且其变动计入当期损益时，作为其新账面价值的该金融工具的公允价值和相关的名义金额或本金金额，企业在后续期间无须继续披露这一信息，除非根据《企业会计准则第30号——财务报表列报》的规定需要提供比较信息。

（三）财政部金融工具准则实施问答

问：企业通过签订衍生金融工具对日常销售或采购非金融项目的合同或合同组合（能够以现金或其他金融工具净额结算，或者通过交换金融工具结算）形成的公允价值变动风险进行套期，如果不按照《企业会计准则第24号——套期会计》（以下简称“24号准则”）进行会计处理，为了消除或显著减少会计错配，可以如何进行会计处理？

答：根据《企业会计准则第22号——金融工具确认和计量》（以下简称“22号准则”）第八条第二款，对于能够以现金或其他金融工具净额结算，或者通过交换金融工具结算的买入或卖出非金融项目的合同，即使企业按照预定的购买、销售或使用要求签订并持有旨在收取或交付非金融项目的合同的，企业也可以将该合同指定为以公允价值计量且其变动计入当期损益的金融资产或金融负债。企业只能在合同开始时做出该指定，并且必须能够通过该指定消除或显著减少会计错配。该指定一经作出，不得撤销。

参照22号准则应用指南，能够以现金或其他金融工具净额结算，或者通过交换金融工具结算的买入或卖出非金融项目的合同可能有以下情况：(1) 合同条款允许合同一方以现金或其他金融工具进行净额结算或通过交换金融工具结算。(2) 合同条款虽对此没有明确规定，但是企业具有对类似合同以现金或其他金融工具进行净额结算或通过交换金融工具进行结算的惯例。(3) 企业具有收到合同标的（如贵金属）之后在短期内将其再次出售以从短期波动中获取利润的惯例。(4) 作为合同标的的非金融项目易于转换为现金。

符合上述 (2) 或 (3) 所述条件的合同并非企业按照预定的购买、出售或使用要求签订并持有、旨在收取或交付非金融项目的合同，因此应适用22号准则。对于符合上述 (1) 或 (4) 所述条件的合同，企业应进行评估以确定其是否为按照预定的购买、出售或使用要求签订并持有、旨在收取或交付非金融项目的合同，以确定其是否适用22号准则。

因此，企业通过签订衍生金融工具对上述合同（或者一组类似的合同）的公允价值变动风险进行套期的，为了消除或显著减少会计错配，可以选择将上述合同直接指定为以公允价值计量且其变动计入当期损益的金融资产或金融负债，无需按照24号准则进行会计处理。

企业通过签订衍生金融工具对一组形成净敞口的上述合同进行套期的，如果净敞口变动频繁，采用24号准则通常不符合成本效益原则。为了消除或显著减少会计错配，企业可以选择将一组形成净敞口的上述合同直接指定为以公允价值计量且其变动计入当期损益的金融资产或金融负债。

问：对于满足《企业会计准则第24号——套期会计》规定条件的套期关系，企业应当如何认定套期关系符合套期有效性要求？

答：企业应当在套期开始日及以后期间持续地对套期关系是否符合套期有效性要求进行评估。套期同时满足下列条件的，企业应当认定套期关系符合套期有效性要求：

（一）被套期项目和套期工具之间存在经济关系。该经济关系使得套期工具和被套期项目的价值因面临相同的被套期风险而发生方向相反的变动。

（二）被套期项目和套期工具经济关系产生的价值变动中，信用风险的影响不占主导地位。

（三）套期关系的套期比率，应当等于企业实际套期的被套期项目数量与对其进行套期的套期工具实际数量之比，但不应当反映被套期项目和套期工具相对权重的失衡，这种失衡会导致套期无效，并可能产生与套期会计目标不一致的会计结果。例如，企业确定拟采用的套期比率是为了避免确认现金流量套期的套期无效部分，或是为了创造更多的被套期项目进行公允价值调整以达到增加使用公允价值会计的目的，可能会产生与套期会计目标不一致的会计结果。

企业在认定套期关系是否符合套期有效性要求时，应当同时考虑以上三个条件，不得僵化地以套期工具和被套期项目的公允价值或现金流量变动的抵销程度的一定量化指标（如80%至125%之间）作为认定套期有效性的硬性标准。

（四）证监会《公开发行证券的公司信息披露编报规则第15号——财务报告的一般规定（2023年修订）》

第五十条　公司开展套期业务进行风险管理的，应根据实际情况披露相应风险管理策略和目标、被套期风险的定性和定量信息、被套期项目及相关套期工具之间的经济关系、预期风险管理目标有效实现情况以及相应套期活动对风险敞口的影响。

公司开展符合条件套期业务并应用套期会计的，应按照套期风险类型、套期类别披露与被套期项目以及套期工具相关账面价值、已确认的被套期项目账面价值中所包含的被套期项目累计公允价值套期调整、套期有效性和套期无效部分来源以及套期会计对公司的财务报表相关影响。

公司开展套期业务进行风险管理、预期能实现风险管理目标但未应用套期会计的，可结合相关套期业务情况披露未应用套期会计的原因以及对财务报表的影响。

（五）证监会《2020 年上市公司年报会计监管报告》

未恰当披露套期会计有关信息

根据企业会计准则及相关规定，套期活动属于企业风险管理活动，在符合套期会计应用条件的前提下，企业可以选择应用套期会计。企业应当披露与套期会计有关的下列信息：(1) 企业的风险管理策略以及如何应用该策略来管理风险；(2) 企业的套期活动可能对其未来现金流量金额、时间和不确定性的影响；(3) 套期会计对企业的资产负债表、利润表及所有者权益变动表的影响。企业在披露套期会计相关信息时，应当合理确定披露的详细程度、披露的重点、恰当的汇总或分解水平，以及财务报表使用者是否需要额外的说明以评估企业披露的定量信息。

年报分析发现，部分上市公司对套期会计的相关信息披露不充分。例如，仅披露套期工具、被套期项目名称、被套期风险的性质和高度有效的结论，未按要求披露风险管理策略、套期活动对企业风险敞口的影响，以及采用套期会计对财务报表的影响等信息。

非经常性损益相关问题

根据《公开发行证券的公司信息披露解释性公告第 1 号——非经常性损益》(2008 年修订)，非经常性损益是指与公司正常经营业务无直接关系，以及虽与正常经营业务相关，但由于其性质特殊和偶发性，影响报表使用人对公司经营业绩和盈利能力做出正常判断的各项交易和事项产生的损益。上市公司应对照非经常性损益的定义，综合考虑相关损益同公司正常经营业务的关联程度以及可持续性，结合自身实际情况做出合理判断。

年报分析发现，部分上市公司对非经常性损益的认定不正确：一是未将按照套期会计准则处理但属于套期无效部分的损益作为非经常性损益列示，未将因处置套期工具产生的损益作为非经常性损益列示；二是未将取消股权激励一次性计入当期费用的部分作为非经常性损益列示；三是未将单项计提的应收账款坏账准备转回认定为非经常性损益；四是未将确认为交易性金融资产的理财产品持有期间公允价值变动损益作为非经常性损益；五是错误地将权益性金融工具（如其他权益工具投资）持有期间取得的现金股利认定为非经常性损益。

（六）证监会《上市公司执行企业会计准则案例解析（2024）》

案例 2-09　现金流量套期关系的指定及套期有效性测试

一、案例背景

甲公司主要通过铜精矿冶炼生产阴极铜并在国内进行现货销售，销售价格参考国内现货市场价格随行就市，年产销量约为 20 万吨。对于部分生产用铜精矿，甲公司采用进口方式从国际市场订购材料，通常从签订采购合同到装船、运抵港口，再到加工成阴极铜，需要三个月左右时间。为了避免国内现货销售市场阴极铜价格波动，锁定冶炼过程中的利润，甲公司通过铜精矿进口合同中的延迟定价条款对阴极铜预期销售的现金流量变动风险进行套期保值。延迟定价机制主要体现为进口铜精矿价格盯准伦敦阴极铜未来某月现货平均价格，并扣除约定的冶炼加工等费用后确定，定价机制一般为M+1至M+4，M为装船（装船即存货风险转移）时间，数字1代表装船后第1个月伦敦阴极铜现货交易价格均价。

例如，2×18年1月1日，甲公司预期3个月后在国内现货市场销售5,000吨阴极铜，对于冶炼过程中所需的铜精矿约2万吨（假设根据采购铜矿的平均品位，每1吨阴极铜平均消耗铜精矿4吨），甲公司与境外供应商签订不可撤销的铜精矿进口合同，定价机制为M+4（出于示例目的，假设从签订合同到装船的时间较短），虽然伦敦阴极铜现货价格变化与国内阴极铜现货价格变化并不完全同步，但管理层根据历史经验及回归分析认为上述两个市场现货价格的变化存在较大程度的内在联系，延迟定价机制可以抵销大部分预期销售的现金流量变动。

问题：

(1) 如何对铜精矿进口合同中的延迟定价条款进行核算？

(2) 如何对预期销售指定套期关系并进行有效性测试？

二、会计准则及相关规定（略）

三、案例解析

甲公司应根据企业会计准则的相关规定分析铜精矿进口合同中的延迟定价条款是否需要作为嵌入衍生工具分拆核算，进而分析如何将嵌入衍生工具和预期销售指定套期关系并进行有效性评价，具体如下：

第一，对铜精矿进口合同中的延迟定价条款进行分析。根据《企业会计准则第22号——金融工具确认和计量》（2017年修订）第二十三条的规定，延迟定价条款使企业进口贸易中所需支付的金额随着未来伦敦阴极铜现货市场价格的变动而变动，属于嵌入衍生工具。而根据《企业会计准则第22号——金融工具确认和计量》（2017年修订）第二十五条的规定，由于在铜精矿装船前延迟定价条款与铜精矿进口的待执行采购合同紧密相关，因此无须拆分。而在铜精矿装船后，铜精矿的所有权转移给甲公司，甲公司需要就该铜精矿确认存货采购及相关应付账款，此时基于装船后第4个月伦敦阴极铜现货均价结算的延迟定价条款与装船时的现货价格之间并不紧密相关，所以延迟定价条款与主合同（应付账款）不紧密相关，因此，延迟定价条款需要在装船后从主合同中拆分出来，并作为衍生工具单独核算。该延迟定价条款作为非期权嵌入衍生工具，在初始确认时的公允价值为零。由于预计上述分拆的衍生工具现金流量变动可抵销预期销售的现金流量变动，所以甲公司可根据《企业会计准则第24号——套期会计》（2017年修订）第五条的规定，将上述拆分的衍生工具指定为套期工具。

第二，对被套期项目，即2×18年4月1日后首先发生的5,000吨阴极铜预期销售进行分析。根据《企业会计准则第24号——套期会计》（2017年修订）第九条的规定，对于预期交易的现金流量套期，预期交易应当是极可能发生的。如果甲公司基于可观察的事实和相关因素，如类似交易之前发生的频率、甲公司在财务和经营上从事此项交易的能力、甲公司拥有的资源、甲公司的业务计划、预期交易发生时点距离当前的时间跨度和预期交易的数量或价值占企业相同性质交易的数量或价值的比例等，预计3个月后5,000吨的阴极铜销售是极可能发生的，那么上述预期销售可以被指定为被套期项目。

第三，对套期关系的指定进行分析。基于甲公司的套期策略，即通过使用铜精矿进口合同中的延迟定价条款对冲预期阴极铜销售的现金流量变动风险，如使用套期会计，甲公司应根据《企业会计准则第24号——套期会计》（2017年修订）第十五条的要求正式指定套期关系，并准备书面文件，书面文件中载明套期工具、被套期项目、被套期风险的性质以及套期有效性评价方法等内容。

第四，对于套期有效性的评价进行分析。由于衍生工具的结算是基于装船后第4个月伦敦阴极铜平均现货价格，而被套期的预期销售是2×18年4月1日后首先发生的5,000吨阴极铜销售，所以时间不完全匹配会造成套期无效部分，同时伦敦和国内也具有不同的交易市场，供求关系差异、交易品种的差异以及汇率变动都会影响套期有效性。如果甲公司根据历史经验及回归分析认为上述两个市场现货价格之间存在内在联系，套期工具和被套期项目的价值通常发生方向相反的变动，套期工具和被套期项目之间存在经济关系；交易各方信用状况良好，信用风险的影响不占主导地位；指定套期关系中套期工具和被套期项目的数量为不存在相对权重失衡的实际数量，则甲公司可认为该套期关系符合套期有效性要求，可以应用套期会计，作为现金流量套期进行会计处理。

二、套期业务年报披露示例

（一）简要分析

企业在经营活动中会面临各类风险，其中涉及外汇风险、利率风险、价格风险、信用风险等。对于此类风险敞口，企业可能会选择通过利用金融工具产生反向的风险敞口（即开展套期业务）来进行风险管理活动。套期会计的目标是在财务报告中反映企业采用金融工具管理因特定风险引起的风险敞口的风险管理活动的影响。

企业开展的套期业务符合《企业会计准则第24号——套期会计》规定的运用套期会计的条件且企业选择运用套期会计的，应当按照相应规定进行会计处理，并按照金融工具列报有关套期会计披露的要求进行信息披露。企业开展的套期业务不符合运用套期会计的条件，或者虽然符合运用套期会计的条件但企业未选择运用套期会计的，应当适用其他相关规定。

套期可划分为公允价值套期、现金流量套期和境外经营净投资套期。企业应当按照准则规定进行套期关系的评估。适用套期关系再平衡的，企业应当进行套期关系再平衡，通过调整套期关系的套期比率，使其重新满足套期有效性要求，从而延续套期关系。企业一旦正式指定套期关系并选择应用套期会计的，只能在该套期关系不再符合《企业会计准则第24号——套期会计》规定的特定条件时终止应用套期会计，不得自行终止应用套期会计。

需要注意的是，《企业会计准则应用指南汇编2024》“第二十四章　套期会计”参考国际财务报告准则解释委员会（IFRIC）2019年3月议程决议“《国际财务报告准则第9号——金融工具》和《国际会计准则第39号——金融工具：确认和计量》——当特定衍生工具被指定为套期工具时，对极可能要求的应用”，明确了被套期的预期交易必须具有足够明确的识别特征，并且这些特征有书面文件支持。预期交易不能仅限定为某一期间销售量或购买量的一定百分比（不明确的抽象金额）。

（二）年报披露示例

套期会计披露示例汇总如表2－25所示。

表2－25　套期会计披露示例汇总

序号	参考示例	套期类型
1	示例2－120　中兴通讯（000063. SZ）	现金流量套期
2	示例2－121　潍柴动力（000338. SZ）	现金流量套期、公允价值套期
3	示例2－122　康龙化成（300759. SZ）	现金流量套期
4	示例2－123　中国银行（601988. SH）	公允价值套期、净投资套期
5	示例2－124　农业银行（601288. SH）	公允价值套期

示例2－120　中兴通讯（000063. SZ）

与金融工具相关的风险

(1) 现金流量套期

本集团将美元远期外汇合约指定为以美元计价结算的未来支出形成的汇率风险的套期工具，本集团对这些未来支出有确定承诺。这些美元远期外汇合约的余额随预期外币支出的规模以及远期汇率的变动而变化。本集团通过定性分析，确定套期工具与被套期项目的数量比例为1∶1。套期无效部分主要来自远期汇率差异，本年度确认的套期无效的金额并不重大。

于2022年，本集团无签订指定套期会计关系的远期外汇合约。

套期工具的名义金额的时间分布以及平均汇率如下：

2023年	6个月内	6至12个月	1年以后	合计
美元远期外汇合约名义金额（千元）		464, 640		464, 640
人民币兑美元的平均汇率		7. 04		7. 04

套期工具的账面价值以及公允价值变动如下：

单位：千元

2023 年	套期工具的名义金额	套期工具的账面价值		包含套期工具的资产负债表列示项目	本期用作确认套期无效部分基础的套期工具公允价值变动
		资产	负债		
汇率风险——美元远期外汇合约	464,640		1,315	衍生金融负债	7,222

被套期项目的账面价值以及相关调整如下：

单位：千元

项目	被套期项目的账面价值		被套期项目公允价值套期调整的累计金额（计入被套期项目的账面价值）		包含被套期项目的资产负债表列示项目	本年用作确认套期无效部分基础的被套期项目公允价值变动	现金流量套期储备
	资产	负债	资产	负债			
汇率风险——美元远期外汇合约						(7,080)	(703)

套期工具公允价值变动在当期损益及其他综合收益列示如下：

单位：千元

2023 年	计入其他综合收益的套期工具的公允价值变动	计入当期损益的套期无效部分	包含已确认的套期无效部分的利润表列示项目	从现金流量套期储备重分类至当期损益的金额	包含重分类调整的利润表列示项目
汇率风险——美元远期外汇合约	11,355	142	投资收益	11,916	管理费用

（2）公司开展套期业务进行风险管理、预期能实现风险管理目标但未应用套期会计

项目	未应用套期会计的原因	对财务报表的影响
公允价值套期	公司注重衍生品相关的风险管理，本年考虑目前套期会计相关财务信息处理成本与效益，暂未使用，待条件成熟后应用	公允价值变动损益（27,759元）；投资收益（640,189元）

示例2－121 潍柴动力（000338. SZ）

与金融工具相关的风险

按照套期类别披露套期项目及相关套期工具、被套期风险的定性和定量信息：

现金流量套期

子公司KION将远期外汇合同指定对预期销售、预期采购以及确定承诺的多种货币外汇风险进行现金流量套期。被套期项目现金流量总额折算为人民币4,522,986,254.12元（欧元575,502,119.06），其中1年内到期的金额为人民币4,032,907,434.15元（欧元513,144,777.35），剩余部分将于2025年到期。被套期项目预期影响损益的期间为2024年至2025年。本年无重大无效套期的部分。截至2023年12月31日，上述套期项目现金流量套期储备的金额为亏损人民币7,962,295.30元（欧元481,000.00）。

套期工具的账面价值以及公允价值如下：

单位：元

项目	套期工具的名义金额	套期工具的账面价值		包含套期工具的资产负债表列示项目
		资产	负债	
现金流量套期——远期外汇合约	4,522,986,254.12	36,348,800.00	52,617,344.00	交易性金融资产/交易性金融负债

套期工具公允价值变动在当期损益及其他综合收益列示如下：

单位：元

项目	计入其他综合收益的套期工具的公允价值变动收益	从现金流量套期储备重分类至当期损益的损失金额	包含重分类调整的利润表列示项目
现金流量套期——远期外汇合约	6,398,649.28	17,682,642.60	营业收入及成本

主要币种的远期外汇套期工具的名义金额的时间分布以及平均价格或汇率如下：

项目	6个月内	6至12个月	1年以后	合计
英镑远期外汇合约名义金额（元）	1,081,687,222.68	473,883,384.52	6,444,544.00	1,562,015,151.20
欧元兑英镑的平均汇率				0.8764
美元远期外汇合约名义金额（元）	277,315,401.88	300,231,492.00	23,577,600.00	601,124,493.88
欧元兑美元的平均汇率				1.1040

2020 年 1 月 15 日，子公司潍柴动力（香港）国际发展有限公司将利率互换工具作为套期工具，指定对 2.41 亿欧元的浮动利率借款由于利率变动引起的现金流量波动进行现金流量套期。被套期项目预期影响损益的期间为 2020 年至 2024 年。

本年无重大套期无效的部分。截至 2023 年 12 月 31 日，上述套期项目现金流量套期储备的金额为收益人民币 63, 190, 028. 15 元（欧元 9, 311, 722. 19）。

套期工具的账面价值以及公允价值如下：

单位：元

项目	套期工具的名义金额	套期工具的账面价值		包含套期工具的资产负债表列示项目
		资产	负债	
现金流量套期——利率互换协议	1, 894, 067, 200. 00	73, 182, 687. 04		交易性金融资产

套期工具公允价值变动在当期损益及其他综合收益列示如下：

单位：元

项目	计入其他综合收益的套期工具的公允价值变动损失	从现金流量套期储备重分类至当期损益的损失金额	包含重分类调整的利润表列示项目
现金流量套期——利率互换协议	48, 934, 524. 58		财务费用

套期工具的名义金额的时间分布以及平均价格或利率如下：

项目	6 个月内	6 至 12 个月	1 年以后	合计
利率互换协议（元）		1, 894, 067, 200. 00		1, 894, 067, 200. 00
套期工具的平均利率（%）		0. 7690		

公允价值套期

于 2018 年 12 月 31 日，本公司子公司 KION 签订了名义金额为 100, 000, 000. 00 欧元的利率互换合约，根据该协议本公司收到按固定年利率计算的利息，并支付以名义金额为基础按照欧元区银行同业拆借利率的可变年利率计算的利息。互换的目的是对固定利率中期票据的利率风险进行公允价值套期。本年无重大套期无效的部分。

套期工具的名义金额的时间分布如下：

项目	6个月内	6至12个月	1年以后	合计
利率互换合约（元）			624, 806, 400. 00	624, 806, 400. 00
套期工具的平均利率（%）			0. 6880	

套期工具的账面价值以及公允价值如下：

单位：元

项目	套期工具的名义金额	套期工具的账面价值		包含套期工具的资产负债表列示项目
		资产	负债	
利率互换合约	624, 806, 400. 00		14, 957, 229. 73	其他非流动负债

被套期项目的账面价值以及相关调整如下：

单位：元

项目	被套期项目的账面价值	被套期项目公允价值套期调整的累计金额（计入被套期项目的账面价值）	包含被套期项目的资产负债表列示项目
固定利率中期票据	606, 911, 001. 60	–17, 895, 398. 40	应付债券

子公司KION通过签订分期偿还利率互换合约，对租赁应收款项的利率风险进行公允价值套期。作为套期工具的利率互换合约反映了被套期项目组合的名义金额和到期情况，并将于2030年到期。总体而言，此公允价值套期使租赁应收款享有与其相关货币区一致的可变利率。因此，从经济角度来看，这一可变利率与被套期项目组合再融资的可变利率相等。

套期工具的名义金额的时间分布如下：

项目	6个月内	6至12个月	1年以后	合计
利率互换合约（元）		25, 851, 470. 90	16, 737, 735, 468. 01	16, 763, 586, 938. 91
套期工具的平均利率（%）		–0. 4850	1. 6026	

套期工具的账面价值以及公允价值如下：

单位：元

项目	套期工具的名义金额	套期工具的账面价值		包含套期工具的资产负债表列示项目	本年度套期无效部分的公允价值变动
		资产	负债		
分期偿还利率互换合约	16, 763, 586, 938. 91	158, 755, 840. 00	86, 426, 450. 27	交易性金融资产/其他非流动金融资产/其他非流动负债	–480, 582, 220. 80

被套期项目的账面价值以及相关调整如下：

单位：元

项目	被套期项目的账面价值	被套期项目公允价值套期调整的累计金额（计入被套期项目的账面价值）	包含被套期项目的资产负债表列示项目	本年度套期无效部分的公允价值变动
融资租赁应收款	18, 189, 033, 830. 40	-91, 646, 131. 20	一年内到期的非流动资产/长期应收款	286, 797, 926. 40

示例 2 -122　康龙化成（300759. SZ）

与金融工具相关的风险

（1）公司开展套期业务进行风险管理

项目	相应风险管理策略和目标	被套期风险的定性和定量信息	被套期项目及相关套期工具之间的经济关系	预期风险管理目标有效实现情况	相应套期活动对风险敞口的影响
外汇风险	采用远期外汇合约管理集团以美元结算的预期销售外汇风险敞口	以美元计价结算的预期销售形成的汇率风险	本集团以美元结算的预期销售与远期外汇合约中对应的外币相同，套期工具与被套期项目的基础变量均为美元汇率	套期无效部分主要来自基差风险、现汇及远期市场供求变动风险以及其他现汇及远期市场的不确定性风险等。本年度和上年度的套期无效部分的金额并不重大	远期外汇合约有效对冲了以美元结算的预期销售外汇风险敞口，针对此类套期活动本集团采用现金流量套期进行核算

按照套期类别披露套期项目及相关套期工具、被套期风险的定性和定量信息：

现金流量套期

集团将美元远期外汇合约指定为以美元计价结算的预期销售形成的汇率风险的套期工具，本集团对这些预期销售有确定承诺。这些美元远期外汇合约的余额随预期外币销售的规模以及远期汇率的变动而变化。本集团通过定性分析，由于套期工具与被套期项目的关键条款匹配，确定套期工具与被套期项目的数量比例为 1 : 1。本年度的套期无效部分的金额并不重大。

套期工具的名义金额的时间分布以及平均汇率如下：

2023 年	6 个月内美元	6 至 12 个月美元	合计
美元远期外汇合约名义金额（元）	480, 000, 000. 00	140, 000, 000. 00	620, 000, 000. 00
人民币兑美元的平均汇率	7. 0558	6. 9872	

套期工具的账面价值以及公允价值变动如下：

2023 年	套期工具的名义金额	期末套期工具的账面价值		包含套期工具的资产负债表列示项目
	美元	资产（人民币元）	负债（人民币元）	
汇率风险——美元远期外汇合约	620,000,000.00	27,649,894.23	26,930,963.59	交易性金融资产、交易性金融负债

套期工具公允价值变动在当期损益及其他综合收益列示如下：

单位：元

2023 年	计入其他综合收益的套期工具的公允价值变动	从现金流量套期储备重分类至当期损益的金额	包含重分类调整的利润表列示项目
汇率风险——美元远期外汇合约	-214,045,539.11	-199,584,055.02	营业收入、财务费用

示例 2-123 中国银行（601988.SH）

套期会计

（1）公允价值套期

本集团利用交叉货币利率互换及利率互换对汇率和利率变动导致的公允价值变动进行套期保值，汇率及利率风险通常为影响公允价值变动中最主要的部分。被套期项目包括金融投资、向中央银行借款和应付债券等。

（i）下表列示了本集团及本行公允价值套期策略中所用的衍生套期工具的具体信息。

中国银行集团

单位：百万元

2023 年 12 月 31 日	被指定为公允价值套期工具的衍生产品			
	名义金额	公允价值		资产负债表项目
		资产	负债	
利率风险				
利率互换	99,520	4,558	(210)	衍生金融资产/负债
外汇和利率风险				
交叉货币利率互换	4,012	12	(64)	衍生金融资产/负债
合计	103,532	4,570	(274)	

上述套期工具的到期日及平均汇率/利率信息如下：

中国银行集团

单位：百万元

2023年12月31日	公允价值套期					
	1个月以内	1个月至3个月	3个月至1年	1年至5年	5年以上	合计
利率风险						
利率互换						
名义金额（百万元）	1, 258	4, 270	16, 953	56, 497	20, 542	99, 520
平均固定利率（%）	3. 40	3. 48	2. 91	3. 22	3. 02	不适用
外汇和利率风险						
交叉货币利率互换						
名义金额（百万元）		351		3, 661		4, 012
平均固定利率（%）		5. 50		3. 91		不适用
美元/人民币平均汇率		6. 0350				不适用
澳元/人民币平均汇率				4. 6875		不适用
澳元/美元平均汇率				0. 6766		不适用

（ii）下表列示了本集团及本行公允价值套期策略中被套期项目的具体信息。

中国银行集团

单位：百万元

2023年12月31日	公允价值套期				
	被套期项目的账面价值		被套期项目公允价值调整的累计金额		资产负债表项目
	资产	负债	资产	负债	
利率风险					
金融投资	85, 682		(4, 774)		金融投资
应付债券		(9, 228)		22	应付债券
外汇和利率风险					
应付债券		(3, 860)		51	应付债券
合计	85, 682	(13, 088)	(4, 774)	73	

（2）净投资套期

本集团的合并资产负债表受到本集团记账本位币与其分支机构和子公司的记账本位币之间折算差额的影响。本集团在有限的情况下对此类外汇敞口进行套期保值。本集团以与相关分支机构和子公司的记账本位币同币种或汇率关联币种的吸收存款、向中央银行借款以及外汇远期及掉期合约对部分境外经营进行净投资套期。在以吸收存款、向中央银行借款以及外汇远期及掉期合约组合作为套期工具的套期关系中，本集团将远期合约的远期要素和即期要素分开，只将即期要素的价值变动指定为套期工具。2023 年度无套期无效部分（2022 年：无）。

（i）本集团净投资套期策略中所用的吸收存款和向中央银行借款的具体信息：

于 2023 年 12 月 31 日，本集团此类吸收存款和向中央银行借款的账面价值分别为人民币 673.58 亿元（2022 年 12 月 31 日：人民币 743.59 亿元）和人民币 3.80 亿元（2022 年 12 月 31 日：人民币 5.88 亿元），本行此类吸收存款的账面价值为人民币 180.08 亿元（2022 年 12 月 31 日：人民币 223.48 亿元）。

（ii）下表列示了本集团及本行净投资套期策略中所用的衍生套期工具的具体信息：

中国银行集团

单位：百万元

2023 年 12 月 31 日	被指定为公允价值套期工具的衍生产品			
	名义金额	公允价值		资产负债表项目
		资产	负债	
外汇远期及掉期合约	8,297	36	(195)	衍生金融资产/负债
合计	8,297	36	(195)	
2022 年 12 月 31 日				
外汇远期及掉期合约	7,520	278	(35)	衍生金融资产/负债
合计	7,520	278	(35)	

上述套期工具的到期日及平均汇率如下：

中国银行集团

单位：百万元

2023 年 12 月 31 日	净投资套期					
	1 个月以内	1 个月至 3 个月	3 个月至 1 年	1 年至 5 年	5 年以上	合计
外汇风险						
外汇远期及掉期合约名义金额			8,297			8,297
美元/巴西雷亚尔平均汇率			5.3209			不适用
美元/兰特平均汇率			19.6375			不适用
美元/卢比平均汇率			83.4650			不适用
美元/墨西哥比索平均汇率			18.6362			不适用

续表

2023 年 12 月 31 日	净投资套期					
	1 个月以内	1 个月至 3 个月	3 个月至 1 年	1 年至 5 年	5 年以上	合计
美元/智利比索平均汇率	863.7344		905.5018			不适用
美元/秘鲁索尔平均汇率			3.7470			不适用
美元/匈牙利福林平均汇率			365.8648			不适用
美元/新台币平均汇率			29.5737			不适用

（iii）本集团及本行净投资套期工具产生的公允价值变动对其他综合收益影响如下：

单位：百万元

项目	中国银行集团	
	2023 年 12 月 31 日	2022 年 12 月 31 日
套期工具公允价值变动转入其他综合收益的金额	2,383	3,822
套期工具远期要素从其他综合收益中转出至损益的金额	69	93
套期工具公允价值变动计入其他综合收益的净额	2,452	3,915

示例 2 - 124　农业银行（601288.SH）

衍生金融工具及套期会计

本集团主要以交易、资产负债管理及代客为目的而叙做与汇率、利率及贵金属等相关的衍生金融工具。

资产负债表日本集团持有的衍生金融工具的合同/名义金额及其公允价值列示如下表。衍生金融工具的合同/名义金额仅为表内所确认的资产或负债的公允价值提供对比的基础，并不代表所涉及的未来现金流量或当前公允价值，因而也不能反映本集团所面临的信用风险或市场风险。随着与衍生金融工具合约条款相关的市场利率、外汇汇率或贵金属价格的波动，衍生金融工具的估值可能对本集团产生有利（资产）或不利（负债）的影响，这些影响可能在不同期间有较大的波动。

本集团部分金融资产与金融负债遵循可执行的净额结算安排或类似协议。本集团与交易对手之间的该类协议通常允许在双方同意的情况下以净额结算。如果双方没有达成一致，则以总额结算。但在一方违约前提下，另一方可以选择以净额结算。本集团未对这部分金融资产与金融负债予以抵销列示。于 2023 年 12 月 31 日和 2022 年 12 月 31 日，本集团并未持有除衍生金融工具外的适用净额结算安排或类似协议的其他金融资产或金融负债。

单位：百万元

项目	本集团及本行		
	2023 年 12 月 31 日		
	合同/名义金额	公允价值	
		资产	负债
货币衍生工具			
货币远期、货币掉期及交叉货币利率掉期	2,201,349	20,701	(19,287)
货币期权	161,055	1,450	(1,226)
小计		2,2151	(20,513)
利率衍生工具			
利率掉期	362,817	2,502	1,420)
贵金属衍生工具及其他	141,712	220	(5,884)
合计		24,873	(27,817)

公允价值套期

单位：百万元

项目	本集团及本行		
	2023 年 12 月 31 日		
	合同/名义金额	公允价值	
		资产	负债
利率掉期	42,853	882	(336)

本集团及本行利用利率掉期对利率导致的公允价值变动进行套期保值。被套期项目包括发放贷款和垫款及以公允价值计量且其变动计入其他综合收益的其他债权投资。

公允价值套期产生的净收益/（损失）如下：

单位：百万元

项目	本集团及本行	
	2023 年	2022 年
净收益/(损失)		
套期工具	(666)	2,653
被套期项目	723	(2,778)
公允价值变动损益中确认的套期无效部分	57	(125)

上述套期工具名义金额到期日信息如下：

单位：百万元

项目	本集团及本行					
	1个月以内	1至3个月	3至12个月	1至5年	5年以上	合计
2023年12月31日	2,351	8,768	3,115	26,835	1,784	42,853
2022年12月31日	1,985	445	10,137	23,556	1,598	37,721

本集团及本行在公允价值套期策略中被套期项目的具体信息列示如下：

单位：百万元

项目	本集团及本行				
	2023年12月31日				
	被套期项目账面价值		被套期项目公允价值调整的累计金额		资产负债表项目
	资产	负债	资产	负债	
债券	42,465				以公允价值计量且其变动计入其他综合收益的其他债权投资
贷款	2,474		(83)		发放贷款和垫款
合计	44,939		(83)		

第七节　黄金租赁业务披露示例

一、准则相关规定与监管指引（节选）

（一）《企业会计准则应用指南（2006）》附录：会计科目和主要账务处理

1431　贵金属

一、本科目核算企业（金融）持有的黄金、白银等贵金属存货的成本。企业（金融）为上市交易而持有的贵金属，比照“交易性金融资产”科目进行处理。

二、本科目可按贵金属的类别进行明细核算。

三、贵金属的主要账务处理。

（一）企业购买的贵金属，借记本科目，贷记“存放中央银行款项”等科目。

（二）出售的贵金属，应按实际收到的金额，借记“存放中央银行款项”等科目，贷记“其他业务收入”科目。按其账面余额，借记“其他业务成本”科目，贷记本科目。

四、本科目期末借方余额，反映企业持有贵金属存货的成本。

（二）证监会《上市公司执行企业会计准则案例解析（2024）》

案例2－08　黄金租赁业务的会计处理

一、案例背景

A公司为一家黄金生产企业，由于银行信贷额度紧张，其采用向银行租赁黄金并立即将黄金在现货市场出售以获得现金的方式融资。该公司于2×18年1月5日向银行借入黄金1,000千克，借入期限为1年，于2×19年1月5日到期，按借入日的黄金市场价格300元/克确定基数计算借贷利息。根据黄金借贷合同，公司与银行约定到期时可归还相同数量的黄金或与归还日黄金现货市场价格等值的货币。

为了规避因借金而引起的黄金价格波动风险，A公司决定对上述黄金借贷合同通过黄金期货进行套期保值，即于2×18年1月5日从上海期货交易所买入同等数量的1年期黄金期货合约对其进行套期保值。

问题：A公司上述黄金租赁业务应如何进行会计处理？

二、会计准则及相关规定（略）

三、案例解析

在本案例中，A公司因融资目的与银行签订黄金借贷合同，且在取得黄金后立即将黄金在现货市场出售并获取现金，因此，A公司上述黄金借贷合同形成未来偿还义务，应初始确认为金融负债。

由于公司没有计划以自产黄金归还银行，所以在合同到期时，无论公司以市场购入的黄金还是以归还日黄金现货市场价格等值的货币归还，未来需偿付负债的公允价值均将面临黄金价格的波动风险。因此，根据《企业会计准则第22号——金融工具确认与计量》（2017年修订）第二十三条规定，该黄金借贷合同为混合工具，即债务主合同中嵌入了一项随着黄金市场价格波动而变动的衍生工具，其经济特征类似于未来以不确定价格买入黄金的净额结算的远期合同。

根据《企业会计准则第22号——金融工具确认和计量》（2017年修订）的规定，A公司可以选择将黄金借贷合同这一混合工具整体指定为以公允价值计量且其变动计入当期损益的金融负债。另外，由于嵌入衍生工具面临的主要是黄金价格的波动风险，而主合同面临的主要是利率风险，嵌入衍生工具的经济特征和风险与主合同不密切相关，所以A公司也可以选择将嵌入衍生工具与主合同分开核算，拆分后的衍生工具根据准则规定，应当按照公允价值计量且其变动计入当期损益。因此，在本案例中，对于上述黄金借贷合同这一混合工具，无论A公司选择将该混合工具整体指定为以公允价值计量且其变动计入当期损益的金融负债，还是将嵌入衍生工具从混合工具中拆分出来单独核算，结果均是以公允价值计量且其变动计入当期损益。而黄金期货合同本身作为衍生工具，是以公允价值计量且其变动计入当期损益。因此，上述黄金借贷和黄金期货两个合同各自按照会计准则规定计量后的结果对公司损益的影响已经能在很大程度上相互抵销，无须使用套期会计即能达到套期会计的效果。

【相关案例】

以融资为目的的黄金租赁业务的会计处理

（一）案例背景

情形一：以融资为目的，甲上市公司与银行签订黄金租赁合约，约定从银行租入一定数量某成色（如 Au99.95）的黄金，按照租借日所租黄金市价的固定费率（如3.5%）支付租金，于租约到期日向银行偿还同质同量的黄金。该租赁合同未要求银行将黄金过户给公司，而是于合同生效日将租入的黄金出售给该银行，并于到期日向该银行购回相同数量的黄金以了结租赁义务。上述即期出售和远期购回黄金的价格系合同双方通过谈判事先约定，不一定与出售日或购回日的市场价格相同。

情形二：以融资为目的，乙上市公司与银行签订黄金租赁合约，约定从银行租入一定数量某成色（如 Au99.95）的黄金，按照租借日所租黄金市价的固定费率（如3.5%）支付租金，于租约到期日向银行偿还同质同量的黄金。该租赁合同要求银行将黄金过户给公司，并由公司自主决定在交易所市场出售和购回的时机，并承担由此产生的市场价格波动的风险。公司在交易所市场出售黄金后，并未签订远期黄金买卖合同以锁定上述风险。租赁合同到期日前，公司判断黄金价格将要大幅上涨，为节省融资成本，公司提前购入黄金以待到期日交割给银行。

情形三：以融资为目的，丙上市公司与银行签订黄金租赁合约，约定从银行租入一定数量某成色（如 Au99.95）的黄金，按照租借日所租黄金市价的固定费率（如3.5%）支付租金，于租约到期日向银行偿还同质同量的黄金。该租赁合同要求银行将黄金过户给公司，并由公司自主决定在交易所市场出售和购回的时机，并承担由此产生的市场价格波动的风险。为锁定上述风险，公司在与银行签订租赁合同的同时选择与同一家银行按照彼时的远期市场价格达成远期黄金买卖合同，该合同可以通过全额或净额方式交割。上述两项交易尽管在标的物、签约时间和交易对手方面相同，但合同条款彼此独立且都是按照市场条件达成。

问题：针对上述以融资为目的的黄金租赁交易，应如何进行会计处理？

（二）会计准则及相关规定（略）

（三）案例解析

黄金是商品，不是会计准则所定义的金融资产。同时，案例中的黄金不是一项特定资产，因而也不适用租赁准则。由于银行信贷额度紧张等原因，不少公司采用向银行租赁黄金并立即将黄金出售以获得现金的方式向银行融资，但实务中存在各种不同的交易安排，应根据具体安排进行相应会计处理。

情形一：在该情形下，甲公司在与银行签订黄金租赁合约的同时，与该银行签订在租赁合同生效日卖出黄金的合约和在到期日购回黄金的远期合约，三项合同同时签订并且互为条件，合同为与同一家银行签订，均面临黄金价格波动的风险。同时，A公司作为黄金租入方无法接触到租赁资产黄金，无法决定租赁资产的利用方式（如卖空时机或价格），并且不受“卖空（租赁资产）”期间黄金价格波动的影响，而仅仅在合同生效日收取现金流量后承担了一项于未来期间归还某一确定金额的现金流量的义务，三项合同互为条件，单独而言不具有商业实质，实质上为一项资金借贷交易。

根据上述分析，该情形下交易符合《国际财务报告准则第9号——金融工具（应用指南）》第B.6段中关于多个合同视为一项交易处理的条件，其实质为一项银行借贷交易，甲公司应确认为一项金融负债。

情形二：在此情形下，黄金租赁交易中要求银行将黄金过户至乙公司，且乙公司与银行未签订即期卖出或远期买卖黄金合同，而是由乙公司自主决定在交易所市场出售和购回的时机，并承担由此产生的黄金市场价格波动的风险。

在此情况下，关于黄金租赁交易的会计处理，理论和实务界存在资产负债表观和利润表观两派不同观点：

观点一认为，公司租入黄金后持有并控制黄金，应该确认为一项资产，同时存在一项未来需要向银行归还黄金的义务，因而应确认一项以公允价值计量的负债。待未来黄金卖出时点，再做卖出黄金资产处理。

观点二认为，虽然公司在租赁期实际占有和有权使用黄金，但与黄金价格有关的风险和报酬实质上仍由银行承担和享有，因此公司并不需进行除租赁费之外的其他任何会计处理，只有当公司将租入黄金在市场上卖掉时，才形成一笔将来需买入黄金以归还银行的义务，即在黄金卖出时点确认一项以公允价值计量的负债。

在此情形下，在公司购入黄金时的会计处理，也存在两派不同观点：

观点一认为，从市场购入黄金是资产初始确认的问题，与负债的终止确认属于彼此独立的问题，企业购入现货黄金并不必然等同于结算或抵销负债，故认为应当确认一项资产。

观点二认为，从“风险和报酬是否转移”的角度出发，租赁存续期间从市场上购入黄金的时点，上述归还黄金义务所面临的市场风险敞口已经消除，因此公司购入黄金后应当立即终止确认上述确认的以公允价值计量的负债。

情形三：在该情形下，丙公司在与银行签订黄金租赁的同时，与交易对手方签订了一项远期买入黄金的合同，这两项交易尽管在标的物、签约时间和交易对手方面相同，但合同条款彼此独立且都是按照市场条件达成，如何进行会计处理，理论和实务界中也存在不同的观点：

观点一认为，黄金租赁交易和黄金远期合同为同一时点、与同一交易对手签订的，从银行的角度而言，黄金租赁交易可视同为银行即期转移、远期按照转移价格扣除租赁费用购回黄金的交易，那么，在此基础上签订固定价格的黄金远期卖出合同，意味着银行在租赁日已转移黄金的风险和报酬，综合效果上类似于黄金赊销交易（即期转移了黄金实物，远期进行结算），参考金融资产终止确认或收入确认的相关原则，应当于租赁日终止确认资产，同时确认一项对企业的贷款。

相对应的，作为黄金租赁方的丙公司，其相当于在租赁起始日购入一笔黄金，同时存在到期时偿还银行的一项借款，因此在黄金租赁日应确认一项黄金实物资产，而对于远期向银行偿还黄金的义务确认为一项观点二认为，能否将黄金租赁交易人为分解为不同部分后比照金融资产终止确认或收入确认准则进行会计处理，这一点存在疑问。另外，假设上述黄金租赁和黄金远期合同为同一银行的黄金租赁部门和衍生工具部门在彼此不知情的情况下签订的（如企业与银行的两个部门分别谈判，并按照市场条件达成租赁和衍生工具协议），那么能否将上述达成于相同时间和相同交易对手之间，但合同条款相互独立且不存在定价依赖关系的两项交易视同“一揽子交易”进行会计处理，这一点存在疑问。

有鉴于此，该观点认为，对于该两项交易，应首先适用上述《国际财务报告准则第 9 号——金融工具（应用指南）》第 B. 6 段的条件综合判断是否能视同为一揽子交易后再进行会计处理。鉴于上述黄金租赁合同和黄金远期合同彼此独立，并且单独来看和合并来看可能会存在不同的经济后果，因此应该单独计量，分别对黄金租赁交易和黄金远期交易进行会计处理。其中，关于黄金租赁交易与上述情形二中的交易性质相同，因而也存在两种不同观点。而对于黄金远期交易，则单独确认为一项衍生工具。

二、黄金租赁业务披露示例

（一）简要分析

《企业会计准则第 22 号——金融工具确认和计量》（2017 年修订）第二十三条规定：“嵌入衍生工具，是指嵌入到非衍生工具（即主合同）中的衍生工具。嵌入衍生工具与主合同构成混合合同。该嵌入衍生工具对混合合同的现金流量产生影响的方式，应当与单独存在的衍生工具类似，且该混合合同的全部或部分现金流量随特定利率、金融工具价格、商品价格、汇率、价格指数、费率指数、信用等级、信用指数或其他变量变动而变动，变量为非金融变量的，该变量不应与合同的任何一方存在特定关系。”

《企业会计准则第 22 号——金融工具确认和计量》（2017 年修订）第二十五条规定：“混合合同包含的主合同不属于本准则规范的资产，且同时符合下列条件的，企业应当从混合合同中分拆嵌入衍生工具，将其作为单独存在的衍生工具处理：（一）嵌入衍生工具的经济特征和风险与主合同的经济特征和风险不紧密相关。（二）与嵌入衍生工具具有相同条款的单独工具符合衍生工具的定义。（三）该混合合同不是以公允价值计量且其变动计入当期损益进行会计处理。”

《企业会计准则第 22 号——金融工具确认和计量》（2017 年修订）第二十六条规定：“混合合同包含一项或多项嵌入衍生工具，且其主合同不属于本准则规范的资产的，企业可以将其整体指定为以公允价值计量且其变动计入当期损益的金融工具。但下列情况除外：（一）嵌入衍生工具不会对混合合同的现金流量产生重大改变。（二）在初次确定类似的混合合同是否需要分拆时，几乎不需分析就能明确其包含的嵌入衍生工具不应分拆。如嵌入贷款的提前还款权，允许持有人以接近摊余成本的金额提前偿还贷款，该提前还款权不需要分拆。”

《企业会计准则应用指南汇编2024》“第二十二章　金融工具确认和计量”指出：“嵌入在主债务工具或保险合同中且与商品价格挂钩的利息或本金支付额（即利息或本金金额与商品价格挂钩），不与主合同工具紧密相关，因为内含在主合同工具的风险与嵌入衍生工具中的风险不同。”

实务中较为常见的黄金租赁交易形式为公司由于银行信贷额度紧张，采用向银行租赁黄金并立即将黄金在现货市场出售以获得现金的方式融资，公司与银行约定到期时可归还相同数量的黄金或与归还日黄金现货市场价格等值的货币。为了规避因借金而引起的黄金价格波动风险，公司通常会对上述黄金借贷合同通过黄金期货进行套期保值，即于借入黄金时点从期货交易所买入同等数量的期限相同的黄金期货合约对其进行套期保值。

该类交易中，如果公司因融资目的与银行签订黄金借贷合同，且在取得黄金后立即将黄金在现货市场出售并获取现金，则公司因黄金借贷合同形成未来偿还义务，应初始确认为金融负债。在合同到期时，无论公司以市场购入的黄金还是以归还日黄金现货市场价格等值的货币归还，未来需偿付负债的公允价值均将面临黄金价格的波动风险，该黄金借贷合同为混合工具，即债务主合同中嵌入了一项随着黄金市场价格波动而变动的衍生工具，其经济特征类似于未来以不确定价格买入黄金的净额结算的远期合同。公司可以选择将黄金借贷合同这一混合工具整体指定为以公允价值计量且其变动计入当期损益的金融负债。

另外，由于嵌入衍生工具面临的主要是黄金价格的波动风险，而主合同面临的主要是利率风险，嵌入衍生工具的经济特征和风险与主合同不密切相关，所以公司也可以选择将嵌入衍生工具与主合同分开核算，拆分后的衍生工具根据准则规定，应当按照公允价值计量且其变动计入当期损益。无论选择将该混合工具整体指定为以公允价值计量且其变动计入当期损益的金融负债，还是将嵌入衍生工具从混合工具中拆分出来单独核算，结果均是以公允价值计量且其变动计入当期损益。而黄金期货合同本身作为衍生工具，是以公允价值计量且其变动计入当期损益。因此，上述黄金借贷和黄金期货两个合同各自按照会计准则规定计量后的结果对公司损益的影响已经能在很大程度上相互抵销，无须使用套期会计即能达到套期会计的效果。

需要注意的是，《企业会计准则应用指南汇编2024》“第二十二章　金融工具确认和计量”参考国际财务报告准则解释委员会2019年3月议程决议，“《国际财务报告准则第9号——金融工具》——对买卖非金融项目合同的实物结算”，增加了买卖非金融项目的合同作为衍生工具进行会计处理后又发生实物交割的指引。

（二）年报披露示例

黄金租赁业务列报的披露示例汇总如表2－26所示。

表 2－26　　　　　　　　　黄金租赁业务列报的披露示例汇总

序号	参考示例	黄金租赁业务列报科目
1	示例 2－125　紫金矿业（601899. SH）	短期借款、交易性金融负债
2	示例 2－126　山东黄金（600547. SH）	短期借款、交易性金融负债
3	示例 2－127　洛阳钼业（603993. SH）	交易性金融负债
4	示例 2－128　中国铝业（601600. SH）	其他流动负债
5	示例 2－129　招商证券（600999. SH）	拆入资金

示例 2－125　紫金矿业（601899. SH）

短期借款

单位：元

项目	2023 年	2022 年
信用借款	13, 820, 919, 291	14, 270, 559, 655
质押借款	29, 762, 966	
黄金租赁（注 2）	4, 382, 372, 250	5, 831, 459, 100
应收票据贴现	2, 756, 417, 162	3, 564, 296, 746
合计	20, 989, 471, 669	23, 666, 315, 501

注 2：本集团在租入黄金的同时与提供黄金租赁的同一家银行签订与该黄金租赁对应的数量、规格和到期日相同的远期合约，约定到期日本集团以约定的人民币价格从该银行购入相同数量和规格的黄金，用以归还所租赁黄金。本集团认为这种黄金租赁的业务模式，黄金租赁期间的黄金价格波动风险完全由银行承担，本集团只承担约定的黄金租赁费及相关手续费，因此本集团将租入的黄金计入短期借款/长期借款。

交易性金融负债

单位：元

项目	2023 年	2022 年
黄金租赁（注 1）	59, 830, 250	
购电协议	35, 125, 695	
延迟定价合约	1, 011, 396, 649	160, 985, 668
其他衍生品	582, 470, 586	379, 517, 807
衍生金融负债	1, 688, 823, 180	540, 503, 475

注 1：本集团从银行租入黄金，通过上海黄金交易所卖出所租赁黄金融得资金，到期日通过上海黄金交易所买入相同数量和规格的黄金偿还银行并支付约定租金，租赁期为 1 年以内（包括 1 年）。于 2023 年 12 月 31 日，该金融负债的余额为人民币 59, 830, 250 元（2022 年 12 月 31 日：无）。此外，本集团的其他黄金租赁已计入短期借款，详见附注五、26。

示例2－126　山东黄金（600547. SH）

短期借款

单位：元

项目	期末余额	期初余额
质押借款		24, 019, 158. 33
抵押借款		
保证借款	3, 959, 339, 840. 52	1, 218, 805, 000. 00
信用借款	8, 563, 483, 392. 29	5, 371, 406, 834. 45
黄金租赁	7, 684, 582, 030. 41	
合计	20, 207, 405, 263. 22	6, 614, 230, 992. 78

交易性金融负债

单位：元

项目	期初余额	期末余额	指定的理由和依据
交易性金融负债			—
其中：指定为以公允价值计量且其变动计入当期损益的金融负债	11, 265, 744, 835. 92	781, 220, 784. 51	
其中：应付黄金租赁业务款	11, 206, 694, 086. 21	728, 077, 087. 75	
结构化主体其他持有者份额	59, 050, 749. 71	53, 143, 696. 76	
合计	11, 265, 744, 835. 92	781, 220, 784. 51	—

本集团对单一黄金租赁业务应付黄金租赁业务款和结构化主体其他持有者份额以公允价值为基础进行管理和评价，并将其指定为以公允价值计量且其变动计入当期损益的金融负债。

本集团从银行租入黄金后对外销售或者出租，到期日通过上海黄金交易所买入相同数量和规格的黄金偿还银行并支付约定租金，租赁期为1年以内（包括1年）。于2023年12月31日，该金融负债的余额为人民币728, 077, 087. 75元。此外，本集团的其他黄金租赁已计入短期借款，详见附注七、32。

示例 2－127　洛阳钼业（603993. SH）

交易性金融负债

单位：元

项目	年末公允价值	年初公允价值
公允价值计量的远期商品合约及黄金租赁形成的负债（注 1）	676, 512, 725. 59	784, 146, 860. 96
按公允价值计量且其变动计入当期损益的应付款项（注 2）	2, 975, 298, 635. 88	3, 618, 366, 825. 57
合计	3, 651, 811, 361. 47	4, 402, 513, 686. 53

注 1：本集团与银行签订黄金租赁协议。在租赁期内，本集团可以将租入的黄金销售给第三方，至租赁期满，返还银行相同规格和重量的黄金。本集团返还黄金的义务被确认为以公允价值计量的金融负债。同时，为了对冲相关负债的商品价格风险，本集团使用黄金远期合约对黄金租赁协议下返还银行等量等质黄金的义务进行风险管理，以此来规避本集团承担的随着黄金市场价格的波动，与该交易性金融负债的公允价值发生波动的风险。

注 2：本集团主要产品铜、铅、锌精矿等的采购价根据交付时的市场价格暂时确定，价格通常根据交付后指定时期或期间内伦敦金属交易所所报的铜、铅、锌精矿等现货价格附加升贴水确定。本集团将相关业务形成的应付款项指定为以公允价值计量且其变动计入当期损益的金融负债。

示例 2－128　中国铝业（601600. SH）

其他流动负债

单位：千元

项目	期末余额	期初余额
黄金租赁（注 1）		7, 018, 609
短期应付债券	2, 411, 256	9, 331, 488
待转销项税	271, 963	210, 283
其他	264	999
合计	2, 683, 483	16, 561, 379

注 1：2019 年度，本公司与交通银行股份有限公司（“交通银行”）和中国农业银行股份有限公司（“农业银行”），以黄金租赁方式开展流动资金融资业务，本公司自交通银行和农业银行租入标准黄金，租赁期在一年以内。同时，本公司委托交通银行和农业银行出售全部租入的黄金，且本公司与交通银行和农业银行签订黄金远期合约，约定于租赁期满时，本公司以出售该租入黄金的同等价格自交通银行和农业银行购入与租入黄金数量相等的标准黄金，归还给银行。本公司董事认为，在黄金租赁业务中，本公司无须承担融资期间黄金价格波动带来的风险，实质为自银行取得的固定利率短期贷款，综合成本为 3. 70% 至 4. 50%，并按照扣除交易手续费后的净额进行列示。截至 2020 年 12 月 31 日，全部黄金租赁合同已履行完毕。

示例 2－129　招商证券（600999. SH）

拆入资金

单位：元

项目	2023 年 12 月 31 日	2022 年 12 月 31 日
银行拆入资金	14, 055, 611, 942. 07	10, 802, 438, 466. 70
转融通融入资金	6, 033, 614, 327. 78	
黄金租赁	6, 972, 165, 922. 71	
合计	27, 061, 392, 192. 56	10, 802, 438, 466. 70

第八节　与金融工具相关的风险披露示例

由于金融产品形式多种多样，金融工具的确认与计量相对复杂，且不少金融产品具有杠杆特征，价值波动较大，投资者越发关注与金融工具相关的风险。与此相对应，《企业会计准则第 37 号——金融工具列报》要求企业披露与各类金融工具风险相关的定性和定量信息，以便财务报表使用者评估报告期末金融工具产生的风险的性质和程度，更好地评价企业所面临的风险敞口。金融工具相关风险包括信用风险、流动性风险、市场风险等，考虑篇幅因素，本节选取部分有代表性的与金融工具相关的非金融企业风险披露示例以供参考。金融企业风险披露示例可参考大型上市银行、证券公司和保险公司年度报告。

一、准则相关规定与监管指引（节选）

（一）《企业会计准则第 37 号——金融工具列报》

第一节　定性和定量信息

第七十五条　企业应当披露与各类金融工具风险相关的定性和定量信息，以便财务报表使用者评估报告期末金融工具产生的风险的性质和程度，更好地评价企业所面临的风险敞口。相关风险包括信用风险、流动性风险、市场风险等。

第七十六条　对金融工具产生的各类风险，企业应当披露下列定性信息：

（一）风险敞口及其形成原因，以及在本期发生的变化；

（二）风险管理目标、政策和程序以及计量风险的方法及其在本期发生的变化。

第七十七条　对金融工具产生的各类风险，企业应当按类别披露下列定量信息：

（一）期末风险敞口的汇总数据。该数据应当以向内部关键管理人员提供的相关信息为基础。企业运用多种方法管理风险的，披露的信息应当以最相关和可靠的方法为基础。

（二）按照本准则第七十八条至第九十七条披露的信息。

（三）期末风险集中度信息，包括管理层确定风险集中度的说明和参考因素（包括交易对手方、地理区域、货币种类、市场类型等），以及各风险集中度相关的风险敞口金额。

上述期末定量信息不能代表企业本期风险敞口情况的，应当进一步提供相关信息。

第二节　信用风险披露

第七十八条　对于适用《企业会计准则第 22 号——金融工具确认和计量》金融工具减值规定的各类金融工具和相关合同权利，企业应当按照本准则第八十条至第八十七条的规定披露。

对于始终按照相当于整个存续期内预期信用损失的金额计量其减值损失准备的应收款项、合同资产和租赁应收款，在逾期超过 30 日后对合同现金流量作出修改的，适用本准则第八十五条（一）的规定。

租赁应收款不适用本准则第八十六条（二）的规定。

第七十九条　为使财务报表使用者了解信用风险对未来现金流量的金额、时间和不确定性的影响，企业应当披露与信用风险有关的下列信息：

（一）企业信用风险管理实务的相关信息及其与预期信用损失的确认和计量的关系，包括计量金融工具预期信用损失的方法、假设和信息；

（二）有助于财务报表使用者评价在财务报表中确认的预期信用损失金额的定量和定性信息，包括预期信用损失金额的变动及其原因；

（三）企业的信用风险敞口，包括重大信用风险集中度；

（四）其他有助于财务报表使用者了解信用风险对未来现金流量金额、时间和不确定性的影响的信息。

第八十条　信用风险信息已经在其他报告（例如管理层讨论与分析）中予以披露并与财务报告交叉索引，且财务报告和其他报告可以同时同条件获得的，则信用风险信息无需重复列报。企业应当根据自身实际情况，合理确定相关披露的详细程度、汇总或分解水平以及是否需对所披露的定量信息作补充说明。

第八十一条　企业应当披露与信用风险管理实务有关的下列信息：

（一）企业评估信用风险自初始确认后是否已显著增加的方法，并披露下列信息：

1. 根据《企业会计准则第 22 号——金融资产确认和计量》第五十五条的规定，在资产负债表日只具有较低的信用风险的金融工具及其确定依据（包括适用该情况的金融工具类别）；

2. 逾期超过 30 日，而信用风险自初始确认后未被认定为显著增加的金融资产及其确定依据。

（二）企业对违约的界定及其原因。

（三）以组合为基础评估预期信用风险的金融工具的组合方法。

（四）确定金融资产已发生信用减值的依据。

（五）企业直接减记金融工具的政策，包括没有合理预期金融资产可以收回的迹象和已经直接减记但仍受执行活动影响的金融资产相关政策的信息。

（六）根据《企业会计准则第22号——金融工具确认和计量》第五十六条的规定评估合同现金流量修改后金融资产的信用风险的，企业应当披露其信用风险的评估方法以及下列信息：

1. 对于损失准备相当于整个存续期预期信用损失的金融资产，在发生合同现金流修改时，评估信用风险是否已下降，从而企业可以按照相当于该金融资产未来12个月内预期信用损失的金额确认计量其损失准备；

2. 对于符合本条（六）1中所述的金融资产，企业应当披露其如何监控后续该金融资产的信用风险是否显著增加，从而按照相当于整个存续期预期信用损失的金额重新计量损失准备。

第八十二条　企业应当披露《企业会计准则第22号——金融工具确认和计量》第八章有关金融工具减值所采用的输入值、假设和估值技术等相关信息，具体包括：

（一）用于确定下列各事项或数据的输入值、假设和估计技术：

1. 未来12个月内预期信用损失和整个存续期的预期信用损失的计量；

2. 金融工具的信用风险自初始确认后是否已显著增加；

3. 金融资产是否已发生信用减值。

（二）确定预期信用损失时如何考虑前瞻性信息，包括宏观经济信息的使用。

（三）报告期估计技术或重大假设的变更及其原因。

第八十三条　企业应当以表格形式按金融工具的类别编制损失准备期初余额与期末余额的调节表，分别说明下列项目的变动情况：

（一）按相当于未来12个月预期信用损失的金额计量的损失准备。

（二）按相当于整个存续期预期信用损失的金额计量的下列各项的损失准备：

1. 自初始确认后信用风险已显著增加但并未发生信用减值的金融工具；

2. 对于资产负债表日已发生信用减值但并非购买或源生的已发生信用减值的金融资产；

3. 根据《企业会计准则第22号——金融工具确认和计量》第六十三条的规定计量减值损失准备的应收账款、合同资产和租赁应收款。

（三）购买或源生的已发生信用减值的金融资产的变动。除调节表外，企业还应当披露本期初始确认的该类金融资产在初始确认时未折现的预期信用损失总额。

第八十四条　为有助于财务报表使用者了解企业按照本准则第八十三条规定披露的损失准备变动信息，企业应当对本期发生损失准备变动的金融工具账面余额显著变动情况作出说明，这些说明信息应当包括定性和定量信息，并应当对按照本准则第八十三条规定披露损失准备的各项目分别单独披露，具体可包括下列情况下发生损失准备变动的金融工具账面余额显著变动信息：

（一）本期因购买或源生的金融工具所导致的变动。

（二）未导致终止确认的金融资产的合同现金流量修改所导致的变动。

（三）本期终止确认的金融工具（包括直接减记的金融工具）所导致的变动。

对于当期已直接减记但仍受执行活动影响的金融资产，还应当披露尚未结算的合同金额。

（四）因按照相当于未来12个月预期信用损失或整个存续期内预期信用损失金额计量损失准备而导致的金融工具账面余额变动信息。

第八十五条　为有助于财务报表使用者了解未导致终止确认的金融资产合同现金流量修改的性质和影响，及其对预期信用损失计量的影响，企业应当披露下列信息：

（一）企业在本期修改了金融资产合同现金流量，且修改前损失准备是按相当于整个存续期预期信用损失金额计量的，应当披露修改或重新议定合同前的摊余成本及修改合同现金流量的净利得或净损失；

（二）对于之前按照相当于整个存续期内预期信用损失的金额计量了损失准备的金融资产，而当期按照相当于未来12个月内预期信用损失的金额计量该金融资产的损失准备的，应当披露该金融资产在资产负债表日的账面余额。

第八十六条　为有助于财务报表使用者了解担保物或其他信用增级对源自预期信用损失的金额的影响，企业应当按照金融工具的类别披露下列信息：

（一）在不考虑可利用的担保物或其他信用增级的情况下，企业在资产负债表日的最大信用风险敞口。

（二）作为抵押持有的担保物和其他信用增级的描述，包括：

1. 所持有担保物的性质和质量的描述；

2. 本期由于信用恶化或企业担保政策变更，导致担保物或信用增级的质量发生显著变化的说明；

3. 由于存在担保物而未确认损失准备的金融工具的信息。

（三）企业在资产负债表日持有的担保物和其他信用增级为已发生信用减值的金融资产作抵押的定量信息（例如对担保物和其他信用增级降低信用风险程度的量化信息）。

第八十七条　为有助于财务报表使用者评估企业的信用风险敞口并了解其重大信用风险集中度，企业应当按照信用风险等级披露相关金融资产的账面余额以及贷款承诺和财务担保合同的信用风险敞口。这些信息应当按照下列各类金融工具分别披露：

（一）按相当于未来12个月预期信用损失的金额计量损失准备的金融工具。

（二）按相当于整个存续期预期信用损失的金额计量损失准备的下列金融工具：

1. 自初始确认后信用风险已显著增加的金融工具（但并非已发生信用减值的金融资产）；

2. 在资产负债表日已发生信用减值但并非所购买或源生的已发生信用减值的金融资产；

3. 根据《企业会计准则第22号——金融工具确认和计量》第六十三条规定计量减值损失准备的应收账款、合同资产或者租赁应收款。

（三）购买或源生的已发生信用减值的金融资产。

信用风险等级是指基于金融工具发生违约的风险对信用风险划分的等级。

第八十八条　对于属于本准则范围，但不适用《企业会计准则第22号——金融工具确认和计量》金融工具减值规定的各类金融工具，企业应当披露与每类金融工具信用风险有关的下列信息：

（一）在不考虑可利用的担保物或其他信用增级的情况下，企业在资产负债表日的最大信用风险敞口。金融工具的账面价值能代表最大信用风险敞口的，不再要求披露此项信息。

（二）无论是否适用本条（一）中的披露要求，企业都应当披露可利用担保物或其他信用增级的信息及其对最大信用风险敞口的财务影响。

第八十九条　企业本期通过取得担保物或其他信用增级所确认的金融资产或非金融资产，应当披露下列信息：

（一）所确认资产的性质和账面价值；

（二）对于不易变现的资产，应当披露处置或拟将其用于日常经营的政策等。

第三节　流动性风险披露

第九十条　企业应当披露金融负债按剩余到期期限进行的到期期限分析，以及管理这些金融负债流动性风险的方法：

（一）对于非衍生金融负债（包括财务担保合同），到期期限分析应当基于合同剩余到期期限。对于包含嵌入衍生工具的混合金融工具，应当将其整体视为非衍生金融负债进行披露。

（二）对于衍生金融负债，如果合同到期期限是理解现金流量时间分布的关键因素，到期期限分析应当基于合同剩余到期期限。

当企业将所持有的金融资产作为流动性风险管理的一部分，且披露金融资产的到期期限分析使财务报表使用者能够恰当地评估企业流动性风险的性质和范围时，企业应当披露金融资产的到期期限分析。

流动性风险，是指企业在履行以交付现金或其他金融资产的方式结算的义务时发生资金短缺的风险。

第九十一条　企业在披露到期期限分析时，应当运用职业判断确定适当的时间段。列入各时间段内按照本准则第九十条的规定披露的金额，应当是未经折现的合同现金流量。

企业可以但不限于按下列时间段进行到期期限分析：

（一）一个月以内（含一个月，下同）；

（二）一个月至三个月以内；

（三）三个月至一年以内；

（四）一年至五年以内；

（五）五年以上。

第九十二条　债权人可以选择收回债权时间的，债务人应当将相应的金融负债列入债权人可以要求收回债权的最早时间段内。

债务人应付债务金额不固定的，应当根据资产负债表日的情况确定到期期限分析所披露的金额。如分期付款的，债务人应当把每期将支付的款项列入相应的最早时间段内。

财务担保合同形成的金融负债，担保人应当将最大担保金额列入相关方可以要求支付的最早时间段内。

第九十三条　企业应当披露流动性风险敞口汇总定量信息的确定方法。此类汇总定量信息中的现金（或另一项金融资产）流出符合下列条件之一的，应当说明相关事实，并提供有助于评价该风险程度的额外定量信息：

（一）该现金的流出可能显著早于汇总定量信息中所列示的时间。

（二）该现金的流出可能与汇总定量信息中所列示的金额存在重大差异。

如果以上信息已包括在本准则第九十条规定的到期期限分析中，则无需披露上述额外定量信息。

第四节　市场风险披露

第九十四条　金融工具的市场风险，是指金融工具的公允价值或未来现金流量因市场价格变动而发生波动的风险，包括汇率风险、利率风险和其他价格风险。

汇率风险，是指金融工具的公允价值或未来现金流量因外汇汇率变动而发生波动的风险。汇率风险可源于以记账本位币之外的外币进行计价的金融工具。

利率风险，是指金融工具的公允价值或未来现金流量因市场利率变动而发生波动的风险。利率风险可源于已确认的计息金融工具和未确认的金融工具（如某些贷款承诺）。

其他价格风险，是指金融工具的公允价值或未来现金流量因汇率风险和利率风险以外的市场价格变动而发生波动的风险，无论这些变动是由于与单项金融工具或其发行方有关的因素而引起的，还是由于与市场内交易的所有类似金融工具有关的因素而引起的。其他价格风险可源于商品价格或权益工具价格等的变化。

第九十五条　在对市场风险进行敏感性分析时，应当以整个企业为基础，披露下列信息：

（一）资产负债表日所面临的各类市场风险的敏感性分析。该项披露应当反映资产负债表日相关风险变量发生合理、可能的变动时，将对企业损益和所有者权益产生的影响。

对具有重大汇率风险敞口的每一种货币，应当分币种进行敏感性分析。

（二）本期敏感性分析所使用的方法和假设，以及本期发生的变化和原因。

第九十六条　企业采用风险价值法或类似方法进行敏感性分析能够反映金融风险变量之间（如利率和汇率之间等）的关联性，且企业已采用该种方法管理金融风险的，可不按照本准则第九十五条的规定进行披露，但应当披露下列信息：

（一）用于该种敏感性分析的方法、选用的主要参数和假设；

（二）所用方法的目的，以及该方法提供的信息在反映相关资产和负债公允价值方面的局限性。

第九十七条　按照本准则第九十五条或第九十六条对敏感性分析的披露不能反映金融工具市场风险的（例如期末的风险敞口不能反映当期的风险状况），企业应当披露这一事实及其原因。

（二）证监会《公开发行证券的公司信息披露编报规则第 15 号——财务报告的一般规定（2023 年修订）》

第四十九条　公司应披露金融工具产生的信用风险、流动性风险、市场风险等各类风险，包括风险敞口及其形成原因、风险管理目标、政策和程序、计量风险的方法，以及上述信息在本期发生的变化；期末风险敞口的量化信息，以及有助于投资者评估风险敞口的其他数据。

（三）证监会《2018 年上市公司年报会计监管报告》

新金融工具准则的披露问题

根据新金融工具准则，企业应当披露信用风险相关定性及定量的信息，如风险管理实务、信用风险是否显著增加的判断标准、确定已发生信用减值的依据、如何考虑前瞻性信息、金融工具减值相关的输入值、假设和估值技术、预期信用损失三阶段的情况等。在首次执行当年，企业还应当按照准则的衔接规定披露相关信息。年报分析发现，部分上市公司执行新金融工具准则存在披露不充分的问题，例如对于金融资产的预期信用损失没有充分披露具体参数的确定方法，前瞻性信息的考虑因素，预期信用损失三阶段的情况以及准则规定的其他关键定性和定量信息。在披露首次执行新金融工具准则对当年年初财务报表的影响时，仅列示影响的相关项目和金额，未披露调整性质及原因以及准则规定的其他信息。

二、与金融工具相关的风险披露示例

（一）简要分析

根据企业会计准则，上市公司应当披露与各类金融工具风险相关的定性和定量信息，以便财务报表使用者评估报告期末金融工具产生的风险的性质和程度，更好地评价企业所面临的风险敞口，而无论其是否属于金融企业。相关风险包括信用风险、流动性风险、市场风险等。

1. 企业风险管理目标

企业风险管理的目标通常是在风险和收益之间取得适当的平衡，将风险对经营业绩的负面影响降低到最低水平，使股东的利益最大化。

2. 流动性风险

流动性风险，是指企业在履行以交付现金或其他金融资产的方式结算的义务时发生资金短缺的风险。准则要求以未折现剩余合同现金流量披露金融负债按剩余到期期限进行的到期期限分析；除满足特定条件外，不强制要求披露金融资产的到期期限分析。

管理流动性风险时，企业通常保持管理层认为充分的现金及现金等价物并对其进行监控，以满足经营需要，并降低现金流量波动的影响。管理层对银行借款的使用情况进行监控并确保遵守借款协议。同时从主要金融机构获得提供足够备用资金的承诺，以满足短期和长期的资金需求。

3. 市场风险

市场风险，是指金融工具的公允价值或未来现金流量因市场价格变动而发生波动的风险，包括汇率风险、利率风险和其他价格风险。企业可以货币掉期合约来对冲部分汇率风险；可以利率调期合约对冲部分利率风险。

汇率风险主要为企业的财务状况和现金流量受外汇汇率波动的影响。利率风险主要产生于长期银行借款及应付债券等长期带息债务；浮动利率的金融负债使企业面临现金流量利率风险，固定利率的金融负债使企业面临公允价值利率风险。企业持有的分类为可供出售金融资产和以公允价值计量且其变动计入当期损益的金融资产（金融负债）的投资在资产负债表日以公允价值计量，并因此承担着证券市场变动的风险。

4. 信用风险

信用风险，是指金融工具的一方不履行义务，造成另一方发生财务损失的风险。企业通常对信用风险按组合分类进行管理。信用风险主要产生于银行存款、衍生金融工具和应收票据、应收款项等。企业所承受的最大信用风险敞口为资产负债表中每项金融资产的账面金额，或者还因提供财务担保而面临信用风险。对于以公允价值计量的金融工具而言，账面价值反映了其风险敞口，但并非最大风险敞口，其最大风险敞口将随着未来公允价值的变化而改变。

对一般企业的银行存款而言，一般主要存放于国有银行和其他大中型上市银行或声誉良好并拥有较高信用评级的金融机构，通常预期银行存款不存在重大的信用风险。对于应收款项，一般设定相关政策以控制信用风险敞口，通常基于对债务人的财务状况、外部评级、从第三方获取担保的可能性、信用记录及其他因素诸如目前市场状况等评估债务人的信用资质并设置相应欠款额度与信用期限。

（二）年报披露示例——风险管理目标、政策和程序

示例 2－130　中国铝业（601600. SH）

本集团在日常活动中面临各种金融工具风险，主要包括汇率风险、利率风险和价格风险、信用风险及流动性风险。本集团的主要金融工具包括货币资金、交易性金融资产、股权投资、借款、应付债券、应收票据、应收款项融资及应收账款、应付票据及应付账款。与这些金融工具相关的风险，以及本集团为降低这些风险所采取的风险

管理策略如下所述。

董事会负责规划并建立本集团的风险管理架构，制定本集团的风险管理政策和相关指引并监督风险管理措施的执行情况。本集团已制定风险管理政策以识别和分析本集团所面临的风险，这些风险管理政策对特定风险进行了明确规定，涵盖了市场风险、信用风险和流动性风险管理等诸多方面。本集团定期评估市场环境及本集团经营活动的变化以决定是否对风险管理政策及系统进行更新。本集团的风险管理由风险管理委员会按照董事会批准的政策开展。风险管理委员会通过与本集团其他业务部门的紧密合作来识别、评价和规避相关风险。本集团内部审计部门就风险管理控制及程序进行定期的审核，并将审核结果上报本集团的审核委员会。

示例 2－131　时代电气（688187. SH）

本集团的主要金融工具包括货币资金、交易性金融资产、应收票据、应收账款、应收款项融资、其他应收款、其他权益工具投资、其他流动资产、一年内到期的非流动资产、长期应收款、其他非流动资产、应付票据、应付账款、其他应付款、借款、长期应付款及租赁负债等，于 2023 年 12 月 31 日，本集团持有的金融工具如下，详细情况说明见附注七。与这些金融工具有关的风险，以及本集团为降低这些风险所采取的风险管理政策如下所述。本集团管理层对这些风险敞口进行管理和监控以确保将上述风险控制在限定的范围之内。

单位：元

项目	期末金额	期初金额
金融资产		
以公允价值计量且其变动计入当期损益		
交易性金融资产	4, 776, 392, 878	6, 700, 827, 160
以公允价值计量且其变动计入其他综合收益		
应收款项融资	4, 511, 551, 119	2, 918, 688, 837
其他权益工具投资	233, 249, 992	152, 673, 525
以摊余成本计量		
货币资金	7, 903, 177, 340	7, 500, 378, 674
应收票据	2, 376, 882, 219	3, 404, 536, 888
应收账款	9, 635, 843, 983	8, 100, 217, 003
其他应收款	216, 097, 593	159, 577, 799
其他流动资产	50, 143, 500	50, 157, 194
一年内到期的非流动资产	1, 100, 449, 970	340, 751, 629
长期应收款	3, 547, 297	1, 716, 722

续表

项目	期末金额	期初金额
其他非流动资产	3, 544, 519, 225	3, 305, 380, 382
金融负债		
以摊余成本计量		
短期借款	396, 922, 553	454, 374, 494
应付票据	3, 949, 818, 779	2, 618, 840, 644
应付账款	6, 188, 520, 178	6, 086, 488, 039
其他应付款	1, 145, 345, 758	983, 217, 920
长期借款（含一年内到期的长期借款）	720, 635, 829	77, 713, 637
租赁负债（含一年内到期的租赁负债）	275, 565, 405	193, 708, 882
长期应付款	5, 096, 031	—

示例2－132　华能国际（600011. SH）

本公司及其子公司在日常活动中面临各种金融工具的风险，主要包括市场风险（包括汇率风险、价格风险和利率风险）、信用风险及流动性风险。本公司及其子公司的主要金融工具包括货币资金、衍生金融工具、其他权益工具投资、借款、应收票据及应收账款、应付票据及应付账款和应付债券。与这些金融工具相关的风险，以及本公司及其子公司为降低这些风险所采取的风险管理策略如下所述。

公司在董事会战略委员会和风险管理领导小组的领导下对包括财务风险在内的各种风险进行管理，并制定了风险管理的一般原则和针对特殊风险的管理政策。根据风险重要程度落实至公司各个层面进行识别和确认，定期汇总分析，保持良好的交流渠道。

中新电力及其子公司和香港能源之子公司如意巴基斯坦能源面临与在中国境内经营的实体不同的金融风险，具有一系列的控制措施将风险带来的成本以及控制风险的成本保持在一个可接受的水平。管理层对风险管理进行持续评估以保证达到风险与控制的平衡。中新电力及其子公司和香港能源之子公司如意巴基斯坦能源具有书面确定的政策及财务授权的权限并定期审核。该类财务权限通过设定企业合同和投资的审批权限以降低和消除经营风险。

示例2－133　天齐锂业（002466. SZ）

本集团在日常活动中面临各种金融工具的风险，主要包括信用风险、流动性风险、利率风险、汇率风险、其他价格风险。

下面主要论述上述风险敞口及其形成原因以及在本年发生的变化、风险管理目标、政策和程序以及计量风险的方法及其在本年发生的变化等。

本集团从事风险管理的目标是在风险和收益之间取得适当的平衡，力求降低金融风险对本集团财务业绩的不利影响。基于该风险管理目标，本集团已制定风险管理政策以辨别和分析本集团所面临的风险，设定适当的风险可接受水平并设计相应的内部控制程序，以监控本集团的风险水平。本集团会定期审阅这些风险管理政策及有关内部控制系统，以适应市场情况或本集团经营活动的改变。

示例2－134　福耀玻璃（600660. SH）

本集团的经营活动会面临各种金融风险：市场风险（主要为外汇风险和利率风险）、信用风险和流动性风险。上述金融风险以及本集团为降低这些风险所采取的风险管理政策如下所述：

董事会负责规划并建立本集团的风险管理架构，制定本集团的风险管理政策和相关指引并监督风险管理措施的执行情况。本集团已制定风险管理政策以识别和分析本集团所面临的风险，这些风险管理政策对特定风险进行了明确规定，涵盖了市场风险、信用风险和流动性风险管理等诸多方面。本集团定期评估市场环境及本集团经营活动的变化以决定是否对风险管理政策及系统进行更新。本集团的风险管理由风险管理委员会按照董事会批准的政策开展。风险管理委员会通过与本集团其他业务部门的紧密合作来识别、评价和规避相关风险。本集团内部审计部门就风险管理控制及程序进行定期的审核，并将审核结果上报本集团的审计委员会。

（三）年报披露示例

流动性风险披露示例汇总如表2－27所示。

表2－27　流动性风险披露示例汇总

序号	参考示例	流动性风险
1	示例2－135　中国铝业（601600. SH）	金融负债按未折现的合同现金流量所作的到期期限分析
2	示例2－136　时代电气（688187. SH）	金融负债按未折现的合同现金流量所作的到期期限分析
3	示例2－137　华能国际（600011. SH）	金融负债按未折现的合同现金流量所作的到期期限分析
4	示例2－138　天齐锂业（002466. SZ）	金融负债按未折现的合同现金流量所作的到期期限分析
5	示例2－139　福耀玻璃（600660. SH）	金融负债按未折现的合同现金流量所作的到期期限分析

示例2－135　中国铝业（601600. SH）

管理层按照本集团经营实体统一进行现金流预测。管理层通过监控本集团流动性要求的滚存预测以保证在任何时候都能满足经营所需现金并有足够的未使用的借款授信的空间，以此保证企业不会违反借贷限制或借款授信所规定的公约（如适用）。预测已考虑本集团的财务融资计划、公约遵守情况、内部资产负债表比率目标遵守情况及如外汇限制等的外部监管或法律要求（如适用）。

于2023年12月31日，本集团的流动负债超出流动资产约265百万元，详细情况请详见附注五、(2)。

下表中概括了金融负债按未折现的合同现金流量所作的期限分析：

单位：千元

项目	2023年12月31日				
	一年以内	一到二年	二到五年	五年以上	合计
短期借款	7, 969, 568				7, 969, 568
交易性金融负债	24, 426				24, 426
应付票据	7, 476, 104				7, 476, 104
应付账款	13, 635, 614				13, 635, 614
其他应付款	5, 839, 060				5, 839, 060
短期融资券	2, 000, 000				2, 000, 000
一年内到期的应付债券	6, 712, 761				6, 712, 761
一年内到期的长期应付款	82, 862				82, 862
一年内到期的长期借款	9, 077, 825				9, 077, 825
一年内到期的租赁负债	1, 380, 471				1, 380, 471
租赁负债		1, 293, 892	2, 654, 699	11, 928, 822	15, 877, 413
长期应付款		87, 885	274, 559	858, 010	1, 220, 454
长期借款		6, 609, 550	20, 245, 634	6, 582, 503	33, 437, 687
长期债券		2, 900, 000	3, 210, 823	2, 000, 000	8, 110, 823
有息负债的利息	1, 684, 636	1, 395, 227	1, 238, 930	476, 107	4, 794, 900
合计	55, 883, 327	12, 286, 554	27, 624, 645	21, 845, 442	117, 639, 968

本集团于2023年度并无签订应收款项的抵销安排（2022年度：无）。

示例2－136　时代电气（688187. SH）

本集团采用循环流动性计划工具管理资金短缺风险。该工具既考虑其金融工具的到期日，也考虑本集团运营产生的预计现金流量。

本集团的目标是运用票据结算和银行借款等融资手段以保持融资的持续性与灵活性的平衡。本集团已从多家商业银行取得银行授信以满足营运资金需求和资本开支。

本集团管理层一直监察本集团的流动资金状况，以确保其备有足够流动资金应付到期的财务债务，并将本集团的财务资源发挥最大效益。

下表概括了金融负债按未折现的合同现金流量所作的到期期限分析：

单位：元

2023 年	期末金额					
	1 年以内	1 至 2 年	2 至 5 年	5 年以上	合计	账面价值
短期借款	402, 622, 413				402, 622, 413	396, 922, 553
应付票据	3, 949, 818, 779				3, 949, 818, 779	3, 949, 818, 779
应付账款	6, 188, 520, 178				6, 188, 520, 178	6, 188, 520, 178
其他应付款（不含应付股利）	1, 145, 345, 758				1, 145, 345, 758	1, 145, 345, 758
长期借款（含一年内到期的长期借款）	105, 565, 090	284, 633, 725	341, 780, 961	25, 469, 307	757, 449, 083	720, 635, 829
租赁负债（含一年内到期的租赁负债）	82, 525, 449	70, 365, 932	125, 491, 783	29, 479, 878	307, 863, 042	275, 565, 405
长期应付款		5, 096, 031			5, 096, 031	5, 096, 031
合计	11, 874, 397, 667	360, 095, 688	467, 272, 744	54, 949, 185	12, 756, 715, 284	12, 681, 904, 533

示例 2 – 137　华能国际（600011. SH）

流动性风险管理主要为确保本公司及其子公司有能力及按时支付所有负债。流动性储备包括每月末为偿还债务可供提取的信贷额度和现金及现金等价物。

本公司及其子公司通过生产经营资金收入及授信额度来保持灵活的资金供应。

资产负债表日后 12 个月之内需要支付的金融负债已经列示在资产负债表中的流动负债中。

单位：元

项目	1 年以内	1 至 2 年	2 至 3 年	3 至 4 年	4 至 5 年	5 年以上	合计
长期借款	27, 109, 218, 632	40, 869, 206, 275	37, 505, 258, 872	14, 101, 872, 155	13, 906, 420, 467	87, 372, 790, 038	220, 864, 766, 439
应付债券	13, 239, 426, 257	6, 645, 321, 598	2, 067, 724, 352	2, 835, 876, 571	5, 819, 459, 602	15, 701, 706, 442	46, 309, 514, 822
长期应付款	103, 110, 373	180, 405, 292	134, 255, 862	73, 950, 456	60, 376, 077	1, 241, 818, 711	1, 793, 916, 771
合计	40, 451, 755, 262	47, 694, 933, 165	39, 707, 239, 086	17, 011, 699, 182	19, 786, 256, 146	104, 316, 315, 191	268, 968, 198, 032

衍生金融负债未折现合同现金流量详见附注七、34。

示例 2 – 138　天齐锂业（002466. SZ）

流动性风险，是指企业在履行以交付现金或其他金融资产的方式结算的义务时发生资金短缺的风险。本公司及各子公司负责自身的现金管理工作，包括现金盈余的短期投资和筹措贷款以应付预计现金需求（如果借款额超过某些预设授权上限，须获得本公司董事会的批准）。本集团的政策是定期监控短期和长期的流动资金需求，以及是否符合借款协议的规定，以确保维持充裕的现金储备和可供随时变现的有价证券，同时获得主要金融机构承诺提供足够的备用资金，以满足短期和较长期的流动资金需求。

本集团于资产负债表日的金融负债按未折现的合同现金流量［包括按合同利率（如果是浮动利率则按12月31日的现行利率）计算的利息］的剩余合约期限，以及被要求支付的最早日期如下：

单位：元

项目	2023年未折现的合同现金流量					资产负债表日账面价值
	1年内或实时偿还（含1年）	1年至2年（含2年）	2年至5年（含5年）	5年以上	合计	
短期借款	337, 372, 340. 00				337, 372, 340. 00	337, 372, 340. 00
应付票据	208, 981, 712. 37				208, 981, 712. 37	208, 981, 712. 37
应付账款	2, 311, 469, 949. 74				2, 311, 469, 949. 74	2, 311, 469, 949. 74
其他应付款	379, 707, 259. 85				379, 707, 259. 85	379, 707, 259. 85
租赁负债	224, 059, 004. 71	215, 288, 542. 26	604, 527, 351. 55	703, 013, 851. 53	1, 746, 888, 750. 05	1, 275, 961, 025. 46
一年内到期的长期借款利息	29, 325, 299. 47				29, 325, 299. 47	29, 325, 299. 47
长期借款	1, 349, 976, 738. 72	1, 431, 398, 640. 14	9, 070, 273, 683. 65		11, 851, 649, 062. 51	10, 114, 327, 338. 36
合计	4, 840, 892, 304. 86	1, 646, 687, 182. 40	9, 674, 801, 035. 20	703, 013, 851. 53	16, 865, 394, 373. 99	14, 657, 144, 925. 25

示例2－139　福耀玻璃（600660. SH）

本集团内各子公司负责其自身的现金流量预测。本集团在汇总各子公司现金流量预测的基础上，在集团层面持续监控短期和长期的资金需求，以确保维持充裕的现金储备和可供随时变现的有价证券；同时持续监控是否符合借款协议的规定，从主要金融机构获得提供足够备用资金的承诺，以满足短期和长期的资金需求。

于2023年12月31日及2022年12月31日，本集团可使用下列未动用授信额度：

单位：元

项目	2023年12月31日	2022年12月31日
一年内到期	35, 391, 578, 000	20, 427, 260, 909
超过一年到期	14, 805, 759, 320	13, 572, 258, 330
合计	50, 197, 337, 320	33, 999, 519, 239

于资产负债表日，本集团各项金融负债以未折现的合同现金流量按到期日列示如下：

单位：元

项目	2023 年 12 月 31 日				
	一年以内	一到二年	二到五年	五年以上	合计
短期借款	5, 429, 654, 969				5, 429, 654, 969
应付票据	2, 825, 386, 573				2, 825, 386, 573
应付账款	2, 697, 600, 166				2, 697, 600, 166
其他应付款	1, 622, 250, 140				1, 622, 250, 140
长期借款	265, 113, 124	3, 095, 718, 391	5, 634, 810, 287		8, 995, 641, 802
长期应付款	8, 026, 154	8, 026, 154	24, 078, 462	40, 130, 770	80, 261, 540
租赁负债	133, 749, 534	94, 651, 354	239, 915, 249	112, 874, 624	581, 190, 761
合计	12, 981, 780, 660	3, 198, 395, 899	5, 898, 803, 998	153, 005, 394	22, 231, 985, 951

（四）年报披露示例——市场风险

市场风险披露示例汇总如表 2－28 所示。

表 2－28　　市场风险披露示例汇总

序号	参考示例	市场风险
1	示例 2－140　中国铝业（601600. SH）	利率风险、汇率风险、价格风险
2	示例 2－141　时代电气（688187. SH）	利率风险、汇率风险
3	示例 2－142　华能国际（600011. SH）	外汇风险、价格风险
4	示例 2－143　天齐锂业（002466. SZ）	利率风险、外汇风险
5	示例 2－144　福耀玻璃（600660. SH）	外汇风险、利率风险

示例 2－140　中国铝业（601600. SH）

（1）汇率风险

外汇风险主要是产生于较大金额的外币存款、外币应收账款、外币其他应收账款、外币应付账款、外币其他应付账款、短期和长期外币借款和应付债券，主要包括美元、日元、欧元及港币。公司管理层对国际外汇市场上不断变化的汇率保持密切的关注，并且在增加外币存款和筹集外币借款时予以考虑。

于本财务报告年间，由于本集团的主要经营业务开展于中国大陆，其主要的收入和支出主要以人民币计价。人民币对外币汇率的浮动对本集团的经营业绩预期并不产生重大影响，因此，本集团未开展大额套期交易以减少本集团所承受的外汇风险。但是，本集团所承担的主要外汇风险来自所持有的美元货币资金、美元应收款项和美元债务。

于2023年12月31日，在其他参数不变的情况下，如果人民币对美元汇率降低/提高5个百分点（于2022年12月31日：5个百分点），则本集团的净利润将会分别增加/减少50百万元（2022年12月31日：净利润增加/减少47百万元），2023年12月31日股东权益将会分别增加/减少50百万元（2022年12月31日：股东权益增加/减少47百万元）。

（2）利率风险

除银行存款（附注七、(1)）、委托贷款及借出款项（附注七、(6)）外，本集团没有重大的计息资产，所以本集团的收入及经营现金流量基本不受市场利率变化的影响。

大部分的银行存款存放在中国的活期和定期银行账户中。中国人民银行定期发布基准利率，集团财务部资金处定期密切关注该等利率的波动。本公司董事认为本集团持有的此类资产于2023年12月31日及2022年12月31日并未面临重大的利率风险。

本集团的利率风险主要来源于长期借款和长期债券。浮动利率的借款使本集团面临着现金流量利率风险。本集团为支持一般性经营目的签订借款协定，以满足资本性支出及营运资金需求。

集团密切关注市场利率并且维持浮动利率借款和固定利率借款之间的平衡，以降低面临的上述利率风险。

于2023年12月31日，在其他参数不变的情况下，如果浮动利率的借款的利率提高/降低1个百分点（于2022年12月31日：1个百分点），则本集团的净利润将会分别减少/增加142百万元（2022年12月31日：净利润减少/增加233百万元）。

（3）价格风险

本集团利用期货和期权合约以降低面临的原铝及其他商品价格波动风险。本集团的期货业务只开展套期保值，不进行投机交易。对于铝保值，生产企业可对原铝生产量的部分进行保值；贸易企业可对买断量的部分进行保值，并对自营部分进行保值。

本集团主要利用在上海期货交易所和伦敦金属交易所交易的期货和期权合约，以规避原铝及其他商品价格的波动风险。于2023年12月31日，公允价值为810千元（2022年12月31日：0千元）及24,426千元（2022年12月31日：8,767千元）的持仓期货分别于交易性金融资产及交易性金融负债中确认。本集团持有多头期货合约金额为110,309千元（2022年12月31日：526,266千元），同时持有空头期货合约金额为1,837,501千元（2022年12月31日：1,177,433千元）。

在其他参数不变的情况下，如果于2023年12月31日持仓期货平仓价格上浮/下跌3%（于2022年12月31日：上浮/下跌3%），税后盈利将会减少/增加38,862千元（于2022年12月31日：税后盈利减少/增加14,651千元）。

示例2-141　时代电气（688187.SH）

利率风险

利率风险，是指金融工具的公允价值或未来现金流量因市场利率变动而发生波动的风险。本集团金融工具的公允价值因市场利率变动而发生波动的风险主要与本集团固定利率的借款、应付债券、其他流动资产、长期应收款相关。本集团金融工具的未来现金流量因市场利率变动而发生波动的风险主要与本集团以浮动利率计息的负债有关。

下表为利率风险的敏感性分析，反映了在其他变量不变的假设下，利率发生合理、可能的变动时，将对净利润（通过对浮动利率借款的影响）产生的影响（已考虑借款费用资本化的影响）。

单位：元

项目	2023年1-12月		2022年1-12月	
浮动借款利率	增加100个基点	减少100个基点	增加100个基点	减少100个基点
净利润（减少）/增加	-7,304,935	7,304,935	-1,834,496	1,834,496

外汇风险

外汇风险，是指金融工具的公允价值或未来现金流量因外汇汇率变动而发生波动的风险。本集团面临的外汇变动风险主要与本集团的经营活动（当收支以不同于记账本位币的外币结算时）相关。

本集团的业务主要位于中国，绝大多数交易以人民币结算，惟若干销售、采购和借款业务须以外币结算。该等外币余额的资产和负债产生的外汇风险可能对本集团的经营业绩产生影响。

本集团主要外币资产及负债情况如下：

单位：元

项目	期末总资产	期末总负债	期初总资产	期初总负债
英镑	399,277,922	35,989,220	148,979,197	18,967,049
港元	384,882,652			
欧元	156,862,146	98,305,734	147,769,940	164,048,140
美元	135,192,056	80,600,233	149,141,591	61,108,690
澳大利亚元	32,909,435		155,305,098	
瑞士法郎	4,460,118	10,784,324		36,206,414
合计	1,113,584,329	225,679,511	601,195,826	280,330,293

下表为汇率风险的敏感性分析，反映了在其他变量不变的假设下，英镑、港元、欧元、美元、澳元及瑞士法郎汇率发生合理、可能的变动时，将对净利润产生的影响。

项目	期末基点变动（%）	对本期利润的影响（元）	期初基点变动（%）	对上期利润的影响（元）
英镑				
人民币对英镑升值	10	-30,879,540	10	-11,051,033
人民币对英镑贬值	-10	30,879,540	-10	11,051,033
港元				
人民币对港元升值	10	-32,715,025	10	
人民币对港元贬值	-10	32,715,025	10	
欧元				
人民币对欧元升值	10	-4,977,295	10	1,383,647
人民币对欧元贬值	-10	4,977,295	-10	-1,383,647
美元				
人民币对美元升值	10	-4,640,305	10	-7,482,797
人民币对美元贬值	-10	4,640,305	-10	7,482,797
澳元				
人民币对澳元升值	10	-2,797,302	10	-13,200,932
人民币对澳元贬值	-10	2,797,302	-10	13,200,932
瑞士法郎				
人民币对瑞士法郎升值	10	537,558	10	3,077,545
人民币对瑞士法郎贬值	-10	-537,558	-10	-3,077,545

示例2-142　华能国际（600011.SH）

（1）汇率风险

本公司及其子公司于中国境内经营的实体存在长期外币借款，因而存在汇率风险。中新电力及其子公司所面临的汇率风险主要是由于其功能货币（新加坡元）外的美元货币资金、应收款项、应付款项及应付债券所带来的汇率风险。香港能源之子公司如意巴基斯坦能源所面临的汇率风险主要是由于其功能货币（巴基斯坦卢比）外的美元货币资金、长期应收款、应付款项及长期借款所带来的汇率风险。本公司及其子公司密切关注利率和外汇市场，以降低汇率风险。

于2023年12月31日，其他参数不变的情况下，如果人民币对美元的汇率降低/提高5%（2022年12月31日：5%），本公司及其子公司将会进一步确认汇兑收益/

损失人民币49.52万元（确认2022年度损失/收益：人民币0.09亿元）。上述披露的敏感性区间是基于对过去一年相关汇率变动趋势的观察。

于2023年12月31日，其他参数不变的情况下，如果巴基斯坦卢比对美元的汇率降低/提高5%（2022年12月31日：5%），本公司及其子公司将会进一步确认汇兑损失/收益人民币0.23亿元（确认2022年度损失/收益：人民币0.49亿元）。上述披露的敏感性区间是基于管理层的经验及对未来的预期作出的。

于2023年12月31日，其他参数不变的情况下，如果新加坡元对美元的汇率降低/提高10%，本公司及子公司将会进一步确认汇兑收益/损失人民币0.06亿元。上述披露的敏感性区间是基于管理层的经验及对未来的预期作出的。

中新电力及其子公司所面临的汇率风险也来自其主要使用美元购买燃料以及使用美元偿还长期借款。中新电力及其子公司使用远期外汇合同对其未来外币燃料采购合同所带来的预计汇率风险进行套期。详细情况请参见附注七、3。

香港能源及其子公司所面临的汇率风险主要来自使用美元偿还长期借款。根据香港能源之子公司如意巴基斯坦能源与巴基斯坦中央购电局和巴基斯坦电力监管委员会确定的电价浮动机制，如巴基斯坦卢比对美元的汇率上升/下降，则电价相应下浮/上调，以此来规避巴基斯坦卢比对美元的汇率变动。

(2) 价格风险

本公司及其子公司购买燃料面临价格风险。需特别说明的是中新电力及其子公司采用燃料掉期合同对燃料价格风险进行套期并将其划分为现金流量套期。详细请参见附注七、3。

示例2－143　天齐锂业（002466.SZ）

利率风险

固定利率和浮动利率的带息金融工具分别使本集团面临公允价值利率风险及现金流量利率风险。本集团根据市场环境来决定固定利率与浮动利率工具的比例，并通过定期审阅与监察维持适当的固定和浮动利率工具组合。

(1) 本集团于12月31日持有的计息金融工具如下：

固定利率金融工具：

单位：元

项目	2023年		2022年	
	利率（%）	金额（元）	利率（%）	金额（元）
金融负债				
——短期借款	0.40－1.37	337,372,340.00	0.8－1.65	98,922,828.00
——长期借款	3.65	205,800,000.00	7.50	600,000,000.00
——一年内到期的非流动负债	3.24－6.47	158,294,928.46	3.43－7.50	47,415,905.29

续表

项目	2023 年		2022 年	
	利率（%）	金额（元）	利率（%）	金额（元）
——租赁负债	3.24 - 6.47	1,122,100,305.34	3.43 - 6.13	268,242,904.73
合计		1,823,567,573.80		1,014,581,638.02

浮动利率金融工具：

项目	2023 年		2022 年	
	利率（%）	金额（元）	利率（%）	金额（元）
金融负债				
——长期借款	2.95 - 6.80	9,338,958,108.47	5.42 - 5.93	7,663,408,287.29
——一年内到期的非流动负债	2.95 - 6.80	594,460,321.02	5.42 - 5.93	27,036,781.64
合计		9,933,418,429.49		7,690,445,068.93

（2）敏感性分析

于2023年12月31日，在其他变量不变的情况下，假定利率上升100个基点将会导致本集团股东权益减少人民币62,050,255.09元（2022年：人民币53,038,623.44元），净利润减少人民币62,050,255.09元（2022年：人民币53,038,623.44元）。

对于资产负债表日持有的使本集团面临公允价值利率风险的金融工具，上述敏感性分析中的净利润及股东权益的影响是假设在资产负债表日利率发生变动，按照新利率对上述金融工具进行重新计量后的影响。对于资产负债表日持有的、使本集团面临现金流量利率风险的浮动利率非衍生工具，上述敏感性分析中的净利润及股东权益的影响是上述利率变动对按年度估算的利息费用或收入的影响。上一年度的分析基于同样的假设和方法。

汇率风险

对于不是以记账本位币计价的货币资金、应收账款和应付账款、短期借款等外币资产和负债，如果出现短期的失衡情况，本集团会在必要时按市场汇率买卖外币，以确保将净风险敞口维持在可接受的水平。

（1）本集团于12月31日的各外币资产负债项目汇率风险敞口如下。出于列报考虑，风险敞口金额以人民币列示，以资产负债表日即期汇率折算。外币报表折算差额未包括在内。

项目	2023 年 12 月 31 日		2022 年 12 月 31 日	
	外币余额	折算人民币余额	外币余额	折算人民币余额
货币资金				
——美元	474, 093, 920. 48	3, 357, 865, 010. 59	561, 111, 712. 86	3, 907, 918, 635. 37
——澳元	11, 674, 849. 26	56, 604, 339. 17	8, 554, 665. 65	40, 324, 982. 92
——港币	14, 657, 322. 27	13, 282, 465. 45	12, 016, 338. 26	10, 738, 705. 51
——其他币种	108, 259, 635, 439. 46	874, 717, 379. 86	5, 769, 125. 52	14, 619, 990. 36
应收账款				
——美元	564, 913, 446. 98	4, 001, 112, 470. 94	883, 434, 472. 57	6, 152, 767, 727. 69
——澳元	13, 355. 52	64, 752. 88		
其他应收款				
——美元	3, 741. 03	26, 496. 59	6, 474, 927. 73	45, 095, 281. 69
——澳元			4, 837, 374. 23	22, 802, 414. 64
应付账款				
——美元	12, 070, 782. 18	85, 493, 728. 97	5, 145, 649. 47	35, 837, 390. 30
——澳元	68, 905, 003. 03	334, 079, 016. 69	4, 927, 749. 63	23, 228, 426. 22
——其他币种	4, 301, 325. 76	1, 909, 177. 78	40, 007, 245. 14	4, 650, 748. 41
其他应付款				
——美元	136, 530. 74	967, 006. 25	99. 3	691. 59
——澳元	2, 245, 335. 71	10, 886, 285. 68	80, 782. 60	380, 793. 04
——其他币种	2, 776, 522. 59	605, 750. 21	2, 200, 919, 654. 57	18, 837, 497. 71
一年内到期的非流动负债				
——美元	20, 684, 267. 50	146, 500, 461. 40	2, 824, 610. 36	19, 672, 281. 32
——澳元				
长期借款				
——美元	866, 037, 945. 24	6, 133, 886, 954. 74	930, 975, 124. 11	6, 483, 869, 349. 40
——澳元				
资产负债表敞口总额				
——美元	1, 937, 940, 634. 15	13, 725, 852, 129. 48	2, 389, 966, 596. 40	16, 645, 161, 357. 36
——澳元	82, 838, 543. 52	401, 634, 394. 42	18, 400, 572. 11	86, 736, 616. 82
——港币	14, 657, 322. 27	13, 282, 465. 45	12, 016, 338. 26	10, 738, 705. 51
——其他币种	108, 266, 713, 287. 81	877, 232, 307. 85	2, 246, 696, 025. 23	38, 108, 236. 48
资产负债表敞口净额				
——美元	140, 081, 582. 83	992, 155, 826. 76	512, 075, 629. 92	3, 566, 401, 932. 14

续表

项目	2023 年 12 月 31 日		2022 年 12 月 31 日	
	外币余额	折算人民币余额	外币余额	折算人民币余额
——澳元	-59, 462, 133. 96	-288, 296, 210. 32	8, 383, 507. 65	39, 518, 178. 30
——港币	14, 657, 322. 27	13, 282, 465. 45	12, 016, 338. 26	10, 738, 705. 51
——其他币种	108, 252, 557, 591. 11	872, 202, 451. 87	-2, 235, 157, 774. 19	-8, 868, 255. 76

（2）本集团适用的人民币对外币的汇率分析如下：

项目	平均汇率		报告日中间汇率	
	2023 年	2022 年	2023 年	2022 年
美元	7. 0237	6. 6702	7. 0827	6. 9646
澳币	4. 7811	4. 6679	4. 8484	4. 7138

（3）敏感性分析：

假定除汇率以外的其他风险变量不变，本集团于 12 月 31 日人民币对美元和澳币的汇率变动使人民币升值 1% 将导致股东权益和净利润的减少情况如下。此影响按资产负债表日即期汇率折算为人民币列示。

项目	股东权益	净利润
2023 年 12 月 31 日		
美元	8, 322, 005. 21	8, 322, 005. 21
澳元	-2, 129, 389. 08	-2, 129, 389. 08
合计	6, 192, 616. 13	6, 192, 616. 13
2022 年 12 月 31 日		
美元	26, 862, 399. 17	26, 862, 399. 17
澳元	275, 116. 36	275, 116. 36
合计	27, 137, 515. 53	27, 137, 515. 53

于 12 月 31 日，在假定其他变量保持不变的前提下，人民币对美元和澳元的汇率变动使人民币贬值 1% 将导致股东权益和净利润的变化和上表列示的金额相同但方向相反。

上述敏感性分析是假设资产负债表日汇率发生变动，以变动后的汇率对资产负债表日本集团持有的、面临汇率风险的金融工具进行重新计量得出的。上述分析不包括外币报表折算差额。上一年度的分析基于同样的假设和方法。

示例2－144　福耀玻璃（600660. SH）

（a）外汇风险

本集团的汽车玻璃销售业务主要市场为中国境内及海外市场，中国境内业务以人民币结算，海外业务主要以美元、欧元、卢布结算并存在外汇风险。本集团已确认的外币资产和负债及未来的外币交易（外币资产和负债及外币交易的计价货币主要为美元）存在外汇风险。本集团总部财务部门负责监控集团外币交易和外币资产及负债的规模，以最大程度降低面临的外汇风险；于2023年12月31日，本集团无外币借款，本集团可能会以签署远期外汇合约、货币掉期及远期外汇看涨期权等合约的方式来达到规避外汇风险的目的。

于2023年12月31日及2022年12月31日，本集团内记账本位币为人民币的公司持有的外币金融资产、外币合同资产、外币金融负债折算成人民币的金额列示如下：

单位：元

项目	2023年12月31日		
	美元项目	其他外币项目	合计
外币金融资产			
——货币资金	6, 267, 650, 937	426, 491, 264	6, 694, 142, 201
——应收款项	238, 876, 954	577, 363, 071	816, 240, 025
合计	6, 506, 527, 891	1, 003, 854, 335	7, 510, 382, 226
外币金融负债			
——应付款项	57, 115, 059	79, 328, 535	136, 443, 594
合计	57, 115, 059	79, 328, 535	136, 443, 594

于2023年12月31日，对于记账本位币为人民币的公司各类美元金融资产、美元合同资产和金融负债，如果人民币对美元升值或贬值10%，其他因素保持不变，则本集团将减少或增加净利润约540, 564, 691元（2022年12月31日：约390, 317, 358元）。

（b）利率风险

本集团的利率风险主要产生于长期银行借款及应付债券等长期带息债务。浮动利率的金融负债使本集团面临现金流量利率风险，固定利率的金融负债使本集团面临公允价值利率风险。本集团根据当时的市场环境来决定固定利率及浮动利率合同的相对比例。于2023年12月31日，本集团长期带息债务主要为人民币计价挂钩LPR的浮动利率合同，金额为3, 971, 500, 000元（2022年12月31日：285, 000, 000元）。

本集团总部财务部门持续监控集团利率水平。利率上升会增加新增带息债务的成本以及本集团尚未付清的以浮动利率计息的带息债务的利息支出，并对本集团的财务业绩产生重大的不利影响，管理层会依据最新的市场状况及时作出调整，这些调整可能是进行利率互换的安排来降低利率风险。于2023年度及2022年度本集团并无利率互换安排。

于2023年12月31日，如果以浮动利率LPR计算的长期借款利率上升或下降50个基点，而其他因素保持不变，本集团的净利润会减少或增加约16,643,784元(2022年12月31日：约1,068,750元)。

（五）年报披露示例

信用风险披露示例汇总如表2－29所示。

表2－29　　信用风险披露示例汇总

序号	参考示例	信用风险
1	示例2－145　中国铝业（601600. SH）	银行存款及现金、应收账款、应收票据、应收款项融资及其他应收款
2	示例2－146　时代电气（688187. SH）	货币资金、应收款项、应收票据、其他应收款
3	示例2－147　华能国际（600011. SH）	银行存款、应收票据、应收账款、其他应收款、委托贷款、长期应收款和对子公司借款
4	示例2－148　天齐锂业（002466. SZ）	货币资金、每项金融资产（包括衍生金融工具）
5	示例2－149　福耀玻璃（600660. SH）	货币资金、应收票据、应收账款、其他应收款、应收款项融资、长期应收款、债权投资、其他债权投资、财务担保合同和贷款承诺等，以及未纳入减值评估范围的以公允价值计量且其变动计入当期损益的债务工具投资和衍生金融资产等

示例2－145　中国铝业（601600. SH）

本集团的信用风险主要产生于货币资金、应收账款、应收票据、应收款项融资和其他应收款等。

于资产负债表日，本集团金融资产的账面价值已代表其最大信用风险敞口。

本集团的大部分银行存款及现金存放于声誉良好并拥有较高信用评级的国有银行、其他大中型上市银行及中铝财务有限责任公司。本集团董事认为该等资产不存在重大的信用风险。

对于应收账款、应收票据、应收款项融资及其他应收款，本集团基于财务状况、历史经验及其他因素来评估客户的信用品质。本集团定期评估客户的信用品质并且根据历史损失率、现有经济状况及前瞻因素的影响，计提了预计信用损失。

信用风险集中按照客户/交易对手、地理区域和行业进行管理。本集团并无任一单一客户贡献的收入达到或大于集团总收入10%，因此本公司董事认为于2023年12月31日及2022年12月31日本集团未面临重大信用集中度风险。

本集团在每一资产负债表日面临的最大信用风险敞口为应向客户收取的总金额减去坏账准备后的金额。由于应付款项在合并资产负债表内不可抵销，因此该最大信用风险敞口未扣减应付客户的金额。

前瞻性信息

下表显示了基于集团信用政策的信用质量和最大信用风险敞口，除非有其他信息显示逾期成本为零的情况下可用，该政策主要基于过去的逾期信息在2023年12月31日作出分类。下表所列金额为本集团金融资产于2023年12月31日的账面净值以及金融担保合同的信用风险敞口。

单位：千元

项目	未来12个月	整个存续期			合计
	第一阶段	第二阶段	第三阶段	简化方法	
应收账款				4, 024, 325	4, 024, 325
应收票据				3, 719	3, 719
应收款项融资				2, 579, 110	2, 579, 110
其他应收款	1, 419, 987	16, 142	423, 891		1, 860, 020
货币资金	21, 103, 581				21, 103, 581
长期应收款			70, 193		70, 193
合计	22, 523, 568	16, 142	494, 084	6, 607, 154	29, 640, 948

示例2－146　时代电气（688187. SH）

本集团仅与经认可的、信誉良好的第三方进行交易。按照本集团的政策，需对所有要求采用信用方式进行交易的客户进行信用审核。另外，本集团对应收款项余额进行持续监控，以确保本集团不致面临重大坏账风险。

本集团其他金融资产主要包括货币资金、应收票据、其他应收款，这些金融资产的信用风险源自交易对手违约，最大风险敞口等于这些工具的账面金额。

本集团的货币资金存放在信用评级较高的银行，故货币资金只具有较低的信用风险。

本集团主要客户为中国中车股份有限公司下属子公司以及其他轨道交通行业的国有企业。由于本集团仅与经认可的且信誉良好的第三方进行交易，所以无须抵押物。本集团具有特定的信用集中风险，于2023年12月31日及2022年12月31日，本集团的应收账款及合同资产的0.66%和1.42%源于最大客户。于2023年12月31日及2022年12月31日，本集团的应收账款及合同资产的10.70%和17.80%源于前五大客户。

本集团评估信用风险自初始确认后是否已显著增加的具体方法、确定金融资产已发生信用减值的依据、以组合为基础评估预期信用风险的方法、直接减记金融资产等政策参见附注五、11.（2）。

作为本集团信用风险管理的一部分，本集团利用应收账款账龄来评估各类业务形成的应收账款的减值损失。该类业务涉及大量的客户，其具有相同的风险特征，账龄信息能反映这类客户于应收账款到期时的偿付能力。

预期平均损失率基于历史实际坏账率并考虑了当前状况及未来经济状况的预测。

本集团于每个资产负债表日审核金融资产的回收情况，以确保对相关金融资产计提了充分的信用损失准备。因此，本集团管理层认为本集团所承担的信用风险已经大为降低。

示例2-147　华能国际（600011.SH）

信用风险主要产生于银行存款、应收票据、应收账款、其他应收款、委托贷款、长期应收款和对子公司借款。对子公司借款所面临的最大信贷风险列示于资产负债表中的其他流动资产及其他非流动资产。

本公司及其子公司的货币资金存放于受监管的银行及金融机构，其中一大部分现金及现金等价物存放于一家为本公司关联方的非银行金融机构。本公司拥有该非银行金融机构的董事席位并行使董事职责，通常预期银行存款不存在重大信用风险。该等资产的最大信用风险的披露见附注十四、8。

对于应收账款，本公司及其子公司中国境内的大多数电厂均销售电力给该电厂所在省或地区的单一客户（电网公司）。存在最多与应收账款账面价值相等的信用风险，有关应收账款集中度风险的披露见附注七、5。该等电厂定期与各自相关的电网公司进行沟通并对应收款项余额进行持续监控，确保在财务报表中已提取足够的坏账准备。

根据财政部、国家发改委、国家能源局于2020年1月联合下发的《关于促进非水可再生能源发电健康发展的若干意见》（财建〔2020〕4号），可再生能源电价补贴结算流程进一步简化，所有可再生能源项目通过国家可再生能源信息管理平台填报电价附加申请信息，应收补贴款按照政府现行政策和财政部现行支付情况结算。没有具体的结算到期日。董事会认为，所有相关申请流程将在适当的时候完成，并且考虑到过去电网公司没有坏账经历，并且此类补贴由中国政府提供资金，应收补贴款可以完全收回。2020年1月20日，财政部、国家发展改革委、国家能源局印发了《可再生能源电价附加资金管理办法》（财建〔2020〕5号），同时明确2012年印发的《可再生能源电价附加补助资金管理暂行办法》废止。新办法明确了按照以收定支的原则，由财政部确定新增可再生能源发电补贴总额，国家发改委、能源局确定各类需补贴的可再生能源发电项目新增装机规模。同时，纳入年度建设规模管理范围的存量项目经电网企业审核后纳入补助项目清单，并明确了纳入补助项目清单的具体条件。截至2023年12月31日，本公司及子公司大部分相关项目已获批可再生能源补贴，部分项目正在申请审批中。

中新电力及其子公司获得的收入主要来自于由Energy Market Company Pte. Ltd（EMC）运营的新加坡国家电力市场，预计不会有高信贷风险。他们的收入还主要来自零售电力给月消费电力超过2,000千瓦时的客户。这些客户涉及制造业和商业领域的各个行业。新加坡子公司还与新加坡政府相关主体签订了就某些海水淡化项目相关的建设—经营—移交协议，该项目仍处于建设阶段，故已确认相对应的合同资产。预计该新加坡政府相关主体不会产生高信贷风险。

本公司之境外子公司如意巴基斯坦能源电费及租金收入均来自巴基斯坦中央电力采购局（CPPA－G）。本公司之子公司按照相当于整个存续期内预期信用损失的金额计量损失准备，详见附注七、5及附注七、9。

应收融资租赁款主要来自国内关联方、新加坡企业客户和CPPA－G。由于前述关联方、当地企业和政府机构拥有良好的信用记录且未发生历史信用损失，本公司认为这些应收款项具有较低的信用风险和违约风险。CPPA－G的融资租赁应收款由巴基斯坦政府根据该融资协议提供主权担保。

本公司按照相当于整个存续期内预期信用损失的金额计量应收融资租赁款的预期信用损失。评估过程中考虑了巴基斯坦政府0.03%的违约风险。本年确认的与融资租赁应收款有关的预期信用损失，参见附注七、16。

对于应收账款、其他应收款及合同资产，本公司按照相当于整个存续期内预期信用损失的金额，使用准备矩阵计算其预期信用损失准备。除应收售电款项电力销售外，本公司的历史信用损失经验并未表明不同客户群的损失模式存在显著差异，基于逾期状态的损失准备未在本公司的不同客户群之间进一步区分。除非信用风险显著增加，本公司对其他应收款的损失准备金的计量金额等于未来12个月的预期信用损失。

就子公司的借款，本公司能够定期取得全部子公司的财务报表，评估其经营成果和现金流量，以降低该等借款的信贷风险。

本公司之境外子公司中新电力与银行和金融机构等交易对手方签订衍生工具合同，交易对方须有良好的信用评级，并且已与本公司及其子公司订立净额结算协议。鉴于交易对方的信用评级良好，本公司及子公司管理层并不预期交易对方会无法履行义务。

示例2－148　天齐锂业（002466. SZ）

信用风险，是指金融工具的一方不能履行义务，造成另一方发生财务损失的风险。本集团的信用风险主要来自货币资金和应收账款。管理层会持续监控这些信用风险的敞口。

本集团除现金以外的货币资金主要存放于信用良好的金融机构，管理层认为其不存在重大的信用风险，预期不会因为对方违约而给本集团造成损失。

本集团所承受的最大信用风险敞口为资产负债表中每项金融资产（包括衍生金融工具）的账面金额。

（1）应收账款

本集团信用风险主要是受每个客户自身特性的影响，而不是客户所在的行业或国家和地区。因此重大信用风险集中的情况主要源自本集团存在对个别客户的重大应收账款。于资产负债表日，本集团的前五大客户的应收账款占本集团应收账款总额的94.70%（2022年：96.08%）。

对于应收账款，本集团已根据实际情况制定了信用政策，对客户进行信用评估以确定赊销额度与信用期限。信用评估主要根据客户的财务状况、外部评级及银行信用记录。有关的应收账款自出具账单日起15至90天内到期。应收账款逾期的债务人会被要求先清偿所有未偿还余额，才可以获得进一步的信用额度。在一般情况下，本集团不会要求客户提供抵押品。

有关应收账款的具体信息，请参见附注七、4的相关披露。

示例2-149　福耀玻璃（600660.SH）

本集团信用风险主要产生于货币资金、应收票据、应收账款、其他应收款、应收款项融资、长期应收款、债权投资、其他债权投资、财务担保合同和贷款承诺等，以及未纳入减值评估范围的以公允价值计量且其变动计入当期损益的债务工具投资和衍生金融资产等。于资产负债表日，本集团金融资产的账面价值已代表其最大信用风险敞口；无资产负债表表外的财务担保。

本集团通过对应收款项投保信用保险以合理规避风险。

本集团货币资金主要存放于声誉良好并拥有较高信用评级的国有银行和其他大中型上市银行，本集团认为其不存在重大的信用风险，几乎不会产生因银行违约而导致的重大损失。

对于应收票据、应收账款、其他应收款、应收款项融资和长期应收款等，本集团设定相关政策以控制信用风险敞口。本集团基于对客户的财务状况、从第三方获取担保的可能性、信用记录及其他因素诸如目前市场状况等评估客户的信用资质并设置相应信用期。本集团会定期对客户信用记录进行监控，对于信用记录不良的客户，本集团会采用书面催款、缩短信用期或取消信用期等方式，以确保本集团的整体信用风险在可控的范围内。

此外，财务担保和贷款承诺可能会因为交易对手方违约而产生风险，本集团对财务担保和贷款承诺制定了严格的申请和审批要求，综合考虑内外部信用评级等信息，持续监控信用风险敞口、交易对手方信用评级的变化及其他相关信息，确保整体信用风险在可控的范围内。

于2023年12月31日，本集团无重大的因债务人抵押而持有的担保物和其他信用增级（2022年12月31日：无）。

第九节　以公允价值计量的项目披露示例

《企业会计准则第 39 号——公允价值计量》定义了公允价值，明确了公允价值计量的方法和级次划分，并对公允价值计量相关信息的披露作出了具体规定。需要对公允价值信息进行披露的项目不仅包括以公允价值计量的所有资产和负债，还包括不以公允价值计量但需要披露其公允价值的资产和负债。本节将选取部分有代表性的公允价值项目披露示例以供参考。

一、准则相关规定与监管指引（节选）

（一）《企业会计准则第 39 号——公允价值计量》

第二十四条　企业应当将公允价值计量所使用的输入值划分为三个层次，并首先使用第一层次输入值，其次使用第二层次输入值，最后使用第三层次输入值。

第一层次输入值是在计量日能够取得的相同资产或负债在活跃市场上未经调整的报价。活跃市场，是指相关资产或负债的交易量和交易频率足以持续提供定价信息的市场。

第二层次输入值是除第一层次输入值外相关资产或负债直接或间接可观察的输入值。

第三层次输入值是相关资产或负债的不可观察输入值。

公允价值计量结果所属的层次，由对公允价值计量整体而言具有重要意义的输入值所属的最低层次决定。企业应当在考虑相关资产或负债特征的基础上判断所使用的输入值是否重要。公允价值计量结果所属的层次，取决于估值技术的输入值，而不是估值技术本身。

第四十四条　在相关资产或负债初始确认后的每个资产负债表日，企业至少应当在附注中披露持续以公允价值计量的每组资产和负债的下列信息：

（一）其他相关会计准则要求或者允许企业在资产负债表日持续以公允价值计量的项目和金额。

（二）公允价值计量的层次。

（三）在各层次之间转换的金额和原因，以及确定各层次之间转换时点的政策。每一层次的转入与转出应当分别披露。

（四）对于第二层次的公允价值计量，企业应当披露使用的估值技术和输入值的描述性信息。当变更估值技术时，企业还应当披露这一变更以及变更的原因。

（五）对于第三层次的公允价值计量，企业应当披露使用的估值技术、输入值和估值流程的描述性信息。当变更估值技术时，企业还应当披露这一变更以及变更的原因。企业应当披露公允价值计量中使用的重要的、可合理取得的不可观察输入值的量化信息。

（六）对于第三层次的公允价值计量，企业应当披露期初余额与期末余额之间的调节信息，包括计入当期损益的已实现利得或损失总额，以及确认这些利得或损失时的损益项目；计入当期损益的未实现利得或损失总额，以及确认这些未实现利得或损失时的损益项目（如相关资产或负债的公允价值变动损益等）；计入当期其他综合收益的利得或损失总额，以及确认这些利得或损失时的其他综合收益项目；分别披露相关资产或负债购买、出售、发行及结算情况。

（七）对于第三层次的公允价值计量，当改变不可观察输入值的金额可能导致公允价值显著变化时，企业应当披露有关敏感性分析的描述性信息。

这些输入值和使用的其他不可观察输入值之间具有相关关系的，企业应当描述这种相关关系及其影响，其中不可观察输入值至少包括本条（五）要求披露的不可观察输入值。

对于金融资产和金融负债，如果为反映合理、可能的其他假设而变更一个或多个不可观察输入值将导致公允价值的重大改变，企业还应当披露这一事实、变更的影响金额及其计算方法。

（八）当非金融资产的最佳用途与其当前用途不同时，企业应当披露这一事实及其原因。

第四十八条　对于在资产负债表中不以公允价值计量但以公允价值披露的各组资产和负债，企业应当按照本准则第四十四条（二）、（四）、（五）和（八）披露信息，但不需要按照本准则第四十四条（五）披露第三层次公允价值计量的估值流程和使用的重要不可观察输入值的量化信息。

（二）《企业会计准则第37号——金融工具列报》

第七十一条　除了本准则第七十三条规定情况外，企业应当披露每一类金融资产和金融负债的公允价值，并与账面价值进行比较。对于在资产负债表中相互抵销的金融资产和金融负债，其公允价值应当以抵销后的金额披露。

第七十三条　企业可以不披露下列金融资产或金融负债的公允价值信息：

（一）账面价值与公允价值差异很小的金融资产或金融负债（如短期应收账款或应付账款）；

（二）包含相机分红特征且其公允价值无法可靠计量的合同；

（三）租赁负债。

第七十四条　在本准则第七十三条（二）所述的情况下，企业应当披露下列信息：

（一）对金融工具的描述及其账面价值，以及因公允价值无法可靠计量而未披露其公允价值的事实和说明；

（二）金融工具的相关市场信息；

（三）企业是否有意图处置以及如何处置这些金融工具；

（四）之前公允价值无法可靠计量的金融工具终止确认的，应当披露终止确认的事实，终止确认时该金融工具的账面价值和所确认的利得或损失金额。

（三）《企业会计准则应用指南汇编2024》“第三十九章　公允价值计量”

四、公允价值计量的基本要求（一）相关资产和负债

1. 相关资产或负债的特征。

（2）对资产出售或使用的限制。企业以公允价值计量相关资产，应当考虑出售或使用该资产所存在的限制因素。企业为合理确定相关资产的公允价值，应当区分该限制是针对资产持有者的，还是针对该资产本身的。

如果该限制是针对相关资产本身的，那么此类限制是该资产具有的一项特征，任何持有该资产的企业都会受到影响，市场参与者在计量日对该资产进行定价时会考虑这一特征。因此，企业以公允价值计量该资产，应当考虑该限制特征。企业可以通过假定在特殊情况下将该资产转让给另外一方时该限制是否会“传递”至转入方来判断该限制是针对资产持有者还是针对该资产本身。如果该限制会“传递”至转入方，则表明该限制针对资产本身，如果该限制不会“传递”至转入方，则表明该限制针对资产持有人。

（四）财政部关于年报工作的通知

《关于严格执行企业会计准则　切实做好企业2023年年报工作的通知》（财会〔2023〕29号）

关于投资性房地产的后续计量。企业应当按照投资性房地产准则的相关规定，对投资性房地产采用成本模式或者公允价值模式进行后续计量，计量模式一经确定，不得随意变更。成本模式转为公允价值模式的，应当作为会计政策变更，按照《企业会计准则第28号——会计政策、会计估计变更和差错更正》（财会〔2006〕3号，以下简称会计政策、会计估计变更和差错更正准则）处理。已采用公允价值模式计量的投资性房地产，不得从公允价值模式转为成本模式。

《关于严格执行企业会计准则　切实做好企业2021年年报工作的通知》财会〔2021〕32号

企业在对权益工具的投资和与此类投资相联系的合同进行公允价值计量时，根据《企业会计准则第22号——金融工具确认和计量》（财会〔2017〕7号，以下简称金融工具确认计量准则）相关规定，基于初始确认日后可获得的关于被投资方业绩和经营的所有信息，当成本不能代表相关金融资产的公允价值时，企业应当对其公允价值进行估值。仅在有限情况下，如果用以确定公允价值的近期信息不足，或者公允价值的可能估计金额分布范围很广，而成本代表了该范围内对公允价值的最佳估计的，该成本可代表其在该分布范围内对公允价值的恰当估计。

（五）证监会《公开发行证券的公司信息披露编报规则第 15 号——财务报告的一般规定（2023 年修订）》

第五十二条　公司应按持续和非持续的公允价值计量，分项披露期末公允价值金额和公允价值计量的层次。

第五十三条　对于持续和非持续的第一层次公允价值计量，公司应披露相关市价依据。第五十四条对于持续和非持续的第二、三层次的公允价值计量，公司应披露使用的估值技术和重要参数的定性和定量信息。

第五十五条　对于持续的第三层次公允价值计量，公司应披露期初余额与期末余额之间的调节信息。改变不可观察参数可能导致公允价值显著变化的，公司应分项披露相关的敏感性分析。

第五十六条　对于持续的公允价值计量，公司应披露公允价值计量各层次之间转换的金额、原因及确定转换时点的政策。

第五十七条　对于涉及估值技术变更的，公司应披露该变更及其原因。

第五十八条　对于未以公允价值计量的金融资产和金融负债，分类披露其账面价值和公允价值的期初和期末金额、公允价值所属的层次。对于第二层次和第三层次的公允价值，披露使用的估值技术和输入值的信息。对于涉及估值技术变更的，披露该变更及其原因。

（六）证监会《上市公司执行企业会计准则案例解析（2024）》

案例 2－13　公允价值计量

一、案例背景

上市公司 A 将其持有的某 H 股上市公司的内资股份作为以公允价值计量且其变动计入当期损益的金融资产核算。该 H 股上市公司采用直接以中国境内股份公司为发行主体，向香港联交所申请发行境外上市外资股股票并在香港联交所上市交易的模式。

问题：如何确定上述内资股份的公允价值？

二、会计准则及相关规定（略）

三、案例解析

对于本案例中相关内资股份的公允价值确定，实务中存在两种不同的观点。一种观点认为，应以持有股份的港股价格为基础确认公允价值；另一种观点认为，由于内资股份未上市流通，公允价值应以其账面价值为基础确定。

鉴于上市公司持有的内资股份尚未上市流通，并且在计量日上市公司也不能进入香港联交所对内资股权进行交易，可以判断香港联交所并不是该内资股权的主要市场或最有利市场。因此，港股价格不能直接作为内资股权的公允价值。

根据准则及相关规定，企业以公允价值计量相关资产或负债的，类似资产或负债在活跃市场或非活跃市场的报价为该资产或负债的公允价值提供了依据，但企业需要对该报价进行调整。结合案例情况，上市公司持有的内资股份虽然不存在活跃市场，但是在被投资企业股份已经在香港联交所上市交易的情况下，可以认为存在类似资产在活跃市场的报价，这为A公司所持有的未上市流通内资股权公允价值的可靠计量提供了一定的基础。因此，上市公司可以以港股价格为基础，在考虑港股和内地市场价值关系、内资股份本身转让限制等影响公允价值因素的基础上，结合企业在香港联交所已公开披露的相关经营及财务信息，采用恰当的估值技术，对所持有的内资股权的公允价值予以合理估计。

【相关案例】

司法拍卖价格能否作为金融资产公允价值计量依据的问题

（一）案例背景

A公司持有B银行0.76亿股股权，该股权投资分类为以公允价值计量且其变动计入当期损益的金融资产。B银行为非上市银行。A公司在2×19年年报审计期间委托C评估公司对其持有的B银行股权进行评估，C评估公司通过采用市场比较法，选取阿里司法拍卖平台2×19年涉及B银行股权的交易案例股价平均值作为比准价格，对A公司持有的B银行股权公允价值评估结果为335亿元。根据上述评估结论，2×19年末A公司持有的B银行股权公允价值较年初增加1.43亿元。若不考虑前述的股权公允价值增值，A公司2×19年度的净利润为-0.86亿元，该项公允价值变动收益将对A公司盈亏性质产生影响。与此同时，B银行股权在2×19年于X股权交易中心发生的正常转让交易笔数和涉及的股份数量都远超司法拍卖的案例。

A公司年报审计机构D会计师事务所对B银行股权公允价值执行核查程序后，认为B银行股权的估值结果明显高于A股市场同等规模上市银行股价，无法判断其公允价值变动的合理性。A公司与D会计师事务所沟通后，聘请E评估公司对评估结果进行复核，E评估公司复核后认为原评估结论是公允的，但A公司与D会计师事务所就评估结果多次沟通仍无法达成一致。为确保按时发布年报，A公司采用评估公司对B银行股权公允价值的评估结果编写披露2×19年A公司年报，D会计师事务所对A公司年报的相应部分出具了保留意见。

问题：通过阿里拍卖平台等网络拍卖进行的股权交易，能否作为相关股权公允价值的计量依据？

（二）案例解析

根据《企业会计准则第39号——公允价值计量》的规定，企业以公允价值计量相关资产或负债，应当假定市场参与者在计量日出售资产或者转移负债的交易，是当前市场情况下的有序交易。企业应用于相关资产或负债公允价值计量的有序交易，是在计量目前一段时期内该资产或负债具有惯常市场活动的交易，不包括被迫清算和抛售。企业判定相关资产或负债的交易不是有序交易的，在以公允价值计量该资产或负债时，不应考虑该交易的价格，或者赋予该交易价格较低权重。在非有序交易情况下，企业确定相关资产或负债的交易价格或报价不能完全代表计量日该资产或负债的公允价值，却又以该交易价格或报价为基础计量其公允价值的，则应当对该交易价格或报价进行调整。

本案例中，B银行股权在阿里司法拍卖平台上的交易，其参与者和类似交易数量远远小于正常股权市场交易，不符合企业会计准则规定的“有序交易”特征。A公司以公允价值计量B银行股权时，应考虑以其他方式获取有序交易中出售资产的价格。如只能以股权拍卖价格为基础计量其公允价值，则应当对该价格进行调整。

案例5-02　公允价值模式下自建投资性房地产的核算和计量

一、案例背景

A公司自行建造一物业，地下共3层，地上共16层，其中-3层至7层拟建为用于出租的地下停车场及购物广场，剩余楼层为用于出售的房产。A公司采用公允价值模式计量投资性房地产。A公司因地下停车场、购物广场和将用于出售的房产属于同一个项目、部分开发成本需要在出租物业和出售物业之间进行分摊，所以在建造过程中将整个物业作为存货（开发成本）核算。该物业主体于2×12年9月底竣工验收，2×13年第二季度，地下停车场、购物广场的-1层至3层装修完工，A公司根据招商情况（含签订合同、意向书，或者处于洽谈完成待签协议等情形）确定这些层的大部分面积可出租，达到预定可使用状态，且A公司预计购物广场可在年末全部完成装修，实现整体开业。A公司在2×13年第二季度末先将地下停车场和购物广场-1层至3层从存货转入投资性房地产。地下停车场和购物广场-1层至3层根据评估确定的公允价值约为27.22亿元，开发成本约为9.30亿元，确认相关的递延所得税负债约4.48亿元后，A公司2×13年上半年净利润增加约13.44亿元，其中归属于母公司所有者的净利润约8.06亿元。

问题：在公允价值模式下，应如何对这一自建物业中的投资性房地产进行核算和计量？

二、会计准则及相关规定（略）

三、案例解析

在本案例中，由于A公司建造地下停车场和购物广场时已明确为出租目的，符合投资性房地产定义，故不应在建造过程中将其与为销售而开发的商品房一起作为存货核算，而在建造期间即应作为投资性房地产核算和列报，归集地下停车场和购物广场整体的开发成本，不会产生随部分楼层的装修完工而在不同的会计科目中进行核算的情况。此外，根据企业会计准则，在公允价值模式下，如果在建投资性房地产的公允价值无法可靠确定但预期该房地产完工后的公允价值能够持续可靠取得的，应当以成本计量该在建投资性房地产，在其公允价值能够可靠计量时或完工后（两者孰早），再以公允价值计量。投资性房地产的公允价值高于其成本的差额通过“公允价值变动损益”科目在利润表中反映。所以，如果A公司认为在建的地下停车场和购物广场的公允价值无法可靠取得，则应在公允价值能够可靠计量或完工时以公允价值计量，其公允价值大于账面成本的部分计入当期损益。

（七）证监会《上市公司年报会计监管报告》

《上市公司 2023 年年度财务报告会计监管报告》

未恰当计量流通股股票投资的公允价值

根据企业会计准则及相关规定，企业采用估值技术计量公允价值时，应假定在主要市场或最有利市场中进行，不应当考虑因其大量持有相关资产或负债所产生的折价或溢价；在活跃市场中，企业应当以单项资产或负债的市场报价与企业持有数量的乘积确定其持有的金融资产或金融负债的公允价值；公允价值评估时不包含不属于相关资产或负债的特征的交易费用和增值税。

审阅分析发现，部分上市公司将持有的其他公司流通股股票分类为交易性金融资产，在计量其公允价值计量时，错误地考虑了大宗交易折扣和未来的交易税费，未能按照每股报价和持股数量的乘积予以恰当计算。

《上市公司 2022 年年度财务报告会计监管报告》

错误计量合并财务报表层面丧失控制权时剩余股权的公允价值

根据企业会计准则及相关规定，母公司因处置部分股权投资或其他原因丧失对原有子公司控制的，在合并财务报表中，对于剩余股权，应当按照丧失控制权日的公允价值进行重新计量。处置股权取得的对价和剩余股权公允价值之和，减去按原持股比例计算应享有原有子公司自购买日开始持续计算的净资产的份额与商誉之和的差额，计入丧失控制权当期的投资收益。

审阅分析发现，部分上市公司的子公司破产被接管，上市公司丧失了对该子公司的控制权、不再将其纳入合并财务报表范围，但仍错误地在其合并财务报表中按照取得该股权投资的原始成本计量，并将其与按持股比例计算应享有原子公司自购买日开始持续计算的净资产的份额与商誉之和的差额，确认为丧失控制权当期的投资收益；后续上市公司又对该长期股权投资全额计提减值，计入资产减值损失。上市公司因处置部分股权投资或其他原因丧失对原有子公司控制的，在合并财务报表中，对于剩余股权，应当按照丧失控制权日的公允价值进行重新计量，在此基础上根据对被投资单位的影响程度，采用恰当的方法进行后续会计处理。

错误核算非同一控制下企业合并中被购买方因政府补助确认的递延收益在购买日的公允价值

根据企业会计准则及相关规定，非同一控制下企业合并采用购买法核算，被购买方可辨认资产、负债应当按照合并日确定的公允价值列示，企业合并成本大于合并中取得的被购买方可辨认净资产公允价值份额的差额，确认为商誉。如果被购买方涉及与资产相关的政府补助，无论被购买方在其个别报表中是采用净额法直接抵减相关资产的账面价值，还是采用总额法单独确认递延收益，购买方在非同一控制下企业合并中都应按照该项资产在合并日的公允价值进行初始确认。对于被购买方采用总额法核算的与资产相关政府补助，如果其不存在需要返还政府补助款项的现时义务，则购买方不应将该递延收益单独识别为一项可辨认负债。

审阅分析发现，部分上市公司在非同一控制下企业合并中，错误地将被购买方因与资产相关的政府补助确认的递延收益作为购买日取得的一项可辨认负债，并以其账面价值作为购买日的公允价值，减少了可辨认净资产的公允价值，高估了商誉初始确认的金额。无论被购买方在其自身财务报表中对政府补助采用总额法还是净额法进行核算，购买方基于购买日的公允价值所确认的被购买方的各项可辨认资产和负债应保持一致，确认的商誉金额也应一致。

二、以公允价值计量的项目披露示例

（一）简要分析

公允价值计量准则对公允价值计量相关信息的披露提出具体要求，其适用范围不仅包括以公允价值计量的所有资产和负债，还包括不以公允价值计量但需要披露其公允价值的资产和负债。

以公允价值计量的金融资产和金融负债主要包括以公允价值计量且其变动计入当期损益的金融资产和金融负债、应收款项融资等；除此之外，以公允价值计量的资产还包括以公允价值模式计量的投资性房地产等。

不以公允价值计量的金融资产和负债主要包括货币资金、应收票据、应收账款、其他应收款、短期借款、应付票据、应付账款、其他应付款、一年内到期的长期借款、租赁负债、长期应付款、长期借款和应付债券等。除债权投资、长期应收款、长期借款、应付债券、长期应付款、其他流动负债（不含递延收益）以外，其他不以公允价值计量的金融资产和金融负债的账面价值与公允价值通常相差很小。其中，长期应收款、固定利率的长期借款以及不存在活跃市场的应付债券，通常以合同规定的未来现金流量按照市场上具有可比信用等级并在相同条件下提供几乎相同现金流量的市场收益率进行折现后的现值确定其公允价值。

不同分类的公允价值披露要求如表 2－30 所示。

表 2－30　　公允价值披露要求汇总

序号	准则要求的披露	持续的公允价值计量	非持续的公允价值计量	不以公允价值计量但披露公允价值
1	其他相关会计准则要求或者允许企业在资产负债表日（或在特定情况下非持续）以公允价值计量的项目和金额	√	√	
2	以公允价值计量的原因		√	
3	公允价值计量的层次	√	√	√

续表

序号	准则要求的披露	持续的公允价值计量	非持续的公允价值计量	不以公允价值计量但披露公允价值
4	对于第二层次的公允价值计量，企业应当披露使用的估值技术和输入值的描述性信息。 当变更估值技术时，企业还应当披露这一变更以及变更的原因	√	√	√
5	在各层次之间转换的金额和原因，以及确定各层次之间转换时点的政策。 每一层次的转入与转出应当分别披露	√		
6	当非金融资产的最佳用途与其当前用途不同时，企业应当披露这一事实及其原因	√	√	√
7	企业以市场风险和信用风险的净敞口为基础管理金融资产和金融负债的，计量该组合公允价值的事实	√	√	√
8	对于以公允价值计量并且附有不可分割的第三方信用增级的负债，企业应当披露该信用增级，并说明其公允价值计量中是否已反映该信用增级	√	√	√
9	第三层次披露			
	对于第三层次的公允价值计量，企业应当披露使用的估值技术、输入值和估值流程的描述性信息。 当变更估值技术时，企业还应当披露这一变更以及变更的原因。 企业应当披露公允价值计量中使用的重要的不可观察输入值的量化信息	√	√	√ （但不需要披露估值流程和使用的重要不可观察输入值的量化信息）
	对于第三层次的公允价值计量，企业应当披露期初余额与期末余额之间的调节信息。 包括计入当期损益的已实现利得或损失总额，以及确认这些利得或损失时的损益项目；计入当期损益的未实现利得或损失总额，以及确认这些未实现利得或损失时的损益项目（如相关资产或负债的公允价值变动损益等）；计入当期其他综合收益的利得或损失总额，以及确认这些利得或损失时的其他综合收益项目；分别披露相关资产或负债购买、出售、发行及结算情况	√		
	对于第三层次的公允价值计量，当改变不可观察输入值的金额可能导致公允价值显著变化时，企业应当披露有关敏感性分析的描述性信息。 这些输入值和使用的其他不可观察输入值之间具有相关关系的，企业应当描述这种相关关系及其影响，其中不可观察输入值至少包括在公允价值计量中使用的重要的、可合理取得的不可观察输入值。 对于金融资产和金融负债，如果为反映合理、可能的其他假设而变更一个或多个不可观察输入值将导致公允价值的重大改变，企业还应当披露这一事实、变更的影响金额及其计算方法	√		

续表

序号	准则要求的披露	持续的公允价值计量	非持续的公允价值计量	不以公允价值计量但披露公允价值
10	企业应当以表格形式披露本准则要求的量化信息，除非其他形式更适当	√	√	√

（二）年报披露示例

以公允价值计量的项目披露示例汇总如表2－31所示。

表2－31　　以公允价值计量的项目披露示例汇总

序号	参考示例	以公允价值计量的项目
1	示例2－150　潍柴动力（000338. SZ）	应收款项融资、交易性金融资产、其他权益工具投资、其他非流动金融资产、交易性金融负债、其他非流动负债
2	示例2－151　中兴通讯（000063. SZ）	衍生金融资产、交易性金融资产、其他非流动金融资产、应收款项融资、投资性房地产、交易性金融负债、其他非流动负债
3	示例2－152　中联重科（000157. SZ）	交易性金融资产、其他权益工具投资、应收款项融资、其他非流动金融资产、交易性金融负债
4	示例2－153　招商银行（600036. SH）	分类为以公允价值计量且其变动计入当期损益的金融投资、指定为以公允价值计量且其变动计入当期损益的金融投资、衍生金融资产、以公允价值计量且其变动计入当期损益的贷款和垫款、以公允价值计量且其变动计入其他综合收益的债务工具投资、以公允价值计量且其变动计入其他综合收益的贷款和垫款、指定为以公允价值计量且其变动计入其他综合收益的权益工具投资、交易性金融负债、指定为以公允价值计量且其变动计入当期损益的金融负债、衍生金融负债
5	示例2－154　华泰证券（601688. SH）	衍生金融资产、交易性金融资产、其他债权投资、其他权益工具投资、交易性金融负债、衍生金融负债

示例2－150　潍柴动力（000338. SZ）

1. 以公允价值计量的资产和负债的期末公允价值

单位：元

项目	期末公允价值			
	第一层次公允价值计量	第二层次公允价值计量	第三层次公允价值计量	合计
一、持续的公允价值计量				
（一）应收款项融资		8, 137, 773, 556. 08		8, 137, 773, 556. 08

续表

项目	期末公允价值			
	第一层次公允价值计量	第二层次公允价值计量	第三层次公允价值计量	合计
（二）交易性金融资产	1, 810, 897. 68	11, 420, 622, 086. 78		11, 422, 432, 984. 46
（三）其他权益工具投资	2, 227, 444, 487. 17		1, 784, 657, 408. 07	4, 012, 101, 895. 24
（四）其他非流动金融资产		534, 636, 729. 78		534, 636, 729. 78
持续以公允价值计量的资产总额	2, 229, 255, 384. 85	20, 093, 032, 372. 64	1, 784, 657, 408. 07	24, 106, 945, 165. 56
（五）交易性金融负债		166, 701, 491. 20		166, 701, 491. 20
（六）其他非流动负债		264, 163, 430. 40		264, 163, 430. 40
持续以公允价值计量的负债总额		430, 864, 921. 60		430, 864, 921. 60
二、非持续的公允价值计量				

2. 公允价值估值

金融资产/金融负债公允价值

本集团的财务团队由财务部门负责人领导，负责制定金融工具公允价值计量的政策和程序。财务团队直接向首席财务官和审计委员会报告。每个资产负债表日，财务团队分析金融工具价值变动，确定估值适用的主要输入值。估值流程和结果经首席财务官审核批准。

以公允价值计量且其变动计入当期损益的金融资产/金融负债包括下属子公司的远期外汇合约、交叉货币互换及利率互换工具、部分结构性存款及其他债务工具。本集团相信，以估值技术估计的公允价值是合理的，并且亦是于资产负债表日最合适的价值。

上市的权益工具，以市场报价确定公允价值。上市但是流通受限的权益工具，以市场报价为依据做必要的调整确定公允价值。非上市的权益工具投资，采用市场比较法或收益法估值模型估计公允价值，采用的假设并非由可观察市场价格或利率支持。本集团需要就市净率或现金流量等不可观测市场参数作出估计。本集团相信，以估值技术估计的公允价值及其变动是合理的，并且亦是于资产负债表日最合适的价值。

3. 不可观察输入值

如下为第三层次公允价值计量的重要不可观察输入值概述：

单位：元

项目	2023 年末公允价值	2022 年末公允价值	估值技术	不可观察输入值	范围区间（加权平均值）
金融资产					
其他权益工具投资					
山推工程机械股份有限公司	1, 083, 792, 237. 08	815, 509, 293. 28	看跌期权法	股息率、预期年化波动率	
浙江中力机械股份有限公司	267, 975, 142. 40	222, 464, 313. 00	收益法	现金流量	
上海快仓智能科技有限公司	354, 599, 244. 80	192, 438, 682. 50	收益法	现金流量	
其他	78, 290, 783. 79	69, 743, 631. 16			
小计	1, 784, 657, 408. 07	1, 300, 155, 919. 94			
金融负债					
其他非流动负债					
看跌期权		36, 275, 712. 30	二叉树期权定价模型	股权价值波动率	

4. 公允价值计量的调节

持续的第三层次公允价值计量的调节信息如下：

单位：元

项目	2023 年 1 月 1 日	转入第三层次	转出第三层次	本年利得或损失总额		购买、发行、出售和结算				其他转入（出）	汇兑损益	2022 年 12 月 31 日
				计入损益	计入其他综合收益	购买	发行/签出	出售	结算			
权益工具投资	1, 300, 155, 919. 94				484, 501, 488. 13			（12, 251, 713）				1, 784, 657, 408. 07
其他非流动金融负债	36, 275, 712. 30			36, 275, 712. 30								

5. 公允价值层次转换

2023 年，本集团并无金融资产和金融负债公允价值计量在第一层次和第二层次之间的转移，亦无转入或转出第三层级的情况（2022 年：无）。

示例 2 -151　中兴通讯（000063. SZ）

1. 以公允价值计量的资产和负债

2023 年 12 月 31 日

单位：千元

项目	公允价值计量使用的输入值			
	活跃市场报价 第一层次	重要可观察输入值 第二层次	重要不可观察输入值 第三层次	合计
持续的公允价值计量				
衍生金融资产		85, 341		85, 341
交易性金融资产	129, 058		24, 227	153, 285
其他非流动金融资产			831, 930	831, 930
应收款项融资		4, 074, 078		4, 074, 078
投资性房地产				
——出租的建筑物			1, 473, 823	1, 473, 823
合计	129, 058	4, 159, 419	2, 329, 980	6, 618, 457
衍生金融负债		(184, 544)		(184, 544)
其他非流动负债			(43, 148)	(43, 148)
合计		(184, 544)	(43, 148)	(227, 692)

2. 公允价值估值

(1) 第一层次公允价值计量

非限售期内的上市公司权益工具投资，以活跃市场报价确定公允价值。

(2) 第二层次公允价值计量

本集团采用现金流量现值法确定应收款项融资公允价值，公允价值与账面价值相若。

本集团与多个交易对手（主要是有着较高信用评级的金融机构）订立了衍生金融工具合同。衍生金融工具，包括外汇远期合同，采用类似于远期定价和互换模型以及现值方法的估值技术进行计量。模型涵盖了多个市场可观察到的输入值，包括交易对手的信用质量、即期和远期汇率和利率曲线。外汇远期合同和利率互换的账面价值，与公允价值相同。于 2023 年 12 月 31 日，衍生金融资产的盯市价值，是抵销了归属于衍生工具交易对手违约风险的信用估值调整之后的净值。交易对手信用风险的变化，对于套期关系中指定衍生工具的套期有效性的评价和其他以公允价值计量的金融工具，均无重大影响。

（3）第三层次公允价值计量

非上市的权益工具投资，根据不可观察的市场价格或利率假设，采用市场法估计公允价值。本集团需要根据行业、规模、杠杆和战略确定可比上市公司，并就确定的每一可比上市公司计算恰当的市场乘数，如企业价值乘数和市盈率乘数。根据企业特定的事实和情况，考虑与可比上市公司之间的流动性和规模差异等因素后进行调整。

限售期内的上市公司权益工具投资的公允价值利用活跃市场报价，再以限售期内缺乏流动性的百分比进行折扣。

对其他非流动负债中的股权回售权按照采用了二叉树模型对股权回售权的公允价值进行评估。

投资性房地产公允价值，本集团将考虑多种来源的信息，包括：（a）不同性质、状况或地点物业在活跃市场中的现行价格，并作调整以反映差异；（b）同类物业在活跃程度较低市场的近期价格，并作调整以反映以该等价格进行交易日期以来，经济状况的任何变更；（c）根据未来现金流量可靠估算作出的贴现现金流量预测，并以任何现有租约和其他合同的条款以及（若可能）外部证据（例如相同地点和状况的同类物业的现行市值租金）作为支持，采用反映市场对现金流量金额和时间性不确定因素的评估的折现率计算。

3. 不可观察输入值

如下为第三层次公允价值计量的重要不可观察输入概述：

项目	年末公允价值	估值技术	不可观察输入值	范围区间
商业用房地产	人民币 1,473,823 千元	现金流量折现法	估计租金（每平方米及每月）	人民币 30 - 500 元
			租金增长（年息）	3% -6%
			折现率	7% -8.5%
权益工具投资	人民币 856,157 千元	市场法	流动性折扣	5.80% -50%
			市盈率	5.20 - 15.47
			市净率	0.76 - 2.1
其他非流动负债	人民币 43,148 千元	二叉树期权定价模型	无风险利率	2.42% -2.72%
			波动率	40.86% -44.27%
			股息率	
			行权概率	5% -15%

4. 公允价值计量的调节

持续的第三层次公允价值计量的调节信息如下：

单位：千元

2023年	年初余额	转入第三层次	转出第三层次	计入损益	新增	出售	年末余额	年末持有的资产计入损益的当期未实现利得的变动
投资性房地产	2,010,627		(330,000)	(211,643)	4,839		1,473,823	(211,643)
交易性金融资产	96,382		(96,382)	24,227			24,227	24,227
其他非流动金融资产	1,028,262			(58,255)	4,360	(142,437)	831,930	(49,471)
其他非流动负债	32,364			10,784			43,148	10,784

持续的第三层次的公允价值计量中，计入当期损益的利得和损失中与金融资产和非金融资产有关的损益信息如下：

单位：千元

项目	2023年与金融资产有关的损益	2022与金融资产有关的损益
计入当期损益的利得总额	(34,028)	(47,054)
年末持有的资产计入的当期未实现利得的变动	(25,244)	30,406
项目	2023年与非金融资产有关的损益	2022与非金融资产有关的损益
计入当期损益的利得总额	(211,643)	(3,300)
年末持有的资产计入的当期未实现利得的变动	(211,643)	(3,300)

持续的第三层次的公允价值计量中，计入当期损益的利得和损失中与金融负债有关的损益信息如下：

单位：千元

项目	2023年与金融负债有关的损益	2022与金融负债有关的损益
计入当期损益的利得总额	10,784	
年末持有的负债计入的当期未实现利得的变动	10,784	

本年无第一层次与第二层次公允价值计量之间的转移。

示例2－152　中联重科（000157.SZ）

1. 以公允价值计量的资产和负债的期末公允价值

单位：元

项目	期末公允价值			
	第一层次公允价值计量	第二层次公允价值计量	第三层次公允价值计量	合计
一、持续的公允价值计量				
（一）交易性金融资产	1,418,289,521.75	321,647,371.23	27,252,469.09	1,767,189,362.07
1. 以公允价值计量且其变动计入当期损益的金融资产	1,418,289,521.75	321,647,371.23	27,252,469.09	1,767,189,362.07
（1）理财产品、结构性存款及其他	1,418,289,521.75	321,647,371.23	27,252,469.09	1,767,189,362.07
（二）其他权益工具投资	422,968,650.64		1,993,819,128.00	2,416,787,778.64
（三）应收款项融资			1,489,041,130.97	1,489,041,130.97
（四）其他非流动金融资产	43,957,566.20		207,956,392.23	251,913,958.43
持续以公允价值计量的资产总额	1,885,215,738.59	321,647,371.23	3,718,069,120.29	5,924,932,230.11
（五）交易性金融负债			8,975,347.95	8,975,347.95
衍生金融负债			8,975,347.95	8,975,347.95
持续以公允价值计量的负债总额			8,975,347.95	8,975,347.95
二、非持续的公允价值计量				

2. 持续和非持续第一层次公允价值计量项目市价的确定依据

本集团持有的在计量日能够取得相同资产或负债在活跃市场上未经调整的报价。

3. 持续和非持续第二层次公允价值计量项目，采用的估值技术和重要参数的定性及定量信息

本集团持有的以公允价值计量且其变动计入当期损益的金融资产，根据银行或者金融单位出具的估值报告为依据，确认期末公允价值人民币321,647,371.23元。

4. 持续和非持续第三层次公允价值计量项目，采用的估值技术和重要参数的定性及定量信息

本集团分类为第三层次金融资产主要包括银行理财产品及金融机构发行的其他金融产品、应收款项融资、衍生金融负债及非上市公司其他权益工具投资。

银行理财产品资产管理计划的公允价值是参照交易对手金融机构提供的资产负债表日的资产净值进行计量，重大不可观察输入值为净资产，其公允价值随资产净值同

向变化。

衍生金融负债参照交易对手金融机构提供的资产负债表日的估值结果进行计量，重大不可观察输入值为远期汇率，其公允价值随买入外币汇率同向变化。

应收款项融资的公允价值使用现金流量折现模型进行估值，重大不可观察输入值为折现率，于2023年12月31日，本集团应收款项融资公允价值与初始确认价值并无重大差异。

非上市权益工具投资以第三层级估值作为公允价值的计量依据。本集团持有的投资基金以基金管理人出具的基金净值报告作为公允价值的计量依据，重大不可观察输入值为净资产，其公允价值随资产净值同向变化。本集团持有非上市公众公司权益工具投资为在全国中小企业股份转让系统挂牌交易的投资，本集团以其在市场上的交易价格及流动性折扣作为公允价值计量依据。除上述以第三层次公允价值计量的金融资产外，本集团持有其他以第三层次公允价值计量的金融资产根据市净率或市盈率估值法确定。市净率/市盈率估值法评估值＝资产负债表日被投资单位净资产/净利润×被投资单位所在行业的市净率/市盈率×流动性折价调整率×持股比例确定的其他权益工具投资金额，其中所使用的重大不可观察输入值为市净率、市盈率及流动性折价调整率。

5. 持续的第三层次公允价值计量项目，期初与期末账面价值间的调节信息及不可观察参数敏感性分析

（1）持续的第三层次公允价值计量项目，期初与期末账面价值间的调节信息：

单位：元

2023年	期初余额	本期利得或损失总额		购买、发行、出售和结算	期末余额	对于期末持有的资产和承担的负债，计入损益的当年未实现利得或损失
		计入损益	计入其他综合收益	净（出售）/购买		
资产						
理财产品、结构性存款及其他	512,497,395.14	28,090,569.68		-513,335,495.73	27,252,469.09	28,090,569.68
应收款项融资	951,659,926.40			537,381,204.57	1,489,041,130.97	
其他权益工具投资	2,174,217,635.00	34,045,275.28	44,120,526.16	-1258,564,308.44	1,993,819,128.00	34,045,275.28
其他非流动金融资产		-2,043,607.77		210,000,000.00	207,956,392.23	-2,043,607.77
负债						
远期外汇		-110,968,960.92		101,993,612.97	-8,975,347.951	-110,968,960.92
合计	3,638,374,956.54	-50,876,723.73	44,120,526.16	77,475,013.37	3,709,093,772.34	-50,876,723.73

注：上述于本期及上期确认的利得或损失计入损益或其他综合收益的具体项目情况如下：

单位：元

项目	本期发生额	上期发生额
计入损益的已实现利得或损失		
——投资收益	-67,948,337.69	31,779,180.73
计入损益的未实现利得或损失		
——公允价值变动收益	17,071,613.96	—
合计	-50,876,723.73	31,779,180.73
计入其他综合收益的利得或损失		
——其他权益工具投资公允价值变动	44,120,526.16	92,621,263.52
合计	44,120,526.16	92,621,263.52

（2）第三层次公允价值计量项目，不可观察参数敏感性分析：

本集团采用可比上市公司的市净率或市盈率来确定非上市权益工具投资的公允价值，并对其进行流动性折价调整。公允价值计量与可比上市公司市净率或市盈率呈正相关，与流动性折价调整率呈负相关关系。

6. 持续的公允价值计量项目，本期内发生各层级之间转换的，转换的原因及确定转换时点的政策

2023年，本集团上述持续以公允价值计量的资产和负债各层次之间发生一次转换，投资标的宏信建设发展有限公司在香港联合交易所有限公司主板上市，该股权目前在活跃市场上有报价，因此其公允价值计量于2023年度从公允价值层次的第三级转为第一级。除此以外，没有其他公允价值层次的转移。

7. 本期内发生的估值技术变更及变更原因

2023年，本集团上述公允价值计量所使用的估值技术并未发生变更。

示例2-153　招商银行（600036.SH）

1. 确定公允价值的方法

本集团设有多项会计政策和披露规定，要求计量金融和非金融资产和负债的公允价值。

本集团就计量公允价值制定了一个控制架构，包括设立估值团队，全面监控所有重大的公允价值计量，包括三层次的公允价值计量。

估值团队会定期审阅重大和不可观察的输入值和估值调整。如果使用第三方信息（如经纪报价或定价服务）来计量公允价值，估值团队会评核从第三方得到的证据，以支持有关估值符合《企业会计准则》规定的结论，包括有关估值结果已分类为公允价值层次中的应属层次。

在计量资产或负债的公允价值时，本集团会尽量使用市场上可观察的数据。公允价值会根据估值技术所采用的输入值来分类为不同的层次。

公允价值计量结果所属层次取决于对公允价值计量整体而言具有重要意义的最低层次的输入值。三个层次输入值的定义如下：

● 第一层次输入值：在计量日能够取得的相同资产或负债在活跃市场上未经调整的报价；

● 第二层次输入值：除第一层次输入值外相关资产或负债直接或间接可观察的输入值；

● 第三层次输入值：相关资产或负债的不可观察输入值。

本集团会在出现变动的报告期末确认在公允价值层次之间的转换。

本集团以公允价值计量的资产和负债均持续以公允价值计量，不存在非持续以公允价值计量的资产和负债。

2. 持续以公允价值计量的金融资产和金融负债

下表列示了本集团在每个资产负债表日持续以公允价值计量的资产和负债于本报告期末的公允价值信息及其公允价值计量的层次：

单位：百万元

2023 年	本集团			
	第一层次	第二层次	第三层次	总额
资产				
分类为以公允价值计量且其变动计入当期损益的金融投资	18, 311	490, 795	4, 160	513, 266
——债券投资	14, 923	246, 526	359	261, 808
——贵金属合同（多头）	1, 604		2, 392	1, 604
——股权投资	1, 752	341	1, 181	4, 485
——基金投资	32	241, 091		242, 304
——理财产品		2, 729	228	2, 729
——其他		108	64	336
指定为以公允价值计量且其变动计入当期损益的金融投资	756	12, 123		12, 879
——债券投资	756	12, 123		12, 879
衍生金融资产		18, 733		18, 733
以公允价值计量且其变动计入当期损益的贷款和垫款		66, 701	3, 729	70, 430
以公允价值计量且其变动计入其他综合收益的债务工具投资	140, 869	758, 233		899, 102

续表

2023 年	本集团			
	第一层次	第二层次	第三层次	总额
以公允价值计量且其变动计入其他综合收益的贷款和垫款		404, 417	120, 762	525, 179
指定为以公允价值计量且其变动计入其他综合收益的权益工具投资	10, 006	2, 305	7, 338	19, 649
合计	169, 942	1, 753, 307	135, 989	2, 059, 238
负债				
交易性金融负债	15, 748	380		16, 128
——与贵金属相关的金融负债	15, 748			15, 748
——债券卖空		380		380
指定为以公允价值计量且其变动计入当期损益的金融负债	5, 179	20, 826	1, 825	27, 830
——发行存款证		212		212
——发行债券	5, 179			5, 179
——其他		20, 614	1, 825	22, 439
衍生金融负债		17, 443		17, 443
合计	20, 927	38, 649	1, 825	61, 401

于2023年度及2022年度，金融工具并无在公允价值层次的第一和第二层次之间作出重大转移。

（1）持续第一层次公允价值计量项目市价的确定依据

对于有活跃市场报价的金融工具采用彭博等发布的市场报价。

（2）持续第二层次公允价值计量项目，采用的估值技术和重要参数的定性信息

估值日当日中国债券信息网存在估值的人民币债券，采用中国债券信息网最新发布的估值结果确定其公允价值。

对于没有活跃市场报价的外币债券采用彭博发布的综合估值。

衍生金融资产中的远期外汇合约的公允价值是采用对远期外汇合约约定价格与市场远期价格之差折现的方法来确定。所使用的折现率为报告期末相关的人民币掉期收益率曲线。

外汇期权合约、大宗商品期权合约、权益期权合约等期权合约的公允价值是基于柏力克－舒尔斯（Black－Scholes）模型，采用无风险利率、外汇、大宗商品、权益类合约标的的市场价格及价格波动率等市场数据计算确定。所使用的市场数据源为彭博、路孚特、万得等供应商提供的活跃市场报价。

衍生金融工具中的利率掉期合约、外汇掉期合约、非期权类的大宗商品合约的公允价值为假设于报告期末终止该掉期合约预计所应收或应付金额折现。所使用的折现率为报告期末相关币种和掉期品种收益率曲线。

以公允价值计量且其变动计入当期损益的金融投资项下的股权投资、基金投资及理财产品的估值根据在市场的可观察报价得出。

以公允价值计量且其变动计入其他综合收益及以公允价值计量且其变动计入当期损益的票据贴现于中国境内采用上海票据交易所公布的票据转贴现成交价格，以10日均线为基准对票据价值进行评估；或采用折现法估值，折现率考虑贷款客户在标准普尔、穆迪、惠誉的评级、客户行业、贷款年期及贷款货币等因素，再加上发行人信用利差而成。

指定为以公允价值计量且其变动计入其他综合收益的权益工具投资，采用近期交易价格或彭博提供的估值结果确定其公允价值。

发行的存款证，估值取自彭博提供的估值结果。

以公允价值计量且其变动计入当期损益的金融投资项下的“其他”投资估值采用投资的资产净值。

指定为以公允价值计量且其变动计入当期损益的金融负债项下的“其他”采用投资目标的市价组合法，其公允价值根据投资的资产净值，即产品投资组合的可观察市值及相关费用决定。

(3) 持续第三层次公允价值计量项目，采用的估值技术和重要参数的定性信息如下：

单位：百万元

项目	2023年12月31日的公允价值	估值技术	不可观察输入值
指定为以公允价值计量且其变动计入其他综合收益的权益工具投资	2,742	市场法	流动性折价
指定为以公允价值计量且其变动计入其他综合收益的权益工具投资	71	现金流量折现法	风险调整折现率、现金流量
指定为以公允价值计量且其变动计入其他综合收益的权益工具投资	4,525	资产净值法	净资产、流动性折价
以公允价值计量且其变动计入当期损益的贷款和垫款	3,729	现金流量折现法	风险调整折现率
以公允价值计量且其变动计入其他综合收益的贷款和垫款	120,762	现金流量折现法	风险调整折现率
分类为以公允价值计量且其变动计入当期损益的金融投资			

续表

项目	2023 年 12 月 31 日的公允价值	估值技术	不可观察输入值
——股权投资	1,520	市场法	流动性折价
——股权投资	642	现金流量折现法	风险调整折现率、现金流量
——股权投资	230	资产净值法	净资产、流动性折价
——债券投资	359	现金流量折现法	风险调整折现率
——基金投资	1,180	基金净值法	净资产
——基金投资	1	市场法	流动性折价
——其他	184	现金流量折现法	风险调整折现率、现金流量
——其他	44	基金净值法	净资产
指定为以公允价值计量且其变动计入当期损益的金融负债	1,825	基金净值法	净资产、流动性折价

以重要的不可观察输入变量估值的金融工具

下表列示在公允价值层次第三层次所计量公允价值的年初结余与年末结余之间的变动：

单位：百万元

资产	本集团				
	以公允价值计量且其变动计入当期损益的金融投资	以公允价值计量且其变动计入当期损益的贷款和垫款	以公允价值计量且其变动计入其他综合收益的贷款和垫款	指定为以公允价值计量且其变动计入其他综合收益的权益工具投资	总额
于 2023 年 1 月 1 日	4,714	4,991	100,430	7,390	
收益或损失					
——于损益中确认	(14)	117	(103)		
——于其他综合收益中确认			(145)	(131)	(276)
购买/发放	553	70	325,509	77	326,209
出售和结算	(596)	(1,451)	(304,929)	(1)	(306,977)
从第三层次转出	(560)				(560)
汇率变动	63	2		3	68
于 2023 年 12 月 31 日	4,160	3,729	100,430	7,338	135,989
于报告日持有的以上资产项目于损益中确认的未实现收益或损失	(98)	14		(131)	(84)

单位：百万元

以公允价值计量且其变动计入当期损益的金融负债	本集团	
	2023 年	2022 年
于年初余额	2, 647	8, 147
于损益中确认的损失	（122）	（142）
发行	—	96
出售和结算	（739）	（5, 695）
汇率变动	39	241
于年末余额	1, 825	2, 647
于报告日持有的以上负债项目于损益中确认的未实现收益或损失	（122）	148

2023 年度及 2022 年度，本集团上述持续以公允价值计量的金融资产和金融负债各层次之间没有发生重大转换。

2023 年度及 2022 年度，本集团上述持续以公允价值计量所使用的估值技术并未发生变更。

示例 2－154　华泰证券（601688. SH）

1. 以公允价值计量的资产和负债的年末公允价值

单位：元

项目	2023 年 12 月 31 日			
	第一层次	第二层次	第三层次	合计
持续的公允价值计量				
资产				
交易性金融资产	175, 167, 123, 472. 55	219, 901, 674, 613. 15	18, 391, 198, 698. 94	413, 459, 996, 784. 64
交易性债券投资	1, 247, 947, 732. 15	193. 929, 712, 284. 62	586, 617, 321. 79	195, 764, 277, 338. 56
交易性其他债务工具投资			2, 177, 275, 481. 42	2, 177, 275, 481. 42
交易性权益工具	173, 919, 175, 740. 40	25, 971, 962, 328. 53	15, 627, 305, 895. 73	215, 518, 443, 964. 66
衍生金融资产	197, 373421. 92	10, 353, 460, 223. 14	5, 709, 047, 767. 25	16, 259, 881, 412. 31
其他债权投资		16, 081, 537, 138. 67	180462, 924. 62	16, 262, 000, 063. 29
其他权益工具投资		18, 849, 052. 78	105, 657, 319. 78	124, 506, 372. 56
持续以公允价值计量的资产总额	175, 364, 496, 894. 47	246, 355, 521, 027. 74	24, 386, 366, 710. 59	446, 106, 384, 632. 80

续表

项目	2023 年 12 月 31 日			
	第一层次	第二层次	第三层次	合计
负债				
交易性金融负债	(2,286,110,239.36)	(39,506,030,177,33)	(10,879,024,976.89)	(52,671,165,393.58)
其中：指定为以公允价值计量且其变动计入当期损益的金融负债	(828,543,957.20)	(5,031,459,398.17)	(10,879,024,976.89)	(16,739,028,332.26)
衍生金融负债	(247,954,121.64)	(13,176,576,287.24)	(3,457,110,904.70)	(16,881,641,313.58)
持续以公允价值计量的负债总额	(2,534,064,361.00)	(52,682,606,464.57)	(14,336,135,881.59)	(69,552,806,707.16)

2. 持续和非持续第一层次公允价值计量项目市价的确定依据

对于存在活跃市场的交易性金融资产及负债、衍生金融资产及负债，其公允价值是按资产负债表日的市场报价确定的。此市场报价取自活跃市场中与交易价、经销商及交易对手以及公平切磋商为基础的市场交易。

3. 持续和非持续第二层次公允价值计量项目，采用的估值技术和重要参数的定性及定量信息

对于交易性金融资产中的债券投资及交易性金融负债中的债务工具的公允价值是采用相关债券登记结算机构估值系统的报价。相关报价机构在形成报价过程中采用了反映市场状况的可观察输入值。

对于交易性金融资产中不存在公开市场的权益工具，其公允价值以投资账户管理人提供的账户净值确定。

衍生金融资产和负债的公允价值是根据市场报价来确定的。根据每个合约的条款和到期日，采用类似衍生金融工具的市场利率将未来现金流折现，以验证报价的合理性。权益互换合约中嵌入的衍生工具的公允价值是采用相关证券交易所报价计算的相关权益证券回报来确定的。

2023 年度，本集团上述持续第二层次公允价值计量所使用的估值技术并未发生变更。

4. 持续和非持续第三层次公允价值计量项目，采用的估值技术和重要参数的定性及定量信息

本集团制定了相关流程来确定持续的第三层次公允价值计量中合适的估值技术和输入值。本集团定期复核相关流程以及公允价值确定的合适性。

第三层次公允价值计量的量化信息如下：

项目	2023 年 12 月 31 日的公允价值（元）	估值技术	不可观察输入值	对公允价值影响
其他债务工具及私募配售债券	2, 944, 355, 727. 83	贴现现金流量模型	经风险调整的贴现率和预计现金流	经风险调整的贴现率越高，公允价值越低；预计现金流越高，公允价值越高
未上市股权投资	15, 732, 963, 215. 51	市场法	缺乏市场流通性贴现率和市场乘数	贴现率越高，公允价值越低；市场乘数越高，公允价值越高
场外衍生合约——资产	5, 709, 047, 767. 25	布莱克—斯科尔斯期权定价模型	标的资产的价格波动率	价格波动率越大，对公允价值的影响越大
		蒙特卡洛期权定价模型	标的资产的价格波动率	价格波动率越大，对公允价值的影响越大
场外衍生合约——负债	(3, 457, 110, 904. 70)	布莱克—斯科尔斯期权定价模型	标的资产的价格波动率	价格波动率越大，对公允价值的影响越大
		蒙特卡洛期权定价模型	标的资产的价格波动率	价格波动率越大，对公允价值的影响越大
私募基金其他合伙人于合并结构化主体享有的权益	(3, 853, 832, 145. 30)	市场法	缺乏市场流通性贴现率和市场乘数	贴现率越高，公允价值越低；市场乘数越高，公允价值越高
收益凭证	(7, 025, 192, 831. 59)	布莱克—斯科尔斯期权定价模型	标的资产的价格波动率	价格波动率越大，对公允价值的影响越大
		蒙特卡洛期权定价模型	标的资产的价格波动率	价格波动率越大，对公允价值的影响越大

第三层次金融资产公允价值对不可观察输入数据的合理性变动不具有重大敏感性。

第十节　公允价值的确定方法披露示例

根据企业会计准则，需要确定公允价值的资产、负债及相关交易越来越多，如何确定公允价值，尤其在市场活跃度不高的情形下，如何对金融资产、投资性房地产等以公允价值计量的资产通过估值技术确定其公允价值越来越受到关注。本节将选取部分有代表性的公允价值确定方法披露示例以供参考。

一、准则相关规定与监管指引（节选）

（一）《企业会计准则第 39 号——公允价值计量》

第十六条　企业应当根据交易性质和相关资产或负债的特征等，判断初始确认时的公允价值是否与其交易价格相等。

在企业取得资产或者承担负债的交易中，交易价格是取得该项资产所支付或者承担该项负债所收到的价格（即进入价格）。公允价值是出售该项资产所能收到或者转移该项负债所需支付的价格（即脱手价格）。相关资产或负债在初始确认时的公允价值通常与其交易价格相等，但在下列情况中两者可能不相等：

（一）交易发生在关联方之间。但企业有证据表明该关联方交易是在市场条件下进行的除外。

（二）交易是被迫的。

（三）交易价格所代表的计量单元与按照本准则第七条确定的计量单元不同。

（四）交易市场不是相关资产或负债的主要市场（或最有利市场）。

第十七条　其他相关会计准则要求或者允许企业以公允价值对相关资产或负债进行初始计量，且其交易价格与公允价值不相等的，企业应当将相关利得或损失计入当期损益，但其他相关会计准则另有规定的除外。

第十八条　企业以公允价值计量相关资产或负债，应当采用在当前情况下适用并且有足够可利用数据和其他信息支持的估值技术。企业使用估值技术的目的，是为了估计在计量日当前市场条件下，市场参与者在有序交易中出售一项资产或者转移一项负债的价格。

企业以公允价值计量相关资产或负债，使用的估值技术主要包括市场法、收益法和成本法。企业应当使用与其中一种或多种估值技术相一致的方法计量公允价值。企业使用多种估值技术计量公允价值的，应当考虑各估值结果的合理性，选取在当前情况下最能代表公允价值的金额作为公允价值。

市场法，是利用相同或类似的资产、负债或资产和负债组合的价格以及其他相关市场交易信息进行估值的技术。

收益法，是将未来金额转换成单一现值的估值技术。

成本法，是反映当前要求重置相关资产服务能力所需金额（通常指现行重置成本）的估值技术。

第十九条　企业在估值技术的应用中，应当优先使用相关可观察输入值，只有在相关可观察输入值无法取得或取得不切实可行的情况下，才可以使用不可观察输入值。

第二十二条　企业采用估值技术计量公允价值时，应当选择与市场参与者在相关资产或负债的交易中所考虑的资产或负债特征相一致的输入值，包括流动性折溢价、控制权溢价或少数股东权益折价等，但不包括与本准则第七条规定的计量单元不一致的折溢价。

（二）《企业会计准则第 37 号——金融工具列报》

第七十一条　除了本准则第七十三条规定情况外，企业应当披露每一类金融资产和金融负债的公允价值，并与账面价值进行比较。对于在资产负债表中相互抵销的金融资产和金融负债，其公允价值应当以抵销后的金额披露。

第七十三条　企业可以不披露下列金融资产或金融负债的公允价值信息：

（一）账面价值与公允价值差异很小的金融资产或金融负债（如短期应收账款或应付账款）；

（二）包含相机分红特征且其公允价值无法可靠计量的合同；

（三）租赁负债。

第七十四条　在本准则第七十三条（二）所述的情况下，企业应当披露下列信息：

（一）对金融工具的描述及其账面价值，以及因公允价值无法可靠计量而未披露其公允价值的事实和说明；

（二）金融工具的相关市场信息；

（三）企业是否有意图处置以及如何处置这些金融工具；

（四）之前公允价值无法可靠计量的金融工具终止确认的，应当披露终止确认的事实，终止确认时该金融工具的账面价值和所确认的利得或损失金额。

（三）《企业会计准则应用指南汇编 2024》“第三十九章　公允价值计量”

四、公允价值计量的基本要求

（六）估值技术

企业以公允价值计量相关资产或负债，应当使用在当前情况下适用并且有足够可利用数据和其他信息支持的估值技术。企业使用估值技术的目的是估计市场参与者在计量日当前市场情况下的有序交易中出售资产或者转移负债的价格。

估值技术通常包括市场法、收益法和成本法。企业应当根据实际情况从市场法、收益法和成本法中选择一种或多种估值技术，用于估计相关资产或负债的公允价值。本章未规定企业应当优先使用何种估值技术，除非在活跃市场上存在相同资产或负债的公开报价。相关资产或负债存在活跃市场公开报价的，企业应当优先使用该报价确定该资产或负债的公允价值。

企业在应用估值技术估计相关资产或负债的公允价值时，应当根据可观察的市场信息定期校准估值模型，以确保所使用的估值模型能够反映当前市场状况，并识别估值模型本身可能存在的潜在缺陷。

如果企业所使用的估值技术未能考虑市场参与者在对相关资产或负债估值时所考虑的所有因素，那么企业通过该估值技术获得的金额不能作为对计量日当前交易价格的估计。

（四）《关于严格执行企业会计准则　切实做好企业 2021 年年报工作的通知》（财会［2021］32 号）

企业在对权益工具的投资和与此类投资相联系的合同进行公允价值计量时，根据《企业会计准则第22号——金融工具确认和计量》（财会〔2017〕7号）相关规定，基于初始确认日后可获得的关于被投资方业绩和经营的所有信息，当成本不能代表相关金融资产的公允价值时，企业应当对其公允价值进行估值。仅在有限情况下，如果用以确定公允价值的近期信息不足，或者公允价值的可能估计金额分布范围很广，而成本代表了该范围内对公允价值的最佳估计的，该成本可代表其在该分布范围内对公允价值的恰当估计。

（五）证监会《公开发行证券的公司信息披露编报规则第 15 号——财务报告的一般规定（2023 年修订）》

第五十二条　公司应按持续和非持续的公允价值计量，分项披露期末公允价值金额和公允价值计量的层次。

第五十三条　对于持续和非持续的第一层次公允价值计量，公司应披露相关市价依据。第五十四条对于持续和非持续的第二、三层次的公允价值计量，公司应披露使用的估值技术和重要参数的定性和定量信息。

第五十五条　对于持续的第三层次公允价值计量，公司应披露期初余额与期末余额之间的调节信息。改变不可观察参数可能导致公允价值显著变化的，公司应分项披露相关的敏感性分析。

第五十六条　对于持续的公允价值计量，公司应披露公允价值计量各层次之间转换的金额、原因及确定转换时点的政策。

第五十七条　对于涉及估值技术变更的，公司应披露该变更及其原因。

第五十八条　对于未以公允价值计量的金融资产和金融负债，分类披露其账面价值和公允价值的期初和期末金额、公允价值所属的层次。对于第二层次和第三层次的公允价值，披露使用的估值技术和输入值的信息。对于涉及估值技术变更的，披露该变更及其原因。

（六）证监会上市公司年报监管报告

《上市公司 2023 年年度财务报告会计监管报告》

未恰当计量流通股股票投资的公允价值

根据企业会计准则及相关规定，企业采用估值技术计量公允价值时，应假定在主要市场或最有利市场中进行，不应当考虑因其大量持有相关资产或负债所产生的折价或溢价；在活跃市场中，企业应当以单项资产或负债的市场报价与企业持有数量的乘积确定其持有的金融资产或金融负债的公允价值；公允价值评估时不包含不属于相关资产或负债的特征的交易费用和增值税。

审阅分析发现，部分上市公司将持有的其他公司流通股股票分类为交易性金融资产，在计量其公允价值计量时，错误地考虑了大宗交易折扣和未来的交易税费，未能按照每股报价和持股数量的乘积予以恰当计算

《上市公司2022年年度财务报告会计监管报告》

错误计量合并财务报表层面丧失控制权时剩余股权的公允价值

根据企业会计准则及相关规定，母公司因处置部分股权投资或其他原因丧失对原有子公司控制的，在合并财务报表中，对于剩余股权，应当按照丧失控制权日的公允价值进行重新计量。处置股权取得的对价和剩余股权公允价值之和，减去按原持股比例计算应享有原有子公司自购买日开始持续计算的净资产的份额与商誉之和的差额，计入丧失控制权当期的投资收益。

审阅分析发现，部分上市公司的子公司破产被接管，上市公司丧失了对该子公司的控制权、不再将其纳入合并财务报表范围，但仍错误地在其合并财务报表中按照取得该股权投资的原始成本计量，并将其与按持股比例计算应享有原子公司自购买日开始持续计算的净资产的份额与商誉之和的差额，确认为丧失控制权当期的投资收益；后续上市公司又对该长期股权投资全额计提减值，计入资产减值损失。上市公司因处置部分股权投资或其他原因丧失对原有子公司控制的，在合并财务报表中，对于剩余股权，应当按照丧失控制权日的公允价值进行重新计量，在此基础上根据对被投资单位的影响程度，采用恰当的方法进行后续会计处理。

错误核算非同一控制下企业合并中被购买方因政府补助确认的递延收益在购买日的公允价值

根据企业会计准则及相关规定，非同一控制下企业合并采用购买法核算，被购买方可辨认资产、负债应当按照合并日确定的公允价值列示，企业合并成本大于合并中取得的被购买方可辨认净资产公允价值份额的差额，确认为商誉。如果被购买方涉及与资产相关的政府补助，无论被购买方在其个别报表中是采用净额法直接抵减相关资产的账面价值，还是采用总额法单独确认递延收益，购买方在非同一控制下企业合并中都应按照该项资产在合并日的公允价值进行初始确认。对于被购买方采用总额法核算的与资产相关政府补助，如果其不存在需要返还政府补助款项的现时义务，则购买方不应将该递延收益单独识别为一项可辨认负债。

审阅分析发现，部分上市公司在非同一控制下企业合并中，错误地将被购买方因与资产相关的政府补助确认的递延收益作为购买日取得的一项可辨认负债，并以其账面价值作为购买日的公允价值，减少了可辨认净资产的公允价值，高估了商誉初始确认的金额。无论被购买方在其自身财务报表中对政府补助采用总额法还是净额法进行核算，购买方基于购买日的公允价值所确认的被购买方的各项可辨认资产和负债应保持一致，确认的商誉金额也应一致。

（七）财政部《企业会计准则实施典型案例集》

案例2－1　限制性股票授予日及其公允价值的确定

企业在实施以权益结算的股权支付时，对于股份支付授予日的确定以及授予日公允价值的确定，影响企业因股份支付所产生的成本费用的确认时点或期间、计量金额等会计信息的准确性，是股份支付会计处理的重要关注点之一。

一、案例背景

为了进一步建立健全公司对员工的长效激励机制，甲公司制订了股权激励计划。2×21年2月25日，公司召开临时股东大会，审议通过了《股票激励计划（草案）》（以下简称“草案”），主要内容包括：（1）计划授予限制性股票440万股，股票来源为公司向激励对象定向发行或从二级市场回购的A股普通股股票；（2）本次限制性股票的授予价格不低于50.09元/股，授权公司董事会最终确定实际授予价格；（3）股票授予对象名单；（4）本次限制性股票激励计划的获授股票解锁后不另设禁售期；（5）解锁条件为相应年限内公司层面业绩考核达标以及个人层面绩效考核合格且未离职，无市场条件和非可行权条件；（6）不满足解锁条件的，尚未解除限售的限制性股票将由公司按照授予价格回购注销；（7）已授予但尚未解锁的股份如未达到解锁条件，被回购的限制性股票已获得的现金股利（如有）需退回。草案公告当日，该公司A股普通股股票收盘价为192.34元/股。

2×21年3月1日，公司在公开市场上回购440万股A股普通股，回购价格为201.01元/股。

2×21年3月5日，公司董事会确定以50.09元/股的价格授予激励对象已回购的公司股份，当日公司与激励对象就协议条款和条件达成一致。当日，该公司A股普通股股票收盘价为218.51元/股。

2×21年3月15日，公司完成了限制性股票授予登记工作，当日即为授予的限制性股票上市日。当日，该公司A股普通股股票收盘价为181.26元/股。

2×21年6月28日，公司召开股东大会，大会审议通过向全体股东每10股派发现金红利0.45元（含税）的决议。此次发放现金股利的对象，包括此次股权激励中尚未达到解锁条件的股份。

对于上述交易，甲公司拟按照从公开市场上回购股票的价格减去授予价格，作为授予日权益工具的公允价值。

问题：甲公司关于限制性股票授予日及其公允价值的确定是否恰当？

二、案例解析

1. 案例分析

股份支付包括以权益结算的股份支付和以现金结算的股份支付两种类别。本案例中，甲公司为获取职工服务而向激励对象授予自身股份，并对所授股份附带与公司业绩和个人绩效有关的解锁条件，因此，相关股权激励计划属于以权益结算并附行权业绩条件的股份支付。

《企业会计准则第11号——股份支付》（财会〔2006〕3号，以下简称“股份支付准则”）第六条规定，完成等待期内的服务或达到规定业绩条件才可行权的换取职工服务的以权益结算的股份支付，在等待期内的每个资产负债表日，企业应当以对可行权权益工具数量的最佳估计为基础，按照权益工具授予日的公允价值，将当期取得的服务计入相关成本或费用和资本公积。本案例中，甲公司在资产负债表日进行相关会计处理时需要重点关注两个关键问题：一是授予日的确定，二是公允价值的确定。

（1）关于授予日的确定。2×21年2月25日，甲公司的股份支付计划虽然已经获得股东大会的批准，但甲公司并未与激励对象就股份支付的全部协议条款和条件达成一致，因此不能被认定为授予日。2×21年3月5日，双方就股份支付的全部协议条款和条件达成一致，且股份支付计划在此之前（2月25日）已经获得股东大会的批准，因此应被认定为股份支付授予日。

（2）关于公允价值的确定。根据《企业会计准则解释第3号》（财会〔2009〕8号，以下简称“解释第3号”）“五、在股份支付的确认和计量中，应当如何正确运用可行权条件和非可行权条件?”的规定，企业在确定权益工具授予日的公允价值时，应当考虑股份支付协议规定的可行权条件中的市场条件和非可行权条件的影响。本案例中，该股权激励需要满足一定的可行权条件后才可解锁，可行权条件包括服务期限条件和非市场业绩条件，不包括市场条件和非可行权条件。因此，甲公司在确定所授予限制性股票的公允价值时，应当以A股普通股股票在2×21年3月5日的市场价格为基础，并考虑激励对象服务年限、公司层面业绩考核指标和个人层面绩效考核指标的影响。

2. 案例结论

综上所述，根据股份支付准则、解释第3号等有关规定，甲公司将股东大会审议通过草案之日确定为股份支付授予日，以实际支付的回购股票价格减去授予价作为授予日权益工具的公允价值进行会计处理，这种做法是不恰当的。甲公司应以自身与激励对象就协议条款和条件达成一致之日（即2×21年3月5日）作为股份支付授予日，并以公司A股普通股股票在当日的市场价格为基础，考虑激励对象服务年限、公司层面业绩考核指标和个人层面绩效考核指标的影响，确定此次股份支付权益工具的公允价值。

三、案例启示

实务中，部分企业由于对股份支付准则理解不够透彻，或是为了人为调节利润，而采用错误的授予日或不当的公允价值计量方法对股份支付权益工具进行会计处理，导致会计信息质量降低。

在以权益结算的股份支付的实务应用中，关于授予日以及权益工具授予日公允价值的确定，应当严格遵循股份支付准则第四条、第五条和第六条等相关规定。

企业应当将股份支付协议批准日和协议达成一致日的孰晚日期确定为股份支付的授予日，而不是股份支付协议获得相关权力机构审批之日，也不是部分股份支付条件达成一致之日。

企业在确定权益工具在授予日的公允价值时，应当考虑股份支付协议规定的可行权条件中的市场条件和非可行权条件的影响，而不能为了降低当期费用，低估公允价值。

案例7－4　分步实现非同一控制下企业合并时购买日之前持有的被购买方股权公允价值的确定

根据《企业会计准则第33号——合并财务报表》（财会〔2014〕10号，以下简称“合并财务报表准则”）相关规定，企业分步实现非同一控制下企业合并的，在合并财务报表中，对于购买日之前持有的被购买方的股权，应当按照该股权在购买日的公允价值进行重新计量，公允价值与其账面价值的差额计入当期投资收益。实务中，对该股权的公允价值如何确定存在一些误区，应当予以关注。

一、案例背景

2×16年3月1日，A公司以现金160万元从独立第三方甲公司处取得B公司20%股权（该股权当日的公允价值为160万元），且能够对B公司施加重大影响，A公司采用权益法核算该项长期股权投资。

2×18年5月1日，经商业谈判，A公司以现金880万元从另一独立第三方乙公司处购买了B公司剩余80%股权，从而取得对B公司的控制权。经评估机构评估，购买日A公司所购买B公司80%股权的公允价值为880万元，与实际收购价格一致。另外，A公司原持有的B公司20%股权账面价值为180万元，经单独评估，当日的公允价值为215万元。

上述两次交易不构成一揽子交易，A公司对B公司采用权益法核算期间，B公司除净利润之外，未发生其他综合收益等其他所有者权益的变化，假设不考虑所得税等影响。

A公司在编制合并财务报表时，以购买B公司80%股权的公允价值（880万元）按比例计算得出B公司20%股权的公允价值为220万元，以此作为原持有的B公司股权在购买日的公允价值，并将其与账面价值的差额（40万元）计入合并当期投资收益。

问题：A公司在编制合并财务报表时，确定原持有B公司20%股权在购买日的公允价值的方式是否恰当?

二、案例解析

1. 案例分析

根据合并财务报表准则第四十八条的规定，企业因追加投资等原因能够对非同一控制下的被投资方实施控制的，在合并财务报表中，对于购买日之前持有的被购买方的股权，应当按照该股权在购买日的公允价值进行重新计量，公允价值与其账面价值的差额计入当期投资收益。

本案例中，A公司在编制合并财务报表时，应当对原持有的B公司20%股权按照购买日的公允价值进行重新计量。根据《企业会计准则第39号——公允价值计量》（财会〔2014〕6号，以下简称“公允价值计量准则”）第二十二条的规定，A公司购买的B公司剩余80%股权的公允价值计量应当考虑到控制权溢价等因素，而其原持有的B公司20%股权可能不具有同等因素，因此，在确定该股权在购买日的公允价值时，应直接以单独评估得出的公允价值（215万元）计量，不宜以本次购买B公司80%股权的价格（880万元）计算得出（220万元）。此时，A公司应当将原持有的B公司20%股权在购买日的公允价值（215万元）与其账面价值（180万元）的差额（35万元）确认为合并当期投资收益。

2. 案例结论

综上所述，根据合并财务报表准则、公允价值计量准则等有关规定，A公司在编制合并财务报表时，确定原持有B公司20%股权在购买日的公允价值的方式不恰当。该股权的公允价值应当以215万元计量，相应确认相关投资收益35万元。

三、案例启示

对于分步实现非同一控制下企业合并，且不属于“一揽子”交易的，企业在编制合并财务报表时，对于购买日之前持有的被购买方的股权，应当按照该股权在购买日的公允价值进行重新计量。考虑到可能存在控制权溢价等因素，单独评估该股权的公允价值有可能与被购买方全部股权的公允价值直接乘以持股比例计算得出的金额不一致。作为购买方的企业，应当单独计量该股权的公允价值，并以此为依据，计算并确认相应投资收益。

（八）证监会《上市公司执行企业会计准则案例解析（2024）》

案例2-13　公允价值计量

一、案例背景

上市公司A将其持有的某H股上市公司的内资股份作为以公允价值计量且其变动计入当期损益的金融资产核算。该H股上市公司采用直接以中国境内股份公司为发行主体，向香港联交所申请发行境外上市外资股股票并在香港联交所上市交易的模式。

问题：如何确定上述内资股份的公允价值？

二、会计准则及相关规定（略）

三、案例解析

对于本案例中相关内资股份的公允价值确定，实务中存在两种不同的观点。一种观点认为，应以持有股份的港股价格为基础确认公允价值；另一种观点认为，由于内资股份未上市流通，公允价值应以其账面价值为基础确定。

鉴于上市公司持有的内资股份尚未上市流通，并且在计量日上市公司也不能进入香港联交所对内资股权进行交易，可以判断香港联交所并不是该内资股权的主要市场或最有利市场。因此，港股价格不能直接作为内资股权的公允价值。

根据准则及相关规定，企业以公允价值计量相关资产或负债的，类似资产或负债在活跃市场或非活跃市场的报价为该资产或负债的公允价值提供了依据，但企业需要对该报价进行调整。结合案例情况，上市公司持有的内资股份虽然不存在活跃市场，但是在被投资企业股份已经在香港联交所上市交易的情况下，可以认为存在类似资产在活跃市场的报价，这为A公司所持有的未上市流通内资股权公允价值的可靠计量提供了一定的基础。因此，上市公司可以以港股价格为基础，在考虑港股和内地市场价值关系、内资股份本身转让限制等影响公允价值因素的基础上，结合企业在香港联交所已公开披露的相关经营及财务信息，采用恰当的估值技术，对所持有的内资股权的公允价值予以合理估计。

【相关案例】

司法拍卖价格能否作为金融资产公允价值计量依据的问题

（一）案例背景

A公司持有B银行0.76亿股股权，该股权投资分类为以公允价值计量且其变动计入当期损益的金融资产。B银行为非上市银行。A公司在2×19年年报审计期间委托C评估公司对其持有的B银行股权进行评估，C评估公司通过采用市场比较法，选取阿里司法拍卖平台2×19年涉及B银行股权的交易案例股价平均值作为比准价格，对A公司持有的B银行股权公允价值评估结果为335亿元。根据上述评估结论，2×19年末A公司持有的B银行股权公允价值较年初增加1.43亿元。若不考虑前述的股权公允价值增值，A公司2×19年度的净利润为-0.86亿元，该项公允价值变动收益将对A公司盈亏性质产生影响。与此同时，B银行股权在2×19年于X股权交易中心发生的正常转让交易笔数和涉及的股份数量都远超司法拍卖的案例。

A公司年报审计机构D会计师事务所对B银行股权公允价值执行核查程序后，认为B银行股权的估值结果明显高于A股市场同等规模上市银行股价，无法判断其公允价值变动的合理性。A公司与D会计师事务所沟通后，聘请E评估公司对评估结果进行复核，E评估公司复核后认为原评估结论是公允的，但A公司与D会计师事务所就评估结果多次沟通仍无法达成一致。为确保按时发布年报，A公司采用评估公司对B银行股权公允价值的评估结果编写披露2×19年A公司年报，D会计师事务所对A公司年报的相应部分出具了保留意见。

问题：通过阿里拍卖平台等网络拍卖进行的股权交易，能否作为相关股权公允价值的计量依据？

（二）案例解析

根据《企业会计准则第39号——公允价值计量》的规定，企业以公允价值计量相关资产或负债，应当假定市场参与者在计量日出售资产或者转移负债的交易，是当前市场情况下的有序交易。企业应用于相关资产或负债公允价值计量的有序交易，是在计量日前一段时期内该资产或负债具有惯常市场活动的交易，不包括被迫清算和抛售。企业判定相关资产或负债的交易不是有序交易的，在以公允价值计量该资产或负债时，不应考虑该交易的价格，或者赋予该交易价格较低权重。在非有序交易情况下，企业确定相关资产或负债的交易价格或报价不能完全代表计量日该资产或负债的公允价值，却又以该交易价格或报价为基础计量其公允价值的，则应当对该交易价格或报价进行调整。

本案例中，B银行股权在阿里司法拍卖平台上的交易，其参与者和类似交易数量远远小于正常股权市场交易，不符合企业会计准则规定的“有序交易”特征。A公司以公允价值计量B银行股权时，应考虑以其他方式获取有序交易中出售资产的价格。如只能以股权拍卖价格为基础计量其公允价值，则应当对该价格进行调整。

案例5-02 公允价值模式下自建投资性房地产的核算和计量

一、案例背景

A公司自行建造一物业，地下共3层，地上共16层，其中-3层至7层拟建为用于出租的地下停车场及购物广场，剩余楼层为用于出售的房产。A公司采用公允价值模式计量投资性房地产。A公司因地下停车场、购物广场和将用于出售的房产属于同一个项目、部分开发成本需要在出租物业和出售物业之间进行分摊，所以在建造过程中将整个物业作为存货（开发成本）核算。该物业主体于2×12年9月底竣工验收，2×13年第二季度，地下停车场、购物广场的-1层至3层装修完工，A公司根据招商情况（含签订合同、意向书，或者处于洽谈完成待签协议等情形）确定这些层的大部分面积可出租，达到预定可使用状态，且A公司预计购物广场可在年末全部完成装修，实现整体开业。A公司在2×13年第二季度末先将地下停车场和购物广场-1层至3层从存货转入投资性房地产。地下停车场和购物广场-1层至3层根据评估确定的公允价值约为27.22亿元，开发成本约为9.30亿元，确认相关的递延所得税负债约4.48亿元后，A公司2×13年上半年净利润增加约13.44亿元，其中归属于母公司所有者的净利润约8.06亿元。

问题：在公允价值模式下，应如何对这一自建物业中的投资性房地产进行核算和计量？

二、会计准则及相关规定（略）

三、案例解析

在本案例中，由于A公司建造地下停车场和购物广场时已明确为出租目的，符合投资性房地产定义，故不应在建造过程中将其与为销售而开发的商品房一起作为存货核算，而在建造期间即应作为投资性房地产核算和列报，归集地下停车场和购物广场整体的开发成本，不会产生随部分楼层的装修完工而在不同的会计科目中进行核算的情况。此外，根据企业会计准则，在公允价值模式下，如果在建投资性房地产的公允价值无法可靠确定但预期该房地产完工后的公允价值能够持续可靠取得的，应当以成本计量该在建投资性房地产，在其公允价值能够可靠计量时或完工后（两者孰早），再以公允价值计量。投资性房地产的公允价值高于其成本的差额通过“公允价值变动损益”科目在利润表中反映。所以，如果A公司认为在建的地下停车场和购物广场的公允价值无法可靠取得，则应在公允价值能够可靠计量或完工时以公允价值计量，其公允价值大于账面成本的部分计入当期损益。

二、公允价值的确定方法披露示例

（一）简要分析

公允价值，是指市场参与者在计量日发生的有序交易中，出售一项资产所能收到或者转移一项负债所需支付的价格。公允价值的估值技术包括市场法、收益法和成本法。

在某些情况下，使用单一的估值技术是适当的（例如当使用活跃市场上相同资产或负债的报价对资产或负债进行估值）。在另一些情况下，使用多种估值技术是适当的（例如对一个现金产出单元进行估值）。公允价值计量是当前情况下估值范围内最能代表公允价值的金额。

对于在活跃市场上交易的金融工具，以其活跃市场报价确定其公允价值；对于不在活跃市场上交易的金融工具，则采用估值技术确定其公允价值。所使用的估值模型主要包括现金流量折现模型和可比市场法等。估值技术的输入值主要包括无风险利率、基准利率、汇率、信用点差、流动性溢价、缺乏流动性折价等。

需要注意的是，《企业会计准则应用指南汇编 2024》“第三十九章　公允价值计量”中增加了对资产出售或使用的限制是针对相关资产本身还是资产持有人的判断方法，考虑假定转让时限制是否会“传递”至转入方。

（二）年报披露示例

示例 2－155　中兴通讯（000063. SZ）

公允价值估值

（1）第一层次公允价值计量

非限售期内的上市公司权益工具投资，以活跃市场报价确定公允价值。

（2）第二层次公允价值计量

本集团采用现金流量现值法确定应收款项融资公允价值，公允价值与账面价值相若。

本集团与多个交易对手（主要是有着较高信用评级的金融机构）订立了衍生金融工具合同。衍生金融工具，包括外汇远期合同，采用类似于远期定价和互换模型以及现值方法的估值技术进行计量。模型涵盖了多个市场可观察到的输入值，包括交易对手的信用质量、即期和远期汇率和利率曲线。外汇远期合同和利率互换的账面价值与公允价值相同。于 2023 年 12 月 31 日，衍生金融资产的盯市价值，是抵销了归属于衍生工具交易对手违约风险的信用估值调整之后的净值。交易对手信用风险的变化，对于套期关系中指定衍生工具的套期有效性的评价和其他以公允价值计量的金融工具，均无重大影响。

(3) 第三层次公允价值计量

非上市的权益工具投资，根据不可观察的市场价格或利率假设，采用市场法估计公允价值。本集团需要根据行业、规模、杠杆和战略确定可比上市公司，并就确定的每一可比上市公司计算恰当的市场乘数，如企业价值乘数和市盈率乘数。根据企业特定的事实和情况，考虑与可比上市公司之间的流动性和规模差异等因素后进行调整。

限售期内的上市公司权益工具投资的公允价值利用活跃市场报价，再以限售期内缺乏流动性的百分比进行折扣。

对其他非流动负债中的股权回售权按照采用了二叉树模型对股权回售权的公允价值进行评估。

投资性房地产公允价值，本集团将考虑多种来源的信息，包括：(a) 不同性质、状况或地点物业在活跃市场中的现行价格，并作调整以反映差异；(b) 同类物业在活跃程度较低市场的近期价格，并作调整以反映以该等价格进行交易日期以来，经济状况的任何变更；(c) 根据未来现金流量可靠估算作出的贴现现金流量预测，并以任何现有租约和其他合同的条款以及（若可能）外部证据（例如相同地点和状况的同类物业的现行市值租金）作为支持，采用反映市场对现金流量金额和时间性不确定因素的评估的折现率计算。

如下为第三层次公允价值计量的重要不可观察输入概述：

类别	年末公允价值	估值技术	不可观察输入值	范围区间
商业用房地产	人民币1,473,823千元	现金流量折现法	估计租金（每平方米及每月）	人民币30元–500元
			租金增长（年息）	3%–6%
			折现率	7%–8.5%
权益工具投资	人民币856,157千元	市场法	流动性折扣	5.80%–50%
			市盈率	5.20–15.47
			市净率	0.76–2.1
其他非流动负债	人民币43,148千元	二叉树期权定价模型	无风险利率	2.42%–2.72%
			波动率	40.86%–44.27%
			股息率	—
			行权概率	5%–15%

示例2–156 江西铜业（600362.SH）

对于在活跃市场上交易的金融工具，本集团以其活跃市场报价确定其公允价值；对于不在活跃市场上交易的金融工具，本集团采用估值技术确定其公允价值。所使用的估值模型为现金流量折现模型。估值技术的输入值主要包括无风险利率、远期汇率。

持续第二层次公允价值计量项目市价的确定依据

单位：元

项目	2023 年 12 月 31 日公允价值	估值技术	输入值
金融资产			
远期外汇合约被分类为衍生金融工具	61, 404, 668	现金流量折现模型	远期汇率反映了交易对手信用风险的折现率
资管计划被分类为交易性金融资产	27, 966, 257	现金流量折现模型	产品预期现金流
应收款项融资	1, 781, 688, 042	现金流量折现模型	类似债券公开市场收益率
其他非流动金融资产	257, 596, 718	市场法	公开市场报价并考虑流动性折扣
金融负债			
商品期权合约被分类为衍生金融工具	18, 515, 547	期权定价模型	同类项目在伦敦金属交易所的报价
远期外汇合约被分类为衍生金融工具	111, 739, 631	现金流量折现模型	远期汇率反映了交易对手信用风险的折现率
临时定价安排被分类为衍生金融负债	279, 085, 733	现金流量折现模型	类似项目在上海期货交易所或伦敦金属交易所的报价

持续第三层次公允价值计量项目，采用的估值技术和重要参数的定性及定量信息

本集团以摊余成本计量的金融资产和金融负债主要包括：应收款项、长期应收款、短期借款、应付款项、长期借款、应付债券等。

本集团的长期应收款为浮动利率的有息应收款项，账面价值与公允价值差异很小。除下述金融资产和金融负债以外，其他不以公允价值计量的金融资产和金融负债的账面价值与公允价值差异亦很小。

以下是本集团除账面价值与公允价值相差很小的金融工具、活跃市场中没有报价且其公允价值无法可靠计量的权益工具之外的各类别金融工具的账面价值与公允价值：

单位：元

项目	2023 年 12 月 31 日公允价值	估值技术	输入值	重大无法观察的输入数据	无法观察的输入数据与公允价值的关系
金融资产					
理财产品被分类为交易性金融资产	2, 277, 957, 056	现金流量折现法	产品预期现金流量，非公开市场类似金融产品收益率	非公开市场类似金融产品收益率	较高的非公开市场类似金融产品收益率，较低的公允价值

续表

项目	2023年12月31日公允价值	估值技术	输入值	重大无法观察的输入数据	无法观察的输入数据与公允价值的关系
其他权益工具投资	61,175,728	可比公司法	每股股价与每股净资产比率/总资产价值比率	缺乏流通性折扣	较高的缺乏流通折现率，较低的公允价值
其他非流动金融资产投资	1,148,789,573	可比公司法	每股股价与每股净资产比率/总资产价值比率	缺乏流通性折扣	较高的缺乏流通折现率，较低的公允价值
金融负债					
财务担保合同负债	32,546,477	现金流量折现法	违约概率及违约损失率	违约概率	较高的违约概率，较高的公允价值

长期借款以及长期应付款，以合同规定的未来现金流量按照市场上具有可比信用等级并在相同条件下提供几乎相同现金流量的利率进行折现后的现值确定其公允价值，属于第三层次。

示例2－157　福耀玻璃（600660.SH）

持续和非持续第一层次公允价值计量项目市价的确定依据

交易性金融资产——权益工具投资为子公司获得的客户债务重组分配的股票，其公允价值根据证券交易所年度最后一个交易日收盘价确定。

持续和非持续第三层次公允价值计量项目，采用的估值技术和重要参数的定性及定量信息

项目	估值技术	2023年12月31日公允价值（元）	输入值			
			名称	范围/加权平均值	与公允价值之间的关系	可观察/不可观察
其他权益工具投资	市场倍数法	91,054,345	市净率	1.6~3.2	正相关	不可观察
应收款项融资	收益法	1,314,917,637	折现率	1.5%	负相关	不可观察
合计		1,405,971,982				

持续的第三层次公允价值计量项目，期初与期末账面价值间的调节信息及不可观察参数敏感性分析

对于在活跃市场上交易的金融工具，本集团以其活跃市场报价确定其公允价值；对于不在活跃市场上交易的金融工具，本集团采用估值技术确定其公允价值。所使用

的估值模型主要为现金流量折现模型和市场可比公司模型等。估值技术的输入值主要包括无风险利率、基准利率、汇率、信用点差、流动性溢价、EBITDA 乘数、缺乏流动性折价等。

示例 2－158　浦发银行（600000. SH）

持续的以公允价值计量的资产和负债

（1）第二层次的金融工具

没有在活跃市场买卖的金融工具（例如场外衍生工具）的公允价值利用估值技术确定。估值技术尽量利用可观察市场数据（如有），尽量少依赖主体的特定估计。如计算一金融工具的公允价值所需的所有重大输入为可观察数据，则该金融工具列入第二层次。如一项或多项重大输入并非根据可观察市场数据，则该金融工具列入第三层次。

本集团划分为第二层次的金融工具主要包括债券投资、外汇远期及掉期、利率掉期及外汇期权等。人民币债券的公允价值按照中央国债登记结算有限责任公司的估值结果确定，外币债券的公允价值按照彭博的估值结果确定。外汇远期及掉期、利率掉期、外汇期权等采用现金流折现法和布莱尔—斯科尔斯模型等方法对其进行估值。所有重大估值参数均采用可观察市场信息。

（2）第三层次的金融工具

使用重要不可观察输入值的第三层次公允价值计量的相关信息如下：

单位：百万元

项目	2023 年 12 月 31 日 公允价值	估值技术	不可观察输入值
金融投资			
交易性金融资产			
——基金投资	222	参考最近交易	流动性折扣
——债券投资	1, 096	收益法	贴现率
——资金信托及资产管理计划	4, 238	收益法	贴现率
——权益投资	11, 895	收益法	贴现率
	2, 530		
——资产支持证券	80	收益法	贴现率
——其他投资	11, 287	参考最近交易	流动性折扣
	31, 348		
其他债权投资			
——资金信托及资产管理计划	20	收益法	贴现率

续表

项目	2023 年 12 月 31 日 公允价值	估值技术	不可观察输入值
	20		
其他权益工具投资			
——抵债股权	1, 104	市场法	流动性折扣 - 市净率
	457	资产净值法	流动性折扣
	4	现金流折现法	贴现率
——其他投资	4, 093	资产净值法	流动性折扣
	956	市场法	流动性折扣 - 市净率
	115	收益法	贴现率
	6, 729		
交易性金融负债			
——合并结构化主体中其他份额持有人权益	558	注 1	注 1

注 1：合并结构化主体中其他份额持有人权益的公允价值是基于结构化主体的净值计算的归属于结构化主体投资人的金额。

示例 2 - 159　新华保险（601336. SH）

以公允价值计量的资产和负债

于 2023 年 12 月 31 日，使用的重大不可观察的输入值列示如下：

2023 年 12 月 31 日	公允价值（百万元）	评估模型	重要的不可观察输入值	输入值范围	不可观察输入值与公允价值之间的关系
交易性金融资产					
——股票	277	亚式期权模型	流动性折扣	1. 68% ~9. 60%	流动性折扣越高，公允价值越低
——股票	76	可比公司法	流动性折扣	33. 00%	流动性折扣越高，公允价值越低
——信托计划	10, 418	贴现现金流	折现率	4. 15% ~7. 23%	折现率越高，公允价值越低
——债权投资计划	3, 400	贴现现金流	折现率	5. 80%	折现率越高，公允价值越低
——资产支持计划	1, 024	贴现现金流	折现率	5. 60%	折现率越高，公允价值越低
——股权计划	12, 139	贴现现金流	折现率	3. 54% ~5. 60%	折现率越高，公允价值越低
——未上市股权	7, 629	可比公司法	流动性折扣	33. 00%	流动性折扣越高，公允价值越低

续表

2023 年 12 月 31 日	公允价值（百万元）	评估模型	重要的不可观察输入值	输入值范围	不可观察输入值与公允价值之间的关系
——私募股权基金	13,315	基金净值法	净资产		净资产越高，公允价值越高
其他债权投资					
——信托计划	15,645	贴现现金流	折现率	4.33% ~8.68%	折现率越高，公允价值越低
——债权投资计划	11,578	贴现现金流	折现率	3.86% ~6.56%	折现率越高，公允价值越低
——资产支持计划	1,610	贴现现金流	折现率	4.08% ~530%	折现率越高，公允价值越低
其他权益工具投资——未上市股权	19	可比公司法	流动性折扣	33.00%	流动性折扣越高，公允价值越低

第三章

收入及政府补助准则应用披露示例

第一节　收入及政府补助准则常见会计事项及判断框架

收入是影响企业经营业绩最重要的财务指标之一，随着市场经济的日益发展、交易事项的日趋复杂，收入的确认和计量在实务中会涉及较多的专业判断，而且有些复杂业务模式的收入确认存在一定难度，因此不论在会计实务还是审计实务中，收入确认和计量都是难度较大的领域，需要在学习准则的同时关注实务执行情况。政府补助在实务中面临如何与收入进行区分以及政府补助与资产相关还是与收入相关等难点问题。如无特别说明，本章示例来自相关公司公开披露的2023年度报告。

一、收入准则常见会计事项

2017年7月，财政部正式发布了《关于修订印发〈企业会计准则第14号——收入〉的通知》（财会〔2017〕22号）。《企业会计准则第14号——收入》（2017年修订）（以下简称"新收入准则"或"CAS 14"）与《国际财务报告准则第15号——与客户之间的合同产生的收入》（以下简称"IFRS 15"）趋同。执行新收入准则的企业，不再执行2006版收入准则和建造合同准则。新收入准则将原收入准则和建造合同准则两项准则纳入统一的收入确认模型，以控制权转移替代风险报酬转移作为收入确认时点的判断标准，对包含多重交易安排的合同及某些特定交易的会计处理提供了更明确的指引。

新收入准则执行中的常见会计事项和难点问题包括：

1. 合同是否成立的判断

合同是交易双方履行权利义务的重要依据，判断合同是否已经成立是确认收入的重要前提，合同的成立需要同时满足五个条件。实务中存在交易双方尚未签订书面合同，但是企业已经开始转让商品或者提供服务（以下简称“转让商品”）的情形，此时需要判断合同的要件是否成立，以便决定相关会计处理；实务中还存在企业已经完成合同中的履约义务，但是客户款项很可能无法收回或者不具有商业实质等原因导致合同成立的条件不具备，因而不能确认收入的情形。

2. 合同中履约义务的识别

履约义务是新收入准则确认和计量收入的基本单元，履约义务识别是否正确直接关系到收入确认的准确性，在实务中，针对同一个合同，存在几项履约义务可能存在争议，进而导致收入确认时点或者方法产生差异。

3. 时点还是时段确认收入的判断

收入准则规定，满足某一时段内履行履约义务的三个条件之一，应当在该时段内按照履约进度确认收入，否则，属于某一时点履行履约义务，在完成履约义务的时点确认收入。在实务中，判断是否满足某一时段内履行履约义务的条件，需要结合业务的性质和特点，根据相关合同的规定进行判断。

4. 应付客户对价还是销售费用的判断

新收入准则明确了应付客户对价是向客户购买商品或者服务还是冲减收入的判断原则，根据该原则，以前作为销售费用的部分项目实则应该冲减收入，在新旧准则转换的过程中产生较多争议问题。

5. 可变对价的判断和计量

新收入准则下，合同标价不一定代表交易价格，确定交易价格需要考虑的因素较多，包括各种可能导致价格变动的因素，并且不仅应当考虑合同条款的约定，还包括通过公开政策、特定声明或者以往习惯做法等，客户能够合理预期企业将接受低于合同约定的对价金额，在此基础上对可变对价进行估计且计入交易价格的可变对价金额还应满足限制条件，该过程存在较多的估计和判断。另外还存在商品控制权转移后，交易价格与某商品或原材料价格变动挂钩的定价机制，导致的应收合同对价变动，该部分不属于可变对价，企业应将其视为在合同对价中嵌入一项衍生金融工具进行会计处理。

6. 收入确认的总额法与净额法

这是新收入准则执行过程中争议比较集中的方面，特别是贸易、供应链、广告营销、受托加工等行业和业务广泛存在主要责任人和代理人的判断，需要结合业务商业模式等相关事实和情况，按照新收入准则的相关规定进行判断和会计处理。企业在判断时通常也可以参考以下三个迹象：企业承担向客户转让商品的主要责任；企业在转让商品之前或之后承担了该商品的存货风险；企业有权自主决定所交易商品的价格。上述三个迹象仅为支持对控制权的评估，不能取代控制权的评估，也不能凌驾于控制权评估之上，更不是单独或额外的评估。在上述迹象的判断和应用方面经常存在争议。

7. 附有额外购买选择权的业务

企业向客户转让商品的同时向客户授予选择权，允许客户可以据此免费或者以折扣价格购买额外的商品，应当评估该选择权是否向客户提供了一项重大权利，进而判断是否构成单项履约义务。实务中，给予客户的选择权通常是以优惠价格购买商品，包括达到某一数量后，已经购买的商品也获得优惠价格或者某一数量后的新购买的商品获得优惠价格等情形，该问题的实质是履约义务的识别。

8. 保证类质保与服务类质保的区分

实务中对于这两类质保的区分与判断，本质也是履约义务的识别问题，因为各行业法定质保的规定并不十分明确，因而在实务中需要根据新收入准则的规定进行判断。

9. 授予知识产权许可时点与时段确认收入的判断

授予知识产权许可确认收入和其他商品存在一些特殊性，例如时段确认收入的条件（需要同时满足三个条件）、时点确认收入要求在客户能够使用某项知识产权并开始从中获利之前不能确认收入，实务中经常面临是否满足时段确认收入的三个条件的判断以及具体时点的判断。

二、政府补助准则常见会计事项

2017 年 5 月，财政部正式发布了《关于修订印发〈企业会计准则第 16 号——政府补助〉的通知》（财会〔2017〕15 号）。《企业会计准则第 16 号——政府补助》（2017 年修订）（以下简称“政府补助准则”）主要明确了根据政府补助的定义和特征对来源于政府的经济资源进行判断，区分政府补助、收入以及政府作为投资者对企业的资本性投入；在保留总额法的基础上，引入了净额法，同时要求企业对与其日常活动相关的政府补助，计入其他收益或者冲减相关成本费用；对政策性优惠贷款贴息的会计处理作了明确规定。

政府补助准则执行中的常见会计事项和难点问题包括：

1. 企业收入与政府补助的区分

收入是企业提供商品或服务的对价，而政府补助具有无偿性，但是实务中会存在一些情形并不好区分属于收入还是政府补助，例如一些国家的重大专项课题、一些行业的扶持激励性补助等。

2. 政府补助类型的判断（与资产相关还是与收益相关）

两类补助给企业带来的经济利益或者弥补相关成本费用的形式不同，关系到将政府补助计入损益的时间，因而需要按照政府补助准则的规定准确区分。但是，实务中发放补助的文件经常比较简单，或者一些综合性的政府补助未明确不同补助对象的金额，此时需要根据相关申请文件、管理层关于补贴资金使用计划等作为划分政府补助类别的依据。实务中还存在政府补助文件中直接列明会计处理方式的情况，这些可能与会计准则的相关规定存在冲突等问题。

3. 政府补助是经常性损益还是非经常性损益等

2023 年 12 月 22 日，证监会发布了《公开发行证券的公司信息披露解释性公告第 1 号——非经常性损益（2023 年修订）》（证监会公告〔2023〕65 号），新增三项非经常性损益判断原则，明确非经常性损益应基于交易和事项的经济性质、结合行业特点和业务模式、遵循重要性原则进行认定。对于计入当期损益的政府补助，新规则删除定额定量的要求从而适度放宽标准，明确"持续影响"是指对损益而非业务的持续影响，例如对与资产相关的政府补助，虽然是对某项资产一次性的补助，但对损益产生持续影响。目前非经常性损益以定义判断加列举为界定方式，定义存在较强的主观判断，且列举并不能穷尽所有项目。随着公司经营业务的多样性和复杂性日益增加，实务中对非经常性损益的界定存在不同看法甚至争议。

本章在年报分析中重点关注了影视行业、系统集成、网络游戏、定制软件、免费升级与维护、土地一级开发、房产销售、奖励积分、合同能源管理、买方信贷等典型业务的收入确认与披露，以及政府补助应收款项的确认、政府补助列做经常性损益或非经常性损益等问题。

三、收入准则的主要判断框架

（一）《企业会计准则第 14 号——收入》的逻辑框架

新收入准则规范的是企业与客户之间的单个合同的会计处理，通过五步法体现确认和计量收入的逻辑框架：第一步，识别与客户订立的合同；第二步，识别合同中的单项履约义务；第三步，确定交易价格；第四步，将交易价格分摊至各单项履约义务；第五步，履行各单项履约义务时确认收入。其中，第一步、第二步和第五步主要与收入的确认有关，第三步和第四步主要与收入的计量有关。五步法模型如图 3－1 所示。

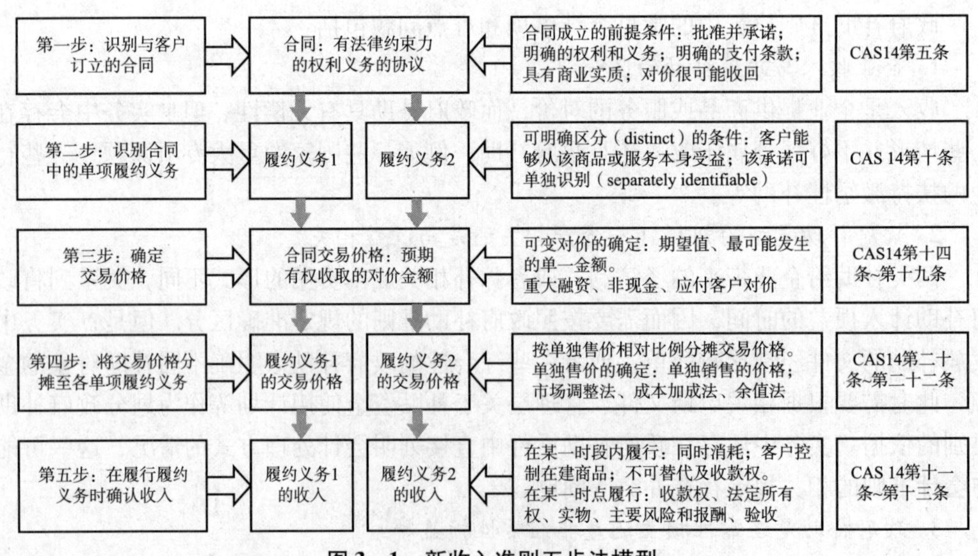

图 3－1　新收入准则五步法模型

（二）合同成立的条件

合同，是指双方或多方之间订立的有法律约束力的权利义务的协议。合同包括书面形式、口头形式以及其他形式（如隐含于商业惯例或企业以往的习惯做法中等）。企业与客户之间的合同同时满足下列五项条件的，企业应当在履行了合同中的履约义务，即在客户取得相关商品控制权时确认收入。合同是新收入准则确认和计量收入的重要依据，在合同开始日（通常是指合同生效日）评估合同是否成立，企业与客户之间的合同在合同开始日即满足五项条件的，企业在后续期间无须对其进行重新评估，如有迹象表明相关事实和情况发生重大变化（如客户的信用风险显著升高），需要重新进行评估。合同成立的五项条件、说明及需要注意事项如表 3－1 所示。

表 3－1　合同成立的五项条件、说明及注意事项

条件（需同时满足）	说明	注意事项
合同各方已批准该合同并承诺将履行各自义务		交易是否经过了合同各方的内部审批流程，是否合法有效
该合同明确了合同各方与所转让商品或提供服务相关的权利和义务	合同约定的权利和义务具有法律约束力	各方的权利是否与一般商业惯例一致
该合同有明确的与所转让商品或提供服务相关的支付条款		支付条款是否与一般商业惯例及合同各方实务惯例一致
该合同具有商业实质	即履行该合同将改变企业未来现金流量的风险、时间分布或金额	没有商业实质的非货币性资产交换，不确认收入。 关于商业实质，应按照《企业会计准则第 7 号——非货币性资产交换》的有关规定进行判断

注：在后续期间，客户的信用风险显著升高，企业需要评估其在未来向客户转让剩余商品而有权取得的对价是否很可能收回，如果不能满足很可能收回的条件，则该合同自此开始不再满足合同成立的相关条件，应当停止确认收入（但是，不应调整此前已经确认的收入）。

（三）识别合同中的单项履约义务

履约义务，是指合同中向客户转让的可明确区分商品的承诺，是收入确认和计量的基本单元。合同开始日，企业应当对合同进行评估，识别该合同所包含的各单项履约义务。同时满足能使客户单独受益以及在合同中可与其他承诺区分，则为单项履约义务。识别单项履约的条件、说明和注意事项如表 3－2 所示。

表 3－2　　　　识别单项履约的条件、说明和注意事项

<table>
<tr><th colspan="2">条件</th><th>说明</th><th>注意事项</th></tr>
<tr><td rowspan="2">需同时满足</td><td>客户能够从该商品或服务本身、或从该商品或服务与其他易于获得资源一起使用中受益</td><td>即，该商品或服务本身能够明确区分（distinct）。
当客户能够使用、消耗或以高于残值的价格出售商品，或者以能够产生经济利益的其他方式持有商品时，表明客户能够从该商品本身获益。
企业经常单独出售某项商品或服务这一事实可能表明客户能够从单独使用该商品或服务、或将其与易于获得的其他资源一起使用中获益</td><td>易于获得的资源是指（由企业或另一主体）单独出售的商品或服务、或是客户已从企业取得的（包括企业根据该合同已向客户转让的商品或服务）或来自其他交易或事项的资源。
应当基于商品或服务自身的特征（而非客户可能使用该商品或服务的方式）进行评估。因此，应忽略合同中可能妨碍客户从除企业外的其他来源取得可供使用的资源的合同限制条款</td></tr>
<tr><td>企业向客户转让该商品或服务的承诺与合同中其他承诺可单独区分</td><td>即，在基于相关合同进行考虑时该商品或服务可明确区分（distinct）。
在基于合同进行考虑时商品可明确区分，表明其具备“单独风险”的特征</td><td>旨在基于合同考虑时，确定该承诺的性质是单独转让每一项商品或服务，还是转让以已承诺商品或服务作为投入要素而形成的一个或多个组合项目</td></tr>
<tr><td rowspan="3">表明不可单独区分的情形</td><td>企业需提供重大的服务以将该商品或服务与合同中承诺的其他商品或服务整合成合同约定的组合产出转让给客户</td><td>企业以这些商品或服务作为投入要素，生产或交付客户所要求的一项或多项组合产出。一项或多项组合产出可包括不止一个阶段、要素或单元</td><td rowspan="3">企业转让商品或服务的承诺将产生一个组合项目，而该组合项目大于（或在实质上不同于）已承诺的单个商品或服务加总后的结果。
企业应当评价在履行合同过程中两个项目之间是否存在转化关系（transformative relationship），而不是考虑某个项目从其本身性质来看是否依赖另一项目（即，两个项目之间是否存在功能关系）</td></tr>
<tr><td>该商品或服务将对合同中承诺的其他商品或服务予以重大修改或定制</td><td>对其他商品或服务作出重大修改或定制，或因其他商品或服务而作出重大修改或定制</td></tr>
<tr><td>该商品或服务与合同中承诺的其他商品或服务具有高度关联性</td><td>每一项商品或服务均在很大程度上受合同中其他一项或多项商品或服务的影响，从而导致客户无法在不对合同承诺的其他商品或服务造成重大影响的情况下选择购买其中某一项商品或服务</td></tr>
</table>

注：如果在合同订立时，客户根据隐含的承诺（如企业已公开宣布的政策、特定声明或以往的习惯做法等）能够对企业将向其转让某项商品形成合理的预期，则企业在识别合同中所包含的单项履约义务时，应当考虑此类隐含的承诺（如免费保养/维修服务、免费升级服务等）。

（四）确定交易价格

在确定交易价格时，企业应当考虑可变对价、合同中存在的重大融资成分、非现金对价以及应付客户对价等因素的影响，并应当假定将按照现有合同的约定向客户转移商品，且该合同不会被取消、续约或变更。可变对价的分析框架、应付客户对价的分析框架分别如表 3－3、表 3－4 所示。

表 3－3　　可变对价的分析框架

项目		说明	注意事项
可变对价	合同所承诺的对价包括可变金额	对价金额可能因折扣、回扣、退款、抵免、价格折让、激励措施、业绩奖金、罚款、索赔或其他类似项目而改变	企业有权收取的对价金额，将根据一项或多项或有事项的发生而有不同的情况，也属于可变对价的情形，如产品销售附带退货权
	根据企业已公开宣布的政策、特定声明或者以往的习惯做法等，客户能够合理预期企业将会接受低于合同约定的对价金额	即企业会以折扣、返利等形式提供价格折让	即使在合同规定的价格是固定的情况下，对价也可能是可变的
	其他相关事实和情况表明，企业在与客户签订合同时即打算向客户提供价格折让	例如，企业与一新客户签订合同，虽然企业没有对该客户销售给予折扣的历史经验，但是，根据企业拓展客户关系的战略安排，企业愿意接受低于合同约定的价格	
可变对价的估计	应当按照期望值或最可能发生金额确定可变对价的最佳估计数	期望值是一系列可能发生的对价金额的概率加权金额的总和	如果企业拥有大量具有类似特征的合同，则预期价值可能是可变对价金额的恰当估计
		最可能的金额是一系列可能发生的对价金额中最可能发生的单一金额（即，合同最可能产生的单一结果）	如果合同仅有两个可能结果（例如，企业能够实现或未能实现业绩奖金目标），则最可能的金额可能是可变对价金额的恰当估计
可变对价估计的限制	包含可变对价的交易价格，应当不超过在相关不确定性消除时累计已确认收入极可能不会发生重大转回的金额	应当同时考虑收入转回的可能性及转回金额的比重。 “极可能”是一个比较高的门槛，其发生的概率应远高于“很可能（即可能性超过50%）”，但不要求达到“基本确定（即可能性超过95%）”	导致收入转回的可能性增强或转回金额比重增加的因素：①对价金额极易受到企业影响范围之外的因素影响；②对价金额的不确定性预计在较长时期内无法消除；③企业对类似合同的经验（或其他证据）有限，或者相关经验（或其他证据）的预测价值有限；④企业在以往实务中对于类似情况下的类似合同，或曾提供了多种不同程度的价格折扣，或曾给予不同的付款条件；⑤合同有多种可能的对价金额，且这些对价金额分布非常广泛

注：可变对价估计的两种方法并非一项“自由选择”，具体取决于企业分析认为哪一种方法能够更好地预测其有权获得的对价金额。通常情况下，企业在估计可变对价金额时使用的信息，应当与其在对相关商品进行投标或定价时所使用的信息一致。

表 3 – 4　　应付客户对价的分析框架

项目	说明	注意事项
企业应付客户（或向客户购买本企业商品的第三方）对价的，应当将该应付对价冲减交易价格	这里的应付客户对价还包括可以抵减应付企业金额的相关项目金额，如优惠券、兑换券等。企业应当在交易价格中反映取决于未来事件的对客户的支付（例如，以客户进行规定数量的购买为条件的向客户付款的承诺需在企业作出该承诺时反映在交易价格中）	在对应付客户对价冲减交易价格进行会计处理时，企业应当在确认相关收入与支付（或承诺支付）客户对价二者孰晚的时点冲减当期收入
自客户取得其他可明确区分商品	应付客户对价是为了自客户取得其他可明确区分商品的，应当采用与企业其他采购相一致的方式确认所购买的商品	企业应付客户对价超过自客户取得的可明确区分商品公允价值的，超过金额应当作为应付客户对价冲减交易价格

（五）将交易价格分摊至各单项履约义务

当合同中包含两项或多项履约义务时，需要将交易价格分摊至各单项履约义务，以使企业分摊至各单项履约义务（或可明确区分的商品）的交易价格能够反映其因向客户转让已承诺的相关商品而预期有权收取的对价金额。分摊交易价格的原则是合同开始日，按照各单项履约义务所承诺商品的单独售价的相对比例，将交易价格分摊至各单项履约义务。单独售价的确定方法如表 3 – 5 所示。

表 3 – 5　　单独售价的确定

单独售价的确定		说明	注意事项
可直接观察时	可直接观察的单独销售商品的价格	企业在类似环境下向类似客户单独销售商品的价格，应作为确定该商品单独售价的最佳证据	合同或价目表上的标价可能是商品的单独售价，但不能默认其一定是该商品的单独售价
单独售价无法直接观察时	市场调整法	根据某商品或类似商品的市场售价考虑本企业的成本和毛利等进行适当调整后，确定其单独售价的方法	企业可以对其销售商品的市场进行评估，进而估计客户在该市场上购买本企业的商品所愿意支付的价格，也可以参考其竞争对手销售类似商品的价格，并在此基础上进行必要调整以反映本企业的成本及毛利
	成本加成法	根据某商品的预计成本加上其合理毛利后的价格，确定其单独售价的方法	预计成本应当与企业在定价时通常会考虑的成本因素一致，既包括直接成本，也包括间接成本；在确定合理毛利时，应当考虑的因素包括类似商品单独售价的毛利水平、行业内的历史毛利水平、行业平均售价、市场情况以及企业的利润目标等
	余值法	根据合同交易价格减去合同中其他商品可观察的单独售价后的余值，确定某商品单独售价的方法。例如知识产权及其他无形产品，其增量成本很少	在商品近期售价波动幅度巨大，或者因未定价且未曾单独销售而使售价无法可靠确定时，可采用余值法估计其单独售价

注：应当最大限度地采用可观察的输入值，并对类似的情况采用一致的估计方法。

（六）在履行履约义务时确认收入

企业应当在履行了合同中的履约义务，即在客户取得相关商品控制权时确认收入。取得相关商品控制权，是指能够主导该商品的使用并从中获得几乎全部的经济利益。

企业将商品的控制权转移给客户，该转移可能在某一时段内（即履行履约义务的过程中）发生，也可能在某一时点（即履约义务完成时）发生。企业应当根据实际情况，首先判断履约义务是否满足在某一时段内履行的条件（见表3－6），如不满足，则该履约义务属于在某一时点履行的履约义务。对于在某一时段内履行的履约义务，企业应当选取恰当的方法来确定履约进度（见表3－7）；对于在某一时点履行的履约义务，企业应当综合分析控制权转移的迹象，判断其转移时点（见表3－8）。

表3－6　　在某一时段内履行履约义务的条件

条件（满足任一）	说明	注意事项
客户在企业履约的同时即取得并消耗企业履约所带来的经济利益	常规或经常性服务，如保洁服务、运输、健身俱乐部； 他人在向客户履行剩余的履约义务时无须在实质上重新执行迄今为止已完成的工作	不考虑潜在合同限制或实际限制
客户能够控制企业履约过程中在建的商品	履约创造或改良了客户在资产被创造时就控制的资产，如在客户土地上建房。 被创造或改良的资产（例如，在产品、在建工程、在研研发项目、正在进行的服务）可以是有形资产，也可以是无形资产	应当应用准则中关于控制的要求（包括控制转移的迹象等）。 此种情况下，客户能够主导所有在产品的使用，并从中获得几乎全部的经济利益
企业履约过程中所产出的商品具有不可替代用途，且该企业在整个合同期间内有权就累计至今已完成的履约部分收取款项	具有不可替代用途，是指因合同限制或实际可行性限制，企业不能轻易地将商品用于其他用途。 有权就累计至今已完成的履约部分收取款项，是指在由于客户或其他方原因终止合同的情况下，企业有权就累计至今已完成的履约部分收取能够补偿其已发生成本和合理利润的款项，并且该权利具有法律约束力	考虑合同限制或实际可行性限制。 合同列明的付款进度表（如按照合同里程碑支付的进度款）不一定能够表明企业具有就迄今为止已完成的履约部分获得付款的可执行权利

注：准则并未对诸如期限较短（如短于一年）的合同等提供允许直接默认在某一时点确认收入的简便方法。

表3－7　　确定履约进度的方法

方法	说明	注意事项
产出法：以已转让的商品或提供服务的价值相对于剩余商品或提供服务对于客户的价值的直接计量结果为基础	测量迄今为止已完成的履约情况； 评估已实现的结果； 已达到的里程碑； 流逝的时间； 已生产或已交付的单位	如果所选择的产出无法计量某些控制权已转移给客户的商品或服务，则产出法不能提供对企业履约情况的如实反映。例如，如果在报告期末受客户控制的企业履约形成的在产品或产成品未包括在产出的计量中，则基于已生产单位或已交付单位的产出法无法如实反映企业对履约义务的履行

续表

方法	说明	注意事项
投入法：以企业履行履约义务所做的工作或投入相对于履行履约义务的预计总投入为基础	消耗的资源； 花费的工时数； 发生的成本； 流逝的时间； 使用的机器运转时数	在运用以成本为基础的投入法时，在下列情况下可能需要对履约进度的计量作出调整： ①已发生的成本并未反映企业履行履约义务的进度。例如，因企业生产效率低下等原因而导致的非正常消耗，包括非正常消耗的直接材料、直接人工及制造费用等，不应包括在累计实际发生的成本中； ②已发生的成本与企业履行履约义务的进度不成比例，通常仅以其已发生的成本为限确认收入

注：当履约进度不能合理确定时，企业已经发生的成本预计能够得到补偿的，应当按照已经发生的成本金额确认收入，直到履约进度能够合理确定为止。

表 3－8　　在某一时点履行的履约义务控制权转移的迹象

控制权转移的迹象	说明	注意事项
企业就该商品享有现时收款权利，即客户就该商品负有现时付款义务	当企业就该商品享有现时收款权利时，可能表明客户已经有能力主导该商品的使用并从中获得几乎全部的经济利益	考虑预收款或分期收款
企业已将该商品的法定所有权（legal title）转移给客户，即客户已拥有该商品的法定所有权	当客户取得了商品的法定所有权时，可能表明其已经有能力主导该商品的使用并从中获得几乎全部的经济利益，或者能够阻止其他企业获得这些经济利益，即客户已取得对该商品的控制权	如果企业仅出于防止客户不付款的原因而保留商品的法定所有权，企业的此类权利并不妨碍客户取得对商品的控制； 考虑签出看跌期权
企业已将该商品实物转移给客户，即客户已实物占有该商品	客户如果已经占有商品实物，则可能表明其有能力主导该商品的使用并从中获得其几乎全部的经济利益，或者使其他企业无法获得这些利益。需要说明的是，客户占有了某项商品实物并不意味着其就一定取得了该商品的控制权，反之亦然	对商品实物的占有可能不一定等同于对商品所有权的控制。例如，在某些回购协议及特定的委托代销安排的情况下，企业控制的商品其实物可能由客户或受托方持有。在某些“开出账单但代管商品”的安排下，企业可能会持有由客户控制的商品
企业已将该商品所有权上的主要风险和报酬（significant risks and rewards）转移给客户，即客户已取得该商品所有权上的主要风险和报酬	企业向客户转移了商品所有权上的主要风险和报酬，可能表明客户已经取得了主导该商品的使用并从中获得其几乎全部经济利益的能力	价格变动风险、毁损灭失风险等 不考虑其他单独履约义务的风险（如售后维护服务）
客户已接受（accepted）该商品	如果企业能够客观地确定对商品的控制权已按照合同的约定标准转移给客户，则客户验收仅为一项例行程序，不会影响企业关于客户何时获得对商品或服务的控制权的确定	如果企业发货给客户是为了让客户试用或评价产品，且客户并未承诺在试用期终止前支付任何对价，则对该产品的控制在客户接受该产品或试用期终止前并未转移给客户 若无法客观地确定是否符合约定标准，则验收之前无法得出客户已获得控制权的结论
其他表明客户已取得商品控制权的迹象		

注：在上述几个迹象中，并没有哪一个或哪几个迹象是决定性的，企业应当根据合同条款和交易实质进行分析，综合判断其是否将商品的控制权转移给客户以及是何时转移的，从而确定收入确认的时点。

（七）特定交易的会计处理

1. 主要责任人和代理人

企业在判断其是主要责任人还是代理人时，应当根据其承诺的性质，也就是履约义务的性质，确定企业在某项交易中的身份是主要责任人还是代理人。企业承诺自行向客户提供特定商品的，其身份是主要责任人；企业承诺安排他人提供特定商品的，即为他人提供协助的，其身份是代理人。主要责任人应当按照已收或应收对价总额确认收入；代理人应当按照预期有权收取的佣金或手续费的金额确认收入。企业是主要责任人的情形如表3－9所示。

表3－9　企业是主要责任人的情形

项目		说明	注意事项
转让前能够控制的情形	企业自第三方取得商品或其他资产控制权后，再转让给客户	这里的商品或其他资产也包括企业向客户转让的未来享有由其他方提供服务的权利。 企业应当考虑该权利是仅在转让给客户时才产生，还是在转让给客户之前就已经存在，且企业一直能够主导其使用，如果该权利在转让给客户之前不存在，则企业实质上并不能在该权利转让给客户之前控制该权利	取得相关商品控制权，是指能够主导该商品的使用并从中获得几乎全部的经济利益。 如果企业在特定商品的法定所有权转移给客户之前只是暂时性地取得该商品的法定所有权，则企业不一定控制该商品
	企业能够主导第三方代表本企业向客户提供服务	企业本身不提供商品或服务这一事实并非决定性因素。可以是对由另一方提供的商品或服务享有的权利。 当企业承诺向客户提供服务，并委托第三方（例如分包商、其他服务提供商等）代表企业向客户提供服务时，如果企业能够主导该第三方代表本企业向客户提供服务，则表明企业在相关服务提供给客户之前能够控制该相关服务	根据《企业会计准则解释第14号》，社会资本方提供建造服务（含建设和改扩建）或发包给其他方等，应当按照《企业会计准则第14号——收入》确定其身份是主要责任人还是代理人，并进行会计处理，确认合同资产
	企业自第三方取得商品控制权后，通过提供重大的服务将该商品与其他商品整合成某组合产出转让给客户	企业承诺提供的特定商品就是合同约定的组合产出。企业只有获得为生产该特定商品所需要的投入（包括从第三方取得的商品）的控制权，才能够将这些投入加工整合为合同约定的组合产出	
需综合考虑的事实和情况	企业承担向客户转让商品或服务的主要责任	包括就特定商品的可接受性（例如，确保商品的规格满足客户的要求）承担责任等	应当从客户的角度进行评估，即客户认为哪一方承担了主要责任。例如，客户认为谁对商品的质量或性能负责、谁负责提供售后服务、谁负责解决客户投诉等
	企业在转让商品之前或之后承担了该商品的存货风险	当企业在与客户订立合同之前已经购买或者承诺将自行购买特定商品时，这可能表明企业在将该特定商品转让给客户之前，承担了该特定商品的存货风险，企业有能力主导特定商品的使用并从中取得几乎全部的经济利益	在附有销售退回条款的销售中，企业将商品销售给客户之后，客户有权要求向该企业退货，这可能表明企业在转让商品之后仍然承担了该商品的存货风险

续表

项目		说明	注意事项
需综合考虑的事实和情况	企业有权自主决定所交易商品的价格	企业有权决定与客户交易的特定商品的价格，可能表明企业有能力主导该商品的使用并从中获得几乎全部的经济利益。 在作为代理人的主体履行履约义务时（或履约过程中），企业应当按因安排另一方提供特定商品或服务而预计有权收取的费用或佣金确认收入。企业的费用或佣金可能是主体将已收取的对价支付给另一方以交换另一方提供的商品或服务后保留的对价净额	然而，在某些情况下，代理人可能在一定程度上也拥有定价权（例如，在主要责任人规定的某一价格范围内决定价格），以便其在代表主要责任人向客户提供商品时，能够吸引更多的客户，从而赚取更多的收入
	其他相关事实和情况	考虑交易的经济实质	

注1：上述相关事实和情况仅为支持对控制权的评估，不能取代控制权的评估，也不能凌驾于控制权评估之上，更不是单独或额外的评估；并且这些事实和情况并无权重之分，其中某一项或几项也不能被孤立地用于支持某一结论。企业应当根据相关商品的性质、合同条款的约定以及其他具体情况，综合进行判断。不同的合同可能需要采用上述不同的事实和情况提供支持证据。

注2：不再考虑信用风险（通常不太相关或完全无关；原准则下某些企业试图用信用风险敞口推翻更强有力的反映代理人的证据）和佣金形式（尽管该指标有时对于评估企业是否为代理人可能会有所帮助，但对评估企业是否为主要责任人没有助益）。

2. 授予知识产权许可

企业向客户授予知识产权许可时，可能也会同时销售商品，企业应当评估授予客户的知识产权许可是否可与所售商品明确区分（表3－10列示了不可明确区分的情形），即该知识产权许可是否构成单项履约义务。授予客户的知识产权许可构成单项履约义务的，企业应当根据该履约义务的性质，进一步确定其是在某一时段内履行还是在某一时点履行。属于在某一时段内履行的履约义务应同时满足的条件如表3－11所示；否则，应当作为在某一时点履行的履约义务确认相关收入。另外，对于企业向客户授予知识产权许可，并约定按客户实际销售或使用情况（如按照客户的销售额）收取特许权使用费的，应当在客户后续销售或使用行为实际发生与企业履行相关履约义务二者孰晚的时点确认收入。这是估计可变对价的一个例外规定，该例外规定只有在表3－12所列的两种情形下才能使用。

表3－10　　知识产权许可与所售商品不可明确区分的情形

情形（任一）	说明	注意事项
该知识产权许可构成有形商品的组成部分并且对于该商品的正常使用不可或缺	例如，企业向客户销售设备和相关软件，该软件内嵌于设备之中，该设备必须安装了该软件之后才能正常使用	授予客户的知识产权许可不构成单项履约义务的，企业应当将该知识产权许可和所售商品一起作为单项履约义务进行会计处理
客户只有将该知识产权许可和相关服务一起使用才能够从中获益	例如，客户取得授权许可，但是只有通过企业提供的在线服务才能访问相关内容	

表 3－11　　属于在某一时段履行的履约义务

<table>
<tr><th colspan="2">条件（需同时满足）</th><th>说明</th><th>注意事项</th></tr>
<tr><td rowspan="5">需同时满足（不考虑时间、地域或使用方面的限制）</td><td>（1）合同要求或客户能够合理预期企业将从事对该项知识产权有重大影响的活动</td><td>预计将显著改变知识产权的形式或功能的活动——改变了知识产权的设计或内容、执行某项功能或任务的能力等；或客户从知识产权中获益的能力源自或依赖此类活动——知识产权所提供的利益源自其价值和企业为支持或维护该价值而开展的活动，例如品牌许可</td><td>当该项知识产权具有重大的独立功能，且该项知识产权绝大部分的经济利益来源于该项功能时，客户从该项知识产权中获得的利益可能不受企业从事的相关活动的重大影响，除非这些活动显著改变了该项知识产权的形式或者功能。
具有重大独立功能的知识产权主要包括软件、生物合成物或药物配方以及已完成的媒体内容（例如电影、电视节目以及音乐录音）版权等</td></tr>
<tr><td>①这些活动预期将显著改变该项知识产权的形式（如知识产权的设计、内容）或者功能（如执行某任务的能力）</td><td>改变了知识产权的设计或内容、执行某项功能或任务的能力等</td><td>应当根据企业的活动是否对知识产权向客户提供利益的能力产生影响来评估此类活动是否会显著改变客户享有相关权利的知识产权</td></tr>
<tr><td>②客户从该项知识产权中获益的能力在很大程度上来源于或者取决于这些活动，即，这些活动会改变该项知识产权的价值</td><td>例如企业授权客户使用其品牌，客户从该品牌获得的利益价值取决于企业为维护或提升其品牌价值而持续从事的活动</td><td></td></tr>
<tr><td>（2）该活动对客户将产生有利或不利影响</td><td>如果企业从事的后续活动并不影响授予客户的知识产权许可，那么企业的后续活动只是在改变其自己拥有的资产</td><td>不考虑企业就其拥有知识产权的有效专利及将防止专利的未经授权使用所提供的保证（保护专利的承诺）</td></tr>
<tr><td>（3）该活动不会导致向客户转让某项商品</td><td>如果这些活动本身构成了单项履约义务，那么企业在评估授予知识产权许可是否属于在某一时段履行的履约义务时应当不予考虑</td><td></td></tr>
</table>

表 3－12　　基于销售或使用情况的特许权使用费

<table>
<tr><th>情形（任一）</th><th>说明</th><th>注意事项</th></tr>
<tr><td>特许权使用费仅与知识产权许可相关</td><td></td><td rowspan="2">使用例外规定时，应当对特许权使用费整体采用该规定，而不应当将特许权使用费进行分拆，即不应部分采用该例外规定进行处理，而其他部分按照估计可变对价的一般原则进行处理</td></tr>
<tr><td>特许权使用费可能与合同中的知识产权许可和其他商品都相关，但是，与知识产权许可相关的部分占有主导地位</td><td>当企业能够合理预期，客户认为对知识产权许可的价值远高于合同中与之相关的其他商品时，该知识产权许可可能是占有主导地位的</td></tr>
</table>

注：对于不适用该例外规定的特许权使用费，应当按照估计可变对价的一般原则进行处理。

（八）合同成本

1. 合同取得成本

企业为取得合同发生的增量成本预期能够收回的，应当作为合同取得成本确认为一项资产，如表3－13所示。

表3－13　　合同取得成本

须同时满足的条件	说明	注意事项
属于为取得合同发生的增量成本	增量成本，是指企业不取得合同就不会发生的成本（如销售佣金、印花税等）。 无论是否取得合同均会发生的差旅费、与尽职调查相关的外部法律费用等不属于增量成本	企业因现有合同续约或发生合同变更需要支付的额外佣金，也属于为取得合同发生的增量成本。 内部成本（如投标团队的人员成本分摊）符合增量成本定义的可能性较低
预期能够收回	企业为取得合同发生的、除预期能够收回的增量成本之外的其他支出（如无论是否取得合同均会发生的差旅费等），应当在发生时计入当期损益，但是，明确由客户承担的除外	

注1：该资产摊销期限不超过一年的，可以在发生时计入当期损益。

注2：确认为资产的合同取得成本，初始确认时摊销期限不超过一年或一个正常营业周期的，在资产负债表中计入“其他流动资产”项目；初始确认时摊销期限在一年或一个正常营业周期以上的，在资产负债表中计入“其他非流动资产”项目。

2. 合同履约成本

企业为履行合同可能会发生各种成本，属于其他企业会计准则（例如，《企业会计准则第1号——存货》《企业会计准则第4号——固定资产》《企业会计准则第6号——无形资产》等）规范范围的，应当按照相关企业会计准则进行会计处理；同时满足表3－14所列条件的，应当作为合同履约成本确认为一项资产。

表3－14　　合同履约成本

须同时满足的条件	说明	注意事项
不属于其他企业会计准则规范范围	例如，《企业会计准则第1号——存货》《企业会计准则第4号——固定资产》《企业会计准则第6号——无形资产》等	例如，硬件按固定资产准则进行处理，软件按无形资产准则进行处理
该成本与一份当前或预期取得的合同直接相关	包括直接人工、直接材料、制造费用（或类似费用）、明确由客户承担的成本以及仅因该合同而发生的其他成本	预期取得的合同应当是企业能够明确识别的合同，例如，现有合同续约后的合同、尚未获得批准的特定合同等
该成本增加了企业未来用于履行履约义务的资源		企业应当采用无形资产准则核算为履行与客户的合同而发生的培训费用，在为履行与客户的合同而发生的培训费用时确认为费用
该成本预期能够收回		

注：确认为资产的合同履约成本，初始确认时摊销期限不超过一年或一个正常营业周期的，在资产负债表中记入“存货”项目；初始确认时摊销期限在一年或一个正常营业周期以上的，在资产负债表中记入“其他非流动资产”项目。

四、政府补助准则判断框架

《企业会计准则第16号——政府补助》的逻辑框架如图3-2所示。

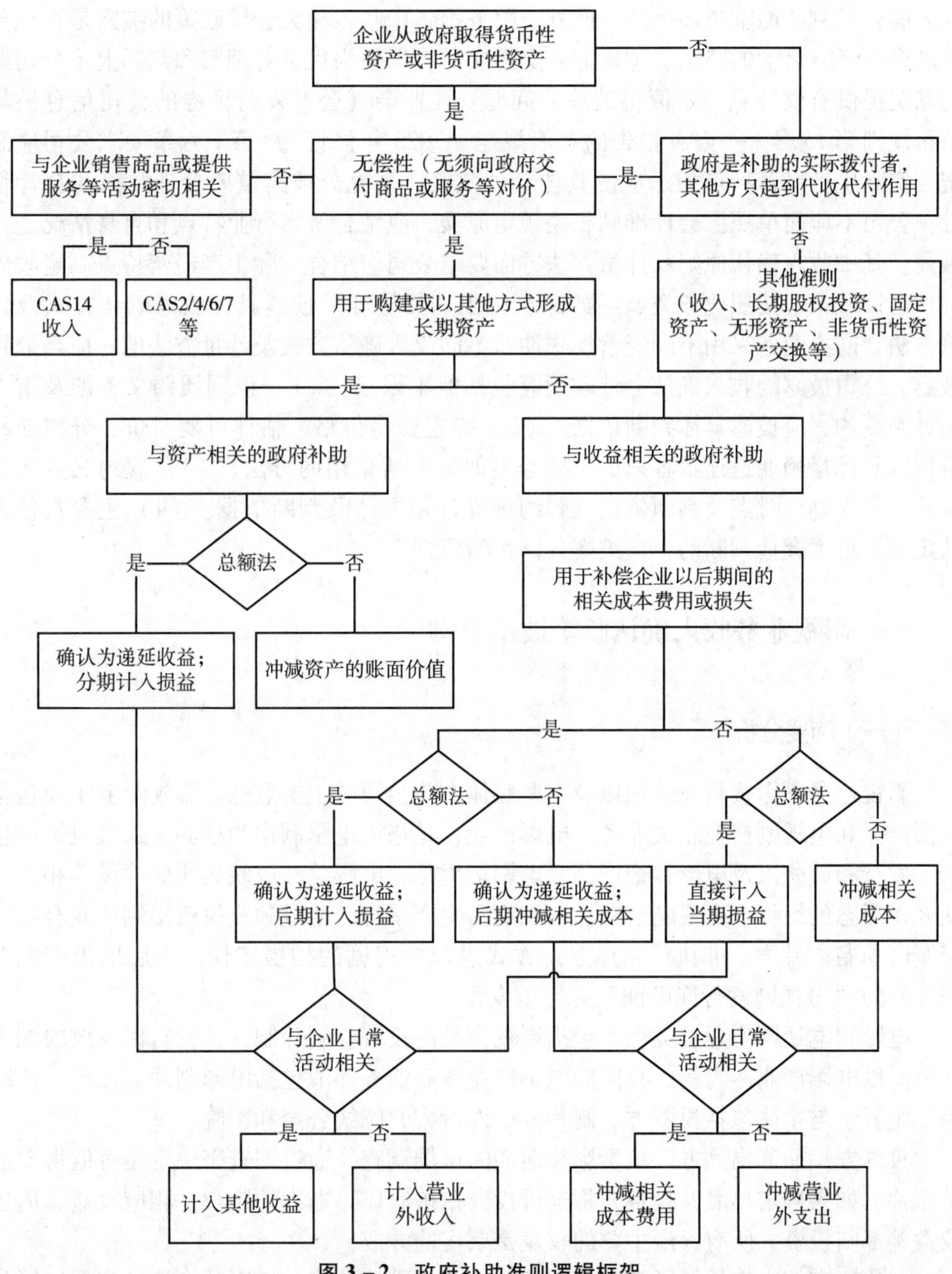

图3-2 政府补助准则逻辑框架

第二节 典型业务收入确认政策披露示例

随着产业升级、新兴行业的快速发展，业务模式不断创新，交易安排日趋复杂，收入确认的判断面临更多挑战。此外，财务报告中收入相关会计政策的披露是否充分反映企业经营活动的特点、体现业务交易实质，以便为投资者理解和判断上市公司经营状况提供有效信息，是值得关注的问题。证监会《公开发行证券的公司信息披露编报规则第 15 号——财务报告的一般规定（2023 年修订）》第十六条要求公司应制定与实际生产经营特点相适应的具体会计政策，并充分披露重要会计政策和会计估计。公司不应简单照搬会计准则相关规定原文，应结合所属行业特点和自身情况进行披露。其中收入确认原则和计量方法方面要求公司应结合实际生产经营特点制定收入确认会计政策，按照业务类型（如建筑施工、贸易等）披露具体收入确认方式及计量方法，同类业务采用不同经营模式涉及不同收入确认方式及计量方法的，应当分别披露。公司披露的收入确认会计政策应包括但不限于：（1）识别履约义务涉及重大会计判断的，应披露具体判断依据。（2）确定交易价格、估计可变对价、分摊交易价格以及计量预期退还给客户的款项等类似义务所采用的方法。（3）履约义务实现方式、收入确认时点及判断依据、履约进度计量方法及判断依据。（4）主要责任人认定涉及重大会计判断的，应披露具体判断依据。

一、影视业务收入确认政策披露示例

（一）简要分析

影视业务是影视行业公司以及一些媒体文化公司的主要业务。影视业务主要包括电影产业和电视剧产业相关业务。电影产业，是指以电影制作为核心，通过电影的生产、发行和放映以及电影音像产品、电影衍生品、电影院和放映场所的建设等相关产业经济形态的统称。电视剧产业，以剧组为生产单位，通过独家投资摄制或联合投资摄制（执行制片方、非执行制片方）方式进行电视剧的拍摄工作，而后取得广电总局颁发的“电视剧发行许可证”并完成发行。

电影和电视剧产业链类似，包括影视作品的投资、制片制作、发行以及放映四个环节。以电影产业链为例，我国的电影产业核心业务环节包括电影制片、发行、放映等。主要参与主体包括投资方、制片方、发行方、院线公司和影院。

投资方，又称出品方，负责影片前期的市场调查，通过调查来决定是否值得出品某影片。如果确定出品，投资方将进行投资拍摄制作。电影的版权、相应收益、周边权益等都归投资方所有，最主要的收益是票房的分成。

制片方有权决定拍摄影片的一切事务，包括聘请导演、摄影师、演员和派出影片

监制代表它管理摄制资金，审核拍摄经费并控制拍片的全过程。

发行方获取影片发行权后负责影片的发行和营销，具体包括拷贝、申请密钥、排档期、把拷贝寄发影院、做宣传、购买广告、谈判分账比例、与院线签合同等。

院线对旗下连锁电影院进行统一排片，影院负责安排电影放映，最终为消费者提供观影服务。

从收入分配来看，产业链各个环节的主要收入为票房分账收入，其中，影院通过放映服务从消费者取得票房收入，在扣除相关专项资金及流转税后，按照产业链各业务环节由下至上地进行票房分账。一般而言，票房收入除了在缴纳电影专项基金和税费后，57%左右的收入留在影院，其中2% -5%交给院线管理公司；投资方分回大约43%，其中4% -6%支付给发行方作为发行代理费。

（二）年报披露示例

以下示例仅摘录相关公司与影视业务相关的具体收入确认政策，收入确认原则以及其他业务的具体收入确认政策请阅读公司年度报告。

影视业务收入类型披露示例汇总如表3-15所示。

表3-15　　影视业务收入类型披露示例汇总

序号	参考示例	列示的收入确认政策类型
1	示例3-1　中国电影(600977. SH)	影视服务收入、影视制作收入、放映收入、发行收入、其他服务收入、让渡资产使用权
2	示例3-2　华谊兄弟(00027. SZ)	影视娱乐业务、品牌授权及实景娱乐、互联网娱乐
3	示例3-3　电广传媒(000917. SZ)	广告业务、创投业务基金管理服务费收入、艺术品销售业务、电影电视剧收入、房地产销售收入、游戏收入、旅游业务收入、酒店收入
4	示例3-4　完美世界(002624. SZ)	电影、电视剧收入，艺人经纪及服务业务收入，游戏运营、游戏授权及游戏其他收入，其他收入
5	示例3-5　北京文化(000802. SZ)	电影片票房分账收入，电影版权收入，电视剧销售收入，艺人经纪及相关服务业务收入，转让参投的电影、电视剧投资份额
6	示例3-6　光线传媒(300251. SZ)	电影及电视剧销售收入、演艺活动收入、动画服务收入、影票服务收入、音乐版权授权收入

示例3-1　中国电影（600977. SH）

（1）影视服务收入

①销售商品。

本公司销售商品并在客户取得相关商品的控制权时，根据历史经验，按照期望值法确定折扣金额，按照合同对价扣除预计折扣金额后的净额确认收入。本公司为部分产品提供产品质量保证，并确认相应的预计负债。

②提供服务。

由于本公司履约过程中所提供的劳务、维保等服务具有不可替代用途，且本公司在整个合同期间内有权就累计至今已完成的履约部分收取款项，本公司将其作为在某一时段内履行的履约义务，按照履约进度确认收入，履约进度不能合理确定的除外。履约进度不能合理确定时，本公司已经发生的成本预计能够得到补偿的，按照已经发生的成本金额确认收入，直到履约进度能够合理确定为止。已经发生的成本如预计不能得到补偿的，则不确认收入。

（2）影视制作收入

①本公司投资制作的影片及影视剧，于影片及影视剧公映后，依据其制片合同、分账协议、租片协议、版权销售等的合同约定确认收入。

②受托承担影片及影视剧制作的，于制作完成并交付时，按预期有权收取的对价金额确认收入。

③受托承担影片及影视剧前后期各类加工制作的，于各类加工制作完成并交付时，按预期有权收取的对价金额确认收入。

（3）放映收入

①影片放映收入，于影片公映时按所收取票款确认电影放映收入。对于影院采用电影卡、兑换券（包含数码兑换形式）等方式预售电影票的，于持有人实际兑换电影票场次的影片公映时确认收入。

②广告收入在已提供广告服务（广告见诸媒体），按预期有权收取的对价金额确认收入。

（4）发行收入

①分账发行的，于影片公映后依据其分账协议的约定确认收入。

②代理发行的，于发行劳务已提供，按预期有权收取的对价金额确认收入。

③买断销售的，于影片相关资料交付使用时，按预期有权收取的对价金额确认收入。

④电影版权收入，在版权转移时，按预期有权收取的对价金额确认收入。

（5）其他服务收入

①艺人代理服务收入：在公司旗下艺人从事公司与艺人签订的经纪合约中约定的演艺等活动取得收入时，公司根据与艺人签订的经纪合约中约定的方式确认收入。

②企业客户艺人服务收入：在履行了合同中的履约义务，即客户取得相关服务的控制权时，按预期有权收取的对价金额确认收入。

③教育培训收入：本公司提供的教育培训等劳务收入于完成培训服务时确认收入。含有退费条款约定的协议，于提供服务的有效期将不予退费部分确认为收入；退费部分则根据协议约定，在满足不退费条件时确认为收入。

（6）让渡资产使用权

利息收入按照其他方使用本公司货币资金的时间，采用实际利率计算确定。

示例3－2　华谊兄弟（300027.SZ）

（1）影视娱乐业务

电影片票房分账收入：在电影片完成摄制并经电影电视行政主管部门审查通过取得《电影片公映许可证》，电影片于院线、影院上映后，按双方确认的实际票房统计及相应的分账方法所计算的金额确认。

电影放映收入：在影片上映时按收取的售票款全额确认收入，应付给影片发行方的票房分账款确认为成本。

电影版权收入：在影片取得《电影片公映许可证》、母带已经交付，且与交易相关的经济利益很可能流入本公司时确认。对于合同中未约定上线播出时间的，在电影母带转移给购货方时确认收入；对于合同中约定上线播出时间且购货方无法主导播出时间的，在电影母带转移给购货方及电影约定上线播出时点孰晚确认收入。

电视剧销售收入：在电视剧完成摄制并经电影电视行政主管部门审查通过取得《电视剧发行许可证》，电视剧拷贝、播映带和其他载体转移给购货方，相关经济利益很可能流入本公司时确认。对于合同中未约定上线播出时间的，在电视剧播映带或其他载体转移给购货方时确认收入；对于合同中约定上线播出时间，且购货方无法主导播出时间的，在电视剧播映带或其他载体转移给购货方与电视剧约定上线播出时点孰晚确认收入。

电影、电视剧完成摄制前采取全部或部分卖断，或者承诺给予影片首（播）映权等方式，预售影片发行权、放（播）映权或其他权利所取得的款项，待电影、电视剧完成摄制并按合同约定提供给预付款人使用时，确认销售收入实现。

艺人经纪及相关服务业务收入：包括艺人代理服务收入及企业客户艺人服务收入两类。①艺人代理服务收入：在公司旗下艺人从事公司与艺人签订的经纪合约中约定的演艺等活动取得收入时，公司根据与艺人签订的经纪合约中约定的方式确认收入；②企业客户艺人服务收入：在服务已提供，收入的金额能够可靠计量及相关的、已发生的或将发生的成本能够可靠计量且相关的经济利益很可能流入本公司时确认。

（2）品牌授权及实景娱乐

品牌授权收入：企业品牌授权业务是企业向授权实景小镇提供品牌授权服务，并收取品牌授权费。在授予客户品牌使用权时，按照收到品牌授权款时点确认收入。品牌授权收入确认是指同时满足：①合同已签订并约定品牌授权使用期间；②明确品牌授权的权利和义务；③明确品牌授权的支付条款并已支付；④交易具有商业实质。

服务业务收入：在提供设计服务、居间服务、监理服务等劳务活动的结果能够可靠估计的情况下，于资产负债表日按照完工百分比法确认提供的劳务收入。劳务交易的完工进度按已经提供的劳务占应提供劳务总量的比例确定。提供劳务交易的结果能够可靠估计是指同时满足：①收入的金额能够可靠地计量；②相关的经济利益很可能流入企业；③交易的完工程度能够可靠地确定；④交易中已发生和将发生的成本能够可靠地计量。

如果提供劳务交易的结果不能够可靠估计，则按已经发生并预计能够得到补偿的劳务成本金额确认提供的劳务收入，并将已发生的劳务成本作为当期费用。已经发生的劳务成本如预计不能得到补偿的，则不确认收入。

本公司与其他企业签订的合同或协议包括销售商品和提供劳务时，如销售商品部分和提供劳务部分能够区分并单独计量的，将销售商品部分和提供劳务部分分别处理；如销售商品部分和提供劳务部分不能够区分，或虽能区分但不能够单独计量的，将该合同全部作为销售商品处理。

(3) 互联网娱乐

互联网娱乐业务收入主要包括多屏整合运营、粉丝生态运营等。其中多屏整合运营业务包括多屏联合运营、多屏版权运营等业务；粉丝生态运营包括会员及定制服务等业务。

多屏联合运营业务收入确认：根据与客户签订的合同，在提供有关产品或服务后，相关成本能够可靠计量时，根据双方确认的结算数据扣除相关的费用及按合同约定分成比例计算后确认收入；如无结算数据则在公司实际取得双方确认的结算单后确认收入。

多屏版权运营业务收入确认：依据合约约定，给予对方影视作品版权使用授权，且收取授权费或取得收取授权费的权利后确认收入。

粉丝生态运营业务收入确认：根据公司实际取得双方确认的结算单确认收入。

示例3-3　电广传媒（000917. SZ）

(1) 广告业务收入

公司提供广告业务属于在某一时段内履行的履约义务。公司根据客户的广告投放需求定制广告投放排期表，约定投放的媒体、期间、频次等要素。广告发布后，公司媒介部门收集“样报”“样刊”“播放证”“媒体监测报告”等媒体投放证明，送公司核实，并将投放证明送客户确认，经双方确认后按照排期播放进度确认广告投放收入。

(2) 创投业务基金管理服务费收入

公司作为合伙企业的执行事务合伙人或基金管理人提供基金管理服务而取得收入，属于在某一时段内履行的履约义务。公司在一个会计年度的管理费按照“管理费计算基数×年管理费费率×管理期间”计算收取，具体“管理费计算基数”“年管理费费率”“管理期间”的计算按基金合伙协议之规定。

(3) 艺术品销售业务收入

公司艺术品销售业务属于在某一时点履行的履约义务，收入确认条件：1）将艺术品的法定的所有权上转移给客户。在满足下列任何一种情形后视为所有权转移：①买受人领取所购拍卖标的；②买受人向本公司支付有关拍卖标的的全部购买价款；③拍卖成交日起三十日届满。2）已收取价款或取得收款权利且相关的经济利益很可能流入。

（4）电影电视剧收入

公司电影电视剧收入主要包括电影片票房分账收入及版权收入和电视剧销售收入。

①电影片票房分账收入及版权收入。

电影票房分账收入属于在某一时点履行的履约义务，收入确认条件：电影票房分账收入在电影片完成摄制并经电影电视行政主管部门审查通过取得《电影片公映许可证》，电影片于院线、影院上映后按双方确认的实际票房统计及相应的分账方法所计算的金额确认；电影版权收入在影片取得《电影片公映许可证》、母带已经转移给购货方并已取得收款权利，相关经济利益很可能流入本公司时确认。

②电视剧销售收入。

电视剧销售收入属于在某一时点履行的履约义务，收入确认条件：电视剧销售收入在电视剧完成摄制并经电影电视行政主管部门审查通过取得国产《电视剧发行许可证》，电视剧拷贝、播映带和其他载体转移给购货方，相关经济利益很可能流入本公司时确认。

（5）房地产销售收入

公司销售房地产属于在某一时点履行的履约义务，在开发产品已经完工并经客户验收合格、已收取价款或取得收款权利且相关的经济利益很可能流入时确认收入。

（6）游戏收入

公司网络游戏运营模式包括自主运营、授权经营和联合运营。

①自主运营收入。

公司通过游戏玩家在网络游戏中购买虚拟游戏装备、某些特殊游戏功能模块取得在线网络游戏运营收入。公司采用道具收费模式，游戏玩家可以免费体验公司在线运营的网络游戏的基本功能，只有游戏玩家购买游戏中的虚拟道具（可增强用户游戏体验等）时才需要支付费用，在游戏玩家实际使用虚拟货币购买道具时，确认收入。

②授权经营收入。

公司与授权运营商签订合作运营网络游戏协议，由公司为其提供游戏版本和约定的后续服务，对一次性收取的版权金在协议约定的受益期间内按直线法摊销确认收入；对授权运营商将其在游戏运营中取得的收入按协议约定的比例分成给公司部分，在双方核对数据确认无误后确认收入。

③联合运营收入。

公司与游戏开发商或运营商签订合作运营网络游戏协议，由运营商对联合运营游戏进行推广和为玩家建设充值渠道，玩家通常是联合运营商的注册用户，玩家通过联合运营商向公司游戏充值，联合运营双方按约定的比例分享收入。

（7）旅游业务收入

门票收入，公司在售出门票且相关票款收入已经收到时确认收入；旅游团费收入，公司在游客购买旅游路线产品并在旅游行程结束后，确认相关旅游团费收入。

（8）酒店收入

住宿及物业收入，公司在提供相关酒店服务时确认收入；餐饮收入，公司在客户消费完成时确认相关收入。

示例 3－4　完美世界（002624.SZ）

1. 电影、电视剧收入、艺人经纪及服务业务收入的确认方法

（1）电影片票房分账收入：在电影片完成摄制并经电影电视行政主管部门审查通过取得《电影片公映许可证》，电影片于院线、影院上映后按双方确认的实际票房统计及相应的分账方法所计算的金额且很可能收回时确认。

（2）电影版权收入：在影片取得《电影片公映许可证》、符合客户要求的母带已经交付，购买方可以主导影片的使用并从中获益且从交易中取得的对价很可能收回时确认。

（3）电视剧销售收入：在电视剧完成摄制并经电影电视行政主管部门审查通过取得《电视剧发行许可证》，符合客户要求的电视剧拷贝、播映带和其他载体转移给客户、客户可以主导电视剧的使用且从交易中取得的对价很可能收回时确认。

（4）植入广告收入：于首映、相关经济利益很可能流入本公司时确认。电影、电视剧完成摄制前采取全部或部分卖断，或者承诺给予影片首（播）映权等方式，预售影片发行权、放（播）映权或其他权利所取得的款项，待电影、电视剧完成摄制并按合同约定提供给预付款人使用时，确认销售收入实现。

（5）艺人经纪及相关服务业务收入即艺人代理服务收入：在公司旗下艺人从事公司与艺人签订的经纪合约中约定的演艺等活动取得收入时，公司根据与艺人签订的经纪合约中约定的方式确认金额且很可能收回时确认。

2. 游戏运营、游戏授权及游戏其他收入的确认方法

（1）游戏运营收入。

游戏运营模式主要包括自主运营、与游戏平台联合运营及自营平台运营。收入在有充分证据证明游戏玩家与公司之间存在相关协议、公司已经依据上述协议向游戏玩家提供了相应的服务、与服务相关的交易价格可以确定或已经约定和相关的对价很可能收回时予以确认。本公司自主运营游戏模式下，游戏玩家可以从本公司的游戏点卡经销商处购得游戏点卡，也可以从本公司的官方运营网站或平台上通过银行借记卡、信用卡、手机支付以及银行转账等方式购得游戏点卡或进行充值。游戏玩家可以使用上述游戏点卡或充值额度在本公司运营的网络游戏进行消费。本公司与游戏平台联合运营模式下，玩家通过游戏平台的宣传了解本公司游戏产品，直接通过游戏平台提供的游戏链接下载游戏软件，注册后进入游戏，并在游戏中购买游戏币或道具等虚拟物品。本公司负责游戏的维护、升级、客户服务等。游戏平台负责游戏推广及搭建收费渠道，并按协议约定的分成比例与本公司就游戏收入进行分成。本公司自营平台运营模式下，玩家通过自营平台进行充值并消费，游戏研发商负责游戏的运营及维护。本公司在自主运营游戏模式及与游戏平台联合运营模式下，均构成主要责任方，收入应按照来自于最终玩家的收入（扣除自营平台分成后）的总额确认，对应的第三方平台分成成本按照相应的收入确认模式计入合同取得成本及成本中。本公司在自营平台运营模式下，不构成主要责任人，按照协议约定的分成结算后确认收入。本公司主要

通过游戏玩家在网络游戏中购买虚拟游戏道具取得在线网络游戏运营收入。游戏中的道具及升级功能使用游戏币购买，被视为服务并于道具生命周期或玩家生命期间（即平均玩家游戏停留期间）提供。所有游戏币均通过虚拟货币兑换取得，一旦玩家购买虚拟货币，所得款项即列于合同负债，对于消耗型道具，于游戏道具消耗时确认为收入，对于永久型道具，在游戏预定的道具使用周期内或玩家的生命周期内摊销确认收入。对于无法追踪道具实际消耗情况的，在玩家的生命周期内摊销确认收入。对应的平台分成成本按照相应的收入确认模式计入合同取得成本及成本中。

（2）游戏授权收入。

本公司许可第三方运营游戏，根据协议，在初始许可运营时，收取一次性的初始款项，并在后续运营期间，同时按游戏运营总收入的一定比例收取分成款。一次性的初始款项，视合同情形，无后续履约义务的，本公司于授权开始日确认收入；有后续履约义务的，一次性初始款项在授权期内确认收入。收取的分成款于第三方后续销售或使用行为实际发生时确认收入。

（3）游戏其他收入。

游戏其他收入主要包括：技术服务费收入、平台支持服务费收入、游戏周边产品收入等。对于服务收入，公司在提供服务的期间内确认收入；对于商品销售，公司在商品销售完成时确认收入。

3. 其他收入

与交易相关的对价很可能收回，收入的金额能够可靠地计量时确认收入。利息收入金额，按照他人使用本企业货币资金的时间和实际利率计算确定。

示例3-5　北京文化（000802. SZ）

公司的主营业务收入主要为影视及经纪收入，主要业务收入的确认方法如下：

A. 电影片票房分账收入：在电影片完成摄制并经电影电视行政主管部门审查通过取得《电影片公映许可证》，电影片于院线、影院上映后按双方确认的实际票房统计及相应的分账方法所计算的金额确认。

B. 电影版权收入：在影片取得《电影片公映许可证》、母带已经交付，且与交易相关的经济利益很可能流入本公司时确认。

C. 电视剧销售收入：在电视剧完成摄制并经电影电视行政主管部门审查通过取得《电视剧发行许可证》，电视剧拷贝、播映带和其他载体转移给购货方，相关经济利益很可能流入本公司时确认。

电影、电视剧完成摄制前采取全部或部分卖断，或者承诺给予影片首（播）映权等方式，预售影片发行权、放（播）映权或其他权利所取得的款项，待电影、电视剧完成摄制并按合同约定提供给预付款人使用时，确认销售收入实现。

D. 艺人经纪及相关服务业务收入：包括艺人代理服务收入及企业客户艺人服务收入两类：

艺人代理服务收入，在公司旗下艺人从事公司与艺人签订的经纪合约中约定的演艺等活动取得收入时，公司根据与艺人签订的经纪合约中约定的方式确认收入；

企业客户艺人服务收入，在服务已提供，收入的金额能够可靠计量及相关的、已发生的或将发生的成本能够可靠计量且相关的经济利益很可能流入本公司时确认。

E. 公司参投的电影、电视剧，在拍摄完成后向其他方转让投资份额的，待将投资份额所有权上的主要风险和报酬转移给客户，客户能够取得相关份额控制权时确认销售收入。

示例3-6　光线传媒（300251. SZ）

本集团营业收入主要包括电影及电视剧销售收入、演艺活动收入、动画服务收入、影票服务收入、音乐版权授权收入等。

（1）电影及电视剧销售收入

①电影票房分账收入及版权收入：电影票房分账收入在电影完成摄制并经电影行政主管部门审查通过取得《电影片公映许可证》后，电影于院线、影院上线后按公司与放映方确认的实际票房统计并根据相应的分账方法所计算的金额确认收入；电影版权收入在影片取得电影行政主管部门颁发的《电影片公映许可证》后、母带已经交付给买方，本集团履行了合同中的履约义务，即在客户取得相关商品或服务的控制权时，确认收入。

②电影发行收入：电影发行方根据合同约定按照一定比例在电影总收入中提取确认的收入。

③电视剧销售收入：在电视剧购入或完成摄制并经电影电视行政主管部门审查通过取得《电视剧发行许可证》或“上线备案号”，电视剧播映带或其他载体转移给购货方、购货方可以主导电视剧的使用且公司已取得收款权利时确认收入。对于合同中未约定上线播出时间的，在电视剧播映带或其他载体转移给购货方时确认收入；对于合同中约定上线播出时间，且购货方无法主导播出时间的，在电视剧播映带或其他载体转移给购货方与电视剧约定上线播出时点孰晚确认收入。

④电影、电视剧完成摄制前采取全部或部分卖断，或者承诺给予影片首（播）映权等方式，预售影片发行权、放（播）映权或其他权利所取得的款项，待电影、电视剧完成摄制并按合同约定提供给预付款人使用时，确认销售收入实现。

（2）演艺活动收入

本集团演艺活动业务在履行了合同中的履约义务，即在客户取得相关商品或服务的控制权时，确认收入。

（3）动画服务收入

本集团动画服务收入包括：

①受托制作动画、影视特效、广告等制作服务收入：对于在某一时段内履行的履约义务，本集团在该段时间内按照履约进度确认收入，并按照产出法确定履约进度。履约进度不能合理确定时，本集团已经发生的成本预计能够得到补偿的，按照已经发生的成本金额确认收入，直到履约进度能够合理确定为止。

②动画制作技术培训服务及技术支持收入：动画制作技术培训服务及技术支持收入主要为特定单位或人员所开展的与动画制作技术相关的培训或技术支持。在培训服务及技术支持相关劳务已经提供，收到价款或取得收取款项的证据时确认收入。

(4) 影票服务收入

影票服务收入是指电影影片于影院上映后企业根据实际收到的电影票销售款减去应支付给北京华夏联合电影院线有限责任公司的票房分账款、国家电影专项基金以及增值税及附加后的影片放映收入。

(5) 音乐版权授权收入

音乐版权授权业务属于向客户授予知识产权许可。对于约定了固定对价的音乐授权业务，自授权日开始被授权人即享有音乐作品的相关权利，本集团在授权期间不再有后续活动，无须执行对音乐作品有重大影响的活动，因此本集团于歌曲在平台上线、授权日开始的时点确认收入。

二、系统集成收入确认政策披露示例

（一）简要分析

系统集成是通过结构化的综合布线系统和计算机网络技术，将各个分离的设备（如个人电脑）、功能和信息等集成到相互关联的、统一和协调的系统之中，使资源达到充分共享，实现集中、高效、便利的管理。系统集成应采用功能集成、BSV液晶拼接集成、综合布线、网络集成、软件界面集成等多种集成技术。系统集成实现的关键在于解决系统之间的互联和互操作性问题，它是一个多厂商、多协议和面向各种应用的体系结构。这需要解决各类设备、子系统间的接口、协议、系统平台、应用软件等与子系统、建筑环境、施工配合、组织管理和人员配备相关的一切面向集成的问题。该类业务面临的主要问题包括履约义务的识别、时点还是时段确认收入以及质量保证金等。

（二）年报披露示例

系统集成业务收入确认政策披露示例汇总如表3－16所示。

表3－16　　系统集成业务收入确认政策披露示例汇总

序号	参考示例	收入确认政策
1	示例3－7　天源迪科(300047. SZ)	系统集成工程：是指公司为客户实施系统集成工程时，应客户要求代其外购硬件系统并安装集成所获得的收入。 其收入确认原则及方法：本公司与客户签署的系统集成销售合同作为单项履约义务，按照时点法确认收入。如果合同约定了验收条款则以客户签署的初验报告时间点确认收入，否则以交付签收时间点确认收入实现

续表

序号	参考示例	收入确认政策
2	示例3－8　南天信息（000948. SZ）	集成解决方案是指根据客户的需求，为其数据平台建设和升级提供规划设计、软硬件选型、开发实施以及安装调试等工作的过程。集成解决方案如无须安装调试的，以设备交付客户，经客户签收后按合同约定金额确认收入；需要安装调试的，在设备安装调试完毕交付客户，经客户验收合格后按合同约定金额确认收入
3	示例3－9　新大陆（000997. SZ）	系统集成项目可在某一时段确认收入或在某一时点确认收入。仅当本公司在履约过程中所产出的商品具有不可替代用途，且本公司在整个合同期间内有权就累计至今已完成的履约部分收取款项的情况下，本公司将其作为在某一时段内履行的履约义务，按照履约进度确认收入，履约进度不能合理确定的除外，履约进度按照投入法确定，否则于某一时点确认收入
4	示例3－10　航天信息（600271. SH）	本公司对外提供的服务，通常包含系统安装、系统集成、管理软件等业务。对于满足“履约的同时客户即取得并消耗本公司履约所带来的经济利益”或者“本公司履约过程中所提供的服务具有不可替代用途，且本公司在整个合同期间内有权就累计至今已完成的履约部分收取款项”条件的业务，本公司将其作为在某一时段内履行的履约义务，按照履约进度确认收入；如不满足，本公司将其作为在某一时点履行的履约义务，在相关服务最终完成并经客户确认后确认收入。对于有明确产出指标的服务合同，本公司按照产出法确定提供服务的履约进度；对于产出指标无法明确计量的合同，在相关服务最终完成并经客户确认后确认收入
5	示例3－11　神州泰岳（300002. SZ）	系统集成包括外购软硬件产品和公司软件产品的销售及安装。 本公司销售的商品在满足下列条件时，按从购货方已收或应收的合同或协议价款的金额确认销售商品收入：在商品交付且客户取得相关商品的控制权时，确认相关收入
6	示例3－12　泰豪科技（600590. SH）	系统集成收入主要为公司应客户要求使用自制软件及外购软硬件，并进行设计、安装、集成所获得的收入。对于系统集成项目，公司根据合同的约定，在系统集成项目中的软件产品和外购硬件（原材料、设备等）已交付给客户，系统已按合同约定的条件完成安装调试，通过客户验收完成后确认收入

示例3－7　天源迪科（300047. SZ）

(1) 应用软件收入的确认原则及方法：

应用软件收入包括应用软件开发收入和软件产品销售收入。

①应用软件开发收入：是指接受客户委托，根据客户的本地化需要，对应用软件技术进行研究开发所获得的收入。由此开发出来的软件为定制软件、不具有通用性。其收入确认的原则及方法为：

按初验报告确认收入：公司与客户签署固定金额的应用软件开发合同，根据合同的约定提交软件开发成果，并获取客户的初验报告时间点确认收入的实现。

按结算单确认收入：公司与客户按照项目实施周期进行结算，根据结算周期从客户取得当期“结算单”或者“工作量确认单”及合同约定的人月单价计算并确认收入的实现。

②软件产品销售收入：软件产品销售收入是指自行开发生产的计算机软件所获得的收入。该应用软件产品的特点是通用性强、不需要进行本地化开发，通过产品配置、技术培训就能够满足客户对产品的应用需求。其收入确认的原则及方法为：本公司通常与客户签署单独的软件产品销售合同，按照合同约定在产品交付验收后确认收入。

(2) 技术服务收入的确认原则及方法：

本公司技术服务特点是在服务期间内及时解决客户提出的问题，满足服务要求。服务合同期限过后，合同自动终止。本公司与客户签署固定服务期间和固定金额的服务合同。其收入确认的原则及方法为：技术服务按合同金额在服务期间摊销确认收入实现。

(3) 系统集成工程的确认原则及方法：

系统集成工程，是指公司为客户实施系统集成工程时，应客户要求代其外购硬件系统并安装集成所获得的收入。其收入确认原则及方法：本公司与客户签署的系统集成销售合同作为单项履约义务，按照时点法确认收入。如果合同约定了验收条款则以客户签署的初验报告时间点确认收入，否则则以交付签收时间点确认收入。

(4) 电信运营业务收入的确认原则及方法：

电信运营业务是指由本公司提供软、硬件设备，中国联通、中国电信等电信运营商提供通信网络和客户资源的合作业务，双方按协议约定比例对取得的信息费（或功能费）收入进行分成。其收入确认原则及方法为：根据电信运营商提供的结算表，依据合同约定的费率计算确认收入。

(5) 网络产品销售业务收入的确认原则及方法：

网络产品销售主要是硬件产品的销售。其收入确认原则及方法为：如销售合同规定了安装验收条款，在取得客户的安装验收报告时确认销售收入；如销售合同未规定安装验收条款，则在取得交付验收后确认销售收入。

示例 3-8　南天信息（000948. SZ）

本集团收入确认的具体处理方法如下：

(1) 软件开发业务

软件开发业务为按照客户需求提供的软件开发或升级，成果交付客户后，在软件系统上线运行并通过客户验收后按合同约定金额确认收入。

(2) 集成解决方案

集成解决方案是指根据客户的需求，为其数据平台建设和升级提供规划设计、软硬件选型、开发实施以及安装调试等工作的过程。集成解决方案如无须安装调试，于设备交付客户，经客户签收后按合同约定金额确认收入；需要安装调试的，在设备安装调试完毕交付客户，经客户验收合格后按合同约定金额确认收入。

(3) 智能渠道解决方案

智能渠道解决方案主要是销售自产信息产品。无须安装调试的信息产品，于产品交付客户，取得签收凭证后按合同约定金额确认收入；需安装调试的，于产品交付客户，取得安装验收单后按合同约定金额确认收入。

(4) 服务收入

服务收入主要包括软件运维收入、集成运维收入和维保收入。服务收入满足客户在本集团履约时受益，因此按照时段法确认收入。客户以公司提供有效的服务为前提定期与公司确认工作量，公司在取得客户出具的验收单时按照客户确认的工作量确认收入。

(5) IT 产品销售及产业互联网收入

IT 产品销售及产业互联网业务主要是销售 IT 类产品，于产品交付客户，取得签收凭证后按合同约定金额确认收入。

示例 3－9　新大陆（000997. SZ）

本公司收入确认的具体方法如下：

①电子支付产品及信息识读产品收入：

本公司与客户之间的电子支付产品及信息识读产品合同包含转让相关产品的履约义务，属于在某一时点履行履约义务。

A. 产品收入确认需满足以下条件：本公司已根据合同约定将产品交付给客户且客户已接受该商品，已经收回货款或取得了收款凭证且相关的经济利益很可能流入，商品所有权上的主要风险和报酬已转移，商品的法定所有权已转移；

B. 外销产品收入确认需满足以下条件：本公司已根据合同约定将产品报关，取得提单，已经收回货款或取得了收款凭证且相关的经济利益很可能流入，商品所有权上的主要风险和报酬已转移，商品的法定所有权已转移。

②商户运营及增值业务收入：

本公司与客户之间的商户运营及增值业务合同包括提供收单服务及便民服务的履约义务，均属于某一时段内履行的履约义务，按照 POS 机实际发生的交易量及约定的分成费用率或签约费率确认服务收入。

③行业应用与软件开发及服务的收入：

A. 系统集成项目收入。系统集成项目可在某一时段确认收入或在某一时点确认收入。仅当本公司在履约过程中所产出的商品具有不可替代用途，且本公司在整个合同期间内有权就累计至今已完成的履约部分收取款项的情况下，本公司将其作为在某一时段内履行的履约义务，按照履约进度确认收入，履约进度不能合理确定的除外，履约进度按照投入法确定，否则于某一时点确认收入。

B. 技术服务项目收入。本公司提供的技术服务，由于本公司履约的同时客户即取得并消耗本公司履约所带来的经济利益，本公司将其作为在某一时段内履行的履约义务，在服务提供期间内，在维护及支持服务已提供并验收合格，开出结算票据或已取得收款的依据时确认收入。

C. 软件开发项目收入。根据与客户签订的合同，软件开发可在某一时段确认收入或在某一时点确认收入。仅当本公司在履约过程中所产出的商品具有不可替代用途，且本公司在整个合同期间内有权就累计至今已完成的履约部分收取款项的情况下，本公司将其作为在某一时段内履行的履约义务，按照履约进度确认收入，履约进度不能合理确定的除外，履约进度按照投入法确定，否则于某一时点确认收入。

④利息收入：

根据金融工具的实际利率或适用的浮动利率按权责发生制确认。利息收入包括任何折价或溢价摊销，或生息工具的初始账面金额与其按实际利率基准计算的到期日可收回数额之间的差异。

⑤手续费及佣金收入：

手续费及佣金收入按权责发生制原则在提供相关服务时确认，收入金额按照有关合同或协议约定的方法计算确定。

⑥担保业务收入：

担保业务在担保合同成立并承担相应担保责任后，与担保合同相关的经济利益很可能流入，且与担保合同相关的收入能够可靠计量时予以确认，收入金额按照有关合同约定的方法计算确定。

示例3-10　航天信息（600271. SH）

（1）销售商品收入

本公司主要销售金税盘、税务终端、电子及通信设备等电子产品，根据销售产品类别不同分别计入防伪税控业务、企业财税服务业务及其他业务。本公司将产品按照合同约定的时间，发货至客户要求的地点，并经购买方签收，本公司不再对产品实施控制、商品控制权转移，本公司据此确认销售收入并结转销售成本。本公司给予客户的信用期根据客户的信用风险特征确定，与行业惯例一致，不存在重大融资成分。如本公司为代理人，应当按照预期有权收取的佣金或手续费的金额确认收入，该金额应当按照已收或应收对价总额扣除应支付给其他相关方的价款后的净额，或者按照既定的佣金金额或比例等确定。

（2）提供服务收入

本公司对外提供的服务，通常包含系统安装、系统集成、管理软件等业务。对于满足“履约的同时客户即取得并消耗本公司履约所带来的经济利益”或者“本公司履约过程中所提供的服务具有不可替代用途，且本公司在整个合同期间内有权就累计至今已完成的履约部分收取款项”条件的业务，本公司将其作为在某一时段内履行的履约义务，按照履约进度确认收入；如不满足，本公司将其作为在某一时点履行的履约义务，在相关服务最终完成并经客户确认后确认收入。

示例3-11　神州泰岳（300002. SZ）

软件与信息技术服务

①软件产品开发与销售。

公司对于提供软件产品开发与销售类业务，公司在履行履约义务的过程中若满足客户能够控制公司履约过程中在建的商品，或公司履约过程中所产出的商品具有不可替代用途，且公司在整个合同期间内有权就累计至今已完成的履约部分收取款项（成本和合理利润）条件之一的，该项履约义务属于在某一时段内履行履约义务，公司在服务期内按照履约进度确认收入；履约进度不能合理确定且已经发生的成本预计能够得到补偿的，按照已经发生的成本金额确认收入，直到履约进度能够合理确定为止。对不满足某一时段内履行履约义务的条件的，公司在客户取得相关商品控制权时点确认收入。

②技术服务收入。

对于公司提供的技术服务类业务，如满足下列条件：公司已根据服务合同约定提供了相关服务，且客户在本公司履约的同时即取得并消耗本公司履约所带来的经济利益，与公司相关的经济利益很可能流入，服务成本能够可靠计量，公司按照合同约定在服务期内分期确认收入。

③系统集成收入

系统集成包括外购软硬件产品和公司软硬件产品的销售及安装。

本公司销售的商品在满足商品交付且客户取得相关商品的控制权条件时，按从购货方已收或应收的合同或协议价款的金额确认销售商品收入。

④云业务及流量业务

公司通常从供应商购买基础服务，将之与自有技术及服务融合，对客户进行销售。

公司业务在满足下列条件时，确认收入：公司已根据服务合同约定提供了相关服务，且客户在本公司履约的同时即取得并消耗本公司履约所带来的经济利益，与公司相关的经济利益很可能流入，服务成本能够可靠计量。公司按照合同约定在服务期内按期确认收入。

示例3－12　泰豪科技（600590.SH）

公司所涉及的业务收入，主要包括：军工装备产品销售业务、应急装备产品销售业务、智能电力业务产品销售业务、定制软件开发和系统集成收入以及提供劳务、工程服务。

公司收入具体确认原则及方法如下：

（1）军工装备产品、应急装备产品、智能电力业务产品收入

在产品交付并经客户签收或验收后按照合同约定金额确认收入。

（2）定制软件开发项目收入

主要为按照客户需求提供的软件开发或定制化服务，公司将项目成果交付给客户时按照合同约定进行验收，在产品或服务成果交付客户并通过客户验收后按合同约定金额确认收入。

（3）系统集成收入

主要为公司应客户要求使用自制软件及外购软硬件，并进行设计、安装、集成所获得的收入。对于系统集成项目，公司根据合同的约定，在系统集成项目中的软件产品和外购硬件（原材料、设备等）已交付给客户，系统已按合同约定的条件完成安

装调试，通过客户验收完成后确认收入。

(4) 提供劳务、工程服务收入

本公司与客户之间提供的服务合同通常包含维护保障服务、运维服务、工程服务等履约义务，由于本公司履约的同时客户即取得并消耗本集团履约所带来的经济利益，本公司将其作为在某一时段内履行的履约义务，按照履约进度确认收入。对于有明确的产出指标的服务合同，比如维护保障服务、运维服务等，本公司按照产出法确定提供服务的履约进度；对于少量产出指标无法明确计量的合同，采用投入法确定提供服务的履约进度。

(5) 让渡资产使用权

本公司在让渡资产使用权相关的经济利益很可能流入并且收入的金额能够可靠地计量时确认让渡资产使用权收入。

三、定制软件收入确认政策披露示例

(一) 简要分析

定制软件业务是指软件厂商根据特定使用对象或特定项目，在已有的软件平台上，根据特殊需求对软件进行定制开发，使之更加满足客户需求，实现某些特定功能组合，通常还包括 IT 规划、系统集成。一般面向企业用户或者特定工程项目，例如大型企业集团的内部管理软件、为某政府机关开发的行政管理系统、为某大型工程开发的运营管理系统等。定制软件一般面临履约义务识别、时点或时段确认收入的判断、履约进度的计量以及质量保证与后续服务的区分等问题。

对于定制软件来说，一般不满足在一段时间内履行履约义务的第一个条件，是否满足第二和第三个条件，要看具体的合同约定。另外，即使属于在某一时段内履行的履约义务，在该段时间内按照履约进度确认收入的前提是履约进度可以合理确定。当履约进度不能合理确定时，企业已经发生的成本预计能够得到补偿的，应当按照已经发生的成本金额确认收入，直到履约进度能够合理确定为止。

(二) 年报披露示例

定制软件业务收入确认政策披露示例汇总如表 3－17 所示。

表 3－17　　定制软件业务收入确认政策披露示例汇总

序号	参考示例	收入确认政策
1	示例 3－13　东方国信 (300166. SZ)	定制软件开发服务中，公司对开发结果负责，在开发成果经客户验收前，客户无法取得并消耗公司履约所带来的经济利益，公司将其作为在某一时点内履行的履约义务，在客户验收后进行收入确认

续表

序号	参考示例	收入确认政策
2	示例3－14　恒华科技（300365. SZ）	定制软件是指根据与客户签订的技术开发、技术转让合同，对用户的业务进行充分实地调查，并根据用户的实际需求进行专门的软件设计与开发，由此开发出来的软件不具有通用性。 定制软件收入在软件成果的使用权已经提供，客户最终验收确认，并收到价款或取得收取款项的证据时，认定项目已完工，确认收入
3	示例3－15　天源迪科（300047. SZ）	应用软件开发收入：是指接受客户委托，根据客户的本地化需要，对应用软件技术进行研究开发所获得的收入。由此开发出来的软件为定制软件，不具有通用性。其收入确认的原则及方法为： （1）按初验报告确认收入：公司与客户签署固定金额的应用软件开发合同，根据合同的约定提交软件开发成果，于获取客户的初验报告时间点确认收入的实现。 （2）按结算单确认收入：公司与客户按照项目实施周期进行结算，根据结算周期从客户取得当期“结算单”或者“工作量确认单”及合同约定的人月单价计算并确认收入的实现
4	示例3－16　朗新科技（300682. SZ）	本集团软件开发主要为定制软件开发业务，对于满足在某一段时间内确认收入条件的定制软件开发收入按照履约进度确认收入，完工进度按已经发生的成本占预计总成本的比例确定。于资产负债表日，本集团对已完成的履约进度进行重新估计，以使其能够反映履约情况的变化。对于不满足在某一段时间内确认收入的定制软件开发收入，本集团于客户验收或软件上线运行且有权收取相关款项后确认
5	示例3－17　国睿科技（600562. SH）	定制软件：完成软件初步测试并安装部署至客户指定系统即完成初验，按照工作量确认阶段收入；完成终验确认剩余收入
6	示例3－18　博通股份（600455. SH）	本公司定制软件业务在软件开发或实施完成、取得客户的验收文件时，客户方能主导相关商品的使用并从中获得几乎全部的经济利益，从而取得相关商品的控制权，本集团在履行完成合同中的履约义务时确认收入

示例3－13　东方国信（300166. SZ）

①软件定制开发收入

定制软件开发服务中，公司对开发结果负责，在开发成果经客户验收前，客户无法取得并消耗公司履约所带来的经济利益，公司将其作为在某一时点内履行的履约义务，在客户验收后进行收入确认。

②硬件产品收入

硬件产品收入是指公司为客户实施定制软件项目时，应客户要求代其外购硬件产品并安装集成所获得的收入。具体来说，在完成硬件安装调试，已经收到或取得收款的证据时确认收入。

③开发及运维人员外包服务收入

开发及运维人员外包服务收入是指按照客户需求派出人员实施驻场或场外技术开发、服务或系统运行维护等服务。

i 合同约定按人月或人天工作量结算的，公司能够可靠估计提供劳务交易结果，按公司投入工作量和合同约定单价，按期计算确认收入；

ii 合同约定了固定金额和服务期限的业务，按服务期限平均分摊确认收入；

其他业务参照上述软件开发与开发及运维人员外包服务收入确认原则。

示例 3-14　恒华科技（300365. SZ）

（1）自行开发研制的软件产品销售收入

自行开发研制的软件产品是指拥有自主知识产权，无差异化、可批量复制的软件产品。在批量生产的软件技能有偿出售给买方，相关的收入已经收到或取得了收款的证据，并且与销售该软件产品有关的成本能够可靠地计量时，确认销售收入。

（2）硬件销售收入

硬件销售收入是指公司为客户实施定制软件项目时，应客户要求外购硬件产品并安装集成所获得的收入，在完成硬件安装调试且已经收到或取得收款的证据时确认收入。

（3）定制软件收入

定制软件是指根据与客户签订的技术开发、技术转让合同，对用户的业务进行充分实地调查，并根据用户的实际需求进行专门的软件设计与开发，由此开发出来的软件不具有通用性。

定制软件收入在软件成果的使用权已经提供，客户最终验收确认，并收到价款或取得收取款项的证据时，认定项目已完工，确认收入。

（4）技术服务收入

技术服务收入是指公司为客户提供数据采集及加工等技术服务实现的收入，在技术服务项目成果已经提供，客户最终验收确认，并收到价款或取得收取款项的证据时，认定项目已完工，确认收入。

（5）特许经营权收入

本公司通过建设—经营—移交方式（BOT）参与煤改电等公共基础设施（建设）运营业务，建造期间本公司未提供实际建造服务，按照建造过程中支付的工程价款等确认为无形资产，运营期间取得的取暖费收入，按与客户确认的取暖面积、合同约定的单价按月确认收入。

（6）系统集成收入

系统集成销售收入是本公司为客户实施系统集成项目时，根据客户要求外购硬件并进行软硬件集成开发所取得的收入。本公司在系统集成项目安装完成并经客户验收通过时，即客户取得控制权时，根据客户提供的验收手续确认收入。

示例 3-15　天源迪科（300047. SZ）

本公司营业收入主要包括应用软件收入、技术服务收入、系统集成工程收入、电信运营业务收入和网络产品销售业务收入，各项收入确认的具体原则和方法如下：

（1）应用软件收入的确认原则及方法：应用软件收入包括应用软件开发收入和软件产品销售收入。

①应用软件开发收入：是指接受客户委托，根据客户的本地化需要，对应用软件技术进行研究开发所获得的收入。由此开发出来的软件为定制软件，不具有通用性。其收入确认的原则及方法为：

按初验报告确认收入：公司与客户签署固定金额的应用软件开发合同，根据合同的约定提交软件开发成果，于获取客户的初验报告时间点确认收入的实现。

按结算单确认收入：公司与客户按照项目实施周期进行结算，根据结算周期从客户取得当期“结算单”或者“工作量确认单”及合同约定的人月单价计算并确认收入的实现。

②软件产品销售收入：软件产品销售收入是指自行开发生产的计算机软件所获得的收入。该应用软件产品的特点是通用性强、不需要进行本地化开发，通过产品配置、技术培训就能够满足客户对产品的应用需求。其收入确认的原则及方法为：本公司通常与客户签署单独的软件产品销售合同，按照合同约定在产品交付验收后确认收入。

（2）技术服务收入的确认原则及方法：本公司技术服务特点是在服务期间内及时解决客户提出的问题，满足服务要求。服务合同期限过后，合同自动终止。本公司与客户签署固定服务期间和固定金额的服务合同。其收入确认的原则及方法为：技术服务按合同金额在服务期间摊销确认收入实现。

（3）系统集成工程收入的确认原则及方法：系统集成工程是指公司为客户实施系统集成工程时，应客户要求代其外购硬件系统并安装集成所获得的收入。其收入确认原则及方法：本公司与客户签署的系统集成销售合同作为单项履约义务，按照时点法确认收入。如果合同约定了验收条款，于客户签署初验报告时间点确认收入，否则以交付签收时间点确认收入实现。

（4）电信运营业务收入的确认原则及方法；电信运营业务是指由本公司提供软、硬件设备，中国联通、中国电信等电信运营商提供通信网络和客户资源的合作业务，双方按协议约定比例对取得的信息费（或功能费）收入进行分成。其收入确认原则及方法为：根据电信运营商提供的结算表，依据合同约定的费率计算确认收入。

（5）网络产品销售业务收入的确认原则及方法；网络产品销售主要是硬件产品的销售。其收入确认原则及方法为：如销售合同规定了安装验收条款，在取得客户的安装验收报告时确认为销售收入；如销售合同未规定安装验收条款，则在交付验收后确认为销售收入。

示例3-16　朗新科技（300682.SZ）

（a）软件服务

（i）软件开发和维护收入

本集团软件开发主要为定制软件开发业务，对于满足在某一段时间内确认收入条件的定制软件开发按照履约进度确认收入，完工进度按已经发生的成本占预计总成本的比例确定。于资产负债表日，本集团对已完成的履约进度进行重新估计，以使其能够反映履约情况的变化。对于不满足在某一段时间内确认收入的定制软件开发收入，本集团于客户验收或软件上线运行且有权收取相关款项后确认。

(ii) 技术支撑收入

本集团之子公司易视腾科技有限公司（以下简称“易视腾科技”）向客户提供技术支撑服务。技术支撑服务根据合同约定的服务期间确认收入实现。

(b) 平台运营服务

(i) 用户服务收入

本集团之子公司易视腾科技向客户及用户提供互联网电视平台运营支撑、技术支持、业务推广、运行保障、客服支持等服务。按照协议约定的分配比例/单价和激活用户数量，根据客户结算单于服务提供时确认收入，对于未获得客户结算单确认的部分暂估确认已经提供服务的收入。

(ii) 增值业务收入

本集团之子公司易视腾科技协同电信运营商、互联网电视牌照方向用户提供多种互联网电视增值业务，如收费视频业务，在OTT终端观看的电影、电视剧、综艺类节目、动画等视频内容；应用类业务，如在线培训等；电商业务，通过互联网电视方式，支持电子商务类在线购买商品类型应用。易视腾科技按照与互联网电视牌照方及内容提供商分别约定的分配比例于提供服务时确认增值业务收入。

(iii) 平台运营服务费收入

本集团之子公司邦道科技有限公司（以下简称“邦道科技”）及新电途科技有限公司（以下简称“新电途科技”）通过自有的场景赋能平台提供场景聚合平台服务，第三方支付公司或充电桩运营商按照其服务收入的一定分成比例向公司支付平台运营服务费。邦道科技及新电途科技在已提供平台运营服务并有权收取相关服务费时确认收入。新电途科技为新能源汽车用户直接提供充电服务并收取电费和充电服务费，提供充电服务后将扣除电费的充电服务费确认为收入。

(iv) 互联网运营服务业务收入

本集团之子公司邦道科技为公共服务行业机构的互联网运营提供推广营销和技术支持服务，并按照互联网综合运营方案的实施进度或关键发展目标的达成情况收取服务费。邦道科技按照履约进度确认提供劳务收入，履约进度按已经发生的成本占预计总成本的比例确定。于资产负债表日，本集团对履约进度进行重新估计，以使其能够反映履约情况的变化。

(c) 智能终端

(i) 智能终端收入

本集团之子公司天辰时代的互联网电视终端，由天辰时代负责产品研发、设计、销售和售后服务，生产环节通过委托加工方式进行，委托加工厂商按天辰时代指令给客户发货。

天辰时代在互联网电视终端由委托加工厂商发出且天辰时代获得客户签收确认单时确认收入。

(d) 其他业务

其他业务主要是指本集团根据合同约定外购软硬件产品并按客户要求安装集成后向客户提交工作成果所获得的收入，在完成软硬件安装集成调试且经客户确认后确认收入。

本集团按照已完成履约进度确认收入时，对于本集团已经取得无条件收款权的部分，确认为应收账款，其余部分确认为合同资产，并对应收账款和合同资产以预期信用损失为基础确认损失准备（附注五（11））；如果本集团已收的合同价款超过已完成的履约进度，则将超过部分确认为合同负债。本集团对于同一合同项下的合同资产和合同负债以净额列示。

示例3－17　国睿科技（600562. SH）

公司主要产品销售收入确认方法：

a. 雷达装备及相关系统

军品收入确认时点：对于直接解缴部队或配套主机厂商的军品，在取得军品验收合格证时确认销售收入。因本次重大资产重组新增的军品雷达业务，在军工资质办理过渡期间，军品雷达业务产品仍需通过中国电子科技集团公司第十四研究所完成产品的交付，本公司在将相关产品交付至中国电子科技集团公司第十四研究所并完成军检后确认收入。

军贸产品及民品收入确认时点：将产品交付并经客户验收合格后确认收入。

b. 智慧轨交产品

本公司履约过程中所提供产出的服务或商品具有不可替代用途，且公司在整个合同期间内有权就累计至今已完成的履约部分收取款项，公司将其作为在某一时段内履行的履约义务，按照履约进度确认收入，履约进度不能合理确定的除外。本公司按照投入法确定提供服务的履约进度。在履约进度不能合理确定时，公司已经发生的成本预计能够得到补偿的，按照已经发生的成本金额确认收入，直到履约进度能够合理确定为止。

c. 工业软件及智能制造产品

定制软件：完成软件初步测试并安装部署至客户指定系统即完成初验，按照工作量确认阶段收入；完成终验确认剩余收入。

代理软件：仅销售代理类软件产品的，按照合同约定于产品交付购货方、安装调试结束并经对方验收合格后确认收入。

示例3－18　博通股份（600455. SH）

收入确认具体原则

(1) 销售商品及系统集成收入

本公司将商品交与客户验收且本公司已获得现时的收款请求权并很可能收回对价

时，即在客户取得相关商品的控制权时确认收入。

（2）定制软件开发收入

本公司定制软件业务在软件开发或实施完成，取得客户的验收文件时，客户方能主导相关商品的使用并从中获得几乎全部的经济利益，从而取得相关商品的控制权，本公司履行完成了合同中的履约义务，并在此时确认收入。

（3）提供服务收入

本公司提供服务通常包含软件系统运行维护、教学、提供住宿、管理服务等履约义务，本公司将其作为在某一时段内履行的履约义务，按照履约进度确认收入，履约进度不能合理确定的除外。

四、土地一级开发收入确认政策披露示例

（一）简要分析

土地一级开发是指由政府或其授权委托的企业对一定区域范围内的城市国有土地、乡村集体土地进行统一的征地、拆迁、安置、补偿。从空间上来讲，土地一级开发主要可分为成片（或连片）开发及分片开发两类。从时间上来讲，一种形式是先做一级开发、再做二级开发，即一、二级开发分离；另一种形式是一级开发包含在二级开发之中。

土地一级开发项目往往开发时间长、占用资金量大，其会计处理结果对公司的经营成果和财务状况的影响较大。虽然各家公司土地一级开发项目设计的具体合同条款不尽相同，但总体而言，大致可以归类为保底收益或有分成或者两者兼而有之的模式。保底收益多为依据经核定的开发成本采用成本加成法计算收益。或有分成则约定为按照政府取得的土地使用权出让净收益的一定比例进行分成。土地一级开发收入的确认关键点在于确定交易价格，以及在企业履行履约义务时或者履约过程中确认收入。

《上市公司执行企业会计准则案例解析（2024）》“案例6－06 土地一级开发收入确认”指出：由于合同中存在可变对价，公司可以综合考虑所在地区的土地出让价格、出让条件、土地交易活跃程度等各种相关因素确定土地可变对价的最佳估计数，估计的金额应当以“相关不确定性消除时累计已确认收入极可能不会发生重大转回的金额”为上限。每一资产负债表日，应当重新估计应计入交易价格的可变对价金额。判断服务对价能否收回时应综合考虑该土地上是否存在实质性障碍、是否列入年度土地使用权出让计划、定价是否合理、该区域土地交易是否活跃等一系列因素。在土地使用权出让环节通过招拍挂方式取得了地块土地使用权，应进一步分析一级开发和土地使用权出让是否属于独立的交易。需要结合与当地土地储备中心之间的合同约定、业务谈判记录、经营计划、一级开发土地和招拍挂土地的地理位置及面积是否一一对应、一级土地开发的定价结构（利润分成和固定收益的比重）、一级开发利润是

否合理、参与招拍挂的竞拍人的实际准入情况等方面进行综合判断。

（二）年报披露示例

土地一级开发收入确认政策披露示例汇总如表 3－18 所示。

表 3－18　　　　土地一级开发收入确认政策披露示例汇总

序号	示例名称	收入确认政策
1	示例 3－19　中新集团（601512. SH）	对于提供的土地一级开发服务履约义务，本集团获授权利于本集团经营其业务的地区内进行有关土地基建及公共配套设施的建筑及预备工程。当地政府主要通过公开招拍挂向土地买家出售地块或其他方式获取，本集团有权依合同约定，向当地政府收取部分款项。由于政府能够控制本集团履约过程中的在建资产，本集团将其作为在某一时段内履行的履约义务，按照履约进度确认收入，履约进度不能合理确定的除外。本集团按照投入法，根据发生的成本确定提供服务的履约进度。当履约进度不能合理确定时，本集团已经发生的成本预计能够得到补偿的，按照已经发生的成本金额确认收入，直到履约进度能够合理确定为止
2	示例 3－20　东方集团（600811. SH）	本公司综合考虑该一级土地开发业务土地是否存在实质性障碍、是否列入土地使用权出让计划等因素，综合判断一级土地开发业务的服务对价是否满足“企业因向客户转让商品而有权取得的对价很可能收回”条件。如果满足相关条件，则按照已完成履约义务的进度在一段时间内确认收入
4	示例 3－21　三峡旅游（002627. SZ）	公司在土地一级开发业务过程中的身份为代理人，对于土地开发收入按照净额法确认。 （1）公司获得土地开发跟踪审计中介机构出具的《跟踪审核报告》确认当期应确认的资金成本收益收入和固定收益收入； （2）公司获得宜昌市财政局、宜昌市土地储备中心、湖北安永信会计师事务所有限公司及本公司四方确认的《增值收益分成计算及应返还资金确认表》后确认增值收益收入

示例 3－19　中新集团（601512. SH）

本集团与客户之间提供的园区开发运营服务合同通常包含提供土地一级开发服务、工程代理服务、物业管理服务、招商代理服务、产业发展服务、软件转移服务和城市运营服务等履约义务。

对于提供的土地一级开发服务履约义务，本集团获授权利于本集团经营其业务的地区内进行有关土地基建及公共配套设施的建筑及预备工程。当地政府主要通过公开招拍挂向土地买家出售地块或其他方式获取财政收入，本集团有权依合同约定，向当地政府收取部分款项。由于政府能够控制本集团履约过程中的在建资产，本集团将其作为在某一时段内履行的履约义务，按照履约进度确认收入，履约进度不能合理确定的除外。本集团按照投入法，根据发生的成本确定提供服务的履约进度。当履约进度不能合理确定时，本集团已经发生的成本预计能够得到补偿的，按照已经发生的成本金额确认收入，直到履约进度能够合理确定为止。

示例3-20　东方集团（600811.SH）

土地一级开发业务

公司一级土地开发业务部分合同根据业务合同的性质，在客户能够控制本公司履约过程中在建的商品或服务的情况下，按照已完成履约义务的进度在一段时间内确认，但是履约进度不能合理确定的除外。土地一级开发收入在任一地块上市且授权本公司进行土地一级开发的单位取得与项目土地使用权人签订《土地开发补偿协议》后，授权本公司进行土地一级开发的单位参照《关于土地前期成本实行收支两条线管理有关事项的通知》（京国土财〔2011〕433号）文件相关规定，向本公司支付返还款。由于项目地块上市时间取决于是否列入土地使用权出让计划、北京市政府供地频率、北京市房地产调控政策等一系列本公司可控能力范围之外的条件，上市时间具有一定的不确定性。此外，一级开发土地上市后，本公司仅能收到政府认可的第三方机构审定的成本加不高于合同约定收益率的开发利润，政府认可的第三方机构不会对开发间接费如人工、实际融资费用高于政府认可的利率之间的超额利息支出等进行补偿，因此土地上市越晚，本公司的间接成本越高。故基于谨慎性原则，本公司综合考虑该一级土地开发业务土地是否存在实质性障碍、是否列入土地使用权出让计划等因素，综合判断一级土地开发业务的服务对价是否满足“企业因向客户转让商品而有权取得的对价很可能收回”条件。如果满足相关条件，则按照已完成履约义务的进度在一段时间内确认收入。

示例3-21　三峡旅游（002627.SZ）

土地一级开发收入的确认

公司在土地一级开发业务过程中的身份为代理人，对于土地开发收入按照净额法确认。

①公司获得土地开发跟踪审计中介机构出具的《跟踪审核报告》确认当期应确认的资金成本收益收入和固定收益收入；

②公司获得宜昌市财政局、宜昌市土地储备中心、湖北安永信会计师事务所有限公司及本公司四方确认的《增值收益分成计算及应返还资金确认表》后确认增值收益收入。同类业务采用不同经营模式导致收入确认会计政策存在差异的情况。

五、房产销售业务收入确认政策披露示例

（一）简要分析

预售房屋的收入是在某一时点确认收入还是在某一时段确认收入，需要考虑以下两点：

（1）由于合同限制或房产本身的实际限制，房地产开发商在履约过程中所创建

的资产不具有其他替代用途，如特定房屋单元已被明确指定并已分配给购房者；

（2）房地产开发商具有就迄今为止已完成的履约部分而强制要求客户付款的权利。企业在进行判断时，既要考虑合同条款的约定，还应当充分考虑适用的法律法规、补充或者凌驾于合同条款之上的以往司法实践以及类似案例的结果等。例如，即使在合同没有明确约定的情况下，相关的法律法规等是否支持企业主张相关的收款权利；以往的司法实践是否表明合同中的某些条款没有法律约束力；在以往的类似合同中，企业虽然拥有此类权利，却在考虑了各种因素之后没有行使该权利，这是否会导致企业主张该权利的要求在当前的法律环境下不被支持等。

若上述两项条件均满足，则收入应在一段时间内根据履约进度确认。

根据《收入准则应用案例——预售商品房的收入确认》，在我国相关法律法规下，即使在商品房买卖合同中没有约定解约条款，按照《最高人民法院关于审理商品房买卖合同纠纷案件适用法律若干问题的解释》，如果因为购房人单方要求或者第三方原因导致解除商品房买卖合同，购房人支付的违约金金额通常并不能补偿在整个合同期间内任一时点房地产开发企业就累计至今已完成的履约部分已发生的成本和合理利润。

实务中一般在“房产完工并验收合格，达到销售合同约定的交付条件，在客户取得相关商品或服务控制权时点”，确认销售收入的实现。

（二）年报披露示例

房产销售业务收入确认政策披露示例汇总如表 3 – 19 所示。

表 3 – 19　　　　房产销售业务收入确认政策披露示例汇总

序号	示例名称	收入确认政策简要归纳
1	示例 3 – 22　万科 A（000002. SZ）	对于根据销售合同条款、各地的法律及监管要求，满足在某一时段内履行履约义务条件的房地产销售，本集团在该段时间内按履约进度确认收入；其他的房地产销售在房产完工并验收合格，达到销售合同约定的交付条件，在客户取得相关商品控制权时点，确认销售收入的实现
2	示例 3 – 23　金地集团（600383. SH）	对于房地产销售，本集团在房产完工并验收合格，达到销售合同约定的交付条件，在客户取得相关商品或服务控制权时点，确认销售收入的实现
3	示例 3 – 24　信达地产（600657. SH）	在买方接到书面交房通知书，在约定的期限内交付房产时确认收入，买方接到书面交房通知书后，在约定的交房期限内无正当理由未按时接收房产的，则于书面交房通知约定的交付期限结束时确认收入
4	示例 3 – 25　陆家嘴（600663. SH）	房地产销售在房产完工并验收合格，达到销售合同约定的交付条件，在客户取得相关商品控制权时点，确认销售收入的实现
5	示例 3 – 26　万通发展（600246. SH）	对于房地产开发产品销售收入，本集团在客户取得相关商品控制权时点确认收入。在满足下列条件时为商品控制权转移时点：已按合同约定的交付期限通知买方并在规定时间内办理完商品房实物移交手续。若买方未在规定的时间内办理完成商品房实物移交手续且无正当理由的，在通知所规定的时限结束后的次日确认收入

续表

序号	示例名称	收入确认政策简要归纳
6	示例3－27　浦东金桥（600639. SH）	以签订有关转让销售合同，完成合同内订明的开发建设工程，将有关的土地、房产移交给买方，经买方验收取得土地、房产控制权，本公司取得土地、房产的结算证明，已经收回销售款项或取得了收款凭证且相关的经济利益很可能流入时，确认转让土地使用权、销售物业（房产）收入的实现
7	示例3－28　城投控股（600649. SH）	本公司房地产销售收入主要来源于商品房和保障房（主要包括配套商品房和经济适用房）的销售。商品房和经济适用房销售收入于业主确认物业已交接时确认。配套商品房销售收入于动迁实施用房单位确认房屋已交付时确认
8	示例3－29　绿地控股（600606. SH）	对于根据销售合同条款、各地的法律及监管要求，满足在某一时段内履行履约义务条件的房地产销售，本集团在该段时间内按履约进度确认收入；其他的房地产销售在房产完工并验收合格，达到销售合同约定的交付条件，在客户取得相关商品或服务控制权时点，确认销售收入的实现
9	示例3－30　香江控股（600162. SH）	本集团在客户取得房地产开发产品控制权时确认收入，具体满足以下条件：(1) 房地产开发产品竣工验收合格（取得竣工验收备案表）；(2) 签订了不可逆转的销售合同或其他结算通知书；(3) 取得了买方付款证明（其中选择银行按揭的，收到首期款并办理完毕按揭手续；不选择银行按揭自行付款的，收到50%以上房款）；(4) 办理了交房手续或者根据购房合同约定的条件视同客户接收

示例3－22　万科A（000002. SZ）

与本集团取得收入的主要活动相关的具体会计政策描述如下：

（1）房地产销售合同

根据销售合同条款、各地的法律及监管要求，房地产销售在房产完工并验收合格，达到销售合同约定的交付条件，在客户取得相关商品控制权时点，确认销售收入的实现。

（2）物业服务合同

本集团在提供物业服务过程中确认收入。

（3）建造合同

本集团在履行履约义务的时段内按履约进度确认收入，本集团根据已经完成的合同工作量占合同预计总工作量的比例确定履约进度。

示例3－23　金地集团（600383. SH）

房地产开发销售合同

对于房地产销售，本集团在房地产完工并验收合格，达到销售合同约定的交付条件，在客户取得相关商品或服务控制权时点，确认销售收入的实现。

物业管理合同

本集团在提供物业服务过程中确认收入。

示例3-24　信达地产（600657.SH）

与客户之间的合同产生的收入

本集团在履行了合同中的履约义务，即在客户取得相关商品或服务控制权时确认收入。

销售商品合同

本集团与客户之间的销售商品合同通常仅包含转让商品的履约义务。本集团通常在综合考虑了下列因素的基础上，以控制权转移时点确认收入：取得商品的现时收款权利、商品所有权上的主要风险和报酬的转移、客户接受该商品。

对于房地产开发产品销售收入，如果同时满足以下条件：

(1) 房地产开发产品已建造完工并达到预期可使用状态，经相关主管部门验收合格并办妥备案手续；

(2) 签订销售合同；

(3) 取得了买方按销售合同约定交付房产的付款证明（通常收到销售合同金额20%或以上之定金及确定余下房款的付款安排）。则在买方接到书面交房通知书，在约定的期限内交付房产时确认收入，买方接到书面交房通知书后，在约定的交房期限内无正当理由未按时接收房产的，则于书面交房通知约定的交付期限结束时确认收入。

在买方接到书面交房通知书，在约定的期限内交付房产时，或者买方接到书面交房通知书后，在约定的交房期限内无正当理由拒绝接收的，于书面交房通知约定的交付期限结束时，确认收入的实现。

提供服务合同

本集团与客户之间的提供服务合同通常包含一级土地开发、物业服务、协同拓展、合作开发、委托管理、代建监管等履约义务。本集团根据已完成劳务的进度在一段时间内确认收入，其中，已完成劳务的进度按照已发生的成本占预计总成本的比例确定。于资产负债表日，本集团对已完成劳务的进度进行重新估计，以使其能够反映履约情况的变化。

示例3-25　陆家嘴（600663.SH）

房地产销售收入

房地产销售在房产完工并验收合格，达到销售合同约定的交付条件，在客户取得相关商品控制权时点，确认销售收入的实现。

示例3-26　万通发展（600246.SH）

房地产开发产品销售收入

对于房地产开发产品销售，本集团在客户取得相关商品控制权时点确认收入。在满足下列条件时为商品控制权转移时点：已按合同约定的交付期限通知买方并在规定时间内办理完商品房实物移交手续。若买方未在规定的时间内办理完成商品房实物移交手续且无正当理由的，在通知所规定的时限结束后的次日确认收入。

示例3－27 浦东金桥（600639. SH）

各业务类型收入确认和计量具体政策

1. 按时点确认的收入

1.1 转让土地使用权、销售物业（房产）的收入

以签订有关转让销售合同，完成合同内订明的开发建设工程，将有关的土地、房产移交给买方，经买方验收取得土地、房产控制权，本公司取得土地、房产的结算证明，已经收回销售款项或取得了收款凭证且相关的经济利益很可能流入时，确认转让土地使用权、销售物业（房产）收入的实现。

1.2 出租土地使用权和物业（房产）收入

详见本财务报告五、38。

1.3 酒店公寓服务收入

本公司提供酒店公寓服务的，在酒店公寓服务已经提供且收到价款或取得收取服务费的权利时确认收入。

2. 按履约进度确认的收入

本公司与客户之间的提供物业管理服务合同通常包含承诺在合同约定期限内提供服务的履约义务，由于本公司履约的同时客户即取得并消耗本公司履约所带来的经济利益，本公司将其作为在某一时段内履行的履约义务，在履行履约义务的期间确认收入。

示例3－28 城投控股（600649. SH）

房产业务

销售房地产开发产品或外购商品房，在房产完工并验收合格，签订具有法律约束力的销售合同，将开发产品或外购商品房的控制权转移给购买方时，确认销售收入。

本公司房地产销售收入主要来源于商品房和保障房（主要包括配套商品房和经济适用房）的销售。商品房和经济适用房销售收入于业主确认物业已交接时确认。配套商品房销售收入于动迁实施用房单位确认房屋已交付时确认。

代建收入

本公司对外提供的劳务，根据已完成劳务的进度在一段时间内确认收入。其中，已完成劳务的进度按照已发生的成本占预计总成本的比例确定。于资产负债表日，本公司对已完成劳务的进度进行重新估计，以使其能够反映履约情况的变化。

示例3－29 绿地控股（600606. SH）

本公司按照业务类型确定的收入确认具体原则和计量方法：

1. 房地产销售合同

对于根据销售合同条款、各地的法律及监管要求，满足在某一时段内履行履约义

务条件的房地产销售，本集团在该段时间内按履约进度确认收入；其他的房地产销售在房产完工并验收合格，达到销售合同约定的交付条件，在客户取得相关商品或服务控制权时点，确认销售收入的实现。

2. 提供服务合同

本公司与客户之间的提供服务合同主要包含工程服务等履约义务，由于本公司履约过程中所产出的商品具有不可替代用途，且在整个合同期间内有权就累计至今已完成的履约部分收取款项，本公司将其作为在某一时段内履行的履约义务，按照履约进度确认收入。对于有明确的产出指标的服务合同，本公司按照产出法确定提供服务的履约进度；对于产出指标无法明确计量的合同，采用投入法确定提供服务的履约进度。

3. 其他销售商品合同

本公司与客户之间的销售商品合同通常仅包含转让商品的履约义务。本公司转让商品的履约义务不满足在某一时段内履行的三个条件，所以本公司通常在综合考虑了下列因素的基础上，在到货验收完成时点确认收入：取得商品的现时收款权利、商品所有权上的主要风险和报酬已经转移、商品的法定所有权已经转移、商品实物资产已经转移、客户接受该商品。

示例 3－30　香江控股（600162. SH）

1. 商品销售收入

本集团在客户取得房地产开发产品控制权时确认收入，具体满足以下条件：

1）房地产开发产品竣工验收合格（取得竣工验收备案表）；

2）签订了不可逆转的销售合同或其他结算通知书；

3）取得了买方付款证明（其中选择银行按揭的，收到首期款并办理完毕按揭手续；不选择银行按揭自行付款的，收到50%以上房款）；

4）办理了交房手续或者根据购房合同约定的条件视同客户接收。

2. 提供劳务收入

本集团提供劳务的收入包括商贸运营收入、物业管理收入等，本集团在提供服务过程中确认收入。

六、合同能源管理收入确认政策披露示例

（一）简要分析

合同能源管理（energy management contract，EMC），是一种基于市场运作的全新的节能新机制，从事合同能源管理的节能服务公司与用能单位以契约形式约定节能项目的节能目标，节能服务公司为实现节能目标，向用能单位提供必要的服务，用能单位以节能效益支付节能服务公司的投入及其合理利润在合同能源管理项目下，节能服务公司能够为客户提供用能状况诊断、节能项目设计、融资、改造（施工、设备安

装、调试）、运行管理等服务，并从客户进行节能改造后获得的节能效益中收回投资并取得利润。

在合同能源管理项目中，节能服务企业为客户提供的服务可能是多种多样的，既包括为客户提供节能项目设计、融资、改造（施工、设备安装、调试）、运行管理等服务，也可能包括向客户销售其生产的节能设备或产品。在实务中，节能服务企业需要考虑其与客户签订的合同，对合同所涵盖的各项业务的实质进行综合判断，考虑其适用于固定资产准则、租赁准则还是收入准则的问题存在不同的做法。

（二）年报披露示例

合同能源管理业务收入确认政策披露示例汇总如表3－20所示。

表3－20　　合同能源管理业务收入确认政策披露示例汇总

序号	名称	收入确认政策
1	示例3－31　乾照光电（300102. SZ）	每期根据双方共同确认的节能量和协议约定的价格确认合同能源管理收入
2	示例3－32　金通灵（300091. SZ）	公司提供合同能源管理分为收益分享型和固定收益性。收益分享型合同能源管理根据双方确认的节能效果和合同约定分成金额确认收入；固定收益型合同能源管理根据合同约定，在节能设备进入正式运行状态后，在受益期内分期确认收入
3	示例3－33　海洋王（002724. SZ）	本公司合同能源管理服务利用自身产品和技术，通过建造或改造项目区域内照明工程，为客户节约能源，获得节能分成来达到盈利目的；项目服务期通常为3—5年，在节能项目进行过程中，区域照明工程建造的节能设备由客户代为保管，本公司为客户提供相关节能的服务，客户按一定的付款周期支付节能收益；在项目结束后，本公司无偿将照明设备所有权转移给客户，不再另行收费。 节能工程竣工经验收合格后，一般以3个月为结算周期，本公司在客户对项目节能效果进行验收确认后，按照双方确认的当期节能收益确认收入；本公司对节能项目下的照明设备作为异地存放的存货处理，并按照各期确认的节能分享服务收入占合同金额的比例逐步进行成本结转
4	示例3－34　天壕环境（300332. SZ）	合同能源管理业务模式下，根据双方共同确认的抄取电表计量的供电量和协议约定的价格确认合同能源管理收入
5	示例3－35　雷曼光电（300162. SZ）	公司与客户签订的EMC能源管理合同系利用自身技术，通过为客户节约能源，获得节能分成来达到盈利目的，公司按实际分享的节能效益分期确认收入。由于本公司履约的同时客户即取得并消耗公司履约所带来的经济利益，本公司将其作为在某一时段内履行的履约义务，按照履约进度确认收入

示例3－31　乾照光电（300102. SZ）

本公司收入确认的具体方法如下：

①商品销售合同

本公司与客户之间的销售商品合同包含转让商品的履约义务，属于在某一时点履行履约义务。

本公司商品销售收入确认的具体标准：本公司在商品已发给客户并经客户签收/验收，相关的收入已经取得或取得了收款的凭据时视为已将商品所有权上的主要风险和报酬转移给客户，并确认商品销售收入。

②提供服务合同

本公司提供服务合同为EMC合同。本公司与客户之间的提供服务合同包含为用能单位提供照明节能改造项目的投资、安装和运营管理的履约义务，在合同约定的运营期内以实际节能量和协议价格为依据分享节能收益，运营期满后将节能资产移交给用能单位。由于本公司履约的同时客户即取得并消耗本公司履约所带来的经济利益，本公司将其作为在某一时段内履行的履约义务，在服务提供期间平均分摊确认。具体收入确认方法为：每期根据双方共同确认的节能量和协议约定的价格确认合同能源管理收入。

示例3－32　金通灵（300091. SZ）

合同能源管理是公司为合作方提供余热电站的资金筹措、建设、达到合同约定的各种参数指标和验收标准，在项目建成达到发电并网条件后交合作方运营管理，按照合同约定的收益期每月收取一定的投资回报，并最终在收回最后一期款项后将余热电站设施无偿移交给合作方的业务模式。合同能源管理业务模式下，形成的相关资产通过“在建工程”“固定资产”科目核算。

公司提供合同能源管理的收入分为收益分享型和固定收益性。收益分享型合同能源管理根据双方确认的节能效果和合同约定分成金额确认收入；固定收益型合同能源管理根据合同约定，在节能设备进入正式运行状态后，在受益期内分期确认收入。

示例3－33　海洋王（002724. SZ）

本公司合同能源管理服务利用自身产品和技术，通过建造或改造项目区域内照明工程，为客户节约能源，获得节能分成来达到盈利目的；项目服务期通常为3～5年，在节能项目进行过程中，区域照明工程建造的节能设备由客户代为保管，本公司为客户提供相关节能的服务，客户按一定的付款周期支付节能收益；在项目结束后，本公司无偿将照明设备所有权转移给客户，不再另行收费。

节能工程竣工经验收合格后，一般以3个月为结算周期，本公司在客户对项目节能效果进行验收确认后，按照双方确认的当期节能收益确认收入；本公司对节能项目下的照明设备作为异地存放的存货处理，并按照各期确认的节能分享服务收入占合同金额的比例逐步进行成本结转。

示例3－34　天壕环境（300332. SZ）

合同能源管理系本集团为合作方提供余热电站的投资、建设和运营管理，在合同约定的运营期内以供电量和协议价格为依据分享节能收益，运营期满后将余热电站移交给合作方的业务模式。

合同能源管理业务模式下，根据双方共同确认的抄取电表计量的供电量和协议约定价格确认合同能源管理收入。

示例3－35　雷曼光电（300162.SZ）

EMC能源管理收入的具体方法：公司与客户签订的EMC能源管理合同系利用自身技术，通过为客户节约能源，获得节能分成来达到盈利目的，公司按实际分享的节能效益分期确认收入。由于本公司履约的同时客户即取得并消耗公司履约所带来的经济利益，本公司将其作为在某一时段内履行的履约义务，按照履约进度确认收入。

七、网络游戏收入确认政策披露示例

（一）简要分析

网络游戏是指以互联网为传输媒介，以游戏发行商服务器和用户计算机、手机等为处理终端，以游戏的客户端软件或互联网浏览器为信息交互窗口的个体性多人在线游戏，旨在实现娱乐、休闲、交流和取得虚拟成就的目标。传统的网络游戏仅指以计算机为处理终端的互联网游戏，但随着移动通信技术的不断发展，互联网游戏逐渐扩展到手机、平板电脑等移动终端。

网络游戏产业链的主要组成部分包括游戏开发商、游戏运营商、游戏渠道商、游戏玩家、支付服务商、电信资源提供商等。

游戏开发商负责研发游戏内容以及提供持续优化、更新及游戏技术支持。开发商拥有游戏的知识产权，自主发行及经营游戏或授权第三方运营商发行。开发商在市场竞争中主要依赖其游戏开发能力。

游戏运营商负责提供网络游戏的运营平台，在取得游戏的使用权或所有权后，架设服务器组、安装服务器端软件，在网站上提供客户端软件的下载链接，并对游戏进行推广、运营维护以及客户服务等。

游戏渠道商是游戏运营商和最终游戏玩家之间的中间商，通过其销售渠道为游戏运营商提供销售游戏点卡的服务，一般包括游戏分销商及游戏合作运营商等。

该产业链的参与者还有支付服务商、电信资源提供商等其他参与方，支付服务商是为交易提供支付清算服务的中间机构。电信资源提供商是提供互联网接入和移动电话等基础电信业务，以及提供服务器托管、带宽租用、服务器租用等服务的企业。

网络游戏产业的主要参与者包括游戏开发商、游戏发行商、游戏渠道商、IT设备提供商、电信资源提供商、游戏媒体和游戏用户。实际安排中一个网络游戏企业可能同时担任上述多个角色。

从游戏开发商的角度来看，通常存在自主运营、与运营商联合运营以及授权运营模式三种模式。不同运营模式下，网络游戏企业的盈利模式也不同，有按虚拟道具收费的，有按游戏时间收费的，还有通过广告收费的，不同盈利模式下的收入确认方式和时点各不相同。

（二）年报披露示例

网络游戏收入确认政策披露示例如表3－21所示。

表3－21　　网络游戏收入确认政策披露示例汇总

序号	示例名称	列示的收入确认政策类型
1	示例3－36　世纪华通（002602. SZ）	网络游戏收入主要包括网页端、客户端和移动端的网络游戏自主运营收入、游戏授权收入、受托研发收入及软件著作权转让收入
2	示例3－37　掌趣科技（300315. SZ）	自主运营和联合运营模式下，公司负责游戏产品的运营、维护和推广等，承担主要责任。游戏玩家通过充值直接购买道具，或者通过充值获得游戏虚拟货币并使用虚拟货币购买游戏道具。 授权运营模式下，公司负责提供游戏的后续服务，承担次要责任
3	示例3－38　天娱数科（002354. SZ）	本集团开发、发行的游戏产品授权游戏运营平台运营（包括独家授权运营和授权联合运营），网络游戏运营商将其在游戏中取得的收入扣除相关费用后按协议约定的比例分成给本集团，在双方核对数据确认无误后，本集团确认营业收入。自主运营收入主要指本集团通过自己的网络平台发布游戏后，从游戏玩家处取得的营业收入
4	示例3－39　昆仑万维（300418. SZ）	公司营业收入主要为游戏收入、社交网络收入、搜索收入、广告收入、批发及零售收入、技术许可和其他收入等。游戏收入按照不同的运营模式进行确认。（1）在自主运营模式下，本公司独立进行游戏产品的研发和运营，按照道具消耗金额确认收入。（2）在授权运营模式下，根据协议约定，本公司不承担主要运营责任，按照合作运营方支付的分成款确认营业收入，即净额法确认收入。（3）在代理运营模式下，根据协议约定，本公司承担主要运营责任，按照总额法，采用基于用户生命周期的收入确认模型，将用户兑换游戏币的金额按照用户生命周期分摊确认收入
5	示例3－40　中青宝（300052. SZ）	网络游戏收入主要包括游戏运营和游戏著作权、运营权转让、广告代理收入，游戏运营模式主要包括官方运营（包括公司自主运营、与游戏平台联合运营）和分服运营
6	示例3－41　浙数文化（600633. SH）	公司通过数字文化平台运营取得收入，包括玩家以购买充值卡或直接购买虚拟币的方式在公司运营的平台中进行消费（包括购买虚拟装备、道具或在线游戏）和其他运营商获取公司版权授权后运营并给公司相应分成。该类业务属于在某一时点履行的履约义务

示例3－36　世纪华通（002602. SZ）

网络游戏收入

本集团网络游戏收入主要包括网页端、客户端和移动端的网络游戏自主运营收入、游戏授权收入及受托研发收入。

(a) 自主运营收入

本集团在全球自主运营自主开发完成的以及外部授权取得的游戏产品。自主运营是指本集团搭建游戏产品上线运行所需的条件，自主进行产品推广和发行，玩家免费注册账号后进入游戏，本集团持续为玩家提供维护、客服、版本更新等服务。本集团通过游戏玩家在游戏中消耗虚拟游戏道具和其他增值服务的方式取得游戏运营收入。游戏玩家主要通过网络及线下支付渠道对游戏账户进行充值，兑换成虚拟货币，再利用虚拟货币完成对道具的购买。

游戏玩家可以免费体验在线运营的网络游戏的基本功能，只有当其购买游戏中的虚拟货币或其他增强型体验时才需要支付对价。

游戏玩家充值入游戏后，本集团将玩家获得的游戏内点数（虚拟货币）计入“合同负债——游戏充值产生的递延收益”，然后再根据玩家使用游戏点数所购买的道具，按不同的道具属性进行收入确认。对于消耗性道具，在游戏玩家消耗时确认营业收入；对于永久性道具，在所属游戏的平均付费玩家的存续时间（所属游戏玩家生命周期）内按照直线法进行摊销确认营业收入；对于期间性道具，在道具有效期限或所属游戏玩家生命周期孰短的期间内按照直线法进行摊销确认营业收入。

针对玩家未消耗的游戏点数，当本集团评估其在未来被使用的可能性很小时确认为当期营业收入（沉没账户收入）。

合同成本包括合同履约成本和合同取得成本。本集团为提供自主运营服务而发生的直接成本，如支付给游戏授权方的基于游戏流水的游戏分成费，确认为合同履约成本，并在确认收入时，按照相关收入的履约进度结转计入主营业务成本。本集团将支付给游戏平台的渠道费及平台手续费等增量成本确认为合同取得成本，并按照相关合同项下与确认收入相同的基础摊销计入损益。如果合同成本的账面价值高于因提供该劳务预期能够取得的剩余对价减去估计将要发生的成本，本集团对超出的部分计提减值准备，并确认为资产减值损失。于资产负债表日，本集团对于合同履约成本根据其初始确认时摊销期限是否超过一年，以减去相关资产减值准备后的净额，分别列示为存货和其他非流动资产；对于合同取得成本根据其初始确认时摊销期限是否超过一年，以减去相关资产减值准备后的净额，分别列示为其他流动资产和其他非流动资产。

(b) 游戏授权收入

本集团与第三方游戏运营商签订许可协议，授权对方在协议范围内负责相关游戏的具体运营（包括运营服务和收费），并收取版权使用费和分成费。

在授权运营模式下，由于本集团在游戏运营过程中对玩家不承担主要运营责任，因此按照净额法确认收入。在净额法下，本集团按照合同或协议约定，以合作运营方支付的版权使用费和分成款项确认收入。

版权使用费是授权运营商为获得本集团的产品运营授权而支付的费用。授权分成费是授权运营商将其按协议约定的分成比例支付给本集团的费用，基于与授权运营商的对账，按照应得的授权分成款确认营业收入。本集团在授权协议约定的授权期间需要持续提供与该版权相关的必要技术支持等后续服务，属于在一段期间内履行的履约义务，本集团在授权期间内按直线法对收到的版权使用费进行分期摊销，确认营业收入。

(c) 受托研发收入

本集团接受客户委托，为其设计或制作游戏并按照合同约定收取费用。满足下列条件之一的，即客户在本集团履约的同时即取得并消耗企业履约所带来的经济利益；或客户能够控制本集团履约过程中在建的商品；抑或本集团履约过程中所开发的游戏产品具有不可替代用途，且本集团在整个合同期间内有权就累计至今已完成的履约部分收取款项，相关的受托研发服务属于在某一时段内履行履约义务；否则，属于在某一时点履行履约义务。

对于在一段时间内确认收入的受托研发服务，本集团根据已完成劳务的进度确认收入，其中，已完成劳务的进度按照已发生的成本占预计总成本的比例确定。于资产负债表日，本集团对已完成劳务的进度进行重新估计，以使其能够反映履约情况的变化。

对于在某一时点确认收入的受托研发服务，本集团将上述产品交付客户并通过客户验收时按照合同约定的金额确认收入。

示例3－37　掌趣科技（300315. SZ）

(1) 自主运营和联合运营模式

自主运营和联合运营模式下，公司负责游戏产品的运营、维护和推广等，承担主要责任。游戏玩家通过充值直接购买道具，或者通过充值获得游戏虚拟货币并使用虚拟货币购买游戏道具。

游戏玩家的充值或者使用虚拟货币购买道具的金额，按最终游戏玩家直接消费的金额或与第三方联运平台结算金额确定。公司将虚拟游戏道具分为消耗型道具和永久性道具，对不同的道具类型采用不同的收入确认方法：a. 对于消耗型道具，于游戏道具消耗时确认为收入；b. 对于永久型道具，按照付费用户的用户生命周期进行分摊。如难以区分道具的性质，则视同永久性道具进行处理。对应的分成成本按照相应的模式计入合同履约成本和营业成本中。

(2) 授权运营模式

授权运营模式下，公司负责提供游戏的后续服务，承担次要责任。收入包括在初始许可运营时，收取一次性的初始款项，以及后续运营期间由于本公司持续提供的后续服务而按游戏运营总收入的一定比例收取分成款。对于一次性的初始款项，在合同或协议规定的期限内分期确认收入；对后续收到的分成款，在提供许可服务时确认收入。

示例3－38　天娱数科（002354. SZ）

收入确认的具体方法：

本集团营业收入主要包括游戏运营收入、广告服务收入。

（1）授权运营：本集团开发、发行的游戏产品授权游戏运营平台运营（包括独家授权运营和授权联合运营），网络游戏运营商将其在游戏中取得的收入扣除相关费用后按协议约定的比例分成给本集团，在双方核对数据确认无误后，本集团确认营业收入。

企业向客户转让区域游戏运营版权的，应当按照《企业会计准则第14号——收入》第九条和第十条规定评估该区域游戏运营版权是否构成单项履约义务，构成单项履约义务的，应当进一步确定其是在某一时段内履行还是在某一时点履行。

企业向客户转让区域游戏运营版权，同时满足下列条件时，应当作为在某一时段内履行的履约义务确认相关收入；否则，应当作为在某一时点履行的履约义务确认相关收入：

①合同要求或客户能够合理预期企业将从事对该项版权有重大影响的活动；

②该活动对客户将产生有利或不利影响；

③该活动不会导致向客户转让某项商品。

企业转让区域游戏运营版权，并约定按客户实际销售或使用情况收取特许权使用费的，应当在下列两项孰晚的时点确认收入：

①客户后续销售或使用行为实际发生；

②企业履行相关履约义务。

（2）自主运营：自主运营收入主要指本集团通过自己的网络平台发布游戏后，从游戏玩家处取得的营业收入。游戏玩家在游戏平台注册进入游戏，通过对游戏充值获得游戏虚拟货币，在游戏虚拟货币被实际消费使用时，区分道具的性质分别确认收入的实现。若为消耗性道具，按逐个道具的使用进度确认收入，如无法记录逐个道具的使用进度，则按道具平均消耗周期分期确认；若为永久性道具，则按付费玩家的预计寿命分期确认收入。如消耗性道具与永久性道具无法区分，则统一按付费玩家的预计寿命分期确认收入，消耗的虚拟货币与按玩家预计寿命确认的收入差额作为递延收益。

（3）广告服务：包括信息推广服务及广告发布服务。信息推广服务指利用移动应用推广平台对客户信息进行推广，以推广时长或最终用户有效使用数量与客户结算，在取得经客户确认的投放结算单后确认收入；广告发布服务指根据客户需求制作广告在媒体资源上进行发布，取得经客户确认的权益确认单后确认收入。

示例3－39　昆仑万维（300418. SZ）

本公司游戏收入按照不同的运营模式进行确认，具体如下：

在自主运营模式下，本公司独立进行游戏产品的研发和运营，按照道具消耗金额确认收入。

在授权运营模式下，根据协议约定，本公司不承担主要运营责任，按照合作运营方支付的分成款确认营业收入，即采用净额法确认收入。

在代理运营模式下，根据协议约定，本公司承担主要运营责任，按照总额法，采用基于用户生命周期的收入确认模型，将用户兑换游戏币的金额按照用户生命周期分摊确认收入。

示例3-40　中青宝（300052. SZ）

网络游戏收入主要包括游戏运营和游戏著作权、运营权转让、广告代理，游戏运营模式主要包括官方运营（包括公司自主运营、与游戏平台联合运营）和分服运营。

（1）公司自主运营收入的确认原则、方式。

公司是通过游戏玩家在网络游戏中购买虚拟游戏装备、某些特殊游戏功能模块或为游戏在线时间支付费用的方式取得在线网络游戏运营收入。游戏玩家可以从公司的游戏点卡经销商处购得游戏点卡，也可以从公司的官方运营网站上通过银行借记卡、信用卡、手机支付以及银行转账等方式购得游戏点卡。游戏玩家可以使用上述游戏点卡进入公司的运营网络游戏中进行消费（如购买游戏虚拟装备及其他特殊游戏功能体验或购买游戏在线时间等）。

公司在道具收费模式下，游戏玩家可以免费体验公司在线运营的网络游戏的基本功能，只有游戏玩家购买游戏中的虚拟道具时才需要支付费用。销售游戏虚拟道具所取得的收入在游戏玩家实际使用虚拟货币购买道具时予以确认。

（2）与游戏平台联合运营收入的确认原则、方式。

公司与多家大型网络游戏平台签订合作运营网络游戏协议，玩家通过平台的宣传了解公司游戏产品，直接通过平台提供的游戏链接下载游戏客户端，注册后进入游戏。游戏用户通过购买平台发行的点卡充值到账户中兑换成虚拟货币，在游戏中购买道具等虚拟物品。虽然游戏玩家购买的是平台发行的点卡，并通过平台的链接进入游戏，但是游戏的服务器由公司提供，游戏的维护、升级、客户服务等仍由公司负责。网络游戏平台将其在合作运营游戏中取得的收入按协议约定的比例分成给公司，在双方核对数据确认无误后，公司确认营业收入。

（3）分服运营服务收入的确认原则、方式。

公司与分服商签订合作运营协议，由公司为其提供约定的后续服务，分服商将其在合作运营游戏中取得的收入按协议约定的比例分成给公司，在双方核对数据确认无误后，公司确认营业收入。其收入确认流程如下：

公司与分服运营商签订合作运营网络游戏协议，由于公司需后续不断提供服务，将一次性收取的版权费予以递延并列为合同负债，于协议约定的受益期间内对其按直线法摊销确认营业收入。

（4）游戏产品著作权、运营权转让收入的确认原则、方式和流程。

公司按照合同条款将游戏产品交付对方后，由于公司不再提供与该款游戏相关的任何服务，同时也不再享有该游戏相关的权益，于对方验收合格后一次性确认营业收入。

（5）广告代理收入确认原则和方法。

公司在广告代理业务中的身份是代理人，公司对终端客户已完成的推广投放部分对应的金额，采用净额法确认收入。

示例 3－41　浙数文化（600633. SH）

公司通过数字文化平台运营取得收入，包括平台用户以购买充值卡或直接购买虚拟币的方式在公司运营的平台中进行消费（包括购买虚拟装备、道具或在线游戏、在线社交）和其他运营商获取公司版权授权后运营并给公司相应分成。该类业务属于在某一时点履行的履约义务。

自主运营模式：通过用户在公司数字文化平台中购买充值卡或直接购买虚拟币的方式取得在线网络游戏、在线社交或者直播运营收入。公司收到充值款和虚拟币购买款时，确认递延收入，待用户将充值账户里的点券或虚拟币实际消耗于公司运营的平台时，公司完成该项数字文化业务的履约义务，按用户实际消耗充值账户里的点券或虚拟币金额确认收入。

联合运营模式：公司负责软件版本的维护、更新、技术支持和客户服务，业务推广服务商负责用户推广、充值服务以及计费系统管理，公司按协议约定比例取得分成收入。在用户充值时，业务推广服务商统计用户实际充值的金额，并按协议约定的比例计算分成，公司对技术后台统计的数据与业务推广服务商提供数据进行核对，公司完成该项数字文化业务的履约义务，核对无误后确认营业收入。

八、免费提供设备披露示例

（一）简要分析

某些医疗设备和电信企业，在客户满足某些条件时将设备免费提供给客户使用。例如，每年的耗材采购量达到一定标准，将设备免费提供给客户使用；如未达到规定采购标准，则企业有权收回设备。

销售商品（或提供劳务）的同时向客户免费提供设备，应根据收入准则分析识别合同中的履约义务，存在两项以上的履约义务时，应该将交易价格在履约义务之间分摊，在完成每项履约义务，客户取得商品控制权时确认收入。

（二）年报披露示例

免费提供设备的会计处理披露示例汇总如表 3－22 所示。

表 3-22　　　　免费提供设备的会计处理披露示例汇总

序号	参考示例	免费提供设备的会计处理
1	示例 3-42　迪安诊断（300244. SZ）	公司向客户免费提供检验用仪器，并提供技术支持、保修等服务，协助医院开展检验业务；与客户就当期服务量进行对账；根据免费投放仪器所产生的诊断收入的一定比例收取技术服务费，或根据协议约定收取保修维修费，在收到款项或预计款项可以回收后开具发票并确认收入。 按照所提供仪器在一定期间内所产生的诊断收入的一定比例收取技术服务费收入，而对提供服务过程中耗用的原材料未单独约定结算价格及结算方式，其相关的收入体现在所收取的技术服务费中，故应按照提供劳务收入确认原则确认收入
2	示例 3-43　九强生物（300406. SZ）	若公司向客户免费提供体外诊断仪器，该类仪器仍作为公司固定资产管理，并按合同约定的免费使用期限（3-10 年，其中绝大部分为 5-8 年）计提折旧
3	示例 3-44　博晖创新（300318. SZ）	将仪器在一定期限内无偿提供给医院使用。在公司主动合作模式下，仪器销售不确认收入，在合作期限开始时，结转 50% 的仪器成本，在合作期限结束时再结转剩余 50% 仪器成本，合作期限为 5 年
4	示例 3-45　中国联通（600050. SH）	本集团向顾客提供捆绑手机终端及通信服务的优惠套餐。该优惠套餐的合同总金额按照手机终端和通信服务的公允价值在二者之间进行分配。手机终端销售收入于该手机终端的所有权转移至最终用户时予以确认。通信服务收入按用户的移动通信服务实际用量予以确认。手机终端的销售成本在确认手机终端销售收入时反映在利润表的营业成本中

示例 3-42　迪安诊断（300244. SZ）

公司“联动销售”中的“合作服务”模式为免费地向医疗卫生机构提供检验仪器，并提供后续的试剂供应及技术支持服务，然后按照该等仪器所产生的诊断收入的一定比例收取技术服务费。这种模式有两种销售形式：

一是“合作试剂”，即公司向客户提供检验仪器，根据合同约定客户每年向公司采购不低于一定金额的配套诊断试剂，公司按照所提供试剂的销售价格进行收费，利润来源于试剂的进销差价；

二是“合作服务”，即公司向客户提供检验仪器，并提供技术支持服务，包括仪器设备安装、调试与提供现场操作培训；提供仪器设备与实验室管理系统的联机服务；定期进行仪器设备预防性保养服务与维修服务；协助建立检测操作规程与开展室内质控活动，并对检验技术人员进行培训、培养与提供技术咨询服务等，公司按照所提供仪器在一定期间内所产生的诊断收入的一定比例收取技术服务费。

（1）“联动销售”模式下“合作试剂”收入确认流程

A. 公司向客户免费提供检验用仪器，并提供后续的试剂供应；B. 根据公司与客户签订的合作协议，按客户需求接收订单并编制销售订单；C. 根据销售订单编制出库单，组织试剂出库，编制销售出库单，并经客户签收确认；D. 根据经客户确认的销售出库单，并预计款项可以回收后开具发票及确认销售收入。

在该种销售方式下，公司的试剂销售虽然基于双方的技术服务协议或合作协议，但其实质是销售试剂，公司在将试剂出库并经客户签收确认后，相关的风险和报酬已经转移，公司并没有保留与所有权相关的继续管理权，也没有对已售出的商品实施有效控制，收入金额能够可靠计量，相关的经济利益可能流入企业，相关的成本能够可靠计量，公司在此时依据出库单开具销售发票和确认收入，符合企业会计准则对商品销售收入确认原则的规定。

(2)“联动销售”模式下的“合作服务”收入确认流程

公司向客户免费提供检验用仪器，并提供技术支持、保修等服务，协助医院开展检验业务；与客户就当期服务量进行对账；按照免费投放仪器所产生的诊断收入的一定比例收取技术服务费，或根据协议约定收取保修维修费，在收到款项或预计款项可以回收后开具发票并确认收入。

在该种销售方式下，公司向客户提供检验仪器，并提供技术支持及保修等服务，并按照所提供仪器在一定期间内所产生的诊断收入的一定比例收取技术服务费收入，而对提供服务过程中耗用的原材料未单独约定结算价格及结算方式，其相关的收入体现在所收取的技术服务费中，故应按照提供劳务收入确认原则确认收入。

(3) 设备的核算

对于公司以购买方式获取的设备，公司按照固定资产进行核算，并按照企业会计准则的相关规定，按期计提折旧，具体会计处理情况如下：

公司将外购的检验仪器根据其持有目的及使用年限在一年以上的特征，作为固定资产核算；按照购买价款及其他达到预定可使用状态前所发生的支出作为固定资产的初始价值，其会计分录如下：

借：固定资产

　　贷：应付账款（或货币资金）

根据检验仪器的实际可使用年限及残值情况，对该类仪器设备采用5%的残值率，并按月计提折旧，折旧年限为5年。

在会计处理上，公司在“主营业务成本”下设“折旧成本”科目，与收入相配比，其会计分录如下：

借：主营业务成本——折旧成本

　　贷：累计折旧

示例3-43　九强生物（300406. SZ）

报告期内，公司营业收入主要包括体外诊断试剂销售收入和体外诊断仪器销售收入，其销售模式分为三种：

单纯销售体外诊断试剂，即公司向客户销售自产或代理的体外诊断试剂，其收入来源于体外诊断试剂的销售，利润来源于自产体外诊断试剂的毛利和代理体外诊断试剂的进销差价；单纯销售体外诊断仪器，即公司只向客户销售体外诊断仪器，而不提供后续的试剂供应。联动销售，即公司免费或者以零利润或者微利润的方式向客户提供体外诊断仪器，并提供后续的试剂供应。

若公司向客户免费提供体外诊断仪器，根据合同约定，客户每年向公司采购不低于一定金额的配套诊断试剂，公司按照所提供试剂的销售价格进行收费，利润来源于自产体外诊断试剂的毛利和代理体外诊断试剂的进销差价；

若公司以零利润或者微利润的方式向客户提供体外诊断仪器，根据合同约定，客户需向公司分期支付仪器价款，公司按合同约定的仪器价款确认收入，利润来源于仪器的进销差价；同时，合同还约定，客户每年需向公司采购不低于一定金额的配套诊断试剂，公司按照所提供试剂的销售价格进行收费，利润来源于自产体外诊断试剂的毛利和代理体外诊断试剂的进销差价。

公司收入确认具体方法如下：

（1）单纯销售体外诊断试剂模式的收入确认流程

①根据公司与客户签订的销售合同、协议或客户通知，编制销售订单；

②根据销售订单及库存情况组织试剂的生产和出库；在客户收货且预计款项可以回收后开具发票及确认销售收入。

公司在将试剂出库并经客户收货后，相关的风险和报酬已经转移，公司并没有保留与所有权相关的继续管理权，也没有对已售出的商品实施有效控制，收入金额能够可靠计量，相关的经济利益很可能流入企业，相关的成本能够可靠计量，公司在此时依据出库单开具销售发票和确认收入。

（2）单纯销售体外诊断仪器模式的收入确认流程

①根据公司与客户签订的销售合同或协议，组织体外诊断仪器及配件的采购；

②根据合同或协议的约定，将体外诊断仪器发送到客户指定的地点，安装调试至预定可使用状态，并取得经客户确认的验收报告或验收单；

③根据经客户确认的验收报告或验收单，并预计款项可以回收后开具发票及确认销售收入。

公司在取得经客户确认的验收报告或验收单后，相关的风险和报酬已经转移，公司并没有保留与所有权相关的继续管理权，也没有对已售出的商品实施有效控制，收入金额能够可靠计量，相关的经济利益很可能流入企业，相关的成本能够可靠计量，公司在此时开具销售发票和确认收入。

（3）联动销售模式的收入确认流程

若公司向客户免费提供体外诊断仪器，该类仪器仍作为公司固定资产管理，并按合同约定的免费使用期限（3－10年，其中绝大部分为5－8年）计提折旧。

若公司以零利润或者微利润的方式向客户提供体外诊断仪器，公司将体外诊断仪器发送到客户指定的地点，安装调试至预定可使用状态，并取得经客户确认的验收报告或验收单，且预计款项可以回收后开具发票确认体外诊断仪器销售收入。其收入确认流程与单纯销售体外诊断仪器模式相同。

公司向客户配套销售试剂的收入确认流程与单纯销售体外诊断试剂模式相同。

示例3－44　博晖创新（300318. SZ）

除普通销售模式外，为了加快微量元素检测市场的推广，公司自2006年起针对一部分客户采取了主动合作的销售模式，将仪器在一定期限内无偿提供给医院使用。

通常情况下，对于试剂的销量或者单价以及合作期限会作出约定，具体合作条款公司会根据医院在该地区的影响力以及预计试剂检测量综合考虑。

公司主动合作模式下，仪器销售不确认收入，在合作期限开始时，结转50%的仪器成本，在合作期限结束时再结转剩余50%仪器成本，合作期限为5年。

与普通模式销售相比，主动合作模式下试剂产品的毛利率略高于普通模式下的试剂产品毛利率，主要是由于公司主动合作模式下的试剂平均单价高于普通模式试剂平均单价。

“发出商品（合作）”科目主要核算主动合作销售模式下的仪器，该模式下采用五五摊销法，在商品发出时结转50%的成本，在发出商品（合作）科目内核算。

示例3－45　中国联通（600050. SH）

本集团向顾客提供捆绑手机终端及通信服务的优惠套餐。该优惠套餐的合同总金额按照手机终端和通信服务的公允价值在二者之间进行分配。手机终端销售收入于该手机终端的所有权转移至最终用户时予以确认。通信服务收入按用户的移动通信服务实际用量予以确认。手机终端的销售成本在确认手机终端销售收入时反映在利润表的营业成本中。

九、买方信贷下的收入确认

（一）简要分析

为了销售商品，大型设备制造公司会接受经选择的、信誉良好的客户采用买方信贷结算的付款方式支付货款。买方信贷销售方式包括委托贷款和销售担保贷款两种方式，即企业与金融机构合作，以自有资金向客户发放委托贷款购买企业生产的产品或金融机构为客户提供贷款以支付贷款，但由生产企业提供担保。

证监会《2015年上市公司年报会计监管报告》对卖方提供信贷支持销售模式下收入的确认提出以下指导意见：

卖方向买方提供资金、信用支持，有助于扩大销量，提高市场占有率，常见的方式如分期付款销售等。近年来，由于产能过剩、竞争加剧，卖方向买方提供资金、信用支持的方式也日益多样化、复杂化。对于上市公司为买方购买其商品提供银行贷款担保的交易，上市公司在未来面临代偿和无法追偿风险时，应综合考虑贷款年限、产品使用寿命、客户信用等因素，判断是否满足收入确认条件。个别上市公司在销售商品时为客户取得银行贷款提供担保，在报告期内已经出现了因客户不能如期归还贷款而要求公司代偿的情形，但公司未考虑上述因素，在后续向客户转移设备时仍然一次性全额确认收入。

另外一类较为复杂的情形，即上市公司与融资租赁公司合作，约定由融资租赁公司向上市公司购买设备，再租赁给客户使用，同时上市公司承诺，在客户不能正常支付租赁款时，按约定向租赁公司回购设备。在此类销售模式下应当关注回购承诺的重大程度，发生回购及代为支付租赁款等的可能性，以分析判断与所售商品所有权上相关的风险和报酬是否发生转移、相关经济利益是否很可能流入企业等。个别上市公司报告期内已经出现了部分客户不能如期支付租赁款，要求上市公司履约回购的情形，但在进行收入确认时，上市公司均未考虑上述因素，在向客户转移设备时一次性全额确认收入。

在买方信贷模式下，涉及对客户信用风险、回购商品可能性以及回购价格等的分析和判断，收入的确认时点需要结合实际情况进行分析。从上市公司的年报中，可以看到极少的公司在收入确认政策中提及买方信贷的问题。

（二）年报披露示例

1. 买方信贷收入确认披露示例

买方信贷收入确认政策披露示例汇总如表 3－23 所示。

表 3－23　　　　买方信贷收入确认政策披露示例汇总

序号	参考示例	收入确认政策
1	示例 3－46　慈星股份（300307. SZ）	在买方信贷销售模式下，公司在发出商品并完成安装调试验收，且收到首付款及银行发放的买方信贷贷款时确认销售收入

示例 3－46　慈星股份（300307. SZ）

电脑针织横机和自动化设备与项目集成等产品收入

公司销售电脑针织横机和自动化设备与项目集成等产品，属于在某一时点履行的履约义务。内销产品收入确认需满足以下条件：公司已发出商品并完成安装调试并经客户验收，已经收回货款或取得了收款权利且相关的经济利益很可能流入。外销产品收入确认需满足以下条件：公司已根据合同约定报关，产品已离港并取得提单，已经收回货款或取得了收款权利且相关的经济利益很可能流入。

对分期收款方式销售的商品，在满足前述收入确认的条件时确定收入。分期收款发出商品收入金额的计量，公司按照以下原则进行处理：1）收款期限在 2 年以内（含 2 年）的，按应收的合同或协议价款全额确认收入；2）收款期限在 2 年以上的，按照应收的合同或协议价款的公允价值确定收入金额。应收的合同或协议价款与其公允价值之间的差额按照实际利率法摊销，冲减财务费用。

2. 在或有事项中提及买方信贷的示例

买方信贷规模以及违约情况披露示例汇总如表 3-24 所示。

表 3-24　　买方信贷规模以及违约情况披露示例汇总

序号	参考示例	买方信贷金额及违约情况
1	示例 3-47　三一重工（600031. SH）	负有回购义务的累计贷款余额为 43. 70 亿元。承担融资租赁回购担保义务的余额为人民币 67. 2 亿元。代客户垫付逾期按揭款、逾期融资租赁款及回购款余额合计为 47. 17 亿元
2	示例 3-48　福田汽车（600166. SH）	各经销商按协议开出的未到期银行承兑汇票余额为 184, 585. 99 万元。未发生回购事项。银行按揭协议项下贷款余额 3, 737. 77 万元中本金逾期 90. 00 万元。融资租赁协议项下融资余额 442, 853. 07 万元，其中本金逾期 119, 814. 56 万元。分期通业务未到期余额 512. 62 万元，其中逾期 512. 62 万元
3	示例 3-49　柳工（000528. SZ）	对各经销商按协议开出的未到期银行承兑汇票承担的担保余额为 116, 657, 620 元，目前本期尚未发生回购事项。银行与本公司的经销商或客户签订按揭合同专项用于购买本公司各类工程机械，本公司承担回购义务，贷款余额 723, 573. 62 元。目前本期尚未发生回购事项
4	示例 3-50　山河智能（002097. SZ）	有担保责任的按揭客户借款余额 72, 130. 43 万元。对租赁货物提供连带责任担保，租赁余额 8, 897. 06 万元
5	示例 3-51　中联重科（000157. SZ）	承担有担保责任的客户借款余额为人民币 37. 40 亿元，本期支付由于客户违约所造成的担保赔款人民币 2. 4 亿元。对融资租赁担保的最大敞口为人民币 9. 54 亿元。未发生因客户违约而令本公司支付担保款的事项。为客户银行承兑汇票金额与保证金之间的差额承担连带担保责任，尚未到期的承兑汇票敞口为 1. 23 亿元

示例 3-47　三一重工（600031. SH）

资产负债表日存在的重要或有事项：

（1）本公司部分终端客户以所购买的工程机械作抵押，委托与本公司合作的经销商（以下简称“经销商”）或湖南中发智能装备有限公司（以下简称“湖南中发”）向金融机构办理按揭贷款，按揭合同规定单个承购人贷款金额为购买工程机械款的 70% -80%，期限通常为 2-4 年。根据公司与按揭贷款金融机构的约定，如承购人未按期归还贷款，湖南中发（或经销商）、本公司负有向金融机构担保剩余按揭贷款的义务。截至 2023 年 12 月 31 日，本公司承担此类担保义务的余额为人民币 21. 9 亿元。

（2）为促进公司工程机械设备的销售、满足客户的需求，本公司与中国康富国际租赁股份有限公司（以下简称“康富国际”）、湖南中宏融资租赁有限公司（以下简称“湖南中宏”）开展融资租赁销售合作，并与康富国际、湖南中宏及相关金融机构签订融资租赁银企合作协议，约定：康富国际及湖南中宏为本公司终端客户提供融资租赁，将其应收融资租赁款出售给金融机构，如果承租人在约定的还款期限内无法按约定条款支付租金，则本公司有向金融机构担保合作协议下的相关租赁物的义务。截至2023年12月31日，本公司承担此类担保义务的余额为人民币26.01亿元。本公司部分客户通过第三方融资租赁的方式购买本公司的机械产品，客户与经销商或本公司签订产品买卖协议，湖南中宏或经销商代理客户向第三方融资租赁公司办理融资租赁手续。根据安排，如果承租人在约定的还款期限内无法按约定条款支付租金，则湖南中宏（或经销商）、本公司负有向第三方融资租赁公司承担担保责任的义务。截至2023年12月31日，本公司承担此类担保义务的余额为人民币141.61亿元。

（3）截至2023年12月31日，本公司代客户垫付逾期按揭款、逾期融资租赁款余额合计为人民币24.13亿元，本公司已将代垫款项转入应收账款并计提坏账准备。

示例3－48　福田汽车（600166.SH）——2020年年报

或有事项：

1. 商贷通业务

本公司与合作银行签订《金融服务合作协议》，约定合作银行对本公司授予一定的综合授信额度，专项用于本公司经销商开立银行承兑汇票，由经销商利用上述协议项下的银行承兑汇票购买公司的各类汽车，在银行承兑汇票到期后经销商无法交存足额票款时，其仍未销售的库存车辆，由本公司按照协议规定承担相应的回购责任，并及时将购买款项划入指定账户。截至2020年12月31日，各经销商按协议开出的未到期银行承兑汇票余额为710,166.01万元。其中，光大银行395,509.01万元，北汽财务公司157,435.00万元，华夏银行51,436.00万元，交通银行37,561.00万元，平安银行61,584.00万元，九江银行6,641.00万元。截至2020年12月31日，未发生回购事项。

2. 银行按揭业务

根据本公司与银行签署的《金融服务合作协议》及相关从属协议，银行与本公司经销商或客户签订按揭合同专项用于购买公司各类汽车，当经销商或客户在贷款期限内连续3个月未能按时、足额归还银行贷款本息、贷款最后到期仍未能足额归还本息或放款90天内未将抵押资料手续办理完毕并送达银行时，本公司提供担保服务，将承担回购义务。截至2020年12月31日，协议项下贷款余额473,452.55万元，其中，北汽财务公司435,816.8万元，逾期1.90万元。光大租赁37,635.75万元，无逾期。

3. 银达信担保业务

根据北京银达信担保有限责任公司（作为担保人）与客户签订的《委托担保协议》北京银达信担保有限责任公司对客户因车辆运营需要，供应商保理融资需要，在融资机构申请融资业务，融资购买车辆，提供担保服务。截至2020年12月31日，协议项下担保业务余额共计16,180.88万元，其中运费贷担保业务余额为13,547.91万元，逾期119.68万元；保费贷业务余额2,632.97万元，逾期49.29万元；截至2020年12月31日，本公司不存在其他应披露的或有事项。

示例3－49　柳工（000528. SZ）

或有事项

（1）本公司与合作银行签订《金融服务合作协议》，合作银行对本公司授予一定的综合授信额度，专项用于本公司经销商开立银行承兑汇票，本公司经销商利用上述协议项下的银行承兑汇票购买公司的各类工程机械。在银行承兑汇票到期后经销商无法交存足额票款时，其仍未销售的库存工程机械，由本公司按照协议规定承担相应的回购责任，并及时将购买款项划入指定账户。在风险管理上，本公司严格审核每一家经销商的资信，把控授信额度，同时要求经销商及其股东提供反担保，业务过程中审核每一笔承兑汇票的出具。截至2023年12月31日，各经销商按协议开出的未到期银行承兑汇票余额为537,561,141.46元。

（2）根据本公司与银行签署的《金融服务合作协议》及相关从属协议，银行与本公司的经销商或客户签订按揭合同专项用于购买本公司各类工程机械。当经销商或客户在贷款期限内连续3个月未能按时、足额归还银行贷款本息，或贷款最后到期仍未能足额归还本息，或放款90天内未将抵押资料手续办理完毕并送达银行的，本公司承担回购义务。截止到2023年12月31日该项业务按揭贷款余额为655,624,819.05元。

示例3－50　山河智能（002097. SZ）

资产负债表日存在的重要承诺

按揭贷款、融资租赁担保授信额度仅用于终端客户或经销商向公司及下属全资子公司、控股子公司购买产品使用，累计使用担保授信额度不超过90亿元（可根据各项业务及各产品线实际使用额度情况，在各业务之间、各产品线及客户和经销商之间进行调整）。如被担保方为经销商还需与公司签署反担保协议。对外担保方式：回购担保、连带责任保证。

本公司选择信誉良好的客户采取按揭销售模式，按揭贷款合同规定客户支付二成或三成货款后，将所购设备抵押给银行作为按揭担保，期限一至三年，按揭期内，本公司承诺向银行存入10%的按揭保证金，如果客户无法按合同向银行支付按揭款，本公司承诺为客户垫付违约款，如客户连续3个月拖欠银行贷款本息，本公司履行回购担保责任，将回购款项划汇至按揭银行指定账户，代为清偿借款人所欠贷款本息，债权转移到本公司。截至2023年12月31日，本公司有担保责任的按揭客户借款余额15,761.31万元。

本公司与部分具有融资租赁资质的租赁公司（下称“融资租赁公司”）签订合作协议，对于有融资租赁意向购买本公司所生产设备的客户，推荐给融资租赁公司；融资租赁公司按照承租人在融资租赁申请上的选择和指定，从本公司购买承租人指定的产品并出租给承租人使用；融资租赁公司按约定向承租人收保证金、服务费和租金。本公司承诺按租赁货物价款的10%向融资租赁公司支付厂商保证金，并对租赁货物提供连带责任担保，截至 2023 年 12 月 31 日租赁余额 399, 649. 09 万元。

示例 3－51　中联重科（000157. SZ）

资产负债表日存在的重要或有事项

已作出的财务担保合同

本集团部分客户通过银行按揭的方式购买本集团的机械产品。按揭贷款合同规定客户支付首付款后，将所购设备抵押给银行作为按揭担保，本集团为这些客户向银行的借款提供担保，担保期限和客户向银行借款的年限一致，通常为 1 至 5 年。客户逾期未向银行偿还按揭款项，本集团可从按揭销售保证金中代客户向银行支付。若客户违约且存入本集团的保证金不足以偿付，本集团将代客户偿付剩余的本金和拖欠的银行利息。若被要求代偿借款，本集团可向客户追偿，并通常能以与代偿借款无重大差异之价格变卖抵债设备。截至 2023 年 12 月 31 日，本集团承担有担保责任的客户借款余额为人民币 31. 88 亿元，本期本集团支付由于客户违约所造成的担保赔款人民币 1. 54 亿元。

本集团的某些客户通过第三方融资租赁公司提供的融资租赁服务来为其购买的本集团机械产品进行融资。根据第三方融资租赁安排，本集团为该第三方租赁公司提供担保，若客户违约，本集团将被要求向租赁公司赔付客户所欠的租赁款。同时，本集团有权向客户进行追偿。截至 2023 年 12 月 31 日，本集团对该等担保的最大敞口为人民币 15. 58 亿元。担保期限和租赁合同的年限一致，通常为 2 至 5 年。

截至 2023 年 12 月 31 日，本期本集团支付由于客户违约所造成的担保赔款人民币 0. 08 亿元。

本公司子公司中联农机与客户、承兑银行签订三方合作协议，客户向银行存入保证金，根据银行给予的一定信用额度，申请开立银行承兑汇票。中联农机为客户提供票据金额与保证金之间的差额承担连带担保责任，即客户存入银行的保证金余额低于承兑汇票金额，则由中联农机补足承兑汇票与保证金的差额部分给银行，同时，有权向客户进行追偿。截至 2023 年 12 月 31 日，尚未到期的银行承兑汇票敞口为 1, 644 万元，本期由于没有客户违约，本公司无须支付担保赔款人民币。

十、PPP 业务的会计处理

（一）简要分析

PPP 业务的会计处理是会计实务中的一个特殊问题，涉及多项会计准则，包括收入准则，新收入准则发布后对 PPP 业务的会计处理产生影响。2021 年 1 月 26 日财政部发布《企业会计准则解释第 14 号》，对 PPP 项目合同的会计处理进行规范。2021 年 8 月 10 日，财政部发布 PPP 项目合同社会资本方会计处理实施问答（11 个）和应用案例（3 个），对于如何应用“双特征”、如何应用“双控制”条件、建造期间形成的合同资产应当如何列报（对于社会资本方将相关 PPP 项目资产的对价金额或确认的建造收入金额确认为无形资产的部分，在相关建造期间确认的合同资产应当在资产负债表“无形资产”项目中列报）、建造期间发生的借款费用应当如何进行会计处理和列报（对于社会资本方将相关 PPP 项目资产的对价金额或确认的建造收入金额确认为无形资产的部分，相关借款费用满足资本化条件的，社会资本方应当将其予以资本化）、建造支出在现金流量表中应如何列示、编制集团合并财务报表时是否应抵销承包方的建造服务收入及发包方对应的成本、如何确定履约义务的单独售价、如何对 PPP 项目合同进行合并披露、如何对 2020 年 12 月 31 日前开始实施且至解释施行日尚未完成的 PPP 项目合同进行衔接处理进一步作出解释。2024 年财政部发布《企业会计准则应用指南汇编 2024》，将上述内容纳入收入准则应用指南。

（二）年报披露示例

PPP 业务的会计处理披露示例汇总如表 3－25 所示。

表 3－25　PPP 业务的会计处理披露示例汇总

序号	参考示例	PPP 业务的会计处理
1	示例 3－52　中国交建（601800. SH）	PPP 项目合同收入确认政策；建造期间形成的合同资产列报；借款费用资本化；建造期间发生的建造支出在现金流量表中的列报
2	示例 3－53　上海电器（601727. SH）	PPP 项目合同收入确认政策；建造期间形成的合同资产列报
3	示例 3－54　中国中铁（601390. SH）	PPP 项目合同收入确认政策；建造期间形成的合同资产列报；2020 年 12 月 31 日前开始实施且至《企业会计准则解释第 14 号》施行日尚未完成的 PPP 项目合同的衔接处理
4	示例 3－55　绿色动力（601330. SH）	PPP 项目合同收入确认政策；建造期间形成的合同资产列报
5	示例 3－56　中国能建（601868. SH）	PPP 项目合同收入确认政策；建造期间形成的合同资产列报；借款费用资本化

示例 3－52　中国交建（601800. SH）——2022 年年报

1. PPP 项目合同收入确认政策

PPP 项目合同，是指本集团与政府方依法依规就 PPP 项目合作所订立的合同，该合同同时符合下列特征（以下简称“双特征”）：

（1）本集团在合同约定的运营期间内代表政府方使用 PPP 项目资产提供公共产品和服务；

（2）本集团在合同约定的期间内就其提供的公共产品和服务获得补偿。

PPP 项目合同应当同时符合下列条件（以下简称“双控制”）：

（1）政府方控制或管制集团使用 PPP 项目资产必须提供的公共产品和服务的类型、对象和价格；

（2）PPP 项目合同终止时，政府方通过所有权、收益权或其他形式控制 PPP 项目资产的重大剩余权益。

PPP 合同项下通常包括建设、运营及移交活动。于建设阶段，本集团按照建造合同的会计政策确定本集团是主要责任人还是代理人，若本集团为主要责任人，则相应地确认建造服务的合同收入及合同资产，其中建造合同收入按照收取或应收对价的公允价值计量。于建设阶段，本集团分别对以下情况进行相应的会计处理：

（1）合同规定本集团在项目运营期间，有权收取可确定金额的现金（或其他金融资产）条件的，本集团在拥有收取该对价的权利（该权利仅取决于时间流逝的因素）之前，将相关 PPP 项目资产的对价金额或确认的建造收入金额确认为合同资产；本集团在拥有收取该对价的权利（该权利仅取决于时间流逝的因素）时，将相关 PPP 项目资产的对价金额或确认的建造收入金额确认为应收款项，并根据金融工具会计政策的规定进行会计处理。本集团在 PPP 项目资产达到预定可使用状态时，将相关 PPP 项目资产的对价金额或确认的建造收入金额，超过有权收取可确定金额的现金（或其他金融资产）的差额，确认为无形资产。

（2）合同规定本集团有权向获取公共产品和服务的对象收取费用，但收费金额不确定的，该权利不构成一项无条件收取现金的权利，本集团在 PPP 项目资产达到预定可使用状态时，将相关 PPP 项目资产的对价金额或确认的建造收入金额确认为无形资产，并按照无形资产会计政策规定进行会计处理。

于运营阶段，当提供劳务服务时，确认相应的收入；发生的日常维护或修理费用，确认为当期费用。

合同规定本集团为使有关基础设施保持一定服务能力或在移交给合同授予方之前保持一定的使用状态，预计将发生的支出中本集团承担的现时义务部分确认为一项预计负债。

2. 无形资产

2022 年

单位：元

	土地使用权	特许经营权	软件	商标、专利权、专有技术及版权	其他	合计
原价						
年初余额	14, 576, 841, 058	231, 416, 799, 982	1, 357, 060, 045	1, 405, 726, 645	403, 413, 081	249, 159, 840, 811
本年增加						
购置	598, 474, 468	24, 814, 149, 320	120, 878, 865	18, 532, 608	86, 415, 422	25, 638, 450, 683

续表

	土地使用权	特许经营权	软件	商标、专利权、专有技术及版权	其他	合计
收购子公司	14,784,778					14,784,778
收购资产		7,696,164,806				7,696,164,806
投资者投入	21,327,615					21,327,615
内部研发			172,124,876	30,913,225		203,038,101
由在建工程转入	16,605,483		6,602,216			23,207,699
由投资性房地产转入	84,466,238					84,466,238
由存货转入	48,589,350					48,589,350
其他	735,104,959					735,104,959
小计	1,519,352,891	32,510,314,126	299,605,957	49,445,833	86,415,422	34,465,134,229
本年减少						
处置或报废	-89,033,260		-120,373,651	-232,603		-209,639,514
处置子公司	-8,115,702	-35,507,561,486	-1,226,127		-217,344	-35,517,120,659
转出至投资性房地产	-538,018,511					-538,018,511
其他	-267,943,474	-5,066,828,007				-5,334,771,481
小计	-903,110,947	-40,574,389,493	-121,599,778	-232,603	-217,344	-41,599,550,165
年末余额	15,193,083,002	223,352,724,615	1,535,066,224	1,454,939,875	489,611,159	242,025,424,875
累计摊销						
年初余额	-1,653,380,931	-9,021,049,851	-957,921,945	-267,881,230	-323,839,406	-12,224,073,363
本年增加						
计提	-189,161,406	-2,644,935,481	-193,017,971	-34,112,713	-43,947,308	-3,105,174,879
由投资性房地产转入	-36,588,597					-36,588,597
小计	-225,750,003	-2,644,935,481	-193,017,971	-34,112,713	-43,947,308	-3,141,763,476
本年减少						
处置或报废	30,647,986		106,475,496	151,398		137,274,880
处置子公司	4,468,495	902,982,207	487,200		28,440	907,966,342
转出至投资性房地产	57,072,384					57,072,384
其他	59,113,131					59,113,131
小计	151,301,996	902,982,207	106,962,696	151,398	28,440	1,161,426,737

续表

	土地使用权	特许经营权	软件	商标、专利权、专有技术及版权	其他	合计
年末余额	-1, 727, 828, 938	-10, 763, 003, 125	-1, 043, 977, 220	-301, 842, 545	-367, 758, 274	-14, 204, 410, 102
减值准备						
年初余额		-299, 000, 000				-299, 000, 000
年末余额		-299, 000, 000				-299, 000, 000
账面价值						
年末	13, 465, 254, 064	212, 290, 721, 490	491, 089, 004	1, 153, 097, 330	121, 852, 885	227, 522, 014, 773
年初	12, 923, 460, 127	222, 096, 750, 131	399, 138, 100	1, 137, 845, 415	79, 573, 675	236, 636, 767, 448

截至 2022 年 12 月 31 日，本集团无形资产特许经营权账面价值包含处于建设期 PPP 项目合同资产账面价值为人民币 37, 149, 844, 065 元（截至 2021 年 12 月 31 日：人民币 46, 118, 064, 294 元）。

涉及借款费用资本化的无形资产主要为特许经营权项目，其中本年借款费用资本化的主要项目分析如下：

2022 年

单位：元

项目	利息资本化累计金额（元）	本年利息资本化（元）	本年利息资本化率（%）
柬埔寨金港高速公路	464, 305, 816	346, 491, 275	4. 21
贵州省德江至余庆高速公路	381, 704, 279	283, 919, 028	4. 15
江泸北线高速公路	188, 568, 165	139, 339, 226	3. 40
重庆万州环线高速公路南段工程 BOT	177, 069, 736	61, 160, 385	3. 00
渝武高速公路	138, 221, 825	104, 898, 324	3. 03
尼日利亚莱基港	121, 599, 859	121, 599, 859	4. 18
铜安高速公路	120, 216, 428	89, 072, 290	3. 14
内罗毕快速路	101, 230, 149	88, 421, 839	3. 33

于 2022 年 12 月 31 日，无形资产中有账面价值为人民币 21, 815, 049 元的土地使用权正在申请办理相关土地使用权属证明过程中。

本集团所有权或使用权受到限制的无形资产见附注五、69。

3. 合同资产

合同资产主要系本集团的工程承包业务产生。本集团根据与客户签订的工程承包施工合同提供工程施工服务，并根据履约进度在合同期内确认收入。本集团的客户根据合同规定与本集团就工程施工服务履约进度进行结算，并在结算后根据合同规定的信用期支付工程价款。本集团根据履约进度确认的收入金额超过已办理结算价款的部分确认为合同资产，本集团已办理结算价款超过本集团根据履约进度确认的收入金额部分确认为合同负债。

单位：元

项目	2022 年 12 月 31 日		
	账面余额	减值准备	账面价值
已完工未结算	136, 876, 135, 811	-1, 321, 530, 200	135, 554, 605, 611
一年以内到期的质保金	7, 583, 735, 963	-112, 760, 513	7, 470, 975, 450
一年内到期的 PPP 合同资产	8, 068, 523, 226	-19, 385, 388	8, 049, 137, 838
合计	152, 528, 395, 000	-1, 453, 676, 101	151, 074, 718, 899

于 2022 年度，本集团相关建造合同履约进度增加，部分履约进度尚未进行工程结算，导致合同资产账面价值增加。

合同资产减值准备的变动如下：

2022 年

单位：元

项目	年初余额	本年计提	本年转回	其他变动	年末余额
已完工未结算	1, 368, 535, 680	1, 243, 236, 246	-1, 238, 967, 750	-51, 273, 976	1, 321, 530, 200
一年以内到期的质保金	148, 727, 594	66, 582, 455	-2, 986, 139	-99, 563, 397	112, 760, 513
一年内到期的 PPP 合同资产	28, 981, 007	5, 141, 571	-14, 918, 041	180, 851	19, 385, 388
合计	1, 546, 244, 281	1, 314, 960, 272	-1, 256, 871, 930	-150, 656, 522	1, 453, 676, 101

项目	2022 年 12 月 31 日			
	账面余额		减值准备	
	金额（元）	比例（%）	金额（元）	计提比例（%）
单项计提减值准备	1, 049, 179, 936	1	-266, 496, 376	25. 40
按信用风险组合计提减值准备	151, 479, 215, 064	99	-1, 187, 179, 725	0. 78
	152, 528, 395, 000	100	-1, 453, 676, 101	

于 2022 年 12 月 31 日，单项计提减值准备的重要合同资产情况如下：

项目	账面余额（元）	减值准备（元）	计提比例	计提理由
项目1	286, 889, 143	36, 897, 878	13	注
项目2	150, 679, 930	48, 625, 744	32	注
项目3	145, 508, 725	37, 027, 511	25	注
项目4	55, 710, 400	55, 710, 400	100	注
项目5	24, 690, 015	19, 752, 012	80	注

注：本集团向以上项目业主提供工程建设服务，由于业主资金紧张，本集团预计部分合同资产难以获得结算，因而相应计提减值准备。

4. 现金流量表项目注释

收到其他与投资活动有关的现金：

单位：元

项目	2022 年	2021 年
特许经营权对价	289, 381, 033	1, 538, 547, 778
收回借款	7, 986, 468, 634	12, 887, 782, 745
利息收入	406, 104, 598	484, 505, 151
取得子公司收到的现金	114, 709, 854	211, 799, 307
收回绿城永续债保证金	796, 965, 820	—
其他	53, 853, 067	—
合计	9, 647, 483, 006	15, 122, 634, 981

示例 3－53　上海电器（601727. SH）

1. PPP 项目合同收入确认政策

本集团根据 PPP 项目合同约定，提供 PPP 项目资产建造、建成后的运营、维护等服务。提供 PPP 项目资产建造服务或发包给其他方时，本集团根据在向客户转让相关商品及服务前是否拥有对该商品及服务的控制权，来确定身份是主要责任人还是代理人，并相应在建造期间确认收入及合同资产。

在项目运营期间，本集团有权向获取公共产品和服务的对象收取费用，但收费金额不确定的，在 PPP 项目资产达到预定可使用状态时，将相关 PPP 项目资产确认的建造收入金额确认为无形资产，在相关建造期间确认的合同资产亦在无形资产项目中列报。在项目运营期间，本集团有权收取可确定金额的现金或其他金融资产条件的，本集团在拥有收取该仅取决于时间流逝因素的对价的权利时确认应收款项，并将在建造期间相应确认的合同资产，根据其预计是否自资产负债表日起一年内变现，在合同资产或其他非流动资产项目中列报。

2. 无形资产会计政策中披露的PPP项目合同

特许经营权是本集团因参与社会资本方对政府和社会资本合作（以下简称“PPP”）项目合同，由政府及其有关部门或政府授权指定的PPP项目实施机构授予的、于PPP项目合同运营期内使用PPP项目资产提供公共产品和服务，并有权向获取公共产品和服务的对象收取费用，但收费金额不确定的权利。

本集团将PPP项目确认的建造收入金额超过有权收取可确定金额的现金或其他金融资产的差额，确认为无形资产，并在PPP项目竣工验收之日起至特许经营权终止之日的期间采用直线法摊销。

项目	使用寿命
土地使用权	30至50年
特许经营权	合同规定运营年限
专利和许可证	5至40年
技术转让费	5至15年
计算机软件及其他	3至5年

3. 其他非流动资产

单位：千元

项目	期末余额			期初余额		
	账面余额	减值准备	账面价值	账面余额	减值准备	账面价值
合同取得成本						
合同履约成本						
应收退货成本						
合同资产	13, 870, 767	664, 243	13, 206, 524	13, 626, 483	580, 247	13, 046, 236
其他	584, 230		584, 230	327, 464		327, 464
合计	14, 454, 997	664, 243	13, 790, 754	13, 953, 947	580, 247	13, 373, 700

其他说明：

于2023年12月31日，本集团合同资产主要为未到合同收款期的质保金等款项，其中由PPP项目形成的合同资产金额为人民币922, 476千元（2022年12月31日：人民币715, 628千元）。

于2023年度，本集团主营业务收入包括PPP项目合同收入人民币689, 883千元（2022年度：人民币937, 270千元），其中项目工程建造收入人民币485, 375千元（2022年度：人民币612, 673千元）。本集团PPP项目合同主要为水处理合同及垃圾处理合同。根据 PPP 项目合同约定，提供 PPP 项目资产建造、建成后的运营、维护等服务，合同总期限一般为 20－30 年，水处理合同项目资产主要位于江苏和安徽，垃圾处理合同项目资产主要位于辽宁和河北。2023 年度 PPP 项目合同无重大变更情况。

示例 3－54　中国中铁（601390. SH）——2021 年年报

1. PPP 项目合同收入确认政策

PPP 项目合同，是指社会资本方与政府方依法依规就 PPP 项目合作所订立的合同，该合同同时符合“双特征”和“双控制”条件。其中，“双特征”是指，社会资本方在合同约定的运营期间内代表政府方使用 PPP 项目资产提供公共产品和服务，并就其提供的公共产品和服务获得补偿；“双控制”是指，政府方控制或管制社会资本方使用 PPP 项目资产必须提供的公共产品和服务的类型、对象和价格，PPP 项目合同终止时，政府方通过所有权、收益权或其他形式控制 PPP 项目资产的重大剩余权益。

本集团根据 PPP 项目合同约定提供多项服务的，识别合同中的单项履约义务，并将交易价格按照各项履约义务的单独售价的相对比例分摊至各项履约义务。

本集团提供基础设施建设服务，确定身份是主要责任人还是代理人。若本集团为主要责任人，则相应地按照附注二（27）（a）所述的会计政策确认收入，同时确认合同资产。对于确认的基础设施建设收入确认为无形资产的部分，在相关建造期间确认的合同资产在资产负债表“无形资产”项目中列报；对于其他在建造期间确认的合同资产，根据其预计是否自资产负债表日起一年内变现，在资产负债表“合同资产”或“其他非流动资产”项目中列报。

PPP 项目资产达到预定可使用状态后，本集团在提供运营服务时，确认相应的运营服务收入。

本集团根据 PPP 项目合同约定，在项目运营期间，满足有权收取可确定金额的现金（或其他金融资产）条件的，本集团在拥有收取该对价的权利（该权利仅取决于时间流逝的因素）时确认为应收款项。

为使 PPP 项目资产保持一定的服务能力或在移交给政府方之前保持一定的使用状态，本集团从事的维护或修理，构成单项履约义务的，在提供服务时确认相关收入和成本；不构成单项履约义务的，发生的支出按照《企业会计准则第 13 号——或有事项》的规定确认预计负债。

2. 重要会计政策变更

财政部于 2021 年分别颁布了《企业会计准则解释第 14 号》（财会〔2021〕1 号）、《PPP 项目合同社会资本方会计处理实施问答》（以下简称“解释 14 号和实施问答”）、《企业会计准则解释第 15 号》（财会〔2021〕35 号）、《关于调整〈新冠肺炎疫情相关租金减让会计处理规定〉适用范围的通知》（财会〔2021〕9 号）、《关于严格执行企业会计准则切实做好企业 2021 年年报工作的通知》（财会〔2021〕32

号）（以下简称“2021 年年报工作的通知”）及《企业会计准则实施问答》（以下合称“解释、通知及实施问答”）。本集团已采用上述解释、通知及实施问答编制 2021 年度财务报表，对本集团及本公司财务报表的影响列示如下：

（1）解释 14 号和实施问答

①根据解释 14 号和实施问答的相关规定，本集团对 2020 年 12 月 31 日前开始实施但尚未完成的有关 PPP 项目合同的累计影响数调整 2021 年年初财务报表相关项目金额，2020 年度的比较财务报表未重列。对本集团财务报表相关项目的影响列示如下：

会计政策变更的内容和原因	受影响的报表项目名称	影响金额（千元）
		2021 年 1 月 1 日
公司将已进入运营期的 PPP 项目合同在建造阶段形成的合同资产，根据其预计是否自资产负债表日起一年内变现，在资产负债表“合同资产”或“其他非流动资产”等项目中列报；将已进入运营期满足有权收取确定金额的现金条件的，在资产负债表“应收账款”中列报。	其他非流动资产	27, 549, 003
	长期应收款	-27, 549, 003
	合同资产	1, 707, 060
	一年内到期的非流动资产——一年内到期的长期应收款	-1, 707, 060
	应收账款	700, 803
	一年内到期的非流动资产——一年内到期的长期应收款	-700, 803

②执行解释 14 号和实施问答对公司 2021 年度财务报表相关项目的影响列示如下：

受影响的资产负债表项目	影响金额（千元）
	2021 年 12 月 31 日
其他非流动资产	31, 774, 499
长期应收款	-31, 774, 499
合同资产	1, 956, 802
一年内到期的非流动资产——一年内到期的长期应收款	-1, 956, 802
应收账款	964, 394
一年内到期的非流动资产——一年内到期的长期应收款	-964, 394

受影响的利润表项目	影响金额（千元）
	2021 年度
主营业务收入	-908, 069
主营业务成本	908, 069
资产减值损失	22, 489
信用减值损失	-22, 489

3. 合同资产

单位：千元

项目	2021 年 12 月 31 日	2020 年 12 月 31 日
合同资产	313, 857, 830	257, 222, 491
减：减值准备	3, 338, 966	2, 109, 311
小计	310, 518, 864	255, 113, 180
减：列示于其他非流动资产的合同资产（附注四（26））		
——原值	162, 668, 127	111, 949, 089
——减值准备	1, 291, 178	739, 665
小计	161, 376, 949	111, 209, 424
合计	149, 141, 915	143, 903, 756

合同资产无论是否存在重大融资成分，本集团均按照整个存续期的预期信用损失计量损失准备。

（i）于 2021 年 12 月 31 日，单项计提减值准备的合同资产分析如下：

项目	账面余额（千元）	整个存续期预期信用损失率（%）	减值准备（千元）	理由
合同资产 1	4, 394, 301	1. 09	47, 898	预期信用损失
合同资产 2	2, 629, 804	1. 09	28, 665	预期信用损失
合同资产 3	698, 794	36. 98	258, 437	预期信用损失
合同资产 4	489, 312	3. 57	17, 468	预期信用损失
合同资产 5	462, 131	6. 66	30, 761	预期信用损失
其他	3, 820, 706	22. 55	861, 687	
合计	12, 495, 048		1, 244, 916	

于2020年12月31日，单项计提减值准备的合同资产分析如下：

项目	账面余额 （千元）	整个存续期预期 信用用损失率（%）	减值准备 （千元）	理由
合同资产1	754, 357	3. 62	27, 288	预期信用损失
合同资产2	640, 690	28. 94	185, 416	预期信用损失
合同资产3	489, 312	13. 95	68, 274	预期信用损失
合同资产4	187, 613	25. 00	46, 903	预期信用损失
合同资产5	183, 454	50. 82	93, 238	预期信用损失
其他	1, 000, 274	8. 24	82, 391	预期信用损失
合计	3, 255, 700		503, 510	

（ii）于2021年12月31日，组合计提减值准备的合同资产分析如下：

项目	账面余额 （千元）	整个存续期预期信用损失率 （%）	减值准备 （千元）	理由
基础设施建设项目	115, 848, 395	1. 01	1, 166, 476	预期信用损失
金融资产模式的PPP项目	109, 693, 796	0. 50	548, 469	预期信用损失
未到期的质保金	75, 820, 591	0. 50	379, 105	预期信用损失
合计	301, 362, 782		2, 094, 050	

于2020年12月31日，组合计提减值准备的合同资产分析如下：

项目	账面余额 （千元）	整个存续期预期信用损失率 （%）	减值准备 （千元）	理由
基础设施建设项目	119, 428, 932	0. 79	937, 887	预期信用损失
金融资产模式的PPP项目	65, 405, 753	0. 50	325, 186	预期信用损失
未到期的质保金	62, 452, 908	0. 50	309, 332	预期信用损失
土地一级开发项目	6, 679, 198	0. 50	33, 396	预期信用损失
合计	253, 966, 791		1, 605, 801	

（iii）于2021年12月31日，账面价值为人民币33, 644, 634千元（2020年12月31日：人民币34, 841, 840千元）的合同资产已质押取得人民币20, 908, 377千元

（2020 年 12 月 31 日：人民币 22, 297, 556 千元）的长期借款（附注四（39）（a））。

（iv）于 2021 年 12 月 31 日，账面价值为人民币 466, 763 千元的合同资产已质押取得人民币 329, 685 千元的短期借款（2020 年 12 月 31 日：无）（附注四（28）（b））。

示例 3 - 55　绿色动力（601330. SH）——2021 年年报

1. 收入确认政策

（1）建造服务收入。

对于 BOT 形式参与公共基础设施建设业务，自 2021 年 1 月 1 号起本集团根据《企业会计准则解释第 14 号》的规定，对于作为主要责任人为政府提供社会资本合作（“PPP”）项目提供建造服务的，按照建造过程中已发生的建造服务成本，采用投入法按照累计实际发生的成本占预计总建造成本的比例确定履约进度和建造服务单独售价。PPP 项目资产建造服务属于在某一时间段内履行的履约义务。该会计政策变更已在附注三、32（1）中披露。

（2）项目运营期间，本集团按照下述原则分别确认供电收入及垃圾处理服务收入。

（a）供电收入：

当电力供应至当地的电网公司时，电网公司取得电力的控制权，与此同时本集团确认收入。本集团按实际供电量及购售电合同等约定的单价及上网电量确认供电收入。

（b）提供垃圾处理服务收入：

本集团在提供垃圾处理服务的过程中确认收入。本集团按实际垃圾处理量及协议约定的单价并扣除已确认为金融资产收回部分后的金额确认垃圾处理收入。

2. 合同资产

（1）合同资产按性质分析如下：

单位：元

项目	2021 年 12 月 31 日		
	账面余额	减值准备	账面价值
销售电力合同产生的合同资产	130, 141, 153. 83	– 10, 486, 126. 37	119, 655, 027. 46
PPP 项目建设服务	107, 977, 530. 90		107, 977, 530. 90
总计	238, 118, 684. 73	– 10, 486, 126. 37	227, 632, 558. 36

单位：元

项目	2021 年 1 月 1 日		
	账面余额	减值准备	账面价值
销售电力合同产生的合同资产	519, 261, 410. 38	–51, 309, 556. 66	467, 951, 853. 72
PPP 项目建设服务	98, 710, 363. 59		98, 710, 363. 59
总计	617, 971, 773. 97	–51, 309, 556. 66	566, 662, 217. 31

单位：元

项目	2020年12月31日		
	账面余额	减值准备	账面价值
销售电力合同产生的合同资产	519, 261, 410. 38	－51, 309, 556. 66	467, 951, 853. 72

本集团销售电力合同产生的合同资产主要涉及在资产负债表日本集团与电网客户的供电合同中的国家可再生能源补助电费收入。本集团销售电力对应的国家可再生能源补助电费收入在项目纳入国家可再生能源补贴目录后支付，本集团取得该无条件收取对价的权利时，合同资产将转为应收账款。

本集团在PPP项目建设服务期间确认的合同资产在项目运营期间，满足有权收取可确定金额的现金条件的，在本集团拥有收取该对价的权利（该权利仅取决于时间流逝的因素）时确认为应收款项。

所有权受到限制的合同资产情况请参见附注五、52。

（2）合同资产本年的重大变动：

本集团的合同资产余额本年的重大变动如下：

项目	截至2021年12月31日止12个月期间	
	变动金额（元）	变动原因
句容公司	－39, 406, 144. 47	从合同资产转入应收款项
章丘公司	－33, 673, 590. 60	从合同资产转入应收款项
惠州公司	－27, 371, 338. 77	从合同资产转入应收款项
宁河公司	－211, 202, 824. 82	从合同资产转入应收款项
通州公司	－94, 231, 927. 20	从合同资产转入应收款项
汕头公司	15, 263, 487. 61	由于销售电力而增加的金额
密云公司	－17, 267, 018. 43	从合同资产转入应收款项
海宁扩建公司	18, 879, 179. 22	由于销售电力而增加的金额
佳木斯公司	－26, 017, 361. 92	从合同资产转入应收款项
通州公司	20, 867, 403. 45	一年内到期的PPP项目建设服务

（3）合同资产计提减值准备情况：

单位：元

项目	截至2021年12月31日的12个月期间					
	年初余额	本年计提	本年转回	本年转销或核销	年末余额	原因
减值准备	51, 309, 556. 66	6, 529, 164. 55	－47, 352, 594. 84		10, 486, 126. 37	本年有新增进入国补目录的公司

续表

项目	截至2020年12月31日的12个月期间					
	年初余额	本年计提	本年转回	本年转销或核销	年末余额	原因
减值准备	36,019,345.57	15,290,211.09			51,309,556.66	运营时间增长和新运营项目增多

示例3－56　中国能建（601868.SH）——2021年年报

1. PPP项目合同收入确认政策

本集团以特许经营权项目（“PPP项目”）合作方式参与的公共基础设施建设业务，在同时满足以下条件时按照《企业会计准则解释第14号》进行会计处理：i）本集团在合同约定的运营期间内代表政府方使用PPP项目资产提供公共产品和服务；ii）本集团在合同约定的期间内就其提供的公共产品和服务获得补偿；iii）政府方控制或管制本集团使用PPP项目资产必须提供的公共产品和服务的类型、对象和价格；及iv）PPP项目合同终止时，政府方通过所有权、收益权或其他形式控制PPP项目资产的重大剩余权益。

本集团根据PPP项目合同约定，提供PPP项目资产建造服务，建成后的运营服务、维护服务等多项服务的，按照前文所述方式识别合同中单项履约义务，将交易价格按照各项履约义务的单独售价的相对比例分摊至各项履约义务。

本集团根据PPP项目合同约定，在项目运营期间，有权向获取公共产品和服务的对象收取费用，但收费金额不确定的，在PPP项目资产达到预定可使用状态时，将相关PPP项目资产的对价金额或确认的建造收入金额确认为无形资产。

根据PPP项目合同约定，在项目运营期间，满足有权收取可确定金额的现金（或其他金融资产）条件的，在本集团拥有收取该对价的权利（该权利仅取决于时间流逝的因素）时确认为应收款项，超过有权收取可确定金额的现金（或其他金融资产）的差额，确认为无形资产。

PPP项目资产达到预定可使用状态后，本集团按照实际提供的服务确认与运营服务相关的收入。

2. 无形资产

（1）无形资产情况

单位：千元

项目	土地使用权	专利、非专利技术及软件	采矿权	特许经营权	其他	合计
一、账面原值						
1. 期初余额	10,588,123	1,660,452	421,080	53,567,069	414,469	66,651,193

续表

项目	土地使用权	专利、非专利技术及软件	采矿权	特许经营权	其他	合计
2. 本期增加金额	121, 912	229, 684	1, 890, 273	6, 447, 288	107, 992	8, 797, 149
(1) 购置	119, 623	233, 065	1, 890, 980	6, 447, 288	118, 523	8, 809, 479
(2) 收购子公司	2, 632					2, 632
(3) 汇兑损益	(343)	(3, 381)	(707)		(10, 531)	(14, 962)
3. 本期减少金额	(486, 873)	(11, 649)		(44, 539)	(5, 946)	(549, 007)
(1) 处置或报废	(150, 386)	(9, 705)			(5, 900)	(165, 991)
(2) 处置子公司	(336, 487)	(1, 944)			(46)	(338, 477)
(3) 其他				(44, 539)		(44, 539)
4. 期末余额	10, 223, 162	1, 878, 487	2, 311, 353	59, 969, 818	516, 515	74, 899, 335
二、累计摊销						
1. 期初余额	(1, 467, 124)	(1, 065, 570)	(128, 537)	(2, 230, 350)	(87, 371)	(4, 978, 952)
2. 本期增加金额	(246, 989)	(341, 708)	(46, 897)	(1, 122, 929)	(47, 293)	(1, 805, 816)
(1) 计提	(246, 989)	(341, 708)	(42, 290)	(1, 122, 929)	(47, 293)	(1, 801, 209)
(2) 汇兑损益			(4, 607)			(4, 607)
3. 本期减少金额	44, 422	14, 246			3, 760	62, 428
(1) 处置	20, 297	8, 767			3, 714	32, 778
(2) 出售子公司	24, 125	1, 729			46	25, 900
(3) 汇兑损益		3, 750				3, 750
4. 期末余额	(1, 669, 691)	(1, 393, 032)	(175, 434)	(3, 353, 279)	(130, 904)	(6, 722, 340)
三、减值准备						
1. 期初余额	-72, 445	-1, 150				-73, 595
2. 本期减少金额	6, 654					6, 654
3. 期末余额	-65, 791	-1, 150				-66, 941
四、账面价值						
1. 期末账面价值	8, 487, 680	484, 305	2, 135, 919	56, 616, 539	385, 611	68, 110, 054
2. 期初账面价值	9, 048, 554	593, 732	292, 543	51, 336, 719	327, 098	61, 598, 646

(2) 未办妥产权证书的土地使用权情况

于2021年12月31日，尚未办妥产权证书的无形资产净额为人民币78, 020千元（2020年：人民币150, 404千元）。

涉及借款费用资本化的无形资产主要为特许权项目，主要项目的借款费用资本化及资本化率如下：

项目	2021年12月31日余额（千元）	工程累计投入占预算比例（%）	工程进度（%）	利息资本化累计金额（千元）	其中：本年利息资本化金额（千元）	本年利息资本化率（%）	资金来源
四川巴中至万源高速公路项目	17, 236, 559	100. 00	100. 00	1, 206, 890	190, 324	4. 90	自有资金及金融机构贷款
SK巴基斯坦苏基克纳里（SK）水电PPP项目	7, 509, 789	64. 59	72. 30	444, 250	51, 330	5. 52	自有资金及金融机构贷款
海口市南渡江引水工程项目	1, 934, 600	91. 74	98. 00	75, 374	41, 673	4. 41	自有资金及金融机构贷款
荆门市竹皮河水环境综合治理（城区段）PPP项目	1, 528, 781	100. 00	100. 00	115, 614	18, 746	4. 41	自有资金及金融机构贷款
合肥葛洲坝高新管廊ppp项目	1, 172, 333	100. 00	100. 00	42, 787	13, 756	4. 45	自有资金及金融机构贷款
合计	29, 382, 062			1, 884, 915	315, 829		

项目	2020年12月31日余额（千元）	工程累计投入占预算比例（%）	工程进度（%）	利息资本化累计金额（千元）	其中：本年利息资本化金额（千元）	本年利息资本化率（%）	资金来源
四川巴中至万源高速公路项目	16, 700, 071	100. 00	100. 00	1, 016, 566	489, 721	4. 90	自有资金及金融机构贷款
SK巴基斯坦苏基克纳里（SK）水电PPP项目	5, 853, 836	55. 53	57. 70	392, 920	165, 093	5. 52	自有资金及金融机构贷款
海口市南渡江引水工程项目	1, 716, 393	75. 67	90. 00	33, 701		4. 41	自有资金及金融机构贷款
荆门市竹皮河水环境综合治理（城区段）PPP项目	1, 470, 299	76. 96	95. 00	96, 868	30, 321	4. 41	自有资金及金融机构贷款
合肥葛洲坝高新管廊ppp项目	1, 148, 650	100. 00	100. 00	29, 031		4. 45	自有资金及金融机构贷款
合计	26, 889, 249			1, 569, 086	685, 135		

3. 其他非流动资产

单位：千元

项目	2021 年 12 月 31 日		
	账面余额	减值准备	账面价值
预付税项	203, 335		203, 335
待抵扣增值税	180, 185		180, 185
收购物业、厂房及设备的预付款项	546, 267		546, 267
合同资产			
——质量保证金	15, 056, 547	379, 265	14, 677, 282
——金融资产模式核算的运营期 PPP 项目款	9, 609, 045		9, 609, 045
委托贷款	450, 000		450, 000
其他	267, 332		267, 332
小计	26, 312, 711	379, 265	25, 933, 446
减：一年内到期部分	1, 345		1, 345
合计	26, 311, 366	379, 265	25, 932, 101

第三节　附有客户额外购买选择权销售的披露示例

附有客户额外购买选择权指客户可免费或按折扣取得额外商品或服务的选择权，有多种形式，包括销售激励措施、客户奖励积分、续约选择权、针对未来商品或服务的其他折扣。企业应当评估该选择权是否向客户提供了一项重大权利。企业提供重大权利的，应当作为单项履约义务进行会计处理。

一、准则相关规定与监管指引（节选）

（一）《企业会计准则第 14 号——收入》

第三十五条　对于附有客户额外购买选择权的销售，企业应当评估该选择权是否向客户提供了一项重大权利。企业提供重大权利的，应当作为单项履约义务，按照本准则第二十条至第二十四条规定将交易价格分摊至该履约义务，在客户未来行使购买选择权取得相关商品控制权时，或者该选择权失效时，确认相应的收入。客户额外购买选择权的单独售价无法直接观察的，企业应当综合考虑客户行使和不行使该选择权所能获得的折扣的差异、客户行使该选择权的可能性等全部相关信息后，予以合理估计。

客户虽然有额外购买商品选择权，但客户行使该选择权购买商品时的价格反映了这些商品单独售价的，不应被视为企业向该客户提供了一项重大权利。

（二）证监会《监管规则适用指引——会计类第2号》

2-5　销售返利的会计处理

企业对客户的销售返利形式多样，有现金返利、货物返利等，返利的条款安排也各不相同。

监管实践发现，部分公司对销售返利的会计处理存在理解上的偏差和分歧。现就该事项的意见如下：

企业应当基于返利的形式和合同条款的约定，考虑相关条款安排是否会导致企业未来需要向客户提供可明确区分的商品或服务，在此基础上判断相关返利属于可变对价还是提供给客户的重大权利。一般而言，对基于客户采购情况等给予的现金返利，企业应当按照可变对价原则进行会计处理；对基于客户一定采购数量的实物返利或仅适用于未来采购的价格折扣，企业应当按照附有额外购买选择权的销售进行会计处理，评估该返利是否构成一项重大权利，以确定是否将其作为单项履约义务并分摊交易对价。

（三）证监会《2020年上市公司年报会计监管报告》

未恰当确认销售返利

根据企业会计准则及相关规定，企业与客户的合同中约定的对价金额可能是固定的，也可能会因折扣、价格折让、返利、退款、奖励积分、激励措施、业绩奖金、索赔等因素而变化。企业在判断交易价格是否为可变对价时，应当考虑各种相关因素（如企业已公开宣布的政策、特定声明、以往的习惯做法、销售战略以及客户所处的环境等），以确定其是否会接受一个低于合同标价的金额，即企业向客户提供一定的价格折让，在估计交易价格时应对提供的价格折让予以充分考虑。年报分析发现，个别上市公司未恰当确认与销售相关的返利，如错误地将销售返利金额计入销售费用、将计提的销售返利余额计入递延收益等。上市公司应将其给予客户的返利作为可变对价或附有额外购买选择权的销售进行会计处理，充分考虑相应义务、交易价格最佳估计数以及交易价格分摊等因素后，恰当确认销售收入及相应负债。

二、附有客户额外购买选择权销售的披露示例

附有客户额外购买选择权销售的收入确认政策披露示例汇总如表3-26所示。

表 3－26　　附有客户额外购买选择权销售的收入确认政策披露示例汇总

序号	参考示例	收入确认政策
1	示例 3－57　中国联通(600050. SH)	本集团向用户提供了积分奖励计划。该积分奖励计划根据用户的消费额、缴费记录等对其进行奖励。根据奖励积分计划，本集团将部分交易价格分摊至用户在未来购买本集团商品或服务时可兑换抵扣的奖励积分。分摊比例按照奖励积分和相关商品或服务单独售价的相对比例确定。本集团将分摊至奖励积分的金额予以递延并在积分兑换或到期时确认为收入
2	示例 3－58　中国东航(600115. SH)	本集团实行常旅客奖励计划，根据会员所积累的里程授予其里程积分，里程积分在过期前可以用于兑换免费或折扣商品或机票。该里程计划向客户提供了一项重大权利，本集团将其作为单项履约义务，并将部分交易价格分摊至里程积分进行递延，确认为常旅客奖励计划合同负债。分摊至里程积分的交易价格根据可兑换同类航线和服务的历史价格以及预计兑换率进行估算
3	示例 3－59　南方航空(600029. SH)	本集团主要执行两个常旅客里程奖励计划，分别为南航明珠俱乐部及厦航白鹭卡常旅客计划。会员可利用累积里程兑换飞行奖励或其他奖励。 根据常旅客里程奖励计划，对于以飞行方式获得的奖励里程，本集团将票款收入按照常旅客奖励里程和运输服务的单独售价的相对比例分摊，并将分摊至奖励里程的部分确认为合同负债 在常旅客里程奖励计划下，从第三方取得的除飞行以外方式获得的奖励里程，同样确认为合同负债
4	示例 3－60　中国中免(601888. SH)	本集团在销售商品的同时会授予客户奖励积分，客户可以用奖励积分进行消费抵现购买本集团的商品。该奖励积分计划向客户提供了一项重大权利，本集团将其作为单项履约义务，按照提供商品或服务和奖励积分的单独售价的相对比例，将部分交易价格分摊至奖励积分，并在客户取得积分兑换商品或服务控制权时或积分失效时确认收入
5	示例 3－61　永辉超市(601933. SH)	本集团根据奖励积分的兑换政策和预计兑换率等因素确定奖励积分的单独售价，按照提供商品和奖励积分的单独售价的相对比例，将部分交易价格分摊至奖励积分，并在客户取得积分兑换商品控制权时或积分失效时确认收入
6	示例 3－62　国药一致(000028. SZ)	本集团在销售商品的同时会授予客户奖励积分，客户可以用奖励积分兑换本集团提供的免费或折扣后的商品。该奖励积分计划向客户提供了一项重大权利，本集团将其作为单项履约义务，按照提供商品和服务类质量保证的单独售价的相对比例，将部分交易价格分摊至奖励积分，并在客户取得积分兑换商品控制权时或积分失效时确认收入
7	示例 3－63　新华文轩(601811. SH)	客户额外购买选择权包括客户奖励积分，对于向客户提供了重大权利的额外购买选择权，本集团将其作为单项履约义务，在客户未来行使购买选择权取得相关商品或服务控制权时，或者该选择权失效时，确认相应的收入。客户额外购买选择权的单独售价无法直接观察的，本集团综合考虑客户行使和不行使该选择权所能获得的折扣的差异、客户行使该选择权的可能性等全部相关信息予以估计。 本集团零售门店对消费者实行会员积分卡回馈政策。对于消费积分达到一定分值的客户积分可以在购物时折算为现金使用。本集团将销售对价按照单独售价在已售出商品和授予的积分之间进行分配，分配于奖励积分的销售对价作为合同负债，并在奖励积分被兑换时确认为收入

示例3－57　中国联通（600050. SH）

本集团向用户提供了积分奖励计划。该积分奖励计划根据用户的消费额、缴费记录等对其进行奖励。根据奖励积分计划，本集团将部分交易价格分摊至用户在未来购买本集团商品或服务时可兑换抵扣的奖励积分。分摊比例按照奖励积分和相关商品或服务单独售价的相对比例确定。本集团将分摊至奖励积分的金额予以递延并在积分兑换或到期时确认为收入。

递延所得税资产

单位：元

项目	2023年12月31日		2023年1月1日（经重述）	
	可抵扣或应纳税暂时性差异	递延所得税资产	可抵扣或应纳税暂时性差异	递延所得税资产
递延收益/合同负债	9, 987, 140, 532	2, 490, 114, 783	8, 554, 369, 226	2, 131, 931, 438

在税法下与资产相关以及与收益相关的政府补助于收到当期计入应税收入并缴纳所得税，而在会计上将在以后递延收益摊销期间确认收入，由此产生的可抵扣暂时性差异确认为相关的递延所得税资产。

本集团实施积分奖励计划，将部分交易价格分摊至用户在未来购买本集团商品或服务时可兑换抵扣的奖励积分。分摊比例按照奖励积分和相关商品或服务单独售价的相对比例确定。本集团将分摊至奖励积分的金额予以递延并在积分兑换或到期时确认为收入。但是根据税法要求，当本集团向用户收取或应收现金时即已产生纳税义务，而非在积分兑换或到期的当期。因此，年末未兑换的积分奖励计划（列示为合同负债）对应的所得税影响被确认为递延所得税资产。

示例3－58　中国东航（600115. SH）

1. 常旅客奖励计划

本集团实行常旅客奖励计划，根据会员所积累的里程授予其里程积分，里程积分在过期前可以用于兑换免费或折扣商品或机票。该里程计划向客户提供了一项重大权利，本集团将其作为单项履约义务，并将部分交易价格分摊至里程积分进行递延，确认为常旅客奖励计划合同负债。分摊至里程积分的交易价格根据可兑换同类航线和服务的历史价格以及预计兑换率进行估算。

2. 单项履约义务的确定

本集团在销售商品的同时会授予客户常旅客里程，常旅客里程可以兑换为本集团提供的免费或折扣后的商品和服务。由于客户能够从该常旅客里程中单独受益或与其他易于获得的资源一起使用中受益，且该常旅客里程与其他商品或服务承诺可单独区分，该常旅客里程构成单项履约义务。

3. 常旅客里程的单独售价及预期兑换率

本集团综合考虑客户兑换常旅客里程所能获得免费商品和服务以及客户行使该兑换权的可能性等全部相关信息后，对常旅客里程单独售价予以合理估计。估计客户行使该兑换权的可能性时，本集团根据里程兑换的历史数据、当前里程兑换情况并考虑客户未来变化、市场未来趋势等因素综合分析确定。

合同负债

单位：百万元

项目	2023 年 12 月 31 日	2022 年 12 月 31 日
票证结算	5, 995	2, 233
预收机票款	694	245
常旅客计划（b）	458	568
其他	276	120
合计	7, 423	3, 166

（b）常旅客计划：

单位：百万元

项目	2023 年度
2022 年 12 月 31 日	1, 370
本年增加	1, 350
本年减少	(1, 315)
2023 年 12 月 31 日	1, 405
减：待转销项税	(125)
	1, 280
减：其他非流动负债部分	(586)
合计	694

其他非流动负债

单位：百万元

项目	2023 年 12 月 31 日	2022 年 12 月 31 日
常旅客计划	586	660
待转销项税	60	77

续表

项目	2023 年 12 月 31 日	2022 年 12 月 31 日
媒体资源使用费	55	69
其他	428	439
合计	1, 129	1, 245

示例 3－59　南方航空（600029. SH）

1. 常旅客里程奖励计划

本集团主要执行两个常旅客里程奖励计划，分别为南航明珠俱乐部及厦航白鹭卡常旅客计划。会员可利用累积里程兑换飞行奖励或其他奖励。

根据常旅客里程奖励计划，对于以飞行方式获得的奖励里程，本集团将票款收入按照常旅客奖励里程和运输服务的单独售价的相对比例分摊，并将分摊至奖励里程的部分，首先确认为合同负债。

在常旅客里程奖励计划下，从第三方取得的除飞行以外方式获得的奖励里程，同样首先确认为合同负债。

本集团采用基于历史数据的参数和假设对飞行授予的奖励里程单独售价进行估计，其中包括奖励里程预计兑换比例（“预计兑换率”）。

与奖励里程相关的合同负债待会员兑换奖励里程并取得相关利益时确认为收入。会员兑换的飞行奖励按照附注二（22）（a）所述的会计政策确认收入。会员兑换的其他奖励，在会员取得相关奖励商品或服务的控制权时结转计入当期损益。

2. 飞行授予的奖励里程单独售价

根据常旅客里程奖励计划，本集团在厘定飞行授予的奖励里程单独售价时需要对预计兑换率作出估计，预计兑换率的估计需要同时考虑奖励里程的历史兑换率以及近期常旅客里程奖励计划政策及客户行为的变化可能对未来兑换情况产生的影响，因此不同的判断及估计可能会影响合同负债及当期损益的金额。

合同负债

单位：百万元

项目	2023 年 12 月 31 日	2022 年 12 月 31 日
常旅客里程奖励计划（a）	1, 460	1, 423
服务收入相关的预收款	49	73
合计	1, 509	1, 496

（a）本集团的常旅客里程奖励计划余额本报告期的变动如下：

单位：百万元

于2022年12月31日	3,173
其中：合同负债	1,423
其他非流动负债	1,750
加：本年增加	2,191
减：本年确认收入转出	2,471
其中：由合同负债年初余额转出	1,892
由本年新增合同负债转出	579
于2023年12月31日	2,893
其中：合同负债	1,460
其他非流动负债	1,433

其他非流动负债：

单位：百万元

项目	2023年12月31日	2022年12月31日
常旅客里程奖励计划	1,433	1,750

示例3-60 中国中免（601888.SH）

1. 奖励积分计划

本集团在销售商品的同时会授予客户奖励积分，客户可以用奖励积分进行消费抵现购买本集团的商品。该奖励积分计划向客户提供了一项重大权利，本集团将其作为单项履约义务，按照提供商品或服务和奖励积分的单独售价的相对比例，将部分交易价格分摊至奖励积分，并在客户取得积分兑换商品或服务控制权时或积分失效时确认收入。

2. 消费奖励积分

本集团综合考虑客户消费奖励积分所能获得的商品或服务折扣以及客户行使该兑换权的可能性等相关信息后，对奖励积分的兑换价值予以合理估计，用以分配合同对价。估计客户行使该兑换权的可能性时，本集团根据积分兑换的历史数据、当前积分兑换情况并考虑客户未来变化、市场未来趋势等因素综合分析确定。本集团至少于每一资产负债表日对奖励积分的预计兑换率进行重新评估，并根据重新评估的结果计算与奖励积分相关的对价应确认的收入及结余的金额。

合同负债

单位：元

项目	期末余额	期初余额
消费奖励积分	962, 482, 327. 73	1, 061, 541, 545. 94
预售商品销售款	253, 348, 619. 05	444, 607, 180. 64
合计	1, 215, 830, 946. 78	1, 506, 148, 726. 58

示例3－61　永辉超市（601933. SH）

1. 奖励积分计划

本集团根据奖励积分的兑换政策和预计兑换率等因素确定奖励积分的单独售价，按照提供商品和奖励积分的单独售价的相对比例，将部分交易价格分摊至奖励积分，并在客户取得积分兑换商品控制权时或积分失效时确认收入。

2. 奖励积分

本集团综合考虑客户兑换奖励积分所能获得免费商品或享受的商品折扣以及客户行使该兑换权的可能性等全部相关信息后，对奖励积分单独售价予以合理估计，用以分配合同对价。估计客户行使该兑换权的可能性时，本集团根据积分兑换的历史数据、当前积分兑换情况并考虑客户未来变化、市场未来趋势等因素综合分析确定。本集团至少于每一资产负债表日对奖励积分的预计兑换率进行重新评估，并根据重新评估的结果计算与奖励积分相关的对价应确认的收入及结余的金额。

未经抵销的递延所得税资产：

单位：元

项目	期末余额		期初余额	
	可抵扣暂时性差异	递延所得税资产	可抵扣暂时性差异	递延所得税资产
资产减值准备	1, 065, 423, 597. 99	224, 564, 688. 82	1, 022, 982, 930. 42	218, 923, 655. 88
内部交易未实现利润	17, 967, 274. 91	4, 491, 818. 73	28, 258, 325. 26	7, 064, 581. 31
可抵扣亏损	1, 163, 338, 051. 11	278, 018, 136. 79	2, 120, 796, 624. 40	489, 896, 401. 87
租赁负债	15, 429, 510, 847. 49	3, 207, 973, 110. 11	16, 620, 946, 455. 26	3, 444, 682, 630. 04
信用减值准备	256, 322, 532. 76	60, 263, 888. 18	224, 021, 895. 98	45, 936, 716. 51
预计负债	20, 928, 407. 74	3, 970, 261. 70	2, 407, 083. 35	361, 062. 50
奖励积分计划	35, 524, 886. 63	6, 797, 072. 18	30, 168, 728. 86	6, 319, 559. 03
合计	17, 989, 015, 598. 63	3, 786, 078, 976. 51	20, 049, 582, 043. 53	4, 213, 184, 607. 14

合同负债：

单位：元

项目	期末余额	期初余额
预收购物款	4, 780, 629, 293. 96	4, 725, 011, 338. 79
奖励积分计划	41, 156, 582. 21	41, 497, 236. 68
预收供应商服务费用	29, 055, 710. 03	60, 091, 972. 32
合计	4, 850, 841, 586. 20	4, 826, 600, 547. 79

示例 3－62　国药一致（000028. SZ）——2022 年年报

1. 奖励积分计划

本集团在销售商品的同时会授予客户奖励积分，客户可以用奖励积分兑换为本集团提供的免费或折扣后的商品。该奖励积分计划向客户提供了一项重大权利，本集团将其作为单项履约义务，按照提供商品和服务类质量保证的单独售价的相对比例，将部分交易价格分摊至奖励积分，并在客户取得积分兑换商品控制权时或积分失效时确认收入。

2. 奖励积分

本集团综合考虑客户兑换奖励积分所能获得免费商品或服务或享受的商品或服务折扣以及客户行使该兑换权的可能性等全部相关信息后，对奖励积分单独售价予以合理估计。估计客户行使该兑换权的可能性时，本集团根据积分兑换的历史数据、当前积分兑换情况并考虑客户未来变化、市场未来趋势等因素综合分析确定。本集团至少于每一资产负债表日对奖励积分的单独售价进行重新评估，并根据重新评估后的奖励积分单独售价确定应分摊至奖励积分的交易价格。

其他非流动负债：

单位：元

项目	2022 年 12 月 31 日	2021 年 12 月 31 日
特准储备资金（1）	493, 973, 117. 06	560, 495, 462. 17
产品促销积分计划（2）	51, 484, 340. 47	32, 479, 462. 95
应付股权款		71, 400, 000. 00
其他	8, 706, 526. 91	6, 140. 53
合计	554, 163, 984. 44	664, 381, 065. 65

（1）特准储备资金包括中央医药储备资金、省级储备资金、市级储备资金以及财政部为建立地方应急医疗物资储备体系而拨付的资金。后续根据政府指令，用于采购指定需储备的医药商品进行储备及配送。

（2）产品促销积分计划为产品促销积分计划中到期日在一年以上的产品积分。

未经抵销的递延所得税资产：

单位：元

项目	2022年12月31日		2021年12月31日	
	可抵扣暂时性差异	递延所得税资产	可抵扣暂时性差异	递延所得税资产
递延所得税资产				
资产减值准备	254, 964, 554. 49	61, 577, 597. 23	204, 535, 469. 12	49, 334, 631. 28
可抵扣亏损	260, 682, 197. 67	65, 170, 549. 41	156, 999, 428. 65	39, 093, 138. 09
预提销售费用	192, 730, 173. 42	45, 086, 156. 22	109, 319, 247. 99	25, 802, 416. 16
租赁准则的影响	141, 897, 621. 55	33, 156, 247. 71	126, 166, 577. 96	29, 685, 521. 43
会员奖励积分	88, 037, 277. 40	20, 880, 969. 66	56, 953, 502. 72	13, 804, 027. 96
应付职工薪酬	25, 880, 158. 47	5, 727, 974. 05	59, 779, 846. 77	14, 472, 633. 63
其他	32, 371, 134. 16	8, 019, 343. 90	15, 774, 146. 45	3, 884, 627. 84
合计	996, 563, 117. 16	239, 618, 838. 18	729, 528, 219. 66	176, 076, 996. 39

示例3－63　新华文轩（601811. SH）

额外购买选择权

客户额外购买选择权包括客户奖励积分，对于向客户提供了重大权利的额外购买选择权，本集团将其作为单项履约义务，在客户未来行使购买选择权取得相关商品或服务控制权时，或者该选择权失效时，确认相应的收入。客户额外购买选择权的单独售价无法直接观察的，本集团综合考虑客户行使和不行使该选择权所能获得的折扣的差异、客户行使该选择权的可能性等全部相关信息予以估计。

本集团零售门店对消费者实行会员积分卡回馈政策。对于消费积分达到一定分值的客户积分可以在购物时折算为现金使用。本集团将销售对价按照单独售价在已售出商品和授予的积分之间进行分配，分配于奖励积分的销售对价作为合同负债，并在奖励积分被兑换时确认为收入。

合同负债情况：

单位：元

项目	期末余额	期初余额
预收商品款	607, 247, 731. 49	580, 902, 310. 97
会员卡积分	614, 096. 99	3, 197, 828. 27
合计	607, 861, 828. 48	584, 100, 139. 24

注：（1）本集团本年度确认的包括在年初合同负债账面价值中的预收商品款产生的收入金额为人民币580, 902, 310. 97元。2023年末预收商品款账面价值预计将于2024年度确认为收入。

（2）本集团预收商品款主要为预收学生等客户的书款以及零售门店预售购书卡业务预收的款项，本集团于收到交易价款时确认为合同负债。对于预收的书款，本集团于商品控制权转移给客户时确认收入。

（3）本集团零售门店对消费者实行会员积分卡回馈政策，对于消费积分达到一定分值的客户积分可以在购物时折算为现金使用。本集团将销售对价按照相对单独售价在已售出商品和授予的积分之间进行分配，分配于奖励积分的销售对价作为合同负债，并在奖励积分被兑换时确认为收入。

第四节　可变对价的披露示例

交易中，涉及可变对价的情形很多，折扣、退款、返利、积分、价格折让、退货、绩效奖金、罚款、根据客户的使用情况收费等项目都可能产生可变对价。根据事实与情况的不同，企业以预期价值或最可能的金额来估计可变对价，并以极可能不会发生重大转回的金额为限。每一资产负债表日，企业应当重新估计应计入交易价格的可变对价金额。可变对价金额发生变动的，按照收入准则规定将其分摊至相应的履约义务。

一、准则相关规定与监管指引（节选）

（一）《企业会计准则第14号——收入》

第十六条　合同中存在可变对价的，企业应当按照期望值或最可能发生金额确定可变对价的最佳估计数，但包含可变对价的交易价格，应当不超过在相关不确定性消除时累计已确认收入极可能不会发生重大转回的金额。企业在评估累计已确认收入是否极可能不会发生重大转回时，应当同时考虑收入转回的可能性及其比重。每一资产负债表日，企业应当重新估计应计入交易价格的可变对价金额。可变对价金额发生变动的，按照本准则第二十四条和第二十五条规定进行会计处理。

（二）财政部关于年报工作的通知

《关于严格执行企业会计准则切实做好企业2022年年报工作的通知》（财会〔2022〕32号）

企业应当按照收入准则的相关规定，根据与客户的合同条款、并结合其以往的习惯做法确定合同的交易价格。企业与客户合同中存在可变对价、应付客户对价的，企业应当根据收入准则第十六条、第十九条等规定进行会计处理。企业在销售商品时给予客户的现金折扣，应当按照收入准则中关于可变对价的相关规定进行会计处理，不应作为财务费用列示。

《关于严格执行企业会计准则　切实做好企业2021年年报工作的通知》（财会〔2021〕32号）

企业应当按照新收入准则的相关规定，根据与客户的合同条款、并结合其以往的习惯做法确定合同的交易价格。企业在销售商品时给予客户的现金折扣，应当按照新收入准则中关于可变对价的相关规定进行会计处理。

（三）证监会《监管规则适用指引——会计类第4号》

4－4　销售合同中附最低转售价担保的会计处理

销售合同中存在可变对价的，企业应当对计入交易价格的可变对价按照期望值或最可能发生金额进行估计。在每一资产负债表日，企业应当重新估计可变对价金额，以如实反映报告期末存在的情况以及报告期内发生的情况变化。

监管实践发现，部分公司对于销售合同中附最低转售价担保的相关会计处理存在理解上的偏差和分歧。现就该事项的意见如下：

销售合同中附最低转售价担保，是指公司向客户销售商品时，约定当客户向第三方转售商品时售价低于某一约定金额，公司将向客户支付差价（即经担保的最低转售价值）。当公司保证客户将获得一项最低金额的出售收入时，应当审慎判断客户是否取得了商品的控制权。若客户取得了商品的控制权，公司确认收入时应当将其为客户提供的最低转售价担保作为可变对价进行会计处理。

（四）证监会《监管规则适用指引——会计类第2号》

2－4　暂定价格销售合同中可变对价的判断

可变对价指的是企业与客户的合同中约定的对价金额可能因折扣、价格折让、返利、退款、奖励积分、激励措施、业绩奖金、索赔等因素而变化。此外，企业有权收取的对价金额，将根据一项或多项或有事项的发生有所不同的情况，也属于可变对价的情形。

监管实践发现，部分公司对于暂定价格的销售合同中可变对价的判断存在理解上的偏差和分歧。现就该事项的意见如下：

暂定价格的销售合同通常是指在商品控制权转移时，销售价格尚未最终确定的安排。例如，大宗商品贸易中的点价交易，即以约定时点的期货价格为基准加减双方协商的升贴水来确定双方买卖现货商品价格；金属加工业务中，双方约定合同对价以控制权转移之后某个时点的金属市价加上加工费来确定；某些金属矿的贸易价格将根据产品验收后的品相检验结果进行调整等。

暂定销售价格的交易安排中，企业应分析导致应收合同对价发生变动的具体原因。其中，与交易双方履约情况相关的变动（如基于商品交付数量、质量等进行的价格调整）通常属于可变对价，企业应按照可变对价原则进行会计处理；与定价挂钩的商品或原材料价值相关的变动（如定价挂钩不受双方控制的商品或原材料价格指数，因指数变动导致的价款变化）不属于可变对价，企业应将其视为合同对价中嵌入一项衍生金融工具进行会计处理，通常应按所挂钩商品或原材料在客户取得相关商品控制权日的价格计算确认收入，客户取得相关商品控制权后上述所挂钩商品或原材料价格后续变动对企业可收取款项的影响，应按照金融工具准则有关规定进行处理，不应计入交易对价。

（五）证监会《上市公司年报会计监管报告》

《2021 年上市公司年报会计监管报告》

未恰当识别暂定价格销售安排是否属于可变对价

根据企业会计准则及相关规定，暂定销售价格的交易安排中，应收合同对价发生变动的具体原因影响其会计处理。

其中，控制权转移之后，因交易双方履约情况导致的应收合同对价变动，属于可变对价；因定价挂钩商品或原材料价格变动导致的应收合同对价变动，不属于可变对价，企业应将其视为合同对价中嵌入一项衍生金融工具进行会计处理。

年报分析发现，个别上市公司采用点价方式对外销售矿产类产品，根据销售合同约定，公司在向客户转移商品控制权后，以该矿产类产品在金属交易所的某个时点报价为依据，与客户进行结算。对于报告期内商品控制权已转移但尚未确定结算报价的合同，上市公司未恰当分析合同结算金额变动的原因，而是在报告期末将商品控制权转移后的结算金额变动，全部作为可变对价，确认为收入。对于此类暂定价格的销售安排，上市公司应合理分析合同价款变动的原因，如果是由于合同所挂钩商品价格变动导致的，与双方履约情况无关，则不属于可变对价，不应影响收入。

《2020 年上市公司年报会计监管报告》

未恰当处理可变对价

(1) 未恰当区分可变对价与信用减值损失

根据企业会计准则及相关规定，合同中存在可变对价的，企业应当对计入交易价格的可变对价按照期望值或最可能发生金额进行估计。在每一资产负债表日，企业应当重新估计可变对价金额，以如实反映报告期末存在的情况以及报告期内发生的情况变化。

年报分析发现，个别上市公司前期按照销售合同暂定价格确认收入，本期依据同类产品的审定价，判断尚未完成审价工作的产品后续审定价很可能低于暂定价，从而对该产品相关应收账款按照暂定价与同类产品审定价之间的差价计提信用减值损失。

上述情况属于可变对价情形，公司应在每一资产负债表日重新估计可变对价金额，对于后续可变对价的变动额应调整当期收入和应收账款，而非对应收账款计提信用减值损失。

(2) 未恰当处理现金折扣

根据企业会计准则及相关规定，企业在销售商品时给予客户的现金折扣，应当按照新收入准则中关于可变对价的相关规定进行会计处理。年报分析发现，个别上市公司仍将现金折扣作为财务费用列示，未能按照准则要求恰当抵减收入。

(3) 未恰当确认销售返利

根据企业会计准则及相关规定，企业与客户的合同中约定的对价金额可能是固定的，也可能会因折扣、价格折让、返利、退款、奖励积分、激励措施、业绩奖金、索赔等因素而变化。企业在判断交易价格是否为可变对价时，应当考虑各种相关因素（如企业已公开宣布的政策、特定声明、以往的习惯做法、销售战略以及客户所处的环境等），以确定其是否会接受一个低于合同标价的金额，即企业向客户提供一定的价格折让，在估计交易价格时应对提供的价格折让予以充分考虑。年报分析发现，个别上市公司未恰当确认与销售相关的返利，如错误地将销售返利金额计入销售费用、将计提的销售返利余额计入递延收益等。上市公司应将其给予客户的返利作为可变对价或附有额外购买选择权的销售进行会计处理，充分考虑相应义务、交易价格最佳估计数以及交易价格分摊等因素后，恰当确认销售收入及相应负债。

(4) 未合理确认应付客户对价

根据企业会计准则及相关规定，企业应付客户（或向客户购买本企业商品的第三方）对价的，应当将该应付对价冲减交易价格，并在确认相关收入与支付（或承诺支付）客户对价二者孰晚的时点冲减当期收入，但应付客户对价是为了向客户取得其他可明确区分商品的除外。企业应付客户对价是为了自客户取得其他可明确区分商品的，应当采用与企业其他采购相一致的方式确认所购买的商品。企业应付客户对价超过自客户取得可明确区分商品公允价值的，超过金额应当冲减交易价格。自客户取得的可明确区分商品公允价值不能合理估计的，企业应当将应付客户对价全额冲减交易价格。

年报分析发现，个别上市公司与客户签订合同后，根据合同约定向客户支付价款作为开展合同的初始费用，或支付价款用于客户陈列其商品、进行广告营销等，上市公司均将该款项作为应付客户对价并冲减交易价格。上市公司应依据合同约定充分分析其向客户支付对价的目的，若客户向上市公司提供了一项可明确区分的商品，且上市公司取得了该商品的控制权，通常应将其作为购买商品处理，而不应直接抵减交易价格、冲减销售收入。

(5) 未恰当核算附有销售退回条款的销售

根据企业会计准则及相关规定，对于附有销售退回条款的销售，企业应当在客户取得相关商品控制权时，按照因向客户转让商品而预期有权收取的对价金额确认收入。企业应当遵循可变对价（包括将可变对价计入交易价格的限制要求）的处理原则来确定其预期有权收取的对价金额，即交易价格不应包含预期将会被退回的商品的对价金额。每一资产负债表日，企业应当重新估计未来销售退回情况，如有变化，应当作为会计估计变更进行会计处理。年报分析发现，个别上市公司日常销售退换货频繁，在商品销售时即全额确认收入，并在收到退货时根据退货金额冲减当期收入。上市公司应充分分析日常销售频繁退换货的原因，结合相关事实和情况，严格按照前述附销售退回条款的商品销售相关原则进行会计处理。公司应合理判断商品控制权转移的时点，在控制权实际转移时，按照扣除预期后续发生销售退回金额后的对价确认收入，并将预期因销售退回将退还的金额确认为负债。

二、可变对价的披露示例

可变对价的收入确认政策披露示例汇总如表 3－27 所示。

表 3－27　　可变对价的收入确认政策披露示例汇总

序号	参考示例	收入确认政策
1	示例 3－64　广汽集团（601238. SH）	乘用车通常按销售折扣出售。本集团根据商务政策确定折扣金额，按照合同对价扣除定期计算的销售折扣的净额确认收入
2	示例 3－65　光明乳业（600597. SH）	本集团向符合销售返利政策条件的客户实施销售返利计划，根据历史经验和数据并结合销售返利政策对预计应向客户支付的产品销售返利金额作出估计，按照合同对价扣除预计返利金额后的净额确认收入
3	示例 3－66　舍得酒业（600702. SH）	本集团根据营销政策，以及经销商的销售情况，给予酒类经销商一定比例的价格优惠折扣，定期或不定期与经销商进行结算，在结算时作为折扣计入已开具的销售发票中，以扣除折扣后的发票金额（净额）确认销售收入，根据权责发生制原则，对当期已经发生期末尚未结算的折扣从销售收入中扣除，计入其他应付款核算
4	示例 3－67　艾力斯（688578. SH）	本集团向经销商提供基于销售数量的降价补偿，本集团根据历史经验，按照期望值法确定降价补偿金额，按照合同对价扣除预计降价补偿金额后的净额确认收入
5	示例 3－68　国药一致（000028. SZ）	本集团与部分客户之间的合同存在销售返利的安排，形成可变对价。本集团按照期望值或最有可能发生金额确定可变对价的最佳估计数，但包含可变对价的交易价格不超过在相关不确定性消除时累计已确认收入极可能不会发生重大转回的金额
6	示例 3－69　山东出版（601019. SH）	附有退回条件销售出版物时，明确退货率及退货期的，商品发出、经对方确认收货后，计算应确认收入金额。应确认收入金额＝销售数量×销售价格×（1－合同约定最高退货率）。于合同约定退货期满或双方结算两个时点中较早的时点确认剩余金额的收入。 附有退回条件销售出版物时，未明确退货率，但明确退货期的，于双方结算或退货期满两个时点中较早的时点确认收入。没有明确退货率及退货期的，于收取货款或取得索取货款的凭证时确认出版物收入

续表

序号	参考示例	收入确认政策
7	示例3－70　国城矿业（000688. SZ）	采用点价方式销售的产品，公司在取得双方签字确认的磅单时确认商品所有权的转移，确认销售收入，同时将点价结算权产生的应收款变动指定为以公允价值计量且其变动计入当期损益的金融资产，并于资产负债表日确认公允价值变动损益；公司点价时，按照最终结算价款结转以公允价值计量且其变动计入当期损益的金融资产并确认应收款变动，同时确认相应的投资收益。除矿产品外的其他产品销售，于货物发出并由双方办理交接手续时确认收入的实现
8	示例3－71　登云股份（002715. SZ）	对于销售的合质金根据黄金的价格走势采取点价或者直接出售的方式，公司在完成合质金交货并取得检测报告时确认销售收入，本公司将点价结算权产生的应收账款变动指定为以公允价值计量且其变动计入当期损益的金融资产。公司于资产负债表日，根据上海黄金交易所均价计算金融资产公允价值，并确认公允价值变动损益。公司点价时，按照最终结算价款结转以公允价值计量且其变动计入当期损益的金融资产并确认应收款变动，同时确认相应的投资收益

示例3－64　广汽集团（601238. SH）——2022年年报

本集团制造及销售一系列乘用车、商用车及汽车零部件。当产品已交付给客户、产品控制权已转移时，本集团确认销售收入。

乘用车通常按销售折扣出售。本集团根据商务政策确定折扣金额，按照合同对价扣除定期计算的销售折扣的净额确认收入。

劳务收入（主要包括运输服务、维修及保养服务及可选保修等）在劳务服务提供期间确认。

示例3－65　光明乳业（600597. SH）

向经销商、商超等销售

本集团生产产品并向各地经销商、商超等客户销售液态奶、其他乳制品等产品。本集团按照合同规定将产品运至约定交货地点，经客户验收后确认收入。本集团对经销商等客户采用预收的模式，对商超等客户采用赊销的模式，与行业惯例一致，不存在重大融资成分。

本集团向符合销售返利政策条件的客户实施销售返利计划，根据历史经验和数据并结合销售返利政策对预计应向客户支付的产品销售返利金额作出估计，按照合同对价扣除预计返利金额后的净额确认收入。

示例3－66　舍得酒业（600702. SH）

公司主营酒类及玻瓶业务的生产、销售，公司将产品销售给客户，属于在一个时点履行的履约义务。本公司与购货方签订销售合同，根据合同约定将产品交付给购货方或购货方指定的第三方时，产品的所有权和控制权随之转移至客户，按扣除应付客户对价后的净额确认收入。通过电商平台进行线上销售，在货物发出并经客户签收或电商平台根据约定自动签收（客户未主动签收）时确认收入。

本公司根据营销政策，以及经销商的销售情况，给予酒类经销商一定比例的价格优惠折扣，定期或不定期与经销商进行结算，在结算时作为折扣计入已开具的销售发票中，以扣除折扣后的发票金额（净额）确认销售收入，根据权责发生制原则，对当期已经发生期末尚未结算的折扣从销售收入中扣除，计入其他应付款核算。

示例3-67 艾力斯（688578.SH）

本集团生产伏美替尼产品并销售予各地经销商。本集团将伏美替尼产品按照合同规定运至约定交货地点，在经销商验收且双方签署货物交接单后确认收入。本集团给予经销商的信用期通常为60天，不存在重大融资成分。

本集团向经销商提供基于销售数量的降价补偿，本集团根据历史经验，按照期望值法确定降价补偿金额，按照合同对价扣除预计降价补偿金额后的净额确认收入。

示例3-68 国药一致（000028.SZ）——2021年年报

可变对价

本集团与部分客户之间的合同存在销售返利的安排，形成可变对价。本集团按照期望值或最有可能发生金额确定可变对价的最佳估计数，但包含可变对价的交易价格不超过在相关不确定性消除时累计已确认收入极可能不会发生重大转回的金额。

评估可变对价的限制

本集团对可变对价进行估计时，考虑能够合理获得的所有信息，包括历史信息、当前信息以及预测信息，在合理的数量范围内估计各种可能发生的对价金额以及概率包含可变对价的交易价格不超过在相关不确定性消除时累计已确认收入极可能不会发生重大转回的金额。本集团在评估与可变对价相关的不确定性消除时，累计已确认的收入金额是否极可能不会发生重大转回时，同时考虑收入转回的可能性及转回金额的比重。本集团在每一资产负债表日，重新评估可变对价金额，包括重新评估对可变对价的估计是否受到限制，以反映报告期末存在的情况以及报告期内发生的情况变化。

示例3-69 山东出版（601019.SH）

出版板块：出版板块主要的业务包括教材教辅销售、一般图书销售业务等。

出版企业销售出版物的收入按出版单位与购货方签订的合同或协议金额或双方确认的金额确定。

教材教辅主要销售给集团内部的新华发行集团，按照征订数量出版，一般不能退货，各出版社和股份公司本部在新华发行集团收到教材教辅后确认收入（按照季节，一般春秋两季在当年确认完毕）。

一般图书主要通过全国各地的新华书店、民营的图书批发和零售公司、第三方网络平台、作者包销等形式销售，一般收入确认时点如下：

采用预收款方式销售出版物的，在出版物发出时确认销售收入。采取买断方式销售出版物的，以出版物发出并验收后确认销售收入的实现。采用代销方式销售出版物的，在收到代销清单时确认销售收入。

附有退回条件销售出版物时，明确退货率及退货期的，商品发出、经对方确认收货后，计算应确认收入金额。应确认收入金额=销售数量×销售价格×(1-合同约定最高退货率)。于合同约定退货期满或双方结算两个时点中较早的时点确认剩余金额的收入。

附有退回条件销售出版物时，未明确退货率，但明确退货期的，于双方结算或退货期满两个时点中较早的时点确认收入。没有明确退货率及退货期的，于收取货款或取得索取货款的凭证时确认出版物收入。

示例3-70　国城矿业（000688.SZ）

按时点确认的收入

本公司及下属子公司的矿产品销售，属于在某一时点履行履约义务。内销产品收入确认需满足以下条件：公司已根据合同约定将产品交付给客户且客户已接受该商品，已经收回货款或取得了收款凭证且相关的经济利益很可能流入，商品所有权上的主要风险和报酬已转移，商品的法定所有权已转移。公司基于双方签字确认的本公司磅单（出库单）或客户公司磅单（入库单）作为商品所有权的转移凭据，暂以本公司化验数据为基础计算确定收入金额，待双方正式结算后再将差异调整结算期间的收入金额。采用点价方式销售的产品，公司在取得双方签字确认的磅单时确认商品所有权的转移，确认销售收入，同时将点价结算权产生的应收款变动分类为以公允价值计量且其变动计入当期损益的金融资产，并于资产负债表日确认公允价值变动损益；公司点价时，按照最终结算价款结转以公允价值计量且其变动计入当期损益的金融资产并确认应收款变动，同时确认相应的投资收益。除矿产品外的其他产品销售，于货物发出并由双方办理交接手续时确认收入的实现。

示例3-71　登云股份（002715.SZ）

收入确认的具体方法

本公司对于各种销售形式特点选择了不同的确认收入的条件：

对国内主机配套市场客户，在气门装机合格且客户发出销售确认单时确认销售收入的实现；

对国内售后维修市场客户销售货物，在货物发出并移交给购买方时确认销售收入的实现；

对销往国外售后维修市场、国外主机配置市场的产品，在海关电子口岸执法系统公布清关信息时确认销售收入的实现。本公司之子公司怀集发动机气门美国公司销售货物，在其货物移交给购买方时确认销售收入的实现。

对于销售的合质金根据黄金的价格走势采取点价或者直接出售的方式，公司在完成合质金交货并取得检测报告时确认销售收入，本公司将点价结算权产生的应收账款变动指定为以公允价值计量且其变动计入当期损益的金融资产。公司于资产负债表日，根据上海黄金交易所均价计算金融资产公允价值，并确认公允价值变动损益。公司点价时，按照最终结算价款结转以公允价值计量且其变动计入当期损益的金融资产并确认应收款变动，同时确认相应的投资收益。

第五节　客户未行使的权利披露示例

企业因销售商品向客户收取的预收款，赋予了客户一项在未来从企业取得该商品的权利，并使企业承担了向客户转让该商品的义务，因此，企业应当将预收的款项确认为合同负债，待未来履行了相关履约义务，即向客户转让相关商品时，再将该负债转为收入。某些情况下，企业收取的预收款无需退回，但是客户可能会放弃其全部或部分合同权利，例如，放弃储值卡的使用等。新收入准则对该类事项的会计处理做了明确规定。

一、准则相关规定与监管指引（节选）

（一）《企业会计准则第 14 号——收入》

第三十九条　企业向客户预收销售商品款项的，应当首先将该款项确认为负债，待履行了相关履约义务时再转为收入。当企业预收款项无须退回，且客户可能会放弃其全部或部分合同权利时，企业预期将有权获得与客户所放弃的合同权利相关的金额的，应当按照客户行使合同权利的模式按比例将上述金额确认为收入；否则，企业只有在客户要求其履行剩余履约义务的可能性极低时，才能将上述负债的相关余额转为收入。

（二）《企业会计准则应用指南汇编 2024》“第十五章　收入”

七、特定交易的会计处理

（七）客户未行使的权利

企业因销售商品向客户收取的预收款，赋予了客户一项在未来从企业取得该商品的权利，并使企业承担了向客户转让该商品的义务，因此，企业应当将预收的款项确认为合同负债，待未来履行了相关履约义务，即向客户转让相关商品时，再将该负债转为收入。

某些情况下，企业收取的预收款无需退回，但是客户可能会放弃其全部或部分合同权利，例如，放弃储值卡的使用等。企业预期将有权获得与客户所放弃的合同权利相关的金额的，应当按照客户行使合同权利的模式按比例将上述金额确认为收入；否则，企业只有在客户要求其履行剩余履约义务的可能性极低时，才能将相关负债余额转为收入。企业在确定其是否预期将有权获得与客户所放弃的合同权利相关的金额时，应当考虑将估计的可变对价计入交易价格的限制要求。

如果有相关法律规定，企业所收取的、与客户未行使权利相关的款项须转交给其他方的（例如，法律规定无人认领的财产需上交政府），企业不应将其确认为收入。

（三）证监会《2020 年上市公司年报会计监管报告》

未恰当确认与销售商品相关的款项

新收入准则根据向客户收取价款的权利与向客户转让商品的义务之间的关系核算与客户相关的往来款项，增加了合同资产、合同负债项目，并对应收账款、预收账款、递延收益等相关项目核算内容进行了调整。

(1) 未恰当确认及列示与履行合同相关款项

根据企业会计准则及相关规定，“合同资产”核算企业已向客户转让商品而有权收取对价的权利，仅取决于时间流逝因素的权利通过“应收账款”核算；“合同负债”核算企业已收或应收客户对价而应向客户转让商品的义务；合同资产和合同负债应当在资产负债表中单独列示，同一合同下的合同资产和合同负债应当以净额列示，不同合同下的合同资产和合同负债不能互相抵销。上市公司应以同一合同为基础，分析收取款项权利与转让商品义务情况并进行恰当会计处理。在向客户转让商品之前，上市公司若已经取得合同价款或取得了无条件收取合同对价的权利，应将其确认为银行存款或应收账款，同时确认合同负债，并在后续期间随着商品转让而结转合同负债。在向客户转让商品之后，上市公司若取得了无条件收取合同对价的权利，则应在确认收入的同时确认应收账款，否则应计入合同资产。同时，对于同一合同下的合同资产与合同负债，上市公司应以净额进行列示。年报分析发现，部分上市公司对于适用收入准则而收到或应收的款项，未进行恰当确认与列报，如同一合同项下的合同资产与合同负债未按净额列报、错误地抵销应收账款与合同负债等。

(2) 未恰当确认预收的款项

根据企业会计准则及相关规定，预收账款核算企业按照合同规定预收的款项；合同负债核算企业已收或应收客户对价而应向客户转让商品的义务。企业因销售商品收到的预收款适用新收入准则进行会计处理时，不再使用预收账款科目及递延收益科目。

年报分析发现，部分上市公司未对预收的款项进行恰当区分与确认：一是未将因销售商品而预收的款项确认为合同负债，仍作为预收账款列报；二是个别上市公司主营游戏业务，对于玩家已充值未消耗的游戏币金额，错误计入递延收益；三是上市公司开展多项生产经营业务并预先收到款项，未进一步区分款项性质而全部计入合同负债。上市公司应对预收的款项进行恰当区分，对于适用收入准则而收到的款项，若收到款项时公司已承担未来需向客户转让商品的义务，应将该款项计入合同负债；若收到款项时尚未承担向客户转让商品的义务，通常应先计入预收账款。对于适用其他准则而预先收到的款项，应当结合款项性质进行分析，通常情况下作为预收账款列报。

(3) 未恰当列报销售商品的预收款中包含的增值税

根据企业会计准则及相关规定，对于已收或应收货款中尚未发生增值税纳税义务而需于以后期间确认为销项税额的增值税额，应计入“应交税费——待转销项税额”，并在资产负债表中的“其他流动负债”或“其他非流动负债”项目列示。合同负债核算企业已收或应收客户对价而应向客户转让商品的义务，其不应包括已收或应收的对价中包含的增值税部分，该部分增值税金额应作为待转销项税列报于“其他流动负债”或“其他非流动负债”。年报分析发现，部分上市公司在首次执行新收入准则时未单独列报预收款中包含的待转销项税额，或错误地将预收款中待转销项税额部分列报于应交税费。

二、客户未行使的权利披露示例

客户未行使的权利收入确认政策披露示例汇总如表 3－28 所示。

表 3－28　　客户未行使的权利收入确认政策披露示例汇总

序号	参考示例	收入确认政策
1	示例 3－72　南方航空（600029. SH）	当客户接受本集团提供的客运、货运和邮运服务等运输服务时，客户取得运输服务的控制权，与此同时，本集团将对应的运输服务交易价格结转确认为收入。本集团已收但尚未提供运输服务的票款，计入票证结算负债。 弃用机票为本集团预期客户可能会放弃其部分或全部合同权利，从而本集团无须行使的客运合约责任所对应的部分合同权利。 当本集团预收机票款无需退回，且客户可能会放弃其全部或部分合同权利时，本集团于提供运输服务时，按照客户行使合同权利的模式按比例将预期有权获得与客户所放弃的合同权利相关的金额确认为收入；否则，本集团只有在客户要求其履行剩余履约义务的可能性极低时，才能将上述负债的相关余额转为收入
2	示例 3－73　中国国航（601111. SH）	当本集团出售的机票款项无需退回，且客户可能会放弃其全部或部分合同权利时，本集团预期将有权获得与客户所放弃的合同权利相关的金额的，按照客户行使合同权利的模式按比例将上述金额确认为收入；否则，本集团只有在客户要求履行剩余履约义务的可能性极低时，才将上述负债的相关余额转为收入
3	示例 3－74　春秋航空（601021. SH）	客运及货运收入于提供运输服务时确认。尚未提供运输服务的票款作为负债计入合同负债——预收票款。 当本集团出售的机票款项无需退回，且客户可能会放弃其全部或部分合同权利时，本集团预期将有权获得与客户所放弃的合同权利相关的金额的，按照客户行使合同权利的模式按比例将上述金额确认为收入；否则，本集团只有在客户要求其履行剩余履约义务的可能性极低时，才能将上述负债的相关余额转为收入
4	示例 3－75　美年健康（002044. SZ）	本集团出售不可退回的套餐卡，客户可在本集团使用套餐卡进行消费。部分套餐卡可能不会被消费，但本集团未能预期客户将放弃的合同权利金额，本集团只有在客户要求本集团履行剩余履约义务的可能性极低时，才能将相关负债余额转为收入
5	示例 3－76　金逸影视（002905. SZ）	本集团对采用电影卡、兑换券等方式预售电影票的，出售电影卡、兑换券取得的收入，先记入“合同负债”科目，待电影卡、兑换券持有人兑换电影票时，再确认收入，并进行有关款项的结转；已售电影卡、兑换券期满，尚未用以兑换电影票的电影卡、兑换券收入，全额转入当期主营业务收入

示例3－72　南方航空（600029. SH）

提供运输服务收入

当客户接受本集团提供的客运、货运和邮运服务等运输服务时，客户取得运输服务的控制权，与此同时，本集团将对应的运输服务交易价格结转确认为收入。本集团已收但尚未提供运输服务的票款，计入票证结算负债。

弃用机票为本集团预期客户可能会放弃其部分或全部合同权利，从而本集团无须行使的客运合约责任所对应的部分合同权利。

当本集团预收机票款无须退回，且客户可能会放弃其全部或部分合同权利时，本集团于提供运输服务时，按照客户行使合同权利的模式按比例将预期有权获得与客户所放弃的合同权利相关的金额确认为收入；否则，本集团只有在客户要求其履行剩余履约义务的可能性极低时，才能将上述负债的相关余额转为收入。

(f) 弃用机票的收入确认

本集团于提供运输服务时，按照客户行使合同权利的模式按比例将预期有权获得与客户所放弃的合同权利相关的金额确认为收入。本集团基于历史数据预期客户行使合同权利的模式估计弃用机票的比例，且该估计不超过在相关不确定性消除时累计已确认收入极可能不会发生重大转回的金额。不同判断及估计可能会影响本集团当期收入的确认金额。

合同负债

单位：百万元

项目	2023 年 12 月 31 日	2022 年 12 月 31 日
常旅客里程奖励计划	1, 460	1, 423
服务收入相关的预收款	49	73
合计	1, 509	1, 496

票证结算

票证结算是指本集团预售飞机舱位所得票款。于2023年度，票证结算年初余额中人民币约2, 349, 000, 000元满足收入确认条件，并结转至当年收入。于2023年12月31日，票证结算账龄均在2年以内。

示例3－73　中国国航（601111. SH）

1. 提供运输服务收入，包括客运和货邮运输收入

本集团主要提供客运和货邮运输服务，并将除下述常旅客奖励计划外的提供运输服务作为一项履约义务，于本集团提供运输服务时按照分摊至该项履约义务的交易价

格确认收入。本集团出售的机票在尚未承运时计入流动负债，通过“票证结算”进行核算。

2. 客户未行使的合同权利

当本集团出售的机票款项无需退回，且客户可能会放弃其全部或部分合同权利时，本集团预期将有权获得与客户所放弃的合同权利相关的金额的，按照客户行使合同权利的模式按比例将上述金额确认为收入；否则，本集团只有在客户要求履行剩余履约义务的可能性极低时才将上述负债的相关余额转为收入。本集团的其他收入主要包括地面服务、飞机维修等提供劳务收入及机上商品销售等收入，收入在客户取得相关商品或服务的控制权时确认。

3. 预计超期票证收入

超期票证是旅客购票后并未按照票面所载的承运日期旅行且未改签为新的日期，但旅客仍有权利在未来一定时期内使用该客票并要求本集团提供运输服务。当本集团出售的机票款项无须退回，且客户可能会放弃其全部或部分合同权利时，本集团预期将有权获得与客户所放弃的合同权利相关的金额按照客户行使合同权利的模式按比例确认为收入。本集团根据过往的历史经验估计旅客最终未行使的合同权利的比例，不同的判断及估计可能会影响当期预计的超期票证收入金额，本集团于2023年12月31日的票证结算金额已考虑相关调整的影响。

示例3－74　春秋航空（601021. SH）

运输收入

客运及货运收入于提供运输服务时确认。尚未提供运输服务的票款，作为负债计入合同负债——预收票款。

当本集团出售的机票款项无需退回，且客户可能会放弃其全部或部分合同权利时，本集团预期将有权获得与客户所放弃的合同权利相关的金额的，按照客户行使合同权利的模式按比例将上述金额确认为收入；否则，本集团只有在客户要求其履行剩余履约义务的可能性极低时，才能将上述负债的相关余额转为收入。

合同负债

单位：元

项目	2023年12月31日	2022年12月31日
预收票款	1, 212, 200, 082	563, 327, 903
尚未兑换的旅客奖励积分	76, 108, 049	54, 426, 651
其他	23, 410, 543	18, 224, 239
合计	1, 311, 718, 674	635, 978, 793

其他流动负债

单位：元

项目	2023 年 12 月 31 日	2022 年 12 月 31 日
超短期融资券	405,784,353	—
待转销项税额	90,251,329	40,851,415
合计	496,035,682	40,851,415

示例 3－75　美年健康（002044. SZ）——2021 年年报

销售服务收入

本集团与客户之间的服务合同通常包含提供体检服务的履约义务。本集团根据实际到检的人数，于完成体检服务时确认收入。

对大部分个人客户，本集团通常要求预付体检服务费。企业可根据签署的服务合同的条款规定预付部分体检服务费，本集团将该等收费计入合同负债。本集团将已经完成体检服务，但尚未收到的款项，确认为应收账款。

本集团出售不可退回的套餐卡，客户可在本集团使用套餐卡进行消费。部分套餐卡可能不会被消费，但本集团未能预期客户将放弃的合同权利金额，本集团只有在客户要求本集团履行剩余履约义务的可能性极低时，才能将相关负债余额转为收入。

合同负债

单位：元

项目	期末余额	期初余额
体检费	1,612,270,510.78	1,620,425,205.70
融资租赁咨询费	60,251,879.26	122,463,176.35
会籍费	11,463,479.18	13,979,110.34
连锁加盟费	1,350,000.00	1,350,000.00
合计	1,685,335,869.22	1,758,217,492.39

示例 3－76　金逸影视（002905. SZ）

电影放映票房收入

本集团销售的电影票款在观众入场观看电影时确认为电影放映票房收入。

本集团对采用电影卡、兑换券等方式预售电影票的，出售电影卡、兑换券取得的收入，先记入“合同负债”科目，待电影卡、兑换券持有人兑换电影票时，再确认收入，并进行有关款项的结转；已售电影卡、兑换券期满，尚未用以兑换电影票的电影卡、兑换券收入，全额转入当期主营业务收入。

合同负债

单位：元

项目	期末余额	期初余额
会员卡	274, 441, 980. 47	268, 112, 170. 88
合作商	18, 118, 939. 48	24, 596, 309. 96
团体票	24, 140, 296. 93	14, 216, 760. 79
预售票	2, 516, 677. 54	1, 420, 632. 42
活动套餐券	506, 756. 25	464, 029. 94
广告款	587, 186. 60	8, 287, 382. 90
权益卡		798. 00
合计	320, 311, 837. 27	317, 098, 084. 89

报告期内账面价值发生重大变动的金额和原因

单位：元

项目	变动金额	变动原因
预收会员卡票款等款项	6, 329, 809. 59	预收会员卡票款等款项净增加
合计	6, 329, 809. 59	

第六节　无需退回的初始费披露示例

企业在合同开始日（或邻近合同开始日）向客户收取的无需退回的初始费通常包括入会费、接驳费、初装费等。公司一次性收取的无需退还的初始费，是全部计入当期损益还是按受益期限分期计入受益期损益，应分析初始费对应的履约义务，在履约义务完成时，与相应的对价一并确认收入。

一、准则相关规定与监管指引（节选）

（一）《企业会计准则第 14 号——收入》

第四十条　企业在合同开始（或接近合同开始）日向客户收取的无须退回的初

始费（如俱乐部的入会费等）应当计入交易价格。企业应当评估该初始费是否与向客户转让已承诺的商品相关。该初始费与向客户转让已承诺的商品相关并且该商品构成单项履约义务的，企业应当在转让该商品时，按照分摊至该商品的交易价格确认收入；该初始费与向客户转让已承诺的商品相关，但该商品不构成单项履约义务的，企业应当在包含该商品的单项履约义务履行时，按照分摊至该单项履约义务的交易价格确认收入；该初始费与向客户转让已承诺的商品不相关的，该初始费应当作为未来将转让商品的预收款，在未来转让该商品时确认为收入。企业收取了无须退回的初始费且为履行合同应开展初始活动，但这些活动本身并没有向客户转让已承诺的商品的，该初始费与未来将转让的已承诺商品相关，应当在未来转让该商品时确认为收入，企业在确定履约进度时不应考虑这些初始活动；企业为该初始活动发生的支出应当按照本准则第二十六条和第二十七条规定确认为一项资产或计入当期损益。

（二）《企业会计准则应用指南汇编2024》“第十五章　收入”

七、特定交易的会计处理

（八）无需退回的初始费

企业在合同开始日（或邻近合同开始日）向客户收取的无需退回的初始费通常包括入会费、接驳费、初装费等。企业收取该初始费时，应当评估该初始费是否与向客户转让已承诺的商品相关。该初始费与向客户转让已承诺的商品相关，且该商品构成单项履约义务的，企业应当在转让该商品时，按照分摊至该商品的交易价格确认收入；该初始费与向客户转让已承诺的商品相关，但该商品不构成单项履约义务的，企业应当在包含该商品的单项履约义务履行时，按照分摊至该单项履约义务的交易价格确认收入；该初始费与向客户转让已承诺的商品不相关的，该初始费应当作为未来将转让商品的预收款，在未来转让该商品时确认为收入。当企业向客户授予了续约选择权，且该选择权向客户提供了重大权利时，这部分收入确认的期间将可能长于初始合同期限。

在合同开始日（或邻近合同开始日），企业通常必须开展一些初始活动，为履行合同进行准备，如一些行政管理性质的准备工作，这些活动虽然与履行合同有关，但并没有向客户转让已承诺的商品，因此，不构成单项履约义务。在这种情况下，即使企业向客户收取的无需退还的初始费与这些初始活动有关（例如，企业为了补偿开展这些活动所发生的成本而向客户收取初始费），也不应在这些活动完成时将该初始费确认为收入，而应当将该初始费作为未来将转让商品的预收款，在未来转让该商品时确认为收入。

企业为履行合同开展初始活动，但这些活动本身并没有向客户转让已承诺的商品的，企业为开展这些活动所发生的支出，应当按照本章的有关合同履约成本的相关规定确认为一项资产或计入当期损益，并且企业在确定履约进度时，也不应当考虑这些成本，因为这些成本并不反映企业向客户转让商品的进度。

二、无需退回的初始费披露示例

无需退回的初始费收入确认政策披露示例汇总如表 3－29 所示。

表 3－29　　无需退回的初始费收入确认政策披露示例汇总

序号	参考示例	收入确认政策
1	示例 3－77　药明康德（603259. SH）	在合同开始（或接近合同开始）日向客户收取的无需退回的初始费（如项目研发前期费用等）计入交易价格。该初始费与向客户转让已承诺的商品或服务相关，且该商品或服务构成单项履约义务的，本集团在转让该商品或服务时，按照分摊至该商品或服务的交易价格确认收入；该初始费与向客户转让已承诺的商品或服务相关，但该商品或服务不构成单项履约义务的，本集团在包含该商品或服务的单项履约义务履行时，按照分摊至该单项履约义务的交易价格确认收入；该初始费与向客户转让已承诺的商品或服务不相关的，该初始费作为未来将转让商品或服务的预收款，在未来转让该商品或服务时确认为收入
2	示例 3－78　华数传媒（000156. SZ）	对于收取的有线电视入网费（包括经有关部门批准收取的配套费、初装费以及其他形式的网络接入费），根据《财政部关于印发〈关于企业收取的一次性入网费会计处理的规定〉的通知》（财会〔2003〕16 号），在收款时作为递延收入按 10 年分期确认收入
3	示例 3－79　老百姓（603883. SH）	当加盟门店经过本集团审核，符合本集团要求，正式签订加盟协议后即按照合同收取加盟费，加盟商与本集团合作时一次性收取的加盟费作为在某一时段内履行的知识产权许可确认收入
4	示例 3－80　焦点科技（002315. SZ）	本公司的网络信息技术服务和“认证供应商”服务的各项收入需注册收费会员在中国制造网电子商务平台（Made-in-China. com）开通上述服务和进行实地认证前预先支付，网络信息技术服务收入于各服务合约期限内分期确认。“认证供应商”服务在有关专家或本公司对注册收费会员进行相关认证、出具认证报告并在中国制造网电子商务平台（Made-in-China. com）发布后，确认“认证供应商”服务收入；如注册收费会员在服务合约到期时，尚未要求进行相关认证服务，则一次性确认“认证供应商”服务收入

示例 3－77　药明康德（603259. SH）

在合同开始（或接近合同开始）日向客户收取的无需退回的初始费（如项目研发前期费用等）计入交易价格。该初始费与向客户转让已承诺的商品或服务相关，且该商品或服务构成单项履约义务的，本集团在转让该商品或服务时，按照分摊至该商品或服务的交易价格确认收入；该初始费与向客户转让已承诺的商品或服务相关，但该商品或服务不构成单项履约义务的，本集团在包含该商品或服务的单项履约义务履行时，按照分摊至该单项履约义务的交易价格确认收入；该初始费与向客户转让已承诺的商品或服务不相关的，该初始费作为未来将转让商品或服务的预收款，在未来转让该商品或服务时确认为收入。

示例3－78　华数传媒（000156. SZ）

收入确认的具体方法

（1）商品销售业务

商品销售业务属于在某一时点履行的履约义务，在商品出库且经客户签收后确认收入。

（2）数字电视收入、互动电视业务收入、手机电视业务收入、互联网电视业务收入

属于在某一时段内履行的履约义务，根据实际提供的服务在服务归属期内确认收入。

（3）网络接入收入

对于收取的有线电视入网费（包括经有关部门批准收取的配套费、初装费以及其他形式的网络接入费），在收款时计入其他非流动负债，按10年分期确认收入。

（4）节目传输收入、广告收入、宽带及数据通信业务收入

对于该等业务，属于在某一时段内履行的履约义务，根据合同约定的服务期间在归属期内确认收入。

（5）云宽带对外合作业务收入

对于云宽带对外合作业务等分成收入，根据公司与合作方签订的合作协议约定，每月根据经双方确认的结算数据确认收入，若当月未取得客户提供的结算数据，在能够可靠计量的情况下，根据计费平台统计的数据信息等确认收入，在实际结算时予以调整。

（6）集成项目收入

集成项目属于在某一时点履行的履约义务，集成项目收入在取得客户验收单后一次性确认。

示例3－79　老百姓（603883. SH）

销售模式

公司的销售模式为自营购销和加盟、联盟，即由物流配送中心统一采购商品并进行统一配送，待购销商品验收进入门店后，作为零售药店的库存，与商品所有权相关的风险和收益均由零售药店承担。自营购销模式下，购销差价是利润主要来源。加盟利润主要来源为配送购销差价、加盟费、管理费和软件使用费。

公司依靠直营门店和加盟店、联盟店进行药品零售业务，为了向消费者提供优质的商品及购物体验，公司制订了一系列操作规范对门店销售进行管理。此外，公司通过各大电商平台、私域微信小程序等多渠道发展线上业务。

加盟费合同

当加盟门店经过本集团审核，符合本集团要求，正式签订加盟协议后即按照合同收取加盟费，加盟商与本集团合作时一次性收取的加盟费作为在某一时段内履行的知

识产权许可确认收入。

合同负债

单位：元

项目	期末余额	期初余额
预收货款	95, 244, 711	100, 504, 969
预收加盟费	37, 933, 151	33, 169, 053
预收门店购物款	87, 934, 830	68, 580, 465
积分计划	5, 771, 292	14, 122, 815
其他	3, 419, 611	3, 625, 051
合计	230, 303, 595	220, 002, 353

示例3-80　焦点科技（002315. SZ）

本公司业务收入主要来自提供“B2B”业务的电子商务服务收入，包括中国制造网电子商务平台（Made-in-China. com）注册收费会员的网络信息技术服务收入、认证供应商服务收入、网络广告收入，以及保险佣金收入、贷款利息收入、咨询服务收入、商品销售收入、代理服务收入等。除上述收入外，本公司尚有为客户提供的网站建设服务收入、仓储服务收入、会展收入和租赁收入等。

网络信息技术服务为注册收费会员在中国制造网电子商务平台（Made-in-China. com）上发布企业信息、产品信息及商情信息等向本公司支付的服务费，以及为本公司向注册收费会员提供在中国制造网电子商务平台（Made-in-China. com）上的“名列前茅（Top Rank）”服务、“产品展台（Spotlight Exhibits）”服务、“横幅推广（Banner Pro）”服务等附加服务收取的服务费。“认证供应商”服务收入是在中国制造网电子商务平台（Made-in-China. com）上推出的“认证供应商”的服务，该服务是一种非强制性审核认证服务，将由有关专家或本公司对注册收费会员进行实地或远程认证，除了进行基本面信息的确认之外，还将对该注册收费会员的生产能力、外贸能力、持续质量改进等多方面进行全面认证，本公司就该认证服务向注册收费会员收取认证服务费。

本公司的网络信息技术服务和“认证供应商”服务的各项收入需注册收费会员在中国制造网电子商务平台（Made-in-China. com）开通上述服务和进行实地认证前预先支付，网络信息技术服务收入于各服务合约期限内分期确认。“认证供应商”服务在有关专家或本公司对注册收费会员进行相关认证、出具认证报告并在中国制造网电子商务平台（Made-in-China. com）发布后，确认“认证供应商”服务收入；如注册收费会员在服务合约到期时，尚未要求进行相关认证服务，则一次性确认“认证供应商”服务收入。

第七节 附有质量保证条款的销售披露示例

企业根据合同、法律或主体的商业惯例，经常为销售的商品或服务提供质保，不同行业及合同的质保性质可能差别很大。某些质保向客户提供相关商品符合既定标准，保证商品按各方预期正常使用；某些质保则向客户提供商品符合既定标准之外的服务。对于附有质量保证条款的销售，企业应当评估该质量保证是否在向客户保证所销售商品符合既定标准之外提供了一项单独的服务，而作为单项履约义务进行会计处理。

一、准则相关规定与监管指引（节选）

（一）《企业会计准则第 14 号——收入》

第三十三条 对于附有质量保证条款的销售，企业应当评估该质量保证是否在向客户保证所销售商品符合既定标准之外提供了一项单独的服务。企业提供额外服务的，应当作为单项履约义务，按照本准则规定进行会计处理；否则，质量保证责任应当按照《企业会计准则第 13 号——或有事项》规定进行会计处理。在评估质量保证是否在向客户保证所销售商品符合既定标准之外提供了一项单独的服务时，企业应当考虑该质量保证是否为法定要求、质量保证期限以及企业承诺履行任务的性质等因素。客户能够选择单独购买质量保证的，该质量保证构成单项履约义务。

（二）《企业会计准则应用指南汇编 2024》“第十五章 收入”

七、特定交易的会计处理

（二）附有质量保证条款的销售

企业在向客户销售商品时，根据合同约定、法律规定或本企业以往的习惯做法等，可能会为所销售的商品提供质量保证，这些质量保证的性质可能因行业或者客户而不同。其中，有一些质量保证是为了向客户保证所销售的商品符合既定标准，即保证类质量保证；而另一些质量保证则是在向客户保证所销售的商品符合既定标准之外提供了一项单独的服务，即服务类质量保证。

企业应当对其所提供的质量保证的性质进行分析，对于客户能够选择单独购买质量保证的，表明该质量保证构成单项履约义务；对于客户虽然不能选择单独购买质量保证，但是，如果该质量保证在向客户保证所销售的商品符合既定标准之外提供了一项单独服务的，也应当作为单项履约义务。作为单项履约义务的质量保证应当按本章规定进行会计处理，并将部分交易价格分摊至该项履约义务。对于不能作为单项履约义务的质量保证，企业应当按照第十四章或有事项的规定进行会计处理。

企业在评估一项质量保证是否在向客户保证所销售的商品符合既定标准之外提供了一项单独的服务时，应当考虑的因素包括：

1. 该质量保证是否为法定要求。当法律要求企业提供质量保证时，该法律规定通常表明企业承诺提供的质量保证不是单项履约义务，这是因为，这些法律规定通常是为了保护客户，以免其购买瑕疵或缺陷商品，而并非为客户提供一项单独的服务。

2. 质量保证期限。企业提供质量保证的期限越长，越有可能表明企业向客户提供了保证商品符合既定标准之外的服务。因此，企业承诺提供的质量保证越有可能构成单项履约义务。

3. 企业承诺履行任务的性质。如果企业必须履行某些特定的任务以保证所销售的商品符合既定标准（例如，企业负责运输被客户退回的瑕疵商品），则这些特定的任务可能不构成单项履约义务。

（三）证监会《监管规则适用指引——会计类第4号》

4－2　研发服务合同中排他条款的会计处理

在识别转让商品合同中的履约义务时，需要考虑商品是否可明确区分，包括考虑是否与合同中承诺的其他商品存在重大整合、重大修改或定制以及具有高度关联性等因素。对于附有质量保证条款的销售，企业应当按性质将其所提供质量保证区分为保证类和服务类质量保证进行会计处理。

监管实践发现，部分公司对于研发服务合同中包含的排他条款，例如一定时间内不能为其他公司提供类似研发服务等，应如何进行会计处理存在理解上的偏差和分歧。现就该事项的意见如下：

对于研发服务合同中约定的排他条款以及客户能够选择单独购买的排他协议，可参照收入准则中关于质量保证的有关规定进行会计处理。若相关排他服务可单独购买、或者是在研发服务提供结束后较长一段时间持续存在且不属于行业惯例的排他条款等情况的，则应将排他条款识别为单项履约义务，参照服务类质保进行会计处理。若排他性属于研发服务的属性或特有安排，与提供的研发服务密切相关，例如与研发服务履约期限相同、或者是按照行业惯例作出的约定等，则不应将排他条款识别为单项履约义务，参照保证类质保进行会计处理。

（四）证监会《上市公司2023年年度财务报告会计监管报告》

质量保证会计处理不正确

根据企业会计准则及相关规定，对于附有质量保证条款的销售，如果质量保证可以单独购买、或该质量保证或其一部分是在向客户保证所销售商品或服务符合既定标准之外提供了一项单独的服务，该质量保证或其一部分构成单项履约义务；否则，企业应按照或有事项准则的有关规定对质量保证责任进行会计处理。

审阅分析发现，部分上市公司对质量保证会计处理不正确。例如，有的上市公司在销售合同中同时约定向客户提供长期质量保证，相关保证期限显著超出法律规定和同行业水平，但上市公司未将该质量保证或其组成部分单独识别为一项履约义务，错误地在销售完成时将全部合同对价一次性确认收入。有的上市公司在销售合同中按照法律规定对客户提供质量保证，该质量保证不构成单独的服务，但上市公司未按照或有事项准则就质量保证计提预计负债。

二、附有质量保证条款的销售披露示例

附有质量保证条款的销售披露示例汇总如表 3 - 30 所示。

表 3 - 30　　附有质量保证条款的销售披露示例汇总

序号	参考示例	收入确认政策
1	示例 3 - 81　工业富联（601138. SH）	本集团为部分通信及移动网络设备、云计算产品提供一定约定期间的产品质量保证，该产品质量保证的期限和条款是按照与通信及移动网络设备、云计算产品相关的法律法规的要求而提供的，本集团并未因此提供任何额外的服务或额外的质量保证，故该产品质量保证不构成单独的履约义务
2	示例 3 - 82　金风科技（002202. SZ）	产品质量保证金主要包含本集团就所交付的风力发电机组产品的性能在 2 年至 5 年的质量保证期内向客户提供的各种质量保证服务。在质量保证期内，本集团须提供免费维修及更换零部件服务，以保证产品质量
3	示例 3 - 83　广汽集团（601238. SH）	本集团会向购车客户提供一定次数免费保养服务，并提供一定的整车保修期限。于整车保修期限内，购车客户可获得本集团提供的免费维修服务。本集团根据已销售乘用车的数量和以往维修支出的经验对产品质量保证金进行预提
4	示例 3 - 84　鼎捷软件（300378. SZ）	本公司在软件销售合同中一般会附送一年期软件维护服务，自制软件销售和提供的软件维护服务属于不同的合同履约义务。根据经验估计，一年期的软件维护服务金额约为自制软件收入金额的 10%。本公司按销售合同价格的 10% 作为提供软件维护服务履约义务分摊的价格，按约定的维护期限，随着已提供的服务月数逐月确认软件维护服务收入，摊余金额在合同负债核算
5	示例 3 - 85　同花顺（300033. SZ）	对合同规定由公司负责免费维护的软件产品，在确认收入的同时，按当期收入的 1% 预提期末应保留的软件维护费用
6	示例 3 - 86　欧比特（300053. SZ）	本公司在系统集成合同中一般会附送一到两年的免费运营维护服务，本公司参考免费运营期结束后的收费运营维护服务价格按系统集成合同价格（如果系统集成采购的设备供应商也存在免维义务的话，则扣减该设备价款）的一定比例作为递延收益，在免费维护期内进行摊销，摊余金额在递延收益核算
7	示例 3 - 87　财富趋势（688318. SZ）	对合同规定由公司负责免费维护的软件产品，在确认证券行情交易系统服务收入的同时，按收入的 1% 预提软件维护费用

示例 3 - 81　工业富联（601138. SH）

附有产品质量保证的销售

本集团为部分通信及移动网络设备、云计算产品提供一定约定期间的产品质量保

证，该产品质量保证的期限和条款是按照与通信及移动网络设备、云计算产品相关的法律法规的要求而提供的，本集团并未因此提供任何额外的服务或额外的质量保证，故该产品质量保证不构成单独的履约义务。

示例 3-82　金风科技（002202. SZ）

质量保证

产品质量保证金主要包含本集团就所交付的风力发电机组产品的性能在 2 年至 5 年的质量保证期内向客户提供的各种质量保证服务。在质量保证期内，本集团须提供免费维修及更换零部件服务，以保证产品质量。本集团对具有类似特征的合同组合，根据历史保修数据、当前保修情况，考虑产品改进、市场变化等全部相关信息后，对保修费率予以合理估计。估计的保修费率可能并不等于未来实际的保修费率，本集团至少于每一资产负债表日对保修费率进行重新评估，并根据重新评估后的保修费率确定预计负债。

质保义务

根据合同约定、法律规定等，本集团为所销售的商品、所提供的工程承包服务等提供质量保证。对于为向客户保证所销售的商品或服务符合既定标准的保证类质量保证，本集团按照附注五、22 进行会计处理。对于为向客户保证所销售的商品或服务符合既定标准之外提供了一项单独服务的服务类质量保证，本集团将其作为一项单项履约义务，按照提供商品和服务类质量保证的单独售价的相对比例，将部分交易价格分摊至服务类质量保证，并在客户取得服务控制权时确认收入。在评估质量保证是否在向客户保证所销售商品符合既定标准之外提供了一项单独服务时，本集团考虑该质量保证是否为法定要求、质量保证期限以及集团承诺履行任务的性质等因素。

示例 3-83　广汽集团（601238. SH）

产品质量保证金

本集团会向购车客户提供一定次数免费保养服务，并提供一定的整车保修期限。于整车保修期限内，购车客户可获得本集团提供的免费维修服务。本集团根据已销售乘用车的数量和以往维修支出的经验对产品质量保证金进行预提。于 2023 年 12 月 31 日，本集团预提产品质量保证金余额为 14. 70 亿元。产品质量保证金的计提需依赖于管理层的重大判断和估计。如果实际发生的产品质量保证金大于或小于预计数，将会影响发生期的损益。

示例 3-84　鼎捷软件（300378. SZ）

年度维护服务：由于公司履约的同时客户即取得并消耗公司履约所带来的经济利益，且公司在整个合同期间内有权就累计至今已完成的履约部分收取款项，公司将其作为在某一时段内履行的履约义务，按实际提供服务的月数，逐月确认软件维护服务收入。

随同软件附带的维护服务：从市场维护的角度出发，本公司在软件销售合同中一般会附送一年期软件维护服务，自制软件销售和提供的软件维护服务属于不同的合同履约义务。根据经验估计，一年期的软件维护服务金额约为自制软件收入金额的10%。本公司按销售合同价格的10%作为提供软件维护服务履约义务分摊的价格，按约定的维护期限，随着已提供服务的月数逐月确认软件维护服务收入，摊余金额在合同负债核算。

示例3－85　同花顺（300033. SZ）

（1）自行开发研制的软件产品销售收入

自行开发研制的软件产品销售业务属于在某一时点履行的履约义务，在客户取得相关软件商品或服务控制权时确认收入。公司在安装验收完毕，获取验收证明或依据合同达到验收条件时确认软件产品销售收入。

对合同规定由公司负责免费维护的软件产品，在确认收入的同时，按当期收入的1%预提期末应保留的软件维护费用。

（2）增值电信业务收入（含金融资讯及数据服务和手机金融信息服务）

增值电信业务属于在某一时段内履行的履约义务，根据已提供服务期间占授权客户使用期限的比例确定提供服务的履约进度，并按履约进度确认收入。

（3）软件维护收入

软件维护业务属于在某一时段内履行的履约义务，根据已提供维护期间占与客户约定维护期限的比例确定提供服务的履约进度，并按履约进度确认收入。

示例3－86　欧比特（300053. SZ）

系统集成类业务：

依合同约定按照技术研发及应用系统集成合同研制完成咨询、方案设计及论证、采购、安装调试、系统设计及软硬件系统的联调、试运行、交付IP及软硬件系统的联调、试运行、交付IP核及应用系统集成、系统验收等过程后，由客户进行评定验收，并出具评审验收报告，依据评审验收合格报告确认技术研发及应用系统集成收入。

对于合同额较大、施工期限较长、客户有明确的节点验收并付款的项目采用完工百分比法确认收入，完工进度依累计已发生成本占预计总成本的比例或客户节点验收确认的进度两者孰低予以确认。

对系统集成设计施工服务和后续的运营维护服务予以分别定价。从市场维护的角度出发，本公司在系统集成合同中一般会附送一到两年的免费运营维护服务，本公司参考免费运营期结束后的收费运营维护服务价格按系统集成合同价格（如果系统集成采购的设备供应商也存在免维义务的话，则扣减该设备价款）的一定比例作为递延收益，在免费维护期内进行摊销，摊余金额在递延收益核算。

为客户提供系统的后续维护、升级改造、技术支持等服务业务，根据与用户签署合同约定的合同总额与服务期间，按提供服务的期间确认收入。

示例3－87　财富趋势（688318. SZ）

证券行情交易系统及技术支持维护收入

证券行情交易系统收入：本公司在已将证券行情交易系统提供给客户，安装验收开具发票、收讫货款或客户开具安装验收报告后确认收入的实现。对合同规定由公司负责免费维护的软件产品，在确认证券行情交易系统服务收入的同时，按收入的1%预提软件维护费用。

技术支持与维护收入：本公司在劳务已经提供，收到价款或取得收款的依据后，根据与用户约定的技术支持与维护期间及总金额，按提供技术支持与维护的进度确认技术支持与维护收入。

第八节　主要责任人或代理人披露示例

如果第三方参与企业向客户销售商品或提供服务，企业应当分析交易实质是企业自身还是企业安排第三方向客户销售商品或提供服务（即主要责任人还是代理人）。如果企业是主要责任人，应采用总额法确认收入，若企业是代理人，应采用净额法确认收入。

一、准则相关规定与监管指引（节选）

（一）《企业会计准则第14号——收入》

第三十四条　企业应当根据其在向客户转让商品前是否拥有对该商品的控制权，来判断其从事交易时的身份是主要责任人还是代理人。企业在向客户转让商品前能够控制该商品的，该企业为主要责任人，应当按照已收或应收对价总额确认收入；否则，该企业为代理人，应当按照预期有权收取的佣金或手续费的金额确认收入，该金额应当按照已收或应收对价总额扣除应支付给其他相关方的价款后的净额，或者按照既定的佣金金额或比例等确定。

企业向客户转让商品前能够控制该商品的情形包括：

（一）企业自第三方取得商品或其他资产控制权后，再转让给客户。

（二）企业能够主导第三方代表本企业向客户提供服务。

（三）企业自第三方取得商品控制权后，通过提供重大的服务将该商品与其他商品整合成某组合产出转让给客户。

在具体判断向客户转让商品前是否拥有对该商品的控制权时，企业不应仅局限于合同的法律形式，而应当综合考虑所有相关事实和情况，这些事实和情况包括：

（一）企业承担向客户转让商品的主要责任。

（二）企业在转让商品之前或之后承担了该商品的存货风险。

（三）企业有权自主决定所交易商品的价格。

（四）其他相关事实和情况。

（二）财政部关于年报工作的通知

《关于严格执行企业会计准则切实做好企业2022年年报工作的通知》（财会〔2022〕32号）

当企业向客户销售商品涉及其他方参与其中时，企业不应仅局限于合同的法律形式，而应当综合考虑所有相关事实和情况，评估特定商品在转让给客户之前是否控制该商品，确定其自身在该交易中的身份是主要责任人还是代理人。控制该商品的，其身份为主要责任人，用总额法确认收入；不控制该商品的，其身份为代理人，用净额法确认收入。部分行业如贸易、百货、电商、广告营销等应予以特别关注，应当结合业务商业模式等相关事实和情况，严格按照收入准则的相关规定进行判断和会计处理。

为便于准则实施，企业在判断时通常也可以参考如下三个迹象：企业承担向客户转让商品的主要责任；企业在转让商品之前或之后承担了该商品的存货风险；企业有权自主决定所交易商品的价格。需要强调的是，企业在判断其是主要责任人还是代理人时，应当以该企业在特定商品转移给客户之前是否能够控制该商品为原则，上述三个迹象仅为支持对控制权的评估，不能取代控制权的评估，也不能凌驾于控制权评估之上，更不是单独或额外的评估。

《关于严格执行企业会计准则切实做好企业2021年年报工作的通知》（财会〔2021〕32号）

当企业向客户销售商品涉及其他方参与其中时，企业不应仅局限于合同的法律形式，而应当综合考虑所有相关事实和情况，评估特定商品在转让给客户之前是否控制该商品，确定其自身在该交易中的身份是主要责任人还是代理人。控制该商品的，其身份为主要责任人，用总额法确认收入；不控制该商品的，其身份为代理人，用净额法确认收入。部分行业如贸易、百货、电商等应予以特别关注，应当严格按照新收入准则的相关规定进行判断和会计处理。

为便于准则实施，企业在判断时通常也可以参考如下三个迹象：企业承担向客户转让商品的主要责任；企业在转让商品之前或之后承担了该商品的存货风险；企业有权自主决定所交易商品的价格。需要强调的是，企业在判断其是主要责任人还是代理人时，应当以该企业在特定商品转移给客户之前是否能够控制该商品为原则，上述三个迹象仅为支持对控制权的评估，不能取代控制权的评估，也不能凌驾于控制权评估之上，更不是单独或额外的评估。

《关于严格执行企业会计准则　切实加强企业2020年年报工作的通知》(财会〔2021〕2号)

当企业向客户销售商品涉及其他方参与其中时，企业应当评估特定商品在转让给客户之前是否控制该商品，确定其自身在该交易中的身份是主要责任人还是代理人。控制该商品的，其身份为主要责任人，用总额法确认收入；不控制该商品的，其身份为代理人，用净额法确认收入。

为便于准则实施，企业在判断时通常也可以参考如下三个迹象：企业承担向客户转让商品的主要责任；企业在转让商品之前或之后承担了该商品的存货风险；企业有权自主决定所交易商品的价格。需要强调的是，企业在判断其是主要责任人还是代理人时，应当以该企业在特定商品转移给客户之前是否能够控制该商品为原则，上述三个迹象仅为支持对控制权的评估，不能取代控制权的评估，也不能凌驾于控制权评估之上，更不是单独或额外的评估。

（三）财政部《收入准则应用案例——主要责任人和代理人的判断》

【例1】甲公司是一家经营高端品牌的百货公司，采用与品牌服装供应商合作的经营模式。某高端品牌供应商乙公司在甲公司指定区域设立专柜（或专卖店）提供约定品牌商品，并委派营业员销售商品，假定本案例不包含租赁。乙公司负责专柜内的商品保管、出售、调配或下架，承担丢失和毁损风险，拥有未售商品的所有权。乙公司负责实际定价销售，甲公司负责对百货公司内销售的商品统一收款，开具发票。甲公司将收到客户款项扣除10%后支付给乙公司。

甲公司通过各种促销活动以提高百货公司的总体业绩。促销活动分为甲公司主导的促销活动和乙公司自行打折活动。甲公司主导的相关促销活动费用，有些由甲公司自行承担，有些由甲公司与乙公司共同承担。乙公司自行开展的打折活动需要获得甲公司同意，甲公司会要求其打折的幅度和范围符合甲公司的定位，例如打折幅度不能过大，保证不打折的新品的比例不能过低等。如果需办理退换货的，甲公司可自行决定为客户办理退换货、赔偿等事项，之后可向乙公司追偿。假定客户丙购买商品，向甲公司支付价款1,000元，甲公司扣除100元后支付给乙公司900元。假定不考虑其他因素。

本例中，企业应当根据其在向客户转让商品前是否拥有对该商品的控制权，来判断其从事交易时的身份是主要责任人还是代理人。在客户付款购买商品之前，乙公司能够主导商品的使用，例如出售、调配或下架，并从中获得其几乎全部的经济利益，因此拥有对该商品的控制权，是主要责任人，在客户丙取得商品控制权时确认收入1,000元。甲公司在商品转移给客户之前，不能自行或者要求乙公司把这些商品用于其他用途，也不能禁止乙公司把商品用于其他用途，因此，甲公司没有获得对该商品的控制权，只是负责协助乙公司进行商品销售，是代理人，在客户丙取得商品控制权时确认收入100元。

另外需要说明的是，本例中对于与控制权相关的三个迹象：一是从客户的角度，甲公司承担退换货和赔偿的主要责任；二是乙公司承担了该商品的存货风险；三是销售商品价格主要是由供应商乙公司确定，但甲公司对于商品的定价权有一定的影响力。与控制权相关的三个迹象的分析，并不能明确区分主要责任人和代理人，这些相关事实和情况的迹象仅为支持对控制权的评估，不能取代控制权的评估，也不能凌驾于控制权评估之上，更不是单独或额外的评估。

综上，企业应当根据其在向客户转让商品前是否拥有对该商品的控制权，来判断其从事交易时的身份是主要责任人还是代理人。在客户付款购买商品之前，乙公司拥有对该商品的控制权，是主要责任人，甲公司没有获得对该商品的控制权，是代理人。

分析依据：《企业会计准则第 14 号——收入》第四条、三十四条等相关规定；《〈企业会计准则第 14 号——收入〉应用指南 2018》第 12 页、87－93 页等相关内容。

【例 2】甲公司是一家经营高端品牌的百货公司，采用自主选择品牌直营模式。甲公司根据品牌定位，挑选某高端品牌乙公司作为其供应商之一，乙公司提供约定品牌商品，并与其他品牌同类商品统一摆放在甲公司指定位置。甲公司委派营业员销售该品牌商品，并负责专柜内的商品保管、出售、调配或下架，承担丢失和毁损风险，拥有未售商品的所有权。甲公司对百货公司内商品统一定价，统一收款。如果需办理退换货的，甲公司可自行决定为客户办理退换货、赔偿等事项，如属商品质量问题，可向乙公司追偿。假定不考虑其他因素。

本例中，企业应当根据其在向客户转让商品前是否拥有对该商品的控制权，来判断其从事交易时的身份是主要责任人还是代理人。在客户付款购买商品之前，甲公司能够主导商品的使用，例如出售、调配或下架，并从中获得其几乎全部的经济利益，拥有对该商品的控制权，是主要责任人，在客户取得商品控制权时确认收入。

分析依据：《企业会计准则第 14 号——收入》第四条、三十四条等相关规定；《〈企业会计准则第 14 号——收入〉应用指南 2018》第 12 页、87－93 页等相关内容。

【例 3】甲公司是一家知名服装品牌生产零售商，拥有数百家直营连锁店。小型服装生产商乙公司向甲公司供应服装，乙公司将按照甲公司选定《供货清单》的要求将商品发送到甲公司指定的直营门店。商品收到后，甲公司组织验货，按照《供货清单》核对商品，确保没有短溢、货不对板等情形。甲公司将从乙公司采购的服装与其自产的服装一起管理并负责实际销售，其商标为甲公司商标，对外宣传为联名款。甲乙双方协商确定吊牌价，甲公司在吊牌价 7 折以上可自行对外销售并制定相应的促销策略，7 折以下需得到乙公司的许可。甲乙双方根据销售收入每月五五分成。

如果商品自上架陈列 30 日仍未售出，甲公司有权将未出售的商品全部退回给乙公司，但在甲公司决定将商品退回前，乙公司不得取回、调换或移送商品。如果需办理退换货的，甲公司可自行决定为客户办理退换货、赔偿等事项，之后可向乙公司追偿。假定不考虑其他因素。

本例中，企业应当根据其在向客户转让商品前是否拥有对该商品的控制权，来判断其从事交易时的身份是主要责任人还是代理人。在客户付款购买商品之前，甲公司能够主导商品的使用，例如出售、调配或下架，并从中获得其几乎全部的经济利益，因此拥有对该商品的控制权，是主要责任人。

另外需要说明的是，本例中对于与控制权相关的三个迹象：一是从客户的角度，甲公司承担销售、退换货和赔偿的主要责任；二是在转让商品之前，甲乙公司均承担了该商品的存货风险，转让商品之后，乙公司承担了该商品的存货风险；三是双方协商确定吊牌价，甲乙双方均无权自主决定所交易商品的价格。与控制权相关的三个迹象的分析，并不能明确区分主要责任人和代理人，这些相关事实和情况的迹象仅为支持对控制权的评估，不能取代控制权的评估，也不能凌驾于控制权评估之上，更不是单独或额外的评估。

综上，企业应当根据其在向客户转让商品前是否拥有对该商品的控制权，来判断其从事交易时的身份是主要责任人还是代理人。商品的控制权在转移给客户之前，甲公司拥有对该商品的控制权，是主要责任人。

另外，乙公司将商品发送到甲公司指定的直营门店并经甲公司验收后（假定该时点为商品控制权转移的时点）应该确认销售收入。由于30日未售出的商品或消费者退回的商品，甲公司有权退回给乙公司或向乙公司追偿，乙公司应当按照附有销售退回条款的销售进行会计处理。

分析依据：《企业会计准则第14号——收入》第四条、第三十二、第三十四条等相关规定；《〈企业会计准则第14号——收入〉应用指南2018》第12页、第81－85页、第87－93页等相关内容。

（四）《监管规则适用指引——会计类第1号》

1－15　按总额或净额确认收入的相关问题。

零售百货行业联营模式下的收入确认问题

联营模式是零售百货行业普遍采用的业务模式。该业务模式下，供应商在百货商场分配的专柜向顾客销售商品，百货商场根据约定的分成比例与供应商进行结算，部分供应商对商场收取的分成有保底承诺。百货商场与供应商签订合同，约定各自的权利义务。商品向顾客售出之前，所有权属于供应商，供应商负责保管商品，并承担商品毁损和灭失的风险。供应商有权决定商品的上架和下架时间，以及在不同的门店或专柜之间调换货物。商品价格主要由供应商制定，有时需要经过百货商场的审核，其主要目的是避免供应商定价过高或过度打折，从而对该商品在本商场的销售情况或商场的整体商业定位造成不利影响。百货商场举办促销活动时，促销方案和价格主要由百货商场主导，供应商可以选择参加或不参加，如参加，则可能需要和百货商场共同承担相关费用。专柜销售人员由供应商直接委派，但需要接受商场的培训，遵循商场的管理要求并接受商场的监督。百货商场为供应商提供经营场地以及相应的综合管理服务，监督进店的商品，并提供统一收银等服务。顾客在百货商场购物时，通常取得以百货商场抬头开具的销售凭证。供应商在商场售出的商品出现质量问题，百货商场负责先行赔付，随后再根据与供应商的协议约定向供应商进行追偿。假定上述联营模式安排中不包含租赁。

实务中，虽然百货商场按照商品的销售金额向客户开具销售凭证，但是，在确认收入时，应当按照收入准则中有关主要责任人和代理人的原则判断收入确认金额。在上述联营模式下，顾客直接在供应商的专柜购买商品，在此之前，商品的所有权归属于供应商，供应商有权主导商品的销售活动，例如决定商品的上架和下架时间，是否在不同的门店、专柜之间调换货物，主导商品定价以及促销方式等，并获取销售商品的经济利益，也承担因商品滞销或打折销售等造成的损失。相反，在商品销售给顾客之前，百货商场不能决定如何销售这些商品，不能自行或者要求供应商将商品用于其他用途，也不能禁止供应商把商品用于其他用途；某些情况下，虽然百货商场可能有权对供应商销售的商品进行干预，例如新增商品品牌需要经过百货商场认可，滞销或过季的商品应及时下架等，但其目的主要是为了维护百货商场的商业定位和形象，并不表明百货商场能够主导这些商品的销售。

因此，特定商品在销售给顾客之前由供应商控制，供应商有权主导商品的使用并获取其经济利益；百货商场并未取得商品的控制权，其身份是协助供应商销售特定商品，应被认定为代理人，按照净额确认收入。

除零售百货业务外，代为执行采购或销售的供应链企业、代理外贸进出口或跨境业务企业、大宗商品配送或医药配送企业、电子商务平台企业及以电商平台为依托开展电商业务的企业等，应参照上述原则和分析，结合业务模式和合同约定，判断在将商品销售给客户之前是否取得对商品的控制，并确定是以总额还是净额确认收入。

以购销合同方式进行的委托加工收入确认

公司（委托方）与无关联第三方公司（加工方）通过签订销售合同的形式将原材料“销售”给加工方并委托其进行加工，同时，与加工方签订商品采购合同将加工后的商品购回。在这种情况下，公司应根据合同条款和业务实质判断加工方是否已经取得待加工原材料的控制权，即加工方是否有权主导该原材料的使用并获得几乎全部经济利益，例如原材料的性质是否为委托方的产品所特有、加工方是否有权按照自身意愿使用或处置该原材料、是否承担除因其保管不善之外的原因导致的该原材料毁损灭失的风险、是否承担该原材料价格变动的风险、是否能够取得与该原材料所有权有关的报酬等。如果加工方并未取得待加工原材料的控制权，该原材料仍然属于委托方的存货，委托方不应确认销售原材料的收入，而应将整个业务作为购买委托加工服务进行处理；相应地，加工方实质是为委托方提供受托加工服务，应当按照净额确认受托加工服务费收入。

（五）证监会《上市公司年报会计监管报告》

《上市公司 2023 年年度财务报告会计监管报告》

未恰当判断主要责任人和代理人

根据企业会计准则及相关规定，企业应当根据其在向客户转让商品前是否拥有对该商品的控制权，来判断其是主要责任人还是代理人，并相应按照总额法或净额法确认收入。企业向客户转让商品前能够控制该商品的情形包括：企业自第三方取得商品或其他资产控制权后，再转移给客户；企业能够主导第三方代表本企业向客户提供服务；企业自第三方取得商品控制权后，通过提供重大的服务将该商品与其他商品整合成某组合产出转让给客户。在判断是否有控制权时，可以综合考虑企业是否承担转让商品的主要责任、是否承担了存货风险、是否自主决定商品价格等因素。

审阅分析发现，部分上市公司通过自建充电桩向客户提供充电服务，认为其属于主要责任人，将充电服务全部所得确认为收入，同时将其自电网采购的电力支出确认为成本。对于电力供应类业务，上市公司应谨慎判断其在提供充电服务过程中是否取得了相关电力的控制权，若未取得控制权，其收取的应付给电网公司的电费部分实质上为代收代付性质，应当按照净额确认收入。

《2021 年上市公司执行企业会计准则监管报告》

未恰当核算物业出租方收取租户的水电费

根据企业会计准则及相关规定，企业向客户销售商品或提供劳务涉及其他方参与其中时，应当根据合同条款和相关事实，判断其身份是主要责任人还是代理人。企业在将特定商品或服务转让给客户之前控制该商品或服务的，为主要责任人，应当按照已收或应收对价总额确认收入；否则为代理人，应当按照已收或应收对价总额扣除应支付给其他相关方价款后的净额确认收入。

年报分析发现，部分上市公司作为物业出租方向承租人收取租金，同时按照承租人消耗的水、电量及市场单价收取水、电费，并按照总额法确认水、电销售收入。对于此类业务，上市公司应判断其在提供服务过程中是否取得了对水、电的控制权，若未取得控制权，其收取的水、电费实质上为代收代付性质，应当按照净额确认收入。

《2017 年上市公司执行企业会计准则监管报告》

总额法和净额法的区分

年报分析发现，部分上市公司将居间或代销业务中代委托人收取的款项全额确认为收入；部分从事供应链业务的上市公司，将其代理客户采购或销售商品视同自身买卖商品全额核算收入；部分百货类上市公司既有自营业务，又有联营业务，但未恰当区别两类不同业务模式、分别制定不同的收入政策，而是统一采用总额法确认销售收入。

二、主要责任人或代理人披露示例

主要责任人或代理人收入确认政策披露示例汇总如表 3－31 所示。

表 3－31　　主要责任人或代理人收入确认政策披露示例汇总

序号	参考示例	收入确认政策
1	示例 3－88　润欣科技（300493. SZ）	对于本集团自第三方取得 IC 及其他电子元器件控制权后，再转让给客户，本集团考虑了合同的法律形式及相关事实和情况（有权自主决定所交易商品或服务的价格，即本集团在向客户转让 IC 及其他电子元器件前能够控制 IC 及其他电子元器件）后认为，本集团在向客户转让商品前能够主导商品的使用并从中获得几乎全部的经济利益，拥有该商品的控制权，因此是主要责任人，在将货物交付给客户完成验收时按照已收或应收对价总额确认收入。否则，本集团为代理人，在完成代理服务的时点按照预期有权收取的佣金或手续费的金额确认收入，该金额应当按照已收或应收对价总额扣除应支付给其他相关方的价款后的净额，或者按照既定的佣金金额或比例等确定
2	示例 3－89　迪阿股份（301177. SZ）	对于商场联营销售模式，合作商场向本集团提供店面或专柜用于商品销售，商场按照营业额的一定比例收取提成。本集团考虑了合同的法律形式及相关事实和情况（向客户转让商品的主要责任、在转让商品之前或之后承担的存货风险、是否有权自主决定交易商品的价格等）后认为，本集团承担向客户转让商品的主要责任，有权自主决定所交易商品的价格，并且承担了该商品的存货风险，因此本集团是主要责任人，本集团于顾客收到商品时按已收或应收对价总额确认收入
3	示例 3－90　博雅生物（300294. SZ）	本集团根据在向客户转让商品或服务前是否拥有对该商品或服务的控制权，来判断本集团从事交易时的身份是主要责任人还是代理人。本集团在向客户转让商品或服务前能够控制该商品或服务的，本集团为主要责任人，按照已收或应收对价总额确认收入；否则，本集团为代理人，按照预期有权收取的佣金或手续费的金额确认收入，该金额按照已收或应收对价总额扣除应支付给其他相关方的价款后的净额，或者按照既定的佣金金额或比例等确定
4	示例 3－91　金力永磁（300748. SZ）	公司在其他业务收入中的电费收入实质是代电力公司向租户收取电费，并非主要责任人
5	示例 3－92　上海环境（601200. SH）	对于公共基础设施建造服务，本公司考虑了合同的法律形式及相关事实和情况（向客户转让商品的主要责任、在转让商品之前或之后承担的存货风险、是否有权自主决定交易商品的价格等）后认为，本公司在向客户转让建造服务前能够主导建造服务的使用并从中获得几乎全部的经济利益，拥有该建造服务的控制权，因此是主要责任人，在建造服务交付给客户完成验收时按照已收或应收对价总额确认收入
6	示例 3－93　巨人网络（002558. SZ）	本集团在自主运营及游戏平台联合运营模式下均构成主要责任方，收入应按照来自最终玩家的收入总额确认
7	示例 3－94　申万宏源（000166. SZ）	在销售商品过程中，本集团作为首要的义务人，负有向顾客提供商品、履行订单的首要责任；在仓单转移之前，由本集团承担一般风险；本集团对于所转移商品具有自由定价权，并就其应向客户收取的款项，承担了源自客户的信用风险及存货风险。由此本集团满足了主要责任人的特征，相关大宗商品销售收入按照总额进行列示

续表

序号	参考示例	收入确认政策
8	示例 3－95　比亚迪 002594. SZ	本集团向客户销售商品，客户同时也是该商品制造中使用的关键材料的供应商。本集团自客户方取得材料控制权后，通过提供重要服务将材料与其他商品及服务整合成某组合产出转让给客户。本集团在该交易安排中被认定为主要责任人
9	示例 3－96　宁波港（601018. SH）	本集团在向客户转让商品或提供劳务前能够控制该商品或劳务的，本集团作为主要责任人，按照预期有权收取的对价总额确认收入

示例 3－88　润欣科技（300493. SZ）

销售商品合同

本集团通过向客户交付 IC 及其他电子元器件等商品履行履约义务，在综合考虑了下列因素的基础上，以控制权转移至客户的时点确认收入：取得商品的现时收款权利、商品所有权上的主要风险和报酬已转移、商品的法定所有权已转移、商品实物资产已转移、客户接受该商品。

对于附有销售退回条款的销售，本集团在客户取得相关商品控制权时，按照因向客户转让商品而预期有权收取的对价金额确认收入，按照预期因销售退回将退还的金额确认为预计负债；同时，按照预期将退回商品转让时的账面价值，扣除收回该商品预计发生的成本（包括退回商品的价值减损）后的余额，确认为一项资产，即应收退货成本，按照所转让商品转让时的账面价值，扣除上述资产成本的净额结转成本。每一资产负债表日，本集团重新估计未来销售退回情况，并对上述资产和负债进行重新计量。

主要责任人/代理人

对于本集团自第三方取得 IC 及其他电子元器件控制权后，再转让给客户，本集团考虑了合同的法律形式及相关事实和情况（有权自主决定所交易商品或服务的价格，即本集团在向客户转让 IC 及其他电子元器件前能够控制 IC 及其他电子元器件）后认为，本集团在向客户转让商品前能够主导商品的使用并从中获得几乎全部的经济利益，拥有该商品的控制权，因此是主要责任人，在将货物交付给客户完成验收时按照已收或应收对价总额确认收入。否则，本集团为代理人，在完成代理服务的时点按照预期有权收取的佣金或手续费的金额确认收入，该金额应当按照已收或应收对价总额扣除应支付给其他相关方的价款后的净额，或者按照既定的佣金金额或比例等确定。

示例 3－89　迪阿股份（301177. SZ）

销售商品合同

本集团与客户之间的销售商品合同通常包含转让商品的承诺，具体承诺视与客户约定不同而存在差异。本集团将因向客户转让商品而预期有权收取的对价金额作为交易价格，并根据合同条款，结合以往的商业惯例予以确定。

本集团主要业务为采用自营模式将商品零售给客户，自营模式包括门店直营、商场联营及电商三种经营形式。在综合考虑了下列因素的基础上，以履行每一单项履约义务时点确认收入：取得商品的现时收款权利、商品所有权上的主要风险和报酬已转移、商品的法定所有权已转移、商品实物资产已转移、客户接受该商品。

对于商场联营销售模式，合作商场向本集团提供店面或专柜用于商品销售，商场按照营业额的一定比例收取提成。本集团考虑了合同的法律形式及相关事实和情况（向客户转让商品的主要责任、在转让商品之前或之后承担的存货风险、是否有权自主决定交易商品的价格等）后认为，本集团承担向客户转让商品的主要责任，有权自主决定所交易商品的价格，并且承担了该商品的存货风险，因此本集团是主要责任人，本集团于顾客收到商品时按已收或应收对价总额确认收入。

示例3－90　博雅生物（300294. SZ）

销售商品合同

本集团对于血液制品、生化类药品、糖尿病药品等商品的销售，在将商品运达客户指定交货地点并经签收后，相关商品的控制权转移给客户，因此本集团在交付商品给客户并经签收后确认收入。

主要责任人/代理人

本集团根据在向客户转让商品或服务前是否拥有对该商品或服务的控制权，来判断从事交易时的身份是主要责任人还是代理人。本集团在向客户转让商品或服务前能够控制该商品或服务的，本集团为主要责任人，按照已收或应收对价总额确认收入；否则，本集团为代理人，按照预期有权收取的佣金或手续费的金额确认收入，该金额按照已收或应收对价总额扣除应支付给其他相关方的价款后的净额，或者按照既定的佣金金额或比例等确定。

示例3－91　金力永磁（300748. SZ）——2022年年报

其他业务收入中的电费收入

公司在其他业务收入中的电费收入实质是代电力公司向租户收取电费，并非主要责任人，不符合全额确认收入的条件，故将其他业务收入人民币1,960,909.36元和其他业务成本人民币1,960,909.36元以净额列示。

示例3－92　上海环境（601200. SH）

建造合同

本公司与客户之间的建造合同通常包含建造设计、设备采购、建造安装多项商品和服务承诺，由于本公司需要将上述商品或服务整合成合同约定的组合产出转让给客户，本公司将其整体作为单项履约义务。

根据合同约定、法律规定等，本公司为所建造的资产提供质量保证。对于为向客户保证所建造的资产符合既定标准的保证类质量保证，本公司按照第十节—五、34进行会计处理。

本公司将因向客户转让商品而预期有权收取的对价金额作为交易价格，并根据合同条款，结合以往的商业惯例予以确定。

本公司通过向客户提供公共基础设施建造服务履行履约义务，由于客户能够控制本公司履约过程中的在建资产，本公司将其作为在某一时段内履行的履约义务，按照履约进度确认收入，履约进度不能合理确定的除外。本公司按照投入法，根据发生的成本确定建造服务的履约进度。当履约进度不能合理确定时，本公司已经发生的成本预计能够得到补偿的，按照已经发生的成本金额确认收入，直到履约进度能够合理确定为止。

对于公共基础设施建造服务，本公司考虑了合同的法律形式及相关事实和情况（向客户转让商品的主要责任、在转让商品之前或之后承担的存货风险、是否有权自主决定交易商品的价格等）后认为，本公司在向客户转让建造服务前能够主导建造服务的使用并从中获得几乎全部的经济利益，拥有该建造服务的控制权，因此是主要责任人，在建造服务交付给客户完成验收时按照已收或应收对价总额确认收入。

示例3－93　巨人网络（002558. SZ）

（1）收入的确认原则

游戏运营模式主要包括自主运营、游戏平台联合运营及授权运营。收入在有充分证据证明游戏玩家与本集团之间存在相关协议、本集团已经依据上述协议向游戏玩家提供了相应的服务、与服务相关的交易价格可以确定或已经约定、相关的经济利益很可能流入本集团时予以确认。

（2）不同游戏运营模式下收入主要责任方和代理方的确定

本集团自主运营游戏模式下，游戏玩家可以从本集团的游戏点卡经销商处购得游戏点卡并兑换游戏点数，也可以从本集团的官方运营网站上通过银行借记卡、信用卡、手机支付以及银行转账等方式购得游戏点数。游戏玩家可以使用上述游戏点数进入本集团的运营网络游戏中购买虚拟游戏道具。

本集团与游戏平台联合运营模式下，玩家通过游戏平台的宣传了解本集团游戏产品，直接通过游戏平台提供的游戏链接下载游戏软件，注册后进入游戏，并在游戏中购买游戏币或道具等虚拟物品。本集团负责游戏的维护、升级、客户服务等。游戏平台负责游戏推广及搭建收费渠道，并按协议约定的分成比例与本集团就游戏收入进行分成。

本集团授权运营游戏模式下，集团授权第三方公司运营本集团游戏产品。本集团仅负责版本的更新及系统问题修复，第三方运营公司负责游戏的运营（包括服务器的提供）、推广和收费，且所有游戏及客户数据归代理方所有，并按协议约定的分成比例与本集团就游戏收入进行分成。

本集团在自主运营及游戏平台联合运营模式下均构成主要责任方，收入应按照来自于最终玩家的收入总额确认。但是若干游戏平台不时向玩家提供各种营销折扣，以鼓励玩家于该等平台消费。个人玩家支付的实际价格可能低于游戏币或道具的标准价格。该等营销折扣本集团无法可靠追踪，也不会由本集团承担，故本集团无法合理估计总收入的金额（即玩家支付的实际价格）。与该等平台相关的收益按已收或应收款的公允价值计量，即自该等第三方平台所得的净额。其他游戏平台并无向玩家提供折扣的情况，就该等平台而言，收入按个人玩家购买总额确认，而该等平台收取的佣金则确认为销售费用入账。

本集团在授权运营游戏模式下，由于本集团不承担主要责任，为游戏代理方，以第三方运营公司支付的分成款项按照净额法确认营业收入。

示例3-94　申万宏源（000166.SZ）

大宗商品销售收入

其他业务收入主要来自本集团下属商贸子公司大宗商品销售收入。

销售商品收入于本集团已履行了合同中的履约义务，即在客户取得相关商品控制权时确认收入。

在销售商品过程中，本集团作为首要的义务人，负有向顾客提供商品、履行订单的首要责任；在仓单转移之前，由本集团承担一般风险；本集团对于所转移商品具有自由定价权，并就其应向客户收取的款项，承担了源自客户的信用风险及存货风险。由此本集团满足了主要责任人的特征，相关大宗商品销售收入按照总额进行列示。本集团作为代理人时，按照已收或应收对价总额扣除应支付给其他相关方的价款后的净额确认并列示收入。

示例3-95　比亚迪（002594.SZ）——2022年年报

主要责任人/代理人

本集团向客户销售商品，客户同时也是该商品制造中使用的关键材料的供应商。本集团自客户方取得材料控制权后，通过提供重要服务将材料与其他商品及服务整合成某组合产出转让给客户。本集团在该交易安排中被认定为主要责任人，按照已收或应收对价总额确认收入。否则，本集团为代理人，按照预期有权收取的佣金或手续费的金额确认收入，该金额应当按照已收或应收对价总额扣除应支付给其他相关方的价款后的净额，或者按照既定的佣金金额或比例等确定。

示例3-96　宁波港（601018.SH）

本集团根据其在向客户转让商品或提供劳务前是否拥有对该商品或劳务的控制权判断本集团从事交易时的身份是主要责任人还是代理人。本集团在向客户转让商品或提供劳务前能够控制该商品或劳务的，本集团作为主要责任人，按照预期有权收取的对价总额确认收入；否则，本集团作为代理人，按照预期有权收取的佣金或手续费的净额确认收入。

(a) 提供劳务

(i) 装卸以及相关业务收入

集装箱、铁矿石、原油和其他货物的装卸收入根据已完成劳务的进度在一段时间内确认。集装箱、铁矿石、原油和其他货物的储存收入于储存期间以直线法确认入账。

(ii) 综合物流及代理服务收入

本集团提供的运输服务，根据已提供服务的进度在一段时间内确认收入，其中，已提供运输服务的进度按照已航行天数占预计航行总天数的比例确定。于资产负债表日，本集团对已提供运输服务的进度进行重新估计，以使其能够反映履约情况的变化。

本集团按照已提供服务的进度确认收入时，对于本集团已经取得无条件收款权的部分，确认为应收账款，其余部分确认为合同资产，并对应收账款和合同资产以预期信用损失为基础确认损失准备；如果本集团已收或应收的合同价款超过已提供的服务，则将超过部分确认为合同负债。本集团对于同一合同项下的合同资产和合同负债以净额列示。

本集团提供的综合物流服务，根据已提供服务的进度确认收入，其中，已完成服务的进度按照已服务天数占预计服务总天数的比例确定。于资产负债表日，本公司对已完成综合物流服务的进度进行重新估计，以使其能够反映履约情况的变化。

本集团提供的其他代理服务，收入于提供服务时确认。

第九节　授予知识产权许可披露示例

授予知识产权许可，是指企业授予客户对企业拥有的知识产权享有相应权利。常见的知识产权包括软件和技术、影视和音乐等的版权、特许权以及专利权、商标权和其他版权等。企业向客户授予知识产权许可的，应当分析判断该知识产权许可是否构成单项履约义务，构成单项履约义务的，应当进一步判断其是在某一时段内履行还是在某一时点履行。

一、准则相关规定与监管指引（节选）

（一）《企业会计准则第 14 号——收入》

第三十六条　企业向客户授予知识产权许可的，应当按照本准则第九条和第十条规定评估该知识产权许可是否构成单项履约义务，构成单项履约义务的，应当进一步确定其是在某一时段内履行还是在某一时点履行。

企业向客户授予知识产权许可，同时满足下列条件时，应当作为在某一时段内履行的履约义务确认相关收入；否则，应当作为在某一时点履行的履约义务确认相关收入：

（一）合同要求或客户能够合理预期企业将从事对该项知识产权有重大影响的活动；

（二）该活动对客户将产生有利或不利影响；

（三）该活动不会导致向客户转让某项商品。

第三十七条　企业向客户授予知识产权许可，并约定按客户实际销售或使用情况收取特许权使用费的，应当在下列两项孰晚的时点确认收入：

（一）客户后续销售或使用行为实际发生；

（二）企业履行相关履约义务。

（二）《监管规则适用指引——会计类第 2 号》

2－7　授予知识产权许可收入确认时点的判断

授予知识产权许可不属于在某一时段内履行的履约义务的，应当作为在某一时点履行的履约义务。在客户能够主导使用该知识产权许可并开始从中获利之前，企业不能对该知识产权许可确认收入。

监管实践发现，部分公司对于知识产权许可收入确认时点的判断存在理解上的偏差和分歧。现就该事项的意见如下：

授予知识产权许可业务中，知识产权许可载体的实物交付，并不必然导致商品控制权的转移。企业应根据合同条款约定，分析客户是否有能力主导知识产权许可的使用，并获得几乎全部的经济利益。例如，企业在向客户（如播放平台）交付影视剧母带时，若双方在合同中对影视剧初始播放时间等进行限制性约定，导致客户尚不能主导母带的使用（如播放该影视剧）以获得经济利益，则企业不应在母带交付时确认影视剧版权许可收入。

二、授予客户知识产权披露示例

授予客户知识产权披露示例汇总如表 3－32 所示。

表 3－32　　授予客户知识产权披露示例汇总

序号	参考示例	收入确认政策
1	示例 3－97　横店影视（603103. SH）	电影版权收入：在影片取得《电影公映许可证》、母带已经交付，且与交易相关的经济利益很可能流入本公司时确认。电影、电视剧完成摄制前采取全部或部分卖断，或者承诺给予影片首（播）映权等方式，预售影片发行权、放（播）映权或其他权利所取得的款项，待电影、电视剧完成摄制并按合同约定提供给预付款人使用时，确认销售收入实现

续表

序号	参考示例	收入确认政策
2	示例3－98　华策影视（300133. SZ）	电视剧销售收入：在电视剧购入或完成摄制并经电影电视行政主管部门审查通过取得《电视剧发行许可证》，电视剧播映带或其他载体转移给购货方、购货方可以主导电视剧的使用且已取得收款权利时确认收入。对于合同中未约定上线播出时间的，在电视剧播映带或其他载体转移给购货方时确认收入；对于合同中约定上线播出时间，且购货方无法主导播出时间的，在电视剧播映带或其他载体转移给购货方与电视剧约定上线播出时点孰晚确认收入
3	示例3－99　中广天择（603721. SH）	节目版权销售收入实现方式包括以下两种：A）按某一时段确认收入：客户购买在未来一段时间持续更新的视频节目，公司于合作期间内按履约进度确认收入；B）按某一时点确认收入：除前述以外客户购买视频节目，公司将节目交付给客户，在客户取得与节目版权相关控制权且能够使用该版权时确认收入。 电视剧播映权运营收入实现方式包括以下两种：A）按某一时段确认收入：公司在某一时段内为客户提供电视剧的购买、编排、播出支持等相关服务，于合作期间内按履约进度确认收入；B）按某一时点确认收入：公司单独向客户销售电视剧播映权，在客户取得与电视剧播映权相关控制权且能够使用该版权时确认收入
4	示例3－100　中科创达（300496. SH）	根据本集团业务模式、合同履约义务的性质判断，对同时满足下列条件的软件许可业务，本集团在该段时间内按照履约进度确认收入，并按照投入法或产出法确定提供服务的履约进度，对于履约进度不能合理确定时，公司已经发生的成本预计能够得到补偿的，按照已经发生的成本金额确认收入，直到履约进度能够合理确定为止。对不满足某一时段内履行的履约义务，本集团在将约定许可的软件交付客户并经客户验收通过后确认收入。 向客户授予知识产权许可，并约定按客户实际销售或使用情况收取特许权使用费的，则在客户后续销售或使用行为实际发生与本集团履行相关履约义务两项孰晚的时点以收到客户确认的许可费确认单确认收入
5	示例3－101　杭萧钢构（600477. SH）	资源许可收入指公司将品牌、现有技术等知识产权授予客户在某特定区域使用而向客户收取的资源使用许可费。公司后续从事的活动属于资源使用相关的履约义务，不属于对已授予技术等知识产权有重大影响的活动，因此，资源许可义务属于在某一时点履行的履约义务，公司在同时满足以下条件时确认收入：协议约定技术资料等文件移交客户；有权取得的对价很可能收回
6	示例3－102　广联达（002410. SZ）	标准软件销售，是一种软件使用权许可，顾客可直接从使用该软件许可中单独获益。公司软件使用权许可主要是通过给客户提供授权码或加密锁的方式交付，客户取得授权码或加密锁后即可使用软件，本公司在交付客户授权码或加密锁时确认软件使用许可的收入

示例3－97　横店影视（603103. SH）——2022年年报

影视剧销售收入

①电影票房分账收入：在影片完成摄制取得《电影片公映许可证》，于影院上映后按双方确认的实际票房统计及相应的分账方法所计算的金额确认。

②电影代理发行收入：电影发行方收取的固定比例的佣金收入，且于票房结算完成后根据合同约定按照票房的一定比例确认收入。

电影版权收入：在影片取得《电影公映许可证》、母带已经交付，且与交易相关的经济利益很可能流入本公司时确认。

③电视剧销售收入：在电视剧完成摄制取得《电视剧发行许可证》，电视剧播出带或其他载体转移给购货方、相关经济利益很可能流入本公司时确认。

④电影、电视剧完成摄制前采取全部或部分卖断，或者承诺给予影片首（播）映权等方式，预售影片发行权、放（播）映权或其他权利所取得的款项，待电影、电视剧完成摄制并按合同约定提供给预付款人使用时，确认销售收入实现。

⑤分次结转：采用按票款、发行收入等分账结算方式，或采用多次、局部（特定院线或一定区域、一定时期内）将发行权、放映权转让给部分电影院线（发行公司）或电视台等，且仍可继续向其他单位发行、销售的影片，应在符合收入确认条件之日起，不超过24个月的期间内（电视剧36个月），采用计划收入比例法计算公式将其全部实际成本逐笔（期）结转销售成本。“计划收入比例法”是指从首次确认销售收入之日起，在各收入确认的期间内，以本期确认收入占预计总收入的比例为权数，计算确定本期应结转的销售成本，即当期应结转的销售成本＝总成本×（当期收入÷预计总收入）。

示例3－98　华策影视（300133. SZ）

电视剧销售收入：在电视剧购入或完成摄制并经电影电视行政主管部门审查通过取得《电视剧发行许可证》，电视剧播映带或其他载体转移给购货方、购货方可以主导电视剧的使用且公司已取得收款权利时确认收入。对于合同中未约定上线播出时间的，在电视剧播映带或其他载体转移给购货方时确认收入；对于合同中约定上线播出时间，且购货方无法主导播出时间的，在电视剧播映带或其他载体转移给购货方与电视剧约定上线播出时点孰晚确认收入。对于自制拍摄的电视剧，按照签约发行收入确认营业收入；对于公司与其他方联合拍摄的电视剧，当本公司负责发行时，按签约发行收入确认营业收入，向合拍方支付的分成款确认营业成本；当合拍方负责发行时，本公司按协议约定应取得的结算收入确认营业收入。

电影片票房分账收入：电影完成摄制并经电影电视行政主管部门审查通过取得《电影公映许可证》，于院线、影院上映后按双方确认的实际票房统计数及相应的分账方法所计算的金额确认收入。

电影版权收入：在影片取得《电影公映许可证》、母带已经转移给购货方、购货方可以主导电影的使用且公司已取得收款权利时确认收入。对于合同中未约定上线播出时间的，在电影母带转移给购货方时确认收入；对于合同中约定上线播出时间且购货方无法主导播出时间的，在电影母带转移给购货方及电影约定上线播出时点孰晚确认收入。

电视栏目制作及衍生业务收入：在电视栏目已播出，客户权益已实现，相关的经济利益能够可靠计量，且很可能流入时确认收入。

示例3－99　中广天择（603721. SH）

本公司的营业收入主要包括节目销售及制作服务收入、电视剧播映权运营收入、影视剧制作发行收入、MCN运营收入等。

1）节目销售及制作服务收入

包括节目版权销售及节目制作服务两种形式：

①节目版权销售收入：是指公司自主制作、联合摄制及外购的视频节目，主要包括日播、周播类及季播类等节目。其收入实现方式包括以下两种：A）按某一时段确认收入：客户购买在未来一段时间持续更新的视频节目，公司于合作期间内按履约进度确认收入；B）按某一时点确认收入：除前述以外客户购买视频节目，公司将节目交付给客户，在客户取得与节目版权相关控制权且能够使用该版权时确认收入。

②节目制作服务收入：是指公司依据节目需求方的要求提供节目制作服务，主要包括受托制作的大型节目及活动型节目，按照节目制作服务的交付进度确认收入。

2）电视剧播映权运营收入

包括公司向客户提供电视剧的购买、编排、播出支持等相关服务或单独向客户销售电视剧播映权。其收入实现方式包括以下两种：A）按某一时段确认收入：公司在某一时段内为客户提供电视剧的购买、编排、播出支持等相关服务，于合作期间内按履约进度确认收入；B）按某一时点确认收入：公司单独向客户销售电视剧播映权，在客户取得与电视剧播映权相关控制权且能够使用该版权时确认收入。

3）影视剧制作发行收入

包括公司自制或投资的影视剧。在影视剧完成摄制并经电影电视行政主管部门审查通过取得《电视剧发行许可证》或上线备案号后交付客户。对于公司主导发行的影视剧，于客户取得与影视剧相关控制权且履约义务完成时确认收入；对于其他方主导发行的影视剧，于取得相应的收入结算单据时确认收入。

4）MCN 运营收入

包括公司自制短视频并通过新媒体账号在抖音、小红书等平台发布或为客户提供 MCN 推广策划服务，收入实现方式主要为：A）广告收入，在广告发布完成并取得平台结算单时确认收入；B）流量点击分成，在取得平台结算单时确认收入；C）策划服务收入，在合同义务履约完成并取得结算单据时确认收入。

示例 3－100　中科创达（300496. SH）

软件许可收入

软件许可是指授权客户使用本集团的自有软件产品。

A. 根据本集团业务模式、合同履约义务的性质判断，对同时满足下列条件的软件许可业务，本集团在该段时间内按照履约进度确认收入，并按照产出法确定提供服务的履约进度，对于履约进度不能合理确定时，公司已经发生的成本预计能够得到补偿的，按照已经发生的成本金额确认收入，直到履约进度能够合理确定为止。对不满足某一时段内履行的履约义务，本集团在将约定许可的软件交付客户并经客户验收通过后确认收入：

a. 合同要求或客户能够合理预期企业将从事对该项知识产权有重大影响的活动；

b. 该活动对客户将产生有利或不利影响；

c. 该活动不会导致向客户转让某项商品；

B. 向客户授予知识产权许可，并约定按客户实际销售或使用情况收取特许权使用费的，则在客户后续销售或使用行为实际发生与本集团履行相关履约义务两项孰晚的时点以收到客户确认的许可费确认单确认收入。

示例 3－101　杭萧钢构（600477. SH）

（1）资源许可收入

资源许可收入指公司将品牌、现有技术等知识产权授予客户在某特定区域使用而向客户收取的资源使用许可费。公司后续从事的活动属于与资源使用相关的履约义务，不属于对已授予技术等知识产权有重大影响的活动，因此，资源许可义务属于在某一时点履行的履约义务，公司在同时满足以下条件时确认收入：协议约定技术资料等文件移交客户；有权取得的对价很可能收回。

（2）资源使用收入

资源使用收入是指公司授予客户品牌、技术等资源许可后，按照合同约定的客户或其相关方特定业务承接情况收取的资源使用费，客户或其相关方通过支付资源使用费，在约定期限内获得公司提供的后续研发技术、培训、咨询、协助等服务。公司按照客户或其相关方在以后各期间特定业务承接实际发生与公司履行相关履约义务二者孰晚的时点确认收入。

示例 3－102　广联达（002410. SZ）

软件与硬件销售：

标准软件销售，是一种软件使用权许可，客户可直接从使用该软件许可中单独获益。公司软件使用权许可主要是通过给客户提供授权码或加密锁的方式交付，客户取得授权码或加密锁后即可使用软件，本公司在交付客户授权码或加密锁时确认软件使用许可的收入。

公司标准软件的使用权许可包括永久授权和一定期限的授权，如客户选择永久授权方式，通常将升级服务作为单独一项服务需客户另行付费；若客户选择一定期限的授权，软件许可和升级服务统一报价。

软件使用过程中升级服务，如单独定价并销售，或在软件销售过程同时承诺的软件升级服务作为可区分的单独履约义务，在完成履约义务时确认收入。

硬件及相关产品的销售收入，在本公司将产品交付给客户，客户接受产品取得实物控制时确认。

第十节　涉及政府补助的应收款项披露示例

《企业会计准则第 16 号——政府补助》及其应用指南、《监管规则适用指引——

会计类第 1 号》都对政府补助的确认做了规范。

根据《公开发行证券的公司信息披露编报规则第 15 号——财务报告的一般规定(2023 年修订)》，对于报告期末按应收金额确认的政府补助，应披露应收款项的期末余额。如企业未能在预计时点收到预计金额的政府补助，应披露原因。对涉及政府补助的负债项目，在财务报表附注的相关项目下，披露相关期初余额、本期新增补助金额、本期计入营业外收入金额、本期转入其他收益金额等以及期末余额。对于计入当期损益的政府补助，披露本期发生额及上期发生额。

一、准则相关规定与监管指引（节选）

（一）《企业会计准则第 16 号——政府补助》

第六条 政府补助同时满足下列条件的，才能予以确认：

（一）企业能够满足政府补助所附条件；

（二）企业能够收到政府补助。

第七条 政府补助为货币性资产的，应当按照收到或应收的金额计量。政府补助为非货币性资产的，应当按照公允价值计量；公允价值不能可靠取得的，按照名义金额计量。

（二）《企业会计准则应用指南汇编 2024》“第十六章 政府补助”

六、政府补助的确认与计量

关于政府补助的确认条件，政府补助同时满足下列条件的，才能予以确认：一是企业能够满足政府补助所附条件；二是企业能够收到政府补助。

关于政府补助的计量属性，政府补助为货币性资产的，应当按照收到或应收的金额计量。如果企业已经实际收到补助资金，应当按照实际收到的金额计量；如果资产负债表日企业尚未收到补助资金，但企业在符合了相关政策规定后就相应获得了收款权，且与之相关的经济利益很可能流入企业，企业应当在这项补助成为应收款时按照应收的金额计量。政府补助为非货币性资产的，应当按照公允价值计量；公允价值不能可靠取得的，按照名义金额计量。

（三）《监管规则适用指引——会计类第 1 号》

1－23 政府补贴收入的性质和确认条件

二、政府补助以应收金额计量的条件

政府补助通常在企业能够满足政府补助所附条件以及企业能够收到政府补助时才能予以确认。判断企业能够收到政府补助，应着眼于分析和落实企业能够符合财政扶持政策规定的相关条件且预计能够收到财政扶持资金的“确凿证据”，例如，关注政府补助的发放主体是否具备相应的权力和资质，补助文件中索引的政策依据是否适用，申请政府补助的流程是否合法合规，是否已经履行完毕补助文件中的要求，实际收取资金前是否需要政府部门的实质性审核，同类型政府补助过往实际发放情况，补助文件是否有明确的支付时间，政府是否具备履行支付义务的能力等因素。

（四）《监管规则适用指引——发行类第5号》

5－5　科研项目相关政府补助

一、会计处理要求

发行人应结合科研项目获取政府经济资源的主要目的和科研成果所有权归属，判断上述从政府取得的经济资源适用的具体准则。

若发行人充分证明相关科研项目与日常活动相关，从政府取得的经济资源属于提供研发服务或者使用相关科研项目技术所生产商品的对价或者对价组成部分，原则上适用收入准则；若发行人充分证明从该科研项目获得的政府经济资源是无偿的，补助资金主要用途是形成发行人自有知识产权，原则上适用政府补助准则。

发行人应结合补助条件、形式、与公司日常活动的相关性等，说明相关会计处理是否符合会计准则规定。

二、非经常性损益列报要求

企业从政府无偿取得的货币性资产或非货币性资产应确认为政府补助。企业应根据《公开发行证券的公司信息披露解释性公告第1号——非经常性损益》判断政府补助是否应列入非经常性损益。通常情况下，政府补助文件中明确补助发放标准，企业可根据其经营活动的产量或者销量等确定可能持续收到的补助金额，属于定额或定量的政府补助，应列入经常性损益。企业因研究或专项课题等获得的政府补助，即使政府通过预算等方式明确各期补助发放金额，但与企业经营活动的产量或者销量等无关，则不属于定额或定量的政府补助，应列入非经常性损益。

三、核查要求

保荐机构及申报会计师应核查发行人上述事项，并对发行人政府补助相关会计处理和非经常性损益列报的合规性发表意见。

四、信息披露

发行人应根据重要性原则，披露所承担科研项目的名称、类别、实施周期、总预算及其中的财政预算金额、计入当期收益和经常性损益的政府补助金额等内容。

二、年报披露示例

计入应收款项的政府补助披露示例如表3－33所示。

表 3－33　　计入应收款项的政府补助披露示例汇总

序号	参考示例	应收政府补助项目
1	示例 3－103　东江环保（002672. SZ）	增值税即征即退
2	示例 3－104　阳光电源（300274. SZ）	市财政局发电补贴
3	示例 3－105　武汉控股（600168. SH）	隧道公司资本性投入补贴
4	示例 3－106　惠天热电（000692. SZ）	拆联补贴（燃煤锅炉“拆小联大”项目）
5	示例 3－107　振东制药（300158. SZ）	技术创新牵引专项—仿制药一致性评价、技术创新牵引专项—创新研发投入
6	示例 3－108　深桑达 A（300158. SZ）	供暖补贴款、增值税退税

示例 3－103　东江环保（002672. SZ）

涉及政府补助的应收款项

单位名称	政府补助项目名称	期末余额（元）	期末账龄	预计收取的时间、金额及依据		
				时间	金额（元）	依据
国家税务总局永兴县税务局	增值税即征即退	3, 177, 747. 34	1 年以内	2024 年	3, 177, 747. 34	财税〔2015〕78 号
国家税务总局深圳市罗湖区税务局	增值税即征即退	172, 410. 26	1 年以内	2024 年	172, 410. 26	财税〔2015〕78 号
国家税务总局深圳市前海区税务局	增值税即征即退	47, 714. 67	1 年以内	2024 年	47, 714. 67	财税〔2015〕78 号
合计		3, 397, 872. 27			3, 397, 872. 27	

示例 3－104　阳光电源（300274. SZ）

期末涉及政府补助的应收款项

单位名称	政府补助项目名称	期末余额（元）	期末账龄	预计收取依据
合肥市财政局	市财政局发电补贴	45, 264, 143. 98	2 年以内	合肥市发改能源〔2016〕1268 号
浙江省缙云县财政局	市财政局发电补贴	7, 653, 214. 72	5 年以内	关于进一步明确光伏发电价格政策等事项的通知浙价资〔2014〕179 号
庐江县发展和改革委员会	市财政局发电补贴	2, 438, 558. 40	3 年以内	合肥市发改能源〔2016〕1268 号

示例3－105　武汉控股（600168.SH）

涉及政府补助的应收款项

单位名称	政府补助项目名称	期末余额（元）	期末账龄	预计收取依据
武汉市人民政府城市建设基金管理办公室	隧道公司资本性投入补贴	140,800,000.00	5年以内	依据详见本报告第十节、七、67

其他收益

单位：元

按性质分类	本期发生额	上期发生额
政府补助	114,410,327.17	67,632,383.37
进项税加计扣除	153,448.12	
个人所得税手续费返还	93,054.77	15,896.53
合计	114,656,830.06	67,648,279.90

其他说明：

1. 根据武汉市人民政府城市建设基金管理办公室“关于给予武汉长江隧道建设有限公司及其股东单位补贴的通知”，本年确认隧道营运补贴收入111,132,124.52元。

2. 计入其他收益的政府补助的具体情况，详见第十节、十一、“政府补助”。

示例3－106　惠天热电（000692.SZ）

涉及政府补助的应收款项

单位名称	政府补助项目名称	期末余额（元）	期末账龄	预计收取的时间、金额及依据
沈阳市沈河区供热管理办公室	拆联补贴	6,531,210.04	3年以上	待房产局拨付后收取
沈阳市铁西区供热管理办公室	拆联补贴	5,752,361.50	3年以上	待房产局拨付后收取
沈阳市皇姑区城市建设事务服务中心	拆联补贴	118,130.01	3年以上	待房产局拨付后收取

续表

单位名称	政府补助项目名称	期末余额（元）	期末账龄	预计收取的时间、金额及依据
沈阳市大东区供热管理办公室	拆联补贴	30, 300. 00	3 年以上	待房产局拨付后收取
合计		12, 432, 001. 55		

注：依据沈阳市房产局、环保局、财政局关于印发《沈阳市大气治理资金支持燃煤锅炉淘汰项目实施管理办法》（沈环保〔2016〕151 号），市房产局履行资金拨付程序，统一将资金拨付各区，由各区拨付相关单位。其中：2023 年度收到拨付资金 0。

示例 3 – 107　振东制药（300158. SZ）

涉及政府补助的应收款项

单位名称	政府补助项目名称	期末余额（元）	坏账余额（元）	预计收取的时间、金额及依据
大同经济技术开发区财政局	技术创新牵引专项—仿制药一致性评价	1, 500, 000. 00	23, 568. 86	已于 2024 年 1 月 25 日收回，金额 150 万元，根据补助文件
大同经济技术开发区财政局	技术创新牵引专项—创新研发投入	2, 530, 000. 00	39, 752. 80	已于 2024 年 1 月 25 日收回，金额 253 万元，根据补助文件
合计		4, 030, 000. 00	63, 321. 66	

示例 3 – 108　深桑达 A（300158. SZ）

涉及政府补助的应收款项

政府补助项目名称	期末余额（元）	期末账龄	预计收取的时间、金额及依据
供暖补贴款	50, 919, 181. 43	1 年以内，1 – 2 年	报告日前已收回 1, 830 万元，剩余款项将于一年内收回
增值税退税	3, 609, 522. 65	1 年以内	报告日前已收回
合计	54, 528, 704. 08		

第十一节　政府补助准则披露示例

《企业会计准则第 16 号——政府补助》及其应用指南对政府补助的列报做了规范，其中增设了“其他收益”科目来核算与日常活动相关的政府补助。“其他收益”核算总额法下与日常活动相关的政府补助，以及其他与日常活动相关且应直接计入该科目的项目，如企业当期直接减免的增值税、实际缴纳增值税时加计抵减的金额、企业作为个人所得税的扣缴义务人收到的扣缴税款手续费、企业超比例安排残疾人就业或者为安排残疾人就业作出显著成绩按规定收到的奖励等。企业债务重组形成的利得或损失，也在该科目核算。

一、准则相关规定与监管指引（节选）

（一）《企业会计准则第16号——政府补助》

第十一条　与企业日常活动相关的政府补助，应当按照经济业务实质，计入其他收益或冲减相关成本费用。与企业日常活动无关的政府补助，应当计入营业外收支。

第十五条　已确认的政府补助需要退回的，应当在需要退回的当期分情况按照以下规定进行会计处理：

（一）初始确认时冲减相关资产账面价值的，调整资产账面价值；

（二）存在相关递延收益的，冲减相关递延收益账面余额，超出部分计入当期损益；

（三）属于其他情况的，直接计入当期损益。

第十七条　企业应当在附注中单独披露与政府补助有关的下列信息：

（一）政府补助的种类、金额和列报项目；

（二）计入当期损益的政府补助金额；

（三）本期退回的政府补助金额及原因。

（二）财政部《企业会计准则实施典型案例集》

案例4－2　综合性项目政府补助类型的判断

根据政府补助给企业带来经济利益或者弥补相关成本费用的不同形式，政府补助可分为两类：与资产相关的政府补助和与收益相关的政府补助。对于不同类型的政府补助，会计处理方式不同。实务中针对综合性项目政府补助存在类型判断不正确，从而导致会计处理不正确等问题，影响到会计信息质量。

一、案例背景

2×19年3月，X市A公司、X市经济和信息化委员会（以下简称“B委员会”）、X市C县政府签署《高端机械手表机芯及成品表生产制造项目研发支持资金责任书》，B委员会对A公司高端机械手表机芯及成品表生产制造项目补助支持2,000万元。该项目总预算8,000万元，企业自筹6,000万元。文件相关约定如下：

（1）项目建设目标：实现高端机械手表机芯与成品表的研发与生产，项目达成后，年产600万只机械手表机芯、100万只成品手表。

（2）项目主要建设内容包括：建设1万平方米厂房和0.5万平方米研发中心办公

楼；建设1万平方米工人宿舍、食堂、文体等配套设施；进口主要生产设备80台（套）。

（3）资金用途：项目研发支持资金专项用于A公司在X市项目研发中心的项目研发和项目培育，其中用于补助研发中心办公楼建设800万元、设备费700万元、研究活动相关的费用支出500万元。A公司应当对项目补助资金专款专用。

（4）资金拨付安排：专项资金采取三次分批拨付，首批拨付资金为800万元，在项目土地招拍挂手续完成之时拨付；第二批拨付金额为600万元，在项目启动开工时拨付；第三批拨付金额为600万元，在项目一期建设过半时拨付。

截至2×19年末，A公司共收到该项政府补助2,000万元，研发相关固定设施建设尚未完工，具体研发活动和费用尚未发生。A公司判断其满足政府补助确认的条件后，将年内收到的2,000万元政府补助全部记入“其他收益”科目。

问题：A公司将收到的政府补助全额计入其他收益的会计处理是否恰当？

二、案例解析

1. 案例分析

《企业会计准则第16号——政府补助》（财会〔2017〕15号，以下简称“政府补助准则”）规定，政府补助分为与资产相关的政府补助和与收益相关的政府补助。与资产相关的政府补助，是指企业取得的、用于购建或以其他方式形成长期资产的政府补助。与收益相关的政府补助，是指除与资产相关的政府补助之外的政府补助。对于同时包含与资产相关部分和与收益相关部分的政府补助，应当区分不同部分分别进行会计处理。本案例中，A公司所获得项目研发支持资金专项用于其在X市项目研发中心的研发和培育，在其过程中所发生的支出包括研发中心办公楼、进口生产设备等方面的资本性支出，以及项目研发过程中发生的与研究活动相关的费用化支出。由此可见，本案例中的政府补助不是单纯用于补偿已发生或即将发生的相关成本费用，而是同时包含与资产相关部分和与收益相关部分的综合性补助，且不满足“难以区分”的条件。按照政府补助准则规定，A公司应当区分与资产相关部分和与收益相关部分，分别进行会计处理。

本案例中，对于与资产相关的政府补助，企业应当冲减相关资产的账面价值或确认为递延收益。截至2×19年末，政府补助所形成的资产尚未达到预定可使用状态，因此，无论采用总额法还是净额法，A公司收到政府补助时应计入递延收益，相关资产达到预定可使用状态后，在相关资产使用寿命内按照合理、系统的方法分期计入收益（总额法）或在相关资产达到预定可使用状态时冲减资产的账面价值（净额法）。

本案例中，对于与收益相关的政府补助，企业需要区分该补助是用于补偿企业以后期间的相关成本费用或损失，还是用于补偿企业已发生的相关成本费用或损失。截至2×19年末，研发相关固定设施建设尚未完工，具体研发活动和费用尚未发生，因此A公司收到的政府补助是用于补偿以后期间的相关成本费用或损失。A公司在收到政府补助时应将其计入递延收益，并在确认相关研发费用的期间，计入当期收益（总额法）或冲减相关研发费用（净额法）。

2. 案例结论

综上所述，根据政府补助准则等有关规定，A 公司收到的政府补助不是单纯用于补偿已发生或即将发生的相关成本费用，A 公司不加分析地将其全额计入其他收益的会计处理不恰当。A 公司收到的政府补助中，属于与资产相关的部分，分批收到政府补助时，由于资产尚未达到预定可使用状态，A 公司应当将收到的政府补助计入递延收益；属于与收益相关的部分，是用于补偿 A 公司以后期间的研究费用，A 公司应当将收到的政府补助计入递延收益。

三、案例启示

政府补助是政府进行宏观调控的重要手段，体现为政府向企业提供经济支持，以鼓励扶持特定行业、地区或领域发展。本案例中，A 公司不加分析地将收到的政府补助全部计入当期收益，不符合会计准则的有关规定，背后深层次原因可能是企业为完成经营业绩指标等而选择对其有利的会计处理，从而影响到财务报表信息的真实性。

案例 7-5　非同一控制下企业合并中被购买方因政府补助确认的递延收益在购买日的确认

在非同一控制下企业合并中，对于被购买方因已经取得与资产相关的政府补助而确认的递延收益，购买方在购买日是否将其单独确认为一项可辨认负债，应当按照《企业会计准则第 20 号——企业合并》（财会〔2006〕3 号，以下简称“企业合并准则”）以及《企业会计准则第 16 号——政府补助》（财会〔2017〕15 号，以下简称“政府补助准则”）等相关规定，综合考虑作出恰当的判断，实务处理中应予注意。

一、案例背景

A 公司以现金对价收购 B 公司 100% 的股权，该交易为非同一控制下的企业合并，购买日为 2×21 年 4 月 30 日。B 公司以前年度曾获得政府补助 3 亿元，相关文件明确补助款项应专款专项用于 B 公司某工厂的投资建设。B 公司按照相关文件要求，专项使用该补助款项，符合政府补助要求的所有条件，将该政府补助分类为与资产相关的政府补助，采用总额法确认为递延收益，并在相关资产的预计使用年限内进行摊销。截至购买日，B 公司尚未摊销完毕的递延收益账面价值为 2 亿元。A 公司认为购买日取得 B 公司的可辨认负债包括该项递延收益，并基于 B 公司针对该政府补助确认的递延收益的账面价值（2 亿元），将其作为购买日所取得的递延收益的公允价值。

问题：A 公司将被购买方与该政府补助相关的递延收益作为购买日取得的可辨认负债，并以其账面价值入账的会计处理是否恰当？

二、案例解析

1. 案例分析

根据企业合并准则有关规定，非同一控制下的企业合并采用购买法核算，购买方于购买日确认所取得的被购买方的各项可辨认资产及负债。合并中取得的被购买方或有负债，其公允价值能够可靠地计量的，应当单独确认为负债并按照公允价值计量。政府补助准则规定，企业能够满足政府补助所附条件且能够收到政府补助时，才能予以确认。本案例中，B公司已经收到相关款项，根据补助文件要求专款专项用于某工厂的投资建设，符合政府补助要求的所有条件，将该政府补助分类为与资产相关的政府补助，采用总额法确认为递延收益，并在相关资产的预计使用年限内进行摊销。在购买日，B公司并不存在需要返还政府补助款项的现时义务，因此，A公司不应将与该政府补助相关的递延收益单独确认为一项可辨认负债，否则也将影响商誉的初始确认金额。

政府补助准则也允许企业采用净额法进行核算。本案例中，假如B公司对于该项与资产相关的政府补助采用净额法核算，直接将补助款项抵减相关资产的账面价值，则B公司自身财务报表中不会存在递延收益余额，也不存在将递延收益的账面价值等同于购买日B公司可辨认负债的公允价值的情况。无论被收购方在其自身财务报表中就政府补助选择采用总额法还是净额法进行核算，购买方基于购买日的公允价值确认所取得的被购买方的各项可辨认资产和负债，以及确认的商誉金额均是一致的，不应因为采用总额法或者净额法而改变结果。

2. 案例结论

综上所述，根据企业合并准则、政府补助准则等有关规定，本案例中，A公司将被购买方与该政府补助相关的递延收益作为购买日取得的可辨认负债，并以其账面价值入账的会计处理不恰当，与该政府补助相关的递延收益不应被单独确认为一项可辨认负债。相应地，以后年度A公司合并财务报表中也不存在该递延收益摊销所形成的其他收益。

三、案例启示

本案例中，在购买日，被购买方并不存在需要返还政府补助款项的现时义务，因此，购买方不需要将递延收益单独确认为一项可辨认负债。值得注意的是，如果该政府补助还附带了需在购买日之后满足或持续满足的条件，则应当根据客观情况判断企业在购买日以及未来满足或持续满足所附带条件的可能性，以确定是否存在需要返还政府补助款项的现时义务及其可能性，从而确定是否存在一项可辨认负债并进行相应的确认和计量。本案例中，被购买方对该政府补助采用总额法还是净额法核算并不影响非同一控制下企业合并中可辨认资产和负债的确认和计量，从而也不影响商誉金额。

（三）《监管规则适用指引——会计类第3号》

3－10　搬迁补偿事项的会计处理

对于企业收到的不满足专项应付款确认条件（“因公共利益进行搬迁”以及“政府从财政预算直接拨付”）的搬迁补偿款，一般情况下认为，在满足市场化原则、补偿价格公允的前提下，该款项实质上是政府为取得土地使用权等资产向企业支付的交易对价。对于实践中存在的各类搬迁补偿名目，企业通常应当将其整体作为资产处置对价进行会计处理，除非有确凿证据表明搬迁补偿款存在政府补助成分（如提前搬迁奖励款等附带额外政策条件和使用条件的奖励），且政府补助与资产处置部分能够明确区分，则对于政府补助部分，企业应当按照政府补助准则相关规定进行会计处理。

对于企业为履行上述资产处置交易而发生的房屋及其他附属物拆除损失、搬迁费用、停产停业期间支付的职工薪酬等费用，如果预计能够通过未来资产处置对价予以补偿的，企业可以按照流动性将其暂时计入其他流动资产或其他非流动资产，在处置资产终止确认时转入损益，否则应当在相关费用发生时计入损益。

（四）证监会《上市公司年报会计监管报告》

《上市公司 2022 年年度财务报告会计监管报告》

不恰当认定政府补助退回的性质

根据企业会计准则及相关规定，已确认的政府补助后续退回的，应当在需要退回的当期区分具体情况进行会计处理：初始确认时冲减相关资产账面价值的，调整资产账面价值；存在相关递延收益的，冲减相关递延收益账面余额，超出部分计入当期损益；属于其他情况的，直接计入当期损益。对于属于前期差错的政府补助退回，应当作为前期差错更正进行追溯调整。

审阅分析发现，部分上市公司存在政府补助退回，且退回原因是申请补贴的人员不符合政府补助文件中规定的条件。如果上市公司在申请政府补助时未恰当理解政府补助文件中所述的申请补贴的条件，以不符合条件的人员进行申请，则该项政府补助的退回应当作为一项前期差错更正进行追溯调整。

《2018 年上市公司年报会计监管报告》

错误地将置换产能减量指标产生的收益列报为收入

年报分析发现，个别上市公司按照“三去一降一补”政策关闭退出部分矿井或其他落后产能，并将减量的产能指标进行公开交易，取得的价款作为当期收入。对于此类交易，上市公司应根据交易实质进行会计处理：如果认为交易实质类似于公司转让其无形资产，相关收益应列报为资产处置收益；如果认为是源于政府的特定政策而从事该置换交易并获取补贴的，相关收益应列报为其他收益。

《2017 年上市公司年报会计监管报告》

年报分析发现，上市公司在执行新政府补助准则中主要存在以下问题：一是未能正确区分政府补助与收入。个别公司作为政府工程的投资、建设和运营主体，将自政府取得的价款作为政府补助核算。实际上，公司所取得价款是对其所提供项目建设和运营服务的补偿，本质上是政府支付给公司建设和运营工程项目的对价，应确认为收入而非政府补助。二是将代为收取的来自于政府及各类上级组织的款项作为政府补助。如上级工会组织拨付的工会经费补助等，为公司代收款项，并非给予公司的政府补助。三是个别上市公司将与其日常活动密切相关的技改项目政府补助计入营业外收入。四是个别上市公司将获得的财政贴息计入营业外收入或其他收益，未按规定冲减相关借款费用。

二、年报披露示例

政府补助准则——其他收益披露示例汇总如表3-34所示。

表3-34　政府补助准则——其他收益披露示例汇总

序号	参考示例	其他收益补助内容
1	示例3-109　山东黄金（600547.SH）	山东省重大科技创新工程项目、结转深井智能国拨项目、高质量发展奖励补贴、增产奖励、市级上市专项资金预算指标拨款、焦家安全生产专项资金、深圳市商务局支持批发零售企业扩大市场奖励、西乌旗发改委奖补资金、稳岗补贴、个税返还等
2	示例3-110　上海能源（600508.SH）	收江苏省财政厅自然灾害补助金、六师社保局稳岗补贴、个人所得税手续费返还、安置退役军人退增值税、报废车辆处置税收减免、沛县行业布局优化整合奖补资金、沛县人力资源和社会保障局技能提升补贴款等
3	示例3-111　深高速（600548.SH）	朵花项目返还奖、增值税即征即退、取消高速公路省界收费站项目中央补助资金、蓝德环保政府经济补助、税费返还及增值税加计扣除等
4	示例3-112　皖通高速（600012.SH）	机电系统优化工程资金补贴、建设资金补贴、白帽互通工程、代扣代缴个人所得税手续费返还、稳岗补贴、税费减免等

示例3-109　山东黄金（600547.SH）

其他收益

单位：元

按性质分类	本期发生额	上期发生额
山东省重大科技创新工程项目——深部金属矿智能化开采关键技术及装备集成研究和工程示范	760,499.64	253,704.16
结转深井智能国拨项目政府补助	853,700.00	
上年度高质量发展奖励补贴		500,000.00
2022年增产奖励		4,040,000.00
企业倍增计划奖励	960,000.00	

续表

按性质分类	本期发生额	上期发生额
2021 年度市级上市专项资金预算指标拨款	500,000.00	
山东省自然科学基金重大基础研究——采动诱发断裂带滑移和岩爆灾变机制与智能定量预警	594,354.67	130,847.09
西和县财政局县列科技项目专项资金拨款	720,000.00	480,000.00
2023 年控矿规律与深部找矿预测研究项目科技拨款	800,000.00	
焦家安全生产专项资金	1,097,560.98	1,097,560.98
科学技术奖励资金	600,000.00	
深圳市商务局支持批发零售企业扩大市场奖励	1,000,000.00	3,000,000.00
西乌旗发改委奖补资金	1,022,800.00	
经发局企业技术创新财政拨款	560,000.00	
稳岗补贴	8,593,072.28	4,819,202.01
个税返还	2,608,833.00	1,962,638.61
其他	7,823,600.60	9,785,660.01
合计	28,494,421.17	26,069,612.86

示例 3－110　上海能源（600508.SH）

其他收益

单位：元

项目	本期发生额	上期发生额
收江苏省财政厅自然灾害补助金	1,430,000.00	1,380,000.00
六师社保局稳岗、就业等补贴	1,199,304.58	1,168,035.45
省级煤重大灾害治理专项资金	1,000,000.00	1,000,000.00
个人所得税手续费返还	857,664.76	681,734.34
徐州市运输结构调整奖励补助	783,903.61	
安置退役军人抵减增值税	295,500.00	366,000.00
江苏省煤矿安全奖励	200,000.00	
其他	10,184.90	42,447.69
合计	5,776,557.85	4,638,217.48

示例3－111　深高速（600548. SH）

其他收益

单位：元

按性质分类	本期发生额	上期发生额
朵花项目返还奖	13, 603, 415. 00	—
增值税即征即退	8, 233, 624. 93	4, 712, 005. 05
取消高速公路省界收费站项目中央补助资金	7, 129, 398. 11	7, 129, 398. 11
蓝德环保政府经济补助	3, 480, 486. 90	3, 245, 878. 08
税费返还及增值税加计扣除	2, 930, 822. 00	1, 695, 860. 91
贵州置地政府财政补助	32, 486. 18	1, 874, 814. 54
乾泰公司废旧三元锂离子电池绿色回收利用技术研发与应用示范		1, 800, 000. 00
其他	10, 419, 782. 85	11, 492, 066. 04
合计	45, 830, 015. 97	31, 950, 022. 73

示例3－112　皖通高速（600012. SH）

其他收益

单位：元

项目	本期发生额	上期发生额
机电系统优化工程资金补贴	8, 727, 958. 31	10, 397, 958. 28
建设资金补贴	2, 172, 787. 68	2, 172, 787. 68
白帽互通工程	2, 029, 463. 17	2, 029, 463. 18
增值税进项加计抵减	6, 609. 62	437, 995. 30
代扣代缴个人所得税手续费返还	322, 545. 43	189, 273. 55
税费减免	64, 344. 20	133, 154. 44
稳岗补贴	93, 735. 00	354, 779. 39
三供一业财政补助资金		273, 300. 00
合计	13, 417, 443. 41	15, 988, 711. 82

三、政府补助退回披露示例

示例 3 - 113　博迁新材（605376. SH）

政府补助

计入当期损益的政府补助

单位：元

类型	本期发生额	上期发生额
与资产相关	4, 854, 371. 25	910, 647. 48
与收益相关	4, 449, 125. 50	7, 468, 232. 92
合计	9, 303, 496. 75	8, 378, 880. 40

其他说明：

项目	金额	原因
年产 400 吨新型电子元件专用高端粉末材料项目	910, 000. 00	［注 1］
宿迁高新技术产业开发区奖励资金	24, 000, 000. 00	［注 2］
合计	24, 910, 000. 00	

［注 1］本公司于 2023 年 3 月收到宁波市财政局、宁波市经济和信息化局预拨付的年产 400 吨新型电子元件专用高端粉末材料（甬财经〔2023〕261 号）项目补助，合计金额 3, 518, 900. 00 元，系与资产相关的政府补助，公司计入递延收益；2023 年 8 月，相关补助项目根据实际验收进行结算，需退回 910, 000. 00 元，公司相应冲减递延收益，前述补助本年度已经退回。

［注 2］本公司于 2023 年收到宿迁高新技术产业开发区财政局拨付的奖励资金 2, 400. 00 万元，上述奖励资金以银行转账方式拨付至公司账户。2024 年 1 月 29 日，公司收到宿迁高新技术开发区管理委员会发出的《退回奖励通知书》，通知书表明，公司于 2023 年 3 月、2023 年 6 月收到的两笔奖励资金因不符合相关政策，为规范财政支出行为，应于 2024 年 2 月 29 日前将上述两笔奖励资金退回，公司根据上述通知，将上述奖励款调整至其他应付款，并已于 2024 年 2 月 26 日按照要求退回相关奖励款。

第四章

股份支付准则应用披露示例

第一节　股份支付准则常见会计事项及判断框架

股权激励作为企业和职工之间风险共担、利益共享的桥梁，会对职工产生长期有效的激励作用，促进企业的长远发展。与传统的薪酬体现相比，股权激励以其特有的优势受到企业的青睐。股权激励带来的双赢结果使得越来越多的公司将其作为激励员工的一种方式。

2005 年，我国股权分置改革为股份支付准则的制定奠定了基础，《公司法》《证券法》《上市公司股权激励管理办法》等的修订和出台，为股份支付准则的出台打下了坚实的基础。2006 年财政部制定并发布了《企业会计准则第 11 号——股份支付》及其应用指南，自此股份支付有了统一的会计处理方法。

股权激励交易分为两个步骤：一是发行股份或期权并收取现金，二是以现金支付自职工取得的服务，在财务报表中确认相应的职工薪酬费用和权益工具的增加。股份支付的处理理念逐渐被国内的上市公司所理解和运用，在这个过程中也产生了一些问题。年报分析发现，股份支付中激励成本的分摊、股票期权、限制性股票及股票增值权等问题，是上市公司执行企业会计准则的重点和难点问题。我们在此整理归纳了与股份支付相关的常见会计事项。如无特别说明，本章示例来自公司公开披露的 2023 年年度报告。

一、股份支付准则常见会计事项

《企业会计准则第 11 号——股份支付》对准则适用范围、以权益结算的股份支付、以现金结算的股份支付、股份支付条款和条件的修改、权益工具公允价值的确定等进行了规范。

股份支付准则相关内容在会计实务中是难点，涉及较多复杂会计事项判断，受到企业、审计机构和监管层的广泛关注，常见会计事项包括：

1. 股份支付准则与职工薪酬准则、金融工具准则的适用范围边界。

2. 股份支付的确认范围：原股东非同比例低价增资、股东之间低价转让公司股权、员工持股平台重新分配股份、“大股东兜底式”员工持股计划等是否属于股份支付的判断等。

3. 股份支付授予日的判断：员工尚未缴纳、股东会或股东大会尚未批准、股份授予价格和数量等尚未确定是否影响授予日的判断等。

4. 股份支付等待期的确定及激励成本的分摊：需服务至 IPO 成功或包含其他隐含服务期条件时等待期的取得。

5. 股份支付的会计处理：以权益结算或以现金结算的股份支付的会计处理。

6. 集团内股份支付的会计处理：控股股东/非控股股东授予员工公司股份的处理；高管在公司集团内调动导致接受服务的企业变更时激励费用的分摊等。

7. 股份支付计划的修改或替换：修改或替换方式的判断（如缩短或延长等待期，增加或减少授予数量，增加或减少业绩条件等）及会计处理。

8. 股份支付计划的取消与作废：取消与作废的判断；被激励对象自愿退出股权激励计划是否作为加速行权处理；取消后加速确认的激励费用金额的确定等。

9. 权益工具公允价值的确定：限制性股票公允价值的确定；股票期权公允价值确定时各项参数的选取等。

10. 股份支付相关的递延所得税：涉及个人所得税和企业所得税的会计处理。

11. 存在股份支付时每股收益的计算：如发行限制性股票或股票期权时基本每股收益和稀释每股收益的计算等。另外，需要注意的是，《企业会计准则应用指南汇编2024》“第三十五章　每股收益”新增授予限制性股票时等待期内每股收益的计算示例【例 35 -9】。

12. 非经常性损益的判断：分期确认的股份支付费用、一次性确认的股份支付费用、取消激励计划时加速确认的费用等是否作为非经常性损益的判断等。

我们对上市公司历年财务报告中的相关内容进行了关注和追踪，从上述问题中选取了一些广受关注的事项进行列示和分析。如无特别说明，相关示例来自公司公开披露的 2023 年年度报告。

二、股份支付准则的相关判断框架

（一）股份支付会计处理汇总

1. 股份期权会计处理汇总

股份期权会计处理汇总如表 4 -1 所示。

表 4-1　　股份期权会计处理汇总

时点	以现金结算的股份支付		以权益结算的股份支付	
	授予后即可行权的	存在可行权条件的	授予后即可行权的	存在可行权条件的
授予日	借：成本费用等 贷：应付职工薪酬	不作处理	借：成本费用等 贷：资本公积——其他资本公积	不作处理； 确定权益工具的公允价值
等待期内每个资产负债表日	N/A	借：成本费用等 贷：应付职工薪酬	N/A	借：成本费用等 贷：资本公积——其他资本公积
可行权日后的资产负债表日	借：公允价值变动损益 贷：应付职工薪酬	借：公允价值变动损益 贷：应付职工薪酬	不作处理	不作处理
行权日	借：应付职工薪酬 贷：银行存款	借：应付职工薪酬 贷：银行存款	借：银行存款 资本公积——其他资本公积 贷：股本 资本公积——股本溢价	借：银行存款 资本公积——其他资本公积 贷：股本 资本公积——股本溢价

2. 限制性股票会计处理汇总

限制性股票属于存在可行权条件的以权益结算的股份支付，相关会计处理如表 4-2 所示。

表 4-2　　限制性股票会计处理汇总

时点	以权益结算的股份支付
限制性股票认购日	借：银行存款 贷：股本 资本公积——股本溢价 确认回购需支付的金额： 借：库存股【回购需支付的金额】 贷：其他应付款——限制性股票回购义务
授予日	不作处理；确定权益工具的公允价值
等待期内每个资产负债表日	借：成本费用等 贷：资本公积——其他资本公积 同时确认回购所需支付的利息金额（如有）： 借：财务费用——利息支出 贷：其他应付款——限制性股票回购义务

续表

时点	以权益结算的股份支付
限制性股票解锁日——达到解锁条件的	(1) 结转其他资本公积： 借：资本公积——其他资本公积 　　贷：资本公积——股本溢价 (2) 无须回购股份减少其他应付款： 借：其他应付款——限制性股票回购义务 　　贷：库存股 　　　　资本公积——股本溢价【差额，或借方差额】
限制性股票解锁日——未达到解锁条件的	(1) 冲回之前确认的激励费用： 借：资本公积——其他资本公积 　　贷：成本费用等 (2) 支付回购价款： 借：其他应付款——限制性股票回购义务 　　贷：银行存款 (3) 回购股份： 借：股本 　　资本公积——股本溢价【差额】 　　贷：库存股
等待期内发放现金股利——现金股利可撤销	(1) 预计未来可解锁的限制性股票持有者分配股利或利润时： 借：利润分配——应付现金股利或利润 　　贷：应付股利——限制性股票股利 减少回购义务的金额： 借：其他应付款——限制性股票回购义务 　　贷：库存股 实际支付股利时： 借：应付股利——限制性股票股利 　　贷：银行存款 (2) 预计未来不可解锁的限制性股票持有者分配股利或利润时： 借：其他应付款——限制性股票回购义务 　　贷：应付股利——限制性股票股利 实际支付股利时： 借：应付股利——限制性股票股利 　　贷：银行存款
等待期内发放现金股利——现金股利不可撤销	(1) 预计未来可解锁的限制性股票持有者分配股利或利润时： 借：利润分配——应付现金股利或利润 　　贷：应付股利——限制性股票股利 实际支付股利时： 借：应付股利——限制性股票股利 　　贷：银行存款 (2) 预计未来不可解锁的限制性股票持有者分配股利或利润时： 借：成本费用等 　　贷：应付股利——限制性股票股利 实际支付股利时： 借：应付股利——限制性股票股利 　　贷：银行存款

（二）股份支付公允价值计量要求

股份支付公允价值计量要求如图 4－1 所示。

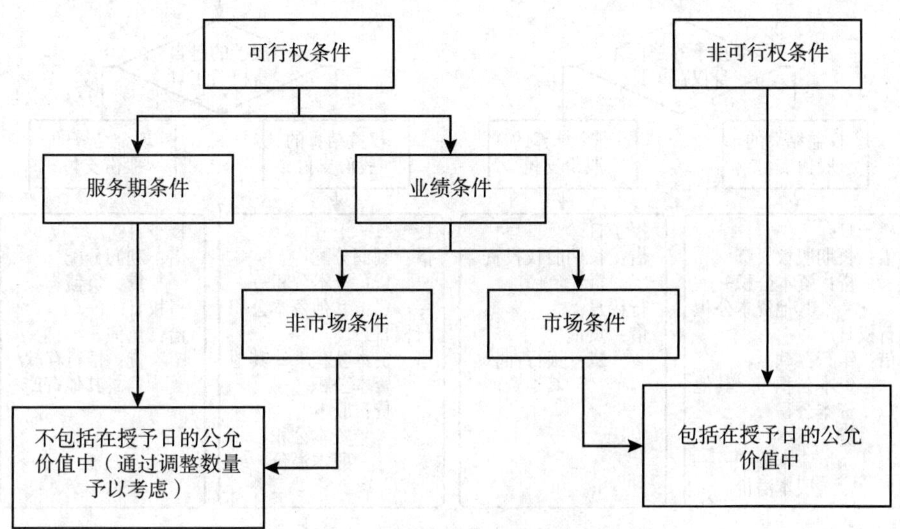

图 4－1　股份支付公允价值计量要求

（三）集团内涉及不同企业的股份支付会计处理框架

集团内涉及不同企业的股份支付会计处理框架如图 4－2 所示。

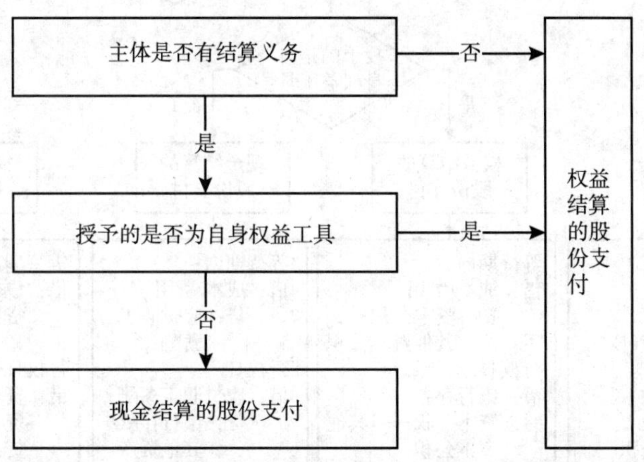

图 4－2　集团内涉及不同企业的股份支付会计处理框架

结算企业股份支付的会计处理如图 4－3 所示。

接受企业股份支付的会计处理如图 4－4 所示。

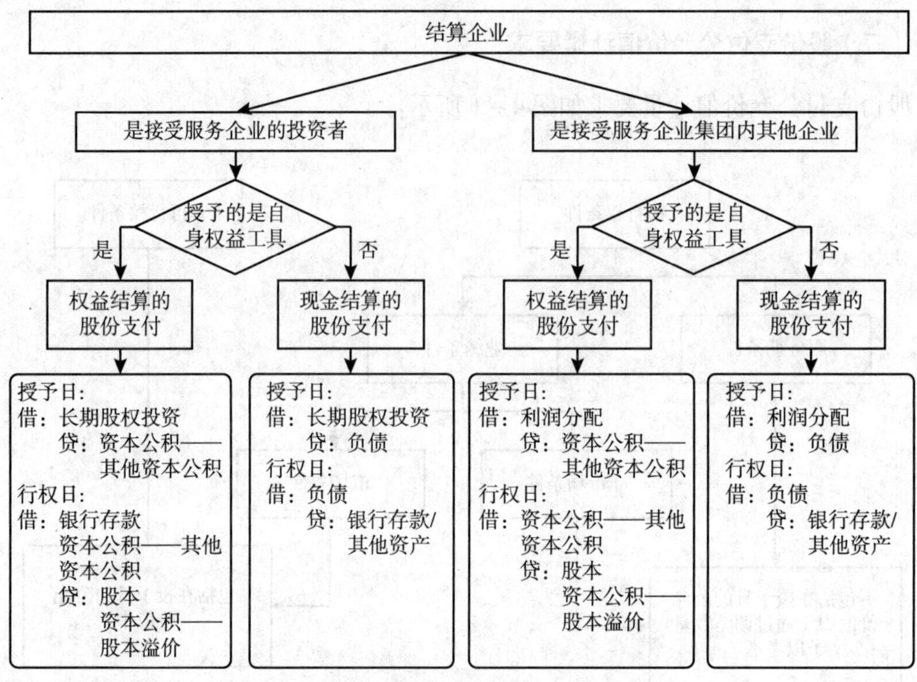

图4－3　结算企业的股份支付会计处理

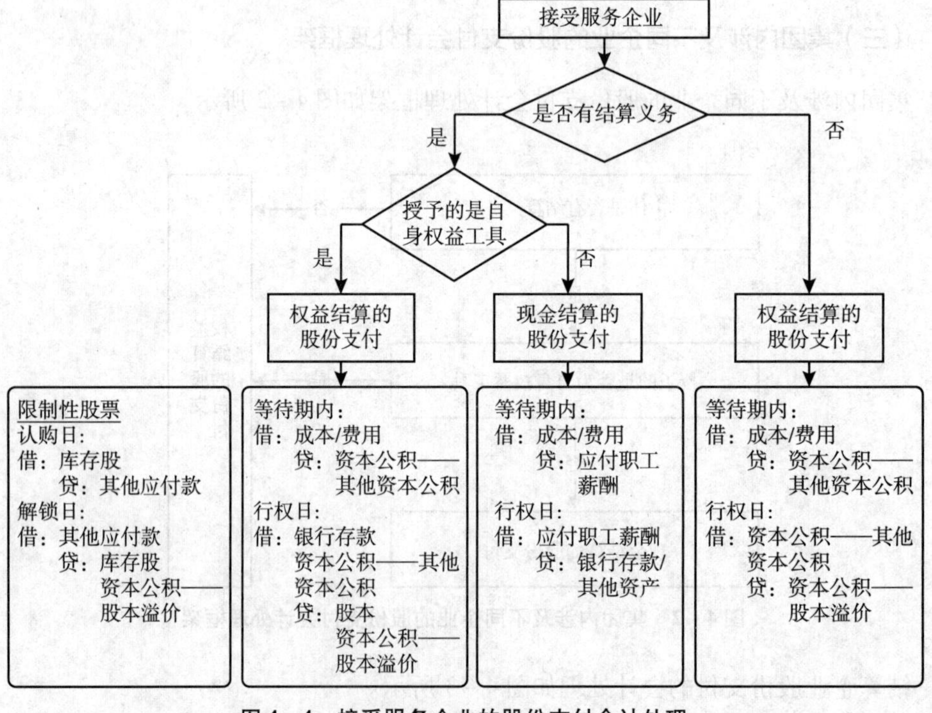

图4－4　接受服务企业的股份支付会计处理

第二节　股份支付中激励成本的分摊披露示例

为获取职工提供服务而授予权益工具或者承担以权益工具为基础确定的负债的股份支付交易，本质上属于对职工的激励——职工薪酬，应当在接受职工提供的服务时确认为费用（或资产）。

授予后可立即行权的换取职工服务的股份支付，如无相反的证据，应当假定该激励是针对职工已经提供的服务，相应地，应当于授予日确认取得的全部服务。完成等待期内的服务或达到规定业绩条件才可行权的换取职工服务的股份支付，应当假设服务在该期间内提供，相应地，应当于服务开始日至可行权条件得到满足且职工可以取得权益工具或现金之日的期间内确认取得的服务。

“一次授予、分期行权”的股份支付，每个批次是否可行权的结果通常是相对独立的，即每一期是否达到可行权条件并不会直接决定其他几期是否能够达到可行权条件，在会计处理时应将其作为几个独立的股份支付计划处理。在此情况下，整个股份支付计划的费用应根据每个批次对应的特定等待期分别进行分摊，虽然在第一期内职工并没有提供更多的服务或更为努力地工作，但费用按照行权或解锁的批次计算，将导致前期确认较多的费用（front-loaded）。另外，职工薪酬性质的股权激励费用属于经常性损益。

一、准则相关规定与监管指引（节选）

（一）《企业会计准则第 11 号——股份支付》

第五条　授予后立即可行权的换取职工服务的以权益结算的股份支付，应当在授予日按照权益工具的公允价值计入相关成本或费用，相应增加资本公积。授予日，是指股份支付协议获得批准的日期。

第六条　完成等待期内的服务或达到规定业绩条件才可行权的换取职工服务的以权益结算的股份支付，在等待期内的每个资产负债表日，应当以对可行权权益工具数量的最佳估计为基础，按照权益工具授予日的公允价值，将当期取得的服务计入相关成本或费用和资本公积。在资产负债表日，后续信息表明可行权权益工具的数量与以前估计不同的，应当进行调整，并在可行权日调整至实际可行权的权益工具数量。等待期，是指可行权条件得到满足的期间。

第十一条　授予后立即可行权的以现金结算的股份支付，应当在授予日以企业承担负债的公允价值计入相关成本或费用，相应增加负债。

第十二条　完成等待期内的服务或达到规定业绩条件以后才可行权的以现金结算的股份支付，在等待期内的每个资产负债表日，应当以对可行权情况的最佳估计为基础，按照企业承担负债的公允价值金额，将当期取得的服务计入成本或费用和相应的负债。在资产负债表日，后续信息表明企业当期承担债务的公允价值与以前估计不同的，应当进行调整，并在可行权日调整至实际可行权水平。

（二）《企业会计准则解释第 3 号》

五、在股份支付的确认和计量中，应当如何正确运用可行权条件和非可行权条件？

答：企业根据国家有关规定实行股权激励的，股份支付协议中确定的相关条件，不得随意变更。其中，可行权条件是指能够确定企业是否得到职工或其他方提供的服务、且该服务使职工或其他方具有获取股份支付协议规定的权益工具或现金等权利的条件；反之，为非可行权条件。可行权条件包括服务期限条件或业绩条件。服务期限条件是指职工或其他方完成规定服务期限才可行权的条件。业绩条件是指职工或其他方完成规定服务期限且企业已经达到特定业绩目标才可行权的条件，具体包括市场条件和非市场条件。

（三）《企业会计准则解释第 4 号》

七、企业集团内涉及不同企业的股份支付交易应当如何进行会计处理？

答：企业集团（由母公司和其全部子公司构成）内发生的股份支付交易，应当按照以下规定进行会计处理：

（一）结算企业以其本身权益工具结算的，应当将该股份支付交易作为权益结算的股份支付处理；除此之外，应当作为现金结算的股份支付处理。

结算企业是接受服务企业的投资者的，应当按照授予日权益工具的公允价值或应承担负债的公允价值确认为对接受服务企业的长期股权投资，同时确认资本公积（其他资本公积）或负债。

（二）接受服务企业没有结算义务或授予本企业职工的是其本身权益工具的，应当将该股份支付交易作为权益结算的股份支付处理；接受服务企业具有结算义务且授予本企业职工的是企业集团内其他企业权益工具的，应当将该股份支付交易作为现金结算的股份支付处理。

本解释发布前股份支付交易未按上述规定处理的，应当进行追溯调整，追溯调整不切实可行的除外。

（四）《股份支付准则应用案例——以首次公开募股成功为可行权条件》

【例】甲公司实际控制人设立员工持股平台（有限合伙企业）以实施一项股权激励计划。实际控制人作为该持股平台的普通合伙人将其持有的部分甲公司股份以名义价格转让给持股平台，甲公司员工作为该持股平台的有限合伙人以约定价格（认购价）认购持股平台份额，从而间接持有甲公司股份。该股权激励计划及合伙协议未对员工的具体服务期限作出专门约定，但明确约定如果自授予日至甲公司成功完成首次公开募股时员工主动离职，员工不得继续持有持股平台份额，实际控制人将以自有资金按照员工认购价回购员工持有的持股平台份额，回购股份是否再次授予其他员工由实际控制人自行决定。

分析：本例中，甲公司实际控制人通过持股平台将其持有的部分甲公司股份授予甲公司员工，属于企业集团内发生的股份支付交易。接受服务企业（甲公司）没有结算义务，应当将该交易作为权益结算的股份支付处理。

根据该股权激励计划的约定，甲公司员工须服务至甲公司成功完成首次公开募股，否则其持有的股份将以原认购价回售给实际控制人。该约定表明，甲公司员工须完成规定的服务期限方可从股权激励计划中获益，属于可行权条件中的服务期限条件，而甲公司成功完成首次公开募股属于可行权条件中业绩条件的非市场条件。甲公司应当合理估计未来成功完成首次公开募股的可能性及完成时点，将授予日至该时点的期间作为等待期，并在等待期内每个资产负债表日对预计可行权数量作出估计，确认相应的股权激励费用。等待期内甲公司估计其成功完成首次公开募股的时点发生变化的，应当根据重估时点确定等待期，截至当期累计应确认的股权激励费用扣减前期累计已确认金额，作为当期应确认的股权激励费用。

（五）证监会《监管规则适用指引——发行类第5号》

5-1　增资或转让股份形成的股份支付

一、具体适用情形

发行人向职工（含持股平台）、顾问、客户、供应商及其他利益相关方等新增股份，以及主要股东及其关联方向职工（含持股平台）、客户、供应商及其他利益相关方等转让股份，发行人应根据重要性水平，依据实质重于形式原则，对相关协议、交易安排及实际执行情况进行综合判断，并进行相应会计处理。有充分证据支持属于同一次股权激励方案、决策程序、相关协议而实施的股份支付，原则上一并考虑适用。

1. 实际控制人/老股东增资

解决股份代持等规范措施导致股份变动，家族内部财产分割、继承、赠与等非交易行为导致股份变动，资产重组、业务并购、转换持股方式、向老股东同比例配售新股等导致股份变动，有充分证据支持相关股份获取与发行人获得其服务无关的，不适用《企业会计准则第11号——股份支付》。

为发行人提供服务的实际控制人/老股东以低于股份公允价值的价格增资入股，且超过其原持股比例而获得的新增股份，应属于股份支付。如果增资协议约定，所有股东均有权按各自原持股比例获得新增股份，但股东之间转让新增股份受让权且构成集团内股份支付，导致实际控制人/老股东超过其原持股比例获得的新增股份，也属于股份支付。实际控制人/老股东原持股比例，应按照相关股东直接持有与穿透控股平台后间接持有的股份比例合并计算。

2. 顾问或实际控制人/老股东亲友获取股份

发行人的顾问或实际控制人/老股东亲友（以下简称当事人）以低于股份公允价

值的价格取得股份，应综合考虑发行人是否获取当事人及其关联方的服务。

发行人获取当事人及其关联方服务的，应构成股份支付。

实际控制人/老股东亲友未向发行人提供服务，但通过增资取得发行人股份的，应考虑是否实际构成发行人或其他股东向实际控制人/老股东亲友让予利益，从而构成对实际控制人/老股东的股权激励。

3. 客户、供应商获取股份

发行人客户、供应商入股的，应综合考虑购销交易公允性、入股价格公允性等因素判断。

购销交易价格与第三方交易价格、同类商品市场价等相比不存在重大差异，且发行人未从此类客户、供应商获取其他利益的，一般不构成股份支付。

购销交易价格显著低于/高于第三方交易价格、同类商品市场价格等可比价格的：(1) 客户、供应商入股价格未显著低于同期财务投资者入股价格的，一般不构成股份支付；(2) 客户、供应商入股价格显著低于同期财务投资者入股价格的，需要考虑此类情形是否构成股份支付；是否显著低于同期财务投资者入股价格，应综合考虑与价格公允性相关的各项因素。

二、确定公允价值应考虑因素

确定公允价值，应综合考虑以下因素：(1) 入股时期，业绩基础与变动预期，市场环境变化；(2) 行业特点，同行业并购重组市盈率、市净率水平；(3) 股份支付实施或发生当年市盈率、市净率等指标；(4) 熟悉情况并按公平原则自愿交易的各方最近达成的入股价格或股权转让价格，如近期合理的外部投资者入股价，但要避免采用难以证明公允性的外部投资者入股价；(5) 采用恰当的估值技术确定公允价值，但要避免采取有争议的、结果显失公平的估值技术或公允价值确定方法，如明显增长预期下按照成本法评估的净资产或账面净资产。判断价格是否公允应考虑与某次交易价格是否一致，是否处于股权公允价值的合理区间范围内。

三、确定等待期应考虑因素

股份立即授予或转让完成且没有明确约定等待期等限制条件的，股份支付费用原则上应一次性计入发生当期，并作为偶发事项计入非经常性损益。设定等待期的股份支付，股份支付费用应采用恰当方法在等待期内分摊，并计入经常性损益。

发行人应结合股权激励方案及相关决议、入股协议、服务合同、发行人回购权的期限、回购价格等有关等待期的约定及实际执行情况，综合判断相关约定是否实质上构成隐含的可行权条件，即职工是否必须完成一段时间的服务或完成相关业绩方可真正获得股权激励对应的经济利益。

发行人在股权激励方案中没有明确约定等待期，但约定一旦职工离职或存在其他情形（例如职工考核不达标等非市场业绩条件），发行人、实际控制人或其指定人员有权回购其所持股份或在职工持股平台所持有财产份额的，应考虑此类条款或实际执行情况是否构成实质性的等待期，尤其关注回购价格影响。回购价格公允，回购仅是股权归属安排的，职工在授予日已获得相关利益，原则上不认定存在等待期，股份支付费用无需分摊。回购价格不公允或尚未明确约定的，表明职工在授予日不能确定获得相关利益，只有满足特定条件后才能获得相关利益，应考虑是否构成等待期。

1. 发行人的回购权存在特定期限

发行人对于职工离职时相关股份的回购权存在特定期限，例如固定期限届满前、公司上市前或上市后一定期间等，无证据支持相关回购价格公允的，一般应将回购权存续期间认定为等待期。

2. 发行人的回购权没有特定期限，且回购价格不公允

发行人的回购权没有特定期限或约定职工任意时间离职时发行人均有权回购其权益，且回购价格与公允价值存在较大差异的，例如职工仅享有持有期间的分红权、回购价格是原始出资额或原始出资额加定期利息等，发行人应结合回购价格等分析职工实际取得的经济利益，判断该事项应适用职工薪酬准则还是股份支付准则。

3. 发行人的回购权没有特定期限，且回购价格及定价基础均未明确约定

发行人的回购权没有特定期限，且回购价格及定价基础均未明确约定的，应考虑相关安排的商业合理性。发行人应在申报前根据股权激励的目的和商业实质对相关条款予以规范，明确回购权期限及回购价格。

（六）证监会会计类监管规则适用指引

《监管规则适用指引——会计类第3号》

3－9　对于职工提前离职按约定方式回售股份的会计处理

职工薪酬，指的是企业为获得职工提供的服务或终止劳动合同关系而给予的各种形式的报酬或补偿。股份支付是指企业为获取职工和其他方提供服务而授予权益工具或者承担以权益工具为基础确认的负债的交易。股权激励计划是否属于股份支付，关键在于判断企业为获取职工提供服务所付出的交易对价，是否与自身权益工具价值密切相关。

监管实践发现，部分公司对于向职工授予股份，并约定职工在服务期内离职需按照约定方式回售股份的会计处理，存在理解上的偏差和分歧。现就该事项的意见如下：

实务中存在一些股权激励计划，职工需通过提供一段期间的服务以获取低价认购的股份，如果职工在服务期内离职，股权激励计划将要求职工将股份回售给公司。职工尽管因离职未取得相应股份，但将股份回售仍可取得一定的收益，例如回售价格为认股价格加固定回报率或者每股净资产等。

上述股权激励计划中，如果职工因回售股份取得的收益与企业自身权益工具价值相关，则属于股份支付，企业应当按照股份支付准则有关规定，确认相关费用；如果职工回售取得的收益与企业自身权益工具价值没有密切关系，则不属于股份支付，企业应当按照职工薪酬准则有关规定，在职工为取得该收益提供服务的期间内分期确认职工薪酬费用。

《监管规则适用指引——会计类第 1 号》

1－13　一次授予、分期行权的股份支付计划

股份支付相关的费用，应当在等待期内分摊计入损益。其中，等待期是指可行权条件得到满足的期间。

监管实践发现，部分公司在确定等待期时对准则的理解存在偏差和分歧。现就具体事项如何适用上述原则的意见如下：

“一次授予、分期行权”，即在授予日一次授予给员工若干权益工具，之后每年分批达到可行权条件。每个批次是否可行权的结果通常是相对独立的，即每一期是否达到可行权条件并不会直接影响其他几期是否能够达到可行权条件。在会计处理时应将其作为同时授予的几个独立的股份支付计划。例如，在一次授予、分三年行权的股份支付计划中，应当将其视同为三个独立的股份支付计划，分别确定每个计划的等待期。公司应根据每个计划在授予日的公允价值估计股份支付费用，在其相应的等待期内，按照各计划在某会计期间内等待期长度占整个等待期长度的比例进行分摊。

（七）证监会《上市公司年报会计监管报告》

《上市公司 2022 年年度财务报告会计监管报告》

未正确核算“兜底式”股权激励计划

根据会计准则及相关规定，股份支付，是指企业为获取职工和其他方提供服务而授予权益工具或者承担以权益工具为基础确定的负债的交易。股份支付具有以下特征：企业与职工或其他方之间发生的交易；以获取职工或其他方服务为目的的交易；交易的对价或其定价与企业自身权益工具未来的价值密切相关。

审阅分析发现，部分上市公司中长期员工持股计划按照公允价值回购公司股票，同时约定如果到期股价低于购买价格，相关亏损由公司承担，如果到期股价高于购买价格，相关收益归属于员工。该持股计划要求员工连续三年为公司提供服务，根据公司业绩及个人绩效考核情况分三批解锁，上市公司未进行任何会计处理。上述安排中，员工为获得收益（享有股票增值收益且不承担贬值损失）必须连续多年为公司提供服务，属于以获取员工服务为目的交易，并且交易对价与公司股票未来价值密切相关，符合股份支付的定义，上市公司应按照股份支付准则有关规定进行会计处理。

《2015 年上市公司年报会计监管报告》

根据企业会计准则及相关规定，公司应当以授予日的公允价值为基础，将支付的股份相关价值量在行权等待期内确认为费用。近年来，股份支付的会计处理理念逐渐被国内上市公司所接受，但仍存在一些对股份支付准则理解与执行不到位的问题。

1. 限制性股票分阶段解禁的会计处理

根据企业会计准则及相关规定，完成等待期内的服务或达到规定业绩条件才可行权的以权益结算的股份支付，在等待期内的每个资产负债表日，应当以可行权权益工具的最佳估计为基础，按照权益工具授予日的公允价值，将当期取得的服务计入相关成本或费用。对于一次授予、按比例分期行权的股份支付计划，在每个批次可以相对独立行权的情况下，会计处理时应将其作为几个独立的股份支付计划处理。在此情况下，整个股份支付计划的费用应根据每个批次对应的特定等待期进行分摊。年报分析发现，有的上市公司对于一次授予、按比例分期行权的股份支付计划，未对每个批次进行区分，会计处理时将股份支付费用在整个股份支付计划期间进行平均分摊。

2. 限制性股票回购义务的会计处理

根据企业会计准则及相关规定，对于授予负有回购义务的限制性股票的股份支付计划，在授予日，企业应当根据收到的职工缴纳的认股款确认股本和资本公积（股本溢价），同时就回购义务确认负债（作收购库存股处理）。年报分析发现，部分上市公司对于以前年度授予的含回购义务的限制性股票未及时按照上述规定确认负债（作收购库存股处理），2015 年度财务报告未予以更正，也未按前期差错的原则进行处理和披露。

3. 非控股股东授予职工公司股份的会计处理

股份支付准则关于集团内的股份支付的规定要求，授予方可以是集团内任何主体及其股东，并未限定为上市公司的控股股东。非控股股东授予集团内职工的权益工具，也应当视同集团内股份支付，适用股份支付准则的相关规定。年报分析发现，对于非控股股东授予上市公司员工权益性工具或以权益性工具价值为基础的支付，其会计处理在实务中存在不同的理解，有的上市公司认为非控股股东不属于企业集团范畴，未将相关交易作为集团内股份支付处理。

《2014 年上市公司年报会计监管报告》

与股份支付计划相关的确认与计量不适当

（1）包含限制性股票的股份支付交易确认与计量不正确。根据企业会计准则及相关规定，以权益结算的股份支付换取职工服务的，应当以授予日的公允价值计量所授予职工的权益工具价值。一般情况下，公司向职工授予的股份在职工提供服务以达到行权条件的等待期内被限制转让，但是计量所授予股份在授予日的公允价值时，不应考虑在等待期内转让的限制或其他限制，因为这些限制属于可行权的非市场条件。年报分析发现，部分公司在确定授予职工的限制性股票的公允价值时，以授予日股价为基础考虑流动性折扣，或者不采用授予日的股价，而是采用其他时点的股价或之前一段时间股价的平均值。此外，授予限制性股票的股权激励计划中，向职工发行的限制性股票按有关规定履行了注册登记等增资手续的，在授予日，公司应当根据收到职工缴纳的认股款确认股本和资本公积（股本溢价），同时将回购义务确认为负债（作为收购库存股处理）。需要强调的是，回购义务应全额确认为负债，不考虑回购发生的可能性对其计量的影响，所确认的库存股金额不仅包含库存股的股本，还应包含其相应的股本溢价金额；就流动性而言，由于员工离职等因素可能导致公司随时产生回购的义务，该回购义务应当确认为流动负债。年报分析发现，部分公司存在一些不规范的会计处理，如未考虑并确认回购义务；在计量回购义务时考虑了回购发生的可能性，或者所确认的库存股仅包含了库存股的股本；将回购义务负债列示为长期负债而不是流动负债。

（2）股份支付相关递延所得税资产的确认不规范根据企业会计准则及相关规定，与股份支付相关的支出应在职工提供服务的期间确认为成本费用，但税法规定，对于符合条件的股份支付，只有在相关股份实际授予职工时才允许在计算应纳税所得额时予以扣除。在会计上确认股份支付费用的期间内，公司应根据期末取得的信息估计未来期间可税前扣除的金额，计算确定由此产生的暂时性差异，符合确认条件的，应确认为递延所得税资产。年报分析发现，在考虑股份支付相关所得税影响时，部分公司的会计确认和计量不符合规定，如未确认股权激励相关的递延所得税资产；不以期末取得的信息作为估计可税前扣除金额的基础，而是以当期股权激励费用直接作为计税基础；未分期确认递延所得税资产，而是在第一个会计期间即确认股权激励计划的全部递延所得税资产等。

《2013 年上市公司年报会计监管报告》

股份支付相关信息的披露不充分。目前，实施股权激励计划的上市公司越来越多，股权激励事项对公司的财务状况和经营成果的影响也较为显著，根据相关信息披露要求，公司应披露授予日权益工具公允价值的确定方法。年报分析中发现，部分公司未按规定披露授予日权益工具公允价值的确定方法，个别公司甚至错误理解期权公允价值，将股票期权的行权价格等同于期权的公允价值。由于权益工具的公允价值直接影响股权激励的总体费用，披露不充分将使得投资者不能全面了解股权激励计划对公司的影响，也无法判断当期确认的相关费用是否适当。

二、年报披露示例

股份支付中激励成本的分摊披露示例如表 4 – 3 所示。

表 4 – 3　　股份支付中激励成本的分摊披露示例汇总

序号	参考示例	股份支付中激励成本的分摊
1	示例 4 – 1　上海家化（600315. SH）	股票期权/限制性股票按授予日公允价值确定各期所需分摊的费用总额，费用摊销起始日为授予日。披露了上期和本期确认的股份支付费用

续表

序号	参考示例	股份支付中激励成本的分摊
2	示例4－2　中国铝业（601600. SH）	本计划授予的权益自限制性股票授予登记完成之日起满24个月后，激励对象在未来36个月内分三期解除限售，分别以40%、30%、30%的比例分期解除限售，并以此计算摊销费用
3	示例4－3　丽珠集团（000513. SZ）	首次授予的股票期权等待期分别为12个月、24个月、36个月，预留授权的等待期分别为12个月、24个月。其他股权激励根据合伙协议约定在5年内予以摊销、根据股权激励计划及授予协议约定在锁定期内予以摊销
4	示例4－4　中国平安（601318. SH）	披露了上期和本期确认的股份支付费用
5	示例4－5　鹏鼎控股（002938. SZ）	根据框架协议及相关补充协议的规定，持股员工受严格的服务期限制，自授予日次日起员工持续服务满36个月之日，其持股份额的20%可解除限制，之后每服务满12个月依次解除其20%持股份额的限制，直至服务期满。据此，本集团确定相应的20%持股份额的股份支付费用摊销期限分别为3年、4年、5年、6年和7年

示例4－1　上海家化（600315. SH）

（1）2021年度股票期权激励计划

根据2021年9月15日召开的2021年第一次临时股东大会决议通过的《2021年股票期权激励计划（草案修订稿）》，本公司向1位激励对象实施股票期权激励，共授予激励对象123万份股票期权。该股票期权的行权价格为50.72元，2021年授予的股票期权权益性工具于授予日的公允价值合计人民币8,266,830.00元，该股票期权按授予日公允价值确定各期所需分摊的费用总额，费用摊销起始日为股票期权的授予日。

本次授予的股票期权于授予日的公允价值，采用布莱克—斯克尔斯期权定价模型，结合本公司股票的预计波动率以及授予股票期权的条款和条件，作出估计。

波动率为公司历史股价波动率。预计销售期根据激励对象所持股份的年转让比例预测，但不一定是实际的结果。

公允价值未考虑所授予股票期权的其他特征。

年度内股票期权变动情况：

项目	2023年	2022年
年初发行在外的股票期权份数（份）	861,000	1,230,000
本期授予的股票期权份数（份）		
本期行权的股票期权份数（份）		

续表

项目	2023 年	2022 年
本期失效并注销的股票期权份数（份）	369,000	369,000
期末发行在外的股票期权份数（份）	492,000	861,000
累计股份支付费用（元）		1,927,683.00
本年股份支付费用（元）	-1,927,683.00	1,122,708.00

2023 年 6 月 28 日召开的公司 2022 年度股东大会以及 2023 年 6 月 6 日本公司召开的八届十一次董事会和八届十一次监事会，审议通过了《关于公司 2021 年股票期权激励计划第二个行权期股票期权注销的议案》，因公司 2021 年股票期权激励计划第二个行权期公司业绩考核未达标，根据公司《2021 年股票期权激励计划（草案修订稿)》的有关规定和公司 2021 年第一次临时股东大会的授权，同意对 1 名激励对象所涉及已获授但未行权的合计 369,000 份股票期权予以注销。公司已向中国证券登记结算有限责任公司上海分公司提交注销上述股票期权的申请，经中登公司审核确认，上述 369,000 份股票期权注销事宜已于 2023 年 6 月 20 日办理完毕。

（2）2020 年度限制性股票激励计划

项目	2020 年度限制性股票激励计划			
	2023 年		2022 年	
	首次授予	预留授予	首次授予	预留授予
年初发行在外的限制性股票（股）	4,088,000	1,010,814	6,721,000	1,665,000
本期授予的限制性股票（股）				
本期解锁的限制性股票（股）			1,561,958	383,961
本期失效的限制性股票（股）	1,893,600	465,734	1,071,042	270,225
期末发行在外的限制性股票（股）	2,194,400	545,080	4,088,000	1,010,814
本期股份支付费用（元）	-24,349,780.00	-6,959,467.32	-2,317,013.40	5,711,216.98
累计股份支付费用（元）	26,397,090.20	9,706,534.08	50,746,870.20	16,666,001.40

根据 2020 年 10 月 28 日本公司召开的 2020 年度第二次临时股东大会审议通过的《上海家化联合股份有限公司 2020 年限制性股票激励计划（草案）及其摘要》以及《上海家化联合股份有限公司 2020 年限制性股票激励计划实施考核管理办法》，本公司以定向发行有限售条件流通股的方式向符合条件的股权激励对象发行股票，共计 8,386,000 股，其中首次授予 6,721,000 股，每股授予价格为人民币 19.57 元；预留授予 1,665,000 股，每股授予价格为人民币 28.36 元，累计募集金

额为178,749,370.00元。2020年度限制性股票激励计划授予的限制性股票权益性工具于授予日的公允价值合计人民币155,676,100.00元，分期计入期间费用及资本公积。于2021年5月25日预留授予的1,665,000股限制性股票已完成授予。

本次股权激励计划有效期自限制性股票首次授予登记完成之日起至激励对象获授的限制性股票全部解除限售或回购注销之日止，最长不超过63个月。

本集团以授予日公司股票收盘价确定授予日限制性股票的公允价值。首次授予日和预留授予日公司股票收盘价分别为40.34元和57.17元，考虑激励计划对可行权日后的限制条件影响后与激励对象每股增资价格19.57元和28.36元的差额并计入股份支付费用。

根据2023年6月6日本公司召开的八届十一次董事会、八届十一次监事会和2023年6月28日召开的公司2022年度股东大会审议通过的《关于回购注销部分限制性股票的议案》，鉴于2020年限制性股票激励计划部分激励对象已离职，以及第二个解除限售期公司层面业绩考核未达标，公司拟回购注销相应部分限制性股票，首次授予和预留授予共计回购注销2,359,334股限制性股票，已于2023年9月13日完成向中国证券登记结算有限公司上海分公司办理回购注销手续。

（3）2022年度限制性股票激励计划

项目	2022年限制性股票激励计划	
	2023年	2022年
年初发行在外的限制性股票（股）	580,000	
本期授予的限制性股票（股）		580,000
本期解锁的限制性股票（股）		
本期失效的限制性股票（股）	290,000	
期末发行在外的限制性股票（股）	290,000	580,000
本期股份支付费用（元）	-105,930.56	105,930.56
累计股份支付费用（元）		105,930.56

根据2022年9月20日本公司召开的八届七次董事会审议通过的《关于向2022年限制性股票激励计划激励对象授予限制性股票的议案》，本公司以定向发行有限售条件流通股的方式向符合条件的股权激励对象发行股票，共计580,000股，每股授予价格为人民币20.83元，累计募集金额为12,081,400.00元。2022年度限制性股票激励计划授予的限制性股票权益性工具于授予日的公允价值合计人民币1,525,400.00元，分期计入期间费用及资本公积。于2022年9月20日，580,000股限制性股票已完成授予。

本次股权激励计划有效期自限制性股票授予登记完成之日起至激励对象获授的限

制性股票全部解除限售或回购注销之日止，最长不超过36个月。

根据2023年6月6日本公司召开的八届十一次董事会、八届十一次监事会和2023年6月28日召开的公司2022年度股东大会审议通过的《关于回购注销部分限制性股票的议案》，鉴于2022年限制性股票激励计划第一个解除限售期公司层面业绩考核未达标，公司拟回购注销相应部分限制性股票，共计回购注销290,000股限制性股票，已于2023年9月13日完成向中国证券登记结算有限公司上海分公司办理回购注销手续。

示例4-2　中国铝业（601600.SH）

1. 股份支付总体情况

根据2022年4月26日召开的股东大会决议通过的《中国铝业股份有限公司2021年限制性股票激励计划》（“激励计划”），本集团向任职的公司董事、高级管理人员、中层管理人员、核心技术（业务）骨干（“激励对象”）实施限制性股票激励计划，于2022年5月25日，授予930名激励对象112,270千股限制性股票（A股），授予价格为每股3.08元：于2022年11月24日，授予276名激励对象26,649千股限制性股票（A股），授予价格为每股2.21元。上述授予的限制性股票不超过股本的1%。激励对象自授予完成登记日（2022年6月13日、2022年12月23日）起在满足规定的服务期限及业绩条件时才可解锁该限制性股票。根据激励计划方案，激励对象在服务期满前离职或业绩条件未达成时，股票不得解锁，且本集团须按授予价格回购并注销相应限制性股票。授予限制性股票的业绩条件指标包括公司的净资产回报率、归母扣非净利润增长率及经济增加值。截至2022年12月31日，本集团已收到全部1,206名激励对象缴纳的出资额合计404,685千元，同时确认限制性股票回购义务404,685千元。

于2023年度，因激励计划授予的43名激励对象离职、工作调动等原因，本集团对上述激励对象已获授但尚未解除限售的全部或部分限制性股票合计3,210千股进行回购注销安排。于2023年12月31日，本公司已经完成对应回购款项的支付，但尚未完成回购注销。2024年1月29日，本公司收到中国结算上海分公司出具的《证券变更登记证明》，公司本次回购注销的3,210千股限制性股票已于2024年1月26日完成注销手续。注销完成后，本公司总股本由17,161,591,551股变更为17,158,381,228股。

2. 本年限制性股票变动情况

项目	本年	上期
年初发行在外的限制性股票（千股）	138,919	
本年授予的限制性股票（千股）		138,919
本年安排回购的限制性股票（千股）	-3,210	

续表

项目	本年	上期
年末有效的限制性股票（千股）	135, 709	138, 919
本年股份支付费用（千元）	91, 111	48, 258
累计股份支付费用（千元）	139, 369	48, 258

本集团分别于2022年5月25日、2022年11月24日授予限制性股票，本计划授予的权益自限制性股票授予登记完成之日起满24个月后，激励对象在未来36个月内分三期解除限售，以40%、30%、30%的比例分期解除限售，并以此计算摊销费用。

3. 以权益结算的股份支付情况

授予日权益工具公允价值的确定方法	本集团以授予日公司股票收盘价确定授予日限制性股票的公允价值
授予日权益工具公允价值的重要参数	于2022年5月25日，每股限制性股票的公允价值为4.97元，激励对象每股增资价格为3.08元：于2022年11月24日，每股限制性股票的公允价值为4.42元，激励对象每股授予价格为2.21元。公允价值同每股授予价格之间的差异计入股份支付费用
可行权权益工具数量的确定依据	激励对象自授予完成登记日（2022年6月13日、2022年12月23日）起在满足规定的服务期限及业绩条件时才可解锁该限制性股票
以权益结算的股份支付计入资本公积的累计金额	139, 369千元

4. 本期股份支付费用

单位：千元

授予对象类别	以权益结算的股份支付费用	以现金结算的股份支付费用
中国铝业股份有限公司2021年限制性股票激励计划	91, 111	
合计	91, 111	

示例4-3 丽珠集团（000513. SZ）

1. 股份支付总体情况

（1）股票期权激励计划

①2022年股票期权激励计划——首次授予

2022年10月14日，公司2022年第二次临时股东大会、2022年第二次A股类别股东会及2022年第二次H股类别股东会，审议通过了《关于公司〈2022年股票期权激励计划（草案修订稿）〉及其摘要的议案》《关于公司〈2022年股票期权激励计划实施考核管理办法〉的议案》《关于提请公司股东大会授权董事会办理2022年股票期权激励计划相关事宜的议案》。2022年11月7日，公司第十届董事会第三十九次会议审议通过《关于2022年股票期权激励计划首次授予相关事项的议案》，以2022年11月7日为授予日，向1,026名激励对象以31.31元A股的价格授予1,797.35万份股票期权。本次授予股票期权登记完成时间及生效时间为2022年11月23日。2022年股票期权激励计划首次授予股票期权25名原激励对象（期权合计361,000份）因离职已不符合激励条件而注销。注销后，公司2022年股票期权激励计划首次授予的股票期权数量由1,797.35万份调整为1,761.25万份，首次授予激励对象人数由1,026名调整为1,001名。

本次授予期权行权期及各期行权时间安排如下表所示：

行权安排	行权时间	行权比例
首次授予的股票期权第一个行权期	自首次授予登记完成之日起12个月后的首个交易日起至首次授予登记完成之日起24个月内的最后一个交易日当日止	40%
首次授予的股票期权第二个行权期	自首次授予登记完成之日起24个月后的首个交易日起至首次授予登记完成之日起36个月内的最后一个交易日当日止	30%
首次授予的股票期权第三个行权期	自首次授予登记完成之日起36个月后的首个交易日起至首次授予登记完成之日起48个月内的最后一个交易日当日止	30%

公司层面业绩考核要求：本激励计划授予的股票期权，在行权期的3个会计年度中，分年度进行绩效考核并行权，以达到绩效考核目标作为激励对象的行权条件。首次授予业绩考核目标如下表所示：

行权期	业绩考核目标
首次授予的股票期权第一个行权期	以2021年净利润为基础，2022年的净利润复合增长率不低于15%
首次授予的股票期权第二个行权期	以2021年净利润为基础，2023年的净利润复合增长率不低于15%
首次授予的股票期权第三个行权期	以2021年净利润为基础，2024年的净利润复合增长率不低于15%

②2022年股票期权激励计划——预留授予

2023年10月12日，公司第十一届董事会第四次会议审议通过《关于2022年股票期权激励计划拟预留授予相关事项的议案》，董事会同意以2023年10月30日为授予日，向243名激励对象授予200万份股票期权，行权价格为36.26元/股。本次授予股票期权登记完成时间及生效时间为2023年11月28日。

本次授予期权行权期及各期行权时间安排如下表所示：

行权安排	行权时间	行权比例
预留授予的股票期权第一个行权期	自预留授予登记完成之日起12个月后的首个交易日起至预留授予登记完成之日起24个月内的最后一个交易日当日止	50%
预留授予的股票期权第二个行权期	自预留授予登记完成之日起24个月后的首个交易日起至预留授予登记完成之日起36个月内的最后一个交易日当日止	50%

公司层面业绩考核要求：本计划预留授予的股票期权，在行权期的两个会计年度中，分年度进行绩效考核并行权，以达到绩效考核目标作为激励对象的行权条件。预留授予业绩考核目标如下表所示：

行权期	业绩考核目标
预留授予的股票期权第一个行权期	以2021年净利润为基础，2023年的净利润复合增长率不低于15%
预留授予的股票期权第二个行权期	以2021年净利润为基础，2024年的净利润复合增长率不低于15%

（2）其他股权激励

2019年11月8日，公司第九届董事会第三十四次会议审议通过《关于出售控股子公司部分股权暨关联交易的议案》，同意公司将所持有的珠海丽珠试剂股份有限公司9.5%的股权（共计838.21万股）以人民币2,112.2892万元的价格转让给珠海丽英投资管理合伙企业（有限合伙）。根据《丽珠医药集团股份有限公司拟转让股权所涉及的珠海丽珠试剂股份有限公司股东全部权益价值项目资产评估报告》（华亚正信评报字〔2019〕第A02－0011号），珠海丽珠试剂股份有限公司2019年6月30日股东全部权益价值为64,730.75万元，上述股权转让价格低于其公允价值，因而形成股份支付。本次交易涉及股份支付总费用4,040.17万元，根据合伙协议约定在5年内予以摊销。珠海丽英投资管理合伙企业（有限合伙）股东持股份额变动涉及股份支付而确认股权激励费用。

2019年11月8日，公司第九届董事会第三十四次会议审议通过《关于控股子公司实施员工股权激励方案的议案》，珠海丽珠试剂股份有限公司用于实施员工股权激励新增发行的股份共计不超过464.3839万股，激励对象将出资共计人民币1,170.247428万元，通过直接认购及/或通过持有员工持股平台有限合伙份额的方式间接认购上述股份。2019年12月，根据《关于珠海丽珠试剂股份有限公司的增资扩股协议》，珠海丽珠试剂股份有限公司总股份由88,232,932股增加至92,876,771股，股份每股金额1元，增加的股份数由珠海豪汛企业管理咨询合伙企业（有限合伙）、珠海熠臣企业管理咨询合伙企业（有限合伙）、珠海启靖企业管理咨询合伙企业（有限合伙）等出资1,170.2474万元认购，认购价格低于其公允价值，因而形成股份支付。本次交易涉及股份支付总费用2,070.90万元，根据合伙协议约定在5年内予以摊销。珠海丽珠试剂股份有限公司/员工持股平台股东持股份额变动涉及股份支付而确认股权激励费用。

2021年8月31日，丽珠生物股东会决议通过《珠海市丽珠生物医药科技有限公司股权激励计划》，向激励对象授予丽珠生物6,666.6667万股限制性股票，其中第一批次授予4,200万股，预留2,466.6667万股，激励对象通过持有员工持股平台有限合伙份额的方式间接认购上述股份，认购价格低于其公允价值，因而形成股份支付。本次交易涉及股份支付总费用3,360.00万元，根据丽珠生物股权激励计划及授予协议约定在锁定期内予以摊销，其中2023年摊销784万元。

（3）授予的各项权益工具如下：

授予对象类别	本期授予		本期行权		本期解锁		本期失效	
	数量（万份）	金额（万元）	数量（万份）	金额（万元）	数量（万份）	金额（万元）	数量（万份）	金额（万元）
销售人员	29.80							
管理人员	140.65							
研发人员	29.55							
合计	200.00							

2. 以权益结算的股份支付情况

授予日权益工具公允价值的确定方法	Black-Scholes模型、市场价格
授予日权益工具公允价值的重要参数	无风险利率、股价历史波动率、股息率
可行权权益工具数量的确定依据	按可行权条件及预计离职率确定
本期估计与上期估计有重大差异的原因	无重大差异
以权益结算的股份支付计入资本公积的累计金额	243,556,213.93元

3. 本期股份支付费用

单位：元

授予对象类别	以权益结算的股份支付费用	以现金结算的股份支付费用
中、高层管理人员及业务骨干	76,725,834.18	

示例4－4　中国平安（601318.SH）

核心人员持股计划

本公司采纳核心人员持股计划（“本计划”）予本公司及下属子公司的核心人员（包括执行董事和高级管理层）。该等股份在满足一定的业绩目标后方可归属于获批准参与本计划的核心员工。与核心人员持股计划相关的资本公积变动如下：

单位：百万元

项目	核心人员持股计划持股	职工服务的价值	合计
2023年1月1日	(1,137)	767	(370)
核心人员持股计划购股成本（i）	(694)		(694)
股份支付费用（ii）		609	609
行权	515	(515)	
失效	55		55
2023年12月31日	(1,261)	861	(400)

（ii）本集团于2023年度发生的核心人员持股计划股份支付费用以及以股份支付换取的职工服务总额为人民币609百万元（2022年度：人民币573百万元）。

（3）长期服务计划

本公司实施长期服务计划予本公司及下属公司员工。长期服务计划参与人员从本公司退休时方可提出计划权益的归属申请，在得到确认后最终获得归属。与长期服务计划相关的资本公积变动如下：

单位：百万元

项目	长期服务计划持股	职工服务的价值	合计
2023年1月1日	(16,886)	970	(15,916)
长期服务计划购股成本（i）	(4,451)		(4,451)
股份支付费用（ii）		472	472
行权	13	(13)	
2023年12月31日	(21,324)	1,429	(19,895)

（ii）本集团于2023年度发生的长期服务计划股份支付费用以及以股份支付换取的职工服务总额为人民币472百万元（2022年度：人民币326百万元）。

示例4-5　鹏鼎控股（002938.SZ）

1. 股份支付总体情况

授予对象类别	本期授予		本期行权		本期解锁		本期失效	
	数量（份）	金额（元）	数量（份）	金额（元）	数量（份）	金额（元）	数量（份）	金额（元）
员工					38,411,414		268,000	
合计					38,411,414		268,000	

2. 以权益结算的股份支付情况

单位：元

授予日权益工具公允价值的确定方法	（1）根据2017年2月14日原公司召开的董事会决议和2017年2月27日（“授予日”）签署的《富葵精密组件（深圳）有限公司员工持股计划框架协议》（以下简称“框架协议”），本公司申请增加注册资本美元26,254,888元（折合增资日9.9065%的本公司股权），新增注册资本由长益投资、振碁投资、亨祥投资、益富投资、信群投资、得邦投资、悦沣和德乐投资（以下合称“员工持股平台”）于2017年2月28日之前一次缴足，增资款合计12,064.56万美元，折合人民币829,438,463.00元。按每出资额人民币1元计算，入股价折合每股人民币4.60元（“员工入股价”）。员工入股价低于授予日本公司股权单位出资额的公允价值的部分构成股份支付。 （2）本公司2021年4月20日第二届董事会第十一次会议及2021年5月12日2020年度股东大会审议通过，向287名限制性股票激励对象授予10,085,000股限制性人民币普通股，本公司以2021年6月15日为授予日，申请增加注册资本10,045,000元，新增注册资本由286名限制性股票激励对象于2021年6月23日之前一次性缴足，增资款合计人民币165,139,800元。按每出资额人民币1元计算，入股价折合每股人民币16.44元。员工入股价低于授予日本公司每股收盘价29.13元的部分构成股份支付
授予日权益工具公允价值的重要参数	（1）本公司于2017年6月通过增资方式引入外部投资者，外部投资者的入股价格为每股人民币8.5元。综合考虑了授予日不限控制权及流动性的收益法评估值、同行业可比交易市盈率及外部投资者对本公司的增资价格等因素后，本公司选取该外部投资者的入股价格人民币8.5元作为授予日员工持股平台向本公司增资时，本公司股权单位出资额的公允价值（“授予股权单位公允价值”）。 （2）本集团以授予日公司股票收盘价确定授予日限制性股票的公允价值。于授予日，每股限制性股票的公允价值为29.13元，其与激励对象每股增资价格16.44元的差异计入股份支付费用
可行权权益工具数量的确定依据	（1）根据框架协议及相关补充协议的规定，持股员工受严格的服务期限制，自授予日次日起员工持续服务满36个月之日，其持股份额的20%可解除限制，之后每服务满12个月依次解除其20%持股份额的限制，直至服务期满。据此，本集团确定相应的20%持股份额的股份支付费用摊销期限分别为3年、4年、5年、6年和7年。本集团在自2017年2月28日开始的最长7年服务期内的每个资产负债表日，根据最新取得的职工离职率等后续信息对预计可行权的股份数量作出最佳估计，修正预计可行权的权益工具数量，并将当期取得的相应员工服务按照授予日的公允价值计入相关成本或费用并相应调整资本公积。

续表

可行权权益工具数量的确定依据	（2）根据2021年限制性股票授予协议书的规定，持股员工受严格的服务期限制，自授予日员工持续服务每满12个月，其持股份额的20%可解除限制，直至服务期满。据此，本集团确定相应的20%持股份额的股份支付费用摊销期限分别为1年、2年、3年、4年和5年。本集团在自2021年6月15日开始的最长5年服务期内的每个资产负债表日，根据最新取得的职工离职率等后续信息对预计可行权的股份数量作出最佳估计，修正预计可行权的权益工具数量，并将当期取得的相应员工服务按照授予日的公允价值计入相关成本或费用并相应调整资本公积
本期估计与上期估计有重大差异的原因	无
以权益结算的股份支付计入资本公积的累计金额	768,623,596.92元
本期以权益结算的股份支付确认的费用总额	16,794,165.00元

第三节　以权益结算的股份支付披露示例——股票期权

以权益结算的股份支付，是指企业为获取服务以股份或其他权益工具作为对价进行结算的交易。这里的权益工具包括企业本身、企业的母公司或同集团其他会计主体的权益工具。

股票期权是指企业按照规定的程序授予职工的一项权利，该权利允许被授权职工在未来一定期限内以预先确定的价格和条件购买本企业或集团内其他企业一定数量的股票，职工也可以放弃该权利。企业赋予职工在满足可行权条件后以约定价格（授予价格）购买本企业股票的权利实质上为股票期权，企业应当将该交易作为以权益结算的股份支付进行会计处理。

以权益结算的股份支付，应披露当期授予、行权和失效的权益工具总额，期末发行在外的股份期权或其他权益工具行权价格的范围和合同剩余期限，权益工具公允价值的确定方法，等待期内每个资产负债表日可行权权益工具数量的确定依据，计入资本公积的累计金额，确认的费用总额等。

一、准则相关规定与监管指引（节选）

（一）《企业会计准则第11号——股份支付》

第二条　股份支付，是指企业为获取职工和其他方提供服务而授予权益工具或者承担以权益工具为基础确定的负债的交易。

股份支付分为以权益结算的股份支付和以现金结算的股份支付。以权益结算的股份支付，是指企业为获取服务以股份或其他权益工具作为对价进行结算的交易。以现金结算的股份支付，是指企业为获取服务承担以股份或其他权益工具为基础计算确定的交付现金或其他资产义务的交易。本准则所指的权益工具是企业自身权益工具。

第十四条　企业应当在附注中披露与股份支付有关的下列信息：

（一）当期授予、行权和失效的各项权益工具总额。

（二）期末发行在外的股份期权或其他权益工具行权价格的范围和合同剩余期限。

（三）当期行权的股份期权或其他权益工具以其行权日价格计算的加权平均价格。

（四）权益工具公允价值的确定方法。

企业对性质相似的股份支付信息可以合并披露。

第十五条　企业应当在附注中披露股份支付交易对当期财务状况和经营成果的影响，至少包括下列信息：

（一）当期因以权益结算的股份支付而确认的费用总额。

（二）当期因以现金结算的股份支付而确认的费用总额。

（三）当期以股份支付换取的职工服务总额及其他方服务总额。

（二）《企业会计准则应用指南汇编2024》“第十二章　股份支付”

四、股份支付的确认和计量

（二）权益工具公允价值的确定

2. 股票期权

对于授予的存在相同或类似可观察市场报价的股票期权等权益工具，应当按照市场报价确定其公允价值。对于授予的不存在相同或类似可观察市场报价的股票期权等权益工具，应当采用期权定价模型等确定其公允价值。

对于授予职工的股票期权，因其通常受到一些不同于在市场交易的期权的条款和条件的限制，在许多情况下难以获得其市场价格，因而需通过期权定价模型来估计其公允价值。用于估计授予职工期权的定价模型至少应考虑下列因素：(1) 期权的行权价格；(2) 期权的期限；(3) 基础股份的现行价格；(4) 股价的预计波动率；(5) 股份的预计股利；(6) 期权期限内的无风险利率。

此外，企业选择的期权定价模型还应当考虑相互独立、熟悉情况、有能力并自愿进行交易的市场参与者在确定期权价格时会考虑的其他因素（如提前行权的可能性等），但不包括那些在确定期权公允价值时不考虑的可行权条件和再授予特征因素。例如，因期权不能自由转让或因职工须在终止劳动合同关系前行使所有可行权期权的，在确定授予职工的股票期权的公允价值应当考虑预计提前行权的影响。再授予特征，是指只要期权持有人用企业的股份而不是现金来支付行权价格以行使原先授予的期权，就自动授予额外股票期权。对于具有再授予特征的股票期权，在确定其公允价值时不考虑再授予特征，而应在发生后续授予时，将其作为一项新授予的股票期权进行处理。

另需说明的是，在估计授予职工的股票期权（或其他权益工具）的公允价值时，不应考虑相互独立、熟悉情况、有能力并自愿进行交易的市场参与者在确定股票期权（或其他权益工具）价格时不会考虑的其他因素。例如，对于授予职工的股票期权，那些仅从单个职工的角度影响期权价值的因素，并不影响相互独立、熟悉情况、有能力并自愿进行交易的市场参与者确定期权的价格，因此，在确定相关期权的公允价值时不应考虑此类因素。

下面进一步具体说明估计授予职工的期权价格所应考虑的因素：

1. 期权定价模型的输入变量的估计

在估计基础股份的预计波动率和股利时，目标是尽可能接近当前市场或协议交换价格所反映的价格预期。类似地，在估计职工股票期权提前行权时，目标是尽可能接近外部人基于授予日所掌握信息做出的预期，这些信息包括职工行权行为的详细信息。在通常情况下，对于未来波动率、股利和行权行为的预期存在一个合理的区间。这时，应将区间内的每项可能数额乘以其发生概率，加权计算上述输入变量的期望值。

一般情况下，对未来的预期建立在历史经验基础上，但如果能够合理预期未来与历史经验的不同，则应对该预期进行修正。未经上述调整的历史经验对微量的预测价值很有限，而且有时可能难以获取历史信息。因此，企业在估计期权定价模型的输入变量时，应充分考虑历史经验合理预测未来的程度和能力，而不能简单地根据历史信息估计波动率行权行为和股利。

2. 预计提早行权

从实务来看，职工经常在期权失效日之前即行使股票期权。考虑预计提早行权对期权公允价值影响的具体方法，取决于所采用的期权定价模型的类型。但无论采用何种方法，估计预计提早行权时都要考虑下列因素：（1）等待期的长度；（2）以往发行在外的类似期权的平均存续时间；（3）基础股份的价格（根据历史经验，职工在股价超过行权价格特定水平时倾向于行使期权）；（4）职工在企业中所处的层次（根据历史经验，高层职工倾向于较晚行权）；（5）基础股份的预计波动率（一般而言，职工倾向于更早地行使高波动率的股份的期权）。

如前所述，将对期权预计期限的估计作为期权定价模型的输入变量，可以在确定期权公允价值时考虑提早行权的影响。其中，在估计授予一个职工群体的期权的预计期限时，企业可用加权平均方法估计该群职工的整体预计期权期限。如果能根据职工行权行为的更详细数据在该职工群内恰当分组，则企业可将具有类似行权行为的职工分为一组，在此基础上将授予的期权分不同组别进行估计。

在有些情况下，上述分组方法很重要。期权价值不是期权期限的线性函数，随着期权期限的延长，期权价值以递减的速度增长。例如，如果所有其他假设相同，虽然一份两年期的期权要比一份一年期的期权值钱，但达不到后者价值的两倍。这意味着，如果估计期权授予的职工群中各职工之间存在较大的行权行为差异，则以职工个人期限预计为基础加权平均计算出来的总期权价值，将高估授予整群职工的期权的公允价值总额。如果将授予的期权依照行权行为分为不同组别，因为行权行为类似，所以，每个组别的加权平均期限都只包含相对较小的期限范用，这将减少对授予整群职工的期权的公允价值总额的高估。

采用二项模型或其他类似模型时，也应做类似考虑。例如，对于向各层级职工普遍授予期权的企业，如其历史经验表明，高级管理人员倾向持有期权的时间比中层管理人员更长，基层职工则倾向最早行使期权，则以具有类似行权行为的职工组为基础划分期权授予，将更能准确地估计企业所授予期权的公允价值总额。

3. 预计波动率

预计波动率是对预期股份价格在一个期间内可能发生的波动金额的度量。期权定价模型中所用的波动率的量度，是一段时间内股份的连续复利回报率的年度标准差。波动率通常以年度表示，而不管计算时使用的是何种时间跨度基础上的价格，如每日、每周或每月的价格。

一个期间股份的回报率（可能是正值也可能是负值）衡量了股东从股份的股利和价格涨跌中受益的多少。股份的预计年度波动率是指一个范围（置信区间），连续复利年回报率预期处在这个范围内的概率大约为2/3（置信区间）。

估计预计波动率要考虑以下因素：

（1）如果企业有股票期权或其他包含期权特征的交易工具（如可转换公司债券）的买卖，则应考虑这些交易工具所内含的企业股价波动率。

（2）在与期权的预计期限（考虑期权剩余期限和预计提早行权的影响）大体相当的最近一个时期内企业股价的历史波动率。

（3）企业股份公开交易的时间。与上市时间更久的类似企业相比，新上市企业的历史波动率可能更大。

（4）波动率向其均值（即长期平均水平）回归的趋势，以及表明预计未来波动率可能不同于以往波动率的其他因素。有时，企业股价在某一特定期间因为特定原因剧烈波动，例如因收购要约或重大重组失败，则在计算历史平均年度波动率时，可剔除这个特殊期间。

（5）获取价格要有恰当且规则的间隔。价格的获取在各期应保持一贯性。例如，企业可用每周收盘价或每周最高价，但不应在某些周用收盘价、某些周用最高价。再如，获取价格时应使用与行权价格相同的货币来表示。

除了上述考虑因素，如果企业因新近上市而没有历史波动率的充分信息，应按可获得交易活动数据的最长期间计算历史波动率，也可考虑类似企业在类似阶段可比期间的历史波动率。如果企业是非上市企业，在估计预计波动率时没有历史信息可循，可考虑以下替代因素：

（1）定期向其职工（或其他方）发行期权或股份的非上市企业，可能已为其股份设立了一个内部“市场”。估计预计波动率时可以考虑这些“股价”的波动率。

(2) 如果上面的方法不适用。而企业以类似上市企业股价为基础估计自身股份的价值，企业可考虑类似上市企业股价的历史或内含波动率。

(3) 如果企业未以类似上市企业股价为基础估计自身股份的价值，而是采用了其他估价方法对自身股份进行估价，则企业可推导出一个与该估价方法基础一致的预计波动率估计数。例如，企业以净资产或净利润为基础对其股份进行估价，那么可以考虑以净资产或净利润的预计波动率为基础对其股份价格的波动率进行估计。

4. 预计股利

计量所授予的股份或期权的公允价值是否应当考虑预计股利，取决于被授予方是否有权取得股利或股利的等价物。

如果职工被授予期权，并有权在授予日和行权日之间取得基础股份的股利或股利的等价物（可现金支付，也可抵减行权价格），所授予的期权应当像不支付基础股份的股利那样进行估价，即预计股利的输入变量应为零。类似地，如果职工有权取得在等待期内支付的股利，在估计授予职工的股份在授予日的公允价值时，也不应考虑因预计股利而进行调整。

相反，如果职工对等待期内或行权前的股利或股利的等价物没有要求权，对股份或期权在授予日公允价值的估计就应考虑预计股利因素，在估计所授予期权的公允价值时，期权定价模型的输入变量中应包含预计股利，即从估价中扣除预计会在等待期内支付的股利现值。期权定价模型通常使用预计股利率，但也可能对模型进行修正后使用预计股利金额。如果企业使用股利金额，应根据历史经验考虑股利的增长模式。

一般来说，预计股利应以公开可获取的信息为基础。不支付的股利且没有支付股利计划的企业应假设预计股利收益率为零。如果无股利支付历史的新企业被预期在其职工股票期权期限内开始支付股利，可使用历史股利收益率（零）与大致可比的同类企业的股利收益率均值的平均数。

5. 无风险利率

无风险利率一般是指，期权行权价格以该货币表示的、剩余期限等于被估价期权的预计期限（基于期权的剩余合同期限，并考虑预计提早行权的影响）的零息国债当前可获得的内含收益率。如果没有此类国债，或环境表明零息国债的内含收益率不能代表无风险利率，应使用适当的替代利率。同样，在估计一份有效期与被估价期权的预计期限相等的其他期权的公允价值时，如果市场参与者们一般使用某种适当的替代利率而不是零息国债的内含收益率来确定无风险利率，则企业也应使用这个适当的替代利率。

6. 资本结构的影响

通常情况下，期权是由第三方而不是企业签发的。当这些股票期权行权时，签发人将股份支付给期权持有者。这些股份是从现在的股东手中取得的。因此，期权的行权不会有稀释效应。

如果股票期权是企业签发的，在行权时需要增加已发行在外的股份数量（通过正式增发或者使用先前回购的库存股）。假定股份将按行权价格而不是行权日的市场价格发行，这种现实或潜在的稀释效应可能会降低股价，因此，期权持有者行权时，无法获得像行使其他方面类似但不稀释股价的期权一样多的利益。这一问题是否对企业授予股票期权的价值产生显著影响取决于各种因素，包括行权时增加的股份数量（相对于已发行在外的股份数量）等。如果市场已预期企业将会授予期权，则可能已将潜在的稀释效应体现在了授予日的股价中。企业应考虑所授予的股票期权未来行权的潜在稀释效应，是否可能对股票期权在授予日的公允价值构成影响。企业可修改期权定价模型，以将潜在稀释效应纳入考虑范围。

需要说明的是，对于“布莱克—斯科尔斯—默顿”期权定价模型，由于其未考虑在期权到期日之前行权的可能性、在期权期限内企业股价预计波动率和该模型其他输入变量发生变动的可能性，无法充分反映前述因素对相关期权公允价值的影响，因而可能影响其对某些股票期权的适用性。对于期限相对较短的期权以及在授予日后很短时间内即行权的期权来说，一般不用考虑上述影响，采用“布莱克—斯科尔斯—默顿”模型与采用其他期权定价模型得出的公允价值结果通常不会有大的差异。

（三）《公开发行证券的公司信息披露编报规则第 15 号——财务报告的一般规定（2023 年修订）》

第六十一条　公司应按授予对象类别披露本期授予、行权、解锁和失效的各项权益工具数量和金额，期末发行在外的股票期权或其他权益工具行权价格的范围和合同剩余期限。

第六十二条　以权益结算的股份支付，公司应披露授予日权益工具公允价值的确定方法和重要参数，等待期内每个资产负债表日可行权权益工具数量的确定依据。本期估计与上期估计有重要差异的，应说明原因。公司还应披露以权益结算的股份支付计入资本公积的累计金额。

第六十三条　以现金结算的股份支付，公司应披露承担的、以股份或其他权益工具为基础计算确定的负债的公允价值确定方法和重要参数。公司应披露负债中以现金结算的股份支付产生的累计负债金额。

第六十四条　公司应按授予对象类别分别披露本期以权益结算的股份支付和以现金结算的股份支付确认的费用总额。

第六十五条　公司对股份支付进行修改的，应披露修改原因、内容及其财务影响。公司终止股份支付计划的，应披露终止原因、内容及其财务影响。

二、年报披露示例

以权益结算的股份支付披露示例——股票期权汇总如表 4－4 所示。

表 4 - 4　　以权益结算的股份支付披露示例——股票期权汇总

序号	参考示例	股票期权的披露
1	示例 4 - 6　南山控股（002314. SZ）	披露股份支付总体情况、以权益结算的股份支付情况
2	示例 4 - 7　上海医药（601607. SH）	披露概要、年度内股票期权变动情况表、授予日股票期权公允价值的确定方法
3	示例 4 - 8　中国移动（600941. SH）	披露股份支付总体情况
4	示例 4 - 9　二六三（002467. SZ）	披露股份支付总体情况、以权益结算的股份支付情况、本期股份支付费用
5	示例 4 - 10　深信服（300454. SZ）	披露股份支付总体情况、以权益结算的股份支付情况

示例 4 - 6　南山控股（002314. SZ）

1. 股份支付总体情况

授予对象类别	本期授予		本期行权		本期解锁		本期失效	
	数量（份）	金额（元）	数量（份）	金额（元）	数量（份）	金额（元）	数量（份）	金额（元）
管理人员							7, 255, 000. 00	- 13, 988, 347. 36
合计							7, 255, 000. 00	- 13, 988, 347. 36

授予对象类别	期末发行在外的股票期权		期末发行在外的其他权益工具	
	行权价格的范围	合同剩余期限	行权价格的范围	合同剩余期限
管理人员	3. 71 元/股	4 个月		

于 2019 年 4 月 18 日，本公司董事会批准了《关于向首次股票期权激励计划激励对象授予股票期权的议案》（以下简称“期权激励计划”），向 61 名符合条件的董事、高级管理人员、公司部门领导、子公司高级管理人员及业务骨干授予股份期权，约定自授予日起 3 年内本集团扣除非经常性损益的净资产收益率、营业总收入复合增长率及主营业务收入占营业总收入比例达标且届时仍在职，即有权以 3. 91 元/股的行权价格在为期 3 年的行权有效期内分三批购买股份。本计划在 6 年内有效。

2023 年 4 月 27 日，公司召开第六届董事会第二十四次会议，审议通过了《关于公司首次股票期权激励计划第二个行权期未达行权条件并注销部分股票期权的议案》，因第二个行权期未达行权条件拟注销 654 万份股票期权。

股票期权生效的业绩指标包括：

（1）南山控股的扣除非经常性损益的净资产收益率（ROE）

（2）南山控股的营业总收入复合增长率

（3）南山控股的主营业务收入占营业总收入比例

股票期权行权的具体条件：

授予的股票期权各行权期可行权的条件：

行权期	行权比例（%）	行权时间	行权条件
第一个行权期（“第一期”）	30	2022. 4. 18 – 2023. 4. 17	2021 年 ROE 不低于 7%，较 2018 年营业总收入复合增长率不低于 18%，主营业务收入占营业总收入比例不低于 95%
第二个行权期（“第二期”）	30	2023. 4. 18 – 2024. 4. 17	2022 年 ROE 不低于 8%，较 2018 年营业总收入复合增长率不低于 19%，主营业务收入占营业总收入比例不低于 95%
第三个行权期（“第三期”）	40	2024. 4. 18 – 2025. 4. 17	2023 年 ROE 不低于 9%，较 2018 年营业总收入复合增长率不低于 20%，主营业务收入占营业总收入比例不低于 95%

于 2020 年 8 月 27 日，公司召开第六届董事会第三次会议和第六届监事会第二次会议，审议通过了《关于调整公司首次股票期权激励计划行权价格、数量及注销部分股票期权的议案》。根据公司首次股票期权激励计划的相关规定，行权价格由 3. 91 元/股调整至 3. 85 元/股。

于 2021 年 8 月 30 日，公司召开第六届董事会第十一次会议和第六届监事会第七次会议，审议通过了《关于调整公司首次股票期权激励计划行权价格、数量及注销部分股票期权的议案》。根据公司首次股票期权激励计划的相关规定，行权价格由 3. 85 元/股调整至 3. 75 元/股。

于 2023 年 8 月 29 日，公司召开第七届董事会第二次会议和第七届监事会第二次会议，审议通过了《关于调整公司首次股票期权激励计划行权价格、数量及注销部分股票期权的议案》。根据公司首次股票期权激励计划的相关规定，行权价格由 3. 75 元/股调整至 3. 71 元/股。

2. 以权益结算的股份支付情况

授予日权益工具公允价值的确定方法	二叉树模型
授予日权益工具公允价值的重要参数	分红率、波动率、无风险利率、离职率
可行权权益工具数量的确定依据	年末预计可行权的最佳估计数
本期估计与上期估计有重大差异的原因	房地产市场下行，利润未达预期
以权益结算的股份支付计入资本公积的累计金额	16, 464, 094. 64 元
本期以权益结算的股份支付确认的费用总额	–9, 488, 309. 35 元

示例4－7　上海医药（601607.SH）

股份支付

（i）概要

根据2019年12月18日召开的2019年第一次临时股东大会决议通过的《上海医药集团股份有限公司2019年股票期权激励计划》（“激励计划方案”），本公司向为公司董事、高级管理人员、中层管理人员及核心技术、业务骨干（“激励对象”）实施股票期权激励计划，预计将授予激励对象约28,420,000.00份股票期权。于2019年12月19日首次授予25,680,000.00份（“首次授予”）。

根据2020年12月15日召开的第七届董事会第十五次会议及第七届监事会第十二次会议，决议通过的《关于向激励对象授予预留股票期权的议案》，本公司共授予激励对象2,730,000.00份股票期权（“预留授予”）。

根据2022年1月5日召开的第七届董事会第二十八次会议，决议通过的《关于调整2019年A股股票期权激励计划激励对象名单及期权数量并注销部分期权的公告》，本公司调整首次授予股票期权总数23,258,120.00份。

根据2023年1月9日召开的第七届董事会第三十六次会议，决议通过的《关于调整2019年A股股票期权激励计划激励对象名单及授予期权数量并注销部分期权的议案》，本公司调整首次授予股票期权总数22,735,520.00份，预留授予股票期权总数2,290,000.00份。

根据2023年3月30日召开的第七届董事会第三十七次会议，决议通过的《关于注销公司2019年A股股票期权激励计划首次授予第一个行权期已到期未行权的股票期权的议案》，本公司对首次授予第一个行权期已到期但未行权的4,324,659.00份股票期权进行注销。

根据2023年12月21日召开的第八届董事会第五次会议，决议通过的《关于调整2019年A股股票期权激励计划激励对象名单及授予期权数量并注销部分期权的议案》，本公司调整首次授予股票期权第三个行权期数量从7,646,600.00份至6,976,800.00份。

上述激励计划将对公司和激励对象个人进行绩效考核。激励对象自授予日起服务满2年、3年及4年后分别可行权获授股票期权数量比例的33%、33%及34%。

（ii）年度内股票期权变动情况表

项目	2023年度	2022年度
年初发行在外的股票期权份数（份）	23,158,066.00	28,330,000.00
本年行权的股票期权份数（份）	(5,957,059.00)	(2,341,880.00)
本年失效的股票期权份数（份）	11,446,125.00	23,158,066.00
年末发行在外的股票期权份数（份）	10,667,525.00	4,837,166.00

续表

项目	2023 年度	2022 年度
其中：年末已达到可行权条件的股权期权（元）	4, 568, 384. 49	21, 992, 131. 73
本年股份支付费用（元）	93, 867, 068. 54	89, 298, 684. 05
累计股份支付费用（元）	23, 158, 066. 00	28, 330, 000. 00

2023 年度股份支付费用计入管理费的金额为 4, 568, 384. 49 元（2022 年度：21, 992, 131. 73 元）。

年末发行在外的股票期权分为首次授予股票期权及预留授予股票期权。首次授予股票期权的行权价格均为 18. 41 元，截至 2023 年 12 月 31 日，股票期权合同剩余期限均至 2025 年 2 月 13 日，为 1 年。预留授予股票期权的行权价格均为 20. 16 元，截至 2023 年 12 月 31 日，股票期权合同剩余期限均至 2026 年 2 月 7 日，为 2 年。

当年行权的股票期权以行权日价格计算的加权平均价格为 18. 49 元。

（iii）授予日股票期权公允价值的确定方法

本集团采用 Black-Scholes 期权定价模型确定股票期权的公允价值。主要参数列示如下：

项目	预留授予	首次授予
期权行权价格（元）	20. 16	18. 41
授予日标的股份的价格（元）	19. 00	18. 08
股价预计波动率（%）	28. 65 ~ 32. 18	29. 14 ~ 34. 76
预计股息率（%）	2. 03	1. 72
无风险利率（%）	2. 92 ~ 3. 06	2. 75 ~ 2. 95
期权的有效期	自授予登记之日至每批期权行权完毕或注销完毕之日止，最长不超过 5 年	

示例 4 - 8　中国移动（600941. SH）

本公司于 2020 年 5 月 20 日的股东大会上，通过决议批准采纳了一项股票期权激励计划，向本集团符合该计划激励对象标准的人员（即合格参与者）授予股票期权。

根据以上股票期权激励计划授予的股票期权，于行使时新发行的股份总量累计不得超过股东大会批准该计划之日本公司股本总额的 10%。

该行权价格是根据公平市场价格原则确定，定价基准日为授予日。行权价格不得低于下列价格较高者：（i）授予日股份收盘价；（ii）授予日前五个交易日，该股份在香港联交所的平均收盘价。如达到股票期权激励计划规定的可行权条件，被授出的股票期权将分三批解锁如下，解锁后的股票期权的行权有效期自授予日起 10 年后结束：

第一批（占授出的股票期权的40%）将于授予日起24个月后的首个交易日开放可行权；

第二批（占授出的股票期权的30%）将于授予日起36个月后的首个交易日开放可行权；

第三批（占授出的股票期权的30%）将于授予日起48个月后的首个交易日开放可行权。

激励对象为对本公司经营业绩和持续发展有直接影响的管理、技术和业务骨干。本公司董事、最高行政人员或主要股东及其关联方并无获授股票期权。

于2020年6月12日（第一期授予），本公司董事会根据股东大会的授权，批准向9,914位股票期权激励计划合格参与者授予共计305,601,702股本公司的股票期权，占本公司授予日届时已发行股本的1.5%。行权价格为每股55.00港元。

于2022年9月19日（第二期授予），本公司董事会根据上述股东大会的授权，批准向10,988位股票期权激励计划参与者授予共计涉及607,649,999股股份的股票期权，占本公司届时已发行股本的2.8%。行权价格为每股51.60港元。

2023年度计入当期损益的股票期权相关成本为人民币7.17亿元（2022年度：人民币4.11亿元）。截至2023年12月31日，资本公积中确认以权益结算的股份支付的累计金额为人民币17.73亿元。

（a）尚未行使的股票期权数量及其有关的平均行权价格的变动如下：

项目	股票期权激励计划	
	平均行权价格（港元）	股票期权数量（股）
于2022年1月1日	55.00	304,702,702
已授出	51.60	607,649.999
已失效	54.98	(22,147,157)
于2022年12月31日	52.67	887,599,718
于2022年12月31日可行使	55.00	101,069,905
于2023年1月1日	52.67	887.599,718
已授出	55.00	(28,053,548)
已失效	54.57	(19,487,837)
于2023年12月31日	52.55	840,058,333
于2023年12月31日可行使	55.00	150,089,484

本年度75,569,164股股票期权满足可行权条件后开放可行权（2022年度：104,167,642股）。

本年已行使股票期权于行权日的加权平均股价为65.36港元（2022年度：不适用）。

（b）于2023年12月31日及2022年12月31日，尚未行使的股票期权的到期日、行使价格及各自的数量详情如下：

赋予日期	一般可行使期间	行权价格（港元）	于2023年12月31日股票期权的股份数量（股）	于2022年12月31日股票期权的股份数量（股）
2020年6月12日	2022年6月12日至2030年6月12日	55.00	81,867,774	101,069,905
2020年6月12日	2023年6月12日至2030年6月12日	55.00	68,221,710	89,515,817
2020年6月12日	2024年6月12日至2030年6月12日	55.00	84,929,063	89,515,817
2022年9月19日	2024年9月19日至2032年9月19日	51.60	242,015,914	242,999,271
2022年9月19日	2025年9月19日至2032年9月19日	51.60	181,511,936	182,249,454
2022年9月19日	2026年9月19日至2032年9月19日	51.60	181,511,936	182,249,454

于2023年12月31日及2022年12月31日，未行使股票期权的加权平均剩余合同期限分别为8年及9年。

（c）股票期权的公允价值

本公司采用二项式模型确定股票期权于授予日的公允价值，并在等待期内计入当期损益，本公司已授出股票期权的加权平均公允价值为每股港币4.00元（第一期授予）及每股港币3.28元（第二期授予）。

已授出期权的公允价值估值模型主要参数包括：

项目	于2020年6月12日第一期授予	于2022年9月19日第二期授予
行权价格	港币55.00元	港币51.60元
于授予日的收市价格（港元）	港币54.25元	港币51.45元
无风险利率（%）	0.65	3.34
预计股息收益率（%）	5.9	9.04
预期波动幅度（%）（注）	21.34	22.23

注：预期波动幅度根据本公司股份的历史平均每日交易价格波动幅度确定。

示例4－9　二六三（002467.SZ）

1. 股份支付总体情况

授予对象类别	本期授予		本期行权		本期解锁		本期失效	
	数量（份）	金额（元）	数量（份）	金额（元）	数量（份）	金额（元）	数量（份）	金额（元）
董事、高级管理人员					4,240,000.00	4,202,700.00		
核心技术（业务）骨干	3,100,000.00	4,727,900.00			2,520,000.00	2,497,800.00	200,000.00	305,025.81
合计	3,100,000.00	4,727,900.00			6,760,000.00	6,700,500.00	200,000.00	305,025.81

2. 以权益结算的股份支付情况

授予日权益工具公允价值的确定方法	授予日限制性股票公允价值扣除以布莱克—斯科尔斯期权定价模型（B-S模型）确定转让限制性成本及授予价格
授予日权益工具公允价值的重要参数	2023年授予的限制性股票，在授予日的公允价值为5.03元/股，授予价格为1.91元/股，B-S模型以标的股股价5.03元/股、行权价5.03元/股、期权有效期4年、标的股股票波动率46.06%、标的股股息率1.96%、无风险收益率2.41%为参数计算
可行权权益工具数量的确定依据	本公司采用获授限制性股票基数与解锁安排中相应每期解锁比例确定
本期估计与上期估计有重大差异的原因	无
以权益结算的股份支付计入资本公积的累计金额	44,081,990.64元
本期以权益结算的股份支付确认的费用总额	11,649,000.00元

其他说明：

对于2022年股权激励计划下的董事、高级管理人员，股份解锁后每年转让的股份不得超过其所持有本公司股份总数的25%；对于董事、高级管理人员外的激励对象，股权激励方案约定其受让股份解锁后每年可转让份额不超过其通过本次股权激励计划获取的股份总数的25%。故2022年度激励计划下的被激励对象的限制性股票的公允价值以普通股市价为基础，并考虑解锁后转让限制的影响。

3. 本期股份支付费用

单位：元

授予对象类别	以权益结算的股份支付费用	以现金结算的股份支付费用
董事、高级管理人员	6.129,000.00	
核心技术（业务）骨干	5,520,000.00	
合计	11,649,000.00	

示例4－10　深信服（300454.SZ）

1. 股份支付总体情况

授予对象类别	本期授予		本期行权		本期解锁		本期失效	
	数量（份）	金额（元）	数量（份）	金额（元）	数量（份）	金额（元）	数量（份）	金额（元）
生产和服务人员	7,000	357,700.00	299,072	19,601,710.88			208,286	23,255,056.60
销售人员	72,000	3,679,200.00	1,569,360	101,534,466.84			1,470,422	166,762,530.68
管理人员	5,000	255,500.00	252,748	17,996,026.72			257,230	30,343,311.20
研发人员	169,500	8,661,450.00	2,047,516	133,551,155.20			1,780,404	203,600,794.40
合计	253,500	12,953,850.00	4,168,696	272,683,359.64			3,716,342	423,961,692.88

注：本期行权指公司在2023年度发生的2020年度首次及预留授予部分限制性股票、2022年度首次及预留（第一批）部分限制性股票的归属。

期末发行在外的股票期权或其他权益工具

授予对象类别	期末发行在外的股票期权		期末发行在外的其他权益工具	
	行权价格的范围	合同剩余期限	行权价格的范围（元）	合同剩余期限
2020年首次授予			97.99	2020年度首次授予第三期限制性股票的剩余有效期约9个月
2020年预留			104.61	2020年度预留授予第三期限制性股票的剩余有效期约10个月
2021年首次授予			133.85	2021年度首次授予第二期限制性股票的剩余有效期约11个月，第三期限制性股票约23个月

续表

授予对象类别	期末发行在外的股票期权		期末发行在外的其他权益工具	
	行权价格的范围	合同剩余期限	行权价格的范围（元）	合同剩余期限
2021 年预留授予			133.85	2021 年度预留授予第二期限制性股票的剩余有效期约 11 个月，第三期限制性股票剩余有效期约 23 个月
2022 年首次授予			51.10	2022 年度首次授予限制性股票第一期已归属登记给员工，第二、第三期的剩余有效期分别为 23 个月、35 个月
2022 年预留第一批授予			51.10	2022 年度预留授予第一批限制性股票第一期已归属登记给员工，第二、第三期的剩余有效期分别为 24 个月、36 个月
2022 年预留第二批授予			51.10	2022 年度预留授予第二批限制性股票的第一、第二、第三期的剩余有效期分别为 21 个月、33 个月、45 个月

其他说明：行权价格指各期限制性股票激励计划的股票归属价格；合同剩余期限指截至 2023 年 12 月 31 日，各年度激励计划已授出但尚未归属的限制性股票的对应剩余有效期。

2. 以权益结算的股份支付情况

授予日权益工具公允价值的确定方法	布莱克－舒尔茨期权定价模型
授予日权益工具公允价值的重要参数	预计股息、历史波动率、无风险利率
可行权权益工具数量的确定依据	年末预计可行权的最佳估计数
本期估计与上期估计有重大差异的原因	无
以权益结算的股份支付计入资本公积的累计金额	1, 946, 164, 299. 66 元
本期以权益结算的股份支付确认的费用总额	383, 145, 726. 59 元

其他说明：

股份支付费用中，人民币 383, 107, 491. 69 元计入其他资本公积，人民币 51, 629. 20 计入少数股东权益，人民币 －13, 394. 30 元计入外币报表折算差额。

第四节　以权益结算的股份支付披露示例——限制性股票

以权益结算的股份支付，是指企业为获取服务以股份或其他权益工具作为对价进行结算的交易。这里的权益工具包括企业本身、企业的母公司或同一集团其他会计主体的权益工具。

限制性股票是指激励对象按照股权激励计划规定的条件，获得的转让等部分权利受到限制的本公司股票。限制性股票在解除限售前不得转让、用于担保或偿还债务。公司实施限制性股票的股权激励安排中，常见做法是公司以非公开发行的方式向激励对象授予一定数量的公司股票，并规定锁定期和解锁期，在锁定期和解锁期内，不得上市流通及转让。达到解锁条件，可以解锁；如果全部或部分股票未被解锁而失效或作废，通常由公司按照事先约定的价格立即进行回购。

以权益结算的股份支付，应披露当期授予、行权和失效的权益工具总额，期末发行在外的股份期权或其他权益工具行权价格的范围和合同剩余期限，权益工具公允价值的确定方法，等待期内每个资产负债表日可行权权益工具数量的确定依据，计入资本公积的累计金额，确认的激励费用总额等。

一、准则相关规定与监管指引（节选）

（一）《企业会计准则第 11 号——股份支付》

第二条　股份支付，是指企业为获取职工和其他方提供服务而授予权益工具或者承担以权益工具为基础确定的负债的交易。

股份支付分为以权益结算的股份支付和以现金结算的股份支付。以权益结算的股份支付，是指企业为获取服务以股份或其他权益工具作为对价进行结算的交易。以现金结算的股份支付，是指企业为获取服务承担以股份或其他权益工具为基础计算确定的交付现金或其他资产义务的交易。本准则所指的权益工具是企业自身权益工具。

第十四条　企业应当在附注中披露与股份支付有关的下列信息：

（一）当期授予、行权和失效的各项权益工具总额。

（二）期末发行在外的股份期权或其他权益工具行权价格的范围和合同剩余期限。

（三）当期行权的股份期权或其他权益工具以其行权日价格计算的加权平均价格。

（四）权益工具公允价值的确定方法。

企业对性质相似的股份支付信息可以合并披露。

第十五条　企业应当在附注中披露股份支付交易对当期财务状况和经营成果的影响，至少包括下列信息：

（一）当期因以权益结算的股份支付而确认的费用总额。

（二）当期因以现金结算的股份支付而确认的费用总额。

（三）当期以股份支付换取的职工服务总额及其他方服务总额。

（二）《公开发行证券的公司信息披露编报规则第 15 号——财务报告的一般规定（2023 年修订）》

第六十一条　公司应按授予对象类别披露本期授予、行权、解锁和失效的各项权益工具数量和金额，期末发行在外的股票期权或其他权益工具行权价格的范围和合同剩余期限。

第六十二条　以权益结算的股份支付，公司应披露授予日权益工具公允价值的确定方法和重要参数，等待期内每个资产负债表日可行权权益工具数量的确定依据。本期估计与上期估计有重要差异的，应说明原因。公司还应披露以权益结算的股份支付计入资本公积的累计金额。

第六十三条　以现金结算的股份支付，公司应披露承担的、以股份或其他权益工具为基础计算确定的负债的公允价值确定方法和重要参数。公司应披露负债中以现金结算的股份支付产生的累计负债金额。

第六十四条　公司应按授予对象类别分别披露本期以权益结算的股份支付和以现金结算的股份支付确认的费用总额。

第六十五条　公司对股份支付进行修改的，应披露修改原因、内容及其财务影响。公司终止股份支付计划的，应披露终止原因、内容及其财务影响。

（三）证监会《2020 年上市公司年报会计监管报告》

1. 限制性股票问题

（1）未恰当确认限制性股票回购义务

根据企业会计准则及相关规定，授予限制性股票时，公司根据收到职工缴纳的认股款确认股本和资本公积（股本溢价），同时，还应就回购义务确认负债（作收购库存股处理），按照发行限制性股票的数量以及相应的回购价格计算确定的金额，借记“库存股”科目，贷记“其他应付款——限制性股票回购义务”等科目。年报分析发现，个别上市公司的子公司以其自身股份向其职工授予限制性股票，授予日上市公司在合并财务报表层面未确认限制性股票回购义务。上市公司应根据子公司发行限制性股票的数量以及相应的回购价格计算确定的金额计入少数股东权益及其他应付款。

（2）未正确对限制性股票实际回购事项进行会计处理

根据企业会计准则及相关规定，上市公司未达到限制性股票解锁条件而需回购的股票，按照应支付的金额，借记“其他应付款——限制性股票回购义务”等科目，贷记“银行存款”等科目；同时，按照注销的限制性股票数量相对应的股本金额，借记“股本”科目，按照注销的限制性股票数量相对应的库存股的账面价值，贷记“库存股”科目，差额记入“资本公积——股本溢价”科目。年报分析发现，部分上市公司对于未达到限制性股票解锁条件而需回购的股票，在回购注销股票时，根据回购义务支付了回购款项，调整股本及资本公积，但未根据回购支付的金额，同步调整库存股及其他应付款。

2. 未恰当确认股份支付

根据企业会计准则及相关规定，股份支付准则所指的权益工具是指企业自身权益工具，包括企业本身、企业的母公司或同集团其他会计主体的权益工具。企业集团（由母公司和其全部子公司构成）内发生的股份支付交易，结算企业以其本身权益工具结算的，应当将该股份支付交易作为权益结算的股份支付处理；除此之外，应当作为现金结算的股份支付处理。接受服务企业没有结算义务或授予本企业职工的是其本身权益工具的，应当将该股份支付交易作为权益结算的股份支付处理；接受服务企业具有结算义务且授予本企业职工的是企业集团内其他企业权益工具的，应当将该股份支付交易作为现金结算的股份支付处理。

年报分析发现，个别上市公司将其持有的子公司股权授予上市公司员工并形成股份支付，上市公司在合并报表层面错误地将其作为以现金结算的股份支付进行会计处理。在个别报表层面，上市公司作为接受服务企业，虽具有结算义务但授予本企业职工的是企业集团内其他企业的权益工具，上市公司应将其作为现金结算的股份支付进行会计处理；但在合并报表层面，因子公司权益工具视为企业集团自身权益工具，上市公司应将其作为以权益结算的股份支付进行会计处理。

（四）《上市公司执行企业会计准则案例解析（2024）》

案例 9-04　涉及限制性股票的股份支付计划

关于限制性股票公允价值的计量，《企业会计准则第 11 号——股份支付》的讲解指出，“对于授予职工的股份，其公允价值应按企业股份的市场价格计量，同时考虑授予股份所依据的条款和条件（不包括市场条件之外的可行权条件）进行调整。如果企业股份未公开交易，则应按估计的市场价格计量，并考虑授予股份所依据的条款和条件进行调整。有些授予条款和条件规定职工无权在等待期内取得股利的，则在估计所授予股份的公允价值时就应予以考虑。有些授予条款和条件规定股份的转让在可行权日后受到限制，则在估计所授予股份的公允价值时，也应考虑此因素，但不应超出熟悉情况并自愿的市场参与者愿意为该股份支付的价格受到可行权限制的影响程度。在估计所授予股份在授予日的公允价值时，不应考虑在等待期内转让的限制和其他限制，因为这些限制是可行权条件中的非市场条件规定的。

中国和国际准则中并没有专门规定授予员工限制性股票的公允价值应如何确定，美国准则（ASC718）中提到两种限售股，一种叫做非行权股份（Nonvested shares），另一种叫做限制性股份（Restricted shares）。非行权股份，指的是在无法达到行权的必要条件时，相关股份将会作废；限制性股份则是指特定员工拥有的股份在出售和转让时受限，如对于董事、高管等人员，行权后获得的股份在一定期间内不允许出售，或者出售的比例受限。对于非行权股份，应按如下原则进行计量：

1. 公允价值按照授予日公司的股价计量。

2. 如果员工无权获得等待期内的股利，则授予日的公允价值应扣除预期股利的折现值，但如果等待期内的股利可以累积并在行权后发放给员工，则授予日的公允价值不应调减。

3. 需要根据作废的可能性对可行权股份数做出估计和调整，直到最终行权。

对于限制性股份（Restricted shares），美国准则给出的两种对公允价值的调整方式为：

1. 直接根据行权日后限售条件调减授予日的公允价值。

2. 调减相关权益工具的有效期，因为在行权日后存在限售的情况下，员工更倾向于在达到行权条件后尽早行权。

二、限制性股票的披露示例

以权益结算的股份支付披露示例——限制性股票汇总如表4－5所示。

表4－5　以权益结算的股份支付披露示例——限制性股票汇总

序号	参考示例	限制性股票的披露
1	示例4－11　紫金矿业（601899. SH）	披露限制性股票激励计划、授予的各项权益工具情况、年末发行在外的情况
2	示例4－12　潍柴动力（000338. SZ）	披露股份支付总体情况、以权益结算的股份支付情况、本期股份支付费用
3	示例4－13　润欣科技（300493. SZ）	披露股份支付总体情况、以权益结算的股份支付情况、本期股份支付费用
4	示例4－14　郑煤机（601717. SH）	披露股份支付总体情况、以权益结算的股份支付情况、其他
5	示例4－15　康龙化成（300759. SZ）	披露股份支付总体情况、以权益结算的股份支付（授予日限制性股票公允价值的确定方法）

示例4－11　紫金矿业（601899. SH）

1. 2020年限制性股票激励计划

（1）根据2020年12月29日召开的2020年第三次临时股东大会的授权，本公司于2021年1月13日召开第七届董事会2021年第1次临时会议审议通过《关于向激励对象首次授予限制性股票的议案》，本公司向697名激励对象授予限制性股票97, 490, 000股，授予价格为4. 95元/股，于2021年1月13日，本公司向实际激励对象（原激励对象名单中的686人）定向发行公司人民币普通股（A股）股票95, 980, 600股，并于2021年1月28日完成登记，激励对象的认购价格为人民币4. 95元/股，若达到该计划规定的限制性股票的解锁条件，激励对象在2023年1月28日、2024年1月28日及2025年1月28日依次可申请解锁股票上限为该期计划获授股票数量的33%、33%与34%。对于公司业绩或个人考核结果未达到解锁条件的，未解锁的限制性股票由公司按照授予价格加银行同期存款利息回购注销。2021年1月13日的市价为人民币10. 68元/股，认购价格为人民币4. 95元/股，限制性股票的公允价值在此基础上，考虑限制性股票计划的相关激励对象收益限制条款的影响，确定的授予日的公允价值为人民币5.73元/股。

于2021年11月15日，本公司召开第七届董事会2021年第11次临时会议审议通过《关于向激励对象授予预留限制性股票的议案》，本公司向第二批激励名单的39名激励对象授予限制性股票2,510,000股，授予价格为4.83元/股，于2021年11月15日，本公司向实际激励对象39人定向发行公司人民币普通股（A股）股票2,510,000股，并于2021年12月8日完成登记，激励对象的认购价格为人民币4.83元/股，若达到该计划规定的限制性股票的解锁条件，激励对象在2023年12月8日、2024年12月8日及2025年12月8日依次可申请解锁股票上限为该期计划获授股票数量的33%、33%与34%。对于公司业绩或个人考核结果未达到解锁条件的，未解锁的限制性股票由公司按照授予价格加银行同期存款利息回购注销。2021年11月15日的市价为人民币10.56元/股，认购价格为人民币4.83元/股，限制性股票的公允价值在此基础上，考虑限制性股票计划的相关激励对象收益限制条款的影响，确定的授予日的公允价值为人民币5.73元/股。

（2）于2021年11月15日，本公司召开第七届董事会2021年第11次临时会议审议通过《关于回购注销2020年限制性股票激励计划部分激励对象限制性股票及调整回购价格的议案》，鉴于本公司限制性股票激励计划部分首次授予激励对象因离职，已不符合激励计划中有关激励对象的规定，本公司对相应7名离职对象的已获授尚未解除限售的限制性股票合计800,000股执行回购注销，因本公司2020年年度利润分派方案（每股派发现金红利人民币0.12元）已实施完毕，本公司回购价格由4.95元/股调整为4.83元/股，本公司已于2021年11月30日按照约定价格支付回购款。截至2022年1月17日完成注销。

（3）于2022年11月21日，本公司召开第七届董事会2022年第19次临时会议、第七届监事会2022年第2次临时会议，审议通过了《关于回购注销2020年限制性股票激励计划部分激励对象限制性股票及调整回购价格的议案》，鉴于本公司限制性股票激励计划部分首次授予激励对象因离职，已不符合激励计划中有关激励对象的规定，对相应13名离职对象的已获授尚未解除限售的限制性股票合计1,140,000股执行回购注销，因本公司2020年年度利润分派方案（每股派发现金红利人民币0.12元）、2021年年度利润分派方案（每股派发现金红利人民币0.20元）已实施完毕，本公司回购价格由4.95元/股调整为4.63元/股，本公司已于2022年11月30日按照约定价格支付回购款。该部分限制性股票已于2023年1月11日完成注销。

（4）于2023年2月17日，第八届董事会2023年第5次临时会议、第八届监事会2023年第2次临时会议，审议通过了《关于回购注销2020年限制性股票激励计划部分激励对象限制性股票的议案》，鉴于本公司限制性股票激励计划部分激励对象因离职等原因，已不符合激励计划中有关激励对象的规定，对相应7名激励对象的已获授尚未解除限售的限制性股票合计1,601,000股执行回购注销，因本公司2020年年度利润分派方案（每股派发现金红利0.12元）、2021年年度利润分派方案（每股派发现金红利人民币0.20元）已实施完毕，本公司回购价格由4.95元/股调整为4.63

元/股，本公司已于2023年4月17日在中国证券登记结算有限责任公司上海分公司完成回购注销登记手续。

（5）公司于2021年1月28日完成2020年限制性股票激励计划首次授予股份登记，首次授予的限制性股票第一个限售期于2023年1月27日届满，经2023年1月6日召开第八届董事会2023年第1次临时会议决议，本激励计划首次授予部分第一个解除限售期解除限售条件已达成并于2023年1月30日上市流通，可解除限售的限制性股票数量为首次授予股份数量的33%，解除限售的限制性股票数量为30,617,598股。

2. 2023年股票期权激励计划

（1）根据2023年12月8日召开的2023年第一次临时股东大会、2023年第二次A股类别股东大会、2023年第二次H股类别股东大会的授权，本公司于2023年12月8日召开第八届董事会2023年第17次临时会议审议通过《关于向激励对象授予股票期权的议案》，本公司向13名激励对象授予股票期权4,200万份，授予的股票期权的行权价格为A股11.95元/股，即满足行权条件后，激励对象可以A股11.95元/股的价格购买公司向激励对象增发的公司A股股票。

授予的股票期权有效期自股票期权授予之日起至股票期权全部行权或注销之日止，最长不超过60个月。授予的股票期权在股票期权授予日起满24个月后分三期行权。每次行权比例为1/3，对应的等待期分别为24个月、36个月、48个月。2023年12月8日的市价为人民币11.67元/股，使用布莱克－舒尔斯期权定价模型确定的股票期权在授予日的第一个行权期、第二个行权期和第三个行权期的公允价值分别为人民币2.41元/股、3.41元/股、4.19元/股。

3. 授予的各项权益工具如下：

单位：股

权益工具	授予对象	本年授予数量	本年解锁数量	本年失效数量
2020年限制性股票激励计划	管理人员		31,399.698	1,601.000
2023年股票期权激励计划	管理人员	42,000.000		
合计		42,000.000	31,399.698	1,601.000

4. 年末发行在外的各项权益工具如下：

授予对象	2022年限制性股票激励计划		2023年股票期权激励计划	
	行权价格的范围	合同剩余期限	行权价格的范围	合同剩余期限
管理人员	不适用	4年	11.95元/A股*	2年

注：*股份期权的行权价格可根据配股、派发股票股利，或本公司股本的其他类似变化予以调整。

示例4－12　潍柴动力（000338. SZ）

1. 股份支付总体情况

授予对象类别	本期授予		本期行权		本期解锁		本期失效	
	数量（股）	金额（元）	数量（股）	金额（元）	数量（股）	金额（元）	数量（股）	金额（元）
部分董事、高级管理人员、中层管理人员、核心技术（业务）骨干	78, 270, 000. 00	490, 283, 280. 00						
KION 高级管理人员	1, 074, 813. 00	103, 502, 189. 70						
KION 执行委员会成员	245, 373. 00	20, 271, 575. 88						
合计	79, 590, 186. 00	614, 057, 045. 58						

期末发行在外的股票期权或其他权益工具

授予对象类别	期末发行在外的股票期权		期末发行在外的其他权益工具	
	行权价格的范围	合同剩余期限	行权价格的范围	合同剩余期限
部分董事、高级管理人员、中层管理人员、核心技术（业务）骨干			6. 264 元/股	24 个月、36 个月和 48 个月
KION 高级管理人员			以虚拟股份于授予日当天公允价值的 250% 为上限	12 个月、24 个月
KION 执行委员会成员			以授予日当天公允价值的 200% 为上限	12 个月、24 个月

2. 以权益结算的股份支付情况

单位：元

以权益结算的股份支付计入资本公积的累计金额	17, 477, 691. 00
本期以权益结算的股份支付确认的费用总额	17, 477, 691. 00

3. 本期股份支付费用

单位：元

授予对象类别	以权益结算的股份支付费用	以现金结算的股份支付费用
部分董事、高级管理人员、中层管理人员、核心技术（业务）骨干	17,477,691.00	
KION 高级管理人员		133,041,004.65
KION 执行委员会成员		23,077,548.99
合计	17,477,691.00	156,118,553.64

2023 年 A 股限制性股票激励计划

根据本公司股东大会于 2023 年 11 月 13 日审议及批准的本公司 2023 年 A 股限制性股票激励计划，本公司董事会获授权于 2023 年 12 月 8 日审议通过了《审议及批准关于调整公司 2023 年 A 股限制性股票激励计划相关事项的议案》，向激励对象授予限制性股票 7,827 万股，激励对象人数 693 人，授予价格 6.264 元/股，激励对象为本集团董事、高级管理人员、中层管理人员及核心技术（业务）人员。本次激励计划限售期分别为自限制性股票授予登记之日起 24 个月、36 个月、48 个月，可解除限售数量占获授权益数量比例分别为 30%、30%、40%。

公司和激励对象只有在同时满足下列条件时，方可依据本激励计划对授予的限制性股票进行解除限售，其中包括：若限制性股票某个解除限售期的公司业绩考核目标未达成，则所有激励对象当期限制性股票不可解除限售；激励对象相应考核年度考核合格后才具备当期限制性股票的解除限售资格，激励对象个人当期实际可解除限售额度 = 个人当期计划解除限售额度 × 业务单元层面的解除限售比例 × 个人层面的解除限售比例。当期未能解除限售的限制性股票不得递延至下期解除限售，由公司回购，回购价格为授予价格与回购时公司股票市场价格的孰低值。

授予日权益工具公允价值的确定方法	公司以授予日股票收盘价作为限制性股票的公允价值，与授予价格之间的差额作为每股限制性股票的股份支付成本
授予日权益工具公允价值的重要参数	
可行权权益工具数量的确定依据	在限售期的每个资产负债日，根据激励对象对应的权益工具、公司业绩以及个人绩效考核情况等进行最佳估计
本期估计与上期估计有重大差异的原因	
以权益结算的股份支付计入资本公积的累计金额	17,477,691.00 元

KION 经理股权激励计划

在 2023 年，KION 对经理授予了自 2023 年 1 月 1 日起为期三年的以现金结算的股权激励计划（“KION2023 年度经理股权激励计划”）。KION 的长期报酬的衡量是基于全体股东的回报率，与作为计量市场业绩的 MDAX 指数作比较，并将已动用资本回报率（ROCE）及环境、社会和治理（ESG）目标实现程度作为内部计量基础。该计量还取决于 KION 股价在相关期间内的表现。

2023 年授予的经理股权激励计划的业绩考核期在 2025 年 12 月 31 日结束（2022 年授予的经理股权激励计划的业绩考核期在 2024 年 12 月 31 日结束），2021 年度授予的经理股权激励计划在 2023 年 12 月 31 日结束，并于 2024 年 3 月完成支付。

根据 KION2023 年度经理股权激励计划，在 2023 年 1 月 1 日绩效考核初期，经理被授予 1,074,813 份具有特定公允价值的虚拟股份（2022 年经理股权激励计划授予：266,172 份；2021 年经理股权激励计划授予：191,733 份），该虚拟股份按照每位经理被授予股份时个人总年薪的相应比例进行分配。在业绩考核期末，授予虚拟股份的数量会按照相关目标的完成程度进行修订。修订后的虚拟股份数量乘以 KION 在业绩考核期末的平滑股价来决定最终实际需要支付的金额，KION 有权在业绩表现或发展突出的情况下在考核期末做调整。最终的支付金额以虚拟股份于授予日当天公允价值的 250%（2022 年：250%）为上限。

授予的以现金结算的股份支付于每个评估日采用蒙特·卡罗模型评估公允价值，具体计量参数如下：

计量参数	评估日 2023 年 12 月 31 日	
	2023 年份额	2022 年份额
KION 股价预期波动率（%）	55.0	50.0
MDAX 指数预期波动率（%）	20.0	25.0
无风险利率（%）	2.43	2.38
股息生息率	1.03	0.75
评估日 KION 股价（欧元）	39.42	27.03
评估日 MDAX 指数	27,353.02	25,486.65
60 日平均 KION 股票初始价格（欧元）	25.39	94.32
60 日平均初始 MDAX 指数	24,662.39	34,820.06

截至 2023 年 12 月 31 日，2021 年度经理股权激励计划剩余的虚拟股份的公允价值为每股 17.18 欧元（2022 年：每股 10.41 欧元）；2022 年度经理股权激励计划剩余的虚拟股份的公允价值为每股 21.52 欧元（2022 年：每股 12.51 欧元）；2023 年度经理股权激励计划剩余的虚拟股份的公允价值为每股 35.65 欧元。

KION 执行委员会股权激励计划

作为 KION 股权激励计划的一部分，执行委员会成员在一个固定的期间内（3 年）被授予虚拟股份。2023 年度 KION 执行委员会股权激励计量的 40%（2022 年度：

40%）基于全体股东的回报率与 MDAX 指数的比较，作为市场业绩计量基础；40%（2022 年度：40%）基于已动用资本回报率（ROCE），作为内部业绩计量基础；20%（2022 年度：20%）与环境、社会和治理（ESG）目标挂钩。该计量还取决于 KION 股价在相关期间内的表现。在 2023 年 1 月 1 日绩效期间考核初期，KION 授予执行委员会成员 245, 373 份具有特定公允价值的虚拟股份（2022 年：61, 222 份），该虚拟股份按照每位执行委员会成员的服务合同中规定的方式分配。

在业绩考核期末，授予个人虚拟股份的数量会按照相关目标的完成程度进行修订。修订后的股份数量乘以 KION 在业绩考核期末的平滑股价来决定最终实际需要支付的金额。KION 监事会有权按照执行委员会委员的个人绩效于业绩考核期末在 30% 的幅度内做调整，对每个人最终的支付金额以授予日当天公允价值的 200% 为上限。授予的以现金结算的股份支付于每个评估日采用蒙特·卡罗模型评估公允价值，具体计量参数与 KION 经理股权激励项目相同。

截至 2023 年 12 月 31 日，2021 年度执行委员会股权激励计划剩余的虚拟股份的公允价值为每股 5. 01 欧元（2022 年：每股 13. 45 欧元）；2022 年度执行委员会股权激励计划剩余的虚拟股份的公允价值为每股 24. 06 欧元（2022 年：每股 13. 07 欧元）。

2023 年度执行委员会股权激励计划剩余的虚拟股份的公允价值为每股 30. 14 欧元。

综上，本集团以现金结算的股份支付产生的负债具体如下：

项目	2023 年 12 月 31 日		2022 年 12 月 31 日	
	欧元	折合人民币	欧元	折合人民币
KION 经理股权激励计划：				
2020 年授予			971, 962. 00	7, 214, 776. 73
2021 年授予	2, 818, 001. 00	22, 147, 233. 46	1, 348, 130. 00	10, 007, 034. 18
2022 年授予	3, 651, 169. 00	28, 695, 267. 40	1, 259, 757. 00	9, 351, 050. 24
2023 年授予	13, 529, 698. 00	106, 332, 602. 52		
小计	19, 998, 868. 00	157, 175, 103. 38	3, 579, 849. 00	26, 572, 861. 15
KION 执行委员会股权激励计划：				
2020 年授予			219, 674. 28	1, 630, 620. 21
2021 年授予	519, 449. 15	4, 082, 454. 76	847, 376. 88	6, 289, 993. 84
2022 年授予	961, 711. 56	7, 558, 283. 49	266, 989. 96	1, 981, 839. 77
2023 年授予	2, 649, 879. 20	20, 825, 930. 61		
小计	4, 131, 039. 91	32, 466, 668. 86	1, 334, 041. 12	9, 902, 453. 82
合计	24, 129, 907. 91	189, 641, 772. 24	4, 913, 890. 12	36, 475, 314. 97

本集团确认的以现金结算的股份支付费用总额具体如下：

项目	本年发生额		上年发生额	
	欧元	折合人民币	欧元	折合人民币
KION 经理股权激励计划：				
2020 年授予			-14,016,038.00	-100,994,086.87
2021 年授予	1,469,871.00	11,244,513.15	-3,940,870.00	-28,177,959.12
2022 年授予	2,391,412.00	18,294,301.80	1,259,757.00	9,351,050.24
2023 年授予	13,529,698.00	103,502,189.70		
小计	17,390,981.00	133,041,004.65	-16,697,151.00	-119,820,995.75
KION 执行委员会股权激励计划：				
2020 年授予			-4,406,325.72	-31,767,711.99
2021 年授予	-327,927.73	-2,508,647.13	-1,643,623.12	-11,694,278.86
2022 年授予	694,721.60	5,314,620.24	266,989.96	1,981,839.77
2023 年授予	2,649,879.20	20,271,575.88		
小计	3,016,673.07	23,077,548.99	-5,782,958.88	-41,480,151.08
合计	20,407,654.07	156,118,553.64	-22,480,109.88	-161,301,146.83

示例 4-13 润欣科技（300493.SZ）

1. 股份支付总体情况

单位：元

授予对象类别	本期授予		本期行权		本期解锁		本期失效	
	数量（股）	金额（元）	数量（股）	金额（元）	数量（股）	金额（元）	数量（股）	金额（元）
销售人员					468,849	1,087,729.68		
管理人员					796,209	1,847,204.88		
研发人员					1,285,242	2,981,761.44		
合计					2,550,300	5,916,696.00		

其他说明：

本公司于 2021 年 2 月 3 日召开 2021 年第一次临时股东大会，审议通过了《关于公司〈2021 年限制性股票激励计划（草案）〉及其摘要的议案》（以下简称“2021 年激励计划（草案）”），用于激励本公司的董事、高级管理人员、中层管理人员及核心技术（业务）骨干（包括香港籍员工，不包括独立董事、监事及单独或合计持有公司 5% 以上股份的股东或实际控制人及其配偶、父母、子女）（以下简称“授予对象”）。2021 年激励计划（草案）拟授予的限制性股票数量 9,540,000 股，其中首次授予7,632,000股；预留1,908,000股。其中首次授予的授予对象为128人。

同日，本公司召开第三届董事会第二十次会议，审议通过了《关于调整公司2021年限制性股票激励计划相关事项的议案》（以下简称“2021年激励计划调整”），根据2021年激励计划调整，将本公司首次授予限制性股票授予对象由128人调整为120人，本公司首次授予限制性股票的数量由7,632,000股调整为7,592,000股，本公司本激励计划拟授予限制性股票的总数由9,540,000股调整为9,500,000股。并同意本公司以2021年2月3日作为授予日，向130名激励对象（其中120人为首次授予对象，10人为预留授予对象）授予限制性股票共计9,540,000股。2021年2月3日授予的限制性股票的公允价值参照2021年激励计划（草案）公告前20个交易日公司股票交易均价（前20个交易日股票交易总额/前20个交易日股票交易总量）每股7.24元的50%，为每股3.62元。除此之外，2021年激励计划调整的其他内容与2021年激励计划（草案）相关内容一致。

本次激励计划通过增加注册资本人民币9,540,000.00元，由授予对象共计130人认缴。截至2021年2月25日，本公司已完成了上述限制性股票首次授予以及预留授予登记工作，已收到上述限制性股票授予对象以货币资金缴纳的限制性股票认购款总额合计人民币34,390,000.00元。其中人民币9,500,000.00元应计入股本，人民币24,890,000.00元应计入资本公积，增发后公司总股本增加至486,568,962股。

上述增资安排及股份转让属于以权益结算的股份支付。按照《企业会计准则第11号——股份支付》中“第六条　完成等待期内的服务或达到规定业绩条件才可行权的换取职工服务的以权益结算的股份支付，在等待期内的每个资产负债表日，应当以对可行权权益工具数量的最佳估计为基础，按照权益工具授予日的公允价值，将当期取得的服务计入相关成本或费用和资本公积。”

根据2021年激励计划（草案）约定，首次及预留授予限制性股票的授予对象持有的本公司限制性股票自授予登记完成之日起分三年解除限售，各期解除限售时间安排如下表所示：

解除限售安排	解除限售时间	解除限售比例
第一个解除限售期	自授予登记完成之日起12个月后的首个交易日至授予登记之日起24个月内的最后一个交易日止	30%
第二个解除限售期	自授予登记完成之日起24个月后的首个交易日至授予登记之日起36个月内的最后一个交易日止	30%
第三个解除限售期	自授予登记完成之日起36个月后的首个交易日至授予登记之日起48个月内的最后一个交易日止	40%

本激励计划授予限制性股票的解除限售考核年度为2021－2023年三个会计年度，每个会计年度考核一次。业绩考核目标如下表所示：

行权期	业绩考核目标
第一个解除限售期	2021 年净利润不低于人民币 5,000 万元
第二个解除限售期	2022 年净利润不低于人民币 5,750 万元
第三个解除限售期	2023 年净利润不低于人民币 6,750 万元

注：净利润是以剔除本次及其他激励计划实施所产生的股份支付费用影响后的经审计合并利润表中的归属于上市公司股东的净利润为计算依据。

若公司未满足某一年度公司层面业绩考核要求，所有激励对象对应考核年度当年计划可解除限售的限制性股票均不得解除限售，由公司以授予价格回购注销。

根据本公司于 2022 年 4 月 25 日召开的第四届董事会第六次会议批准，本公司董事会认为 2021 年限制性股票激励计划第一个解锁期的解锁条件已经成就，同意本公司按照相关规定分别为符合解锁条件的 112 名激励对象合计持有的 2,613,600 股限制性股票办理解除限售的相关事宜。

根据本公司于 2022 年 4 月 25 日召开的第四届董事会第六次会议批准，本公司董事会同意对 2021 年限制性股票激励计划中首次授予激励对象中 18 名离职人员所持已获授但尚未解锁的 778,000 股限制性股票进行回购注销。

本公司 2022 年度经审计合并利润表中归属于上市公司股东的剔除本次及其他激励计划实施所产生的股份支付费用影响后的净利润为人民币 5,971.18 万元，满足本公司层面关于第二个解除限售期业绩目标的业绩考核要求。

根据本公司于 2023 年 4 月 26 日召开的第四届董事会第十二次会议批准，本公司董事会认为 2021 年限制性股票激励计划第二个解锁期的解锁条件已经成就，同意本公司按照相关规定分别为符合解锁条件的 108 名激励对象合计持有的 2,550,300 股限制性股票办理解除限售的相关事宜。

根据本公司于 2023 年 4 月 26 日召开的第四届董事会第十二次会议批准，本公司董事会同意对 2021 年限制性股票激励计划中首次授予激励对象中 4 名离职人员所持已获授但尚未解锁的 147,700 股限制性股票进行回购注销。

公司 2023 年度经审计合并利润表中归属于上市公司股东的剔除本次及其他激励计划实施所产生的股份支付费用影响后的净利润无法满足公司层面关于第三个解除限售期业绩目标的业绩考核要求。

2. 以权益结算的股份支付情况

授予日权益工具公允价值的确定方法	授予日权益工具公允价值的确定方法为授予日股票收盘价格
可行权权益工具数量的确定依据	等待期内每个资产负债表日可行权权益工具数量的确定依据为预估各年度公司业绩指标、个人业绩指标完成情况，以达到考核目标的激励对象所持有的数量为确定依据

续表

本期估计与上期估计有重大差异的原因	无
以权益结算的股份支付计入资本公积的累计金额	11,980,248.01元
本期以权益结算的股份支付确认的费用总额	-3,974,766.77元

3. 本期股份支付费用

单位：元

授予对象类别	以权益结算的股份支付费用	以现金结算的股份支付费用
销售人员	-849,118.47	
管理人员	-1,262,591.60	
研发人员	-1,863,056.70	
合计	-3,974,766.77	

示例4-14　郑煤机（601717.SH）

1. 股份支付总体情况

授予对象类别	本期授予		本期行权		本期解锁		本期失效	
	数量（万份）	金额（万元）	数量（万份）	金额（万元）	数量（万份）	金额（万元）	数量（万份）	金额（万元）
股票期权			449.13	449.13			57.664	57.664
限制性股票					1,170.60	1,170.60	172.80	172.80
合计			449.13	449.13	1,170.60	1,170.60	230.464	230.464

公司本期行权的各项权益工具总额：449.13万份股票期权，金额449.13万元。

公司本期失效的各项权益工具总额：57.664万份股票期权，金额57.664万元；172.8万股限制性股票，金额172.8万元。

2. 以权益结算的股份支付情况

以权益结算的股份支付对象	股票期权、限制性股票
授予日权益工具公允价值的确定方法	股票期权的公允价值按Black-Scholes期权定价模型来确认。限制性股票的公允价值按授予日的收盘价与授予价款的差额确认

续表

以权益结算的股份支付对象	股票期权、限制性股票
可行权权益工具数量的确定依据	在等待期内每个资产负债表日，公司根据最新取得的可行权职工人数变动等后续信息作出最佳估计，修正预计可行权的权益工具数量，以作出可行权权益工具的最佳估计
本期估计与上期估计有重大差异的原因	无
以权益结算的股份支付计入资本公积的累计金额	23,481.32 万元
本期以权益结算的股份支付确认的费用总额	3,701.31 万元

3. 限制性股票：

（1）本次股权激励限制性股票的具体授予情况

2021 年 6 月 4 日，公司召开第五届董事会第五次会议及第五届监事会第四次会议，审议通过了《关于向公司 2021 年限制性股票激励计划激励对象授予限制性股票的议案》，同意以 2021 年 6 月 4 日为授予日，向 186 名激励对象授予 4,230 万股限制性股票。

授予日期	2021 年 6 月 4 日
授予价格	5.88 元/股
授予数量	4,230 万股
授予人数	186 人
股票来源	公司向激励对象定向发行的人民币 A 股普通股股票
激励对象名单及授予情况	本次股权激励计划包括公司董事、高级管理人员、核心管理人员及核心骨干（包括研发、销售、管理等核心骨干），不包括独立董事和监事
本次股权激励计划实际授予数量与拟授予数量	不存在差异

（2）本次股权激励计划的有效期、限售期、解除限售安排

①有效期

本次股权激励计划有效期为自限制性股票授予登记完成之日起至激励对象获授的限制性股票全部解除限售或回购注销之日止，最长不超过 48 个月。

②限售期

本次股权激励计划授予的限制性股票限售期自激励对象获授限制性股票之日起算，且授予日和解除限售日之间的间隔为 12 个月。

③解除限售安排

限售期满后，公司为满足解除限售条件的激励对象办理解除限售事宜，未满足解

除限售条件的激励对象持有的限制性股票由公司回购注销。

本次股权激励计划授予限制性股票的解除限售期及各期解除限售时间安排如下表所示：

解除限售期安排	解除限售时间	解除限售比例
第一次解除限售期	自授予日起12个月后的首个交易日起至授予日起24个月内的最后一个交易日当日止	40%
第二次解除限售期	自授予日起24个月后的首个交易日起至授予日起36个月内的最后一个交易日当日止	30%
第三次解除限售期	自授予日起36个月后的首个交易日起至授予日起48个月内的最后一个交易日当日止	30%

（3）限制性股票认购资金的验资情况

根据立信会计师事务所（特殊普通合伙）出具的《郑州煤矿机械集团股份有限公司验资报告》（信会师报字〔2021〕第ZB11210号），截至2021年6月7日，公司已收到186名股权激励对象缴纳的4,230.00万股的出资款人民币248,724,000元，各激励对象均以货币出资；其中计入股本42,300,000元，扣除本次股票发行另行支付的审计验资费、律师费、发行相关手续费等费用合计金额1,357,452.83元（不含税），其余205,066,547.17元计入资本公积。

（4）限制性股票的登记情况

本次股权激励计划授予的4,230万股限制性股票已于2021年6月11日在中国证券登记结算有限责任公司上海分公司完成登记。公司于2021年6月15日收到中国证券登记结算有限责任公司上海分公司出具的《证券变更登记证明》。

（5）本次股权激励限制性股票的调整、解锁情况

2022年6月15日，公司第五届董事会第十三次会议、第五届监事会第十一次会议审议通过了《关于回购注销2021年限制性股票激励计划部分已授予但尚未解除限售的限制性股票的议案》，因本次激励计划的7名激励对象发生离职、工作调动、职务变动等情形，其已获授限制性股票不再符合解除限售条件，公司将前述离职、工作调动、职务变动激励对象所持有的部分已获授予但尚未解除限售的限制性股票予以回购注销。回购注销限制性股票涉及激励对象7人，合计拟回购注销限制性股票848,000股，注销日期2022年10月11日。

前述会议同时审议通过了《关于2021年限制性股票激励计划第一次解除限售期解除限售条件成就的议案》，公司确认本次激励计划授予的限制性股票第一次解除限售期解除限售条件已经成就，同意为符合条件的184名激励对象办理限制性股票第一次解除限售的相关事宜，解除限售数量为1,680.40万股，解锁股票上市流通时间为2022年6月24日。

本次解锁及回购注销完成后，剩余股权激励限制性股票 24,648,000 股。

2023 年 6 月 9 日，公司召开第五届董事会第二十六次会议、第五届监事会第二十一次会议，审议通过了《关于调整 2021 年限制性股票激励计划回购价格的议案》《关于回购注销 2021 年限制性股票激励计划部分已授予但尚未解除限售的限制性股票的议案》。会议同意将本次激励计划限制性股票的回购价格由 5.2351 元/股调整为 4.6751 元/股；同意回购注销部分离职、去世、职务变动、个人年度考核结果未达到优秀等激励对象所持有的部分已获授予但尚未解除限售的限制性股票合计 172.80 万股，注销日期 2023 年 9 月 8 日。

会议同时审议通过了《关于 2021 年限制性股票激励计划第二次解除限售期解除限售条件成就的议案》，公司本次激励计划授予的限制性股票第二次解除限售期解除限售条件已经成就，同意公司按照本次激励计划的相关规定为符合条件的 170 名激励对象办理限制性股票第二次解除限售的相关事宜，解除限售数量为 1,170.60 万股，解锁股票上市流通时间为 2023 年 6 月 20 日。

本次解锁及回购注销完成后，剩余股权激励限制性股票 11,214,000 股。

示例 4－15　康龙化成（300759. SZ）

1. 股份支付总体情况

授予对象类别	本期授予		本期行权		本期失效	
	数量（股）	金额（元）	数量（股）	金额（元）	数量（股）	金额（元）
2019 年 A 股限制性股票			1,599,510.00	27,820,810.60		
2021 年 A 股限制性股票			254,914.50	18,392,930.89	13,100.00	1,409,474.85
2022 年 A 股限制性股票					158,400.00	4,078,291.94
2023 年 A 股限制性股票	1,470,300.00	15,282,022.21				
H 股奖励信托计划 2020 年授予			387,999.00	13,087,740.85	33,244.50	1,121,382.79
H 股奖励信托计划 2022 年第一次授予			260,281.50	7,726,612.50	60,187.50	1,786,702.05
H 股奖励信托计划 2022 年第二次授予			2,788,834.50	82,363,207.06	211,125.00	6,235,196.85
H 股奖励信托计划 2023 年第一次授予	1,942,071.00	27,693,932.46				
H 股奖励信托计划 2023 年第二次授予	112,500.00	1,604,250.00				
合计	3,524,871.00	44,580,204.67	5,291,539.50	149,391,301.90	476,057.00	14,631,048.48

2. 以权益结算的股份支付情况

授予日权益工具公允价值的确定方法	采用布莱克－斯科尔斯模型，结合授予股份期权的条款和条件，作出估计
授予日权益工具公允价值的重要参数	预计波动率、无风险利率
可行权权益工具数量的确定依据	在等待期内每个资产负债表日，根据最新取得的可行权职工人数变动等后续信息作出最佳估计
本期估计与上期估计有重大差异的原因	无
以权益结算的股份支付计入资本公积的累计金额	520, 906, 268. 93 元
本期以权益结算的股份支付确认的费用总额	202, 221, 879. 25 元

其他说明：

(1) 2023 年 A 股限制性股票激励计划

本公司于2023 年实施了一项 A 股限制性股票激励计划（以下简称“2023 年 A 股限制性股票激励计划”），目的是激励和奖励为本集团运营作出贡献的员工。

根据公司 2022 年度股东大会的授权，本公司于 2023 年 3 月 30 日，召开了第二届董事会第二十四次会议、第二届监事会第二十次会议，审议通过了《关于〈康龙化成（北京）新药技术股份有限公司 2023 年 A 股限制性股票激励计划（草案）〉及其摘要的议案》《关于股东大会授权董事会办理 2023 年 A 股股权激励计划相关事宜的议案》，于 2023 年 7 月 7 日，公司分别召开第三届董事会第一次会议和第三届监事会第一次会议，审议通过了《关于调整 2023 年 A 股限制性股票激励计划首次授予激励对象及数量的议案》《关于向 2023 年 A 股限制性股票激励计划激励对象授予首次及部分预留限制性股票的议案》，同意确定以 2023 年 7 月 7 日为授予日，向 295 名激励对象授予 147. 03 万股（含预留授予）第二类限制性股票，授予价格为 28. 58 元/股。

激励对象获授的全部限制性股票适用不同的限售期，分别为 12 个月、24 个月、36 个月和 48 个月，均自激励对象获授限制性股票上市之日起计算。

2023 年 A 股限制性股票激励计划授予的限制性股票的解除限售安排如下表所示：

解除限售安排	解除限售期间	解除比例
第一个解除限售期	自授予日起 12 个月后的首个交易日起至授予日起 24 个月内的最后一个交易日当日止	25%
第二个解除限售期	自授予日起 24 个月后的首个交易日起至授予日起 36 个月内的最后一个交易日当日止	25%
第三个解除限售期	自授予日起 36 个月后的首个交易日起至授予日起 48 个月内的最后一个交易日当日止	25%

续表

解除限售安排	解除限售期间	解除比例
第四个解除限售期	自授予日起48个月后的首个交易日起至授予日起60个月内的最后一个交易日当日止	25%

在上述约定期间因归属条件未成就的限制性股票，不得归属或递延至下一年归属，由公司按本激励计划的规定作废失效。

在满足限制性股票归属条件后，公司将统一办理满足归属条件的限制性股票归属事宜。

截至2023年12月31日，无解除限售期或失效的限制性股票。

2023年授予的限制性股票的公允价值为人民币15,282,022.21元，其中本公司于2023年确认的股权激励费用为人民币826,662.75元。

授予的以权益结算的股份支付于授予日的公允价值，采用布莱克－斯科尔斯模型，结合授予股份支付的条款和条件，作出估计。

下表列示了所用模型的输入变量：

项目	2023年A股限制性股票激励计划
授予日股票价格（元）	38.28
预计波动率（%）	16.00~20.54
无风险利率（%）	1.50~2.75
预计期限（年）	0.52~3.52

（2）首期H股奖励信托计划之2023年第一次授予计划

于2023年8月，本公司管理委员会审批通过首期H股奖励信托计划的员工股票奖励计划2023年第一次授予相关事项（以下简称“首期H股奖励信托计划之2023年第一次授予计划”），向121名激励对象授予1,942,721股H股限制性股票，授予日为2023年8月29日，授予价格为0元/股。

在遵守首期H股奖励信托计划之2023年第一次授予计划所列的归属条件的前提下，归属期安排如下表所示：

解除限售安排	解除限售期间	解除比例
第一个解除限售期	自授予日起12个月后的首个交易日起至授予日起24个月内的最后一个交易日当日止	25%
第二个解除限售期	自授予日起24个月后的首个交易日起至授予日起36个月内的最后一个交易日当日止	25%

续表

解除限售安排	解除限售期间	解除比例
第三个解除限售期	自授予日起36个月后的首个交易日起至授予日起48个月内的最后一个交易日当日止	25%
第四个解除限售期	自授予日起48个月后的首个交易日起至授予日起60个月内的最后一个交易日当日止	25%

2023年授予的股票期权的公允价值为人民币27,690,203.68元，其中本公司于2023年确认的股权激励费用为人民币1,346,051.57元。

授予的以权益结算的股份支付于授予日的公允价值，采用布莱克－斯科尔斯模型，结合授予股份支付的条款和条件，作出估计。下表列示了所用模型的输入变量：

项目	首期H股奖励信托计划之2023年第一次授予计划
授予日股票价格（元）	19.12
预计波动率（%）	70.60%
无风险利率（%）	3.91
预计期限（年）	0.66－3.66

（3）首期H股奖励信托计划之2023年第二次授予计划

于2023年8月，本公司管理委员会审批通过首期H股奖励信托计划的员工股票奖励计划2023年第二次授予相关事项（以下称“首期H股奖励信托计划之2023年第二次授予计划”），向2名激励对象授予112,500股H股限制性股票，授予日为2023年8月29日，授予价格为0元/股。

在遵守首期H股奖励信托计划之2023年第二次授予计划所列的归属条件的前提下，归属期安排如下表所示：

除限售安排	解除限售期间	解除比例
第一个解除限售期	自授予日起12个月后的首个交易日起至授予日起24个月内的最后一个交易日当日止	50%
第二个解除限售期	自授予日起24个月后的首个交易日起至授予日起36个月内的最后一个交易日当日止	50%

2023年授予的股票期权的公允价值为人民币1,604,034.00元，其中本公司于2023年确认的股权激励费用为人民币0元。

授予的以权益结算的股份支付于授予日的公允价值，采用布莱克－斯科尔斯模型，结合授予股份支付的条款和条件，作出估计。下表列示了所用模型的输入变量：

项目	首期H股奖励信托计划之2023年第二次授予计划
授予日股票价格（元）	19.12
预计波动率（%）	70.60
无风险利率（%）	3.91
预计期限（年）	0.66~1.66

第五节　以权益结算的股份支付披露示例——第二类限制性股票

第二类限制性股票，即激励对象在授予日无须出资购买限制性股票；待满足可行权条件后，激励对象可以选择按授予价格购买公司增发的限制性股票，也可以选择不缴纳认股款，放弃取得相应股票。第二类限制性股票的实质是一项股票期权，属于以权益结算的股份支付交易。

第一类限制性股票与第二类限制性股票的区别如表4-6所示。

表4-6　第一类限制性股票与第二类限制性股票的区别

项目	内容	性质
第一类限制性股票	激励对象在授予日按照授予价格出资购买限制性股票；待满足可行权条件后，解锁限制性股票；若未满足可行权条件，公司按照授予价格回购限制性股票	公司为获取激励对象的服务而以其自身股票为对价进行结算，属于以权益结算的股份支付交易
第二类限制性股票	激励对象在授予日无须出资购买限制性股票；待满足可行权条件后，激励对象可以选择按授予价格购买公司增发的限制性股票，也可以选择不缴纳认股款，放弃取得相应股票	实质是公司赋予员工在满足可行权条件后以约定价格（授予价格）购买公司股票的权利，员工可获取行权日股票价格高于授予价格的上行收益，但不承担股价下行风险，与第一类限制性股票存在差异，为一项股票期权，属于以权益结算的股份支付交易

第二类限制性股票的实质是公司赋予员工在满足可行权条件后以约定价格（授予价格）购买公司股票的权利，员工可获取行权日股票价格高于授予价格的上行收益，但不承担股价下行风险，为一项股票期权，属于以权益结算的股份支付交易。在等待期内的每个资产负债表日，应当以对可行权的股票期权数量的最佳估计为基础，按照授予日股票期权的公允价值，计算当期需确认的股份支付费用，计入相关成本或费用和资本公积。采用期权定价模型确定授予日股票期权的公允价值的，该公允价值包括期权的内在价值和时间价值，通常高于同等条件下第一类限制性股票对应股份的

公允价值。

一、准则相关规定与监管指引（节选）

（一）《科创板上市公司自律监管指南第4号——股权激励信息披露（2023年2月修订）》

本节所称股权激励是指上市公司以本公司股票为标的，采用限制性股票、股票期权或者本所认可的其他方式，对董事、高级管理人员及其他员工（以下简称激励对象）进行的长期性激励。

上市公司授予激励对象限制性股票，包括下列类型：

1. 激励对象按照股权激励计划规定的条件，获得的转让等部分权利受到限制的本公司股票，即第一类限制性股票；

2. 符合股权激励计划授予条件的激励对象，在满足相应归属条件后分次获得并登记的本公司股票，即第二类限制性股票。

第二类限制性股票相关定义如下：

归属：限制性股票激励对象满足归属条件后，上市公司将股票登记至激励对象账户的行为。

归属条件：限制性股票激励计划所设立的激励对象为获得激励股票所需满足的获益条件。

归属日：限制性股票激励对象满足获益条件后，获授股票完成登记的日期，归属日必须为交易日。

上市公司所确定的授予日期不得早于审议授予事宜的董事会的召开日期。授予方式为分次授予的，须在每次授予前召开董事会审议，授予价格定价原则遵循首次授予价格定价原则。

另外，《深圳证券交易所创业板上市公司自律监管指南第1号——业务办理(2023年修订)》也有上述规定。

（二）《股份支付准则应用案例——授予限制性股票》

【例】甲公司于20×1年7月向公司高级管理人员、技术骨干等激励对象授予500万股限制性股票，授予价格为5元/股，锁定期为3年。激励对象如果自授予日起为公司服务满3年，且公司年度净利润增长率不低于10%，可申请一次性解锁限制性股票。

情形一，第一类限制性股票。激励对象在授予日按照授予价格出资购买限制性股票；待满足可行权条件后，解锁限制性股票；若未满足可行权条件，甲公司按照授予价格5元/股回购限制性股票。

情形二，第二类限制性股票。激励对象在授予日无须出资购买限制性股票；待满足可行权条件后，激励对象可以选择按授予价格5元/股购买公司增发的限制性股票，也可以选择不缴纳认股款，放弃取得相应股票。

分析：对于第一类限制性股票，甲公司为获取激励对象的服务而以其自身股票为对价进行结算，属于以权益结算的股份支付交易。甲公司应当在授予日确定授予股份的公允价值。在等待期内的每个资产负债表日，甲公司应当以对可行权的股权数量的最佳估计为基础，按照授予日授予股份的公允价值，将当期取得的服务计入相关成本或费用和资本公积。授予日授予股份的公允价值应当以其当日的市场价格为基础，同时考虑授予股份所依据的条款和条件（不包括市场条件之外的可行权条件）进行调整，但不应考虑在等待期内转让的限制，因为该限制是可行权条件中的非市场条件规定的。对于因回购产生的义务确认的负债，应当按照《企业会计准则第22号——金融工具确认和计量》相关规定进行会计处理。

第二类限制性股票的实质是公司赋予员工在满足可行权条件后以约定价格（授予价格）购买公司股票的权利，员工可获取行权日股票价格高于授予价格的上行收益，但不承担股价下行风险，与第一类限制性股票存在差异，为一项股票期权，属于以权益结算的股份支付交易。在等待期内的每个资产负债表日，甲公司应当以对可行权的股票期权数量的最佳估计为基础，按照授予日股票期权的公允价值，计算当期需确认的股份支付费用，计入相关成本或费用和资本公积。采用期权定价模型确定授予日股票期权的公允价值的，该公允价值包括期权的内在价值和时间价值，通常高于同等条件下第一类限制性股票对应股份的公允价值。

二、年报披露示例

以权益结算的股份支付披露示例——第二类限制性股票汇总如表4-7所示。

表4-7　　以权益结算的股份支付披露示例——第二类限制性股票汇总

序号	参考示例	第二类限制性股票的披露
1	示例4-16　金力永磁（300748. SZ）	披露股份支付总体情况、以权益结算的股份支付情况、其他说明
2	示例4-17　英飞特（300582. SZ）	披露股份支付总体情况、以权益结算的股份支付情况（授予日权益工具公允价值的确定方法）
3	示例4-18　埃夫特-U（688165. SH）	披露股份支付总体情况、以权益结算的股份支付情况（授予日权益工具公允价值的确定方法、对可行权权益工具数量的确定依据）
4	示例4-19　三生国健（688336. SH）	披露股份支付总体情况、以权益结算的股份支付情况（授予日限制性股票公允价值的确定方法）、其他说明
5	示例4-20　电声股份（300805. SZ）	披露股份支付总体情况、以权益结算的股份支付（授予日限制性股票公允价值的确定方法）

示例4－16　金力永磁（300748. SZ）

1. 股份支付总体情况

授予对象类别	本期授予		本期行权		本期解锁		本期失效	
	数量（股）	金额（元）	数量（股）	金额（元）	数量（股）	金额（元）	数量（股）	金额（元）
第一类限制性股票								
管理人员					1, 740, 901. 00	14, 702, 461. 42	12, 864. 00	174, 256. 80
研发人员					100, 762. 00	850, 966. 58	1, 152. 00	15, 134. 40
第二类限制性股票								
管理人员			2, 934, 938. 00	29, 475, 153. 24			271, 667. 00	3, 528, 378. 58
研发人员			441, 446. 00	3, 552, 933. 99			217, 497. 00	1, 750, 502. 85
合计			3, 376, 384. 00	33, 028, 087. 23	1, 841, 663. 00	15, 553, 428. 00	503, 180. 00	5, 468, 272. 63

期末发行在外的股票期权或其他权益工具

授予对象类别	期末发行在外的股票期权		期末发行在外的其他权益工具	
	行权价格的范围	合同剩余期限	行权价格的范围	合同剩余期限
管理人员	8. 0484 元	9 个月		

其他说明：

根据本公司于2020年8月26日召开的2020年第二次临时股东大会审议通过的《2020年限制性股票激励计划》，以及本公司于2020年9月8日召开的第二届董事会第二十五次会议和第二届监事会第二十次会议决议，本公司分别批准向221名股权激励对象授予共计8, 252, 000股限制性（包括第一类限制性股票和第二类限制性股票），其中授予218名股权激励对象第一类限制性股票2, 541, 600股（即2023年7月资本公积转增股本增资后A股6, 506, 496股），授予219名股权激励对象第二类限制性股票5, 292, 400股（即2023年7月增资后A股13, 548, 544股），预留第二类限制性股票418, 000股（即2023年7月资本公积转增股本增资后A股1, 070, 080股）。于2020年10月29日，董事会进一步批准将预留的418, 000股第二类限制性股票中的200, 000股（即2023年7月增资后A股512, 000股）授予5名激励对象。于2021年8月26日，董事会进一步批准向7名激励对象授予418, 000股预留的第二类限制性股票中的218,000股（即2023年7月增资后A股558,080股）。

限制性股票（包括第一类限制性股票和第二类限制性股票）的授予价格为人民币21.62元/股（2023年7月增资后调整为每股人民币8.0484元）。符合本激励计划第一类限制性股票授予条件的激励对象，以授予价格获得本公司增发的A股普通股股票，该等股票设置一定期限的限售期，在达到本计划规定的解除限售条件后，方可解除限售流通。符合本激励计划第二类限制性股票授予条件的激励对象，在满足相应归属条件后，以授予价格分次获得本公司增发的A股普通股股票，该等股票将在中国证券登记结算有限责任公司深圳分公司进行登记。激励对象将按约定比例分次行使权益，每次行使权益以满足相应的行使权益条件为前提。这些授予的限制性股票的合同期限不超过四年，并将在三年内解锁（就第一类限制性股票而言）或行权（就第二类限制性股票而言）。三年期内，第一类限制性股票分三次分别按40%、30%、30%的比例由参与者发行和认购；第二类限制性股票授予后未向参与者发行的，不计入股本。

2. 以权益结算的股份支付情况

授予日权益工具公允价值的确定方法	注1
授予日权益工具公允价值的重要参数	注1
可行权权益工具数量的确定依据	公司根据在职激励对象对应的权益工具、公司业绩以及对未来年度公司业绩的预测进行确定
本期估计与上期估计有重大差异的原因	不适用
以权益结算的股份支付计入资本公积的累计金额	157,517,881.06元
本期以权益结算的股份支付确认的费用总额	6,713,513.97元

注1：第一类限制性股票的公允价值根据授予日的股票市价和行权价格的差额计算。第二类限制性股票的公允价值采用布莱克－斯科尔斯期权定价模型（B－S模型）确定。

2020年8月授予第二类限制性股票的公允价值根据以下假设计算：

项目	股权激励计划
授予日股价	40.00元/股
行权价	21.62元/股
预期年限	3年
预期波动率	73.63%
年股息率	0.54%
无风险利率	2.43%

2020 年 10 月授予预留部分第二类限制性股票的公允价值根据以下假设计算：

项目	股权激励计划
授予日股价	40.00 元/股
行权价	21.62 元/股
预期年限	3 年
预期波动率	69.64%
年股息率	0.54%
无风险利率	2.87%

2021 年授予预留部分第二类限制性股票的公允价值根据以下假设计算：

项目	股权激励计划
授予日股价	36.13 元/股
行权价	13.39 元/股
预期年限	2 年
预期波动率	59.29%
年股息率	0.54%
无风险利率	2.33%

示例 4－17　英飞特（300582.SZ）

1. 股份支付总体情况

授予对象类别	本期授予		本期行权		本期解锁		本期失效	
	数量（股）	金额（元）	数量（股）	金额（元）	数量（股）	金额（元）	数量（股）	金额（元）
2021 年限制性股票激励计划激励对象			1,878,818	22,069,233.92			2,554,614.00	31.030,546.65
合计			1,878,818	22,069,233.92			2,554,614.00	31.030,546.65

（1）本期行权部分包含以下股份：

1）2021 年限制性股票激励计划第一类限制性股票第二个解除限售期符合解除限售条件的部分共计 140,220 股；

2）2021 年限制性股票激励计划第二类限制性股票首次授予第一个归属期第二批

次符合归属条件的部分共计 51, 975 股；

3）2021 年限制性股票激励计划第二类限制性股票首次授予第二个归属期及预留授予第一个归属期符合归属条件的部分共计 1, 705, 606 股；其中部分外籍激励对象因汇率波动、个人资金安排等原因放弃部分可归属股份共计 18, 192 股。

（2）本期失效部分包括因激励对象个人情况发生变化不符合归属条件而作废的第二类限制性股票，因 2023 年度公司业绩目标条件未达成而失效的公司 2021 年限制性股票激励计划第一类限制性股票第三个解除限售期、第二类限制性股票首次授予第三个归属期以及预留授予第二个归属期股份。

2. 以权益结算的股份支付情况

授予日权益工具公允价值的确定方法	布莱克—斯科尔斯股票期权模型
授予日权益工具公允价值的重要参数	无风险利率、有效期、波动利率
可行权权益工具数量的确定依据	在等待期内每个资产负债表日，根据最新取得的可行权职工人数变动等后续信息作出最佳估计，修正预计可行权的权益工具数量。在可行权日，最终预计可行权权益工具的数量与实际可行权工具的数量一致
本期估计与上期估计有重大差异的原因	无
以权益结算的股份支付计入资本公积的累计金额	78. 413, 887. 18 元
本期以权益结算的股份支付确认的费用总额	-9, 037, 290. 51 元

其他说明：

（1）2019 年限制性股票激励计划

本公司 2019 年第一次临时股东大会于 2019 年 5 月 30 日审议批准，本公司于 2019 年 5 月 30 日起实施《2019 年限制性股票激励计划》（以下简称“2019 年限制性股票激励计划”）。该限制性股票激励计划对象包括本公司及子公司任职的公司高级管理人员、核心管理人员及核心技术（业务）人员共计 255 人。本公司从二级市场回购的共计 5, 485, 300 股限制性股票以人民币 3. 70 元/股授予激励对象。

2019 年限制性股票激励计划已于 2022 年实施完毕。

（2）2021 年限制性股票激励计划

本公司 2021 年第一次临时股东大会于 2021 年 5 月 25 日审议批准，本公司于 2021 年 6 月 25 日起实施《2021 年限制性股票激励计划》（以下简称“2021 年限制性股票激励计划”）。该限制性股票激励计划对象包括本公司及子公司任职的公司高级管理人员、核心管理人员及核心技术（业务）人员共计 184 人。本激励计划包括第一类限制性股票激励计划和第二类限制性股票激励计划两部分。

根据 2021 年度股东大会决议通过的《2021 年度利润分配预案》，本公司向全体股东每 10 股派发现金红利人民币 0. 79 元（含税），根据 2021 年限制性股票激励计划中关于授予价格调整的规定，2021年限制性股票激励计划的第二类限制性股票授予价从人民币6.194元/股调整为人民币6.115元/股。

根据2022年度股东大会决议通过的《2022年度利润分配预案》，本公司向全体股东每10股派发现金红利人民币1.04元（含税），根据2021年限制性股票激励计划中关于授予价格调整的规定，2021年限制性股票激励计划的第二类限制性股票授予价从人民币6.115元/股调整为人民币6.011元/股。

2021年第一类限制性股票激励计划

2021年第一类限制性股票激励计划的股票来源为本公司从二级市场回购的和向激励对象定向发行的本公司A股普通股股票。于2021年6月25日（“第一次授予日”），本公司首次授予14名激励对象第一类限制性股票618,600股，授予价格为人民币5.567元/股。该第一类限制性股票限售期为授予登记完成之日起12个月、24个月和36个月。激励对象获授的限制性股票，在解除限售前不得转让、用于担保或偿还债务。本计划授予激励对象在以下解锁期内满足本计划的解锁条件，激励对象可以对获授的限制性股票进行解锁：

解除限售安排	解除限售时间	解除限售比例
第一个解除限售期	自授予登记完成之日起12个月后的首个交易日授予登记完成之日起24个月内的最后一个交易日止	30%
第二个解除限售期	自授予登记完成之日起24个月后的首个交易日授予登记完成之日起36个月内的最后一个交易日止	30%
第三个解除限售期	自授予登记完成之日起36个月后的首个交易日授予登记完成之日起48个月内的最后一个交易日止	40%

本计划所有第一类限制性股票的持有人在每批次限售期届满之日起的6个月内不以任何形式向任意第三人转让当批次已满足解除限售条件的限制性股票。

激励对象所获授予的限制性股票解锁必须同时满足2021年限制性股票激励计划中规定的公司业绩考核要求以及激励对象个人绩效考核要求。

解除限售后，本公司为满足解除限售条件的激励对象办理解除限售事宜，未满足解除限售条件的激励对象持有的限制性股票由公司回购注销，回购价格为授予价格人民币5.567元/股加上中国人民银行同期存款利息之和。

激励对象获授的限制性股票完成股份登记后，若本公司发生资本公积转增股本、派送股票红利、股份拆细、配股或缩股、派息等事项，限制性股票回购数量和价格应按2021年限制性股票激励计划的规定进行相应调整。

于2022年6月27日，本公司第三届董事会第二十次会议审议通过《关于2021年限制性股票激励计划第一类限制性股票第一个解除限售期解除限售条件成就但股票暂不上市的议案》。对2021年首次授予的限制性股票激励计划第一类限制性股票11

名符合解除限售条件的激励对象获授的限制性股票，进行第一个解锁期解锁，共计178,020股，分别转回其他应付款限制性股票回购义务和库存股的账面价值人民币976,973.76元。本公司根据解锁的限制性股票累计已确认的公允价值人民币2,549,293.53元，从资本公积——其他资本公积转入资本公积——股本溢价。

于2023年6月25日，本公司第三届董事会第三十七次会议审议通过《关于2021年限制性股票激励计划第一类限制性股票第二个解除限售期解除限售条件成就但股票暂不上市的议案》。对2021年首次授予的限制性股票激励计划第一类限制性股票10名符合解除限售条件的激励对象获授的限制性股票，进行第二个解锁期解锁，共计140,220股，分别转回其他应付款限制性股票回购义务和库存股的账面价值人民币754,944.48元。本公司根据解锁的这批限制性股票累计已确认的公允价值人民币2,007,987.53元，从资本公积——其他资本公积转入资本公积——股本溢价。

2021年第二类限制性股票激励计划

于2021年6月25日（"第一次授予日"），本公司首次授予170名激励对象第二类限制性股票4,874,730.00股。符合2021年第二类限制性股票激励计划第二类限制性股票授予条件的激励对象，在满足相应归属条件后，可以授予价格人民币6.194元/股分次购买定向发行的本公司A股普通股股票。

该第二类限制性股票的归属期及各期归属时间安排如下表所示：

归属安排	归属时间	归属权益数量占第二类限制性股票首次授予的比例
第一个归属期	自首次授予之日起12个月后的首个交易日至首次授予之日起24个月内的最后一个交易日止	30%
第二个归属期	自首次授予之日起24个月后的首个交易日至首次授予之日起36个月内的最后一个交易日止	30%
第三个归属期	自首次授予之日起36个月后的首个交易日至首次授予之日起48个月内的最后一个交易日止	40%

2021年第二类限制性股票激励计划所有第二类限制性股票的持有人自每批次限制性股票归属登记完成后6个月内不得转让当批次归属的全部限制性股票。

激励对象所获授予的限制性股票解锁必须同时满足2021年限制性股票激励计划中规定的公司业绩考核要求以及激励对象个人绩效考核要求。

激励对象获授的限制性股票完成股份登记后，若本公司发生资本公积转增股本、派送股票红利、股份拆细、配股或缩股、派息等事项，限制性股票回购数量和价格应按2021年限制性股票激励计划的规定进行相应调整。

根据本公司于2021年5月25日召开的2021年第一次临时股东大会的授权，于2022年6月27日，根据本公司董事会审计批准的《关于2021年限制性股票激励计划首次授予第二类限制性股票第一个归属期归属条件成就的议案》，确认2021年首次授予的限制性股票激励计划第二类限制性股票第一个归属期归属条件已经成就。本公司拟采用定向发行本公司A股普通股股票的方式向符合条件的148名第二类限制性股票激励对象授予股票1,317,449股。

于2023年5月19日，本公司本次归属条件已经成就的第二类限制性股票中，第二批次共有4名归属条件已经成就的激励对象申请办理归属登记，共计51,975股，授予价格为人民币6.115元/股。本公司收到归属条件已经成就的激励对象缴纳的认股款合计人民币317,827.14元，其中增加股本人民币51,975.00元，计入资本公积——股本溢价为人民币265,852.14元。本公司根据解锁的这批限制性股票累计已确认的公允价值人民币708,277.09元，从资本公积——其他资本公积转入资本公积——股本溢价。

根据本公司董事会于2022年5月23日审议批准，于2022年5月24日（“预留授予之日”），本公司授予44名激励对象预留部分第二类限制性股票1,200,000股。符合2021年预留授予第二类限制性股票激励计划第二类限制性股票授予条件的激励对象，在满足相应归属条件后，可以授予价格人民币6.115元/股分次购买定向发行的本公司A股普通股股票。

该预留授予第二类限制性股票的归属期及各期归属时间安排如下表所示：

归属安排	归属时间	归属权益数量占第二类限制性股票首次授予的比例
第一个归属期	自首次授予之日起12个月后的首个交易日至首次授予之日起24个月内的最后一个交易日止	50%
第二个归属期	自首次授予之日起24个月后的首个交易日至首次授予之日起36个月内的最后一个交易日止	50%

2021年第二类限制性股票激励计划所有预留授予第二类限制性股票的持有人自每批次限制性股票归属登记完成后6个月内不得转让当批次归属的全部限制性股票。

激励对象所获授予的限制性股票解锁必须同时满足2021年限制性股票激励计划中规定的公司业绩考核要求以及激励对象个人绩效考核要求。

激励对象获授的限制性股票完成股份登记后，若本公司发生资本公积转增股本、派送股票红利、股份拆细、配股或缩股、派息等事项，限制性股票回购数量和价格应按2021年限制性股票激励计划的规定进行相应调整。

于2023年6月25日，根据本公司董事会审议批准的《关于2021年限制性股票激励计划第二类限制性股票首次授予部分第二个归属期和预留授予部分第一个归属期归属条件成就的议案》，确认2021年首次授予的限制性股票激励计划第二类限制性股票第二个归属期和预留授予部分第一个归属期归属条件已经成就。本公司拟采用定向发行本公司A股普通股股票的方式向符合条件的158名第二类限制性股票激励对象授予股票1,524,481股。

于2023年7月11日，本公司本次归属条件已经成就的第二类限制性股票中，第一批次共有149名归属条件已经成就的激励对象申请办理归属登记，共计1,524,481股，授予价格为人民币6.011元/股。本公司收到归属条件已经成就的激励对象缴纳的认股款合计人民币9,163,737.47元，其中增加股本人民币1,524,481.00元，计入资本公积——股本溢价为人民币7,639,256.47元。本公司根据解锁的这批限制性股票累计已确认的公允价值人民币17,717,593.72元，从资本公积——其他资本公积转入资本公积——股本溢价。

于2023年12月29日，本公司本次归属条件已经成就的第二类限制性股票中，第二批次共有9名归属条件已经成就的激励对象申请办理归属登记，共计181,125股，授予价格为人民币6.011元/股。其中，8名外籍激励对象因个人资金安排、汇率波动等原因导致认购款不足，放弃对应部分可归属的第二类限制性股票数量18,983股，第二批次激励对象实际认购162,142股。本公司收到归属条件已经成就的激励对象缴纳的认股款合计人民币974,661.08元，其中增加股本人民币162,142.00元，计入资本公积——股本溢价为人民币812,519.08元。本公司根据解锁的这批限制性股票累计已确认的公允价值人民币1,889,276.41元，从资本公积——其他资本公积转入资本公积——股本溢价。

于2023年12月31日，本集团根据最新取得的可解锁职工人数变动、本集团及部门业绩条件和激励对象个人绩效考核评定情况等后续信息对可解锁权益工具数量作出最佳估计，以此基础按照权益工具授予日的公允价值，将当期取得的服务计入相关成本或费用，并相应计入资本公积。

截至2023年12月31日，资本公积中确认以权益结算的股份支付的累计金额为人民币78,413,887.18元。考虑2021年第一类及第二类限制性股票激励计划部分限制性股票的行权条件未能达成，本公司于2023年冲回相关摊销影响净额人民币9,037,290.51元。

（3）授予日权益工具公允价值的确认方法

2019年限制性股票激励计划

项目	2019年限制性股票激励计划——第一次授予	2019年限制性股票激励计划——预留授予
限制性股票的公允价值	12.29元/股	11.13元/股
授予日股价	12.29元/股	11.13元/股
限制性股票的授予价格	3.70元/股	3.70元/股
限制性股票的有效期	1年、2年、3年	1年、2年

2021年第一类限制性股票激励计划

本公司基于授予日本公司A股股票的市场价值，并采用布莱克—斯克尔斯期权定价模型确定禁售期的影响，对2021年第一类限制性股票激励计划授予的限制性股票公允价值进行估计，限制性股票的公允价值及输入模型的数据如下：

项目	2021年第一类限制性股票激励计划
限制性股票的公允价值	19.877～19.887元/股
授予日股价	21.66元/股
限制性股票的授予价格	5.567元/股
限制性股票的有效期	1年、2年、3年
无风险利率	2.19%
预计禁售期间的波动率	30.34%
预计禁售期	0.5年

2021年第二类限制性股票激励计划

本公司采用布莱克—斯科尔斯股票期权模型对2021年第二类限制性股票激励计划授予的限制性股票公允价值进行估计，限制性股票的公允价值及输入模型的数据如下：

项目	2021年第二类限制性股票激励计划——首次授予	2021年第二类限制性股票激励计划——预留授予
限制性股票的公允价值	19.824～19.974元/股	12.312～12.402元/股
授予日股价	21.66元/股	13.35元/股
预计波动率（%）	28.04－29.91	27.89－28.86
无风险利率（%）	2.44－2.76	1.96－2.25
预计期限（年）	1－3	1－2
限制性股票的授予价格	6.194元/股	6.115元/股
预计禁售期	0.5年	0.5年
限制性股票的有效期	1年、2年、3年	1年、2年

（4）对可行权权益工具数量的确定依据

在等待期内每个资产负债表日，根据最新取得的可行权职工人数变动等后续信息作出最佳估计，修正预计可行权的权益工具数量。在可行权日，最终预计可行权权益工具的数量与实际可行权工具的数量一致。

3. 本期股份支付费用

单位：元

授予对象类别	以权益结算的股份支付费用	以现金结算的股份支付费用
2021 年限制性股票激励计划激励对象	-9, 037, 290. 51	
合计	-9, 037, 290. 51	

示例 4-18　埃夫特-U（688165. SH）

1. 各项权益工具

期末发行在外的股票期权或其他权益工具

授予对象类别	期末发行在外的股票期权		期末发行在外的其他权益工具	
	行权价格的范围	合同剩余期限	行权价格的范围	合同剩余期限
所有人员			上市前股权激励：人民币 1. 44-1. 94 元/股；2021 年第二类限制性股票激励计划：人民币 6. 89 元/股	上市前股权激励：2022 年 9 月至 2024 年 4 月； 2021 年第二类限制性股票激励计划：2023 年 8 月 26 日至 2026 年 8 月 26 日

2. 以权益结算的股份支付情况

授予日权益工具公允价值的确定方法	上市前股权激励：授予日前后 6 个月外部投资者或股东增资的价格 2021 年第二类限制性股票激励计划：布莱克—斯科尔斯模型
授予日权益工具公允价值的重要参数	预计波动 29. 70% ~30. 27% 无风险利率 2. 55% ~2. 7% 限制性股票预计期限：24 年 加权平均股价：7. 41 元
可行权权益工具数量的确定依据	上市前股权激励：满足服务期的预计行权数量 2021 年第二类限制性股票激励计划：分年度对公司业绩指标、个人业绩指标进行考核，以达到考核目标的激励对象所持有的数量为确定依据
本期估计与上期估计有重大差异的原因	本期未发生重大变化
以权益结算的股份支付计入资本公积的累计金额	123, 078, 089. 30 元

3. 本期股份支付费用

单位：元

授予对象类别	以权益结算的股份支付费用	以现金结算的股份支付费用
生产人员	445, 883. 53	
管理人员	2, 240, 013. 13	
研发人员	-81, 507. 84	
合计	1, 712, 621. 76	

4. 股份支付的修改、终止情况

2024 年 4 月 26 日公司召开了第三届董事会第二十次会议、第三届监事会第十七次会议，审议通过了《关于作废部分已授予但尚未归属的限制性股票的议案》，因部分激励对象离职调整及公司 2021 年限制性股票激励计划第三个归属期未满足公司层面业绩考核目标，公司本次合计作废失效的 2021 年限制性股票激励计划已授予但尚未归属的限制性股票数量为 286. 66 万股。本次已授予但尚未归属的限制性股票作废后，公司 2021 年限制性股票激励计划结束。

示例 4 -19　三生国健（688336. SH）

1. 股份支付总体情况

授予对象类别	本期授予		本期行权		本期解锁		本期失效	
	数量（股）	金额（万元）	数量（股）	金额（万元）	数量（股）	金额（万元）	数量（股）	金额（万元）
公司员工							870, 999	628. 20
合计							870, 999	628. 20

2. 以权益结算的股份支付情况

授予日权益工具公允价值的确定方法	二项式模型
可行权权益工具数量的确定依据	根据最新取得的可行权职工人数、业绩变动等后续信息进行估计
本期估计与上期估计有重大差异的原因	不适用
以权益结算的股份支付计入资本公积的累计金额	16, 215. 12 万元

其他说明：

2021年2月24日，公司召开2021年第一次临时股东大会，审议并通过了《关于公司〈2021年限制性股票激励计划（草案）〉及其摘要的议案》，拟向激励对象授予的限制性股票数量为278.10万股，占本激励计划草案公告时公司股本总额61,621.1413万股的0.4513%，其中首次授予235.39万股，预留42.71万股。

公司于2021年4月8日召开董事会，审议通过了《关于向激励对象首次授予限制性股票的议案》，确定首次授予限制性股票总数为267.06万股；确定2021年4月8日为首次授予日，以4元/股的授予价格向激励对象授予224.35万股限制性股票。

2022年2月16日，公司召开董事会，审议通过了《关于向激励对象授予2021年限制性股票激励计划预留部分限制性股票的议案》：确定2022年2月16日为预留授予日，以4元/股的授予价格向激励对象授予42.71万股限制性股票。

2022年4月28日，公司召开董事会，通过了《关于公司2021年限制性股票激励计划首次授予部分第一个归属期符合归属条件的议案》：限制性股票激励对象于2022年度认购574,380股普通股，确认股本574,380.00元及资本溢价1,723,140.00元（2021年12月31日：无）。

2022年4月28日，公司召开董事会，审议通过了《关于作废处理2021年限制性股票激励计划部分已授予但尚未归属限制性股票的议案》，由于激励对象因个人原因已离职，作废其已获授但尚未归属的限制性股票271,000股。

2023年5月31日，公司召开第四届董事会第十七次会议及第四届监事会第十二次会议，审议通过了《关于作废部分已授予尚未归属的2021年限制性股票的议案》。由于23名激励对象因个人原因已离职，不符合激励计划中有关激励对象的规定，公司董事会决定取消上述离职人员激励对象资格，作废其已获授但尚未归属的限制性股票302,930股：由于根据公司经审计的2022年财务报告，公司2022年度经审计的营业收入未达到《公司2021年限制性股票激励计划实施考核管理办法》中设定的首次授予限制性股票第二个归属期公司层面业绩考核条件，对应的归属比例30%不得归属，因此，作废已授予但未满足第二个归属期归属条件的首次授予限制性股票合计466,320股。

截至2023年12月31日，因授予对象离职失效的限制性股票459,949股，因未满足归属条件失效的限制性股票1,209,171股，因满足归属条件已归属的限制性股票574,380股。本公司于2023年确认的股份期权费用为冲回人民币5,362,913.17元（2022年：人民币1,624,238.74元）。

授予的以权益结算的股份期权于授予日的公允价值，采用二项式模型，结合授予股份期权的条款和条件，作出估计。下表列示了所用模型的输入变量：

项目	2021 年
股利率（%）	
预计波动率（%）	46.00
无风险利率（%）	2.89
股份期权预计期限（年）	4.00
每股普通股价值（人民币元）	16.60

3. 本期股份支付费用

单位：万元

授予对象类别	以权益结算的股份支付费用	以现金结算的股份支付费用
公司员工	-628.20	
合计	-628.20	

示例 4-20　电声股份（300805.SZ）

1. 股份支付总体情况

期末发行在外的股票期权或其他权益工具

授予对象类别	期末发行在外的股票期权		期末发行在外的其他权益工具	
	行权价格的范围	合同剩余期限	行权价格的范围	合同剩余期限
第二类限制性股票	6.45 元/股	0.00-0.94 年	无	无
股票期权	11.18 元/股	0.00-0.94 年	无	无

其他说明：

公司 2021 年限制性股票与股票期权激励计划授予激励对象中有部分激励对象于 2023 年离职，按照激励计划的规定，该部分离职人员获授予的股票期权 7.908 万份以及限制性股票 3,372 万股将注销/或作废失效，后续将履行董事会审议确认注销/或作废等相关程序。

2. 以权益结算的股份支付情况

授予日权益工具公允价值的确定方法	布莱克—斯科尔斯期权定价模型
授予日权益工具公允价值的重要参数	限制性股票： 公允价值：5.18－5.65元/股； 授予日股价：11.53元/股； 授予价格：6.45元/股； 有效期：2年、3年、4年； 预计波动率：18.14%、22.07%、22.32%； 无风险利率： 1.50%、2.10%、2.758‰ 股票期权： 公允价值：1.10－2.36元/股； 授予日股价：11.53元/股； 行权价格：11.18元/股； 期权的有效期：2年、3年、4年； 股价预计波动率：18.14%、22.07%、22.32%； 无风险利率： 1.5%、2.1%、2.75%
可行权权益工具数量的确定依据	在等待期内每个资产负债表日，根据最新取得的可行权职工人数变动等后续信息作出最佳估计，修正预计可行权的权益工具数量。在可行权日，最终预计可行权权益工具的数量与实际可行权工具的数量一致
本期估计与上期估计有重大差异的原因	无
以权益结算的股份支付计入资本公积的累计金额	2,415,221.41元
本期以权益结算的股份支付确认的费用总额	367,912.86元

其他说明：

2021年11月15日，本公司2021年第二次临时股东大会审议批准了《广东电声市场营销股份有限公司2021年限制性股票与股票期权激助计划》（以下简称“2021年激励计划”）。2021年激励计划包括限制性股票激励计划（第二类限制性股票）和股票期权激励计划两部分。标的股票来源为本公司向激励对象定向发行的本公司人民币A股普通股股票。2021年激励计划原定授予激励对象权益总计549.90万份，激励对象148人，包括本公司及子公司的高级管理人员和核心骨干。本次授予为一次性授予，无预留权益。

2021年12月10日，鉴于6名激励对象因离职而不再具备激励对象资格，以及1名激励对象因个人原因放弃公司拟授予其的全部权益，本公司第二届董事会第二十四次会议审议调整了2021年激励计划的激励对象名单及授予股票权益数量，并同意本公司以当日为授予日实施2021年激励计划。调整后，激励对象从148人调整为141人（部分激励对象同时获授第二类限制性股票与股票期权），授予的股票权益总量从

549.90 万份调整为 491.16 万份。

3. 本期股份支付费用

单位：万元

授予对象类别	以权益结算的股份支付费用	以现金结算的股份支付费用
第二类限制性股票	295,651.27	
股票期权	72,261.59	
合计	367,912.86	

第六节　以现金结算的股份支付披露示例

以现金结算的股份支付，是指企业为获取服务承担以股份或其他权益工具为基础计算确定的交付现金或其他资产义务的交易。

以现金结算的股份支付主要是股票增值权。

以现金结算的股份支付，应披露当期授予、行权和失效的权益工具总额，期末发行在外的股份期权或其他权益工具行权价格的范围和合同剩余期限，承担的、以股份或其他权益工具为基础计算确定的负债的公允价值确定方法，累计负债金额，确认的费用总额等。

一、准则相关规定与监管指引（节选）

（一）《企业会计准则第 11 号——股份支付》

第二条　股份支付，是指企业为获取职工和其他方提供服务而授予权益工具或者承担以权益工具为基础确定的负债的交易。

股份支付分为以权益结算的股份支付和以现金结算的股份支付。以权益结算的股份支付，是指企业为获取服务以股份或其他权益工具作为对价进行结算的交易。以现金结算的股份支付，是指企业为获取服务承担以股份或其他权益工具为基础计算确定的交付现金或其他资产义务的交易。本准则所指的权益工具是企业自身权益工具。

第十四条　企业应当在附注中披露与股份支付有关的下列信息：

（一）当期授予、行权和失效的各项权益工具总额。

（二）期末发行在外的股份期权或其他权益工具行权价格的范围和合同剩余期限。

（三）当期行权的股份期权或其他权益工具以其行权日价格计算的加权平均价格。

（四）权益工具公允价值的确定方法。

企业对性质相似的股份支付信息可以合并披露。

第十五条　企业应当在附注中披露股份支付交易对当期财务状况和经营成果的影响，至少包括下列信息：

（一）当期因以权益结算的股份支付而确认的费用总额。

（二）当期因以现金结算的股份支付而确认的费用总额。

（三）当期以股份支付换取的职工服务总额及其他方服务总额。

（二）《企业会计准则应用指南汇编2024》"第十二章　股份支付"

五、股份支付的会计处理

（三）可行权日之后

2. 对于以现金结算的股份支付，企业在可行权日之后不再确认成本费用，负债（应付职工薪酬）公允价值的变动应当计入当期损益（公允价值变动损益）。

（三）《公开发行证券的公司信息披露编报规则第15号——财务报告的一般规定（2023年修订）》

第六十一条　公司应按授予对象类别披露本期授予、行权、解锁和失效的各项权益工具数量和金额，期末发行在外的股票期权或其他权益工具行权价格的范围和合同剩余期限。

第六十二条　以权益结算的股份支付，公司应披露授予日权益工具公允价值的确定方法和重要参数，等待期内每个资产负债表日可行权权益工具数量的确定依据。本期估计与上期估计有重要差异的，应说明原因。公司还应披露以权益结算的股份支付计入资本公积的累计金额。

第六十三条　以现金结算的股份支付，公司应披露承担的、以股份或其他权益工具为基础计算确定的负债的公允价值确定方法和重要参数。公司应披露负债中以现金结算的股份支付产生的累计负债金额。

第六十四条　公司应按授予对象类别分别披露本期以权益结算的股份支付和以现金结算的股份支付确认的费用总额。

第六十五条　公司对股份支付进行修改的，应披露修改原因、内容及其财务影响。公司终止股份支付计划的，应披露终止原因、内容及其财务影响。

（四）证监会《2016年上市公司年报会计监管报告》

1. 未能正确识别与股份支付相关损益的性质

根据解释性公告1号的规定，对于以现金结算的股份支付，企业应当在等待期内的每个资产负债表日和结算日对负债的公允价值重新计量，确认为当期成本费用，属于经常性损益；在可行权日之后，企业需将应付职工薪酬的公允价值变动计入当期公允价值变动损益，属于非经常性损益。年报分析发现，部分上市公司未明确区分在等待期内和可行权日之后的以现金结算的股份支付余额，也未披露资产负债表日相关公允价值和损益影响，将实际支付的股票增值权费用超出已计提股权激励费用的股份价值全部划分为经常性损益。

二、年报披露示例

以现金结算的股份支付披露示例汇总如表4－8所示。

表4－8　　以现金结算的股份支付披露示例汇总

序号	参考示例	以现金结算的股份支付的披露
1	示例4－21　中国广核（003816. SZ）	以现金结算的股份支付情况、本期股份支付费用、股份增值权公允价值使用布莱克—斯科尔斯模型计算，输入至模型的相关数据
2	示例4－22　顺丰控股（002352. SZ）	以现金结算的股份支付情况
3	示例4－23　中国电信（601728. SH）	以现金结算的股份支付情况、报告期内股票增值权数量变动情况
4	示例4－24　上海家化（600315. SH）	以现金结算的股份支付情况、股票增值权概况、本期股份支付费用

示例4－21　中国广核（003816. SZ）

以现金结算的股份支付情况

公司承担的、以股份或其他权益工具为基础计算确定的负债的公允价值确定方法	布莱克－斯科尔斯期权估值模型
公司承担的、以股份或其他权益工具为基础计算确定的负债的公允价值重要参数	
负债中以现金结算的股份支付产生的累计负债金额	15, 215, 819. 30 元

本期股份支付费用

单位：元

授予对象类别	以权益结算的股份支付费用	以现金结算的股份支付费用
董事、高管等关键人员		9, 641, 502. 81
合计		9, 641, 502. 81

股份增值权公允价值使用布莱克—斯科尔斯模型计算，输入至模型的数据如下：

项目	期末	期初
股票价格	—	1.8600 港元
预计波动	—	28.249%
预计股息收益	—	5.306%

股份增值权的第二期实施计划：

项目	期末	期初
行权价	—	1.6440 港元
预计寿命	—	0.95 年
无风险利率	—	4.300%
公允价值	—	0.2938 港元

在计算股份增值权公允价值时使用的变量和假设是基于董事的最佳估计。股份增值权的价值随着特定的主观假设的不同变量而变化。预计波动率是参照本集团和其他上市发电公司股价的历史波动率来确定的。模型中使用的预计寿命已根据管理层对不可转让性所施加的限制和行为考虑因素的最佳估计加以调整。

示例4－22　顺丰控股（002352.SZ）

以现金结算的股份支付情况

本集团若干子公司以其股份或本公司股份作为计算基础，向该等子公司符合资格员工授予以现金结算的股份支付。

于2023年12月31日，负债中因以现金结算的股份支付产生的累计负债金额为268,453千元（2022年12月31日：334,757千元）。2023年度，以现金结算的股份支付确认的费用为233,708千元（2022年度：48,111千元）。资产负债表日的公允价值按照现金流量折现模型、二叉数模型等评估方法确认。

示例4－23　中国电信（601728.SH）

(1) 以现金结算的股份支付

基本情况

为给予管理人员更大激励，本公司为员工实行股票增值权计划。在此计划下，股票增值权以单位授出，每单位对应本公司H股1股。在股票增值权计划下本公司无须发行股份。当行使股票增值权时，获授予者将获得在扣除适用代扣代缴所得税税款后以人民币计算的现金款。该款项相当于行使的股票增值权单位数量乘以其行权价与行使时本公司H股市价之差额，根据当时人民币与港元的适用汇率转换成人民币。

本公司就股票增值权在适用的期间确认相关的费用。

于2018年11月，本公司批准向符合资格的员工授予23.94亿单位股票增值权。根据此计划，由授予日开始，股票增值权计划的有效期为五年，行权价为每单位港币3.81元，行权价格将根据该计划的既定规则进行调整。获授予者自2020年11月起可以开始逐步行使股票增值权。截至获得股票增值权日期起第三、第四及第五周年之日，员工可行使的股票增值权的数量分别不得超过该员工所获股票增值权总数量的33.3%、66.7%及100.0%。于2023年2月，本公司董事会审议批准了《关于公司核心骨干人员2018年股票增值权行权条件完成的议案》，确认2018年股票增值权行权条件达成，并由本公司统一办理股票增值权行权事宜。

2021年2月9日，本公司董事会审议批准了关于《中国电信股份有限公司核心骨干人员股票增值权2021年授予方案》（经国资委指示，更名为《中国电信股份有限公司第二期股票增值权激励计划》）（以下简称“该方案”）的决议。根据该方案，本集团将向8,239名核心骨干人员（不包括时任本公司的执行董事、非执行董事、独立董事、监事及高级管理人员）授予总数约24.12亿单位的股票增值权，行权价为2.686港元。于2021年3月，本公司授予24.02亿单位股票增值权给符合条件的员工。由授予日开始，所有股票增值权的行使合约年期为五年。获授予者自2023年3月起可以开始逐步行使股票增值权。截至获得股票增值权日期起第三、第四及第五周年之日，员工可行使的股票增值权的数量分别不得超过该员工所获股票增值权总数量的33.3%、66.7%及100.0%。

截至2023年12月31日，本公司未行权的股票增值权数量为2,400,515,000单位（2022年12月31日：4,715,240,000单位）。

本集团以现金结算的股份支付确认的费用金额及负债期末余额。

单位：元

项目	2023年12月31日	2022年12月31日
以现金结算的股份支付产生的负债余额	2,175,501,363.96	1,579,330,590.47

单位：元

项目	2023年度	2022年度
以现金结算的股份支付而确认的人工成本	1,227,644,697.62	888,108,048.33
股票增值权公允价值变动损失	917,870,250.05	120,668,735.22

于资产负债表日，本公司使用二项式期权定价模型估计上述股票增值权的公允价值。为确定授出股票增值权的公允价值，需在模型中输入即期价格、行权价格、剩余有效期限、预期波动率、无风险利率、股利支付率、预计行权时的价格下限、预期的离职率。

报告期内股票增值权数量变动如下：

单位：元

类型	2023 年度	2022 年度
于1月1日	4, 715, 240, 000	4, 716, 560, 000
授出	(2, 111, 528, 550)	
作废	203, 196, 450	(1, 320. 000)
于12月31日	2, 400, 515, 000	4, 715, 240, 000

示例 4－24　上海家化（600315. SH）

以现金结算的股份支付情况

单位：元

公司承担的、以股份或其他权益工具为基础计算确定的负债的公允价值确定方法	详见其他说明
负债中以现金结算的股份支付产生的累计负债金额	
本期以现金结算的股份支付而确认的费用总额	

其他说明：

2016 年度股票增值权概况

单位：份

项目	2023 年	2022 年
年初发行在外的股票增值权	41, 760	40, 396
本期授予的股票增值权		1, 364
本期行权的股票增值权		41, 760
本期回购的股票增值权		
本期支付并失效的股票增值权	41, 760	
期末发行在外的股票增值权		41, 760

根据 2016 年 Financial Wisdom Global Limited 董事会审议通过的投资协议，本公司的子公司 Financial Wisdom Global Limited 高级管理人员实施股票增值权激励，分三期行权，授予奖励对象每份股票增值权对应的结算金额依据子公司 Financial Wisdom Global Limited 初始企业价值至行权日的企业价值增加部分计算所得。该股票增值权于资产负债表日的公允价值，根据未来 Financial Wisdom Global Limited 企业价值的最

佳估计进行估算。

该股票增值权授予奖励对象于2022年12月31日一次性行权。公司对本次行权中涉及的关于Financial Wisdom Global Limited截至2022年12月31日的企业价值进行了估值，估值方法主要采用收益法中的折现现金流量法和市场法。经过公司与授予奖励对象协商，最终决定以580,000,000.00英镑作为本次行权中的企业价值，根据该企业价值计算所得的2022年12月31日股票增值权的行权价格为28,072,185.00英镑。2023年4月4日，本公司与相关管理人员签署回购协议，根据协议，本公司存在对相关管理人员的潜在额外付款。该潜在额外付款根据将来本公司退出时Financial Wisdom Global Limited的息税前利润及估值倍数的最佳估计进行估算。

于2023年5月，本公司的全资子公司CaymanA2已全额向Financial Wisdom Global Limited的相关管理人员支付股权激励行权现金28,072,185.00英镑。

本期股份支付费用

单位：元

授予对象类别	以权益结算的股份支付费用	以现金结算的股份支付费用
限制性股票激励对象	-31,415,177.88	
股票期权激励对象	-1,927,683.00	
合计	-33,342,860.88	

第七节　与股权激励计划相关的递延所得税披露示例

一、准则相关规定与监管指引（节选）

（一）《企业会计准则应用指南汇编2024》“第十九章　所得税”

六、递延所得税负债及递延所得税资产

（三）特定交易或事项中涉及递延所得税的确认

3. 与股份支付相关的当期及递延所得税

与股份支付相关的支出在按照第十二章股份支付规定确认为成本费用时，其相关的所得税影响应区别于税法的规定进行处理：如果税法规定与股份支付相关的支出不允许税前扣除，则不形成暂时性差异；如果税法规定与股份支付相关的支出允许税前扣除，在按照会计规定确认成本费用的期间内，企业应当根据会计期末取得的信息估计可税前扣除的金额计算确定其计税基础及由此产生的暂时性差异，符合确认条件的情况下应当确认相关的递延所得税。其中预计未来期间可税前扣除的金额超过会计规定确认的与股份支付相关的成本费用，超过部分的所得税影响应直接计入所有者权益(资本公积——其他资本公积)。

（二）《国际会计准则第 12 号——所得税》

68A 在某些税收管辖区，主体取得与以股份、股份期权或主体中其他权益工具支付的薪酬相关的所得税抵扣（即在确定应税利润时可抵扣的金额）。该所得税抵扣的金额可能不同于相关的累计薪酬费用，并且可能会在以后的会计期间产生。例如，在某些税收管辖区，主体可能按照《国际财务报告准则第 2 号——股份支付》，将所消耗的雇员服务确认为费用并以之作为授予股份期权的对价，但是可能直到行使该股份期权时，才取得以行权日主体的股价为基础计量的所得税抵扣。

68B 如同本准则第 9 段和第 26（2）段讨论的研究成本，迄今为止所接受的雇员服务的计税基础（税务机关允许在未来期间抵扣的金额）与零账面金额之间的差额，是产生递延所得税资产的可抵扣暂时性差异。如果在本期末不知道税务机关允许在未来期间进行抵扣的金额，则应以本期末可获得的信息为基础进行估计。例如，如果税务机关允许在未来期间抵扣的金额依赖于未来某日的主体股价，则可抵扣暂时性差异的计量应以本期末主体的股价为基础。

68C 如在第 68A 段中解释的，所得税抵扣（或按照第 68B 段计量的估计未来所得税抵扣）的金额可能与相关的累计薪酬费用不同。本准则第 58 段规定当期和递延所得税应当确认为收益或费用，并计入本期损益，除非所得税产生于（1）在相同或不同的期间不确认为损益的交易或事项，或者（2）企业合并（投资性主体对须以公允价值计量且其变动计入当期损益的子公司的收购除外）。如果所得税抵扣（或估计的未来所得税抵扣）的金额超过相关的累计薪酬费用的金额，这表明所得税抵扣同时与薪酬费用和权益项目相关。在这种情况下，与当期或递延所得税相关的超额部分应直接确认为权益。

（三）《关于我国居民企业实行股权激励计划有关企业所得税处理问题的公告》（国税总局公告 2012 年第 18 号）

对股权激励计划实行后，需待一定服务年限或者达到规定业绩条件（等待期）方可行权的。上市公司等待期内会计上计算确认的相关成本费用，不得在对应年度计算缴纳企业所得税时扣除。在股权激励计划可行权后，上市公司方可根据该股票实际行权时的公允价格与当年激励对象实际行权支付价格的差额及数量，计算确定作为当年上市公司工资薪金支出，依照税法规定进行税前扣除。股票实际行权时的公允价格，以实际行权日该股票的收盘价格确定。

（四）证监会《监管规则适用指引——会计类第 1 号》

1－14　与股权激励计划相关的递延所得税

监管实践发现，部分公司对与股权激励计划相关递延所得税的处理存在分歧。现

就该事项的意见如下:

根据相关税法规定，对于附有业绩条件或服务条件的股权激励计划，企业按照会计准则的相关规定确认的成本费用在等待期内不得税前抵扣，待股权激励计划可行权时方可抵扣，可抵扣的金额为实际行权时的股票公允价值与激励对象支付的行权金额之间的差额。因此，公司未来可以在税前抵扣的金额与等待期内确认的成本费用金额很可能存在差异。公司应根据期末的股票价格估计未来可以税前抵扣的金额，以未来期间很可能取得的应纳税所得额为限确认递延所得税资产。此外，如果预计未来期间可抵扣的金额超过等待期内确认的成本费用，超出部分形成的递延所得税资产应直接计入所有者权益，而不是计入当期损益。

（五）证监会《上市公司年报会计监管报告》

《上市公司 2022 年年度财务报告会计监管报告》

未将股权激励产生的未来期间可抵扣的金额超出成本费用部分计入所有者权益

根据会计准则及相关规定，对于附有业绩条件或服务条件的股权激励计划，企业在等待期内确认的成本费用在等待期内不得税前抵扣，待股权激励计划可行权时，按照实际行权时的股票公允价值与激励对象支付的行权价格之间的差额予以税前抵扣。公司应以期末的股票价格为基础，合理估计股权激励费用未来可以税前抵扣的金额，并以未来期间很可能取得的应纳税所得额为限确认递延所得税资产。此外，如果预计未来期间可抵扣的金额超过等待期内确认的成本费用，超出部分形成的递延所得税资产应直接计入所有者权益，而不是计入当期损益。

审阅分析发现，部分上市公司低价授予了员工限制性股票，且约定了业绩条件或服务条件，上市公司对此分期确认股份支付费用。2022 年末上市公司股价自授予时点已经大幅度上涨，但上市公司未考虑预计未来期间可以税前抵扣的金额很可能超过等待期内确认的成本费用，未确认因股价上涨导致的超出部分形成的递延所得税资产并计入所有者权益。

《2013 年上市公司年报会计监管报告》

根据相关税法规定，对于带有业绩条件或服务条件的股权激励计划，企业按照会计准则的相关规定确认的成本费用在等待期内不得税前抵扣，待股权激励计划可行权时方可抵扣，可抵扣的金额为实际行权时的股票公允价格与激励对象支付的行权价格之间的差额。因此，上市公司未来可以在税前抵扣的金额与等待期内确认的成本费用金额很可能存在差异。根据会计准则的相关规定，上市公司应根据期末存在的信息估计未来可以税前抵扣的金额，以未来期间很可能取得的应纳税所得额为限确认递延所得税资产。此外，如果预计未来期间可抵扣的金额超过等待期内确认的成本费用，超出部分形成的递延所得税资产应直接计入所有者权益，而不是计入当期损益。

（六）《上市公司执行企业会计准则案例解析（2024）》

案例9－11　股权激励计划形成的递延所得税资产的会计处理

一、案例背景

A上市公司在2×17年1月1日授予职工1,000万份限制性股票股权激励计划，服务期限条件为2年，A公司预计1,000万份限制性股票在2年后均可行权。限制性股票的授予价格为10元/股，A公司股票在授予日的市场价格为19元/股。假定A公司满足确认递延所得税资产的条件，适用的所得税税率为25%。

问题：A公司应如何核算该股权激励计划的递延所得税影响？

二、会计准则及相关规定（略）

三、案例解析

在2×17年12月31日，A公司确认股份支付费用的会计处理如下：

借：管理费用等（1,000×9×1/2）　　4,500

　　贷：资本公积——其他资本公积　　4,500

假设A公司股票在2×17年12月31日的市场价格为17元/股，A公司估计未来可税前抵扣的金额为7元/股（17－10），未来可税前抵扣的总额为7,000万元（1,000×7）。A公司确认递延所得税的会计处理如下：

借：递延所得税资产（7,000×1/2×25%）　　875

　　贷：所得税费用　　875

在2×18年12月31日，A公司确认股份支付费用的会计处理如下：

借：管理费用等（1,000×9－4,500）　　4,500

　　贷：资本公积——其他资本公积　　4,500

假设A公司股票在2×18年12月31日的市场价格为22元/股，A公司估计未来可税前抵扣的金额为12元/股（22－10），未来可税前抵扣的总额为12,000万元（1,000×12）。A公司估计未来可税前抵扣的金额（12,000万元）超过等待期内确认的股份支付费用（累计为9,000万元），超出部分（12,000－9,000＝3,000万元）形成的递延所得税资产应直接计入所有者权益。A公司确认递延所得税的会计处理如下：

借：递延所得税资产（12,000×25%－875）　　2,125

　　贷：所得税费用（9,000×25%－875）　　1,375

　　　　资本公积——其他资本公积（3,000×25%）　　750

二、与股权激励计划相关的递延所得税的披露示例

（一）简要分析

《企业会计准则第11号——股份支付》要求以权益结算的股份支付应当基于授

予日权益工具的公允价值计量，在整个等待期内确认当期取得的服务的成本——激励费用。

然而，《关于我国居民企业实行股权激励计划有关企业所得税处理问题的公告》（国家税务总局公告 2012 年第 18 号）规定，上市公司等待期内会计上计算确认的相关成本费用，不得在对应年度计算缴纳企业所得税时扣除。在股权激励计划可行权后，上市公司方可根据该股票实际行权时的公允价格（实际行权日该股票的收盘价格）与当年激励对象实际行权支付价格的差额及数量，计算确定作为当年上市公司工资薪金支出，依照税法规定进行税前扣除。

因此，对于以权益结算的股份支付，税务上能够获得的抵扣金额经常与依据股份支付准则计入损益的激励费用的金额不一致。在能够获得未来抵扣的情况下，由于计入损益的薪酬费用的计税基础（即税务允许在未来期间作抵扣的金额）与其在资产负债表中的账面价值零（贷方计入权益）之间产生的可抵扣暂时性差异，会产生递延所得税影响。

实务中，可以参考证监会《上市公司执行企业会计准则案例解析（2024）》“案例 9－11　股权激励计划形成的递延所得税资产的会计处理”。

（二）年报披露示例

与股份支付相关的递延所得税披露示例汇总如表 4－9 所示。

表 4－9　　与股份支付相关的递延所得税披露示例汇总

序号	参考示例	与股份支付相关的递延所得税
1	示例 4－25　金力永磁（300748. SZ）	由于本公司限制性股票于 2023 年尚未可行权部分根据 2023 年 12 月 31 日股价估计的未来行权时可税前扣除金额超过在等待期内确认的成本费用的金额，根据企业会计准则规定，本公司将超出部分相应税务影响计入资本公积
2	示例 4－26　迈瑞医疗（300760. SZ）	本集团员工持股计划根据期末的股权公允价值估计未来期间可以税前抵扣的金额，该金额超过等待期内确认的成本费用，超出部分形成的递延所得税资产计入其他资本公积
3	示例 4－27　国城矿业（000688. SZ）	实施员工持股计划预计未来期间可抵扣的金额超过等待期内确认的成本费用部分形成递延所得税资产
4	示例 4－28　苏泊尔（002032. SZ）	本年股份支付预计未来期间可抵扣的金额超过等待期内确认的成本费用，超出部分形成的递延所得税资产直接计入资本公积——其他资本公积
5	示例 4－29　云天化（600096. SH）	本年公司预计未来期间可税前扣除的股份支付相关的金额超过会计准则规定确认的与股份相关的成本费用，超过部分的所得税影响计入资本公积——其他资本公积

示例4－25　金力永磁（300748. SZ）

资本公积

单位：元

项目	期初余额	本期增加	本期减少	期末余额
股本溢价	4, 374, 885, 662. 75	58, 792, 668. 38	503, 452, 669. 00	3, 930, 225, 662. 13
其他资本公积	99, 827, 599. 43	6, 713, 513. 97	33, 723, 915. 32	72, 817, 198. 08
合计	4, 474, 713, 262. 18	65, 506, 182. 35	537, 176, 584. 32	4, 003, 042, 860. 21

注1：

（1）2023年4月10日、2023年5月12日、2023年12月25日，本公司第二类限制性股票分别有225, 600股、920, 000股、2, 230, 784股（共计3, 376, 384股）归属，共收到激励对象购买行权的第二类限制性股票支付的33, 028, 087. 23元，计入资本公积（股本溢价）的金额为29, 651, 703. 23元。

（2）2023年7月11日，根据2022年年度权益分派实施决议，本公司以资本公积金向全体股东每10股转增6股，减少资本公积503, 452, 669. 00元。

（3）于本年，本公司第一类限制性股票的第三批达到解锁条件，将解锁部分原先计入其他资本公积的金额（即股权激励费用）转入资本公积（股本溢价）12, 489, 798. 16元；于本年，本公司第二类限制性股票部分达到归属条件，将归属部分原先计入其他资本公积的金额转入资本公积（股本溢价）16, 651, 166. 99元。详见附注十四（略）。

注2：

（1）其他资本公积本年增加系本公司根据限制性股票激励计划以可行权权益工具数量的最佳估计为基础，按照权益工具授予日的公允价值，计量当期取得的服务费用6, 713, 513. 97元（2022年：27, 297, 498. 22元）；

（2）于2023年6月21日，本公司完成对4名离职股份激励对象股票的回购，同时减少资本公积170, 119. 20元；

（3）根据相关税法规定，在股权激励计划可行权后，上市公司方可根据该股票实际行权时的公允价值与当年激励对象实际行权支付价格的差额及数量，计算确定作为当年上市公司工资薪金支出，依照税法规定进行税前扣除。由于本公司限制性股票于2023年尚未可行权部分根据2023年12月31日股价估计的未来行权时可税前扣除金额超过在等待期内确认的成本费用的金额，根据企业会计准则规定，本公司将超出部分相应税务影响4, 412, 830. 97元（2022年：6, 423, 196. 74元）计入资本公积。

示例4－26　迈瑞医疗（300760. SZ）

资本公积

单位：元

项目	期初余额	本期增加	本期减少	期末余额
资本溢价（股本溢价）	4, 978, 837, 332. 00	252, 711, 739. 00	665, 693, 279. 00	4, 565, 855, 792. 00
其他资本公积	215, 519, 066. 00	10, 274, 060. 00	1, 016, 244. 00	224, 776, 882. 00
同一控制下的企业合并	2, 392, 440, 325. 00			2, 392, 440, 325. 00
以本公司权益结算的股份支付	483, 314, 143. 00	246, 808, 968. 00	252, 711, 739. 00	477, 411, 372. 00
收购少数股东股权	－561, 224, 086. 00		8, 484, 230. 00	－569, 708, 316. 00
合计	7, 508, 886, 780. 00	509, 794, 767. 00	927, 905, 492. 00	7, 090, 776, 055. 00

其他说明，包括本期增减变动情况、变动原因说明：

（1）本年度股本溢价的变动系员工持股计划第一期标的股票解锁导致其他资本

公积转入股本溢价 252, 711, 739. 00 元，以及减少股本溢价 271, 260, 196. 00 元（附注七（40））。本年度股本溢价其他减少系本集团收购 Dia Sys Group 时与原实控人 Goka 签署的未来股权转让安排，导致冲减资本公积——股本溢价合计 394, 433, 083. 00 元（附注七（37））。

（2）于 2023 年 3 月本集团子公司深圳迈瑞科技控股有限责任公司（“深迈控”）向四个自然人股东合计以 2, 799 万元收购了其拥有的杭迈数字 40% 的股权。股权转让完成后深迈控持杭迈数字 100% 的股权，上述 40% 股权收购价格和收购的子公司净资产份额之差 8, 484, 230. 00 元计入资本公积。

（3）本年度本集团联营企业汉诺医疗的其他投资者投入资本导致本集团所享有的净资产份额变动 10, 274, 060. 00 元计入其他资本公积。

本集团员工持股计划根据本年末的股权公允价值估计未来期间可以税前抵扣的金额，该金额未超过等待期内确认的成本费用，故对上年度确认的递延所得税资产 1, 016, 244. 00 元进行转回。

示例 4 – 27　国城矿业（000688. SZ）

资本公积

单位：元

项目	年初余额	本年增加	本年减少	年末余额
资本溢价（股本溢价）		3, 007, 359. 64		3, 007, 359. 64
其他资本公积	232, 849, 387. 56	57, 700, 957. 23	13, 628, 439. 14	276, 921, 905. 65
合计	232, 849, 387. 56	60, 708, 316. 87	13, 628, 439. 14	279, 929, 265. 29

资本溢价（股本溢价）本期增加 3, 007, 359. 64 元，系可转换债券转 51, 036 股股本增加资本溢价（股本溢价）1, 142, 901. 29 元，国城集团对公司无偿财务资助的利息费用增加资本溢价（股本溢价）1, 864, 458. 35 元。其他资本公积本期增加 57, 700, 957. 23 元，系实施员工持股计划确认的股权激励费用；本期减少其他资本公积 429, 505. 81 元，系实施员工持股计划预计未来期间可抵扣的金额超过等待期内确认的成本费用部分形成递延所得税资产，员工持股计划第一批不满足业绩条件冲回前期确认的股权激励费用减少其他资本公积 13, 198, 933. 33 元。

示例 4 – 28　苏泊尔（002032. SZ）

资本公积

单位：元

项目	期初余额	本期增加	本期减少	期末余额
其他资本公积	125, 368, 989. 44	47, 741, 637. 58		173, 110, 627. 02
合计	125, 368, 989. 44	47, 741, 637. 58		173, 110, 627. 02

本年其他资本公积增加人民币47,741,637.58元，本年确认以权益结算的股份支付费用人民币45,786,307.92元计入资本公积——其他资本公积，详见本财务报表附注十五、股份支付之说明；本年股份支付预计未来期间可抵扣的金额超过等待期内确认的成本费用，超出部分形成的递延所得税资产人民币1,955,329.66元直接计入资本公积——其他资本公积。

示例4-29　云天化（600096.SH）

资本公积

单位：元

项目	期初余额	本期增加	本期减少	期末余额
资本溢价（股本溢价）	6,222,244,739.88	2,034,674.05	35,052,249.42	6,189,227,164.51
其他资本公积	1,072,617,523.79		67,787,336.41	1,004,830,187.38
合计	7,294,862,263.67	2,034,674.05	102,839,585.83	7,194,057,351.89

导致本年资本公积变动的主要事项：

（1）本年公司回购库存股，回购款超过股本部分计入股本溢价，导致股本溢价减少689,050.80元。

（2）本年公司联营企业其他权益变动，导致资本公积——其他资本公积减少821,104.76元。

（3）本年公司购买云峰化工少数股东股权，导致资本公积——股本溢价减少33,542,093.86元。

（4）本年公司股权激励计划最后一批限制性股票已经全部解禁，转回以前年度预计未来期间可税前扣除的股份支付相关的金额超过会计准则规定确认的与股份相关的成本费用确认的递延所得税资产，导致资本公积——其他资本公积减少67,787,336.41元。

（5）本年公司处置子公司云南云聚能新材料有限公司49%股权，处置价款与处置长期股权投资相对应享有子公司自购买日或合并日开始持续计算的净资产份额之间的差额调整资本公积，导致资本公积——股本溢价增加2,034,674.05元。

第八节　集团股份支付披露示例

公司在涉及股份支付安排时通常需要考虑员工被授予权益工具的退出机制，即职工将以何种方式实现权益工具的增值。如果集团内有一家公司是上市公司，这家上市公司的股票或者期权将是一个比较好的授予工具。因此，对于为集团内的非上市主体提供服务的员工，也有可能授予的是上市公司的股份或期权，这就产生了集团内公司股份支付的问题（例如，提供股份的上市公司和接受服务的非上市公司各自的会计处理问题)。在集团内，通常会有结算职工权益工具的一方和接受职工服务的一方。

一、准则相关规定与监管指引（节选）

（一）《企业会计准则解释第 4 号》

七、企业集团内涉及不同企业的股份支付交易应当如何进行会计处理?

答：企业集团（由母公司和其全部子公司构成）内发生的股份支付交易，应当按照以下规定进行会计处理：

(一) 结算企业以其本身权益工具结算的，应当将该股份支付交易作为权益结算的股份支付处理；除此之外，应当作为现金结算的股份支付处理。

结算企业是接受服务企业的投资者的，应当按照授予日权益工具的公允价值或应承担负债的公允价值确认为对接受服务企业的长期股权投资，同时确认资本公积（其他资本公积）或负债。

(二) 接受服务企业没有结算义务或授予本企业职工的是其本身权益工具的，应当将该股份支付交易作为权益结算的股份支付处理；接受服务企业具有结算义务且授予本企业职工的是企业集团内其他企业权益工具的，应当将该股份支付交易作为现金结算的股份支付处理。

（二）《国际财务报告准则第 2 号——以股份为基础的支付》

《国际财务报告准则第 2 号——以股份为基础的支付》在 2009 年 6 月颁布了《对国际财务报告准则第 2 号的修改——集团以现金结算的以股份为基础的支付交易》，该修改为确定股份支付交易在合并财务报表和单独财务报表中的分类提供了明确的依据。

43A 对于集团内主体之间股份支付交易，在接受商品或服务的主体的单独或个别财务报表中，应通过评估以下各项以将接受的商品或服务作为以权益结算的或以现金结算的股份支付交易进行计量：

(1) 授予的奖励的性质；

(2) 主体自身的权利和义务。

接受商品或服务的主体确认的金额可能不同于合并集团或者负有该股份支付交易的结算义务的集团内另一主体所确认的金额。

43B 接受商品或服务的主体在以下情况下应将其作为以权益结算的股份支付交易来计量所接受的商品或服务：

(1) 授予的奖励是主体自身的权益工具，或

(2) 主体不承担该股份支付交易的结算义务。

主体后续应仅就非市场可行权条件的变化依据第 19 段至第 21 段的规定重新计量此类以权益结算的股份支付交易。在所有其他情况下，接受商品或服务的主体应将其作为以现金结算的股份支付交易来计量接受的商品或服务。

43C 当主体负责结算股份支付交易，而同一集团内另一主体接受商品或服务时只有在主体以其自身权益工具进行结算的情况下，该交易才应确认为以权益结算的股份支付交易。否则，该交易应确认为以现金结算的股份支付交易。

（三）证监会《监管规则指引——会计类第 1 号》

企业集团（由母公司和其全部子公司构成）内发生股份支付交易的，接受服务企业应确认股份支付费用；结算企业是接受服务企业母公司的，应确认对接受服务企业的长期股权投资。

监管实践发现，部分公司在认定集团内股份支付的范围并进行会计处理时对准则的理解存在偏差和分歧。现就具体事项如何适用上述原则的意见如下：

一、母公司向子公司高管授予股份支付时，合并财务报表中子公司股权激励费用的分摊

母公司向子公司高管授予股份支付，在计算子公司少数股东损益时，虽然子公司的股权激励全部是由母公司结算，子公司少数股东损益中应包含按照少数股东持股比例分享的子公司股权激励费用。

二、受激励高管在集团内调动

如果受到激励的高管在集团内调动导致接受服务的企业变更，但高管人员应取得的股权激励并未发生实质性变化，则应根据受益情况，在等待期内按照合理的标准（例如按服务时间）在原接受服务的企业与新接受服务的企业间分摊该高管的股权激励费用。即谁受益，谁确认费用。

三、非控股股东授予职工公司股份

集团内股份支付，包括集团内任何主体的任何股东，并未限定结算的主体为控股股东；非控股股东授予职工公司的权益工具满足股份支付条件时，也应当视同集团内股份支付进行处理。

（四）财政部《股份支付准则应用案例——“大股东兜底式”股权激励计划》

【例】甲公司实施一项股权激励计划，甲公司按照公允价值从二级市场回购甲公司股票并授予自愿参与该计划的员工，授予价格为授予日股票的公允价值，激励对象在甲公司服务满 3 年后可以一次性解锁所授予的股份。该股权激励计划同时约定，甲公司控股股东对员工因解锁日前股票价格变动产生的损失进行兜底，即甲公司股票价格上涨的收益归员工所有，甲公司股票价格下跌的损失由甲公司控股股东承担且以现金支付损失。

分析：本例中，甲公司控股股东承担了甲公司员工因股票价格下跌而产生的损失，属于企业集团与职工之间发生的交易；该交易安排要求员工为获得收益（享有股票增值收益且不承担贬值损失）连续 3 年为公司提供服务，因此该交易以获取员工服务为目的；该交易的对价与公司股票未来价值密切相关。综上，该交易符合股份支付的定义，适用股份支付准则。

控股股东交付现金的金额与甲公司股票价格下行风险相关，该股份支付属于为获取服务承担以股份为基础计算确定的交付现金的交易，在控股股东合并报表中，应当将该交易作为现金结算的股份支付处理。甲公司作为接受服务企业，没有结算义务，应当将该交易作为权益结算的股份支付处理。

分析依据：《企业会计准则第 11 号——股份支付》第二条、第五条、第六条、第十一条、第十二条和第十三条等相关规定；《企业会计准则解释第 4 号》相关规定；《企业会计准则讲解 2010》第 181 页相关内容。

（五）财政部《股份支付准则实施问答》

问：某国内企业的境外母公司在集团内实施股权激励计划且适用股份支付准则，该国内企业无结算义务，该国内企业应当如何对其员工享有的股权激励计划进行会计处理？

答：根据《企业会计准则解释第 4 号》（财会〔2010〕15 号），对于企业集团（由母公司和其全部子公司构成）内发生的股份支付交易，接受服务企业没有结算义务的，应当将该股份支付交易作为权益结算的股份支付处理。

因此，该国内企业应当将其员工享有的股权激励计划作为权益结算的股份支付处理。

（六）证监会《2020 年上市公司年报会计监管报告》

根据企业会计准则及相关规定，股份支付准则所指的权益工具是指企业自身权益工具，包括企业本身、企业的母公司或同集团其他会计主体的权益工具。企业集团（由母公司和其全部子公司构成）内发生的股份支付交易，结算企业以其本身权益工具结算的，应当将该股份支付交易作为权益结算的股份支付处理；除此之外，应当作为现金结算的股份支付处理。

年报分析发现，个别上市公司将其持有的子公司股权授予上市公司员工并形成股份支付，上市公司在合并报表层面错误地将其作为以现金结算的股份支付进行会计处理。在个别报表层面，上市公司作为接受服务企业，虽具有结算义务但授予本企业职工的是企业集团内其他企业的权益工具，上市公司应将其作为现金结算的股份支付进行会计处理；但在合并报表层面，因子公司权益工具视为企业集团自身权益工具，上市公司应将其作为以权益结算的股份支付进行会计处理。

二、集团股份支付的披露示例

（一）简要分析

集团内股份支付主要考虑的是在集团内接受服务的主体和结算的主体在各自报表中如何进行会计处理，结合准则规定，基本的原则是“谁受益、谁确认费用”。

首先要判断股份支付的类型是属于权益结算的股份支付还是现金结算的股份支付，《企业会计准则解释第4号》作出了规定：接受服务企业没有结算义务或授予本企业职工的是其本身权益工具的，应当将该股份支付交易作为权益结算的股份支付处理，除此以外的为现金结算的股份支付。结算企业以其本身权益工具结算的，应当将该股份支付交易作为权益结算的股份支付处理；除此之外，应当作为现金结算的股份支付处理。

（二）年报披露示例

集团股份支付的披露示例汇总如表4-10所示。

表4-10　　集团股份支付的披露示例汇总

序号	参考示例	集团股份支付的披露示例
1	示例4-30　吉华集团（603980. SH）	子公司原股东授予员工股权
2	示例4-31　倍特医药IPO问询	控股股东对发行人员工实施股权激励

示例4-30　吉华集团（603980. SH）——2022年年报

股份支付

1. 股份支付总体情况

康倍得公司本期授予的各项权益工具总额	6,000,000.00元
康倍得公司期末发行在外的其他权益工具行权价格的范围和合同剩余期限	2020年6月实施股权激励，授予日2020年6月30日，授予价格1.24元/股；等待期三年，根据三年后公司的业绩成果设置了不同的行权价格，自0.36元/股至0.72元/股，2023年6月激励到期，经过考核公司决定按照0.48元/股授予

其他说明：

为了激励主要研发人员，康倍得公司原股东转让部分康倍得公司股权给南京方蓝医药科技咨询合伙企业，被激励员工从2020年开始三年后按照康倍得公司完成的业绩成果确定最终行权价格购买合伙企业股份并间接持有康倍得公司的股份，本次拟转让的股数为600万股。

行权价格	业绩考核目标
0.72元/股	三年后完成下列任一项条件的：三年内完成一个研发品种的项目生产申报；三年内对外技术服务收入（实际收入）累计达到1,000万元

续表

行权价格	业绩考核目标
0.6 元/股	三年后完成下列任两项条件的：三年内完成一个研发品种的项目生产申报；三年内对外技术服务收入（实际收入）累计达到1,500万元；三年内企业新投资的项目经营收入达到300万元
0.48 元/股	三年后完成下列三项条件的：三年内完成一个研发品种的项目生产申报；三年内对外技术服务收入（实际收入）累计达到1,500万元；三年内企业新投资的项目经营收入达到300万元
0.36 元/股	三年后完成下列三项条件的：三年内完成一个研发品种的项目生产申报；三年内对外技术服务收入（实际收入）累计达到2,000万元；三年内企业新投资的项目经营收入达到300万元

2019年吉华医药公司收购康倍得公司，采用该交易价格1.24元/股作为本次股份支付公允价值确认依据，2023年6月激励到期，经过考核公司决定按照0.48元/股授予员工行权，将差额作为授予日权益工具的公允价值并据此确认股份支付费用总额。本期确认股份支付费用1,960,000.00元，按吉华医药公司持有康倍得公司63.1137%的股份，计入资本公积1,237,028.52元。

2. 以权益结算的股份支付情况

授予日权益工具公允价值的确定方法	以最近一次股权收购日的股价作为公允价值
可行权权益工具数量的确定依据	公司根据最新取得可行权职工人数变动、业绩达标程度等后续信息作出最佳估计，修正预计可行权的权益工具数量
本期估计与上期估计有重大差异的原因	本年达成0.48元/股行权条件
以权益结算的股份支付计入资本公积的累计金额	2,877,984.72元

3. 本期确认的股份支付费用总额

单位：元

授予对象类别	以权益结算的股份支付费用	以现金结算的股份支付费用
管理人员	1,960,000.00	
合计	1,960,000.00	

示例4-31　倍特医药IPO问询

关于成都倍特药业股份有限公司首次公开发行股票并在创业板上市的第一轮审核中心意见落实函

问题4：关于集团股份支付

申报文件显示，报告期内，发行人通过其控股股东四川方向对发行人员工实施股权激励。其中：(1) 为确认本次股份支付权益工具的公允价值，发行人聘请了北京中企华对四川方向截至2019年10月31日的股东全部权益价值进行评估。经评估，截至2019年10月31日，四川方向净资产账面价值38,651.38万元，估值244,310.49万元。(2) 2020年1月，陈丽红、侯曙光、顾桂秋作为新股东对四川方向增资，增资后上述人员均持有四川方向1%股份，间接持有发行人0.78%股份。本次四川方向股份支付确认发行人方管理费用中股份支付费用5,874.41万元，前述费用在陈丽红、侯曙光、顾桂秋三年服务期内进行摊销。

请发行人：(1) 结合四川方向生产经营情况及主要参股、控股公司情况，说明集团股份支付中权益工具公允价值确定是否合理，会计处理是否符合《企业会计准则第11号——股份支付》《企业会计准则解释第4号》的相关规定；(2) 模拟测算如果通过倍特药业直接增资等额股份比例方式对上述人员进行股权激励，发行人应确认的股份支付费用及对发行人生产经营业绩的影响；(3) 说明发行人员工持有控股股东股份对发行人独立性的影响，发行人拟采取的防范独立性风险的措施。

请保荐人、申报会计师对问题（1）、问题（2）发表明确意见，

请保荐人、发行人律师对问题（3）发表明确意见。

公司回复：根据《企业会计准则第11号——股份支付》和《企业会计准则解释第4号》的规定，四川方向和发行人在约定服务期内的会计处理分别为：

(1) 四川方向的会计处理

借：长期股权投资

　　贷：资本公积——其他资本公积

(2) 发行人的会计处理

借：管理费用——股份支付费用

　　贷：资本公积——其他资本公积

综上，股份支付会计处理符合《企业会计准则第11号——股份支付》《企业会计准则解释第4号》的相关规定。

第九节　股份支付计划的修改或取消披露示例

一、准则相关规定与监管指引（节选）

（一）《企业会计准则解释第16号》（财会［2022］31号）

关于企业将以现金结算的股份支付修改为以权益结算的股份支付的会计处理

该问题主要涉及《企业会计准则第11号——股份支付》等准则。

(一) 相关会计处理。

企业修改以现金结算的股份支付协议中的条款和条件，使其成为以权益结算的股

份支付的，在修改日，企业应当按照所授予权益工具当日的公允价值计量以权益结算的股份支付，将已取得的服务计入资本公积，同时终止确认以现金结算的股份支付在修改日已确认的负债，两者之间的差额计入当期损益。上述规定同样适用于修改发生在等待期结束后的情形。

如果由于修改延长或缩短了等待期，企业应当按照修改后的等待期进行上述会计处理（无需考虑不利修改的有关会计处理规定）。

如果企业取消一项以现金结算的股份支付，授予一项以权益结算的股份支付，并在授予权益工具日认定其是用来替代已取消的以现金结算的股份支付（因未满足可行权条件而被取消的除外）的，适用本解释的上述规定。

（二）新旧衔接。

对于2022年1月1日至本解释施行日新增的本解释规定的上述交易，企业应当按照本解释的规定进行调整。对于2022年1月1日之前发生的本解释规定的上述交易，未按照以上规定进行处理的，企业应当进行调整，将累积影响数调整2022年1月1日留存收益及其他相关财务报表项目，对可比期间信息不予调整。企业应当在附注中披露该会计政策变更的性质、内容和原因，以及当期财务报表中受影响的项目名称和调整金额。

（二）财政部《关于执行企业会计准则的企业做好2012年年报工作的通知》（财会［2012］25号）

企业根据国家有关规定实行股权激励的，不得随意变更股份支付协议中确定的相关条件，并应当按照企业会计准则的有关规定进行会计处理。在等待期内如果取消了授予的权益性工具的（因未满足可行权条件而被取消的除外），企业应当对取消所授予的权益性工具作为加速可行权处理，即视同剩余等待期内的股份支付计划已经全部满足可行权条件，在取消所授予工具的当期确认原本应在剩余等待期内确认的所有费用。

（三）《企业会计准则解释第3号》（财会［2009］8号）

五、在股份支付的确认和计量中，应当如何正确运用可行权条件和非可行权条件？(部分摘录)

在等待期内如果取消了授予的权益工具，企业应当对取消所授予的权益性工具作为加速行权处理，将剩余等待期内应确认的金额立即计入当期损益，同时确认资本公积。职工或其他方能够选择满足非可行权条件但在等待期内未满足的，企业应当将其作为授予权益工具的取消处理。

（四）《企业会计准则应用指南汇编2024》“第十二章　股份支付”

六、条款和条件的修改

（一）条款和条件的有利修改

企业应当分别以下情况，确认导致股份支付公允价值总额升高以及其他对职工有利的修改的影响：

1. 如果修改增加了所授予的权益工具的公允价值，企业应按照权益工具公允价值的增加相应地确认取得服务的增加。权益工具公允价值的增加是指，修改前后的权益工具在修改日的公允价值之间的差额。

如果修改发生在等待期内，在确认修改日至修改后的可行权日之间取得服务的公允价值时，应当既包括在剩余原等待期内以原权益工具授予日公允价值为基础确定的服务金额，也包括权益工具公允价值的增加。如果修改发生在可行权日之后，企业应当立即确认权益工具公允价值的增加。如果股份支付协议要求职工只有先完成更长期间的服务才能取得修改后的权益工具，则企业应在整个等待期内确认权益工具公允价值的增加。

2. 如果修改增加了所授予的权益工具的数量，企业应将增加的权益工具的公允价值相应地确认为取得服务的增加。

如果修改发生在等待期内，在确认修改日至增加的权益工具可行权日之间取得服务的公允价值时，应当既包括在剩余原等待期内以原权益工具授予日公允价值为基础确定的服务金额，也包括权益工具公允价值的增加。

3. 如果企业按照有利于职工的方式修改可行权条件，如缩短等待期、变更或取消业绩条件（而非市场条件），企业在处理可行权条件时，应当考虑修改后的可行权条件。

（二）条款和条件的不利修改

如果企业以减少股份支付公允价值总额的方式或其他不利于职工的方式修改条款和条件，企业仍应继续对取得的服务进行会计处理，如同该变更从未发生，除非企业取消了部分或全部已授予的权益工具。具体包括如下几种情况：

1. 如果修改减少了所授予的权益工具的公允价值，企业应当继续以权益工具在授予日的公允价值为基础，确认取得服务的金额，而不应考虑权益工具公允价值的减少。

2. 如果修改减少了授予的权益工具的数量，企业应当将减少部分作为已授予的权益工具的取消来进行处理。

3. 如果企业以不利于职工的方式修改了可行权条件，如延长等待期、增加或变更业绩条件（而非市场条件），企业在处理可行权条件时，不应当考虑修改后的可行权条件。

（三）取消或结算

如果在等待期内取消了所授予的权益工具或结算了所授予的权益工具（因未满足可行权条件而被取消的除外），企业应当：

1. 将取消或结算作为加速可行权处理，将原本应在剩余等待期内确认的金额立即计入当期损益，同时确认资本公积（其他资本公积）。

2. 在取消或结算时支付给职工的所有款项均应作为权益的回购处理，回购支付的金额高于该权益工具在回购日公允价值的部分，计入当期费用。

3. 如果向职工授予新的权益工具，并在新权益工具授予日认定所授予的新权益工具是用于替代被取消的权益工具的，企业应以与处理原权益工具条款和条件修改相同的方式，对所授予的替代权益工具进行处理。权益工具公允价值的增加，是在替代权益工具的授予日，替代权益工具公允价值与被取消的权益工具净公允价值之间的差额。被取消的权益工具的净公允价值，是其在取消前立即计量的公允价值减去因取消原权益工具而作为权益回购支付给职工的款项。如果企业未将新授予的权益工具认定为替代权益工具，则应将其作为一项新授予的股份支付进行处理。

企业如果回购其职工已可行权的权益工具，应当借记所有者权益，回购支付的金额高于该权益工具在回购日公允价值的部分，计入当期费用。

职工自愿退出股权激励计划不属于未满足可行权条件的情况，而属于股权激励计划的取消，因此，企业应当作为加速行权处理，将剩余等待期内应确认的金额立即计入当期损益，同时确认资本公积，不应当冲回以前期间确认的成本或费用。

（五）《股份支付准则实施问答》

问：某企业对职工实行股权激励计划，并约定了服务期和业绩条件。在等待期内，某已参加该激励计划的职工认为激励计划约定的行权价较高，向企业声明不再继续参与该计划，并与企业签订退出协议，收回前期预付的行权资金。在该情形下，原已确认的与该名职工相关的股份支付费用能否冲回？

答：根据《企业会计准则解释第 3 号》相关规定，股份支付存在非可行权条件的，只要职工或其他方满足了所有可行权条件中的非市场条件（如服务期限等），企业应当确认已得到服务相对应的成本费用；职工或其他方能够选择满足非可行权条件但在等待期内未满足的，企业应当将其作为授予权益工具的取消处理；在等待期内如果取消了授予的权益工具（因未满足可行权条件而被取消的除外），企业应当对该取消作为加速行权处理，将剩余等待期内应确认的金额立即计入当期损益，同时确认资本公积。

本问题中，职工自愿退出股权激励计划不属于未满足可行权条件的情况，而属于股权激励计划的取消，因此，企业应当作为加速行权处理，将剩余等待期内应确认的金额立即计入当期损益，同时确认资本公积，不应当冲回以前期间确认的成本或费用。

（六）财政部《企业会计准则实施典型案例集》

案例 2－4　附多个可行权条件的股份支付计划的会计处理

实务中，部分企业在实施股份支付计划时采取“一次授予、分批行权”的方式，对于此类股份支付计划的会计处理，企业应对不同批次的股份支付计划的可行权条件进行分别考虑，合理确定其各自的等待期，并进行相应的会计处理。

此外，实务中因业绩下滑、股价下跌、企业战略转型等各种原因，企业取消股权激励计划的情况时有发生。在附多个可行权条件的股份支付计划被取消的业务中，企业应审慎分析股份支付计划的协议条款，避免因忽略相关文件中的一些条款，未能准确识别出一次授予、分批达到可行权条件的股份支付计划，导致未能对同一股份支付计划中的不同可行权条件进行分别考虑。特别值得注意的是，只有在等待期内取消授予权益工具的情形下（因未满足可行权条件而被取消的除外），企业才能对取消所授予的权益性工具作为加速行权处理，将剩余等待期内应确认的金额立即计入当期损益，同时确认资本公积。

（七）财政部《股份支付准则应用案例——企业将以现金结算的股份支付修改为以权益结算的股份支付》

【例】2×21 年初，A 公司向其 500 名中层以上职工每人授予 100 份现金股票增值权，这些职工从 2×21 年 1 月 1 日起在该公司连续服务 4 年即可按照股价的增长幅度获得现金。A 公司估计，该增值权在 2×21 年末和 2×22 年末的公允价值分别为 10 元和 12 元。2×22 年 12 月 31 日，A 公司将向职工授予 100 份现金股票增值权修改为授予 100 股股票期权，这些职工从 2×23 年 1 月 1 日起在该公司连续服务 3 年，即可以每股 5 元购买 100 股 A 公司股票。每份期权在 2×22 年 12 月 31 日的公允价值为 16 元。A 公司预计所有的职工都将在服务期限内提供服务。假设 A 公司 500 名职工都在 2×25 年 12 月 31 日行权，股份面值为 1 元。假定不考虑其他因素。

分析：该案例中，企业将以现金结算的股份支付修改为以权益结算的股份支付，修改日为 2×22 年 12 月 31 日。

2×21 年 12 月 31 日，A 公司按照承担负债的公允价值，将当期取得的服务计入相关费用和相应的负债，金额为 100×500×10×1/4＝125,000 元。

借：管理费用　　125,000

　　贷：应付职工薪酬——股份支付　　125,000

2×22 年 12 月 31 日，A 公司将以现金结算的股份支付修改为以权益结算的股份支持，等待期由 4 年延长至 5 年。A 公司应当按照权益工具在修改日的公允价值，将当期取得的服务计入资本公积，金额为 100×500×16×2/5＝320,000 元，同时终止确认已确认的负债，两者的差额计入当期损益，金额为 320,000－125,000＝195,000 元。

借：管理费用　　195,000

　　应付职工薪酬——股份支付　　125,000

　　贷：资本公积——其他资本公积　　320,000

2×23 年 12 月 31 日，按照权益工具在修改日的公允价值将当期取得的服务计入相关费用和资本公积，金额为 100×500×16×3/5－320,000＝160,000 元。

借：管理费用　　160,000

　　贷：资本公积——其他资本公积　　160,000

2×24 年 12 月 31 日，按照权益工具在修改日的公允价值将当期取得的服务计入相关费用和资本公积，金额为 100×500×16×4/5－320,000－160,000＝160,000 元。

借：管理费用　　160,000

　　贷：资本公积——其他资本公积　　160,000

2×25年12月31日，按照权益工具在修改日的公允价值将当期取得的服务计入相关费用和资本公积，金额为100×500×16－320,000－160,000－160,000＝160,000元。

借：管理费用　　160,000

　　贷：资本公积——其他资本公积　　160,000

当日，职工行权。

借：银行存款　　250,000

　　资本公积——其他资本公积　　800,000

　　贷：股本　　50,000

　　　　资本公积——股本溢价　　1,000,000

（八）财政部《股份支付准则应用案例——股份支付的修改导致所授予权益工具的公允价值增加》

【例】2×20年1月1日，甲上市公司向其30名高管人员每人授予1,000份股票期权，这些管理人员从2×20年1月1日起在该公司连续服务3年，即可以每股10元的价格购买1,000股甲公司股票（面值为1元）。在授予日每份期权的公允价值为6元，甲公司预计该30名高管人员在2×22年12月31日前均不会离职。假定上述股份支付计划在授予日后发生以下修改：

情形一：2×20年7月1日，甲公司将行权价格修改为每股9元，将服务期缩短为2年，即30名高管人员服务至2×21年12月31日即可以每股9元的价格购买1,000股甲公司股票。假定2×20年7月1日修改前每份期权的公允价值为5元，修改后为7.5元。

情形二：2×22年7月1日，甲公司将行权价格修改为每股9元，将服务期延长至5年，即30名高管人员需服务至2×24年12月31日才可以每股9元的价格购买1,000股甲公司股票。假定2×22年7月1日修改前每份期权的公允价值为5.5元，修改后为8.5元。

情形三：2×23年7月1日，由于甲公司股票价格自2×22年12月31日以来始终低于期权的行权价格，30名高管人员均未行权，当日甲公司将行权价格修改为每股8.5元，将服务期延长至5年，即30名高管人员需服务至2×24年12月31日才可以每股8.5元的价格购买1,000股甲公司股票。假定2×23年7月1日修改前每份期权的公允价值为5.5元，修改后为8元。

假定在上述三种情形中，修改行权条件后可行权数量的最佳估计在各相关会计期间均未发生变化，不考虑其他因素。

在上述三种情形中，甲公司应当如何确定各期的股份支付相关费用？

分析：根据《企业会计准则第11号——股份支付》并参考应用指南，对于以权益结算的股份支付，无论已授予的权益工具的条款和条件如何修改，企业都应至少确认按照所授予的权益工具在授予日的公允价值来计量获取的相应的服务，除非因不能满足权益工具的可行权条件（除市场条件外）而无法可行权。

对于企业采用增加股份支付公允价值总额的方式或其他有利于职工的方式修改条款和条件的，应当分别具体情况确认修改的影响：如果修改增加了所授予的权益工具的公允价值，企业应按照权益工具公允价值的增加（即修改前后的权益工具在修改日的公允价值之间的差额）相应地确认取得服务的增加。若前述修改发生在等待期内，在确认修改日至修改后的可行权日之间取得服务的公允价值时，应当既包括在剩余原等待期内以原权益工具授予日公允价值为基础确定的服务金额，也包括权益工具公允价值的增加；若修改发生在可行权日之后，企业应当立即确认权益工具公允价值的增加；若股份支付协议要求职工只有先完成更长期间的服务才能取得修改后的权益工具，则企业应在整个等待期内确认权益工具公允价值的增加，此处的整个等待期是指修改日至修改后的可行权日之间的期间。如果企业采用缩短等待期、变更或取消业绩条件（而非市场条件）等有利于职工的方式修改可行权条件，企业在处理可行权条件时，应当考虑修改后的可行权条件。

对于企业采用减少股份支付公允价值总额的方式或其他不利于职工的方式修改条款和条件的，企业仍应继续对取得的服务进行会计处理，如同该变更从未发生，除非企业取消了部分或全部已授予的权益工具。其中，如果企业采用延长等待期、增加或变更业绩条件（而非市场条件）等不利于职工的方式修改可行权条件，企业在处理可行权条件时，不应当考虑修改后的可行权条件。

本例情形一中，修改发生在等待期内，该修改降低了行权价格并缩短了等待期，均属于有利修改，企业应当考虑修改后的可行权条件。因此，对于以期权授予日公允价值为基础确定的服务金额，甲公司应当在修改后的等待期内确认；对于因降低行权价格等导致的期权公允价值的增加，甲公司应当在修改日至修改后的可行权日之间的期间（即2×20年7月1日至2×21年12月31日期间）确认。对于修改日前已确认的服务金额不作调整。甲公司该股份支付各年相关费用计算如表1所示。

表1 单位：元

年份	股份支付相关费用计算	当期费用	累计费用
2×20年	30×1,000×6×6/36+30×1,000×6×(12/24－6/36)+30×1,000×(7.5－5)×6/18	115,000	115,000
2×21年	30×1,000×6+30×1,000×(7.5－5)－115,000	140,000	255,000

情形二中，修改发生在等待期内，该修改降低了行权价格，但延长了等待期。对于以期权授予日公允价值为基础确定的服务金额，甲公司不应当考虑该延长等待期的不利修改，而应当在原等待期内确认；对于因降低行权价格等导致的期权公允价值的

增加，由于高管人员只有服务至2×24年12月31日才能取得修改后的期权，甲公司应当在修改日至修改后的可行权日之间的期间（即2×22年7月1日至2×24年12月31日期间）确认。甲公司该股份支付各年相关费用计算如表2所示。

表2　　单位：元

年份	股份支付相关费用计算	当期费用	累计费用
2×20年	30×1,000×6×12/36	60,000	60,000
2×21年	30×1,000×6×24/36－60,000	60,000	120,000
2×22年	30×1,000×6－120,000＋30×1,000×(8.5－5.5)×6/30	78,000	198,000
2×23年	30×1,000×(8.5－5.5)×18/30－30×1,000×(8.5－5.5)×6/30	36,000	234,000
2×24年	30×1,000×(8.5－5.5)－30×1,000×(8.5－5.5)×18/30	36,000	270,000

情形三中，修改发生在可行权日之后，该修改降低了行权价格，但延长了等待期。延长等待期属于不利修改，且原等待期已结束，对于以期权授予日公允价值为基础确定的服务金额，甲公司应当在原等待期内确认，原已确认的费用不受该修改的影响；对于因降低行权价格等导致的期权公允价值的增加，由于高管人员只有服务至2×24年12月31日才能取得修改后的期权，甲公司应当在修改日至修改后的可行权日之间的期间（即2×23年7月1日至2×24年12月31日期间）确认。甲公司该股份支付各年相关费用计算如表3所示。

表3　　单位：元

年份	股份支付相关费用计算	当期费用	累计费用
2×20年	30×1,000×6×12/36	60,000	60,000
2×21年	30×1,000×6×24/36－60,000	60,000	120,000
2×22年	30×1,000×6－120,000	60,000	180,000
2×23年	30×1,000×(8－5.5)×6/18	25,000	205,000
2×24年	30×1,000×(8－5.5)－30×1,000×(8－5.5)×6/18	50,000	255,000

二、股份支付计划修改或取消的披露示例

（一）简要分析

通常情况下，股份支付协议生效后，不应对其条款和条件随意修改。但在某些情况下，可能需要修改授予权益工具的股份支付协议中的条款和条件。例如，股票除权、除

息或其他原因需要调整行权价格或股票期权数量。此外，为了得到更佳的激励效果，有关法规也允许企业依据股份支付协议的规定，调整行权价格或股票期权数量。

在会计上，无论已授予的权益工具的条款和条件如何修改，甚至取消权益工具的授予或结算该权益工具，企业都应至少确认按照所授予的权益工具在授予日的公允价值来计量获取的相应的服务，除非因不能满足权益工具的可行权条件（除市场条件外）而无法行权。

（二）年报披露示例

与股份支付修改或取消相关的披露示例汇总如表 4－11 所示。

表 4－11　与股份支付修改或取消相关的披露示例汇总

序号	参考示例	与股份支付修改或取消相关的披露示例
1	示例 4－32　昭衍新药（603127. SH）	终止 2021 年 A 股限制性股票激励计划并回购注销已授予尚未解除限售的限制性股票，对 2022 年 A 股员工持股计划择机出售全部股票权益，并按照原始出资金额返还给持有人
2	示例 4－33　长飞光纤（601869. SH）	锁定期修改为自激励对象签署员工持股平台合伙协议之日起至 2023 年 12 月 31 日，缩短有效期，属于有利修改
3	示例 4－34　姚记科技（002605. SZ）	行权价格调低，属于有利修改
4	示例 4－35　恺英网络（002517. SZ）	公司在考核 2023 年度净利润指标时，剔除本次及其他员工持股计划和股权激励计划产生的股份支付费用影响，属于有利修改
5	示例 4－36　重庆百货（600792. SH）	调整本次股权激励计划中公司层面部分业绩考核目标（个人层面绩效考核要求不变）
6	示例 4－37　南芯科技（688484. SH）IPO 问询	期权替换成限制性股票，限制性股票的锁定期、限售期等限制条件延长了等待期，属于不利修改
7	示例 4－38　山石网科（688030. SH）IPO 问询	原境外开曼期权平移，平移后相关股权激励计划属于“替代性权益工具”
8	示例 4－39　新通药物（A21606. SH）IPO 问询	增加了对合伙份额转让、转让价格的限定，影响了授予的权益工具的公允价值，所以属于对股份支付协议中的条款和条件的不利修改

示例 4－32　昭衍新药（603127. SH）

股份支付的修改、终止情况

（1）2023 年 10 月 30 日，公司第四届董事会第五次会议和第四届监事会第五次会议审议通过了《关于终止实施 2021 年 A 股限制性股票激励计划暨回购注销相关限制性股票的议案》，公司决定终止 2021 年 A 股限制性股票激励计划并回购注销已授予尚未解除限售的限制性股票。截至 2023 年 12 月 31 日，回购注销尚未完成。

（2）2023 年 10 月 30 日，第四届董事会第五次会议及第四届监事会第五次会议审议通过了《关于终止实施 2022 年 A 股员工持股计划的议案》。截至 2023 年 12 月 31 日，2022 年 A 股员工持股计划管理委员会已择机出售全部股票权益，并按照原始出资金额返还给持有人。

示例 4－33　长飞光纤（601869. SH）

股份支付的修改、终止情况

2023 年 12 月 21 日，经股东会审议通过，长芯盛公司员工持股方案的锁定期修改为自激励对象签署员工持股平台合伙协议之日起至 2023 年 12 月 31 日。由于缩短等待期系公司以有利于员工的方式修改了可行权条件，因此发行人在股份支付计算时作为加速可行权处理，立即确认原本在剩余等待期内确认的金额。

示例 4－34　姚记科技（002605. SZ）

股份支付的修改、终止情况

经公司 2022 年年度股东大会审议通过，本公司 2022 年年度权益分派方案为：以公司现有总股本剔除已回购股份 0. 00 股后的 411, 731, 190. 00 股为基数，向全体股东每 10 股派 2. 50 元人民币现金。详情请参见 2023 年 5 月 29 日公司在巨潮资讯网上披露的《2022 年度权益分派实施公告》（公告编号：2023051）。

根据公司 2020 年第二期股权激励计划、2020 年第三期股票期权激励计划和 2022 年股权激励计划的相关规定，以及公司 2020 年第三次临时股东大会、2021 年第一次临时股东大会和 2022 年第一次临时股东大会的授权，董事会对上述股权激励计划中股票期权的行权价格进行了调整，调整方法如下：股票期权行权价格的调整 P = P0 − V，其中：P0 为调整前的行权价格；V 为每股的派息额；P 为调整后的行权价格。经派息调整后，P 仍须为正数。具体如下：

（1）2020 年第二期股权激励计划股票期权的行权价格由每股 33. 98 元调整为每股 33. 73 元；

（2）2020 年第三期股票期权激励计划的行权价格由每股 25. 13 元调整为每股 24. 88 元；

（3）2022 年股权激励计划股票期权的行权价格由每股 14. 91 元调整为每股 14. 66 元；限制性股票的回购价格由每股 7. 46 元调整为每股 7. 21 元。

示例 4－35　恺英网络（002517. SZ）

股份支付的修改、终止情况

公司于 2023 年 4 月 25 日召开第四届董事会第四十五次会议，审议通过了《关于调整〈第二期员工持股计划（草案）〉及其摘要与〈第二期员工持股计划管理办法〉的议案》《关于调整〈第三期员工持股计划（草案）〉及其摘要与〈第三期员工持股计划管理办法〉的议案》《关于调整〈2022 年股票期权激励计划（草案）〉及其摘要与〈2022 年股票期权激励计划实施考核管理办法〉的议案》。

公司在制订第二期员工持股计划、第三期员工持股计划、2022 年股票期权激励计划时，综合考虑了公司历史业绩增长情况，并结合当时行业未来发展趋势，对各考核年度设定了适当的业绩考核要求。近年公司已经推出了多期员工激励方案并且在未来也将持续对员工进行激励，员工激励计划股份支付费用的摊销在激励计划有效期内对公司各年净利润均有所影响。为使公司 2023 年度业绩考核口径能够真实反映公司实际经营能力及业绩情况，更加真实公允地反映公司正常经营下的盈利水平，并且使第二期员工持股计划、第三期员工持股计划、2022 年股票期权激励计划的考核口径与公司往年推出的员工激励计划考核口径保持一致，进一步完善第二期员工持股计划、第三期员工持股计划持有人权益的处置方式，兼顾公平合理及可操作性原则，公司在考核 2023 年度净利润指标时，剔除本次及其他员工持股计划和股权激励计划产生的股份支付费用影响。调整公司第二期员工持股计划、第三期员工持股计划及 2022 年股票期权激励计划的相关内容，调整公司第二期员工持股计划、第三期员工持股计划持有人权益的处置方式，同步修改草案、摘要及相关文件中的部分条款。

本次调整符合公司员工持股计划与股权激励计划目前的实际情况，不会影响员工对公司发展的信心和决心，将更好地促进公司可持续、稳健的发展。

示例 4－36　重庆百货（600792. SH）——2022 年年报

股份支付的修改、终止情况

2022 年 4 季度，受新冠疫情等不可抗力影响，公司中心城区和大部分区县百货商场、电器卖场、汽贸 4S 门店关门歇业，随后波及超市业态，公司同期销售大幅下降。

由于上述不可抗力因素持续性地对公司未来两年业绩完成情况造成影响，导致原先设置的业绩考核指标不再具有可实现性，不能充分调动员工未来工作的积极性。为稳定团队士气，充分调动激励对象的积极性以应对严峻的外部形势，建立健全公司长效激励机制，公司结合目前客观环境和实际情况，拟调整本次股权激励计划中公司层面部分业绩考核目标（个人层面绩效考核要求不变）。

根据公司 2023 年 1 月 10 日第七届第四十次董事会决议、第七届第十九次监事会会议决议通过的《关于调整 2022 年限制性股票激励计划公司层面部分业绩考核目标的议案》，公司对解除限售条件的业绩考核目标进行调整，具体调整内容为：第一个解除限售期业绩考核目标不变；第二个和第三个解除限售期中净利润增长率的业绩考核目标调整为分年度考核，不再以各年度合计数考核。调整后如下：

解除限售期	业绩考核目标
第一个解除限售期	（1）净利润增长率：2022 年度净利润增长率不低于 5%；（2）净资产收益率：2022 年度净资产收益率不低于 10%

续表

解除限售期	业绩考核目标
第二个解除限售期	（1）净利润增长率：2023年净利润增长率不低于10%；（2）净资产收益率：2022~2023年度净资产收益率两年加权平均数不低于10%
第三个解除限售期	（1）净利润增长率：2024年净利润增长率不低于15%；（2）净资产收益率：2022~2024年度净资产收益率三年加权平均数不低于10%

示例4-37　南芯科技——IPO问询

关于上海南芯半导体科技股份有限公司首次公开发行股票并在科创板上市申请文件的第二轮审核问询函

该函件由南芯科技于2022年10月31日回函

问题5关于股份支付

根据首轮问询回复：（1）根据2016年期权激励计划设立当时的股东投资协议，激励计划的具体内容和方案应履行决策程序，故发行人于2020年10月召开董事会，追认上述期权激励计划自实施之日起自始合法有效；（2）在期权激励阶段，多数激励对象一直处于达到行权条件但未办理工商变更的状态，在此阶段，股份支付并不以持股平台的股权变动作为会计处理的依据；（3）原始财务报表2019年及以前，发行人未确认股份支付费用；2020年，发行人对已授予但尚未满足行权条件的期权加速行权并转为限制性股权，初始认为该加速行权为有利修改，将相应股份支付费用一次性确认在2020年，后因判断限制性股权有隐含服务期约定，认为该修改为不利修改，故调整后仍保持原期权股份支付的处理，在等待期内进行分摊。

请发行人说明：（1）股权激励计划的决策过程、是否履行必备的决策程序，是否存在大股东损害其他股东利益等情形；（2）对于达到行权条件但未办理工商变更的激励对象，会计处理至工商变更期间激励对象及相应份额是否发生变化、激励对象实缴出资时间及资金来源，并结合股份支付协议获得批准的日期说明授予日的确定是否准确；（3）结合新旧股权激励方案的条款、激励对象及份额、激励价格、行权安排、替换原因等分析股权激励方案的转换应视为对期权激励计划的取消还是替代，限制性股权是否为替代权益工具及依据；（4）2019年及以前发行人未确认股份支付费用的原因，结合上述情况及（1）~（3）以及类似上市公司案例会计处理说明发行人股份支付的会计处理是否符合企业会计准则的相关规定、费用计提是否准确。

（三）结合新旧股权激励方案的条款、激励对象及份额、激励价格、行权安排、替换原因等分析股权激励方案的转换应视为对期权激励计划的取消还是替代，限制性股权是否为替代权益工具及依据

1. 新旧股权激励方案的条款

（1）行权/解锁条款

根据《期权授予协议》及其补充协议，授予对象在行权日或锁定期届满时满足

约定条件方可行权或解锁，具体条件如下：

期权（旧方案）	限制性股权（新方案）
①在行权日，乙方具备完全民事行为能力，符合国家法律、法规对自然人成为股东的规定	①在解锁当日，乙方具备完全民事行为能力，符合国家法律、法规对自然人成为股东的规定
②满足各项绩效考核指标	②乙方与甲方签署有效的劳动合同及保密协议
③在最近三年内未因重大违法违规行为被相关部门处罚	③乙方在锁定期内满足各项绩效考核指标
④未出现违反保密协议的情形	④乙方在锁定期内未有违反甲方内部规章制度的行为
	⑤乙方在锁定期内未出现过错情形
	⑥锁定期内未出现乙方违反其与甲方签署的保密协议、竞业限制协议（如有）的情形
	⑦乙方在锁定期内未因重大违法违规行为被相关部门处罚

（2）行权安排/限售条款

根据《期权授予协议》及其补充协议，新旧股权激励方案对行权安排、限售条款以及对应的等待期情况具体如下：

项目	行权安排/限售条款	等待期
期权（旧方案）	类型一：期权在实授期起始日之后的第1个周年日应有25%变为可行使，从实授期起始日之后的第2个周年日至第4个周年日止应按年度匀速兑现剩余75%的期权	类型一：授予日起12个月、24个月、36个月、48个月，分四期行权，每期可行权数量为授予份额的25%
	类型二：期权在实授期起始日之后的第1个周年日应有50%变为可行使，从实授期起始日之后的第2个周年日剩余50%变为可行使	类型二：授予日起12月、24个月，分两期行权，每期可行权数量为授予份额的50%
限制性股权（新方案）	①锁定期为自本补充协议签署之日（即加速行权日，下同）起36个月，锁定期届满后的当日可解锁即进入可转让状态的比例为70%，锁定期届满后的第1个周年日的当日可解锁即进入可转让状态的比例为15%，锁定期届满后的第2个周年日的当日可解锁即进入可转让状态的比例为15%	2020年11月及12月授予的限制性股票，等待期为授予日至2025年12月；2021年度授予的限制性股票，其中85%的等待期为授予日至2025年12月，15%的等待期为5年
	②甲方上市后，乙方所持有的加速行权对应份额的限制性股权须遵循3年的限售期	

（3）退出条款

根据《期权授予协议》及其补充协议，新旧股权激励方案对授予对象退出的相关约定具体如下：

期权（旧方案）	退出限制情况
1. 在行权时，受限于法律法规的规定，如果甲方上市并且持股平台持有的甲方股权可以在证券交易所上市流通的，期权计划管理者可选择以下方式之一接受乙方的行权： (1) 乙方不将成为持股平台有限合伙人，而由持股平台依照上市地法律的规定将乙方行使的股权期权间接对应的甲方股权以市场价格出售，出售所得形成的税后利润应分配给乙方； (2) 乙方通过持股平台间接持有甲方股权，按照持股平台有限合伙协议享有持股平台有限合伙人相应的权利 2. 在行权时，如果甲方上市但持股平台持有的甲方股权未能在证券交易所上市流通的，或者甲方尚未上市，在前述两种情况下，期权计划管理者可选择以下方式之一接受乙方的行权： (1) 乙方不将成为持股平台有限合伙人，而由持股平台以甲方新一轮增资（如有）的价格或期权计划管理者另行确定的价格将乙方行使的股权期权间接对应的甲方股权转让给期权计划管理者认可的甲方股东或该轮增资的新的投资者，转让所得形成的税后利润应分配给乙方； (2) 乙方通过持股平台间接持有甲方股权，按照持股平台有限合伙协议享有持股平台有限合伙人相应的权利	未有明确转让限制，行权后即可按市场价退出
1. 若乙方在锁定期内离职的，除非甲方同意乙方（包括其继承人、监护人）继续持有全部或部分加速行权对应份额，否则其应以约定价格（即本补充协议约定的原始取得价格与乙方书面提出离职时点加速行权对应份额所对应公司上一年末未经审计净资产价格孰低为准）向员工持股平台执行事务合伙人或执行事务合伙人指定的人转让其所持有的全部加速行权对应份额 2. 若乙方在锁定期届满后离职的，除非公司同意乙方（包括其继承人、监护人）继续持有全部或部分加速行权对应份额，其应当区分如下情形对其所持有的全部加速行权对应份额进行处置。 (1) 若乙方离职时公司已上市的： ①如员工持股平台所持公司股份尚在限售期内，乙方发生离职事件的，则员工持股平台执行事务合伙人有权要求乙方向其或其指定对象转让其所持全部加速行权对应份额并及时办理工商变更手续，转让价格按照约定价格（本补充协议约定的原始取得价格加上年4%收益率与乙方书面提出离职时点所持加速行权对应份额所对应公司上一年末净资产价格孰低为准）确定； ②如员工持股平台所持公司股份已解除限售，乙方发生离职事件的，乙方应根据员工持股平台有限合伙协议的规定并参照本补充协议约定的流程于书面提出离职之日起3个月内减持全部加速行权对应份额对应的公司股份，减持后乙方应按照本补充协议约定的流程相应调减其在员工持股平台层面的份额比例。 (2) 若乙方离职时公司未上市，对于乙方所持全部加速行权对应份额，员工持股平台执行事务合伙人有权要求乙方向其或其指定对象转让该等加速行权对应份额并及时办理工商变更手续，转让价格应按照约定价格（即本补充协议约定的原始取得价格加上年化4%收益率与乙方书面提出离职时点所持加速行权对应份额所对应公司上一年末未经审计净资产价格孰低为准）确定	锁定期内离职转让，不能按市场价退出；锁定期届满后离职转让，同时满足公司已上市、员工持股平台持公司股份已解除限售两个条件，即可按市场价退出

2. 新旧股权激励方案的激励对象及份额、激励价格

公司通过签订补充协议的方式对原方案进行修订与补充，新旧股权激励方案的激励对象及份额、激励价格未发生变化。

3. 新旧股权激励方案的行权安排

新旧股权激励方案的行权安排具体详见“本题一、(三)、1、(2)”的相关内容。

4. 新旧股权激励方案的替换原因

为了使公司的股权更加清晰，同时更好地体现股权激励计划的目的，达到预期激

励效果，增强核心团队的稳定性，公司于2020年11月对已授予但尚未达到行权条件的期权进行了加速行权，将期权转换为限制性股权。

5. 股权激励方案的转换应视为对期权激励计划的取消还是替代，限制性股权是否为替代权益工具及依据

结合股权激励方案的条款、激励对象及份额、激励价格等内容，股权激励方案的转换应视为对期权激励计划的替代：

（1）根据《上海南芯半导体科技有限公司2020年度股权激励计划（修正案）》相关内容，新股权激励方案是对原方案的修订与补充，新授予的权益工具和原权益工具属于“一揽子交易”，只有作为一个整体来看才具有商业实质，说明公司是以新股权激励方案对原方案进行了替代，而非取消；

（2）公司新股权激励方案的授予对象、授予份额和授予价格与原方案均保持一致；

（3）公司通过签订补充协议的方式对原方案进行修订与补充，原权益工具的取消日与新权益工具的授予日为同一时点。

综上所述，公司股权激励方案的转换应视为对期权激励计划的替代，应以与处理原权益工具条款和条件修改相同的方式，对所授予的替代权益工具进行处理。

6. 股权激励由期权激励转为限制性股票时是否存在权益工具公允价值的增加及相应会计处理

根据《企业会计准则讲解（2010）》的相关规定：

“条款和条件的不利修改：如果企业以减少股份支付公允价值总额的方式或其他不利于职工的方式修改条款和条件，企业仍应继续对取得的服务进行会计处理，如同该变更从未发生。”

“如果向职工授予新的权益工具，并在新权益工具授予日认定所授予的新权益工具是用于替代被取消的权益工具的，企业应以处理原权益工具条款和条件修改相同的方式，对所授予的替代权益工具进行处理。权益工具公允价值的增加是指，在替代权益工具的授予日，替代权益工具公允价值与被取消的权益工具净公允价值之间的差额。被取消的权益工具净公允价值是指，其在取消前立即计量的公允价值减去因取消原权益工具而作为权益回购支付给职工的款项，如果企业未将新授予的权益工具认定为替代权益工具，则应将其作为一项新授予的股份支付进行处理。”

公司于2020年10月16日通过加速行权将已授予尚未行权的股票期权转换为限制性股票，转换过程中未向员工回购股份及未支付任何款项，限制性股票的锁定期、限售期等限制条件延长了等待期，属于不利修改；同时，中联资产对原股票期权在转换日的公允价值进行了评估，并出具了浙联评报字〔2022〕第111号评估报告。经比较，转换日限制性股票的公允价值低于原股票期权公允价值，加速行权没有产生权益工具公允价值的增加。因此，此次股票期权加速行权转为限制性股票，不考虑修改后的可行权条件，不影响原股份支付的会计处理。

示例4－38　山石网科——IPO问询

关于山石网科通信技术股份有限公司首次公开发行股票并在科创板上市申请文件的第二轮审核问询函

问题2：关于员工期权计划

回复材料显示：开曼山石员工期权计划自实施至终止累计向发行人、山石北京、北京山石等主体的727位员工发放16,692,151股期权；员工期权行权条件为：如果被授予人在授予开始日之后连续12个月提供服务，则可对该次授予期权中25%的期权进行行权；2015年7月17日，开曼董事会批准DuoZhuangzhi期权行权30,000股普通股，因离职而放弃员工期权4,795,530股由开曼山石无偿收回并取消；截至2017年7月10日，期权计划终止时，开曼山石为437名被授予对象预留的员工期权却为11,016,100股；开曼山石与其中278名被授予人同意终止期权安排并支付现金补偿，截至回复文件出具之日，尚余92名被授予人未确认已发出的补偿金确认函。

请发行人说明：(1) 结合开曼山石员工期权计划自设立到终止期间的实施情况，说明员工期权计划终止前，预留权益及被授予员工人数的确定及变动依据；(2) 92名被授予人未确认补偿金确认函的原因，相关补偿金的计算标准，是否存在争议；(3) 请将尚未签署股票期权终止协议可能存在争议的情况在招股说明书中补充披露；(4) 对给予现金补偿的278名被授予人期权的授予时间、行权价格、行权条件、服务期限等；(5) 报告期各期，公司回购以上278名被授予人期权并给予补偿的具体会计处理，会计处理相关的金额的具体计算过程；(6) 截至回购日，以上278人累计已确认股份支付费用金额以及剩余服务期限尚未确认的股份支付金额，是否应作为加速行权处理一次性对剩余未确认股份支付金额确认当期损益，以及公司是否进行相关处理及具体依据；(7) 针对原境外开曼期权平移的情况，平移后相关股权激励计划是否属于"替代性权益工具"，是否属于有利修改，与取消的股权激励计划是否属于一揽子计划且互为前提。

公司回复：

1. 针对原境外开曼期权平移的情况，平移后相关股权激励计划是否属于"替代性权益工具"

2017年7月10日，开曼山石董事会通过决议，同意终止在开曼山石层面实施的股票期权计划，并对部分股票期权计划进行调整和替换，将原期权拟保留部分等比例平移为山石网科有限的股权。该等平移系取消原授予的权益工具，并在替换日授予新的用于替代被取消的权益工具，属于"替代性权益工具"。

2. 是否属于有利修改，与取消的股权激励计划是否属于一揽子计划且互为前提

原境外开曼期权的平移不属于有利修改，具体原因如下：

(1) 替换日新权益工具的公允价值不高于替换日原权益工具的公允价值。替换日新的权益工具每股价值根据天健兴业出具的评估报告天兴苏评报字（2017）第0157号确定，替换日原权益工具的公允价值根据天健兴业出具的价值咨询报告天兴

苏咨字（2017）第0054号确定。

替换日新权益工具的公允价值、替换日原权益工具的公允价值如下：

单位：美元/股

期次	分组	授予日	授予开始日	期权到期日	行权价	替换日原权益工具的公允价值	同比例股权价值	替换日新权益工具的公允价值
1	不分组	2007/3/2	2007/2/1	2017/3/2	0.05	—	2.96	2.91
2	不分组	2007/9/27	2007/9/27	2017/9/26	0.2	2.76	2.96	2.76
3	不分组	2008/3/11	2008/1/14	2018/3/10	0.33	2.64	2.96	2.63
4	不分组	2008/6/7	2008/5/27	2018/6/6	0.4	2.57	2.96	2.56
5	不分组	2008/9/2	2008/7/31	2018/9/1	0.5	2.48	2.96	2.46
……	……	……	……	……	……	……	……	……
37	Jan－37	2017/6/30	2016/10/27	2027/6/29	1.3	2.26	2.96	1.66
	Feb－37	2017/6/30	2016/12/1	2027/6/29	1.3	2.25	2.96	1.66
	Mar－37	2017/6/30	2017/6/30	2027/6/29	1.3	2.22	2.96	1.66

注：1. 截至估值基准日，第一期授予期权已到10年终止期限，估值为0，主要出于公司重组原因尚未行权，公司与被授予人协商后同意给予补偿；

2. 截至估值基准日，尚在等待期的期权按期权授予开始日所属月份进行分组，当期均为同一授予开始日的不分组；2－21期期权均已过等待期，不再分组，授予开始日按当期最晚时间列示；

3.（1）期次7＋为第7期授予后短期内补充增加授予员工期权，授予相关规定与第7期相同。

（2）原期权拟保留部分等比例平移为山石网科有限的股权，修改未增加所授予的权益工具的数量；

（3）原境外开曼期权平移未修改可行权条件，行权条件一般为自授予起始日起满一年解锁1/4，之后每月解锁1/48。

根据发行人及其子公司和部分被授予人签署的股票期权终止协议、持股安排协议，开曼山石与该等被授予人同意终止双方签署的员工期权协议和安排，该等被授予人自愿放弃其持有的股票期权，并替换为山石网科有限层面实施的股权激励计划。该等被授予人享有的期权已全部还原至期权池并由开曼山石取消。

综上，平移后相关股权激励计划与取消的境外期权计划属于一揽子计划且互为前提。

示例4－39　新通药物——IPO问询

问题8：关于股份支付

根据申报材料，《西安海金沙合伙协议》经历多次修订，其中《合伙协议修正案》和《合伙协议补充说明》仅有执行事务合伙人张登科一人签名。

请发行人说明：

（1）全面梳理西安海金沙合伙协议及股权激励计划中对合伙份额转让、转让价格、服务期或锁定期的约定及历次修订情况，分析股权激励计划设立及历次修订的性质（有利修改/不利修改或激励计划的取消/新设等）、对服务期认定及会计处理的影响；

一、发行人说明

（一）全面梳理西安海金沙合伙协议及股权激励计划中对合伙份额转让、转让价格、服务期或锁定期的约定及历次修订情况，分析股权激励计划设立及历次修订的性质（有利修改/不利修改或激励计划的取消/新设等）、对服务期认定及会计处理的影响

1. 全面梳理西安海金沙合伙协议及股权激励计划中对合伙份额转让、转让价格、服务期或锁定期的约定及历次修订情况，分析股权激励计划设立及历次修订的性质（有利修改/不利修改或激励计划的取消/新设等）

（1）关于合伙协议历次修订情况

1）2015 年 12 月《合伙协议》（第一次合伙协议）

西安海金沙于 2015 年 12 月制定了合伙协议（以下简称“第一次合伙协议”），并于 2016 年正式成立，成立时仅有张登科和刘春梅两位合伙人。第一次合伙协议中并未对合伙份额的转让价格、服务期或锁定期等作出约定，仅对合伙份额转让作出约定。

2）2019 年 12 月《西安海金沙商务信息咨询合伙企业（有限合伙）合伙协议修正案》（第一次修正案）及（第二次修正案）

2019 年 12 月，西安海金沙制定了两次合伙协议修正案（以下分别简称“第一次修正案”和“第二次修正案”），第一次修正案仅对第一次合伙协议的合伙期限、合伙人出资金额和合伙企业事务执行条款进行了修改，并未涉及合伙份额转让、转让价格、服务期或锁定期等条款的新增与修订。

第二次修正案基于第一次修正案的基础仅对合伙人的数量进行了变更，并对合伙人的出资方式、数额和缴付出资的期限的条款进行了修改，增加了金伟丽等 16 名有限合伙人。此次修正案增加合伙人主要系为了向上述全体合伙人制订股权激励计划，并未涉及合伙份额转让、转让价格、服务期或锁定期等条款的新增与修订。

3）2021 年 4 月《西安海金沙商务信息咨询合伙企业（有限合伙）合伙协议修正案》（第三次修正案）及《西安海金沙商务信息咨询合伙企业（有限合伙）合伙协议》（第二次合伙协议）

2021 年 4 月西安海金沙制定了一次合伙协议修正案（以下简称“第三次修正案”），第三次修正案基于第二次修正案的基础，对合伙人的数量进行了变更，并对合伙协议出资额进行了修改，即张艳侠因去世退出造成合伙企业出资额减少。上述修正案也未涉及合伙份额转让、转让价格、服务期或锁定期等条款的新增与修订。

第三次修正案完成后，西安海金沙随即签订了新的合伙协议（以下简称“第二次合伙协议”），第二次合伙协议基于第三次修正案的基础约定张登科变更为普通合伙人和执行事务合伙人，并由其增加原张艳侠退出部分的出资额。同时第二次合伙协议的第三十四条至第三十七条对合伙份额转让、转让价格、服务期或锁定期等条款进行了约定。

4）2021 年 6 月《西安海金沙商务信息咨询合伙企业（有限合伙）合伙协议修正案》（第四次修正案）及 2022 年 2 月《西安海金沙商务信息咨询合伙企业（有限合

伙）合伙协议的补充说明》（补充说明）

西安海金沙于2021年6月制定了新的合伙协议修正案（以下简称“第四次修正案”），第四次修正案主要对第二次合伙协议的第三十五条至第三十七条进行了修改。同时2022年3月西安海金沙及其执行事务合伙人张登科出具了《西安海金沙商务信息咨询合伙企业（有限合伙）合伙协议的补充说明》（以下简称“补充说明”），对第二次合伙协议的第三十四至第三十七条进行了补充说明。

（2）关于股权激励计划历次修订情况，分析股权激励计划设立及历次修订的性质（有利修改/不利修改或激励计划的取消/新设等）

公司共实施一次股权激励，系2019年12月制定《第一期股权激励计划（方案）》并授予17名激励对象海金沙份额，该股权激励计划（方案）中约定：此次股权激励不设服务期，在新通药物自首次公开发行股票并上市之日起36个月内，全体合伙人不得转让或委托他人管理其所持有的本企业财产份额。

公司后续未对股权激励计划进行其他修订和变更，且公司在该次股权激励计划（方案）中约定此次股权激励不设服务期，因此上述事项并不涉及任何对服务期的认定及会计处理的影响。

2. 对服务期认定及会计处理的影响

根据西安海金沙合伙协议及股权激励计划历次修订情况，2015年12月及2019年12月的合伙协议修订未涉及合伙份额转让、转让价格、服务期或锁定期等条款的新增与修订，因此对服务期的认定及会计处理不存在影响；2021年4月的合伙协议修订，增加了对合伙份额转让、转让价格的限定，影响了授予的权益工具的公允价值，所以属于对股份支付协议中的条款和条件的不利修改，根据企业会计准则的相关规定，企业仍应继续对取得的服务进行会计处理，如同该变更从未发生，因此对服务期的认定及会计处理不存在影响；2021年6月的合伙协议修改，将2021年4月对转让价格的限定调整为由双方协商确定，减轻了对授予的权益工具公允价值的影响，属于有利修改，但考虑2019年12月授予时的公允价值系参考2020年8月的外部交易价格确定，且无转让和价格等限定，因此合理推断该有利修改未导致股份支付公允价值总额升高，因此对服务期的认定及会计处理不存在影响。

公司根据2019年12月制定的《第一期股权激励计划（方案）》授予17名激励对象海金沙份额，根据公司股权激励计划相关约定：1）本次受让对象为公司员工且未明确约定服务期限；2）股权激励计划系对员工过去贡献的激励。

综上，公司将本次激励对象为公司员工且未明确约定服务期限等限制性条件的股份支付，于股权激励完成的当期一次性确认相关费用，是符合企业会计准则相关规定的。

第五章

租赁准则应用披露示例

第一节　租赁准则常见会计事项及判断框架

一、租赁准则常见会计事项

2016 年 1 月，国际会计准则理事会修订发布了《国际财务报告准则第 16 号——租赁》，该准则自 2019 年 1 月 1 日起实施。2018 年 12 月，财政部修订发布了《企业会计准则第 21 号——租赁》，为了稳妥推进准则实施，兼顾我国市场环境和企业实际情况，财政部要求分步实施新租赁准则。要求在境内外同时上市的企业以及在境外上市并采用国际财务报告准则或企业会计准则编制财务报表的企业，自 2019 年 1 月 1 日起施行；其他执行企业会计准则的企业自 2021 年 1 月 1 日起施行。

与原准则相比，承租人会计处理不再区分经营租赁和融资租赁，而是采用单一的会计处理模型，也就是说，除采用简化处理的短期租赁和低价值资产租赁外，对所有租赁均确认使用权资产和租赁负债，参照固定资产准则对使用权资产计提折旧，采用固定的周期性利率确认每期利息费用。准则仍将出租人租赁分为融资租赁和经营租赁两大类，并分别规定了不同的会计处理方法。为实务提供更多指引，2019 年 7 月配套发布了《〈企业会计准则第 21 号——租赁〉应用指南》。

需要注意的是，《企业会计准则应用指南汇编 2024》“第二十一章　租赁”明确租赁准则并未将经济利益很可能流入作为确认租赁收入的前提条件之一，在融资租赁期间，如果承租人欠付租金，但租赁合同未发生变更的，出租人应继续按照原租赁合同进行相关会计处理，并按照第二十二章金融工具确认和计量有关减值的规定对应收融资租赁款计提减值准备。同时，根据国际财务报告准则解释委员会 2019 年 11 月议程决议“《国际财务报告准则第 16 号——租赁》及《国际会计准则第 16 号——不动产、厂场和设备》：租赁期和租赁资产改良的使用寿命”，明确在确定一项租赁的租赁期和评估其不可撤销期间时，评估“所受罚款不重大”时，不仅考虑合同终止罚款，还要考虑合同更广泛的经济因素。

自2021年1月1日起，A股上市公司和其他执行企业会计准则的企业已经全面执行新租赁准则。新租赁准则执行过程中涉及较多的职业判断，如，租赁准则的适用范围、租赁的识别、租赁的合并和分拆、租赁期的确定、增量借款利率的确定、使用权资产与租赁负债的确认与计量、短期租赁与低价值资产租赁的判断、转租赁、售后租回等。如无特别说明，本章示例来自相关公司公开披露的2023年年度报告。

二、租赁准则的判断框架

1. 租赁的适用范围

《企业会计准则第21号——租赁》第三条明确规定了新租赁准则的适用范围，具体如表5－1所示。

表5－1　　租赁准则的适用范围

租赁内容	承租人	出租人
(1) 通过许可使用协议取得的电影、录像、剧本、文稿等版权、专利等项目的权利	《企业会计准则第6号——无形资产》	《企业会计准则第14号——收入》
(2) 授予除电影、录像、剧本、文稿等版权、专利外的其他知识产权许可	可以适用《企业会计准则第21号——租赁》	《企业会计准则第14号——收入》
(3) 以出让、划拨或转让方式取得的土地使用权	《企业会计准则第6号——无形资产》	
(4) 以租赁方式取得的土地使用权	《企业会计准则第21号——租赁》	《企业会计准则第21号——租赁》
(5) 除上述(1)－(4)之外的其他无形资产	可以适用《企业会计准则第21号——租赁》	《企业会计准则第21号——租赁》
(6) 勘探或使用矿产、石油、天然气及类似不可再生资源的租赁	《企业会计准则第27号——石油天然气开采》	
(7) 生物资产租赁	《企业会计准则第5号——生物资产》	《企业会计准则第21号——租赁》
(8) 投资性房地产租赁	《企业会计准则第21号——租赁》	《企业会计准则第3号——投资性房地产》
(9) 采用建设经营移交等方式参与公共基础设施建设、运营的特许经营权合同（满足双特征和双控制的项目资产）	《企业会计准则解释第14号》	

2. 租赁的识别

租赁的识别流程如图 5 - 1 所示。

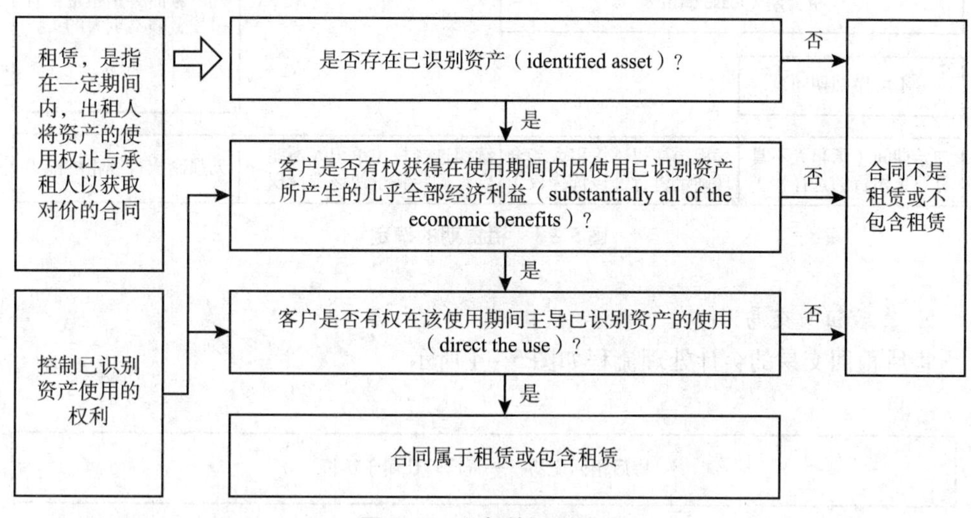

图 5 - 1 租赁的识别流程

3. 使用权资产和租赁负债的计量

使用权资产和租赁负债的计量如图 5 - 2 所示。

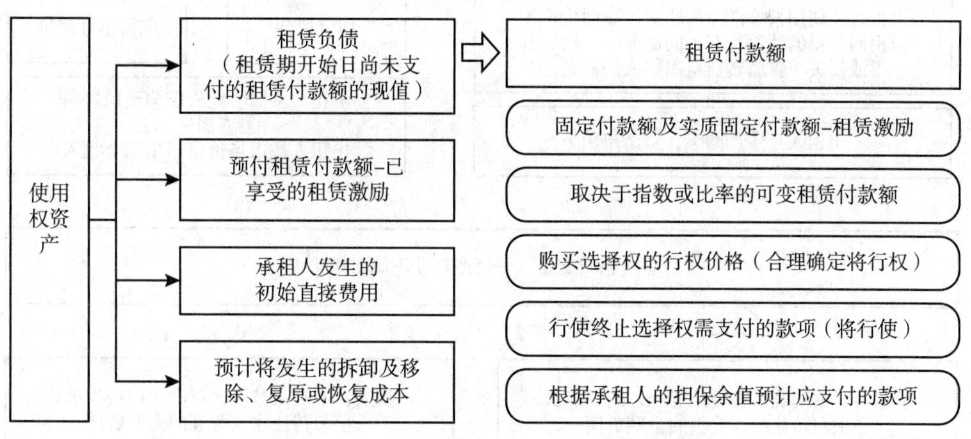

图 5 - 2 使用权资产和租赁负债的计量

4. 租赁期

租赁期的确定如图 5 - 3 所示。

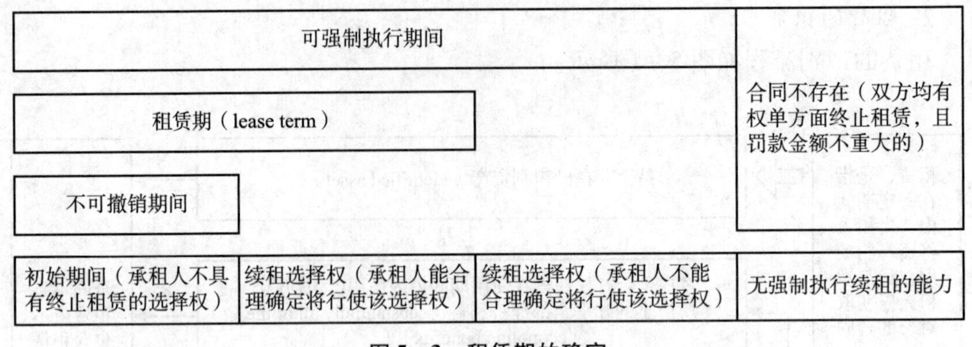

图 5 – 3　租赁期的确定

5. 售后租回交易

售后租回交易的会计处理流程如图 5 – 4 所示。

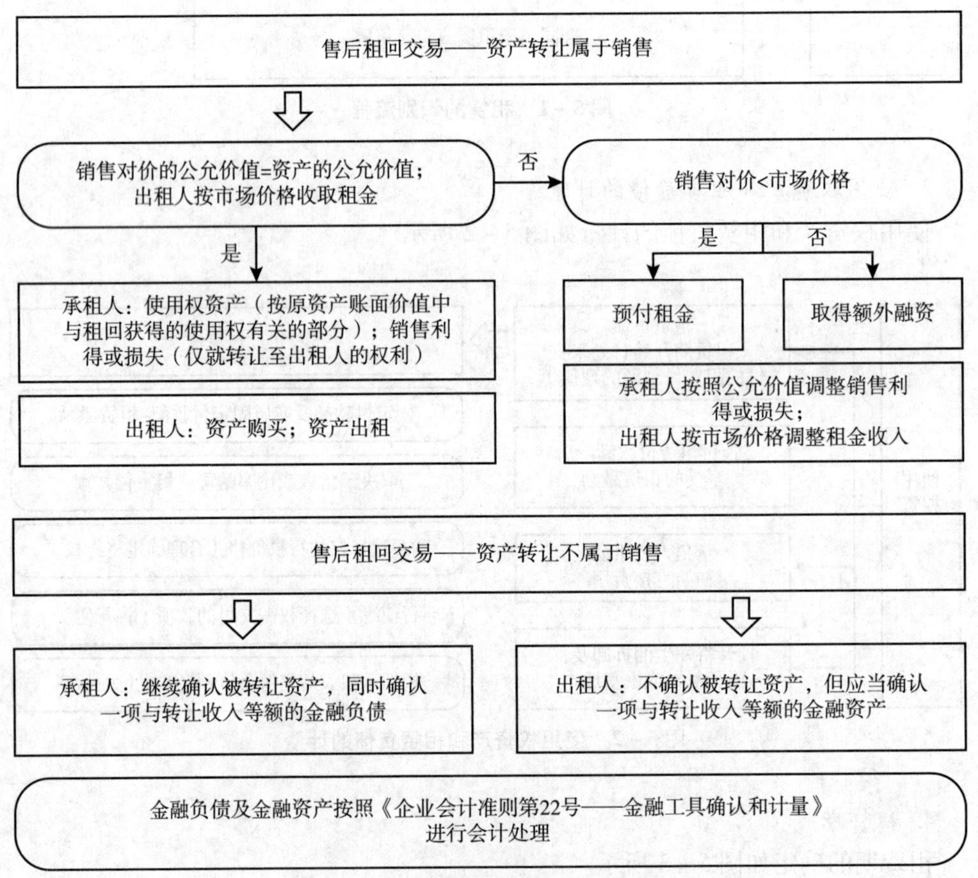

图 5 – 4　售后租回交易的会计处理流程

三、准则相关规定与监管指引（节选）

（一）《企业会计准则第21号——租赁》及相关规定

2018年12月，财政部修订发布了《企业会计准则第21号——租赁》，2019年7月配套发布了《〈企业会计准则第21号——租赁〉应用指南》。2024年3月，《企业会计准则应用指南汇编2024》“第二十一章　租赁”对部分内容进行了更新和完善。

（二）《企业会计准则解释第17号》（财会［2023］21号）

三、关于售后租回交易的会计处理

（一）会计处理。

售后租回交易中的资产转让属于销售的，在租赁期开始日后，承租人应当按照《企业会计准则第21号——租赁》第二十条的规定对售后租回所形成的使用权资产进行后续计量，并按照《企业会计准则第21号——租赁》第二十三条至第二十九条的规定对售后租回所形成的租赁负债进行后续计量。承租人在对售后租回所形成的租赁负债进行后续计量时，确定租赁付款额或变更后租赁付款额的方式不得导致其确认与租回所获得的使用权有关的利得或损失。

租赁变更导致租赁范围缩小或租赁期缩短的，承租人仍应当按照《企业会计准则第21号——租赁》第二十九条的规定将部分终止或完全终止租赁的相关利得或损失计入当期损益，不受前款规定的限制。

（二）新旧衔接。

企业在首次执行本解释的规定时，应当按照本解释的规定对《企业会计准则第21号——租赁》首次执行日后开展的售后租回交易进行追溯调整。

本解释内容允许企业自发布年度提前执行，若提前执行还应当在财务报表附注中披露相关情况。

四、生效日期

本解释自2024年1月1日起施行。

（三）《企业会计准则解释第16号》（财会［2022］31号）

一、关于单项交易产生的资产和负债相关的递延所得税不适用初始确认豁免的会计处理

该问题主要涉及《企业会计准则第18号——所得税》等准则。

（一）相关会计处理。

对于不是企业合并、交易发生时既不影响会计利润也不影响应纳税所得额（或可抵扣亏损）、且初始确认的资产和负债导致产生等额应纳税暂时性差异和可抵扣暂时性差异的单项交易（包括承租人在租赁期开始日初始确认租赁负债并计入使用权资产的租

赁交易，以及因固定资产等存在弃置义务而确认预计负债并计入相关资产成本的交易等，以下简称适用本解释的单项交易），不适用《企业会计准则第18号——所得税》第十一条（二）、第十三条关于豁免初始确认递延所得税负债和递延所得税资产的规定。企业对该交易因资产和负债的初始确认所产生的应纳税暂时性差异和可抵扣暂时性差异，应当根据《企业会计准则第18号——所得税》等有关规定，在交易发生时分别确认相应的递延所得税负债和递延所得税资产。

（二）新旧衔接。

对于在首次施行本解释的财务报表列报最早期间的期初至本解释施行日之间发生的适用本解释的单项交易，企业应当按照本解释的规定进行调整。对于在首次施行本解释的财务报表列报最早期间的期初因适用本解释的单项交易而确认的租赁负债和使用权资产，以及确认的弃置义务相关预计负债和对应的相关资产，产生应纳税暂时性差异和可抵扣暂时性差异的，企业应当按照本解释和《企业会计准则第18号——所得税》的规定，将累积影响数调整财务报表列报最早期间的期初留存收益及其他相关财务报表项目。企业进行上述调整的，应当在财务报表附注中披露相关情况。

本解释内容允许企业自发布年度提前执行，若提前执行还应在财务报表附注中披露相关情况。

（四）《所得税准则应用案例——单项交易产生的资产和负债相关的递延所得税不适用初始确认豁免的会计处理》

【例】2×22年1月1日，承租人甲公司与出租人乙公司签订了为期7年的商铺租赁合同。每年的租赁付款额为450,000元（不含税），在每年年末支付。甲公司无法确定租赁内含利率，其增量借款利率为5.04%。在租赁期开始日（即2×22年1月1日，下同），甲公司按租赁付款额的现值所确认的租赁负债为2,600,000元，甲公司已支付与该租赁相关的初始直接费用50,000元。甲公司在租赁期内按照直线法对使用权资产计提折旧。假定按照适用税法规定，该交易属于税法上的经营租赁，甲公司支付的初始直接费用于实际发生时一次性税前扣除，每期支付的租金允许在支付当期进行税前抵扣，甲公司适用的所得税税率为25%。假设甲公司未来期间能够取得足够的应纳税所得额用以抵扣可抵扣暂时性差异，不考虑其他因素。

分析：本例中，在租赁期开始日，甲公司租赁负债的账面价值为2,600,000元，计税基础（即账面价值减去未来期间计算应纳税所得额时按照税法规定可予抵扣的金额）为0，产生可抵扣暂时性差异2,600,000元；甲公司使用权资产的账面价值为2,650,000元（2,600,000+50,000），其中按照与租赁负债等额确认的使用权资产部分（2,600,000元）的计税基础（即收回资产账面价值过程中计算应纳税所得额时按照税法规定可以自应税经济利益中抵扣的金额）为0，产生应纳税暂时性差异2,600,000元。

根据《企业会计准则解释第16号》（财会〔2022〕31号）第一项内容的相关规定，对于不是企业合并、交易发生时既不影响会计利润也不影响应纳税所得额（或可抵扣亏损)、且初始确认的资产和负债导致产生等额应纳税暂时性差异和可抵扣暂时性差异的单项交易，不适用《企业会计准则第 18 号——所得税》第十一条（二）、第十三条关于豁免初始确认递延所得税负债和递延所得税资产的规定。企业对该交易因资产和负债的初始确认所产生的应纳税暂时性差异和可抵扣暂时性差异，应当根据《企业会计准则第 18 号——所得税》等有关规定，在交易发生时分别确认相应的递延所得税负债和递延所得税资产。按照上述规定，甲公司在上述租赁交易中，租赁负债及按照与租赁负债等额确认的使用权资产部分，其账面价值与计税基础之间的暂时性差异，均满足递延所得税确认条件，因此应当分别确认递延所得税资产及递延所得税负债。

本例中，计入甲公司使用权资产的租赁初始直接费用的账面价值为 50,000 元，计税基础为 0（根据税法规定初始直接费用已从支付当年应纳税所得额中全额扣除，因此未来收回资产账面价值过程中计算应纳税所得额时按照税法规定可以自应税经济利益中进一步抵扣的金额为 0)，产生应纳税暂时性差异 50,000 元；同时，由于该初始直接费用影响交易发生时的应纳税所得额，因此不适用《企业会计准则第 18 号——所得税》第十一条（二）豁免初始确认递延所得税负债的规定，甲公司应当就该初始直接费用相关的暂时性差异确认相应的递延所得税负债。

租赁期开始日，甲公司确认的使用权资产与租赁负债及其递延所得税情况如下：

单位：元

项目	账面价值	计税基础	可抵扣暂时性差异/（应纳税暂时性差异）	递延所得税资产/（递延所得税负债）
使用权资产：	2,650,000	0	(2,650,000)	(662,500)
租赁负债等额部分	2,600,000	0	(2,600,000)	(650,000)
初始直接费用	50,000	0	(50,000)	(12,500)
租赁负债：	2,600,000	0	2,600,000	650,000

1. 租赁期开始日，甲公司关于递延所得税影响的账务处理为：

借：递延所得税资产（2,600,000×25%）　　650,000

　　所得税费用　　12,500

　　贷：递延所得税负债［(2,600,000+50,000)×25%］　　662,500

注：甲公司关于租赁交易等账务处理略，下同。

2. 租赁期第 1 年，甲公司计提租赁负债利息 131,040 元（2,600,000×5.04%），甲公司向乙公司支付第一年的租赁付款额 450,000 元，甲公司租赁期第 1 年年末租赁负债账面价值为 2,281,040 元（2,600,000+131,040−450,000)，与年初相比，租赁负债账面价值减少 318,960 元，相关的可抵扣暂时性差异亦减少 318,960 元。甲公司相应调整递延所得税资产的账面价值，账务处理为：

借：所得税费用（318,960×25%）　　79,740

　　贷：递延所得税资产　　79,740

同时，甲公司使用权资产在初始确认时的账面价值（未计提折旧前）为2,650,000元，按直线法在7年内计提折旧，年折旧费为378,571元（2,650,000÷7）。租赁期第1年年末，使用权资产的账面价值减少378,571元，相关的应纳税暂时性差异亦减少378,571元。甲公司相应调整递延所得税负债的账面价值，账务处理为：

借：递延所得税负债（378,571×25%）　　94,643

　　贷：所得税费用　　94,643

3. 租赁期第2年及以后年度，甲公司比照第1年进行账务处理，具体账务处理略。

甲公司关于该租赁交易产生的所得税相关项目应当按照《企业会计准则第18号——所得税》等有关规定在财务报表中进行列示和披露。

注：450,000×(P/A，5.04%，7)=2,600,098（元），为便于计算，本例中作尾数调整，取2,600,000元。

（五）《关于严格执行企业会计准则　切实做好企业2023年年报工作的通知》（财会［2023］29号）

关于租赁。

1. 关于重新评估租赁的分类。出租人应当按照《企业会计准则第21号——租赁》（财会〔2018〕35号）的规定，在租赁开始日将租赁分为融资租赁和经营租赁。在租赁开始日后，出租人无需对租赁的分类进行重新评估，除非发生租赁变更。在租赁开始日后，承租人按照原合同条款行使续租选择权或终止租赁选择权等导致租赁期变化的，不属于租赁变更，出租人无需对相关租赁的分类进行重新评估。

2. 关于评估合同是否为租赁或者包含租赁。

（1）企业在评估合同是否为租赁或者包含租赁时，应当在各潜在单独租赁部分（如可单独使用的资产）的层面评估资产供应方的替换权是否为实质性权利。评估时，企业应考虑资产供应方是否在整个使用期间都具有替换资产的实际能力，并能通过行使替换资产的权利获得经济利益。如果合同仅赋予资产供应方在特定日期或者特定事件发生日或之后拥有替换资产的权利或义务，资产供应方的替换权不具有实质性。

（2）企业在评估合同是否为租赁或者包含租赁时，需判断客户是否有权在整个使用期间主导已识别资产的使用目的和使用方式。在合同中预先确定资产使用目的和使用方式相关决策的，企业应当考虑该做法是对客户使用资产的范围作出限定，还是对客户在整个使用期间与改变资产的使用目的和使用方式相关的决策权作出限定，如果仅是对客户使用资产的范围作出限定，该限定不妨碍客户获得主导资产使用的权利。

（六）《关于严格执行企业会计准则　切实做好企业2022年年报工作的通知》（财会［2022］32号）

承租人向出租人支付的租金等款项中包含应缴纳的增值税的，相关增值税税额不属于租赁付款额的范畴，不应纳入租赁负债和使用权资产的计量。

出租人为确保承租人履行合同相关义务收取租赁保证金的，该租赁保证金不属于出租人的租赁收款额和承租人的租赁付款额，出租人和承租人应当分别将其作为单独的负债和资产进行会计处理。

承租人在首次执行租赁准则时，按照该准则第六十三条的规定，对亏损的经营租赁合同采用按照亏损准备金额调整使用权资产的方法替代使用权资产减值测试的，由预计负债转入使用权资产减值准备的部分，应当适用资产减值准则的相关规定，在以后会计期间不得转回。

（七）《关于严格执行企业会计准则　切实加强企业2020年年报工作的通知》（财会［2021］2号）

企业确定租赁期时不仅应考虑不可撤销的租赁期间，如果承租人合理确定将行使续租选择权或不行使终止租赁选择权，租赁期应包含不可撤销租赁期间、续租选择权涵盖期间和终止租赁选择权涵盖期间。包含购买选择权的租赁即使租赁期不超过12个月，也不属于短期租赁。

承租人发生的租赁资产改良支出不属于使用权资产，应当记入“长期待摊费用”科目。由租赁资产改良导致的预计复原支出按照《企业会计准则第21号——租赁》（财会〔2018〕35号）第十六条处理。

企业偿还租赁负债本金和利息所支付的现金，应当计入现金流量表中的筹资活动现金流出，支付的按《企业会计准则第21号——租赁》（财会〔2018〕35号）第三十二条简化处理的短期租赁付款额和低价值资产租赁付款额以及未纳入租赁负债计量的可变租赁付款额应当计入经营活动现金流出。

企业支付的预付租金和租赁保证金应当计入筹资活动现金流出，支付的与按《企业会计准则第21号——租赁》（财会〔2018〕35号）第三十二条简化处理的短期租赁和低价值资产租赁相关的预付租金和租赁保证金应当计入经营活动现金流出。

（八）证监会《监管规则适用指引——会计类第4号》

4－8　关于租赁负债相关递延所得税资产的确认

企业确认由可抵扣暂时性差异产生的递延所得税资产，应当以未来期间很可能取得用以抵扣可抵扣暂时性差异的应纳税所得额为限。企业在确定未来期间很可能取得的应纳税所得额时，应考虑企业未来期间正常生产经营活动，以及应纳税暂时性差异在未来期间转回两方面的影响。

监管实践发现，部分公司对于预计未来期间公司根据相关税法规定确定的应纳税所得额整体为负数的情况下，是否应当确认租赁负债相关的递延所得税资产存在理解上的偏差和分歧。现就该事项的意见如下：

公司在确认递延所得税资产时，应当考虑公司当前应纳税暂时性差异在未来期间转回时将产生的可用来抵扣可抵扣暂时性差异的所得税影响。对于租赁交易，即使预计未来期间公司根据相关税法规定确定的应纳税所得额整体为负数，公司应当考虑预计未来期间转回的使用权资产等所产生的应纳税暂时性差异，确认与租赁负债相关的可抵扣暂时性差异产生的递延所得税资产。

（九）证监会《监管规则适用指引——会计类第3号》

3-6　租赁资产利息费用相关会计处理

企业发生的借款费用，可直接归属于符合资本化条件的资产的购建或者生产的，应当予以资本化，计入相关资产成本。符合资本化条件的资产是指需要经过相当长时间的购建或生产活动才能达到预定可使用或者可销售状态的固定资产、投资性房地产和存货等资产。具体计算借款费用资本化金额时，应区分专门借款与一般借款分别予以处理，其中，专门借款指的是为购建或者生产符合资本化条件的资产而专门借入的款项。

监管实践发现，部分公司对于租赁负债利息费用的会计处理，存在理解上的偏差和分歧。现就该事项的意见如下：

企业应当将租赁负债视同为获取使用权资产而发生的专门借款。使用权资产作为一项权利资产，租赁期开始日即可供承租人使用，因而无论租赁资产本身是否达到企业计划用途，使用权资产于租赁期开始日便达到预定可使用状态，租赁负债相关利息费用不应资本化计入使用权资产。租赁期开始日后，租赁负债可视同企业的一般借款。

3-7　承租人为使租赁资产达到企业计划用途所发生的运输、安装费用相关会计处理

资产是企业过去的交易或者事项形成的、由企业拥有或者控制的、预期会给企业带来经济利益的资源。使用权资产成本包括承租人发生的初始直接费用，其中初始直接费用，是指为达成租赁所发生的增量成本。

监管实践发现，部分公司对于承租人为使租赁资产达到企业计划用途前所发生的运输、安装费用相关会计处理，存在理解上的偏差和分歧。现就该事项的意见如下：

在租赁期开始日，承租人应当对租赁确认使用权资产和租赁负债。承租人为使租赁资产达到企业计划用途所发生的运输、安装费用，与达成租赁无关，不属于承租人的初始直接费用，不应计入使用权资产成本。上述费用支出如果形成了其他准则所规定的资产，企业应按照相关准则进行处理；如果未形成其他准则所规定的资产，企业应进一步判断其是否符合资产的一般定义，以确定是否将其计入长期待摊费用。

3-8　租赁到期前购买租赁资产导致租赁终止的会计处理

租赁变更导致租赁范围缩小或租赁期缩短的，承租人应当相应调减使用权资产的账面价值，并将部分终止或完全终止租赁的相关利得或损失计入当期损益。企业行使租赁购买选择权导致租赁终止的，应当终止确认使用权资产以及租赁负债，并将两者账面价值的差额调整取得固定资产的成本。

监管实践发现，部分公司对于不存在购买选择权的租赁，在租赁到期前购买租赁资产导致租赁终止的会计处理，存在理解上的偏差和分歧。现就该事项的意见如下：

无论租赁双方是否明确约定购买选择权，因承租人购买租赁资产导致租赁提前终止，其经济实质与双方协商补充增加购买选择权并立即行权相同。企业应参照租赁准则关于承租人行使购买选择权的有关规定，将租赁到期前购买租赁资产与终止租赁作为一项交易整体进行处理，因终止确认使用权资产和租赁负债产生的差额调整固定资产初始确认成本。

（十）证监会《2019 年上市公司年报会计监管报告》

与原租赁准则相比，新租赁准则取消了承租人经营租赁和融资租赁的分类，要求承租人对所有租赁（短期租赁和低价值资产租赁除外）确认使用权资产和租赁负债，同时对于租赁相关信息的披露也提出了更高要求。年报分析发现，新租赁准则实施对 A + H 上市公司的影响总体不大，在首次执行日调整期初留存收益的上市公司数量占比不到 20%，调整净资产的金额占 2018 年末净资产的比例较小。但是，部分上市公司仍存在对新租赁准则理解不到位的问题。

1. 承租人错误地核算与租赁相关的资产和负债

年报分析发现，部分上市公司作为承租人首次执行新租赁准则时，对于首次执行日前的融资租赁相关的资产和负债，仍列报在固定资产和长期应付款项目，未重分类至使用权资产和租赁负债项目。

2. 未正确计量使用权资产

根据企业会计准则及相关规定，承租人在租赁期开始日后，应采用成本模式对使用权资产进行后续计量，并参照固定资产准则有关折旧规定，对使用权资产计提折旧。年报分析发现，部分上市公司错误地将租入资产作为在建工程核算，等到租入资产完成装修改良后再转入使用权资产，而未自租赁期开始日即作为使用权资产核算并计提折旧。

3. 未按照新租赁准则的规定披露衔接信息

根据企业会计准则及相关规定，承租人选择简化的追溯调整法对租赁进行衔接会计处理的，应当在首次执行日披露相关增量借款利率的加权平均值等信息。年报分析发现，部分上市公司在首次执行新租赁准则时，未披露首次执行日确认租赁负债所采用的增量借款利率的加权平均值，亦未披露上年末重大经营租赁尚未支付的最低租赁付款额现值与首次执行日租赁负债的差额。

4. 未恰当核算融资租赁承租人的初始直接费用

根据企业会计准则及相关规定，承租人在租赁谈判和签订租赁合同过程中发生的，可归属于租赁项目的手续费、律师费、差旅费、印花税等初始直接费用，应当计入租入资产价值。年报分析发现，个别上市公司未将融资租赁手续费计入租入资产价值，而是单独作为长期待摊费用。

第二节　租赁准则常见会计事项及披露示例

一、租赁准则的适用范围年报披露示例

租赁准则的适用范围年报披露示例汇总如表5-2所示。

表5-2　　租赁准则的适用范围年报披露示例汇总

序号	参考示例	具体适用范围
1	示例5-1　海南瑞泽（002596.SZ）	土地承包经营权
2	示例5-2　华新水泥（600801.SH）	土地及矿山使用权

示例5-1　海南瑞泽（002596.SZ）

使用权资产

单位：元

项目	房屋及建筑物	土地承包经营权	机器设备	运输工具	合计
一、账面原值					
1. 期初余额	31,946,286.20	27,315,671.45	4,323,360.08	4,569,911.50	68,155,229.23
2. 本期增加金额					
3. 本期减少金额	18,974,679.91				18,974,679.91
（1）退租	18,974,679.91				18,974,679.91
4. 期末余额	12,971,606.29	27,315,671.45	4,323,360.08	4,569,911.50	49,180,549.32
二、累计折旧					
1. 期初余额	9,364,108.84	3,913,922.51	2,161,680.02	920,778.23	16,360,489.60
2. 本期增加金额	4,586,171.13	1,112,953.78	1,080,840.03	812,299.04	7,592,263.98
（1）计提	4,586,171.13	1,112,953.78	1,080,840.03	812,299.04	7,592,263.98
3. 本期减少金额	11,141,325.54				11,141,325.54
（1）处置					
（2）退租	11,141,325.54				11,141,325.54
4. 期末余额	2,808,954.43	5,026,876.29	3,242,520.05	1,733,077.27	12,811,428.04

续表

项目	房屋及建筑物	土地承包经营权	机器设备	运输工具	合计
三、减值准备					
1. 期初余额					
2. 本期增加金额					
（1）计提					
3. 本期减少金额					
（1）处置					
4. 期末余额					
四、账面价值					
1. 期末账面价值	10, 162, 651. 86	22, 288, 795. 16	1, 080, 840. 03	2, 836, 834. 23	36, 369, 121. 28
2. 期初账面价值	22, 582, 177. 36	23, 401, 748. 94	2, 161, 680. 06	3, 649, 133. 27	51, 794, 739. 63

示例5－2　华新水泥（600801. SH）——2021年年报

使用权资产

单位：元

项目	土地及矿山使用权	建筑物及相关设施	机器设备	汽车及运输设备	合计
一、账面原值					
1. 期初余额	78, 272, 699	80, 855, 915	6, 704, 145		165, 832, 759
2. 本期增加金额	46, 844, 089	26, 140, 300	68, 967, 318	231, 522	142, 183, 229
（1）新增租入	46, 844, 089	26, 140, 300	68, 967, 318	231, 522	142, 183, 229
3. 期末余额	125, 116, 788	106, 996, 215	75, 671, 463	231, 522	308, 015, 988
二、累计折旧					
1. 期初余额					
2. 本期增加金额	17, 610, 936	14, 946, 789	2, 143, 673	123, 328	34, 824, 726
（1）计提	17, 610, 936	14, 946, 789	2, 143, 673	123, 328	34, 824, 726
3. 期末余额	17, 610, 936	14, 946, 789	2, 143, 673	123, 328	34, 824, 726
三、账面价值					
1. 期末账面价值	107, 505, 852	92, 049, 426	73, 527, 790	108, 194	273, 191, 262
2. 期初账面价值	78, 272, 699	80, 855, 915	6, 704, 145		165, 832, 759

其他说明：

该项目包含本集团租赁的矿山使用权及中国境外租赁的土地使用权。

本期计入当期损益的简化处理的短期租赁费用和低价值资产租赁费用合计为人民

币 11,692,426 元。本期与租赁相关的总的现金流出为人民币 41,981,660 元，其中租赁负债现金流出人民币 30,289,234 元。租入资产不可用于借款担保。

二、租赁识别年报披露示例

示例 5－3　中国交建（601800. SH）

重大会计判断和估计

合同是否为租赁或包含租赁

本集团就部分工程施工项目签订了设备租赁协议，本集团认为，根据部分租赁协议，不存在已识别资产或资产供应方对相关设备拥有实质性替换权，因此，该租赁协议不包含租赁，本集团将其作为接受服务进行处理。

示例 5－4　秦港股份（601326. SH）——2022 年年报

重大会计判断和估计

合同是否为租赁或包含租赁

本集团就办公房屋及车辆签订了相关资产的租赁协议。本集团认为，根据租赁协议，资产供应方对办公房屋及车辆拥有实质性替换权，协议未授予本集团改变该资产的使用目的和使用方式的权利，也未授予本集团自行或主导他人按照本集团确定的方式运营该资产，且本集团未参与设计该资产，因此，该租赁协议不包含租赁，本集团将其作为接受服务进行处理。

示例 5－5　中兴通讯（000063. SZ）——2020 年年报

重大会计判断和估计

合同是否为租赁或包含租赁

本集团签订了关于海外仓库、通勤车辆的租赁协议。本集团认为，根据租赁协议，不存在已识别资产，资产供应方对该仓库、车辆等拥有实质性替换权，协议未授予本集团改变仓库、车辆的使用目的和使用方式的权利，也未授予本集团自行或主导他人按照本集团确定的方式运营该仓库、车辆，因此，该租赁协议不包含租赁，本集团将其作为接受服务进行处理。

三、租赁的分拆年报披露示例

示例 5－6　中国铁塔（0788. HK）——2022 年年报

本集团塔类业务包括提供予三家通信运营商的宏站业务及微站业务，两类业务均包括以下内容：

(i) 提供站址空间

本集团提供铁塔站址空间给三家通信运营商，以供其安装通信设备。

(ii) 维护服务

维护服务包括本集团将机房或机柜与配套设施提供给三家通信运营商以满足通信设备的运作需要、设备运营状况监控、日常巡检、故障处理、物业维护、机房环境保障以及运营分析等。通维服务，本集团协助客户维持设备运作。

(iii) 电力服务

本集团向客户通信设备提供电力接入、蓄电池或后备电力供应及发电服务。本集团通常向客户提供市电接入。当市电供应中断时，本集团的蓄电池将会提供后备电力。此外，本集团在市电中断及蓄电池电力耗尽时利用汽油或柴油发电机向客户设备提供发电服务。

本集团与三家通信运营商就塔类业务和DAS业务签订《商务定价协议》、补充协议及相关的单站服务协议。与三家通信运营商达成的协议由前述的多个分开的并分别提供的部分组成。总交易价格以成本加成为基础经共享折扣调整确定，并根据各自独立的销售价格分配给提供站址空间、维护服务、电力服务和DAS服务。独立销售价格根据预期成本和成本加成率确定。

作为出租人，本集团提供站址空间被视为经营租赁。来自提供站址空间的收入在租赁期内按直线法确认，不以指数或费率为基础的变动租赁付款应在发生时确认为收入。本集团的维护服务、电力服务、DAS服务及其他服务等在提供服务时确认收入。

四、租赁期的判断年报披露示例

示例5-7　中青旅（600138. SH）

其他重要的会计政策和会计估计

租赁期——包含续租选择权的租赁合同

租赁期是本集团有权使用租赁资产且不可撤销的期间。有续租选择权，且合理确定将行使该选择权的，租赁期还包含续租选择权涵盖的期间。本集团部分租赁合同拥有1-3年的续租选择权。本集团在评估是否合理确定将行使续租选择权时，综合考虑与本集团行使续租选择权带来经济利益的所有相关事实和情况，包括自租赁期开始日至选择权行使日之间的事实和情况的预期变化。租赁期开始日，本集团认为，由于与市价相比，续租选择权期间的合同条款和条件更优惠，租赁资产对本集团的运营重要，且不易获取合适的替换资产，满足与行使选择权相关的条件及满足相关条件的可能性较大，本集团能够合理确定将行使续租选择权，因此，租赁期中包含续租选择权涵盖的期间。租赁期开始日后，如发生本集团可控范围内的重大事件或变化，且影响本集团是否合理确定将行使相应续租选择权的，本集团将对是否行使续租选择权进行重新评估，并根据重新评估结果修改租赁期。

示例5－8　中兴通讯（000063.SZ）——2022年年报

重大会计判断和估计

租赁期——包含续租选择权的租赁合同

租赁期是本集团有权使用租赁资产且不可撤销的期间。有续租选择权，且合理确定将行使该选择权的，租赁期还包含续租选择权涵盖的期间。本集团部分租赁合同拥有1－5年的续租选择权。本集团在评估是否合理确定将行使续租选择权时，综合考虑与本集团行使续租选择权带来经济利益的所有相关事实和情况，包括自租赁期开始日至选择权行使日之间的事实和情况的预期变化。租赁期开始日，本集团认为，由于终止租赁相关成本重大，满足与行使选择权相关的条件的可能性较大，本集团能够合理确定将行使续租选择权，因此，租赁期中包含续租选择权涵盖的期间。租赁期开始日后，如发生本集团可控范围内的重大事件或变化，且影响本集团是否合理确定将行使相应续租选择权的，本集团将对是否行使续租选择权进行重新评估，并根据重新评估结果修改租赁期。

示例5－9　克莱特（831689.BJ）审核问询与回复

问题

使用权资产入账价值准确性。根据申请文件，发行人向控股股东克莱特集团租赁厂房7,752.72平方米，合同一年一签，用途为装配车间及仓库，发行人按5年租赁期计算使用权资产及租赁负债现值。租赁单价低于威海地区厂房租赁市场价格0.04－0.07元/平方米/天。请发行人：说明使用权资产及租赁负债初始入账价值的确认依据及计算过程，租赁期确认为5年是否谨慎？

回复

发行人与克莱特集团签订的租赁合同为一年一签。根据财政部会计准则委员会的会计准则实施问答："当承租人与出租人签订租赁期为1年的租赁合同时，不能简单认为该租赁的租赁期为1年，而应当基于所有相关事实和情况判断可强制执行合同的期间以及是否存在实质续租、终止等选择权以合理确定租赁期。如果历史上承租人与出租人之间存在逐年续签的惯例，或者承租人与出租人互为关联方，尤其应当谨慎确定租赁期。"

克莱特集团系发行人的母公司，发行人与克莱特集团互为关联方，根据发行人未来的生产管理计划及克莱特集团出具的说明，发行人计划在2021年起5年内长期租赁克莱特集团的房产，且克莱特集团亦计划在未来5年内将相关房产租赁给发行人。结合上述因素，发行人合理确定租赁期为5年。

2021年1－6月，发行人实现营业收入19,820.09万元，同比增长53.10%。在公司业务处于快速发展的背景下，发行人现有自有生产车间及仓库已基本饱和。当前，发行人租赁克莱特集团厂房主要用于部分产品（主要为海洋工程及高技术船舶领域产品）装配车间及仓库。截至目前，发行人暂无新购土地并新建厂房的计划，拟建设的募投项目"新能源通风冷却设备制造中心项目"未来主要用于满足风电、核电、燃气轮机等新能源装备领域产品，与租赁厂房当前生产产品不同。基于上述情况，发行人制定在2021年起5年内长期租赁克莱特集团房产的计划具备合理性，租赁期确认为5年谨慎。

五、折现率的确定方法年报披露示例

折现率的确定方法年报披露示例汇总如表5-3所示。

表5-3　　折现率的确定方法年报披露示例汇总

序号	参考示例	折现率的确定方法
1	示例5-10　中青旅（600138. SH）	参考利率进行调整以得出适用的增量借款利率
2	示例5-11　国投资本（600061. SH）	以AAA企业债到期收盘收益率为基础确定增量借款利率
3	示例5-12　陕国投A（000563. SZ）	以中国人民银行公布的LPR为基础，考虑上述因素进行调整而得出该增量借款利率
4	示例5-13　农业银行（601288. SH）	以与其发行的相似期限的债券到期收益率作为基础，综合考虑租赁剩余期限、租赁规模和担保状况，确定承租人增量借款利率

示例5-10　中青旅（600138. SH）

承租人增量借款利率

对于无法确定租赁内含利率的租赁，本集团采用承租人增量借款利率作为折现率计算租赁付款额的现值。确定增量借款利率时，本集团根据所处经济环境，以可观察的利率作为确定增量借款利率的参考基础，在此基础上，根据自身情况、标的资产情况、租赁期和租赁负债金额等租赁业务具体情况对参考利率进行调整以得出适用的增量借款利率。

示例5-11　国投资本（600061. SH）

重要会计政策及会计估计

折现率

在计算租赁付款额的现值时，本公司因无法确定租赁内含利率的，采用增量借款利率作为折现率。该增量借款利率，是指本公司在类似经济环境下为获得与使用权资产价值接近的资产，在类似期间以类似抵押条件借入资金须支付的利率。本公司主要以AAA企业债到期收盘收益率为基础确定增量借款利率。

示例5－12 陕国投A（000563. SZ）

重要会计政策及会计估计

折现率

在计算租赁付款额的现值时，公司因无法确定租赁内含利率，采用增量借款利率作为折现率。该增量借款利率，是指公司在类似经济环境下为获得与使用权资产价值接近的资产，在类似期间以类似抵押条件借入资金须支付的利率。该利率与下列事项相关：①公司自身情况，即公司的偿债能力和信用状况；②“借款”的期限，即租赁期；③“借入”资金的金额，即租赁负债的金额；④经济环境，包括承租人所处的司法管辖区、计价货币、合同签订时间等。公司以中国人民银行公布的LPR为基础，考虑上述因素进行调整而得出该增量借款利率。

示例5－13 农业银行（601288. SH）——2019年年报

会计政策变更

本集团内的各个承租人以与其发行的相似期限的债券的到期收益率作为基础，综合考虑租赁剩余期限、租赁规模和担保状况，确定承租人增量借款利率。

六、售后租回交易年报披露示例

示例5－14 潍柴动力（000338. SZ）

重大会计判断和估计

售后租回再转租安排

叉车租赁业务为KION的主要业务，主要有三类：直接租赁、售后租回再转租和间接租赁。为满足融资需求，KION及其子公司（以下简称“KION集团”）将工业叉车销售给金融合作伙伴，然后由KION集团内的公司租回（首次租赁），再转租给外部最终用户（以下称为“售后租回再转租”），首次租赁的租赁期通常为4—5年。考虑到金融合作伙伴仅能将工业叉车出租给KION集团，租金按转让收入加约定的回报率商定，且首次租赁期届满之时租赁资产归KION集团所有，本集团管理层认为售后租回再转租安排下首次租赁对应租赁资产的控制权仍然由KION集团保留，该资产转让不属于销售。因此，本集团继续确认被转让资产，同时确认一项与转让收入等额的金融负债。

间接租赁安排

KION集团将工业叉车销售给金融合作伙伴，再由金融合作伙伴租赁给外部最终客户（以下简称“间接租赁”。考虑到合同条款及过往的商业惯例，KION集团在间接租赁的租赁期届满之时均会以约定价格或市场价格向金融合作伙伴回购被转让的工业叉车，本集团管理层认为KION集团仍保留相应租出资产的控制权，间接租赁安排下的资产转让不属于销售。因此，本集团继续确认被转让资产，对于本集团承担的回购义务的现值确认一项负债，转让收入与该负债之间的差额按照《企业会计准则第21号——租赁》进行会计处理。

七、与使用权资产和租赁负债相关的递延所得税年报披露示例

示例 5－15　马钢股份（600808. SH）

（1）递延所得税资产和递延所得税负债

单位：元

项目	2023 年 12 月 31 日		2022 年 12 月 31 日	
	可抵扣或应纳税暂时性差异	递延所得税资产或递延所得税负债	可抵扣或应纳税暂时性差异	递延所得税资产或递延所得税负债
递延所得税资产：				
资产减值准备	36, 407, 971	5, 753, 639	67, 118, 714	17, 414, 242
销售奖励款	28, 405, 030	4, 260, 755	26, 578, 129	6, 644, 532
职工薪酬			11, 506, 429	3, 246, 267
政府补助	166, 462, 383	24, 969, 357	170, 910, 246	32, 340, 167
可抵扣亏损	1, 782, 104, 210	267, 315, 631	642, 599, 026	96, 389, 851
租赁负债	391, 096, 574	58, 480, 397	321, 060, 819	49, 927, 327
其他	398, 873, 871	69, 686, 480	148, 701, 549	36, 710, 775
小计	2, 803, 350, 039	430, 466, 259	1, 388, 474, 912	242, 673, 161
互抵金额	—	76, 127, 194	—	86, 785, 215
互抵后的金额	—	354, 339, 065	—	155, 887, 946
递延所得税负债：				
非同一控制下企业合并公允价值调整	37, 494, 822	9, 373, 705	60, 176, 608	13, 802, 368
期货公允价值变动			40, 471, 387	6, 070, 708
其他股权投资公允价值变动	98, 825, 726	14, 848, 826	159, 369, 891	24, 026, 743
使用权资产	348, 984, 214	52, 200, 117	289, 244, 099	45, 053, 689
其他			5, 338, 882	1, 334, 721
小计	485, 304, 762	76, 422, 648	554, 600, 867	90, 288, 229
互抵金额	—	76, 127, 194	—	86, 785, 215
互抵后的金额	—	295, 454	—	3, 503, 014

（2）未确认递延所得税资产明细

单位：元

项目	2023 年 12 月 31 日	2022 年 12 月 31 日
可抵扣暂时性差异	2, 008, 409, 806	3, 278, 153, 136
可抵扣亏损	6, 179, 280, 592	4, 376, 951, 555
合计	8, 187, 690, 398	7, 655, 104, 691

（3）未确认递延所得税资产的可抵扣亏损的到期情况

单位：元

年份	2023 年 12 月 31 日	2022 年 12 月 31 日
2023		10, 821, 092
2024	24, 315, 670	24, 315, 670
2025	14, 580, 461	14, 580, 461
2026	—	—
2027	363, 361, 767	363, 361, 767
2028 年及以后年度到期（注）	5, 777, 022, 694	3, 963, 872, 565
合计	6, 179, 280, 592	4, 376, 951, 555

注：截至 2023 年 12 月 31 日，本公司之海外子公司无累计产生的可抵扣亏损（2022 年 12 月 31 日：人民币 661, 192, 737 元）。

（4）未确认的递延所得税负债

单位：元

项目	2023 年 12 月 31 日	2022 年 12 月 31 日
应纳税暂时性差异（注）	2, 279, 826, 513	1, 438, 521, 807

注：本集团未确认递延所得税负债的应纳税暂时性差异为对境内联营公司、合营公司及境外子公司的长期股权投资所产生。

境外子公司应纳税暂时性差异将通过向本公司分红而转回并对本集团产生税务影响，鉴于本集团能够控制境外子公司的分红计划，因此未对上述应纳税暂时性差异确认递延所得税负债。

联营公司、合营公司应纳税暂时性差异在可预见的将来不会处置这些股权投资，因此未对上述应纳税暂时性差异确认递延所得税负债。

示例5－16　中远海控（601919. SH）

递延所得税资产、递延所得税负债

（1）未经抵销的递延所得税资产

单位：元

项目	期末余额		期初余额	
	可抵扣暂时性差异	递延所得税资产	可抵扣暂时性差异	递延所得税资产
应付职工薪酬	244, 970, 213. 25	61, 479, 328. 91	217, 831, 630. 46	58, 441, 732. 68
可抵扣税务亏损	2, 086, 135, 382. 78	491, 839, 422. 24	2, 004, 609, 010. 85	520, 376, 195. 05
预计负债及预提费用	202, 969, 260. 27	52, 482, 005. 81	636, 770, 266. 53	163, 214, 273. 45
坏账准备	110, 766, 250. 14	27, 417, 858. 26	191, 499, 618. 83	47, 823, 690. 33
固定资产	6, 821, 760. 76	1, 705, 440. 19	49, 540, 888. 37	12, 525, 840. 93
财务费用	643, 368, 063. 36	160, 842, 015. 84	620, 949, 108. 16	155, 237, 277. 04
租赁负债	11, 391, 017, 372. 38	2, 569, 818, 550. 36	12, 479, 325, 851. 18	3, 006, 245, 403. 51
其他	307, 838, 739. 30	110, 832, 795. 98	431, 224, 530. 37	114, 749, 983. 75
合计	14, 993, 887, 042. 24	3, 476, 417, 417. 59	16, 631, 750, 904. 75	4, 078, 614, 396. 74

（2）未经抵销的递延所得税负债

单位：元

项目	期末余额		期初余额	
	应纳税暂时性差异	递延所得税负债	应纳税暂时性差异	递延所得税负债
无形资产	642, 670. 13	154, 240. 82	526, 015. 40	157, 804. 62
投资性房地产	1, 722, 397, 828. 59	608, 894, 780. 92	1, 639, 652, 867. 68	581, 617, 271. 37
境外子公司、联营企业未汇回利润	68, 575, 328, 205. 58	16, 890, 209, 902. 43	65, 458, 512, 080. 26	16, 035, 611, 939. 92
计入其他综合收益的金融资产公允价值变动	581, 853, 218. 56	145, 456, 833. 50	571, 898, 135. 35	142, 968, 062. 69
固定资产	2, 807, 145, 658. 22	765, 205, 367. 98	2, 505, 058, 427. 65	678, 459, 342. 13
股权重组收益	314, 574, 767. 53	78, 643, 691. 89	314, 574, 767. 53	78, 643, 691. 89
使用权资产	9, 987, 545, 850. 38	2, 282, 304, 221. 85	11, 351, 421, 440. 68	2, 726, 350, 865. 72
其他	52, 301, 834. 09	18, 556, 537. 31	171, 132, 468. 70	52, 554, 338. 16
合计	84, 041, 790, 033. 08	20, 789, 425, 576. 70	82, 012, 776, 203. 25	20, 296, 363, 316. 50

(3) 以抵销后净额列示的递延所得税资产或递延所得税负债

单位：元

项目	递延所得税资产和递延所得税负债期末互抵金额	抵销后递延所得税资产或递延所得税负债期末余额	递延所得税资产和递延所得税负债期初互抵金额	抵销后递延所得税资产或递延所得税负债期初余额
递延所得税资产	2,557,913,584.31	918,503,833.28	3,042,504,973.99	1,036,109,422.75
递延所得税负债	2,557,913,584.31	18,231,511,992.39	3,042,504,973.99	17,253,858,342.51

第六章

资产减值准则应用披露示例

本章主要介绍存货减值、商誉减值、其他资产（如长期股权投资、开发支出）减值的常见会计事项及披露示例。其中，商誉减值相关内容在实务运用中涉及较多复杂会计事项判断，受到企业、审计机构和监管层的广泛关注。

企业合并所形成的商誉，至少应当在每年年度终了进行减值测试，且当存在减值迹象时，应随时进行减值测试。需要注意的是，企业应合理区分并分别处理商誉减值事项和并购重组相关方的业绩补偿事项，不得以并购重组相关方有业绩补偿承诺或尚在业绩补偿期间为由，不进行商誉减值测试。

第一节　资产减值准则常见会计事项及判断框架

一、资产减值常见会计事项

资产减值涉及的常见会计事项主要包括：

1. 减值迹象的判断。如市价大幅度下跌的判断标准、技术发生重大不利变化的认定、市场利率或者其他市场投资报酬率提高的影响等。

2. 资产组的认定。如资产组产生的主要现金流入是否独立的判断、如何考虑企业管理层管理生产经营活动的方式和对资产的持续使用或者处置的决策方式等。

3. 未来现金流量的判断和折现率的选取。如经营现金流的口径、关键参数（如预计未来现金流量现值时的预测期增长率、稳定期增长率、利润率、折现率、预测期等）的确定等。

4. 存货可变现净值的确定。如是否考虑资产负债表日后的存货市场价格变化、原材料价格上涨对计提跌价准备的影响等。

5. 商誉的减值测试。如商誉账面价值的分摊、可收回金额的计量、归属于少数股东商誉的处理、商誉减值的披露等。

我们在此整理归纳了与资产减值相关的常见会计事项。如无特别说明，本章示例来自相关公司公开披露的2023年年度报告。

二、资产减值的判断框架

资产减值的判断框架如图6-1所示。

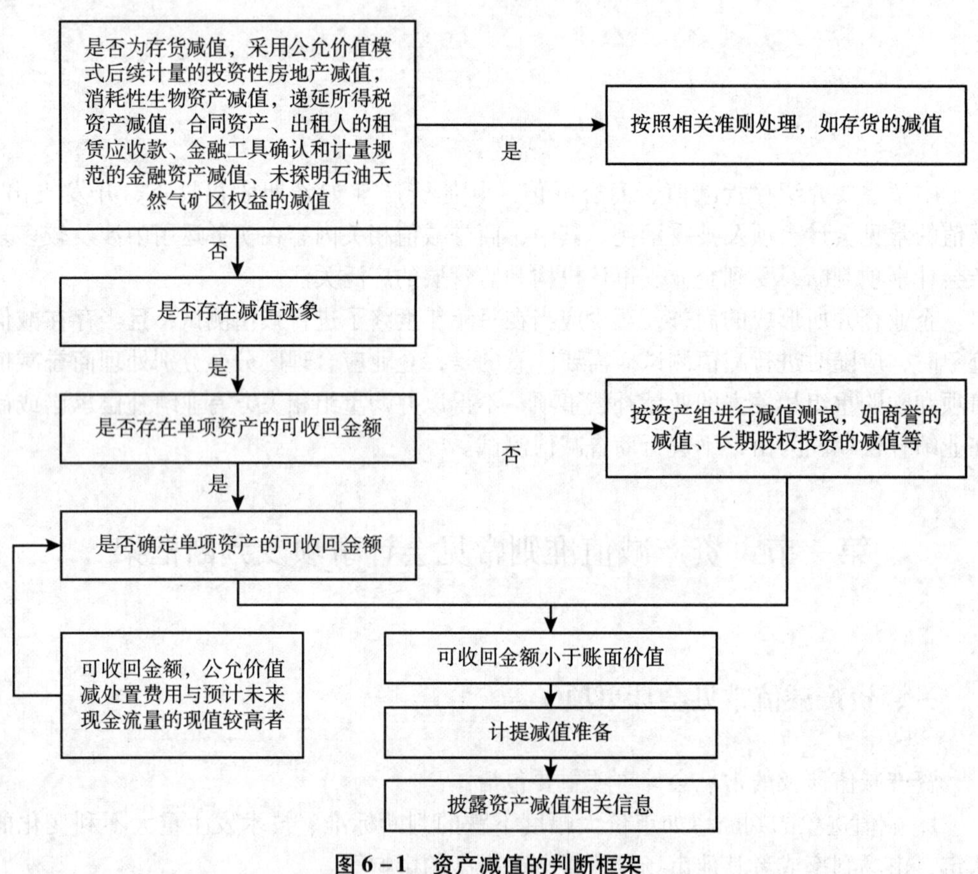

图6-1　资产减值的判断框架

第二节　存货减值披露示例

根据《企业会计准则第1号——存货》及应用指南的相关规定，存货应当按照成本与可变现净值孰低计量。存货成本高于其可变现净值的，应当计提存货跌价准备，计入当期损益。产成品、商品和用于出售的材料等直接用于出售的商品存货，在正常生产经营过程中，应当以该存货的估计售价减去估计的销售费用和相关税费后的金额确定其可变现净值。企业应当披露存货可变现净值的确定依据。

存货减值的主要问题是可变现净值的确定。

一、存货减值常见会计事项和判断框架

存货减值常见会计事项和判断框架如表6-1所示。

表6-1　存货减值常见会计事项和判断框架

基本要求	要点
存货减值会计处理流程	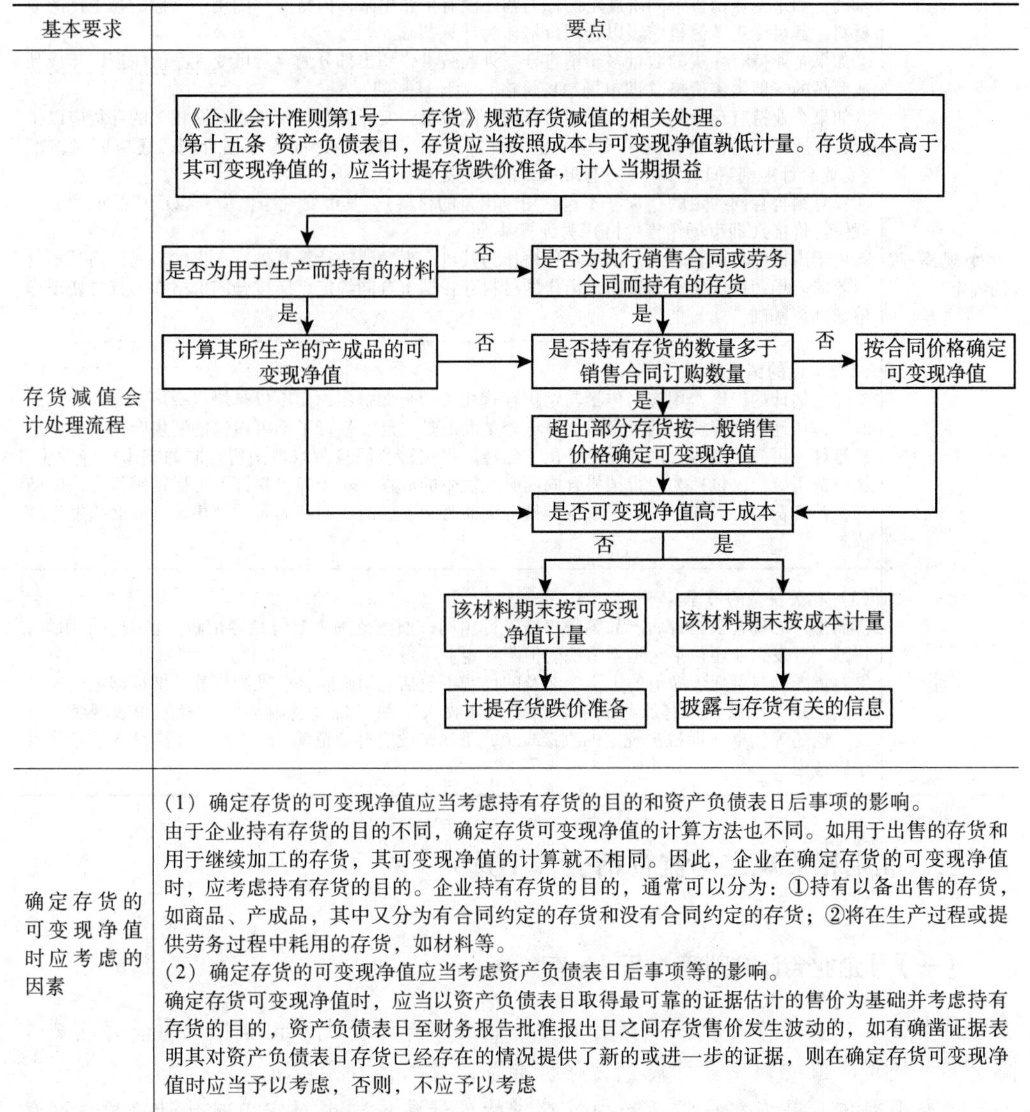
确定存货的可变现净值时应考虑的因素	(1) 确定存货的可变现净值应当考虑持有存货的目的和资产负债表日后事项的影响。 由于企业持有存货的目的不同，确定存货可变现净值的计算方法也不同。如用于出售的存货和用于继续加工的存货，其可变现净值的计算就不相同。因此，企业在确定存货的可变现净值时，应考虑持有存货的目的。企业持有存货的目的，通常可以分为：①持有以备出售的存货，如商品、产成品，其中又分为有合同约定的存货和没有合同约定的存货；②将在生产过程或提供劳务过程中耗用的存货，如材料等。 (2) 确定存货的可变现净值应当考虑资产负债表日后事项等的影响。 确定存货可变现净值时，应当以资产负债表日取得最可靠的证据估计的售价为基础并考虑持有存货的目的，资产负债表日至财务报告批准报出日之间存货售价发生波动的，如有确凿证据表明其对资产负债表日存货已经存在的情况提供了新的或进一步的证据，则在确定存货可变现净值时应当予以考虑，否则，不应予以考虑

续表

基本要求	要点
可变现净值的确定	（1）存货的估计售价的考虑： 对于企业持有的各类存货，在确定其可变现净值时，最关键的问题是确定估计售价。企业应当区别如下情况确定存货的估计售价： ①为执行销售合同或者劳务合同而持有的存货，通常应当以产成品或商品的合同价格作为其可变现净值的计算基础。如果企业与购买方签订了销售合同（或劳务合同，下同），并且销售合同订购的数量等于企业持有存货的数量，在这种情况下，在确定与该项销售合同直接相关存货的可变现净值时，应当以销售合同价格作为其可变现净值的计算基础。也就是说，如果企业就其产成品或商品签订了销售合同，则该批产成品或商品的可变现净值应当以合同价格作为计算基础；如果企业销售合同所规定的标的物还没有生产出来，但持有专门用于该标的物生产的原材料，其可变现净值也应当以合同价格作为计算基础。 ②如果企业持有存货的数量多于销售合同订购数量，超出部分的存货可变现净值应当以产成品或商品的一般销售价格（即市场销售价格）为计算基础。 ③如果企业持有存货的数量少于销售合同订购数量，实际持有与该销售合同相关的存货应以销售合同所规定的价格作为可变现净值的计算基础。如果该合同为亏损合同，还应同时按照《企业会计准则第 13 号——或有事项》的规定处理。 ④没有销售合同约定的存货（不包括用于出售的材料），其可变现净值应当以产成品或商品一般销售价格（即市场销售价格）为计算基础。 ⑤用于出售的材料等，通常以市场价格作为其可变现净值的计算基础。这里的市场价格是指材料等的市场销售价格。如果用于出售的材料存在销售合同约定，应按合同价格作为其可变现净值的计算基础
	（2）估计的销售费用： 首先，估计的销售费用应当包括与销售存货相关的全部费用，而不仅是增量费用； 其次，估计的销售费用的界定应当基于相关商品是否已经签订了不可撤销的销售合同。对于已经签订不可撤销销售合同的商品，由于已经取得销售合同且为取得销售合同的支出已经发生，销售费用应当仅包括为履行销售合同而必须发生的成本。对于尚未签订不可撤销销售合同的商品，销售费用应当同时包括为取得销售合同而必须发生的成本和为履行销售合同而必须发生的成本
	（3）相关税费的考虑： ①需预计的税金根据日后产品销售价格进行预测，预测范围主要包括增值税、消费税及附加，房地产开发企业还包括土地增值税。但不含企业所得税。 ②存货准则对可变现净值的定义中涉及的税费不包括适用政府补助准则核算的即征即退或先征后返（退）税款。只有那些最终影响“营业收入”和“税金及附加”计量的税收减免、退税、返还等优惠（即税法规定的直接减免，不属于政府补助范畴），才会在计算可变现净值时予以考虑

二、准则相关规定与监管指引（节选）

（一）《企业会计准则第 1 号——存货》

第十五条　资产负债表日，存货应当按照成本与可变现净值孰低计量。存货成本高于其可变现净值的，应当计提存货跌价准备，计入当期损益。

可变现净值，是指在日常活动中，存货的估计售价减去至完工时估计将要发生的成本、估计的销售费用以及相关税费后的金额。

第十六条　企业确定存货的可变现净值，应当以取得的确凿证据为基础，并且考虑持有存货的目的、资产负债表日后事项的影响等因素。为生产而持有的材料等，用其生产的产成品的可变现净值高于成本的，该材料仍然应当按照成本计量；材料价格的下降表明产成品的可变现净值低于成本的，该材料应当按照可变现净值计量。

第十七条　为执行销售合同或者劳务合同而持有的存货，其可变现净值应当以合同价格为基础计算。

企业持有存货的数量多于销售合同订购数量的，超出部分的存货的可变现净值应当以一般销售价格为基础计算。

第十八条　企业通常应当按照单个存货项目计提存货跌价准备。对于数量繁多、单价较低的存货，可以按照存货类别计提存货跌价准备。与在同一地区生产和销售的产品系列相关、具有相同或类似最终用途或目的，且难以与其他项目分开计量的存货，可以合并计提存货跌价准备。

第十九条　资产负债表日，企业应当确定存货的可变现净值。以前减记存货价值的影响因素已经消失的，减记的金额应当予以恢复，并在原已计提的存货跌价准备金额内转回，转回的金额计入当期损益。

（二）《企业会计准则应用指南汇编2024》“第二章　存货”

六、期末存货的计量

（一）存货的可变现净值

存货的可变现净值，是指在日常活动中，存货的估计售价减去至完工时估计将要发生的成本、估计的销售费用以及相关税费后的金额。存货的可变现净值由存货的估计售价、至完工时将要发生的成本、估计的销售费用和估计的相关税费等内容构成。可变现净值具有下列基本特征：

1. 确定存货可变现净值的前提是企业在进行日常活动，即为完成其经营目标所从事的经常性活动以及与之相关的活动。如果企业不是在进行日常活动，比如企业处于清算过程，那么不能按照本章的规定确定存货的可变现净值。

2. 存货可变现净值表现为存货的预计未来净现金流量，而不是简单地等于存货的售价或合同价。

企业预计的销售存货现金流量，并不完全等于存货的可变现净值。存货在销售过程中可能发生的销售费用和相关税费，以及为达到预定可销售状态还可能发生的加工成本等相关支出，构成现金流入的抵减项目。企业预计的销售存货现金流量，扣除这些抵减项目后，才能确定存货的可变现净值。

3. 不同存货可变现净值的构成不同。

（1）产成品、商品和用于出售的材料等直接用于出售的商品存货，在正常生产经营过程中，应当以该存货的估计售价减去估计的销售费用和相关税费后的金额确定其可变现净值。

（2）需要经过加工的材料存货，在正常生产经营过程中，应当以所生产的产成品的估计售价减去至完工时估计将要发生的成本、估计的销售费用和相关税费后的金额确定其可变现净值。

（二）确定存货的可变现净值应考虑的因素

4. 确定存货的可变现净值应当考虑资产负债表日后事项等的影响。

确定存货可变现净值时，应当以资产负债表日取得最可靠的证据估计的售价为基础并考虑持有存货的目的，资产负债表日至财务报告批准报出日之间存货售价发生波动的，如有确凿证据表明其对资产负债表日存货已经存在的情况提供了新的或进一步的证据，则在确定存货可变现净值时应当予以考虑，否则，不应予以考虑。

（三）会计准则委员会“会计准则实务问与答”

第 49 问：企业对于其持有的期末存货应当如何计量？

答：在资产负债表日，当存货成本低于可变现净值时，存货按成本计量；当存货成本高于可变现净值时，存货按可变现净值计量，同时按照成本高于可变现净值的差额计提存货跌价准备，计入当期损益（“资产减值损失——存货减值损失”科目）。

企业通常应当按照单个存货项目计提存货跌价准备，对于数量繁多、单价较低的存货，可以按照存货类别计提存货跌价准备。

其中，存货的可变现净值，是指在日常活动中，存货的估计售价减去至完工时估计将要发生的成本、估计的销售费用以及相关税费后的金额。

此外，需要注意的是，企业确定存货的可变现净值的前提是企业在进行正常的生产经营活动，如果企业不是在进行正常的生产经营活动，比如企业处于清算过程，那么不能按照存货准则的规定确定存货的可变现净值。企业预计的销售存货现金流量，并不完全等于存货的可变现净值。存货在销售过程中可能发生的销售费用和相关税费，以及为达到预定可销售状态还可能发生的加工成本等相关支出，构成现金流入的抵减项目。企业预计的销售存货现金流量，扣除这些抵减项目后，才能确定存货的可变现净值。

（四）《关于严格执行企业会计准则 切实做好企业 2023 年年报工作的通知》（财会［2023］29 号）

关于存货。

企业应当按照《企业会计准则第 1 号——存货》（财会〔2006〕3 号）等相关规定，在资产负债表日对存货按照成本与可变现净值孰低计量。企业在确定存货的可变现净值时，应当以取得的确凿证据为基础，并且考虑持有存货的目的、资产负债表日后事项的影响等因素。资产负债表日至财务报告批准报出日之间存货售价发生波动的，如有确凿证据表明其对资产负债表日存货已经存在的情况提供了新的或进一步的证据，则在确定存货可变现净值时应当予以考虑，否则，不应予以考虑。例如，对于存在活跃市场的大宗商品，资产负债表日至财务报告批准报出日之间的市场价格波动属于资产负债表日后非调整事项，不应予以考虑。

（五）证监会《上市公司年报会计监管报告》

《上市公司 2023 年年度财务报告会计监管报告》

存货跌价准备的计量不正确

根据企业会计准则及其相关规定，存货的可变现净值，是指在日常活动中，存货的估计售价减去至完工时估计将要发生的成本、估计的销售费用以及相关税费后的金额；对于存在活跃市场的商品，资产负债表日至财务报告批准报出日之间的市场价格波动属于资产负债表日后非调整事项，企业在确定存货可变现净值时不应予以考虑。

审阅分析发现，部分上市公司未恰当确认存货跌价准备。例如，有的上市公司因原实控人对公司的存货的回收情况提供了保证，因此在确认存货跌价准备时，以原实控人保证金额为限冲回了存货跌价准备。通常情况下，上市公司股东单方面提供给上市公司的补偿承诺无法构成存货估计售价的一部分，上市公司在确认存货跌价准备时不应考虑该股东承诺，而是应将其作为独立事项进行会计处理。还有的上市公司在计量有活跃市场报价的材料类存货可变现净值时，错误地考虑了该存货于资产负债表日至财务报告批准报出日之间市场价格下降的情况，将此价格下降计入报告期该存货跌价准备。对于资产负债表日至财务报告批准报出日之间存货市场价格波动，除非有确凿证据表明其对资产负债表日存货情况提供了新的或进一步的证据，否则在确定存货可变现净值时不应予以考虑。

《上市公司 2022 年年度财务报告会计监管报告》

未恰当计量存货减值损失

根据企业会计准则及相关规定，确定存货可变现净值时，应当以资产负债表日取得最可靠的证据估计的售价为基础并考虑持有存货的目的。资产负债表日至财务报告批准报出日之间存货售价发生波动的，如有确凿证据表明其对资产负债表日存货已经发生的情况提供了新的或进一步的证据，则在确定存货可变现净值时应当予以考虑。

审阅分析发现，部分上市公司因资产负债表日后存货售价大幅下跌，在计算期末存货可变现净值时，以资产负债表日后的销售价格为基础，确认了大额存货跌价准备。上市公司应考虑导致资产负债表日至财务报表报出日之间存货售价下跌的事项，是资产负债表日后新发生的事项，还是资产负债表日之前已经存在的事项的最新进展。通常来说，除非有证据表明该事项对资产负债表日存货已经发生的减值情况提供了新的或进一步的证据，否则在计算存货可变现净值时不应予以考虑。

《2021 年上市公司年报会计监管报告》

未恰当计提原材料跌价准备

根据企业会计准则及相关规定，企业在确定存货的可变现净值时，应当以取得的确凿证据为基础，并且考虑持有存货的目的、资产负债表日后事项的影响等因素。用于出售的材料应当以该存货的估计售价减去估计的销售费用和相关税费后的金额确定其可变现净值；需要经过加工的材料存货，应当以所生产的产成品的估计售价减去至完工时估计将要发生的成本、估计的销售费用和相关税费后的金额确定其可变现净值。

年报分析发现，个别上市公司购入煤炭并用于发电、供热业务，本年度受产业政策及市场供需影响，煤炭原材料价格大幅上涨，产成品销售毛利率大幅下降为负数。上市公司为保障生产，期末大幅增加原材料库存，但未对原材料计提存货跌价准备。上市公司应结合原材料持有目的分析判断，若相关证据（如合同约定、政策法规等）表明上市公司持有的煤炭原材料须用于投入生产加工生产产成品的，则在资产负债表日，因该原材料生产产出的产成品销售毛利率已大幅下降且为负数，表明原材料的可变现净值很可能已低于其成本，上市公司不应以原材料价格上涨为由不计提跌价准备。

《2020 年上市公司年报会计监管报告》

未充分计提资产减值损失

根据企业会计准则及相关规定，存货应当按照成本与可变现净值孰低计量。存货成本高于其可变现净值的，应当计提存货跌价准备，计入当期损益。产成品、商品和用于出售的材料等直接用于出售的商品存货，在正常生产经营过程中，应当以该存货的估计售价减去估计的销售费用和相关税费后的金额确定其可变现净值。企业应当披露存货可变现净值的确定依据。

年报分析发现，部分上市公司产品更新迭代较快，未对存货计提跌价准备，亦未披露存货可变现净值的确定依据；个别上市公司披露其主营产品价格下降，导致产成品及在产品价值的可变现净值低于存货成本，却未见其对产成品计提存货跌价准备，亦未披露存货可变现净值的确定依据。

《2019 年上市公司年报会计监管报告》

其他非金融资产减值问题

根据企业会计准则及相关规定，企业应当在资产负债表日对固定资产、无形资产等长期资产进行检查，结合内外部信息综合判断相关资产是否存在减值迹象，如有，应当评估其可收回金额，并确认减值损失。企业持有的存货应当按照成本与可变现净值孰低计量，存货成本高于可变现净值的，应当计提存货跌价准备。

年报分析发现，部分上市公司未及时、充分计提资产减值准备。一是个别上市公司自有品牌产品销售业务早已处于停产滞销状态，但以前年度未对相关资产计提减值损失。报告期内，公司决定关闭并退出该业务，对相关存货、生产设备及专利权等进行变卖，将处置损失一次性计入当期损益。业务停产滞销表明相关资产在以前年度已出现明显的减值迹象，但上市公司未及时、充分计提资产减值损失，导致损失跨期确认。二是个别上市公司持有部分商品房、列报为其他非流动资产，其所在楼盘已长时间处于停工、业主无法签订购房合同及办理后续事宜状态，且房产开发主体及其控股股东已出现失信被执行人、限制消费令情形，上市公司仍未根据房产所处状态合理计提资产减值损失。三是个别上市公司的在建工程由于资金短缺未能投产，项目建设主体已被申请破产清算，但仍未对此工程计提减值准备。

《2009年上市公司年报会计监管报告》

存货减值的主要问题是可变现净值的确定，在资产负债表日前后市场价格出现大幅波动的情况下，是否使用资产负债表日后信息及如何使用相关信息是计提存货减值准备的重点和难点。对于可变现净值，上市公司通常采取的会计政策是按照存货的估计售价减去估计的销售费用和相关税费后的金额确定。但多数公司并未直接在报表中进一步说明如何进行可变现净值的估计，少数公司提到要考虑资产负债表日后事项但也未说明如何考虑。

三、年报披露示例

存货减值披露示例汇总如表6－2所示。

表6－2　　存货减值披露示例汇总

序号	参考示例	存货的类型
1	示例6－1　浙江世宝（002703. SZ）	汽车转向系统及部件等
2	示例6－2　隆基绿能（601012. SH）	单晶硅棒、单晶硅片等
3	示例6－3　宏和科技（603256. SH）	电子级玻璃纤维布、电子级玻璃纤维超细纱等
4	示例6－4　中兴通讯（000063. SZ）	终端产品、非终端产品
5	示例6－5　工业富联（601138. SH）	通信及移动网络设备等

示例6－1　浙江世宝（002703. SZ）

存货

（1）明细情况

单位：元

组合名称	期末数		
	账面余额	跌价准备	账面价值
原材料	241, 459, 182. 10	19, 575, 515. 40	221, 883, 666. 70
在产品	18, 721, 223. 87		18, 721, 223. 87
库存商品	244, 389, 749. 91	16, 939, 722. 29	227, 450, 027. 62
低值易耗品	10, 153, 309. 87		10, 153, 309. 87
合计	514, 723, 465. 75	36, 515, 237. 69	478, 208, 228. 06

(2) 存货跌价准备

1) 明细情况

单位：元

项目	期初数	本期增加		本期减少		期末数
		计提	其他	转回或转销	其他	
原材料	21, 481, 561. 93	7, 036, 498. 69		8, 942, 545. 22		19, 575, 515. 40
库存商品	22, 086, 629. 32	5, 862, 992. 32		11, 009, 899. 35		16, 939, 722. 29
合计	43, 568, 191. 25	12, 899, 491. 01		19, 952, 444. 57		36, 515, 237. 69

2) 确定可变现净值的具体依据、本期转销存货跌价准备的原因

项目	确定可变现净值的具体依据	转销存货跌价准备的原因
汽车转向器等相关原材料、库存商品	相关产成品估计售价减去至完工估计将要发生的成本、估计的销售费用以及相关税费后的金额确定可变现净值（注）	本期已将期初计提存货跌价准备的存货耗用或售出

注：公司对曾经营陷入困境且已停止向其供货的客户［如本财务报表附注五（一）3 所述应收账款单项计提坏账准备的客户］相关的备货进行了全面清理，对预计无法继续出售或使用的存货相应计提存货跌价准备，其余存货按照成本与可变现净值孰低进行计量，当其可变现净值低于成本时，计提存货跌价准备。

示例 6－2　隆基绿能（601012. SH）

存货

(1) 存货分类

单位：元

项目	期末余额			期初余额		
	账面余额	存货跌价准备/合同履约成本减值准备	账面价值	账面余额	存货跌价准备/合同履约成本减值准备	账面价值
原材料	5, 199, 648, 471. 44	74, 833, 841. 43	5, 124, 814, 630. 01	3, 960, 125, 608. 15	183, 391, 811. 48	3, 776, 733, 796. 67
在产品	4, 423, 159, 562. 77	357, 299, 870. 95	4, 065, 859, 691. 82	4, 651, 447, 032. 74	388, 873, 869. 14	4, 262, 573, 163. 60
库存商品	13, 299, 942, 451. 15	1, 992, 691, 771. 52	11, 307, 250, 679. 63	10, 635, 135, 964. 38	360, 297, 206. 72	10, 274, 838, 757. 66
委托加工物资	37, 274, 246. 07	11, 118. 54	37, 263, 127. 53	16, 446, 262. 87	6, 877, 466. 08	9, 568, 796. 79
发出商品	1, 050, 891, 770. 36	46, 519, 111. 78	1, 004, 372, 658. 58	1, 079, 406, 104. 31	85, 565, 078. 07	993, 841, 026. 24
合计	24, 010, 916, 501. 79	2, 471, 355, 714. 22	21, 539, 560, 787. 57	20, 342, 560, 972. 45	1, 025, 005, 431. 49	19, 317, 555, 540. 96

(2) 存货跌价准备及合同履约成本减值准备

单位：元

项目	期初余额	本期增加金额		本期减少金额	期末余额
		计提	其他	转回或转销	
原材料	183,391,811.48	177,559,831.95	-1,019,169.47	285,098,632.53	74,833,841.43
在产品	388,873,869.14	27,140,312.37	-1,808.91	58,712,501.65	357,299,870.95
库存商品	360,297,206.72	4,610,756,052.96	-4,815,985.99	2,973,545,502.17	1,992,691,771.52
委托加工物资	6,877,466.08	2,008,407.04		8,874,754.58	11,118.54
发出商品	85,565,078.07	476,777,746.70	-236,682.99	515,587,030.00	46,519,111.78
合计	1,025,005,431.49	5,294,242,351.02	-6,073,647.36	3,841,818,420.93	2,471,355,714.22

本期转回或转销存货跌价准备的原因

项目	确定可变现净值的具体依据	本年转回存货跌价准备的原因	本年转销存货跌价准备的原因
原材料	主要以最终产品的市场价确定原材料的可变现净值	以前减记存货价值的影响因素已经消失，导致存货的可变现净值高于其账面价值	对外销售
在产品	主要以最终产品的市场价确定在产品的可变现净值	以前减记存货价值的影响因素已经消失，导致存货的可变现净值高于其账面价值	完成生产对外销售
库存商品	分不存在合同保证和存在不可撤销合同保证两部分，无合同保证的以最终产品的市场价扣除相关费用后确定产品的可变现净值，有合同保证以不可撤销的，以合同单价扣除相关费用后确定产品可变现净值	以前减记存货价值的影响因素已经消失，导致存货的可变现净值高于其账面价值	对外销售
委托加工物资	主要根据最终产品的市场价确定其可变现净值	以前减记存货价值的影响因素已经消失，导致存货的可变现净值高于其账面价值	委外收回对外销售
发出商品	根据合同单价确定其可变现净值	本年未发生	对外销售

其他说明：

于2023年度光伏产品价格急速下跌，加之政策原因导致本集团部分产品于美国海关滞留时间较长，本集团与相关客户取消了已签订的销售合同，原本存放于美国港口的存货另择其他地区销售，其间降价明显，本集团根据其市场价格扣除相关费用后确定的可变现净值计提了存货跌价准备。

示例6－3　宏和科技（603256.SH）

存货

（1）存货分类

单位：元

项目	期末余额			期初余额		
	账面余额	存货跌价准备/合同履约成本减值准备	账面价值	账面余额	存货跌价准备/合同履约成本减值准备	账面价值
原材料	99,365,474.18	9,424,276.06	89,941,198.12	95,207,087.39	10,996,166.49	84,210,920.90
在产品	52,803,424.44	8,509,361.96	44,294,062.48	49,904,606.82	12,357,729.28	37,546,877.54
库存商品	76,503,923.41	4,714,413.71	71,789,509.70	35,867,308.20	2,172,801.72	33,694,506.48
包装材料	18,483,094.63		18,483,094.63	18,040,653.06		18,040,653.06
合计	247,155,916.66	22,648,051.73	224,507,864.93	199,019,655.47	25,526,697.49	173,492,957.98

（2）存货跌价准备及合同履约成本减值准备

单位：元

项目	期初余额	本期增加金额		本期减少金额		期末余额
		计提	其他	转回或转销	其他	
原材料	10,996,166.49	2,228,768.53		3,800,658.96		9,424,276.06
在产品	12,357,729.28	2,232,023.21		6,080,390.53		8,509,361.96
库存商品	2,172,801.72	5,657,089.64		3,115,477.65		4,714,413.71
合计	25,526,697.49	10,117,881.38		12,996,527.14		22,648,051.73

存货的可变现净值，是指在日常活动中，存货的估计售价减去至完工时估计将要发生的成本、估计的销售费用以及相关税费后的金额。为生产而持有的原材料，其可变现净值以其生产的产成品的可变现净值为基础确定。该估计是基于目前市场状况和制造及销售同类产品的过程经验，但可能会因为技术改变、原材料供应情况及竞争对手采取的行动而出现重大改变。2023年度转销存货跌价准备的原因为存货出售或领用。

示例6－4　中兴通讯（000063.SZ）

按组合计提存货的情况如下：

项目	2023 年			2022 年		
	账面余额（千元）	跌价准备（千元）	计提比例（%）	账面余额（千元）	跌价准备（千元）	计提比例（%）
终端产品	3, 139, 812	261, 637	8. 33	3, 114, 591	290, 202	9. 32
非终端产品						
原材料	27, 797, 811	3, 023, 916	10. 88	26, 856, 845	2, 153, 153	8. 02
在产品	2, 231, 609	32, 349	1. 45	1, 706, 456	18, 456	1. 08
库存商品	1, 620, 792	204, 879	12. 64	2, 660, 078	214, 212	8. 05
发出商品及合同履约成本	11, 379, 392	1, 515, 376	13. 32	15, 557, 456	1, 984, 413	12. 76
合计	46, 169, 416	5, 038, 157	10. 91	49, 895, 426	4, 660, 436	9. 34

终端产品可变现净值的具体依据为以预计售价减去进一步加工成本和预计销售费用以及相关税费后的净值。非终端产品、原材料、在产品及产成品参考历史呆滞过时风险及未来市场需求、产品更新换代风险，结合库龄综合评估相关存货的可变现净值。同时基于谨慎性原则，针对5年以上的原材料、1年以上的在产品、2年以上的产成品全额计提。发出商品及合同履约成本以库龄、历史经验数据与业务风险预估为基础确定可变现净值。

示例6－5　工业富联（601138. SH）

存货跌价准备计提依据情况如下：

项目	确定可变现净值的具体依据	本期转销存货跌价准备的原因
原材料	存货的估计售价减去估计的合同履约成本和销售费用以及相关税费后的金额确定	出售、使用或报废
半成品	所生产的产成品的估计售价减去进一步加工的成本、估计的合同履约成本和销售费用以及相关税费后的金额确定	出售、使用或报废
产成品	存货的估计售价减去估计的合同履约成本和销售费用以及相关税费后的金额确定	出售或报废

按组合计提存货跌价准备

组合	期末			期初		
	账面余额（千元）	跌价准备（千元）	跌价准备计提比例（%）	账面余额（千元）	跌价准备（千元）	跌价准备计提比例（%）
一年以内	74, 779, 613	141, 304	0. 19	76, 970, 920	502, 554	0. 65

续表

组合	期末			期初		
	账面余额（千元）	跌价准备（千元）	跌价准备计提比例（%）	账面余额（千元）	跌价准备（千元）	跌价准备计提比例（%）
一年以上	2,893,206	848,166	29.32	1,661,569	808,181	48.64
合计	77,672,819	989,470		78,632,489	1,310,735	

第三节　商誉减值披露示例

一、商誉减值常见会计事项

根据《企业会计准则第 20 号——企业合并》，在非同一控制下的企业合并中，购买方对合并成本大于合并中取得的被购买方可辨认净资产公允价值份额的差额，应当确认为商誉。

商誉减值测试，涉及资产组（或资产组组合）的确定、商誉的初始分摊、可收回金额的计量、归属于少数股东商誉的处理、商誉减值的披露等问题。

由于商誉难以独立产生现金流量，应当结合与其相关的资产组或者资产组组合进行减值测试。为了进行资产减值测试，因企业合并形成的商誉的账面价值，应当自购买日起按照合理的方法分摊至相关的资产组（购买方预计受益于企业合并的协同效应的资产组，可以包括购买方原有业务中的资产组）；难以分摊至相关的资产组的，应当将其分摊至相关的资产组组合。分摊商誉的资产组应当代表企业基于内部管理目的对商誉进行监控的最低水平，并且不应大于按《企业会计准则第 35 号——分部报告》所确定的报告分部。需要说明的是，一个会计核算主体并不简单等同于一个资产组。

企业合并所形成的商誉，至少应当在每年年度终了进行减值测试，且当存在减值迹象时，应随时进行减值测试。需要注意的是，公司应合理区分并分别处理商誉减值事项和并购重组相关方的业绩补偿事项，不得以并购重组相关方有业绩补偿承诺或尚在业绩补偿期间为由，不进行商誉减值测试。

二、准则相关规定与监管指引（节选）

（一）《企业会计准则第 8 号——资产减值》

第二十三条　企业合并所形成的商誉，至少应当在每年年度终了进行减值测试。

商誉应当结合与其相关的资产组或者资产组组合进行减值测试。相关的资产组或者资产组组合应当是能够从企业合并的协同效应中受益的资产组或者资产组组合，不应当大于按照《企业会计准则第35号——分部报告》所确定的报告分部。

第二十四条　企业进行资产减值测试，对于因企业合并形成的商誉的账面价值，应当自购买日起按照合理的方法分摊至相关的资产组；难以分摊至相关的资产组的，应当将其分摊至相关的资产组组合。在将商誉的账面价值分摊至相关的资产组或者资产组组合时，应当按照各资产组或者资产组组合的公允价值占相关资产组或者资产组组合公允价值总额的比例进行分摊。公允价值难以可靠计量的，按照各资产组或者资产组组合的账面价值占相关资产组或者资产组组合账面价值总额的比例进行分摊。企业因重组等原因改变了其报告结构，从而影响到已分摊商誉的一个或者若干个资产组或者资产组组合构成的，应当按照与本条前款规定相似的分摊方法，将商誉重新分摊至受影响的资产组或者资产组组合。

第二十五条　在对包含商誉的相关资产组或者资产组组合进行减值测试时，如与商誉相关的资产组或者资产组组合存在减值迹象的，应当先对不包含商誉的资产组或者资产组组合进行减值测试，计算可收回金额，并与相关账面价值相比较，确认相应的减值损失。再对包含商誉的资产组或者资产组组合进行减值测试，比较这些相关资产组或者资产组组合的账面价值（包括所分摊的商誉的账面价值部分）与其可收回金额，如相关资产组或者资产组组合的可收回金额低于其账面价值的，应当确认商誉的减值损失，按照本准则第二十二条的规定处理。

（二）《企业会计准则应用指南汇编2024》"第九章　资产减值"

八、商誉减值测试与处理

（二）商誉减值测试的方法与会计处理

由于因企业合并所形成的商誉是母公司根据其在子公司所拥有的权益而确认的商誉，子公司中归属于少数股东的商誉并没有在合并财务报表中予以确认。因此，在对与商誉相关的资产组或者资产组组合进行减值测试时，由于其可收回金额的预计包括归属于少数股东的商誉价值部分，因此为了使减值测试建立在一致的基础上，企业应当调整资产组的账面价值，将归属于少数股东权益的商誉包括在内，然后根据调整后的资产组账面价值与其可收回金额进行比较，以确定资产组（包括商誉）是否发生了减值。

上述资产组如发生减值的，应当首先抵减商誉的账面价值，但由于根据上述方法计算的商誉减值损失包括了应由少数股东权益承担的部分，而少数股东权益拥有的商誉价值及其减值损失都不在合并财务报表中反映，合并财务报表只反映归属于母公司的商誉减值损失，因此，应当将商誉减值损失在可归属于母公司和少数股东权益部分之间按比例进行分摊，以确认归属于母公司的商誉减值损失。

（三）《资产减值准则实施问答》

问：企业合并所形成的商誉应当自购买日起按照合理的方法分摊至相关的资产组或资产组组合，结合与其相关的资产组或者资产组组合进行减值测试，这些被分摊商誉的资产组或者资产组组合应当符合什么基本条件？

答：根据《企业会计准则第 8 号——资产减值》等有关规定，企业进行资产减值测试时，因企业合并所形成的商誉的账面价值，应当自购买日起按照合理的方法分摊至购买方预计能够从企业合并的协同效应中受益的资产组或资产组组合。被分摊商誉的这些资产组或资产组组合应当同时满足下列条件：（1）代表企业基于内部管理目的对商誉进行监控的最低水平；（2）不大于按照《企业会计准则第 35 号——分部报告》所确定的报告分部，该报告分部是指《企业会计准则解释第 3 号》第八项所规定的经营分部。

（四）《关于严格执行企业会计准则　切实做好企业 2023 年年报工作的通知》（财会［2023］29 号）

关于商誉减值。在商誉减值测试时，因企业合并所形成的商誉的账面价值，应当自购买日起按照合理的方法分摊至购买方预计能够从企业合并的协同效应中受益的资产组或资产组组合。被分摊商誉的这些资产组或资产组组合应当同时满足下列条件：（1）代表企业基于内部管理目的对商誉进行监控的最低水平；（2）不大于按照《企业会计准则第 35 号——分部报告》（财会〔2006〕3 号）所确定的报告分部，该报告分部是指《企业会计准则解释第 3 号》（财会〔2009〕8 号）第八项所规定的经营分部。

（五）《监管规则适用指引——会计类第 2 号》

2－13　购买少数股东权益后商誉减值的会计处理

企业在对与商誉相关的资产组进行减值测试时，应当调整资产组的账面价值，将归属于少数股东权益的商誉包括在内，根据调整后的资产组账面价值与其可收回金额进行比较，以确定包含商誉的资产组是否发生减值。

监管实践发现，部分公司对购买少数股东权益后应当如何进行商誉减值测试存在理解上的偏差和分歧。现就该事项的意见如下：

合并报表中反映的商誉，是企业取得子公司控制权时按其持股比例确定的商誉，不包括子公司少数股东权益对应的商誉。收购少数股东权益属于权益性交易，未形成新的企业合并，合并报表中反映的商誉仍然为前期取得控制权时按当时的持股比例计算的金额。企业在进行商誉减值测试时，应先将合并报表中的商誉按照前期取得控制权时的持股比例恢复为全部商誉（即 100% 股权对应的商誉），并调整商誉相关资产组的账面价值，再比较调整后的资产组账面价值与其可收回金额，以确定包含商誉的资产组是否发生减值。若商誉发生减值，企业应按前期取得控制权时的持股比例计算确定归属于母公司的商誉减值损失。

（六）证监会《会计监管风险提示第8号——商誉减值》

一、商誉减值的会计处理及信息披露

（一）定期或及时进行商誉减值测试，并重点关注特定减值迹象

按照《企业会计准则第8号——资产减值》的规定，公司应当在资产负债表日判断是否存在可能发生资产减值的迹象。对企业合并所形成的商誉，公司应当至少在每年年度终了进行减值测试。

1. 常见问题

公司在确定商誉减值测试时点时，通常存在以下问题：

第一，未至少在每年年度终了进行商誉减值测试。

第二，未充分关注商誉所在资产组或资产组组合的宏观环境、行业环境、实际经营状况及未来经营规划等因素，未合理判断商誉是否存在减值迹象。在商誉出现特定减值迹象时，未及时进行减值测试，且无合理理由。

第三，简单以并购重组相关方有业绩补偿承诺、尚在业绩补偿期间为由，不进行商誉减值测试。

2. 监管关注事项

在监管工作中，应关注公司是否定期或及时进行商誉减值测试，是否在此过程中重点考虑了特定减值迹象的影响。具体包括：

第一，对因企业合并所形成的商誉，不论其是否存在减值迹象，都应当至少在每年年度终了进行减值测试。

第二，公司应结合可获取的内部与外部信息，合理判断并识别商誉减值迹象。当商誉所在资产组或资产组组合出现特定减值迹象时，公司应及时进行商誉减值测试，并恰当考虑该减值迹象的影响。

与商誉减值相关的前述特定减值迹象包括但不限于：（1）现金流或经营利润持续恶化或明显低于形成商誉时的预期，特别是被收购方未实现承诺的业绩；（2）所处行业产能过剩，相关产业政策、产品与服务的市场状况或市场竞争程度发生明显不利变化；（3）相关业务技术壁垒较低或技术快速进步，产品与服务易被模仿或已升级换代，盈利现状难以维持；（4）核心团队发生明显不利变化，且短期内难以恢复；（5）与特定行政许可、特许经营资格、特定合同项目等资质存在密切关联的商誉，相关资质的市场惯例已发生变化，如放开经营资质的行政许可、特许经营或特定合同到期无法接续等；（6）客观环境的变化导致市场投资报酬率在当期已经明显提高，且没有证据表明短期内会下降；（7）经营所处国家或地区的风险突出，如面临外汇管制、恶性通货膨胀、宏观经济恶化等。

第三，公司应合理区分并分别处理商誉减值事项和并购重组相关方的业绩补偿事项，不得以业绩补偿承诺为由，不进行商誉减值测试。

（二）合理将商誉分摊至资产组或资产组组合进行减值测试

按照《企业会计准则第8号——资产减值》的规定，对因企业合并形成的商誉，由于其难以独立产生现金流量，公司应自购买日起按照一贯、合理的方法将其账面价值分摊至相关的资产组或资产组组合，并据此进行减值测试。

1. 常见问题

公司在将商誉分摊至资产组或资产组组合进行减值测试时，通常存在以下问题：

第一，对资产组的认定不符合资产组的概念，未充分考虑资产组产生现金流入的独立性。

第二，未充分辨识与商誉相关的资产组或资产组组合，未充分考虑企业合并所产生的协同效应，简单将形成商誉时收购的子公司股权作为商誉减值测试对象。

第三，未合理对商誉账面价值进行分摊，相关分摊基础（如公允价值）的确定缺乏合理依据。

第四，未将归属于少数股东的商誉调整计入相关资产组或资产组组合账面价值。

第五，因重组等原因导致商誉所在资产组或资产组组合的构成发生改变时，未重新认定相关资产组或资产组组合并重新对商誉账面价值进行合理分摊。

第六，无合理理由随意变更商誉所在资产组或资产组组合，如商誉减值测试时的资产组或资产组组合与商誉初始确认时的不一致，或前后会计期间将商誉分摊至不同资产组或资产组组合。

2. 监管关注事项

在监管工作中，应关注公司是否恰当认定商誉所在资产组或资产组组合，是否在将商誉账面价值合理分摊的基础上进行减值测试。具体包括：

第一，公司在认定资产组或资产组组合时，应充分考虑管理层对生产经营活动的管理或监控方式和对资产的持续使用或处置的决策方式，认定的资产组或资产组组合应能够独立产生现金流量。需要说明的是，一个会计核算主体并不简单等同于一个资产组。

第二，公司在确认商誉所在资产组或资产组组合时，不应包括与商誉无关的不应纳入资产组的单独资产及负债。值得注意的是，当形成商誉时收购的子公司包含不止一个资产组或资产组组合时，应事先明确其中与形成商誉相关的资产组或资产组组合。

第三，公司应在充分考虑能够受益于企业合并的协同效应的资产组或资产组组合基础上，将商誉账面价值按各资产组或资产组组合的公允价值所占比例进行分摊。在确定各资产组或资产组组合的公允价值时，应根据《企业会计准则第39号——公允价值计量》的有关要求执行。如果公允价值难以可靠计量，可以按各资产组或资产组组合的账面价值所占比例进行分摊。

第四，公司在将商誉分摊至相关资产组或资产组组合时，应充分关注归属于少数股东的商誉，先将归属于母公司股东的商誉账面价值调整为全部商誉账面价值，再合理分摊至相关资产组或资产组组合。

第五，因重组等原因，公司经营组成部分发生变化，继而影响到已分摊商誉所在的资产组或资产组组合构成的，应将商誉账面价值重新分摊至受影响的资产组或资产组组合，并充分披露相关理由及依据。

第六，公司应在购买日将商誉分摊至相关资产组或资产组组合，并在后续会计期间保持一致。当形成商誉时收购的子公司后续存在再并购、再投资、处置重要资产等情形时，除符合上述第五点的条件外，不应随意扩大或缩小商誉所在资产组或资产组组合。

（三）商誉减值测试过程和会计处理

按照《企业会计准则第8号——资产减值》的规定，在对商誉进行减值测试时，如与商誉相关的资产组或资产组组合存在减值迹象的，应先对不包含商誉的资产组或资产组组合进行减值测试，确认相应的减值损失；再对包含商誉的资产组或资产组组合进行减值测试。若包含商誉的资产组或资产组组合存在减值，应先抵减分摊至资产组或资产组组合中商誉的账面价值；再按比例抵减其他各项资产的账面价值。

其中，资产组或资产组组合的可收回金额的估计，应根据其公允价值减去处置费用后的净额与预计未来现金净流量的现值两者之间较高者确定。

1. 常见问题

公司在对商誉进行具体减值测试时，通常存在以下问题：

第一，未按《企业会计准则第8号——资产减值》所规定的步骤进行商誉减值测试，未将减值金额在归属于母公司股东和少数股东的商誉之间进行分摊，未恰当计提商誉减值损失和相关资产组或资产组组合的减值损失。

第二，采用公允价值减去处置费用后的净额估计可收回金额时，对公允价值、处置费用的预测合理性不足，缺少充分、适当的证据支持。

第三，采用预计未来现金净流量的现值估计可收回金额时，资产组或资产组组合的可收回金额与其账面价值的确定基础不一致，如资产组的账面价值中未包括营运资金，但在确定可收回金额的未来现金流量时却考虑了期初营运资金的影响；对未来现金净流量、折现率、预测期的预测合理性不足，与可获取的内部、外部信息有较大差异，且缺少充分、适当的证据支持。

第四，利用资产评估机构的工作辅助开展商誉减值测试时，未聘请具有胜任能力的资产评估机构，未在业务约定书或类似文书中明确与商誉减值测试相关的委托事项，未恰当调整资产评估机构的工作成果以用于商誉减值测试。

2. 监管关注事项

在监管工作中，应关注公司是否按规定步骤进行了商誉减值测试并恰当计提了商誉减值损失，是否合理估计了相关资产组或资产组组合的可收回金额，是否恰当利用了资产评估机构的工作成果。具体包括：

第一，公司应严格按照《企业会计准则第8号——资产减值》的规定进行商誉减值测试，不得忽略或错误地实施减值测试程序。若商誉所在资产组或资产组组合存在减值，应分别抵减商誉的账面价值及资产组或资产组组合中其他各项资产的账面价值，并合理确定归属于母公司股东的商誉和归属于少数股东的商誉的减值金额。

第二，采用公允价值减去处置费用后的净额估计可收回金额时，公司应恰当选用交易案例或估值技术确定商誉所在资产组或资产组组合的公允价值，合理分析并确定相关处置费用，从而确定可收回金额。

需要注意的是，当商誉所在资产组或资产组组合包含土地使用权、房屋建筑物等资产时，应充分关注相关资产组或资产组组合的公允价值确定是否合理，是否存在未合理确定土地使用权或房屋建筑物的公允价值从而规避商誉减值的情形。

第三，采用预计未来现金净流量的现值估计可收回金额时，公司应正确运用现金流量折现模型，充分考虑减值迹象等不利事项对未来现金净流量、折现率、预测期等关键参数的影响，合理确定可收回金额。

(1) 资产组或资产组组合的可收回金额与其账面价值的确定基础应保持一致，即二者应包括相同的资产和负债，且应按照与资产组或资产组组合内资产和负债一致的基础预测未来现金流量；对未来现金净流量预测时，应以资产的当前状况为基础，以税前口径为预测依据，并充分关注选取的关键参数（包括但不限于销量、价格、成本、费用、预测期增长率、稳定期增长率）是否有可靠的数据来源，是否与历史数据、运营计划、商业机会、行业数据、行业研究报告、宏观经济运行状况相符；与此相关的重大假设是否与可获取的内部、外部信息相符，在不符时是否有合理理由支持。

(2) 对折现率预测时，是否与相应的宏观、行业、地域、特定市场、特定市场主体的风险因素相匹配，是否与未来现金净流量均一致采用税前口径。

(3) 在确定未来现金净流量的预测期时，应建立在经管理层批准的最近财务预算或预测数据基础上，原则上最多涵盖5年。在确定相关资产组或资产组组合的未来现金净流量的预测期时，还应考虑相关资产组或资产组组合所包含的主要固定资产、无形资产的剩余可使用年限，不应存在显著差异。

需要注意的是，若以前期间对商誉进行减值测试时，有关预测参数与期后实际情况存在重大偏差的，应充分关注管理层是否识别出导致偏差的主要因素，是否在本期商誉减值测试时充分考虑了相关因素的影响，并适当调整预测思路。

第四，利用资产评估机构的工作辅助开展商誉减值测试时，公司应聘请具有证券期货相关业务资格的资产评估机构，明确约定该工作用于商誉减值测试。在利用资产评估机构的工作成果时，应充分关注资产评估机构的评估目的、评估基准日、评估假设、评估对象、评估范围、价值类型等是否与商誉减值测试相符；对存在不符的，在运用到商誉减值测试前，应予以适当调整。

（四）商誉减值的信息披露

按照《中国企业会计准则》《公开发行证券的公司信息披露编报规则第15号——财务报告的一般规定（2023年修订）》的规定，公司应在财务报告中详细披露与商誉减值相关的、对财务报表使用者作出决策有用的所有重要信息。

1. 常见问题

公司在财务报告中披露与商誉减值相关的信息时，通常存在以下问题：

第一，仅简单披露商誉减值金额，未充分披露与商誉减值相关的其他重要、关键信息，披露的信息缺乏实质性内容。

第二，未如实披露与商誉减值测试相关的信息。

第三，当商誉减值损失构成重大影响时，未按公司内部制度要求，及时履行对商誉减值计提的内部审批流程和信息披露义务。

2. 监管关注事项

在监管工作中，应关注公司是否充分、准确、如实、及时地披露了与商誉减值相关的重要信息。具体包括：

第一，公司应在财务报告（包括年度报告、半年度报告、季度报告）中披露与商誉减值相关的且便于理解和使用财务报告的所有重要、关键信息。具体来看：

（1）应充分披露商誉所在资产组或资产组组合的相关信息，包括该资产组或资产组组合的构成、账面金额、确定方法，并明确说明该资产组或资产组组合是否与购买日、以前年度商誉减值测试时所确定的资产组或资产组组合一致。如果资产组或资产组组合的构成发生变化，应在披露前后会计期间资产组或资产组组合构成的同时，充分披露导致其变化的主要事实与依据。

（2）应在披露商誉减值金额的同时，详细披露商誉减值测试的过程与方法，包括但不限于可收回金额的确定方法、重要假设及其合理理由、关键参数（如预计未来现金流量现值时的预测期增长率、稳定期增长率、利润率、折现率、预测期等）及其确定依据等信息。如果前述信息与形成商誉时或以前年度商誉减值测试时的信息、公司历史经验或外部信息明显不一致，还应披露存在的差异及其原因。

（3）形成商誉时的并购重组相关方有业绩承诺的，应充分披露业绩承诺的完成情况及其对商誉减值测试的影响。

需要强调的是，当商誉源自多个不同资产组或资产组组合时，应分别披露前述信息；当公司基于资产评估机构的评估结果进行商誉减值测试时，应在披露评估结果的同时，充分披露前述信息；当商誉金额重大时，无论商誉是否存在减值，均应详细披露前述信息。

第二，公司应根据商誉减值测试的具体过程，准确、如实披露相关信息，不应有虚假记载、误导性陈述或重大遗漏的情形。

第三，当商誉减值损失构成重大影响时，公司应严格按照公司章程等规定及内部授权，履行商誉减值计提的内部审批流程，及时进行信息披露。

（七）《资产评估专家指引第 11 号——商誉减值测试评估》

第十条　资产评估专业人员应当对企业确定的商誉减值测试评估范围进行核实。通常商誉减值测试评估范围符合下列要求：

（一）包含商誉资产组或资产组组合通常情况下不包括流动资产、流动负债，但如果不考虑相关资产和负债就无法合理确定评估对象可收回金额的除外。

（二）评估范围不应当包括与预计未来现金流量无关的资产、负债，如溢余资产或负债、非经营性资产或负债。

（三）评估范围不应当包括付息债务等已确认负债，但如果不考虑该负债就无法确定评估对象可收回金额的除外。

（四）与包含商誉资产组或资产组组合业务相关的开发过程中的在建工程、无形资产，如果达到预定生产能力尚需投资金额，完工后现金流可以合理计量，且经企业确认是与商誉相关的资产组，应当纳入评估范围。

（五）商誉相关资产组或资产组组合的账面价值应当与企业合并报表口径保持一致。

资产评估专业人员需要获取企业提供的评估范围及其对应的资产账面价值、资产类别、资产数量清单，并与企业、审计机构就包含商誉的资产组或资产组组合的范围进行沟通，取得企业、审计机构确认。如果资产评估专业人员与企业、审计机构意见不一致，可以采纳企业、审计机构的意见。

（八）证监会《上市公司年报会计监管报告》

《上市公司2023年年度财务报告会计监管报告》

资产组的确定或变更不正确

根据企业会计准则及相关规定，资产组是指企业可以认定的最小资产组合，其产生的现金流入应当基本上独立于其他资产或者资产组产生的现金流入。资产组一经确定，各个会计期间应当保持一致，不得随意变更；企业因重组等原因改变了其报告结构，从而影响到已分摊商誉的一个或若干个资产组或者资产组组合构成的，企业应将商誉重新分摊至受影响的资产组或者资产组组合。

审阅分析发现，部分上市公司未按照准则要求恰当确定有关资产组，或错误地随意变更资产组。例如，有的上市公司在确定资产组时，将可独立于其他资产产生现金流入的投资性房地产与其他资产共同确定为一个资产组；有的上市公司在进行资产减值测试时，错误地将总部资产直接作为某资产组内的一项资产，致使资产组认定以及资产组内各项资产减值损失分摊错误，总部资产难以完全归属于某一资产组，在进行减值测试时应将总部资产分摊至相关资产组或资产组组合；有的上市公司在未发生重组等改变报告结构的情况下，仅因为内部管理架构调整而随意变更资产组并重新分摊商誉。

《上市公司2022年年度财务报告会计监管报告》

商誉减值相关假设、参数合理性存疑

根据企业会计准则及相关规定，商誉应当包含在与其相关的资产组或者资产组组合中进行减值测试。资产组的可收回金额应当按照该资产组的公允价值减去处置费用后的净额与其预计未来现金流量的现值两者之间较高者确定。在确定可收回金额时，对于预计资产的未来现金流量，应当以经企业管理层批准的最近财务预算或者预测数据，以及该预算或者预测期之后年份稳定或者递减的增长率为基础。此外，企业最近期间发生的亏损，仅在有足够的应纳税暂时性差异可供利用的情况下，或者取得其他确凿的证据表明其于未来期间能够取得足够的应纳税所得额的情况下，才能够确认与可抵扣亏损相关的递延所得税资产。

审阅分析发现，部分上市公司商誉减值测试过程中使用的关键假设、参数等信息合理性存疑，或与财务报表的其他信息之间存在矛盾。例如，有的上市公司在经营环境未发生显著变化的前提下，商誉减值测试时所采用的预测期收入增长率、销售毛利率等参数与其历史年度实际发生的收入增长率、销售毛利率相差较大；有的上市公司确认商誉相关资产组可回收金额时所依据的盈利预期，与公司确认递延所得税资产时所依据的盈利预期，以及公司披露的后续销售预期等信息存在矛盾；有的上市公司本期确认大额商誉，期末减值测试后又计提商誉减值准备，不到一年时间内的两次会计估计存在较大差异；有的上市公司披露因行业环境变化，其无法合理判断商誉相关资产组是否能持续运营，故采用公允价值减处置费用后的净额作为资产组的可收回金额，但在评估资产组公允价值时，上市公司又采用收益法确定资产组中部分单项资产的公允价值，收益法的关键假设为相关资产的价值可以通过持续运营得以收回，与上市公司对商誉相关资产组运营情况的判断存在矛盾。

《2021 年上市公司年报会计监管报告》

商誉减值相关问题

根据企业会计准则及相关规定，企业合并所形成的商誉，至少应当在每年年度终了进行减值测试。商誉应当结合与其相关的资产组或者资产组组合进行减值测试。企业因重组等原因改变了其报告结构，从而影响到已分摊商誉的一个或者若干个资产组或者资产组组合构成的，应当将商誉重新分摊至受影响的资产组或者资产组组合。商誉相关资产组账面价值的确定基础应当与其可收回金额的确定方式相一致，且应按照与资产组或资产组组合内资产和负债一致的基础预测未来现金流量。

年报分析发现，部分上市公司商誉减值测试不规范：一是未恰当判断已分摊商誉的资产组是否发生实质性变化，仅以部分资产组处于停产状态为由，不再将其纳入商誉相关资产组，随意变更商誉减值测试范围；二是未基于资产负债表日已存在的情况对商誉进行减值测试，而是错误考虑了资产负债表日后新发生事项的影响，并据此计提大额商誉减值准备；三是按照拟出售的被收购公司股权转让价格确定商誉相关资产组可收回金额、与商誉相关资产组账面价值计算口径不一致，一般而言，股权转让价格对应的是被收购公司的净资产，往往包括与商誉无关的资产（如金融资产、长期股权投资、投资性房地产等）和已确认的负债，通常不适宜直接作为商誉相关资产组或资产组组合的可收回金额。

《2020 年上市公司年报会计监管报告》

不恰当变更商誉相关资产组

根据企业会计准则及相关规定，资产组是企业认定的最小资产组合，其产生的现金流入应当基本上独立于其他资产或资产组。资产组一经确定，各个会计期间应当保持一致，不得随意变更。如需变更，企业管理层应当证明该变更是合理的，并按规定在附注中作相应说明。

年报分析发现，个别上市公司在进行商誉减值测试时，以集团内部管理架构调整、对子公司进行区域整合为由，变更与商誉减值测试相关的资产组。若上述调整仅为企业管理架构的调整，并未影响资产组产生现金流入的方式，不应变更与商誉减值测试相关的资产组。

《2019 年上市公司年报会计监管报告》

(1) 随意变更商誉所涉及的资产组或资产组组合

根据企业会计准则及相关规定，一般情况下，商誉相关的资产组或资产组组合一经确定后，在各个会计期间应当保持一致，不得随意变更。除非发生了因企业重组等原因导致报告结构发生变更，从而影响到已分摊商誉的一个或若干个资产组或资产组组合构成的，通常不应改变其分摊结果。年报分析发现，部分上市公司在未发生重组等事项的情况下，随意变更商誉分摊至资产组的构成，导致不同会计期间的商誉减值测试结果不具有可比性。如个别上市公司在进行商誉减值测试时，资产组的范围与收购时范围不同。股权收购时，其交易对价的确定依据为全部股权价值，评估范围包括被收购方和子公司及专利、软件著作权等账面未记录无形资产；而在进行商誉减值测试时，却未将收购时存在的子公司及前述账面未记录无形资产等纳入商誉所在资产组的评估范围，导致计提的商誉减值准备金额不正确。

(2) 未正确进行商誉减值测试

根据企业会计准则及相关规定，在对与商誉相关的资产组进行减值测试时，企业应当调整资产组的账面价值，将归属于少数股东权益的商誉包括在内，根据调整后的资产组账面价值与其可收回金额进行比较，以确定包含商誉的资产组是否发生减值。发生减值的，应当按照合并日控股股东的持股比例确认归属于母公司的商誉减值损失。年报分析发现，个别上市公司对与商誉相关的资产组或资产组组合进行减值测试时，未调整资产组的账面价值将归属于少数股东权益的商誉包括在内，或未按照购买日母公司的持股比例确认归属于母公司的商誉减值损失。

(3) 未充分确认商誉及资产组减值损失

根据企业会计准则及相关规定，企业在对包含商誉的相关资产组或者资产组组合进行减值测试时，如与商誉相关的资产组或者资产组组合存在减值迹象的，应当按以下步骤处理：首先对不包含商誉的资产组或者资产组组合进行减值测试，计算可收回金额，并与相关账面价值相比较，确认相应的减值损失；然后再对包含商誉的资产组或者资产组组合进行减值测试，比较这些相关资产组或者资产组组合的账面价值（包括所分摊的商誉的账面价值部分）与其可收回金额，如相关资产组或者资产组组合的可收回金额低于其账面价值的，应当就其差额确认减值损失，减值损失金额应当首先抵减分摊至资产组或者资产组组合中商誉的账面价值；再根据资产组或者资产组组合中除商誉之外的其他各项资产的账面价值所占比重，按比例抵减其他各项资产的账面价值。年报分析发现，个别上市公司在进行商誉减值测试时，仅将包含商誉的资产组可收回金额与其账面价值的差额确认为商誉减值损失，对于未抵减完的部分，未按照前述要求在其他各项资产中继续进行分摊。

《2018 年上市公司年报会计监管报告》

商誉初始确认虚高

(1) 未考虑业绩承诺的影响导致商誉虚高

年报分析发现，以高业绩承诺为基础的高估值并购现象较为普遍，高业绩承诺意味着并购方很可能在标的资产业绩不达标时收到来自对手方的或有对价（现金或股份），并购方应在购买日估计可能收到的或有对价，并单独确认为金融资产。年报分析发现，仅有少数公司能按照会计准则的规定充分考虑可能收回的或有对价，在确定合并对价的同时考虑应单独确认的金融资产。多数公司在购买日确定企业合并成本时未考虑应确认的或有对价因素，导致在商誉初始确认时高估其金额。

(2) 可辨认净资产确认不充分导致商誉虚高

年报分析发现，并购重组交易中普遍存在对被收购方可辨认净资产确认不充分并低估其公允价值的现象。这一现象在新兴行业（如医药生物、传媒、计算机等）表现尤为突出，这些行业的并购标的多为轻资产公司，其商业价值很可能来自于未确认的无形资产（如客户关系、合同权益等），对这类资产辨认不充分导致商誉金额在初始确认时被高估。

商誉减值测试问题

(1) 未对商誉进行减值测试

年报分析发现，部分上市公司对企业合并形成的商誉，在会计期末以被并购企业实现当期业绩承诺为由，认为商誉不存在减值迹象，未根据会计准则规定，不论其是否存在减值迹象，至少应当在每年年度终了进行减值测试。

(2) 未考虑归属于少数股东权益的商誉

根据企业会计准则及相关规定，企业合并财务报表中反映合并时归属于母公司的商誉。在对与商誉相关的资产组进行减值测试时，企业应当调整资产组的账面价值，将归属于少数股东权益的商誉包括在内，根据调整后的资产组账面价值与其可收回金额进行比较，以确定包含商誉的资产组是否发生减值。发生减值的，应当按照合并日母公司的持股比例确认归属于母公司的商誉减值损失。

年报分析发现，部分上市公司在对与商誉相关的资产组或资产组组合进行减值测试时，未调整资产组的账面价值，将归属于少数股东权益的商誉包括在内，或未按照合并日母公司的持股比例确认归属于母公司的商誉减值损失。

(3) 随意变更商誉所涉及的资产组或资产组组合

根据企业会计准则及相关规定，资产组一经确定，各个会计期间应当保持一致，不得随意变更。如需变更，管理层应当证明该变更是合理的，并进行相关信息披露。年报分析发现，部分上市公司无合理理由随意变更商誉所涉及的资产组或资产组组合，如商誉减值测试时的资产组或资产组组合与商誉初始确认时的不一致，或不同会计期间将商誉分摊至不同资产组或资产组组合；部分上市公司因重组等原因导致商誉所在资产组或资产组组合的构成发生改变时，未重新认定相关资产组或资产组组合，并重新对商誉账面价值进行合理分摊。

商誉减值披露不充分

年报分析发现，部分上市公司未按规定充分披露商誉减值的相关信息，如对于商誉减值测试的过程与方法的披露过于简单，未充分披露商誉所在资产组或资产组组合的相关信息；在可收回金额采用资产预计未来现金流量现值确定时，未能根据准则及相关规定要求披露重要假设及其理由、关键参数（如预测期增长率、稳定期增长率、利润率、预测期、折现率等）及其确定依据等重要信息。

《2017年上市公司年报会计监管报告》

未充分关注资产减值迹象：企业会计准则规定，长期资产存在减值迹象时，企业应估计其可收回金额，进行减值测试。年报分析发现，部分上市公司在专用设备闲置、在建工程长期处于停滞状态或投资的联营企业长期未开展经营业务等情况下，仍未对相关资产计提减值准备。此外，部分上市公司并购的标的公司实际经营情况和相关承诺存在较大落差，合并形成的相关资产未来所能带来的净现金流量可能已远低于原预计金额，在此情况下，上市公司未对商誉或相关长期资产进行减值测试，不符合会计准则的规定。

商誉减值测试方法不正确：年报分析发现，部分上市公司商誉减值测试方法不正确，如个别公司相关资产组的可回收金额按照其在相关子公司中享有的可辨认净资产份额确定；另有个别公司将商誉相关资产组的可收回金额与对应的长期股权投资账面价值而非分摊商誉的资产组的账面价值进行比较。

《2016年上市公司年报会计监管报告》

合并报表商誉减值与个别报表长期股权投资减值逻辑不一致

年报分析发现，个别上市公司由于子公司连续亏损且资不抵债，以前年度在合并财务报表层面已对企业合并时形成的商誉全额计提了减值准备，但在母公司财务报表层面并没有在相关期间对相应的长期股权投资计提减值准备。

商誉减值测试方法不正确

年报分析发现，个别上市公司通过比对被收购方的实际业绩与收购时的评估报告中的预测值，结合未来经营计划估算标的公司价值，与按权益法计算的投资账面价值比较，判断是否存在减值迹象，未按照准则要求计算商誉所分配资产组的可收回金额，并与资产组的账面价值比对进行减值测试。

《2014 年上市公司年报会计监管报告》

年报分析发现，有些上市公司对商誉减值信息仅笼统披露经测试后未发生商誉减值，没有披露商誉减值测试的过程、参数等信息；甚至某些上市公司财务报表中显示商誉已发生重大减值，但在报表项目附注中没有披露任何关于商誉减值测试及计提减值准备的信息。

（九）《公开发行证券的公司信息披露编报规则第 15 号——财务报告的一般规定（2023 年修订）》

第十九条　资产项目应按以下要求进行披露（部分摘录）：

（二十）按被投资单位或项目列示产生商誉的事项，对应商誉的期初余额、期末余额和本期增减变动情况，以及减值准备的期初余额、期末余额和本期增减变动情况。

公司应披露商誉减值测试过程、参数及商誉减值损失的确认方法，包括但不限于以下内容：

1. 商誉所属资产组或资产组组合的构成，所属经营分部和依据，以及是否与以前年度保持一致。资产组或资产组组合发生变化的，应披露变化前后的构成，以及导致变化的客观事实及依据。

2. 可收回金额的具体确定方法。可收回金额按公允价值减去处置费用后的净额确定的，应披露公允价值和处置费用的确定方式、关键参数及其确定依据；若可收回金额按预计未来现金流量的现值确定的，应披露预测期的年限及预测期内的收入增长率、利润率等参数及其确定依据，以及稳定期增长率、利润率、折现率等参数及其确定依据。前述信息与以前年度减值测试采用的信息或外部信息明显不一致的，或公司以前年度减值测试采用信息与当年实际情况明显不一致的，应披露差异原因。

3. 形成商誉时存在业绩承诺，且报告期或报告期上一期间处于业绩承诺期内的，应披露业绩承诺完成情况，以及报告期或报告期上一期间商誉减值情况。

三、年报披露示例

商誉披露示例汇总如表 6－3 所示。

表 6－3　　商誉披露示例汇总

序号	参考示例	披露事项
1	示例 6－6　万科 A（000002. SZ）	商誉分摊
2	示例 6－7　中集集团（000039. SZ）	商誉分摊

续表

序号	参考示例	披露事项
3	示例6－8　中信特钢（000708. SZ）	商誉分摊
4	示例6－9　万科A（000002. SZ）	资产组或资产组组合的构成发生变化
5	示例6－10　凯莱英（002821. SZ）	资产组或资产组组合的构成发生变化
6	示例6－11　中新集团（601512. SH）	业绩承诺的完成情况及其对商誉减值测试的影响
7	示例6－12　华能国际（600011. SH）	商誉减值测试的过程与方法
8	示例6－13　昊海生科（688366. SH）	商誉减值测试的过程与方法
9	示例6－14　金地集团（600383. SH）	商誉减值测试的过程与方法
10	示例6－15　蓝帆医疗（002382. SZ）	管理层批准的财务预算期间
11	示例6－16　康龙化成（300759. SZ）	管理层批准的财务预算期间
12	示例6－17　复星医药（600196. SH）	管理层批准的财务预算期间
13	示例6－18　渤海租赁（000415. SZ）	管理层批准的财务预算期间
14	示例6－19　深圳能源（000027. SZ）	管理层批准的财务预算期间

（一）商誉的分摊

示例6－6　万科A（000002. SZ）

商誉减值准备

本集团将商誉分摊至根据业务分布确定的资产组的具体情况如下：

项目	万物云住宅物业群	万物云商企、政府及事业单位事业群	环山集团股份有限公司
资产组的账面价值	28.97亿元	11.28亿元	17.60亿元
分摊至本资产组的商誉账面价值和分摊方法	按照收购日对价与可辨认净资产公允价值差异分摊的商誉账面价值为人民币34.19亿元	按照收购日对价与可辨认净资产公允价值差异分摊的商誉账面价值为人民币2.01亿元	按照收购日对价与可辨认净资产公允价值差异分摊的商誉账面价值为人民币15.63亿元
包含商誉的资产组账面价值	63.16亿元	13.29亿元	33.23亿元
资产组是否与购买日所确定的资产组合一致	否	否	是

万物云住宅物业群、商企、政府及事业单位事业群商誉的可收回金额按照预计未来现金流量的现值计算，其预计现金流量根据批准的5年期现金流量预测为基础，现金流量预测使用的税前折现率区间为16%至17%，预测期营业收入使用的增长率区

间为10% ~15%，预测期以后的现金流量根据增长率2%推断得出，采用的折现率是反映当前市场货币时间价值和相关资产组特定风险的税前利率。减值测试中采用的其他关键数据包括营业收入、营业成本和其他相关费用等。

环山集团股份有限公司商誉的可收回金额按照预计未来现金流量的现值计算，其预计现金流量根据批准的5年期现金流量预测为基础，现金流量预测使用的税前折现率为10.7%，预测期营业收入使用的加权平均增长率7.9%，预测期以后的收入现金流量根据增长率0%推断得出，采用的折现率是反映当前市场货币时间价值和相关资产组特定风险的税前利率。减值测试中采用的其他关键数据包括营业收入、营业成本和其他相关费用等。

于年末资产负债表日，本集团对商誉执行了减值测试，并未发现减值。

示例6－7　中集集团（000039. SZ）

包含商誉的资产组的减值测试

本集团的所有商誉已于购买日分摊至相关的资产组或资产组组合，2023年度商誉分摊未发生变化，分摊情况根据经营分部汇总如下：

单位：千元

资产组	2023年12月31日	2022年12月31日
能源、化工及液态食品装备行业	1, 089, 507	1, 028, 225
物流服务行业	498, 106	457, 606
道路运输车辆行业	425, 590	400, 290
空港与物流装备、消防与救援设备行业	260, 244	322, 332
集装箱制造行业	167, 278	166, 463
循环载具行业	63, 359	52, 380
商誉分摊比例不重大	149, 809	89, 579
合计	2, 653, 893	2, 516, 875

在进行商誉减值测试时，本集团将相关资产或资产组组合（含商誉）的账面价值与其可收回金额进行比较，如果可收回金额低于账面价值，相关差额计入当期损益。

本集团根据历史经验及对市场发展的预测确定收入增长率和毛利率，预测期增长率基于经批准的五年期预算，稳定期增长率为预测期后所采用的增长率，与权威行业报告所载的预测数据一致，不超过各产品的长期平均增长率，折现率为反映相关资产组或资产组组合的特定风险的税前折现率。

2023年度，本集团重要商誉的相关资产组组合的可收回金额及采用未来现金流量折现方法的主要假设如下：

项目	Vehicles UK
预测期收入增长率	-10.3% -5%
稳定期收入增长率	2%
毛利率	9.6% -10.65%
税前折现率	15.3%
可收回金额	839,534 千元

2022 年度，本集团重要商誉的减值测试采用未来现金流量折现方法的主要假设如下：

项目	Vehicles UK
预测期收入增长率	2% -7%
稳定期收入增长率	2%
毛利率	7.4% -7.9%
税前折现率	16%

本集团子公司安瑞科是香港联交所上市公司。于 2023 年 12 月 31 日，本集团按照持有的安瑞科股份数量，参考其 2023 年 12 月 31 日的市价，确定安瑞科资产组组合（含商誉）的可收回金额。经计算，该资产组组合（含商誉）的可收回金额高于其账面价值，无须计提减值（2022 年 12 月 31 日：无须计提减值）。

示例 6 -8　中信特钢（000708. SZ）

湖北新冶钢汽车零部件有限公司只有一个汽车零部件生产与销售资产组，本集团将商誉全部分摊至该资产组。

在进行商誉减值测试时，本集团将相关资产组（含商誉）的账面价值与其可收回金额进行比较，如果可收回金额低于账面价值，相关差额计入当期损益。

本集团根据历史经验及对市场发展的预测确定增长率和毛利率，预测期增长率基于管理层批准的五年期预算，稳定期增长率为预测期后所采用的增长率，与权威行业报告所载的预测数据一致，不超过各产品的长期平均增长率。本集团采用能够反映相关资产组或资产组组合的特定风险的税前利率为折现率。

2023 年度及 2022 年度，本集团采用未来现金流量折现方法的主要假设如下：

单位：%

项目	2023 年度	2022 年度
预测期增长率	23.25	22.08
稳定期增长率	2.00	2.51
毛利率	13.00	15.27
税后折现率	10.93	12.72

（二）资产组或资产组组合的构成发生变化

示例6－9　万科A（000002.SZ）

商誉变动情况

单位：元

被投资单位名称/事项	年初余额	本年增加	汇率变动	年末余额
万科海外投资控股有限公司	219,633,771.37		6,484,567.06	226,118,338.43
物业公司收购（b）	3,620,014,215.39			3,620,014,215.39
环山集团股份有限公司	1,562,637,894.59			1,562,637,894.59
合计	5,402,285,881.35		6,484,567.06	5,408,770,448.41

（b）本集团于2021年度以人民币20.06亿元合并成本收购福建伯恩物业集团有限公司（“福建伯恩”）100%的权益。合并成本超过按比例获得的福建伯恩可辨认资产、负债公允价值的差额人民币12.05亿元，确认为与福建伯恩相关的商誉。

本集团于2021年度以等值于人民币50.31亿元合并成本收购上海阳光智博生活服务集团有限公司（“阳光智博”）100%的权益。合并成本超过按比例获得的阳光智博可辨认资产、负债公允价值的差额人民币24.15亿元，确认为与阳光智博相关的商誉。

本年内，因本集团的子公司对其收购的物业公司进行业务整合和架构重组，与福建伯恩和阳光智博商誉相关的资产组与该商誉初始确认时的资产组发生了变化。本集团将商誉分摊至根据业务分布确定的资产组的具体情况如下：

变化前的构成	变化后的构成	导致变化的客观事实及依据
福建伯恩、阳光智博	万物云住宅物业群	本集团的子公司于2021年收购福建伯恩与阳光智博，收购之初以两个项目独立运营为主。截至本年末，本集团基于内部业务协同的考虑，对收购公司进行了架构、组织、管理及业务重新划分与整合：阳光智博与福建伯恩住宅物业单位组成住宅物业群，阳光智博和福建伯恩的商企、政府及事业单位组成商企、政府及事业单位事业群；相应的商誉资产组同步作出变更
	万物云商企、政府及事业单位事业群	

万物云住宅物业群由原福建伯恩与阳光智博资产组中的住宅物业及其他可从该企业合并行为受益并产生协同效应的住宅物业组成。万物云商企、政府及事业单位事业群由原福建伯恩与阳光智博资产组中的公建配套物业及其他可从该企业合并行为受益并产生协同效应的商企物业组成。

示例6－10　凯莱英（002821. SZ）

商誉账面原值

单位：元

被投资单位名称或形成商誉的事项	期初余额	本期增加		本期减少		期末余额
		企业合并形成的	资产组变更	处置	资产组变更	
天津冠勤医药科技有限公司（注）	43, 186, 135. 15				43, 186, 135. 15	
北京医普科诺科技有限公司（注）	102, 997, 311. 90				102, 997, 311. 90	
临床研究服务资产组			43, 186, 135. 15			
临床数据管理和统计服务资产组			102, 997, 311. 90			
合计	146, 183, 447. 05		146, 183, 447. 05		146, 183, 447. 05	

注：天津凯诺医药科技发展有限公司（简称“凯诺医药”）分别于2020年9月和2022年12月收购了天津冠勤医药科技有限公司和北京医普科诺科技有限公司，自收购时点至2023年7月，各公司独立产生现金流。2023年8月，凯诺医药对各子公司的业务资源、管理资源进行整合，统一管理，整合后的凯诺医药由临床研究服务业务板块、临床系统应用服务板块、临床数据管理和统计服务板块和运营保障板块组成。整合后天津冠勤医药科技有限公司和北京医普科诺科技有限公司被分别分配至临床研究服务资产组和临床数据管理和统计服务资产组，其中运营保障板块属于总部资产，不能独立产生现金流，其他3个板块各自独立产生现金流。

企业合并取得的商誉已分配至下列资产组或者资产组组合以进行减值测试：

- 归属于临床研究服务资产组
- 归属于临床数据管理和统计服务资产组

临床研究服务资产组

临床研究服务资产组组合主要由凯诺医药和天津冠勤医药科技有限公司临床研究服务和分摊的总部资产构成。临床研究服务资产组产生的现金流入独立于其他资产或者资产组产生的现金流入，可收回金额按预计未来现金流量的现值确定。

其预计未来现金流量是基于管理层批准的预测期（2024年至2028年）及未来稳定期的财务预算确定。该预测期间资产组现金流量预测所用的税前折现率是15. 10%，用于推断预测期以后收入增长率为0。

临床数据管理和统计服务资产组

临床数据管理和统计服务资产组由北京医普科诺科技有限公司数据统计服务业务和分摊的总部资产构成。数据统计服务资产组产生的现金流入独立于其他资产或者资产组产生的现金流入，可收回金额按预计未来现金流量的现值确定。其预计未来现金流量基于管理层批准的预测期（2024 年至 2028 年）及未来稳定期的财务预算确定。该预测期间资产组现金流量预测所用的税前折现率是 16.78%，用于推断预测期以后收入增长率为 0%。

以下说明了进行商誉减值测试时作出的关键假设：

项目	关键假设
预测期以后收入增长率	综合考虑企业经营的服务、市场、所处的行业或者所在国家或者地区的长期平均增长率
税前折现率	采用的折现率是反映相关资产组或者资产组组合特定风险的税前折现率

（三）业绩承诺的完成情况及其对商誉减值测试的影响

示例 6－11　中新集团（601512. SH）

商誉所在资产组或资产组组合的相关信息

固废综合处置资产组

固废综合处置资产组由购买山东科臻时形成，与购买日所确定的资产组一致。包含商誉的固废综合处置资产组可收回金额采用预计未来现金流量的现值，根据管理层批准的 5 年期的财务预算为基础的现金流量预测来确定。2023 年末，现金流量预测所用的税前折现率是 11.25%（2022 年：11.35%），5 年以后的现金流量根据增长率 0%（2022 年：0%）推断得出，这个增长率与行业长期平均增长率相同。

根据商誉减值测试结果，本集团对收购山东科臻形成的商誉已全额计提减值，金额为人民币 52,512,787.14 元（2022 年：28,734,318.89 元）。

环保科技资产组

环保科技资产组商誉由购买中新联科时形成，与购买日所确定的资产组一致。包含商誉的环保科技资产组可收回金额采用预计未来现金流量的现值，根据管理层批准的 5 年期的财务预算基础上的现金流量预测来确定。现金流量预测适用的折现率是 11.34%（2022 年：11.50%），用于推断 5 年及以后的现金流量的增长率是 0%。该商誉系购买中新联科时形成，交易对手对本集团的承诺为：

中新联科 2020 年度、2021 年度和 2022 年度扣除非经常性损益后的税后净利润分别不低于 2,400 万元、2,700 万元和 3,000 万元，累计不低于 8,100 万元；其中，承诺期的应收款项如确认坏账损失，应相应计减各期实现的扣除非经常性损益后净利润。承诺期届满，中新联科净资产减值额大于已补偿总额时需另行补偿。2021 年度，考虑到疫情对中新联科经营产生的影响，本集团与交易对手签订了《关于中新联科环境科技（安徽）有限公司之股权转让合同之补充协议》，将业绩承诺修改为：中新联科2020年度、2021年度和2022年度扣除非经常性损益后的税后净利润分别不低于1,900万元、2,700万元和3,000万元。原约定的2020年度业绩承诺额2,400万元与补充协议中约定的2020年度业绩承诺额的差额500万元，交易对手应在2021年度和2022年度两年内合并补足完成，以使业绩承诺金额最终合计仍为《股权转让合同》的8,100万元。2020年度、2021年度以及2022年度，中新联科扣除非经常性损益后累计的税后净利润为83,346,249.21元，中新联科已完成规定的2020年至2022年累计的业绩承诺。

工业废水处理资产组和固废收集资产组

工业废水处理资产组商誉由购买和顺环保时形成，与购买日所确定的资产组一致。工业废水处理资产组2023年12月31日商誉的账面原值为人民币89,938,632.30元。包含商誉的工业废水处理资产组可收回金额采用预计未来现金流量的现值，根据管理层批准的5年期的财务预算基础上的现金流量预测来确定。现金流量预测适用的折现率是11.34%（2022年：11.50%），用于推断5年以后的现金流量的增长率是0%。

固废收集资产组商誉由购买和顺环保时形成，与购买日所确定的资产组一致。固废收集资产组2023年12月31日商誉的账面原值为人民币20,578,241.99元。包含商誉的固废收集资产组可收回金额采用预计未来现金流量的现值，根据管理层批准的5年期的财务预算基础上的现金流量预测来确定。现金流量预测适用的折现率是11.60%（2022年：11.63%），用于推断5年以后的现金流量的增长率是0%。

工业废水处理资产组和固废收集资产组的商誉系购买和顺环保时形成，交易对手对本集团的承诺为：和顺环保2021年度实现盈亏平衡（净利润不低于0万元）、2022年度为721.69万元、2023年度为1,606.53万元、2024年度为1,906.83万元，2025年度为2,304.23万元。若和顺环保净利润未达到约定的承诺，则交易对手对2021年度、2022年度、2023年度、2024年度及2025年度当年净利润未达到承诺的差额部分，按所转让和顺环保股比向本集团进行现金补偿。和顺环保已完成规定的2021年至2023年的业绩承诺。管理层基于市场情况，预计和顺环保无法达成2024年度及2025年度业绩承诺，根据本集团聘请的专业评估机构的评估结果，工业废水处理资产组预计未来现金流量的现值低于资产组（含商誉）账面价值，本集团于2023年度对该资产组计提商誉减值准备20,054,804.72元。于2023年12月31日，该业绩承诺形成的衍生金融资产的公允价值金额为21,214,786.41元（2022年12月31日：0元）。

以下说明了为进行商誉减值测试所作出的关键假设：

预测期收入增长率：在参考行业平均收入增长率的基础上，根据预计未来的经营业绩和市场发展做适当调整。

折现率：采用的折现率是反映相关资产组特定风险的税前折现率。

市场发展情况的关键假设值与外部信息来源一致。

（四）商誉减值测试的过程与方法

示例 6－12　华能国际（600011. SH）

说明商誉减值测试过程、关键参数（例如预计未来现金流量现值时的预测期增长率、稳定期增长率、利润率、折现率、预测期等，如适用）及商誉减值损失的确认方法：

资产组的可收回金额按未来现金流量的现值确定。资产组的预计未来现金流量基于管理层的5年现金流量预测确定。境内子公司根据公司的装机容量，预计5年后的现金流与第5年的现金流相近，因此5年后的期间现金流量增长率为0。新加坡大士能源预计5年后永续期的增长率为2%，该增长率未超过新加坡能源市场管理局（EMA）颁布的新加坡电力市场展望报告提供的预测增长率。

用于计算商誉使用价值的税前折现率如下：

单位：%

名称	2023 年	2022 年
济宁运河	8. 24	8. 57
大士能源	9. 91	9. 94

未来现金流量的现值计算的其他重要假设：

有关中国境内资产组的商誉，用于减值测试的主要参数包括未来销售量（发电利用小时）、燃料价格及折现率，其他应用于减值测试的参数主要包括平均售电价。公司根据对于未来市场、政策以及区域特性等因素的估计和经批准的未来期间预测数据，在考虑同区域资产组预测参数的可比性后综合确定每个资产组的这些重要假设。折现率反映每个资产组的特定风险。减值原因及主要参数说明详见“附注七、72. 资产减值损失”。

有关大士能源的商誉所使用的重要假设包括未来销售量、毛利率、永续增长率及折现率等。

EMA 在 2021 年 11 月 10 日发布新加坡电力市场展望报告（“SEMO2021”）指出，在兼顾考虑包括人口、气候、经济以及高速增长的需求端如数据中心等影响后，自 2022 年至 2032 年未来 10 年期间，年度电力系统需求与电力峰值需求将以 2. 8% 至 3. 2% 的年度复合增长率增长。根据 SEMO2021，2009 年至 2020 年期间电力市场年度复合增长率约为 2. 2%。新加坡大士能源在新加坡的市场份额始终保持稳定，2020 年、2021 年、2022 年和 2023 年的市场份额分别为 21. 4%、19. 2%、22. 3% 和 20. 4%。

因此，新加坡大士能源在 2024 年至 2028 年期间的销售电量将根据其过去业绩预测，永续期增长率将采用 2%（2022 年：2%）。

大士能源对预测期和永续期的毛利如下：

单位：新币/兆瓦时

电力销售毛利	2023 年度减值测试模型
2024 年	62.21
2025 年	60.35
2026 年	53.82
2027 年	53.65
2028 年	49.35
永续期	53.12

大士能源参考 EMA 于 2020 年 11 月发布的 2021－2022 年发电行业税后折现率计算商誉使用价值的税前折现率，2023 年税前折现率为 9.91%（2022 年：9.94%）。

示例 6－13　昊海生科（688366.SH）

商誉账面原值

单位：元

被投资单位名称或形成商誉的事项	期初余额	本期增加		期末余额
		企业合并形成的	外币报表折算差异	
深圳新产业集团（注 1）	266,025,003.46			266,025,003.46
杭州爱晶伦	53,349,049.40			53,349,049.40
海洋集团（注 2）	32,114,618.21			32,114,618.21
Contamac 集团	23,634,599.27		1,821,706.41	25,456,305.68
Bioxis	19,730,417.26			19,730,417.26
厦门南鹏	13,660,323.75			13,660,323.75
欧华美科集团（注 3）	2,684,918.85			2,684,918.85
合计	411,198,930.20		1,821,706.41	413,020,636.61

注 1：深圳新产业集团为深圳新产业及其下属子公司艾格视光的简称。

注 2：海洋集团为对 China Ocean Group Limited 及其下属子公司（包括青岛华元、上海太平洋生物高科技有限公司（“太平洋高科”）和上海太平洋药业有限公司（“太平洋药业”））的简称。

注 3：欧华美科集团为欧华美科及其不包括 Bioxis 在内的欧华美科各子公司的简称。

商誉减值准备

单位：元

被投资单位名称或形成商誉的事项	期初余额	本期增加		本期减少	期末余额
		计提	外币报表折算差异	处置	
Aaren 业务	9, 574, 150. 16		162, 350. 62		9, 736, 500. 78
合计	9, 574, 150. 16		162, 350. 62		9, 736, 500. 78

企业合并取得的商誉已经分配至 Aaren 业务资产组以进行减值测试。

商誉所在资产组或资产组组合的相关信息

名称	所属资产组或组合的构成及依据	所属经营分部及依据	是否与以前年度保持一致
深圳新产业集团资产组	管理层将深圳新产业及艾格视光的账面资产组合认定为一个资产组，主要系该资产组的管理自成体系并严格独立	基于内部管理目的，该资产组组合归属于眼科分部	是
Aaren 业务资产组	管理层将 Aaren Scientific Inc. 的账面资产组合认定为一个资产组，主要系该资产组的管理自成体系并严格独立	基于内部管理目的，该资产组组合归属于眼科分部	是
Contamac 集团资产组	管理层将 Contamac Holding Limited 及其下属子公司的账面资产组合认定为一个资产组，主要系该资产组的管理自成体系并严格独立	基于内部管理目的，该资产组组合归属于眼科分部	是
海洋集团资产组	管理层将 China Ocean Group Limited 及其下属子公司（青岛华元、上海太平洋生物高科技有限公司和上海太平洋药业有限公司）的资产组组合的账面资产组合认定为一个资产组组合，主要系该资产组的管理自成体系并严格独立	基于内部管理目的，该资产组组合归属于医疗美容与创面护理分部	是
杭州爱晶伦资产组	管理层将杭州爱晶伦的账面资产组合认定为一个资产组，主要系该资产组的管理自成体系并严格独立	基于内部管理目的，该资产组组合归属于眼科分部	是
欧华美科集团资产组	管理层将欧华美科的账面资产组合认定为一个资产组，主要系该资产组的管理自成体系并严格独立	基于内部管理目的，该资产组组合归属于医疗美容与创面护理分部	是
Bioxis 资产组	管理层将 Bioxis 的账面资产组合认定为一个资产组，主要系该资产组的管理自成体系并严格独立	基于内部管理目的，该资产组组合归属于医疗美容与创面护理分部	是

续表

名称	所属资产组或组合的构成及依据	所属经营分部及依据	是否与以前年度保持一致
厦门南鹏资产组	管理层将厦门南鹏的账面资产组合认定为一个资产组，主要系该资产组的管理自成体系并严格独立	基于内部管理目的，该资产组组合归属于眼科分部	是

可收回金额的具体确定方法

项目	账面价值（元）	可收回金额（元）	减值金额（元）	预测期的年限（年）	预测期的关键参数（增长率、利润率等）（注1）（%）	预测期内的参数的确定依据	稳定期的关键参数（增长率、利润率、折现率等）（%）	稳定期的关键参数的确定依据
深圳新产业集团	567, 316, 000. 00	625, 818, 000. 0		5	17	反映当前市场货币时间价值和相关资产组特定风险的税后加权平均资本成本	2. 30	根据牛津经济研究院发布的长期通货膨胀率确认
Contamac Group	199, 612, 652. 24	530, 310, 460. 78		5	14		2. 00	
欧华美科集团	164, 589, 153. 80	192, 884, 104. 17		5	23		2. 30	
杭州爱晶伦	107, 492, 807. 53	126, 702, 189. 97		5	16		2. 30	
Bioxis	100, 982, 065. 16	115, 787, 262. 68		5	26		2. 00	
厦门南鹏	109, 688, 038. 10	128, 909, 000. 00		5	27		2. 30	
海洋集团	60, 113, 000. 00	70, 225, 000. 00		5	16		2. 30	
合计	1, 309, 793, 716. 83	1, 790, 636, 017. 60						

注1：预算/预测期的关键参数为折现率。

以下说明了进行商誉的减值测试时作出的关键假设：

折现率：所使用的折现率为税前折现率，并反映与相关单位有关的特定风险。

增长率：增长率来自于行业增长预测。

销售价格及直接成本变化：该些假设是基于过去的实践经验及对未来市场变化的预期。

分配至上述资产组或资产组组合的关键假设的金额与本集团历史经验及外部信息一致。

示例6－14　金地集团（600383. SH）

商誉所在资产组或资产组组合的相关信息

名称	所属资产组或组合的构成及依据	所属经营分部及依据	是否与以前年度保持一致
金地智慧城市科技有限公司	资产组按收购时点被购买方拥有的资产认定，且不考虑购买方协同效应	物业管理，配套服务	是
杭州速派餐饮管理集团有限公司	资产组按收购时点被购买方拥有的资产认定，且不考虑购买方协同效应	物业管理，配套服务	是

可收回金额按预计未来现金流量的现值确定

项目	账面价值（元）	可收回金额（元）	减值金额（元）	预测期的年限（年）	预测期的关键参数	预测期内的参数的确定依据	稳定期的关键参数	稳定期的关键参数的确定依据
金地智慧城市科技有限公司	185, 340, 503. 60	351, 537, 665. 11		5	增长率5% ~3%、利润率10%	结合历史数据、市场情况，及管理层长期营业预测	增长率2%、折现率13.74%、利润率10%	增长率不会超过宏观经济长期平均增长率，利润率按照预测期最后一年的水平，并结合商业计划、行业发展趋势及通货膨胀率等因素后确定
杭州速派餐饮管理集团有限公司	243, 193, 593. 60	267, 327, 429. 78		5	增长率20% ~5%、利润率1.11% ~2.41%	结合历史数据、市场情况，及管理层长期营业预测	增长率2%、折现率10.34%、利润率2.41%	增长率不会超过宏观经济长期平均增长率，利润率按照预测期最后一年的水平，并结合商业计划、行业发展趋势及通货膨胀率等因素后确定
合计	428, 534, 097. 20	618, 865, 094. 89						

（五）管理层批准的财务预算期间

示例6－15　蓝帆医疗（002382. SZ）

商誉所在资产组或资产组组合的相关信息

名称	所属资产组或组合的构成及依据	所属经营分部及依据	是否与以前年度保持一致
蓝帆医疗合并CB Cardio Holdings Ⅱ Limited及CB Cardio Holdings V Limited后商誉所在的心脑血管业务资产组组合	对应商誉所在资产组，包括固定资产、使用权资产、无形资产、商誉	心脑事业部	是
蓝帆医疗收购NVT AG介入主动脉瓣膜业务资产组组合	对应商誉所在资产组，包括固定资产、在建工程、使用权资产、无形资产、开发支出、长期待摊费用、商誉	心脑事业部	是
武汉必凯尔救助用品有限公司包含商誉资产组	固定资产、工程物资、使用权资产、无形资产、长期待摊费用、其他非流动资产及商誉	护理事业部	是

其他说明：

企业合并取得的商誉已经分配至下列资产组或者资产组组合以进行减值测试：

CB Cardio HoldingsⅡLimited 和 CB Cardio Holdings V Limited

Bluesail New Valve Technology Limited

武汉必凯尔救助用品有限公司

Omni International Corp.

CB Cardio HoldingsⅡ Limited 和 CB Cardio Holdings V Limited：

CB Cardio Holdings V Limited 资产组主要由心脏支架和球囊业务构成，与以前年度减值测试时所确定的资产组组合一致。可收回金额按照资产组组合的预计未来现金流量现值确定，根据管理层批准的5年期财务预算，后续为稳定期。用于推断稳定期 CB Cardio Holdings Ⅱ Limited 和 CB Cardio Holdings V Limited 收入增长率是2.50%（2022年：2.00%）。本集团认为，根据宏观环境、行业环境及公司自身经营情况，预算收入增长率是合理的。未来现金流量适用的折现率是11.90%（2022年：13.68%）。

Bluesail New Valve Technology Limited：

Bluesail New Valve Technology Limited 资产组主要由心脏瓣膜业务构成，与以前年度减值测试时所确定的资产组组合一致。可收回金额按照资产组组合的预计未来现金流量现值确定，根据管理层批准的10年期财务预算，后续为稳定期。用于推断稳定期 Bluesail New Valve Technology Limited 收入增长率是2.50%（2022年：2.00%）。本集团认为，根据宏观环境、行业环境及公司自身经营情况，预算收入增长率是合理的。未来现金流量适用的折现率是13.78%（2022年：14.45%）。

武汉必凯尔救助用品有限公司：

武汉必凯尔救助用品有限公司资产组主要由急救包业务构成，与以前年度减值测试时所确定的资产组组合一致。可收回金额按照资产组组合的预计未来现金流量现值确定，根据管理层批准的5年期财务预算，后续为稳定期。用于推断稳定期武汉必凯尔救助用品有限公司永续增长率是0%（2022年：0%）。本集团认为，预算收入增长率是合理的。未来现金流量适用的折现率是14.56%（2022年：16.28%）。

以下说明了进行商誉减值测试时作出的关键假设：

①外部环境假设：国家现行的有关法律、法规及方针政策无重大变化；被评估单位所处的地区政治、经济和社会环境无重大变化；有关利率、汇率、赋税基准及税率、政策性征收费用等不发生重大变化。

②企业持续经营假设：是指被评估单位的生产经营业务可以按其现状持续经营下去，并在可预见的未来，不会发生重大改变，不考虑本次评估目的所涉及的经济行为对企业经营情况的影响。

③假定被评估单位管理当局对企业经营负责任地履行义务，并称职地对有关资产实行了有效的管理，被评估单位在经营过程中没有任何违反国家法律、法规的行为。

④评估对象在未来经营期内的主营业务、业务结构、收入和成本的构成以及经营

策略和成本费用控制等按照经营规划执行，未来财务预算可以实现。

⑤假设被评估单位的各项产品在各地区能按正常注册程序按计划获得认证证书。

预算毛利率：确定基础是在预算年度前一年实现的平均毛利率基础上，根据预计效率的提高及预计市场开发情况适当提高该平均毛利率。

折现率：采用的折现率是反映相关资产组或者资产组组合特定风险的税前折现率。

市场发展情况的关键假设值与外部信息来源一致。

示例6－16　康龙化成（300759. SZ）

商誉所在资产组或资产组组合的相关信息

说明商誉减值测试过程、关键参数（如预计未来现金流量现值时的预测期增长率、稳定期增长率、利润率、折现率、预测期等）及商誉减值损失的确认方法：

企业合并取得的商誉已分配至相关子公司的资产组进行商誉减值测试。

各子公司可收回金额按照资产组的预计未来现金流量的现值确定。管理层已充分考虑市场环境和子公司的资产组的发展规划，采用根据管理层批准的5～10年财务预算为基础进行现金流量预测是合理的。

资产组名称	预测期年限（年）	稳定期收入增长率（%）	折现率（%）
Pharmaron（Exton）Lab Services LLC	5	2. 5	18
Pharmaron（Germantown）Lab Services Inc.	5	2. 5	15
康龙化成（宁波）科技发展有限公司	5	2. 5	18
Pharmaron Biologics（UK）Ltd	8	2. 5	17
安凯毅博（肇庆）生物技术有限公司	5	2. 5	15
安凯毅博（湛江）生物技术有限公司	5	2. 5	14
Coventry 生产基地	10	2. 5	16
北京安凯毅博生物技术有限公司	5	2. 5	12
Pharmaron Manufacturing Services（UK）Ltd	10	2. 5	17
康龙化成（成都）临床研究服务有限公司	5	2. 5	18

计算各公司于2023年12月31日的预计未来现金流量现值采用了关键假设。以下说明了进行商誉减值测试时作出的关键假设：

预测期收入增长率：所用增长率基于行业相关增长的预测，考虑业务单元在预算年度之前历史经营状况确定。

预测期利润率：确定基础是在预算年度之前历史经营成果的平均毛利率及对效率

提升和市场发展的预期基础上制定。

折现率：所采用的折现率是反映相关业务单元特定风险的税前折现率。

分配至各子公司资产组的关键假设的金额和折现率与外部信息一致。

管理层经过上述商誉减值测试，判断于各资产负债表日的商誉无须计提减值。

示例6－17　复星医药（600196. SH）

重要的商誉对应的资产组或资产组组合账面价值和按预计未来现金流量的现值确定的可收回金额列示如下：

名称	账面价值（元）	可收回金额（元）	减值金额（元）	预测期的年限（年）	预测期的关键参数（注1）（%）	稳定期的关键参数（注2）（%）	稳定期的关键参数的确定依据
Gland Pharma及附属公司	10, 192, 642, 629. 17	11, 189, 332, 000. 00		9	16. 06	2. 30	牛津经济研究院发布的长期通货膨胀率确认

注1：预测期的关键参数为折现率。
注2：稳定期的关键参数为永续增长率。

本集团除上述重要的商誉对应的资产组或资产组组合之外，其他商誉减值测试信息如下：

可收回金额按照资产组组合的预计未来现金流量的现值确定。根据管理层批准的5～9年期财务预测，预测期收入增长率为5. 76%～31. 38%，毛利率为16. 62%～82. 53%。

安特金及附属公司商誉：

安特金成立于2012年7月6日，安特金及附属公司拥有包括13价肺炎结合疫苗(多价结合体)、流感疫苗、百日咳疫苗、狂犬病疫苗等在内的多项专利。本集团定期针对上述经营活动做整体评价，并据此统一资源配置，因此将安特金及附属公司整体作为一个资产组。该资产组组合归属于制药分部。可收回金额按照资产组组合的预计未来现金流量的现值确定。根据管理层批准的9年期财务预测，用于推断稳定期安特金及附属公司商誉收入增长率是2. 30%（2022年：2. 30%）。未来现金流量适用的折现率是14. 88%（2022年：15. 77%）。经测算预计未来现金流量的现值高于安特金及附属公司资产组组合账面价值，本集团认为收购安特金及附属公司形成的商誉本年无须计提减值准备。该资产组主要由安特金和大连雅立峰构成，产生的现金流入基本上独立于其他资产或者资产组产生的现金流入。

Sisram及附属公司商誉：

Sisram是一家位于以色列的能量源医疗美容设备的生产商，在医学美容市场占有率位居前列，同时在设计能力、成本控制、客户基础等方面形成了较强竞争优势。其医疗激光及光学设备主要应用于皮肤科、整形外科、烧伤外科、激光科等多个领域，为医疗美容提供全面解决方案。2019 年并购并整合下游分销商 Nova MedicalIsrael Ltd. 实现对以色列市场销售渠道的整合。2023 年 Sisram 完成对中国领先能量源设备分销商、Alma 战略合作伙伴 PhotonMed 品牌和渠道的收购，实现医美业务的中国市场直销布局。本集团定期针对上述经营活动做整体评价，并据此统一资源配置，因此将 Sisram 及附属公司整体作为一个资产组。该资产组组合归属于医疗器械与医学诊断分部。可收回金额按照资产组组合的预计未来现金流量的现值确定。根据管理层批准的 5 年期财务预测，用于推断稳定期 Sisram 及附属公司商誉收入增长率是 2.30%（2022 年：2.30%）。未来现金流量适用的折现率是 17.75%（2022 年：16.70%）。经测算预计未来现金流量的现值高于 Sisram 及附属公司资产组组合账面价值，本集团认为收购 Sisram 及附属公司形成的商誉本年不存在减值。该资产组主要由 Alma Lasers Ltd.、Nova MedicaIsrael Ltd.、Alma HongKong 2023 Limited 构成，产生的现金流入基本上独立于其他资产或者资产组产生的现金流入。

禅诚医院、珠海禅诚及新市医院商誉：

禅诚医院是一所位于广东省佛山市集医疗、康复、科研、教学为一体的国家三级甲等大型综合性医院，珠海禅诚是一所位于广东省珠海市经珠海市卫生与计划生育局批准的二级综合医院，新市医院是一所位于广东省广州市集医疗、教学、预防保健为一体的三级综合医院。由于上述医院同处于华南地区，在收购目的、整合进度、整体评价、资源配置、经营业务等方面具有协同性和关联性，本集团定期针对上述经营活动做整体评价，并据此统一资源配置，禅诚医院、珠海禅诚及新市医院专营医疗服务，独立产生经营现金流量，因此将其整体作为一个资产组。该资产组组合归属于医疗健康服务分部。可收回金额按照资产组组合的预计未来现金流量的现值确定。根据管理层批准的 9 年期财务预测，用于推断稳定期禅诚医院、珠海禅诚及新市医院商誉收入增长率是 2.30%（2022 年：2.30%）。未来现金流量适用的折现率是 15.67%（2022 年：15.74%）。经测算预计未来现金流量的现值高于禅诚医院、珠海禅诚及新市医院资产组组合账面价值，本集团认为收购禅诚医院、珠海禅诚及新市医院形成的商誉本年不存在减值。该资产组主要由禅诚医院、珠海禅诚及新市医院构成，产生的现金流入基本上独立于其他资产或者资产组产生的现金流入。

恒生医院商誉：

恒生医院是经广东省卫生和计划生育委员会批准，集医疗、科研、教学、康复和预防保健于一体的大型三级现代化综合性医院；主要从事医疗服务，是深圳市社会医疗保险定点医疗机构、深圳市职工工伤保险定点医院、深圳市儿童医疗保险定点医院、深圳市 120 急救医疗中心网络医院、深圳市宝安区科普教育基地、广东省高等医学院校教学医院。本集团定期针对上述经营活动做整体评价，并据此统一资源配置。恒生医院专营医疗服务，独立产生经营现金流量，因此将其整体作为一个资产组。该资产组组合归属于医疗健康服务分部。可收回金额按照资产组组合的预计未来现金流量的现值确定。根据管理层批准的 9 年期财务预测，用于推断稳定期恒生医院商誉收入增长率是 2.30%（2022 年：2.30%）。未来现金流量适用的折现率是 17.08%（2022 年：16.99%）。经测算预计未来现金流量的现值高于恒生医院资产组组合账面价值，本集团认为收购恒生医院形成的商誉本年不存在减值。该资产组主要由恒生医院构成，产生的现金流入基本上独立于其他资产或者资产组产生的现金流入。

奥鸿药业及附属公司商誉：

奥鸿药业是生物制药企业，其主要产品为奥德金（小牛血清去蛋白注射液）和邦亭（注射用白眉蛇毒血凝酶）等。2019 年，奥鸿药业并购成都力思特制药股份有限公司（以下简称“力思特制药”）获得已上市化学药品 1 类新药盐酸戊乙奎醚注射液（长托宁）等，进一步完善其围手术期的产品布局。本集团定期针对上述经营活动做整体评价，并据此统一资源配置，因此将奥鸿药业及附属公司整体作为一个资产组。该资产组组合归属于制药分部。可收回金额按照资产组组合的预计未来现金流量的现值确定。根据管理层批准的 9 年期财务预测，用于推断稳定期奥鸿药业及附属公司商誉收入增长率是 2.30%（2022 年：2.30%）。未来现金流量适用的折现率是 14.36%（2022 年：14.77%）。经测算预计未来现金流量的现值高于奥鸿药业及附属公司资产组组合账面价值，本集团认为收购奥鸿药业及附属公司形成的商誉本年不存在减值。该资产组主要由奥鸿药业和成都力思特构成，产生的现金流入基本上独立于其他资产或者资产组产生的现金流入。

重庆药友及附属公司商誉：

该资产组组合归属于制药分部。可收回金额按照资产组组合的预计未来现金流量的现值确定。根据管理层批准的 9 年期财务预测，用于推断稳定期重庆药友及附属公司商誉收入增长率是 2.30%（2022 年：2.30%）。未来现金流量适用的折现率是 17.13%（2022 年：15.08%）。经测算预计未来现金流量的现值高于重庆药友及附属公司资产组组合账面价值，本集团认为收购重庆药友及附属公司形成的商誉本年不存在减值。该资产组主要由四川合信、洞庭药业、辽宁新兴药业、北京吉洛华构成，产生的现金流入基本上独立于其他资产或者资产组产生的现金流入。

苏州二叶商誉：

苏州二叶是一家生产原料药、粉针剂（含青霉素类、头孢类）、冻干粉针剂和口服制剂的综合型制药企业。本集团定期针对上述经营活动做整体评价，并据此统一资源配置，因此将苏州二叶整体作为一个资产组。该资产组组合归属于制药分部。可收回金额按照资产组组合的预计未来现金流量的现值确定。根据管理层批准的 9 年期财务预测，用于推断稳定期苏州二叶商誉收入增长率是 2.30%（2022 年：2.30%）。未来现金流量适用的折现率是 15.79%（2022 年：14.50%）。经测算预计未来现金流量的现值高于苏州二叶资产组组合账面价值，本集团认为收购苏州二叶形成的商誉本年不存在减值。该资产组主要由苏州二叶构成，制药板块其他合并形成的商誉均被分配至相对应的子公司，产生的现金流入基本上独立于其他资产或者资产组产生的现金流入。

Breas 商誉：

该资产组组合归属于医疗器械与医学诊断分部。可收回金额按照资产组组合的预计未来现金流量的现值确定。根据管理层批准的9年期财务预测，用于推断稳定期Breas商誉收入增长率是2.00%（2022年：2.30%）。未来现金流量适用的折现率是16.20%（2022年：16.56%）。经测算预计未来现金流量的现值高于Breas资产组组合账面价值，本集团认为收购Breas形成的商誉本年不存在减值。该资产组主要由Breas构成，产生的现金流入基本上独立于其他资产或者资产组产生的现金流入。

杏脉信息商誉：

该资产组组合归属于其他分部。可收回金额按照资产组组合的预计未来现金流量的现值确定。根据管理层批准的9年期财务预测，用于推断稳定期杏脉信息商誉收入增长率是2.30%（2022年：2.30%）。未来现金流量适用的折现率是14.27%（2022年：15.98%）。经测算预计未来现金流量的现值高于杏脉信息资产组组合账面价值，本集团认为收购杏脉信息形成的商誉本年不存在减值。该资产组主要由杏脉信息构成，制药板块其他合并形成的商誉均被分配至相对应的子公司，产生的现金流入基本上独立于其他资产或者资产组产生的现金流入。

沈阳红旗商誉：

该资产组组合归属于制药分部。可收回金额按照资产组组合的预计未来现金流量的现值确定。根据管理层批准的9年期财务预测，用于推断稳定期沈阳红旗商誉收入增长率是2.30%（2022年：2.30%）。未来现金流量适用的折现率是14.61%（2022年：15.40%）。经测算预计未来现金流量的现值高于沈阳红旗资产组组合账面价值，本集团认为收购沈阳红旗形成的商誉本年不存在减值。该资产组主要由沈阳红旗构成，产生的现金流入基本上独立于其他资产或者资产组产生的现金流入。

TridemPharma商誉：

该资产组组合归属于制药分部。可收回金额按照资产组组合的预计未来现金流量的现值确定。根据管理层批准的9年期财务预测，用于推断稳定期TridemPharma商誉收入增长率是2.30%（2022年：2.30%）。未来现金流量适用的折现率是18.46%（2022年：19.47%）。经测算预计未来现金流量的现值高于TridemPharma资产组组合账面价值，本集团认为收购TridemPharma形成的商誉本年不存在减值。该资产组主要由TridemPharma构成，产生的现金流入基本上独立于其他资产或者资产组产生的现金流入。

万邦及附属公司商誉：

该资产组组合归属于制药分部。可收回金额按照资产组组合的预计未来现金流量的现值确定。根据管理层批准的9年期财务预测，用于推断稳定期万邦及附属公司商誉收入增长率是2.30%（2022年：2.30%）。未来现金流量适用的折现率是17.22%（2022年：17.29%）。经测算预计未来现金流量的现值高于万邦及附属公司资产组组合账面价值，本集团认为收购万邦及附属公司形成的商誉本年不存在减值。该资产组主要由万邦生化、沈阳万邦天晟、万邦赛诺康构成，产生的现金流入基本上独立于其他资产或者资产组产生的现金流入。

Alma HongKong 2023 Limited的商誉形成时交易对手对标的业务的业绩承诺为

2023 年 7 月 1 日至 2024 年 6 月 30 日收入达到人民币 450,000,000.00 元，及息税折旧摊销前利润达到人民币 112,500,000.00 元。截至本年末，本公司认为 Alma HongKong 2023 Limited 能达成业绩承诺。

本集团对 Gland 及附属公司、安特金及附属公司、禅诚医院、珠海禅诚及新市医院、恒生医院、奥鸿药业及附属公司、杏脉信息、Breas、沈阳红旗预计未来现金流量的现值（可收回金额）的测算参考了上海东洲资产评估有限公司 2024 年 3 月 26 日《上海复星医药（集团）股份有限公司拟对合并财务报表形成的商誉进行减值测试所涉及的 8 个资产组（或组合）可回收价值资产评估报告》东洲评报字〔2024〕第 0386 号的评估结果。

示例 6 - 18　渤海租赁（000415. SZ）

单位：千元

项目	2023 年	2022 年
年初余额	8, 890, 946	8, 139, 161
外币报表折算差额	150, 765	751, 785
年末余额	9, 041, 711	8, 890, 946

本集团于 2016 年收购 Avolon 100% 股权，形成商誉美元 490, 904 千元（折合人民币 3, 476, 926 千元）；于 2015 年收购 Cronos 80% 股权，形成商誉美元 612, 926 千元（折合人民币 4, 341, 171 千元）；于 2013 年收购 SeacoSRL，形成商誉美元 172, 761 千元（折合人民币 1, 223, 614 千元）。截至 2023 年 12 月 31 日，本集团商誉合计美元 1, 276, 591 千元，折合人民币 9, 041, 711 千元。

Avolon 商誉减值测试：

收购 Avolon 完成后，本集团将香港航空租赁有限公司（以下简称“香港航空租赁”）的飞机租赁业务与 Avolon 进行整合，将香港航空租赁与 Avolon 视为一个独立的资产组，2017 年 4 月收购 C2 Aviation Capital LLC（以下简称“C2”）后，由于 C2 的业务类型与 Avolon 和香港航空租赁相同，将 C2 并入同一资产组中，并将归入资产组中的商誉进行减值测试。Avlon 资产组的可收回金额按照资产组的预计未来现金流量的现值确定，其预计现金流量根据管理层批准的 3 年期以飞机租约为基础的现金流预测来确定，并假设飞机资产在第三年末连同租约一起全部处置，所用的折现率为 6. 30%（2022 年：6. 43%）。经测试，分摊至 Avolon 资产组组合的商誉于 2023 年 12 月 31 日无须计提减值准备。以下阐述了管理层为进行 Avolon 商誉减值测试，在计算未来现金流量现值时采用的关键假设：

飞机处置金额：将飞机未来处置金额进行折现后确定。其中飞机未来的公允价值为飞机评估机构 Avitas、Ascend 和 MBA 对 Avolon 飞机的评估金额平均值，折现率的确定考虑了本集团的加权平均资金成本。

加权平均资金成本：加权平均资金成本考虑了负债成本和权益成本。负债成本来自 Avolon 借款所承担的利息，权益成本来自 Avolon 投资者对投资回报率的期望。通过使用个别风险系数（β 系数）来考虑行业特殊风险。基于可获得的竞争对手的市场数据，每年对 β 系数进行评估。

GSCL 商誉减值测试：

收购 Cronos 完成后，对本集团下属子公司 SeacoSRL 及 Cronos 的日常经营活动、资产的持续使用或处置等重要决策由 GSCL 进行统一调配、监控及管理，其产生的现金流为最小的现金流单元，因此在进行商誉减值测试时，本公司将子公司 SeacoSRL、Cronos 及 GSCL 视为一个独立的资产组，并将商誉归入资产组进行减值测试。GSCL 管理层聘请毕马威会计师事务所对商誉进行评估。GSCL 可收回金额按照资产组的预计未来现金流量的现值确定，其预计现金流量根据管理层批准的 5 年期财务预算为基础的现金流量预测来确定，所用的折现率为 8.0%（2022 年：7.0%），预测期以后的现金流量增长率设定为 2.0%（2022 年：2.0%）。经测试，分摊至 GSCL 资产组组合的商誉于 2023 年 12 月 31 日无须计提减值准备。

以下阐述了对 GSCL 商誉减值测试，在计算未来现金流量现值时采用的关键假设：

永续期的毛利率：永续期的毛利率为管理层估计的长期毛利率 91%（2022 年：91%）。

增长率：增长率基于公开的行业研究，并且不超过集装箱租赁市场的长期平均增长率。

折现率：折现率体现了市场对集装箱租赁行业特殊风险的评估，代表了货币的时间价值及现金流量模型中尚未考虑的集装箱本身的特定的风险。折现率的确定综合考虑了 GSCL 资产组独特的环境、经营分部及加权平均资金成本。加权平均资金成本考虑了负债和权益。权益成本来自 GSCL 资产组投资者对投资回报率的期望。负债成本来自 GSCL 资产组贷款所承担的利息。通过使用个别风险系数（β 系数）来考虑行业特殊风险。基于可获得的竞争对手的市场数据，每年对 β 系数进行评估。

市场份额：基于前述的市场增长率，GSCL 管理层评估相对于竞争对手，集装箱租赁行业如何在预算期内发展变化。

示例 6-19　深圳能源（000027.SZ）

商誉

(1) 商誉变动情况。

单位：元

被投资单位名称或形成商誉的事项	注	年初余额	本年变动	年末余额
账面原值				
China Hydroelectric Corporation	(a)	1, 885, 032, 817. 29	27, 327, 879. 52	1, 912, 360, 696. 81
……		……	……	……

续表

被投资单位名称或形成商誉的事项	注	年初余额	本年变动	年末余额
小计		2, 922, 013, 135. 68	27, 327, 879. 52	2, 949, 341, 015. 20
减：减值准备		66, 065, 447. 68	14, 559, 621. 81	80, 625, 069. 49
账面价值		2, 855, 947, 688. 00	12, 768, 257. 71	2, 868, 715, 945. 71

（a） China Hydroelectric Corporation 的本年商誉账面原值变动为外币报表折算差额。

（2） 商誉减值准备。

企业合并取得的商誉已经分配至下列资产组以进行减值测试：水力发电资产组、燃气输送及销售资产组、其他资产组。

水力发电资产组。

水力发电资产组主要由水力发电机组及相关配套构筑物和设施构成，与购买日、以前年度商誉减值测试时所确定的资产组组合一致。于2023年12月31日，水力发电资产组商誉的账面原值为人民币2, 230, 746, 704. 81元（2022年12月31日：人民币2, 203, 418, 825. 29元）。可收回金额采用资产组组合的预计未来现金流量的现值，根据管理层编制的5年期财务预算基础上的现金流量预测来确定。现金流量预测所用的折现率为8. 64% ~9. 74%。

燃气输送及销售资产组。

燃气输送及销售资产组主要由天然气管网以及相关配套构筑物和设施构成，与购买日、以前年度商誉减值测试时所确定的资产组组合一致。于2023年12月31日，燃气输送及销售资产组商誉的账面原值为人民币489, 749, 072. 79元（2022年12月31日：人民币489, 749, 072. 79元）。可收回金额采用资产组组合的预计未来现金流量的现值，根据管理层编制的5年期财务预算基础上的现金流量预测来确定。现金流量预测所用的折现率为11. 03%。

其他资产组。

其他资产组主要是由购买各独立风力发电、光伏发电等子公司形成，与购买日、以前年度商誉减值测试时所确定的资产组一致。其他资产组于2023年12月31日商誉的账面原值为人民币228, 845, 237. 60元（2022年12月31日：人民币228, 845, 237. 60元）。现金流量预测所用的折现率为9. 84% ~10. 76%。

商誉的账面金额分配至各资产组的情况如下：

2023年12月31日

单位：元

项目	水力发电资产组	燃气输送及销售资产组	其他资产组	合计
商誉的账面原值	2, 230, 746, 704. 81	489, 749, 072. 79	228, 845, 237. 60	2, 949, 341, 015. 20
减：减值准备	30, 748, 782. 57		49, 876, 286. 92	80, 625, 069. 49
商誉的账面价值	2, 199, 997, 922. 24	489, 749, 072. 79	178, 968, 950. 68	2, 868, 715, 945. 71

资产组的可收回金额是依据管理层估计的5年期预算，并以特定长期平均增长率对5年详细预测期后的现金流作出推算，采用未来现金流量的现值模型计算（针对个别资产组的行业特性，管理层若能合理预测资产组经济使用寿命内的现金流，则将经济预测期适当延长）。所采用的关键假设包括：

项目	水力发电资产组	燃气输送及销售资产组	其他资产组
预测期增长率	管理层根据历史经验及对市场发展的预测确定详细预测期收入增长率		
稳定期增长率	2.00%	2.00%	不适用
未来运营成本变动	管理层根据历史经验及对市场发展的预测确定未来运营成本变动金额		
折现率	8.64% ~9.74%	11.03%	9.84% ~10.76%

本集团根据历史经验及对市场发展的预测确定增长率和未来运营成本变动金额，并采用能够反映相关资产组的特定风险的税后利率为折现率，稳定期增长率为本集团详细预测期后的现金流量所采用的加权平均增长率，与本集团历史经验及外部信息一致。

本集团于年度终了对上述商誉进行了减值测试，在进行商誉减值测试时，本集团将相关资产组（含商誉）的账面价值与其可收回金额进行比较，如果可收回金额低于账面价值，相关差额计入当期损益。

商誉减值准备变动情况如下：

单位：元

名称	年初余额	本年增加	外币报表折算差额	年末余额
China Hydroelectric Corporation	30, 309, 378. 52		439, 404. 05	30, 748, 782. 57
淮安中能环光伏电力有限公司	6, 792, 333. 54			6, 792, 333. 54
汉能邳州市太阳能发电有限公司	963, 735. 62			963, 735. 62
惠州深能源丰达电力有限公司	28, 000, 000. 00			28, 000, 000. 00
珠海深能洪湾电力有限公司		14, 120, 217. 76	439, 404. 05	14, 120, 217. 76
合计	66, 065, 447. 68	14, 120, 217. 76	439, 404. 05	80, 625, 069. 49

第四节 其他长期资产减值披露示例

一、其他长期资产减值常见会计事项

其他长期资产减值常见会计事项主要包括：未充分关注资产减值迹象，未及时、充分计提资产减值准备，重大资产减值信息披露不充分等。

资产可收回金额的估计，应当根据其公允价值减去处置费用后的净额与资产预计未来现金流量的现值两者之间较高者确定。例如，对于采用权益法核算的长期股权投资，当被投资单位股价出现明显下跌且远低于被投资单位净资产的账面价值时，通常表明投资方持有的长期股权投资存在减值迹象，在对该项长期股权投资估计可收回金额时，应当根据该项长期股权投资的公允价值减去处置费用后的净额与该项长期股权投资预计未来现金流量的现值两者之间较高者确定。

二、准则相关规定与监管指引（节选）

（一）《资产减值准则实施问答》

问：上市公司乙公司是甲公司的联营企业，甲公司对乙公司的长期股权投资采用权益法核算。乙公司股价于2×22年出现明显下跌，2×22年12月31日，乙公司股票价值远低于乙公司净资产的账面价值。2×22年12月31日，甲公司对乙公司的长期股权投资是否存在减值迹象？如果存在减值迹象，是否可以直接采用乙公司股价计算作为该长期股权投资的可收回金额？

答：按照《企业会计准则第8号——资产减值》第五条等有关规定，资产的市价当期大幅度下跌，其跌幅明显高于因时间的推移或者正常使用而预计的下跌时，表明资产存在减值迹象。因此，本问题中，被投资单位乙公司股价在2×22年出现明显下跌且在2×22年末远低于乙公司净资产的账面价值，表明甲公司对乙公司的该项长期股权投资存在减值迹象。按照《企业会计准则第8号——资产减值》第三章等有关规定，甲公司应当对该项长期股权投资估计可收回金额，可收回金额应当根据该项长期股权投资的公允价值减去处置费用后的净额与该项长期股权投资预计未来现金流量的现值两者之间较高者确定，而不应直接采用乙公司股价计算得出。

（二）《公开发行证券的公司信息披露编报规则第15号——财务报告的一般规定（2023年修订）》

第十六条　公司应制定与实际生产经营特点相适应的具体会计政策，并充分披露重要会计政策和会计估计。公司根据实际生产经营特点制定的具体会计政策和会计估计，应在本节开始部分对相关事项进行提示。公司不应简单照搬会计准则相关规定原文，应结合所属行业特点和自身情况进行披露。

（二十二）长期股权投资、采用成本模式计量的投资性房地产、固定资产、在建工程、使用权资产、采用成本模式计量的生产性生物资产、油气资产、无形资产、商誉等长期资产的减值测试方法及会计处理方法。

第十九条　资产项目应按以下要求进行披露：

（十一）按被投资单位披露长期股权投资的期初余额、本期增减变动情况、期末余额、减值情况。

（十二）采用成本计量模式的投资性房地产，分类列示其账面原值、累计折旧、减值准备累计金额以及账面价值的期初余额、期末余额和本期增减变动情况。采用公允价值计量模式的投资性房地产，分类列示期初余额、期末余额和本期增减变动情况。对于转换为投资性房地产并采用公允价值计量模式的，应披露转换的理由、审批程序，以及对损益、其他综合收益的影响。公司应披露未办妥产权证书投资性房地产账面价值及原因。

（十三）分类列示固定资产的账面原值、累计折旧、减值准备累计金额以及账面价值的期初余额、期末余额和本期增减变动情况。

公司应披露本期在建工程完工转入固定资产的情况，期末暂时闲置固定资产的账面原值、累计折旧、减值准备累计金额以及账面价值，期末未办妥产权证书的固定资产账面价值及原因。

公司通过经营租赁租出的固定资产，应分类披露租出固定资产的期末账面价值。

（十四）分项列示在建工程账面余额、减值准备累计金额以及账面价值的期初余额、期末余额。列示重要在建工程项目的本期变动情况，包括在建工程名称、预算数、期初余额、本期增加金额、本期转入固定资产金额、本期其他减少金额、期末余额、工程累计投入占预算的比例、工程进度和工程资金来源。其中工程资金来源应区分募集资金、金融机构贷款和其他来源等。在建工程账面价值中包含资本化利息的，应披露利息资本化累计金额、本期利息资本化率及资本化金额。

分项列示在建工程减值准备的期初余额、期末余额和本期增减变动情况。

（十五）采用成本计量模式的生产性生物资产，分类列示账面原值、累计折旧、减值准备累计金额以及账面价值的期初余额、期末余额和本期增减变动情况。

采用公允价值计量模式的生产性生物资产，分类列示期初余额、期末余额和本期增减变动情况。

（十六）分类列示油气资产的账面原值、累计折旧、减值准备累计金额以及账面价值的期初余额、期末余额和本期增减变动情况。

（十七）分类列示使用权资产的账面原值、累计折旧、减值准备累计金额以及账面价值的期初余额、期末余额和本期增减变动情况。

（十八）分类列示无形资产账面原值、累计摊销、减值准备累计金额以及账面价值的期初余额、期末余额和本期增减变动情况。披露期末无形资产中通过公司内部研发形成的无形资产占无形资产余额的比例。

公司应披露未办妥产权证书的土地使用权账面价值及原因。

（十九）分项披露长期股权投资、采用成本计量模式的投资性房地产、固定资产、在建工程、采用成本计量模式的生产性生物资产、油气资产、使用权资产、无形资产等长期资产的减值测试情况。

上述长期资产本期进行减值测试的，应披露可收回金额的具体确定方法。可收回金额按公允价值减去处置费用后的净额确定的，应披露公允价值和处置费用的确定方式、关键参数及其确定依据。可收回金额按预计未来现金流量的现值确定的，应披露预测期的年限、预测期及稳定期的关键参数及其确定依据。前述信息与以前年度减值测试采用的信息或外部信息明显不一致的，或公司以前年度减值测试采用信息与当年实际情况明显不一致的，应披露差异原因。

第二十二条　利润表项目应按以下要求进行披露：

（九）按照资产减值损失项目分别列示资产减值损失本期发生额、上期发生额。

第二十七条　公司存在符合资本化条件的研发项目的，应分项披露开发支出期初余额、期末余额和本期增减变动情况。

对于重要的资本化研发项目，应结合研发进度、预计完成时间、预计经济利益产生方式等情况，分项说明开始资本化的时点和具体依据。分项列示开发支出减值准备的期初余额、期末余额和本期增减变动情况，以及减值测试情况。

（三）《关于严格执行企业会计准则　切实做好企业 2023 年年报工作的通知》（财会［2023］29 号）

关于减值的判断和计量。

企业应当按照资产减值准则等相关规定，根据企业具体情况对固定资产、使用权资产、长期股权投资等资产减值准备进行职业判断和会计处理，企业应当在资产负债表日判断资产是否存在可能发生减值的迹象，存在减值迹象的，应当合理确定关键参数，估计可收回金额，充分、及时计提减值并披露与减值相关的重要信息。判断资产减值迹象或认定减值金额时，应以相关资产在资产负债表日的状况为基础，以资产负债表日已经存在且能够取得的可靠信息为依据，而不应考虑资产负债表日后非调整事项的影响。例如，对于采用权益法核算的长期股权投资，当被投资方股价出现明显下跌且远低于被投资单位净资产的账面价值时，表明投资方对被投资单位的该项长期股权投资存在减值迹象，投资方应当对该项长期股权投资估计可收回金额，可收回金额应当根据该项长期股权投资的公允价值减去处置费用后的净额与该项长期股权投资预计未来现金流量的现值两者之间较高者确定。

（四）证监会《上市公司年报会计监管报告》

《上市公司 2022 年年度财务报告会计监管报告》

未恰当计提短期出租资产的减值损失

根据企业会计准则及相关规定，企业应当在资产负债表日判断资产是否存在可能发生减值的迹象。表明资产可能发生了减值的迹象包括：资产已经或者将被闲置、终止使用或者计划提前处置，或者企业内部报告的证据表明资产的经济绩效已经低于或者将低于预期等。对于出租资产，出租人应当按照资产减值准则有关规定，确定租赁资产是否发生减值，并对已识别的减值损失进行会计处理。

审阅分析发现，部分上市公司以前年度将产能落后的闲置机器设备对外短期出租

（不可撤销的租赁期远小于资产剩余使用寿命），并以此为由认为该资产不存在减值迹象。本年度租赁合同到期后，上市公司因未能继续出租而对该资产计提大额减值准备。上市公司应当根据企业会计准则有关规定，综合不可撤销租赁期、租赁合同到期后资产继续出租的可能性、续租租金以及资产闲置情况等因素，合理判断出租资产的减值迹象，恰当计提减值准备并计入正确的会计期间。

《2020 年上市公司年报会计监管报告》

未正确对开发支出进行会计处理

根据企业会计准则及相关规定，企业内部研究开发项目研究阶段的支出，应当于发生时计入当期损益。企业自行开发无形资产发生的研发支出满足资本化条件的，计入“研发支出——资本化支出”科目，并在资产负债表“开发支出”项目列报。对于尚未达到可使用状态的无形资产，应按照准则规定每年进行减值测试。

年报分析发现，个别上市公司对于内部研究开发项目，以前年度将相关支出确认为开发支出，报告期公司进行战略调整，暂缓相关研究开发项目，因而将开发支出累计发生余额转入当期管理费用。上市公司应判断以前年度相关支出是否满足资本化条件，对于不满足资本化条件的，应按照《企业会计准则第 28 号——会计政策、会计估计变更和差错更正》相关规定进行会计处理。若以前年度相关支出满足资本化条件，上市公司应按照资产减值准则的规定，对已资本化的开发支出恰当计提减值损失，而非转入管理费用。

《2019 年上市公司年报会计监管报告》

其他非金融资产减值问题

根据企业会计准则及相关规定，企业应当在资产负债表日对固定资产、无形资产等长期资产进行检查，结合内外部信息综合判断相关资产是否存在减值迹象，如有，应当评估其可收回金额，并确认减值损失。企业持有的存货应当按照成本与可变现净值孰低计量，存货成本高于可变现净值的，应当计提存货跌价准备。

年报分析发现，部分上市公司未及时、充分计提资产减值准备。一是个别上市公司自有品牌产品销售业务早已处于停产滞销状态，但以前年度未对相关资产计提减值损失。报告期内，公司决定关闭并退出该业务，对相关存货、生产设备及专利权等进行变卖，将处置损失一次性计入当期损益。业务停产滞销表明相关资产在以前年度已出现明显的减值迹象，但上市公司未及时、充分计提资产减值损失，导致损失跨期确认。二是个别上市公司持有部分商品房、列报为其他非流动资产，其所在楼盘已长时间处于停工、业主无法签订购房合同及办理后续事宜状态，且房产开发主体及其控股股东已出现失信被执行人、限制消费令情形，上市公司仍未根据房产所处状态合理计提资产减值损失。三是个别上市公司的在建工程由于资金短缺未能投产，项目建设主体已被申请破产清算，但仍未对此工程计提减值准备。

《2017 年上市公司年报会计监管报告》

未充分关注资产减值迹象：企业会计准则规定，长期资产存在减值迹象时，企业应估计其可收回金额，进行减值测试。年报分析发现，部分上市公司在专用设备闲置、在建工程长期处于停滞状态或投资的联营企业长期未开展经营业务等情况下，仍未对相关资产计提减值准备。此外，部分上市公司并购的标的公司实际经营情况和相关承诺存在较大落差，合并形成的相关资产未来所能带来的净现金流量可能已远低于原预计金额，在此情况下，上市公司未对商誉或相关长期资产进行减值测试，不符合会计准则的规定。

《2016 年上市公司年报会计监管报告》

未充分关注资产减值迹象：年报分析发现，个别上市公司没有依据企业会计准则的规定充分关注下列情形下的资产减值迹象并进行相关资产的减值测试：所处行业产能过剩或快速技术进步、市场竞争激烈；在建工程项目由于工艺、市场变化、企业自身等原因长时间暂停或暂缓建设；频繁策划跨行业重组注入新业务，现有重资产特征业务连续亏损；资产位于地域风险显著（外汇管制、恶性通货膨胀、宏观经济恶化）的国家或地区等等，可能存在资产减值准备计提不充分的情形。

重大资产减值信息披露不充分：年报分析中发现，多数上市公司采用了预计未来现金流量的现值来确定可收回金额，但是没有披露预计未来现金流量的关键假设（如收入增长率、利润率等）及其依据、估计现值时所采用的折现率等关键参数，使得财务报表使用者无法判断其减值测试的结果是否真实可靠。

《2015 年上市公司年报会计监管报告》

在建工程资产减值计提与披露：年报分析中发现，有的上市公司因经营所处的经济、技术等环境以及资产所处的市场在当期或者将在近期发生重大变化，对经营性长期资产组包括固定资产、无形资产等计提了大额或全额减值准备，但相关的在建工程并未计提减值也未披露原因，不符合企业会计准则和 15 号文的规定，可能存在减值计提和披露不充分的情况。

三、年报披露示例

其他长期资产减值年报披露示例汇总如表 6－4 所示。

表 6－4　　其他长期资产减值年报披露示例汇总

序号	参考示例	其他长期资产类型
1	示例 6－20　中兴通讯（000063. SZ）	长期股权投资
2	示例 6－21　东鹏控股（003012. SZ）	长期股权投资

续表

序号	参考示例	其他长期资产类型
3	示例6－22　上港集团（600018. SH）	投资性房地产
4	示例6－23　中国中冶（601618. SH）	投资性房地产
5	示例6－24　康希诺（688185. SH）	固定资产
6	示例6－25　中信特钢（000708. SZ）	固定资产
7	示例6－26　上海石化（600688. SH）	固定资产
8	示例6－27　辽港股份（601880. SH）	在建工程
9	示例6－28　三一重能（688349. SH）	在建工程
10	示例6－29　传智教育（003032. SZ）	使用权资产
11	示例6－30　迪阿股份（301177. SZ）	使用权资产
12	示例6－31　迈瑞医疗（300760. SZ）	无形资产
13	示例6－32　复旦微电（688385. SH）	无形资产
14	示例6－33　昊海生科（688366. SH）	无形资产
15	示例6－34　动力新科（600841. SH）	开发支出

示例6－20　中兴通讯（000063. SZ）

长期股权投资减值准备的情况

单位：千元

项目	年初余额	本年增加	本年减少	年末余额
New Idea Investment Pte. Ltd	14, 551		14, 551	
衡阳网信置业有限公司	17, 474	34, 972		52, 446
中兴飞流信息科技有限公司	19, 877			19, 877
其他投资	44, 935			44, 935
合计	96, 837	34, 972	14, 551	117, 258

由于衡阳网信置业有限公司出现了减值迹象，对其进行了减值测试，可收回金额按公允价值减去处置费用后的净额确定的：

单位：千元

项目	账面价值	可收回金额	减值金额	公允价值和处置费用的确定方式
衡阳网信置业有限公司	34, 972		34, 972	根据被投资单位经营情况，公司管理层评估公允价值为0

示例6－21　东鹏控股（003012. SZ）

长期股权投资

可收回金额按预计未来现金流量的现值确定。

单位：元

项目	账面价值	可收回金额	减值金额	预测期的年限	预测期的关键参数	稳定期的关键参数	稳定期的关键参数的确定依据
爱蜂巢（苏州）电子商务有限公司	21, 427, 872. 34		21, 427, 872. 34	5	税前折现率：35%	稳定期增长率：2%	根据管理层对宏观经济发展的预期
合计	21, 427, 872. 34		21, 427, 872. 34				

示例6－22　上港集团（600018. SH）

投资性房地产

采用成本计量模式的投资性房地产的减值测试情况：

本集团之子公司瑞祥公司持有的位于上海市宝山区的6栋人才公寓原作为集团内部租赁房，由瑞祥公司于2020年及2023年分别将在建的4栋及2栋人才公寓申请转作保障性租赁住房，瑞祥公司于以前年度基于市场租金价格并考虑一定折扣率后判断不存在减值迹象。该等保障性租赁住房于2023年度完工，瑞祥公司按照保障性租赁住房相关规定于2023年11月完成了4栋人才公寓在上海市房屋管理局的租赁价格备案并按照备案价格开始对外租赁，另外2栋尚未完成在上海市房屋管理局的租赁价格备案。由于2023年度市场租金价格下降，保障性租赁住房备案的租赁价格较低，于2023年12月31日，管理层判断该等保障性租赁住房存在减值迹象并聘请独立第三方评估机构进行了减值评估，经比较相关资产的公允价值减去处置费用后的净额和预计未来现金流量的现值后，评估师采用收益法计算预计未来现金流量的现值确定其可收回金额。基于评估结果，瑞祥公司于2023年12月31日对该等保障性租赁住房计提了577, 855, 000元的投资性房地产减值准备。

可收回金额按预计未来现金流量的现值确定。

单位：元

项目	账面价值	可收回金额	减值金额	预测期的年限	预测期的关键参数	稳定期的关键参数	稳定期的关键参数的确定依据
瑞祥保障性租赁住房	1,808,485,032.38	1,230,630,032.38	577,855,000.00	15年	租金增长率4%	租金增长率0%	根据历史经验及对市场发展的预测
合计	1,808,485,032.38	1,230,630,032.38	577,855,000.00	—	—	—	—

示例6-23　中国中冶（601618.SH）

投资性房地产

单位：千元

项目	房屋及建筑物	土地使用权	合计
账面原值			
2022年12月31日	8,774,008	625,364	9,399,372
本年增加	2,412,257	28,372	2,440,629
外购或建造	2,623		2,623
固定资产转入	94,160		94,160
存货转入	2,210,445		2,210,445
无形资产转入		12,992	12,992
合并范围变化	24,763		24,763
汇率变动	41,790		41,790
债务重组取得	23,134		23,134
其他	15,342	15,380	30,722
本年减少	1,916,970		1,916,970
处置	25,060		25,060
转入固定资产	1,869,918		1,869,918
转入至存货	20,600		20,600
其他	1,392		1,392
2023年12月31日	9,269,295	653,736	9,923,031
累计折旧和累计摊销			
2022年12月31日	1,331,026	172,872	1,503,898
本年增加	269,689	28,695	298,384

续表

项目	房屋及建筑物	土地使用权	合计
计提	193, 757	13, 882	207, 639
固定资产转入	74, 340		74, 340
无形资产转入		9, 434	9, 434
合并范围变化	298		298
其他	1, 294	5, 379	6, 673
本年减少	105, 782		105, 782
处置	11, 110		11, 110
转入固定资产	88, 897		88, 897
转入至存货	5, 108		5, 108
其他	667		667
2023 年 12 月 31 日	1, 494, 933	201, 567	1, 696, 500
减值准备			
2022 年 12 月 31 日	23, 579		23, 579
本年增加	182, 562		182, 562
计提	182, 465		182, 465
其他	97		97
2023 年 12 月 31 日	206, 141		206, 141
账面价值			
2023 年 12 月 31 日	7, 568, 221	452, 169	8, 020, 390
2022 年 12 月 31 日	7, 419, 403	452, 492	7, 871, 895

由于中冶置业的投资性房地产出现了减值迹象，本公司对其进行了减值测试。可收回金额按公允价值减去处置费用后的净额确定。

单位：千元

项目	账面价值	可收回金额	减值金额	公允价值和处置费用的确定方式	关键参数	关键参数的确定依据
资产 1	2, 136, 975	2, 100, 920	182, 465	市场法	资产单价：21, 000 元/平方米	以同一供需圈，用途相近可比性较强的房产交易实例作为比较实例
合计	2, 136, 975	2, 100, 920	182, 465	—	—	—

示例6－24　康希诺（688185. SH）

固定资产

单位：元

项目	房屋及建筑物	机器设备	运输工具	电子及办公设备	合计
一、账面原值					
1. 期初余额	729, 027, 256. 62	976, 751, 706. 00	4, 296, 063. 92	68, 928, 114. 98	1, 779, 003, 141. 52
2. 本期增加金额	249, 859, 893. 32	312, 075, 668. 35	518, 828. 01	4, 519, 297. 85	566, 973, 687. 53
（1）购置		35, 666, 175. 81	518, 828. 01	4, 409, 626. 22	40, 594, 630. 04
（2）在建工程转入	249, 859, 893. 32	276, 409, 492. 54	－270, 838. 65	109, 671. 63	526, 379, 057. 49
3. 本期减少金额		－1, 609, 403. 41	－270, 838. 65	－28, 560. 58	－1, 908, 802. 64
（1）处置或报废		－1, 609, 403. 41	4, 544, 053. 28	73, 418, 852. 25	－1, 908, 802. 64
4. 期末余额	978, 887, 149. 94	1, 287, 217, 970. 94	4, 296, 063. 92	68, 928, 114. 98	2, 344, 068, 026. 41
二、累计折旧					
1. 期初余额	72, 701, 383. 47	182, 451, 978. 61	1, 704, 756. 54	19, 662, 405. 50	276, 520, 524. 12
2. 本期增加金额	51, 440, 312. 70	131, 062, 463. 49	903, 562. 86	11, 807, 766. 03	195, 214, 105. 08
（1）计提	51, 440, 312. 70	131, 062, 463. 49	903, 562. 86	11, 807, 766. 03	195, 214, 105. 08
3. 本期减少金额		－1, 284, 369. 84	－257, 296. 72	－27, 507. 51	－1, 569, 174. 07
（1）处置或报废		－1, 284, 369. 84	－257, 296. 72	－27, 507. 51	－1, 569, 174. 07
4. 期末余额	124, 141, 696. 17	312, 230, 072. 26	2, 351, 022. 68	31, 442, 664. 02	470, 165, 455. 13
三、减值准备					
1. 期初余额					
2. 本期增加金额		167, 262, 142. 54		8, 797, 715. 26	176, 059, 857. 80
3. 期末余额		167, 262, 142. 54		8, 797, 715. 26	176, 059, 857. 80
四、账面价值					
1. 期末账面价值	854, 745, 453. 77	807, 725, 756. 14	2, 193, 030. 60	33, 178, 472. 97	1, 697, 842, 713. 48
2. 期初账面价值	656, 325, 873. 15	794, 299, 727. 39	2, 591, 307. 38	49, 265, 709. 48	1, 502, 482, 617. 40

本集团之子公司上药康希诺自2023年4月起处于低成本运营状态，相关固定资产闲置，本集团管理层认为相关固定资产存在减值迹象，对相关资产进行了减值测试，并根据减值测试的结果计提了固定资产减值准备。

单位：元

项目	账面价值	可收回金额	减值金额	公允价值和处置费用的确定方式	关键参数	关键参数的确定依据
机器设备	396,055,957.01	251,417,626.42	-167,262,142.54	以重置成本确定公允价值，以拍卖价格、印花税及运杂费确定处置费用	成新率及拍卖费用	成新率：平均年限法 拍卖费用：《最高人民法院关于人民法院民事执行中拍卖、变卖财产的若干规定》
电子及办公设备	12,301,870.95	5,932,116.19	-8,797,715.26	以重置成本确定公允价值，以拍卖价格、印花税及运杂费确定处置费用	成新率及拍卖费用	成新率：年限法及规模效益指数法拍卖费用：《最高人民法院关于人民法院民事执行中拍卖、变卖财产的若干规定》
运输工具	352,592.16	686,761.45		以重置成本确定公允价值，以拍卖价格、印花税及运杂费确定处置费用	成新率及拍卖费用	成新率：余额折旧法 拍卖费用：《最高人民法院关于人民法院民事执行中拍卖、变卖财产的若干规定》
合计	408,710,420.12	258,036,504.06	-176,059,857.80	不适用	不适用	不适用

示例 6-25　中信特钢（000708.SZ）

固定资产减值的主要明细如下：

中信泰富特钢的个别板材产线、个别球团产线、个别空气化工设备、个别捣固焦炉、个别机组以及个别老焦化厂产线（以下简称“各资产组”）于 2022 年及以前年度累计计提减值准备人民币 2,191,060,706.93 元。本年度由于资产处置原因核销减值准备人民币 372,523,548.91 元。于 2023 年 12 月 31 日，中信泰富特钢的固定资产账面减值准备为人民币 1,818,537,158.02 元。

单位：元

项目	2022 年 12 月 31 日	本年增加	本年处置及报废	2023 年 12 月 31 日
个别板材产线	600,000,000.00			600,000,000.00
个别球团产线	524,473,782.16		136,915.44	524,336,866.72
个别空气化工设备	236,759,871.85			236,759,871.85

续表

项目	2022 年 12 月 31 日	本年增加	本年处置及报废	2023 年 12 月 31 日
个别捣固焦炉	229, 877, 129. 02		180, 471, 440. 47	49, 405, 688. 55
个别焦化厂产线	214, 094, 101. 29		181, 783, 921. 35	32, 310, 179. 94
个别机组	188, 000, 000. 00			188, 000, 000. 00
其他	197, 855, 822. 61		10, 131, 271. 65	187, 724, 550. 96
合计	2, 191, 060, 706. 93		372, 523, 548. 91	1, 818, 537, 158. 02

管理层以能够独立产生现金流入的最小资产组合为基础并考虑对生产经营活动的管理和监控方式以及对资产的持续使用或者处置的决策方式等确定资产组。

于 2023 年，本集团根据财务报表附注五、20 中所载的会计政策对个别线材产线、个别棒材产线、个别炼钢产线、个别新焦化厂产线和个别球团产线进行减值测试，根据测试结果，个别线材产线、个别棒材产线、个别炼钢产线、个别焦化厂产线和个别球团产线相关资产的可收回金额高于资产账面价值，本集团无须对相关固定资产计提资产减值准备。

可收回金额按预计未来现金流量的现值确定。

单位：元

项目	账面价值	可收回金额	预计未来现金流量的现值确定方式	关键参数	关键参数的确定依据
个别线材及炼钢产线	4, 847, 864, 240. 72	5, 078, 900, 000. 00	未来现金流量的现值采用收益法	预测销售增长率、预测毛利率和折现率	预测销售增长率（2024 年至 2026 年：增长率为 1.00% ~ 3.00%，2027 年以后：2.00%）和毛利率（3.00% – 15.73%）根据历史经营经验及市场参与者的预期进行预测；评估预计未来现金流量的现值时所采用的税前折现率为 13.53%，反映了本集团的特别风险。 2023 年度，由于该市场情况变化，该资产组的实际经营情况未达到 2022 年的预测，本集团在 2023 年更新了减值测试中的关键假设
个别新焦化厂产线	1, 796, 323, 941. 69	2, 138, 900, 000. 00	未来现金流量的现值采用收益法	预测销售增长率、预测毛利率和折现率	预测销售增长率（2024 年至 2025 年：7.35% – 22.23%，2026 年以后：2.00%）和毛利率（–0.29% –8.43%）根据历史经营经验及市场参与者的预期进行预测；评估预计未来现金流量的现值时所采用的税前折现率为 13.33%，反映了本集团的特别风险

可收回金额按公允价值减去重置费用后的净额确定。

单位：元

项目	账面价值	可收回金额	公允价值和处置费用的现值确定方式	关键参数	关键参数的确定依据
个别球团产线	54,288,391.33	97,861,000.00	公允价值采用重置成本法，处置费用为与处置资产有关的费用	重置成本、成新率及处置费用	（1）房屋及建筑物重置成本：采用重编预算法计算且基于建安成本进一步考虑了相关费用及利润，得出房屋建筑物的重置成本；（2）机器设备重置成本：考虑设备购置费、运杂费、安装费用和相关税费等确定设备重置成本；（3）综合成新率：采用年限成新率及打分法成新率加权计算确定成新率（15.00%－100.00%）；（4）处置费用：包括与资产处置有关的运杂、清理、拆除以及为使资产达到可销售状态所发生的直接费用等（公允价值的2.00%－3.00%）
个别棒材产线	212,432,345.82	222,760,100.00	公允价值采用重置成本法，处置费用为与处置资产有关的费用	重置成本、成新率及处置费用	（1）房屋及建筑物重置成本：考虑建造期至估值基准日的建安成本增长率分析得出房屋建筑物的建安成本，再考虑其他费用、利润计算得出房屋建筑物的重置成本；（2）机器设备重置成本：考虑设备购置费、辅助材料款、运杂费及安装费用等，使用物价指数调整法确认设备重置成本；（3）综合成新率：采用年限成新法及观察打分法加权计算确定成新率（0.00%－85.00%）；（4）处置费用：包括与资产处置有关的法律费用、相关税费、搬运费以及为使资产达到可销售状态所发生的直接费用等（公允价值的5.50%）
个别炼钢产线	253,352,695.61	264,467,900.00	公允价值采用重置成本法，处置费用为与处置资产有关的费用	重置成本、成新率及处置费用	（1）房屋及建筑物重置成本：考虑建造期至估值基准日的建安成本增长率分析得出房屋建筑物的建安成本，再考虑其他费用、利润计算得出房屋建筑物的重置成本；（2）机器设备重置成本：考虑设备购置费、辅助材料款、运杂费及安装费用等，使用物价指数调整法确认设备重置成本；（3）综合成新率：采用年限成新法及观察打分法加权计算确定成新率（3.00%－74.00%）；（4）处置费用：包括与资产处置有关的法律费用、相关税费、搬运费以及为使资产达到可销售状态所发生的直接费用等（公允价值的5.50%）

示例6-26 上海石化（600688. SH）

固定资产情况

单位：千元

项目	房屋及建筑物	厂房及机器设备	运输工具及其他设备	合计
原值				
年初余额	4, 480, 502	45, 299, 395	2, 114, 644	51, 894, 541
本年重分类	41, 738	(100, 490)	58, 752	
本年增加				
——购置	89	149, 393	32, 139	181, 621
——在建工程转入	207, 727	3, 266, 210	79, 627	3, 553, 564
——投资性房地产转入	3, 491			3, 491
本年减少				
——处置及报废	(28, 235)	(227, 124)	(35, 900)	(291, 259)
——转出至投资性房地产	(271)			(271)
年末余额	4, 705, 041	48, 387, 384	2, 249, 262	55, 341, 687
累计折旧				
年初余额	2, 790, 861	33, 591, 549	1, 596, 395	37, 978, 805
本年重分类	40, 521	(45, 407)	4, 886	
本年增加				
——计提	109, 009	1, 434, 779	143, 230	1, 687, 018
——投资性房地产转入	2, 707			2, 707
本年减少				
——处置及报废	(26, 781)	(200, 434)	(33, 009)	(260, 224)
——转出至投资性房地产	(43)			(43)
年末余额	2, 916, 274	34, 780, 487	1, 711, 502	39, 408, 263
减值准备				
年初余额	83, 848	1, 625, 798	10, 563	1, 720, 209
本年重分类	21, 181	(21, 470)	289	
本期增加		29, 632	218	29, 850
本年减少				
——处置及报废		(7, 462)		(7, 462)
年末余额	105, 029	1, 626, 498	11, 070	1, 742, 597

续表

项目	房屋及建筑物	厂房及机器设备	运输工具及其他设备	合计
账面价值				
年末账面价值	1, 683, 738	11, 980, 399	526, 690	14, 190, 827
年初账面价值	1, 605, 793	10, 082, 048	507, 686	12, 195, 527

2023 年度，因市场情况日益严峻，导致特定生产装置包括化工产品分部的现金产出单元，生产的产品的预期销售价格无法弥补其生产及运营成本的上升，本集团管理层认为，特定生产装置相关的资产存在减值迹象。本集团根据财务报表附注三、19 中所载的会计政策对特定生产装置相关资产进行减值测试，根据测试结果特定生产装置相关资产的可收回金额高于资产账面价值，本集团无须对相关固定资产计提资产减值准备。

化工产品分部的中间石化产品特定生产装置的可收回金额根据资产预计未来现金流量的现值所确定。本集团依据经批准的 5 年期财务预算对预计未来现金流量的现值进行计算。预测现金流量是基于几个关键假设制定的，包括产品销售增长率、相关成本增长率（“预测增长率”）及折现率。上述重要假设中，预测增长率根据历史经营经验及市场参与者的预期进行预测，2024 年至 2028 年平均收入复合增长率为 2. 52%，2024 年至 2028 年平均成本复合增长率为 0. 02%，并与相关行业报告的预测一致，评估预计未来现金流量的现值时所采用的税前折现率为 11. 89%，反映了本集团的特别风险。

化工产品分部的合成纤维特定生产装置的可收回金额根据资产的公允价值减去处置费用后的净额所确定。资产的公允价值是基于重置全价、年限成新率等关键假设确定的。上述重要假设中，重置全价根据购建成本按相应价格指数调整确定，年限成新率按照剩余经济年限确定，处置费用根据预计的中介费用和税金比率计算确定。

2023 年度，除上述资产或现金产出单元外，本集团部分生产装置已经停产或生产工艺落后。本集团预期使用这些生产装置相关固定资产未来不会产生经济效益，相关固定资产因定制化也无法用作其他用途，因此，本集团对化工产品分部的相关固定资产分别计提资产减值准备人民币 29, 850 千元。

示例 6 –27　辽港股份（601880. SH）

本期计提在建工程减值准备情况

单位：元

项目	期初余额	本期增加	本期减少	期末余额	计提原因
庄河房车露营地项目	8, 942, 675. 89		8, 942, 675. 89		—
19 –21#泊位在建工程		96, 566, 868. 62		96, 566, 868. 62	停止建设该项目部分工程
合计	8, 942, 675. 89	96, 566, 868. 62	8, 942, 675. 89	96, 566, 868. 62	—

在建工程的减值测试情况

由于在建工程多年无实质性进展，本集团本年对大窑湾二期13－16#泊位、19－21#泊位在建工程和新港18－21#泊位进行了减值测试。

单位：元

项目	账面价值	可收回金额	减值金额	公允价值和处置费用的确定方式	关键参数	关键参数的确定依据
大窑湾二期13－16#泊位	722, 465, 600. 62	758, 474, 614. 16		公允价值采用市场法，处置费用为与处置资产相关的费用	评估单价	参照市场上与评估资产相似的资产的近期交易价格或平均报价，并对差异因素进行调整修正
19－21#泊位在建工程（注）	423, 291, 786. 31	469, 691, 481. 35	96, 566, 868. 62	公允价值采用市场法，处置费用为与处置资产相关的费用	评估单价	参照市场上与评估资产相似的资产的近期交易价格或平均报价，并对差异因素进行调整修正
新港18－21#泊位	351, 516, 342. 18	602, 173, 934. 85		公允价值采用市场法，处置费用为与处置资产相关的费用	评估单价	参照市场上与评估资产相似的资产的近期交易价格或平均报价，并对差异因素进行调整修正
合计	1, 497, 273, 729. 11	1, 830, 340, 030. 36	96, 566, 868. 62	—	—	—

注：本集团之子公司大连集装箱码头有限公司于2023年评估19－21#泊位在建工程项目，决定停止建设该项目部分工程，因而根据其资产预计可收回金额对在建工程计提减值准备96, 566, 868. 62元（2022年12月31日：无）。

示例6－28　三一重能（688349. SH）

本期计提在建工程减值准备情况

单位：千元

项目	期初余额	本期增加	本期减少	期末余额	计提原因
三一宁乡金盆山风电场	18, 929	1, 370	20, 299	—	停工闲置
张家口资产调入项目	4, 223			4, 223	停工闲置
东安九湾	3, 432			3, 432	停工闲置
广宁三一	2, 875			2, 875	停工闲置
宁乡云田湾	2, 021			2, 021	停工闲置

续表

项目	期初余额	本期增加	本期减少	期末余额	计提原因
其他	2, 552	37	37	2, 552	停工闲置/长期停滞风场
合计	34, 032	1, 407	20, 336	15, 103	—

在建工程的减值测试情况

单位：千元

项目	账面价值	可收回金额	减值金额	公允价值和处置费用的确定方式	关键参数	关键参数的确定依据
三一宁乡金盆山风电场	1, 370		1, 370	项目停工建设，无法收回前期建设支出		
其他	37		37	项目停工建设，无法收回前期建设支出		
合计	1, 407		1, 407	—	—	—

示例 6 – 29　传智教育（003032. SZ）

使用权资产情况

单位：元

项目	房屋建筑物	合计
一、账面原值		
1. 期初余额	342, 489, 229. 85	342, 489, 229. 85
2. 本期增加金额	11, 862, 882. 39	11, 862, 882. 39
3. 本期减少金额	89, 619, 124. 22	89, 619, 124. 22
4. 期末余额	264, 732, 988. 02	264, 732, 988. 02
二、累计折旧		
1. 期初余额	117, 116, 760. 62	117, 116, 760. 62
2. 本期增加金额	58, 229, 312. 33	58, 229, 312. 33
（1）计提	58, 229, 312. 33	58, 229, 312. 33
3. 本期减少金额	54, 948, 959. 02	54, 948, 959. 02
（1）处置	54, 948, 959. 02	54, 948, 959. 02
4. 期末余额	120, 397, 113. 93	120, 397, 113. 93

续表

项目	房屋建筑物	合计
三、减值准备		
1. 期初余额	6, 081, 353. 60	6, 081, 353. 60
2. 本期增加金额	17, 092, 259. 17	17, 092, 259. 17
（1）计提	17, 092, 259. 17	17, 092, 259. 17
3. 本期减少金额		
（1）处置		
4. 期末余额	23, 173, 612. 77	23, 173, 612. 77
四、账面价值		
1. 期末账面价值	121, 162, 261. 32	121, 162, 261. 32
2. 期初账面价值	219, 291, 115. 63	219, 291, 115. 63

使用权资产的减值测试情况

单位：元

项目	账面价值	可收回金额	减值金额	预测期的年限	预测期的关键参数	稳定期的关键参数	稳定期的关键参数的确定依据
沭阳校区资产组	25, 258, 619. 68	6, 926, 582. 88	18, 332, 036. 80	4 年	收入增长率：-10. 32% ~20. 87%；税前折现率：11. 66%	无	无
合计	25, 258, 619. 68	6, 926, 582. 88	18, 332, 036. 80				

其他说明：

由于集团沭阳校区开展的学历中等职业教育业务尚处初期阶段，尚未形成规模效应，截至 2023 年 12 月 31 日，本集团管理层认定沭阳校区资产组存在减值迹象，并对该资产组的可收回金额进行了减值评估。经评估，管理层确定该资产组的可收回金额低于其账面价值，并在本年度确认资产减值损失人民币 18, 332, 036. 80 元，其中，使用权资产确认资产减值损失人民币 17, 092, 259. 17 元，固定资产确认资产减值损失人民币 389, 320. 74 元，长期待摊费用确认资产减值损失人民币 850, 456. 89 元（2022 年度：确认资产减值损失人民币 6, 631, 578. 00 元，其中，使用权资产确认资产减值损失人民币 6, 081, 353. 60 元，固定资产确认资产减值损失人民币 127, 518. 51 元，长期待摊费用确认资产减值损失人民币 422, 705. 89 元）。

本集团租赁了多项房屋建筑物，租赁期为 2 – 9 年。上述使用权资产无法用于借款抵押、担保等目的。

示例6－30　迪阿股份（301177. SZ）

使用权资产情况

单位：元

项目	房屋及建筑物	合计
一、账面原值		
1. 期初余额	1, 050, 335, 607. 36	1, 050, 335, 607. 36
2. 本期增加金额	149, 402, 589. 96	149, 402, 589. 96
（1）增加	148, 955, 722. 58	148, 955, 722. 58
（2）外币报表折算差异	446, 867. 38	446, 867. 38
3. 本期减少金额	452, 819, 130. 17	452, 819, 130. 17
（1）处置	452, 819, 130. 17	452, 819, 130. 17
4. 期末余额	746, 919, 067. 15	746, 919, 067. 15
二、累计折旧		
1. 期初余额	436, 053, 985. 67	436, 053, 985. 67
2. 本期增加金额	352, 240, 987. 29	352, 240, 987. 29
（1）计提	351, 904, 368. 67	351, 904, 368. 67
（2）外币报表折算差异	336, 618. 62	336, 618. 62
3. 本期减少金额	310, 828, 690. 17	310, 828, 690. 17
（1）处置	310, 828, 690. 17	310, 828, 690. 17
4. 期末余额	477, 466, 282. 79	477, 466, 282. 79
三、减值准备		
1. 期初余额	23, 775, 454. 33	23, 775, 454. 33
2. 本期增加金额	57, 013, 861. 16	57, 013, 861. 16
（1）计提	56, 741, 019. 03	56, 741, 019. 03
（2）外币报表折算差异	272, 842. 13	272, 842. 13
3. 本期减少金额	20, 308, 185. 79	20, 308, 185. 79
（1）处置	20, 308, 185. 79	20, 308, 185. 79
4. 期末余额	60, 481, 129. 70	60, 481, 129. 70
四、账面价值		
1. 期末账面价值	208, 971, 654. 66	208, 971, 654. 66
2. 期初账面价值	590, 506, 167. 36	590, 506, 167. 36

使用权资产的减值测试情况

单位：元

项目	账面价值	可收回金额	减值金额	预测期的年限	预测期的关键参数	稳定期的关键参数	稳定期的关键参数的确定依据
DR 广州天河城广场店	5, 312, 280. 86	1, 164, 792. 61	4, 147, 488. 25	租赁合同到期日以及预计闭店日孰早	(1) 营业收入：根据公司战略目标、外部环境、国家出台的刺激消费政策及门店历史收入增幅情况预测；(2) 营业成本：根据历史平均毛利率计算；(3) 营运费用：根据历史费用占营业收入的比重计算；(4) 税前折现率：14. 48%	不适用	不适用
DR 北京中关村领展购物中心店	4, 631, 335. 21	811, 267. 32	3, 820, 067. 89	租赁合同到期日以及预计闭店日孰早	(1) 营业收入：根据公司战略目标、外部环境、国家出台的刺激消费政策及门店历史收入增幅情况预测；(2) 营业成本：根据历史平均毛利率计算；(3) 营运费用：根据历史费用占营业收入的比重计算；(4) 税前折现率：14. 48%	不适用	不适用
DR 昆明 PARK1903 店	2, 812, 014. 82		2, 812, 014. 82	租赁合同到期日以及预计闭店日孰早	(1) 营业收入：根据公司战略目标、外部环境、国家出台的刺激消费政策及门店历史收入增幅情况预测；(2) 营业成本：根据历史平均毛利率计算；(3) 营运费用：根据历史费用占营业收入的比重计算；(4) 税前折现率：14. 48%	不适用	不适用
DR 上海港汇广场店	3, 075, 018. 16	685, 741. 35	2, 389, 276. 81	租赁合同到期日以及预计闭店日孰早	(1) 营业收入：根据公司战略目标、外部环境、国家出台的刺激消费政策及门店历史收入增幅情况预测；(2) 营业成本：根据历史平均毛利率计算；(3) 营运费用：根据历史费用占营业收入的比重计算；(4) 税前折现率：14. 48%	不适用	不适用
合计	15, 830, 649. 05	……	13, 168, 847. 77				

其他说明：

本集团以单家门店作为资产组，对出现减值迹象的门店资产组进行了减值测试。资产组的可收回金额按照单个门店的预计未来现金流量的现值确定，以单个门店在剩余租赁期或者预计经营期内的预计现金流量为基础，对账面价值高于可收回金额的部分计提减值。以上列示了本年计提减值金额重大的资产组的减值测试情况，账面价值为资产组的使用权资产和长期待摊费用合计金额。

示例6－31 迈瑞医疗（300760. SZ）

无形资产情况

单位：元

项目	土地使用权	专利权	非专利技术	电脑软件及信息系统	商标权	客户关系	合计
一、账面原值							
1. 期初余额	676, 243, 154. 00	5, 958, 574. 00	1, 927, 094, 183. 00	276, 100, 132. 00	239, 020, 927. 00	813, 791, 480. 00	3, 938, 208, 450. 00
2. 本期增加金额	65, 199, 000. 00	930, 404. 00	530, 840, 107. 00	31, 874, 493. 00	120, 019, 371. 00	183, 263, 044. 00	932, 126, 419. 00
（1）购置	65, 199, 000. 00		1, 068, 718. 00	30, 910, 017. 00			97, 177, 735. 00
（2）内部研发			300, 903, 293. 00				300, 903, 293. 00
（3）企业合并增加		878, 869. 00	196, 205, 494. 00		110, 589, 773. 00	156, 558, 270. 00	464, 232, 406. 00
（4）外币报表折算差额		51, 535. 00	32, 662, 602. 00	964, 476. 00	9, 429, 598. 00	26, 704, 774. 00	69, 812, 985. 00
3. 本期减少金额				28, 383, 522. 00			28, 383, 522. 00
（1）处置				28, 383, 522. 00			28, 383, 522. 00
4. 期末余额	741, 442, 154. 00	6, 888, 978. 00	2, 457, 934, 290. 00	279, 591, 103. 00	359, 040, 298. 00	997, 054, 524. 00	4, 841, 951, 347. 00
二、累计摊销							
1. 期初余额	117, 202, 533. 00	4, 760, 550. 00	952, 385, 903. 00	231, 091, 056. 00	57, 947, 730. 00	351, 488, 620. 00	1, 714, 876, 392. 00
2. 本期增加金额	15, 848, 248. 00	407, 832. 00	265, 091, 954. 00	32, 405, 103. 00	11, 447, 130. 00	79, 151, 361. 00	404, 351, 628. 00
（1）计提	15, 848, 248. 00	380, 526. 00	256, 088, 612. 00	31, 607, 546. 00	9, 485, 054. 00	70, 572, 834. 00	383, 982, 820. 00
（2）外币报表折算差额		27, 306. 00	9, 003, 342. 00	797, 557. 00	1, 962, 076. 00	8, 578, 527. 00	20, 368, 808. 00
3. 本期减少金额				28, 375, 990. 00			28, 375, 990. 00
（1）处置				28, 375, 990. 00			28, 375, 990. 00
4. 期末余额	133, 050, 781. 00	5, 168, 382. 00	1, 217, 477, 857. 00	235, 120, 169. 00	69, 394, 860. 00	430, 639, 981. 00	2, 090, 852, 030. 00
三、减值准备							
1. 期初余额			13, 755, 417. 00	522. 00	80, 653, 961. 00	152, 191, 966. 00	246, 601, 866. 00
2. 本期增加金额					29, 450, 534. 00	250, 088, 757. 00	279, 539, 291. 00

续表

项目	土地使用权	专利权	非专利技术	电脑软件及信息系统	商标权	客户关系	合计
(1) 计提					28, 155, 907. 00	245, 181, 491. 00	273, 337, 398. 00
(2) 外币报表折算差额					1, 294, 627. 00	4, 907, 266. 00	6, 201, 893. 00
3. 本期减少金额				522. 00			522. 00
(1) 处置				522. 00			522. 00
4. 期末余额			13, 755, 417. 00		110, 104, 495. 00	402, 280, 723. 00	526, 140, 635. 00
四、账面价值							
1. 期末账面价值	608, 391, 373. 00	1, 720, 596. 00	1, 226, 701, 016. 00	44, 470, 934. 00	179, 540, 943. 00	164, 133, 820. 00	2, 224, 958, 682. 00
2. 期初账面价值	559, 040, 621. 00	1, 198, 024. 00	960, 952, 863. 00	45, 008, 554. 00	100, 419, 236. 00	310, 110, 894. 00	1, 976, 730, 192. 00

本期末通过公司内部研发形成的无形资产占无形资产余额的比例为25. 34%。

无形资产的减值测试情况

2023年度，本集团对存在减值迹象的客户关系等无形资产进行减值测试，减值评估采用的关键假设包括收入增长率、客户流失率及折现率等。根据无形资产减值测试结果，本集团本年度计提的无形资产减值准备主要系对可回收金额低于其账面价值的客户关系计提减值准备，金额为245, 181, 491. 00元。

示例6－32　复旦微电（688385. SH）

无形资产情况

单位：元

项目	软件使用权	专有技术	合计
一、账面原值			
1. 期初余额	106, 279, 489. 06	536, 299, 535. 72	642, 579, 024. 78
2. 本期增加金额	68, 551, 005. 17	94, 356, 543. 29	162, 907, 548. 46
(1) 购置	68, 551, 005. 17		68, 551, 005. 17
(2) 内部研发		94, 356, 543. 29	94, 356, 543. 29
(3) 企业合并增加			
3. 本期减少金额	40, 878, 042. 56		40, 878, 042. 56
(1) 处置	40, 878, 042. 56		40, 878, 042. 56
4. 期末余额	133, 952, 451. 67	630, 656, 079. 01	764, 608, 530. 68

续表

项目	软件使用权	专有技术	合计
二、累计摊销			
1. 期初余额	80, 215, 291. 16	381, 732, 882. 03	461, 948, 173. 19
2. 本期增加金额	37, 384, 137. 33	54, 954, 848. 75	92, 338, 986. 08
(1) 计提	37, 384, 137. 33	54, 954, 848. 75	92, 338, 986. 08
3. 本期减少金额	40, 823, 069. 68		40, 823, 069. 68
(1) 处置	40, 823, 069. 68		40, 823, 069. 68
4. 期末余额	76, 776, 358. 81	436, 687, 730. 78	513, 464, 089. 59
三、减值准备			
1. 期初余额		94, 880, 218. 31	94, 880, 218. 31
2. 本期增加金额		12, 987, 343. 98	12, 987, 343. 98
(1) 计提		12, 987, 343. 98	12, 987, 343. 98
3. 本期减少金额			
(1) 处置			
4. 期末余额		107, 867, 562. 29	107, 867, 562. 29
四、账面价值			
1. 期末账面价值	57, 176, 092. 86	86, 100, 785. 94	143, 276, 878. 80
2. 期初账面价值	26, 064, 197. 90	59, 686, 435. 38	85, 750, 633. 28

本期末通过公司内部研发形成的无形资产占无形资产余额的比例是65. 86%。

无形资产的减值测试情况

项目	账面价值	可收回金额	减值金额	公允价值和处置费用的确定方式	关键参数	关键参数的确定依据
若干存储和安全芯片专有技术	14, 806, 885. 38	1, 819, 541. 40	12, 987, 343. 98		管理费用率：2. 89%；销售费用率：7. 05%；营运资金回报率：3. 45%；折现率：13% -15%	
合计	14, 806, 885. 38	1, 819, 541. 40	12, 987, 343. 98	—	—	—

示例6 -33　昊海生科（688366. SH）

无形资产

品牌中使用寿命不确定的无形资产为 Aaren 业务品牌以及 Contamac 集团品牌。

于 2023 年 12 月 31 日，Aaren 业务品牌账面价值约为人民币 30,880,714.83 元，Contamac 集团品牌账面价值约为人民币 71,455,881.80 元。

于 2023 年 12 月 31 日，本集团使用许可费节省法对品牌进行了减值测试。减值测试中，品牌的在用价值均为基于本集团管理层批准的财务预算，使用现金流预测计算确定。Aaren 业务品牌的现金流预测使用的折现率为 15%，在预测五年期后的现金流量时采用的增长率为 2.2%；Contamamc 集团品牌的现金流预测使用的折现率为 14%，在预测五年期后的现金流量时采用的增长率为 2%。

以下说明了本集团管理层于 2023 年 12 月 31 日进行品牌及非专利技术的减值测试，在确定现金流量预测时作出的关键假设：

折现率——所使用的折现率为税前折现率，并反映与相关单位有关的特定风险。

增长率——增长率来自于行业增长预测。

销售价格及直接成本变化——该些假设是基于过去的实践经验及对未来市场变化的预期。

上述关键假设的金额与本集团历史经验及外部信息一致。

可收回金额按预计未来现金流量的现值确定：

单位：元

项目	账面价值	可收回金额	减值金额	预算/预测期的年限	预算/预测期的关键参数	稳定期的关键参数	稳定期的关键参数的确定依据
Aaren 业务品牌	30,880,714.83	31,281,000.00		5	折现率 15%	2.20%	根据牛津经济研究院发布的长期通货膨胀率确认
Contamac 集团品牌	71,455,881.80	117,982,340.75		5	折现率 14%	2.00%	
合计	102,336,596.63	149,263,340.75					

无形资产的减值测试情况：

于 2023 年 12 月 31 日，本集团无形资产减值准备为人民币 30,062,691.84 元，主要系 Aaren 业务资产组减值所致。

示例 6－34　动力新科（600841.SH）

开发支出减值准备

单位：元

项目	期初余额	本期增加	本期减少	期末余额	减值测试情况
上汽红岩开发项目	11,286,397.99	28,439,897.42	-11,286,397.99	28,439,897.42	参见附注——固定资产
合计	11,286,397.99	28,439,897.42	-11,286,397.99	28,439,897.42	—

重卡业务相关的开发支出本年减值情况参见附注——固定资产。

固定资产的减值测试情况

本年年末本集团对重卡业务相关资产组的可收回金额进行减值测试。该资产组包括重卡业务相关的固定资产、在建工程、无形资产及开发支出。其可收回金额按照预计未来现金流量的现值确定。未来现金流量基于管理层批准的2024～2028年财务预算确定，并采用11.00%的折现率。

超过5年的现金流量按照0.00%的增长率为基础计算。在预计未来现金流量的现值时使用的其他关键假设为：基于该资产组过去的业绩和管理层对市场发展的预期估计预计未来销量和毛利率。

经减值测试该资产组中相应长期资产分类的本年减值金额如下：

单位：元

项目	本年减值金额
固定资产	232, 253, 811. 55
在建工程	114, 096, 065. 13
无形资产	91, 604, 096. 86
开发支出	28, 439, 897. 42
合计	466, 393, 870. 96

第七章

保险合同准则应用披露示例

一、独立保险合同准则的呼声

国际会计准则委员会（IASC）在1997年成立筹划委员会，正式开启对保险合同独立会计准则的研究和探讨。这个开启的背景是现代市场经济的发展和经济全球化的深化，风险及其不确定性成为市场经济运行的一种常态，防范、规避、转移和控制各种风险是各个国家和企业风险管理的重要内容，而保险行业作为经营和管理风险的行业，快速发展。

行业的发展凸显了会计核算这门商业语言存在的问题，问题的本质来源于核算对象——保险风险的不确定性和复杂性特征，未来现金流金额时间的不确定、保险服务提供时间的不均衡以及保险合同通常不在市场上交易并且可能包含重大投资成分。如果将通用现行准则的适用范围延伸至涵盖保险合同，主要涉及3个准则的应用，对服务成分适用收入准则、对投资成分适用金融工具准则以及对赔款负债适用或有事项准则。在适用到这3个准则时分别会因为保险合同特殊性造成需要特殊处理之处，例如服务成分和投资成分的识别与拆分，分拆过程一方面大大增加复杂度，另一方面会忽视成分之间关联性，导致估值不当无法反映实质结果。这些原因共同作用导致保险公司在利用传统方法和准则处理时力不从心，造成的局面是在国际会计实务中存在着多种多样的做法，这显然跟会计准则的目标不一致。

保险会计也已经成为一个世界难题，保险公司会计信息的相关性、可靠性和可比性受到质疑，财务报表经常被视为“黑匣子”，并没有形成一个管理层、投资者、会计师、分析师等各方的有效沟通，相关利益者对独立保险准则制定的呼声日益高涨。于2004年3月发布的《国际财务报告准则第4号——保险合同》（简称IFRS4）作为过渡准则，核心是允许各国会计实务的延续，并未解决根本问题。

2017年5月，IASB正式发布了被称为有史以来最复杂的会计准则之一的《国际财务报告准则第 17 号——保险合同》（简称“IFRS17”或“新保险合同准则”）。鉴于实施过程中普遍反映的执行成本过高以及可能出现会计错配等问题，IASB 在 2019 年 9 月启动了对 IFRS17 的修订，并于 2020 年 6 月正式发布了 IFRS17 修订稿，于 2023 年 1 月 1 日正式生效。

二、新保险合同准则底层逻辑对会计基本原则和基本理念的遵循

新保险准则虽然涉及较多的核算规则和大量精算假设，但在这些细节背后，它仍然是以会计基本原则为出发点，严格遵循了通用会计的基本理念和底层逻辑，包括财务报告目标、会计基本假设、会计基础、会计信息要求、会计基本要素、会计计量属性等，是向会计基本理念的回归。

非保险成分的分拆，是对会计信息质量要求中“实质重于形式”和可比要求的遵循，按照交易事项的经济实质进行会计确认和计量，在确认保险服务收入时不包含保险合同中的投资成分。保险合同收入分期列报，作为新保险合同准则解决的核心问题之一，是对会计基本假设的遵循，即会计核算是在企业持续经营的前提下，把生产经营活动划分为一个个连续、长短相同的期间，按照期间出具会计报表（会计分期）。新准则下对保险合同负债计量中对当前时点的强调（未来现金流要以当前可获得的信息为基础，折现率的选取要参考当前可观察的市场数据），是对会计信息质量要求中决策有用性的遵循。可靠性和相关性均是会计信息的质量要求，历史成本和公允价值均是会计认可的计量属性。随着现代金融业的发展，历史成本的局限性日益凸显，越来越不能真实反映计量对象的当前价值，而会计信息的使用者，越来越注重会计信息的相关性，即会计信息对于指导其决策要“有用”，在此背景下，会计准则也越来越趋向于公允价值计量。因此，新保险合同准则和新金融工具准则的方向，都在向公允价值计量迈进。

从结果上看，IFRS17 计量规则是以收入准则为基础，相应的利润和收入确认和未到期责任负债计量尽量向收入准则靠拢和衔接，与收入准则的理念和方法是大致保持一致的，例如权责发生制、保险合同定义、亏损合同处理等。与已发生赔款相关的成分是按照与或有事项准则大体一致的方式进行计量。对衍生金融工具、可明确区分的投资成分的分拆与计量则与金融工具准则大致保持一致。

整体而言，新保险合同准则对保险合同的整个生命周期的会计处理都做了调整和明确，在保险服务收入确认、保险合同负债计量等方面作了较大修改，包括完善保险合同定义和合同合并分拆、引入保险合同组概念、完善保险合同计量模型、调整保险服务收入确认原则、改进合同服务边际计量方式、新增具有直接参与分红特征的保险合同计量方法、规范分出再保险合同的会计处理以及优化财务报表列报。

三、国内方面

国内方面，为促进保险市场的标准化发展，财政部于2006年发布了《企业会计准则第25号——原保险合同》和《企业会计准则第26号——再保险合同》（以下简称“旧保险合同准则”），用以规范保险合同的会计处理。2009年，财政部发布了《保险合同相关会计处理规定》，对准则中重大保险风险测试选取方法不统一等问题进行了逐一完善。随着我国金融创新的不断深化和保险行业的发展，一方面旧保险合同准则在实施过程中显露出一些亟须解决的问题，如保险收入和费用确认期间的不匹配、精算假设被部分实体用于利润操纵等；另一方面，根据企业会计准则与国际准则趋同路线图，在IASB于2017年、2020年分别发布IFRS17及其修订版后，我国财政部在2018年初即启动了对旧保险合同准则的修订，并于2020年12月正式发布《企业会计准则第25号——保险合同》（财会〔2020〕20号，简称“新保险合同准则”）。在境内外同时上市的企业以及在境外上市并采用国际财务报告准则或企业会计准则编制财务报表的企业自2023年1月1日起实施，其他执行企业会计准则的企业（包括境内上市公司）自2026年1月1日起实施。

2022年12月，财政部发布了《关于修订印发2023年度保险公司财务报表格式的通知》（财会〔2022〕37号），就执行新保险准则的保险公司的财务报表格式进行了修订。执行新保险合同准则的保险公司应当按照企业会计准则和本通知要求编制财务报表，对不存在相应业务的报表项目可根据重要性原则并结合本公司的实际情况进行必要删减；对确需单独列示的内容可增加报表项目。执行本通知要求的保险公司不再执行《企业会计准则——应用指南》（财会〔2006〕18号）和《财政部关于修订印发2018年度金融企业财务报表格式的通知》（财会〔2018〕36号）中有关保险公司财务报表格式的要求，但应当执行其中有关本通知沿用项目的列报方法要求。

我国A+H上市保险公司共5家，分别为中国人保、中国人寿、中国平安、中国太保、新华保险，H股上市公司包括中国太平、中国财险（中国人保旗下）、中国再保险、众安在线、阳光保险，均自2023年1月1日起实施新保险合同准则（其中，中国人寿2023年A股财务报告仍按旧保险合同准则执行，H股财务报告执行新保险合同准则）。除此之外，外资公司的保险子公司（如友邦人寿）和A+H股上市公司的保险子公司（主要为银行系），因集团合并报表要求，也于2023年1月1日进行准则转换工作。

我们在此归纳了与新保险合同准则相关的常见会计事项、职业判断框架及上市公司披露示例以供参考。如无特别说明，本章示例来自相关公司公开披露的2023年年度报告。

第一节　保险合同准则常见会计事项及判断框架

一、保险合同准则常见会计事项

保险合同准则涉及的常见会计事项主要包括：

1. 保险合同的识别，主要为重大保险风险测试。

2. 保险合并和分拆，主要包括对衍生金融工具、可明确区分的投资成分、可明确区分的商品或非保险合同服务的承诺的分拆，以及分拆后适用准则的确定。

3. 保险合同的分组和初始确认，主要包括根据盈利性等特征划分合同组、合同组确认时点的确定、保险获取现金流量的处理。

4. 保险合同的一般计量，即一般模型下的初始计量和后续计量，包括考虑三要素计量未到期责任负债和已发生赔款负债（未来履约现金流量折现、非金融风险调整、合同服务边际），保险服务收入、保险服务费用、保险财务损益的确认，对保险合同金融变动额的会计政策选择权。

5. 保险合同的特殊计量，即对直接参与分红特征的合同组计量采用浮动收费法，对具有相机参与分红特征的投资合同在一般模型上做特殊处理调整。

6. 保险合同组计量的简化处理，即对符合条件的合同组采用保费分配法计量。

7. 对亏损保险合同组的处理特殊规定，包括需将首日亏损确认为保险服务费用。

8. 对分出再保险合同的确认与计量，包括初始确认和计量、后续计量以及简化处理的使用。

9. 保险合同的修改和终止确认。

10. 保险合同的列报，包括主表的列示和披露、与保险合同计量相关的披露、与风险相关的披露。

11. 过渡日安排，包括全面追溯法、修正的全面追溯法和公允价值法三种处理方法的选择和使用。

二、新保险合同准则相关判断框架

1. 保险合同的分拆及适用准则决策流程

新保险合同准则下保险合同分拆及适用准则决策流程如图 7 – 1 所示。

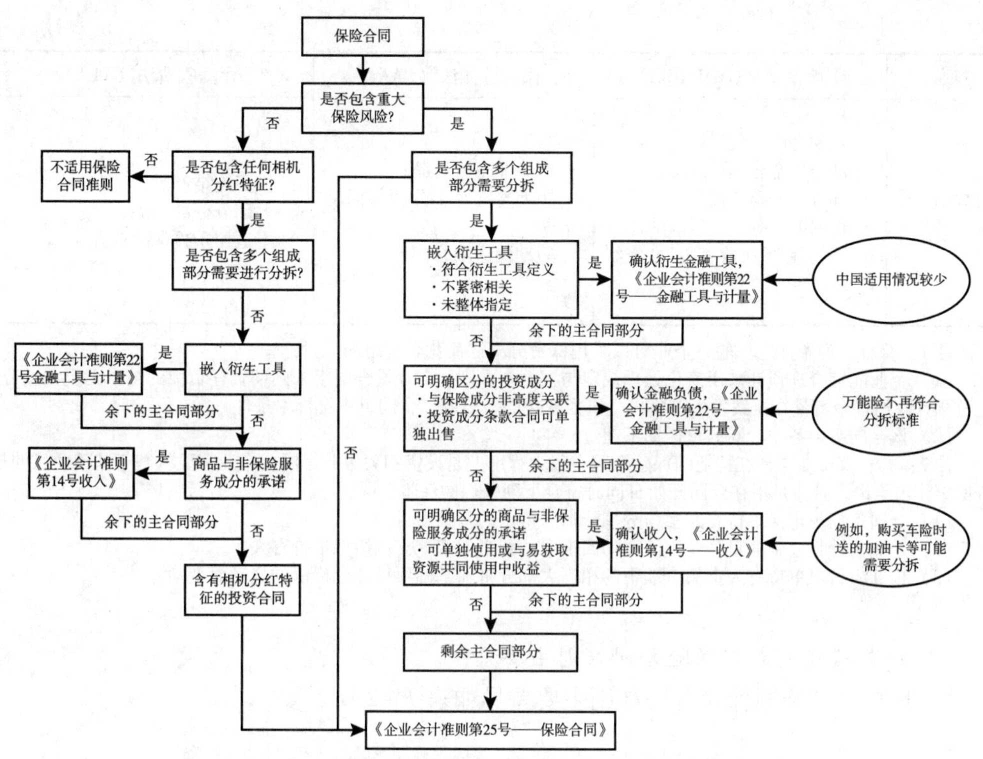

图 7-1　新保险合同准则下保险合同分拆及适用准则决策流程

2. 保险合同的计量模型框架

保险合同的计量模型框架如表 7-1 所示。

表 7-1　　保险合同的计量模型框架

项目	一般模型（GMM/BBA）	保费分摊法（PAA）	浮动收费法（VFA）
适用范围	默认模型，适用于绝大部分保险合同	为期限短、波动性小的短期业务提供了可选用的简化处理方法（注1）	适用于保单持有人的利益与基础项目挂钩的直接参与分红合同（注2），必选
主要计量特征	· 未来履约现金流并折现； · 非金融风险调整； · 合同服务边际（无首日利润，合同期内摊销计入损益）	· 未到期责任负债简化处理，等于已收保费扣除获取费用，不考虑未来现金流、折现、非金融风险调整以及合同服务边际摊销； · 已发生赔款负债仍采用一般模型法； · 结果近似于一般模型	· 未来现金流考虑基础项目公允价值变动影响； · 合同服务边际吸收部分金融假设对未来保险责任和服务的现金流的影响； · 将保险负债与基础项目进行匹配，降低由于错配导致的利润波动

续表

项目	一般模型（GMM/BBA）	保费分摊法（PAA）	浮动收费法（VFA）
常见适用产品	· 长期寿险、健康险 · 部分年金合同 · 部分非寿险产品 · 再保险业务 · 不适用浮动收费法的分红产品	· 部分非寿险产品； · 短期寿险及部分团体保险合同； · 短期健康险合同	· 投资连结产品； · 大部分分红产品； · 不适用于再保险业务

注1：符合下列条件之一的，企业可以采用保费分配法简化合同组的计量：

（1）企业能够合理预计采用简化处理规定与根据本准则规定计量合同组未到期责任负债的结果无重大差异。企业预计履约现金流量在赔案发生前将发生重大变化的，表明该合同组不符合本条件。

（2）该合同组内各项合同的责任期不超过一年。

注2：具有直接参与分红特征的保险合同在很大程度上是投资相关服务合同，企业需要就基于基础项目的投资回报作出承诺，具体是指在合同开始日同时符合下列条件的保险合同：

（1）合同条款规定保单持有人参与分享清晰可辨认的基础项目。

（2）企业预计将基础项目公允价值变动回报中的相当大部分支付给保单持有人。

（3）预计应付保单持有人金额变动中的相当大部分将随基础项目公允价值的变动而变动。

3. 一般模型的新旧保险合同准则主要差异

一般模型的新旧保险合同准则主要差异如表7－2所示。

表7－2　　一般模型的新旧保险合同准则主要差异

差异点	新保险合同准则	旧保险合同准则及实务
货币时间价值和其他金融风险	明确要求在履约现金流中考虑	无明确规定
折现率确定方法	明确要求在履约现金流中考虑。 可采用“自上而下”或“自下而上”的方法确定； “自下而上”方法：无风险基准曲线＋溢价调整； 两种方法不要求互相校准相等	采用“自下而上”的方法确定：无风险基准曲线＋溢价调整
折现率基准曲线	当前无风险利率曲线； 可供选择的基准利率曲线有国债收益率曲线、政策性金融债利率曲线、掉期利率曲线等	传统险业务采用750天移动平均国债收益率与终极利率相结合的基础曲线加风险溢价； 分红、万能等业务采用公司投资收益率假设
折现率溢价调整	仅考虑流动性调整	考虑税收调整、流动性调整及逆周期调整； 整体溢价水平随期限变化

续表

差异点	新保险合同准则	旧保险合同准则及实务
风险调整	没有指明计量风险调整的方法，但需要披露所用方法的置信水平；目前一般使用随机模型或分位数（VaR）方法	旧准则对风险边际没有具体方法要求，寿险业务通常采用情景对比法，财产险为分位数法；不需要披露所用方法的置信水平
合同服务边际（剩余边际）	对与未来服务相关的履约现金流变化进行解锁	锁定计量，不能吸收未来假设变化

4. 保险合同一般模型计量框架

保险合同一般模型计量框架如图7－2所示。

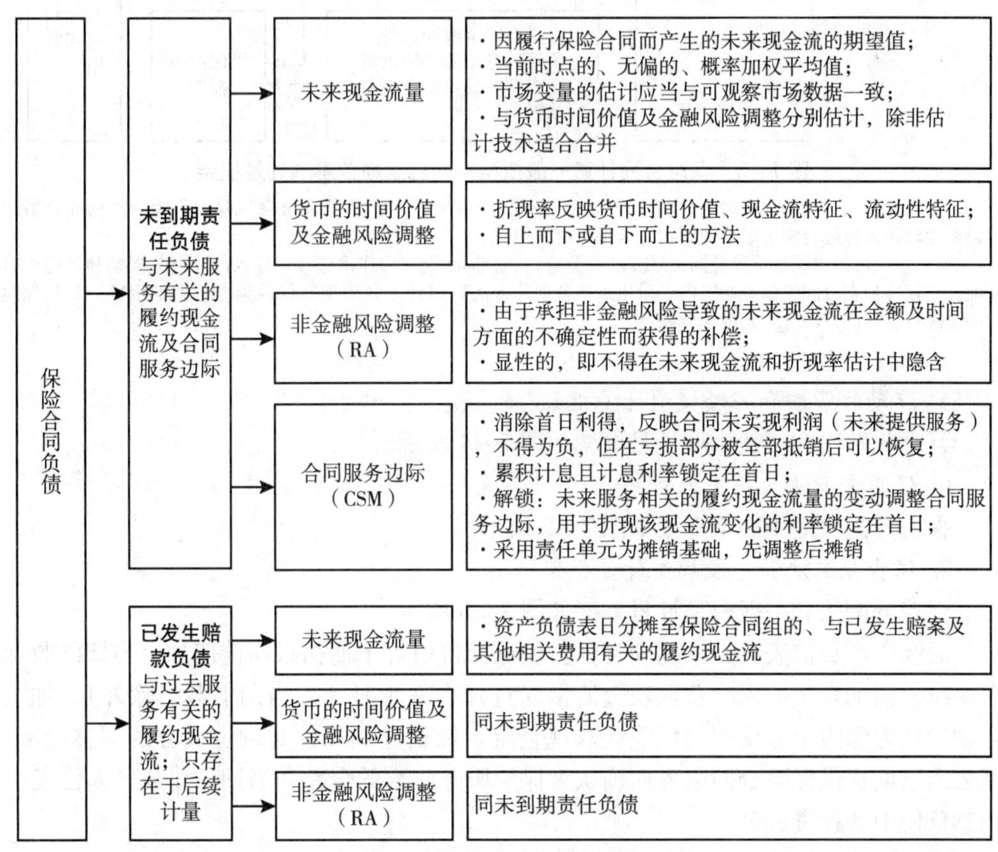

图7－2　保险合同一般模型计量框架

保险合同计量一般模型——后续损益影响计量框架如图7－3所示。

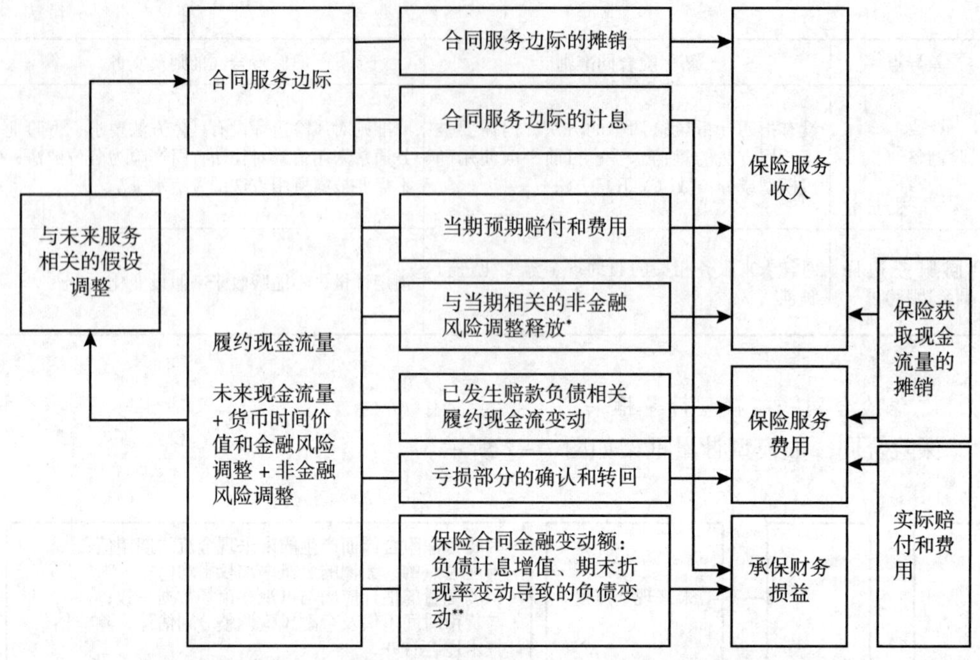

图7－3　保险合同计量一般模型——后续损益影响计量框架

*：企业可以选择将非金融风险调整的变动进行拆分，将货币时间价值及金融风险的影响导致的非金融风险调整变动作为保险合同金融变动额，计入保险财务损益。

**：企业可以选择将保险合同金融变动额分解，在合同组合层面作出选择，计入保险财务损益和其他综合收益。企业应当在合同组剩余期限内，采用系统合理的方法确定计入各个期间保险财务损益的金额，其与保险合同金融变动额的差额计入其他综合收益。

5. 浮动收费法和一般模型计量框架

浮动收费法和一般模型计量框架如图7－4所示。

6. 保费分配法应用决策框架

保费分配法应用决策框架如图7－5所示。

7. 保费分配法和一般模型计量框架

保费分配法和一般模型计量框架如图7－6所示。

后续资产负债表日，未到期责任负债账面价值等于期初账面价值加上当期已收保费，减去当期发生的保险获取现金流量（选择在发生时计入当期损益的除外），加上当期确认为保险服务费用的保险获取现金流量摊销金额和针对融资成分的调整金额，减去因当期提供保险合同服务而确认为保险服务收入的金额和当期已付或转入已发生赔款负债中的投资成分。

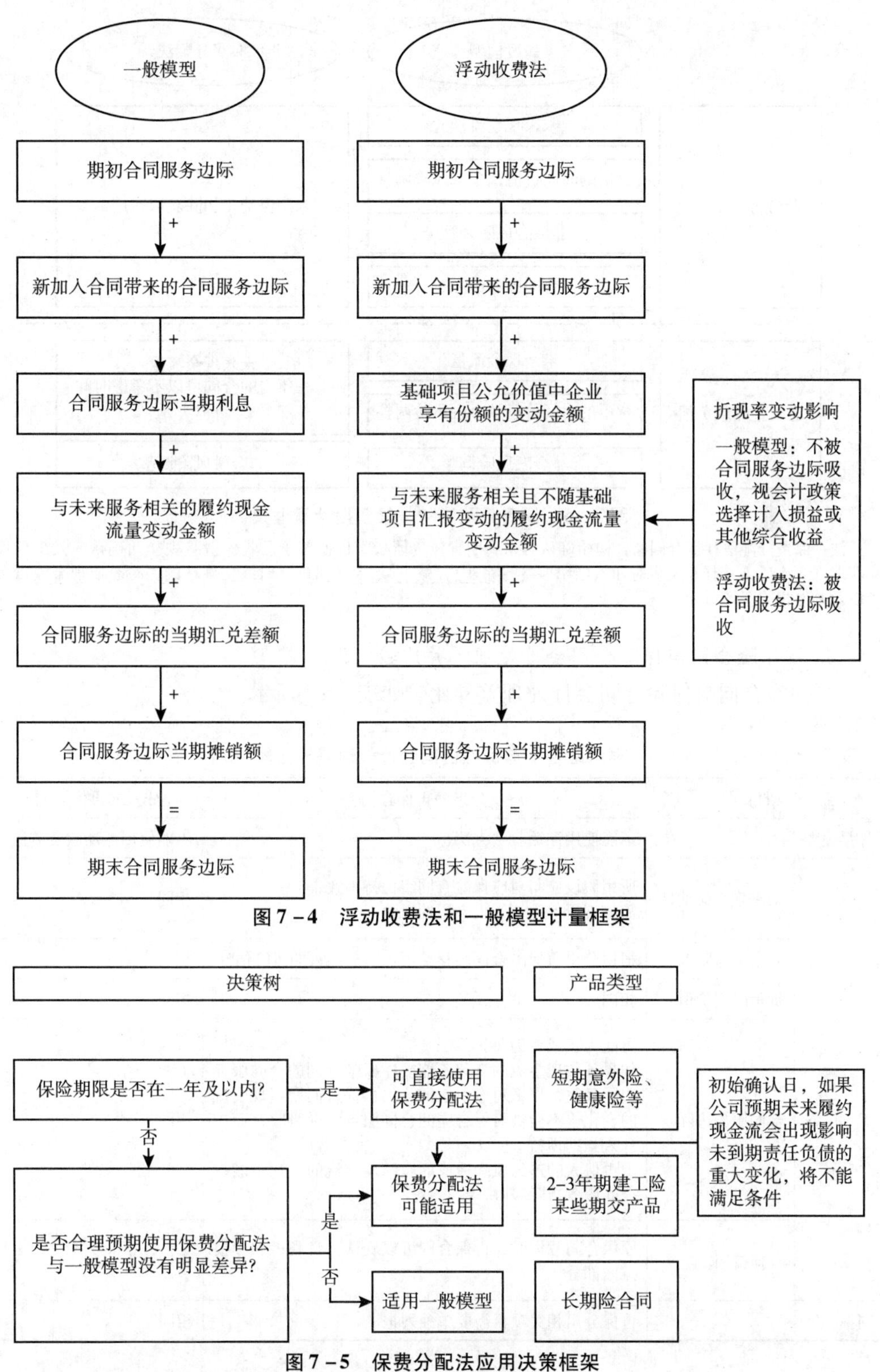

图7-4　浮动收费法和一般模型计量框架

图7-5　保费分配法应用决策框架

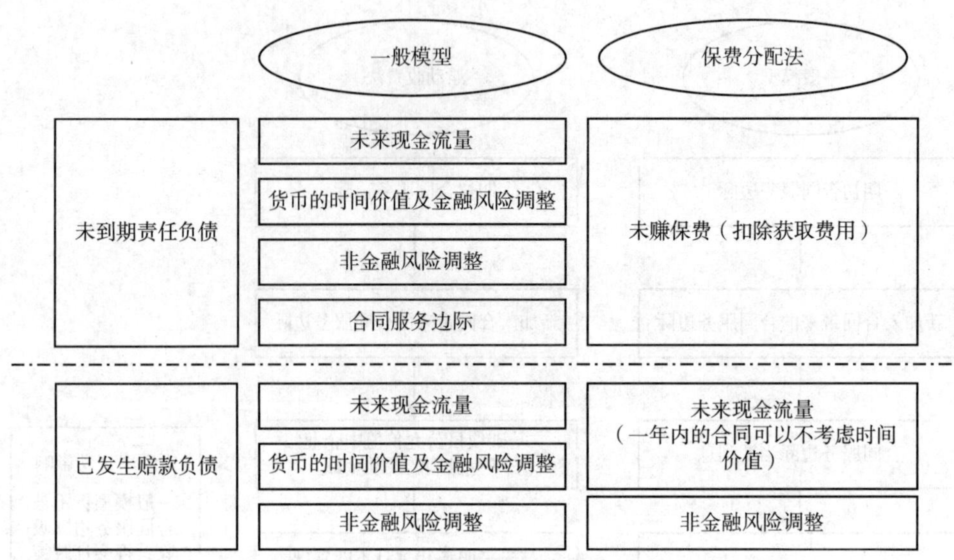

图 7－6　保费分配法和一般模型计量框架

注：保费分配法计量合同组，初始确认时未到期责任负债账面价值等于已收保费减去初始确认时发生的保险获取现金流量（选择在发生时计入当期损益的除外），减去/加上初始确认时终止确认的保险获取现金流量资产以及其他相关资产负债。

8. 再保险合同与保险合同会计处理差异比较

再保险合同与保险合同会计处理差异比较如表 7－3 所示。

表 7－3　再保险合同与保险合同会计处理差异比较

项目		分出的再保合同	分入的再保合同
计量模型		不能使用浮动收费方法	不能使用浮动收费方法
一般模型	未来现金流估计	所用假设应与对应保险合同组保持一致； 需体现再保险分入人不履约风险	相同
	非金融风险调整	根据分出再保险合同转移给再保险分入人的风险估计	相同
	货币时间价值	相同	相同
	合同服务边际	可能为正或者为负； 如果预估现金流的变化不能被原保险合同的合同服务边际吸收，那么对应引起的分出再保合同期望现金流的变化也不能被再保合同的合同服务边际吸收，而应计入当期损益。 由再保人的违约风险造成的履约现金流的变化不能被合同服务边际吸收	相同
	亏损摊回	原保合同亏损时，再保合同可以确认首日利得和亏损摊回部分	不适用
列报		再保分出相关项目需要单独列报	相同

9. 保险合同的列报框架

保险合同的列报框架如表7－4、表7－5所示。

表7－4　　资产负债表列示框架

项目	核算内容	提示
资产		
保险合同资产	反映保险合同组合层面的保险获取现金流量资产、未到期责任负债和已发生赔款负债合计借方余额	保险合同的列报需拆分资产与负债
分出再保险合同资产	反映分出再保险合同组合层面的分保摊回未到期责任资产与分保摊回已发生赔款资产合计的账面借方余额。 ——分保摊回未到期责任资产核算再保险分出人（报告主体）应从再保险分入人处摊回的未到期责任资产或负债。 ——分保摊回已发生赔款资产核算再保险分出人（报告主体）应从再保险分入人处摊回的赔款和费用所形成的资产或负债	分出再保合同需独立于保险合同之外进行列报
负债		
保险合同负债	反映保险合同组合层面的保险获取现金流量资产、未到期责任负债和已发生赔款负债合计的账面贷方余额	保险合同有关应收/应付项目不再单列（如应收保费、应付手续费及佣金、应付保单红利等）
分出再保险合同负债	反映分出再保险合同组合层面的分保摊回未到期责任资产与分保摊回已发生赔款资产合计贷方余额	部分资产将不再单独列示，而被视为履约现金流的一部分

表7－5　　利润表列示框架

项目	核算内容及账务处理
营业收入	
保险服务收入	（1）保险合同组中相关合同初始确认时，终止确认此前已确认的、与该合同相关的、除保险获取现金流量资产以外的资产，借记“保险合同赔付和费用”科目，贷记其他资产相关科目；同时借记“未到期责任负债”科目，贷记本科目。 （2）确认保险服务收入时，借记“未到期责任负债”科目，贷记本科目。 （3）对于保险获取现金流量的摊销，未采用保费分配法的，可以借记“保险合同赔付和费用”科目，贷记“未到期责任负债”科目，借记“未到期责任负债”科目，贷记本科目，也可以借记“保险合同赔付和费用”科目，贷记本科目
	明细项目通常包括：预计当期发生的保险服务费用、非金融风险调整的变动、合同服务边际的摊销、与当期服务或过去服务相关的保费经验调整、保险获取现金流量的摊销
营业支出	
保险服务费用	（1）保险合同赔付和费用： 核算企业签发的保险合同已付或应付的给付款项和相关费用。可分别“当期赔款及其他费用”“保险获取现金流量摊销”“已发生赔款负债履约现金流量变动”等进行明细核算。 （2）亏损保险合同损益： 核算企业签发的亏损保险合同产生的损益
	明细项目通常包括：实际理赔、实际发生费用、已发生赔款负债相关的履约现金流的变化、保险获取现金流量的摊销、未到期责任负债亏损部分的确认及转回

续表

项目	核算内容及账务处理
分出保费的分摊	再保险分出人因取得再保险分入人提供的保险合同服务而承担的成本，对应科目为“分保摊回未到期责任资产”。 （1）如果购买再保险合同组的净成本与购买再保险合同组之前发生的事项有关，企业应当按照该净成本的金额，借记本科目，贷记“分保摊回未到期责任资产”科目。 （2）企业在再保险分入人提供再保险合同服务时，借记本科目，贷记“分保摊回未到期责任资产”科目
减：摊回保险服务费用	（1）分出的再保险合同组初始确认时，对应的保险合同组存在亏损合同的，对于亏损摊回部分，借记“分保摊回未到期责任资产”科目，贷记本科目。 （2）分出的再保险合同约定的对应保险合同给付责任发生时，对于应从再保险分入人处摊回的赔款和费用中的保险成分，借记“分保摊回已发生赔款资产”科目，贷记本科目。 （3）期末，企业重新评估应从再保险分入人处摊回的亏损摊回部分金额，对于该调整金额中除分出再保险合同的保险合同金融变动额以外的部分，借记或贷记“分保摊回未到期责任资产”科目，贷记或借记本科目。企业重新评估应从再保险分入人处摊回的赔款和费用，借记或贷记“分保摊回已发生赔款资产”科目，贷记或借记本科目
承保财务损失	保险合同金融变动额中计入损益的部分，对应科目为“未到期责任负债”和“已发生赔款负债”科目
减：分出再保险财务收益	分出再保险合同相关的保险合同金融变动额中计入损益的部分，对应科目为“分保摊回未到期责任资产”和“分保摊回已发生赔款资产”科目
其他综合收益的税后净额	
（一）不能重分类进损益的其他综合收益	
不能转损益的保险合同金融变动	反映保险公司采用浮动收费法计量保险公司持有基础项目的、具有直接参与分红特征的保险合同组，并选择将保险合同金融变动额分解计入保险财务损益和其他综合收益时，与基础项目不能重分类进损益的其他综合收益对应的、计入其他综合收益的保险合同金融变动额
（二）将重分类进损益的其他综合收益	
可转损益的保险合同金融变动	反映保险公司在签发的保险合同组合层面选择将保险合同金融变动额分解计入保险财务损益和其他综合收益时，除已在“不能转损益的保险合同金融变动”项目中列示以外的、计入其他综合收益的保险合同金融变动额
可转损益的分出再保险合同金融变动	反映保险公司在分出再保险合同组合层面选择将保险合同金融变动额分解计入分出再保险财务损益和其他综合收益时，计入其他综合收益的保险合同金融变动额

10. 过渡安排框架

以 2023 年 1 月 1 日作为准则执行日的企业为例，新旧准则过渡安排如图 7 – 7 所示。

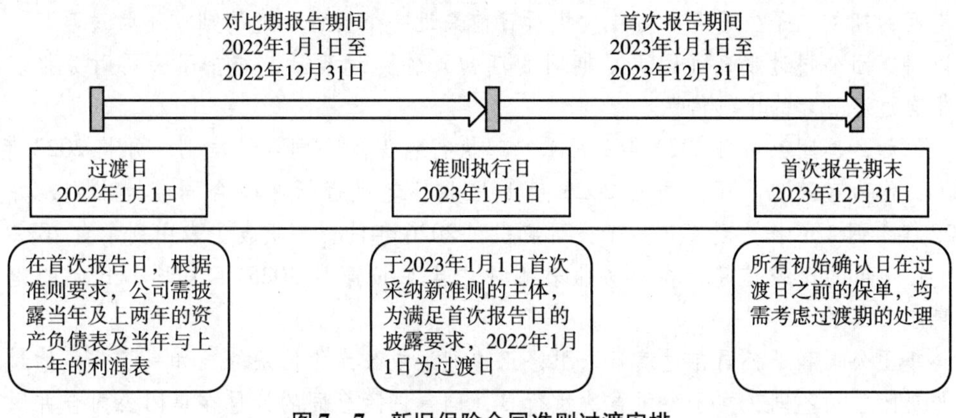

图 7－7　新旧保险合同准则过渡安排

第二节　新保险合同准则会计政策变更披露示例

一、准则相关规定与监管指引（节选）

《财政部新保险合同准则实施问答》

问：对于具有直接参与分红特征的保险合同，企业选择将保险合同金融变动额分解计入当期保险财务损益和其他综合收益的，使用修正追溯法或公允价值法时，如果对应的基础项目包括以公允价值计量且其变动计入当期损益的资产（或负债）以外的资产（或负债），为避免会计错配，企业应当如何对这些资产（或负债）所产生的保险合同金融变动额进行会计处理？

答：为避免基础项目中这些资产（或负债）对应的保险合同金融变动额计入其他综合收益的累计金额在相关保险合同与基础项目终止确认后仍无法为零的情况，在首次执行日，企业可以选择按照以下两项之差确定基础项目中资产（或负债）所产生的保险合同金融变动额计入其他综合收益的累计金额，并相应调整期初未分配利润：

（1）资产（或负债）的公允价值；

（2）资产（或负债）的账面价值扣除该资产（或负债）计入其他综合收益的累计影响金额。

问：如果子公司执行新保险合同会计准则的时间晚于集团公司，子公司应当如何按照新保险合同会计准则的要求确定过渡日？过渡日的选择可能产生何种影响？

答：根据新保险合同会计准则第一百零七条，过渡日是指本准则首次执行日前最近一个会计年度的期初，企业列报经调整的更早期间的比较信息的，过渡日是更早比较期间的期初。子公司可以将首次执行日前最近一个会计年度的期初作为过渡日，也可以将集团公司过渡日（即更早期间的期初）作为过渡日，并在子公司财务报表中列报自过渡日起的比较信息。

例如，集团公司自2023年1月1日起执行新保险合同会计准则，并将2022年1月1日作为过渡日。子公司自2026年1月1日起执行新保险合同会计准则，并将2022年1月1日作为过渡日。子公司应当在2026年的财务报表主表中列示自2022年1月1日起的比较信息，在财务报表附注中至少披露自2025年1月1日起的比较信息。

集团公司和子公司在过渡日采用修正追溯法或公允价值法的，如果子公司的过渡日与集团公司不同，在子公司首次执行日，同一保险合同的计量在集团公司合并财务报表和子公司财务报表中可能存在差异；如果子公司的过渡日与集团公司相同，则能够避免上述差异。

集团公司的联营企业或合营企业可参照上述子公司做法选择过渡日。

问：新保险合同会计准则第九章中的有关披露要求如何与《企业会计准则第28号——会计政策、会计估计变更和差错更正》中的有关披露要求相衔接?

答：企业根据新保险合同会计准则第九章要求披露保险合同计量方法、输入值和假设、余额调节表等相关信息的，已经满足《企业会计准则第28号——会计政策、会计估计变更和差错更正》中有关保险合同会计估计变更的披露要求，无需重复披露。

二、新保险合同准则会计政策变更的披露示例

（一）新保险合同准则会计政策变更

新保险合同准则规定，就2023年1月1日起实施新保险合同准则的保险公司而言，过渡日为2022年1月1日。

企业首次执行日之前的保险合同会计处理与新保险合同准则规定不一致的，应当按照《企业会计准则第28号——会计政策、会计估计变更和差错更正》规定采用追溯调整法处理；对合同组采用追溯调整法不切实可行的，应当采用修正追溯调整法或公允价值法；对合同组采用修正追溯调整法也不切实可行的，企业应当采用公允价值法。

在全面追溯法下，公司需在初始确认日，对保单进行盈利性测试和分组。修正追溯法允许公司使用，在过渡日无须付出不必要的额外成本或努力即可获得的合理可靠的信息，以获得接近追溯调整法结果为目标，主要涉及：基于过渡日的信息识别一些事项（分组、直接分红合同、相机抉择现金流量、具有相机参与分红特征

的投资合同）；合同分组可不按年分组；计算于过渡日的合同服务边际或亏损部分、分出再保险合同组亏损摊回部分、IACF 资产、保险合同金融变动额计入 OCI 的累计余额；在过渡日确定初始确认或以后适用的折现率；将合同在转让日或购买日前已发生的赔付义务确认为已发生赔款负债；视同过渡日前未编制中期财务报表。公允价值法指以过渡日合同组公允价值与履约现金流量的差额确定合同组在该日的合同服务边际或未到期责任负债亏损部分，以及其他在衔接处理上与修正追溯法相似的简化方法。

根据财政部发布的《关于保险公司执行新金融工具相关会计准则有关过渡办法的通知》（财会〔2017〕20 号）、《关于进一步贯彻落实新金融工具相关会计准则的通知》（财会〔2020〕22 号），符合过渡办法中关于暂缓执行新金融工具相关会计准则条件的保险公司，执行新金融工具相关会计准则的日期允许暂缓至执行新保险合同会计准则的日期，即根据要求于 2023 年 1 月 1 日执行新保险合同准则的企业，可能需同时开始执行新金融工具准则（如此前选择暂缓执行）。新金融工具准则衔接规定允许但不要求企业重述金融资产的比较财务报表信息，同时不允许企业追溯调整，而新保险合同准则过渡要求企业应当提供过渡日至首次执行日期间的保险服务收入、保险服务费用、保险财务损益、保险合同负债等比较财务报表信息，可能导致企业比较财务报表上保险合同负债与相关金融资产之间产生会计错配，因此新保险合同准则对于企业在首次同时执行新保险合同准则和新金融工具相关准则、执行新保险合同准则首次执行日前已执行金融工具相关准则的情况均给出一定的特殊处理规定，可参见《企业会计准则应用指南汇编 2024》“第二十五章　保险合同”中的“十二、衔接规定”。

（二）年报披露示例

新保险合同准则会计政策变更年报披露汇总如表 7－6 所示。

表 7－6　　新保险合同准则会计政策变更年报披露示例汇总

序号	参考示例	新保险合同准则过渡日处理	新金融工具准则实施时间
1	示例 7－1　中国人保（601319. SH）	新保险合同会计准则过渡日，已追溯采用新保险合同会计准则。当追溯调整法不切实可行时，采用修正追溯调整法和公允价值法	2023 年 1 月 1 日
2	示例 7－2　中国太保（601601. SH）	对于首次执行日之前的保险合同会计处理与新保险合同准则规定不一致的，采用追溯调整法处理，但对于于过渡日完全追溯调整法不切实可行的合同组，采用修正追溯调整法或公允价值法进行了衔接处理	2023 年 1 月 1 日

续表

序号	参考示例	新保险合同准则过渡日处理	新金融工具准则实施时间
3	示例7－3　中国平安（601318. SH）	对于部分保险合同组，由于追溯调整法不切实可行，集团对过渡日的相应合同组采用了修正追溯调整法或公允价值法进行了衔接处理。对2022年1月1日至2022年12月31日期间已终止确认的金融资产，本集团选择采用分类重叠法基于同样的分类处理方式逐项重新确定了金融资产的分类，并调整了2022年1月1日至2022年12月31日期间的比较信息	2018年1月1日
4	示例7－4　新华保险（601336. SH）	大部分合同的合同服务边际是基于修正追溯法计量，其余合同的合同服务边际是基于公允价值法计量	2023年1月1日
5	示例7－5　中国人寿（601628. SH）	2023年1月1日之前的保险合同会计处理与《国际财务报告准则第17号》的规定不一致的，应采用追溯调整法处理，当追溯调整法不切实可行时，采用修正追溯调整法或公允价值法	H股（国际财务报告准则）：2023年1月1日起实施新保险合同准则及新金融工具准则。 A股（企业会计准则）：2023年报中保险合同准则及金融工具准则均未变更
6	示例7－6　众安在线（06060. HK）	在全面追溯法并不切实可行的情况下，本集团采用公允价值法，具体如下： 针对于2018年或之前签发的保险合同组及于2020年或之前分出的再保险合同组，由于采用全面追溯法并不切实可行，本集团采用公允价值法。 于2023年度和2022年度，本集团的保险服务收入主要来自本年新增的保险合同及过渡日采用全面追溯法的保险合同	2022年1月1日不再符合豁免条件，开始执行新金融工具准则
7	示例7－7　广汽集团（601238. SH）	当全面追溯调整法不切实可行时，采用修正追溯调整法。采用修正追溯调整法时，集团对部分保险合同组使用在过渡日无须付出不必要的额外成本或努力即可获得的合理可靠的信息，以获得接近全面追溯法的结果	2018年1月1日
8	示例7－8　中国银行（601988. SH）	本集团财险子公司的过渡日保险合同主要采取全面追溯法调整，寿险子公司的过渡日保险合同主要采取公允价值法调整，并在2023年1月1日首次执行日对管理金融资产的业务模式及为避免会计错配进行了重新评估并确定金融资产分类	2018年1月1日

示例7－1　中国人保（601319. SH）

会计政策变更：新保险合同会计准则

（1）过渡日的衔接方法

2020年12月财政部修订发布了新保险合同会计准则，内容涵盖确认与计量、列报和披露。执行新保险合同会计准则的企业，不再执行财政部于2006年2月印发的《财政部关于印发（企业会计准则第1号—存货）等38项具体准则的通知》（财会〔2006〕3号）中的《企业会计准则第25号—原保险合同》和《企业会计准则第26号—再保险合同》，以及财政部于2009年12月印发的《保险合同相关会计处理规定》（财会〔2009〕15号）。

就过渡要求而言，首次执行日是指企业首次应用该准则的年度报告期间开始的日期，过渡日是指首次执行日前最近一个会计年度的期初。本集团于2023年1月1日首次执行新保险合同会计准则，过渡日为2022年1月1日，因此2022年比较期财务信息因执行新保险合同会计准则而进行了重述。于2022年1月1日，即新保险合同会计准则过渡日，本集团已追溯采用新保险合同会计准则。当追溯调整法不切实可行时，采用修正追溯调整法和公允价值法。

修正追溯调整法

采用修正追溯调整法，是因为追溯调整法并不切实可行，但本集团使用在过渡日无须付出不必要的额外成本或努力即可获得的合理可靠的信息，以获得接近追溯调整法的结果。如果不能获得采用修正追溯调整法所必需的合理及可支持的信息，则本集团采用公允价值法。

对不具有直接参与分红特征的保险合同组采用修正追溯调整法时，本集团按照下列规定进行衔接处理：

（i）以过渡日估计的未来现金流量为基础，根据合同组初始确认时至过渡日发生的现金流量进行调整，确定合同组在初始确认时的未来现金流量；

（ii）以过渡日估计的非金融风险调整金额为基础，根据在过渡日签发或分出的类似保险合同的相关风险释放方式，估计过渡日之前合同组非金融风险调整的变动金额，确定合同组在初始确认时的非金融风险调整金额；

（iii）合同组在初始确认时确认合同服务边际的，按照初始确认时折现率计提利息，并基于过渡日合同组中的剩余责任单元和该日前的责任单元，确定过渡日前计入损益的合同服务边际；

（iv）合同组在初始确认时确认未到期责任负债亏损部分的，将发生于过渡日前的未到期责任负债账面价值变动额采用系统合理的方法分摊至亏损和其他部分，从而确定分摊至过渡日前的亏损部分。

对具有直接参与分红特征的保险合同组采用修正追溯调整法时，本集团按照下列规定进行衔接处理：

（i）以过渡日基础项目公允价值减去该日履约现金流量的金额为基础，根据过渡日前相关现金流量以及非金融风险调整的变动进行恰当调整；

（ii）合同组根据本条确认合同服务边际的，基于过渡日合同组中的剩余责任单元和该日前的责任单元，确定过渡日前计入损益的合同服务边际；

（iii）合同组根据本条确认未到期责任负债亏损部分的，将该亏损部分调整为零，同时将该亏损部分增加过渡日未到期责任负债账面价值；

(iv) 将保险合同金融变动额分解计入承保财务损益和计入其他综合收益，确定于过渡日计入其他综合收益的累计金额等于各相关资产在其他综合收益中确认的累计金额。

公允价值法

运用公允价值法时，本集团将保险合同组公允价值与过渡日保险合同组履约现金流之间的差额定义为合同服务边际或者未到期责任负债的亏损部分。

本集团在采用公允价值法时，在过渡日确定合同组初始确认时及以后适用的折现率。

对具有直接参与分红特征的保险合同组采用公允价值法时，本集团将保险合同金融变动额分解计入承保财务损益和计入其他综合收益，确定于过渡日计入其他综合收益的累计金额等于各相关资产在其他综合收益中确认的累计金额。

(2) 实施新保险合同会计准则的影响披露

于2022年1月1日，相关财务报表科目受会计政策变更影响如下：

单位：百万元

项目	2021年12月31日	会计政策变更影响	2022年1月1日（已重述）
资产			
保险合同资产	不适用	508	508
分出再保险合同资产	不适用	30, 726	30, 726
应收保费	41, 720	(41, 720)	不适用
应收分保账款	16, 359	(16, 359)	不适用
应收分保未到期责任准备金	13, 591	(13, 591)	不适用
应收分保未决赔款准备金	20, 670	(20, 670)	不适用
应收分保寿险责任准备金	28	(28)	不适用
应收分保长期健康险责任准备金	5, 386	(5, 386)	不适用
递延所得税资产	10, 225	(1, 914)	8311
其他资产	26, 210	71	26, 281
保户质押贷款	5, 889	(5, 889)	不适用
合计	140, 078	(74, 252)	65, 826
负债			
预收保费	27, 390	(20, 718)	6, 672
应交税费	8, 803	—	8, 803
应付保单红利	5, 342	(5, 342)	不适用
保户储金及投资款	44, 855	(44, 855)	不适用
应付手续费及佣金	8, 535	(8, 535)	不适用
应付分保账款	22, 767	(22, 767)	不适用

续表

项目	2021 年 12 月 31 日	会计政策变更影响	2022 年 1 月 1 日（已重述）
应付赔付款	10, 751	（10, 751）	不适用
未到期责任准备金	170, 602	（170, 602）	不适用
未决赔款准备金	179, 153	（179, 153）	不适用
寿险责任准备金	364, 646	（364, 646）	不适用
长期健康险责任准备金	55, 555	（55, 555）	不适用
应付款项	不适用	6, 090	6, 090
保险合同负债	不适用	808, 394	808, 394
分出再保险合同负债	不适用	203	203
递延所得税负债	2, 053		2, 053
其他负债	27, 386	（168）	27, 218
合计	927, 838	（68, 405）	859, 433
股东权益			
其他综合收益	18, 845	（15, 362）	3, 483
一般风险准备	15, 752	392	16, 144
未分配利润	118, 385	9, 822	128, 207
少数股东权益	77, 573	（699）	76, 874
合计	230, 555	（5, 847）	224, 708

示例 7 - 2　中国太保（601601. SH）

会计政策变更：新保险合同准则

2020 年财政部发布了《企业会计准则第 25 号——保险合同》（以下简称“新保险合同准则”），本集团于 2023 年 1 月 1 日开始执行新保险合同准则，并已根据新保险合同准则的要求重述了比较期间信息。实施新保险合同准则导致本集团保险服务收入与保险服务费用的确认、保险合同负债的计量方法、财务报表的列报等均发生了重大变化。本集团根据新保险合同准则制定的与保险合同相关的会计政策详见附注三、21（略）。

按照新保险合同准则的规定，本集团对于首次执行日之前的保险合同会计处理与新保险合同准则规定不一致的，采用追溯调整法处理，但对于过渡日完全追溯调整法不切实可行的合同组，本集团采用了修正追溯调整法或公允价值法进行了衔接处理。

根据新保险合同准则的规定，本集团进行追溯调整无须披露当期和各个列报前期财务报表受影响项目的调整金额，因此本集团仅汇总了实施新保险合同准则对比较期间主要财务指标的影响，披露如下：

单位：百万元

项目	会计政策变更前 2022年12月31日	执行新保险合同 准则影响金额	会计政策变更后 2022年12月31日
总资产	2,176,299	(104,963)	2,071,336
总负债	1,942,171	(72,507)	1,869,664
归属于母公司股东权益	228,446	(31,969)	196,477

示例7-3　中国平安（601318.SH）

重大会计政策变更

本集团于2023年1月1日开始执行新保险合同准则，并已根据新保险合同准则的要求重述了比较期间信息。实施新保险合同准则导致本集团保险服务收入与保险服务费用的确认、保险合同负债的计量方法、财务报表的列报等均发生了重大变化。

根据新保险合同准则的规定，本集团进行追溯调整无须披露当期和各个列报前期财务报表受影响项目的调整金额，因此本集团仅汇总了实施新保险合同准则对比较期间主要财务指标的影响，披露如下：

单位：百万元

项目	会计政策变更前 2022年12月31日	执行新保险合同 准则影响金额	会计政策变更后 2022年12月31日
总资产	11,137,168	(127,228)	11,009,940
总负债	9,961,870	(137,926)	9,823,944
归属于母公司股东权益	858,675	10,516	869,191

本集团于2023年1月1日前已执行金融工具相关会计准则。根据新保险合同准则的规定，本集团于2023年1月1日根据金融资产所对应的保险合同的计量方式，对管理金融资产的业务模式进行了重新评估并确定了金融资产的分类。对2022年1月1日至2022年12月31日期间已终止确认的金融资产，本集团选择采用分类重叠法基于同样的分类处理方式逐项重新确定了金融资产的分类，并调整了2022年1月1日至2022年12月31日期间的比较信息。

上述金融资产重新分类的主要变化披露如下：

单位：百万元

项目	重新分类前 2022年12月31日	执行新保险合同准则 重分类引起的变动	重新分类后 2022年12月31日
债权投资	3,004,502	(1,880,467)	1,124,035
其他债权投资	467,031	2,033,759	2,500,790

按照新保险合同准则的规定，对于部分保险合同组，由于追溯调整法不切实可行，本集团对过渡日的相应合同组采用了修正追溯调整法或公允价值法进行了衔接处理。

示例7－4　新华保险（601336. SH）

会计政策变更

根据新保险合同准则的规定，在境内外同时上市的企业以及在境外上市并采用国际财务报告准则或企业会计准则编制财务报表的企业，自2023年1月1日起执行。本集团自2023年1月1日起开始采用新保险合同准则。

首次执行日之前的保险合同会计处理与新保险合同准则规定不一致的，应当采用追溯调整法处理，另有规定的除外。对合同组采用追溯调整法不切实可行的，应当采用修正追溯调整法或公允价值法。对合同组采用修正追溯调整法也不切实可行的，应当采用公允价值法。本集团大部分合同的合同服务边际是基于修正追溯法计量，其余合同的合同服务边际是基于公允价值法计量。

本集团已根据新保险合同准则以及《企业会计政策第28号——会计政策、会计估计变更和差错更正》的相关规定，将新保险合同准则相关会计政策变更累积影响数调整至2022年1月1日留存收益或其他综合收益，并重述前期可比数据。

本集团根据新保险合同准则的衔接规定，未披露适用新保险合同准则对各财务报表项目的影响。

重要会计政策——保险合同

过渡日的合同

于过渡日，采用追溯调整法确定过渡日金额不可行时，本集团采用修正追溯法或公允价值法确定新保险合同准则下的过渡日金额。

（i）以修正追溯法计量的合同

修正追溯法的目标是在无须付出不必要的额外成本或努力的情况下获取和使用合理且有依据的数据，以尽可能地接近追溯调整法的最终结果。本集团仅在无合理且有依据的信息用于追溯应用新保险合同准则时应用以下各项修正。

<u>不具有直接参与分红特征的合同</u>

对于不具有直接参与分红特征的相关合同组：

• 初始确认时的未来现金流量通过已知已发生的现金流量进行估计；

• 通过就2022年1月1日前的预期风险释放对于2022年1月1日的金额进行调整，以确定初始确认时的非金融风险调整。通过参照本集团于2022年1月1日签发的类似保险合同的风险释放确定预期风险释放；

• 若修正追溯用于确定初始确认时的合同服务边际（或亏损部分）：

——通过将于2022年1月1日的剩余责任单元与该日前合同组提供的责任单元进行比较，确定2022年1月1日前计入损益的合同服务边际金额；及

——于初始确认时，使用亏损部分相对于未来现金流出现值估计以及非金融风险

调整总额的比例确定2022年1月1日前分摊至亏损部分的金额。

具有直接参与分红特征的合同

对于具有直接参与分红特征的相关合同组：

• 本集团通过计算合同组下将提供的所有服务的合同服务边际总额的替代值确定于2022年1月1日的合同服务边际（或亏损部分），即基础项目于2022年1月1日的公允价值减去于2022年1月1日的履约现金流量，就以下各项作出调整：

——2022年1月1日前向保单持有人收取的款项（包括从基础项目中扣除的费用）；

——2022年1月1日前支付的、不会因基础项目而变动的金额；

——2022年1月1日前风险释放所引起的非金融风险调整变动；

——2022年1月1日前已产生并分摊至该合同组的保险获取现金流量。

• 若计算得出合同服务边际，则本集团通过减去与2022年1月1日前所提供服务相关的合同服务边际来计量于2022年1月1日的合同服务边际。与2022年1月1日前所提供服务相关的合同服务边际通过将于2022年1月1日的责任单元与该日前合同组提供的责任单元进行比较来确定。

• 若计算导致产生亏损部分，则本集团将亏损部分调整为零并以相同金额增加于2022年1月1日扣除亏损部分后的未到期责任负债。

• 于2022年1月1日，保险合同负债/资产中的累计保险合同金融变动额等于基础项目在其他综合收益中确认的累计额。

(ii) 以公允价值法计量的合同

对于以公允价值法计量的合同组，本集团将于2022年1月1日未到期责任负债的合同服务边际或亏损部分确定为该日合同组的公允价值与该日履约现金流量之间的差额。

合同组的公允价值主要采用现值法从市场参与者的角度确定，并考虑以下因素：

• 对市场参与者在履行负债时预期产生或收取的未来现金流量的估计；

• 货币时间价值，即无风险利率加上基于负债特征的利差；

• 市场参与者为承担与非金融风险相关的现金流量固有的不确定性而要求的保费，以及市场参与者为承担责任而要求的补偿；

• 市场参与者在有关情况下会考虑的其他因素。

本集团尽可能利用相关市场数据和信息。就不可观察参数而言，本集团使用在有关情况下可得的最佳数据，其中可能包括本集团自身的数据。

对于以公允价值法计量的合同组：

• 初始确认时的折现率于2022年1月1日而非初始确认日期确定；

• 于2022年1月1日，保险合同负债/资产中的累计保险合同金融变动额对于不具有直接参与分红特征的合同确定为零，而对于具有直接参与分红特征的合同则等于基础项目在其他综合收益中确认的累计额。

示例7－5　中国人寿（601628. SH）

（中国人寿H股报告自2023年1月1日起执行新保险合同准则，A股2023年报告仍执行旧保险合同准则，本章信息摘录自中国人寿于香港交易所披露的IFRS准则编制的2023年度报告。）

于2023年1月1日开始的财务年度被本集团首次采用的新会计准则及修订

《国际财务报告准则第17号》——保险合同

本集团于2023年1月1日使用《国际财务报告准则第17号》编制财务报告并披露，并对比较期间的财务报表进行重述。与《国际财务报告准则第4号》相比，《国际财务报告准则第17号》发生以下若干变化：

• 为保险合同提供了一个综合性的一般模型，该计量模型主要包含以下三个模块：未来现金流量现值、非金融风险调整和代表保险合同未赚得利润的合同服务边际。同时还提供了适用于具有直接参与分红特征的保险合同的浮动收费法和主要适用于短期合同的保费分配法。

• 履约现金流量包括未来现金流量现值和非金融风险调整，在每个报告期重新计量。

• 合同服务边际代表保险合同未赚得的利润，有待在保险期间内计入损益。

• 与未来服务相关的履约现金流量的某些变动调整合同服务边际，在剩余保险期间计入损益。

• 折现率假设基于反映保险合同特征的可观察当前市场信息确定。根据公司的会计政策选择，折现率变动的影响可计入当期损益或其他综合收益。

• 根据当期提供的保险服务，在综合收益表内列报保险服务收入和保险服务费用。

• 无论保险事项是否发生，保险合同要求公司偿还给保单持有人的金额为投资成分。在确认保险服务收入和保险服务费用时不包含保险合同中的投资成分。

• 对于具有直接参与分红特征的保险合同，应当采用浮动收费法。该类保险合同保单持有人分享基础项目的回报。在应用浮动收费法时，公司在基础项目公允价值变动中的份额包含在合同服务边际中。

• 对于合同组内各项合同的责任期不超过一年，或公司能够合理预计采用保费分配法计量合同组未到期责任负债的结果与采用一般模型结果无重大差异的合同组，允许采用可选的保费分配法。

• 将保险服务收入、保险服务费用与承保财务损益分别列报。

• 需要披露保险合同确认的金额及保险合同产生的风险的性质和范围等信息。

2023年1月1日之前的保险合同会计处理与《国际财务报告准则第17号》的规定不一致的，应采用追溯调整法处理，当追溯调整法不切实可行时，采用修正追溯调整法或公允价值法。

因首次采用《国际财务报告准则第17号》，本集团2022年1月1日股东权益减少人民币90,641百万元。相关会计政策详见附注2.8。

示例 7－6 众安在线（06060. HK）

2023 年度报告（摘录自众安官网披露的中国企业会计准则编制 2023 年年报）

会计政策变更

财政部于2020 年12 月修订发布了《企业会计准则第25 号——保险合同》（以下简称“新保险合同会计准则”），内容涵盖确认与计量、列报和披露。执行新保险合同会计准则的企业，不再执行财政部于 2006 年 2 月印发的《财政部关于印发〈企业会计准则第 1 号——存货〉等 38 项具体准则的通知》（财会〔2006〕3 号）中的《企业会计准则第 25 号——原保险合同》和《企业会计准则第 26 号——再保险合同》，以及财政部于 2009 年 12 月印发的《保险合同相关会计处理规定》（财会〔2009〕15 号）。

就过渡要求而言，首次执行日是指企业首次应用该准则的年度报告期间开始的日期，过渡日是指首次执行日前最近一个会计年度的期初。本集团于 2023 年 1 月 1 日首次执行新保险合同会计准则，过渡日为 2022 年 1 月 1 日，因此 2022 年比较期财务信息因执行新保险合同会计准则而进行了重述。在全面追溯法并不切实可行的情况下，本集团采用公允价值法，具体如下：

针对于 2018 年或之前签发的保险合同组及于 2020 年或之前分出的再保险合同组，由于采用全面追溯法并不切实可行，本集团采用公允价值法。

于 2023 年度和 2022 年度，本集团的保险服务收入主要来自本年新增的保险合同及过渡日采用全面追溯法的保险合同。

本集团于新保险合同会计准则的会计政策列示于附注四（15）。

2022 年中期报告（摘录自香港交易所披露 HKFRS 准则编制 2022 年中期报告）

会计政策变更

香港财务报告准则第 9 号于 2018 年 1 月 1 日或之后开始的会计期间生效。本集团先前根据香港财务报告准则第 4 号「保险合同」的修订本，符合资格并选择采用暂时选择权以延迟香港财务报告准则第 9 号的生效日期。

于 2020 年 3 月 24 日，本公司子公司众安银行有限公司在香港正式开业。自开业以来，银行业务发展迅速，于 2020 年 12 月 31 日，其客户存款已达人民币 5,061,122 千元，占本集团总负债的 17.9%。管理层认定，本集团的业务发生变动，且该变动对本集团的经营产生重大影响。因此，本集团得出结论，于 2020 年 12 月 31 日重新评价后，其业务不再主要与保险有关，因此不再符合香港财务报告准则第 9 号的暂时豁免资格。经香港财务报告准则第 4 号修订本允许，直至 2021 年底，本集团将继续采用香港财务报告准则第 9 号的暂时豁免权，并于 2022 年 1 月 1 日采用香港财务报告准则第 9 号。

示例 7－7 广汽集团（601238. SH）

重要会计政策和会计估计的变更

本集团自 2023 年 1 月 1 日起执行修订后的《企业会计准则第 25 号——保险合

同》(以下简称“新保险合同准则”)，并按要求对比较期间的财务报表进行重述。根据新保险合同准则的规定，本集团进行追溯调整无须披露当期和各个列报前期财务报表受影响项目的调整金额。

根据新保险合同准则的规定，当全面追溯调整法不切实可行时，采用修正追溯调整法。采用修正追溯调整法时，本集团对部分保险合同组使用在过渡日无须付出不必要的额外成本或努力即可获得的合理可靠的信息，以获得接近全面追溯法的结果。

本集团实施新保险合同准则对比较期间主要财务指标的主要影响披露如下：

单位：元

项目	会计政策变更前 2022 年 12 月 31 日	执行新保险合同 准则影响金额	会计政策变更后 2022 年 12 月 31 日
总资产	190, 020, 747, 402	–189, 132, 851	189, 831, 614, 551
总负债	67, 772, 458, 376	–218, 272, 909	67, 554, 185, 467
归属于母公司股东权益	113, 234, 681, 213	15, 604, 501	113, 250, 285, 714

示例 7–8　中国银行（601988. SH）

2023 年已生效的准则

1.1　企业会计准则——保险合同准则

2023 年 1 月 1 日，本集团实施了财政部于 2022 年 2 月颁布的《企业会计准则第 25 号——保险合同》(以下简称“新保险合同准则”)。实施新保险合同准则导致本集团保险合同识别、适用一般计量模型、浮动收费法或保费分配法对保险合同负债的确认和计量、保险业务相关收入、保险业务相关成本和保险合同金融变动相关会计政策发生了变化。保险合同的会计政策详见附注四、15。

过渡

本集团财险子公司的过渡日保险合同主要采取全面追溯法调整，寿险子公司的过渡日保险合同主要采取公允价值法调整，并在 2023 年 1 月 1 日首次执行日对管理金融资产的业务模式及为避免会计错配进行了重新评估并确定金融资产分类。本集团追溯调整了 2022 年 1 月 1 日、2022 年 12 月 31 日及 2022 年度比较期间数据。

会计政策变更影响

本集团汇总了实施新保险合同准则对比较期间主要财务指标的影响披露如下：

单位：元

项目	会计政策变更前 2022 年 12 月 31 日	执行新保险合同准则 影响金额	会计政策变更后 2022 年 12 月 31 日和 2023 年 1 月 1 日
总资产	28, 913, 857	(20, 309)	28, 893, 548
总负债	26, 346, 286	(16, 039)	26, 330, 247

续表

项目	会计政策变更前 2022 年 12 月 31 日	执行新保险合同准则 影响金额	会计政策变更后 2022 年 12 月 31 日和 2023 年 1 月 1 日
归属于母公司股东权益	2, 427, 589	(3, 616)	2, 423, 973
少数股东权益	139, 982	(654)	139, 328

单位：元

项目	会计政策变更前 2022 年	执行新保险合同 准则影响金额	会计政策变更后 2022 年
营业收入	618, 009	(32, 642)	585, 367
营业支出	(333, 313)	31, 724	(301, 589)
净利润	237, 504	(779)	236, 725

本集团于 2018 年 1 月 1 日已执行《企业会计准则第 22 号金融工具的确认和计量》，在首次实施新保险合同准则时，本集团可根据企业会计准则第 22 号重新评估金融资产的分类，以减少金融资产和保险合同负债计量的会计错配。本集团重新评估了截至 2023 年 1 月 1 日与新保险合同准则相关的金融资产的分类，并调整了自 2022 年 1 月 1 日起的比较期间信息。

本集团根据新保险合同准则，对以浮动收费法计量的分红险和投资连结保险而持有的部分债券投资，由以摊余成本计量的金融资产和以公允价值计量且其变动计入其他综合收益的金融资产重新分类为以公允价值计量且其变动计入当期损益的金融资产。对以一般计量模型法计量的保险合同而持有的部分债券投资，由以摊余成本计量的金融资产重新分类为以公允价值计量且其变动计入其他综合收益的金融资产。下表列示了截至 2023 年 1 月 1 日采用新保险合同准则前后的计量类别和账面价值：

单位：元

新保险合同准则 实施前分类	新保险合同准则 实施后分类	新保险合同准则实施 前账面价值	新保险合同准则 实施后账面价值
2022 年 12 月 31 日	2022 年 12 月 31 日和 2023 年 1 月 1 日	2022 年 12 月 31 日	2022 年 12 月 31 日和 2023 年 1 月 1 日
以公允价值计量且其变动计入其他综合收益的金融资产	以公允价值计量且其变动计入当期损益的金融资产	4, 120	4, 120
以摊余成本计量的金融资产	以公允价值计量且其变动计入当期损益的金融资产	42, 494	37, 025

续表

新保险合同准则实施前分类	新保险合同准则实施后分类	新保险合同准则实施前账面价值	新保险合同准则实施后账面价值
以摊余成本计量的金融资产	以公允价值计量且其变动计入其他综合收益的金融资产	40, 991	35, 961

1.3　对比数字

本集团根据新保险合同准则的要求，追溯调整了自2022年1月1日起的比较期间数字。追溯调整附注主要包括财务报表附注七、7金融投资，附注七、15其他资产，附注七、29其他负债，附注七、39其他业务收入，附注七、43其他业务成本，附注七、45其他综合收益，附注八、分部报告等。此外，为符合本财务报表的列报方式，本集团对个别比较数字进行了调整。

第三节　新旧保险合同准则转换财务报表披露示例

一、准则相关规定与监管指引（节选）

（一）《企业会计准则应用指南汇编2024》“第二十五章　保险合同”

十一、保险合同的列报

（一）报表中相关项目的列示

1. 资产负债表。

企业应当在资产负债表中分别列示与保险合同有关的下列项目：（1）保险合同资产；（2）保险合同负债；（3）分出再保险合同资产；（4）分出再保险合同负债。保险获取现金流量资产在资产负债表日的账面价值应当计入保险合同组合账面价值，即保险获取现金流量资产与未到期责任负债和已发生赔款负债在保险合同组合层面合并计算的账面价值为借方余额的，在资产负债表中列示为保险合同资产；为贷方余额的，列示为保险合同负债。分保摊回未到期责任资产和分保摊回已发生赔款资产在分出再保险合同组合层面合并计算的账面价值为借方余额的，在资产负债表中列示为分出再保险合同资产；为贷方余额的，列示为分出再保险合同负债。

2. 利润表。

企业应当在利润表中分别列示与保险合同有关的下列项目：（1）保险服务收入；（2）保险服务费用；（3）分出保费的分摊；（4）摊回保险服务费用；（5）承保财务损益；（6）分出再保险财务损益。

企业不得将分出保费的分摊列示为保险服务收入的减项。

企业应当分别列示签发的保险合同的保险合同金融变动额和分出的再保险合同的保险合同金融变动额中计入其他综合收益的金额。

（二）《关于修订印发 2023 年度保险公司财务报表格式的通知》（财会［2022］37 号）（略）

（三）《公开发行证券的公司信息披露编报规则第 4 号——保险公司财务报表附注特别规定》（证监会公告［2024］10 号）（略）

二、新旧保险合同准则转换财务报表披露示例

（一）简要分析

新保险合同准则较大的优化和重塑了保险公司财务报表。

一是新准则简化了资产负债表项目，要求保险公司按照保险合同组合的余额分别列示保险合同负债和保险合同资产、分出再保险合同资产和分出再保险合同负债。主要变化为对保险合同负债和分出再保险合同资产不再详细列报，新出现了保险合同资产和分出再保险合同负债。应收保费、应付赔付款等不再单独列报，而是体现在保险合同资产或负债的余额中，应收分保账款、应付分保账款不再单独列报，如果与分入再保险合同有关，体现在分出再保险合同资产或负债余额中，如果与分入再保险合同有关，体现在保险合同资产负债中，预收保费需判断是否进入保险合同边界，进入边界体现在保险合同负债或资产余额中，否则仍列示为预收保费。

二是根据利润驱动因素区分保险公司的保险服务业绩和投资业绩，并在利润表中予以反映。新保险合同准则以收入原则为基础，对非保险成分制定不同分拆标准，拆分后核算与单独核算的同类合同运用的会计处理原则相符，以反映非保险成分的不同特征。保险服务收入的计量方式反映因提供服务而预计有权收取的对价，随着服务进度分期确认，提高了保险收入与适用收入准则的其他类型合同收入的一致性，也提高了保险公司财务报表与其他金融机构的可比性。

需要特别关注的是，由于折现率变动引起的保险合同金融变动额可用其他综合收益（OCI）选择权进行平滑，使得新准则下的利润表需赋予“净利润”以下的项目及净资产更多关注，即计入其他综合收益的可转损益的保险合同金融变动额，该项目核算的影响将于未来逐步释放。

2022 年 12 月，财政部基于新保险合同准则规定内容，发布了《关于修订印发 2023 年度保险公司财务报表格式的通知》（财会〔2022〕37 号），进一步规范和统一保险公司财务报表列报。

2024 年 6 月，证监会发布《公开发行证券的公司信息披露编报规则第 4 号——

保险公司财务报表附注特别规定》，规范和统一上市保险公司信息披露。

（二）年报披露示例

新旧保险合同准则转换财务报表披露示例汇总如表 7－7 所示。

为便于比对新旧准则财务报表列报差异，以及比较期重述前和重述后差异，本节在具体披露示例中将新保险准则列报的 2023 年财务报表和旧准则列报的 2022 年财务报表披露进行，其中斜体字显示科目为未披露于 2023 年财务报表中的科目。

表 7－7　　新旧保险合同准则财务报表转换披露示例汇总　　单位：百万元

时点	项目	中国人保（601319. SH）	中国平安（601318. SH）	新华保险（601336. SH）
2022 年损益表（重述前）	营业收入	620, 859	1, 110, 568	214, 319
	保险服务收入/保险业务收入	625, 809	769, 633	163, 099
	净利润	34, 325	107, 432	9, 826
	综合收益总额	13, 677	112, 511	（1, 217）
2022 年损益表（重述后）	营业收入	529, 633	880, 355	108, 048
	保险服务收入/保险业务收入	468, 802	525, 981	56, 878
	净利润	35, 430	134, 817	21, 504
	综合收益总额	21, 963	118, 949	8, 610
2021 年 12 月 31 日（重述前）	总资产	1, 376, 402	10, 142, 026	1, 127, 721
	总负债	1, 079, 697	9, 064, 303	1, 019, 207
	净资产	296, 705	1, 077, 723	108, 514
2021 年 1 月 1 日（过渡日重述后）	总资产	1, 302, 150	9, 994, 079	1, 092, 083
	总负债	1, 011, 292	8, 912, 141	998, 308
	净资产	290, 858	1, 081, 938	93, 775
变动百分比	营业收入	－15%	－21%	－50%
	保险服务收入/保险业务收入	－25%	－32%	－65%
	净利润	3%	25%	119%
	综合收益总额	61%	6%	－807%
	总资产	－5%	－1%	－3%
	总负债	－6%	－2%	－2%
	净资产	－2%	0%	－14%

示例7－9　中国人保（601319. SH）

合并资产负债表

单位：百万元

项目	2023 年年报			2022 年年报	
	2023 年 12 月 31 日	2022 年 12 月 31 日 （重述后）	2022 年 1 月 1 日 （重述后）	2022 年 12 月 31 日	2021 年 12 月 31 日
资产					
金融投资					
交易性金融资产	383, 020	不适用	不适用	不适用	不适用
债权投资	318, 605	不适用	不适用	不适用	不适用
其他债权投资	338, 717	不适用	不适用	不适用	不适用
其他权益工具投资	96, 541	不适用	不适用	不适用	不适用
以公允价值计量且其变动计入其他损益的金融资产	不适用	38, 301	57, 459	38, 301	57, 459
可供出售金融资产	不适用	557, 582	502, 102	557, 582	502, 102
持有至到期投资	不适用	198, 393	197, 346	198, 393	197, 346
分类为贷款及应收款的投资	不适用	176, 082	144, 603	176, 082	144, 603
保险合同资产	2, 902	782	508	不适用	不适用
分出再保险合同资产	39, 259	37, 329	30, 726	不适用	不适用
投资性房地产	15, 791	15, 085	13, 340	15, 085	13, 340
递延所得税资产	13, 900	17, 416	8, 311	18, 109	10, 225
其他资产	23, 192	29, 515	26, 281	29, 796	26, 210
应收保费	不适用	不适用	不适用	55, 396	41, 720
应收分保账款	不适用	不适用	不适用	21, 262	16, 359
应收分保未到期责任准备金	不适用	不适用	不适用	15, 567	13, 591
应收分保未决赔款准备金	不适用	不适用	不适用	25, 380	20, 670
应收分保寿险责任准备金	不适用	不适用	不适用	36	28
应收分保长期健康险责任准备金	不适用	不适用	不适用	4, 804	5, 386
保户质押贷款	不适用	不适用	不适用	6, 419	5, 889
……					
资产总计	1, 557, 159	1, 416, 975	1, 302, 150	1, 508, 702	1, 376, 402

续表

项目	2023 年年报			2022 年年报	
	2023 年 12 月 31 日	2022 年 12 月 31 日 （重述后）	2022 年 1 月 1 日 （重述后）	2022 年 12 月 31 日	2021 年 12 月 31 日
负债					
交易性金融负债	4, 089	—	—	不适用	不适用
预收保费	5, 625	4, 685	6, 672	29, 453	27, 390
保费准备金	1, 710	2, 573	2, 412	2, 573	2, 412
应付款项	7, 985	7, 629	6, 090	不适用	不适用
保险合同负债	980, 730	883, 055	808, 394	不适用	不适用
分出再保险合同负债	118	362	203	不适用	不适用
递延所得税负债	402	2, 022	2, 053	260	2, 053
其他负债	33, 384	25, 659	27, 218	25, 964	27, 386
应付手续费及佣金	不适用	不适用	不适用	9, 536	8, 535
应付分保账款	不适用	不适用	不适用	27, 661	22, 767
应付赔付款	不适用	不适用	不适用	9, 068	10, 751
应付保单红利	不适用	不适用	不适用	5, 609	5, 342
保户储金及投资款	不适用	不适用	不适用	52, 525	44, 855
未到期责任准备金	不适用	不适用	不适用	183, 880	170, 602
未决赔款准备金	不适用	不适用	不适用	215, 088	179, 153
寿险责任准备金	不适用	不适用	不适用	391, 945	364, 646
长期健康险责任准备金	不适用	不适用	不适用	66, 589	55, 555
……					
负债合计	1, 225, 490	1, 113, 971	1, 011, 292	1, 208, 137	1, 079, 697
股东权益					
其他综合收益	913	（6, 396）	3, 483	3, 440	18, 845
一般风险准备	20, 439	18, 442	16, 144	17, 911	15, 752
未分配利润	153, 603	144, 179	128, 207	133, 533	118, 385
……					
股权权益合计	331, 669	303, 004	290, 858	300, 565	296, 705

合并利润表

单位：百万元

项目	2023 年度	2022 年度（已重述）	2022 年度
一、营业总收入	553, 097	529, 633	620, 859
保险服务收入	503, 900	468, 802	不适用
利息收入	29, 379	不适用	不适用
投资收益	25, 601	56, 332	56, 656
公允价值变动损失	(9, 912)	(579)	(579)
汇兑收益	228	1, 002	1, 059
其他业务收入	3, 422	3, 546	3, 465
已赚保费	不适用	不适用	559, 728
保险业务收入	不适用	不适用	625, 809
其中：分保费收入	不适用	不适用	6, 513
减：分出保费	不适用	不适用	(54, 779)
提取未到期责任准备金	不适用	不适用	(11, 302)
……			
二、营业支出	518, 804	487, 220	580, 138
保险服务费用	473, 436	433, 368	不适用
分出保费的分摊	35, 000	36, 385	不适用
减：摊回保险服务费用	(29, 039)	(30, 073)	不适用
承保财务损失	27, 651	35, 351	不适用
减：分出再保险财务损益	(1, 251)	(1, 317)	不适用
（转回）/提取保费准备金	(873)	150	不适用
利息支出	3, 461	不适用	不适用
税金及附加	285	363	2, 169
业务及管理费	6, 252	5, 209	92, 429
减：摊回分保费用	不适用	不适用	(12, 327)
信用减值损失	1, 428	不适用	不适用
资产减值损失	不适用	1, 825	2, 652
其他资产减值损失	190	不适用	不适用
其他业务成本	2, 264	5, 959	8, 152
退保金	不适用	不适用	30, 869
赔付支出	不适用	不适用	358, 272

续表

项目	2023 年度	2022 年度（已重述）	2022 年度
减：摊回赔付支出	不适用	不适用	(30, 256)
提取保险责任准备金	不适用	不适用	76, 920
减：摊回保险责任准备金	不适用	不适用	(4, 136)
提取/(转回) 保费准备金	不适用	不适用	150
保单红利支出	不适用	不适用	3, 998
分保费用	不适用	不适用	1, 313
手续费及佣金支出	不适用	不适用	49, 933
……			
三、营业利润	34, 293	42, 413	40, 721
四、利润总额	34, 430	42, 662	40, 970
减：所得税费用	(2, 964)	(7, 232)	(6, 645)
五、净利润	31, 466	35, 430	34, 325
六、其他综合收益的税后净额	(3, 393)	(13, 467)	(20, 648)
(一) 不能重分类进损益的其他综合收益			
其他权益工具公允价值变动	492	不适用	不适用
不能转损益的保险合同金融变动	(49)	—	不适用
(二) 将重分类进损益的其他综合收益			
可供出售金融资产公允价值变动损益	不适用	(16, 995)	(16, 995)
可供出售金融资产公允价值变动计入保险责任准备金部分	不适用	不适用	1, 536
其他债权投资公允价值变动	5, 062	不适用	不适用
其他债权投资的信用损失准备	100	不适用	不适用
外币报表折算差额	24	158	193
可转损益的保险合同金融变动	(8, 744)	7, 092	不适用
可转损益的分出再保险合同金融变动	142	5	不适用
……			
七、综合收益总额	28, 073	21, 963	13, 677

合并股东权益变动表

单位：百万元

项目	2023 年度								
	归属于母公司股东权益								
	股本	资本公积	其他综合收益	盈余公积	一般风险准备	大灾风险利润准备金	未分配利润	少数股东权益	股东权益合计
2022 年 12 月 31 日余额（已重述）	44, 224	7, 405	(6, 396)	14, 938	18, 442	59	144, 179	80, 153	303, 304
会计政策变更	—		9, 970	(16)	116	—	(3, 041)	1, 942	8, 971
2023 年 1 月 1 日余额（已重述）	44, 224	7, 405	3, 574	14, 922	18, 558	59	141, 138	82, 095	311, 975

项目	2022 年度（已重述）								
	归属于母公司股东权益								
	股本	资本公积	其他综合收益	盈余公积	一般风险准备	大灾风险利润准备金	未分配利润	少数股东权益	股东权益合计
2021 年 12 月 31 日余额	44, 224	7, 405	18, 845	14, 187	15, 752	212	118, 385	77, 573	296, 705
会计政策变更	—	—	(15, 362)		392	—	9, 822	(699)	(5, 847)
2022 年 1 月 1 日余额（已重述）	44, 224	7, 405	3, 483	14, 187	16, 144	212			290, 858

示例 7 – 10　中国平安（601318. SH）

合并资产负债表

单位：百万元

项目	2023 年年报			2022 年年报	
	2023 年 12 月 31 日	2022 年 12 月 31 日（重述后）	2022 年 1 月 1 日（重述后）	2022 年 12 月 31 日	2021 年 12 月 31 日
资产					
货币资金	577, 212	613, 737	537, 304	612, 595	535, 067

续表

项目	2023年年报			2022年年报	
	2023年12月31日	2022年12月31日（重述后）	2022年1月1日（重述后）	2022年12月31日	2021年12月31日
买入返售金融资产	167,660	91,514	61,583	91,315	61,429
保险合同资产	3	—	—	不适用	不适用
分出再保险合同资产	22,215	20,615	19,926	不适用	不适用
定期存款	239,598	273,288	247,885	270,340	242,968
金融投资					
以公允价值计量且其变动计入当期损益的金融资产	1,803,047	1,640,519	1,445,641	1,631,416	1,426,577
债权投资	1,243,353	1,124,035	1,064,246	3,004,502	2,768,995
其他债权投资	2,637,008	2,500,790	2,265,326	467,031	428,530
其他权益工具投资	264,877	264,771	277,883	255,103	268,215
递延所得税资产	101,337	89,321	64,289	92,846	65,360
其他资产	156,133	178,343	153,712	177,628	151,239
应收保费	不适用	不适用	不适用	72,280	79,834
应收分保账款	不适用	不适用	不适用	12,278	16,276
应收分保合同准备金	不适用	不适用	不适用	24,969	26,852
独立账户资产	不适用	不适用	不适用	23,093	36,002
……					
资产总计	11,583,417	11,009,940	9,994,079	11,137,168	10,142,026
负债					
拆入资金	76,602	72,596	40,998	68,485	40,998
以公允价值计量且其变动计入当期损益的金融负债	48,619	84,659	57,376	88,770	57,376
卖出回购金融资产款	241,803	271,737	127,718	271,737	127,477
预收保费	16,854	29,785	30,032	44,444	43,784
保险合同负债	4,159,801	3,671,177	3,340,870	不适用	不适用
分出再保险合同负债	53	105	—	不适用	不适用
其他负债	281,829	329,294	317,728	301,814	288,797
应付手续费及佣金	不适用	不适用	不适用	9,322	9,702
应付分保账款	不适用	不适用	不适用	16,426	23,028

续表

项目	2023年年报			2022年年报	
	2023年12月31日	2022年12月31日（重述后）	2022年1月1日（重述后）	2022年12月31日	2021年12月31日
应付赔付款	不适用	不适用	不适用	83, 316	74, 253
应付保单红利	不适用	不适用	不适用	71, 445	67, 276
保户储金及投资款	不适用	不适用	不适用	875, 529	825, 057
保险合同准备金	不适用	不适用	不适用	2, 742, 989	2, 473, 134
独立账户负债	不适用	不适用	不适用	23, 093	36, 002
……					
负债合计	10, 354, 453	9, 823, 944	8, 912, 141	9, 961, 870	9, 064, 303
股东权益					
资本公积	134, 606	133, 528	130, 389	133, 501	130, 407
其他综合收益	（13, 044）	5, 491	22, 128	（4, 712）	（9, 166）
一般风险准备	130, 353	117, 868	103, 121	115, 104	101, 108
未分配利润	621, 723	592, 856	540, 302	595, 334	569, 507
……					
股权权益合计	1, 228, 964	1, 185, 996	1, 081, 938	1, 175, 298	1, 077, 723

合并利润表

单位：百万元

项目	2023年度	2022年度（已重述）	2022年度
一、营业总收入	913, 789	880, 355	1, 110, 568
保险服务收入	536, 440	525, 981	
银行业务利息净收入	118, 947	131, 096	121, 368
银行业务利息收入	227, 552	228, 784	213, 439
银行业务利息支出	（108, 605）	（97, 688）	（92, 071）
非保险业务手续费及佣金净收入	37, 033	36, 054	36, 054
非保险业务手续费及佣金收入	45, 806	45, 982	45, 982
非保险业务手续费及佣金支出	（8, 773）	（9, 928）	（9, 928）
非银行业务利息收入	118, 503	115, 933	124, 276
投资收益	36, 891	38, 612	39, 710
公允价值变动损益	（9, 039）	（36, 936）	（32, 942）

续表

项目	2023 年度	2022 年度（已重述）	2022 年度
汇兑损益	120	3, 144	3, 342
其他业务收入	71, 771	63, 166	63, 309
已赚保费	不适用	不适用	742, 418
保险业务收入	不适用	不适用	769, 633
其中：分保费收入	不适用	不适用	132
减：分出保费	不适用	不适用	(21, 967)
提取未到期责任准备金	不适用	不适用	5, 248)
……			
二、营业支出	(792, 936)	(737, 516)	(1, 004, 249)
保险服务费用	(440, 178)	(422, 221)	不适用
分出保费的分摊	(14, 179)	14, 919	不适用
减：摊回保险服务费用	10, 448	10, 605	不适用
承保财务损益	(123, 959)	99, 933	不适用
减：分出再保险财务损益	542	564	不适用
税金及附加	(3, 665)	(3, 414)	(5, 062)
业务及管理费	(80, 212)	(76, 401)	(164, 700)
减：摊回分保费用	不适用	不适用	6, 150
提取保费准备金	(230)	(78)	(78)
非银行业务利息支出	(24, 346)	(22, 698)	(22, 888)
其他业务成本	(38, 086)	27, 101	(59, 643)
其他资产减值损失	(1, 327)	(1, 367)	(3, 096)
信用减值损失	(77, 744)	(80, 553)	(80, 553)
退保金	不适用	不适用	(54, 102)
保险合同赔付支出	不适用	不适用	(282, 122)
减：摊回保险合同赔付支出	不适用	不适用	14, 082
保单红利支出	不适用	不适用	(19, 599)
分保费用	不适用	不适用	(26)
保险业务手续费及佣金支出	不适用	不适用	(70, 354)
……			
三、营业利润	120, 853	142, 839	106, 319
四、利润总额	120, 117	142, 335	105, 815

续表

项目	2023 年度	2022 年度（已重述）	2022 年度
减：所得税费用	（10, 843）	（7, 518）	1, 617
五、净利润	109, 274	134, 817	107, 432
六、其他综合收益的税后净额			
将重分类进损益的其他综合收益			
以公允价值计量且其变动计入其他综合收益的债务工具公允价值变动	90, 299	14, 170	（1, 437）
以公允价值计量且其变动计入其他综合收益的债务工具的信用减值准备	57	755	708
可转损益的保险合同金融变动	（116, 448）	（36, 671）	不适用
可转损益的分出再保险合同金融变动	239	10	不适用
影子会计调整	不适用	不适用	309
外币报表折算差额	755	3, 619	3, 619
不能重分类进损益的其他综合收益			
其他权益工具投资公允价值变动	17, 579	6, 236	6, 233
不能转损益的保险合同金融变动	（11, 008）	（4, 391）	不适用
影子会计调整	不适用	不适用	（4, 857）
……			
七、综合收益总额	90, 415	118, 949	112, 511

合并股东权益变动表

单位：百万元

项目	2023 年度						
	归属于母公司股东权益						
	资本公积	其他综合收益	一般风险准备	未分配利润	……	少数股东权益	股东权益合计
2022 年 12 月 31 日余额（已重述）	133, 501	（4, 712）	115, 104	595, 334	……	316, 623	1, 175, 298
会计政策变更	27	10, 203	2, 764	（2, 478）	……	182	10, 698
2023 年 1 月 1 日余额（已重述）	133, 528	5, 491	117, 868	592, 856	……	316, 805	1, 185, 996

续表

项目	2022 年度						
	归属于母公司股东权益						
	资本公积	其他综合收益	一般风险准备	未分配利润	……	少数股东权益	股东权益合计
2021 年 12 月 31 日余额（已重述）	130, 407	(9, 166)	101, 108	569, 507	……	265, 318	1, 077, 723
会计政策变更	(18)	31, 294	2, 013	(29, 205)	……	131	4, 215
2022 年 1 月 1 日余额（已重述）	130, 389	22, 128	103, 121	540, 302	……	265, 449	1, 081, 938

示例 7 – 11　新华保险（601336. SH）

合并资产负债表

单位：百万元

项目	2023 年年报			2022 年年报	
	2023 年 12 月 31 日	2022 年 12 月 31 日（重述后）	2022 年 1 月 1 日（重述后）	2022 年 12 月 31 日	2021 年 12 月 31 日
资产					
应收利息	不适用	14, 481	10, 513	16, 241	12, 021
交易性金融资产	380, 239	不适用	不适用	不适用	不适用
债权投资	313, 148	不适用	不适用	不适用	不适用
其他债权投资	347, 262	不适用	不适用	不适用	不适用
其他权益工具投资	5, 370	不适用	不适用	不适用	不适用
以公允价值计量且其变动计入其他损益的金融资产	不适用	79, 465	70, 225	79, 269	70, 000
可供出售金融资产	不适用	375, 654	403, 427	375, 654	403, 427
持有至到期投资	不适用	378, 391	301, 102	378, 391	301, 102
分类为贷款及应收款的投资	不适用	47, 456	59, 895	47, 456	59, 895
分出再保险合同资产	9, 802	10, 590	9, 153	不适用	不适用
投资性房地产	9, 383	9, 553	9, 427	9, 553	9, 427
递延所得税资产	10, 709	7, 890	7, 890	6, 253	196

续表

项目	2023年年报			2022年年报	
	2023年12月31日	2022年12月31日（重述后）	2022年1月1日（重述后）	2022年12月31日	2021年12月31日
其他资产	836	1,722	1,692	1,656	1,637
应收保费	不适用	不适用	不适用	3,088	2,867
应收分保账款	不适用	不适用	不适用	939	243
应收分保未到期责任准备金	不适用	不适用	不适用	48	69
应收分保未决赔款准备金	不适用	不适用	不适用	36	74
应收分保寿险责任准备金	不适用	不适用	不适用	572	1,595
应收分保长期健康险责任准备金	不适用	不适用	不适用	2,338	2,000
保户质押贷款	不适用	不适用	不适用	43,626	40,806
独立账户资产	不适用	不适用	不适用	207	236
……					
资产总计	1,403,257	1,214,936	1,092,083	1,255,044	1,127,721
负债					
交易性金融负债	3,592	不适用	不适用	不适用	不适用
以公允价值计量且其变动计入其他损益的金融负债	不适用	25,877	2,612	25,877	2,612
预收保费	274	431	224	3,760	5,095
应付手续费及佣金	1,571	1,579	2,081	1,579	2,081
其他应付款	12,217	13,840	7,202	14,240	7,596
保险合同负债	1,146,497	1,013,191	910,936	不适用	不适用
递延所得税负债	56	57	515	57	1,118
其他负债	1,439	2,424	3,230	1,199	1,109
应付分保账款	不适用	不适用	不适用	100	504
应付赔付款	不适用	不适用	不适用	5,960	5,971
应付保单红利	不适用	不适用	不适用	22	9
保户储金及投资款	不适用	不适用	不适用	69,447	57,691
未到期责任准备金	不适用	不适用	不适用	1,150	1,585
未决赔款准备金	不适用	不适用	不适用	2,194	2,184
寿险责任准备金	不适用	不适用	不适用	776,007	707,345
长期健康责任准备金	不适用	不适用	不适用	190,805	152,581

续表

项目	2023 年年报			2022 年年报	
	2023 年 12 月 31 日	2022 年 12 月 31 日 （重述后）	2022 年 1 月 1 日 （重述后）	2022 年 12 月 31 日	2021 年 12 月 31 日
独立账户负债	不适用	不适用	不适用	206	224
……					
负债合计	1, 298, 165	1, 116, 940	998, 308	1, 152, 139	1, 019, 207
股东权益					
其他综合收益	（51, 093）	（37, 134）	（24, 240）	（3, 578）	7, 465
一般风险准备	15, 216	12, 840	10, 558	9, 975	8, 861
未分配利润	92, 124	76, 910	65, 905	53, 993	52, 331
……					
股权权益合计	105, 092	97, 996	93, 775	102, 905	108, 514

合并利润表

单位：百万元

项目	2023 年度	2022 年度（已重述）	2022 年度
一、营业总收入	71, 547	108, 048	214, 319
保险服务收入	48, 045	56, 878	不适用
利息收入	32, 268	32, 001	不适用
投资收益	（3, 775）	19, 037	53, 188
公允价值变动损益	（6, 124）	（1, 442）	（1, 442）
汇兑损益	113	452	452
其他业务收入	958	1, 023	99
已赚保费	不适用	不适用	160, 904
保险业务收入	不适用	不适用	163, 099
减：分出保费	不适用	不适用	（2, 609）
提取未到期责任准备金	不适用	不适用	414
……			
二、营业支出	（66, 003）	（85, 961）	（207, 804）
保险服务费用	（33, 252）	（33, 789）	不适用
分出保费的分摊	（2, 448）	（1, 168）	不适用

续表

项目	2023 年度	2022 年度（已重述）	2022 年度
减：摊回保险服务费用	1, 681	1, 874	不适用
承保财务损失	(26, 800)	(43, 129)	不适用
减：分出再保险财务损益	261	220	不适用
利息支出	(2, 086)	(1, 173)	不适用
税金及附加	(95)	(100)	(282)
业务及管理费	(2, 370)	(3, 124)	(11, 739)
减：摊回分保费用	不适用	不适用	521
信用减值损失	307	不适用	不适用
其他资产减值损失	不适用	不适用	不适用
其他业务成本	(587)	(614)	(4, 259)
手续费及佣金支出	不适用	不适用	(10, 168)
退保金	不适用	不适用	(18, 547)
赔付支出	不适用	不适用	(40, 522)
减：摊回赔付支出	不适用	不适用	2, 915
提取保险责任准备金	不适用	不适用	(118, 388)
减：摊回保险责任准备金	不适用	不适用	(723)
保单红利支出	不适用	不适用	(1, 654)
资产减值损失	—	(4, 958)	(4, 958)
三、营业利润	5, 544	22, 087	6, 515
四、利润总额	5, 515	22, 079	6, 507
减：所得税费用	3, 201	(575)	3, 319
五、净利润	8, 716	21, 504	9, 826
六、其他综合收益的税后净额	(14, 575)	(12, 894)	(11, 043)
（一）不能重分类进损益的其他综合收益			
其他权益工具公允价值变动	121	不适用	
不能转损益的保险合同金融变动	(5)	—	不适用
（二）将重分类进损益的其他综合收益			(11, 043)

续表

项目	2023 年度	2022 年度（已重述）	2022 年度
可供出售金融资产公允价值变动损益	不适用	(19, 381)	(26, 212)
减：前期计入其他综合收益当期转入损益的金额	不适用	不适用	367
可供出售金融资产公允价值变动对保险合同准备金和保户储金及投资款的影响	不适用	不适用	11, 552
权益法下在被投资单位可转损益的其他综合收益及其对保险合同准备金和保户储金及投资款的影响	不适用	不适用	(462)
其他债权投资公允价值变动	7, 345	不适用	不适用
其他债权投资的信用损失准备	(3)	不适用	不适用
外币报表折算差额	5	21	21
可转损益的保险合同金融变动	(22, 241)	6, 641	不适用
可转损益的分出再保险合同金融变动	154	180	不适用
权益法下可转损益的其他综合收益	49	(355)	不适用
……			
七、综合收益总额	(5, 859)	8, 610	(1, 217)

合并股东权益变动表

单位：百万元

项目	2023 年度								
	归属于母公司股东权益								
	股本	资本公积	其他综合收益	盈余公积	一般风险准备	未分配利润	小计	少数股东权益	股东权益合计
2022 年 12 月 31 日（已重述）	3, 120	24, 005	(3, 578)	15, 369	9, 975	53, 993	102, 884	21	102, 905
新保险合同准则的影响		1	(33, 556)	2, 864	2, 865	22, 917	(4, 909)		(4, 909)

续表

项目	2023年度								
	归属于母公司股东权益								
	股本	资本公积	其他综合收益	盈余公积	一般风险准备	未分配利润	小计	少数股东权益	股东权益合计
2022年12月31日（已重述）	3,120	24,006	(37,134)	18,233	12,840	76,910	97,975	21	97,996
新金融工具准则的影响			616	1,576	1,577	12,582	16,351		16,351
2023年1月1日	3,120	24,006	(36,518)	19,809	14,417	89,492	114,326	21	114,347

项目	2022年度（已重述）								
	归属于母公司股东权益								
	股本	资本公积	其他综合收益	盈余公积	一般风险准备	未分配利润	小计	少数股东权益	股东权益合计
2021年12月31日	3,120	23,905	7,465	12,815	8,861	52,331	108,497	17	108,514
新保险合同准则的影响		(2)	(31,705)	1,697	1,697	13,574	(14,739)		(14,739)
2022年1月1日（已重述）	3,120	23,903	(24,240)	14,512	10,558	65,905	93,758	17	93,775

第四节　保险合同资产和负债披露示例

一、准则相关规定与监管指引（节选）

（一）《企业会计准则应用指南汇编2024》“第二十五章　保险合同”

十一、保险合同的列报

（二）报表中相关项目的披露

企业应当在财务报表附注中披露本章适用范围内的合同的定性和定量信息，包括其在财务报表中确认的金额、应用本章时所作的重大判断及其变更，以及这些合同所产生的风险的性质和程度。企业可以按照合同类型（如主要产品线）、地理区域（如国家或地区）或报告分部等对保险合同的信息披露进行恰当汇总。

1. 未到期责任负债（或分保摊回未到期责任资产）和已发生赔款负债（或分保摊回已发生赔款资产）余额调节表。

企业应当在附注中分别就签发的保险合同和分出的再保险合同，单独披露未到期责任负债（或分保摊回未到期责任资产）和已发生赔款负债（或分保摊回已发生赔款资产）余额调节表，以反映与保险合同账面价值变动有关的下列信息：

（1）保险合同负债和保险合同资产（或分出再保险合同资产和分出再保险合同负债）的期初和期末余额及净额，以及净额调节情况。

（2）未到期责任负债（或分保摊回未到期责任资产）当期变动情况，亏损部分（或亏损摊回部分）应单独披露。

（3）已发生赔款负债（或分保摊回已发生赔款资产）当期变动情况，采用保费分配法的保险合同应分别披露未来现金流量现值和非金融风险调整。

（4）当期保险服务收入。

（5）当期保险服务费用。

（6）当期分出保费的分摊。

（7）当期摊回保险服务费用。

（8）不计入当期损益的投资成分。

（9）与当期服务无关但影响保险合同账面价值的金额，包括当期现金流量、再保险分入人不履约风险变动额、保险合同金融变动额、其他与保险合同账面价值变动有关的金额。当期现金流量应分别披露收到保费（或支付分出保费）、支付保险获取现金流量、支付赔款及其他相关费用（或收到摊回赔款及其他相关费用）。

对于未采用保费分配法的保险合同，企业还应当在附注中分别就签发的保险合同和分出的再保险合同，单独披露履约现金流量和合同服务边际余额调节表，以反映与保险合同账面价值变动有关的下列信息：

（1）保险合同负债和保险合同资产（或分出再保险合同资产和分出再保险合同负债）的期初和期末余额及净额，以及净额调节情况。

（2）未来现金流量现值当期变动情况。

（3）非金融风险调整当期变动情况。

（4）合同服务边际当期变动情况。

（5）与当期服务相关的变动情况，包括合同服务边际的摊销、非金融风险调整的变动、当期经验调整。

（6）与未来服务相关的变动情况，包括当期初始确认的保险合同影响金额、调整合同服务边际的估计变更、不调整合同服务边际的估计变更。

（7）与过去服务相关的变动情况，包括已发生赔款负债（或分保摊回已发生赔款资产）相关履约现金流量变动。

（8）与当期服务无关但影响保险合同账面价值的金额，包括当期现金流量、再保险分入人不履约风险变动额、保险合同金融变动额、其他与保险合同账面价值变动有关的金额。当期现金流量应分别披露收到保费（或支付分出保费）、支付保险获取现金流量、支付赔款及其他相关费用（或收到摊回赔款及其他相关费用）。

2. 保险获取现金流量资产。

企业应当在附注中披露关于保险获取现金流量资产的下列定量信息：

（1）保险获取现金流量资产的期初和期末余额及其调节情况。

（2）保险获取现金流量资产当期的减值损失和转回情况。

（3）期末保险获取现金流量资产预计在未来按适当的时间段终止确认的相关信息。

3. 当期初始确认的保险合同对资产负债表的影响。

对于未采用保费分配法的保险合同，企业应当在附注中分别就签发的保险合同和分出的再保险合同，披露当期初始确认的保险合同对资产负债表影响的下列信息：

（1）未来现金流出现值，保险获取现金流量的金额应单独披露。

（2）未来现金流入现值。

（3）非金融风险调整。

（4）合同服务边际。

对于当期初始确认的亏损合同组以及在合同转让或非同一控制下企业合并中取得的保险合同，企业应当分别披露其对资产负债表影响的上述信息。

4. 未采用保费分配法的保险合同的保险服务收入和合同服务边际。

对于企业签发的未采用保费分配法的保险合同，应当在附注中披露与本期确认保险服务收入相关的下列定量信息：

（1）与未到期责任负债变动相关的保险服务收入，分别披露期初预计当期发生的保险服务费用、非金融风险调整的变动、合同服务边际的摊销、其他金额（如与当期服务或过去服务相关的保费经验调整）。

（2）保险获取现金流量的摊销。

对于未采用保费分配法的保险合同，企业应当在附注中分别就签发的保险合同和分出的再保险合同，披露期末合同服务边际在剩余期限内按适当的时间段摊销计入利润表的定量信息。

5. 保险合同金融变动额。

企业应当披露当期保险合同金融变动额的定量信息及其解释性说明，包括对保险合同金融变动额与相关资产投资回报关系的说明。

6. 具有直接参与分红特征的保险合同。

企业应当披露具有直接参与分红特征的保险合同相关的下列信息：

（1）基础项目及其公允价值。

（2）运用风险管理缓释选择权将货币时间价值及金融风险的影响金额计入当期保险财务损益或其他综合收益对当期合同服务边际的影响。

对于具有直接参与分红特征的保险合同组，企业选择将保险合同金融变动额分解计入当期保险财务损益和其他综合收益的，因是否持有基础项目的情况发生变动导致计入当期保险财务损益的计量方法发生变更的，应当披露变更原因和对财务报表项目的影响金额，以及相关合同组于变更当日的账面价值。

（二）《企业会计准则解释 18 号》（财办会［2024］32 号）

一、关于浮动收费法下作为基础项目持有的投资性房地产的后续计量

（一）会计处理。

执行《企业会计准则第 25 号——保险合同》（财会〔2020〕20 号）的企业对于浮动收费法下作为基础项目持有的投资性房地产，在符合《企业会计准则第 3 号——投资性房地产》（财会〔2006〕3 号，以下简称投资性房地产准则）有关采用公允价值模式进行后续计量的规定时，可以选择全部采用公允价值模式或者全部采用成本模式对其进行后续计量，但不得对该部分投资性房地产同时采用两种计量模式，且选择采用公允价值模式后不得转为成本模式。对于浮动收费法下作为基础项目持有的投资性房地产原已采用公允价值模式进行后续计量的，不得转为成本模式，且企业应当对在浮动收费法下作为基础项目持有的投资性房地产全部采用公允价值模式计量。

无论对于上述情况的投资性房地产选择哪种模式进行后续计量，企业对于除上述情况外的其余投资性房地产应当按照投资性房地产准则的有关规定，只能从成本模式和公允价值模式中选择一种计量模式进行后续计量，不得同时采用两种计量模式，且采用公允价值模式计量需要符合投资性房地产准则有关采用公允价值模式进行后续计量的规定。

（二）新旧衔接。

执行《企业会计准则第 25 号——保险合同》的企业在首次执行本解释内容时，对于上述浮动收费法下作为基础项目持有的投资性房地产由成本模式转为公允价值模式的，应当按照《企业会计准则第 28 号——会计政策、会计估计变更和差错更正》（财会〔2006〕3 号）等有关规定，作为会计政策变更进行追溯调整。企业进行上述调整的，应当在财务报表附注中披露相关情况。

（三）财政部《新保险合同准则实施问答》

问：企业在评估保险合同是否为具有直接参与分红特征的保险合同时，如何确定评估时点、评估单元以及未来现金流量可能的情景？

答：企业应当在合同开始日评估一项合同是否为具有直接参与分红特征的保险合同，后续不再重新评估。有合理可靠的信息表明多项合同一起评估能得出类似评估结果的，企业可以将这些合同一起评估。

在评估时，企业应当考虑反映未来现金流量所有可能结果的情景（但无须识别每一可能的情景）并基于这些情景下概率加权平均的现值而非最好或最坏情景进行评估。企业评估各情景下基础项目公允价值变动、预计应付保单持有人款项以及预计应付保单持有人款项中源于基础项目公允价值变动回报的金额、现值和各情景的概率时，可以基于适时更新的可观察市场变量、可靠的经验数据、类似保险合同或保险行业的相关信息。企业应当至少每年更新上述评估中采用的数据和信息。确有证据表明相关数据和信息的更新预计影响评估结果的，应在相关数据和信息发生变化时更新。

问：对于一项同时包含主险和附加险的保险合同，企业应当如何确定该合同的主险和附加险是否应当分拆？

答：对于一项同时包含主险和附加险的保险合同，企业应当根据该合同条款的约定和其他事实情况，综合考虑以下条件，以确定合同中的主险与附加险是否应当分拆：

（1）主险与附加险是否可以分开定价和分开销售。如果合同中的主险与附加险可以分开定价和分开销售，则符合此项分拆条件；如果合同中的主险与附加险可以分开定价，但不能分开销售，则仅部分符合此项分拆条件；如果合同中的主险与附加险既不能分开定价，也不能分开销售，则不符合此项分拆条件。

（2）主险与附加险是否同时失效。如果合同中的主险失效不导致附加险失效，附加险失效也不导致主险失效，则符合此项分拆条件；如果合同中的主险失效导致附加险失效、但附加险失效未必导致主险失效，或者合同中的附加险失效导致主险失效、但主险失效未必导致附加险失效，则部分符合此项分拆条件；如果合同中的主险失效导致附加险失效，附加险失效也导致主险失效，则不符合此项分拆条件。

（3）主险与附加险的风险是否相互依赖。如果合同中的主险或附加险不可单独计量，即企业无法在不考虑另一保险成分的情况下计量主险或附加险（如保险合同约定主险与附加险共享保额），则主险与附加险的风险相互依赖，即不符合此项分拆条件。

对于同时包含多项主险和（或）附加险的保险合同，企业应当按照上述原则对合同中的每项主险或附加险进行综合判断。企业确定分拆的每项主险或附加险，不应当有不符合以上任一项分拆条件的情况。

二、年报披露示例

（一）简要分析

新保险合同准则提供了三种模型计量保险合同，通用模型为所有合同的默认模型，浮动收费模型适用于具有直接参与分红特征的保险合同，保费分配法是对通用模型的简化，满足条件时（主要为合同边界不超过一年的保险合同）可适用该方法。对分出的再保险合同，使用一般模型或保费分配法进行计量。

附注信息披露方面，新保险合同准则将保险合同负债的“黑箱”打开，资产负债表和利润表的关系更清晰，主要包括：要求企业分别就保险合同和分出的再保险合同，单独披露未到期责任负债/分保摊回未到期责任资产和已发生赔款负债/分保摊回已发生赔款资产的期初至期末变动的余额调节表；对于未采用保费分配法的保险合同，要求企业分别保险合同和分出的再保险合同，单独披露三要素（未来履约现金流量现值、非金融风险调整和合同服务边际）的余额调节表；要求披露期末合同服务边际的未来摊销表。

（二）保险合同资产和负债的年报披露示例

保险合同资产和负债年报披露示例汇总如表7－8所示。

表7－8　　保险合同资产和负债年报披露示例汇总

序号	参考示例	保险合同资产和负债披露
1	示例7－12　中国人保（601319. SH）	保险合同及分出再保险合同 （1）对于签发的保险合同，采用保费分配法计量的未到期责任负债和已发生赔款负债余额调节表。 （2）对于签发的保险合同，未采用保费分配法计量的未到期责任负债和已发生赔款负债余额调节表。 （3）对于分出的再保险合同，采用保费分配法计量的分保摊回未到期责任资产和分保摊回已发生赔款资产调节表。 （4）对于分出的再保险合同，未采用保费分配法计量的分保摊回未到期责任资产和分保摊回已发生赔款资产调节表。 （5）对于签发的保险合同，未采用保费分配法计量的保险合同按计量组成部分的余额调节表（a. 合同服务边际余额调节）。 （6）对于分出的再保险合同，未采用保费分配法计量的保险合同按计量组成部分的余额调节表（a. 合同服务边际余额调节）。 （7）对于未采用保费分配法的保险合同，合同服务边际在剩余期限内预期释放进展。 （8）本年度初始确认的未采用保费分配法计量的保险合同的影响。 （9）本年度初始确认的未采用保费分配法计量的再保险合同的影响
2	示例7－13　中国太保（601601. SH）	保险合同负债/资产 按未到期责任负债和已发生赔款负债的分析； 未采用保费分配法计量的合同按计量组成部分的分析； 当期初始确认的未采用保费分配法的保险合同对资产负债表的影响； 根据具有直接参与分红特征的保险合同所对应的基础项目的资产或负债的分类及公允价值。 分出再保险合同负债/资产 按分保摊回未到期责任资产和分保摊回已发生赔款资产的分析； 未采用保费分配法计量的合同按计量组成部分的分析； 当期初始确认的未采用保费分配法的分出再保险合同对资产负债表的影响
3	示例7－14　中国平安（601318. SH）	保险合同资产和负债 （1）本集团签发的保险合同按未到期责任负债和已发生赔款负债的分析； （2）本集团签发的未采用保费分配法计量的保险合同按计量组成部分的分析； （3）未采用保费分配法计量的保险合同于当期初始确认时对保险合同计量组成部分的影响分析； （4）未采用保费分配法计量的保险合同的合同服务边际的分析； （5）保险合同金融变动额的分析； （6）具有直接参与分红特征的保险合同所对应的基础项目的资产或负债组成及公允价值的明细； （7）采用修正追溯调整法及公允价值法计量的保险合同相关的以公允价值计量且其变动计入其他综合收益的金融资产确定的2022年1月1日计入其他综合收益的累计金额调节表分析

续表

序号	参考示例	保险合同资产和负债披露
4	示例7－15　新华保险（601336.SH）	保险合同负债与分出再保险合同资产 (1) 保险合同负债： 本集团签发的保险合同的未到期责任负债和已发生赔款负债自年初余额至年末余额的调节表； 本集团未采用保费分配法的保险合同的履约现金流量和合同服务边际余额调节表； 本集团当年初始确认的保险合同分析； 本集团具有直接参与分红特征的保险合同的基础项目的公允价值。 (2) 分出再保险合同资产： 本集团分出的再保险合同的分保摊回未到期责任资产和分保摊回已发生赔款资产自年初余额至年末余额的调节表； 本集团未采用保费分配法的分出再保险合同的履约现金流量和合同服务边际余额调节表； 本集团当年初始确认的分出再保险合同分析。 (3) 合同服务边际： 对于未采用保费分配法的保险合同，本集团签发的保险合同和分出的再保险合同的合同服务边际剩余期限摊销表
5	示例7－16　中国人寿（601628.SH）	保险合同负债 (1) 签发的保险合同的未到期责任负债和已发生赔款负债余额调节表： 未采用保费分配法计量的合同； (b) 采用保费分配法计量的合同。 (2) 签发的保险合同的履约现金流量和合同服务边际余额调节表： 未采用保费分配法计量的合同。 (3) 签发的保险合同的当期初始确认的影响： 未采用保费分配法计量的合同。 (4) 合同服务边际的预期摊销。 (5) 未采用保费分配法计量的保险合同的合同服务边际余额调节表。 分出再保险合同资产/(负债) (1) 分出的再保险合同的分保摊回未到期责任资产和分保摊回已发生赔款资产余额调节表： 未采用保费分配法计量的合同； 采用保费分配法计量的合同。 (2) 分出的再保险合同的履约现金流量和合同服务边际余额调节表： 未采用保费分配法计量的合同。 (3) 分出的再保险合同的当期初始确认的影响： 未采用保费分配法计量的合同。 (4) 合同服务边际的预期摊销。 (5) 未采用保费分配法计量的分出的再保险合同的合同服务边际余额调节表

示例7－12　中国人保（601319.SH）

保险合同及分出再保险合同

(1) 对于签发的保险合同，采用保费分配法计量的未到期责任负债和已发生赔款负债余额调节表如下：

单位：百万元

项目	2023 年度				
	未到期责任负债		已发生赔款负债		合计
	非亏损部分	亏损部分	未来现金流量现值的估计	非金融风险调整	
年初的保险合同负债（1）	144, 523	3, 276	127, 442	4, 667	279, 908
年初的保险合同资产（2）	(7, 999)	468	6, 176	437	(918)
年初的保险合同净负债（3）=(1)+(2)	136, 524	3, 744	133, 618	5, 104	278, 990
保险服务收入合计（4）	(456, 879)				(456, 879)
当期发生赔款及其他相关费用(保险获取现金流量除外)（5）			350, 734	4, 036	354, 770
保险获取现金流量的摊销（6）	94, 436		—		94, 436
亏损部分的确认及转回（7）		2, 071	—		2, 071
已发生赔款负债相关履约现金流量变动（8）			(10, 143)	(3, 361)	(13, 504)
其他费用（9）			340, 591	675	
保险服务费用（10）=(5)+(6)+(7)+(8)+(9)	94, 436	2, 071		675	437, 773
保险服务业绩（11）=(4)+(10)				174	(19, 106)
保险合同金融变动额（12）			4, 767		9, 344
其他损益变动（13）					
其他综合收益其他变动（14）			(3)		(2)
相关综合收益变动合计（15）=(11)+(12)+(13)+(14)			345, 355	849	(9, 764)
投资成分（16）			48, 846		
收到的保费（17）					514, 245
支付的保险获取现金流量（18）					(95, 594)
支付的赔款及其他相关费用(含投资成分)（19）			(371, 921)		(371, 921)
其他现金流量（20）					
现金流量合计（21）=(17)+(18)+(19)+(20)			(371, 921)		46, 730

续表

项目	2023 年度				
	未到期责任负债		已发生赔款负债		合计
	非亏损部分	亏损部分	未来现金流量现值的估计	非金融风险调整	
其他变动（22）			（3, 365）		（3, 365）
年末的保险合同净负债（23）=（3）+（15）+16）+（21）+（22）			152, 533	5, 953	312, 591
年末的保险合同资产（24）			6, 779	457	（3, 028）
年末的保险合同负债（25）			145, 754	5, 496	315, 619

（2）对于签发的保险合同，未采用保费分配法计量的未到期责任负债和已发生赔款负债余额调节表如下：

单位：百万元

项目	2023 年度			
	未到期责任负债		已发生赔款负债	合计
	非亏损部分	亏损部分		
年初的保险合同负债（1）	501, 259	12, 958	88, 930	603, 147
年初的保险合同资产（2）	（755）		891	136
年初的保险合同净负债（3）=（1）+（2）	500, 504	12, 958	89, 821	603, 283
保险服务收入合计（4）	（47, 021）			（47, 021）
当期发生赔款及其他相关费用（保险获取现金流量除外）（5）		（4, 854）	30, 141	25. 287
保险获取现金流量的摊销（6）				9, 771
亏损部分的确认及转回（7）		7, 864		7, 864
已发生赔款负债相关履约现金流量变动（8）			（7, 259）	（7, 259）
其他费用（9）				
保险服务费用（10）=（5）+（6）+（7）+（8）+（9）	9, 771	3, 010	22, 882	35, 663
保险服务业绩（11）=（4）+（10）	（37, 250）	3, 010	22, 882	（11, 358）
保险合同金融变动额（12）	28, 389	279	1, 418	30, 086
其他损益变动（13）				
其他综合收益其他变动（14）	（2）		17	15

续表

项目	2023年度			
	未到期责任负债		已发生赔款负债	合计
	非亏损部分	亏损部分		
相关综合收益变动合计（15）=（11）+（12）+（13）+（14）	（8,863）	3,289	24,317	18,743
投资成分（16）	（67,608）			
收到的保费（17）	165,417			165,417
支付的保险获取现金流量（18）	（14,666）			（14,666）
支付的赔款及其他相关费用（含投资成分）（19）			（107,376）	（107,376）
其他现金流量（20）				
现金流量合计（21）=（17）+（18）+（19）+（20）			（107,376）	43,375
其他变动（22）			（109）	（164）
年末的保险合同净负债（23）=（3）+（15）+（16）+（21）+（22）		16,247	74,261	665,237
年末的保险合同资产（24）			747	126
年末的保险合同负债（25）		16,247	73,514	665,111

（3）对于分出的再保险合同，采用保费分配法计量的分保摊回未到期责任资产和分保摊回已发生赔款资产调节表如下：

单位：百万元

项目	2023年度				
	分保摊回未到期责任资产		分保摊回已发生赔款资产		合计
	非亏损摊回部分	亏损摊回部分	未来现金流量现值的估计	非金融风险调整	
年初的分出再保险合同资产（1）	（1,263）	283	24,688	757	24,674
年初的分出再保险合同负债（2）	（96）		（14）		（110）
年初的分出再保险合同净资产（3）=（1）+（2）	（1,359）	283	24,674	757	24,355
分出保费的分摊（4）	（28,746）				（28,746）

续表

项目	2023 年度				
	分保摊回未到期责任资产		分保摊回已发生赔款资产		合计
	非亏损摊回部分	亏损摊回部分	未来现金流量现值的估计	非金融风险调整	
摊回当期发生赔款及其他相关费用（保险获取现金流量除外）(5)		(112)		582	24,441
亏损摊回部分的确认及转回（6）		121	23,971		121
分保摊回已发生赔款资产相关履约现金流量变动（7）			(434)	(410)	(844)
再保险分入人不履约风险变动额（8）			(10)		(10)
其他摊回费用（9）					
摊回保险服务费用（10）=(5)+(6)+(7)+(8)+(9)		9	23,527	172	23,708
分出再保险合同的保险损益（11）=(4)+(10)	(28,746)	9	23,527	172	(5,038)
分出再保险合同的保险合同金融变动额（12）	502	5	484	26	1,017
其他损益变动（13）					
其他综合收益其他变动（14）	(2)		4		2
相关综合收益变动合计（15）=(11)+(12)+(13)+(14)	(28,246)	14	24,015	198	(4,019)
投资成分（16）	(2,161)		2.161		
支付的分出保费（17）	31,102				31,102
收到的摊回赔款及其他相关费用（含投资成分）(18)			(21,825)		(21,825)
其他现金流量（19）					
现金流量合计（20）=(17)+(18)+(19)	31,102		(21,825)		9,277
其他变动（21）					
年末的分出再保险合同净资产（22）=(3)+(15)+(16)+(20)+(21)	(664)	297	29,025	955	29.613
年末的分出再保险合同资产（23）	(636)	297	29,012	955	29,628
年末的分出再保险合同负债（24）	(28)		13		(15)

（4）对于分出的再保险合同，未采用保费分配法计量的分保摊回未到期责任资产和分保摊回已发生赔款资产调节表如下：

单位：百万元

项目	2023年度			
	分保摊回未到期责任资产		分保摊回已发生赔款资产	合计
	非亏损摊回部分	亏损摊回部分		
年初的分出再保险合同资产（1）	(1,024)	32	13,856	12,864
年初的分出再保险合同负债（2）	(530)	1	277	(252)
年初的分出再保险合同净资产（3）=(1)+(2)	(1,554)	33	14,133	12,612
分出保费的分摊（4）	(6,254)			(6,254)
摊回当期发生赔款及其他相关费用（保险获取现金流量除外）(5)		(40)	4,526	4,486
亏损摊回部分的确认及转回（6）		98		98
分保摊回已发生赔款资产相关履约现金流量变动（7）			201	201
再保险分入人不履约风险变动额（8）	543		3	546
其他摊回费用（9）				
摊回保险服务费用（10）=(5)+(6)+(7)+(8)+(9)	543	58	4,730	5,331
分出再保险合同的保险损益（11）=(4)+(10)	(5,711)	58	4,730	(923)
分出再保险合同的保险合同金融变动额（12）	142	1	285	428
其他损益变动（13）				
其他综合收益其他变动（14）	(3)	1	17	15
相关综合收益变动合计（15）=(11)+(12)+(13)+(14)	(5,572)	60	5,032	(480)
投资成分（16）	(1,505)		1.505	
支付的分出保费（17）	4,289			4,289
收到的摊回赔款及其他相关费用（含投资成分）(18)			(6,893)	(6,893)
其他现金流量（19）				
现金流量合计（20）=(17)+(18)+(19)	4,289		(6,893)	(2,604)
其他变动（21）				

续表

项目	2023 年度			
	分保摊回未到期责任资产		分保摊回已发生赔款资产	合计
	非亏损摊回部分	亏损摊回部分		
年末的分出再保险合同净资产（22）=（3）+（15）+（16）+（20）+（21）	（4, 342）	93	13, 777	9, 528
年末的分出再保险合同资产（23）	（3, 871）	91	13, 411	9, 631
年末的分出再保险合同负债（24）	（471）	2	366	（103）

（5）对于签发的保险合同，未采用保费分配法计量的保险合同按计量组成部分的余额调节表如下：

单位：百万元

项目	2023 年度			
	未来现金流量的现值	非金融风险调整	合同服务边际（a）	合计
年初的保险合同负债（1）	504, 463	11, 066	87, 618	603, 147
年初的保险合同资产（2）	93	43		136
年初的保险合同净负债（3）=（1）+（2）	504, 556	11, 109	87, 618	603, 283
合同服务边际的摊销（4）			（10, 396）	（10, 396）
非金融风险调整的变动（5）		（1, 096）		（1, 096）
当期经验调整（6）	（471）			（471）
与当期服务相关的变动（7）=（4）+（5）+（6）	（471）	（1, 096）	（10, 396）	（11, 963）
当期初始确认的保险合同影响（8）	（15, 479）	2, 196	15, 956	2, 673
调整合同服务边际的估计变更（9）	3, 159	（464）	（2, 695）	
不调整合同服务边际的估计变更（10）	5, 470	（279）		5, 191
其他与未来服务相关变动（11）				
与未来服务相关的变动（12）=（8）+（9）+（10）+（11）	（6, 850）	1, 453	13, 261	7, 864
已发生赔款负债相关履约现金流量变动（13）	（6, 690）	（569）		（7, 259）
其他与过去服务相关的变动（14）				
与过去服务相关的变动（15）=（13）+（14）	（6, 690）	（569）		（7, 259）
保险服务业绩（16）=（7）+（12）+（15）	（14, 011）	（212）	2, 865	（11, 358）

续表

项目	2023 年度			
	未来现金流量的现值	非金融风险调整	合同服务边际（a）	合计
保险合同金融变动额（17）	26,392	451	3,243	30,086
其他损益变动（18）				
其他综合收益其他变动（19）	11	2	2	15
相关综合收益变动合计（20）=（16）+（17）+（18）+（19）	12,392	241	6,110	18,743
收到的保费（21）	165,417			165,417
支付的保险获取现金流量（22）	（14,666）			（14,666）
支付的赔款及其他相关费用（含投资成分）（23）	（107,376）			（107,376）
其他现金流量（24）				
现金流量合计（25）=（21）+（22）+（23）+（24）	43,375			43,375
其他变动（26）	（164）			（164）
年末的保险合同净负债（27）=（3）+（20）+（25）+（26）	560,159	11,350	93,728	665,237
年末的保险合同资产（28）	92	31	3	126
年末的保险合同负债（29）	560,067	11,319	93,725	665,111

a. 对于签发的保险合同，未采用保费分配法计量的保险合同的合同服务边际余额调节如下表所示：

单位：百万元

项目	2023 年度			
	采用修正追溯调整法的保险合同	采用公允价值法的保险合同	其他保险合同	合计
年初的保险合同负债（1）	75,566	3,141	8,911	87,618
年初的保险合同资产（2）				
年初的保险合同净负债/资产（3）=（1）+（2）	75,566	3,141	8,911	87,618
合同服务边际的摊销（4）	（7,642）	（589）	（2,165）	（10,396）
非金融风险调整的变动（5）				

续表

项目	2023 年度			
	采用修正追溯调整法的保险合同	采用公允价值法的保险合同	其他保险合同	合计
当期经验调整（6）				
与当期服务相关的变动（7）=（4）+（5）+（6）	（7, 642）	（589）	（2, 165）	（10, 396）
当期初始确认的保险合同影响（8）			15, 956	15, 956
调整合同服务边际的估计变更（9）	（1, 964）	1, 732	（2, 463）	（2, 695）
不调整合同服务边际的估计变更（10）				
其他与未来服务相关变动（11）				
与未来服务相关的变动（12）=（8）+（9）+（10）+（11）	（1, 964）	1, 732	13, 493	13, 261
已发生赔款负债相关履约现金流量变动（13）				
其他与过去服务相关的变动（14）				
与过去服务相关的变动（15）=（13）+（14）				
保险服务业绩（16）=（7）+（12）+（15）	（9, 606）	1, 143	11, 328	2, 865
保险合同金融变动额（17）	2, 660	119	464	3, 243
其他损益变动（18）				
其他综合收益其他变动（19）			2	2
相关综合收益变动合计（20）=（16）+（17）+（18）+（19）	（6, 946）	1, 262	11, 794	6, 110
收到的保费（21）				
支付的保险获取现金流量（22）				
支付的赔款及其他相关费用（含投资成分）（23）				
其他现金流量（24）				
现金流量合计（25）=（21）+（22）+（23）+（24）				
其他变动（26）				
年末的保险合同净负债/资产（27）=（3）+（20）+（25）+（26）	68, 620	4, 403	20, 705	93, 728
年末的保险合同资产（28）			3	3
年末的保险合同负债（29）	68, 620	4, 403	20, 702	93, 725

（6）对于分出的再保险合同，未采用保费分配法计量的保险合同按计量组成部分的余额调节表如下：

单位：百万元

项目	2023 年度			
	未来现金流量的现值	非金融风险调整	合同服务边际（a）	合计
年初的分出再保险合同资产（1）	10,566	884	1,414	12,864
年初的分出再保险合同负债（2）	(913)	511	150	(252)
年初的分出再保险合同净资产（3）=(1)+(2)	9,653	1,395	1,564	12,612
合同服务边际的摊销（4）			(2,592)	(2,592)
非金融风险调整的变动（5）		(99)		(99)
当期经验调整（6）	923			923
与当期服务相关的变动（7）=(4)+(5)+(6)	923	(99)	(2,592)	(1,768)
当期初始确认的分出再保险合同影响（8）	(1,225)	110	1,115	
调整合同服务边际的估计变更（9）	(1,653)	29	1,624	
不调整合同服务边际的估计变更（10）				
亏损摊回部分的确认及转回（11）			98	98
其他与未来服务相关变动（12）				
与未来服务相关的变动（13）=(8)+(9)+(10)+(11)+(12)	(2,878)	139	2,837	98
分保摊回已发生赔款资产相关履约现金流量变动（14）	332	(131)		201
其他与过去服务相关的变动（15）				
与过去服务相关的变动（16）=(14)+(15)	332	(131)		201
再保险分入人不履约风险变动额（17）	546			546
分出再保险合同的保险损益（18）=(7)+(13)+(16)+(17)	(1,077)	(91)	245	(923)
分出再保险合同的保险合同金融变动额（19）	311	62	56	428
其他损益变动（20）				
其他综合收益其他变动（21）	11	2	2	15
相关综合收益变动合计（22）=(18)+(19)+(20)+(21)	(755)	(28)	303	(480)
支付的分出保费（23）	4,289			4,289

续表

项目	2023 年度			
	未来现金流量的现值	非金融风险调整	合同服务边际（a）	合计
收到的摊回赔款及其他相关费用（含投资成分）(24)	(6, 893)			(6, 893)
其他现金流量（25）				
现金流量合计（26）=(23)+(24)+(25)	(2, 604)			(2, 604)
其他变动（27）				
年末的分出再保险合同净资产（28）=(3)+(22)+(26)+(27)	6, 294	1, 367	1, 867	9, 528
年末的分出再保险合同资产（29）	7, 394	795	1, 442	9, 631
年末的分出再保险合同负债（30）	(1, 100)	572	425	(103)

a. 对于分出的再保险合同，未采用保费分配法计量的保险合同的合同服务边际余额调节如下表所示：

单位：百万元

项目	2023 年度			
	采用修正追溯调整法的保险合同	采用公允价值法的保险合同	其他保险合同	合计
年初的分出再保险合同资产（1）	703	204	507	1, 414
年初的分出再保险合同负债（2）	103	19	28	150
年初的分出再保险合同净资产/负债（3）=(1)+(2)	806	223	535	1, 564
合同服务边际的摊销（4）	(851)	(124)	(1, 617)	(2, 592)
非金融风险调整的变动（5）				
当期经验调整（6）				
与当期服务相关的变动（7）=(4)+(5)+(6)	(851)	(124)	(1, 617)	(2, 592)
当期初始确认的分出再保险合同影响（8）			1, 115	1, 115
调整合同服务边际的估计变更（9）	613	88	923	1, 624
不调整合同服务边际的估计变更（10）				
亏损摊回部分的确认及转回（11）	2	(1)	97	98
其他与未来服务相关变动（12）				
与未来服务相关的变动（13）=(8)+(9)+(10)+(11)+(12)	615	87	2, 135	2, 837

续表

项目	2023 年度			
	采用修正追溯调整法的保险合同	采用公允价值法的保险合同	其他保险合同	合计
分保摊回已发生赔款资产相关履约现金流量变动（14）				
其他与过去服务相关的变动（15）				
与过去服务相关的变动（16）=（14）+（15）				
再保险分入人不履约风险变动额（17）				
分出再保险合同的保险损益（18）=（7）+（13）+（16）+（17）	（236）	（37）	518	245
分出再保险合同的保险合同金融变动额（19）	24	7	25	56
其他损益变动（20）				
其他综合收益其他变动（21）	1		1	2
相关综合收益变动合计（22）=（18）+（19）+（20）+（21）	（211）	（30）	544	303
支付的分出保费（23）				
收到的摊回赔款及其他相关费用（含投资成分）（24）				
其他现金流量（25）				
现金流量合计（26）=（23）+（24）+（25）				
其他变动（27）				
年末的分出再保险合同净资产/负债（28）=（3）+（22）+（26）+（27）	595	193	1, 079	1, 867
年末的分出再保险合同资产（29）	496	118	828	1, 442
年末的分出再保险合同负债（30）	99	75	251	425

（7）对于未采用保费分配法的保险合同，合同服务边际在剩余期限内预期释放进展如下表所示：

单位：百万元

预期被确认为收入的年数	截至 2023 年 12 月 31 日		截至 2022 年 12 月 31 日	
	签发的保险合同的合同服务边际合计数	分出的再保险合同的合同服务边际合计数	签发的保险合同的合同服务边际合计数	分出的再保险合同的合同服务边际合计数
0～5 年（含 5 年）	34, 618	1, 471	33, 327	1, 333
5 年以上	59, 110	396	54, 291	231
合计	93, 728	1, 867	87, 618	1, 564

（8）本年度初始确认的未采用保费分配法计量的保险合同的影响如下表所示：

单位：百万元

项目	2023 年度			2022 年度		
	非亏损合同	亏损合同	合计	非亏损合同	亏损合同	合计
保险获取现金流量	10,409	6,029	16,438	5,550	5,664	11,214
赔款和其他可直接归属的费用	62,846	75,586	138,432	44,717	77,176	121,893
未来现金流出现值的估计	73,255	81,615	154,870	50,267	82,840	133,107
未来现金流入现值的估计	(90,549)	(79,800)	(170,349)	(60,373)	(80,932)	(141,305)
非金融风险调整	1,338	858	2,196	885	759	1,644
合同服务边际	15,956		15,956	9,221		9,221
首日利得		2,673	2,673		2,667	2,667

（9）本年度初始确认的未采用保费分配法计量的再保险合同的影响如下表所示：

单位：百万元

项目	2023 年度	2022 年度
未来现金流出现值的估计	1,960	1,868
未来现金流入现值的估计	(3,185)	(2,783)
非金融风险调整	110	121
合同服务边际	1,115	794
首日利得		

示例 7－13　中国太保（601601.SH）

保险合同负债/资产

单位：百万元

项目	2023 年 12 月 31 日					
	保险合同资产（除保险获取现金流资产外）	保险获取现金流资产	保险合同资产	保险合同负债（扣除保险获取现金流资产前）	保险获取现金流资产	保险合同负债
签发的保险合同（含分入再保险合同）	335		335	1,872,620		1,872,620

按未到期责任负债和已发生赔款负债的分析如下：

单位：百万元

项目	2023年								
	未采用保费分配法计量的合同				采用保费分配法计量的合同				
	未到期责任负债				未到期责任负债	已发生赔款负债			合计
	非亏损部分	亏损部分	已发生部分赔款负债	合计	非亏损部分	亏损部分	未来现金流量现值的估计	非金融风险调整	
年初的保险合同负债	1,510,301	6,179	29,846	1.546,326	44,668	7,932	64,136	1,786	118,522
年初的保险合同资产					(120)		(185)		(305)
年初的保险合同净负债余额	1,510,301	6,179	29,846	1.546,326	44,548	7,932	63,951	1,786	118,217
过渡日采用公允价值法的合同	(4,776)			(4,776)					
过渡日采用修正追溯调整法的合同	(65,730)			(65,730)	(18)				(18)
其余合同	(12,460)			(12,460)	(183,183)				(183,183)
保险服务收入小计	(82,966)			(82,966)	(183,201)				(183,201)
当期发生赔款及其他相关费用		(1,570)	31,806	30,236			138,547	1,089	139,636
保险获取现金流量的摊销	21,752			21,752	46,185				46,185
亏损部分的确认及转回		3,550		3,550		194			194
已发生赔款负债相关履约现金流量变动			(1,444)	(1,444)			(8,122)	(964)	(9,086)
保险服务费用	21,752	1,980	30,362	54,094	46,185	194	130,425	125	176,929
保险服务业绩	(61,214)	1,980	30,362	(28,872)	(137,016)	194	130,425	125	(6,272)
保险合同金融变动额	92,832	120	792	93,744	1,022		1,321		2,343
其他综合收益其他变动					(4)		4	1	1

续表

项目	2023 年								
	未采用保费分配法计量的合同				采用保费分配法计量的合同				合计
	未到期责任负债				未到期责任负债	已发生赔款负债			
	非亏损部分	亏损部分	已发生部分赔款负债	合计	非亏损部分	亏损部分	未来现金流量现值的估计	非金融风险调整	
相关综合收益变动合计	31, 618	2, 100	31, 154	64, 872	(135, 998)	194	131, 750	126	(3, 928)
投资成分	(59, 592)		59, 592		(12, 202)		12, 202		
收到的保费	249, 781			249, 781	207, 829				207, 829
支付的保险获取现金流量	(22, 492)			(22, 492)	(46, 267)				(46, 267)
支付的赔款及其他相关费用			(91, 203)	(91, 203)			(139, 817)		(139, 817)
其他现金流量	761			761	(9, 179)				(9, 179)
现金流量合计	228, 050		(91, 203)	136, 847	152， 383		(139, 817)		12, 566
其他变动	(498)		(438)	(936)	(690)		(989)		(1, 679)
年末的保险合同净负债余额	1, 709, 879	8, 279	28, 951	1, 747, 109	48, 041	8, 126	67, 097	1, 912	125, 176
年末的保险合同资产					(3, 480)	411	2, 677	57	(335)
年末的保险合同负债	1, 709, 879	8, 279	28, 951	1, 747, 109	51, 521	7, 715	64, 420	1, 855	125, 511

未采用保费分配法计量的合同按计量组成部分的分析如下：

单位：百万元

项目	2023 年						
	未来现金流量现值	非金融风险调整	合同服务边际				合计
			过渡日采用公允价值法追溯调整的合同	过渡日采用修正追溯调整法下的合同	其余合同	小计	
年初的保险合同负债	1, 198, 000	20, 664	12, 304	305, 352	10, 006	327, 662	1, 546, 326
合同服务边际的摊销			(1, 447)	(23, 719)	(1, 036)	(26, 202)	(26, 202)

续表

项目	2023 年						
	未来现金流量现值	非金融风险调整	合同服务边际				合计
			过渡日采用公允价值法追溯调整的合同	过渡日采用修正追溯调整法下的合同	其余合同	小计	
非金融风险调整的变动		(1,132)					(1,132)
当期经验调整	(3,644)						(3,644)
与当期服务相关的变动	(3,644)	(1,132)	(1,447)	(23,719)	(1,036)	(26,202)	(30,978)
当期初始确认的保险合同影响	(12,864)	2,643			12,550	12,550	2,329
调整合同服务边际的估计变更	(2,052)	(3,522)	2,574	1,866	1,134	5,574	
不调整合同服务边际的估计变更	1,272	(51)					1,221
与未来服务相关的变动	(13,644)	(930)	2,574	1,866	13,684	18,124	3,550
已发生赔款负债相关履约现金流量变动	(1,302)	(142)					(1,444)
与过去服务相关的变动	(1,302)	(142)					(1,444)
保险服务业绩	(18,590)	(2,204)	1,127	(21,853)	12,648	(8,078)	(28,872)
保险合同金融变动额	86,659	943	474	5,019	649	6,142	93,744
相关综合收益变动合计	68,069	(1,261)	1,601	(16,834)	13,297	(1,936)	64,872
收到的保费	249,781						249,781
支付的保险获取现金流量	(22,492)						(22,492)
支付的赔款及其他相关费用	(91,203)						(91,203)
其他现金流量	761						761

续表

项目	2023年						
	未来现金流量现值	非金融风险调整	合同服务边际				合计
			过渡日采用公允价值法追溯调整的合同	过渡日采用修正追溯调整法下的合同	其余合同	小计	
现金流量合计	136, 847						136, 847
其他变动	(936)						(936)
年末的保险合同负债	1, 401, 980	19, 403	13, 905	288, 518	23, 303	325, 726	1, 747, 109

于2023年12月31日，本集团预计未采用保费分配法的保险合同的合同服务边际的65%（2022年12月31日：67%）将于未来10年内进行摊销计入利润。

当期初始确认的未采用保费分配法的保险合同对资产负债表的影响如下：

单位：百万元

项目	2023年		
	签发的盈利合同	签发的亏损合同	合计
未来现金流出现值的估计——保险获取现金流	18, 094	5, 257	23, 351
未来现金流出现值的估计——其他	107, 329	44, 309	151, 638
未来现金流出现值的估计小计	125, 423	49, 566	174, 989
未来现金流入现值的估计	(139, 959)	(47, 894)	(187, 853)
非金融风险调整	1, 986	657	2, 643
合同服务边际	12, 550	—	12, 550
本年内初始确认的合同的影响	—	2, 329	2, 329

根据具有直接参与分红特征的保险合同所对应的基础项目的资产或负债的分类，下表阐述了其公允价值：

单位：百万元

项目	2023年12月31日	2022年12月31日
可供出售金融资产		374, 925
持有至到期投资		163, 379
归入贷款及应收款的投资		257, 813

续表

项目	2023 年 12 月 31 日	2022 年 12 月 31 日
交易性金融资产	286, 162	
其他债权投资	574, 582	
其他权益工具投资	63, 107	
其他	104, 316	173, 599
合计	1, 028, 167	969, 716

分出再保险合同负债/资产

按分保摊回未到期责任资产和分保摊回已发生赔款资产的分析如下：

单位：百万元

项目	2023 年								
	未采用保费分配法计量的合同				采用保费分配法计量的合同				
	分保摊回未到期责任资产		分保摊回已发生赔款资产	合计	分保摊回未到期责任资产		分保摊回已发生赔款资产		合计
	非亏损摊回部分	亏损摊回部分			非亏损摊回部分	亏损摊回部分	未来现金流量现值的估计	非金融风险调整	
年初的分出再保险合同资产	10, 547	201	318	11, 066	1, 445	1, 017	1, 445	1, 017	19, 369
年初的分出再保险合同负债					(322)		(487)		(809)
年初的分出再保险合同净资产余额	10, 547	201	318	11, 066	1, 123	1, 017	18, 882	308	21, 330
分出保费的分摊	(621)			(621)	(15, 217)				(15, 217)
摊回当年发生赔款及其他相关费用		(30)	226	196			15, 580	226	15, 806
亏损摊回部分的确认及转回		240		240		184			184
分保摊回已发生赔款资产相关履约现金流量变动			(9)	(9)			(1, 821)	(169)	(1, 990)
再保险分入人不履约风险变动额							(28)		(28)
摊回保险服务费用		210	217	427		184	13, 731	57	13, 972

续表

项目	2023年								
	未采用保费分配法计量的合同				采用保费分配法计量的合同				
	分保摊回未到期责任资产		分保摊回已发生赔款资产	合计	分保摊回未到期责任资产		分保摊回已发生赔款资产		合计
	非亏损摊回部分	亏损摊回部分			非亏损摊回部分	亏损摊回部分	未来现金流量现值的估计	非金融风险调整	
分出再保险合同的保险损益	(621)	210	217	(194)	(15,217)	184	13,731	57	(1,245)
分出再保险合同的保险合同金融变动额	679	8	1	688	169		312		481
其他综合收益其他变动					(3)		(3)		(6)
相关综合收益变动合计	58	218	218	494	(15,051)	184	14,040	57	(770)
投资成分	(211)		211		(5,080)		5,080		—
支付的分出保费	665			665	20,092				20,092
收到的摊回赔款及其他相关费用			(130)	(130)			(14,399)		(14,399)
其他现金流量	(24)			(24)	1,430				1,430
现金流量合计	641		(130)	511	21,522		(14,399)		7,123
年末的分出再保险合同资产	11,035	419	617	12,071	2,514	1,201	23,603	365	27,683

未采用保费分配法计量的合同按计量组成部分的分析如下：

单位：百万元

项目	2023年						
	未来现金流量现值	非金融风险调整	合同服务边际				合计
			过渡日采用公允价值法追溯调整的合同	过渡日采用修正追溯调整法下的合同	其余合同	小计	
年初的分出再保险合同资产	8,138	213	2,630		85	2,715	11,066

续表

项目	2023 年						
	未来现金流量现值	非金融风险调整	合同服务边际				合计
			过渡日采用公允价值法追溯调整的合同	过渡日采用修正追溯调整法下的合同	其余合同	小计	
合同服务边际的摊销			(186)		(8)	(194)	(194)
非金融风险调整的变动		(4)					(4)
当期经验调整	(227)	—					(227)
与当期服务相关的变动	(227)	(4)	(186)		(8)	(194)	(425)
当期初始确认的分出再保险合同影响	(25)	7			18	18	—
调整合同服务边际的估计变更	255	(36)	(140)		(79)	(219)	—
亏损摊回部分的确认及转回	—	—	42		198	240	240
与未来服务相关的变动	230	(29)	(98)		137	39	240
分保摊回已发生赔款资产相关履约现金流量变动	(7)	(2)					(9)
与过去服务相关的变动	(7)	(2)					(9)
分出再保险合同的保险损益	(4)	(35)	(284)		129	(155)	(194)
分出再保险合同的保险合同金融变动额	589	10	85		4	89	688
相关综合收益变动合计	585	(25)	(199)		133	(66)	494
支付的分出保费	665						665
收到的摊回赔款及其他相关费用	(130)						(130)
其他现金流量	(24)						(24)
现金流量合计	511	—	—		—	—	511

续表

项目	2023 年						
	未来现金流量现值	非金融风险调整	合同服务边际				合计
			过渡日采用公允价值法追溯调整的合同	过渡日采用修正追溯调整法下的合同	其余合同	小计	
年末的分出再保险合同资产	9, 234	188	2, 431		218	2, 649	12, 071

于2023年12月31日，本集团预计未采用保费分配法的分出再保险合同的合同服务边际的63%（2022年12月31日：70%）将于未来10年内进行摊销计入利润。

当期初始确认的未采用保费分配法的分出再保险合同对资产负债表的影响如下：

单位：百万元

项目	2023 年	2022 年
未来现金流入现值的估计	353	541
未来现金流出现值的估计	(378)	(649)
非金融风险调整	7	19
合同服务边际	18	89
本年内初始确认的合同的影响		

示例7－14　中国平安（601318. SH）

保险合同资产和负债

(1) 本集团签发的保险合同按未到期责任负债和已发生赔款负债的分析如下：

单位：百万元

项目	2023 年								
	未采用保费分配法计量的合同				采用保费分配法计量的合同				
	未到期责任负债		已发生赔款负债	合计	未到期责任负债		已发生赔款负债		合计
	非亏损部分	亏损部分			非亏损部分	亏损部分	未来现金流量的估计	非金融风险调整	
年初的保险合同负债净额	3, 356, 921	5, 606	60, 285	3, 422, 812	114, 066	5, 395	124, 676	4, 228	248, 365

续表

项目	2023年								
	未采用保费分配法计量的合同				采用保费分配法计量的合同				
	未到期责任负债		已发生赔款负债	合计	未到期责任负债		已发生赔款负债		合计
	非亏损部分	亏损部分			非亏损部分	亏损部分	未来现金流量的估计	非金融风险调整	
其中：保险合同负债	3,356,921	5,606	60,285	3,422,812	114,066	5,395	124,676	4,228	248,365
保险服务收入	(218,815)			(218,815)	(317,625)				(317,625)
当期发生的赔款及其他相关费用		(3,516)	97,347	93,831	—	(5,200)	251,567	2,798	249,165
保险获取现金流量的摊销	48,218			48,218	72,490				72,490
亏损部分的确认及转回		4,081		4,081		5,579			5,579
已发生赔款负债相关的履约现金流量变动			(7,630)	(7,630)			(23,040)	(2,516)	(25,556)
保险服务费用	48,218	565	89,717	138,500	72,490	379	228,527	282	301,678
保险服务业绩	(170,597)	565	89,717	(80,315)	(245,135)	379	228,527	282	(15,947)
保险合同金融变动额	288,799	161	247	289,207	2,566	18	2,840	100	5,524
相关综合收益变动合计	118,202	726	89,964	208,892	(242,569)	397	231,367	382	(10,423)
投资成分	(216,298)		216,298		(6,843)		6,843		—
收到的保费	612,322			612,322	349,777				349,777
支付的保险获取现金流量	(45,806)			(45,806)	(73,582)				(73,582)
支付的赔款及其他相关费用			(302,075)	(302,075)	—		(228,934)		(228,934)
其他现金流量	624			624	(18,280)				(18,280)
现金流量合计	567,140		(302,075)	265,065	257,915		(228,934)		28,981
其他变动	(821)		(1,673)	(2,494)	(150)		(1,251)	1	(1,400)

续表

项目	2023 年								
	未采用保费分配法计量的合同				采用保费分配法计量的合同				
	未到期责任负债		已发生赔款负债	合计	未到期责任负债		已发生赔款负债		合计
	非亏损部分	亏损部分			非亏损部分	亏损部分	未来现金流量的估计	非金融风险调整	
年末的保险合同负债净额	3, 825, 144	6, 332	62, 799	3, 894, 275	122, 419	5, 792	132, 701	4, 611	265, 523
其中：保险合同负债	3, 825, 144	6, 332	62, 799	3, 894, 275	122, 427	5, 792	132, 696	4, 611	265, 526
保险合同资产					（8）		5		（3）

（2）本集团签发的未采用保费分配法计量的保险合同按计量组成部分的分析如下：

单位：百万元

项目	2023 年度			
	未来现金流量现值	非金融风险调整	合同服务边际	合计
年初的保险合同负债净额	2, 455, 001	144, 589	823, 222	3, 422, 812
合同服务边际的摊销			（77, 864）	（77, 864）
非金融风险调整的变动		（7, 174）		（7, 174）
当期经验调整	8, 272			8, 272
与当期服务相关的变动	8, 272	（7, 174）	（77, 864）	（76, 766）
当期初始确认的保险合同影响	（44, 495）	3, 055	42, 547	1, 107
调整合同服务边际的估计变更	32, 717	9, 257	（41, 974）	
不调整合同服务边际的估计变更	2, 803	171		2, 974
与未来服务相关的变动	（8, 975）	12, 483	573	4, 081
已发生赔款负债相关履约现金流量变动	（7, 194）	（436）		（7, 630）
与过去服务相关的变动	（7, 194）	（436）		（7, 630）
保险服务业绩	（7, 897）	4, 873	（77, 291）	（80, 315）
保险合同金融变动额	254, 534	9, 166	25, 507	289, 207
相关综合收益变动合计	246, 637	14, 039	（51, 784）	208, 892
收到的保费	612, 322			612, 322

续表

项目	2023 年度			
	未来现金流量现值	非金融风险调整	合同服务边际	合计
支付的保险获取现金流量	(45, 806)			(45, 806)
支付的赔款及其他相关费用	(302, 075)			(302, 075)
其他现金流量	624			624
现金流量合计	265, 065			265, 065
其他变动	(2, 494)			(2, 494)
年末的保险合同负债净额	2, 964, 209	158, 628	771, 438	3, 894, 275
其中：保险合同负债	2, 964, 209	158, 628	771, 438	3, 894, 275

(3) 未采用保费分配法计量的保险合同于当期初始确认时对保险合同计量组成部分的影响分析如下：

单位：百万元

项目	2023 年度		
	当期初始确认的亏损合同	其他合同	合计
保险获取现金流量	2, 874	46, 203	49, 077
其他	14, 135	287, 540	301, 675
未来现金流出现值	17, 009	333, 743	350, 752
未来现金流入现值	(16, 412)	(378, 835)	(395, 247)
非金融风险调整	510	2, 545	3, 055
合同服务边际	—	42, 547	42, 547
初始确认时确认的亏损	1, 107	—	1, 107

(4) 未采用保费分配法计量的保险合同的合同服务边际的分析如下：

单位：百万元

项目	2023 年			
	采用公允价值法计量的合同	采用修正追溯调整法计量的合同	其他合同	合计
年初的合同服务边际	124, 149	659, 970	39, 103	823, 222
与当期服务相关的变动				
合同服务边际的摊销	(9, 247)	(59, 365)	(9, 252)	(77, 864)

续表

项目	2023 年			
	采用公允价值法计量的合同	采用修正追溯调整法计量的合同	其他合同	合计
与未来服务相关的变动				
当期初始确认的保险合同影响			42, 547	42, 547
调整合同服务边际的估计变更	(3, 436)	(36, 372)	(2, 166)	(41, 974)
保险服务业绩	(12, 683)	(95, 737)	31, 129	(41, 974)
保险合同金融变动额	1, 083	22, 393	2, 031	25, 507
综合收益变动合计	(11, 600)	(73, 344)	33, 160	(51, 784)
年末的合同服务边际	112, 549	586, 626	72, 263	771, 438

（5）保险合同金融变动额的分析如下：

单位：百万元

项目	2023 年		
	未采用保费分配法计量的保险合同	采用保费分配法计量的保险合同	合计
保险合同金融变动额			
具有直接参与分红特征的保险合同基础项目的公允价值变动	150, 691	—	150, 691
锁定利率的保险合同计息及金融假设变化	138, 506	5, 524	144, 030
汇兑净损益	10	—	10
合计	289, 207	5, 524	294, 731
其中：			
在损益中确认	118, 436	5, 523	123, 959
在其他综合收益中确认	170, 771	1	170, 772

（6）具有直接参与分红特征的保险合同所对应的基础项目的资产或负债组成及公允价值的明细如下：

单位：百万元

项目	2023 年 12 月 31 日	2022 年 12 月 31 日（已重述）
以公允价值计量且其变动计入当期损益的金融资产	517, 595	456, 174
其他债权投资	1, 484, 003	1, 411, 309
其他权益工具投资	187, 127	193, 884
其他	102, 325	94, 263
合计	2, 291, 050	2, 155, 630

（7）采用修正追溯调整法及公允价值法计量的保险合同相关的以公允价值计量且其变动计入其他综合收益的金融资产确定的2022 年 1 月 1 日计入其他综合收益的累计金额调节表分析如下：

单位：百万元

项目	2023 年度	2022 年度（已重述）
于 1 月 1 日的账面价值	53, 463	39, 553
本年公允价值变动	83, 169	17, 411
本年转至损益的金额	991	(481)
本年转至留存收益的金额	3, 601	1, 617
所得税影响	(21, 940)	(4, 637)
于 12 月 31 日的账面价值	119, 284	53, 463

示例 7－15　新华保险（601336. SH）

保险合同负债与分出再保险合同资产

（1）保险合同负债

本集团签发的保险合同的未到期责任负债和已发生赔款负债自年初余额至年末余额的调节表如下：

单位：百万元

项目	未采用保费分配法计量的合同				采用保费分配法计量的合同				
	未到期责任负债		已发生赔款负债	合计	未到期责任负债		已发生赔款负债		合计
	非亏损部分	亏损部分			非亏损部分	亏损部分	未来现金流量的估计	非金融风险调整	
2023 年度									
年初的保险合同负债	993, 427	5, 990	10, 754	1, 010, 171	573	143	2, 252	52	3, 020

续表

项目	未采用保费分配法计量的合同				采用保费分配法计量的合同				
	未到期责任负债		已发生赔款负债	合计	未到期责任负债		已发生赔款负债		合计
	非亏损部分	亏损部分			非亏损部分	亏损部分	未来现金流量的估计	非金融风险调整	
年初的保险合同资产									
年初的保险合同净负债	993, 427	5, 990	10, 754	1, 010, 171	573	143	2, 252	52	3, 020
保险服务收入									
采用修正追溯法的保险合同	（37, 414）			（37, 414）					
采用公允价值法的保险合同	（1, 754）			（1, 754）					
其他保险合同	（4, 990）			（4, 990）	（3, 887）				（3, 887）
保险服务收入小计	（44, 158）			（44, 158）	（3, 887）				（3, 887）
保险服务费用									
当期发生赔款及其他相关费用		（208）	17, 005	16, 797		（630）	2, 991	18	2, 379
保险获取现金流量的摊销	9, 011			9, 011	1, 265				1, 265
亏损部分的确认与转回		1, 722		1, 722		648			648
已发生赔款负债相关履约现金流量变动			1, 388	1, 388			70	（28）	42
保险服务费用小计	9, 011	1, 514	18, 393	28, 918	1, 265	18	3, 061	（10）	4, 334
保险服务业绩	（35, 147）	1, 514	18, 393	（15, 240）	（2, 622）	18	3, 061	（10）	447
保险合同金融变动额	56, 344	117		56, 461					
相关综合收益变动合计	21, 197	1, 631	18, 393	41, 221	（2, 622）	18	3, 061	（10）	447
投资成分	（56, 533）		56, 533		（261）		261		

续表

项目	未采用保费分配法计量的合同				采用保费分配法计量的合同				
	未到期责任负债		已发生赔款负债	合计	未到期责任负债		已发生赔款负债		合计
	非亏损部分	亏损部分			非亏损部分	亏损部分	未来现金流量的估计	非金融风险调整	
现金流量									
收到的保费	178,641			178,641	4,067				4,067
支付的保险获取现金流量	(12,849)			(12,849)	(1,146)				(1,146)
支付的赔款及其他相关费用			(73,877)	(73,877)			(3,912)		(3,912)
其他现金流量	714			714					
现金流量合计	166,506		(73,877)	92,629	2,921		(3,912)		(991)
年末的保险合同负债	1,124,597	7,621	11,803	1,144,021	611	161	1,662	42	2,476
年末的保险合同资产									
年末的保险合同净负债	1,124,597	7,621	11,803	1,144,021	611	161	1,662	42	2,476

以下为本集团未采用保费分配法的保险合同的履约现金流量和合同服务边际余额调节表：

2023 年度　　　　单位：百万元

项目	未来现金流现值	非金融风险调整	合同服务边际				合计
			过渡日采用正追溯调整法的合同	过渡日采用公允价值法的合同	其他合同	小计	
年初的保险合同负债	826,465	8,389	159,889	8,397	7,031	175,317	1,010,171
年初的保险合同资产							
年初的保险合同净负债	826,465	8,389	159,889	8,397	7,031	175,317	1,010,171
与当年服务有关的变动							

续表

项目	未来现金流现值	非金融风险调整	合同服务边际				合计
			过渡日采用正追溯调整法的合同	过渡日采用公允价值法的合同	其他合同	小计	
合同服务边际的摊销			(13,445)	(850)	(827)	(15,122)	(15,122)
非金融风险调整的变动		(845)					(845)
当年经验调整	(2,383)						(2,383)
与当年服务有关的变动小计	(2,383)	(845)	(13,445)	(850)	(827)	(15,122)	(18,350)
与未来服务有关的变动							
当年初始确认的保险合同影响	(5,288)	717			6,167	6,167	1,596
调整合同服务边际的估计变更	3,030	(174)	(4,103)	2,088	(841)	(2,856)	
不调整合同服务边际的估计变更	102	24					126
与未来服务有关的变动小计	(2,156)	567	(4,103)	2,088	5,326	3,311	1,722
与过去服务有关的变动							
已发生赔款负债相关履约现金流量变动	1,356	32					1,388
与过去服务有关的变动小计	1,356	32					1,388
保险服务业绩	(3,183)	(246)	(17,548)	1,238	4,499	(11,811)	(15,240)
保险合同金融变动额	50,433	530	5,147	93	258	5,498	56,461
相关综合收益变动合计	47,250	284	(12,401)	1,331	4,757	(6,313)	41,221
现金流量							
收到的保费	178,641						178,641

续表

项目	未来现金流现值	非金融风险调整	合同服务边际				合计
			过渡日采用正追溯调整法的合同	过渡日采用公允价值法的合同	其他合同	小计	
支付的保险单获取现金流量	(12,849)						(12,849)
支付的赔款及其他相关费用	(73,877)						(73,877)
其他现金流量	714						714
现金流量合计	92,629						92,629
年末的保险合同负债	966,344	8,673	147,488	9,728	11,788	169,004	1,144,021
年末的保险合同资产							
年末的保险合同净负债	966,344	8,673	147,488	9,728	11,788	169,004	1,144,021

本集团当年初始确认的保险合同分析如下：

2023 年度　　　　单位：百万元

项目	签发的保险合同		
	当年初始确认的亏损合同组	其他合同组	合计
保险获取现金流量	4,405	7,395	11,800
赔付、费用及其他流出项目	45,260	45,148	90,408
未来现金流出现值	49,665	52,543	102,208
未来现金流入现值	(48,195)	(59,301)	(107,496)
非金融风险调整	126	591	717
合同服务边际		6,167	6,167
初始确认时确认的亏损	1,596		1,596

本集团具有直接参与分红特征的保险合同的基础项目的公允价值列示如下：

单位：百万元

项目	公允价值	
	2023年12月31日	2022年12月31日
资产		
货币资金	8,334	4,518
衍生金融资产	1	2
买入返售金融资产	1,246	2,813
应收利息	不适用	8,160
其他应收款	5,457	1,566
定期存款	167,304	124,617
交易性金融资产	174,219	不适用
债权投资	8,417	不适用
其他债权投资	311,460	不适用
其他权益工具投资	53	不适用
以公允价值计量且其变动计入当期损益的金融资产	不适用	49,773
可供出售金融资产	不适用	215,579
持有至到期投资	不适用	198,311
归入贷款及应收款的投资	不适用	22,709
长期股权投资	546	797
其他资产	30	573
小计	677,067	629,418
负债		
卖出回购金融资产款	66,808	23,340
应交税费	1,607	1,468
其他应付款	2,377	1,453
小计	70,792	26,261
合计	606,275	603,157

（2）分出再保险合同资产

本集团分出的再保险合同的分保摊回未到期责任资产和分保摊回已发生赔款资产自年初余额至年末余额的调节表如下：

2023 年度　　　　　　　　　　　　　　　　　　　　　　　　单位：百万元

项目	未采用保费分配法计量的合同				采用保费分配法计量的合同				
	分保摊回未到期责任资产		分保摊回已发生赔款资产	合计	分保摊回未到期责任资产		分保摊回已发生赔款资产		合计
	非亏损摊回部分	亏损摊回部分			非亏损摊回部分	亏损摊回部分	未来现金流量现值的估计	非金融风险调整	
年初的分出再保险合同资产	9, 189	22	1, 126	10, 337	60	2	191		253
年初的分出再保险合同负债									
年初的分出再保险合同净资产	9, 189	22	1, 126	10, 337	60	2	191		253
分出保费的分摊	(2, 371)			(2, 371)	(77)				(77)
摊回保险服务费用									
摊回当年发生赔款及其他相关费用		(2)	1, 427	1, 425		(6)	79		73
亏损摊回部分的确认与转回		4		4		5			5
分保摊回已发生赔款资产相关履约现金流量变动			189	189			(15)		(15)
摊回保险服务费用小计		2	1, 616	1, 618		(1)	64		63
分出再保险合同的保险损益	(2, 371)	2	1, 616	(753)	(77)	(1)	64		(14)
分出再保险合同的保险合同金融变动额	465	1		466					
相关综合收益变动合计	(1, 906)	3	1, 616	(287)	(77)	(1)	64		(14)
投资成分	(887)		887		(91)		91		
现金流量									

续表

项目	未采用保费分配法计量的合同				采用保费分配法计量的合同				
	分保摊回未到期责任资产		分保摊回已发生赔款资产	合计	分保摊回未到期责任资产		分保摊回已发生赔款资产		合计
	非亏损摊回部分	亏损摊回部分			非亏损摊回部分	亏损摊回部分	未来现金流量现值的估计	非金融风险调整	
支付的分出保费	2,341			2,341	150				150
收到的摊回赔款及其他相关费用			(2,685)	(2,685)			(293)		(293)
现金流量合计	2,341		(2,685)	(344)	150		(293)		(143)
年末的分出再保险合同资产	8,737	25	944	9,706	42	1	53		96
年末的分出再保险合同负债									
年末的分出再保险合同净资产	8,737	25	944	9,706	42	1	53		96

以下为本集团未采用保费分配法的分出再保险合同的履约现金流量和合同服务边际余额调节表：

2023 年度　　　　单位：百万元

项目	未来现金流现值	非金融风险调整	合同服务边际				合计
			过渡日采用修正追溯调整法的合同	过渡日采用公允价值法的合同	其他合同	小计	
年初的分出再保险合同资产	9,045	1,543		36	(287)	(251)	10,337
年初的分出再保险合同负债							
年初的分出再保险合同净资产	9,045	1,543		36	(287)	(251)	10,337
与当年服务有关的变动							

续表

项目	未来现金流现值	非金融风险调整	合同服务边际				合计
			过渡日采用修正追溯调整法的合同	过渡日采用公允价值法的合同	其他合同	小计	
合同服务边际的摊销				(132)	(77)	(209)	(209)
非金融风险调整的变动		(93)					(93)
当年经验调整	(644)						(644)
与当年服务有关的变动小计	(644)	(93)		(132)	(77)	(209)	(946)
与未来服务有关的变动							
当年初始确认的分出再保险合同影响	(37)	55			(18)	(18)	
调整合同服务边际的估计变更	(2, 610)	(312)		1, 807	1, 115	2, 922	
亏损摊回部分的确认及转回					4	4	4
与未来服务有关的变动小计	(2, 647)	(257)		1, 807	1, 101	2, 908	4
与过去服务有关的变动							
分保摊回已发生赔款资产相关履约现金流量变动	189						189
与过去服务有关的变动小计	189						189
分出再保险合同的保险损益	(3, 102)	(350)		1, 675	1, 024	2, 699	(753)
分出再保险合同的保险合同金融变动额	391	84		1	(10)	(9)	466
相关综合收益变动合计	(2, 711)	(266)		1, 676	1, 014	2, 690	(287)

续表

项目	未来现金流现值	非金融风险调整	合同服务边际				合计
			过渡日采用修正追溯调整法的合同	过渡日采用公允价值法的合同	其他合同	小计	
现金流量							
支付的分出保费	2,341						2,341
收到的摊回赔款及其他相关费用	(2,685)						(2,685)
现金流量合计	(344)						(344)
年末的分出再保险合同资产	5,990	1,277		1,712	727	2,439	9,706
年末的分出再保险合同负债							
年末的分出再保险合同净资产	5,990	1,277		1,712	727	2,439	9,706

本集团当年初始确认的分出再保险合同分析如下：

2023 年度　　　　单位：百万元

项目	预计产生净收益的再保险合同	其他再保险合同	合计
未来现金流出现值的估计	(937)	(761)	(1,698)
未来现金流入现值的估计	1,011	650	1,661
非金融风险调整	32	23	55
合同服务边际	(103)	88	(15)
合计	3		3

（3）合同服务边际

对于未采用保费分配法的保险合同，本集团签发的保险合同和分出的再保险合同的合同服务边际预计将在以下剩余期限摊销计入利润表：

单位：百万元

2023 年 12 月 31 日	1 年及 1 年以内	1-3 年	4-5 年	5 年以上	合计
签发的保险合同	13,743	25,562	22,744	106,955	169,004
分出的再保险合同	181	361	327	1,570	2,439

续表

2022 年 12 月 31 日	1 年及 1 年以内	1－3 年	4－5 年	5 年以上	合计
签发的保险合同	14, 291	26, 399	24, 264	110, 363	175, 317
分出的再保险合同	2	（13）	（19）	（221）	（251）

示例 7－16　中国人寿（601628. SH）

保险合同

保险合同负债

（1）签发的保险合同的未到期责任负债和已发生赔款负债余额调节表

未采用保费分配法计量的合同

单位：百万元

项目	未到期责任负债		已发生赔款负债	合计
	非亏损部分	亏损部分		
2023 年 1 月 1 日的保险合同负债	4, 176, 033	20, 169	34, 873	4, 231, 075
过渡日采用修正追溯调整法的合同的保险服务收入	（122, 628）			（122, 628）
过渡日采用公允价值法的合同的保险服务收入	（20, 943）			（20, 943）
其余合同的保险服务收入	（16, 727）			（16, 727）
保险服务收入合计	（160, 298）			（160, 298）
当期发生赔款及其他相关费用		（2, 309）	46, 371	44, 062
保险获取现金流量的摊销	42, 118			42, 118
亏损部分的确认及转回		12, 595		12, 595
已发生赔款负债相关履约现金流量变动			247	247
保险服务费用合计	42, 118	10, 286	46, 618	99, 022
保险服务业绩	（118, 180）	10, 286	46, 618	（61, 276）
保险合同金融变动额	256, 720	449		257, 169
综合收益变动合计	138, 540	10, 735	46, 618	195, 893
投资成分	（209, 261）		209, 261	
收到的保费	704, 912			704, 912
支付的保险获取现金流量	（51, 110）			（51, 110）

续表

项目	未到期责任负债		已发生赔款负债	合计
	非亏损部分	亏损部分		
支付的赔款及其他相关费用			(255, 365)	(255, 365)
现金流量合计	653, 802		(255, 365)	398, 437
2023 年 12 月 31 日的保险合同负债	4, 759, 114	30, 904	35, 387	4, 825, 405

采用保费分配法计量的合同

单位：百万元

项目	未到期责任负债		已发生赔款负债		合计
	非亏损部分	亏损部分	未来现金流量现值的估计	非金融风险调整	
2023 年 1 月 1 日的保险合同负债	3, 411	1, 778	29, 959	724	35, 872
过渡日采用修正追溯调整法的合同的保险服务收入	(108)				(108)
其余合同的保险服务收入	(52, 039)				(52, 039)
保险服务收入合计	(52, 147)				(52, 147)
当期发生赔款及其他相关费用		(1, 669)	39, 196	518	38, 045
保险获取现金流量的摊销	16, 531				16, 531
亏损部分的确认及转回		689			689
已发生赔款负债相关履约现金流量变动			(3, 250)	(684)	(3, 934)
保险服务费用合计	16, 531	(980)	35, 946	(166)	51, 331
保险服务业绩	(35, 616)	(980)	35, 946	(166)	(816)
保险合同金融变动额	1, 297		674	20	1, 991
综合收益变动合计	(34, 319)	(980)	36, 620	(146)	1, 175
投资成分	(25, 665)		25, 665		
收到的保费	79, 681				79, 681
支付的保险获取现金流量	(16, 857)				(16, 857)
支付的赔款及其他相关费用			(66, 101)		(66, 101)
现金流量合计	62, 824		(66, 101)		(3, 277)
2023 年 12 月 31 日的保险合同负债	6, 251	798	26, 143	578	33, 770

（2）签发的保险合同的履约现金流量和合同服务边际余额调节表

未采用保费分配法计量的合同

单位：百万元

项目	未来现金流量现值	非金融风险调整	合同服务边际	合计
2023 年 1 月 1 日的保险合同负债	3,413,416	34,186	783,473	4,231,075
合同服务边际的摊销			(65,689)	(65,689)
非金融风险调整的变动		(1,771)		(1,771)
当期经验调整	(6,658)			(6,658)
与当期服务相关的变动	(6,658)	(1,771)	(65,689)	(74,118)
当期初始确认的保险合同影响	(51,821)	1,249	51,093	521
调整合同服务边际的估计变更	22,655	29	(22,684)	
不调整合同服务边际的估计变更	11,413	661		12,074
与未来服务相关的变动	(17,753)	1,939	28,409	12,595
已发生赔款负债相关履约现金流量变动	242	5		247
与过去服务相关的变动	242	5		247
保险服务业绩	(24,169)	173	(37,280)	(61,276)
保险合同金融变动额	231,656	2,569	22,944	257,169
综合收益变动合计	207,487	2,742	(14,336)	195,893
收到的保费	704,912			704,912
支付的保险获取现金流量	(51,110)			(51,110)
支付的赔款及其他相关费用	(255,365)			(255,365)
现金流量合计	398,437			398,437
2023 年 12 月 31 日的保险合同负债	4,019,340	36,928	769,137	4,825,405

（3）签发的保险合同的当期初始确认的影响

未采用保费分配法计量的合同

单位：百万元

项目	2023 年度			2022 年度		
	非亏损合同	亏损合同	合计	非亏损合同	亏损合同	合计
未来现金流入现值的估计	(773,096)	(14,355)	(787,451)	(715,190)	(22,061)	(737,251)
保险获取现金流量	53,205	1,649	54,854	44,060	2,610	46,670
其他	667,559	13,217	680,776	621,391	20,206	641,597

续表

项目	2023 年度			2022 年度		
	非亏损合同	亏损合同	合计	非亏损合同	亏损合同	合计
未来现金流出现值的估计	720, 764	14, 866	735, 630	665, 451	22, 816	688, 267
非金融风险调整	1, 239	10	1, 249	1, 773	17	1, 790
合同服务边际	51, 093		51, 093	47, 966		47, 966
合计		521	521		772	772

(4) 合同服务边际的预期摊销

下表提供的合同服务边际的预期摊销表示在 2023 年 12 月 31 日本集团的合同服务边际账面价值根据责任单元预期分摊到未来各年的金额，不包含合同服务边际未来新业务、计提的利息等，因此可能与未来年份合同服务边际的摊销存在差异。

单位：百万元

预期摊销计入损益的时间	2023 年 12 月 31 日
	金额
1 年以内（含 1 年）	64, 321
1 ~ 3 年（含 3 年）	119, 844
3 ~ 5 年（含 5 年）	105, 156
5 ~ 10 年（含 10 年）	194, 653
10 年以上	285, 163
合计	769, 137

(5) 未采用保费分配法计量的保险合同的合同服务边际余额调节表

单位：百万元

项目	过渡日采用修正追溯调整法计量的保险合同	过渡日采用公允价值法计量的保险合同	其余合同	合计
2023 年 1 月 1 日	612, 200	133, 890	37, 383	783, 473
与当期服务相关的变动	(50, 470)	(12, 088)	(3, 131)	(65, 689)
当期初始确认的保险合同影响			51, 093	51, 093
调整合同服务边际的估计变更	(21, 347)	11, 175	(12, 512)	(22, 684)
与未来服务相关的变动	(21, 347)	11, 175	38, 581	28, 409
保险合同金融变动额	17, 111	3, 932	1, 901	22, 944
2023 年 12 月 31 日	557, 494	136, 909	74, 734	769, 137

分出再保险合同资产/(负债)

(1) 分出的再保险合同的分保摊回未到期责任资产和分保摊回已发生赔款资产余额调节表

未采用保费分配法计量的合同

单位：百万元

项目	分保摊回未到期责任资产		分保摊回已发生赔款资产	合计
	非亏损摊回部分	亏损摊回部分		
2023年1月1日的分出再保险合同资产	12,842	1,990	6,837	21,669
2023年1月1日的分出再保险合同负债	(157)		22	(135)
2023年1月1日的分出再保险合同净资产/负债	12,685	1,990	6,859	21,534
分出保费的分摊	(4,141)			(4,141)
摊回当期发生赔款及其他相关费用		(196)	3,745	3,549
亏损摊回部分的确认及转回		389		389
分保摊回已发生赔款资产相关履约现金流量变动			696	696
摊回保险服务费用		193	4,441	4,634
分出的再保险合同的保险损益	(4,141)	193	4,441	493
分出的再保险合同的保险合同金融变动额	1,337	107		1,444
综合收益变动合计	(2,804)	300	4,441	1,937
投资成分	(1,674)		1,674	
支付的分出保费	6,694			6,694
收到的摊回赔款及其他相关费用			(5,868)	(5,868)
现金流量合计	6,694		(5,868)	826
2023年12月31日的分出再保险合同净资产/负债	14,901	2,290	7,106	24,297
2023年12月31日的分出再保险合同资产	15,043	2,290	7,087	24,420
2023年12月31日的分出再保险合同负债	(142)		19	(123)

采用保费分配法计量的合同

单位：百万元

项目	分保摊回未到期责任资产		分保摊回已发生赔款资产		合计
	非亏损摊回部分	亏损摊回部分	未来现金流量现值的估计	非金融风险调整	
2023年1月1日的分出再保险合同资产	(399)	57	2,757	12	2,427
2023年1月1日的分出再保险合同负债	(55)	1	29		(25)
2023年1月1日的分出再保险合同净资产/(负债)	(454)	58	2,786	12	2,402
分出保费的分摊	(585)				(585)
摊回当期发生赔款及其他相关费用		(59)	634	9	584
亏损摊回部分的确认及转回		30			30
分保摊回已发生赔款资产相关履约现金流量变动			(799)	(11)	(810)
摊回保险服务费用		(29)	(165)	(2)	(196)
分出的再保险合同的保险损益	(585)	(29)	(165)	(2)	(781)
分出的再保险合同的保险合同金融变动额	40		37		77
综合收益变动合计	(545)	(29)	(128)	(2)	(704)
投资成分	(1,283)		1,283		
支付的分出保费	1,714				1,714
收到的摊回赔款及其他相关费用			(2,051)		(2,051)
现金流量合计	1,714		(2,051)		(337)
2023年12月31日的分出再保险合同净资产/(负债)	(568)	28	1,890	10	1,361
2023年12月31日的分出再保险合同资产	(402)	28	1,790	10	1,426
2023年12月31日的分出再保险合同负债	(166)	1	100		(65)

(2) 分出的再保险合同的履约现金流量和合同服务边际余额调节表

未采用保费分配法计量的合同

单位：百万元

项目	未来现金流量现值	非金融风险调整	合同服务边际	合计
2023 年 1 月 1 日的分出再保险合同资产	27, 998	7, 870	(14, 199)	21, 669
2023 年 1 月 1 日的分出再保险合同负债	(64)	60	(131)	(135)
2023 年 1 月 1 日的分出再保险合同净资产/(负债)	27, 934	7, 930	(14, 330)	21, 534
合同服务边际的摊销			857	857
非金融风险调整的变动		(352)		(352)
当期经验调整	(1, 097)			(1, 097)
与当期服务相关的变动	(1, 097)	(352)	857	(592)
当期初始确认的分出的再保险合同影响	(9)	36	(27)	
调整合同服务边际的估计变更	(3, 095)	(302)	3, 397	
不调整合同服务边际的估计变更	364	25		389
与未来服务相关的变动	(2, 740)	(241)	3, 370	389
分保摊回已发生赔款资产相关履约现金流量变动	696			696
与过去服务相关的变动	696			696
分出的再保险合同的保险损益	(3, 141)	(593)	4, 227	493
分出的再保险合同的保险合同金融变动额	1, 500	557	(613)	1, 444
综合收益变动合计	(1, 641)	(36)	3, 614	1, 937
支付的分出保费	6, 694			6, 694
收到的摊回赔款及其他相关费用	(5, 868)			(5, 868)
现金流量合计	826			826
2023 年 12 月 31 日的分出再保险合同净资产/负债	27, 119	7, 894	(10, 716)	24, 297
2023 年 12 月 31 日的分出再保险合同资产	27, 197	7, 859	(10, 636)	24, 420
2023 年 12 月 31 日的分出再保险合同负债	(78)	35	(80)	(123)

（3）分出的再保险合同的当期初始确认的影响

未采用保费分配法计量的合同

单位：百万元

项目	2023 年度			2022 年度		
	存在净利得的分出的再保险合同	存在净成本的分出的再保险合同	合计	存在净利得的分出的再保险合同	存在净成本的分出的再保险合同	合计
未来现金流入现值的估计	560	191	751	1,142	4	1,146
未来现金流出现值的估计	（551）	（209）	（760）	（1,034）	（6）	（1,040）
非金融风险调整	27	9	36	62	—	62
合同服务边际	（36）	9	（27）	（170）	2	（168）

（4）合同服务边际的预期摊销

下表提供的合同服务边际的预期摊销表示在2023年12月31日本集团的合同服务边际账面价值根据责任单元预期分摊到未来各年的金额，其不包含持有的再保险合同的未来新业务合同服务边际、计提的利息等，因此可能与未来年份合同服务边际的摊销存在差异。

单位：百万元

预期摊销计入损益的时间	2023 年 12 月 31 日
	金额
1 年以内（含 1 年）	797
1～3 年（含 3 年）	1,587
3～5 年（含 5 年）	1,308
5～10 年（含 10 年）	2,395
10 年以上	4,629
合计	10,716

（5）未采用保费分配法计量的分出的再保险合同的合同服务边际余额调节表

单位：百万元

项目	过渡日采用修正追溯调整法计量的再保险合同	其余合同	合计
2023 年 1 月 1 日	（13,806）	（524）	（14,330）
与当期服务相关的变动	857		857

续表

项目	过渡日采用修正追溯调整法计量的再保险合同	其余合同	合计
当期初始确认的分出的再保险合同影响		(27)	(27)
调整合同服务边际的估计变更	2, 962	435	3, 397
与未来服务相关的变动	2, 962	408	3, 370
分出的再保险合同的保险合同金融变动额	(598)	(15)	(613)
2023年12月31日	(10, 585)	(131)	(10, 716)

第五节　保险服务收入费用、保险财务损益、其他综合收益披露示例

一、准则相关规定与监管指引（节选）

（一）《企业会计准则第25号——保险合同》

第九十条　对于未采用保费分配法的签发的保险合同，企业应当在附注中披露与本期确认保险服务收入相关的下列定量信息：

1. 与未到期责任负债变动相关的保险服务收入，分别披露期初预计当期发生的保险服务费用、非金融风险调整的变动、合同服务边际的摊销、其他金额（如与当期服务或过去服务相关的保费经验调整）；

2. 保险获取现金流量的摊销。

（二）详见本章第四节　保险合同资产和负债披露示例中“一、准则相关规定与监管指引内容”

二、保险服务收入费用、保险财务损益、其他综合收益的年报披露示例

（一）简要分析

旧保险合同准则规定只有保险与非保险部分能够区分且可单独计量时，才能对保险合同进行分拆，否则在通过重大保险风险测试的情形下，应当将该合同整体作为保险合同处理，对应的保费计入保险服务收入。该规定导致保险公司确认的收入中包含了无论保险事项是否发生均须偿还给保单持有人的金额，即具有保户储蓄性质的投资

成分，与新收入准则下确认收入的原则不符。新保险合同准则规定，保险公司必须分拆保险合同中可明确区分的投资成分和其他非保险服务成分，对于不可分拆的投资成分，其对应的保费也不得计入保险服务收入。

新保险合同准则下保费合同收入包括“预计保险服务费用”“非金融风险调整变动”“合同服务边际摊销”“保险获取现金流量摊销”“保费分配法分摊”等明细项目。

保险服务费用包括当期赔款及其他费用、保险获取现金流量摊销、已发生赔款负债履约现金流量变动等保险合同赔付和费用，以及亏损合同的亏损部分确认和转回等明细项目。

其他综合收益中与保险合同相关的项目包括不能重分类进损益和将重分类进损益的其他综合收益两类。不能重分类进损益的内容反映保险公司采用浮动收费法计量的，保险公司持有基础项目的、具有直接参与分红特征的保险合同组，并选择将保险合同金融变动额分解计入保险财务损益和其他综合收益时，与基础项目不能重分类进损益的其他综合收益对应的、计入其他综合收益的保险合同金融变动额。将重分类进损益的内容为可转损益的保险合同金融变动和分出再保险合同金融变动，反映保险公司在保险合同组合层面选择将保险合同金融变动额分解计入保险财务损益和其他综合收益时，除已在“不能转损益的保险合同金融变动”项目中列示以外的、计入其他综合收益的保险合同金融变动额。

（二）年报披露示例

保险服务收入费用、保险财务损益、其他综合收益年报披露示例汇总如表7－9所示。

表7－9　保险服务收入费用、保险财务损益、其他综合收益年报披露示例汇总

序号	参考示例	保险服务收入费用、保险财务损益、其他综合收益披露
1	示例7－17　中国人保（601319. SH）	保险服务收入、综合投资收益及保险金融变动额、其他综合收益
2	示例7－18　中国太保（601601. SH）	保险服务收入、保险服务业绩、其他综合收益
3	示例7－19　中国平安（601318. SH）	保险服务收入、保险服务费用、其他综合收益
4	示例7－20　新华保险（601336. SH）	保险服务收入、保险服务费用、投资回报及保险合同金融变动额、其他综合收益
5	示例7－21　中国人寿（601628. SH）	保险服务收入、保险服务费用、净投资回报及保险合同金融变动额、储备（其他综合收益）

注：中国人保和中国太保的保险服务费用，以及中国太保和中国平安的投资回报及保险合同金融变动额信息披露于保险合同资产/负债余额调节表中。

示例 7－17　中国人保（601319. SH）

保险服务收入

单位：百万元

项目	2023 年度	2022 年度
未以保费分配法计量的合同的保险服务收入		
与未到期责任负债的变动相关的金额	37, 250	37, 525
预计已发生的赔款和其他费用	24, 523	26, 223
非金融风险调整的变动	1, 673	1, 827
合同服务边际的摊销	10, 396	9, 565
与当期服务或过去服务相关的保费经验调整	658	(90)
保险获取现金流量的摊销	9, 771	9, 262
小计	47, 021	46, 787
以保费分配法计量的合同的保险服务收入	456, 879	422, 015
合计	503, 900	468, 802

单位：百万元

项目	2023 年度		
	采用保费分配法计量的合同	未采用保费分配法计量的合同	合计
过渡日采用修正追溯调整法的保险合同	66	27, 136	27, 202
过渡日采用公允价值法的保险合同		3, 230	3, 230
其他保险合同	456, 813	16, 655	473, 468
保险服务收入合计	456, 879	47, 021	503, 900

综合投资收益及保险金融变动额

单位：百万元

项目	2023 年度	2022 年度
利息收入	29, 379	不适用
投资收益	25, 601	56, 332
其中：对联营企业和合营企业的投资收益	14, 939	15, 466
公允价值变动损失	(9, 912)	(579)

单位：百万元

项目	2023 年度	2022 年度
资产减值损失	不适用	(1,580)
信用减值损失	(1,434)	不适用
其他综合收益	10,182	(29,354)
合计	53,816	24,819
在损益中确认	43,634	54,173
在其他综合收益中确认	10,182	(29,354)
因使用浮动收费法导致基础项目公允价值对履约现金流及合同服务边际的影响	8,701	2,404
计提的利息	19,994	18,593
利率及其他金融假设变动的影响	10,559	4,096
外币折算差异	176	449
保险合同金融变动额合计	39,430	25,542
在损益中确认	27,651	35,351
在其他综合收益中确认	11,779	(9,809)

其他综合收益

(1) 资产负债表中的其他综合收益变动

单位：百万元

项目	2023 年度				
	可供出售金融资产公允价值变动损益	保险合同及分出再保险合同金融变动	其他债权投资及其他权益工具投资的其他综合收益	其他	合计
2022 年 12 月 31 日	1,072	(9,801)		2,333	(6,396)
会计政策变更	(1,072)	1,085	9,958	(10)	9,970
2023 年 1 月 1 日		(8,716)	9,958	2,332	3,574
本年增减变动		(8,651)	5,933	57	(2,661)
其中：其他综合收益结转留存收益			279		279
2023 年 12 月 31 日		(17,367)	15,891	2,389	913

（2）利润表中的其他综合收益变动

单位：百万元

项目	2023 年度					
	本期所得税前发生额	前期计入其他综合收益当期转入损益	所得税费用	税后本期发生额	税后本期归属于母公司所有者	税后本期归属于少数股东
一、不能重分类进损益的其他综合收益	1,011		(361)	650	349	301
其中：						
……						
不能转损益的保险合同金融变动	(56)			(56)	(49)	(70)
二、将重分类进损益的其他综合收益	(759)	(1,707)	(1,577)	(4,043)	(3,289)	(754)
其中：						
……						
可转损益的保险合同金融变动	(11,723)		594	(11,129)	(8,744)	(2,385)
可转损益的分出再保险合同金融变动	194		(28)	166	142	24
其他综合收益合计	252	(1,707)	(1,938)	(3,393)	(2,940)	(453)

示例 7 - 18　中国太保（601601.SH）

保险服务收入

单位：百万元

项目	2023 年度	2022 年度
未采用保费分配法的保险合同		
与未到期责任负债变动相关的金额	61,214	59,588
合同服务边际的摊销	26,202	27,870
非金融风险调整的变动	1,274	1,175
预计当期发生的保险服务费用	31,983	29,166
与当期服务或过去服务相关的保费经验调整	1,755	1,377
保险获取现金流量的摊销	21,752	21,722
未以保费分配法计量的保险合同小计	82,966	81,310
以保费分配法计量的保险合同	183,201	168,435
保险服务收入合计	266,167	249,745

保险服务业绩

单位：百万元

项目	2023 年度	2022 年度
投资回报		
利息收入	56, 071	
投资收益	7, 048	76, 840
公允价值变动损失	(12, 898)	(119)
信用减值损失	(2, 007)	
其他资产减值损失	(225)	
计提资产减值准备		(5, 694)
计入损益的合计	47, 989	71, 027
计入其他综合收益金额	51, 795	(32, 873)
投资回报合计	99, 784	38, 154
保险合同金融变动额		
具有直接参与分红特征的保险合同基础项目的公允价值变动	(40, 179)	(13, 594)
保险合同计息、利率及其他金融假设变化	(55912)	(46, 225
汇兑净损益	4	(34)
保险合同金融变动额合计	(96, 087)	(59, 853)
其中：		
在损益中确认	(46, 741)	(58, 074)
在其他综合损益中确认	(49, 346)	(1, 779)
分出再保险合同金融变动额合计	1, 169	1, 108
其中：		
在损益中确认	1, 174	1, 108
在其他综合损益中确认	(5)	
投资业绩	4, 866	(20, 591)
其中：		
在损益中确认	2, 422	14, 061
在其他综合损益中确认	2, 444	(34, 652)

其他综合收益

单位：百万元

项目	资产负债表中其他综合损益			其他综合收益发生额					
	2023年1月1日	税后归属于本公司	2023年12月31日	所得税前发生额	减：前期计入其他综合收益当期转入损益	减：前期计入其他综合收益当期转入留存收益	减：所得税费用	税后归属于本公司	税后归属于少数股东
不能重分类进损益的其他综合损益									
不能转损益的保险合同金融变动	(715)	(675)	(1,390)	(919)		(1)	230	(675)	(15)
将重分类进损益的其他综合损益									
可转损益的保险合同金融变动	(37,730)	(35,701)	(73,431)	(49,853)	1,426		12,106	(35,701)	(620)
可转损益的分出再保险合同金融变动		(5)	(5)	(5)				(5)	
合计	6,470	1,522	7,992	1,379	740	(6)	(567)	1,522	24

示例7-19　中国平安（601318.SH）

保险服务收入

单位：百万元

项目	2023年度	2022年度（已重述）
未采用保费分配法计量的保险合同		
与未到期责任负债变动相关的保险服务收入		
合同服务边际的摊销	77,864	83,460
非金融风险调整的变动	7,224	7,426
预计当期发生的保险服务费用	85,516	93,387
其他	(7)	(118)
保险获取现金流量的摊销	48,218	47,078
小计	218,815	231,233
采用保费分配法计量的保险合同	317,625	294,748
合计	536,440	525,981

单位：百万元

项目	2023 年度	2022 年度（已重述）
采用公允价值法计量的合同	19, 824	20, 793
采用修正追溯调整法计量的合同	160, 400	329, 355
其他合同	356, 216	175, 833
合计	536, 440	525, 981

保险服务费用

单位：百万元

项目	2023 年度	2022 年度（已重述）
赔款及其他相关费用	309, 810	301, 042
保险获取现金流量的摊销	120, 708	113, 210
亏损部分的确认及转回	9, 660	7, 969
合计	440, 178	422, 221

其他综合收益

其他综合收益各项目的调节情况：

单位：百万元

项目	资产负债表中其他综合收益				2023 年度利润表中其他综合收益				
	2022 年 12 月 31 日	税后归属于母公司	其他综合收益转入留存收益	2023 年 12 月 31 日	本期所得税前发生额	其他综合收益本年转出	所得税影响	税后归属于母公司	税后归属于少数股东
将重分类进损益的其他综合收益									
可转损益的保险合同金融变动	(112, 259)	(116, 448)		(228, 707)	(156, 295)	272	39, 006	(116, 448)	(569)
可转损益的分出再保险合同金融变动	21	239		260	320		(80)	239	1
不能重分类进损益的其他综合收益									
不能转损益的保险合同金融变动	29, 313	(11, 008)		18, 305	(14, 749)		3, 687	(11, 008)	(54)
合计	5, 491	(18, 846)	311	(13, 044)	(20, 222)	(5, 223)	6, 586	(18, 846)	(13)

示例7－20　新华保险（601336. SH）

保险服务收入

单位：百万元

项目	2023年度	2022年度（已重述）
未以保费分配法计量的合同		
预计当期发生的保险服务费用	19, 180	20, 308
非金融风险调整的变动	845	929
合同服务边际的摊销	15, 122	20, 862
保险获取现金流量的摊销	9, 011	9, 870
以保费分配法计量的合同	3, 887	4, 909
合计	48, 045	56, 878

保险服务费用

单位：百万元

项目	2023年度	2022年度（已重述）
未采用保费分配法计量的合同		
当期发生的赔款及其他相关费用	16, 797	16, 080
保险获取现金流量的摊销	9, 011	9, 870
亏损部分的确认及转回	1, 722	2, 649
已发生赔款负债相关的履约现金流量变动	1, 388	601
小计	28, 918	29, 200
采用保费分配法计量的合同		
当期发生的赔款及其他相关费用	2, 379	2, 538
保险获取现金流量的摊销	1, 265	1, 481
亏损部分的确认及转回	648	835
已发生赔款负债相关的履约现金流量变动	42	（265）
小计	4, 334	4, 589
合计	33, 252	33, 789

投资回报及保险合同金融变动额

单位：百万元

项目	2023 年度	2022 年度（已重述）
利息收入	32, 268	32, 001
投资收益	(3, 775)	19, 037
公允价值变动损益	(6, 124)	(1, 442)
汇兑收益	113	452
信用减值损失	(307)	不适用
资产减值损失		(4, 958)
其他	(1, 411)	(671)
损益中确认的投资回报小计	20, 764	44, 419
其他综合收益中确认的投资回报	10, 016	(26, 315)
金融资产投资回报合计	30, 780	18, 104
计提的利息	14, 296	13, 574
利率及其他金融假设变动的影响	21, 549	10, 382
因使用浮动收费法导致基础项目		
公允价值变动对履约现金流及合同服务边际的影响	20, 150	9, 858
保险合同金融变动额合计	55, 995	33, 814
其中：		
在损益中确认	26, 539	42, 909
在其他综合收益中确认	29, 456	(9, 095)

其他综合收益

其他综合收益各项目及其所得税影响和转入损益情况：

单位：百万元

项目	2023 年度		
	税前金额	所得税	税后金额
其他综合收益发生额			
（一）不能重分类进损益的其他综合收益			
不能转损益的保险合同金融变动	(7)	2	5
……	(56)		
（二）将重分类进损益的其他综合收益	(759)		(1, 577)

续表

项目	2023 年度		
	税前金额	所得税	税后金额
可转损益的保险合同金融变动	(29,654)	7,413	(22,241)
可转损益的分出再保险合同金融变动	205	(51)	154
……			
合计	(19,435)	4,860	(14,575)

其他综合收益各项目的调节情况：

单位：百万元

项目	2022 年 12 月 31 日（已重述）	首次执行新金融工具准则的影响	2023 年 1 月 1 日重述后的余额	当年所得税前发生额	其他综合收益本年转出	所得税影响	2023 年 12 月 31 日
其他综合收益发生额							
（一）不能重分类进损益的其他综合收益							
不能转损益的保险合同金融变动		(2)	(2)	(7)		2	(7)
……							
（二）将重分类进损益的其他综合收益							
可转损益的保险合同金融变动	(32,635)	(16,428)	(49,063)	(29,666)	12	7,413	(71,304)
可转损益的分出再保险合同金融变动	180		180	205		(51)	334
……							
合计	(37,134)	616	(36,518)	(19,230)	(205)	4,860	(51,093)

示例 7－21　中国人寿（601628. SH）

保险服务收入

单位：百万元

项目	2023 年度	2022 年度
未采用保费分配法计量的合同		
与未到期责任负债变动相关的金额		

续表

项目	2023 年度	2022 年度
预计当期发生的赔款及其他相关费用	50, 712	54, 925
非金融风险调整的变动	1, 779	1, 994
合同服务边际的摊销	65, 689	43, 273
保险获取现金流量的摊销	42, 118	26, 979
小计	160, 298	127, 171
以保费分配法计量的合同	52, 147	55, 407
合计	212, 445	182, 578

保险服务费用

单位：百万元

项目	2023 年度	2022 年度
未采用保费分配法计量的合同		
当期发生的赔款及其他相关费用	44, 062	41, 407
保险获取现金流量的摊销	42, 118	26, 979
亏损部分的确认及转回	12, 595	10, 646
已发生赔款负债相关的履约现金流量变动	247	509
小计	99, 022	79, 541
采用保费分配法计量的合同	51, 331	52, 073
合计	150, 353	131, 614

净投资回报及保险合同金融变动额

单位：百万元

项目	2023 年度	2022 年度
保险合同金额变动额		
具有直接参与分红特征的保险合同基础项目的公允价值变动	66, 193	25, 693
计提利息	88, 070	73, 487
利率及其他金融假设变化	104, 897	42, 896
保险合同金融变动额合计	259, 160	142, 076
在损益中确认的保险合同金融变动额	127, 923	148, 700
在其他综合收益中确认的保险合同金融变动额	131, 237	（6, 624）
合计	259, 160	142, 076

储备（其他综合收益）

单位：百万元

项目	可供出售证券未实现收益/（损失）(i)	可转损益的保险合同和分出再保险合同金融变动	不可转损益的保险合同和分出再保险合同金融变动
2021 年 12 月 31 日	48, 919		
首次采用《国际财务报告准则第 17 号》的影响（附注 2. 1. 1b）	19, 597	(112, 671)	
2022 年 1 月 1 日（已重述，附注 2. 1. 1b）	68, 516	(112, 671)	
其他综合收益	(71, 220)	5, 512	
2022 年 12 月 31 日（已重述，附注 2. 1. 1b）	(2, 704)	(107, 159)	

(i) 在《国际财务报告准则第 17 号》下，不再单独计量和核算可供出售证券公允价值变动归属于保户部分，在保险合同负债中进行计量和核算。

第六节　关键假设披露示例

一、准则相关规定与监管指引（节选）

（一）《企业会计准则应用指南汇编 2024》“第二十五章　保险合同”

十一、保险合同的列报

（三）与保险合同计量相关的披露

企业应当披露与保险合同计量所采用的方法、输入值和假设等相关的下列信息：

(1) 保险合同计量所采用的方法以及估计相关输入值的程序。企业应当披露相关输入值的定量信息，不切实可行的除外。

(2) 上述 (1) 中所述方法和程序的变更及其原因，以及受影响的合同类型。

(3) 与保险合同计量有关的下列信息：

①对于不具有直接参与分红特征的保险合同，区分相机抉择与其他因素导致未来现金流量估计变更的方法。

②确定非金融风险调整的计量方法及计量结果所对应的置信水平，以及非金融风险调整变动额在利润表中的列示方法（即是否选择将货币时间价值及金融风险的影响导致的非金融风险调整变动额不作为保险合同金融变动额）。企业采用置信水平法以外方法确定非金融风险调整的，应当披露所采用方法及其结果所对应的置

信水平。

③确定折现率的方法，以及用于不随基础项目回报变动的现金流量折现的收益率曲线（或收益率曲线范围）。企业采用多个保险合同组汇总结果对折现率曲线进行披露的，应当采用加权平均（或相对狭窄区间）的方式披露收益率曲线（或收益率曲线范围）。

④确定投资成分的方法。

⑤确定责任单元组成部分及相对权重的方法。

企业选择将保险合同金融变动额分解计入当期保险财务损益和其他综合收益的，应当披露确定保险财务损益金额的方法及其说明。

对于采用保费分配法计量的保险合同组，企业应当披露下列信息：

（1）合同组适用保费分配法的判断依据。

（2）未到期责任负债（或分保摊回未到期责任资产）和已发生赔款负债（或分保摊回已发生赔款资产）的计量是否反映货币时间价值及金融风险的影响。

（3）是否在保险获取现金流量发生时将其确认为费用。

企业根据本章要求披露保险合同计量方法、输入值和假设、余额调节表等相关信息的，已经满足第二十九章会计政策、会计估计变更和差错更正中有关保险合同会计估计变更的披露要求，无需重复披露。

（二）《新保险合同准则实施问答》

问：根据新保险合同会计准则，企业如何采用“自下而上的方法”确定不随基础项目回报而变动的保险合同现金流量对应的折现率？

答：企业在采用“自下而上的方法”确定以人民币计价的、不随基础项目回报而变动的保险合同现金流量对应的折现率时，可以考虑基础曲线加溢价的构建方法。

（1）基础曲线考虑由以下三段组成：

①20 年以内期限的曲线部分为当前无风险收益率曲线，如中国国债收益率曲线、政策性金融债收益率曲线等；

②20 年至 40 年期限的曲线部分为采用二次插值法、Smith – Wilson 方法等系统合理的插值方法计算得到的终极利率过渡曲线；

③40 年以上期限的曲线部分为用按系统合理的方法确定的终极利率表示的曲线。

（2）溢价。

溢价应当反映未包含在基础曲线中的流动性效应、税收影响等保险合同现金流量特征，不包括逆周期调整等与保险合同现金流量特征无关的因素。溢价应当基于当前可观察市场数据确定。

企业采用“自下而上的方法”确定以外币计价的、不随基础项目回报而变动的保险合同现金流量对应的折现率时，应当基于该外币无风险收益率曲线的实际情况和保险合同现金流量特征确定。

二、关键假设的年报披露示例

（一）简要分析

保险合同负债的计量中运用的主要假设包括折现率、死亡率和发病率、退保率、费用、保单红利、预期赔付率等，涉及重大判断和估计。关键假设的合理性对财务报表公允反映公司财务状况及经营成果至关重要。

新保险合同准则修订中，一个重要的变化是保险合同负债计量中折现率的确定方法，折现率的选取应参考当前可观察的市场数据，可采用“自上而下”或“自下而上”的方法，基准利率曲线采用当前无风险利率曲线，不同于旧准则下传统险业务常用750天移动平均国债收益率与终极利率相结合的基础曲线的方法。折现率的这一设定方法增加了保险合同负债余额对利率变动的敏感性。对此，新保险合同准则提供了其他综合收益（OCI）选择权，即保险公司可以选择将当期折现率变化导致的保险合同负债余额变动计入其他综合收益而非当期损益，从而可以平滑市场利率波动对当期损益的影响，但需注意，其他综合收益属于股东权益组成部分，因此市场利率波动对净资产的影响依然存在。

（二）年报披露示例

运用新保险合同准则过程中所作的重要判断及会计估计所采用的关键假设年报披露示例汇总如表7－10所示。

表7－10　　重要判断及会计估计所采用的关键假设年报披露示例汇总

序号	参考示例	运用新保险合同准则过程中所作的重要判断及会计估计所采用的关键假设
1	示例7－22　中国人保（601319. SH）	（1）折现率（即期折现率1.45%～4.80%）；（2）死亡率和发病率假设；（3）退保率假设；（4）费用假设；（5）保单红利假设；（6）预期赔付率和未来赔付发展；（7）计量非金融风险调整使用的方法（置信区间为75%～85%）
2	示例7－23　中国太保（601601. SH）	（1）折现率（即期折现率假设2.67%～4.80%）；（2）死亡率和疾病发生率；（3）赔付率；（4）退保率；（5）费用；（6）保单红利；（7）非金融风险调整（置信水平均75%）
3	示例7－24　中国平安（601318. SH）	（1）折现率（即期折现率假设为2.62%～4.60%）；（2）保险事故发生率；（3）退保率；（4）费用假设；（5）保单红利假设；（6）赔付率；（7）非金融风险调整（置信水平均为75%）
4	示例7－25　新华保险（601336. SH）	（1）折现率假设（2023年12月31日即期折现率为2.70%～4.70%，2022年12月31日：2.54%～4.70%）；（2）死亡率和发病率假设；（3）费用假设；（4）保单红利假设；（5）退保率等其他假设；（6）非金融风险调整（于2023年12月31日和2022年12月31日，置信水平为75%）

续表

序号	参考示例	运用新保险合同准则过程中所作的重要判断及会计估计所采用的关键假设
5	示例7－26　中国人寿（601628. SH）	（1）折现率（2023年12月31日：2. 57%～4. 80%）；（2）死亡率/发病率；（3）费用假设；（4）退保率；（5）保单红利假设（集团有责任向分红险合同持有人支付累积可分配收益的70%，或按照保单约定的更高比例）；（6）非金融风险调整（75%置信水平）

示例7－22　中国人保（601319. SH）

运用会计政策过程中所作的重要判断及会计估计所采用的关键假设和不确定因素

履约现金流量的估计

于资产负债表日，本集团在计量保险合同负债过程中须对履行保险合同相关义务所需支出的金额作出合理估计，该估计以资产负债表日可获取的当前信息为基础确定。

本集团计量保险合同组时包含该合同组边界内的所有未来现金流量，并调整未来现金流量的估计以反映货币时间价值。

计量这些现金流量所需要的主要计量假设如下：

折现率

本集团对不随基础项目回报而变动的现金流，以无风险收益率曲线为基础，采用自下而上法确定不同产品的折现率。

人民币保单的即期折现率假设具体如下：

项目	2023年12月31日	2022年12月31日
即期折现率	1. 45%－4. 80%	1. 05%－4. 80%

死亡率和发病率假设

本集团根据实际经验、市场经验和未来的发展变化趋势，确定死亡率、发病率等。死亡率假设是基于本集团以往的死亡率经验数据，对当前和未来预期的估计以及对中国保险市场的了解等因素，并参考了中国人身保险业经验生命表确定的。发病率假设是基于本集团产品定价假设及以往的发病率经验数据、对当前和未来预期的估计等因素确定。死亡率和发病率假设受国民生活方式改变、社会进步和医疗技术水平的提高等因素影响，存在不确定性。

退保率假设

退保率假设按照保单年度、产品类别和销售渠道不同而分别确定。退保率假设受未来宏观经济及市场竞争等因素影响，存在不确定性。

费用假设

本集团根据费用分析结果和未来的发展变化趋势，确定费用假设。未来费用水平对通货膨胀反应敏感的，本集团在确定费用假设时考虑通货膨胀因素的影响。费用假设主要分为保险获取现金流量假设和维持费用假设。

保单红利假设

本集团根据系统合理方法确定合理估计值，作为保单红利假设。保单红利假设受多种因素影响，存在不确定性。

预期赔付率和未来赔付发展

本集团计算已发生赔款负债所使用的主要假设为预期赔付率和未来赔付发展。各计量单元的预期的赔付率和未来赔付发展以本集团的历史赔款进展经验和赔付水平为基础，并考虑核保政策、费率水平、理赔管理流程等公司政策的调整及宏观经济、监管、司法等外部环境的变化趋势。

计量非金融风险调整使用的方法

非金融风险调整系指本集团在履行保险合同时，因承担非金融风险导致的未来现金流量在金额和时间方面的不确定性而要求得到的补偿。由于风险调整反映的是对不确定性的补偿，因此需要估计因风险分散而获益的程度以及预期有利和不利结果，以体现本集团的风险规避偏好程度。本集团单独进行非金融风险调整的估计，与所有其他估计分开。

本集团下各主体非金融风险调整比例根据置信水平法、资本成本法等方法确定，置信区间为75% –85%（2022 年：75% –85%）。

示例 7 –23　中国太保（601601. SH）

会计估计的不确定性

(1) 对保险合同履约现金流量的计量

于资产负债表日，本集团在计量保险合同负债过程中须对保险合同边界内的履约现金流量作出合理估计，该估计以资产负债表日可获取的当前信息为基础，按照各种情形的可能结果及相关概率计算确定，同时考虑一定的非金融风险调整。

履约现金流量计量使用的主要假设包括折现率、保险事故发生率（主要包括死亡率和疾病发生率）、赔付率、退保率、费用、保单红利及非金融风险调整假设等。

(a) 折现率

本集团对于不随基础项目回报而变动的预计现金流量，采用自下而上的方法确定现金流量对应的折现率，在考虑货币时间价值影响的基础上，以基础利率曲线附加综合溢价确定折现率假设。综合溢价考虑税收、流动性效应和其他因素等确定。2023 年 12 月 31 日采用的即期折现率假设为 2.67% 至 4.80%（2022 年 12 月 31 日：2.48% 至 4.80%）。

本集团对于随基础项目回报而变动的预计现金流量，采用对应资产组合未来预期投资收益率为折现率。

折现率假设受未来宏观经济、资本市场、保险资金投资渠道、投资策略等因素影响，存在不确定性。本集团以资产负债表日可获取的当前信息为基础确定折现率假设。

(b) 死亡率和疾病发生率

死亡率假设是基于本集团以往的死亡率经验数据及对当前和预期未来的发展趋势等因素确定。死亡率假设采用《中国人身保险业经验生命表（2010－2013）》的相应百分比表示。

疾病发生率假设是基于行业发病率或本集团产品定价假设及以往的发病率经验数据、对当前和未来预期的发展趋势等因素确定。

死亡率及疾病发生率假设受未来国民生活方式改变、医疗技术发展及社会条件进步等因素影响，存在不确定性。本集团以资产负债表日可获取的当前信息为基础确定死亡率及疾病发生率假设。

(c) 赔付率

本集团根据实际经验和未来的发展变化趋势确定合理估计值，作为赔付率假设。

(d) 退保率

退保率假设是基于本集团产品特征、以往的保单退保率经验数据，对当前和未来预期的估计而确定。退保率假设按照定价利率水平、产品类别和销售渠道的不同而分别确定。退保率假设受未来宏观经济、市场竞争等因素影响，存在不确定性。本集团以资产负债表日可获取的当前信息为基础确定退保率假设。

(e) 费用

费用假设是基于本集团费用分析结果及对未来的预期，主要包括：保险获取现金流量、保单管理和维持费用、理赔费用等。

费用假设受未来通货膨胀、市场竞争等因素影响，存在不确定性。本集团以资产负债表日可获取的当前信息为基础确定费用假设。

(f) 保单红利

保单红利假设基于分红保险账户的预期投资收益率、本集团的红利政策及保单持有人的合理预期等因素确定。

保单红利假设受上述因素影响，存在不确定性。本集团以资产负债表日可获取的当前信息为基础确定保单红利假设。

(g) 非金融风险调整

本集团采用置信水平法等方法确定非金融风险调整。于2023年12月31日，本集团计量签发的保险合同及分出的再保险合同的非金融风险调整的置信水平均为75%（2022年12月31日：置信水平为75%）。

示例7－24　中国平安（601318.SH）

重大会计判断和估计

对保险合同相关履约现金流量的计量

于资产负债表日，本集团在计量保险合同负债过程中须对保险合同边界内的履约现金流量现值作出合理估计，该估计以资产负债表日可获取的当前信息为基础，同时考虑一定的非金融风险调整。

未来现金流量现值计量使用的主要假设包括折现率、保险事故发生率、退保率、费用假设、保单红利假设、赔付率及非金融风险调整等。

（i）折现率

本集团对于随基础项目回报而变动的预计现金流量和不随基础项目回报而变动的预计现金流量，采用自下而上的方法确定现金流量对应的折现率，在考虑货币时间价值影响的基础上，以基础利率曲线附加综合溢价确定折现率假设。综合溢价考虑税收、流动性效应等确定。2023 年 12 月 31 日采用的即期折现率假设为 2.62% 至 4.60%（2022 年 12 月 31 日：2.59% 至 4.60%）。

折现率假设受未来宏观经济、资本市场、保险资金投资渠道、投资策略等因素影响，存在不确定性。

（ii）保险事故发生率

本集团根据实际经验、市场经验和预期未来的发展变化趋势，确定合理估计值，作为保险事故发生率假设，如死亡发生率、疾病发生率、伤残率等。

死亡率假设是基于本集团以往的死亡率经验数据、对当前和未来预期的估计、行业标准及对中国保险市场的了解等因素。死亡率假设采用《中国人身保险业经验生命表（2010－2013）》的相应百分比表示。发病率假设是参考行业发病率或本集团产品定价假设及以往的发病率经验数据、对当前和未来预期的估计等因素。死亡率及发病率假设受国民生活方式改变、社会进步和医疗技术水平的提高等因素影响，存在不确定性。

（iii）退保率

本集团根据实际经验和预期未来的发展变化趋势，确定合理估计值，作为退保率假设。退保率假设按照定价利率水平、产品类别和销售渠道的不同而分别确定。

（iv）费用假设

本集团根据费用分析结果和预期未来的发展变化趋势，确定估计值，作为费用假设。未来费用水平对通货膨胀反应敏感的，本集团在确定费用假设时考虑通货膨胀因素的影响。费用假设主要包括保险获取现金流、保单管理和维持费用、理赔费用。

（v）保单红利假设

本集团根据分红保险账户的预期投资收益率、红利政策、保单持有人的合理预期等因素，确定合理估计值，作为保单红利假设。2023 年 12 月 31 日，个人分红业务的未来保单红利假设根据利息及死亡盈余的 75%（2022 年 12 月 31 日：75%）计算。

（vi）赔付率

本集团以历史赔款进展经验和赔付水平为基础，并考虑核保政策、费率水平、理赔管理等公司政策的调整及宏观经济、监管、司法等外部环境的变化趋势，确定合理估计值，作为赔付发展因子和赔付率假设。

（vii）非金融风险调整

本集团采用置信水平法、置信水平换算法等方法确定非金融风险调整。于 2023 年 12 月 31 日，本集团计量签发的保险合同及分出的再保险合同的非金融风险调整的置信水平均为 75%（2022 年 12 月 31 日：75%）。

示例7－25　新华保险（601336. SH）

重要估计的不确定性

(1) 计量保险合同负债及再保险合同资产所使用的重大假设在计量保险合同负债及再保险合同资产时，本集团采用了包括折现率、死亡率、发病率、费用、保单红利、退保率等假设。此类假设根据最新的经验分析以及当前和未来的预期而确定。

(a) 折现率假设

折现率基于与保险合同具有一致现金流量特征的金融工具当前可观察的市场数据确定，不考虑与保险合同现金流量无关但影响可观察市场数据的其他因素。本集团采用自下而上的方法确定现金流量对应的折现率，折现率假设基于无风险收益率曲线以及流动性溢价、税收溢价确定。

于2023年12月31日，本集团对不受基础项目回报影响的未来现金流进行折现的即期折现率为2.70%－4.70%（2022年12月31日：2.54%－4.70%）。

(b) 死亡率和发病率假设

本集团以《中国人寿保险业经验生命表（2010－2013）》为基础，确定死亡率假设，并作适当调整以反映本集团的死亡率经验。寿险合同死亡率的不确定性主要来自流行病，例如禽流感、艾滋病和严重急性呼吸综合病症，以及生活方式的广泛改变，这些都会导致未来死亡经验恶化，进而导致负债不足。与此相类似，医疗保健和社会条件的持续改进会带来寿命的延长也给本集团的年金保险带来长寿风险。

本集团以《中国人身保险业重大疾病经验发生率表（2020）》为基础，结合对历史经验的分析和对未来经验的预测来确定重大疾病保险的发病率假设。发病率的不确定性主要来自两方面。首先，生活方式的负面改变会导致未来发病率经验恶化。其次，医疗技术的发展和保单持有人享有的医疗设施覆盖率的提高会提前重大疾病的确诊时间，导致重大疾病的给付提前。如果当期的发病率假设没有适当反映这些长期趋势，这两方面最终都会导致负债不足。

死亡率和发病率因被保险人年龄和保险合同类型的不同而变化。本集团使用的死亡率和发病率假设考虑了风险边际。

(c) 费用假设

本集团的费用假设基于对实际经验的分析并考虑未来通货膨胀因素而确定，可分为获取费用及维持费用。费用分析旨在将可直接归属于保险合同组合的费用在获取费用和维持费用之间进行分类，而后将分类后的获取和维持费用分摊至不同的产品类别以得到单位费用假设。本集团的费用假设受未来通货膨胀、市场竞争等因素影响。本集团以资产负债表日可获取的当前信息为基础确定费用假设。

(d) 保单红利假设

保单红利假设根据分红型保险条款规定、分红型保险账户的预期投资收益率、本集团的红利分配政策、保单持有人的合理预期等因素综合考虑确定。按照分红型保险条款规定，本集团有责任向分红型保险合同持有人支付不低于分红型保险可分配收益的70%。

（e）退保率等其他假设

退保率等其他假设受未来宏观经济、可替代金融工具、市场竞争等因素影响。本集团根据过去可信赖的经验、当前状况、对未来的预期和其他于资产负债表日可获取的当前信息为基础确定退保率等其他假设。

（f）非金融风险调整

非金融风险调整是指本集团在履行保险合同时，因承担保险风险和其他非金融风险（如退保风险和费用风险）导致的未来现金流量在金额和时间方面的不确定性而要求得到的补偿。本集团通过置信区间法确定非金融风险调整。于2023年12月31日，本集团基于75%的置信水平确定非金融风险调整（2022年12月31日：75%的置信水平）。

示例7-26　中国人寿（601628.SH）

主要会计估计及判断

1. 未来现金流量估计

（1）未来现金流量估计

计量保险合同组时包含该合同组边界内的所有未来现金流量。

本集团以财务状况表日可获取的当前信息为基础，预期未来会产生的现金流量、产生的时间以及产生的概率。本集团的预期基于过去事件、当前情况及未来条件预测等信息。本集团对未来现金流量的估计为能够反映全部可能结果的各类情景的概率加权平均值。

本集团调整未来现金流量的估计以反映货币时间价值。

本集团于财务状况表日重新评价未来现金流量估计时使用的假设，并根据需要作出调整。

重大精算假设概述如下：

折现率

本集团根据财务状况表日可获取的相关信息，以最新的无风险收益率曲线为基础附加税收溢价和流动性溢价，采用自下而上的方法确定保险合同未来现金流量的折现率，即期折现率假设如下表所示：

时间	折现率假设
2023年12月31日	2.57%~4.80%
2022年12月31日	2.59%~4.80%

死亡率/发病率

死亡率和发病率的假设是根据本集团签发的保单死亡率经验和发病率经验确定。

死亡率和发病率因被保险人年龄和保险合同类型的不同而变化。

本集团根据中国人寿保险业 2010 - 2013 年经验生命表确定死亡率假设，并作适当调整以反映本集团长期的历史死亡率经验。保险合同死亡率的不确定性主要来自流行病以及生活方式的广泛改变，这些都会导致未来死亡经验恶化。与此相类似，医疗保健和社会条件的持续改进会使寿命延长。

本集团根据对历史经验的分析和对未来发展的预测来确定重大疾病保险的发病率假设。不确定性主要来自两方面。首先，生活方式的广泛改变会导致未来发病率经验恶化。其次，医疗技术的发展和保单持有人享有的医疗设施覆盖率的提高会提前重大疾病的确诊时间，导致重大疾病的给付提前。

费用假设

费用假设以财务状况表日可获取的当前信息为基础，考虑以往的费用分析和未来的发展变化趋势确定。费用假设受未来通货膨胀和市场竞争等因素的影响，存在不确定性。

退保率

退保率假设受未来宏观经济、可替代金融工具、市场竞争等因素影响，存在不确定性。本集团根据过去可信赖的经验、当前状况和对未来的预期等因素为基础，确定退保率假设。

保单红利假设

保单红利假设受分红保险账户的预期投资收益率、本集团的红利政策、保单持有人的合理预期等因素影响，存在不确定性。本集团有责任向分红险合同持有人支付累积可分配收益的70%，或按照保单约定的更高比例。

（2）非金融风险调整

非金融风险调整在本集团层面计算，然后根据风险概况分摊至各合同组。本集团基于置信区间法，并按75%置信水平确定非金融风险调整。

第七节　保险风险披露示例

一、准则相关规定与监管指引（节选）

《企业会计准则第 25 号——保险合同》

第九十八条　企业应当披露与保险合同产生的保险风险和金融风险等相关的定性和定量信息。金融风险包括市场风险、信用风险、流动性风险等。

第九十九条　对于保险合同产生的各类风险，企业应当按类别披露下列信息：

（一）风险敞口及其形成原因，以及在本期发生的变化。

（二）风险管理的目标、政策和程序以及计量风险的方法及其在本期发生的变化。

（三）期末风险敞口的汇总数据。该数据应当以向内部关键管理人员提供的相关信息为基础。期末风险敞口不能反映企业本期风险敞口变动情况的，企业应当进一步提供相关信息。

（四）风险集中度信息，包括企业确定风险集中度的说明和参考因素（如保险事项类型、行业特征、地理区域、货币种类等）。

第一百条　企业应当披露相关监管要求（如最低资本要求、保证利率等）对本准则适用范围内的合同的影响。保险合同分组时应用本准则第十五条规定的，企业应当披露这一事实。

第一百零一条　企业应当对保险风险和市场风险进行敏感性分析并披露下列信息：

（一）资产负债表日保险风险变量和各类市场风险变量发生合理、可能的变动时，将对企业损益和所有者权益产生的影响。

对于保险风险，敏感性分析应当反映对企业签发的保险合同及其经分出的再保险合同进行风险缓释后的影响。

对于各类市场风险，敏感性分析应当反映保险合同所产生的风险变量与企业持有的金融资产所产生的风险变量之间的关联性。

（二）本期进行敏感性分析所使用的方法和假设，以及在本期发生的变化及其原因。

第一百零二条　企业为管理保险合同所产生的风险，采用不同于本准则第一百零一条中所述方法进行敏感性分析的，应当披露下列信息：

（一）用于敏感性分析的方法、选用的主要参数和假设；

（二）所用方法的目的，以及该方法提供信息的局限性。

第一百零三条　企业应当披露索赔进展情况，以反映已发生赔款的实际赔付金额与未经折现的预计赔付金额的比较信息，及其与资产负债表日已发生赔款负债账面价值的调节情况。

索赔进展情况的披露应当从赔付时间和金额在资产负债表日仍存在不确定性的重大赔付最早发生期间开始，但最长披露期限可不超过十年。赔付时间和金额的不确定性在未来一年内将消除的索赔进展信息可以不披露。

第一百零四条　企业应当披露与保险合同所产生的信用风险相关的下列信息：

（一）签发的保险合同和分出的再保险合同分别于资产负债表日的最大信用风险敞口；

（二）与分出再保险合同资产的信用质量相关的信息。

第一百零五条　企业应当披露与保险合同所产生的流动性风险相关的下列信息：

（一）对管理流动性风险的说明。

（二）对资产负债表日保险合同负债和分出再保险合同负债的到期期限分析。

到期期限分析应当基于合同组合，所使用的时间段至少应当为资产负债表日后一年以内、一年至两年以内、两年至三年以内、三年至四年以内、四年至五年以内、五年以上。列入各时间段内的金额可以是未来现金流量现值或者未经折现的合同剩余净现金流量。

到期期限分析可以不包括采用保费分配法计量的保险合同负债和分出再保险合同负债中与未到期责任相关的部分。

（三）保单持有人可随时要求偿还的金额。企业应当说明该金额与相关保险合同组合账面价值之间的关联性。

二、保险风险的年报披露示例

（一）简要分析

风险管理对于保险公司有着极其重要的意义。保险公司以风险为经营对象，保险保障本质是将单个标的的风险聚集成池、统一管理，采用保险进行风险管理就是对风险进行研究、量化和分散的过程。保险风险是指发生保险事故的可能性以及由此产生的赔款金额和时间的不确定。在保险合同下，保险公司面临的主要风险是实际的赔款和理赔成本超过了账面的保险负债。

保险风险类型、保险风险集中度、各类业务对关键假设的敏感性，均为报表使用者全面了解保险公司经营业绩和财务状况的重要信息。

（二）年报披露示例

保险风险年报披露示例汇总如表 7－11 所示。

表 7－11　　保险风险年报披露示例汇总

序号	参考示例	保险风险披露
1	示例 7－27　中国人保（601319. SH）	（1）保险风险类型； （2）保险风险集中度； （3）分出再保险安排； （4）假设和敏感性：长期人身险保险合同、财产险合同和短期健康保险合同
2	示例 7－28　中国平安（601318. SH）	（1）保险风险类型； （2）保险风险集中度； （3）假设及敏感性分析：长期人身保险合同、财产及短期人身保险合同、再保险

示例 7－27　中国人保（601319. SH）

风险管理

1. 保险风险

（1）保险风险类型

保险风险是指发生保险事故的可能性以及由此产生的赔款金额和时间的不确定。在保险合同下，本集团面临的主要风险是实际的赔款和理赔成本超过了账面的保险负债。这种风险在下列情况下均可能出现：

发生概率风险——被保险事件发生数量的概率与预期的不同。

事件严重性风险——发生事件的赔偿成本的概率与预期不同。

保险负债发展风险——保险人债务金额在合同到期日可能发生变化的概率风险。

风险的可变性可通过把损失风险分散至大批保险合同组合而得以改善，因为较分散的合同组合不易因组合中某部分的变动而使整体受到影响。慎重选择和实施承保策略和方针也可改善风险的可变性。

就以死亡为主要承保风险而言，传染病、生活方式的巨大改变和自然灾害均为可能增加整体索赔频率的重要因素，而导致比预期更早或更多的索赔。就以生存为承保风险而言，不断改善的医学水平和社会条件有助延长寿命，因此是最重要的影响因素。对于若干分红保险合同而言，其分红特征使较大部分保险风险由投保方所承担。

保险风险也会受保户终止合同、减少支付保费、拒绝支付保费或利用年金转换的权利等影响。因此，保险风险受保单持有人的行为和决定影响。

就财产保险合同而言，索赔经常受到气候变化、自然灾害、巨灾、恐怖袭击等诸多因素影响。

本集团的风险管理目标、政策和流程以及用于计量风险的方法较上一期未发生重大变化。

(2) 保险风险集中度

中国部分省区的财产保险赔款经常受到洪水、地震和台风等自然灾害的影响，所以这些地区的风险单位的过于集中可能对整体保险业务的赔付有严重影响。本集团通过接受中国不同省区（包括香港）的风险以达到区域风险的分散。

本集团按区域划分并以财产保险合同保费收入计量，包括分保前后的营业额，保险风险集中情况列示如下：

单位：百万元

项目	2023 年度		2022 年度	
	毛额	净额	毛额	净额
沿海及发达省份/城市（包括香港）	239, 895	210, 602	219, 565	198, 639
东北地区	103, 887	95, 842	97, 038	87, 436
华北地区	87, 484	81, 677	81, 949	75, 492
华中地区	60, 608	59, 503	64, 415	57, 214
华西地区	30, 385	27, 178	28, 106	24, 727
财产保险合同保费收入总额	522, 259	474, 802	491, 073	443, 508

对于人寿和健康保险合同，保险风险往往不会因被保险人的地理位置而产生重大变动，所以相关的区域风险集中度不作出呈报。

按业务划分的保险服务收入于附注九、分部报告中反映。

本集团按业务划分的保险合同资产及负债、分出再保险合同资产及负债保险风险敞口预测详见下表：

2023 年 12 月 31 日　　单位：百万元

项目	保险合同资产	保险合同负债	分出再保险合同资产	分出再保险合同负债
人保财险	2, 885	371, 829	38, 891	21
人保寿险		528, 290	42	99
人保健康		75, 668	2, 721	

（3）分出再保险安排

本集团通过分保业务的安排以减少保险业务中非寿险业务所面临的风险。分出保险业务主要是以固定比例的成数或溢额再保险分出的，其自留比例限额随产品不同而不同。多个比例分保再保险合同条款中包含纯益手续费、浮动手续费以及损失分摊限额的规定。同时，本集团进行了巨灾超赔再保安排以减少本集团面对的特定重大灾难性事件的风险。

虽然本集团进行了再保业务安排，但是并没有减轻其对保险客户的直接责任。因此，本集团存在因再保险人不能按照再保险合同履行其责任义务所产生的信用风险。

（4）假设和敏感性

长期人身险保险合同

本集团在计量长期人身险保险合同的保险合同负债过程中须对退保率假设、费用假设、折现率假设、死亡率假设、发病率假设及保单红利假设等作出重大判断。这些计量假设需以资产负债表日可获得的当期信息为基础确定。相关假设详见附注四。

本集团已考虑基于未来经验的各种独立假设变动分别对保险合同负债产生的影响。进行某一假设测试时，其他假设保持不变。

本集团之子公司人保寿险考虑了以下关于保险合同负债的假设变动，其影响如下：

单位：百万元

假设	假设变动	对利润总额的影响		对所有者权益的影响	
		2023 年度		2023 年 12 月 31 日	
		再保前	再保后	再保前	再保后
死亡率/发病率	增加 10%	（545）	（444）	（1, 498）	（1, 397）
死亡率/发病率	减少 10%	520	419	1, 543	1, 442
退保率及保单失效率	增加 25%	240	239	625	624
退保率及保单失效率	减少 25%	（348）	348	（794）	（794）

续表

假设	假设变动	对利润总额的影响		对所有者权益的影响	
		2023 年度		2023 年 12 月 31 日	
		再保前	再保后	再保前	再保后
费用	增加 10%	(202)	(203)	(322)	(323)
费用	减少 10%	161	160	281	280

财产险合同和短期健康保险合同

单位：百万元

假设	假设变动	对利润总额的影响		对所有者权益的影响	
		2023 年度		2023 年 12 月 31 日	
		再保前	再保后	再保前	再保后
死亡率/发病率	增加 10%	(717)	(574)	(1,021)	(877)
死亡率/发病率	减少 10%	718	576	1,029	884
退保率及保单失效率	增加 25%	176	193	75	93
退保率及保单失效率	减少 25%	(183)	(202)	(7)	(27)
费用	增加 10%	(23)	(23)	(34)	(34)
费用	减少 10%	23	23	34	34

已发生赔款负债预估的主要假设是本集团的历史赔款发展的经验，同时还要判断外部因素如司法的判决和政府的立法对于预估的影响。

由不同的统计技术和不同关键假设预测的已发生赔款负债的合理估计范围反映了赔偿速度的变化、保费费率的改变和承保控制对最终损失影响的不同观点。

对有些因素的敏感性，如立法的变化、预估过程中的不确定因素等，是不可能以置信度加以量化的。此外，因为从赔案的发生到其后的报案和最终的结案而产生的时间滞后，保险事件的已发生赔款负债于资产负债表日是不能完全确切量化的。

下表为特定时间段内以分保前呈报的理赔发展情况分析：

单位：百万元

项目	事故发生年份——毛额					
	2019 年	2020 年	2021 年	2022 年	2023 年	合计
人保财险累计赔付款项估计额未经折现的累计赔付款项总额						
当年年末	268,651	279,884	315,563	331,070	362,420	

续表

项目	事故发生年份——毛额					
	2019 年	2020 年	2021 年	2022 年	2023 年	合计
1 年后	269, 007	278, 261	315, 081	321, 466		
2 年后	269, 206	277, 899	315, 012			
3 年后	269, 483	277, 602				
4 年后	269, 131					
人保财险截至 2023 年 12 月 31 日累计估计额	269, 131	277, 602	315, 012	321, 466	362, 420	1, 545, 631
人保财险截至 2023 年 12 月 31 日累计赔付款项	(264, 714)	(269, 845)	(299, 578)	(278, 241)	(244, 784)	(1, 357, 162)
人保财险总负债——事故年度在 2019 年至 2023 年之间						188, 469
人保财险以前年度调整额、间接理赔费用、非金融风险调整及折现的影响等						21, 863
其他保险子公司已发生赔款负债总额						22, 415
分保前已发生赔款负债总额						232, 747

下表为特定时间段内以分保后呈报的理赔发展情况分析：

单位：百万元

项目	事故发生年份——净额					
	2019 年	2020 年	2021 年	2022 年	2023 年	合计
人保财险累计赔付款项估计额未经折现的累计赔付款项总额						
当年年末	245, 536	255, 114	287, 366	299, 423	331, 652	
1 年后	245, 671	253, 738	285, 476	290, 387		
2 年后	245, 782	253, 116	285, 239			
3 年后	245, 732	252, 973				
4 年后	245, 628					
人保财险截至 2023 年 12 月 31 日累计估计额	245, 628	252, 973	285, 239	290, 387	331, 652	1, 405, 879

续表

项目	事故发生年份——净额					
	2019 年	2020 年	2021 年	2022 年	2023 年	合计
人保财险截至 2023 年 12 月 31 日累计赔付款项	(242, 390)	(246, 776)	(273, 382)	(252, 938)	(225, 948)	(1, 241, 434)
人保财险总负债——事故年度在 2019 年至 2023 年之间						164, 445
人保财险以前年度调整额、间接理赔费用、非金融风险调整及折现的影响等						6, 405
其他保险子公司已发生赔款负债总额						18, 140
分保前已发生赔款负债总额						188, 990

示例 7 – 28　中国平安（601318. SH）

风险管理

1. 保险风险

（1）保险风险类型

保险风险是指由于对保险事故发生的频率、严重程度以及退保情况等因素估计不足，导致实际赔付超出预期赔付的风险。在保险合同下，本集团面临的主要风险是实际赔款及保户利益给付超过已计提保险责任的账面价值。这种风险在下列情况下均可能出现：

（i）发生性风险——保险事故发生的数量与预期不同的可能性。

（ii）严重性风险——保险事故产生的成本与预期不同的可能性。

（iii）发展性风险——保险人的责任金额在合同期结束时出现变动的可能性。

风险的波动性可通过把损失风险分散至大批保险合同组合而得以改善，因为较分散的合同组合很少因组合中某部分的变动而使整体受到影响。慎重选择和实施承保策略、方针也可改善风险的波动性。

本集团保险业务包括长期人身保险合同、财产保险和短期人身保险合同等。就以死亡为承保风险的合同而言，传染病、生活方式的巨大改变和自然灾害均为可能增加整体索赔率的重要因素，而导致比预期更早或更多的索赔。就以生存为承保风险的合同而言，最重要的影响因素是有助延长寿命的医学水平和社会条件的不断改善。就财产保险合同而言，索赔经常受到自然灾害、巨灾、恐怖袭击等因素影响。

目前，风险在本集团所承保的各地区未存在重大分别，数量上的过度集中也可能会对基于组合进行赔付的程度产生影响。

对于含固定和保证给付以及固定未来保费的合同，并无可减少保险风险的重大缓和条款和情况。但是，对于若干分红保险合同而言，其分红特征使较大部分保险风险由投保方所承担。

保险风险也会受保户终止合同、降低保费、拒绝支付保费或行使年金转换权利等影响。因此，保险风险受保单持有人的行为和决定影响。

（2）保险风险集中度

本集团的保险业务主要集中在中国境内，因此按地域划分的保险风险主要集中在中国境内。

（3）假设及敏感性分析

长期人身保险合同

假设

本集团在计量长期人身保险合同过程中须对折现率/投资收益率、死亡率、发病率、退保率、保单红利假设及费用假设等作出重大判断。

敏感性分析

本集团采用敏感性分析衡量在其他主要假设不变的情况下，单一假设发生合理、可能的变动时，将对本集团长期人身保险合同的保险合同负债产生的影响。本集团已考虑下列假设的变动：

（i）死亡、疾病和意外等发生率上升10%（对于年金险的死亡率，保单领取期前上升10%，保单领取期后下降10%）；

（ii）保单退保率增加或减少10%（按照具体险种履约现金流量上升方向确定）；

（iii）保单维护费用率增加5%。

单位：百万元

项目	单项变量变动	2023年12月31日			
		增加/（减少）税前利润		增加/（减少）税前股东权益	
		再保前	再保后	再保前	再保后
死亡、疾病和意外等发生率	增加10%	(8,017)	(7,487)	(15,369)	(14,486)
保单退保率	增加或减少10%	(1,794)	(1,775)	(3,611)	(3,562)
保单维护费用率	增加5%	(477)	(474)	(706)	(702)

财产及短期人身保险合同

假设

估计采用的主要假设包括各事故年度的平均赔付成本、理赔费用、赔付通胀因素及赔案数目，基于本集团的过往赔付经验确定。须运用判断来评估外部因素（如司法裁决及政府立法等）对估计的影响。

其他主要假设包括结付延迟等。

敏感性分析

上述主要假设将影响财产及短期人身保险的已发生赔款负债。若干变量的敏感度无法量化，如法律变更、估计程序的不确定性等。此外，由于保险事故发生日、报案日和最终结案日之间的时间差异，已发生赔款负债的金额于资产负债表日存在不确定性。

本集团财产及短期人身保险业务不考虑分出业务按事故年度的索赔进展信息以及与其已发生赔款负债账面价值的调节情况如下：

单位：百万元

项目	2019 年	2020 年	2021 年	2022 年	2023 年	合计
未经折现的累计赔付款项总额估计额：						
事故年度末	172, 726	196, 080	223, 617	226, 604	257, 451	
1 年后	168, 835	188, 032	217, 423	216, 105		
2 年后	163, 992	185, 344	211, 506			
3 年后	162, 360	179, 704				
4 年后	160, 563					
累计赔付款项估计额	160, 563	179, 704	211, 506	216, 105	257, 451	1, 025, 329
累计已支付的赔付款项	（158, 827）	（175, 433）	（199, 786）	（190, 811）	（168, 451）	（893, 308）
小计	172, 726					132, 021
以前年度调整额、间接理赔费用、非金融风险调整及折现的影响						11, 366
已发生赔款负债总额						143, 387

本集团财产及短期人身保险业务考虑分出业务后按事故年度的索赔进展信息以及与其已发生赔款负债账面价值的调节情况如下：

单位：百万元

项目	2019 年	2020 年	2021 年	2022 年	2023 年	合计
未经折现的累计赔付款项总额估计额：						
事故年度末	162, 307	184, 805	205, 113	211, 821	244, 937	
1 年后	158, 421	176, 760	200, 356	202, 307		
2 年后	153, 834	174, 567	194, 925			
3 年后	152, 464	169, 280				

续表

项目	2019 年	2020 年	2021 年	2022 年	2023 年	合计
4 年后	150, 790					
累计赔付款项估计额	150, 790	169, 280	194, 925	202, 307	244, 937	962, 239
累计已支付的赔付款项	(149, 622)	(165, 854)	(187, 025)	(180, 831)	(163, 979)	(847, 311)
小计						114, 928
以前年度调整额、间接理赔费用、非金融风险调整及折现的影响						11, 126
已发生赔款负债净额						126, 054
分保摊回已发生赔款资产总额						17, 333
已发生赔款负债总额						143, 387

平均赔款成本的单项变动对本集团财产及短期人身保险合同的影响如下：

项目	单项变量变动	2023 年 12 月 31 日			
		增加/(减少) 税前利润		增加/(减少) 税前股东权益	
		再保前	再保后	再保前	再保后
平均赔款成本					
财产保险	+5%	(6, 551)	(5, 759)	(6, 551)	(5, 759)
短期人身保险	-5%	(618)	(543)	(618)	(543)

再保险

本集团主要通过订立再保险合同控制保险业务的损失风险。大部分分保业务为成数分保及溢额分保，并按产品类别设立不同自留额。对于可从再保险公司摊回的赔款金额，使用与原保单一致的假设进行估计，并在资产负债表内列示为分出再保险合同资产或负债。

尽管本集团可能已订立再保险合同，但这并不能解除本集团对保户承担的直接责任。因此再保险存在因再保险公司未能履行再保险合同应承担的责任而产生的信用风险。

第八章

其他准则及监管要求应用披露示例

本章主要介绍除合并五项准则、金融工具及公允价值五项准则、收入及政府补助三项准则、股份支付准则等以外，其他比较重要准则的常见会计事项及披露示例，主要包括重要性标准确定方法和选择依据，持有待售的非流动资产，研发支出，无形资产准则，投资性房地产准则，债务重组准则，或有事项准则，现金流量表，会计政策、会计估计变更，前期差错，数据资源对财务报表的影响，ESG 事项对财务报表的影响，非经常性损益列报，"A + H" 股境内外披露差异分析等方面。

第一节　重要性标准确定方法和选择依据披露示例

随着资本市场改革不断深化，全面实行股票发行注册制正式实施，对公司财务信息披露提出更高要求，《公开发行证券的公司信息披露编报规则第 15 号——财务报告的一般规定（2014 年修订)》的规定在实际应用中面临一些新情况、新问题，如部分规定执行中判断空间较大、披露模板化问题较为突出、与其他监管规则的协调衔接有待加强等，为提高财务报告编制质量。2023 年 12 月 22 日，中国证监会发布了《公开发行证券的公司信息披露编报规则第 15 号——财务报告的一般规定（2023 年修订)》（证监会公告〔2023〕64 号，以下简称"编报规则 15 号"），自公布之日起施行。

实务中，上市公司在按照编报规则 15 号披露公司基本情况、重要会计政策及会计估计、税项、合并财务报表项目注释、关联方及关联交易、在其他主体中的权益等部分时都涉及重要性的判断。上市公司有效执行重要性原则，使得财务报告详略得当、重点突出，才能提升财务信息披露的有效性。

虽然 2014 年修订版编报规则 15 号也明确了"公司在编制和披露财务报告时应遵循重要性原则，并根据实际情况从性质和金额两方面判断重要性"。但是在实务中，对于金额、性质是否重要，没有明确规定定量、定性的具体标准，也未要求上市公司披露其确定的具体重要性标准以及确定的依据和方法。

2023 年修订版编报规则 15 号第四条明确了重要性判断原则，要求公司在编制和披露财务报告时应遵循重要性原则，对于披露事项涉及重要性标准判断的，公司应披露重要性标准确定方法和选择依据。如无特别说明，本节示例来自相关公司披露的 2023 年年度报告。

一、准则相关规定与监管指引（节选）

（一）《公开发行证券的公司信息披露编报规则第 15 号——财务报告的一般规定（2023 年修订）》

第四条　公司在编制和披露财务报告时应遵循重要性原则，披露事项涉及重要性标准判断的，应披露重要性标准确定方法和选择依据。

（二）《企业会计准则第 30 号——财务报表列报》

第九条　性质或功能不同的项目，应当在财务报表中单独列报，但不具有重要性的项目除外。

性质或功能类似的项目，其所属类别具有重要性的，应当按其类别在财务报表中单独列报。

某些项目的重要性程度不足以在资产负债表、利润表、现金流量表或所有者权益变动表中单独列示，但对附注却具有重要性，则应当在附注中单独披露。

第十条　重要性，是指在合理预期下，财务报表某项目的省略或错报会影响使用者据此作出经济决策的，该项目具有重要性。

重要性应当根据企业所处的具体环境，从项目的性质和金额两方面予以判断，且对各项目重要性的判断标准一经确定，不得随意变更。判断项目性质的重要性，应当考虑该项目在性质上是否属于企业日常活动、是否显著影响企业的财务状况、经营成果和现金流量等因素；判断项目金额大小的重要性，应当考虑该项目金额占资产总额、负债总额、所有者权益总额、营业收入总额、营业成本总额、净利润、综合收益总额等直接相关项目金额的比重或所属报表单列项目金额的比重。

（三）《国际财务报告准则重要性实务公告第 2 号——重要性判断》

定量因素和定性因素的考虑：

定量因素

44　主体通常通过考虑交易、其他事项或情况对主体财务状况、财务业绩和现金流量的影响程度，来评估信息是否在数量上具有重要性。主体在评估过程中不仅应考虑其在主要财务报表中已确认的影响程度，还应考虑任何未确认项目（例如，或有负债、或有资产）可能对主要使用者在主体财务状况、财务业绩和现金流量的总体看法方面产生的影响。主体需要评估有关交易、其他事项或情况的信息的影响程度，是否能够合理预期会影响主要使用者作出关于向主体提供资源的决策。

45　需要通过判断来确定主体进行定量评估的指标。该判断取决于哪些指标对主体财务报表的主要使用者而言是有兴趣关注的。例如，这些指标包括主体的收入、主体的盈利能力、财务状况比率和现金流量等指标。

定性因素

46　在本《实务公告》中，定性因素是指主体的交易、其他事项或情况（或其背景环境）的特征，该等特征的存在使信息更有可能影响主体财务报表主要使用者的决策。仅仅存在定性因素不一定会使信息具有重要性，但可能会增加主要使用者对该信息的兴趣。

47　在进行重要性判断时，主体应考虑主体特有的和外部的定性因素。这些因素将在以下段落中分别介绍。但是，在实务中，主体可能需要将它们一起进行考虑。

48　主体特有的定性因素是指主体的交易、其他事项或情况的特征。这些因素的示例包括但不限于以下：

（1）主体的关联方的参与；

（2）偶发的或非标准化的交易或其他事项或情况的特征；或者

（3）意外的变化或意外的趋势变化。在一些情况下，某个虽然在数量上不重要的金额但与财务报表中提供的前期金额相比，出现了意外的变动，主体可能认为其具有重要性。

49　主体财务报表的主要使用者的信息相关性也可能受到主体经营背景环境的影响。外部定性因素是指主体的交易、其他事项或情况发生的背景环境的特征，该等特征的存在使信息更有可能影响主要使用者的决策。可能代表外部定性因素的主体背景环境的特征包括，但不限于主体的地理位置、其行业部门或主体经营所处的（多个）经济环境的状况。

50　由于外部定性因素的性质，在同一背景环境下经营的各个主体可能会共有若干相同的外部定性因素。另外，外部定性因素可能长时间不变，也可能随着时间的推移有所变化。

51　在一些情况下，如果主体没有面临相同行业里的其他主体所面临的风险，那么可以合理预期这个因素将影响其主要使用者的决策。也就是说，关于没有面临某一特定风险的信息可能是具有重要性的信息。

定性和定量因素的相互作用

52　主体可能基于一项或多项重要性因素确定某一项信息是重要的。通常来说，一个特定项目适用的因素越多，或者这些因素越显著，这个项目越可能是重要的。

53　虽然重要性因素之间没有级次，但先从定量角度评估信息项目可能是评估重要性的高效方法。如果主体仅根据交易、其他事项或情况的影响程度即可将某项信息识别为重要信息，则主体不必再就其他重要性因素进一步评估此项信息。在这些情况下，一个定量标准（用于评估影响程度的其中一项指标的特定水平、比率或金额）

能够成为一个重要性判断的有用工具。然而，单独的定量评估并不总能够充分说明某项信息不具重要性。主体应进一步评估定性因素的情况。

54　定性因素的存在降低了定量评估的标准。定性因素越显著，定量标准就越低。然而，在某些情况下，尽管存在定性因素，主体也可能认为某项信息不重要，因为它对于财务报表的影响很小，以至于不会合理预期它将影响主要使用者的决策。

55　在另一些情况下，一项信息合理预期能够影响主要使用者的决策而与其规模无关，即定量标准甚至可以降低至零。当有关交易、其他事项或情况的信息被主体财务报表的主要使用者高度细致审查时，将可能会发生这种情况。此外，定量评估并不总是可行的：非数字化的信息可能只能从定性角度进行评估。

（四）证监会《上市公司2023年年度财务报告会计监管报告》

重要信息披露不完整

企业会计准则和财务信息披露规则对上市公司编制年度财务报表提出了具体要求，上市公司应严格按照有关规定充分披露重要财务报表信息。

审阅分析发现，部分上市公司未严格执行企业会计准则和财务信息披露规则，存在重要信息披露不完整的情况。例如，有的上市公司未按照要求披露财务报告有关的重要性标准及确定方法和选择依据；有的上市公司未披露其营业成本分解信息，无法判断不同业务类型、不同产品线对营业成本的影响；有的上市公司在履约义务涉及重大会计判断的情况下，未披露具体判断依据；有的上市公司对商誉和其他长期资产进行减值测试，但未披露可收回金额的具体确定方法。前述重要信息披露不完整，影响投资者充分了解上市公司经营业绩和财务状况，并据此做出恰当价值判断和投资决策。

二、重要性标准确定方法和选择依据披露示例

（一）简要分析

企业会计准则和证监会的相关信息披露规则，并未对企业在进行上述重要性判断时的具体定量指标和标准进行规定，实务中不同企业采取的判断标准可能也有所不同。企业可从性质和金额两方面判断重要性。针对定量标准，企业可能会结合自身情况制定一个基准和限制计量百分比范围，以协助公司财务人员作出判断；例如，持续盈利的企业，通常以税前利润为基础，按照一定的比例确定重要性的标准，并在无重大变化的情况下保持一贯执行。针对定性标准，企业可能会结合企业性质、企业处于生命周期的不同阶段、企业所处行业、企业所处的经济环境、企业的所有者架构、融资方式等进行确定。《国际财务报告准则重要性实务公告第 2 号——重要性判断》对于重要性的判断提供了更多的指引。

（二）年报披露示例

重要性标准确定方法和选择依据年报披露示例汇总如表 8－1 所示。

表 8－1　　重要性标准确定方法和选择依据年报披露示例汇总

序号	参考示例	披露方式	备注
1	示例 8－1　南京熊猫（600775. SH）	考虑占比、金额门槛、影响盈亏变化	披露 17 项
2	示例 8－2　中兴通讯（000063. SZ）	考虑占比和金额门槛	披露 17 项
3	示例 8－3　昊海生科（688366. SH）	主要考虑占比	披露 2 项
4	示例 8－4　工业富联（601138. SH）	考虑占比和金额门槛	披露 2 项
5	示例 8－5　金地集团（600383. SH）	考虑占比和金额门槛	披露 6 项
6	示例 8－6　福耀玻璃（600660. SH）	主要考虑占比	披露 5 项

示例 8－1　南京熊猫（600775. SH）

重要性标准确定方法和选择依据

1. 财务报表项目的重要性

本公司确定财务报表项目重要性，以是否影响财务报表使用者作出经济决策为原则，从性质和金额两方面考虑。财务报表项目金额的重要性，以相关项目占资产总额、负债总额、所有者权益总额、营业收入、净利润的一定比例【如 3%－5%】为标准；财务报表项目性质的重要性，以是否属于日常经营活动、是否导致盈亏变化、是否影响监管指标等对财务状况和经营成果具有较大影响的因素为依据。

2. 财务报表项目附注明细项目的重要性

本公司确定财务报表项目附注明细项目的重要性，在财务报表项目重要性基础上，以具体项目占该项目一定比例，或结合金额确定，同时考虑具体项目的性质。某些项目对财务报表而言不具有重要性，但可能对附注而言具有重要性，仍需要在附注中单独披露。财务报表项目附注相关重要性标准为：

项目	重要性标准
重要的单项计提坏账准备的应收款项	单项金额占应收款项或坏账准备 5% 以上，且金额超过 100 万元，或当期计提坏账准备影响盈亏变化
重要应收款项坏账准备收回或转回	单项金额占当期坏账准备收回或转回 5% 以上，且金额超过 100 万元，或影响当期盈亏变化
重要的应收款项实际核销	单项金额占应收款项或坏账准备 5% 以上，且金额超过 100 万元
预收款项及合同资产账面价值发生重大变动	当期变动幅度超过 20%
重要的债权投资	单项金额占债权投资总额 5% 以上，且金额超过 100 万元

续表

项目	重要性标准
重要的在建工程项目	投资预算占固定资产金额5%以上，当期发生额占在建工程本期发生总额10%以上（或期末余额占比10%以上），且金额超过100万元
重要的资本化研发项目	研发项目预算占在研项目预算总额5%以上，当期资本化金额占研发项目资本化总额10%以上（或期末余额占比10%以上），且金额超过100万元
重要的外购在研项目	单项外购在研项目占研发投入总额的5%以上，且金额超过100万元
超过一年的重要应付账款	单项金额占应付账款总额5%以上，且金额超过100万元
超过一年的重要其他应付款	单项金额占其他应付款总额5%以上，且金额超过100万元
重要的预计负债	单项类型预计负债占预计负债总额10%以上，且金额超过100万元
重要的投资活动	单项投资占收到或支付投资活动现金流入或流出总额的10%以上，且金额超过100万元
少数股东持有的权益重要的子公司	少数股东持有5%以上权益，且子公司资产总额、净资产、营业收入和净利润中任一项目占合并报表相应项目10%以上
重要的合营企业或联营企业	单项投资占长期股权投资账面价值10%以上，且金额超过100万元，或来源于合营企业或联营企业的投资收益（损失以绝对金额计算）占合并报表净利润10%以上
重要的债务重组	资产总额或负债总额占合并报表10%以上，且绝对金额超过1,000万元，或对净利润影响超过10%
重要的资产置换和资产转让及出售	资产总额、净资产、营业收入、净利润任一项目占合并报表相应项目10%以上，且绝对金额超过1,000万元（净利润绝对金额超过100万元）
重要的或有事项	金额超过1,000万元，且占合并报表净资产绝对值10%以上

示例8－2 中兴通讯（000063. SZ）

重要性标准确定方法和选择依据

项目	重要性标准
重要的单项计提坏账准备的应收款项	单项计提金额占各类应收款项坏账准备总额的10%以上且金额大于1亿元
重要的应收款项坏账准备收回或转回	单项收回或转回金额占各类应收款项总额的10%以上且金额大于1亿元
重要的应收款项实际核销	单项核销金额占各类应收款项坏账准备总额的10%以上且金额大于1亿元

续表

项目	重要性标准
合同资产账面价值发生重大变动	合同资产账面价值变动金额占期初合同资产余额的30%以上
账龄超过1年的重要合同负债	单项账龄超过1年的合同负债占合同负债总额的10%以上且金额大于1亿元
合同负债账面价值发生重大变动	合同负债账面价值变动金额占期初合同负债余额的30%以上
重要的应付账款、其他应付款	单项账龄超过1年的应付账款/其他应付款占应付账款/其他应付款总额的10%以上且金额大于1亿元
重要的在建工程	单个项目的预算大于5亿元
重要的预计负债	单个类型的预计负债占预计负债总额的10%以上且金额大于3亿元
重要的非全资子公司	子公司净资产占集团净资产5%以上，或单个子公司少数股东权益占集团净资产的1%以上且金额大于10亿元
重要的资本化研发项目	单个项目期末余额占开发支出期末余额10%以上且金额大于5亿元
重要的外购在研项目	单项占研发投入总额的10%以上
重要的合同变更	变更/调整金额占原合同额的30%以上，且对本期收入影响金额占本期收入总额的1%以上
重要投资活动	单项投资活动占收到或支付投资活动相关的现金流入或流出总额的10%以上且金额大于10亿元
重要的合营企业或联营企业	对单个被投资单位的长期股权投资账面价值占集团净资产的5%以上且金额大于10亿元，或长期股权投资权益法下投资损益占集团合并净利润的10%以上
重要子公司	子公司净资产占集团净资产5%以上，或子公司净利润占集团合并净利润的10%以上
不涉及当期现金收支的重大活动	不涉及当期现金收支，对当期报表影响大于净资产10%，或预计对未来现金流影响大于相对应现金流入或流出总额的10%的活动

示例8－3　昊海生科（688366. SH）

重要性标准确定方法和选择依据

项目	重要性标准
重要的在建工程	期末余额超过集团总资产千分之五
重要的非全资子公司	子公司净资产占集团净资产5%，或子公司净利润占集团净利润的5%

示例8-4　工业富联（601138. SH）

重要性标准确定方法和选择依据

项目	重要性标准
重要的对外投资	交易标的（如股权）在最近一个会计年度相关的净利润占公司最近一个会计年度经审计净利润的10%以上，且绝对金额超过人民币100万元
重要的购买或出售资产	所涉及的资产总额或者成交金额在连续12个月内经累计计算超过公司最近一期经审计净资产5%

示例8-5　金地集团（600383. SH）

重要性标准确定方法和选择依据

项目	重要性标准
重要应收款项坏账准备收回或转回金额	单项收回或转回金额占应收款项收回或转回总额的10%以上且金额超过人民币5,000万元
重要的合同负债	单项合同负债余额占合同负债总额的1%以上且金额超过人民币50,000万元
账龄超过1年的重要合同负债	单项账龄超过1年的合同负债余额占合同负债总额的1%以上且金额超过人民币100,000万元
账龄超过1年的重要其他应付款	金额前五大且金额超过人民币10,000万元
重要的非全资子公司	少数股东权益金额占合并少数股东权益金额10%以上
重要的合营企业或联营企业	长期股权投资金额占合并长期股权投资金额10%以上

示例8-6　福耀玻璃（600660. SH）

重要性标准确定方法和选择依据

项目	重要性标准
单项金额重大的应收账款	指单项应收账款金额占合并应收账款余额5%以上的款项
单项金额重大的其他应收款	指单项其他应收账款金额占合并其他应收账款余额10%以上的款项
重要的在建工程	预算投资额占最近一期经审计归属于母公司所有者权益5%以上

续表

项目	重要性标准
重要的应收账款/其他应收账款核销情况	对公司当期损益的影响占公司最近一个会计年度经审计净利润绝对值的比例在10%以上且绝对金额超过100万元，或占最近一期经审计归属于母公司所有者权益5%以上
账龄超过1年或逾期的重要应付账款/其他应付款	占最近一期经审计总资产0.2%以上

第二节　持有待售的非流动资产准则常见会计事项及披露示例

近年来，随着企业经济业务的不断发展和创新，特别是2016年以来国务院化解过剩产能、推动“三去一降一补”工作积极推进，对持有待售的非流动资产或处置组（以下简称“划分为持有待售的资产”）进行恰当的分类、计量和列报，对终止经营进行充分的信息披露，有助于报表使用者评估资产处置及终止经营的财务影响，判断未来现金流量的时间、金额和不确定性。

2017年以前，我国对于持有待售的非流动资产和处置组及终止经营的会计处理规定并没有出台专门的准则，而是散落在不同的相关准则、应用指南、解释和讲解中，缺少对持有待售类别的后续计量、持有待售资产减值准备计提等问题的统一的细化规定或指引。

2017年4月，财政部发布了《企业会计准则第42号——持有待售的非流动资产、处置组和终止经营》（以下简称“持有待售准则”），该准则自2017年5月28日起实施，采用未来适用法。该准则就划分为持有待售的条件、持有待售类别的重分类、划分为持有待售时点的会计处理、持有待售期间非流动资产或处置组的公允价值减去处置费用后净额变动的处理、持有待售的非流动资产或处置组的终止确认，以及持有待售的列报和披露要求等予以进一步明确。

一、划分为持有待售的非流动资产常见会计事项

与持有待售相关的常见会计事项主要包括：是否满足划分为持有待售类别的条件、划分为持有待售类别时点的会计处理、划分为持有待售类别期间的会计处理、不再满足划分为持有待售类别时的会计处理、划分为持有待售的非流动资产的列报等。

如无特别说明，本节相关示例来自相关公司公开披露的2023年年度报告。

二、划分为持有待售的非流动资产的判断框架

以下的职业判断框架以2017年发布的《企业会计准则第42号——持有待售的非

流动资产、处置组和终止经营》为依据。

持有待售准则的适用范围如图 8－1 所示。

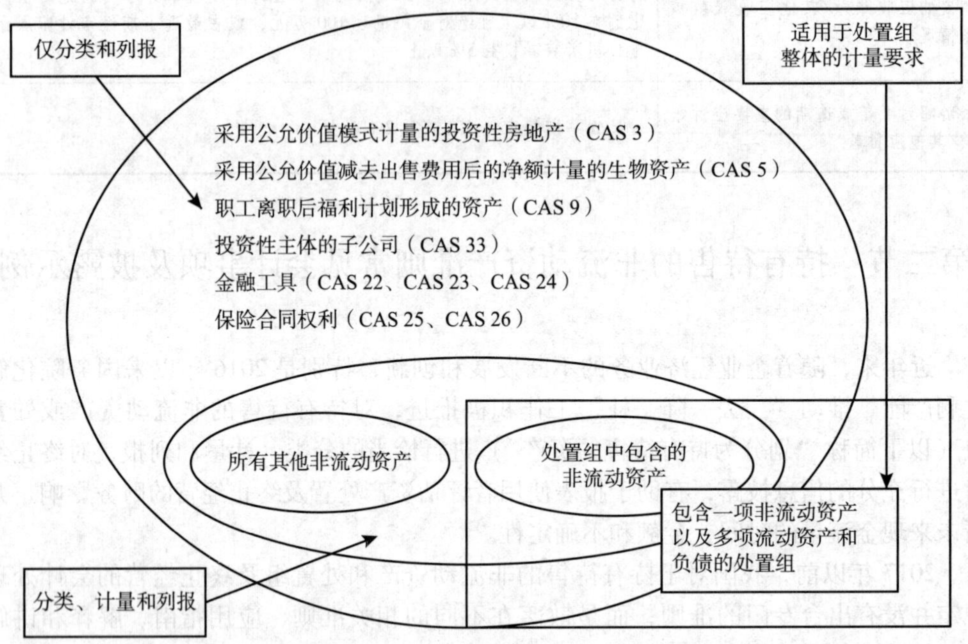

图 8－1　持有待售准则的适用范围

注：CAS 3 指《企业会计准则第 3 号——投资性房地产》；CAS 5 指《企业会计准则第 5 号——生物资产》；CAS 9 指《企业会计准则第 9 号——职工薪酬》；CAS 22 指《企业会计准则第 22 号——金融工具确认和计量》；CAS 23 指《企业会计准则第 23 号——金融资产转移》；CAS 24 指《企业会计准则第 24 号——套期保值》；CAS 25 指《企业会计准则第 25 号——原保险合同》；CAS 26 指《企业会计准则第 26 号——再保险合同》；CAS 33 指《企业会计准则第 33 号——合并财务报表》。

持有待售的分类如图 8－2 所示。

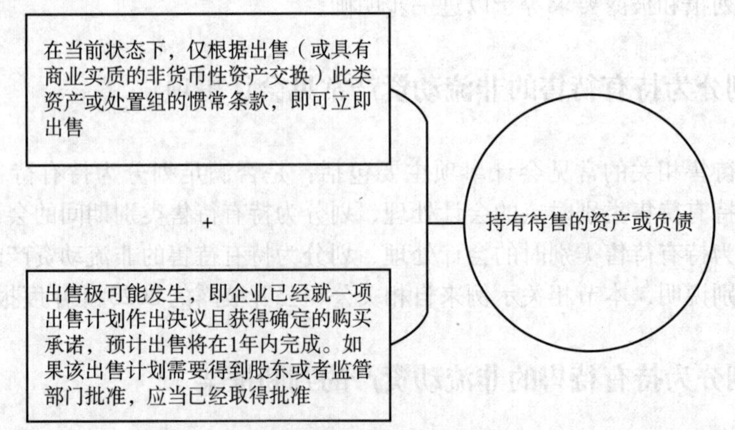

图 8－2　持有待售的分类

专为转售而取得的非流动资产或处置组的分类如图 8 -3 所示。

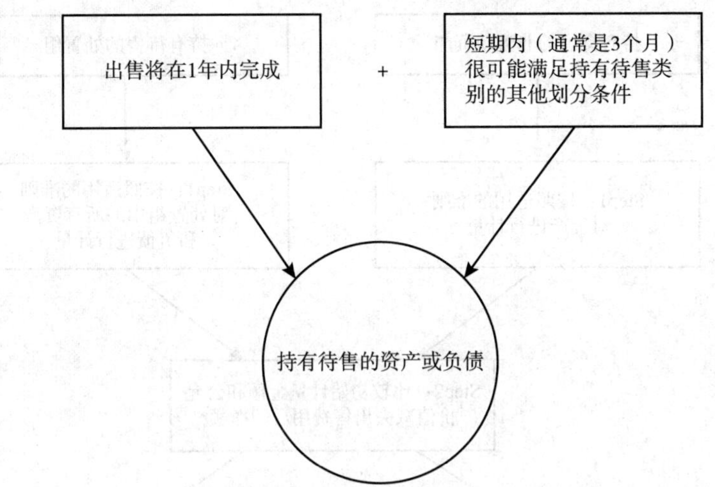

图 8 -3　专为转售而取得的非流动资产或处置组的分类

部分转让联营或合营企业股权的会计处理如图 8 -4 所示。

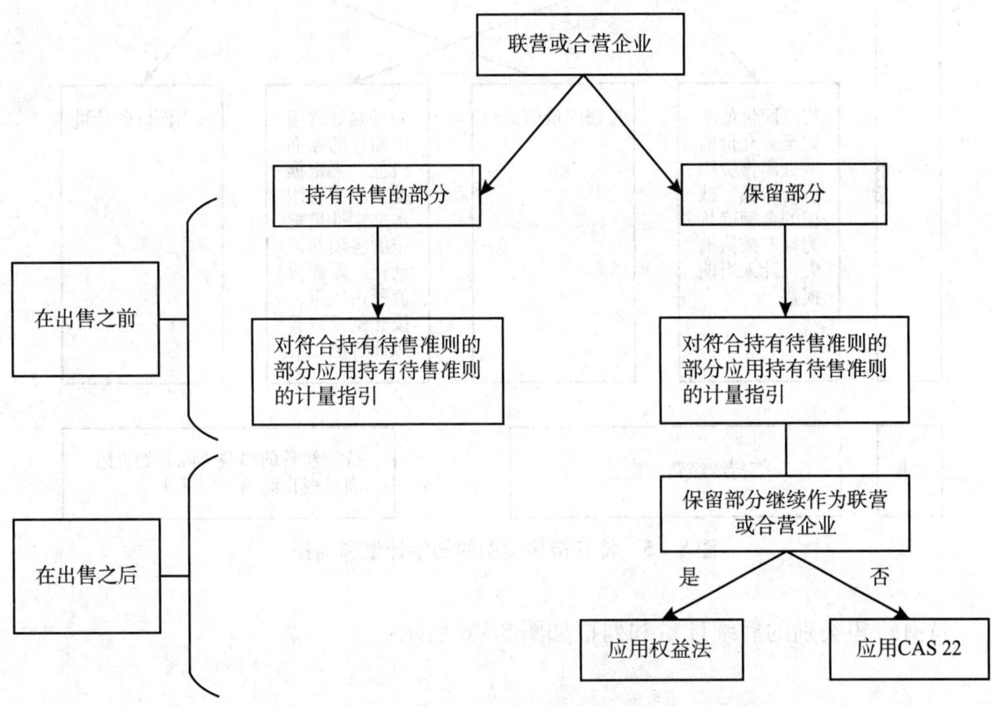

图 8 -4　部分转让联营或合营企业股权的会计处理

持有待售类别的初始计量和列报如图 8－5 所示。

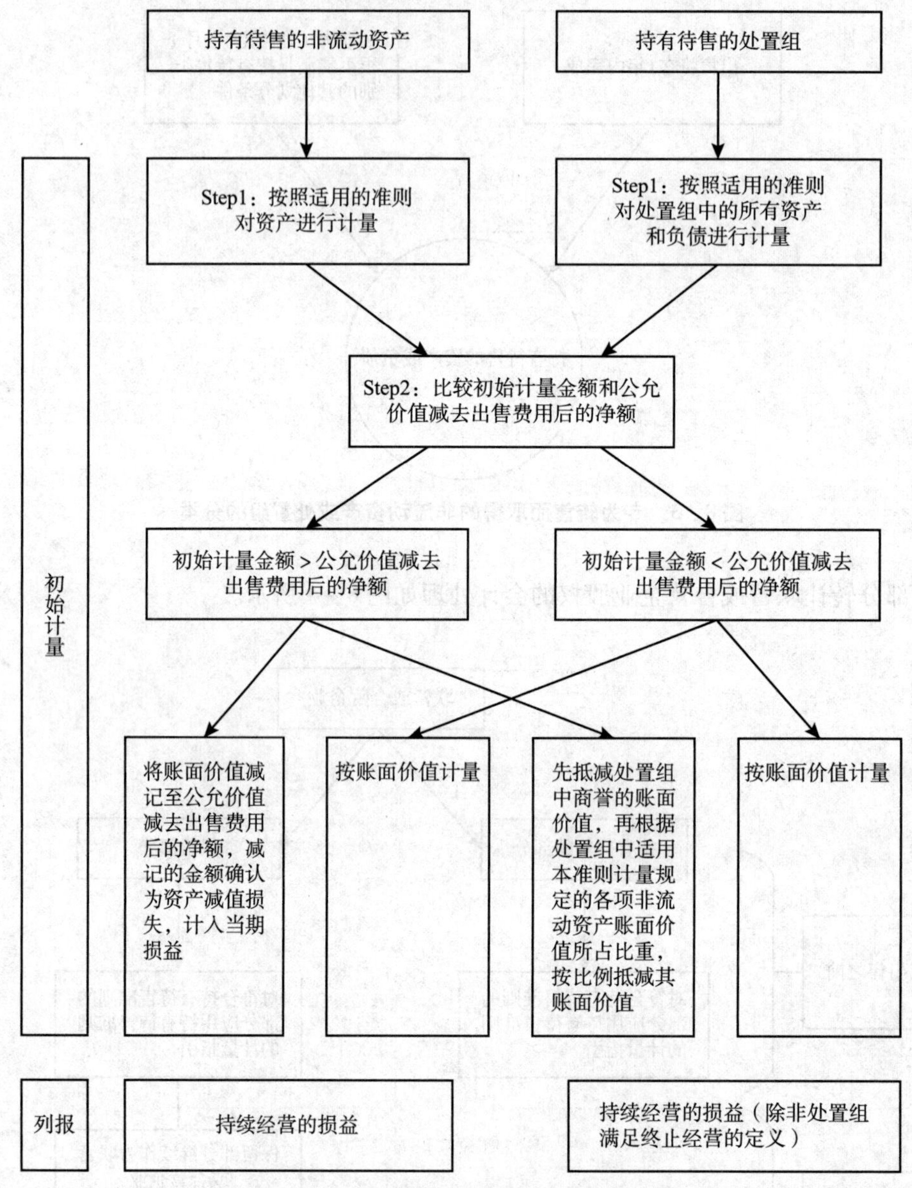

图 8－5　持有待售类别的初始计量和列报

持有待售类别的后续计量和列报如图 8－6 所示。

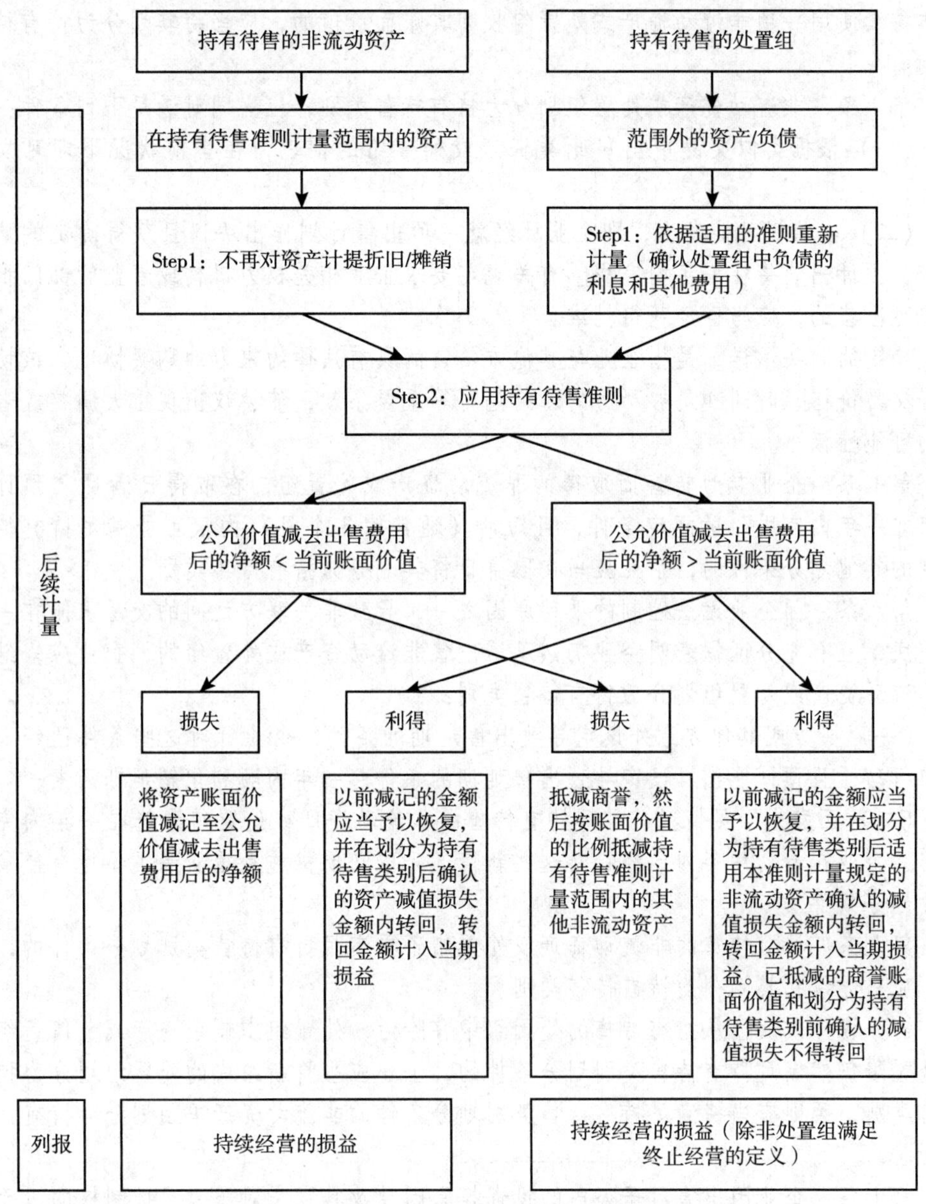

图 8－6　持有待售类别的后续计量和列报

三、准则相关规定与监管指引（节选）

（一）《企业会计准则第 42 号——持有待售的非流动资产、处置组和终止经营》

第五条　企业主要通过出售（包括具有商业实质的非货币性资产交换，下同）

而非持续使用一项非流动资产或处置组收回其账面价值的，应当将其划分为持有待售类别。

第六条　非流动资产或处置组划分为持有待售类别，应当同时满足下列条件：

（一）根据类似交易中出售此类资产或处置组的惯例，在当前状况下即可立即出售；

（二）出售极可能发生，即企业已经就一项出售计划作出决议且获得确定的购买承诺，预计出售将在一年内完成。有关规定要求企业相关权力机构或者监管部门批准后方可出售的，应当已经获得批准。

确定的购买承诺，是指企业与其他方签订的具有法律约束力的购买协议，该协议包含交易价格、时间和足够严厉的违约惩罚等重要条款，使协议出现重大调整或者撤销的可能性极小。

第七条　企业专为转售而取得的非流动资产或处置组，在取得日满足“预计出售将在一年内完成”的规定条件，且短期（通常为 3 个月）内很可能满足持有待售类别的其他划分条件的，企业应当在取得日将其划分为持有待售类别。

第八条　因企业无法控制的下列原因之一，导致非关联方之间的交易未能在一年内完成，且有充分证据表明企业仍然承诺出售非流动资产或处置组的，企业应当继续将非流动资产或处置组划分为持有待售类别：

（一）买方或其他方意外设定导致出售延期的条件，企业针对这些条件已经及时采取行动，且预计能够自设定导致出售延期的条件起一年内顺利化解延期因素；

（二）因发生罕见情况，导致持有待售的非流动资产或处置组未能在一年内完成出售，企业在最初一年内已经针对这些新情况采取必要措施且重新满足了持有待售类别的划分条件。

第九条　持有待售的非流动资产或处置组不再满足持有待售类别划分条件的，企业不应当继续将其划分为持有待售类别。

部分资产或负债从持有待售的处置组中移除后，处置组中剩余资产或负债新组成的处置组仍然满足持有待售类别划分条件的，企业应当将新组成的处置组划分为持有待售类别，否则应当将满足持有待售类别划分条件的非流动资产单独划分为持有待售类别。

第十条　企业因出售对子公司的投资等原因导致其丧失对子公司控制权的，无论出售后企业是否保留部分权益性投资，应当在拟出售的对子公司投资满足持有待售类别划分条件时，在母公司个别财务报表中将对子公司投资整体划分为持有待售类别，在合并财务报表中将子公司所有资产和负债划分为持有待售类别。

第十一条　企业不应当将拟结束使用而非出售的非流动资产或处置组划分为持有待售类别。

第二十三条　企业应当在资产负债表中区别于其他资产单独列示持有待售的非流动资产或持有待售的处置组中的资产，区别于其他负债单独列示持有待售的处置组中的负债。持有待售的非流动资产或持有待售的处置组中的资产与持有待售的处置组中的负债不应当相互抵销，应当分别作为流动资产和流动负债列示。

第二十四条　企业应当在利润表中分别列示持续经营损益和终止经营损益。不符合终止经营定义的持有待售的非流动资产或处置组，其减值损失和转回金额及处置损益应当作为持续经营损益列报。终止经营的减值损失和转回金额等经营损益及处置损益应当作为终止经营损益列报。

第二十五条　企业应当在附注中披露下列信息：

（一）持有待售的非流动资产或处置组的出售费用和主要类别，以及每个类别的账面价值和公允价值；

（二）持有待售的非流动资产或处置组的出售原因、方式和时间安排；

（三）列报持有待售的非流动资产或处置组的分部；

（四）持有待售的非流动资产或持有待售的处置组中的资产确认的减值损失及其转回金额；

（五）与持有待售的非流动资产或处置组有关的其他综合收益累计金额；

（六）终止经营的收入、费用、利润总额、所得税费用（收益）和净利润；

（七）终止经营的资产或处置组确认的减值损失及其转回金额；

（八）终止经营的处置损益总额、所得税费用（收益）和处置净损益；

（九）终止经营的经营活动、投资活动和筹资活动现金流量净额；

（十）归属于母公司所有者的持续经营损益和终止经营损益。

非流动资产或处置组在资产负债表日至财务报告批准报出日之间满足持有待售类别划分条件的，应当作为资产负债表日后非调整事项进行会计处理，并按照本条（一）至（三）的规定进行披露。

企业专为转售而取得的持有待售的子公司，应当按照本条（二）至（五）和（十）的规定进行披露。

（二）《企业会计准则应用指南汇编 2024》“第四十二章　持有待售的非流动资产、处置组和终止经营”

五、持有待售类别的分类

（一）持有待售类别分类的基本要求

1. 分类原则。

企业主要通过出售而非持续使用一项非流动资产或处置组收回其账面价值的，应当将其划分为持有待售类别。根据这一原则判断，企业不应当因持有待售的非流动资产或处置组仍在产生零星收入而不将其划分为持有待售类别。因为在这种情况下，通过该资产或处置组的使用收回的价值相对于通过出售收回的价值是微不足道的，资产的账面价值仍然主要通过出售收回。

非流动资产或处置组划分为持有待售类别，应当同时满足两个条件：

(1) 可立即出售。

根据类似交易中出售此类资产或处置组的惯例，在当前状况下即可立即出售。

为满足该条件，企业应当具有在当前状态下出售该非流动资产或处置组的意图和能力。为了符合类似交易中出售此类资产或处置组的惯例，企业应当在出售前做好相关准备。例如，按照惯例允许买方在报价和签署合同前对资产进行尽职调查等。

需要特别指出的是，上文所述“出售”包括具有商业实质的非货币性资产交换。如果企业以非货币性资产交换形式换出非流动资产或处置组，且该交易具有商业实质，那么企业应当考虑相关非流动资产或处置组是否符合划分为持有待售类别的条件。同样地，如果企业以非流动资产或处置组作为换出资产进行债务重组，也可能符合划分为持有待售类别的条件。

(2) 出售极可能发生。

出售极可能发生，即企业已经就一项出售计划作出决议且获得确定的购买承诺，预计出售将在一年内完成。有关规定要求企业相关权力机构或者监管部门批准后方可出售的，应当已经获得批准。具体来说，“出售极可能发生”应当包含下列几层含义：一是企业出售非流动资产或处置组的决议一般需要由企业相应级别的管理层作出，如果有关规定要求企业相关权力机构或者监管部门批准后方可出售，应当已经获得批准。二是企业已经获得确定的购买承诺，确定的购买承诺是企业与其他方签订的具有法律约束力的购买协议，该协议包含交易价格、时间和足够严厉的违约惩罚等重要条款，使协议出现重大调整或者撤销的可能性极小。三是预计自划分为持有待售类别起一年内，出售交易能够完成。

非流动资产或处置组划分为持有待分配给所有者类别，应当同时满足下列条件：①在当前状况下即可立即分配；②分配很可能发生，即企业已经开展与分配相关的工作，分配出现重大调整或撤销的可能性极小，预计分配将在一年内完成。有关规定要求企业相关权力机构或者监管部门批准后方可分配的，应当已经获得批准。

2. 延长一年期限的例外条款。

有些情况下，可能由于发生一些企业无法控制的原因导致出售未能在一年内完成。如果涉及的出售是关联方交易，持有待售准则不允许放松一年期限条件。如果涉及的出售不是关联方交易，且有充分证据表明企业仍然承诺出售非流动资产或处置组，持有待售准则允许放松一年期限条件，企业可以继续将非流动资产或处置组划分为持有待售类别。企业无法控制的原因包括：

(1) 意外设定条件。

买方或其他方意外设定导致出售延期的条件，企业针对这些条件已经及时采取行动，且预计能够自设定导致出售延期的条件起一年内顺利化解延期因素。即企业在初始对非流动资产或处置组进行分类时，能够满足划分为持有待售类别的所有条件，但此后买方或其他方提出一些意料之外的条件，且企业已经采取措施加以应对，预计能够自设定这些条件起一年内满足条件并完成出售，那么即使出售无法在最初一年内完成，企业仍然可以维持原持有待售类别的分类。

(2) 发生罕见情况。

因发生罕见情况，导致持有待售的非流动资产或处置组未能在一年内完成出售，企业在最初一年内已经针对这些新情况采取必要措施且重新满足了持有待售类别的划分条件。即非流动资产或处置组在初始分类时满足了持有待售类别的所有条件，但在最初一年内，出现罕见情况导致出售将被延迟至一年之后。如果企业针对这些新情况在最初一年内已经采取必要措施，而且该非流动资产或处置组重新满足了持有待售类别的划分条件，也就是在当前状况下可立即出售且出售极可能发生，那么即使原定的出售计划无法在最初一年内完成，企业仍然可以维持原持有待售类别的分类。这里的“罕见情况”主要指因不可抗力引发的情况、宏观经济形势发生急剧变化等不可控情况。

3. 不再继续满足划分条件的处理。

持有待售的非流动资产或处置组不再继续满足持有待售类别划分条件的，企业不应当继续将其划分为持有待售类别。部分资产或负债从持有待售的处置组中移除后，如果处置组中剩余资产或负债新组成的处置组仍然满足持有待售类别划分条件，企业应当将新组成的处置组划分为持有待售类别，否则应当将满足持有待售类别划分条件的非流动资产单独划分为持有待售类别。

(二) 某些特定持有待售类别分类的具体应用

1. 专为转售而取得的非流动资产或处置组。

对于企业专为转售而新取得的非流动资产或处置组，如果在取得日满足“预计出售将在一年内完成”的规定条件，且短期（通常为三个月）内很可能满足划分为持有待售类别的其他条件，企业应当在取得日将其划分为持有待售类别。这些“其他条件”包括：根据类似交易中出售此类资产或处置组的惯例，在当前状况下即可立即出售；企业已经就一项出售计划作出决议且获得确定的购买承诺。有关规定要求企业相关权力机构或者监管部门批准后方可出售的，应当已经获得批准。

2. 持有待售的长期股权投资。

有些情况下，企业出售对子公司投资但并不丧失对其的控制权，企业不应当将拟出售的部分对子公司投资或对子公司投资整体划分为持有待售类别。

有些情况下，企业因出售对子公司的投资等原因导致其丧失对子公司的控制权，出售后企业可能保留对原子公司的部分权益性投资，也可能丧失全部权益，企业应当在拟出售的部分对子公司投资满足持有待售类别划分条件时，在母公司个别财务报表中将对子公司投资整体划分为持有待售类别，而不是仅将拟处置的部分投资划分为持有待售类别；在合并财务报表中将子公司所有资产和负债划分为持有待售类别，而不是仅将拟处置的部分投资对应的资产和负债划分为持有待售类别。但是，无论对子公司的投资是否划分为持有待售类别，企业始终应当按照合并财务报表准则的规定确定合并范围、编制合并财务报表。

企业出售对子公司投资后保留的部分权益性投资，应当区分下列情况处理：(1) 如果企业对被投资单位施加共同控制或重大影响，在编制母公司个别财务报表时，应当按照长期股权投资准则有关成本法转权益法的规定进行会计处理，在编制合并财务报表时，应当按照合并财务报表准则的有关规定进行会计处理；（2）如果企业对被投资单位不具有控制、共同控制或重大影响，在编制母公司个别财务报表时，应当按照金融工具确认和计量准则进行会计处理，在编制合并财务报表时，应当按照合并财务报表准则的有关规定进行会计处理。

按照长期股权投资准则规定，对联营企业或合营企业的权益性投资全部或部分分类为持有待售资产的，应当停止权益法核算；对于未划分为持有待售类别的剩余权益性投资，应当在划分为持有待售的那部分权益性投资出售前继续采用权益法进行会计处理。原权益法核算的相关其他综合收益等应当在持有待售资产终止确认时，按照长期股权投资准则有关处置长期股权投资的规定进行会计处理。

持有待售类别和终止经营的列报：

七、持有待售类别和终止经营的列报

（四）特殊事项的列报

1. 企业专为转售而取得的持有待售子公司的列报。

如果企业专为转售而取得的子公司符合持有待售类别的划分条件，应当按照持有待售的处置组和终止经营的有关规定进行列报，相对于不符合持有待售类别划分条件的子公司，其资产负债表列示和附注披露都得到适当简化。但是，除非企业是投资性主体并将该子公司按照公允价值计量且其变动计入当期损益，否则仍然应当按照合并财务报表准则的规定，将该子公司纳入合并范围。

在合并资产负债表中，企业专为转售而取得的持有待售子公司的全部资产和负债应当分别作为持有待售资产和持有待售负债项目列示。

在合并利润表中，符合终止经营定义的专为转售而取得的持有待售子公司的净利润与其他终止经营净利润应当合并列示在“终止经营净利润”项目中。

在附注中，企业应当披露下列信息：（1）企业专为转售而取得的持有待售子公司的出售原因、方式和时间安排；（2）列报该子公司的分部；（3）该子公司确认的减值损失及其转回金额；（4）与该子公司有关的其他综合收益累计金额；（5）归属于母公司所有者的持续经营损益和终止经营损益。

2. 不再继续划分为持有待售类别的列报。

对于非流动资产或处置组，如果其不再继续划分为持有待售类别或非流动资产从持有待售的处置组中移除，在资产负债表中，企业应当将原来分类为持有待售类别的非流动资产或处置组重新作为固定资产、无形资产等列报，并调整其账面价值。在当期利润表中，企业应当将账面价值调整金额作为持续经营损益列报。在附注中，企业应当披露下列信息：（1）企业改变非流动资产或处置组出售计划的原因；（2）可比会计期间财务报表中受影响的项目名称和影响金额。

对于企业的子公司、共同经营、合营企业、联营企业以及部分对合营企业或联营企业的投资，按照长期股权投资准则的规定，持有待售的对联营企业或合营企业的权益性投资不再符合持有待售类别划分条件的，应当自划分为持有待售类别日起采用权益法进行追溯调整。持有待售的对子公司、共同经营的权益性投资不再符合持有待售类别划分条件的，同样应当自划分为持有待售类别日起追溯调整。上述情况下，划分为持有待售类别期间的财务报表应当作相应调整。

终止经营不再满足持有待售类别划分条件的，企业应当在当期财务报表中，将原来作为终止经营损益列报的信息重新作为可比会计期间的持续经营损益列报，并在附注中说明这一事实。

（三）《企业会计准则应用指南汇编2024》“第三十一章　财务报表列报”

五、利润表

（三）一般企业利润表的列报格式和列报方法

“资产处置收益”项目，反映企业出售分类为持有待售的非流动资产（金融工具、长期股权投资和投资性房地产除外）或处置组（子公司和业务除外）时确认的处置利得或损失，以及处置未划分为持有待售的固定资产、在建工程、生产性生物资产、无形资产及使用权资产而产生的处置利得或损失。非货币性资产交换中换出非流动资产产生的利得或损失在本项目中反映。

（四）《企业会计准则应用指南汇编2024》“第三十九章　公允价值计量”

八、公允价值披露

企业在进行公允价值披露时，应当区分持续的公允价值计量和非持续的公允价值计量，并适用不同的披露要求。持续的公允价值计量，是指其他相关章要求或允许企业在每个资产负债表日持续以公允价值进行的计量，例如对交易性金融资产公允价值的计量。非持续的公允价值计量，是指其他相关章要求或允许企业在特定情况下的资产负债表中以公允价值进行的计量，例如对持有待售的非流动资产公允价值的计量。

（五）《企业会计准则应用指南汇编2024》“第三章　长期股权投资”

一、总体要求

本章中的权益性投资不包括风险投资机构、共同基金以及类似主体（如投资连结保险产品）持有的、在初始确认时以公允价值计量且其变动计入当期损益的金融资产，这类金融资产即使符合持有待售条件，也应继续按第二十二章金融工具确认和计量进行会计处理。投资性主体对不纳入合并财务报表的子公司的权益性投资，应按照公允价值计量且其变动计入当期损益。长期股权投资的披露，详见第四十一章在其他主体中权益的披露。

十、长期股权投资的处置和划分为持有待售的长期股权投资

（二）划分为持有待售的长期股权投资

处置长期股权投资时，如果满足划分为持有待售类别的非流动资产或资产组的条

件，应当按照第四十二章持有待售的非流动资产、处置组和终止经营中关于计量和列报的有关内容进行会计处理。

（六）《企业会计准则应用指南汇编2024》“第四十一章　在其他主体中权益的披露”

六、在合营安排或联营企业中权益的披露

（二）重要的合营企业和联营企业的主要财务信息

企业在合营企业或联营企业中的权益（或权益的一部分）按照第四十二章持有待售的非流动资产、处置组和终止经营划分为持有待售资产的，不需要披露合营企业或联营企业的上述主要财务信息。

（七）《企业会计准则实施典型案例集》

案例8－5　持有待售类别的分类判断

一、案例背景

2×19年4月，A公司通过法院判决获得一项房产，同年6月，完成该项房产的过户手续。A公司管理层计划将该项房产用于出售，并于当月与B公司签订了房产转让协议，预计年内完成转让。A公司将该房产记入“持有待售资产”科目。

2×19年11月，B公司现金流状况恶化，决定放弃购买该项房产，并按照协议约定缴纳了违约金。当月，A公司通过房地产中介将该项房产出租给C公司，《房屋租赁合同》约定的租赁期限为2×19年11月16日至2×22年3月15日。在2×19年至2×21年期间，A公司始终将该项房产划分为持有待售资产。

问题：2×19年至2×21年期间，A公司始终将该项房产划分为持有待售资产的会计处理是否恰当？

二、案例解析

1. 案例分析

对于企业所持有的非流动资产是否属于持有待售类别，持有待售准则第五条和第六条规定了基本划分原则和确认条件。本案例中，A公司于2×19年6月完成房产的过户手续，管理层明确表示“计划将该项房产用于出售”，表明A公司具有在当前状态下出售该房产的意图。此外，A公司在当月与B公司签订了附带违约金的房产转让协议，且预计年内完成转让，表明A公司具有在当前状态下出售该房产的能力，且房产转让协议具有商业实质。基于上述事实，该项房产满足“可立即出售”和“出售极可能发生”的条件，2×19年6月，A公司将该房产记入“持有待售资产”科目的会计处理是恰当的。

企业将非流动资产划分为持有待售资产后，需要持续评估其是否满足持有待售类别的划分条件。根据持有待售准则第九条的规定，“持有待售的非流动资产或处置组不再满足持有待售类别划分条件的，企业不应当继续将其划分为持有待售类别”。本案例中，2×19 年 11 月，B 公司现金流状况恶化导致房产转让协议终止，A 公司没有针对新情况采取必要措施，而是通过房地产中介将该项房产出租给 C 公司，不再满足“出售极有可能发生”的条件，其拟转让的房产未能重新满足持有待售类别的划分条件，A 公司不应继续将该项房产确认为持有待售资产。

根据《企业会计准则第 3 号——投资性房地产》（财会〔2006〕3 号，以下简称“投资性房地产准则”）第二条和第三条的规定，为赚取租金而出租的建筑物属于投资性房地产。本案例中，2×19 年 11 月，A 公司通过房地产中介将房产出租给 C 公司，租赁期限为 2×19 年 11 月 16 日至 2×22 年 3 月 15 日。该租约的期限较长，表明管理层已经改变该房产的使用意图，且该房产于 2×19 年 11 月 16 日实质上处于出租状态，其形成经济利益的方式由出售转变为赚取租金，符合投资性房地产的定义。因此，从管理层作出书面决议之日起，A 公司应将该项房产从“持有待售资产”科目转至“投资性房地产”科目进行核算，且在整个租约存续期间，将该项房产列报为投资性房地产。

2. 案例结论

综上所述，根据持有待售准则、投资性房地产准则等有关规定，自完成过户之日起到改变使用用途之前的期间，A 公司将该项房产划分为持有待售资产的会计处理是恰当的；自 2×19 年 11 月 16 日起，房产转为出租状态，长期的租约表明管理层对该房产的使用意图短期内不再发生变化，A 公司继续将该项房产列报为持有待售资产的会计处理是不正确的。转为出租状态的房产不再满足持有待售类别的划分条件，而是符合投资性房地产的定义，因此，从管理层作出书面决议之日起，A 公司应将该项房产划分为投资性房地产。

三、案例启示

企业在判断一项非流动资产或处置组是否符合持有待售划分条件时，应全面分析资产的使用状态、管理意图等情况，严格按照持有待售准则第五条、第六条、第七条和第八条的规定，作出恰当的判断，尤其应关注是否满足“立即出售”和“出售极可能发生”的条件。企业将非流动资产或处置组划分为持有待售类别后，需要持续评估其是否满足持有待售类别的划分条件。对于不再满足相关条件的非流动资产或处置组，不应继续将其划分为持有待售类别。

（八）证监会《上市公司年报会计监管报告》

《上市公司 2022 年年度财务报告会计监管报告》

错误列示持有待售子公司的货币资金

根据企业会计准则及相关规定，现金流量表，是指反映企业在一定会计期间现金和现金等价物流入和流出的报表。企业处置子公司及其他营业单位所取得的现金减去子公司或其他营业单位持有的现金和现金等价物以及相关处置费用后的净额应列报在现金流量表中的投资活动下的“处置子公司及其他营业单位收到的现金净额”项目中。

审阅分析发现，个别上市公司计划处置子公司全部股权，报告期末在合并财务报表中将该子公司所有资产和负债划分为持有待售类别。在编制现金流量表时，上市公司错误地将该子公司的货币资金作为“支付的其他与投资活动相关的现金”计入投资活动现金流。根据准则有关规定，上市公司报告期末尚未实际处置该子公司，合并财务报表层面子公司的货币资金仍属于现金及现金等价物，不应列报为一项现金流出。

《2019 年上市公司年报会计监管报告》

年报分析发现，持有待售和终止经营的列报和披露存在以下问题：一是个别上市公司与受让方签署了《股权转让协议》，将所持有的合营企业股权全部转让给受让方，受让方向产权交易所递交了登记材料，并缴纳首期款。该情形下，合营企业股权的出售极可能将在一年内发生，但上市公司未将其持有的合营企业股权列报为持有待售资产，且未说明相关理由。

四、划分为持有待售的非流动资产示例

2017 年发布的《企业会计准则第 42 号——持有待售的非流动资产、处置组和终止经营》对于持有待售的非流动资产或处置组的列报和披露要求有所变化，要求在利润表中分别列示持续经营损益和终止经营损益，增加持有待售的附注披露信息（包括出售费用和主要类别、账面价值和公允价值、出售原因、出售方式和时间安排、列报分部、减值损失及其转回金额、其他综合收益累计金额）等。

（一）简要分析

满足特定条件的企业组成部分或非流动资产应当确认为持有待售。这些条件强调了资产（或处置组）必须在其当前状况下仅根据出售此类资产（或处置组）的通常和惯用条款即可立即出售，并且出售必须极可能（highly probable）发生。

持有待售属于流动资产/流动负债。需披露划分为持有待售的资产的原因，列示划分为持有待售的资产类别、期末账面价值、公允价值、预计处置费用及预计处置时间等。存在持有待售负债的，也应参照披露。

我国企业会计准则下关于持有待售的划分标准与《国际财务报告准则第 5 号——持有待售的非流动资产和终止经营》（以下简称“IFRSJ”）相比，基本一致。但财务报表列报准则关于划分为持有待售需要满足的条件中的第三条（即，企业已经与受让方签订了不可撤销的转让协议）与 IFRSJ 的规定（为寻找买家和完成该项出售计划的积极活动业已展开）存在些许差异。另外，持有待售准则要求该项转让将在一年内完成；而 IFRSJ 则表述为：除超出主体的控制范围的事项或情况可能使完成出售的期间超过一年，但有充分的证据表明主体仍坚持承诺出售资产（或处置组）的计划外，自划归为持有待售之日起一年内，该项出售预计应能够符合作为一项完整的出售确认的条件，并且完成该项出售计划所需的行动表明，不可能对该项出售计划做出重大修改或予以撤销。IFRSJ 下划分为持有待售的标准比持有待售准则下的要求略宽松。

四、年报披露示例

持有待售的非流动资产或处置组年报披露示例汇总如表 8 –2 所示。

表 8 –2　　持有待售的非流动资产或处置组年报披露示例汇总

序号	参考示例	持有待售的非流动资产或处置组的类型
1	示例 8 –7　昊海生科（688366. SH）	其他权益工具投资
2	示例 8 –8　潍柴动力（000338. SZ）	处置子公司
3	示例 8 –9　神火股份（000933. SZ）	固定资产
4	示例 8 –10　中集集团（000039. SZ）	自升式钻井平台
5	示例 8 –11　中铁工业（600528. SH）	土地及附属建筑物
6	示例 8 –12　渤海租赁（000415. SZ）	飞机及发动机相关的资产
7	示例 8 –13　中国交建（601800. SH）	处置子公司、合营公司及其他长期资产
8	示例 8 –14　青岛港（601298. SH）	固定资产、无形资产

示例 8 –7　昊海生科（688366. SH）

持有待售资产

单位：元

项目	期末余额	减值准备	期末账面价值	公允价值	预计处置费用	预计处置时间
其他权益工具投资	13, 000, 000. 00		13, 000, 000. 00	13, 000, 000. 00		2024 年第一季度
合计	13, 000, 000. 00		13, 000, 000. 00	13, 000, 000. 00		

其他说明：持有待售资产系预计于 2024 年第一季度完成处置的其他权益工具投资，对上海软馨生物科技有限公司的股权投资，该股权处置协议签订时间为 2023 年 12 月，已于 2024 年 3 月 5 日收到全部股权转让款人民币 13, 157, 808. 22 元。

示例 8 –8　潍柴动力（000338. SZ）

持有待售资产

单位：元

项目	期末余额	期初余额	预计处置时间
KION 处置子公司	434, 197, 222. 40	203, 550, 763. 80	1 年以内

本公司之子公司 KION 执行董事会决定退出个别子公司业务，截至 2023 年 12 月 31 日，已经与买方签订协议，预计在 2024 年完成处置。

截至 2023 年 12 月 31 日，处置相关业务及子公司的账面价值减记至公允价值减去预计出售费用后的净额。

持有待售负债

单位：元

项目	期末余额	期初余额
KION 处置子公司	354, 866, 457. 60	201, 695, 038. 80
合计	354, 866, 457. 60	201, 695, 038. 80

示例 8 -9　神火股份（000933. SZ）

持有待售资产

单位：元

项目	期末账面余额	减值准备	期末账面价值	公允价值	预计处置费用	预计处置时间
固定资产	10, 071, 384. 11		10, 071, 384. 11	10, 071, 384. 11		2024 年 3 月 31 日

注：2023 年，本集团决定处置一批固定资产，已与购买方签署了转让协议，将该批固定资产划分为持有待售类别。

示例 8 -10　中集集团（000039. SZ）

持有待售资产

Gulf Driller V Pte. Ltd.

2022 年 12 月 8 日，本集团子公司 Gulf Driller V Pte. Ltd. 与天津耐普顿租赁有限公司签订的不可撤销的转让协议由于买方作业需求推迟尚未完成交付。但在双方共同推进下，于 2023 年 12 月 28 日签订补充协议，维持原合同售价 62, 000, 000 美元，该资产转让将于 2024 年内完成，本集团仍将其划分为持有待售资产。

单位：千元

项目	2023 年 12 月 31 日			
	划分为持有待售前的账面价值	持有待售资产减值准备	外币报表折算差额	账面价值
自升式钻井平台	521, 589	（133, 037）	13, 623	402, 175

示例8－11　中铁工业（600528. SH）

持有待售资产

单位：元

项目	2023 年 12 月 31 日		
	划分为持有待售前的账面价值	持有待售资产减值准备	账面价值
长期待摊费用	415, 766, 010. 39		415, 766, 010. 39
固定资产	167, 796, 033. 32		167, 796, 033. 32
无形资产	104, 950, 047. 18		104, 950, 047. 18
合计	688, 512, 090. 89		688, 512, 090. 89

因城市转型升级需要，经中山市土地管理委员会审议通过，经本集团董事会批准，本集团之子公司中铁南方工程装备有限公司（以下简称“中铁南方”）与中山翠亨新区管理委员会于2023年12月26日签订国有土地使用权回收协议，将中铁南方持有的位于中山市南朗镇的一宗国有土地及附属建筑物转让予中山翠亨新区管理委员会。该等资产转让交易预计将于2024年内完成。于2023年12月31日，本集团未对该等资产计提减值准备。

示例8－12　渤海租赁（000415. SZ）

持有待售资产

单位：千元

项目	2023 年	2022 年
固定资产	2, 416, 111	143, 387
其他非流动资产	254, 995	
划分为持有待售的资产	2, 671, 106	143, 387
其他非流动负债	95, 543	
划分为持有待售的负债	95, 543	

注：截至2023年12月31日，Avolon已经达成7架飞机（2022年12月31日：2架）转让协议，将已经签订了不可撤销的转让协议且预计在12月内完成转让的飞机及发动机相关的资产和负债划分为持有待售类别。

单位：千元

项目	账面余额	减值准备	账面价值	公允价值	预计处置费用	预计处置时间
飞机及发动机	2, 416, 111		2, 416, 111	2, 706, 209	4, 958	2024 年
其他非流动资产	254, 995		254, 995	254, 995		2024 年
合计	2, 671, 106		2, 671, 106	2, 961, 204	4, 958	

示例 8 - 13　中国交建（601800.SH）

持有待售资产/负债

2023 年 12 月 31 日　　单位：元

项目	账面价值	公允价值	预计处置费用	预计处置时间
处置子公司中交烟台环保疏浚有限公司：				
——持有待售资产	3, 900, 048, 589			
——持有待售负债	- 2, 688, 491, 255			
小计	1, 211, 557, 334	1, 242, 593, 527	460, 862	2024 年 1 月
处置合营公司重庆市水利工程白蚁防治研究所	1, 050, 900	1, 050, 900		2024 年 10 月
处置重庆市合川区涞滩、龙市、双龙湖自来水产长期资产	508, 305	508, 305		2024 年 12 月
合计	1, 213, 116, 539	1, 244, 152, 732	460, 862	
其中：持有待售资产	3, 901, 607, 794			
持有待售负债	- 2, 688, 491, 255			

于 2023 年 3 月 13 日，中交疏浚（集团）股份有限公司董事会决议处置其持有的中交烟台环保疏浚有限公司全部股权。于 2023 年 12 月 31 日，本集团已对该交易签署具有法律约束力的转让协议，将中交烟台环保疏浚有限公司划分为持有待售类别，中交烟台环保疏浚有限公司的处置于 2024 年 1 月完成。

中交烟台环保疏浚有限公司资产和负债账面价值如下：

单位：元

项目	金额
货币资金	153, 659, 450
应收票据	7, 450, 500
应收账款	1, 176, 616, 588
预付款项	2, 403, 297
存货	60, 409, 101
其他应收款	96, 171, 344
合同资产	1, 071, 909, 913
一年内到期的非流动资产	876, 474, 689
其他流动资产	32, 215, 781
长期应收款	70, 834, 144

续表

项目	金额
固定资产	263, 294, 107
使用权资产	1, 363, 192
无形资产	53, 586, 851
长期待摊费用	1, 901, 447
递延所得税资产	17, 161, 714
其他非流动资产	14, 596, 471
持有待售资产	3, 900, 048, 589
应付票据	32, 231, 480
应付账款	1, 285, 271, 295
合同负债	51, 473, 010
应交税费	29, 565, 870
其他应付款	906, 331, 029
一年内到期的非流动负债	171, 053, 551
其他流动负债	174, 993, 668
租赁负债	1, 164, 804
长期应付款	32, 436, 548
长期应付职工薪酬	3, 970, 000
持有待售负债	2, 688, 491, 255
与持有待售有关的累积其他综合收益	

示例 8－14　青岛港（601298. SH）

持有待售资产

单位：元

项目	期末余额	减值准备	期末账面价值	公允价值	预计处置费用	预计处置时间
堆场	84, 925, 902		84, 925, 902			2024 年
合计	84, 925, 902		84, 925, 902			—

其他说明：

于 2023 年 7 月，根据经营规划，本公司与青岛港工签订资产转让协议，拟向其出售董家口港区综合物流堆场一期工程资产，固定资产账面净值为 66, 206, 321 元，无形资产账面净值为 18, 719, 581 元，协议转让价格为 103, 073, 700 元，该资产转让交易预计将于 2024 年完成（已于 2024 年 1 月 15 日完成），符合持有待售条件，划分为持有待售资产。

第三节　研发支出常见会计事项及披露示例

对于企业自行研究开发的项目，应当区分研究阶段与开发阶段两个部分分别进行核算，企业应当根据研究与开发的实际情况加以判断。研究是指为获取新的技术和知识等进行的有计划的调查；开发是指在进行商业性生产或使用前，将研究成果或其他知识应用于某项计划或设计，以生产出新的或具有实质性改进的材料、装置、产品等。研究阶段的支出在发生时应当费用化计入当期损益；开发阶段的支出在满足资本化条件时确认为无形资产，否则计入当期损益。

我们在此归纳了与研发支出相关的常见会计事项及其准则适用的职业判断框架。

一、研发支出常见会计事项

研发支出常见会计事项包括：研发支出的核算范围、研究阶段与开发阶段的划分、开发阶段有关支出资本化条件、委托第三方研发是相当于自主研发还是外购技术等。

如无特别说明，本节示例来自相关公司公开披露的 2023 年年度报告。

二、研究阶段与开发阶段的判断框架

（一）研究阶段和开发阶段的划分

研究阶段和开发阶段的划分如表 8－3 所示。

表 8－3　　研究阶段和开发阶段的划分

研究阶段	开发阶段
研究是指为获取新的技术和知识等进行的有计划的调查，研究阶段活动的例子包括：意在获取知识而进行的活动；研究成果或其他知识的应用研究、评价和最终选择；材料、设备、产品、工序、系统或服务替代品的研究；新的或经改进的材料、设备、产品、工序、系统或服务的可能替代品的配制、设计、评价和最终选择。研究阶段的特点在于： （1）计划性。 研究阶段是建立在有计划的调查基础上，即研发项目已经董事会或者相关管理层的批准，并着手收集相关资料、进行市场调查等。例如，某药品公司为研究开发某药品，经董事会或者相关管理层的批准，有计划地收集相关资料、进行市场调查、比较市场相关药品的药性、效用等活动。 （2）探索性。 研究阶段基本上是探索性的，为进一步的开发活动进行资料及相关方面的准备，这一阶段不会形成阶段性成果	开发是指在进行商业性生产或使用前，将研究成果或其他知识应用于某项计划或设计，以生产出新的或具有实质性改进的材料、装置、产品等。开发阶段活动的例子包括：生产前或使用前的原型和模型的设计、建造和测试；含新技术的工具、夹具、模具和冲模的设计；不具有商业性生产经济规模的试生产设施的设计、建造和运营；新的或改造的材料、设备、产品、工序、系统或服务所选定的替代品的设计、建造和测试等。开发阶段的特点在于： （1）具有针对性。 开发阶段是以研究阶段为基础，从而对项目的开发具有针对性。 （2）形成成果的可能性较大。 进入开发阶段的研发项目往往形成成果的可能性较大。由于开发阶段相对于研究阶段更进一步，且很大程度上形成一项新产品或新技术的基本条件已经具备，此时，如果企业能够证明满足无形资产的定义及相关确认条件，所发生的开发支出可资本化，确认为无形资产的成本

（二）开发阶段有关支出资本化的条件

开发阶段有关支出资本化的条件如表 8－4 所示。

表 8－4　　开发阶段有关支出资本化的条件

开发支出资本化的条件	条件分析
开发是指在进行商业性生产或使用前，将研究成果或其他知识应用于某项计划或设计，以生产出新的或具有实质性改进的材料、装置、产品等。同时满足下列条件的，开发阶段的支出才能确认为无形资产：	为获取并理解新的科学或技术知识而进行的独创性的有计划调查属于研究，不是开发。 开发阶段应当是已完成研究阶段的工作，在很大程度上具备了形成一项新产品或新技术的基本条件
（1）完成该无形资产以使其能够使用或出售在技术上具有可行性	以目前阶段的成果为基础，不存在技术上的障碍或其他不确定性
（2）具有完成该无形资产并使用或出售的意图	能够说明开发无形资产的目的
（3）无形资产产生经济利益的方式	包括能够证明运用该无形资产生产的产品存在市场或无形资产自身存在市场，无形资产将在内部使用的，应当证明其有用性
（4）有足够的技术、财务资源和其他资源支持，以完成该无形资产的开发，并有能力使用或出售该无形资产	为完成该项无形资产开发具有技术上的可靠性，有足够的技术支持和技术能力； 财务资源和其他资源支持； 能够证明企业获取在开发过程中所需的技术、财务和其他资源，以及企业获得这些资源的相关计划等； 有能力使用或出售该无形资产以取得收益
（5）归属于该无形资产开发阶段的支出能够可靠地计量	对研究开发的支出应当单独核算，比如，直接发生的研发人员工资、材料费，以及相关设备折旧费等。 同时从事多项研究开发活动的，所发生的支出应当按照合理的标准在各项研究开发活动之间进行分配；无法合理分配的，应当计入当期损益

需要注意的是，《企业会计准则应用指南汇编 2024》“第七章　无形资产”强调购买在研项目应符合资本化条件，才能确认为无形资产。

三、准则相关规定与监管指引（节选）

（一）《企业会计准则第 6 号——无形资产》

第八条　企业内部研究开发项目研究阶段的支出，应当于发生时计入当期损益。

第九条　企业内部研究开发项目开发阶段的支出，同时满足下列条件的，才能确认为无形资产：

（一）完成该无形资产以使其能够使用或出售在技术上具有可行性；

（二）具有完成该无形资产并使用或出售的意图；

（三）无形资产产生经济利益的方式，包括能够证明运用该无形资产生产的产品存在市场或无形资产自身存在市场，无形资产将在内部使用的，应当证明其有用性；

（四）有足够的技术、财务资源和其他资源支持，以完成该无形资产的开发，并有能力使用或出售该无形资产；

（五）归属于该无形资产开发阶段的支出能够可靠地计量。

第十条　企业取得的已作为无形资产确认的正在进行中的研究开发项目，在取得后发生的支出应当按照本准则第七条至第九条的规定处理。

（二）《企业会计准则应用指南汇编 2024》“第七章　无形资产”

六、内部研究开发支出的确认和计量

（三）内部开发的无形资产的计量

内部开发阶段活动形成的无形资产，其成本由可直接归属于该资产的创造、生产并使该资产能够以管理层预定的方式运作的所有必要支出组成。可直接归属于该资产的成本包括：开发该无形资产时耗费的材料、劳务成本、注册费，在开发该无形资产过程中使用的其他专利权和特许权的摊销，按照第十七章借款费用的规定资本化的利息支出，以及为使该无形资产达到预定用途前所发生的其他费用。在开发无形资产过程中发生的除上述可直接归属于无形资产开发活动的其他销售费用、管理费用等间接费用、无形资产达到预定用途前发生的可辨认的无效和初始运作损失、为运行该无形资产发生的培训支出等，不构成无形资产的开发成本。

需要强调的是，内部开发无形资产的成本仅包括在满足资本化条件的时点至无形资产达到预定用途前发生的支出总额，对于同一项无形资产在开发过程中达到资本化条件之前已经费用化计入损益的支出不再进行调整。

企业购买正在进行中的研究开发项目且符合资本化条件的，应确认为无形资产。取得后发生的研发支出，应当比照内部研究开发项目支出的规定进行处理。

（三）《监管规则适用指引——会计类第 2 号》

2-8　定制化产品相关研发支出的会计处理

企业为履行合同发生的成本，不属于其他企业会计准则（如存货、无形资产、固定资产等）规范范围且同时满足相关条件的，应当作为合同履约成本确认为一项资产，采用与该资产相关的商品收入确认相同的基础进行摊销，计入当期损益。

监管实践发现，部分公司对定制化产品相关研发支出的会计处理存在理解上的偏差和分歧。现就该事项的意见如下：

企业与客户签订合同，为客户研发、生产定制化产品。客户向企业提出产品研发需求，企业按照客户需求进行产品设计与研发。产品研发成功后，企业按合同约定采购量为客户生产定制化产品。对于履行前述定制化产品客户合同过程中发生的研发支出，若企业无法控制相关研发成果，如研发成果仅可用于该合同、无法用于其他合同，企业应按照收入准则中合同履约成本的规定进行处理，最终计入营业成本。若综合考虑历史经验、行业惯例、法律法规等因素后，企业有充分证据表明能够控制相关研发成果，并且预期能够带来经济利益流入，企业应按照无形资产准则相关规定将符合条件的研发支出予以资本化。

企业应当建立和完善相关内部控制，合理识别并归集研发费用与合同履约成本，恰当确认计入无形资产的研发支出。

（四）《公开发行证券的公司信息披露编报规则第 15 号——财务报告的一般规定（2023 年修订）》

第十六条　公司应制定与实际生产经营特点相适应的具体会计政策，并充分披露重要会计政策和会计估计。公司根据实际生产经营特点制定的具体会计政策和会计估计，应在本节开始部分对相关事项进行提示。公司不应简单照搬会计准则相关规定原文，应结合所属行业特点和自身情况进行披露。

（二十一）无形资产的计价方法。使用寿命有限的无形资产，应披露其使用寿命的确定依据、估计情况以及摊销方法；使用寿命不确定的无形资产，应披露其使用寿命不确定的判断依据以及对其使用寿命进行复核的程序。

结合公司自身业务模式和研发项目特点，披露研发支出的归集范围，划分研究阶段和开发阶段的具体标准，以及开发阶段支出资本化的具体条件。

第十九条　资产项目应按以下要求进行披露：

（十八）分类列示无形资产账面原值、累计摊销、减值准备累计金额以及账面价值的期初余额、期末余额和本期增减变动情况。披露期末无形资产中通过公司内部研发形成的无形资产占无形资产余额的比例。

第六节　研发支出

第二十六条　按费用性质披露研发支出本期发生额、上期发生额，包括费用化研发支出和资本化研发支出。

第二十七条　公司存在符合资本化条件的研发项目的，应分项披露开发支出期初余额、期末余额和本期增减变动情况。

对于重要的资本化研发项目，应结合研发进度、预计完成时间、预计经济利益产生方式等情况，分项说明开始资本化的时点和具体依据。分项列示开发支出减值准备的期初余额、期末余额和本期增减变动情况，以及减值测试情况。

四、研发支出披露示例

（一）简要分析

2023 年修订版编报规则第 15 号要求在重要会计政策和会计估计中除了要求结合

公司自身业务模式和研发项目特点披露划分研究阶段和开发阶段的具体标准以及开发阶段支出资本化具体条件外，还增加披露研发支出归集范围的要求。

2023 年修订版编报规则第 15 号增设专节明确研发支出附注信息披露要求。要求公司全面披露研发支出的归集范围、金额增减变动、资本化费用化判断标准及依据、减值测试情况等重要信息，引导市场各方恰当评价公司科技创新能力。

在实务操作中，研究阶段和开发阶段的划分，以及开发支出资本化开始时点的确定，都涉及主观、复杂的专业判断，且与企业所属行业的特性密切相关。大部分上市公司在研究阶段与开发阶段的划分披露仍较为原则化，医药制造业披露的开发阶段划分依据较好地结合了行业特性和公司研发产品特点。本节以医药行业作为年报披露示例行业样本。

（二）年报披露示例

医药制造业研发支出年报披露示例汇总如表 8－5 所示。

表 8－5　　医药制造业研发支出年报披露示例汇总

序号	参考示例	开发阶段划分标准
1	示例 8－15　济川药业（600566. SH）	第 1、2 类化药在项目取得“临床批件”之后；第 3－5 类化药在项目取得“药品注册批件”之后；“中药”在项目取得“药品注册批件”之后；“生物药”在项目取得“临床批件”之后
2	示例 8－16　华润双鹤（600062. SH）	仿制药研发从取得临床试验批准的时点，或者在无须临床时从完成工艺验证的时点开始资本化；创新药研发从取得临床三期批准的时点开始资本化；已上市药品开展一致性评价的研发项目，从立项时点开始资本化
3	示例 8－17　生物股份（600201. SH）	一般从疫苗研发取得临床批件后；重大动物疫病应急处置所需的疫苗从以农业农村部畜牧兽医局开展应急评价通知后

示例 8－15　济川药业（600566. SH）

会计政策

（一）研发支出的归集范围

公司进行研究与开发过程中发生的支出包括从事研发活动的人员的相关职工薪酬、耗用材料、相关折旧摊销费用、技术服务费、与研发活动直接相关的其他费用等相关支出，其中不能直接归属到具体项目的费用按照项目工时分摊计入研发支出。

（二）划分研究阶段和开发阶段的具体标准

公司内部研究开发项目的支出分为研究阶段支出和开发阶段支出。

研究阶段：为获取并理解新的科学或技术知识等而进行的独创性的有计划调查、研究活动的阶段。

开发阶段：在进行商业性生产或使用前，将研究成果或其他知识应用于某项计划或设计，以生产出新的或具有实质性改进的材料、装置、产品等活动的阶段。

（三）开发阶段支出资本化的具体条件

研究阶段的支出，于发生时计入当期损益。开发阶段的支出同时满足下列条件的，确认为无形资产，不能满足下述条件的开发阶段的支出计入当期损益：

（1）完成该无形资产以使其能够使用或出售在技术上具有可行性；

（2）具有完成该无形资产并使用或出售的意图；

（3）无形资产产生经济利益的方式，包括能够证明运用该无形资产生产的产品存在市场或无形资产自身存在市场，无形资产将在内部使用的，能够证明其有用性；

（4）有足够的技术、财务资源和其他资源支持，以完成该无形资产的开发，并有能力使用或出售该无形资产；

（5）归属于该无形资产开发阶段的支出能够可靠地计量。

开发支出资本化的具体判断条件如下：

①国家药监局于2020年6月发布的“总局2020年第44号公告”中附件“化学药品注册分类及申报资料要求”将化学药品注册重新分类，公司根据化学药品的特点及研发注册流程，对公司自行立项“化学药品”开发项目确定如下：

对第1、2类化药，在项目取得“临床批件”之后发生的支出，并且评估项目成果对企业未来现金流量的现值或可变现价值高于账面价值时，方可作为资本化的研发支出，所开发项目达到预定用途时转入无形资产，其余研发支出，则作为费用化的研发支出；

对第3–5类化药，在项目取得“药品注册批件”之后发生的支出，并且评估项目成果对企业未来现金流量的现值或可变现价值高于账面价值时，方可作为资本化的研发支出，所开发项目达到预定用途时转入无形资产，其余研发支出，则作为费用化的研发支出。

②公司根据中药的特点及研发注册流程，对公司自行立项“中药”开发项目确定如下：在项目取得“药品注册批件”之后发生的支出，并且评估项目成果对企业未来现金流量的现值或可变现价值高于账面价值时，方可作为资本化的研发支出，所开发项目达到预定用途时转入无形资产，其余研发支出，则作为费用化的研发支出。

③公司根据生物药的特点及研发注册流程，对公司自行立项“生物药”开发项目确定如下：在项目取得“临床批件”之后发生的支出，并且评估项目成果对企业未来现金流量的现值或可变现价值高于账面价值时，方可作为资本化的研发支出，所开发项目达到预定用途时转入无形资产，其余研发支出，则作为费用化的研发支出。

④外购正在进行中的研究开发项目，比照上述自行立项药品开发项目的规定进行处理。

⑤外购已取得“药品注册批件”的项目，自签订外购协议起，外购技术发生的成本及为该技术在生产过程中发生的工艺及其他试制费，对其进行资本化，在“药品注册批件”完成转让后，转入无形资产。

⑥无法区分研究阶段支出和开发阶段支出的，将发生的研发支出全部计入当期损益。

财务报表项目注释

（1）按费用性质列示

单位：元

项目	本期发生额	上期发生额
职工薪酬	164, 358, 367. 93	148, 946, 067. 41
合作研发费	100, 905, 668. 11	204, 667, 793. 52
临床试验费	69, 653, 203. 92	72, 838, 128. 88
折旧摊销	60, 764, 891. 85	51, 734, 144. 91
直接投入	52, 995, 162. 64	64, 314, 630. 50
其他费用	31, 204, 158. 31	20, 994, 944. 62
合计	479, 881, 452. 76	563, 495, 709. 84
其中：费用化研发支出	464, 400, 198. 60	553, 303, 050. 84
资本化研发支出	15, 481, 254. 16	10, 192, 659. 00

（2）符合资本化条件的研发项目开发支出

单位：元

项目	期初余额	本期增加金额		本期减少金额		期末余额
		内部开发支出	其他	确认为无形资产	转入当期损益	
药品研发项目		15, 481, 254. 16		4, 789, 925. 08		10, 691, 329. 08
合计		15, 481, 254. 16		4, 789, 925. 08		10, 691, 329. 08

示例8－16　华润双鹤（600062. SH）

会计政策

本集团内部研究开发项目的支出分为研究阶段支出和开发阶段支出。

研究阶段的支出，于发生时计入当期损益。开发阶段的支出，如果开发形成的某项产品或工序等在技术和商业上可行，而且本集团有充足的资源和意向完成开发工作，并且开发阶段支出能够可靠计量，则开发阶段的支出便会予以资本化。无法区分研究阶段支出和开发阶段支出的，将发生的研发支出全部计入当期损益。

结合医药行业研发流程以及公司自身研发的特点，本集团在内部研发活动中，对于仿制药研发项目，从取得临床试验批准的时点，或者在无须临床时从完成工艺验证的时点开始资本化。对于创新药研发项目，从取得临床三期批准的时点开始资本化。对于已上市药品开展一致性评价的研发项目，从立项时点开始资本化。

资本化开发支出按成本减减值准备在资产负债表内列示。其他开发费用则在其产生的期间内确认为费用。

企业将研发过程中产出的产品或副产品对外销售，按照《企业会计准则第 14 号——收入》《企业会计准则第 1 号——存货》等规定，对相关的收入和成本分别进行会计处理，计入当期损益。

财务报表项目注释

(1) 按费用性质列示

单位：元

项目	本期发生额	上期发生额（已重述）
职工薪酬	262, 801, 123. 93	192, 021, 328. 60
外协费	175, 318, 108. 31	130, 517, 250. 01
折旧摊销费	148, 335, 697. 13	133, 786, 985. 74
试验材料费	126, 946, 359. 39	151, 515, 031. 26
外购技术费	40, 319, 462. 48	57, 493, 455. 44
其他	68, 870, 791. 02	66, 168, 536. 49
合计	822, 591, 542. 26	731, 502, 587. 54
其中：费用化研发支出	561, 459, 093. 44	482, 482, 808. 97
资本化研发支出	261, 132, 448. 82	249, 019, 778. 57

(2) 符合资本化条件的研发项目开发支出

单位：元

项目	期初余额（已重述）	本期增加金额	本期减少金额		期末余额
		内部开发支出	确认为无形资产	转入当期损益	
抗肿瘤药和免疫调节剂研发项目	150, 352, 917. 21	54, 906, 151. 29		5, 393, 861. 60	199, 865, 206. 90
心血管系统用药研发项目	129, 889, 153. 58	57, 443, 987. 20	12, 247, 216. 04	4, 834, 775. 42	170, 251, 149. 32
中枢神经系统用药研发项目	149, 383, 048. 58	30, 126, 151. 96	51, 285, 442. 23		128, 223, 758. 31
全身性抗感染药研发项目	72, 184, 895. 88	16, 973, 776. 50	27, 175, 649. 69	3, 328, 165. 55	58, 654, 857. 14
激素及调节内分泌项目	32, 764, 011. 03	19, 593, 365. 35		2, 924, 251. 40	49, 433, 124. 98
呼吸系统用药项目	31, 744, 625. 98	4, 930, 363. 59	589. 62	415, 094. 34	36, 259, 305. 61
血液系统用药研发项目	24, 307, 677. 36	10, 185, 688. 17	601, 062. 25	3, 367, 168. 69	30, 525, 134. 59
消化道和新陈代谢药研发项目	31, 383, 103. 21	7, 886, 915. 61	8, 691, 191. 16	2, 295, 086. 51	28, 283, 741. 15
泌尿系统类药品研发项目	19, 161, 189. 58	10, 994, 590. 87	4, 799, 857. 41	5, 173, 464. 37	20, 182, 458. 67
抗癫痫药品研发项目	11, 642, 215. 84	10, 954, 321. 95		3, 143, 332. 05	19, 453, 205. 74
抗痛风药品研发项目	42, 495, 132. 05	1, 458, 547. 77	43, 085, 747. 21		867, 932. 61

续表

项目	期初余额（已重述）	本期增加金额	本期减少金额		期末余额
		内部开发支出	确认为无形资产	转入当期损益	
医院用溶液研发项目	18, 959, 866. 38	2, 771, 610. 92	16, 221, 262. 13	3, 440, 266. 42	2, 069, 948. 75
其他项目	57, 696, 155. 81	32, 906, 977. 64	30, 586, 163. 26	13, 197, 799. 42	46, 819, 170. 77
合计	771, 963, 992. 49	261, 132, 448. 82	194, 694, 181. 00	47, 513, 265. 77	790, 888, 994. 54

（3）重要的资本化研发项目

单位：元

项目	期初余额（已重述）	本期增加	本期减少	期末余额
呼吸系统用药项目		415, 094. 34	415, 094. 34	
激素及调节内分泌项目	2, 925, 000. 00	2, 924, 251. 40	5, 849, 251. 40	
抗癫痫药品研发项目		3, 143, 332. 05		3, 143, 332. 05
抗肿瘤药和免疫调节剂研发项目		5, 393, 861. 60	5, 393, 861. 60	
泌尿系统类药品研发项目		5, 173, 464. 37	5, 173, 464. 37	
全身性抗感染药研发项目		3, 328, 165. 55	3, 328, 165. 55	
消化道和新陈代谢药研发项目		2, 295, 086. 51	295, 240. 72	1, 999, 845. 79
心血管系统用药研发项目		4, 834, 775. 42	4, 834, 775. 42	
血液系统用药研发项目		3, 367, 168. 69	3, 367, 168. 69	
医院用溶液研发项目		3, 440, 266. 42	3, 440, 266. 42	
其他项目		13, 197, 799. 42	13, 189, 061. 56	8, 737. 86
合计	2, 925, 000. 00	47, 513, 265. 77	45, 286, 350. 07	5, 151, 915. 70

示例 8 – 17　生物股份（600201. SH）

会计政策

本公司研发支出为公司研发活动直接相关的支出，包括研发人员职工薪酬、材料费、折旧费用、无形资产摊销费用、协作费、水电燃气费、其他费用等。其中研发人员的工资按照项目工时分摊计入研发支出。研发活动与其他生产经营活动共用设备、产线、场地按照工时占比、面积占比分配计入研发支出。

本公司将内部研究开发项目的支出，区分为研究阶段支出和开发阶段支出。

研究阶段的支出，于发生时计入当期损益。

开发阶段的支出，同时满足下列条件的，才能予以资本化，即：完成该无形资产以使其能够使用或出售在技术上具有可行性；具有完成该无形资产并使用或出售的意图；无形资产产生经济利益的方式，包括能够证明运用该无形资产生产的产品存在市场或无形资产自身存在市场，无形资产将在内部使用的，能够证明其有用性；有足够的技术、财务资源和其他资源支持，以完成该无形资产的开发，并有能力使用或出售该无形资产；归属于该无形资产开发阶段的支出能够可靠地计量。不满足上述条件的开发支出计入当期损益。

本公司研究开发项目在满足上述条件，通过技术可行性及经济可行性研究，形成项目立项后，进入开发阶段。

已资本化的开发阶段的支出在资产负债表上列示为开发支出，自该项目达到预定用途之日转为无形资产。

具体研发项目的资本化条件：

本公司一般将疫苗研发项目是否取得“临床批件”作为划分研究阶段和开发阶段支出的时点，将取得“临床批件”前发生的研究费用于当期费用化，将取得“临床批件”后至所研发项目达到预定用途前发生的开发费用于当期计入研发支出——资本化支出；对于重大动物疫病应急处置所需的疫苗，以农业农村部畜牧兽医局开展应急评价通知作为划分研究阶段和开发阶段支出的时点，将农业农村部畜牧兽医局开展应急评价通知前发生的研究费用于当期费用化，将农业农村部畜牧兽医局开展应急评价通知后至所研发项目达到预定用途前发生的开发费用于当期计入研发支出——资本化支出，所研发项目达到预定用途时转入无形资产。

本公司将合作研究开发项目的支出根据交易经济实质判断合作研发交易经济实质属于自行开发相关技术（研发劳务外包）还是外购技术。判断合作研发经济实质是自主研发还是外购技术，应考虑研发过程中相关的风险和报酬的承担情况。如果本公司承担开发过程中的技术风险及经济风险并享有研发成果的经济利益，则该合作研发的经济实质是自主研发。交易经济实质属于自主开发的，则按照上述自行研究开发的无形资产的标准进行会计处理。交易经济实质属于外购技术的，按实际支付的成本计入开发支出，项目约定进程达到目标（一般为取得新兽药证书）后确认为无形资产。

财务报表项目注释

（1）按费用性质列示

单位：元

项目	本期发生额	上期发生额
人工费	46, 911, 950. 53	40, 354, 614. 95
材料费	51, 873, 806. 12	49, 897, 187. 12
无形资产摊销	1, 859, 925. 82	20, 855, 668. 78
折旧费	22, 887, 369. 70	24, 696, 971. 71
协作费	81, 593, 056. 75	49, 549, 011. 81
水电燃气费	8, 540, 288. 67	8, 968, 993. 78
其他	16, 243, 130. 91	9, 421, 825. 57
合计	229, 909, 528. 50	203, 744, 273. 72
其中：费用化研发支出	143, 471, 246. 45	133, 778, 931. 91
资本化研发支出	86, 438, 282. 05	69, 965, 341. 81

（2）符合资本化条件的研发项目开发支出

单位：元

项目	期初余额	本期增加金额	本期减少金额			期末余额
		内部开发支出	确认为无形资产	转入当期损益	本期减值核销	
生产技术一	230, 257, 918. 52	7, 671, 592. 99		61, 320. 75		237, 868, 190. 76
生产技术二		43, 430, 854. 67				43, 430, 854. 67
生产技术三	13, 408, 097. 82	4, 724, 352. 08				18, 132, 449. 90
生产技术四	13, 828, 044. 31	2, 606, 143. 76				16, 434, 188. 07
生产技术五	9, 381, 469. 92	1, 989, 021. 86				11, 370, 491. 78
生产技术六	7, 104, 517. 51	2, 809, 510. 91				9, 914, 028. 42
生产技术七	6, 529, 357. 24	1, 160, 674. 58				7, 690, 031. 82
生产技术八	5, 243, 450. 61	1, 904, 929. 43				7, 148, 380. 04
生产技术九	3, 926, 503. 44	1, 762, 777. 17				5, 689, 280. 61
生产技术十	3, 950, 422. 66	1, 186, 498. 94				5, 136, 921. 60
生产技术十一	1, 968, 642. 02	2, 285, 962. 26				4, 254, 604. 28
生产技术十二	836, 349. 77	1, 297, 169. 27				2, 133, 519. 04
生产技术十三	2, 100, 000. 00					2, 100, 000. 00
生产技术十四	212, 236. 88	1, 475, 804. 84				1, 688, 041. 72
生产技术十五		1, 332, 646. 00		332, 646. 00		1, 000, 000. 00
生产技术十六	640, 641. 42	29, 070. 00				669, 711. 42

续表

项目	期初余额	本期增加金额	本期减少金额			期末余额
		内部开发支出	确认为无形资产	转入当期损益	本期减值核销	
生产技术十七	136, 368. 75	399, 346. 39				535, 715. 14
生产技术十八	51, 843. 59	374, 120. 79				425, 964. 38
生产技术十九		2, 231, 202. 35		1, 827, 664. 70		403, 537. 65
生产技术二十		1, 818, 804. 88		1, 589, 226. 41		229, 578. 47
生产技术二十一		330, 926. 44		180, 055. 12		150, 871. 32
生产技术二十二	66, 834. 50	77, 756. 78				144, 591. 28
生产技术二十三	126, 752. 44	1, 200. 00		1, 200. 00		126, 752. 44
生产技术二十四	17, 812. 94	5, 451. 28				23, 264. 22
生产技术二十五		243, 516. 91		229, 514. 69		14, 002. 22
生产技术二十六		2, 047, 991. 20	1, 600, 000. 00	447, 991. 20		
生产技术二十七	5, 368, 110. 54	1, 426, 216. 15	6, 794, 326. 69			
生产技术二十八	1, 312, 611. 08		1, 312, 611. 08			
生产技术二十九		4, 488, 853. 51	3, 500, 000. 00	988, 853. 51		
生产技术三十	5, 000, 000. 00				5, 000, 000. 00	
软件开发一	6, 205, 653. 84	2, 443, 455. 57	8, 649, 109. 41			
软件开发二	3, 521, 196. 58	540, 903. 42	4, 062, 100. 00			
其他		137, 812, 774. 07		137, 812, 774. 07		
合计	321, 194, 836. 38	229, 909, 528. 50	25, 918, 147. 18	143, 471, 246. 45	5, 000, 000. 00	376, 714, 971. 25

（3）重要的资本化研发项目

项目	研发进度	预计完成时间	预计经济利益产生方式	开始资本化的时点	具体依据
生产技术一	提交注册新兽药证书申请	2024 年 7 月	产品上市销售	进入开发阶段	获取临床试验批件
生产技术二	应急评价评审阶段	2025 年 3 月	产品上市销售	进入开发阶段	开展应急评价
生产技术三	提交注册新兽药证书申请	2024 年 9 月	产品上市销售	进入开发阶段	获取临床试验批件
生产技术四	提交注册新兽药证书申请	2026 年 6 月	产品上市销售	进入开发阶段	获取临床试验批件
生产技术五	提交注册新兽药证书申请	2024 年 6 月	产品上市销售	进入开发阶段	获取临床试验批件
生产技术六	提交注册新兽药证书申请	2024 年 12 月	产品上市销售	进入开发阶段	获取临床试验批件
生产技术七	提交注册新兽药证书申请	2025 年 6 月	产品上市销售	进入开发阶段	获取临床试验批件
生产技术八	提交注册新兽药证书申请	2025 年 9 月	产品上市销售	进入开发阶段	获取临床试验批件
生产技术九	提交注册新兽药证书申请	2025 年 9 月	产品上市销售	进入开发阶段	获取临床试验批件
生产技术十	提交注册新兽药证书申请	2025 年 3 月	产品上市销售	进入开发阶段	获取临床试验批件
生产技术十一	提交注册新兽药证书申请	2025 年 3 月	产品上市销售	进入开发阶段	获取临床试验批件
生产技术十二	临床试验阶段	2026 年 5 月	产品上市销售	进入开发阶段	获取临床试验批件
生产技术十三	提交注册新兽药证书申请	2024 年 11 月	产品上市销售	进入开发阶段	获取临床试验批件
生产技术十四	临床试验阶段	2026 年 7 月	产品上市销售	进入开发阶段	获取临床试验批件
生产技术十五	工艺验证和产品试生产阶段	2024 年 9 月	产品上市销售	进入开发阶段	受让生产技术许可
生产技术十六	提交注册新兽药证书申请	2024 年 6 月	产品上市销售	进入开发阶段	获取临床试验批件
生产技术十七	临床试验阶段	2025 年 4 月	产品上市销售	进入开发阶段	获取临床试验批件

续表

项目	研发进度	预计完成时间	预计经济利益产生方式	开始资本化的时点	具体依据
生产技术十八	临床试验阶段	2025 年 5 月	产品上市销售	进入开发阶段	获取临床试验批件
生产技术十九	临床试验阶段	2026 年 11 月	产品上市销售	进入开发阶段	获取临床试验批件
生产技术二十	临床试验阶段	2026 年 12 月	产品上市销售	进入开发阶段	获取临床试验批件
生产技术二十一	临床试验阶段	2026 年 6 月	产品上市销售	进入开发阶段	获取临床试验批件
生产技术二十二	临床试验阶段	2025 年 6 月	产品上市销售	进入开发阶段	获取临床试验批件
生产技术二十三	提交注册新兽药证书申请	2024 年 11 月	产品上市销售	进入开发阶段	获取临床试验批件
生产技术二十四	临床试验阶段	2025 年 6 月	产品上市销售	进入开发阶段	获取临床试验批件
生产技术二十五	临床试验阶段	2024 年 6 月	产品上市销售	进入开发阶段	获取临床试验批件

第四节　无形资产准则常见会计事项及披露示例

无形资产是指企业拥有或控制的没有实物形态的可辨认非货币性资产，常见的无形资产类型包括专利权、非专利技术、商标权、著作权、特许权、土地使用权等。随着我国企业贯彻“走出去”战略，加强科技创新，加大研发投入等，各类新型的没有实物形态的非货币性资产不断涌现，如碳排放权、交易所会员资格、飞行员执照、煤焦企业的产能容量指标、加密货币、数据资源等是否符合无形资产的定义，是否能够确认为无形资产也存在一定的争议。

我们在此归纳了与无形资产准则相关的常见会计事项及其准则适用的职业判断框架。

一、无形资产准则常见会计事项

无形资产准则常见会计事项包括：无形资产确认时可辨认性的判断、企业合并中取得无形资产的确认、无形资产的后续计量、研发支出资本化时点的确定、无形资产摊销年限的确定、外购在研研发项目的会计处理、研发过程中形成可对外销售产品的会计处理、与无形资产相关借款费用的资本化、委托开发与合作开发的会计处理、无形资产摊销方法的选取等。

需要注意的是，《企业会计准则应用指南汇编 2024》“第七章　无形资产”明确承租人通过许可使用协议取得的电影、录像、剧本、文稿等版权、专利等项目的权利，以出让、划拨或转让方式取得的土地使用权，适用无形资产准则。强调购买在研项目应符合资本化条件，才能确认为无形资产。

我们对上市公司历年年报中关于无形资产和开发支出披露的内容予以关注，并从中选取一些有代表性的事项进行列示和分析。如无特别说明，本节示例来自相关公司公开披露的2023年年度报告。

二、无形资产准则的判断框架

无形资产准则适用范围如图8－7所示。

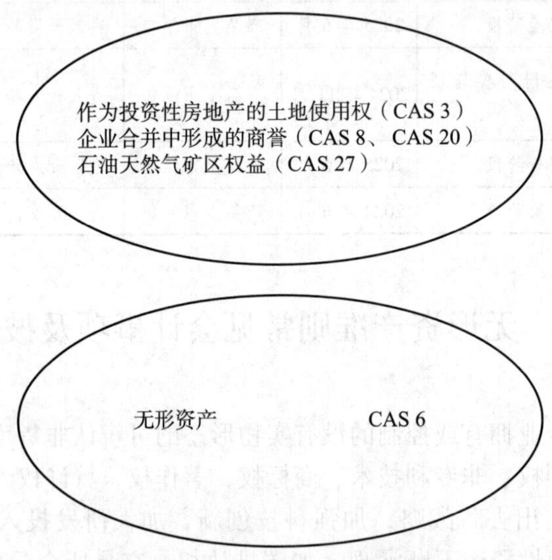

图8－7　无形资产准则的适用范围

注：CAS 3指《企业会计准则第3号——投资性房地产》；CAS 6指《企业会计准则第6号——无形资产》；CAS 8指《企业会计准则第8号——资产减值》；CAS 20指《企业会计准则第20号——企业合并》；CAS 27指《企业会计准则第27号——石油天然气开采》。

无形资产特征如图8－8所示。

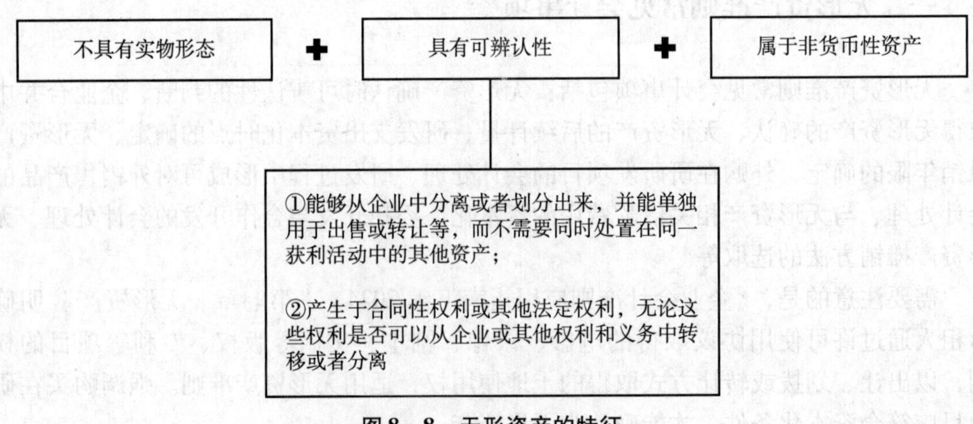

图8－8　无形资产的特征

无形资产使用寿命的确认如图 8 -9 所示。

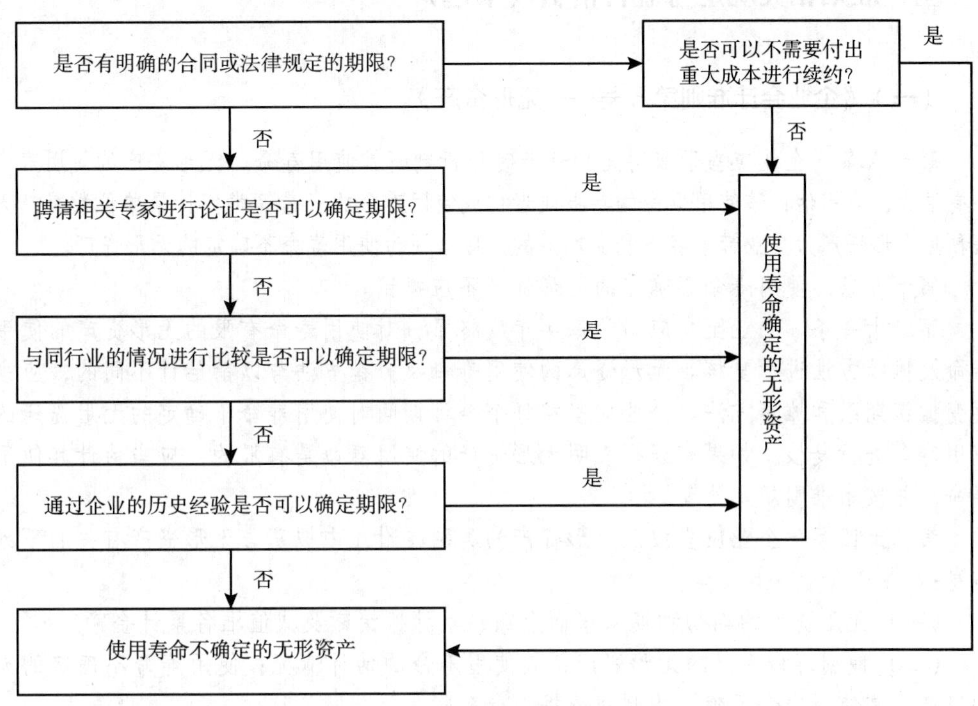

图 8 -9　无形资产使用寿命的确认

研究阶段与开发阶段的划分如图 8 -10 所示。

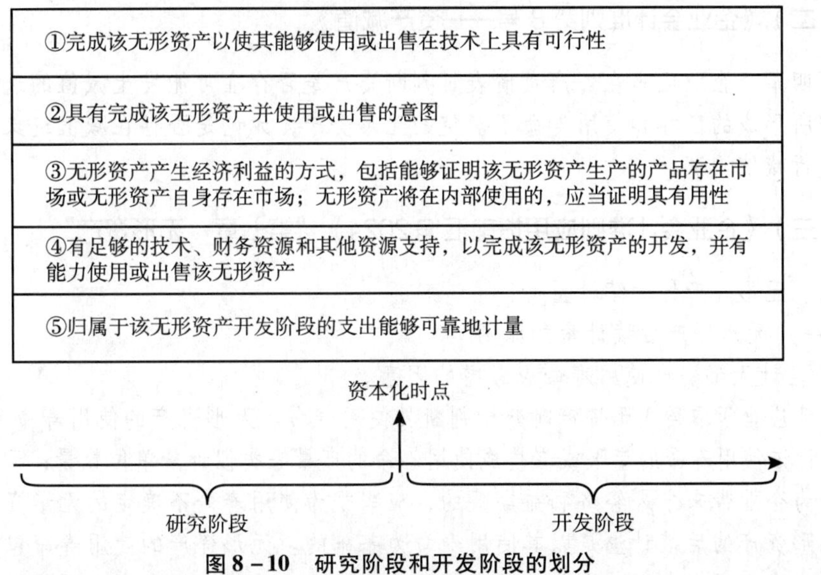

图 8 -10　研究阶段和开发阶段的划分

三、准则相关规定与监管指引（节选）

（一）《企业会计准则第 6 号——无形资产》

第十六条　企业应当于取得无形资产时分析判断其使用寿命。无形资产的使用寿命为有限的，应当估计该使用寿命的年限或者构成使用寿命的产量等类似计量单位数量；无法预见无形资产为企业带来经济利益期限的，应当视为使用寿命不确定的无形资产。

第十九条　使用寿命不确定的无形资产不应摊销。

第二十一条　企业至少应当于每年年度终了，对使用寿命有限的无形资产的使用寿命及摊销方法进行复核。无形资产的使用寿命及摊销方法与以前估计不同的，应当改变摊销期限和摊销方法。企业应当在每个会计期间对使用寿命不确定的无形资产的使用寿命进行复核。如果有证据表明无形资产的使用寿命是有限的，应当估计其使用寿命，并按本准则规定处理。

第二十四条　企业应当按照无形资产的类别在附注中披露与无形资产有关的下列信息：

（一）无形资产的期初和期末账面余额、累计摊销额及减值准备累计金额。

（二）使用寿命有限的无形资产，其使用寿命的估计情况；使用寿命不确定的无形资产，其使用寿命不确定的判断依据。

（三）无形资产的摊销方法。

（四）用于担保的无形资产账面价值、当期摊销额等情况。

（五）计入当期损益和确认为无形资产的研究开发支出金额。

（二）《企业会计准则第 8 号——资产减值》

第四条　企业应当在资产负债表日判断资产是否存在可能发生减值的迹象。因企业合并所形成的商誉和使用寿命不确定的无形资产，无论是否存在减值迹象，每年都应当进行减值测试。

（三）《企业会计准则应用指南汇编 2024》“第七章　无形资产”

七、无形资产的后续计量

（一）无形资产后续计量的原则

1. 估计无形资产使用寿命应考虑的因素。

企业应当于取得无形资产时分析判断其使用寿命。无形资产的使用寿命为有限的，应当估计该使用寿命的年限或者构成使用寿命的产量等类似计量单位数量；无法预见无形资产为企业带来未来经济利益期限的，应当视为使用寿命不确定的无形资产。

无形资产的后续计量是以其使用寿命为基础的。无形资产的使用寿命包括法定寿命和经济寿命两个方面，有些无形资产的使用寿命受法律、规章或合同的限制，称为法定寿命。如我国法律规定发明专利权的有效期为20年，商标权的有效期为10年。有些无形资产如永久性特许经营权、非专利技术等的寿命则不受法律或合同的限制。经济寿命是无形资产可以为企业带来经济利益的年限。由于受技术进步、市场竞争等因素的影响，无形资产的经济寿命往往短于法定寿命，因此，在估计无形资产的使用寿命时，应当综合考虑各方面相关因素的影响，合理确定无形资产的使用寿命。

确定无形资产的经济寿命，通常应考虑以下因素：该资产通常的产品寿命周期，以及可获得的类似资产使用寿命的信息；技术、工艺等方面的现实情况及对未来发展的估计；以该资产生产的产品或服务的市场需求情况；现在或潜在的竞争者预期采取的行动；为维持该资产产生未来经济利益的能力预期的维护支出及企业预计支付有关支出的能力；对该资产的控制期限，对该资产使用的法律或类似限制，如特许使用期间、租赁期间等；与企业持有的其他资产使用寿命的关联性等。对确认为无形资产的数据资源的使用寿命进行估计时，还应重点关注数据资源相关业务模式、权利限制、更新频率和时效性、有关产品或技术迭代、同类竞品等因素。

2. 无形资产使用寿命的确定。

源自合同性权利或其他法定权利取得的无形资产，其使用寿命不应超过合同性权利或其他法定权利的期限。例如，企业以支付土地出让金方式取得一块土地的使用权，如果企业准备持续持有，在50年期间内没有计划出售，该块土地使用权预期为企业带来未来经济利益的期间为50年。如果合同性权利或其他法定权利能够在到期时因续约等延续，当有证据表明企业续约不需要付出重大成本时，续约期才能够包括在使用寿命的估计中。下列情况一般说明企业无须付出重大成本即可延续合同性权利或其他法定权利：有证据表明合同性权利或法定权利将被重新延续，如果在延续之前需要第三方同意，则还需有第三方将会同意的证据；有证据表明为获得重新延续所必需的所有条件将被满足，以及企业为延续持有无形资产付出的成本相对于预期从重新延续中流入企业的未来经济利益相比不具有重要性。如果企业在延续无形资产持有期间时付出的成本与预期流入企业的未来经济利益相比具有重要性，本质上是企业获得了一项新的无形资产。

没有明确的合同或法律规定的无形资产，企业应当综合各方面情况，如聘请相关专家进行论证或与同行业的情况进行比较以及企业的历史经验等，来确定无形资产为企业带来未来经济利益的期限，如果经过这些努力确实无法合理确定无形资产为企业带来经济利益期限，再将其作为使用寿命不确定的无形资产。例如，企业通过公开拍卖取得一项出租车运营许可，按照所在地规定，以现有出租运营许可为限，不再授予新的运营许可，而且在旧的出租车报废以后，其运营许可可用于新的出租车。企业估计在有限的未来，其将持续经营出租车行业。对于该运营许可，其为企业带来未来经济利益的期限从目前情况看无法可靠估计，应视为使用寿命不确定的无形资产。需要强调的是，企业根据可获得的情况判断，有确凿证据表明无法合理估计其使用寿命的无形资产，才能作为使用寿命不确定的无形资产。企业不得随意判断使用寿命不确定的无形资产。

（四）《国际会计准则第 38 号——无形资产》

使用寿命

88　主体应评估一项无形资产的使用寿命是有限的还是不确定的，并且，如果是有限的，还应评估使用寿命的期限或者构成使用寿命的产量或类似计量单位的数量。在分析所有相关因素的基础上，当无法预见无形资产预期为主体产生净现金流量的截止期限时，主体应视该无形资产的使用寿命是不确定的。

89　无形资产的会计处理是基于其使用寿命的。使用寿命有限的无形资产需要摊销，使用寿命不确定的无形资产不需要摊销。本准则中的示例说明了如何确定不同无形资产的使用寿命，以及基于使用寿命判定对这些资产的后续会计处理。

90　在确定无形资产的使用寿命时，需要考虑的多项因素有：

（1）主体对该资产的预期使用情况，以及该资产是否能有效地由另外的管理团队管理；

（2）该资产通常的产品寿命周期，以及有关以类似方式使用的类似资产的使用寿命估计的公开信息；

（3）技术、工艺、商业或其他方面变得过时；

（4）该资产在其中运行的行业的稳定性和资产生产的产品或服务的市场需求变化；

（5）现在或潜在的竞争者预期采取的行动；

（6）为从该资产获得预期未来经济利益所要求的维护支出的水平；以及主体达到这个水平的能力和意向；

（7）对该资产的控制期限，以及对该资产使用的法律或类似限制，如相关租赁合约的到期日；

（8）该资产的使用寿命是否依赖于主体其他资产的使用寿命。

91　术语“不确定的”并不意味着“无限的”。无形资产的使用寿命仅反映了为维持该资产在使用寿命评估时的绩效标准所要求的维护支出的水平，以及主体达到这个水平的能力和意向。得出一项无形资产的使用寿命是不确定的结论，不应依据计划的未来支出超过为维护该资产的绩效标准所要求的维护支出。

92　考虑到技术在迅速地变化，计算机软件和许多其他无形资产较易受技术过时的影响。因此，大部分情况下此类无形资产可使用寿命较短。使用无形资产生产的项目，其售价未来的预期减损可以说明资产技术或商业价值过时的预期，而资产过时的预期反过来可能也反映了资产内含未来经济利益的减损。

93　一项无形资产的使用寿命可能会很长，或者甚至是不确定的。不确定性说明应运用稳健原则，估计无形资产的使用寿命，但不能说明应选择一个短得不切实际的寿命。

94　源自合同性权利或其他法定权利的无形资产，其使用寿命不应超过合同性权利或其他法定权利的期限，但可能会更短，这取决于主体使用资产的预期期限。如果合同性权利或其他法定权利在能够重新延续的有限期间内转让，仅当有证据支持主体续约无需重大成本时，该无形资产的使用寿命才应当包括续约期。企业合并中获取的，确认为无形资产的购回权，其使用寿命是确保该购回权权利存在的合同的期间，不包括续约期。

95 无形资产的使用寿命可能受经济和法律的因素影响。经济因素决定主体获取未来经济利益的期间。法律因素可能限制主体控制获取这些利益的期间。使用寿命应是由这些因素确定的期间中的较短者。

96 下列因素表明主体能够重新延续合同性权利或其他法定权利而无需重大成本：

(1) 有证据（可能基于以往的经验）表明，合同性权利或其他法定权利将被重新延续。如果重新延续有赖于第三方的同意，还应有第三方将会同意的证据；

(2) 有证据表明为获得重新延续而必需的所有条件将被满足；

(3) 主体重新延续的成本与预期从重新延续中流入主体的未来经济利益相比并不重大。

如果重新延续成本与预期从重新延续中流入主体的未来经济利益相比是重大的，则“重新延续”成本实质上代表主体在重新延续日获得一项新的无形资产的成本。

使用寿命不确定的无形资产

107 使用寿命不确定的无形资产不应摊销。

108 按照《国际会计准则第36号——资产减值》，通过比较可收回金额与账面金额，主体应在以下情况下对使用寿命不确定的无形资产进行减值测试：

(1) 每年，

(2) 只要有迹象表明该无形资产可能发生减值。

使用寿命评估的复核

109 主体应在每个期间对不进行摊销的无形资产的使用寿命进行复核，以判断事项和环境是否仍然支持该资产具有不确定的使用寿命评估。若否，使用寿命的评估从不确定变为有限，应当按照《国际会计准则第8号——会计政策、会计估计变更和差错》的规定，作为一项会计估计变更进行会计处理。

110 按照《国际会计准则第36号》的规定，将无形资产的使用寿命从不确定重估为有限，标志着资产可能发生减值。因此，主体应通过比较按《国际会计准则第36号》确定的可收回金额与其账面金额对资产进行减值测试，并将账面金额超过可收回金额的部分确认为减值损失。

（五）《企业会计准则解释第11号》（财会［2017］18号）

一、涉及的主要准则

该问题主要涉及《企业会计准则第6号——无形资产》（财会〔2006〕3号，以下简称第6号准则）。

二、涉及的主要问题

第6号准则第十七条规定，企业选择的无形资产摊销方法，应当反映与该无形资产有关的经济利益的预期实现方式。无法可靠确定预期实现方式的，应当采用直线法摊销。

根据上述规定，企业能否以包括使用无形资产在内的经济活动产生的收入为基础进行摊销？

三、会计确认、计量和列报要求

企业在按照第6号准则的上述规定选择无形资产摊销方法时，应根据与无形资产有关的经济利益的预期消耗方式做出决定。由于收入可能受到投入、生产过程和销售等因素的影响，这些因素与无形资产有关经济利益的预期消耗方式无关，因此，企业通常不应以包括使用无形资产在内的经济活动所产生的收入为基础进行摊销，但是，下列极其有限的情况除外：

1. 企业根据合同约定确定无形资产固有的根本性限制条款（如无形资产的使用时间、使用无形资产生产产品的数量或因使用无形资产而应取得固定的收入总额）的，当该条款为因使用无形资产而应取得的固定的收入总额时，取得的收入可以成为摊销的合理基础，如企业获得勘探开采黄金的特许权，且合同明确规定该特许权在销售黄金的收入总额达到某固定的金额时失效。

2. 有确凿的证据表明收入的金额和无形资产经济利益的消耗是高度相关的。

企业采用车流量法对高速公路经营权进行摊销的，不属于以包括使用无形资产在内的经济活动产生的收入为基础的摊销方法。

四、生效日期和新旧衔接

本解释自2018年1月1日起施行，不要求追溯调整。本解释施行前已确认的无形资产未按本解释进行会计处理的，不调整以前各期摊销金额，也不计算累积影响数，自施行之日起在未来期间根据重新评估后的摊销方法计提摊销。

（六）《企业会计准则解释第15号》（财会［2021］35号）

一、关于企业将固定资产达到预定可使用状态前或者研发过程中产出的产品或副产品对外销售的会计处理

该问题主要涉及《企业会计准则第1号——存货》、《企业会计准则第4号——固定资产》、《企业会计准则第6号——无形资产》、《企业会计准则第14号——收入》、《企业会计准则第30号——财务报表列报》等准则。

（一）相关会计处理。

企业将固定资产达到预定可使用状态前或者研发过程中产出的产品或副产品对外销售（以下统称试运行销售）的，应当按照《企业会计准则第14号——收入》、《企业会计准则第1号——存货》等规定，对试运行销售相关的收入和成本分别进行会计处理，计入当期损益，不应将试运行销售相关收入抵销相关成本后的净额冲减固定资产成本或者研发支出。试运行产出的有关产品或副产品在对外销售前，符合《企业会计准则第1号——存货》规定的应当确认为存货，符合其他相关企业会计准则中有

关资产确认条件的应当确认为相关资产。本解释所称“固定资产达到预定可使用状态前产出的产品或副产品”，包括测试固定资产可否正常运转时产出的样品等情形。

测试固定资产可否正常运转而发生的支出属于固定资产达到预定可使用状态前的必要支出，应当按照《企业会计准则第 4 号——固定资产》的有关规定，计入该固定资产成本。本解释所称“测试固定资产可否正常运转”，指评估该固定资产的技术和物理性能是否达到生产产品、提供服务、对外出租或用于管理等标准的活动，不包括评估固定资产的财务业绩。

（二）列示和披露。

企业应当按照《企业会计准则第 1 号——存货》、《企业会计准则第 14 号——收入》、《企业会计准则第 30 号——财务报表列报》等规定，判断试运行销售是否属于企业的日常活动，并在财务报表中分别日常活动和非日常活动列示试运行销售的相关收入和成本，属于日常活动的，在“营业收入”和“营业成本”项目列示，属于非日常活动的，在“资产处置收益”等项目列示。同时，企业应当在附注中单独披露试运行销售的相关收入和成本金额、具体列报项目以及确定试运行销售相关成本时采用的重要会计估计等相关信息。

（三）新旧衔接。

对于在首次施行本解释的财务报表列报最早期间的期初至本解释施行日之间发生的试运行销售，企业应当按照本解释的规定进行追溯调整；追溯调整不切实可行的，企业应当从可追溯调整的最早期间期初开始应用本解释的规定，并在附注中披露无法追溯调整的具体原因。

（七）《企业数据资源相关会计处理暂行规定》

一、关于适用范围

本规定适用于企业按照企业会计准则相关规定确认为无形资产或存货等资产类别的数据资源，以及企业合法拥有或控制的、预期会给企业带来经济利益的、但由于不满足企业会计准则相关资产确认条件而未确认为资产的数据资源的相关会计处理。

二、关于数据资源会计处理适用的准则

企业应当按照企业会计准则相关规定，根据数据资源的持有目的、形成方式、业务模式，以及与数据资源有关的经济利益的预期消耗方式等，对数据资源相关交易和事项进行会计确认、计量和报告。

1. 企业使用的数据资源，符合《企业会计准则第 6 号——无形资产》（财会〔2006〕3 号，以下简称无形资产准则）规定的定义和确认条件的，应当确认为无形资产。

2. 企业应当按照无形资产准则、《〈企业会计准则第 6 号——无形资产〉应用指南》（财会〔2006〕18 号，以下简称无形资产准则应用指南）等规定，对确认为无形资产的数据资源进行初始计量、后续计量、处置和报废等相关会计处理。

其中，企业通过外购方式取得确认为无形资产的数据资源，其成本包括购买价款、相关税费，直接归属于使该项无形资产达到预定用途所发生的数据脱敏、清洗、标注、整合、分析、可视化等加工过程所发生的有关支出，以及数据权属鉴证、质量评估、登记结算、安全管理等费用。企业通过外购方式取得数据采集、脱敏、清洗、标注、整合、分析、可视化等服务所发生的有关支出，不符合无形资产准则规定的无形资产定义和确认条件的，应当根据用途计入当期损益。

企业内部数据资源研究开发项目的支出，应当区分研究阶段支出与开发阶段支出。研究阶段的支出，应当于发生时计入当期损益。开发阶段的支出，满足无形资产准则第九条规定的有关条件的，才能确认为无形资产。

企业在对确认为无形资产的数据资源的使用寿命进行估计时，应当考虑无形资产准则应用指南规定的因素，并重点关注数据资源相关业务模式、权利限制、更新频率和时效性、有关产品或技术迭代、同类竞品等因素。

3. 企业在持有确认为无形资产的数据资源期间，利用数据资源对客户提供服务的，应当按照无形资产准则、无形资产准则应用指南等规定，将无形资产的摊销金额计入当期损益或相关资产成本；同时，企业应当按照《企业会计准则第 14 号——收入》（财会〔2017〕22 号，以下简称收入准则）等规定确认相关收入。

除上述情形外，企业利用数据资源对客户提供服务的，应当按照收入准则等规定确认相关收入，符合有关条件的应当确认合同履约成本。

三、关于列示和披露要求

（一）资产负债表相关列示。

企业在编制资产负债表时，应当根据重要性原则并结合本企业的实际情况，在“存货”项目下增设“其中：数据资源”项目，反映资产负债表日确认为存货的数据资源的期末账面价值；在“无形资产”项目下增设“其中：数据资源”项目，反映资产负债表日确认为无形资产的数据资源的期末账面价值；在“开发支出”项目下增设“其中：数据资源”项目，反映资产负债表日正在进行数据资源研究开发项目满足资本化条件的支出金额。

（二）相关披露。

企业应当按照相关企业会计准则及本规定等，在会计报表附注中对数据资源相关会计信息进行披露。

1. 确认为无形资产的数据资源相关披露。

（1）企业应当按照外购无形资产、自行开发无形资产等类别，对确认为无形资产的数据资源（以下简称数据资源无形资产）相关会计信息进行披露，并可以在此基础上根据实际情况对类别进行拆分。……

（2）对于使用寿命有限的数据资源无形资产，企业应当披露其使用寿命的估计情况及摊销方法；对于使用寿命不确定的数据资源无形资产，企业应当披露其账面价值及使用寿命不确定的判断依据。

（3）企业应当按照《企业会计准则第 28 号——会计政策、会计估计变更和差错更正》（财会〔2006〕3 号）的规定，披露对数据资源无形资产的摊销期、摊销方法或残值的变更内容、原因以及对当期和未来期间的影响数。

(4) 企业应当单独披露对企业财务报表具有重要影响的单项数据资源无形资产的内容、账面价值和剩余摊销期限。

(5) 企业应当披露所有权或使用权受到限制的数据资源无形资产，以及用于担保的数据资源无形资产的账面价值、当期摊销额等情况。

(6) 企业应当披露计入当期损益和确认为无形资产的数据资源研究开发支出金额。

(7) 企业应当按照《企业会计准则第 8 号——资产减值》(财会〔2006〕3 号) 等规定，披露与数据资源无形资产减值有关的信息。

(8) 企业应当按照《企业会计准则第 42 号——持有待售的非流动资产、处置组和终止经营》(财会〔2017〕13 号) 等规定，披露划分为持有待售类别的数据资源无形资产有关信息。

四、使用寿命不确定的无形资产披露示例

(一) 简要分析

《企业会计准则第 6 号——无形资产》规定了无法预见无形资产为企业带来经济利益期限的，应当视为使用寿命不确定的无形资产。使用寿命不确定的无形资产不需要摊销，但需要在每个会计期间对使用寿命不确定的无形资产的使用寿命进行复核，同时要进行减值测试。《国际会计准则第 38 号——无形资产》对于使用寿命不确定的判断提供了更多的指引。

结合历年的上市公司年报来看，上市公司将所拥有或控制的无形资产评估为使用寿命不确定的情况并不多见。被评估为使用寿命不确定的无形资产主要包括商标和许可证，另外也涉及特许经营权、行政划拨土地使用权以及企业合并取得的品牌。多数上市公司披露的确定为使用寿命不确定的无形资产的理由是可以较低的成本等申请延期或续期。另外，有少数上市公司披露了期末对使用寿命不确定的无形资产进行减值测试的过程、使用的参数及测试结果等。

(二) 年报披露示例

使用寿命不确定的无形资产年报披露示例汇总如表 8－6 所示。

表 8－6　　使用寿命不确定的无形资产年报披露示例汇总

序号	参考示例	使用寿命不确定的无形资产的类型
1	示例 8－18　华能国际 (600011. SH)	电力生产许可证
2	示例 8－19　华泰证券 (601688. SH)	与现有经纪商的关系、与现有客户的关系
3	示例 8－20　昊海生科 (688366. SH)	品牌
4	示例 8－21　复星医药 (600196. SH)	药证、商标权、专利权及专有技术、特许经营权

续表

序号	参考示例	使用寿命不确定的无形资产的类型
5	示例8－22　张裕A（000869.SZ）	土地使用权、商标权
6	示例8－23　福莱特（601865.SH）	用能权
7	示例8－24　华润三九（000999.SZ）	商标权

示例8－18　华能国际（600011.SH）

无形资产情况

单位：元

项目	土地使用权	☆电力生产许可证	采矿权	海域使用权	其他	合计
一、账面原值						
1. 期初余额	10,378,478,364	4,156,846,200	2,506,867,208	993,240,774	1,844,464,949	19,879,897,495
2. 本期增加金额	689,775,886	155,668,200		565,405,047	185,875,257	1,596,724,390
（1）购置	621,048,575			565,405,047	162,819,008	1,349,272,630
（2）其他	68,727,311				19,947,443	88,674,754
（3）外币报表折算差额		155,668,200			3,108,806	158,777,006
3. 本期减少金额	－234,036,332			－306,428	－14,742,001	－249,084,761
（1）处置	－234,036,332			－306,428	－14,742,001	－249,084,761
4. 期末余额	10,834,217,918	4,312,514,400	2,506,867,208	1,558,339,393	2,015,598,205	21,227,537,124
二、累计摊销						
1. 期初余额	2,778,547,758			156,813,444	1,153,844,096	4,089,205,298
2. 本期增加金额	225,424,034		2,371,575	49,180,519	160,193,938	437,170,066
（1）计提	225,424,034		2,371,575	49,180,519	157,264,656	434,240,784
（2）其他						
（3）外币报表折算差额					2,929,282	2,929,282
3. 本期减少金额	－71,563,659				－968,237	－72,531,896
（1）处置	－71,563,659				－968,237	－72,531,896
4. 期末余额	2,932,408,133		2,371,575	205,993,963	1,313,069,797	4,453,843,468
三、减值准备						
1. 期初余额	193,082,473		895,380,917		3,472,255	1,091,935,645
2. 本期增加金额						
3. 期末余额	193,082,473		895,380,917		3,472,255	1,091,935,645
四、账面价值						
1. 期末账面价值	7,708,727,312	4,312,514,400	1,609,114,716	1,352,345,430	699,056,153	15,681,758,011
2. 期初账面价值	7,406,848,133	4,156,846,200	1,611,486,291	836,427,330	687,148,598	14,698,756,552

☆本公司及其子公司由于收购大士能源有限公司（“大士能源”）而取得其电力生产许可证，以取得时的公允价值进行初始计量。大士能源基于新加坡能源管理局（“EMA”）所颁发的许可证经营其电厂，该许可证有效期为30年（2003年至2032年)。2011年，该许可证以极少的成本将到期日延长至2044年，并且还可进一步延期。本公司及其子公司预计基于现有市场框架，在延期的过程中可以遵守相关的规章制度。本公司及其子公司基于对电力生产许可证的使用寿命的评估，认为其使用寿命不确定，因此不予摊销。

电力生产许可证只属于单一的资产组大士能源。资产组的可收回金额根据其使用价值计算确定，根据评估，电力生产许可证没有发生减值。使用价值计算的重要假设详见附注七、27商誉。

示例8－19　华泰证券（601688.SH）

（1）无形资产情况

单位：元

项目	交易席位费	☆与现有经纪商的关系	☆与现有客户的关系	……	合计
原值					
年初余额	125,497,526.81	3,931,667,362.47	242,225,282.71		10,378,080,299.78
非同一控制下企业合并调整			(50,287,170.00)		(50,287,170.00)
本年增加					603,829,054.90
处置					(44,196,942.94)
外币报表折算差额		79,737,579.46	3,920,590.05		140,148,106.38
年末余额	125,497,526.81	4,011,404,941.93	195,858,702.76		11,027,573,348.12
减：累计摊销					
年初余额	(124,900,374.45)				(2,938,263,995.81)
本年增加	(9,999.96)				(586,638,915.42)
处置					42,097,287.13
外币报表折算差额					(29,507,987.13)
年末余额	(124,910,374.41)				(3,512,313,611.23)
账面价值					
年末	587,152.40	4,011,404,941.93	195,858,702.76		7,515,259,736.89
年初	597,152.36	3,931,667,362.47	242,225,282.71		7,439,816,303.97

☆使用寿命不确定的无形资产

本集团无法预见与现有经纪商及与现有客户的关系为企业带来的经济利益期限，将该项无形资产视为使用寿命不确定的无形资产。

于2023年12月31日，本集团基于与现有经纪商的关系的可回收金额能否可靠估计的判断，对与现有经纪商的关系进行减值测试。可收回金额以预计未来现金流量现值的方法确定，本集团根据管理层批准的Assetmark Financial Holdings，Inc. 的8年期的财务预算和折现率16.38%预计该资产组的未来现金流量现值，该折现率已反映相关资产的特定风险。超过财务预算之后年份的现金流量以3.5%的长期平均增长率推断。

于2023年12月31日，本集团基于与现有客户的关系的可回收金额能否可靠估计的判断，对与现有客户的关系进行减值测试。可收回金额以预计未来现金流量现值的方法确定，本集团根据管理层批准的Voyant，Inc. 10年期的财务预算和折现率18.78%预计该资产组的未来现金流量现值，该折现率已反映相关资产的特定风险。超过财务预算之后年份的现金流量以2.5%的长期平均增长率推断。

于2023年12月31日，本集团及本公司管理层认为无须对无形资产计提减值准备（2022年12月31日：无）。

示例8－20　昊海生科（688366. SH）

单位：元

项目	土地使用权	……	客户关系	☆品牌	独家经销权	合计
一、账面原值						
1. 期初余额	203,743,063.60		304,961,204.76	111,488,474.76	112,480,000.00	1,099,828,149.33
2. 本期增加金额				5,709,508.75		20,240,482.76
（1）购置						1,626,587.50
（4）外币报表折算				5,709,508.75		18,613,895.26
4. 期末余额	203,743,063.60		304,961,204.76	117,197,983.51	112,480,000.00	1,120,068,632.09
二、累计摊销						
1. 期初余额	40,627,054.51		124,019,828.18	1,266,666.67	14,787,463.41	286,734,463.40
2. 本期增加金额	8,926,974.85		23,648,721.92	950,000.00	12,208,033.62	74,206,210.66
（1）计提	8,926,974.85		23,648,721.92	950,000.00	12,208,033.62	69,836,636.21
（2）外币报表折算	—					4,369,574.45
4. 期末余额	49,554,029.36		147,668,550.10	2,216,666.67	26,995,497.03	360,940,674.06
三、减值准备						
1. 期初余额				5,271,988.76		29,561,413.51
2. 本期增加金额				89,398.13		501,278.33
（2）外币报表折算				89,398.13		501,278.33
4. 期末余额				5,361,386.89		30,062,691.84

续表

项目	土地使用权	……	客户关系	☆品牌	独家经销权	合计
四、账面价值						
1. 期末账面价值	154, 189, 034. 24		157, 292, 654. 66	109, 619, 929. 95	85, 484, 502. 97	729, 065, 266. 19
2. 期初账面价值	163, 116, 009. 09		180, 941, 376. 58	104, 949, 819. 33	97, 692, 536. 59	783, 532, 272. 42

☆品牌中使用寿命不确定年限的无形资产为 Aaren 业务品牌以及 Contamac 集团品牌。于 2023 年 12 月 31 日，Aaren 业务品牌账面价值约为人民币 30, 880, 714. 83 元，Contamac 集团品牌账面价值约为人民币 71, 455, 881. 80 元。

于 2023 年 12 月 31 日，本集团使用许可费节省法对品牌进行了减值测试。减值测试中，品牌的在用价值均为基于本集团管理层批准的财务预算，使用现金流预测计算确定。Aaren 业务品牌的现金流预测使用的折现率为 15%，在预测五年期后的现金流量时采用的增长率为 2. 2%；Contamamc 集团品牌的现金流预测使用的折现率为 14%，在预测五年期后的现金流量时采用的增长率为 2%。

以下说明了本集团管理层于 2023 年 12 月 31 日进行品牌及非专利技术的减值测试，在确定现金流量预测时作出的关键假设：

折现率——所使用的折现率为税前折现率，并反映与相关单位有关的特定风险。

增长率——增长率来自行业增长预测。

销售价格及直接成本变化——该些假设是基于过去的实践经验及对未来市场变化的预期。

上述关键假设的金额与本集团历史经验及外部信息一致。

可收回金额按预计未来现金流量的现值确定。

项目	账面价值（元）	可收回金额（元）	减值金额（元）	预算/预测期的年限（年）	预算/预测期的关键参数	稳定期的关键参数	稳定期的关键参数的确定依据
Aaren 业务品牌	30, 880, 714. 83	31, 281, 000. 00	—	5. 00	折现率 15%	2. 20%	根据牛津经济研究院发布的长期通货膨胀率确认
Contamac 集团品牌	71, 455, 881. 80	117, 982, 340. 75	—	5. 00	折现率 14%	2. 00%	根据牛津经济研究院发布的长期通货膨胀率确认
合计	102, 336, 596. 63	149, 263, 340. 75	—				

示例 8－21　复星医药（600196. SH）

无形资产

单位：元

项目	☆商标权	☆专利权及专有技术	☆药证	销售网络	☆特许经营权	合计
原价						
年初余额	1, 110, 516, 369. 08	5, 881, 632, 532. 03	3, 409, 253, 621. 23	2, 039, 430, 389. 24	1, 264, 625, 998. 46	16, 357, 118, 710. 67
购置	19, 350. 00	111, 281, 222. 76		19, 067, 359. 85	588, 585, 144. 20	862, 891, 294. 03
非同一控制下企业合并	90, 321, 960. 25	81, 618, 616. 03	51, 440, 381. 64	388, 648, 693. 44		810, 425, 864. 01
开发支出转入		137, 853, 080. 70	693, 919, 264. 82			831, 772, 345. 52
处置		（29, 916, 493. 02）				（44, 247, 397. 35）
汇率变动的影响	4, 613, 137. 02	32, 086, 031. 65	694, 800. 50	24, 183, 581. 92	6, 211, 664. 89	71, 206, 729. 41
年末余额	1, 205, 470, 816. 35	6, 214, 554, 990. 15	4, 155, 308, 068. 19	2, 471, 330, 024. 45	1, 859, 422, 807. 55	18, 889, 167, 546. 29
累计摊销						
年初余额	60, 700, 349. 70	1, 776, 851, 682. 69	300, 068, 139. 78	884, 743, 440. 54	200, 380, 794. 97	3, 800, 972, 620. 91
非同一控制下企业合并		5, 462, 751. 10	46, 066, 738. 06	26, 197, 333. 30		156, 187, 687. 31
计提	39, 946, 869. 17	458, 464, 900. 52	208, 071, 404. 43	141, 648, 477. 35	423, 287, 348. 63	1, 368, 909, 115. 32
处置		（29, 541, 493. 02）				（32, 919, 886. 38）
汇率变动的影响	13, 586. 81	14, 510, 994. 67	815, 692. 66	10, 443, 129. 75	166, 940. 71	28, 912, 550. 81
年末余额	100, 660, 805. 68	2, 225, 748, 835. 96	555, 021, 974. 93	1, 063, 032, 380. 94	623, 835, 084. 31	5, 322, 062, 087. 97
减值准备						
年初及年末余额		20, 613, 999. 99	64, 000, 000. 00		475, 327. 74	85, 089, 327. 73
账面价值						
年末	1, 104, 810, 010. 67	3, 968, 192, 154. 20	3, 536, 286, 093. 26	1, 408, 297, 643. 51	1, 235, 112, 395. 50	13, 482, 016, 130. 59
年初	1, 049, 816, 019. 38	4, 084, 166, 849. 35	3, 045, 185, 481. 45	1, 154, 686, 948. 70	1, 063, 769, 875. 75	12, 471, 056, 762. 03

于2023年12月31日，本集团如下无形资产使用寿命不确定，明细如下：

资产名称	资产持有者	原价（元）	使用寿命不确定的判断依据
药证	湖南洞庭，大连雅立峰 沈阳红旗，苏州二叶	307,000,000.00	延期成本较低 可无限延期使用
商标权	大连雅立峰 湖南洞庭，苏州二叶	31,000,000.00	延期成本较低 可无限延期使用
商标权	CML，Alma*	205,045,716.11	延期成本较低 可无限延期使用
专利权及专有技术	复宏汉霖	48,920,850.00	延期成本较低 可无限延期使用
特许经营权	恒生医院	421,710,000.00	延期成本较低 可无限延期使用
		1,013,676,566.11	

* CML和Alma的商标权以美元为本位币计量。

本集团基于上述单项无形资产的可回收金额能否可靠估计的判断，对上述单项无形资产或者其所属的资产组进行减值测试。

计算资产组于2023年12月31日和2022年12月31日的预计未来现金流量现值采用了关键假设。以下说明了进行使用寿命不确定的无形资产的减值测试时作出的关键假设：

关键假设	内容
预测收入增长率	是在预测年度前一年实现的收入基础上，根据预计市场发展情况适当提高该增长率
预测利润率	是在预测前一年实现的平均利润率基础上，根据预计效率的提高及预计市场发展情况适当提高该平均利润率
折现率	系反映相关资产组或者资产组组合特定风险的税前折现率
预测期后增长率	系通货膨胀率

分配至各资产组的关键假设的金额与本集团历史经验及外部信息一致。

可收回金额按预计未来现金流量的现值确定。

项目	账面价值（元）	可收回金额（元）	减值金额（元）	预测期的年限（年）	预测期的关键参数（注）	稳定期的关键参数	稳定期的关键参数的确定依据
药证	307,000,000.00	980,275,272.70		9	16.00%－17.40%	2.30%	牛津经济研究院发布的长期通货膨胀率确认
商标权	236,045,716.11	673,299,480.30		5－9	16.80%	2.30%	牛津经济研究院发布的长期通货膨胀率确认
专利及专有技术	48,920,850.00	1,763,000,000.00		9	18.35%	2.20%	国际货币基金组织的远期通货膨胀率
特许经营使用权	421,710,000.00	447,220,000.00		9	18.58%	2.30%	牛津经济研究院发布的长期通货膨胀率确认
合计	1,013,676,566.11	3,863,794,753.00					

注：预测期的关键参数为折现率。

示例 8－22　张裕 A（000869.SZ）

单位：元

项目	☆土地使用权	软件使用权	☆商标权	合计
账面原值				
2022 年 12 月 31 日	475,770,881	101,979,429	189,575,068	767,325,378
本年增加金额				
——购置	76,329	1,680,094	151,673	1,908,096
本年减少金额				
——处置	(31,326,363)	(771,307)	(11,003)	(32,108,673)
2023 年 12 月 31 日	444,520,847	102,888,216	189,715,738	737,124,801
累计摊销				
2022 年 12 月 31 日	(110,698,068)	(62,835,583)	(15,550,881)	(189,084,532)
本年增加金额				
——计提	(8,864,116)	(7,611,775)	(456,971)	(16,932,862)
本年减少金额				
——处置	10,746,374	768,895	3,100	11,518,369
2023 年 12 月 31 日	(108,815,810)	(69,678,463)	(16,004,752)	(194,499,025)

续表

项目	☆土地使用权	软件使用权	☆商标权	合计
账面价值				
2023年12月31日	335,705,037	33,209,753	173,710,986	542,625,776
2022年12月31日	365,072,813	39,143,846	174,024,187	578,240,846

☆于2023年12月31日，本集团有使用寿命不确定的土地使用权人民币32,863,731元（2022年12月31日：人民币32,376,235元）系智利魔狮集团和澳大利亚歌浓酒庄持有的依据智利和澳大利亚相关法律规定拥有的永久产权土地，无须进行摊销。

☆于2023年12月31日，本集团拥有的使用寿命不确定的商标使用权账面金额为人民币155,447,037元（2022年12月31日：人民币155,345,421元）系智利魔狮集团和澳大利亚歌浓酒庄持有的商标，该部分商标使用权的可收回金额按照所属资产组的预计未来现金流的现值确认，其预计未来现金流量根据管理层批准的5年期的财务预算为基础的现金流量预测来确定。

现金流量预测所采用的税前折现率是13.3%－13.9%（2022年：13.0%－14.1%），5年以后的现金流量的估计长期平均增长率0.0%－2.5%（2022年：0.0%－2.5%）为企业所处行业或地区的长期平均增长率。

基于减值测试结果，管理层认为，截至2023年12月31日，本集团使用寿命不确定的商标无须计提减值准备（2022年：无）。

于2023年12月31日，本集团无所有权受限制的无形资产（2022年12月31日：人民币169,385,254元）。

示例8－23　福莱特（601865.SH）

无形资产

单位：元

项目	土地使用权	排污权	☆用能权	软件	海域使用权	合计
一、账面原值						
1. 期初余额	625,558,930.68	63,999,020.73	144,731,091.46	7,603,045.14	—	4,566,580,244.83
2. 本期增加金额	30,789,524.04			804,014.68	56,684,220.00	88,277,758.72
(1) 购置	30,789,524.04			804,014.68	56,684,220.00	88,277,758.72
3. 期末余额	656,348,454.72	63,999,020.73	144,731,091.46	8,407,059.82	56,684,220.00	4,654,858,003.55
二、累计摊销						
1. 期初余额	77,986,940.34	35,686,669.97		4,272,032.05		782,924,221.18
2. 本期增加金额	12,950,393.29	7,914,285.12		846,459.92	472,368.50	592,372,531.84
(1) 计提	12,950,393.29	7,914,285.12		846,459.92	472,368.50	592,372,531.84
3. 期末余额	90,937,333.63	43,600,955.09		5,118,491.97	472,368.50	1,375,296,753.02

续表

项目	土地使用权	排污权	☆用能权	软件	海域使用权	合计
三、账面价值						
1. 期末账面价值	565, 411, 121. 09	20, 398, 065. 64	144, 731, 091. 46	3, 288, 567. 85	56, 211, 851. 50	3, 279, 561, 250. 53
2. 期初账面价值	547, 571, 990. 34	28, 312, 350. 76	144, 731, 091. 46	3, 331, 013. 09		3, 783, 656, 023. 65

注：☆用能权指本集团因项目建设新增用能需求而购买的可交易的能源消费量的权利。用能权作为使用寿命不确定的无形资产，于使用期间不进行摊销。

示例 8 – 24　华润三九（000999. SZ）

无形资产

单位：元

项目	土地使用权	☆商标权	销售网络	合计
原值				
年初余额	795, 333, 325. 55	1, 278, 285, 303. 99	146, 000, 000. 00	2, 930, 609, 456. 19
内部研发				55, 735, 975. 27
购置	26, 490, 499. 54	20, 000. 00		31, 761, 710. 99
因购买子公司而增加	409, 024, 721. 55	445, 031, 380. 96	96, 876, 158. 40	1, 179, 308, 106. 05
投资性房地产转入	2, 849, 467. 85			2, 849, 467. 85
处置或报废	–14, 500, 426. 81			–14, 696, 137. 90
转入投资性房地产	–724, 343. 81			–724, 343. 81
汇率变动	–3, 853. 55			–3, 853. 55
年末余额	1, 218, 469, 390. 32	1, 723, 336, 684. 95	242, 876, 158. 40	4, 184, 840, 381. 09
累计摊销				
年初余额	168, 067, 677. 18	27, 355, 875. 43	54, 750, 000. 00	543, 262, 287. 75
计提	32, 191, 558. 48	2, 048, 015. 28	35, 941, 746. 60	170, 755, 203. 60
投资性房地产转入	920, 105. 41			920, 105. 41
处置或报废	–4, 381, 882. 76			–4, 577, 593. 45
转入投资性房地产	–122, 426. 25			–122, 426. 25
汇率变动	2, 553. 66			2, 553. 66
年末余额	196, 677, 585. 72	29, 403, 890. 71	90, 691, 746. 60	710, 240, 130. 72
减值准备				
年初及年末余额	11, 016, 301. 40	5, 000, 000. 00		17, 893, 710. 24
账面价值				
年末余额	1, 010, 775, 503. 20	1, 688, 932, 794. 24	152, 184, 411. 80	3, 456, 706, 540. 13
年初余额	616, 249, 346. 97	1, 245, 929, 428. 56	91, 250, 000. 00	2, 369, 453, 458. 20

☆于2023年12月31日及2022年12月31日，本集团拥有“999”“顺峰”“金辛金丐特”系列等多个知名商标。于2023年12月31日，本集团因并购昆药集团新增昆药系列商标。本集团认为，在可预见的将来上述商标权均会使用，并会给本集团带来预期的经济利益流入，故其使用寿命是不确定的。于2023年12月31日，本集团对使用寿命不确定的商标权进行了减值测试，并聘请了评估师进行了价值评估。经评估，本集团使用寿命不确定的商标权未发生减值。

“999”系列商标相关资产组与以前年度减值测试时所确定的资产组一致。该商标所在资产组的可回收金额按照资产组的预计未来现金流量的现值确定，根据管理层批准的5年期的财务预算基础上的现金流量预测来确定，该期间内收入的复合增长率是5.00%（2022年：5.00%），预测现金流的税前折现率是12.69%（2022年：11.72%）。

“顺峰”系列注册商标相关资产组与以前年度减值测试时所确定的资产组一致。该商标所在资产组的可回收金额按照资产组的预计未来现金流量的现值确定，根据管理层批准的5年期的财务预算基础上的现金流量预测来确定，该期间内收入的复合增长率是3.57%（2022年：3.06%），预测现金流的税前折现率是12.69%（2022年：11.72%）。

“金辛金丐特”等系列注册商标相关资产组与以前年度减值测试时所确定的资产组一致。该商标所在资产组的可回收金额按照资产组的预计未来现金流量的现值确定，根据管理层批准的5年期的财务预算基础上的现金流量预测来确定，该期间内收入的复合增长率是6.01%（2022年：3.01%），预测现金流的税前折现率是12.69%（2022年：11.72%）。

昆药系列商标所在资产组的可回收金额按照资产组的预计未来现金流量的现值确定，根据管理层批准的5年期的财务预算基础上的现金流量预测来确定，该期间内收入的复合增长率是5.00%，预测现金流的税前折现率是12.69%。

第五节　投资性房地产准则常见会计事项及披露示例

投资性房地产，是指为赚取租金或资本增值，或两者兼有而持有的房地产。投资性房地产应当能够单独计量和出售。投资性房地产包括已出租的土地使用权、持有并准备增值后转让的土地使用权，以及已出租的建筑物。

我们在此归纳了与投资性房地产准则相关的常见会计事项及其准则适用的职业判断框架。

一、投资性房地产准则常见会计事项

投资性房地产准则常见会计事项包括：投资性房地产的核算范围、投资性房地产

的初始计量、投资性房地产后续计量模式的变更、非投资性房地产与投资性房地产之间的转换等。

如无特别说明，本节示例来自相关公司公开披露的2023年年度报告。

二、投资性房地产准则的判断框架

投资性房地产准则的适用范围如表8－7所示。

表8－7　　投资性房地产准则的适用范围

属于投资性房地产	不属于投资性房地产
投资性房地产应当能够单独计量和出售。 (1) 已出租的土地使用权； (2) 持有并准备增值后转让的土地使用权； (3) 已出租的建筑物	1. 自用房地产： (1) 企业拥有并自行经营的旅店或饭店（自用房地产）； (2) 企业拥有的准备建造办公楼等建筑物的土地使用权； (3) 出租给本企业职工居住的自建宿舍楼。 2. 作为存货的房地产：房地产开发企业持有并准备增值后出售的商品房。 3. 其他项目： (1) 按照国家有关规定认定的闲置土地； (2) 租入后再转租的房地产（不具备所有权）； (3) 不能单独计量的部分

三、准则相关规定与监管指引（节选）

（一）《企业会计准则第3号——投资性房地产》

第二条　投资性房地产，是指为赚取租金或资本增值，或两者兼有而持有的房地产。投资性房地产应当能够单独计量和出售。

第三条　本准则规范下列投资性房地产：

（一）已出租的土地使用权。

（二）持有并准备增值后转让的土地使用权。

（三）已出租的建筑物。

第七条　投资性房地产应当按照成本进行初始计量。

（一）外购投资性房地产的成本，包括购买价款、相关税费和可直接归属于该资产的其他支出。

（二）自行建造投资性房地产的成本，由建造该项资产达到预定可使用状态前所发生的必要支出构成。

（三）以其他方式取得的投资性房地产的成本，按照相关会计准则的规定确定。

第十二条　企业对投资性房地产的计量模式一经确定，不得随意变更。成本模式转为公允价值模式的，应当作为会计政策变更，按照《企业会计准则第28号——会计政策、会计估计变更和差错更正》处理。

已采用公允价值模式计量的投资性房地产，不得从公允价值模式转为成本模式。

第十三条　企业有确凿证据表明房地产用途发生改变，满足下列条件之一的，应当将投资性房地产转换为其他资产或者将其他资产转换为投资性房地产：

（一）投资性房地产开始自用。

（二）作为存货的房地产，改为出租。

（三）自用土地使用权停止自用，用于赚取租金或资本增值。

（四）自用建筑物停止自用，改为出租。

（二）《企业会计准则应用指南汇编2024》“第四章　投资性房地产”

四、采用成本模式计量的投资性房地产

（二）非投资性房地产转换为投资性房地产

2. 自用房地产转换为投资性房地产。

企业将原本用于生产商品、提供劳务或者经营管理的房地产改用于出租，通常应于租赁期开始日，将相应的固定资产或无形资产转换为投资性房地产。对不再用于日常活动且经整理后达到可经营出租状态的房地产，如果企业董事会或类似机构正式作出书面决议，明确表明其自用房地产用于经营出租且持有意图短期内不再发生变化的，应视为自用房地产转换为投资性房地产，转换日为企业董事会或类似机构作出书面决议的日期。例如，企业将自用房地产转换为投资性房地产的，应当结合业务实质严格判断，必须有确凿证据表明房地产从自用状态改为出租状态发生了实际状态上的改变，通常该房地产应有诸如功能、性能变化等实质性的变化和重大的结构性调整。

（五）投资性房地产转换为非投资性房地产

2. 投资性房地产转换为存货。

房地产开发企业将用于经营租出的房地产重新开发用于对外销售的，从投资性房地产转换为存货。这种情况下，转换日为租赁期届满、企业董事会或类似机构作出书面决议明确表明将其重新开发用于对外销售的日期。例如，房地产开发企业将投资性房地产转换为存货的，应当结合业务实质严格把握重新开发的判断，必须有确凿证据表明用于经营出租的房地产重新开发用于对外销售，通常该房地产应有诸如功能、性能变化等实质性的变化和重大的结构性调整。

（三）《关于严格执行企业会计准则 切实做好企业2022年年报工作的通知》（财会〔2022〕32号）

企业应当按照《企业会计准则第3号——投资性房地产》（财会〔2006〕3号，以下简称投资性房地产准则）等相关规定，必须有确凿证据表明房地产用途发生改变，才能将投资性房地产转换为其他资产或者将其他资产转换为投资性房地产，并在附注中披露房地产转换情况、理由以及对损益或所有者权益的影响等相关信息。例如，企业将自用房地产转换为投资性房地产的，应当结合业务实质严格判断，必须有确凿证据表明房地产从自用状态改为出租状态发生了实际状态上的改变，通常该房地产应有诸如功能、性能变化等实质性的变化和重大的结构性调整。

企业应当按照投资性房地产准则的相关规定，对投资性房地产采用成本模式或者公允价值模式进行后续计量，计量模式一经确定，不得随意变更。成本模式转为公允价值模式的，应当作为会计政策变更，按照《企业会计准则第28号——会计政策、会计估计变更和差错更正》（财会〔2006〕3号，以下简称会计政策、会计估计变更和差错更正准则）处理。已采用公允价值模式计量的投资性房地产，不得从公允价值模式转为成本模式。

（四）《关于严格执行企业会计准则 切实做好企业2021年年报工作的通知》（财会［2021］32号）

企业应当按照《企业会计准则第3号——投资性房地产》（财会〔2006〕3号）等相关规定，必须有确凿证据表明房地产用途发生改变，才能将投资性房地产转换为其他资产或者将其他资产转换为投资性房地产，并在附注中披露房地产转换情况、理由以及对损益或所有者权益的影响等相关信息。例如，房地产开发企业将投资性房地产转换为存货的，应当结合业务实质严格把握重新开发的判断，必须有确凿证据表明用于经营出租的房地产重新开发用于对外销售，通常该房地产应有诸如功能、性能变化等实质性的变化和重大的结构性调整。

（五）证监会《上市公司2022年年度财务报告会计监管报告》

错误地将不能单独出售的房屋计入投资性房地产

根据企业会计准则及相关规定，投资性房地产，是指为赚取租金或资本增值，或两者兼有而持有的房地产。投资性房地产应当能够单独计量和出售。

审阅分析发现，部分上市公司的办公大楼仅能整体出售，不能分拆部分楼层出售。上市公司将部分楼层用于对外出租，并错误地将其作为投资性房地产核算。由于对外出租的部分楼层不能单独出售，因此不满足投资性房地产的确认条件，不应当作为投资性房地产处理。

投资性房地产转换日会计处理错误

根据企业会计准则及相关规定，自用房地产或存货转换为采用公允价值模式进行后续计量的投资性房地产时，投资性房地产应当按照转换当日的公允价值计价，转换当日的公允价值小于原账面价值的，其差额计入当期损益；转换当日的公允价值大于原账面价值的，其差额计入其他综合收益。

审阅分析发现，某上市公司董事会在年中作出决议，将原自用房地产转为投资性房地产，并采用公允价值模式进行后续计量。上市公司错误地按照资产负债表日的公允价值而非转换当日（董事会作出决议日）的公允价值计量投资性房地产，导致计入其他综合收益的金额错误。

四、以公允价值计量投资性房地产披露示例

（一）简要分析

企业存在确凿证据表明其公允价值能够持续可靠取得的，可以采用公允价值计量模式。企业选择公允价值模式，就应当对其所有投资性房地产都采用公允价值模式进行后续计量，不得对一部分投资性房地产采用成本模式进行后续计量，对另一部分投资性房地产采用公允价值模式进行后续计量。采用公允价值模式计量投资性房地产，应当同时满足以下两个条件：（1）投资性房地产所在地有活跃的房地产交易市场；（2）企业能够从房地产交易市场上取得同类或类似房地产的市场价格及其他相关信息，从而对投资性房地产的公允价值作出科学合理的估计。这两个条件必须同时具备，缺一不可。

由于企业会计准则对投资性房地产以公允价值披露的要求较高，结合历年的上市公司年报来看，上市公司采用公允价值计量其投资性房地产的情况并不多见，多数上市公司采用成本计量其投资性房地产。

（二）年报披露示例

以公允价值计量投资性房地产年报披露示例汇总如表 8 -8 所示。

表 8 -8　　以公允价值计量投资性房地产年报披露示例汇总

序号	参考示例	投资性房地产的类型
1	示例 8 -25　金龙鱼（300999. SZ）	房产、建筑物
2	示例 8 -26　中信银行（601998. SH）	房产、建筑物
3	示例 8 -27　中集车辆（301039. SZ）	房屋、建筑物、土地使用权
4	示例 8 -28　新城控股（601155. SH）	已完工投资性房地产、在建投资性房地产
5	示例 8 -29　金地集团（600383. SH）	房屋、建筑物、土地使用权、在建工程

示例 8 -25　金龙鱼（300999. SZ）

采用公允价值计量模式的投资性房地产

单位：千元

项目	房屋、建筑物	土地使用权	在建工程	合计
一、期初余额	574, 709			574, 709
二、本期变动	1, 190, 059			1, 190, 059

续表

项目	房屋、建筑物	土地使用权	在建工程	合计
加：外购				
存货、固定资产、在建工程转入	1, 189, 700			1, 189, 700
减：处置				
公允价值变动	359			359
三、期末余额	1, 764, 768			1, 764, 768

示例 8－26　中信银行（601998. SH）

投资性房地产

单位：百万元

项目	2023 年	2022 年
年初公允价值	516	547
——公允价值变动	(1)	(74)
——本年转入		
——汇率变动影响	13	43
年末公允价值	528	516

本集团的投资性房地产为子公司持有的主要坐落于香港的房产与建筑物，并以经营租赁的形式租给第三方。这些投资性房地产所在地有活跃的房地产交易市场，本集团能够从房地产市场取得同类或类似房地产的市场价格及其他相关信息，从而对这些投资性房地产于2023 年 12 月 31 日的公允价值作出评估。

于 2023 年 12 月 31 日，本集团的所有投资性房地产已由一家独立测量师行，以公开市场价值为基准进行了重估。该等公允价值符合《企业会计准则第 39 号——公允价值计量》的定义。有关的重估盈余及损失已分别计入本集团当期损益。

本集团的投资性房地产归集为公允价值第三层级。

示例 8－27　中集车辆（301039. SZ）

投资性房地产

单位：元

项目	房屋、建筑物	土地使用权	合计
一、期初余额	190, 064, 532. 76	215, 682, 262. 62	405, 746, 795. 38
二、本期变动	－82, 337, 191. 62	66, 902, 085. 39	－15, 435, 106. 23

续表

项目	房屋、建筑物	土地使用权	合计
加：外购			
固定资产转入			2,068,143.71
减：处置			
公允价值变动	-84,521,086.22	66,902,085.39	-17,619,000.83
外币报表折算影响数	115,750.89		115,750.89
三、期末余额	107,727,341.14	282,584,348.01	390,311,689.15

转换为投资性房地产并采用公允价值计量

单位：元

项目	转换前核算科目	金额	转换理由	审批程序	对损益的影响	对其他综合收益的影响
自用厂房、车间	固定资产	2,068,143.71	调整用途	内部审批	—	—
合计		2,068,143.71				

示例8-28　新城控股（601155.SH）

采用公允价值计量模式的投资性房地产

单位：元

项目	已完工投资性房地产	在建投资性房地产	合计
一、期初余额	103,347,600,000	12,579,000,000	115,926,600,000
二、本期变动	9,699,400,000	-6,110,000,000	3,589,400,000
加：外购			
存货、固定资产、在建工程转入			
企业合并增加			
减：处置			
其他转出			
公允价值变动	-125,105,074	189,084,038	63,978,964
本年购建	—	3,571,136,392	3,571,136,392
本年预估成本变动	-45,715,356		-45,715,356
本年完工	9,870,220,430	-9,870,220,430	—
三、期末余额	113,047,000,000	6,469,000,000	119,516,000,000

其他说明：

2023 年度，计入在建投资性房地产的借款费用资本化金额为 408,550,743 元（2022 年度：168,741,810 元）（附注四（65）），用于确定借款费用资本化金额的资本化率为年利率 6.34%（2022 年度：6.63%）。

2023 年度投资性房地产公允价值变动对本集团当期损益的影响金额为 63,978,964 元（2022 年度：1,101,337,572 元）（附注四（70）），相应的递延所得税为 14,244,741 元（2022 年度：275,334,393 元）。

投资性房地产于各资产负债表日由独立专业合格评估师戴德梁行有限公司按市场租金及现有用途基准进行重估。估值按将现有租约所得的租金收入净额资本化，并考虑物业租约期届满之后的预计收入进行计算（附注十六（1））。

于 2023 年 12 月 31 日，本集团账面价值为 78,329,051,404 元（2022 年 12 月 31 日：74,458,600,000 元）的投资性房地产已用作本集团借款及债券的抵押［附注四（33）、附注四（46）、附注四（47）］（略）。

于 2023 年 12 月 31 日，本集团账面价值为 0（2022 年 12 月 31 日：1,550,000,000 元）的投资性房地产已用作本集团履约保函抵押物。

示例 8－29　金地集团（600383. SH）

采用公允价值计量模式的投资性房地产

单位：元

项目	房屋、建筑物	土地使用权	在建工程	合计
一、本年年初余额	23,131,254,026.90	36,424,291.80	2,002,657,583.59	25,170,335,902.29
二、本年变动	2,214,696,480.47	—	（195,911,244.49）	2,018,785,235.98
加：存货、在建工程竣工转入	1,669,339,149.19	—	—	1,669,339,149.19
土地及建筑成本增加	68,530,930.86	—	451,346,190.90	519,877,121.76
企业合并增加	—	—	1,159,969,903.32	1,159,969,903.32
减：处置、在建工程竣工转出	—	—	1,669,339,149.19	1,669,339,149.19
土地及建筑成本减少	—	—	—	—
公允价值变动	476,826,400.42	—	（137,888,189.52）	338,938,210.90
三、本年年末余额	25,345,950,507.37	36,424,291.80	1,806,746,339.10	27,189,121,138.27

第六节　债务重组常见会计事项及披露示例

债务重组，是指在不改变交易对手方的情况下，经债权人和债务人协定或法院裁定，就清偿债务的时间、金额或方式等重新达成协议的交易。债务重组一般包括下列方式，或下列一种以上方式的组合：①债务人以资产清偿债务；②债务人将债务转为权益工具；③除上述方式以外，采用调整债务本金、改变债务利息、变更还款期限等方式修改债权和债务的其他条款，形成重组债权和重组债务。

此外，债务重组准则中的债务重组涉及的债权和债务是指《企业会计准则第22号——金融工具确认和计量》规范的金融工具，非金融工具不适用债务重组准则。

一、债务重组常见会计事项

债务重组常见会计事项包括：债务重组的范围认定、债权债务终止确认和重组损益的确认时点、债务重组不同方式的处理、放弃债权的公允价值的确定等。

如无特别说明，本节示例来自相关公司公开披露的2023年年度报告。

二、债务重组判断框架

（一）债权和债务的终止确认

债权和债务的终止确认时点如表8－9所示。

表8－9　债权和债务的终止确认时点

方式	终止确认时点	
	债权人	债务人
以资产清偿债务或转为权益工具	拥有或控制相关资产时	通过交付资产或权益工具解除清偿债务的现时义务
修改其他条件——实质性修改（例如，修改前后现金流差异超过10%）	作出实质性修改、签订协议	作出实质性修改、签订协议
修改其他条件——非实质性修改（例如，修改前后现金流差异未超过10%）	不终止确认原债权、债务	
组合方式	整体考虑、全部合同条款作出了实质性修改	根据上述方式的终止确认标准处理

注：对于金融资产而言，合同的“实质性修改”可以从定量及定性角度进行分析，除了计算现金流量折现值的变化外，还应考虑是否发生了重大展期、固定利率与浮动利率的转变、定价币种的改变、转换条款的变更等。

（二）不同方式下债权人、债务人的会计处理

1. 债权人会计处理

不同债务重组方式下债权人的会计处理如表8－10所示。

表 8－10　　　　债权人会计处理

方式	会计处理
以资产清偿债务或将债务转为权益工具	受让金融资产： 债权人受让包括现金在内的单项或者多项金融资产的，所放弃债权在终止确认日的账面价值与偿债金融资产初始确认金额（即该金融资产公允价值）的差额，记入“投资收益”科目。如果金融资产公允价值与交易价格（即所放弃债权的公允价值）之间存在差异的，按《企业会计准则第 22 号——金融工具确认和计量》第三十四条的规定处理。 受让非金融资产按照下列原则以成本计量： (1) 存货的成本，包括放弃债权的公允价值和使该资产达到当前位置和状态所发生的可直接归属于该资产的税金、运输费、装卸费、保险费等其他成本。 (2) 对联营企业或合营企业投资的成本，包括放弃债权的公允价值和可直接归属于该资产的税金等其他成本。 (3 投资性房地产的成本，包括放弃债权的公允价值和可直接归属于该资产的税金等其他成本。 (4) 固定资产的成本，包括放弃债权的公允价值和使该资产达到预定可使用状态前所发生的可直接归属于该资产的税金、运输费、装卸费、安装费、专业人员服务费等其他成本。 (5) 生物资产的成本，包括放弃债权的公允价值和可直接归属于该资产的税金、运输费、保险费等其他成本。 (6) 无形资产的成本，包括放弃债权的公允价值和可直接归属于使该资产达到预定用途所发生的税金等其他成本。 放弃债权的公允价值与账面价值之间的差额，应当记入“投资收益”科目
修改其他条款方式	应当按照《企业会计准则第 22 号——金融工具确认和计量》的规定，确认和计量重组债权
以多项资产清偿债务或者组合方式	首先按照《企业会计准则第 22 号——金融工具确认和计量》的规定确认和计量受让的金融资产和重组债权，然后按照受让的金融资产以外的各项资产的公允价值比例，对放弃债权的公允价值扣除受让金融资产和重组债权确认金额后的净额进行分配，并以此为基础按照《企业会计准则第 12 号——债务重组》第六条的规定分别确定各项资产的成本。放弃债权的公允价值与账面价值之间的差额，应当记入“投资收益”科目

2. 债务人会计处理

不同债务重组方式下债务人的会计处理如表 8－11 所示。

表 8－11　　　　债务人会计处理

方式	会计处理
以资产清偿债务方式	应当在相关资产和所清偿债务符合终止确认条件时予以终止确认，所清偿债务账面价值与转让资产账面价值之间的差额计入当期损益。 以单项或多项金融资产清偿债务： 债务的账面价值与偿债金融资产账面价值的差额，记入“投资收益”科目。 以单项或多项长期股权投资清偿债务： 债务的账面价值与偿债长期股权投资账面价值的差额，记入“投资收益”科目。 以单项或多项其他非金融资产清偿债务或者包括金融资产的多项资产清偿债务： 不需要区分资产处置损益和债务重组损益，也不需要区分不同资产的处置损益，而应将所清偿债务账面价值与转让资产账面价值之间的差额，记入“其他收益——债务重组收益”科目
将债务转为权益工具方式	初始确认权益工具时应当按照权益工具的公允价值计量，权益工具的公允价值不能可靠计量的，应当按照所清偿债务的公允价值计量。所清偿债务账面价值与权益工具确认金额之间的差额，应当记入“投资收益”科目

续表

方式	会计处理
修改其他条款方式	按照《企业会计准则第22号——金融工具确认和计量》和《企业会计准则第37号——金融工具列报》的规定，确认和计量重组债务
以多项资产清偿债务或者组合方式	按照将债务转为权益工具方式、修改其他条款方式的规定确认和计量权益工具和重组债务，所清偿债务的账面价值与转让资产的账面价值以及权益工具和重组债务的确认金额之和的差额，记入“其他收益——债务重组收益”或“投资收益”（仅涉及金融工具、长期股权投资时）科目

三、准则相关规定与监管指引（节选）

（一）《债务重组准则实施问答》

通常情况下，债务重组不属于企业的日常活动，因此债务重组不适用收入准则，不应作为存货的销售处理。所清偿债务账面价值与存货账面价值之间的差额，记入“其他收益”科目。

（二）《关于严格执行企业会计准则 切实做好企业2022年年报工作的通知（财会［2022］32号）》

企业应当合理审慎进行债务重组相关会计处理。债权人在判断是否具有收取债权现金流量的合同权利时，应基于资产负债表日已存在的、具有法律效力的协议及相关事实，审慎判断资产负债表日债权人是否取得合法有效的债权人资格、是否具有向债务人主张债权的权利。债务人在判断相关债务的现时义务是否解除时，除非债务豁免协议后续不可撤销，且豁免债务附加的条件完全满足，否则债务人仍对该项债务负有现时义务，相关负债不得终止确认。

（三）证监会《监管规则适用指引——会计类第1号》

1－20　债务重组收益的确认

债务重组方式包括债务人以资产清偿债务、将债务转为权益工具、修改其他条款，以及前述一种以上方式的组合等四种方式。债务人应将所清偿债务账面价值与抵债资产账面价值、发行的权益工具确认金额之间的差额，或者因修改其他条款形成的损益作为债务重组损益计入当期损益。

监管实践发现，部分上市公司因破产重整而进行债务重组交易，对何时确认债务重组收益的理解存在偏差和分歧。现就该事项如何适用上述原则的意见如下：

对于上市公司因破产重整而进行的债务重组交易，由于涉及破产重整的债务重组协议执行过程及结果存在重大不确定性，因此，上市公司通常应在破产重整协议履行完毕后确认债务重组收益，除非有确凿证据表明上述重大不确定性已经消除。

1－21　资产负债表日后事项的性质与分类

企业应将资产负债表日至财务报告批准报出日之间发生的有利或不利事项区分为资产负债表日后调整事项或资产负债表日后非调整事项，从而确定是否应当调整资产负债表日的财务报表。判断资产负债表日后事项是调整事项还是非调整事项的主要原则是该事项表明的情况在资产负债表日或以前是否已经存在。

监管实践发现，部分公司对于资产负债表日后期间与债权人达成债务重组协议是调整事项还是非调整事项的理解存在偏差和分歧。现就该事项如何适用上述原则的意见如下：

对于上市公司在报告期资产负债表日已经存在的债务，在其资产负债表日后期间与债权人达成的债务重组交易不属于资产负债表日后调整事项，不能据以调整报告期资产、负债项目的确认和计量。在报告期资产负债表中，债务重组中涉及的相关负债仍应按照达成债务重组协议前具有法律效力的有关协议等约定进行确认和计量。

（四）《上市公司执行企业会计准则案例解析（2024）》

案例 8－03　破产重整收益时点及潜在利得确认

破产重整收益确认时点

根据《监管规则适用指引——会计类第 1 号》，债务重组收益确认的时点为“通常应在破产重整协议履行完毕后确认债务重组收益，除非有确凿证据表明上述重大不确定性已经消除”。表明上述重大不确定性已经消除的确凿证据通常应当是能够表明债务人已经履行完毕与重整计划相关义务的证据，包括确定以现金偿还的负债已经支付、确定以偿债的股权已经过户、抵债的债权转让协议已经各方签署，相关债权已移交并收到回执。法院裁定重整计划执行完毕的时间通常都会在重整协议实际履行完毕之后，因此法院的裁定并不是构成破产重整协议履行完毕、重大不确定性已经消除的必要条件。

（五）证监会《上市公司财务报告会计监管报告》

《上市公司 2023 年年度财务报告会计监管报告》

通过债务重组取得资产的确认和计量不正确

根据企业会计准则及相关规定，债务重组交易中，债权人企业只有在符合金融资产终止确认条件时才能终止确认相关债权；以资产清偿债务方式进行债务重组的，债权人企业应当在相关资产符合确认条件时，以放弃债权的公允价值和其他成本确认相关资产。

审阅分析发现，部分上市公司作为债权人未能对债务重组交易中取得的资产进行恰当会计处理。例如，有的上市公司错误地在其与债务人签署以物抵债协议后即终止确认有关债权，同时确认债务人抵债资产，但此时上市公司尚未取得有关资产的控制权，相关交易存在重大不确定性，上市公司应按照金融工具、债务重组和固定资产等相关准则规定，恰当判断是否满足相关资产和债权确认或终止确认的条件。有的上市公司错误地直接使用抵债协议价格对取得的抵债资产进行初始计量，未按照准则规定，以放弃债权的公允价值和其他成本计量相关资产。

《上市公司2022年年度财务报告会计监管报告》

未恰当区分债务重组和预期信用损失

根据企业会计准则及相关规定，债务重组是指在不改变交易对手方的情况下，经债权人和债务人协定或法院裁定，就清偿债务的时间、金额或方式等重新达成协议的交易。债务重组采用以修改其他条款方式进行的，债权人应当区分修改其他条款是否导致全部债权终止确认采取不同的会计处理。

审阅分析发现，部分上市公司最初给予客户三年分期付款安排，后期考虑约定收款期较长，与客户重新约定将分期付款方式调整为集中支付，同时给予一些利息减免。上市公司在商品控制权转移时，按照商品的现销价格确认应收账款和销售收入。双方协商更改付款方式后，上市公司错误地将客户支付款项与应收账款之间的差额确认为预期信用损失。债权人和债务人就清偿债务的时间、金额或方式等重新达成协议的交易，属于债务重组，上市公司应当就达成的利息减免确认一项债务重组损益。

四、债务重组披露示例

（一）简要分析

财政部发布的《企业会计准则第12号——债务重组》（2019年修订）对债务人取消了公允价值模式，改为账面价值模式，对债权人仍然包含了公允价值模式，但从“出售模式”改为“购买模式”。

债务重组的基本内容是债务关系中的债务人因为各种原因无法还债，因此协商采用新的形式，比如以自身资产、债转股或者新债等形式偿还旧债。债务重组的会计处理中债权债务终止确认时点是一项重大判断。

（二）年报披露示例

债务重组年报披露示例汇总如表8－12所示。

表8－12　债务重组年报披露示例汇总

序号	参考示例	债务重组方式
1	示例8－30　老板电器（002508. SZ）	以资产清偿债务
2	示例8－31　德林海（688069. SH）	修改其他条件——调整本金
3	示例8－32　亚联发展（002316. SZ）	修改其他条件——豁免利息

示例 8 - 30　老板电器（002508. SZ）

单位：元

项目	已签订抵债协议金额	办妥网签及交房手续金额	未办妥网签或交房手续金额
房地产客户（45 户）	438, 424, 074. 19	113, 254, 178. 18	325, 169, 896. 01
合计	438, 424, 074. 19	113, 254, 178. 18	325, 169, 896. 01

本公司与上述房地产客户已签订工抵房协议涉及的应收账款金额共为 43, 842. 41 万元，其中 11, 325. 42 万元已办妥网签及交房手续，对其终止确认了应收债权，按债务重组时点抵债房产的公允价值在其他非流动资产列报，房屋公允价值 11, 863. 79 万元系通过公开市场查询确认，本公司通过现金方式支付差价 538. 37 万元，债务重组事项在重组时点未形成重组利得或损失；其余 32, 516. 99 万元尚未办妥房屋网签备案，本公司未终止确认应收债权，对其按 35% 的预期信用损失率计提坏账准备。

示例 8 - 31　德林海（688069. SH）

其他重要事项

重要债务重组

单位：元

项目	债务重组方式	原重组债权债务账面价值	债务重组后金额	确认的债务重组利得/损失	债务重组中公允价值的确定方法和依据
通海县水利局		53, 395, 139. 53	45, 000, 000. 00	-8, 395, 139. 53	
大理洱海保护投资建设有限责任公司	调整债务本金	44, 831, 742. 61	76, 034, 900. 00	31, 203, 157. 39	双方谈判确认
昆明滇池湖泊治理开发有限公司		43, 369. 62		-43, 369. 62	
合计	—	98, 270, 251. 76	121, 034, 900. 00	22, 764, 648. 24	—

注 1：公司与通海县水利局签订《补充协议》，协议约定：甲乙双方共同确认自 2020 年 8 月开始到 2023 年 3 月 31 日止，甲方一直未支付乙方已按合同约定履行产生的运行费用为 65, 396, 154. 82 元，双方确认，为尽快结清运行费用债务，乙方同意在甲方按本协议约定期限且一次性足额支付的前提下，其中 20, 396, 154. 82 元予以减免，只收取 45, 000, 000. 00 元。

注 2：大理德林海环保科技有限公司与大理洱海保护投资建设有限责任公司签订《结算及清偿协议》，协议约定：经甲、乙双方共同确认，甲方需支付乙方应付未付款项共 41, 920, 000. 00 元，乙方自愿在本协议下确认的最终项目应付款的基础上对甲方进行部分债务豁免，豁免金额为 6, 364, 700. 00 元，即甲方仅须再支付 35, 555, 300. 00 元即视为该项目款项已全部结清。

注 3：公司与大理洱海保护投资建设有限责任公司签订《结算及清偿协议》，协议约定：经甲、乙双方共同确认，甲方需支付乙方应付未付款项共 56, 221, 793. 32 元，乙方自愿在本协议下确认的最终项目应付款的基础上对甲方进行部分债务豁免，豁免金额为 15, 742, 193. 32 元，即甲方仅须再支付 40, 479, 600. 00 元即视为该项目款项已全部结清。

注 4：公司与昆明滇池湖泊治理开发有限公司签订《补充协议》，协议约定：双方同意针对《2021 年服务合同》的结算总价 413, 356. 60 元予以部分优惠，优惠金额为 61, 956. 60 元，优惠后的结算金额为 351, 400. 00 元。

示例 8－32　亚联发展（002316. SZ）

其他重要事项

债务重组

（1）债务重组情况

项目	债务重组方式	原重组债务账面价值（元）	债务重组利得金额（元）	债务转为资本导致的股本增加额	或有应付/（应收）金额（元）	公允价值确定方法及依据
深圳兰德利实业有限公司	以低于债务账面价值的现金清偿债务	36, 351, 780. 82	6, 351, 780. 82			非关联方之间协议确定
	合计	36, 351, 780. 82	6, 351, 780. 82			

（2）债务重组的主要内容

2020 年 9 月 21 日，公司与深圳兰德利实业有限公司签订《借款协议》，借款金额 30, 000, 000. 00 元，年利率 7%，截至 2023 年 9 月 30 日，应支付本金及利息合计 36, 351, 780. 82 元，公司一直未向深圳兰德利实业有限公司偿还本金及支付利息。2023 年 9 月，公司与深圳兰德利实业有限公司签订《收款确认协议》，深圳兰德利实业有限公司同意公司支付本金 30, 000, 000. 00 元，并且无条件且不可撤销地豁免公司基于《借款协议》应支付的利息。

第七节　或有事项准则常见会计事项及披露示例

或有事项，是指过去的交易或者事项形成的，其结果须由某些未来事项的发生或不发生才能决定的不确定事项。常见的或有事项主要包括：未决诉讼或未决仲裁、保证类质量保证、亏损合同、重组义务、弃置义务、为保持 PPP 项目资产使用状态且不构成单项履约义务的预计支出、环境污染整治、承诺等。财务担保合同、待执行合同不适用或有事项准则，但待执行合同变成亏损合同的，应当适用或有事项准则有关亏损合同的规定。

或有事项的结果可能会产生预计负债、或有负债或者或有资产等。其中，预计负债属于负债的范畴，通常符合负债的确认条件而应予以确认。企业不应确认或有负债和或有资产。随着未来事项的发生或者不发生，或有负债可能转化为企业的预计负债。或有资产只有在企业基本确定能够收到的情况下才能转化为企业的资产，从而应予以确认。

我们在此归纳了与或有事项准则相关的常见会计事项及其准则适用的职业判断框架。如无特别说明，本节示例来自相关公司公开披露的2023年年度报告。

一、或有事项准则常见会计事项

或有事项准则常见会计事项包括：预计负债的确认条件、预计负债的计量、或有资产的披露、亏损合同的会计处理、或有事项的披露等。

需要注意的是，《企业会计准则应用指南汇编2024》“第十四章　或有事项”明确因保证类质量保证产生的预计负债，借方记入“主营业务成本”“其他业务成本”等科目，不再是“销售费用”科目。另外，因亏损合同产生的预计负债，应当按照功能分类，借记“主营业务成本”“其他业务成本”等科目，贷记“预计负债”科目。

二、或有事项准则的判断框架

或有事项的确认和计量如图8－11所示。

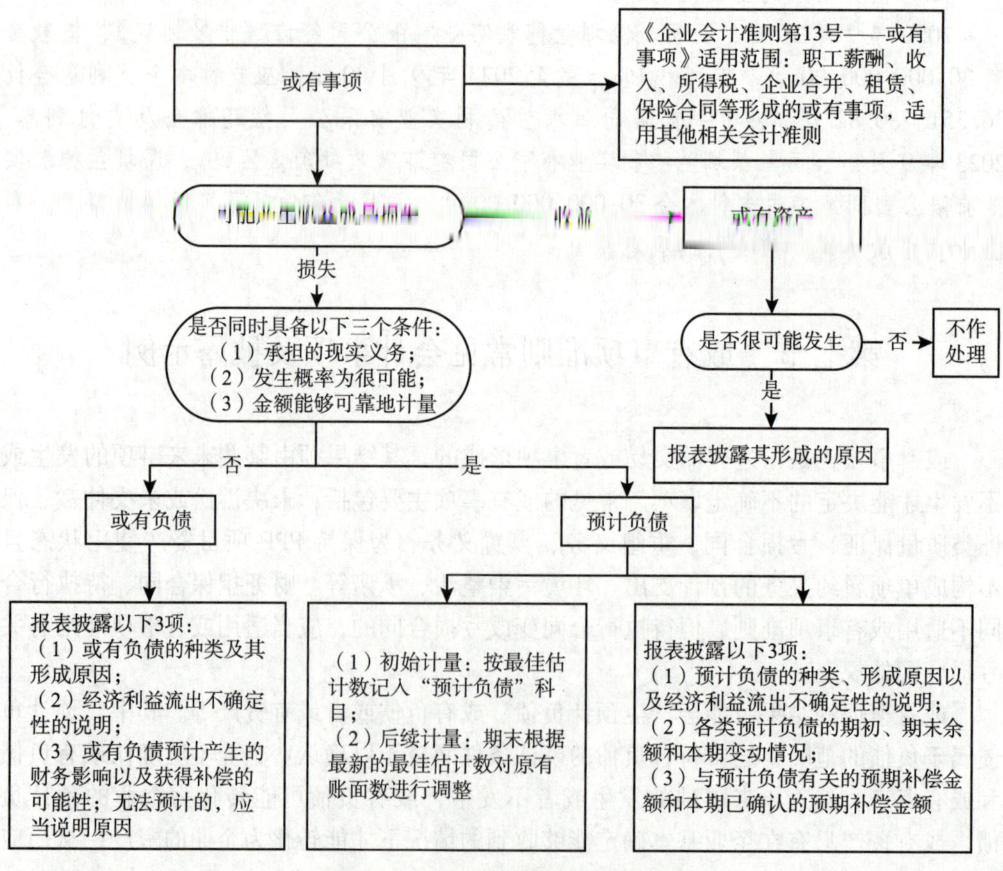

图8－11　或有事项的确认和计量

三、准则相关规定与监管指引（节选）

（一）《企业会计准则第 13 号——或有事项》

第二条　或有事项，是指过去的交易或者事项形成的，其结果须由某些未来事项的发生或不发生才能决定的不确定事项。

第四条　与或有事项相关的义务同时满足下列条件的，应当确认为预计负债：

（一）该义务是企业承担的现时义务；

（二）履行该义务很可能导致经济利益流出企业；

（三）该义务的金额能够可靠地计量。

第十四条　企业应当在附注中披露与或有事项有关的下列信息：

（一）预计负债。

1. 预计负债的种类、形成原因以及经济利益流出不确定性的说明。

2. 各类预计负债的期初、期末余额和本期变动情况。

3. 与预计负债有关的预期补偿金额和本期已确认的预期补偿金额。

（二）《企业会计准则第 27 号——石油天然气开采》

第二十三条　企业承担的矿区废弃处置义务，满足《企业会计准则第 13 号——或有事项》中预计负债确认条件的，应当将该义务确认为预计负债，并相应增加井及相关设施的账面价值。

不符合预计负债确认条件的，在废弃时发生的拆卸、搬移、场地清理等支出，应当计入当期损益。矿区废弃，是指矿区内的最后一口井停产。

（三）《企业会计准则第 27 号——石油天然气开采》

第二十三条　企业承担的矿区废弃处置义务，满足《企业会计准则第 13 号——或有事项》中预计负债确认条件的，应当将该义务确认为预计负债，并相应增加井及相关设施的账面价值。

不符合预计负债确认条件的，在废弃时发生的拆卸、搬移、场地清理等支出，应当计入当期损益。矿区废弃，是指矿区内的最后一口井停产。

（四）《企业会计准则应用指南汇编 2024》“第五章　固定资产”

应设置的相关会计科目和主要账务处理

固定资产

固定资产存在弃置义务的，应在取得固定资产时，按预计弃置费用的现值，借记本科目，贷记“预计负债”科目。在该项固定资产的使用寿命内，计算确定各期应负担的利息费用，借记“财务费用”科目，贷记“预计负债”科目。

四、固定资产的初始计量

（四）存在弃置义务的固定资产

对于特殊行业的特定固定资产，确定其初始入账成本时，还应考虑弃置费用。弃置费用通常是指根据国家法律和行政法规、国际公约等规定，企业承担的环境保护和生态恢复等义务所确定的支出。弃置费用的金额与其现值比较，通常相差较大，需要考虑货币时间价值，对于这些特殊行业的特定固定资产，企业应当根据第十四章或有事项，按照现值计算确定应计入固定资产成本的金额和相应的预计负债。弃置费用形成的预计负债在确认后，在固定资产的使用寿命内按照预计负债的摊余成本和实际利率计算确定的利息费用应计入财务费用。

由于技术进步、法律要求或市场环境变化等原因，特定固定资产的履行弃置义务可能发生支出金额、预计弃置时点、折现率等变动而引起的预计负债变动，应按照以下原则调整该固定资产的成本：(1) 对于预计负债的减少，以该固定资产账面价值为限扣减固定资产成本。如果预计负债的减少额超过该固定资产账面价值，超出部分确认为当期损益。(2) 对于预计负债的增加，增加该固定资产的成本。按照上述原则调整的固定资产，在资产剩余使用年限内计提折旧。一旦该固定资产的使用寿命结束，预计负债的所有后续变动应在发生时确认为损益。

需要注意的是，一般工商企业的固定资产发生的报废清理费用不属于弃置费用，应当在发生时作为固定资产处置费用处理。油气资产的弃置费用，应当按照第二十八章石油天然气开采有关规定进行会计处理。

（五）《企业会计准则应用指南汇编2024》“第十四章　或有事项”

应设置的相关会计科目和主要账务处理

预计负债

(1) 企业因对外提供担保、未决诉讼、重组义务产生的预计负债，应当按确定的金额，借记“营业外支出”、“管理费用”等科目，贷记本科目。

因保证类质量保证产生的预计负债，应当按确定的金额，借记“主营业务成本”、“其他业务成本”等科目，贷记本科目。

因亏损合同产生的预计负债，应当按照功能分类，借记“主营业务成本”、“其他业务成本”等科目，贷记本科目。

因资产弃置义务产生的预计负债，应当按确定的金额，借记“固定资产”、“油气资产”科目，贷记本科目。在固定资产或油气资产的使用寿命内，按计算确定各期应负担的利息费用，借记“财务费用”科目，贷记本科目。

(2) 实际清偿或冲减的预计负债，借记本科目，贷记“银行存款”等科目。

(3) 根据确凿证据需要对已确认的预计负债进行调整的，调整增加的预计负债，借记有关科目，贷记本科目；调整减少的预计负债做相反的会计分录。

五、或有事项的确认和计量

（二）或有事项的计量

3. 预计负债计量需要考虑的因素。

(2) 货币时间价值。

预计负债的金额通常应当等于未来应支付的金额，但未来应支付金额与其现值相差较大的，如油气井及相关设施的弃置费用等，应当按照未来应支付金额的现值确定。

（六）《企业会计准则应用指南汇编2024》“第二十八章　石油天然气开采”

应设置的相关会计科目和主要账务处理

油气资产

油气资产存在弃置义务的，应在产生相关弃置义务时，按预计弃置费用的现值，借记本科目，贷记“预计负债”科目。在油气资产的使用寿命内，计算确定各期应负担的利息费用，借记“财务费用”科目，贷记“预计负债”科目。

四、油气开采的确认和计量

（三）弃置义务的处理

企业在矿区内废弃井及相关设施的活动，受《中华人民共和国环境保护法》等法律法规的约束，有时还可能受与所在地利益相关方达成协议的约束，例如在废弃时必须拆移、清理设施、恢复生态环境等。因为资产的弃置义务与油气开发活动直接相关，因此，企业应当根据第十四章或有事项，按照现值计算确定应计入井及相关设施原价的金额和相应的预计负债。井及相关设施以外的油气储存、集输、加工和销售等设施的弃置义务，企业可参照井及相关设施的弃置义务进行处理。

在计入井及相关设施原价并确认为预计负债时，企业应在油气资产的使用寿命内，采用实际利率法确定各期间应负担的利息费用。

企业应在油气资产的使用寿命内的每一资产负债表日对弃置义务和预计负债进行复核。如必要，企业应对其进行调整，使之反映当前最合理的估计。

（七）证监会《2020年上市公司年报会计监管报告》

或有事项确认相关问题

1. 未恰当确认因诉讼产生的支付义务

根据企业会计准则及相关规定，对于未决诉讼、未决仲裁等形成的或有负债，随着时间推移和事态的进展，相关未决诉讼在被证实很可能导致经济利益流出，且该义务金额也能够可靠计量时，企业应当确认预计负债。企业应当在资产负债表日对预计负债的账面价值进行复核。有确凿证据表明该账面价值不能真实反映当前最佳估计数的，应当按照当前最佳估计数对该账面价值进行调整。年报分析发现，个别上市公司因合同纠纷被起诉，在法院一审判决其败诉并要求对原告进行赔偿的情况下，上市公司仍以上诉为由未确认相关损失和预计负债，缺乏合理性。

2. 不恰当抵销预计负债与或有资产

根据企业会计准则及相关规定，与或有事项相关的义务同时满足现时义务、很可能导致经济利益流出、金额能够可能计量的条件时，应当确认为预计负债。或有事项产生的经济利益只有在企业基本确定能够收到的情况下，才予以确认为资产。针对同一公司的预计负债与或有资产应在满足上述条件的前提下分别确认，二者之间不得随意抵销。年报分析发现，个别上市公司与不同公司间存在多个诉讼事项，相关公司同属一个集团。根据判决结果，个别诉讼判决公司需对外支付赔偿款，个别诉讼判决公司胜诉并基本确定能够获得赔偿款。公司认为相关诉讼案件中，其应付的赔偿义务与应收赔偿款金额大致持平，未根据实际情况合理确认预计负债及或有资产，错误地抵销预计负债与或有资产，未恰当确认预计赔偿损失及补偿收益。

四、未决诉讼或未决仲裁预计负债披露示例

（一）简要分析

未决诉讼或未决仲裁属于或有事项，与或有事项相关的义务满足特定条件的，应当确认为预计负债。需要注意的是，《企业会计准则应用指南汇编2024》“第十四章或有事项”明确：法院一审判决的，表明义务已经满足预计负债的确认条件，应确认相应的预计负债，企业不能仅因不服一审判决将上诉或二审仍在进行等原因而不确认预计负债。

（二）年报披露示例

未决诉讼或未决仲裁年报披露示例汇总如表8-13所示。

表8-13　未决诉讼或未决仲裁年报披露示例汇总

序号	参考示例	未决诉讼或未决仲裁的类型
1	示例8-33　阿特斯（688472. SH）	未执行组件销售框架合同
2	示例8-34　文灿股份（603348. SH）	增值税缴纳争议
3	示例8-35　上海莱士（002252. SZ）	建设工程施工合同纠纷
4	示例8-36　新天绿能（600956. SH）	工程款支付纠纷

示例8－33　阿特斯（688472. SH）

预计负债

单位：元

项目	期初余额	期末余额	形成原因
未决诉讼	47, 439, 614. 47	203, 388, 303. 62	注1
产品质量保证	536, 021, 884. 47	543, 381, 634. 78	
租赁房产装修还原费	994, 165. 71	860, 037. 55	
合计	584, 455, 664. 65	747, 629, 975. 95	—

注1：本集团位于德国的子公司Canadian Solar EMEA GmbH与METKAEGN Ltd.（以下简称“METKA”）于2020年12月签订组件销售框架合同，2021年METKA以本集团未执行合同为由提起仲裁，要求裁决本集团违约并赔偿其损失。截至2022年12月31日，根据管理层的最佳估计，预计将支付5,000,000.00美元（以2022年12月31日汇率折合人民币34,822,982.07元）作为赔偿。同时就上述事项，本集团实际控制人向本集团出具不可撤销的承诺，承诺若该等仲裁纠纷导致本集团受到任何超过5,000,000.00美元的经济损失，将无条件代本集团承担超额损失部分，并保证今后不会就此向本集团进行追偿。2023年12月，本集团、本集团母公司Canadian Solar Inc.（以下简称“CSIQ”）及本集团实际控制人签订赔款支付协议，协议约定就该仲裁案件可能形成的超过500万美元的支出金额由CSIQ进行支付。2024年1月，本集团、CSIQ及METKA三方签订最终和解协议，本集团及CSIQ共计赔偿METKA 39,000,000.00美元，并支付相关案件的律师及诉讼费用4,188,517.35美元，合计赔偿43,188,517.35美元（以2023年12月31日汇率折合人民币305,891,311.82元）。本集团于2023年度补充计提赔偿款34,000,000.00美元计入营业外支出，并将律师及诉讼费用计入管理费用，总赔偿额中16,043,117.35美元已于2023年支付，其中CSIQ支付的金额11,043,116.87美元（折合人民币78,215,083.85元）计入资本公积；剩余27,145,400.00美元应支付METKA的赔偿款已于2024年1月全额支付。2024年1月30日，伦敦国际仲裁院仲裁庭作出终止仲裁的裁定。

与本案相关的银行保函案件也已完成撤案或和解结案。

示例8－34　文灿股份（603348. SH）

预计负债

单位：元

项目	期初余额	期末余额	形成原因
未决诉讼	51, 121, 512. 30	72, 257, 484. 80	注1
合计	51, 121, 512. 30	72, 257, 484. 80	—

注1：海外子公司百炼集团下属墨西哥公司在2015年至2019年期间，就向在墨西哥境内无常设机构的多家境外供应商采购铝材业务的增值税缴纳方式，与墨西哥税务部门产生了缴纳争议，税务局部门要求公司缴纳额外的增值税，并计算了罚款、滞纳金及其他，公司就此争议已提起诉讼。

截至2023年12月31日，诉讼尚未判决，因此就该争议于本年度进一步计提了2023年对应的罚息和滞纳金。

示例8－35　上海莱士（002252. SZ）

预计负债

单位：元

项目	2023年	2022年
未决诉讼	7, 058, 802. 20	—

2020年3月23日，上海京沭建设工程有限公司（下称“上海京沭”）与沂源县莱士单采血浆站（下称“沂源浆站”）针对“沂源县莱士单采血浆站建设项目”签订《建设工程施工合同》。结算时，沂源浆站与上海京沭就工程造价存在分歧，上海京沭于2023年9月向淄博仲裁委员会提起仲裁，同时向山东省沂源县人民法院提起诉讼。

对于上述案件，本集团根据律师判断支付上海京沭工程款的可能性，将预计支付金额计入预计负债。

示例8－36　新天绿能（600956. SH）

预计负债

单位：元

项目	期初余额	期末余额	形成原因
未决诉讼或仲裁	24, 798, 127. 94	24, 798, 127. 94	应支付工程款
弃置义务	52, 733, 021. 74	52, 733, 021. 74	
合计	77, 531, 149. 68	77, 531, 149. 68	—

于2020年11月，本公司之子公司建水新天风能有限公司（以下简称“建水新天”）的供应商就工程款支付金额提请了石家庄仲裁委员会仲裁。石家庄仲裁委员会于2021年8月27日作出仲裁决定，要求建水新天支付施工方工程款24, 798, 127. 94元。于2021年9月，建水新天向石家庄中级人民法院提交了撤销第一次仲裁裁决的申请书并被受理。2022年12月28日，石家庄中级人民法院作出裁定，认为本案可由仲裁庭重新仲裁。截至2022年12月31日，石家庄仲裁委员会未正式作出重新仲裁的决定，本集团暂根据第一次仲裁结果计提预计负债24, 798, 127. 94元。石家庄仲裁委员会于2023年2月10日正式作出重新仲裁的决定，并于2023年6月2日重新开庭进行第二次仲裁。截至2023年12月31日，第二次仲裁结果尚未出具。

五、保证类质量保证预计负债披露示例

（一）简要分析

保证类质量保证属于或有事项，与或有事项相关的义务满足特定条件的，应当确认为预计负债。

预计负债应当按照履行相关现时义务所需支出的最佳估计数进行初始计量。在保证类质量保证中，提出产品保修要求的可能有许多客户，或有事项涉及多个项目，此时通常按照各种可能结果及相关概率计算所需支出的最佳估计数。如果发现保证费用的实际发生额与预计数相差较大，应及时对预计比例进行调整。

需要注意的是，《企业会计准则应用指南汇编 2024》“第十四章　或有事项”明确了因保证类质量保证产生的预计负债，借方记入“主营业务成本”“其他业务成本”等科目，不再是“销售费用”科目。由此导致的会计处理科目的变化作为会计政策变更处理。

（二）年报披露示例

保证类质量保证年报披露示例汇总如表 8 – 14 所示。

表 8 – 14　保证类质量保证年报披露示例汇总

序号	参考示例	保证类质量保证的类型
1	示例 8 – 37　均胜电子（600699. SH）	汽车零配件产品
2	示例 8 – 38　中集集团（000039. SZ）	集装箱、车辆、压力容器、登机桥及海洋工程等产品
3	示例 8 – 39　九号公司——WD（689009. SH）	电动平衡车、电动滑板车、电动摩托车、全地形车等产品
4	示例 8 – 40　赣锋锂业（002460. SZ）	电池和电芯、储能系统及电池模组
5	示例 8 – 41　冠捷科技（000727. SZ）	显示器及电视
6	示例 8 – 42　英飞特（300582. SZ）	LED 驱动电源
7	示例 8 – 43　中科微至（688211. SH）	物流分拣设备
8	示例 8 – 44　大洋电机（002249. SZ）	新能源动力及控制系统
9	示例 8 – 45　中国船舶（600150. SH）	船舶造修

示例 8-37 均胜电子（600699.SH）

预计负债

单位：元

项目	期初余额	期末余额	形成原因
产品质量保证	683,162,302.79	585,376,429.20	注1
应付销售折扣	472,458,946.64	503,460,253.68	注2
待执行的亏损合同	9,844,852.11		注3
重组义务	73,327,436.40	70,369,016.26	注4
环境复原义务准备	23,543,160.90	17,729,942.29	注5
减：一年内到期的预计负债	-933,769,415.07	-892,625,815.54	
合计	328,567,283.77	284,309,825.89	—

注1：本集团向购买汽车零配件产品的购货方提供产品质量保证，对汽车零配件产品售出后一定时间内出现的质量问题提供质保服务。本集团根据近期的质保经验和整车厂召回情况，就售出汽车零配件产品时向购货方提供的产品质量保证估计并计提预计负债。由于近期的质保经验可能无法反映将来有关已售产品的质保情况，本集团管理层需要运用较多判断来估计这项预计负债。这项预计负债的任何增加或减少，均可能影响未来年度的损益。待本集团与相关整车厂客户达成赔偿协议，并约定付款金额及进度，本集团再确认为应付款项。

注2：根据行业惯例，本集团在向整车厂商客户供应零部件产品满一定期间或超过特定的采购界限后，会基于合同约定或由交易双方协商对其降价。若属于可变对价，本集团在确定交易价格时，将估计预计的采购量和相应的折扣，并在合同期限内持续更新。

注3：亏损合同主要为本集团在2018年收购高田业务对价分摊过程中，单独识别出的购买日前已经签订、由本集团购买日后履行的合同义务不可避免会发生的成本超过预期经济利益的合同。该等亏损合同的公允价值能够合理确定，本集团作为合并中取得的负债确认。

注4：本集团就以往有详细、正式的重组计划，包括重组涉及的业务、主要地点、需要补偿的职工人数、预计重组支出、计划实施时间等，以及该重组计划已对外宣布，并已经开始实施，或已向受其影响的各方通告了该计划的主要内容，从而使各方形成了对将实施重组的合理预期，表明本集团承担了重组义务。本集团按照与重组有关的直接支出确定预计负债金额。其中，直接支出是重组必须承担的，与企业持续经营活动相关支出无关。

注5：环境复原义务准备主要为本集团下属美国工厂因当地法律法规要求承担因自身生产经营活动对当地环境造成的污染、破坏等活动的复原义务。该等复原义务的公允价值能够合理确定，本集团作为合并中取得的负债确认。

示例 8-38 中集集团（000039.SZ）

预计负债

单位：千元

项目	2022年12月31日	本年增加	本年减少	外币报表折算影响	2023年12月31日
产品质量保证金（注1）	1,020,209	231,230	(305,934)	3,789	949,294
未决诉讼损失	1,645	150	(1,645)		150

续表

项目	2022 年 12 月 31 日	本年增加	本年减少	外币报表折算影响	2023 年 12 月 31 日
搬迁及清算赔偿金（注 2）	173,408		（526）		172,882
亏损合同（注 3）	97,823	46,269	（114,694）	1,410	30,808
车贷风险准备（注 5）	34,443	1,868	（19,938）		16,373
其他（注 4）	60,004	109,519	（26,428）	2,843	145,938
合计	1,387,532	389,036	（469,165）	8,042	1,315,445

注 1：主要为本集团向购买集装箱、车辆、压力容器、登机桥及海洋工程等产品的客户提供售后质量维修承诺，对集装箱售出后二至七年、车辆售出后一年、压力容器售出后一至七年、登机桥售出后一至两年、海洋工程船舶交船后一年内出现的非意外事件造成的故障和质量问题，本集团依照合同承担保修责任。上述产品质量保证是按本集团预计为本年及以前年度售出的产品需要承担的产品质量保修费用计提的。

注 2：主要为本集团子公司 CIMC Burg B. V. 由于搬迁及清算而支付的搬迁及清算赔偿金额。

注 3：主要为烟台来福士承接客户建筑合同，由于部分项目建筑成本超过签订合同约定价格，预计将产生亏损或中止，根据预计亏损金额计提相应的预计负债。

注 4：如附注五、2，于 2023 年 3 月 15 日，集瑞联合重工战略重组的交易已经完成。根据重组协议的约定，对于因交割重组交易日前的事项导致的、在重组交易日后两年内产生的集瑞联合重工及其直接持股的下属子公司的债务，由本公司在总限额为人民币 1 亿元范围内承担。于 2023 年 12 月 31 日，本公司综合考虑集瑞重工及其直接持股的下属子公司债务最新状况，针对上述重组协议的约定本公司确认了足额的预计负债。

注 5：2023 年 12 月 31 日，本集团子公司为消费者提供汽车金融担保事项，根据财务担保合同的约定，本集团子公司作为所售车辆消费者的车辆融资保证人，在债务人不履行债务时，需要按照约定履行债务或者承担责任。本集团预期该项贷款承诺的信用风险自初始确认后未显著增加，按照未来 12 个月内预期信用损失计量损失准备，计入当期损益 18,526 千元（2022 年度：11,256 千元），为第一阶段的信用减值损失。

项目	担保余额（千元）	未来 12 个月期间预期信用损失率	减值准备（千元）	理由
车贷担保	445,985	3.67%	16,373	按照未来 12 个月内预期信用损失的金额确认损失准备

示例 8－39　九号公司——WD（689009. SH）

预计负债

单位：元

项目	期初余额	期末余额	形成原因
产品质量保证	67,101,382.81	13,720,807.29	
合计	67,101,382.81	13,720,807.29	—

本集团向购买电动平衡车、电动滑板车、电动摩托车、全地形车等产品的客户提供产品质量保证，对购买产品售出后一至三年内出现的故障和质量问题提供免费保

修。本集团根据近期的质保经验，对向客户提供的产品质量保证进行估计并计提保修拨备。由于近期的质保经验可能无法反映将来有关已售产品的质保情况，本集团管理层需要运用较多判断来估计这项预计负债。这项保修拨备的任何增加或减少，均可能影响未来年度的损益。

示例 8-40　赣锋锂业（002460. SZ）

预计负债

单位：元

项目	期末余额	期初余额	形成原因
产品质量保证	75, 889, 655. 68	39, 611, 062. 95	由集团锂电池子公司因销售电池和电芯、储能系统及电池模组活动产生
其他	6, 303, 353. 87	8, 405, 238. 11	
弃置义务	12, 741, 066. 69	4, 615, 136. 76	由集团子公司采矿活动产生
合计	94, 934, 076. 24	52, 631, 437. 82	

产品质量保证是由集团锂电池子公司因销售电池和电芯、储能系统及电池模组活动产生，公司按照履行相关现时义务所需支出的最佳估计数进行初始计量，并综合考虑与或有事项有关的风险、不确定性和货币时间价值等因素。公司根据可能产生最大损失的最佳估计数确认。

弃置义务是由集团子公司的采矿活动产生，在关闭采矿时产生的清理修复费用、基于采矿许可证到期时矿场的估计修复支出。金额按履行义务产生的估计成本的现值确认。

示例 8-41　冠捷科技（000727. SZ）

预计负债

单位：元

项目	年末余额	年初余额
产品质量保证（注 1）	855, 627, 649. 44	795, 452, 467. 33
重组义务（注 2）	14, 256, 413. 44	14, 814, 184. 16
其他	38, 595, 427. 26	28, 830, 582. 50
小计	908, 479, 490. 14	839, 097, 233. 99
减：将于一年内支付的预计负债	870, 331, 436. 61	810, 753, 212. 71
合计	38, 148, 053. 53	28, 344, 021. 28

注 1：本集团与部分客户签订销售显示器及电视的产品合同，合同约定当产品在保修期内不能正常使用则本集团将予以维修或置换。本集团已就已销售产品于保修期间的保修费用进行了估计，确认为预计负债。

注 2：重组义务主要是比利时根特（Ghent）的创新发展中心转型为创新发展与技术支援中心，该中心若干业务正转移至本集团位于中国大陆及台湾地区的现有创新发展中心。

于2023年12月31日及2022年12月31日，因重组义务确认的预计负债余额折合人民币分别为14,256,413.44元及14,814,184.16元。

示例8－42　英飞特（300582.SZ）

预计负债

单位：元

项目	期末余额	期初余额	形成原因
产品质量保证	46,211,289.84	14,258,769.82	
复原义务	5,422,048.00		
一年内到期的预计负债	－38,861,662.96	－8,482,528.28	
合计	12,771,674.88	5,776,241.54	

本集团向购买LED驱动电源的消费者提供产品质量保证，对LED驱动电源产品售出后三至五年内出现的故障和质量问题提供免费保修。本集团根据近期的质保经验，就售出LED驱动电源产品时向消费者提供的产品质量保证估计并计提预计负债。由于近期的质保经验可能无法反映将来有关已售产品的质保情况，本集团管理层需要运用较多判断来估计这项预计负债。这项预计负债的任何增加或减少，均可能影响未来年度的损益。

示例8－43　中科微至（688211.SH）

预计负债

单位：元

项目	期初余额	期末余额	形成原因
未决诉讼及仲裁		862,586.85	诉讼纠纷
产品质量保证	42,629,389.03	37,017,702.57	产品质保
减：一年内到期的产品质量保证		14,203,030.29	
合计	42,629,389.03	23,677,259.13	—

本集团向购买物流分拣设备的客户提供产品质量保证，对产品终验完成后一至五年内出现的故障和质量问题提供免费保修。根据同行业情况和实际发生的质保经验，本集团在终验完成后，按照当期销售商品收入的1.5%计提质量保证金。由于近期的质保经验可能无法反映将来有关已售产品的质保情况，本集团管理层需要运用较多判断来估计这项预计负债。这项预计负债的任何增加或减少，均可能影响未来年度的损益。

示例 8－44 大洋电机（002249. SZ）

预计负债

单位：元

项目	期末余额	期初余额	形成原因
产品质量保证及“三包”费用	421, 118, 056. 69	356, 985, 224. 62	注 1、注 2
弃置费用	7, 385, 559. 38	14, 664, 534. 67	注 3
合计	428, 503, 616. 07	371, 649, 759. 29	

注 1：由于国外客户在采购合同中对电机产品安全性能设定了比较严格的索赔条款，本集团自 2007 年 1 月 1 日开始按出口销售收入 0. 7% 预计出口产品质量风险准备金，用于产品质量问题导致的安全事故损失赔偿。上述产品质量保证金方案已经本集团 2010 年 3 月 21 日第二届董事会第六次会议审议通过。

注 2：本集团为防范新能源动力及控制系统产销规模进一步扩大和客户拓展带来的产品质量损失风险，按照与客户签订的新能源动力及控制系统销售合同中质量保证金条款约定的比例计提质量风险准备金，如果销售合同中质量保证金条款未明确约定，则按照与该客户的销售收入金额的 3% 计提质量风险准备金。乘用汽车用起动机与发电机则按照与该客户的销售收入金额的 1. 5% 计提质量风险准备金。上述新能源动力及控制系统产品质量风险准备金及汽车用起动机与发电机管理办法已经本集团 2013 年 3 月 13 日第三届董事会第四次会议审议通过。商用汽车用起动机与发电机则根据以前年度的销售数据及实际发生的“三包”费用估计的最佳百分比计提。

注 3：子公司英国佩特来在 2013 年 9 月 30 日签订了为期 10 年的房租合同，租赁标的物为目前在用办公楼、厂房、仓库等区域，该合同是不可撤销合同。英国佩特来计提了归还实物前恢复原状的成本支出。

示例 8－45 中国船舶（600150. SH）

预计负债

单位：元

项目	期初余额	期末余额	形成原因
对外提供担保			
未决诉讼	348, 230. 00		
产品质量保证	794, 603, 522. 33	1, 260, 790, 137. 04	注 2
重组义务			
待执行的亏损合同	2, 762, 771, 761. 24	1, 811, 428, 510. 85	注 1
应付退货款			
其他	5, 760, 636. 58	5, 760, 636. 58	注 3
合计	3, 563, 484, 150. 15	3, 077, 979, 284. 47	—

注 1：本公司预计负债中的待执行亏损合同义务主要系本公司所属的外高桥造船、中船澄西及广船国际等船舶造修企业已签署的船舶建造合同很有可能成为亏损合同，合同预计损失超过存货账面余额的部分计入预计负债所致。

注 2：本公司预计负债年末余额中的产品质量保证主要系本公司下属船舶造修企业对于已完工交付但尚处于质保期内的船舶计提保修费所致。

注 3：本公司预计负债其他项目系本公司下属的中船澄西向职工购买位于其厂区附近的职工住房及住房所占用土地用于扩大生产，同时将已购回的职工住房暂时租赁给外地员工，将已与职工签约但尚未支付的购房款与预计的租赁收入差额确认为预计负债所致。

六、亏损合同预计负债披露示例

（一）简要分析

亏损合同是指履行合同义务不可避免会发生的成本超过预期经济利益的合同。亏损合同产生的义务满足预计负债确认条件的，应当确认为预计负债。预计负债的计量应当反映退出该合同的最低净成本，即履行该合同的成本与未能履行该合同发生的补偿或处罚两者之中的较低者。

根据《企业会计准则解释第 15 号》（财会〔2021〕35 号），企业履行该合同的成本包括履行合同的增量成本和与履行合同直接相关的其他成本的分摊金额。其中，履行合同的增量成本包括直接人工、直接材料等；与履行合同直接相关的其他成本的分摊金额包括用于履行合同的固定资产的折旧费用分摊金额等。

如果与亏损合同相关的义务不需支付任何补偿即可撤销，企业通常就不存在现时义务，不应确认预计负债；亏损合同存在标的资产的，应当对标的资产进行减值测试并按规定确定减值损失，如果预计亏损超过该减值损失，应将超过部分确认为预计负债；合同不存在标的资产的，亏损合同相关义务满足预计负债确认条件的，应当确认为预计负债。

（二）年报披露示例

亏损合同年报披露示例汇总如表 8－15 所示。

表 8－15　　亏损合同年报披露示例汇总

序号	参考示例	亏损合同的类型
1	示例 8－46　中海油服（601808. SH）	钻井服务合同
2	示例 8－47　中远海控（601919. SH）	码头服务协议
3	示例 8－48　潍柴动力（000338. SZ）	供应链解决方案项目
4	示例 8－49　中国重工（601989. SH）	船舶建造合同

示例 8－46　中海油服（601808. SH）

预计负债

单位：元

项目	期末余额	期初余额
待执行亏损合同（注 1）	41, 385, 672	65, 934, 892
其他	11, 430, 328	11, 430, 328

续表

项目	期末余额	期初余额
减：一年内转回的预计负债	41, 385, 672	56, 622, 014
合计	11, 430, 328	20, 743, 206

注1：本公司之子公司CNA分别于2021年度和2022年度与外部第三方签订了长期钻井服务合同，部分合同存在未来履行合同义务不可避免会发生的成本超过预期经济利益流入的情况。本公司将预计亏损超过合同标的资产减值损失部分确认为负债列示在其他流动负债或预计负债中。

示例8-47　中远海控（601919. SH）

预计负债

单位：元

项目	期初余额	期末余额	形成原因
未决诉讼	50, 655, 100. 00	18, 121, 020. 00	诉讼纠纷等
《码头服务协议》有偿合同拨备（注）	6, 231, 541, 027. 00	6, 493, 029, 811. 50	计提拨备
其他	103, 883, 973. 60	88, 533, 750. 00	JOSEPHSCHULTE 轮计提的损失
合计	6, 386, 080, 100. 60	6, 599, 684, 581. 50	—

注：本公司附属子公司东方海外国际于2019年10月签署《码头服务协议》，承诺于长滩集装箱码头采购或促使采购年度最低船舶装卸次数，为期20年。东方海外国际若无法在各个合同年度达成所承诺的装卸量，则需按码头服务协议的规定支付一定差额赔款。

2023年12月31日，东方海外国际参考市场未来前景及预计运载率重新评估各剩余合同年度长滩集装箱码头的船舶装卸次数。东方海外国际预计长滩集装箱码头的船舶装卸次数将继续导致剩余合同期间的最低运量承诺无法完成，于2023年12月31日估计有偿合同拨备为64.93亿元，其中本年度汇率影响金额为1.06亿元。

示例8-48　潍柴动力（000338. SZ）

预计负债

单位：元

项目	期末余额	期初余额
未决诉讼	61, 561, 113. 60	32, 534, 570. 70
产品质量保证金	575, 786, 861. 81	282, 557, 005. 00
亏损合同	56, 609, 817. 60	182, 848, 295. 70
其他	155, 988, 265. 78	173, 894, 882. 06
合计	849, 946, 058. 79	671, 834, 753. 46

于2023年12月31日，与亏损合同相关的预计负债主要产生于供应链解决方案项目，相关支出预计在未来两年内实际发生。

示例8－49　中国重工（601989. SH）

预计负债

单位：元

项目	期初余额	期末余额	形成原因
对外提供担保			
未决诉讼			
产品质量保证	418, 573, 635. 66	326, 114, 619. 30	注1
重组义务			
待执行的亏损合同	195, 476, 194. 90	492, 154, 670. 42	注2
应付退货款			
其他			
合计	614, 049, 830. 56	818, 269, 289. 72	—

注1：本集团预计负债期末余额中的产品质量保证主要系本集团下属部分企业对于已交付客户但尚处于质保期的产品计提相应的质量保证义务所致。

注2：本集团预计负债中的待执行亏损合同义务主要系本集团所属的船舶企业签订的部分船舶建造合同有可能成为亏损合同，按照本财务报表附注五、31所述的会计政策的规定，确认相应的亏损合同义务所致。

七、复垦、弃置及环境清理等现时义务披露示例

（一）简要分析

固定资产（油气资产）应当按照成本进行初始计量。企业承担的复垦、弃置、环境清理和生态恢复等义务的支出，应在取得固定资产（油气资产）时，按预计弃置费用的现值计入固定资产（油气资产）成本。

在固定资产（油气资产）的使用寿命内按照预计负债的摊余成本和实际利率计算确定的利息费用计入财务费用。

涉及复垦、弃置及环境清理等义务的主要是具有能源、矿山开采等业务的上市公司。

《企业会计准则应用指南汇编2024》“第十四章　或有事项”新增了【例14－4】，阐述了弃置费用的相关会计处理。

（二）年报披露示例

弃置义务年报披露示例汇总如表8－16所示。

表 8－16　　　　　　　　　　弃置义务年报披露示例汇总

序号	参考示例	弃置义务的类型
1	示例 8－50　神火股份（000933. SZ）	矿山地质环境恢复治理恢复
2	示例 8－51　赣锋锂业（002460. SZ）	关闭采矿时产生的清理修复费用、基于采矿许可证到期时矿场的估计修复支出
3	示例 8－52　中国石油（601857. SH）	油气资产弃置义务
4	示例 8－53　洛阳钼业（603993. SH）	矿产相关的生产经营及开发活动所造成的环境影响负有复垦、环境恢复及相关资产拆除义务
5	示例 8－54　华电国际（600027. SH）	矿坑弃置及环境清理
6	示例 8－55　江西铜业（600362. SH）	矿区复垦及环境治理
7	示例 8－56　西部黄金（601069. SH）	土地复垦及环境恢复
8	示例 8－57　申能股份（600642. SH）	油气资产
9	示例 8－58　陕西煤业（601225. SH）	开采煤炭
10	示例 8－59　迪阿股份（301177. SZ）	门店复原义务
11	示例 8－60　万达电影（002739. SZ）	租赁期满时必须将装修拆除复原

示例 8－50　神火股份（000933. SZ）

预计负债

单位：元

项目	期末余额	期初余额	形成原因
工业危废治理义务	16, 049, 166. 47	87, 877, 123. 30	
复垦、弃置及环境治理义务	1, 177, 894, 393. 14	1, 100, 314, 079. 41	
减：一年内到期的预计负债	－114, 917, 605. 38	－266, 397, 295. 19	
合计	1, 079, 025, 954. 23	921, 793, 907. 52	

其他说明：

根据财政部、国土资源局、环境保护部《关于取消矿山地质环境治理恢复保证金建立矿山地质环境治理恢复基金的指导意见》（财建〔2017〕638 号）的规定，取消保证金制度，矿山企业不再新设保证金专户，缴存保证金。保证金取消后，企业应承担矿山地质环境治理恢复责任，按照《关于做好矿山地质环境保护与土地复垦方案编报有关工作的通知》（国土资规〔2016〕21 号）要求，综合开采条件、开采矿种、开采方式、开采规模、开采年限、地区开支水平等因素，编制矿山地质环境保护与土地复垦方案，落实企业监测主体责任，加强矿山地质环境监测。矿山企业按照满足实际需求的原则，根据其矿山地质环境保护与土地复垦方案，将矿山地质环境恢复治理费用按照企业会计准则相关规定预计弃置费用，计入相关资产的入账成本，在预计开采年限内摊销，并计入生产成本。

示例8－51　赣锋锂业（002460. SZ）

预计负债

单位：元

项目	期末余额	期初余额	形成原因
产品质量保证	75,889,655.68	39,611,062.95	由集团锂电池子公司因销售电池和电芯、储能系统及电池模组活动产生
其他	6,303,353.87	8,405,238.11	
弃置义务	12,741,066.69	4,615,136.76	由集团子公司采矿活动产生
合计	94,934,076.24	52,631,437.82	

其他说明：

产品质量保证是由集团锂电池子公司因销售电池和电芯、储能系统及电池模组活动产生，公司按照履行相关现时义务所需支出的最佳估计数进行初始计量，并综合考虑与或有事项有关的风险、不确定性和货币时间价值等因素。公司根据可能产生最大损失的最佳估计数确认。

弃置义务是由集团子公司的采矿活动产生，在关闭采矿时产生的清理修复费用、基于采矿许可证到期时矿场的估计修复支出。金额按履行义务产生的估计成本的现值确认。

示例8－52　中国石油（601857. SH）

主要会计政策——预计负债

满足预计负债确认条件的油气资产弃置义务确认为预计负债，同时计入相关油气资产的原值，金额等于根据当地条件及相关要求作出的预计未来支出的现值。这部分价值作为油气资产成本的一部分进行折耗。在油气资产的使用寿命内，油气资产弃置义务采用实际利率法确定各期间应承担的利息费用。由于技术进步、法律要求或市场环境变化等原因，履行弃置义务可能发生支出金额、预计弃置时点、折现率等变动而引起的预计负债变动。对于预计负债的增加，相应增加油气资产的成本；对于预计负债的减少，以弃置费相关资产账面价值为限扣减油气资产成本，如果预计负债的减少额超过该账面价值，超出部分确认为当期损益。

不符合预计负债确认条件的，在废弃时发生的拆卸、搬移、场地清理等支出在实际发生时作为清理费用计入当期损益。

主要会计估计——对资产弃置义务的估计

油气资产弃置义务的确认是针对油气资产未来的弃置支出，其金额等于预计未来支出的现值。对预计未来支出的估计是基于当地现有条件和相关要求作出的，包括法律要求、技术和价格水平等。除了这些因素外，管理层预计采用的油气资产弃置清理方案以及对油气资产经济寿命和折现率的估计也会影响预计未来支出的现值。上述任何估计的变化将在油气资产的剩余可使用年限内影响本集团的经营成果和财务状况。

根据内外部环境变化，依据会计准则和公司弃置费用管理办法等有关规定，油气田企业基于最新的参数对油气资产弃置义务进行重新测算，以更加客观反映公司油气资产弃置义务的实际情况。

3. 合并财务报表项目附注

（1）油气资产

于2023年12月31日，油气资产原值中与资产弃置义务相关的部分为1, 311. 24亿元（2022年12月31日：1, 272. 13亿元）。2023年度，对该部分计提的折耗为49. 35亿元（2022年度：63. 64亿元）。

（2）预计负债

单位：百万元

项目	2022年12月31日	本期增加	本期减少	2023年12月31日
资产弃置义务	142, 081	8, 006	（5, 788）	144, 299

资产弃置义务与油气资产相关。

示例8－53　洛阳钼业（603993. SH）

预计负债

会计估计所采用的关键假设和不确定因素——预计关闭及复原、复垦费用

预计关闭及复原、复垦费用由管理层根据最佳估算厘定。管理层根据供应商进行工作时所花费的未来现金流量金额及时间，估计最终恢复及关闭矿山产生的负债。该金额按通胀率逐年增加，随后按反映现行市场评估的货币时间价值及负债的特定风险的贴现率贴现，以使预计复垦费用反映预计履行责任时所需的开支的现值。然而，鉴于现时开采活动对土地及环境的影响将于未来期间变得明朗，相关成本的估算可能须于短期内改变，管理层对预计复垦费用定期检查，以核实其是否真实反映现时及过去的开采活动所产生的责任现值。本年对预计复垦费用的调整详见附注（五）、15。

合并财务报表项目附注

（1）固定资产

单位：元

项目	土地、房屋建筑物及采矿工程	机器设备	电子设备、器具及家具	运输设备	合计
一、账面原值合计：					
1. 2023年1月1日余额	20, 946, 128, 448. 15	24, 775, 256, 410. 2	269, 037, 229. 36	106, 577, 858. 02	46, 096, 999, 945. 75

续表

项目	土地、房屋建筑物及采矿工程	机器设备	电子设备、器具及家具	运输设备	合计
2. 本年增加金额	8, 155, 208, 999. 24	4, 903, 071, 511. 5	72, 623, 807. 02	50, 283, 829. 68	13, 181, 188, 147. 50
(1) 购置	931, 172, 834. 83	10, 083, 052. 81	7, 008, 930. 60	2, 172, 233. 39	950, 437, 051. 63
(2) 在建工程转入	7, 224, 036, 164. 41	4, 892, 988, 458. 7	65, 614, 876. 4	48, 111, 596. 29	12, 230, 751, 095. 87
3. 本年减少金额	5, 040, 995, 709. 71		59, 491, 819. 25	9, 721, 959 . 02	6, 618, 626, 492. 08
(1) 处置或报废	411, 362, 383. 80	386, 428, 534. 70	59, 491, 819. 25	9, 721, 959. 02	867, 004, 696. 83
(2) 转入在建工程	1, 182, 318, 109. 53				1, 182, 318, 109. 53
(3) 处置子公司（附注（六）、1)	3, 447, 315, 216. 38	1, 121, 988, 469. 3			4, 569, 303, 685. 72
4. 复垦及资产弃置成本重估（注 1)	(87, 279, 367. 68)				(87, 279, 367. 68)
5. 外币报表折算差异	285, 407, 876. 18	440, 452, 522. 47	938, 030. 66	749, 672. 66	727, 548, 101. 93
6. 2023 年 12 月 31 日余额	24, 258, 470, 246. 18	28, 610, 363, 440. 15	283, 107, 247. 7	147, 889, 401. 34	53, 299, 830, 335. 42
二、累计折旧					
1. 2023 年 1 月 1 日余额	7, 671, 721, 791. 35	10, 024, 121, 663. 23	206, 743, 063. 42	51, 689, 382. 21	17, 954, 275, 900. 21
2. 本年增加金额	1, 240, 219, 928. 43	908, 634, 143. 93	30, 641, 766. 17	14, 752, 941. 73	2, 194, 248, 780. 26
(1) 计提	1, 240, 219, 928. 43	908, 634, 143. 93	30, 641, 766. 17	14, 752, 94. 73	2, 194, 248, 780. 26
3. 本年减少金额	1, 816, 770, 246. 66	924, 185, 585. 89	45, 923, 839. 50	8, 124, 764. 51	2, 795, 004, 436. 56
(1) 处置或报废	243, 628, 452. 83	321, 473, 491. 59	45, 923, 839. 50	8, 124, 764. 51	619, 150, 548. 43
(2) 转入在建工程	108, 764, 148. 57				108, 764, 148. 57
(3) 处置子公司（附注（六）、1)	1, 464, 377, 645. 26	602, 712, 094. 30			2, 067, 089, 739. 56
4. 外币报表折算差异	98, 317, 384. 61	166, 381, 914. 96	195, 791. 74	132, 404. 22	265, 027, 495. 53
5. 2023 年 12 月 31 日余额	7, 193, 488, 857. 73	10, 174, 952, 136. 23	191, 656, 781. 83	58, 449, 963. 65	17, 618, 547, 739. 44
三、减值准备					
1. 2023 年 1 月 1 日余额	29, 238, 730. 65	56, 054, 142. 5	1, 553, 588. 21	135, 569. 42	86, 982, 030. 79
2. 本年增加金额	21, 407. 04	569, 646. 48	65, 384. 33	33, 423. 63	689, 861. 48
(1) 计提	21, 407. 04	569, 646. 48	65, 384. 33	33, 423. 63	689, 861. 48
3. 本年减少金额	635, 651. 93	9, 653, 525. 20	37, 603. 19	60, 594. 13	10, 387, 374. 45
(1) 处置或报废	635, 651. 93	340, 048. 55	37, 603. 19	60, 594. 13	10, 387, 374. 45
4. 外币报表折算差异		47, 310, 312			340, 048. 55
5. 2023 年 12 月 31 日余额	28, 624, 485. 76	56, 054, 142. 5	1, 581, 369. 35	108, 398. 92	77, 624, 566. 37
四、账面价值					
1. 2023 年末账面价值	17, 036, 356, 902. 69	18, 388, 100, 991. 58	89, 869, 096. 57	89, 331, 038. 77	35, 603, 658, 029. 61
2. 2023 年初账面价值	13, 245, 167, 926. 15	14, 695, 080. 604. 48	60, 740, 577. 73	54, 752, 906. 39	28, 055, 742, 014. 75

注 1：于本年末，本集团重新复核了刚果（金）业务未来的复垦及资产弃置义务，并按照更新的复垦计划调整了复垦及资产弃置成本的账面金额。

（2）预计负债

单位：元

项目	2023年12月31日	2022年12月31日
复垦费及资产弃置成本（注1）	2, 559, 804, 098. 29	2, 912, 266, 738. 54
法律诉讼（注2）	277, 283, 554. 68	255, 094, 416. 78
合计	2, 837, 087, 652. 97	3, 167, 361, 155. 32

注1：集团对矿产相关的生产经营及开发活动所造成的环境影响负有复垦、环境恢复及相关资产拆除义务。集团管理层根据上述义务所可能产生未来经济利益流出的最佳估计数折现后确认为预计负债。上述估计根据行业惯例及所在地现行使用的法律法规厘定，相关法律法规的重大变化可能对集团所作出的估计产生重大影响。

注2：集团位于巴西的铌磷业务在经营过程中面临当地一系列与税务事项、劳工及其他民事案件相关的诉讼。当相关诉讼很可能败诉并导致经济利益流出时，本集团管理层会对潜在的经济利益流出金额进行估计并相应计提预计负债。

示例8－54 华电国际（600027. SH）

重要会计估计和判断——预计负债

本集团根据未来现金支出款额及时间作出估算，估计有关矿坑弃置费用及环境清理费预计承担的义务。估计支出按通胀率调整后，并按可以反映当时市场对货币时间价值及负债特定风险的折现率折现，以使准备的数额反映预计需要支付的债务的现值。本集团考虑可开采面积、未来生产量及发展计划和矿产的可开采储量等因素来测定相关工作的范围、支出金额和时段。由于上述因素的考虑属于本集团的判断和估计，实际发生的支出可能与预计负债出现分歧。

合并财务报表项目附注

预计负债

单位：千元

项目	年末余额	年初余额	形成原因
矿坑弃置及环境清理支出等	147, 142	59, 733	煤炭开采形成的弃置义务
合计	147, 142	59, 733	—

示例8－55 江西铜业（600362. SH）

1. 主要会计政策和会计估计——预计负债

本集团预计负债为企业结束生产后对矿区复垦及环境治理支出。

2. 重要会计估计和判断——复垦及环境治理负债

复垦及环境治理负债的估计涉及主观判断，因此复垦及环境治理负债估计往往并不精确，仅为近似金额。在估计复垦及环境治理负债时存在固有的不确定性，这些不确定性包括：（1）各地区污染的确切性质及程度，包括但不仅仅局限于所有在建、关闭或已售的矿区和土地开发地区；（2）要求清理成果的程度；（3）可选弥补策略的不同成本；（4）环境弥补要求的变化；（5）确定需新修复场所的鉴定。此外，由于价格及成本水平逐年变更，因此，复垦及环境治理负债的估计也会出现变动。尽管上述估计存在固有的不精确性，但这些估计仍被用作评估计算复垦及环境治理负债的依据。如果对实际结果或进一步的预期有别于原先估计，则有关差额将对估计变更期间的预计负债及当期损益有所影响。

合并财务报表项目附注

预计负债

2022 年　　　　单位：元

项目	年初余额	本年增加	本年减少	年末余额
预计复垦费	286, 807, 408	14, 940, 248	6, 435, 306	295, 312, 350
土壤修复支出	70, 178, 113	—	70, 178, 113	—
合计	356, 985, 521	14, 940, 248	76, 613, 419	295, 312, 350

预计负债指复垦及环境治理负债，是因本集团未来清理矿场而产生的复垦及环境治理成本的现时义务，且该义务的履行很可能会导致经济利益的流出。在该支出金额能够可靠计量时，按照所需支出的最佳估计金额入账确认为负债。

示例 8 – 56　西部黄金（601069. SH）

其他重要的会计政策和会计估计——土地复垦及环境恢复费用

公司根据《土地复垦规定》《新疆维吾尔自治区矿山地质环境治理恢复保证金管理办法》并参考同行业上市公司计提标准予以估计土地复垦及环境恢复费用，计算固定资产弃置费用。其中土地复垦及环境恢复费用的估计受到各地对土地复垦、植被及环境恢复的要求标准，不同恢复治理方案的成本差异等因素影响。尽管上述估计存在内生的不精确性，这些估计仍被用作评估计算复垦及环境治理费用的依据。

合并财务报表项目附注

预计负债

单位：元

项目	期初余额	期末余额	形成原因
固定资产弃置费用	106, 132, 124. 78	114, 830, 194. 60	
合计	106, 132, 124. 78	114, 830, 194. 60	—

示例8－57　申能股份（600642. SH）

重要会计政策和会计估计——油气资产

（1）油气资产：包括持有的矿区权益和油气井及相关设施等；

（2）建造过程中实际发生的全部支出包括：项目达到预计可使用状态前发生的与油气资产相关的勘探支出、开发支出、借款的利息、折价或溢价摊销、外币汇兑差额等费用，计入油气资产的成本；

（3）油气资产的弃置成本：指在取得油气资产时，存在弃置义务的，按未来可能的弃置成本计算的弃置费用的现值，并在油气资产使用的寿命内均匀摊销；

（4）累计折耗：油气资产折耗采用直线法平均计算，并按各类油气资产的原值和估计的经济使用年限制定其折耗率。

合并财务报表项目附注

预计负债

单位：元

项目	期初余额	期末余额	形成原因
油气资产弃置支出	734, 422, 802. 66	696, 135, 357. 97	本公司承担的环境保护和生态恢复等义务所确定的支出

示例8－58　陕西煤业（601225. SH）

重要会计政策和会计估计——预计负债

公司对因开采煤炭而形成的矿井弃置及环境治理等现时义务，其履行很可能导致经济利益的流出，在该义务的金额能够可靠计量时，确认为预计负债。

其他重要的会计政策和会计估计——矿山地质环境治理恢复与土地复垦基金

根据国家有关规定，公司因开采地下煤矿可能影响环境，应承担复垦、弃置及环境清理等各项义务。因开采煤炭而形成的复垦、弃置及环境清理等现时义务，当履行该义务很可能导致经济利益的流出，且其金额能够可靠计量时，确认为弃置资产和预计负债弃置费用。预计负债弃置费用按照履行相关现时义务所需支出的最佳估计数进行初始计量，计入相关资产及预计负债，并综合考虑与或有事项相关的风险、不确定性和货币时间价值等因素。货币时间价值影响较大的，通过对相关未来现金流出进行折现后确定最佳估计数；因随着时间推移所进行的折现还原而导致的预计负债弃置费用账面价值的增加金额，确认为利息费用。资产在矿井受益期按照直线法进行折旧。公司在该项估计发生变化时对该项预计负债弃置费用的账面价值按会计估计变更的原则进行适当调整。

2018 年 7 月 12 日，陕西省国土资源厅、陕西省财政厅、陕西省环境保护厅三部门联合印发了《陕西省矿山地质环境治理恢复与土地复垦基金实施办法》（陕国土资发〔2018〕92 号），要求自 2018 年 8 月 1 日起，矿山企业根据《矿山地质环境治理恢复与土地复垦方案》将矿山地质环境治理恢复与土地复垦费用按照企业会计准则相关规定预计弃置费用，计入相关资产的入账成本，该费用计入生产成本。该办法规定了基金的提取和使用程序办法。

公司根据上述实施办法，结合本公司生产矿井未来产量和历史售价水平，并考虑货币的时间价值确认基金规模，按照每月实际原矿销售收入和开采矿种系数、开采方式系数、地区系数等综合提取、使用和缴存基金。

公司以前计提的弃置费用，同本基金合并，原计入固定资产的弃置费用余额继续摊销完毕。公司每年终了，按照基金规模确认方法对基金规模进行复核并适当调整。

合并财务报表项目附注

预计负债

单位：元

项目	期初余额	期末余额	形成原因
未决诉讼	10,995,515.00		
矿山地质环境治理恢复与土地复垦基金	11,140,905,405.93	15,771,380,775.01	依据《陕西省矿山地质环境治理恢复与土地复垦基金实施办法》提取
合计	11,151,900,920.93	15,771,380,775.01	—

其他说明：

本公司按照企业会计准则和国家有关规定计量矿井弃置费用。由于要在未来期间矿井闭井时才能确定开采活动对土地造成的影响，预提金额可能因未来出现的变化而受影响。本公司相信于报告期及累计预提的矿井弃置费用足够。由于预提的金额必须建立在估计的基础之上，所以最终的复垦费用可能会超过或低于估计的复垦费用。

示例8－59　迪阿股份（301177.SZ）

其他重要的会计政策和会计估计——门店复原的预计负债

本集团作为承租人根据租赁合同承担将租赁资产恢复至租赁条款约定状态的义务。管理层根据行业情况以及历史经验估计因履行复原义务形成的预计负债。于资产负债表日，管理层对预计负债的账面价值复核并作适当调整，以反映当前的最佳估计数。

合并财务报表项目附注——预计负债

单位：元

项目	期末余额	期初余额	形成原因
退货准备	487,409.00	921,567.41	退货准备系针对附有销售退回条件的商品销售预提的退货准备。本集团根据过往经验数据和销售情况计提退货准备

续表

项目	期末余额	期初余额	形成原因
门店复原义务	13, 615, 982. 00	16, 004, 249. 50	门店复原义务系本集团作为承租人根据租赁合同为将租赁资产恢复至租赁条款约定状态预计将发生的成本。本集团根据行业情况以及历史经验估计复原费
合计	14, 103, 391. 00	16, 925, 816. 91	

示例 8 - 60　万达电影（002739. SZ）

预计负债

单位：元

项目	期初余额	本期增加额	本期减少额	外币报表折算差额	期末余额	形成原因
场地复原费	178, 210, 672. 29	5, 213, 607. 87		5, 162, 097. 10	188, 586, 377. 26	注（1）
会员积分兑换	22, 288, 828. 76	35, 161, 980. 49	22, 288, 828. 76		35, 161, 980. 49	注（2）
未决诉讼	1, 929, 082. 89		957, 716. 33		971, 366. 56	
其他	3, 810, 828. 98	2, 715, 333. 96			6, 526, 162. 94	
合计	206, 239, 412. 92	43, 090, 922. 32	23, 246, 545. 09	5, 162, 097. 10	231, 245, 887. 25	

注（1）：场地复原费：本公司之子公司 HG Holdco Pty Ltd. 租赁合同明确约定，在租赁期满时必须将装修拆除复原，根据合同约定租赁期结束时清理装修构成了承租人的一项合同义务，因此 HG Holdco Pty Ltd. 在租赁期间预提场地复原费。

注（2）：会员积分兑换：本公司根据 2023 年 12 月 31 日会员积分数量及本公司预估的兑换比例计提预计负债 35, 161, 980. 49 元。

第八节　现金流量表常见列报要求及披露示例

2023 年 12 月 22 日，中国证监会发布了《公开发行证券的公司信息披露编报规则第 15 号——财务报告的一般规定（2023 年修订）》（证监会公告〔2023〕64 号），自公布之日起施行。为进一步提升现金流量表信息的决策有用性，2023 年修订版细化完善了现金流量表有关披露要求。主要修订内容包括：

（1）要求重大的投资活动和筹资活动也要展开详细披露。

（2）增加现金及现金等价物构成信息的披露要求。

（3）增加不涉及当期现金收支的重大经营、投资和筹资活动的披露要求。

（4）增加以净额列报现金流量的披露要求。

财政部会计司编写的《企业会计准则应用指南汇编 2024》对现金流量表准则应用指南作出了实质性修订。例如，明确保证金因在到期之前不能随时支取，因此通常不属于现金；明确“工会经费”“代扣代缴的个人所得税款”属于支付给职工以及为职工支付的现金（并非用于其他长期资产购建时）。

一、现金流量表常见列报要求

现金流量表常见列报问题包括：现金及现金等价物范围的确定、现金流量的列报分类、现金流量表总额列报和净额列报、不涉及现金收支的重大投资和筹资活动的披露等。

如无特别说明，本节示例来自相关公司公开披露的2023年年度报告。

二、准则相关规定与监管指引（节选）

（一）《企业会计准则第31号——现金流量表》

第二条　现金流量表，是指反映企业在一定会计期间现金和现金等价物流入和流出的报表。现金，是指企业库存现金以及可以随时用于支付的存款。

现金等价物，是指企业持有的期限短、流动性强、易于转换为已知金额现金、价值变动风险很小的投资。本准则提及现金时，除非同时提及现金等价物，均包括现金和现金等价物。

第四条　现金流量表应当分别经营活动、投资活动和筹资活动列报现金流量。

第五条　现金流量应当分别按照现金流入和现金流出总额列报。但是，下列各项可以按照净额列报：

（一）代客户收取或支付的现金。

（二）周转快、金额大、期限短项目的现金流入和现金流出。

（三）金融企业的有关项目，包括短期贷款发放与收回的贷款本金、活期存款的吸收与支付、同业存款和存放同业款项的存取、向其他金融企业拆借资金、以及证券的买入与卖出等。

第八条　企业应当采用直接法列示经营活动产生的现金流量。经营活动，是指企业投资活动和筹资活动以外的所有交易和事项。直接法，是指通过现金收入和现金支出的主要类别列示经营活动的现金流量。

第八条　企业应当采用直接法列示经营活动产生的现金流量。经营活动，是指企业投资活动和筹资活动以外的所有交易和事项。直接法，是指通过现金收入和现金支出的主要类别列示经营活动的现金流量。

第九条　有关经营活动现金流量的信息，可以通过下列途径之一取得：

（一）企业的会计记录。

（二）根据下列项目对利润表中的营业收入、营业成本以及其他项目进行调整：

1. 当期存货及经营性应收和应付项目的变动；

2. 固定资产折旧、无形资产摊销、计提资产减值准备等其他非现金项目；

3. 属于投资活动或筹资活动现金流量的其他非现金项目。

第十条　经营活动产生的现金流量至少应当单独列示反映下列信息的项目：

（一）销售商品、提供劳务收到的现金；

（二）收到的税费返还；

（三）收到其他与经营活动有关的现金；

（四）购买商品、接受劳务支付的现金；

（五）支付给职工以及为职工支付的现金；

（六）支付的各项税费；

（七）支付其他与经营活动有关的现金。

第十一条　金融企业可以根据行业特点和现金流量实际情况，合理确定经营活动现金流量项目的类别。

第十二条　投资活动，是指企业长期资产的购建和不包括在现金等价物范围的投资及其处置活动。

第十三条　投资活动产生的现金流量至少应当单独列示反映下列信息的项目：

（一）收回投资收到的现金；

（二）取得投资收益收到的现金；

（三）处置固定资产、无形资产和其他长期资产收回的现金净额；

（四）处置子公司及其他营业单位收到的现金净额；

（五）收到其他与投资活动有关的现金；

（六）购建固定资产、无形资产和其他长期资产支付的现金；

（七）投资支付的现金；

（八）取得子公司及其他营业单位支付的现金净额；

（九）支付其他与投资活动有关的现金。

第十四条　筹资活动，是指导致企业资本及债务规模和构成发生变化的活动。

第十五条　筹资活动产生的现金流量至少应当单独列示反映下列信息的项目：

（一）吸收投资收到的现金；

（二）取得借款收到的现金；

（三）收到其他与筹资活动有关的现金；

（四）偿还债务支付的现金；

（五）分配股利、利润或偿付利息支付的现金；

（六）支付其他与筹资活动有关的现金。

（二）《企业会计准则应用指南汇编 2024》“第三十二章　现金流量表”

二、现金流量表的基本要求

（一）现金流量表的编制基础

现金流量表以现金及现金等价物为基础编制，划分为经营活动、投资活动和筹资活动，按照收付实现制原则编制，将权责发生制下的盈利信息调整为收付实现制下的现金流量信息。

1. 现金。

现金，是指企业库存现金以及可以随时用于支付的存款。不能随时用于支付的存款不属于现金。现金主要包括：

(1) 库存现金。库存现金指企业持有可随时用于支付的现金，与“库存现金”科目的核算内容一致。

(2) 银行存款。银行存款指企业存入金融机构、可以随时用于支取的存款，与“银行存款”科目核算内容基本一致，但不包括不能随时用于支付的存款。例如，不能随时支取的定期存款等不应作为现金；提前通知金融机构便可支取的定期存款则应当包括在现金范围内。

(3) 其他货币资金。其他货币资金指存放在金融机构的外埠存款、银行汇票存款、银行本票存款、信用卡存款和存出投资款等，与“其他货币资金”科目核算内容一致。

2. 现金等价物。

现金等价物，是指企业持有的期限短、流动性强、易于转换为已知金额现金、价值变动风险很小的投资。其中，“期限短”一般是指从购买日起3个月内到期。例如可在证券市场上流通的3个月内到期的短期债券等。

现金等价物虽然不是现金，但其支付能力与现金的差别不大，可视为现金。例如，企业为保证支付能力，手持必要的现金，为了不使现金闲置，可以购买短期债券，在需要现金时，随时可以变现。

现金等价物的定义本身，包含了判断一项投资是否属于现金等价物的四个条件，即：①期限短；②流动性强；③易于转换为已知金额的现金；④价值变动风险很小。其中，期限短、流动性强，强调了变现能力，而易于转换为已知金额的现金、价值变动风险很小，则强调了支付能力的大小。现金等价物通常包括3个月内到期的短期债券投资。权益性投资变现的金额通常不确定，因而不属于现金等价物。

3. 现金及现金等价物范围的确定和变更。

不同企业现金及现金等价物的范围可能不同。企业应当根据经营特点等具体情况，确定现金及现金等价物的范围。商业银行与一般工商企业的现金及现金等价物的范围可能不同，例如，某商业银行的现金及现金等价物包括库存现金、存放中央银行可随时支取的备付金、存放同业款项、拆放同业款项、同业间买入返售证券、短期国债投资等。企业应当根据具体情况，确定现金及现金等价物的范围，一经确定不得随意变更。如果发生变更，应当按照会计政策变更处理。

（二）现金流量的分类及列示

1. 现金流量的分类。

现金流量指企业现金和现金等价物的流入和流出。在现金流量表中，现金及现金等价物被视为一个整体，企业现金（含现金等价物，下同）形式的转换不会产生现金的流入和流出。例如，企业从银行提取现金，是企业现金存放形式的转换，并未流出企业，不构成现金流量。同样，现金与现金等价物之间的转换也不属于现金流量，例如，企业用现金购买3个月内到期的国库券。

根据企业业务活动的性质和现金流量的来源，编制现金流量表时将企业一定期间产生的现金流量分为三类：经营活动现金流量、投资活动现金流量和筹资活动现金流量。

（1）经营活动。经营活动，是指企业投资活动和筹资活动以外的所有交易和事项。各类企业由于行业特点不同，对经营活动的认定存在一定差异。对于工商企业而言，经营活动主要包括销售商品、提供劳务、购买商品、接受劳务、支付税费等。对于商业银行而言，经营活动主要包括吸收存款、发放贷款、同业存放、同业拆借等。对于保险公司而言，经营活动主要包括原保险业务和再保险业务等。对于证券公司而言，经营活动主要包括自营证券、代理承销证券、代理兑付证券、代理买卖证券等。

（2）投资活动。投资活动，是指企业长期资产的购建和不包括在现金等价物范围内的投资及其处置活动。长期资产指固定资产、无形资产、在建工程、其他资产等持有期限在一年或一个营业周期以上的资产。这里所讲的投资活动，既包括实物资产投资，也包括非实物资产投资。这里之所以将"包括在现金等价物范围内的投资"排除在投资活动之外，是因为已经将包括在现金等价物范围内的投资视同现金。不同企业由于行业特点不同，对投资活动的认定也存在差异。

（3）筹资活动。筹资活动，是指导致企业资本及债务规模和构成发生变化的活动。这里所说的资本，既包括实收资本（股本），也包括资本溢价（股本溢价）；这里所说的债务，指对外举债，包括向银行借款、发行债券以及偿还债务等。通常情况下，应付账款、应付票据等属于经营活动，不属于筹资活动。

对于企业日常活动之外特殊的、不经常发生的特殊项目，如自然灾害损失、保险赔款、捐赠等，应当归并到相关类别中，并单独反映。比如，对于自然灾害损失和保险赔款，如果能够确指属于流动资产损失，应当列入经营活动产生的现金流量；属于固定资产损失，应当列入投资活动产生的现金流量。如果不能确指，则可以列入经营活动产生的现金流量。捐赠收入和支出，可以列入经营活动。如果特殊项目的现金流量金额不大，则可以列入现金流量类别下的"其他"项目，不单列项目。

2. 现金流量的列示。

通常情况下，现金流量应当分别按照现金流入和现金流出总额列报，从而全面揭示企业现金流量的方向、规模和结构。但是，下列各项可以按照净额列报：

（1）代客户收取或支付的现金以及周转快、金额大、期限短项目的现金流入和现金流出。例如，证券公司代收的客户证券买卖交割费、印花税等，旅游公司代游客支付的房费、餐费、交通费、文娱费、行李托运费、门票费、票务费、签证费等费用。

（2）金融企业的有关项目，主要指期限较短、流动性强的项目。对于商业银行而言，主要包括短期贷款发放与收回的贷款本金、活期存款的吸收与支付、同业存款和存放同业款项的存取、向其他金融企业拆入和拆出资金等净额；对于保险公司而言，主要包括分入再保险合同的现金净额、分出再保险合同的现金净额；对于证券公司而言，主要包括自营证券和代理业务收到或支付的现金净额等。

上述这些项目由于周转快，在企业停留的时间短，企业加以利用的余地比较小，净额更能说明其对企业支付能力、偿债能力的影响；反之，如果以总额反映，反而会放大现金流量，对评价企业的支付能力和偿债能力、分析企业的未来现金流量产生误导。

三、现金流量表编制

（一）一般企业现金流量表的编制

现金流量表格式区分一般企业、金融企业等企业类型予以规定。企业应当根据其经营活动的性质，确定本企业适用的现金流量表格式。

1. 经营活动产生的现金流量有关项目的编制。

（1）销售商品、提供劳务收到的现金。

本项目反映企业销售商品、提供劳务实际收到的现金，包括销售收入和应向购买者收取的增值税销项税额，具体包括：本期销售商品、提供劳务收到的现金，以及前期销售商品、提供劳务本期收到的现金和本期预收的款项，减去本期销售本期退回的商品和前期销售本期退回的商品支付的现金。企业销售材料和代购代销业务收到的现金，也在本项目反映。本项目可以根据“库存现金”、“银行存款”、“应收票据”、“应收账款”、“合同资产”、“合同负债”、“主营业务收入”、“其他业务收入”等科目的记录分析填列。

（2）收到的税费返还。

本项目反映企业收到返还的各种税费，如收到的增值税、所得税、消费税、关税和教育费附加返还款等。企业收到或缴回增值税期末留抵退税款项产生的现金流量，属于经营活动产生的现金流量，应当将收到的增值税期末留抵退税款项有关现金流量在本项目中反映；缴回并继续按规定抵扣进项税额的增值税期末留抵退税款项有关现金流量不在本项目中反映，应当在“支付的各项税费”项目中反映。本项目可以根据有关科目的记录分析填列。

（3）收到其他与经营活动有关的现金。

本项目反映企业除上述各项目外，收到的其他与经营活动有关的现金，如出租人经营租赁固定资产收到的现金、投资性房地产收到的租金收入、流动资产损失中由个人赔偿的现金收入、除税费返还外的其他政府补助、罚款收入等。其他与经营活动有关的现金，如果金额较大的，应当单列项目反映。本项目可以根据“库存现金”、“银行存款”、“管理费用”、“销售费用”等科目的记录分析填列。

（4）购买商品、接受劳务支付的现金。

本项目反映企业购买材料、商品、接受劳务实际支付的现金，包括支付的货款以及与货款一并支付的增值税进项税额，具体包括：本期购买商品、接受劳务支付的现金，以及本期支付前期购买商品、接受劳务的未付款项和本期预付款项，减去本期发生的购货退回收到的现金。为购置存货而发生的借款利息资本化部分，应在“分配股利、利润或偿付利息支付的现金”项目中反映。本项目可以根据“库存现金”、“银行存款”、“应付票据”、“应付账款”、“预付账款”、“主营业务成本”、“其他业务成本”等科目的记录分析填列。

（5）支付给职工以及为职工支付的现金。

本项目反映企业实际支付给职工的现金以及为职工支付的现金，包括企业为获得职工提供的服务，本期实际给予各种形式的报酬以及其他相关支出，如支付给职工的工资、奖金、各种津贴和补贴等，以及为职工支付的其他费用，不包括支付给在建工程人员的工资。支付的在建工程人员的工资，在“其他长期资产所支付的现金和购建固定资产、无形资产”项目中反映。

企业为职工支付的医疗、养老、失业、工伤、生育等社会保险基金、补充养老保险、住房公积金、工会经费，企业为职工交纳的商业保险金，因解除与职工劳动关系给予的补偿，现金结算的股份支付，代扣代缴的个人所得税款，以及企业支付给职工或为职工支付的其他福利费用等，应当根据职工的工作性质和服务对象，分别在“购建固定资产、无形资产和其他长期资产支付的现金”和“支付给职工以及为职工支付的现金”项目中反映。

本项目可以根据“库存现金”、“银行存款”、“应付职工薪酬”等科目的记录分析填列。

（6）支付的各项税费。

本项目反映企业按规定支付的各项税费，包括本期发生并支付的税费，以及本期支付以前各期发生的税费和预交的税金，如支付的增值税、消费税、所得税、教育费附加、印花税、房产税、土地增值税、车船税等。不包括本期退回的增值税、所得税等。本期退回的增值税、所得税等，在“收到的税费返还”项目中反映。本项目可以根据“应交税费”、“库存现金”、“银行存款”等科目分析填列。

（7）支付其他与经营活动有关的现金。

本项目反映企业除上述各项目外，支付的其他与经营活动有关的现金，如支付的差旅费，业务招待费，保险费，按第二十一章租赁的有关内容简化处理的短期租赁和低价值资产的租赁付款额、相关的预付租金和租赁保证金，未纳入租赁负债计量的可变租赁付款额，罚款支出等。其他与经营活动有关的现金，如果金额较大的，应当单列项目反映。本项目可以根据有关科目的记录分析填列。

2. 投资活动产生的现金流量有关项目的编制。

（1）收回投资收到的现金。

本项目反映企业出售、转让或到期收回除现金等价物以外的分类为以公允价值计量且其变动计入当期损益的金融资产（以下简称交易性金融资产）、分类为以摊余成本计量的金融资产（以下简称债权投资）、分类为以公允价值计量且其变动计入其他综合收益的金融资产（以下简称其他债权投资）、指定为以公允价值计量且其变动计入其他综合收益的金融资产（以下简称其他权益工具投资）、长期股权投资等而收到的现金，但不包括债权性投资收回的利息、收回的非现金资产，以及处置子公司及其他营业单位收到的现金净额。债权性投资收回的本金，在本项目反映，债权性投资收回的利息，不在本项目中反映，而在“取得投资收益收到的现金”项目中反映。处置子公司及其他营业单位收到的现金净额单设项目反映。本项目可以根据“交易性金融资产”、“债权投资”、“其他债权投资”、“其他权益工具投资”、“长期股权投资”、“库存现金”、“银行存款”等科目的记录分析填列。

本项目反映企业因股权性投资而分得的现金股利、因债权性投资而取得的现金利息收入。股票股利由于不产生现金流量，不在本项目中反映。包括在现金等价物范围内的债权性投资，其利息收入在本项目中反映。本项目可以根据“应收股利”、“应收利息”、“投资收益”、“库存现金”、“银行存款”等科目的记录分析填列。

(3) 处置固定资产、无形资产和其他长期资产收回的现金净额。

本项目反映企业出售固定资产、无形资产和其他长期资产（如投资性房地产）所取得的现金，减去为处置这些资产而支付的有关费用后的净额。处置固定资产、无形资产和其他长期资产所收到的现金，与处置活动支付的现金，两者在时间上比较接近，以净额反映更能准确反映处置活动对现金流量的影响。由于自然灾害等原因所造成的固定资产等长期资产报废、毁损而收到的保险赔偿收入，在本项目中反映。如处置固定资产、无形资产和其他长期资产所收回的现金净额为负数，则应当作为投资活动产生的现金流量，在“支付的其他与投资活动有关的现金”项目中反映。本项目可以根据“固定资产清理”、“库存现金”、“银行存款”等科目的记录分析填列。

(4) 处置子公司及其他营业单位收到的现金净额。

本项目反映企业处置子公司及其他营业单位所取得的现金减去子公司或其他营业单位持有的现金和现金等价物以及相关处置费用后的净额。本项目可以根据有关科目的记录分析填列。

由于企业处置子公司或其他营业单位是整体交易，子公司和其他营业单位可能持有现金和现金等价物。这样，整体处置子公司或其他营业单位的现金流量，就应当以处置价款中收到现金的部分，减去子公司或其他营业单位持有的现金和现金等价物以及相关处置费用后的净额反映。

处置子公司及其他营业单位收到的现金净额如为负数，则将该金额填列至“支付其他与投资活动有关的现金”项目中。

(5) 收到其他与投资活动有关的现金。

本项目反映企业除上述各项目外，收到的其他与投资活动有关的现金。其他与投资活动有关的现金，如果金额较大的，应当单列项目反映。本项目可以根据有关科目的记录分析填列。

(6) 购建固定资产、无形资产和其他长期资产支付的现金。

本项目反映企业购买、建造固定资产，取得无形资产和其他长期资产（如投资性房地产）支付的现金，包括购买机器设备所支付的现金、建造工程支付的现金、支付在建工程人员的工资等现金支出，不包括为购建固定资产、无形资产和其他长期资产而发生的借款利息资本化部分，以及偿还租赁负债本金和利息所支付的现金。为购建固定资产、无形资产和其他长期资产而发生的借款利息资本化部分，在“分配股利、利润或偿付利息支付的现金”项目中反映；偿还租赁负债本金和利息所支付的现金，在“支付的其他与筹资活动有关的现金”项目中反映。本项目可以根据“固定资产”、“在建工程”、“工程物资”、“无形资产”、“使用权资产”、“库存现金”、“银行存款”等科目的记录分析填列。

(7) 投资支付的现金。

本项目反映企业进行权益性投资和债权性投资所支付的现金，包括企业取得的除现金等价物以外的交易性金融资产、债权投资、其他债权投资、其他权益工具投资、长期股权投资而支付的现金，以及支付的佣金、手续费等交易费用，但不包括为取得子公司及其他营业单位支付的现金净额。

企业购买股票和债券时，实际支付的价款中包含的已宣告但尚未领取的现金股利或已到付息期但尚未领取的债券利息，应当在“支付的其他与投资活动有关的现金”项目中反映；收回购买股票和债券时支付的已宣告但尚未领取的现金股利或已到付息期但尚未领取的债券利息，应当在“收到的其他与投资活动有关的现金”项目中反映。

本项目可以根据“交易性金融资产”、“债权投资”、“其他债权投资”、“其他权益工具投资”、“长期股权投资”、“库存现金”、“银行存款”等科目的记录分析填列。

(8) 取得子公司及其他营业单位支付的现金净额。

本项目反映企业为取得子公司及其他营业单位而支付的对价中以现金支付的部分，减去子公司或其他营业单位持有的现金和现金等价物后的净额。本项目可以根据有关科目的记录分析填列。

整体购买一个单位，其结算方式是多种多样的，如购买方全部以现金支付或一部分以现金支付而另一部分以实物清偿。同时，企业购买子公司及其他营业单位是整体交易，子公司和其他营业单位除有固定资产和存货等外，还可能持有现金和现金等价物。这样，整体购买子公司或其他营业单位的现金流量，就应当以支付对价中以现金支付的部分减去子公司或其他营业单位持有的现金和现金等价物后的净额反映，如为负数应当在“收到其他与投资活动有关的现金”项目中反映。

(9) 支付其他与投资活动有关的现金。

本项目反映企业除上述各项目外，支付的其他与投资活动有关的现金。其他与投资活动有关的现金，如果金额较大的，应当单列项目反映。本项目可以根据有关科目的记录分析填列。

3. 筹资活动产生的现金流量有关项目的编制。

(1) 吸收投资收到的现金。

本项目反映企业以发行股票等方式筹集资金实际收到的款项净额（发行收入减去支付的佣金等发行费用后的净额）。以发行股票等方式筹集资金而由企业直接支付的审计、咨询等费用，在“支付其他与筹资活动有关的现金”项目中反映。本项目可以根据“实收资本（或股本）”、“资本公积”、“其他权益工具”、“库存现金”、“银行存款”等科目的记录分析填列。

（2）取得借款收到的现金。

本项目反映企业举借各种短期、长期借款而收到的现金，以及发行债券实际收到的款项净额（发行收入减去直接支付的佣金等发行费用后的净额）。本项目可以根据“短期借款”、“长期借款”、“交易性金融负债”、“应付债券”、“库存现金”、“银行存款”等科目的记录分析填列。

（3）收到其他与筹资活动有关的现金。

本项目反映企业除上述各项目外，收到的其他与筹资活动有关的现金。其他与筹资活动有关的现金，如果金额较大的，应当单列项目反映。本项目可根据有关科目的记录分析填列。

（4）偿还债务支付的现金。

本项目反映企业以现金偿还债务的本金，包括：归还金融企业的借款本金、偿付企业到期的债券本金等。企业偿还的借款利息、债券利息，在“分配股利、利润或偿付利息支付的现金”项目中反映。本项目可以根据“短期借款”、“长期借款”、“交易性金融负债”、“应付债券”、“库存现金”、“银行存款”等科目的记录分析填列。

（5）分配股利、利润或偿付利息支付的现金。

本项目反映企业实际支付的现金股利、支付给其他投资单位的利润或用现金支付的借款利息、债券利息。不同用途的借款，其利息的开支渠道不一样，如在建工程、财务费用等，均在本项目中反映。本项目可以根据“应付股利”、“应付利息”、“利润分配”、“财务费用”、“在建工程”、“制造费用”、“研发支出”、“库存现金”、“银行存款”等科目的记录分析填列。

（6）支付其他与筹资活动有关的现金。

本项目反映企业除上述各项目外，支付的其他与筹资活动有关的现金，如以发行股票、债券等方式筹集资金而由企业直接支付的审计、咨询等费用，偿还租赁负债本金和利息所支付的现金，支付的预付租金和租赁保证金，以及以分期付款方式构建固定资产、无形资产等各期支付的现金。其他与筹资活动有关的现金，如果金额较大的，应当单列项目反映。本项目可以根据有关科目的记录分析填列。

4. 汇率变动对现金的影响。

外币现金流量以及境外子公司的现金流量，应当采用现金流量发生日的即期汇率或即期汇率的近似汇率折算。汇率变动对现金的影响额应当作为调节项目，在现金流量表中单独列报。

汇率变动对现金的影响，指企业外币现金流量及境外子公司的现金流量折算成记账本位币时，所采用的是现金流量发生日的即期汇率或即期汇率的近似汇率，而现金流量表中“现金及现金等价物净增加额”项目中外币现金净增加额是按资产负债表日的即期汇率折算。这两者的差额即为汇率变动对现金的影响。

（二）金融企业现金流量表的编制

金融企业应当遵循现金流量表准则的规定编制现金流量表。在现金流量表的列报格式方面，商业银行、证券公司以及执行第二十六章原保险合同、第二十七章再保险合同的保险公司，应当遵循《财政部关于修订印发2018年度金融企业财务报表格式的通知》（财会〔2018〕36号）中的有关规定；执行第二十五章保险合同的保险公司，应当遵循《财政部关于修订印发2023年度保险公司财务报表格式的通知》（财会〔2022〕37号）中的有关规定。

（三）《公开发行证券的公司信息披露编报规则第15号——财务报告的一般规定（2023年修订）》

第二十三条　现金流量表项目应披露：

（一）分项列示收到或支付的重要的投资活动有关的现金性质、本期发生额、上期发生额。其中，对于本期取得或处置子公司的，还应分别总额披露取得或处置价格中以现金及现金等价物支付的部分，以及取得或处置收到的子公司持有的现金及现金等价物等。

（二）分项列示收到或支付的其他与经营活动、投资活动及筹资活动中有关的现金性质、本期发生额、上期发生额。

（三）将净利润调节为经营活动现金流量的信息。

（四）本期及上期现金和现金等价物的构成情况。

披露公司持有的使用范围受限但仍作为现金和现金等价物列示的金额及理由。分类披露不属于现金及现金等价物的货币资金的本期金额、上期金额及理由。

（五）分类列示筹资活动产生的各项负债从期初余额到期末余额所发生的变动情况，包括因现金和非现金变动产生的负债的变动。

（六）按照规定以净额列报现金流量的，应披露相关事实情况、采用净额列报的依据及财务影响。

（七）不涉及当期现金收支、但影响企业财务状况或在未来可能影响企业现金流量的重大活动及财务影响。

（四）证监会《上市公司年报会计监管报告》

《2021年上市公司年报会计监管报告》

现金流量表相关问题

（1）业绩承诺相关现金流量分类不准确

根据企业会计准则及相关规定，现金流量表应当分别经营活动、投资活动和筹资活动列报现金流量。投资活动，是指企业长期资产的购建和不包括在现金等价物范围的投资及其处置活动；筹资活动，是指导致企业资本及债务规模和构成发生变化的活动；经营活动，是指企业投资活动和筹资活动以外的所有交易和事项。

年报分析发现，对于因收购的标的公司未达业绩承诺而支付的业绩补偿款，错误地分类为支付的其他与经营活动有关的现金，未正确分类为投资活动现金流量。

（2）定期存款质押与解除质押业务相关现金流量分类不准确

根据企业会计准则及相关规定，如果定期存单本身属于现金及现金等价物，被用于质押不再满足现金及现金等价物定义时，其质押与解除质押业务均会产生现金流量。企业应结合其所属行业特点对相关现金流量进行分类，对一般非金融企业而言，如果定期存款质押目的是为了获取短期借款，相关现金流量应被分类为筹资活动现金流量。年报分析发现，个别非金融上市公司将银行存款质押作为短期借款的保证金，错误地将质押和解除质押产生的现金流量作为经营活动现金流量列报。

（3）未充分披露现金流量列报变更的情况

根据企业会计准则及相关规定，现金流量应当分别按照现金流入和现金流出总额列报。但是，下列各项可以按照净额列报：一是代客户收取或支付的现金；二是周转快、金额大、期限短项目的现金流入和现金流出；三是金融企业的有关项目，包括短期贷款发放与收回的贷款本金、活期存款的吸收与支付、同业存款和存放同业款项的存取、向其他金融企业拆借资金、以及证券的买入与卖出等。年报分析发现，个别非金融行业上市公司购买和赎回理财产品产生的现金流入和现金流出在以前年度按总额列报，本期改为净额列报，但未披露该变更的事实和理由，未披露理财产品投资是否满足净额列报要求的相关分析判断。

《2020 年上市公司年报会计监管报告》

现金流量表相关问题

（1）与政府补助相关现金流量分类不正确

根据企业财务报表格式相关规定，企业实际收到的政府补助，无论是与资产相关还是与收益相关，均在“收到其他与经营活动有关的现金”项目填列。年报分析发现，个别上市公司错误地将收到的与资产相关的政府补助列报于投资活动产生的现金流量。

（2）其他现金流量分类不正确

年报分析发现，部分上市公司在现金流量表编制和列报方面存在问题：一是对于收到的票据贴现款、票据到期解付款、票据相关保证金的收付款均分类为筹资活动现金流量，未根据其实际业务性质将已终止确认的票据贴现取得的现金、因采购性质而产生票据结算及相关保证金的收付款分类为经营活动或投资活动现金流量；二是对于因收购的标的公司未达业绩承诺而收到的业绩补偿款，错误地分类为筹资活动现金流量，未正确分类为投资活动现金流量。

《2019 年上市公司年报会计监管报告》

现金流量表相关问题

根据企业会计准则及相关规定，现金流量表中的现金，是指企业库存现金以及可以随时用于支付的存款，不能随时用于支付的存款不属于现金；现金等价物，是指企业持有的期限短、流动性强、易于转换为已知金额现金、价值变动风险很小的投资，其中，“期限短”一般是指从购买日起3个月内到期。此外，现金及现金等价物的持有目的是为了满足短期内对外支付的流动性需求，而不是以获取利息收入或投资收益为主要目的。现金流量表应当分别经营活动、投资活动和筹资活动列报现金流量。投资活动，是指企业长期资产的购建和不包括在现金等价物范围的投资及其处置活动；筹资活动，是指导致企业资本及债务规模和构成发生变化的活动；经营活动，是指企业投资活动和筹资活动以外的所有交易和事项。

（1）现金和现金等价物的划分不正确

年报分析发现，部分上市公司在现金和现金等价物的划分方面存在以下问题：一是将包含在其他货币资金中的3个月内到期的银行承兑汇票保证金作为现金和现金等价物，上述银行承兑汇票保证金属于受限资金，在到期之前通常不能随时支取，也不满足流动性强、易于转换为已知金额现金的条件，因此不应作为现金和现金等价物；二是上市公司持有定期存款的目的与现金及现金等价物的划分不匹配，例如上市公司对定期存款按照定期存款利率（而非活期存款利率）计提利息收入，通常表明其持有目的并非为了满足短期内对外支付的流动性需求，而是以获取利息收入为主要目的，但上市公司错误地将该定期存款划分为现金及现金等价物。

（2）现金流量分类不正确

年报分析发现，部分上市公司在现金流量表编制和列报方面存在以下问题：一是将回购公司股票用于员工激励计划支付的现金分类为经营活动现金流量，未分类为筹资活动现金流量；二是将回购已授予但未解锁的限制性股票支付的现金分类为投资活动现金流量，未分类为筹资活动现金流量；三是将支付融资租赁款的现金分类为经营活动现金流量，未分类为筹资活动现金流量；四是对于贴现时已终止确认的银行承兑汇票，将贴现取得的现金分类为筹资活动现金流量，未分类为经营活动现金流量；五是将采购原材料或固定资产相关的应付票据的结算及保证金的收付，分类为筹资活动现金流量，未根据其性质分类为经营活动或投资活动现金流量；六是将收到的与资产相关的政府补助分类为投资活动现金流量，未分类为经营活动现金流量；七是将发行股份向母公司购买业务相关的过渡期现金补偿支出分类为筹资活动现金流量，未分类为投资活动现金流量；八是将发行股份及支付现金购买资产交易支付的中介机构费用全部分类为筹资活动现金流量，未根据其性质恰当区分处理为筹资活动现金流量和投资活动现金流量；九是将收到的搬迁补偿及土地收储补偿款分类为经营活动现金流量，未分类为投资活动现金流量等。

《2018年上市公司年报会计监管报告》

根据企业会计准则及相关规定，现金流量表中的投资活动，是指企业长期资产的购建和不包括在现金等价物范围的投资及其处置活动。筹资活动，是指导致企业资本及债务规模和构成发生变化的活动。经营活动，是指企业投资活动和筹资活动以外的所有交易和事项。

年报分析发现，部分上市公司在编制现金流量表时存在以下问题：一是未将划分为持有待售类别子公司的非受限货币资金包括在现金和现金等价物中；二是将收到的与资产相关的政府补助、代扣代缴个税手续费返还分类为投资活动现金流量，未分类为经营活动现金流量；三是将与定期存单存入或到期相关的资金收付分类为经营活动现金流量，未分类为投资活动现金流量；四是未综合考虑与关联企业之间是否存在业务往来等因素，简单将与关联企业之间的资金往来全部分类为经营活动现金流量；五是在合并报表中将购买子公司少数股权支付的现金分类为投资活动现金流量，未分类为筹资活动现金流量。

《2017 年上市公司年报会计监管报告》

1. 现金及现金等价物的范围问题：根据企业会计准则及相关规定，现金是指企业库存现金以及可以随时用于支付的存款，不能随时用于支付的存款不属于现金。现金等价物，是指企业持有的期限短、流动性强、易于转换为已知金额现金、价值变动风险很小的投资。年报分析发现，个别上市公司将为取得 1 年期银行贷款质押的定期存单、银行承兑汇票保证金、被冻结的银行存款等作为现金及现金等价物在现金流量表中列报。

2. 现金流量表列报分类不准确：根据企业会计准则及相关规定，现金流量表中的筹资活动是指导致企业资本及债务规模和构成发生变化的活动，投资活动是指企业长期资产的购建和不包括在现金等价物范围内的投资及其处置活动，经营活动是指企业投资活动和筹资活动以外的所有交易和事项。年报分析发现，上市公司对现金流量分类不正确的情况较为常见：个别公司将非同一控制下并购子公司支付的对价或收到标的公司原股东业绩补偿款，作为筹资活动现金流列报；个别公司将收到之前预付购买设备款计入经营活动现金流，而非投资活动现金流。此外，个别公司将收到的新三板挂牌补助和支付的新三板挂牌费用，作为筹资活动现金流量。由于新三板挂牌并不涉及企业资本及债务规模和构成的变化，也未购建形成长期资产，企业应将此作为经营活动现金流量列示。

3. 现金流量表总额/净额列报不正确：根据企业会计准则及相关规定，除客户代收取或支付的现金以及周转快、金额大、期限短项目的现金流入和流出外，现金流量应当分别按照现金流入和流出总额列报。年报分析发现，部分上市公司将其发生的与其他单位或个人的往来款、保证金、理财产品等不符合净额列报的现金流量按收支净额予以列示。

《2014 年上市公司年报会计监管报告》

现金流量表补充信息的充分性有待改进：实务中，使用票据结算是一种被普遍接受和采用的结算方式。较多公司因销售商品或提供劳务从其客户取得银行承兑汇票，之后再根据其自身的业务需求和资金使用计划，将取得的票据背书给供应商。由于该交易不涉及现金，故无法体现在现金流量表的销售商品、提供劳务收到的现金、购买商品、接受劳务支付的现金或购建固定资产、无形资产和其他长期资产支付的现金中。年报分析中发现，部分上市公司现金流量表列报于销售商品、提供劳务收到的现金的金额远低于利润表中营业收入的金额，同时，增加的资产金额远大于购买商品、接受劳务支付的现金或购建固定资产、无形资产和其他长期资产支付的现金。为了有利于报表使用者更全面地了解现金流量的整体情况，上市公司应根据企业会计准则及其相关规定，在现金流量表附注的不涉及现金收支交易部分，披露公司销售商品收到的银行承兑汇票背书转让的金额。但是，绝大部分存在上述情形的公司并未在现金流量表的附注中对此予以说明。

（五）《关于严格执行企业会计准则　切实做好企业2022年年报工作的通知》（财会［2022］32号）

企业持有由中国人民银行发行的数字人民币的，可以增设“数字货币——人民币”科目进行核算，在资产负债表中将其列报在“货币资金”项目，并根据《企业会计准则第31号——现金流量表》（财会〔2006〕3号，以下简称现金流量表准则）等规定判断是否属于现金及现金等价物和进行相应列报。

企业按照《关于进一步加大增值税期末留抵退税政策实施力度的公告》（财政部 税务总局公告2022年第14号）等规定收到或缴回的增值税期末留抵退税相关现金流量，应当根据现金流量表准则的有关规定进行列示。企业收到或缴回留抵退税款项产生的现金流量，属于经营活动产生的现金流量，应将收到的留抵退税款项有关现金流量在“收到的税费返还”项目列示，将缴回并继续按规定抵扣进项税额的留抵退税款项有关现金流量在“支付的各项税费”项目列示。

对于归集至集团母公司账户的资金，企业应当按照现金流量表准则等有关规定，结合资金集中管理的具体情况，对归集至集团母公司账户的资金是否属于现金及现金等价物进行判断和列报，如不属于现金及现金等价物，应当分析判断相关现金流出的性质为经营活动还是投资活动并在现金流量表内列报；如属于现金及现金等价物，则归集至集团母公司账户时不涉及现金流量列报问题。

（六）《监管规则适用指引——会计类第1号》

1-25　现金流量的分类

企业应当以实际收付的现金及现金等价物为基础编制现金流量表，并且将现金流量划分为经营活动现金流量、投资活动现金流量和筹资活动现金流量。投资活动是指购建长期资产以及现金等价物之外的投资与处置；筹资活动是指导致资本及债务规模和构成发生变化的活动；投资活动和筹资活动之外的所有交易和事项属于经营活动。企业应当结合行业特点判断相关业务活动产生的现金流量的分类。不同形式现金之间的转换以及现金与现金等价物之间的转换均不产生现金流量。

监管实践发现，部分公司在编制现金流量表时，对于某些交易和事项产生的现金流量的分类存在理解上的偏差和分歧。现就具体事项如何适用上述原则的意见如下：

一、因银行承兑汇票贴现而取得的现金

若银行承兑汇票贴现不符合金融资产终止确认条件，因票据贴现取得的现金在资产负债表中应确认为一项借款，该现金流入在现金流量表中相应分类为筹资活动现金流量；若银行承兑汇票贴现符合金融资产终止确认的条件，相关现金流入则分类为经营活动现金流量。

若银行承兑汇票贴现不符合金融资产终止确认条件，后续票据到期偿付等导致应收票据和借款终止确认时，因不涉及现金收付，在编制现金流量表时，不得虚拟现金流量。公司发生以银行承兑汇票背书购买原材料等业务时，比照该原则处理。

二、定期存单的质押与解除质押业务

企业首先应当结合定期存单是否存在限制、是否能够随时支取等因素，判断其是否属于现金及现金等价物。如果定期存单本身不属于现金及现金等价物，其质押或解除质押不会产生现金流量；如果定期存单本身属于现金及现金等价物，被用于质押不再满足现金及现金等价物的定义，以及质押解除后重新符合现金及现金等价物的定义，均会产生现金流量。

在后者情况下，对相关现金流量进行分类时，应当根据企业所属行业特点进行判断。如果企业属于金融行业，通过定期存款质押获取短期借款的活动可能属于经营活动，相关现金流量分类为经营活动现金流量；如果企业为一般非金融企业，通过定期存款质押获取短期借款的活动属于筹资活动，相关现金流量应被分类为筹资活动现金流量。

三、现金流量的分类披露示例

（一）简要分析

根据企业会计准则及相关规定，现金流量表中的投资活动是指企业长期资产的购建和不包括在现金等价物范围内的投资及其处置活动，筹资活动是指导致企业资本及债务规模和构成发生变化的活动，经营活动是指企业投资活动和筹资活动以外的所有交易和事项。现金流量表准则及相关规定规范了现金流量表的编制和列报，其既适用于一般企业，也适用于金融企业。企业应当根据其经营活动的性质，区分企业现金流量的分类。

实务中，对票据贴现取得的现金、票据相关保证金的收付、收到与资产相关的政府补助、收到标的公司原股东业绩补偿款、收到或缴回增值税期末留抵退税款项、代扣代缴的个税手续费返还等现金流量的列报经常发生错误。

根据企业会计准则及相关规定，收到的政府补助（无论与资产相关还是与收益相关）、代扣代缴的个税手续费返还、收到或缴回增值税期末留抵退税款项、简化处理的短期租赁和低价值资产租赁付款额、相关的预付租金和租赁保证金，以及未纳入租赁负债的可变租赁付款额，应当分类为经营活动的现金流量。收到标的公司原股东业绩补偿款、与定期存单存入或到期相关的资金收付，应当分类为投资活动的现金流量。合并报表中购买子公司少数股权支付的现金、回购公司股票用于员工激励计划支付的现金、回购已授予但未解锁的限制性股票支付的现金、偿还租赁负债本息支付的现金、支付的预付租金和租赁保证金，应当分类为筹资活动的现金流量。

对于因银行承兑汇票贴现而取得的现金，若银行承兑汇票贴现不符合金融资产终止确认条件，因票据贴现取得的现金在资产负债表中应确认为一项借款，该现金流入在现金流量表中相应分类为筹资活动现金流量；若银行承兑汇票贴现符合金融资产终止确认的条件，相关现金流入则分类为经营活动现金流量。关于定期存单的质押与解除质押业务，如判断定期存单属于现金及现金等价物，通过定期存款质押获取短期借款，一般非金融企业应当分类为筹资活动的现金流量，而金融企业可能分类为经营活动的现金流量。

需要注意的是，《企业会计准则应用指南汇编2024》“第三十二章　现金流量表”明确保证金存款如果不能随时用于支付，不属于现金；明确工会经费、代扣代缴的个人所得税款属于“支付给职工以及为职工支付的现金”（不含与购建固定资产、无形资产和其他长期资产相关部分）。

（二）年报披露示例

1. 分类为经营活动的现金流量年报披露示例

分类为经营活动的现金流量年报披露示例汇总如表8－17所示。

表8－17　分类为经营活动的现金流量年报披露示例汇总

序号	参考示例	分类为经营活动的现金流量
1	示例8－61　上海建工（600170.SH）	收到保证金；收到各方往来；收到业主方BT项目及PPP项目建设资金本金；收到政府补助；支付的经营性费用；支付押金及保证金；支付各方往来；支付BT项目及PPP项目资金
2	示例8－62　福耀玻璃（600660.SH）	利息收入；政府补助；索赔收入；顾问费；保险费；差旅费；办公费；认证费；捐赠支出
3	示例8－63　潍柴动力（000338.SZ）	利息收入；政府补助；市场开拓费及外部支持费；运费及包装费；“三包”及产品返修；差旅费；办公费；支付保证金；保兑仓业务现金平仓
4	示例8－64　华润双鹤（600062.SH）	政府补助；活期存款利息收入；保证金；经营性费用支出
5	示例8－65　宝钢股份（600019.SH）	营业外收入及政府补助等收入；财务公司返售业务和为交易目的而持有的金融资产净减少额；财务公司返售业务和为交易目的而持有的金融资产净增加额；研发费用；管理费用；销售费用

示例8－61　上海建工（600170. SH）

收到其他与经营活动有关的现金

单位：元

项目	本期发生额	上期发生额
收到保证金	4, 231, 044, 159. 74	1, 770, 447, 552. 51
收到各方往来	2, 103, 506, 361. 13	5, 244, 243, 997. 79
收到业主方BT项目及PPP项目建设资金本金	1, 350, 024, 798. 26	1, 808, 998, 954. 82
收到政府补助	694, 710, 640. 16	652, 929, 338. 17
其他	1, 488, 659, 353. 78	1, 432, 580, 180. 91
合计	9, 867, 945, 313. 07	10, 909, 200, 024. 20

支付其他与经营活动有关的现金

单位：元

项目	本期发生额	上期发生额
支付的经营性费用	9, 078, 866, 709. 02	9, 598, 163, 958. 10
支付押金及保证金	3, 130, 353, 925. 37	2, 022, 500, 496. 02
支付各方往来	587, 810, 778. 98	4, 705, 503, 316. 61
支付BT项目及PPP项目资金	167, 006, 321. 35	3, 382, 186, 259. 34
其他	1, 766, 642, 307. 89	2, 284, 070, 561. 78
合计	14, 730, 680, 042. 61	21, 992, 424, 591. 85

示例8－62　福耀玻璃（600660. SH）

收到其他与经营活动有关的现金

单位：元

项目	本期发生额	上期发生额
利息收入	386, 949, 046	262, 733, 645
政府补助	316, 839, 107	207, 450, 003
索赔收入	38, 662, 169	59, 671, 006
其他	10, 838, 159	21, 382, 923
合计	753, 288, 481	551, 237, 577

支付其他与经营活动有关的现金

单位：元

项目	本期发生额	上期发生额
顾问费	69, 450, 674	48, 048, 841
保险费	69, 397, 615	62, 163, 600
差旅费	63, 729, 787	40, 471, 848
办公费	15, 563, 825	13, 558, 386
认证费	13, 770, 001	10, 161, 754
捐赠支出	6, 782, 028	1, 396, 284
其他	44, 561, 477	107, 967, 161
合计	283, 255, 407	283, 767, 874

示例8－63　潍柴动力（000338. SZ）

收到其他与经营活动有关的现金

单位：元

项目	本期发生额	上期发生额
利息收入	1, 516, 385, 865. 29	1, 681, 958, 006. 77
政府补助	799, 457, 682. 97	875, 501, 227. 09
其他	1, 249, 926, 601. 42	750, 327, 721. 08
合计	3, 565, 770, 149. 68	3, 307, 786, 954. 94

支付其他与经营活动有关的现金

单位：元

项目	本期发生额	上期发生额
市场开拓费及外部支持费	3, 180, 278, 967. 51	3, 055, 806, 251. 99
运费及包装费	1, 388, 649, 463. 43	1, 238, 144, 456. 09
“三包”及产品返修	1, 347, 347, 415. 28	1, 362, 810, 424. 59
差旅费	845, 167, 819. 78	693, 426, 098. 49
办公费	522, 931, 991. 10	570, 899, 979. 58
支付保证金	294, 649, 993. 00	

续表

项目	本期发生额	上期发生额
保兑仓业务现金平仓	199, 287, 925. 37	976, 371, 271. 74
其他	2, 335, 751, 863. 70	2, 306, 585, 298. 16
合计	10, 114, 065, 439. 17	10, 204, 043, 780. 64

示例 8－64　华润双鹤（600062. SH）

收到的其他与经营活动有关的现金

单位：元

项目	本期发生额	上期发生额（已重述）
政府补助	45, 978, 590. 49	99, 154, 396. 53
活期存款利息收入	31, 341, 321. 36	37, 854, 864. 80
保证金	449, 625. 35	4, 065, 030. 89
其他	41, 607, 453. 89	29, 855, 254. 43
合计	119, 376, 991. 09	170, 929, 546. 65

支付的其他与经营活动有关的现金

单位：元

项目	本期发生额	上期发生额（已重述）
经营性费用支出	3, 085, 133, 074. 17	2, 792, 389, 293. 41
合计	3, 085, 133, 074. 17	2, 792, 389, 293. 41

示例 8－65　宝钢股份（600019. SH）

收到的其他与经营活动有关的现金

单位：元

项目	本期发生额	上期发生额
营业外收入及政府补助等收入	2, 160, 601, 898. 04	1, 902, 411, 278. 13
财务公司返售业务和为交易目的而持有的金融资产净减少额	1, 992, 430, 355. 13	
合计	4, 153, 032, 253. 17	1, 902, 411, 278. 13

支付的其他与经营活动有关的现金

单位：元

项目	本期发生额	上期发生额
财务公司返售业务和为交易目的而持有的金融资产净增加额		31, 568, 700. 80
研发费用	876, 163, 751. 09	1, 090, 192, 340. 39
管理费用	903, 562, 960. 53	926, 351, 680. 11
销售费用	620, 674, 588. 42	717, 237, 244. 22
其他		118, 530, 671. 44
合计	2, 400, 401, 300. 04	2, 883, 880, 636. 96

2. 分类为投资活动的现金流量年报披露示例

分类为投资活动的现金流量年报披露示例汇总如表 8 – 18 所示。

表 8 – 18　　分类为投资活动的现金流量年报披露示例汇总

序号	参考示例	分类为投资活动的现金流量
1	示例 8 – 66　上海建工（600170. SH）	处置其他非流动金融资产收到的款项；处置其他权益工具投资收到的款项；收回交易性金融资产；收回联营公司；收回结构性存款；向合联营增资；购买金融工具支付的现金；收回持有到期定期存款；收到动拆迁补偿；联营公司偿还借款；收到利息收入；拟持有到期的定期存款本金；向联营公司提供借款；支付土地搬迁相关费用
2	示例 8 – 67　福耀玻璃（600660. SH）	收到股权转让款；收回联营企业借款；收回持有至到期的定期存款；收回持有至到期的定期存款其利息收入；受到限制的其他货币资金的变动；购买股权款；存入持有至到期的定期存款；衍生工具投资损失
3	示例 8 – 68　潍柴动力（000338. SZ）	结构性存款到期收回收到的现金；收回的其他投资款；购买结构性存款支付的现金
4	示例 8 – 69　华润双鹤（600062. SH）	贵州天安收回关联方资金集中款；贵州天安合并前关联方资金集中款上拨；远期结售汇
5	示例 8 – 70　宝钢股份（600019. SH）	收回结构性存款及理财款；处置其他债权投资；购买理财产品及结构性存款；股权投资款；定期存款；投资的其他债权投资；存放在财务公司的存款；利息收入；取得子公司收到的现金净额；处置子公司支付的现金净额；衍生工具结算支付的现金

示例8－66　上海建工（600170.SH）

与投资活动有关的现金

收到的重要的投资活动有关的现金

单位：元

项目	本期发生额	上期发生额
处置其他非流动金融资产收到的款项	478,922,985.00	1,344,611,266.49
处置其他权益工具投资收到的款项	14,619,883.04	32,163,742.69
收回交易性金融资产		43,726,683.58
收回联营公司		64,010,100.00
收回结构性存款		14,953,681.59
合计	493,542,868.04	1,499,465,474.35

支付的重要的投资活动有关的现金

单位：元

项目	本期发生额	上期发生额
向合联营增资	1,230,725,455.30	2,464,573,200.00
购买金融工具支付的现金	616,556,351.34	782,698,149.63
合计	1,847,281,806.64	3,247,271,349.63

收到的其他与投资活动有关的现金

单位：元

项目	本期发生额	上期发生额
收回持有到期定期存款	2,760,806,250.14	3,790,998,665.63
收到动拆迁补偿	408,009,208.42	24,820,078.74
联营公司偿还借款	871,140,000.60	
收到利息收入	279,848,220.87	811,016,268.62
其他	240,620.78	1,302,650.68
合计	4,320,044,300.81	4,628,137,663.67

支付的其他与投资活动有关的现金

单位：元

项目	本期发生额	上期发生额
拟持有到期的定期存款本金	4, 191, 673, 087. 21	3, 227, 732, 907. 05
向联营公司提供借款	868, 397, 251. 93	
支付土地搬迁相关费用	350, 060, 213. 78	355, 210. 38
合计	5, 410, 130, 552. 92	3, 228, 088, 117. 43

示例 8-67 福耀玻璃（600660. SH）

收到的重要的投资活动有关的现金

单位：元

项目	本期发生额	上期发生额
收到股权转让款	30, 000, 000	
收回联营企业借款		145, 100, 000
合计	30, 000, 000	145, 100, 000

收到其他与投资活动有关的现金

单位：元

项目	本期发生额	上期发生额
收回持有至到期的定期存款	6, 912, 111, 802	
收回持有至到期的定期存款其利息收入	199, 820, 842	
受到限制的其他货币资金的变动	2, 864, 539	
合计	7, 114, 797, 183	

支付的重要的投资活动有关的现金

单位：元

项目	本期发生额	上期发生额
购买股权款	20, 000, 000	
合计	20, 000, 000	

支付其他与投资活动有关的现金

单位：元

项目	本期发生额	上期发生额
存入持有至到期的定期存款	7, 191, 279, 706	4, 742, 813, 210
衍生工具投资损失		16, 364, 000
合计	7, 191, 279, 706	4, 759, 177, 210

示例 8－68　潍柴动力（000338. SZ）

收到的重要的投资活动有关的现金

单位：元

项目	本期发生额	上期发生额
结构性存款到期收回收到的现金	39, 260, 000, 000. 00	30, 616, 300, 000. 00
合计	39, 260, 000, 000. 00	30, 616, 300, 000. 00

收到其他与投资活动有关的现金

单位：元

项目	本期发生额	上期发生额
收回的其他投资款		2, 346, 177, 074. 46
其他	17, 063, 863. 23	19, 936, 489. 58
合计	17, 063, 863. 23	2, 366, 113, 564. 04

支付的重要的投资活动有关的现金

单位：元

项目	本期发生额	上期发生额
购买结构性存款支付的现金	38, 115, 000, 000. 00	36, 358, 300, 000. 00
合计	38, 115, 000, 000. 00	36, 358, 300, 000. 00

示例 8-69 华润双鹤（600062. SH）

收到的其他与投资活动有关的现金

单位：元

项目	本期发生额	上期发生额（已重述）
贵州天安收回关联方资金集中款	60, 945, 539. 61	
其他		5, 085, 666. 76
合计	60, 945, 539. 61	5, 085, 666. 76

支付的其他与投资活动有关的现金

单位：元

项目	本期发生额	上期发生额（已重述）
贵州天安合并前关联方资金集中款上拨		73, 432, 763. 17
远期结售汇		9, 186, 196. 29
合计		82, 618, 959. 46

示例 8-70 宝钢股份（600019. SH）

收到的重要的投资活动有关的现金

单位：元

项目	本期发生额	上期发生额
收回结构性存款及理财款	37, 900, 000, 000. 00	53, 487, 304, 479. 76
处置其他债权投资	10, 017, 663, 113. 85	11, 290, 885, 288. 70
合计	47, 917, 663, 113. 85	64, 778, 189, 768. 46

支付的重要的投资活动有关的现金

单位：元

项目	本期发生额	上期发生额
购买理财产品及结构性存款	39, 700, 000, 000. 00	53, 885, 202, 488. 02
股权投资款	5, 400, 000, 000. 00	—
定期存款	4, 176, 255, 535. 48	—
投资的其他债权投资	1, 084, 289, 116. 03	18, 472, 531, 124. 04
合计	50, 360, 544, 651. 51	72, 357, 733, 612. 06

收到的其他与投资活动有关的现金

单位：元

项目	本期发生额	上期发生额
存放在财务公司的存款	10, 175, 314, 814. 94	—
利息收入	436, 189, 383. 20	249, 141, 081. 85
取得子公司收到的现金净额	3, 564, 533. 31	51, 725, 507. 60
其他	188, 641, 210. 84	38, 294, 856. 14
合计	10, 803, 709, 942. 29	339, 161, 445. 59

支付的其他与投资活动有关的现金

单位：元

项目	本期发生额	上期发生额
处置子公司支付的现金净额	6, 283, 276, 214. 49	9, 899. 80
衍生工具结算支付的现金	50, 869, 382. 53	49, 310, 916. 86
合计	6, 334, 145, 597. 02	49, 320, 816. 66

3. 分类为筹资活动的现金流量年报披露示例

分类为筹资活动的现金流量年报披露示例如表 8－19 所示。

表 8－19　　分类为筹资活动的现金流量年报披露示例汇总

序号	参考示例	分类为筹资活动的现金流量
1	示例 8－71　上海建工(600170. SH)	取得关联方借款；收信托保证基金；支付融资、偿还关联方借款、债权转让及保理相关款项；支付租赁负债；支付发行债券等相关费用；支付子公司少数股东减资款；收购少数股权支付成本
2	示例 8－72　福耀玻璃(600660. SH)	发行超短期融资券；偿还租赁负债及长期应付款支付的金额；超短期融资券和中期票据发行费用
3	示例 8－73　潍柴动力(000338. SZ)	收到限制性股票认购款；票据贴现；交叉货币及利率互换；租赁负债；同一控制下购买子公司；购买子公司少数股权；借款担保、保函手续费；回购股份
4	示例 8－74　华润双鹤(600062. SH)	股权激励对象缴纳的认股款；收购少数股东股权；支付租金；回购股份；归还政府借款；票据贴现利息
5	示例 8－75　宝钢股份(600019. SH)	不构成销售业务的售后租回款；未终止确认贴现票据及应收账款保理；承兑汇票保证金返还；收回的融资租赁保证金；回购股票；支付租赁负债及支付售后租回租赁款；归还保理款；承兑汇票保证金及承兑手续费

示例 8－71　上海建工（600170. SH）

收到的其他与筹资活动有关的现金

单位：元

项目	本期发生额	上期发生额
取得关联方借款	2, 044, 967, 694. 88	
收信托保证基金	51, 560, 000. 00	
合计	2, 096, 527, 694. 88	

支付的其他与筹资活动有关的现金

单位：元

项目	本期发生额	上期发生额
支付融资、偿还关联方借款、债权转让及保理相关款项	3, 143, 509, 263. 89	392, 676, 666. 90
支付租赁负债	779, 698, 116. 37	767, 793, 998. 35
支付发行债券等相关费用	24, 333, 962. 26	20, 010, 337. 58
支付子公司少数股东减资款		59, 998, 541. 54
收购少数股权支付成本		111, 814, 800. 00
合计	3, 947, 541, 342. 52	1, 352, 294, 344. 37

支付的其他与筹资活动有关的现金说明：2023 年度，本集团支付的与租赁相关的总现金流出为 1, 891, 389, 877. 48 元，除计入筹资活动的偿付租赁负债支付的金额以外，其余现金流出均计入经营活动。

示例 8－72　福耀玻璃（600660. SH）

收到其他与筹资活动有关的现金

单位：元

项目	本期发生额	上期发生额
发行超短期融资券		3, 293, 000, 000
合计		3, 293, 000, 000

支付其他与筹资活动有关的现金

单位：元

项目	本期发生额	上期发生额
偿还租赁负债及长期应付款支付的金额	307, 315, 590	152, 886, 464
超短期融资券和中期票据发行费用		2, 028, 439
合计	307, 315, 590	154, 914, 903

2023 年度，本集团支付的与租赁相关的总现金流出为 361, 716, 636 元（2022 年度：208, 509, 239 元），除计入筹资活动的偿付租赁负债支付的金额以外，其余现金流出均计入经营活动。

示例 8 – 73　潍柴动力（000338. SZ）

收到其他与筹资活动有关的现金

单位：元

项目	本期发生额	上期发生额
收到限制性股票认购款	490, 283, 280. 00	
票据贴现		1, 306, 973, 858. 85
交叉货币及利率互换		1, 005, 969, 229. 61
其他	3, 098, 643, 018. 50	141, 186, 569. 86
合计	3, 588, 926, 298. 50	2, 454, 129, 658. 32

支付其他与筹资活动有关的现金

单位：元

项目	本期发生额	上期发生额
租赁负债	1, 227, 938, 692. 47	1, 077, 568, 891. 90
同一控制下购买子公司	786, 381, 639. 13	1, 656, 898, 161. 53
购买子公司少数股权	42, 828, 891. 59	310, 613, 164. 13
借款担保、保函手续费	12, 806, 671. 95	22, 538, 833. 80
回购股份		1, 036, 022, 358. 39
其他	993, 929, 231. 17	66, 765, 433. 96
合计	3, 063, 885, 126. 31	4, 170, 406, 843. 71

示例 8－74　华润双鹤（600062. SH）

收到的其他与筹资活动有关的现金

单位：元

项目	本期发生额	上期发生额（已重述）
股权激励对象缴纳的认股款		144, 724, 811. 00
合计		144, 724, 811. 00

支付的其他与筹资活动有关的现金

单位：元

项目	本期发生额	上期发生额（已重述）
收购少数股东股权		307, 187, 500. 00
支付租金	29, 719, 140. 98	26, 066, 808. 62
回购股份	1, 013, 503. 00	290, 901, 734. 44
归还政府借款	2, 500, 000. 00	
票据贴现利息	1, 353, 829. 66	
合计	34, 586, 473. 64	624, 156, 043. 06

示例 8－75　宝钢股份（600019. SH）

收到的其他与筹资活动有关的现金

单位：元

项目	本期发生额	上期发生额
不构成销售业务的售后租回款	600, 000, 000. 00	50, 000, 000. 00
未终止确认贴现票据及应收账款保理	493, 132, 419. 68	—
承兑汇票保证金返还	43, 591, 487. 47	100, 383, 353. 03
收回的融资租赁保证金		7, 500, 000. 00
其他		4, 440, 899. 74
合计	1, 136, 723, 907. 15	162, 324, 252. 77

支付的其他与筹资活动有关的现金

单位：元

项目	本期发生额	上期发生额
回购股票	2, 342, 749, 798. 60	938, 115. 54
支付租赁负债及支付售后租回租赁款	877, 841, 380. 28	760, 665, 158. 75
归还保理款	197, 270, 209. 00	—
承兑汇票保证金及承兑手续费	92, 803, 620. 06	44, 629, 000. 00
合计	3, 510, 665, 007. 94	806, 232, 274. 29

四、以净额列报现金流量的披露示例

（一）简要分析

根据企业会计准则及相关规定，现金流量应当分别按照现金流入和现金流出总额列报。但是，下列各项可以按照净额列报：一是代客户收取或支付的现金；二是周转快、金额大、期限短项目的现金流入和现金流出；三是金融企业的有关项目，包括短期贷款发放与收回的贷款本金、活期存款的吸收与支付、同业存款和存放同业款项的存取、向其他金融企业拆借资金、证券的买入与卖出等。上市公司按照规定以净额列报现金流量的，应披露相关事实情况、采用净额列报的依据及财务影响。

（二）年报披露示例

以净额列报现金流量的年报披露示例汇总如表 8 -20 所示。

表 8 -20　以净额列报现金流量的年报披露示例汇总

序号	参考示例	采用净额列报的依据及项目
1	示例 8 -76　东方财富（300059. SZ）	金融企业的有关项目：拆入资金净增加额、回购业务资金净减少额、融出资金净增加额、代理买卖证券支付的现金净额、为交易目的而持有的金融资产净增加额。 周转快、金额大、期限短项目的现金流入和现金流出：取得借款收到的现金
2	示例 8 -77　西部矿业（601168. SH）	金融企业的有关项目：存放中央银行存款、发放贷款及垫款、吸收存款
3	示例 8 -78　药明康德（603259. SH）	周转快、金额大、期限短项目的现金流入和现金流出：收回投资收到的现金/投资支付的现金
4	示例 8 -79　中国联通（600050. SH）	周转快、期限短：银行间项目市场交易、财务公司吸收存款、法定存款准备金

续表

序号	参考示例	采用净额列报的依据及项目
5	示例8－80　潍柴动力（000338. SZ）	期限短、周转快：保兑仓业务现金平仓
6	示例8－81　中国重汽（000951. SZ）	周转快且金额大：收到和支付的票据保证金等各类保证金
7	示例8－82　中信金属（601061. SH）	周转快、金额大、期限短项目的现金流入和现金流出：支付其他与经营活动有关的现金（期货公司款项、购买货物的应付票据保证金）。 代客户收取或支付的现金：支付其他与经营活动有关的现金

示例8－76　东方财富（300059. SZ）

项目	相关事实情况	采用净额列报的依据	财务影响
拆入资金净增加额	证券业务中资金拆借活动所产生的现金流量	金融企业的有关项目：向其他金融企业拆借资金	净额列示在“拆入资金净增加额”
回购业务资金净减少额	证券业务中回购业务所产生的现金流量	金融企业的有关项目：周转快、金额大、期限短项目的现金流入和现金流出	净额列示在“回购业务资金净减少额”
融出资金净增加额	证券业务中融出资金业务所产生的现金流量	金融企业的有关项目：周转快、金额大、期限短项目的现金流入和现金流出	净额列示在“融出资金净增加额”
代理买卖证券支付的现金净额	证券业务及金融电子商务服务业务中代理客户买卖证券交易产生的现金流量	金融企业的有关项目：代理客户买卖证券	净额列示在“代理买卖证券支付的现金净额”
为交易目的而持有的金融资产净增加额	证券业务中为交易目的买入和卖出证券所产生的现金流量	金融企业的有关项目：证券的买入与卖出等	净额列示在“为交易目的而持有的金融资产净增加额”
取得借款收到的现金	金融电子商务服务业务中代客交易取得借款产生的现金流量	周转快、金额大、期限短项目的现金流入和现金流出	净额列示在“取得借款收到的现金”

示例8－77　西部矿业（601168. SH）

项目	相关事实情况	采用净额列报的依据	财务影响
存放中央银行存款	以净额填列	金融企业的有关项目	无重大影响
发放贷款及垫款	以净额填列	金融企业的有关项目	无重大影响
吸收存款	以净额填列	金融企业的有关项目	无重大影响

示例 8－78　药明康德（603259. SH）

项目	相关事实情况	采用净额列报的依据	财务影响
收回投资收到的现金/投资支付的现金	对于期限在一个月内的短期理财产品现金流入和现金流出按照净额列报	《企业会计准则第 31 号——现金流量表》规定，周转快、金额大、期限短项目的现金流入和现金流出可以按照净额列报	本年度以净额列报的现金流量净额为人民币 0

示例 8－79　中国联通（600050. SH）

净额列报的项目	抵销金额（元）	相关事实情况	采用净额列报的依据
银行间项目市场交易	851, 023, 365, 000	本集团之子公司财务公司在银行间市场对相关资金产品进行交易	周转快、金额大、期限短项目的现金流入和现金流出
财务公司吸收存款	33, 005, 107, 333	本集团之子公司财务公司吸收存款	周转快、金额大、期限短项目的现金流入和现金流出
法定存款准备金	1, 744, 892, 173	本集团之子公司财务公司存放于央行的各种款项	周转快、金额大、期限短项目的现金流入和现金流出

示例 8－80　潍柴动力（000338. SZ）

项目	相关事实情况	采用净额列报的依据	财务影响
保兑仓业务现金平仓	保兑仓收款收到的现金与保兑仓平仓支付的现金以净额列报，净额最终列示在“支付其他与经营活动有关的现金”	保兑仓业务周期期限短、周转快	收到金额 1, 757, 614, 451. 95 元

示例 8－81　中国重汽（000951. SZ）

项目	相关事实情况	采用净额列报的依据	财务影响
收到的票据保证金等各类保证金	票据保证金	收回的票据保证金，周转快且金额大	2, 518, 639, 402. 20 元
支付的票据保证金等各类保证金	票据保证金	支付的票据保证金，周转快且金额大	2, 433, 442, 516. 91 元

示例 8－82　中信金属（601061. SH）

项目	相关事实情况	采用净额列报的依据	财务影响
支付其他与经营活动有关的现金	期货公司款项	周转快、金额大、期限短项目的现金流入和现金流出	无重大影响
支付其他与经营活动有关的现金	购买货物的应付票据保证金	周转快、金额大、期限短项目的现金流入和现金流出	无重大影响
收到其他与经营活动有关的现金	船舶购买选择权及保证金	代客户收取或支付的现金	无重大影响

五、使用范围受限但仍作为现金和现金等价物列示的披露示例

（一）简要分析

根据企业会计准则及相关规定，现金流量表中的现金，是指企业库存现金以及可以随时用于支付的存款，不能随时用于支付的存款不属于现金；现金等价物，是指企业持有的期限短、流动性强、易于转换为已知金额现金、价值变动风险很小的投资，其中，“期限短”一般是指从购买日起 3 个月内到期。不同企业现金及现金等价物的范围可能不同。企业应当根据经营特点等具体情况，确定现金及现金等价物的范围，范围一经确定不得随意变更。如果发生变更，应当按照会计政策变更处理。

上市公司应当在现金流量表项目中披露公司持有的使用范围受限但仍作为现金和现金等价物列示的金额及理由；分类披露不属于现金及现金等价物的货币资金的本期金额、上期金额及理由。

（二）年报披露示例

使用范围受限但仍作为现金和现金等价物年报披露示例汇总如表 8－21 所示。

表 8－21　　使用范围受限但仍作为现金和现金等价物列示的年报披露示例汇总

序号	参考示例	适用范围受限但仍属于现金及现金等价物的项目及理由
1	示例 8－83　中兴通讯（000063. SZ）	专款专用（只限定用途，并未被冻结、质押或者设置其他他项权利）
2	示例 8－84　宁波港（601018. SH）	存放中央银行款项（存款准备金）、保证金（用于开具信用证、银行保函、质押借款和存放专项基金等的保证金存款）、其他
3	示例 8－85　石头科技（688169. SH）	募集资金（在募集说明书所列明的用途内使用）

续表

序号	参考示例	适用范围受限但仍属于现金及现金等价物的项目及理由
4	示例 8－86　宁波远洋（601022. SH）	货币资金（住房基金）
5	示例 8－87　中新集团（601512. SH）	债券账户资金、专项借款账户资金（只是限定了用途，并未被冻结、质押或者设置其他他项权利）
6	示例 8－88　香江控股（600162. SH）	银行存款（银行借款质押存款、诉讼冻结存款）；其他货币资金（未结清按揭贷款保证金、农民工工资保证金、履约保证金及电费保证金）
7	示例 8－89　爱玛科技（603529. SH）	货币资金（质押开具银行承兑汇票）

示例 8－83　中兴通讯（000063. SZ）

使用范围受限制但仍作为现金及现金等价物列示的情况

单位：千元

项目	2023 年	2022 年	理由
专款专用	256, 783	371, 855	只是限定了用途，并未被冻结、质押或者设置其他他项权利，因此仍属于现金及现金等价物

示例 8－84　宁波港（601018. SH）

使用范围受限但仍作为现金和现金等价物列示的情况

单位：千元

项目	本期金额	理由
存放中央银行款项	1, 164, 164	系本公司之子公司财务公司存放于中国人民银行的法定准备金、超额存款准备金及存放于其他境内银行的银行存款。于 2023 年 12 月 31 日，财务公司人民币存款准备金缴存比例为 5.0%
保证金	9, 602	用于开具信用证、银行保函、质押借款和存放专项基金等的保证金存款
其他	1, 417	其他受限制存款人民币
合计	1, 175, 183	—

示例 8－85　石头科技（688169. SH）

使用范围受限但仍作为现金和现金等价物列示的情况

单位：元

项目	本期金额	理由
募集资金	66, 460, 683	公司于 2020 年度获准发行人民币普通股 16, 666, 667 股股票，取得的募集资金用于补充流动资金和建设投资项目。本公司在募集说明书所列明的用途内使用相关募集资金，于 2023 年 12 月 31 日，相关募集资金的金额为 66, 460, 683 元，列示为现金及现金等价物
合计	66, 460, 683	—

示例 8－86　宁波远洋（601022. SH）

使用范围受限但仍作为现金和现金等价物列示的情况

单位：元

项目	本期金额	理由
货币资金	727, 806. 91	住房基金
合计	727, 806. 91	—

示例 8－87　中新集团（601512. SH）

使用范围受限但仍作为现金和现金等价物列示的情况

单位：元

项目	本期金额	理由
债券账户资金	568, 642, 338. 28	注 1
专项借款账户资金	42, 282, 961. 54	注 1
合计	610, 925, 299. 82	—

注 1：只是限定了用途，并未被冻结、质押或者设置其他他项权利，因此仍属于现金及现金等价物。

示例 8-88　香江控股（600162. SH）

使用范围受限但仍作为现金和现金等价物列示的情况

单位：元

项目	本期金额	理由
银行存款	291, 684, 614. 50	银行借款质押存款、诉讼冻结存款
其他货币资金	81, 113, 777. 90	未结清按揭贷款保证金、农民工工资保证金、履约保证金及电费保证金
合计	372, 798, 392. 40	—

示例 8-89　爱玛科技（603529. SH）

使用范围受限但仍作为现金和现金等价物列示的情况

单位：元

项目	本期金额	理由
货币资金	628, 724, 982. 33	质押开具银行承兑汇票
合计	628, 724, 982. 33	—

六、不属于现金及现金等价物的货币资金的披露示例

不属于现金及现金等价物的货币资金年报披露示例汇总如表 8-22 所示。

表 8-22　　不属于现金及现金等价物的货币资金年报披露示例汇总

序号	参考示例	不属于现金及现金等价物的项目及理由
1	示例 8-90　路畅科技（002813. SZ）	保证金、诉讼冻结资金等（到期日超过三个月）
2	示例 8-91　东方财富（300059. SZ）	受限的银行存款及其他货币资金（使用受限）；应收未收利息（未实际收到）；原存期三个月以上的定期存款（到期日超过三个月）
3	示例 8-92　上海家化（600315. SH）	支取受限制的银行存款及其他货币资金（保证金及法院冻结款）
4	示例 8-93　福耀玻璃（600660. SH）	持有至到期的定期存款（持有至到期）；其他货币资金（保证金，无法自由支取）
5	示例 8-94　万华化学（600309. SH）	采购保证金、银行承兑汇票保证金、产品注册押金、税务机关及铁路机关押金及其他

续表

序号	参考示例	不属于现金及现金等价物的项目及理由
6	示例 8 - 95　药明康德（603259. SH）	一年期定期存款［企业持有的期限（从购买日起算）在三个月以上，一年以内］；使用权受到限制的货币资金
7	示例 8 - 96　华润三九（000999. SZ）	保证金（使用受限）；共管账户（使用受限）；诉讼冻结资金（资金冻结）；专用维修基金（用途受限）；工会经费、积分返点（使用受限）；超过三个月的定期存单（流动性受限）
8	示例 8 - 97　中国重汽（000951. SZ）	尚未收到的利息收入；投资目的的定期存款；使用权受限的票据保证金

示例 8 - 90　路畅科技（002813. SZ）

单位：元

项目	本期金额	上期金额	不属于现金及现金等价物的理由
保证金	4, 553, 755. 37	4, 613, 291. 49	到期日超过三个月
诉讼冻结资金		178, 155. 14	到期日超过三个月
其他	26, 795. 00	51, 936. 32	到期日超过三个月
合计	4, 580, 550. 37	4, 843, 382. 95	

示例 8 - 91　东方财富（300059. SZ）

单位：元

项目	本期金额	上期金额	不属于现金及现金等价物的理由
受限制的银行存款	90, 361, 562. 86	161, 142, 533. 84	使用受限
受限制的其他货币资金	5, 000, 000. 00	5, 000, 000. 00	使用受限
应收未收利息	110, 291, 380. 70	86, 869, 741. 36	未实际收到
原存期三个月以上定期存款	961, 220, 594. 61		原存期在三个月以上
合计	1, 166, 873, 538. 17	253, 012, 275. 20	

示例 8 - 92　上海家化（600315. SH）

单位：元

项目	本期金额	上期金额	理由
支取受限制的银行存款	9, 435, 908. 11	9, 435, 908. 11	保证金
支取受限制的其他货币资金	1, 183, 307. 96	54, 109. 13	保证金及法院冻结款
合计	10, 619, 216. 07	9, 490, 017. 24	—

示例 8 – 93　福耀玻璃（600660. SH）

单位：元

项目	本期金额	上期金额	理由
持有至到期的定期存款	5, 130, 806, 506	4, 742, 813, 209	持有至到期
其他货币资金	36, 116, 545	38, 981, 084	保证金，无法自由支取
合计	5, 166, 923, 051	4, 781, 794, 293	—

示例 8 – 94　万华化学（600309. SH）

单位：元

项目	本期金额	上期金额	理由
货币资金	213, 598, 830. 34	176, 578, 510. 93	采购保证金、银行承兑汇票保证金、产品注册押金、税务机关及铁路机关押金及其他，参见附注七 31
合计	213, 598, 830. 34	176, 578, 510. 93	—

示例 8 – 95　药明康德（603259. SH）

单位：元

项目	本期金额	上期金额	理由
一年期定期存款	3, 761, 410, 000. 00		企业持有的期限（从购买日起算）在三个月以上，一年以内
使用权受到限制的货币资金	1, 609, 853. 11	1, 837, 110. 76	使用权受到限制
合计	3, 763, 019, 853. 11	1, 837, 110. 76	—

示例 8 – 96　华润三九（000999. SZ）

单位：元

项目	2023 年	2022 年	理由
其他货币资金			
保证金	75, 098, 125. 73	4, 894, 210. 21	使用受限
共管账户	27, 790, 056. 44		使用受限
诉讼冻结资金	35, 146, 994. 53	9, 383, 019. 20	资金冻结
专用维修基金	129, 407. 12	129, 020. 06	用途受限

续表

项目	2023 年	2022 年	理由
工会经费、积分返点	183, 034. 93	99, 677. 12	使用受限
银行存款			
超过三个月的定期存单	417, 321, 189. 55	773, 776, 120. 11	流动性受限
合计	555, 668, 808. 30	788, 282, 046. 70	

示例 8－97　中国重汽（000951. SZ）

单位：元

项目	本期金额	上期金额	不属于现金及现金等价物的理由
应计利息	12, 615, 744. 50	4, 559, 620. 77	尚未收到的利息收入
定期存款	1, 900, 000, 000. 00		投资目的的定期存款
其他货币资金	711, 441, 454. 01	796, 638, 339. 30	使用权受限的票据保证金
合计	2, 624, 057, 198. 51	801, 197, 960. 07	

第九节　会计政策、会计估计变更常见会计事项及披露示例

近年来，上市公司财务报告存在会计政策、会计估计变更的情况屡见不鲜。会计政策、会计估计变更会对财务报表所提供信息的可靠性和相关性，以及同一企业不同期间和同一期间不同企业的财务报表可比性产生较大影响。因此，如何正确判断会计政策、会计估计变更，并以此提高会计信息的质量，对于上市公司而言是至关重要的。

一、会计政策、会计估计变更常见会计事项

确定某一事项是作为会计政策变更、会计估计变更还是差错更正进行处理，通常需要进行职业判断。虽然会计政策变更、会计估计变更和前期差错更正存在本质上的区别，但是在实务中有时很难进行区分。同时对于会计政策变更、会计估计变更，应该从报告年度的期初、导致变更的事件发生日，还是管理层批准会计政策、会计估计变更的日期开始按照新的会计政策、会计估计进行会计处理，实务中存在不同的看法。

上市公司在会计政策、会计估计变更及前期差错更正方面常见的会计事项包括：会计政策变更和会计估计变更的区分，会计估计变更和前期差错更正的区分，开始应用变更后的会计政策、会计估计的时点的确定，会计政策、会计估计变更及前期差错

更正的会计处理，实际情况与原会计估计之间存在重大差异的会计处理等。

如无特别说明，本节示例来自相关公司公开披露的2023年年度报告。

二、会计政策、会计估计变更的判断框架

会计政策变更与会计估计变更的判断如图8－12所示。

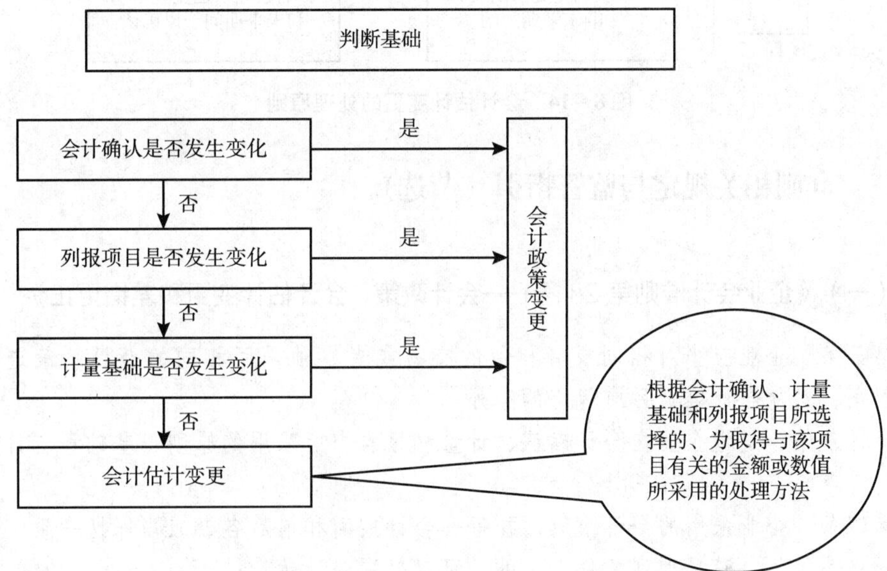

图8－12　会计政策变更与会计估计变更的判断

会计政策变更的处理原则如图8－13所示。

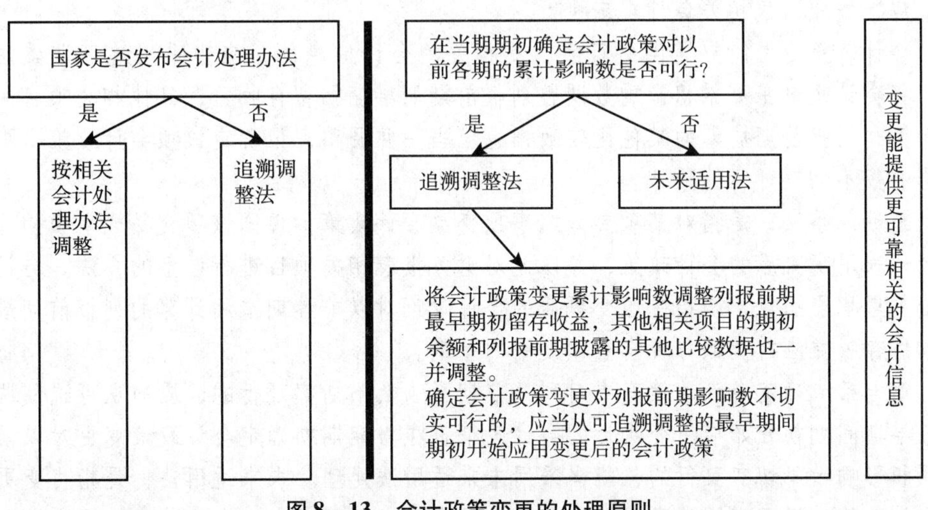

图8－13　会计政策变更的处理原则

会计估计变更的处理原则如图 8 -14 所示。

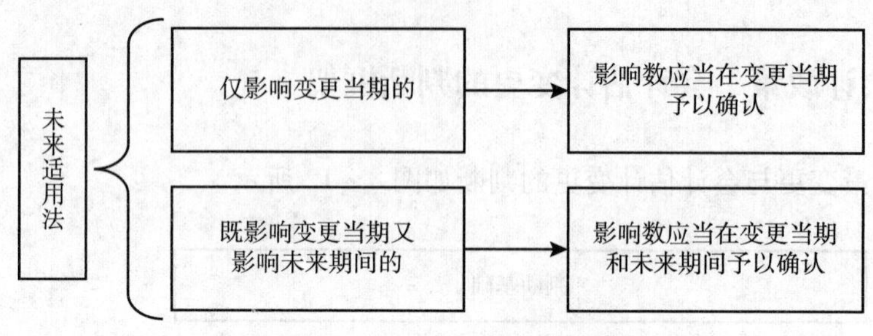

图 8 -14　会计估计变更的处理原则

三、准则相关规定与监管指引（节选）

（一）《企业会计准则第 28 号——会计政策、会计估计变更和差错更正》

第三条　企业应当对相同或者相似的交易或者事项采用相同的会计政策进行处理。但是，其他会计准则另有规定的除外。

会计政策，是指企业在会计确认、计量和报告中所采用的原则、基础和会计处理方法。

第四条　企业采用的会计政策，在每一会计期间和前后各期应当保持一致，不得随意变更。但是，满足下列条件之一的，可以变更会计政策：

（一）法律、行政法规或者国家统一的会计制度等要求变更。

（二）会计政策变更能够提供更可靠、更相关的会计信息。

第六条　企业根据法律、行政法规或者国家统一的会计制度等要求变更会计政策的，应当按照国家相关会计规定执行。

会计政策变更能够提供更可靠、更相关的会计信息的，应当采用追溯调整法处理，将会计政策变更累积影响数调整列报前期最早期初留存收益，其他相关项目的期初余额和列报前期披露的其他比较数据也应当一并调整，但确定该项会计政策变更累积影响数不切实可行的除外。

追溯调整法，是指对某项交易或事项变更会计政策，视同该项交易或事项初次发生时即采用变更后的会计政策，并以此对财务报表相关项目进行调整的方法。会计政策变更累积影响数，是指按照变更后的会计政策对以前各期追溯计算的列报前期最早期初留存收益应有金额与现有金额之间的差额。

第七条　确定会计政策变更对列报前期影响数不切实可行的，应当从可追溯调整的最早期间期初开始应用变更后的会计政策。在当期期初确定会计政策变更对以前各期累积影响数不切实可行的，应当采用未来适用法处理。未来适用法，是指将变更后的会计政策应用于变更日及以后发生的交易或者事项，或者在会计估计变更当期和未来期间确认会计估计变更影响数的方法。

第八条　企业据以进行估计的基础发生了变化，或者由于取得新信息、积累更多经验以及后来的发展变化，可能需要对会计估计进行修订。会计估计变更的依据应当真实、可靠。会计估计变更，是指由于资产和负债的当前状况及预期经济利益和义务发生了变化，从而对资产或负债的账面价值或者资产的定期消耗金额进行调整。

第九条　企业对会计估计变更应当采用未来适用法处理。会计估计变更仅影响变更当期的，其影响数应当在变更当期予以确认；既影响变更当期又影响未来期间的，其影响数应当在变更当期和未来期间予以确认。

第十条　企业难以对某项变更区分为会计政策变更或会计估计变更的，应当将其作为会计估计变更处理。

（二）《企业会计准则应用指南汇编 2024》“第二十九章　会计政策、会计估计变更和差错更正”

三、会计政策、会计估计和前期差错的概念和特征

（一）会计政策

2. 会计政策的判断。

原则、基础和会计处理方法构成了会计政策相互关联的有机整体，对会计政策的判断通常应当考虑从会计要素的确认出发，根据各项资产、负债、所有者权益、收入、费用等会计要素的确认条件、计量属性以及两者相关的处理方法、列报要求等确定相应的会计政策。比如：在资产方面，存货的取得、发出和期末计价的处理方法，长期股权投资的取得及后续计量中的成本法和权益法，投资性房地产的确认及其后续计量模式，固定资产、无形资产的确认条件及其减值政策、金融资产的分类等，属于资产要素的会计政策。

在负债方面，债务重组的确认和计量、预计负债的确认条件、应付职工薪酬和股份支付的确认和计量、金融负债的分类等，属于负债要素的会计政策。

在所有者权益方面，权益工具的确认和计量、复合金融工具的分拆等，属于所有者权益要素的会计政策。

在收入方面，商品销售合同、租赁合同、保险合同、贷款合同等合同收入的确认与计量方法，属于收入要素的会计政策。

在费用方面，营业成本的确认、期间费用的划分等，属于费用要素的会计政策。

除会计要素相关会计政策外，财务报表列报方面所涉及的编制现金流量表的直接法和间接法、合并财务报表合并范围的判断、分部报告中报告分部的确定，也属于会计政策。

（二）会计估计

3. 会计估计的判断。

会计估计的判断，应当考虑与会计估计相关项目的性质和金额，通常情况下，下列属于会计估计：

（1）存货可变现净值的确定。

(2) 采用公允价值模式下投资性房地产公允价值的确定。

(3) 固定资产的使用寿命、预计净残值和折旧方法、弃置费用的确定。

(4) 消耗性生物资产可变现净值的确定、生产性生物资产的使用寿命、预计净残值和折旧方法。

(5) 使用寿命有限的无形资产的预计使用寿命、残值、摊销方法。

(6) 非货币性资产公允价值的确定。

(7) 固定资产、无形资产、长期股权投资等非流动资产可收回金额的确定。

(8) 职工薪酬金额的确定。

(9) 与股份支付相关的公允价值的确定。

(10) 与债务重组相关的公允价值的确定。

(11) 预计负债金额的确定。

(12) 收入金额中交易价格的确定、履约进度的确定等。

(13) 与政府补助相关的公允价值的确定。

(14) 一般借款资本化金额的确定。

(15) 应纳税暂时性差异和可抵扣暂时性差异的确定。

(16) 与非同一控制下的企业合并相关的公允价值的确定。

(17) 租赁资产公允价值的确定、租赁付款额现值的确定、承租人折现率的确定、承租人对未确认融资费用的分摊、出租人对未实现融资收益的分配、未担保余值的确定。

(18) 与金融工具相关的公允价值的确定、摊余成本的确定、信用减值损失的确定。

(19) 继续涉入所转移金融资产程度的确定、金融资产所有权上风险和报酬转移程度的确定。

(20) 套期工具和被套期项目公允价值的确定。

(21) 探明矿区权益、井及相关设施的折耗计提方法。与油气开采活动相关的辅助设备及设施的折旧方法，弃置费用的确定。

(22) 其他按照相关章规定属于会计估计的情况。

(三) 会计政策变更与会计估计变更的划分

企业应当正确划分会计政策变更与会计估计变更，并按照不同的方法进行相关会计处理。

1. 会计政策变更与会计估计变更的划分基础。

企业应当以变更事项的会计确认、计量基础和列报项目是否发生变更作为判断该变更是会计政策变更，还是会计估计变更的划分基础。

(1) 以会计确认是否发生变更作为判断基础。第一章基本准则规定了资产、负债、所有者权益、收入、费用和利润等六项会计要素的确认标准，是会计处理的首要环节。一般地，对会计确认的指定或选择是会计政策，其相应的变更是会计政策变更。会计确认、计量的变更一般会引起列报项目的变更。

(2) 以计量基础是否发生变更作为判断基础。第一章基本准则规定了历史成本、重置成本、可变现净值、现值和公允价值等5项会计计量属性，是会计处理的计量基础。一般地，对计量基础的指定或选择是会计政策，其相应的变更是会计政策变更。

(3) 以列报项目是否发生变更作为判断基础。第三十一章财务报表列报规定了财务报表项目应采用的列报原则。一般地，对列报项目的指定或选择是会计政策，其相应的变更是会计政策变更。当然，在实务中，有时列报项目的变更往往伴随着会计确认的变更或者相反。

(4) 根据会计确认、计量基础和列报项目所选择的、为取得与该项目有关的金额或数值所采用的处理方法，不是会计政策，而是会计估计，其相应的变更是会计估计变更。

总之，在单个会计期间，会计政策决定了财务报表所列报的会计信息和列报方式；会计估计是用来确定与财务报表所列报的会计信息有关的金额和数值。

2. 划分会计政策变更和会计估计变更的方法。

企业可以采用下列具体方法划分会计政策变更与会计估计变更：分析并判断该事项是否涉及会计确认、计量基础选择或列报项目的变更，当至少涉及其中一项划分基础变更的，该事项是会计政策变更；不涉及这些划分基础变更时，该事项可以判断为会计估计变更。

四、会计政策变更

(一) 会计政策变更的概念

1. 会计政策变更的条件。

满足下列 (1)、(2) 条件之一的，可以变更会计政策：

(1) 法律、行政法规或者国家统一的会计制度等要求变更。这种情况是指，按照法律、行政法规以及国家统一的会计制度的规定，要求企业采用新的会计政策，则企业应当按照法律、行政法规以及国家统一的会计制度的规定改变原会计政策，按照新的会计政策执行。

(2) 会计政策变更能够提供更可靠、更相关的会计信息。由于经济环境、客观情况的改变，使企业原采用的会计政策所提供的会计信息，已不能恰当地反映企业的财务状况、经营成果和现金流量等情况。在这种情况下，应改变原有会计政策，按变更后新的会计政策进行会计处理，以便对外提供更可靠、更相关的会计信息。

需要注意的是，除法律、行政法规以及国家统一的会计制度要求变更会计政策的，应当按照国家的相关规定执行外，企业因满足上述条件 (2) 变更会计政策时，必须有充分、合理的证据表明其变更的合理性，并说明变更会计政策后，能够提供关于企业财务状况、经营成果和现金流量等更可靠、更相关的会计信息的理由。对会计政策的变更，企业仍应经股东大会或董事会、经理（厂长）会议或类似机构批准，并按照法律、行政法规等的规定报送有关各方备案。如无充分、合理的证据表明会计政策变更的合理性，或者未重新经股东大会或董事会、经理（厂长）会议或类似机构批准擅自变更会计政策的，或者连续、反复地自行变更会计政策的，视为滥用会计政策，按照前期差错更正的方法进行处理。

五、会计估计变更

（一）会计估计变更的概念

会计估计变更，是指由于资产和负债的当前状况及预期经济利益和义务发生了变化，从而对资产或负债的账面价值或者资产的定期消耗金额进行调整。

由于企业经营活动中内在的不确定因素，许多财务报表项目不能准确地计量，只能加以估计，估计过程涉及以最近可以得到的信息为基础所作的判断。但是，估计毕竟是就现有资料对未来所作的判断，随着时间的推移，如果赖以进行估计的基础发生变化，或者由于取得了新的信息、积累了更多的经验或后来的发展可能不得不对估计进行修订，但会计估计变更的依据应当真实、可靠。会计估计变更的情形包括：

1. 赖以进行估计的基础发生了变化。企业进行会计估计，总是依赖于一定的基础。如果其所依赖的基础发生了变化，则会计估计也应相应发生变化。

2. 取得了新的信息、积累了更多的经验。企业进行会计估计是就现有资料对未来所作的判断，随着时间的推移，企业有可能取得新的信息、积累更多的经验，在这种情况下，企业可能不得不对会计估计进行修订，即发生会计估计变更。

会计估计变更，并不意味着以前期间会计估计是错误的，只是由于情况发生变化，或者掌握了新的信息，积累了更多的经验，使得变更会计估计能够更好地反映企业的财务状况和经营成果。如果以前期间的会计估计是错误的，则属于会计差错，按会计差错更正的会计处理办法进行处理。

（三）《监管规则适用指引——发行类第5号》

5-9　会计政策、会计估计变更和差错更正

一、申报前会计政策、会计估计变更和差错更正

发行人在申报前进行审计调整的，申报会计师应按要求对发行人编制的申报财务报表与原始财务报表的差异比较表出具鉴证报告并说明审计调整原因，保荐机构应核查审计调整的合理性与合规性。

报告期内发行人会计政策和会计估计应保持一致，不得随意变更，如变更应符合会计准则的规定，并履行必要的审批程序。保荐机构及申报会计师应关注发行人变更会计政策或会计估计是否有充分、合理的理由及依据。无充分、合理的证据证明会计政策或会计估计变更的合理性，或者未经批准擅自变更会计政策或会计估计的，或者连续、反复自行变更会计政策或会计估计的，视为滥用会计政策或会计估计。

二、申报后会计政策、会计估计变更

发行人申报后存在会计政策、会计估计变更事项的，相关变更事项应符合专业审慎原则，与同行业上市公司不存在重大差异，不存在影响发行人会计基础工作规范性及内控有效性情形。在此基础上，发行人应提交更新后的财务报告。保荐机构及申报会计师应重点核查以下方面并发表明确意见：

1. 变更事项的时间、内容和范围，对发行人的影响。

2. 变更事项的性质、内容、原因及依据，是否合规，是否符合审慎原则，变更

后发行人会计政策、会计估计与同行业上市公司是否存在重大差异。

3. 发行人是否滥用会计政策或者会计估计。

4. 变更事项是否反映发行人会计基础工作薄弱或内控缺失。

5. 变更事项是否已准确、充分披露。

三、申报后差错更正

发行人申报后出现会计差错更正事项的，保荐机构及申报会计师应重点核查以下方面并发表明确意见：

1. 差错更正事项的时间、内容和范围，对发行人的影响。

2. 差错更正事项的性质、原因及依据，是否合规，是否符合审慎原则。

3. 差错更正事项是否因会计基础薄弱、内控重大缺陷、盈余操纵、未及时进行审计调整的重大会计核算疏漏、滥用会计政策或者会计估计以及恶意隐瞒或舞弊行为，是否反映发行人会计基础工作薄弱或内控缺失。

4. 差错更正事项是否已准确、充分披露。

（四）《关于严格执行企业会计准则 切实做好企业 2023 年年报工作的通知》（财会［2023］29 号）

关于会计政策、会计估计变更和差错更正。

企业应当按照会计政策、会计估计变更和差错更正准则的相关规定，正确划分会计政策变更、会计估计变更和前期差错更正，并进行相应会计处理和披露。企业应当采用追溯重述法更正重要的前期差错，并在重要的前期差错发现当期的财务报表中调整前期比较数据，不得在重要的前期差错发现当期的财务报表中直接调整当期数据。企业采用的会计政策和会计估计应当如实反映企业的交易和事项，不得滥用会计政策或随意变更会计估计。

（五）证监会《关于做好上市公司 2010 年财务报告及相关工作的公告》（证监会公告（2010）37 号）

会计估计是企业对结果不确定的交易或事项以历史积累的和最近可利用的信息为基础所作的判断。会计估计所涉及的交易或事项均有内在的不确定性，进行会计估计的过程是一种集主、客观因素于一体的综合判断过程。因此，不能简单以对或错来评价会计估计，而应评价会计估计确定过程及其依据的合理性。上市公司在年报编制过程中，应合理区分会计估计变更和会计差错更正，并按照会计准则规定进行会计处理，不得利用会计估计变更和差错更正在不同会计期间操纵利润。

（六）证监会《上市公司年报会计监管报告》

《上市公司 2023 年年度财务报告会计监管报告》

未正确区分会计政策变更与前期差错更正

根据企业会计准则及相关规定，会计政策是指企业在会计确认、计量和报告中所采用的原则、基础和会计处理方法；前期差错包括计算错误、应用会计政策错误、疏忽或曲解事实以及舞弊产生的影响等。

审阅分析发现，部分上市公司将已淘汰的生产性生物资产屠宰后对外销售，报告当期以销售淘汰的生产性生物资产活动构成日常经营活动为由，将相关销售所得由计入资产处置损益改为计入营业收入，并进行会计政策变更，追溯调整了比较期间财务报表数据。通常情况下，若上市公司相关经营活动与以前年度不存在本质差别，且国家未发布或修订相关会计处理方法，相关事项不同期间会计处理应保持一致，不得随意变更；同时，应结合上市公司具体业务开展情况以及当前会计处理方法，分析判断前期财务报表会计处理恰当性、是否存在前期差错。

《上市公司 2022 年年度财务报告会计监管报告》

根据企业会计准则及相关规定，会计政策变更，是指企业对相同的交易或者事项由原来采用的会计政策改用另一会计政策的行为，一般采用追溯调整法处理。企业在评估金融工具预期信用损失时应当考虑所有合理且有依据的信息（包括前瞻性信息），并需在每个资产负债表日以最近可利用的、可靠的信息为基础作出新的判断。

审阅分析发现，部分上市公司本期调整了应收票据坏账计提比例，并将其作为会计政策变更进行追溯调整。按照会计准则要求，上市公司应当在每个资产负债表日根据最近可利用的可靠信息对预期信用损失作出新的判断。因此，若上市公司预期信用损失模型及减值计提方法（如损失概率加权属性）均未发生变化，而是依据资产负债表日相关事实情况相应调整损失计提比率，此事项不属于会计政策变更，不应进行追溯调整。

《2020 年上市公司年报会计监管报告》

根据企业会计准则及相关规定，会计估计变更是指由于资产和负债的当前状况及预期未来经济利益和义务发生了变化，从而对资产或负债的账面价值或者资产的定期消耗金额进行的重估和调整。企业对会计估计变更应当采用未来适用法。年报分析发现，个别上市公司对会计估计变更错误进行了追溯调整，而非自会计估计变更后开始适用。例如，上市公司董事会于报告期期末作出会计估计变更决议，对长期待摊费用中门店装修费摊销期限进行调整，公司对此错误地追溯自报告期期初开始执行新的摊销期限。

《2019 年上市公司年报会计监管报告》

根据企业会计准则及相关规定，会计政策变更是指企业对相同的交易或者事项由原来采用的会计政策改用另一会计政策的行为。会计估计变更是指由于资产和负债的当期状况及预期经济利益和义务发生了变化，从而对资产或负债的账面价值或资产的定期消耗金额进行调整。前期差错是指企业没有运用或错误运用相关可靠信息，而对前期财务报表造成省略或错报。会计估计变更和前期差错更正的重要区别在于前期报表编制及批准报出时，是否已经充分考虑和合理运用了当时预期能够取得的所有可靠信息。年报分析发现，部分上市公司未正确区分会计政策变更、会计估计变更和会计差错更正：

一是个别上市公司因执行新金融工具准则，将应收账款坏账准备计提方法更改为预期信用损失法，并作为会计估计变更进行披露。相同的交易事项因适用新准则改变其确认和计量方法属于会计政策变更，首次执行日影响数应根据新准则的有关规定进行调整。

二是个别上市公司因与业绩承诺人就被购买方的业绩完成情况存在重大分歧，无法对业绩补偿金额进行可靠估计，在以前年度财务报表中未确认相关业绩补偿。上市公司在报告期取得仲裁结果后，进行前期差错更正，将相关补偿金额计入以前年度的财务报表。除非有证据表明上市公司未能合理运用或错误运用前期报表编报时预期能够取得并加以考虑的可靠信息，公司应将相关业绩补偿作为会计估计变更并计入当期损益。

三是个别上市公司就大额应收账款提起诉讼，先后经历诉讼被驳回、上诉被驳回等法院初步裁定。上诉期间债务人多次因债务偿还问题被起诉、已出现还款困难等情形，但公司未在各会计期间合理判断回款风险并及时、足额计提应收账款减值损失，而是在2019年最终收到法院判决后按照会计估计变更一次性调整计提信用减值准备，未能正确区分会计估计变更与前期差错更正。

四、上市公司会计政策、会计估计变更概况

（一）2022年年报会计政策变更概况

我们对2022年披露年报的5,055家[①]沪、深、北三市A股上市公司的会计政策变更情况进行了统计，5,055家上市公司中，共有4,796家涉及会计政策变更，占比94.88%。

由于财政部2021年12月31日发布了《企业会计准则解释第15号》（财会〔2021〕35号），就“关于企业将固定资产达到预定可使用状态前或者研发过程中产出的产品或副产品对外销售的会计处理”“关于亏损合同的判断”“关于资金集中管理相关列报”等问题进行了明确。其中前两项规定自2022年1月1日起施行，后一项规定自公布之日起施行。所以有3,735家上市公司披露的会计政策变更与《企业会计准则解释第15号》“关于企业将固定资产达到预定可使用状态前或者研发过程中产出的产品或副产品对外销售的会计处理”、“关于亏损合同的判断”相关，其中有200家上市公司因相关会计政策变更对前期财务报表进行了追溯调整。

由于财政部2022年11月30日发布了《企业会计准则解释第16号》（财会〔2022〕31号），就“关于单项交易产生的资产和负债相关的递延所得税不适用初始确认豁免的会计处理”“关于发行方分类为权益工具的金融工具相关股利的所得税影响的会计处理”“关于企业将以现金结算的股份支付修改为以权益结算的股份支付的会计处理”进行了明确。其中“关于单项交易产生的资产和负债相关的递延所得税

① 截至2023年4月30日已披露2022年年报的A股上市公司共有5,055家（不含年报披露期间退市的公司和年报披露期间新上市的公司）。

不适用初始确认豁免的会计处理”规定自 2023 年 1 月 1 日起施行，允许企业自发布年度提前执行；另外两项规定自公布之日（2022 年 11 月 30 日）起施行。所以有 3, 547 家上市公司披露的会计政策变更与《企业会计准则解释第 16 号》相关，其中有 88 家上市公司因相关会计政策变更对前期财务报表进行了追溯调整。

2022 年 A 股上市公司会计政策变更统计如表 8 – 23 所示。

表 8 – 23　　2022 年 A 股上市公司会计政策变更统计

<table>
<tr><th colspan="2">变更类型</th><th>家数</th></tr>
<tr><td rowspan="5">法定会计政策变更</td><td>执行《企业会计准则解释第 15 号》</td><td>3, 735</td></tr>
<tr><td>执行《企业会计准则解释第 16 号》</td><td>3, 547</td></tr>
<tr><td>执行《新冠肺炎疫情相关租金减让会计处理规定》〔2022〕13 号</td><td>108</td></tr>
<tr><td>执行《企业安全生产费用提取和使用管理办法》财资〔2022〕136 号</td><td>21</td></tr>
<tr><td>执行《监管规则适用指引——会计类第 3 号》</td><td>2</td></tr>
<tr><td rowspan="13">自主会计政策变更</td><td>投资性房地产的后续计量从成本转为公允价值</td><td>9</td></tr>
<tr><td>存货核算方法的变更（如从先进先出法改为加权平均法、实际成本法改为标准成本法等）</td><td>5</td></tr>
<tr><td>安全生产费计提标准变更</td><td>2</td></tr>
<tr><td>会计类第 3 号：应收子公司债权对计算归属于母公司所有者的净利润的影响</td><td>2</td></tr>
<tr><td>收入确认方法变更</td><td>1</td></tr>
<tr><td>消耗性生物资产死亡率</td><td>1</td></tr>
<tr><td>停工停产期间折旧、摊销的处理</td><td>1</td></tr>
<tr><td>未实现内部交易损益在合并财务报表中的抵销</td><td>1</td></tr>
<tr><td>因联营公司执行新会计准则调整期初数，采用权益法核算相应调整期初数</td><td>1</td></tr>
<tr><td>政府补助核算方法由总额法变更为净额法</td><td>1</td></tr>
<tr><td>固定资产准则实施问答对不符合固定资产资本化后续支出条件的固定资产日常修理费用的处理</td><td>1</td></tr>
<tr><td>因制定具体会计政策发生的变更</td><td>1</td></tr>
</table>

（二）2023 年年报会计政策变更概况

我们对 2023 年披露年报的 5, 319 家[①]沪、深、北三市 A 股上市公司的会计政策变更情况进行了统计，5, 319 家上市公司中，共有 4, 783 家涉及会计政策变更，占比 89. 92%。

由于财政部 2022 年 11 月 30 日发布了《企业会计准则解释第 16 号》（财会

① 截至 2024 年 4 月 30 日已披露 2023 年年报的 A 股上市公司共有 5, 319 家（不含年报披露期间退市的公司和年报披露期间新上市的公司）。

〔2022〕31 号），就“关于单项交易产生的资产和负债相关的递延所得税不适用初始确认豁免的会计处理”“关于发行方分类为权益工具的金融工具相关股利的所得税影响的会计处理”“关于企业将以现金结算的股份支付修改为以权益结算的股份支付的会计处理”进行了明确。其中“关于单项交易产生的资产和负债相关的递延所得税不适用初始确认豁免的会计处理”的规定自 2023 年 1 月 1 日起施行，允许企业自发布年度提前执行；其他两项规定自公布之日（2022 年 11 月 30 日）起施行。所以有 4, 642 家上市公司披露的会计政策变更与《企业会计准则解释第 16 号》“关于单项交易产生的资产和负债相关的递延所得税不适用初始确认豁免的会计处理”相关，其中有 2, 363 家上市公司因相关会计政策变更对前期财务报表进行了追溯调整。

2020 年 12 月 24 日，财政部会计司正式发布了修订后《企业会计准则第 25 号——保险合同》（财会〔2020〕20 号）（以下简称“新保险合同准则”），在境内外同时上市的企业以及在境外上市并采用国际财务报告准则或企业会计准则编制财务报表的企业，自 2023 年 1 月 1 日起执行；其他执行企业会计准则的企业自 2026 年 1 月 1 日起执行。同时，允许企业提前执行。2023 年度有 48 家上市公司披露的会计政策变更涉及新保险合同准则，其中有 9 家上市公司因相关会计政策变更对前期财务报表进行了追溯调整。

2017 年财政部发布了修订后的《企业会计准则第 22 号——金融工具确认和计量》《企业会计准则第 23 号——金融资产转移》《企业会计准则第 24 号——套期会计》《企业会计准则第 37 号——金融工具列报》四项会计准则（以下简称“新金融工具会计准则”）。2017 年 6 月 22 日，财政部下发了《关于保险公司执行新金融工具相关会计准则有关过渡办法的通知》（财会〔2017〕20 号）（以下简称“过渡办法”）。2017 年 12 月 31 日，财政部下发了《关于进一步贯彻落实新金融工具相关会计准则的通知》（财会〔2020〕22 号），指出符合过渡办法中关于暂缓执行新金融工具会计准则条件的保险公司，执行新金融工具会计准则的日期允许暂缓至执行新保险合同准则（财会〔2020〕20 号）的日期，即 2023 年 1 月 1 日。2023 年度有 3 家上市公司披露的会计政策变更涉及新金融工具会计准则，并因会计政策对前期财务报表进行了追溯调整。

2023 年 A 股上市公司会计政策变更统计如表 8 – 24 所示。

表 8 – 24　　2023 年 A 股上市公司会计政策变更统计

变更类型		家数
法定会计政策变更	执行《企业会计准则解释第 16 号》	4, 642
	执行《企业会计准则解释第 17 号》	641
	执行《企业会计准则第 25 号——保险合同》（财会〔2020〕20 号）	48
	执行“新金融工具准则”	3
	执行《监管规则适用指引——会计类第 3 号》	1

续表

	变更类型	家数
自主会计政策变更	存货核算方法的变更（如从先进先出改为加权平均、实际成本法改为标准成本法等）	10
	收入确认方法变更	4
	投资性房地产的后续计量从成本转为公允价值	3
	政府补助核算方法由总额法变更为净额法	3
	记账本位币变更	5
	内部研究开发项目支出的确认和计量	2
	消耗性生物资产成本核算	1
	生产性生物资产成本核算	1
	指定套期工具和被套期项目	1

（三）2022 年年报会计估计变更概况

我们对 2022 年披露年报的 5,055 家沪、深、北三市 A 股上市公司会计估计变更情况进行了统计，5,055 家上市公司中，共有 178 家涉及会计估计变更，占比 3.52%。

会计估计变更中绝大多数仍然来自常见的会计估计项目，包括应收款项信用减值损失、长期资产折旧和摊销年限，以及残值等估计的变更。

2022 年 A 股上市公司会计估计变更统计如表 8－25 所示。

表 8－25　　2022 年 A 股上市公司会计估计变更统计

序号	会计估计变更类型		家数
1	长期资产折旧摊销	固定资产折旧、残值等	83
2	信用减值损失	应收款项信用减值损失	71
3	其他	安全生产费的计提	8
		售后服务费计提比例	7
		折现率、死亡率和发病率、费用假设、退保率、保单红利假设等精算假设	6
		研发支出资本化时点	4
		存货跌价准备计提方法	3
		弃置义务对应负债折现率等调整	3
		煤矿转产发展资金计提	1
		金融资产的终止确认判断	1
		涉诉赔偿	1
		销售退货率	1
		涉及多项变更	1

（四）2023 年年报会计估计变更概况

我们对 2023 年披露年报的 5,319 家沪、深、北三市 A 股上市公司会计估计变更情况进行了统计，5,319 家上市公司中，共有 156 家涉及会计估计变更，占比 2.93%。

会计估计变更中绝大多数仍然来自常见的会计估计项目，包括应收款项信用减值损失、长期资产折旧和摊销年限，以及残值等估计的变更。

2023 年 A 股上市公司会计估计变更统计如表 8－26 所示。

表 8－26　2023 年 A 股上市公司会计估计变更统计

序号	会计估计变更类型		家数
1	长期资产折旧摊销	固定资产折旧、残值等；无形资产摊销；生产性生物资产折旧	73
2	信用减值损失	应收款项信用减值损失	60
3	其他	售后服务费计提比例	10
		研发支出资本化时点	4
		折现率、死亡率和发病率、费用假设、退保率、保单红利假设等精算假设	2
		存货跌价准备计提方法	2
		特许经营期限内将发生大额支出计提的预计负债估计变更	1
		弃置义务对应负债折现率等调整	1
		销售退货率的估计	1
		在等待期内每个资产负债表日对预计可行权数量的估计	1
		外币业务的即期汇率核算口径	1
		可供出售权益工具减值标准	1
		职工教育经费的提取标准	1
		产品成本分摊方法	1
		长期费用的摊销	1
		重要性的确定标准	1
		公允价值计量原则	1
		对履约进度的估计	1
		因适用税率变化递延所得税资产和递延所得税负债进行重新计量	1

五、会计政策变更的披露示例

（一）简要分析

会计政策是指企业在会计确认、计量和报告中采用的原则、基础和会计处理方法。会计政策变更是指企业对相同的交易或者事项由原来采用的会计政策改用另一会计政策的行为。企业会计准则规定，会计政策一经确定，不得随意变更。只有在法律、行政法规或者国家统一的会计制度等要求变更，或者变更能够提供更可靠、更相关的会计信息的前提下，才能够变更会计政策。

按照会计准则及上市公司相关的信息披露编报规则等，上市公司在本期发生重要会计政策和会计估计变更的，公司应充分披露变更的内容和原因、受重要影响的报表项目名称和金额、相关审批程序，以及会计估计变更开始适用的时点。

（二）年报披露示例

会计政策变更年报披露示例汇总如表 8－27 所示。

表 8－27　　会计政策变更年报披露示例汇总

序号	参考示例	会计政策变更的类型
1	示例 8－98　中国铝业（601600. SH）	执行《企业会计准则解释第 16 号》
2	示例 8－99　中国太保（601601. SH）	执行“新金融工具准则”“新保险合同准则”
3	示例 8－100　上海梅林（600073. SH）	政府补助核算方法由总额法变更为净额法
4	示例 8－101　利元亨（688499. SH）	执行《收入准则实施问答》
5	示例 8－102　康希诺（688185. SH）	非一类生物制品划分开发阶段支出的具体标准
6	示例 8－103　中信出版（300788. SZ）	版税可变对价的会计处理、执行《收入准则实施问答》
7	示例 8－104　天音控股（000829. SZ）	投资性房地产成本模式转为公允价值模式
8	示例 8－105　电光科技（002730. SZ）	计提的保证类质保费用计入主营业务成本，不再计入销售费用
9	示例 8－106　中国重汽（000951. SZ）	计提的保证类质保费用计入主营业务成本，不再计入销售费用

示例 8－98　中国铝业（601600. SH）

重要会计政策变更

单位：千元

会计政策变更的内容和原因	受重要影响的报表项目名称	影响金额	
		2022 年 1 月 1 日	
		本集团	本公司
针对租赁期开始日初始确认租赁负债并计入使用权资产的租赁交易，以及对采矿权因存在弃置义务而确认预计负债并计入相关资产成本的初始计量而产生的等额可抵扣暂时性差异和应纳税暂时性差异，本集团及本公司相应确认递延所得税资产和递延所得税负债	递延所得税资产	－1, 204	
	递延所得税负债	－420	
	未分配利润	－1, 624	
		2022 年 12 月 31 日	
		本集团	本公司
	递延所得税资产	－135	
	递延所得税负债	－1, 348	
	未分配利润	－1, 483	
		2022 年度	
		本集团	本公司
	所得税费用	－141	

其他说明：

财政部于 2022 年颁布了《关于印发〈企业会计准则解释第 16 号〉的通知》（以下简称“解释 16 号”）。本集团及本公司自 2023 年 1 月 1 日起执行解释 16 号中有关单项交易产生的资产和负债相关递延所得税不适用初始确认豁免的会计处理规定，并采用追溯调整法处理，相应调整 2022 年年初留存收益及其他相关财务报表项目，2022 年度的比较财务报表已相应重列，具体影响如下：

除上述受影响的报表项目外，执行解释 16 号的规定对 2022 年 1 月 1 日及 2022 年 12 月 31 日的其他报表项目没有影响。

示例 8－99　中国太保（601601. SH）

新金融工具准则

2017 年财政部发布了修订后的《企业会计准则第 22 号——金融工具确认和计量》《企业会计准则第 23 号——金融资产转移》《企业会计准则第 24 号——套期会计》《企业会计准则第 37 号——金融工具列报》四项会计准则（以下简称“新金融工具准则”）。本集团于 2023 年 1 月 1 日开始采用新金融工具准则。

根据新金融工具准则的要求，本集团选择不对比较期间信息进行重述。金融资产和金融负债于首次执行日的账面价值调整计入当期的期初留存收益和其他综合收益。比较期间的附注仍与以前年度披露信息保持一致。实施新金融工具准则也导致本集团的金融资产和金融负债的确认、分类和计量，以及金融资产减值的相关政策发生了变化。

当期适用的新金融工具准则下具体会计政策详见附注三、17。

下表为新金融工具准则切换首日分类和计量对本集团财务报表的影响：

单位：百万元

项目	2022 年 12 月 31 日	影响金额	2023 年 1 月 1 日
资产	2, 071, 336	34, 410	2, 105, 746
其中：货币资金	33, 134	4	33, 138
以公允价值计量且其变动计入当期损益的金融资产	26, 560	(26, 560)	
买入返售金融资产	21, 124	10	21, 134
应收利息	19, 656	(19, 656)	
定期存款	204, 517	6, 717	211, 234
可供出售金融资产	715, 085	(715, 085)	
持有至到期投资	514, 250	(514, 250)	
归入贷款及应收款的投资	397, 270	(397, 270)	
金融投资：		1, 711, 596	1, 711, 596
交易性金融资产		415, 758	415, 758
债权投资		91, 428	91, 428
其他债权投资		1, 119, 324	1, 119, 324
其他权益工具投资		85, 086	85, 086
存出资本保证金	7, 290	313	7, 603
递延所得税资产	19, 661	(11, 298)	8, 363
其他资产	11, 227	(111)	11, 116
负债	1, 869, 664	43	1, 869, 707
其中：卖出回购金融资产款	119, 665	166	119, 831
应付利息	469	(469)	
应付债券	9, 999	303	10, 302
递延所得税负债	568	(63)	505
其他负债	38, 572	106	38, 678
股东权益	201, 672	34, 367	236, 039

续表

项目	2022年12月31日	影响金额	2023年1月1日
其中：其他综合损益	(11,581)	18,051	6,470
一般风险准备	21,071	1,621	22,692
未分配利润	92,588	14,180	106,768
少数股东权益	5,195	515	5,710

新金融工具准则切换首日分类与计量改变对本集团主要金融资产及负债科目账面价值的影响及相应切换变动：

单位：百万元

项目	2022年12月31日		重分类	重新计量	2023年1月1日	
	按原金融工具准则列示				按新金融工具准则列示	
	计量类别	账面价值			计量类别	账面价值
货币资金	摊余成本	33,134	4		摊余成本	33,138
买入返售金融资产	摊余成本	21,124	10		摊余成本	21,134
存出资本保证金	摊余成本	7,290	315	(2)	摊余成本	7,603
定期存款	摊余成本	204,517	6,148	569	摊余成本/以公允价值计量且其变动计入其他综合收益	211,234
其中：以公允价值计量且其变动计入其他综合收益的定期存款		不适用	163,523	592	以公允价值计量且其变动计入其他综合收益	164,115
其中：以摊余成本计量的定期存款		204,517	(157,375)	(23)	摊余成本	47,119
交易性金融资产		不适用	415,696	62	以公允价值计量且其变动计入当期损益	415,758
转入自：以公允价值计量且其变动计入当期损益的金融资产			26,560			
转入自：可供出售金融资产			383,895			
转入自：持有至到期投资			1,225	(15)		
转入自：归入贷款及应收款的投资			3,096	77		

续表

项目	2022年12月31日		重分类	重新计量	2023年1月1日	
	按原金融工具准则列示				按新金融工具准则列示	
	计量类别	账面价值			计量类别	账面价值
转入自：应收利息			920			
债权投资		不适用	91,788	(360)	摊余成本	91,428
转入自：可供出售金融资产			14,591	(207)		
转入自：持有至到期投资			16,148			
转入自：归入贷款及应收款的投资			60,260	(153)		
转入自：应收利息			789			
其他债权投资		不适用	1,073,774	45,550	以公允价值计量且其变动计入其他综合收益	1,119,324
转入自：可供出售金融资产			231,513			
转入自：持有至到期投资			496,877	42,960		
转入自：归入贷款及应收款的投资			333,914	2,590		
转入自：应收利息			11,470			
其他权益工具投资		不适用	85,086		以公允价值计量且其变动计入其他综合收益	85,086
以公允价值计量且其变动计入当期损益的金融资产	以公允价值计量且其变动计入当期损益		26,560	(26,560)		不适用
转出至：交易性金融资产			(26,560)			
可供出售金融资产	以公允价值计量且其变动计入其他综合收益	715,085	(715,085)			不适用
转出至：交易性金融资产			(383,895)			
转出至：债权投资			(14,591)			
转出至：其他债权投资			(231,513)			
转出至：其他权益工具投资			(85,086)			
持有至到期投资	摊余成本	514,250	(514,250)			不适用

续表

项目	2022年12月31日		重分类	重新计量	2023年1月1日	
	按原金融工具准则列示				按新金融工具准则列示	
	计量类别	账面价值			计量类别	账面价值
转出至：交易性金融资产			(1,225)			
转出至：债权投资			(16,148)			
转出至：其他债权投资			(496,877)			
归入贷款及应收款的投资	摊余成本	397,270	(397,270)			不适用
转出至：交易性金融资产			(3,096)			
转出至：债权投资			(60,260)			
转出至：其他债权投资			(333,914)			
应收利息	摊余成本	19,656	(19,656)			不适用
卖出回购金融资产款	摊余成本	119,665	166		摊余成本	119,831
应付债券	摊余成本	9,999	303		摊余成本	10,302
应付利息	摊余成本	469	(469)			不适用

下表展示了新金融工具准则切换首日分类与计量改变对本集团金融资产减值准备的影响：

单位：百万元

项目	2022年12月31日	2023年1月1日
可供出售金融资产	10,221	
持有至到期金融资产	45	
归入贷款及应收款的投资	1,221	
债权投资		818
其他债权投资		2,684
其他金融资产	219	443
合计	11,706	3,945

下表将2022年12月31日根据原金融工具准则已发生损失模型计量的上述主要金融资产科目减值准备调整为2023年1月1日根据新金融工具准则预期信用损失模型计量的减值准备：

单位：百万元

项目	2022 年 12 月 31 日 减值准备	重分类	重新计量	2023 年 1 月 1 日 减值准备
债权投资	不适用	659	159	818
转入自：可供出售金融资产			6	
转入自：持有至到期金融资产		45		
转入自：归入贷款及应收款的投资		614	153	
其他债权投资	不适用	2,172	512	2,684
转入自：可供出售金融资产		1,608	65	
转入自：持有至到期金融资产			8	
转入自：归入贷款及应收款的投资		564	439	

新保险合同准则

2020 年财政部发布了《企业会计准则第 25 号——保险合同》（以下简称“新保险合同准则”），本集团于2023 年 1 月 1 日开始执行新保险合同准则，并已根据新保险合同准则的要求重述了比较期间信息。实施新保险合同准则导致本集团保险服务收入与保险服务费用的确认、保险合同负债的计量方法、财务报表的列报等均发生了重大变化。本集团根据新保险合同准则制定的与保险合同相关的会计政策详见附注三、21。

按照新保险合同准则的规定，本集团对于首次执行日之前的保险合同会计处理与新保险合同准则规定不一致的，采用追溯调整法处理，但对于于过渡日完全追溯调整法不切实可行的合同组，本集团采用了修正追溯调整法或公允价值法进行了衔接处理。

根据新保险合同准则的规定，本集团进行追溯调整无须披露当期和各个列报前期财务报表受影响项目的调整金额，因此本集团仅汇总了实施新保险合同准则对比较期间主要财务指标的影响。披露如下：

单位：百万元

项目	会计政策变更前 2022 年 12 月 31 日	执行新保险合同准则 影响金额	会计政策变更后 2022 年 12 月 31 日
总资产	2,176,299	(104,963)	2,071,336
总负债	1,942,171	(72,507)	1,869,664
归属于母公司股东权益	228,446	(31,969)	196,477

示例 8－100　上海梅林（600073. SH）

本集团自 2023 年 1 月 1 日起自行变更的会计政策。

根据《企业会计准则第 16 号——政府补助》（财会〔2017〕15 号）的规定，政府补助可以采用总额法和净额法两种方法进行核算。根据经济环境、客观情况的变化，本集团为了提高信息披露质量，以求向报表使用者提供更可靠更相关的会计信息。公司决定自2023年1月1日起对符合净额法核算条件的政府补助改按净额法核算（以下简称“本次会计政策变更”），并对会计政策的相关内容进行调整，采用追溯调整法变更相关财务报表列报。

变更对当年财务报表的影响

上述会计政策变更对2023年度财务报表各项目的影响汇总如下：

单位：元

会计政策变更的内容和原因	受重要影响的报表项目名称	影响金额
政府补助改按净额法核算	固定资产	-598, 671, 694. 20
政府补助改按净额法核算	无形资产	-6, 000, 000. 00
政府补助改按净额法核算	长期待摊费用	-3, 830, 835. 14
政府补助改按净额法核算	递延收益	-369, 505, 595. 46
政府补助改按净额法核算	营业成本	-49, 747, 090. 35
政府补助改按净额法核算	管理费用	-10, 419, 667. 02
政府补助改按净额法核算	销售费用	-5, 159, 693. 22
政府补助改按净额法核算	研发费用	-1, 956, 666. 60
政府补助改按净额法核算	其他收益	-67, 606, 726. 31

示例8-101　利元亨（688499. SH）

运输费用列示调整

2021年11月2日，财政部会计司发布了关于企业会计准则相关实施问答，明确规定通常情况下，企业商品或服务的控制权转移给客户之前、为了履行客户合同而发生的运输活动不构成单项履约义务，相关运输成本应当作为合同履约成本，采用与商品或服务收入确认相同的基础进行摊销计入当期损益。该合同履约成本应当在利润表“营业成本”项目中列示。本次会计政策变更前，本公司将相关运输成本在“销售费用”项目中列示。

执行运输费用列示调整对2020年度财务报表的影响如下：

合并利润表

单位：元

项目	2020年12月31日	原准则	影响
营业成本	887, 911, 584. 94	881, 837, 051. 46	6, 074, 533. 48
销售费用	72, 993, 732. 28	79, 068, 265. 76	-6, 074, 533. 48

合并现金流量表

单位：元

项目	2020 年 12 月 31 日	原准则	影响
购买商品、接受劳务支付的现金	650, 504, 843. 50	644, 430, 310. 02	6, 074, 533. 48
支付的其他与经营活动有关的现金	93, 905, 160. 84	99, 979, 694. 32	-6, 074, 533. 48

执行运输费用列示调整对2021 年度财务报表的影响如下：

合并利润表

单位：元

项目	2021 年 12 月 31 日	原准则	影响
营业成本	1, 433, 352, 636. 13	1, 426, 532, 316. 39	6, 820, 319. 74
销售费用	122, 834, 333. 12	129, 654, 652. 86	-6, 820, 319. 74

合并现金流量表

单位：元

项目	2021 年 12 月 31 日	原准则	影响
购买商品、接受劳务支付的现金	1, 487, 239, 709. 71	1, 480, 419, 389. 97	6, 820, 319. 74
支付的其他与经营活动有关的现金	212, 062, 148. 20	218, 882, 467. 94	-6, 820, 319. 74

执行运输费用列示调整对2021 年度合并资产负债表、母公司资产负债表项目无影响。

示例 8 -102　康希诺（688185. SH）

会计政策变更的内容和原因	审批程序	备注（受重要影响的报表项目名称和金额）
本公司参考生物医药行业上市公司会计处理方式，结合公司研究与开发活动的实际情况，决定将非一类生物制品划分开发阶段支出的具体标准，从“非一类生物制品，在实质开展临床试验时作为进入开发阶段的时点，满足相关条件予以资本化。”调整为“非一类生物制品，在实质开展Ⅲ期临床试验时作为进入开发阶段的时点，满足相关条件予以资本化”	董事会审批	由于影响金额不重大，本公司不作追溯调整，而是在本年度财务报表中将开发支出中前期已经资本化的全部Ⅰ期研发支出 211. 34 万元计入当期损益

示例 8-103　中信出版（300788. SZ）

会计政策变更的内容和原因	审批程序	备注
随着公司信息管理系统的升级优化，为提高财务信息与同行业上市公司会计政策的可比性，本公司对版税相关会计政策进行变更	该项会计政策变更经公司第五届董事会第四次会议决议通过	
根据财政部于2021年11月2日发布的《收入准则实施问答》，本公司将发生在商品控制权转移给客户之前，且为履行销售合同而发生的运输成本从销售费用重分类至营业成本列报。根据会计政策变更和财务报表列报准则的相关要求，本公司对报告期和可比期间信息均进行了相应调整	该项会计政策变更系本公司根据国家统一的会计制度的要求而进行的变更，非自主变更，因此无须提交董事会、股东大会审议	

1. 版税相关会计政策变更

本公司的图书版税一般采用印数版税或者销量版税的方式。于2020年及以前期间，本公司将已经预付及按照印刷数量计算的印数版税或估计的销量版税计入存货，在应付账款中计提了相关负债。

考虑到销量版税根据图书实际销售数量确定版税金额，属于图书采购成本的可变对价，于本财务报表中，本公司对于上述可变对价的确认方式进行了会计政策变更，不再在预付或者印刷时点将其确认为存货成本，而是在其实际发生时，即在相关图书实际销售时点予以确认。

本会计政策变更是考虑到随着业务的发展，版税的确定和估计日趋复杂，本公司信息系统能够确保在印刷或销售时点确认印数或销量版税的会计信息的可靠性。对于版税可变对价的会计处理在企业会计准则中没有明确规定，同行业上市公司多数在实际发生时予以确认，变更后的会计政策与同行业公司更可比。本公司董事会于2022年3月29日批准了此次会计政策变更。

本次会计政策变更对本公司的净资产及净利润均无重大影响，对相关资产和负债的影响列示如下：

单位：元

会计政策变更的内容和原因	受影响的报表项目名称	影响金额			
		2020年12月31日		2020年1月1日	
		合并	母公司	合并	母公司
将以前期间根据印刷数量预估计入存货的销量版税进行冲销，并冲减相应的负债。对于存货成本中尚未实现销售的预付销量版税，尚未实现印刷的预付印量版税，调整至预付款项	预付款项	214, 139, 728. 94	209, 242, 129. 87	185, 428, 453. 07	179, 643, 787. 06
	存货	-336, 094, 960. 82	-330, 552, 842. 11	-295, 857, 485. 60	-290, 249, 845. 00
	应付账款	-121, 955, 231. 88	-121, 310, 712. 24	-110, 429, 032. 53	-110, 606, 057. 94

注：2021年度，本公司上线SAP系统，以支持本公司销量版税的核算，但系统上线后由于无法支持会计政策变更前的会计核算，因此本公司未披露上述会计政策变更对本公司于2021年12月31日财务报表的影响金额。

2. 运输成本相关会计政策变更

单位：元

会计政策变更的内容和原因	受影响的报表项目名称	影响金额	
		2020 年度	
		合并	母公司
针对发生在商品控制权转移给客户之前，且为履行销售合同而发生的运输成本，本公司将其自销售费用全部重分类至营业成本	销售费用	-46, 603, 031. 02	-80, 042, 727. 28
	营业成本	46, 603, 031. 02	80, 042, 727. 28

针对上述运输成本所支付的现金，本公司将其自计入支付其他与经营活动有关的现金重分类至购买商品、接受劳务支付的现金，2020 年度的比较财务报表已重列。

示例 8 -104　天音控股（000829. SZ）

重要的会计政策变更

单位：元

会计政策变更的内容和原因	受重要影响的报表项目名称	影响金额
投资性房地产成本计量转公允价值计量	投资性房地产	11, 286, 652. 20
投资性房地产成本计量转公允价值计量	递延所得税资产	2, 012, 721. 30
投资性房地产成本计量转公允价值计量	递延所得税负债	2, 773, 115. 84
投资性房地产成本计量转公允价值计量	其他综合收益	462, 553. 02
投资性房地产成本计量转公允价值计量	未分配利润	10, 063, 704. 64
投资性房地产成本计量转公允价值计量	归属母公司所有者权益合计	10, 526, 257. 66
投资性房地产成本计量转公允价值计量	营业成本	-4, 282, 496. 45
投资性房地产成本计量转公允价值计量	管理费用	-1, 664, 634. 42
投资性房地产成本计量转公允价值计量	公允价值变动损益	-5, 417, 049. 09
投资性房地产成本计量转公允价值计量	利润总额	530, 081. 78
投资性房地产成本计量转公允价值计量	所得税费用	-161, 865. 62
投资性房地产成本计量转公允价值计量	净利润	691, 947. 40
投资性房地产成本计量转公允价值计量	归属母公司所有者利润	691, 947. 40

投资性房地产会计政策变更

本公司对投资性房地产的计量方法原为成本计量模式，为了更加客观地反映公司持有的投资性房地产公允价值，根据《企业会计准则第 3 号——投资性房地产》《企业会计准则第28号——会计政策、会计估计变更和差错更正》的相关规定，2023 年

8月7日经公司第九届董事会第十九次会议决议批准，对投资性房地产的后续计量模式进行会计政策变更。于2023年9月30日，由投资性房地产成本计量模式变更为公允价值计量模式。会计政策变更后，本公司将按评估机构出具的相关投资性房地产公允价值评估结果作为投资性房地产的公允价值。本公司修订后的投资性房地产的确认和计量的会计政策参见附注四、(十八)。

根据《企业会计准则第3号——投资性房地产》的规定，投资性房地产的计量模式由成本模式转为公允价值模式的，属于会计政策变更，应当按照《企业会计准则第28号——会计政策、会计估计变更和差错更正》处理。会计政策变更能够提供更可靠、更相关的会计信息的，应当采用追溯调整法处理。本次会计政策变更对本公司2022年12月31日合并资产负债表及2022年度合并利润表的影响如下（未受影响的报表项目未包含在内）：

单位：元

报表项目	对财务报表的影响金额		
	追溯调整前	追溯调整后	影响金额
合并资产负债表：			
投资性房地产	135, 207, 715. 84	146, 494, 368. 04	11, 286, 652. 20
递延所得税资产	32, 062, 187. 12	34, 074, 908. 42	2, 012, 721. 30
递延所得税负债	57, 800. 82	2, 830, 916. 66	2, 773, 115. 84
其他综合收益	-25, 616, 900. 14	-25, 154, 347. 12	462, 553. 02
未分配利润	1, 084, 958, 956. 69	1, 095, 022, 661. 33	10, 063, 704. 64
归属母公司所有者权益合计	2, 581, 148, 219. 24	2, 591, 674, 476. 90	10, 526, 257. 66
合并利润表：			
营业成本	73, 711, 824, 601. 04	73, 707, 542, 104. 59	-4, 282, 496. 45
管理费用	352, 957, 184. 85	351, 292, 550. 43	-1, 664, 634. 42
公允价值变动损益		-5, 417, 049. 09	-5, 417, 049. 09
利润总额	197, 855, 159. 42	198, 385, 241. 20	530, 081. 78
所得税费用	75, 313, 130. 56	75, 151, 264. 94	-161, 865. 62
净利润	122, 542, 028. 86	123, 233, 976. 26	691, 947. 40
归属母公司所有者利润	109, 872, 385. 34	110, 564, 332. 74	691, 947. 40

示例8-105　电光科技（002730. SZ）

重要会计政策变更

财政部会计司于2024年3月印发了《企业会计准则应用指南汇编2024》（以下

简称“企业会计准则应用指南2024”），明确了关于保证类质保费用的列报规定。根据企业会计准则应用指南2024规定，公司计提的保证类质保费用计入主营业务成本，不再计入销售费用。采用追溯调整法进行会计处理，并重述了比较期间财务报表，具体影响列示如下：

单位：元

受影响的报表项目	2023年1－6月（合并）			2023年1－6月（母公司）		
	调整前	调整后	调整金额	调整前	调整后	调整金额
营业成本	375, 851, 876. 61	375, 918, 641. 43	66, 764. 82	306, 186, 044. 23	306, 313, 143. 00	127, 098. 77
销售费用	108, 497, 888. 17	108, 431, 123. 35	－66, 764. 82	73, 501, 139. 89	73, 374, 041. 12	－127, 098. 77

示例8－106　中国重汽（000951. SZ）

重要会计政策变更

单位：元

会计政策变更的内容和原因	受重要影响的报表项目名称	影响金额
《企业会计准则应用指南汇编2024》中“关于保证类质保费用的列报”规定	营业成本	75, 047, 688. 09
	销售费用	－75, 047, 688. 09

（a）本集团采用上述规定及指引的主要影响

（i）保证类质保费用的列报

本集团根据财政部发布的《企业会计准则应用指南汇编2024》的规定，将本集团计提的保证类质保费用记入“主营业务成本”，不再记入“销售费用”。

本集团采用追溯调整法对可比期间的财务报表数据进行相应调整。

（b）变更对比较期间财务报表的影响

上述会计政策变更对2023年6月30日止6个月期间合并利润表及母公司利润表各项目的影响汇总如下：

单位：元

项目	本集团		
	调整前	调整金额	调整后
营业成本	18, 642, 771, 964. 10	75, 047, 688. 09	18, 717, 819, 652. 19
销售费用	279, 058, 396. 48	（75, 047, 688. 09）	204, 010, 708. 39

六、会计估计变更的披露示例

（一）简要分析

会计估计是指企业对结果不确定的交易或事项以最近可利用的信息为基础所作的判断。由于企业经营活动中内在的不确定性，许多财务报表项目不能准确地计量，只能加以估计，估计过程涉及以最近可以得到的信息为基础所作的判断。但是，估计毕竟是就现有资料对未来所作的判断，随着时间的推移，如果赖以进行估计的基础发生变化，或者由于取得了新的信息、积累了更多的经验或后来的发展可能不得不对估计进行修订，但会计估计变更的依据应当真实、可靠。

会计估计变更，是指由于资产和负债的当前状况及预期经济利益和义务发生了变化，从而对资产或负债的账面价值或者资产的定期消耗金额进行调整。

按照企业会计准则及上市公司相关的信息披露编报规则等，上市公司应在财务报表附注中充分披露会计估计变更的原因、开始适用时点及其影响金额。除非有确凿证据表明导致会计估计变更的情况在决议日前已经存在，会计估计变更应当自董事会等相关机构正式批准后生效，上市公司不得追溯适用会计估计变更。

（二）年报披露示例

会计估计变更年报披露示例汇总如表 8 – 28 所示。

表 8 – 28　　会计估计变更年报披露示例汇总

序号	参考示例	会计估计变更的类型
1	示例 8 – 107　深高速（600548. SH）	特许经营权单位摊销额的变更
2	示例 8 – 108　德邦股份（603056. SH）	固定资产折旧年限变更
3	示例 8 – 109　中国人寿（601628. SH）	精算假设变更
4	示例 8 – 110　渤海租赁（000415. SZ）	固定资产净残值变更
5	示例 8 – 111　隆基绿能（601012. SH）	质量保证金的计提

示例 8 – 107　深高速（600548. SH）

1. 外环高速单位摊销额的会计估计变更

会计估计变更的内容和原因	开始适用的时点	受重要影响的报表项目名称	影响金额
特许经营权单位摊销额的会计估计变更——外环高速	2023 年 1 月 1 日	无形资产和营业成本	124, 982, 162. 23 元

鉴于外环高速（包括外环一期及外环二期）近几年的实际车流量与预测总标准车流量存在较大的差异，且该差异预计持续存在，本集团对外环高速未来剩余经营期内的预测总标准车流量进行重新预计。本集团根据更新后的预测总标准车流量调整外环高速的单位摊销额，将外环一期的单位摊销额由原来的人民币7.02元/辆调整为人民币3.95元/辆，将外环二期的单位摊销额由原来的人民币1.36元/辆调整为人民币1.11元/辆，该项会计估计变更自2023年1月1日起开始适用。

该会计估计变更对本集团2023年度合并财务报表的影响如下：

单位：元

合并资产负债表项目	影响金额
无形资产增加	124,982,162.23
递延所得税资产减少	31,245,540.56
归属于母公司股东权益增加	93,736,621.67
合并利润表项目	影响金额
营业成本减少	124,982,162.23
所得税费用增加	31,245,540.56
净利润增加	93,736,621.67
归属于母公司股东的净利润增加	93,736,621.67

上述会计估计变更将对外环高速（包括外环一期及外环二期）未来会计期间特许经营权摊销产生一定影响。

2. 京港澳高速广州至深圳段和西线高速单位摊销额的会计估计变更

会计估计变更的内容和原因	开始适用的时点	受重要影响的报表项目名称	影响金额
特许经营权单位摊销额的会计估计变更——京港澳高速广州至深圳段和西线高速	2023年11月1日	长期股权投资和投资收益	21,910,543.50元

京港澳高速广州至深圳段和西线高速（包括西线一期、西线二期及西线三期）均为本公司之子公司深圳投控湾区发展有限公司（以下简称“湾区发展”）所投资的合营项目。鉴于京港澳高速广州至深圳段和西线高速近几年的实际车流量与预测总标准车流量存在较大的差异，且该差异预计持续存在。根据外部专业机构对京港澳高速广州至深圳段和西线高速未来剩余经营期内总标准车流量的预测结果，调整京港澳高速广州至深圳段和西线高速的单位摊销额，将京港澳高速广州至深圳段的单位摊销额由原来的人民币44.62元/辆调整为人民币35.60元/辆，将西线一期的单位摊销额由原来的人民币2.34元/辆调整为人民币2.42元/辆，西线二期的单位摊销额由原来的

人民币 11.26 元/辆调整为人民币 11.63 元/辆，西线三期的单位摊销额由原来的人民币 12.96 元/辆调整为人民币 16.66 元/辆，该项会计估计变更自 2023 年 11 月 1 日起开始适用。该会计估计变更对本集团 2023 年度合并财务报表的影响如下：

单位：元

合并资产负债表项目	影响金额
长期股权投资增加	21,910,543.50
归属于母公司股东权益增加	15,738,343.39
合并利润表项目	影响金额
投资收益增加	21,910,543.50
净利润增加	20,815,016.33
归属于母公司股东的净利润增加	15,738,343.39

上述会计估计变更将对本集团未来会计期间长期股权投资及投资收益产生一定影响。

3. 京港澳高速广州至深圳段重铺路面拨备

作为特许经营权合同中的责任的一部分，本集团之合营企业广深珠高速公路有限公司（以下简称“广深珠高速”）需承担对所管理收费公路进行养护及路面重铺的责任。所产生的养护成本，除属于改造服务外，需计提预计负债。鉴于京港澳高速广州至深圳段将进行改扩建，根据外部专业机构出具的《广深高速公路 2024 年路面养护决策分析报告》，确定京港澳高速广州至深圳段现有路面技术状况基本维持着优良状态，预计现有路段在剩余特许经营期限内因重铺路面而发生大额支出的可能性较低，据此重新估计了预计负债的金额。该会计估计变更对本集团 2023 年度合并财务报表的影响如下：

单位：元

合并资产负债表项目	影响金额
长期股权投资增加	182,297,803.95
归属于母公司股东权益增加	122,323,998.83
合并利润表项目	影响金额
投资收益增加	182,297,803.95
净利润增加	173,182,913.75
归属于母公司股东的净利润增加	122,323,998.83

示例8－108　德邦股份（603056. SH）

会计估计变更的内容和原因	开始适用的时点	受重要影响的报表项目名称	影响金额
根据《企业会计准则第4号——固定资产》相关规定，企业至少应当于每年年度终了，对固定资产的使用寿命、预计净残值和折旧方法进行复核。使用寿命预计数与原先估计数有差异的，应当调整固定资产使用寿命，公司结合固定资产的实际历史使用寿命的复核结果，并对比参照同行可比公司同类资产的折旧年限，对部分固定资产的折旧年限进行重新核定	2023年10月1日	固定资产主营业务成本	28, 197, 648. 88元

本次变更前后各类别固定资产折旧年限情况：

类别	变更前折旧年限	变更后折旧年限
机器设备——小型分拣设备	3年	5年
机器设备——伸缩皮带机	3年	5年
机器设备——电动叉车	3年	4年
机器设备——手动叉车	3年	5年
机器设备——机动叉车	3年	5年
机器设备——安检仪	3年	5年
机器设备——工业吊扇	3年	5年

本次会计估计变更对公司的影响

根据《企业会计准则第28号——会计政策、会计估计变更和差错更正》的相关规定，本次会计估计变更采用未来适用法进行会计处理，不会对以前年度的财务状况和经营成果产生影响，无须对已披露的财务报告进行追溯调整。

经测算，本次会计估计变更后，公司2023年度固定资产折旧费用减少人民币28, 197, 648. 88元，主营业务成本减少人民币28, 197, 648. 88元，利润总额增加人民币28, 197, 648. 88元。

示例8－109　中国人寿（601628. SH）

本报告期除精算假设和可供出售金融资产权益工具减值标准变更外，无其他重大会计估计变更。

本集团以资产负债表日可获取的当前信息为基础确定包括折现率、死亡率、发病率、退保率、费用假设、保单红利假设等在内的精算假设，用以计量资产负债表日的各项保险合同准备金。2023 年，假设变更增加 2023 年 12 月 31 日寿险及长期健康险责任准备金人民币 3, 140 百万元，减少税前利润人民币 3, 140 百万元。

本集团以资产负债表日可获取的当前信息为基础确定可供出售权益工具减值标准，以符合可供出售权益工具减值情况。为了更好地反映财务状况和经营成果，本报告期内变更该减值标准。变更前的减值标准为：权益工具投资于资产负债表日的公允价值低于其初始投资成本超过 50%；或低于其初始投资成本持续时间超过一年（含一年）；或持续 6 个月低于其初始投资成本超过 20%。变更后的减值标准为：若该权益工具投资于资产负债表日的公允价值低于其初始投资成本超过 50%；或低于其初始投资成本持续时间超过一年（含一年）。本报告期，该会计估计变更增加税前利润人民币 6, 821 百万元。

上述会计估计的变更，已于 2024 年 3 月 27 日经本公司董事会审议批准。

示例 8 – 110　渤海租赁（000415. SZ）

根据《企业会计准则第 4 号——固定资产》规定，企业至少应当于每年年度终了，对固定资产的使用寿命、预计净残值和折旧方法进行复核。本集团之子公司 GSCL 于 2023 年对固定资产净残值情况进行了全面的评估，评估结果为需要更改部分型号集装箱的预计净残值。针对部分型号集装箱预计净残值的变更对比如下：

资产类型	变更前预计净残值	变更后预计净残值
T50/T75 集装箱	4, 500 美元	原始购置成本的 20%

该会计估计变更采用未来适用法。本次会计估计变更预计导致本集团 2023 年固定资产折旧额减少人民币 618 千元，2023 年度净利润及所有者权益增加人民币 598 千元。

示例 8 – 111　隆基绿能（601012. SH）

会计估计变更的内容和原因	开始适用的时点	受重要影响的报表项目名称	影响金额（年末/年度）
随着时间的推移，公司积累了更多自身有关售后服务的数据信息和经验，公司决定于 2023 年 4 月 1 日对质量保证金计提相关的会计估计进行变更。本次会计估计变更后对 2023 年度及未来期间损益的影响取决于公司 2023 年度及未来期间“处于质保期内的太阳能电池组件产品累计销量”，以及于 2023 年及以后年度对“预计单位维保成本”和“预计维修率”的估计	2023 年 4 月 1 日	预计负债	–1, 280, 314, 967. 70 元
		递延所得税资产	–192, 047, 245. 15 元
		销售费用	–1, 280, 314, 967. 70 元
		所得税费用	–192, 047, 245. 15 元

第十节　前期差错常见会计事项及披露示例

前期差错，是指由于没有运用或错误运用下列两种信息，而对前期财务报表造成省略或错报：（1）编报前期财务报表时预期能够取得并加以考虑的可靠信息；（2）前期财务报告批准报出时能够取得的可靠信息。前期差错通常包括计算错误、应用会计政策错误、疏忽或曲解事实以及舞弊产生的影响等。

需要注意的是，《企业会计准则应用指南汇编 2024》“第二十九章　会计政策、会计估计变更和差错更正”指出，会计准则允许进行差错更正是为了保证会计信息的真实、完整，并非企业为其实施财务造假及舞弊的辩解理由。会计差错与会计造假及舞弊有着本质区别，会计造假是导致会计差错的原因之一，也是前期差错更正的内容之一，会计差错仅仅是表现形式。关于前期差错更正的处理要求，不影响对财务造假及舞弊行为的认定。

一、准则相关规定与监管指引（节选）

（一）《企业会计准则第 28 号——会计政策、会计估计变更和差错更正》

第十一条　前期差错，是指由于没有运用或错误运用下列两种信息，而对前期财务报表造成省略或错报。

（一）编报前期财务报表时预期能够取得并加以考虑的可靠信息。

（二）前期财务报告批准报出时能够取得的可靠信息。前期差错通常包括计算错误、应用会计政策错误、疏忽或曲解事实以及舞弊产生的影响以及存货、固定资产盘盈等。

第十二条　企业应当采用追溯重述法更正重要的前期差错，但确定前期差错累积影响数不切实可行的除外。追溯重述法，是指在发现前期差错时，视同该项前期差错从未发生过，从而对财务报表相关项目进行更正的方法。

第十三条　确定前期差错影响数不切实可行的，可以从可追溯重述的最早期间开始调整留存收益的期初余额，财务报表其他相关项目的期初余额也应当一并调整，也可以采用未来适用法。

第十四条　企业应当在重要的前期差错发现当期的财务报表中，调整前期比较数据。

（二）《企业会计准则应用指南汇编 2024》“第二十九章　会计政策、会计估计变更和差错更正”

三、会计政策、会计估计和前期差错的概念和特征

（四）前期差错

前期差错，是指由于没有运用或错误运用下列两种信息，而对前期财务报表造成省

略或错报：(1) 编报前期财务报表时预期能够取得并加以考虑的可靠信息；(2) 前期财务报告批准报出时能够取得的可靠信息。前期差错通常包括计算错误、应用会计政策错误、疏忽或曲解事实以及舞弊产生的影响等。

六、前期差错更正

(一) 前期差错重要性的判断

重要的前期差错，是指足以影响财务报表使用者对企业财务状况、经营成果和现金流量作出正确判断的前期差错。不重要的前期差错，是指不足以影响财务报表使用者对企业财务状况、经营成果和现金流量作出正确判断的前期差错。

前期差错的重要性取决于在相关环境下对遗漏或错误表述的规模和性质的判断。前期差错所影响的财务报表项目的金额或性质，是判断该前期差错是否具有重要性的决定性因素。一般来说，前期差错所影响的财务报表项目的金额越大、性质越严重，其重要性水平越高。

企业应当严格区分会计估计变更和前期差错更正，对于前期根据当时的信息、假设等作了合理估计，在当期按照新的信息、假设等需要对前期估计金额作出变更的，应当作为会计估计变更处理，不应作为前期差错更正处理。

(二) 前期差错更正的会计处理

1. 不重要的前期差错的处理。

对于不重要的前期差错，企业不需调整财务报表相关项目的期初数，但应调整发现当期与前期相同的相关项目。属于影响损益的，应直接计入本期与上期相同的净损益项目；属于不影响损益的，应调整本期与前期相同的相关项目。

2. 重要的前期差错的处理。

对于重要的前期差错，企业应当在其发现当期的财务报表中，调整前期比较数据。具体地说，企业应当在重要的前期差错发现当期的财务报表中，通过下述处理对其进行追溯更正：(1) 追溯重述差错发生期间列报的前期比较金额；(2) 如果前期差错发生在列报的最早前期之前，则追溯重述列报的最早前期的资产、负债和所有者权益相关项目的期初余额。

对于发生的重要前期差错，如影响损益，应将其对损益的影响数调整发现当期的期初留存收益，财务报表其他相关项目的期初数也应一并调整；如不影响损益，应调整财务报表相关项目的期初数。

在编制比较财务报表时，对于比较财务报表期间的重要的前期差错，应调整各该期间的净损益和其他相关项目，视同该差错在产生的当期已经更正；对于比较财务报表期间以前的重要的前期差错，应调整比较财务报表最早期间的期初留存收益，财务报表其他相关项目的数字也应一并调整。

确定前期差错影响数不切实可行的，可以从可追溯重述的最早期间开始调整留存收益的期初余额，财务报表其他相关项目的期初余额也应当一并调整，也可以采用未来适用法。当企业确定前期差错对列报的一个或者多个前期比较信息的特定期间的累积影响数不切实可行时，应当追溯重述切实可行的最早期间的资产、负债和所有者权益相关项目的期初余额（可能是当期）；当企业在当期期初确定前期差错对所有前期的累积影响数不切实可行时，应当从确定前期差错影响数切实可行的最早日期开始采用未来适用法追溯重述比较信息。

需要注意的是，为了保证经营活动的正常进行，企业应当建立健全内部控制制度，保证会计资料的真实、完整。对于年度资产负债表日至财务报告批准报出日之间发现的报告年度的会计差错及报告年度前不重要的前期差错，应按照第三十章资产负债表日后事项的规定进行处理。此外，需要注意的是，会计准则允许进行差错更正是为了保证会计信息的真实、完整，并非企业为其实施财务造假及舞弊的辩解理由。会计差错与会计造假及舞弊有着本质区别，会计造假是导致会计差错的原因之一，也是前期差错更正的内容之一，会计差错仅仅是表现形式。本章关于前期差错更正的处理要求，不影响对财务造假及舞弊行为的认定。

（三）《关于严格执行企业会计准则　切实做好企业 2023 年年报工作的通知》（财会［2023］29 号）

关于会计政策、会计估计变更和差错更正。

企业应当按照会计政策、会计估计变更和差错更正准则的相关规定，正确划分会计政策变更、会计估计变更和前期差错更正，并进行相应会计处理和披露。企业应当采用追溯重述法更正重要的前期差错，并在重要的前期差错发现当期的财务报表中调整前期比较数据，不得在重要的前期差错发现当期的财务报表中直接调整当期数据。企业采用的会计政策和会计估计应当如实反映企业的交易和事项，不得滥用会计政策或随意变更会计估计。

（四）证监会《上市公司 2023 年年度财务报告会计监管报告》

未正确区分会计政策变更与前期差错更正

根据企业会计准则及相关规定，会计政策是指企业在会计确认、计量和报告中所采用的原则、基础和会计处理方法；前期差错包括计算错误、应用会计政策错误、疏忽或曲解事实以及舞弊产生的影响等。

审阅分析发现，部分上市公司将已淘汰的生产性生物资产屠宰后对外销售，报告当期以销售淘汰的生产性生物资产活动构成日常经营活动为由，将相关销售所得由计入资产处置损益改为计入营业收入，并进行会计政策变更，追溯调整了比较期间财务报表数据。通常情况下，若上市公司相关经营活动与以前年度不存在本质差别，且国家未发布或修订相关会计处理要方法，相关事项不同期间会计处理应保持一致，不得随意变更；同时，应结合上市公司具体业务开展情况以及当前会计处理方法，分析判断前期财务报表会计处理恰当性、是否存在前期差错。

二、上市公司年报前期会计差错更正概况

（一）2022 年年报前期会计差错更正概况

2022 年披露年报的 5,055 家沪、深、北三市 A 股上市公司中，有 150 家涉及前期会计差错更正，占比 2.97%。

从公司公告披露的前期会计差错更正的主要原因来看，经公司自查或审计过程中发现差错而更正的有 99 家，占比 66%；因被监管部门现场检查、立案调查，收到行政监管措施、行政处罚、问询函等而更正的有 33 家，占比 22%；因联营企业进行前期差错更正而更正的有 7 家，占比 4.67%；因以前年度报告被出具非标准无保留审计意见而更正的有 4 家，占比 2.67%；其他因诉讼仲裁、税务稽查等问题而更正的有 7 家，占比 4%。

从差错更正涉及的事项类型来看，发生前期差错更正所涉及的事项类型比较广泛，同时也呈现一定程度的集中。前期差错更正主要集中在收入、存货、金融工具、企业合并和合并财务报表、长期股权投资、财务报表列报、现金流量表、资产减值等领域。

2022 年年报前期差错更正统计如表 8－29 所示。

表 8－29　　2022 年年报前期会计差错更正统计

序号	会计准则或事项	公司数量（家）	公司数量占比（%）	涉及的主要事项类型
1	收入	53	35.3	总额法调为净额法；收入成本费用跨期；虚增收入；无商业实质的贸易收入；收入确认方式从时段改为时点；销售返利未作为可变对价或应付对价；收入确认时点依据的原始材料导致时点发生变化；未恰当处理附销售退回权的销售；未恰当处理重大融资成分
2	存货	24	16.0	少结转营业成本；存货或合同履约成本的减值计提不充分；虚增存货；成本核算错误；未恰当暂估存货入库；未恰当区分销售费用和营业成本
3	金融工具	18	12.0	预期信用损失计提不充分；金融资产的计量错误；金融资产的分类错误
4	财务报表列报	17	11.3	资产和负债的流动与非流动分类；递延税的净额列示等
5	合并财务报表	14	9.3	合并日和合并范围的判断错误；合并抵销不充分；或有对价的会计处理错误；合并财务报表的会计处理错误
6	长期股权投资	11	7.3	联营企业差错更正导致投资方进行差错更正；联营企业会计政策变更等导致投资方进行差错更正；长期股权投资的分类（成本法和权益法）

续表

序号	会计准则或事项	公司数量（家）	公司数量占比（%）	涉及的主要事项类型
7	现金流量表	11	7.3	现金流量的分类
8	资产减值	8	5.3	商誉减值
9	所得税	7	4.7	补缴税款；递延所得税的会计处理
10	无形资产	6	4.0	研发支出资本化和费用化的区分；研发费用核算不准确；土地使用权摊销
11	政府补助	5	3.3	政府补助的分类不正确；政府补助和收入的区分认定不正确
12	固定资产	4	2.7	在建工程转固定资产的时点认定不准确；固定资产折旧计提不准确；减值准备计提不充分等
13	解释第14号	4	2.7	PPP项目的会计处理不恰当
14	股份支付	3	2.0	授予限制性股票的会计处理
15	投资性房地产	3	2.0	不满足投资性房地产的确认条件
16	租赁	3	2.0	使用权资产和租赁负债的确认和计量；租赁收入确认
17	解释第15号	2	1.3	试运行销售的会计处理不正确
18	职工薪酬	2	1.3	职工薪酬的确认不恰当；年终奖的列示期间不正确
19	权益性交易	2	1.3	
20	持有待售	1	0.7	
21	或有事项	1	0.7	
22	营业收入扣除项	1	0.7	
23	非经常性损益的认定	2	1.3	
24	实控人等关联方资金占用	10	6.7	
25	其他	10	6.7	

（二）2023年年报前期会计差错更正概况

2023年披露年报的5,319家沪、深、北三市A股上市公司中，有215家涉及前期会计差错更正，占比4.04%。

从公司公告披露的前期会计差错更正的主要原因来看，经公司自查或审计过程中发现差错而更正的有142家，占比66.05%；因被监管部门现场检查、立案调查，收到行政监管措施、行政处罚、问询函等而更正的有66家，占比30.70%；因联营企业进行前期差错更正而更正的有3家，占比1.40%；因以前年度报告被出具非标准无保留审计意见而更正的有1家，占比0.47%；其他因诉讼仲裁、税务稽查等问题而更正的有3家，占比1.40%。

从差错更正涉及的事项类型来看，发生前期差错更正所涉及的事项类型比较广泛，同时也呈现一定程度的集中，近几年差错更正事项涉及的领域也比较接近。前期差错更正主要集中在收入、金融工具、存货、企业合并和合并财务报表、资产减值、长期股权投资、现金流量表等领域。

2023年年报前期会计差错更正统计如表8－30所示。

表8－30　　2023年年报前期会计差错更正统计

序号	会计准则或事项	公司数量（家）	公司数量占比（%）	涉及的主要事项类型
1	收入	116	54.0	总额法调为净额法；虚增收入；收入成本费用跨期；收入确认时点；无商业实质的贸易收入；履约进度的确认；未恰当处理重大融资成分等
2	金融工具	25	11.6	预期信用损失计提；金融工具的分类；金融资产的计量；终止确认
3	存货	22	10.2	存货或合同履约成本减值；成本核算；存货虚增；销售费用调为营业成本等
4	资产减值	21	9.8	商誉减值；长期股权投资减值；固定资产减值；无形资产减值
5	长期股权投资	14	6.5	权益法核算不正确；联营企业差错更正导致投资方进行差错更正；重大影响的判断
6	合并财务报表	11	5.1	合并日和合并范围的判断错误；合并抵销不充分；合并报表的会计处理
7	现金流量表	11	5.1	现金流量的分类
8	固定资产	10	4.7	固定资产虚增；固定资产/在建工程核算不准确；在建工程转固定资产时点
9	所得税	9	4.2	补缴税费等
10	无形资产	7	3.3	研发费用核算不准确；研发支出资本化和费用化的区分；无形资产确认；虚增无形资产
11	或有事项	7	3.3	未决诉讼计提预计负债；保证类质量保证计提预计负债
12	权益性交易	4	1.9	

续表

序号	会计准则或事项	公司数量（家）	公司数量占比（%）	涉及的主要事项类型
13	投资性房地产	3	1.4	不满足投资性房地产的确认条件
14	租赁	2	0.9	租赁收入确认；使用权资产和租赁负债的确认和计量
15	政府补助	2	0.9	政府补助的分类
16	解释第14号	2	0.9	PPP项目的会计处理不恰当
17	解释第15号	1	0.5	试运行销售的会计处理不正确
18	股份支付	1	0.5	
19	债务重组	1	0.5	
20	日后调整事项	1	0.5	
21	其他列报和披露问题	8	3.7	资产和负债的流动与非流动分类；递延税的净额列示；年报信息披露不完整等
22	非经的认定	4	1.9	
23	实控人等关联方资金占用	15	7.0	
24	其他	20	9.3	

三、前期差错更正的披露示例

（一）简要分析

前期差错是指由于没有运用或错误运用编报前期财务报表时预期能够取得并加以考虑的可靠信息和前期财务报告批准报出时能够取得的可靠信息，而对前期财务报表造成省略或错报。

按照会计准则及上市公司相关的信息披露编报规则等，企业在发现前期差错时，对于重要的前期差错，应当采用追溯重述法更正重要的前期差错，在其发现当期的财务报表中，调整前期比较数据。对于不重要的前期差错，不需调整财务报表相关项目的期初数，但应调整发现当期与前期相同的相关项目。

如无特别说明，本节示例来自公开披露的2023年年度报告。

（二）年报披露示例

前期差错更正年报披露示例汇总如表8－31所示。

表 8－31　　前期差错更正年报披露示例汇总

序号	参考示例	前期差错更正的内容
1	示例 8－112　幸福蓝海（300528. SZ）	笛女传媒自 2017 年不纳入合并报表范围、电影放映业务相关成本的列报
2	示例 8－113　亿晶光电（600537. SH）	回购代加工电池片净额法收入调整、研发形成的产品的成本核算方法调整、限制性股票回购义务确认
3	示例 8－114　沈阳化工（000698. SZ）	产品成本分摊
4	示例 8－115　中国重工（601989. SH）	未准确计提存货跌价准备

示例 8－112　幸福蓝海（300528. SZ）

会计差错更正

会计差错更正的内容	处理程序	受影响的各个比较期间报表项目名称	累积影响数
笛女传媒自 2017 年不纳入合并报表范围	经公司第五届第六次董事会审议通过，本期采用追溯重述法对会计差错进行更正	如下说明	
电影放映业务相关成本的列报	经公司第五届第六次董事会审议通过，本期采用追溯重述法对会计差错进行更正	如下说明	

（1）将笛女传媒剥离出合并报表范围

2017 年 11 月 20 日，公司与笛女传媒各股权出让方签订《股权转让协议》，以现金 7.2 亿元收购笛女传媒 80% 股权，本次股权收购完成后，公司持有笛女传媒 80% 的股权，成为其控股股东。

由于公司与笛女传媒各股权出让方签订《股权转让协议》时，傅晓阳未向公司真实、完整、准确地披露笛女传媒的实际经营情况。2019 年 6 月公司向南京市中级人民法院对傅晓阳、瑞嘉创投等 17 名股东提起诉讼并申请诉讼财产保全。请求依法撤销《股权转让协议》，并要求被告返还财产、赔偿损失。

2023 年 12 月 27 日，公司发布公告，江苏省高级人民法院（2021）苏民终 2543 号《民事判决书》对笛女案件作出公司胜诉的终审判决，相关信息详见公司披露于巨潮资讯网的《2023－054 关于重大诉讼终审判决胜诉的进展公告》。根据该判决书，股权转让协议自始无效，公司不应将笛女传媒纳入合并报表范围。公司采用追溯调整法更正前期受影响的财务报表。

该事项对 2022 年度合并财务报表主要项目的影响如下：

单位：元

年度	财务指标	更正前金额	更正后金额	更正金额
2022 年度	营业收入	632, 442, 525. 78	629, 813, 283. 26	-2, 629, 242. 52
	归属于上市公司股东的净利润	-359, 873, 435. 44	-335, 162, 043. 75	24, 711, 391. 69
	归属于上市公司股东的净资产	217, 623, 644. 43	747, 047, 253. 18	529, 423, 608. 75

（2）营业成本和销售费用重分类调整

根据财政部2004 年印发《电影企业会计核算办法》及财政部2006 年印发的企业会计准则应用指南，公司将影城经营相关的折旧摊销、人员薪酬、物业保洁等费用计入销售费用。2020 年 1 月 1 日起，公司执行了新收入准则。

为了更严谨地执行新收入准则，提高公司会计信息与同行业公司的可比性，公司将旗下自有影城的房租物业、折旧与摊销、运营人员费用等从销售费用重分类至营业成本。公司将 2022 年度财务报表的销售费用调整至营业成本，调整数据为385, 199, 401. 55 元。

2. 本次会计差错更正对财务报表和经营成果的影响

根据企业会计准则的规定，本公司前期会计差错采用追溯重述法，受影响的2022 年度财务报表项目及金额如下：

（1）对合并财务报表的影响

2022 年 12 月 31 日合并资产负债表

单位：元

项目名称	更正前金额	更正后金额	更正金额
货币资金	277, 837, 154. 71	276, 606, 599. 22	-1, 230, 555. 49
应收账款	183, 783, 199. 48	183, 542, 019. 48	-241, 180. 00
预付款项	96, 328, 739. 90	96, 212, 231. 50	-116, 508. 40
其他应收款	38, 759, 099. 43	72, 364, 794. 57	33, 605, 695. 14
存货	299, 378, 166. 91	299, 378, 160. 91	-6. 00
其他流动资产	68, 915, 633. 33	63, 336, 504. 54	-5, 579, 128. 79
流动资产合计	975, 101, 993. 76	1, 001, 540, 310. 22	26, 438, 316. 46
资产总计	2, 760, 245, 317. 52	2, 786, 683, 633. 98	26, 438, 316. 46
应付账款	193, 362, 314. 70	189, 349, 699. 97	-4, 012, 614. 73
合同负债	205, 080, 756. 17	203, 908, 775. 04	-1, 171, 981. 13
应付职工薪酬	24, 505, 560. 05	24, 269, 109. 44	-236, 450. 61
应交税费	2, 341, 948. 05	1, 843, 967. 68	-497, 980. 37

续表

项目名称	更正前金额	更正后金额	更正金额
其他应付款	711, 122, 973. 04	117, 874, 702. 65	–593, 248, 270. 39
流动负债合计	1, 247, 242, 495. 49	648, 075, 198. 26	–599, 167, 297. 23
预计负债	13, 000, 437. 93	12, 635, 000. 00	–365, 437. 93
非流动负债合计	1, 387, 061, 206. 16	1, 386, 695, 768. 23	–365, 437. 93
负债合计	2, 634, 303, 701. 65	2, 034, 770, 966. 49	–599, 532, 735. 16
未分配利润	–1, 052, 483, 716. 75	–523, 060, 108. 00	529, 423, 608. 75
归属于母公司所有者权益合计	217, 623, 644. 43	747, 047, 253. 18	529, 423, 608. 75
少数股东权益	–91, 682, 028. 56	4, 865, 414. 31	96, 547, 442. 87
所有者权益合计	125, 941, 615. 87	751, 912, 667. 49	625, 971, 051. 62
负债和所有者权益总计	2, 760, 245, 317. 52	2, 786, 683, 633. 98	26, 438, 316. 46

2022 年度合并利润表

单位：元

项目名称	更正前金额	更正后金额	更正金额
一、营业收入	632, 442, 525. 78	629, 813, 283. 26	–2, 629, 242. 52
减：营业成本	343, 274, 436. 19	728, 019, 928. 50	384, 745, 492. 31
税金及附加	21, 545, 816. 85	21, 543, 033. 83	–2, 783. 02
销售费用	403, 843, 596. 69	17, 933, 042. 56	–385, 910, 554. 13
管理费用	128, 500, 556. 54	126, 805, 991. 34	–1, 694, 565. 20
财务费用	80, 005, 981. 12	51, 846, 246. 17	–28, 159, 734. 95
其中：利息费用	83, 282, 700. 08	55, 412, 630. 37	–27, 870, 069. 71
利息收入	4, 076, 603. 42	4, 360, 642. 36	284, 038. 94
加：其他收益	24, 992, 704. 31	24, 798, 677. 00	–194, 027. 31
信用减值损失（损失以“–”号填列）	–9, 539, 999. 55	–20, 609, 740. 56	–11, 069, 741. 01
资产减值损失（损失以“–”号填列）	–33, 024, 293. 44	–32, 494, 008. 89	530, 284. 55
二、营业利润（亏损以“–”号填列）	–356, 886, 003. 78	–339, 226, 585. 08	17, 659, 418. 70
减：营业外支出	16, 183, 626. 77	217, 632. 66	–15, 965, 994. 11
三、利润总额（亏损总额以“–”号填列）	–371, 320, 035. 69	–337, 694, 622. 88	33, 625, 412. 81
四、净利润（净亏损以“–”号填列）	–374, 345, 318. 18	–340, 719, 905. 37	33, 625, 412. 81
（一）按经营持续性分类			
1. 持续经营净利润（净亏损以“–”号填列）	–374, 345, 318. 18	–340, 719, 905. 37	33, 625, 412. 81

续表

项目名称	更正前金额	更正后金额	更正金额
（二）按所有权归属分类			
1. 归属于母公司股东的净利润（净亏损以“-”号填列）	-359, 873, 435. 44	-335, 162, 043. 75	24, 711, 391. 69
2. 少数股东损益（净亏损以“-”号填列）	-14, 471, 882. 74	-5, 557, 861. 62	8, 914, 021. 12
六、综合收益总额	-374, 395, 283. 82	-340, 769, 871. 01	33, 625, 412. 81
（一）归属于母公司所有者的综合收益总额	-359, 923, 401. 08	-335, 212, 009. 39	24, 711, 391. 69
（二）归属于少数股东的综合收益总额	-14, 471, 882. 74	-5, 557, 861. 62	8, 914, 021. 12
（一）基本每股收益（元/股）	-0. 9658	-0. 8995	0. 0663
（二）稀释每股收益（元/股）	-0. 9658	-0. 8995	0. 0663

（2）对母公司财务报表的影响

2022 年 12 月 31 日母公司资产负债表

单位：元

项目名称	更正前金额	更正后金额	更正金额
其他应收款	743, 526, 737. 61	761, 353, 074. 90	17, 826, 337. 29
流动资产合计	1, 315, 319, 936. 69	1, 333, 146, 273. 98	17, 826, 337. 29
资产总计	1, 532, 142, 975. 68	1, 549, 969, 312. 97	17, 826, 337. 29
其他应付款	445, 859, 498. 49	320, 451, 998. 49	-125, 407, 500. 00
流动负债合计	488, 526, 690. 71	363, 119, 190. 71	-125, 407, 500. 00
负债合计	499, 620, 985. 57	374, 213, 485. 57	-125, 407, 500. 00
未分配利润	-236, 111, 642. 36	-92, 877, 805. 07	143, 233, 837. 29
所有者权益（或股东权益）合计	1, 032, 521, 990. 11	1, 175, 755, 827. 40	143, 233, 837. 29
负债和所有者权益（或股东权益）总计	1, 532, 142, 975. 68	1, 549, 969, 312. 97	17, 826, 337. 29

2022 年度母公司利润表

单位：元

项目名称	更正前金额	更正后金额	更正金额
信用减值损失（损失以“-”号填列）	-6, 466, 792. 90	-17, 411, 485. 69	-10, 944, 692. 79
二、营业利润（亏损以“-”号填列）	-90, 128, 799. 26	-101, 073, 492. 05	-10, 944, 692. 79

续表

项目名称	更正前金额	更正后金额	更正金额
三、利润总额（亏损总额以“－”号填列）	-90,180,710.56	-101,125,403.35	-10,944,692.79
四、净利润（净亏损以“－”号填列）	-90,180,710.56	-101,125,403.35	-10,944,692.79
（一）按经营持续性分类	-90,180,710.56	-101,125,403.35	-10,944,692.79
六、综合收益总额	-90,180,710.56	-101,125,403.35	-10,944,692.79

本次会计差错更正对其他年度的影响详见公司披露于巨潮资讯网的《2024-021关于前期会计差错更正的公告》。

示例8-113　亿晶光电（600537.SH）

会计差错更正的内容	处理程序	受影响的各个比较期间报表项目名称	累积影响数（元）
回购代加工电池片净额法收入调整	本项差错经公司第八届第二次董事会审议通过，本期采用追溯重述法对该项差错进行了更正	主营业务收入	-147,370,613.39
		主营业务成本	-147,370,613.39
研发形成的产品的成本核算方法调整		主营业务成本	79,490,630.35
		研发费用	-79,490,630.35
限制性股票回购义务确认		减：库存股	32,505,000.00
		其他应付款	32,505,000.00

示例8-114　沈阳化工（000698.SZ）

会计差错更正的内容	处理程序	受影响的各个比较期间报表项目名称	累积影响数（元）
存货	本公司的子公司石蜡化工在今年开展自查工作过程中复核了以前年度的产品成本分摊情况，并对部分产品分摊金额进行更正	2018-2021年存货	-55,293,661.78
营业成本	本公司的子公司石蜡化工在今年开展自查工作过程中复核了以前年度的产品成本分摊情况，并对部分产品分摊金额进行更正	2018-2022年营业成本	-55,293,661.78
未分配利润	本公司的子公司石蜡化工在今年开展自查工作过程中复核了以前年度的产品成本分摊情况，并对部分产品分摊金额进行更正	2019-2021年未分配利润	-55,293,660.78

示例8－115　中国重工（601989. SH）

公司发现全资子公司武昌船舶重工集团有限公司建造的新型深潜水工作母船（DDSV项目，尚在建造中）未准确计提存货跌价准备，现予以更正，采用追溯重述法补提2018－2019年度存货跌价准备，转回2020年度存货跌价准备，并导致2022年度资产减值损失需做相应调减，2022年初资产负债表科目相应调整。公司对上述前期会计差错采用追溯重述法进行更正，相应对2018－2022年度财务报表进行了追溯调整。本次追溯调整对公司合并财务报表相关科目的影响具体如下：

会计差错更正的内容	处理程序	受影响的各个比较期间报表项目名称	2022年累积影响数（元）
未准确计提存货跌价准备	董事会决议	资产减值损失	56, 925, 338. 42
		所得税费用	8, 538, 800. 76
		净利润	48, 386, 537. 66
		归属于母公司股东的净利润	48, 386, 537. 66

第十一节　数据资源对财务报表的影响及披露示例

为规范企业数据资源相关会计处理，强化相关会计信息披露，财政部根据《中华人民共和国会计法》和相关企业会计准则，制定了《企业数据资源相关会计处理暂行规定》（财会〔2023〕11号），该规定自2024年1月1日起施行。如无特别说明，本节示例来自相关公司公开披露的2023年半年报。

一、准则相关规定与监管指引（节选）

（一）《企业数据资源相关会计处理暂行规定》（财会［2023］11号）

为规范企业数据资源相关会计处理，强化相关会计信息披露，根据《中华人民共和国会计法》和企业会计准则等相关规定，现对企业数据资源的相关会计处理规定如下：

一、关于适用范围

本规定适用于企业按照企业会计准则相关规定确认为无形资产或存货等资产类别的数据资源，以及企业合法拥有或控制的、预期会给企业带来经济利益的、但由于不满足企业会计准则相关资产确认条件而未确认为资产的数据资源的相关会计处理。

二、关于数据资源会计处理适用的准则

企业应当按照企业会计准则相关规定，根据数据资源的持有目的、形成方式、业务模式，以及与数据资源有关的经济利益的预期消耗方式等，对数据资源相关交易和事项进行会计确认、计量和报告。

1. 企业使用的数据资源，符合《企业会计准则第 6 号——无形资产》（财会〔2006〕3 号，以下简称无形资产准则）规定的定义和确认条件的，应当确认为无形资产。

2. 企业应当按照无形资产准则、《〈企业会计准则第 6 号——无形资产〉应用指南》（财会〔2006〕18 号，以下简称无形资产准则应用指南）等规定，对确认为无形资产的数据资源进行初始计量、后续计量、处置和报废等相关会计处理。

其中，企业通过外购方式取得确认为无形资产的数据资源，其成本包括购买价款、相关税费，直接归属于使该项无形资产达到预定用途所发生的数据脱敏、清洗、标注、整合、分析、可视化等加工过程所发生的有关支出，以及数据权属鉴证、质量评估、登记结算、安全管理等费用。企业通过外购方式取得数据采集、脱敏、清洗、标注、整合、分析、可视化等服务所发生的有关支出，不符合无形资产准则规定的无形资产定义和确认条件的，应当根据用途计入当期损益。

企业内部数据资源研究开发项目的支出，应当区分研究阶段支出与开发阶段支出。研究阶段的支出，应当于发生时计入当期损益。开发阶段的支出，满足无形资产准则第九条规定的有关条件的，才能确认为无形资产。

企业在对确认为无形资产的数据资源的使用寿命进行估计时，应当考虑无形资产准则应用指南规定的因素，并重点关注数据资源相关业务模式、权利限制、更新频率和时效性、有关产品或技术迭代、同类竞品等因素。

3. 企业在持有确认为无形资产的数据资源期间，利用数据资源对客户提供服务的，应当按照无形资产准则、无形资产准则应用指南等规定，将无形资产的摊销金额计入当期损益或相关资产成本；同时，企业应当按照《企业会计准则第 14 号——收入》（财会〔2017〕22 号，以下简称收入准则）等规定确认相关收入。

除上述情形外，企业利用数据资源对客户提供服务的，应当按照收入准则等规定确认相关收入，符合有关条件的应当确认合同履约成本。

4. 企业日常活动中持有、最终目的用于出售的数据资源，符合《企业会计准则第 1 号——存货》（财会〔2006〕3 号，以下简称存货准则）规定的定义和确认条件的，应当确认为存货。

5. 企业应当按照存货准则、《〈企业会计准则第 1 号——存货〉应用指南》（财会〔2006〕18 号）等规定，对确认为存货的数据资源进行初始计量、后续计量等相关会计处理。

其中，企业通过外购方式取得确认为存货的数据资源，其采购成本包括购买价款、相关税费、保险费，以及数据权属鉴证、质量评估、登记结算、安全管理等所发生的其他可归属于存货采购成本的费用。企业通过数据加工取得确认为存货的数据资源，其成本包括采购成本，数据采集、脱敏、清洗、标注、整合、分析、可视化等加工成本和使存货达到目前场所和状态所发生的其他支出。

6. 企业出售确认为存货的数据资源，应当按照存货准则将其成本结转为当期损益；同时，企业应当按照收入准则等规定确认相关收入。

7. 企业出售未确认为资产的数据资源，应当按照收入准则等规定确认相关收入。

三、关于列示和披露要求

（一）资产负债表相关列示。

企业在编制资产负债表时，应当根据重要性原则并结合本企业的实际情况，在“存货”项目下增设“其中：数据资源”项目，反映资产负债表日确认为存货的数据资源的期末账面价值；在“无形资产”项目下增设“其中：数据资源”项目，反映资产负债表日确认为无形资产的数据资源的期末账面价值；在“开发支出”项目下增设“其中：数据资源”项目，反映资产负债表日正在进行数据资源研究开发项目满足资本化条件的支出金额。

（二）相关披露。

企业应当按照相关企业会计准则及本规定等，在会计报表附注中对数据资源相关会计信息进行披露。

1. 确认为无形资产的数据资源相关披露。

(1) 企业应当按照外购无形资产、自行开发无形资产等类别，对确认为无形资产的数据资源（以下简称数据资源无形资产）相关会计信息进行披露，并可以在此基础上根据实际情况对类别进行拆分。具体披露格式如下：

项目	外购的数据资源无形资产	自行开发的数据资源无形资产	其他方式取得的数据资源无形资产	合计
一、账面原值				
1. 期初余额				
2. 本期增加金额				
其中：购入				
内部研发				
其他增加				
3. 本期减少金额				
其中：处置				
失效且终止确认				
其他减少				
4. 期末余额				

续表

项目	外购的数据资源无形资产	自行开发的数据资源无形资产	其他方式取得的数据资源无形资产	合计
二、累计摊销				
1. 期初余额				
2. 本期增加金额				
3. 本期减少金额				
其中：处置				
失效且终止确认				
其他减少				
4. 期末余额				
三、减值准备				
1. 期初余额				
2. 本期增加金额				
3. 本期减少金额				
4. 期末余额				
四、账面价值				
1. 期末账面价值				
2. 期初账面价值				

（2）对于使用寿命有限的数据资源无形资产，企业应当披露其使用寿命的估计情况及摊销方法；对于使用寿命不确定的数据资源无形资产，企业应当披露其账面价值及使用寿命不确定的判断依据。

（3）企业应当按照《企业会计准则第28号——会计政策、会计估计变更和差错更正》（财会〔2006〕3号）的规定，披露对数据资源无形资产的摊销期、摊销方法或残值的变更内容、原因以及对当期和未来期间的影响数。

（4）企业应当单独披露对企业财务报表具有重要影响的单项数据资源无形资产的内容、账面价值和剩余摊销期限。

（5）企业应当披露所有权或使用权受到限制的数据资源无形资产，以及用于担保的数据资源无形资产的账面价值、当期摊销额等情况。

（6）企业应当披露计入当期损益和确认为无形资产的数据资源研究开发支出金额。

（7）企业应当按照《企业会计准则第8号——资产减值》（财会〔2006〕3号）等规定，披露与数据资源无形资产减值有关的信息。

（8）企业应当按照《企业会计准则第42号——持有待售的非流动资产、处置组和终止经营》（财会〔2017〕13 号）等规定，披露划分为持有待售类别的数据资源无形资产有关信息。

2. 确认为存货的数据资源相关披露。

（1）企业应当按照外购存货、自行加工存货等类别，对确认为存货的数据资源（以下简称数据资源存货）相关会计信息进行披露，并可以在此基础上根据实际情况对类别进行拆分。具体披露格式如下：

项目	外购的数据资源存货	自行加工的数据资源存货	其他方式取得的数据资源存货	合计
一、账面原值				
1. 期初余额				
2. 本期增加金额				
其中：购入				
采集加工				
其他增加				
3. 本期减少金额				
其中：出售				
失效且终止确认				
其他减少				
4. 期末余额				
二、存货跌价准备				
1. 期初余额				
2. 本期增加金额				
3. 本期减少金额				
其中：转回				
转销				
4. 期末余额				
三、账面价值				
1. 期末账面价值				
2. 期初账面价值				

（2）企业应当披露确定发出数据资源存货成本所采用的方法。

（3）企业应当披露数据资源存货可变现净值的确定依据、存货跌价准备的计提方法、当期计提的存货跌价准备的金额、当期转回的存货跌价准备的金额，以及计提和转回的有关情况。

(4) 企业应当单独披露对企业财务报表具有重要影响的单项数据资源存货的内容、账面价值和可变现净值。

(5) 企业应当披露所有权或使用权受到限制的数据资源存货，以及用于担保的数据资源存货的账面价值等情况。

3. 其他披露要求。

企业对数据资源进行评估且评估结果对企业财务报表具有重要影响的，应当披露评估依据的信息来源，评估结论成立的假设前提和限制条件，评估方法的选择，各重要参数的来源、分析、比较与测算过程等信息。

企业可以根据实际情况，自愿披露数据资源（含未作为无形资产或存货确认的数据资源）下列相关信息：

(1) 数据资源的应用场景或业务模式、对企业创造价值的影响方式，与数据资源应用场景相关的宏观经济和行业领域前景等。

(2) 用于形成相关数据资源的原始数据的类型、规模、来源、权属、质量等信息。

(3) 企业对数据资源的加工维护和安全保护情况，以及相关人才、关键技术等的持有和投入情况。

(4) 数据资源的应用情况，包括数据资源相关产品或服务等的运营应用、作价出资、流通交易、服务计费方式等情况。

(5) 重大交易事项中涉及的数据资源对该交易事项的影响及风险分析，重大交易事项包括但不限于企业的经营活动、投融资活动、质押融资、关联方及关联交易、承诺事项、或有事项、债务重组、资产置换等。

(6) 数据资源相关权利的失效情况及失效事由、对企业的影响及风险分析等，如数据资源已确认为资产的，还包括相关资产的账面原值及累计摊销、减值准备或跌价准备、失效部分的会计处理。

(7) 数据资源转让、许可或应用所涉及的地域限制、领域限制及法律法规限制等权利限制。

(8) 企业认为有必要披露的其他数据资源相关信息。

四、附则

本规定自2024年1月1日起施行。企业应当采用未来适用法执行本规定，本规定施行前已经费用化计入损益的数据资源相关支出不再调整。

（二）《数据资源会计处理实施问答》

问：对于企业内部数据资源研究开发项目的支出，应当如何对其开发阶段有关支出资本化的条件进行判断?

答：企业内部数据资源研究开发项目的支出，根据《企业数据资源相关会计处理暂行规定》（财会〔2023〕11号）、《企业会计准则第6号——无形资产》（财会〔2006〕3号）、《〈企业会计准则第6号——无形资产〉应用指南》（财会〔2006〕18

号）等有关规定，应当区分研究阶段支出与开发阶段支出。研究阶段的支出，应当于发生时费用化处理计入当期损益。开发阶段的支出，同时满足下列条件的，才能确认为无形资产：

（一）完成该数据资源无形资产以使其能够使用或出售在技术上具有可行性。这一条件通常同时包括：(1) 企业应当开展项目研发立项工作，经过规划、设计和可行性分析，形成可行性分析报告等相关材料，并按照企业内部要求完成了相应审批。按规定需要有关部门审批的，还应当经有关部门审批。(2) 企业应当具备数据资源无形资产开发所需的相关技术条件，如数据采集技术、数据整合技术、数据存储技术、数据分析技术、数据挖掘技术、数据安全与隐私保护技术等。(3) 企业应当有详细的开发计划、技术路线图、技术文档、技术评估报告或评估意见等，证明相关项目能够按照预定的技术路径完成。(4) 企业应当提供相关技术验证说明，证明数据资源无形资产技术路径已经通过了相关的技术测试和验证，能够合理证明其功能和技术性能符合预期，不存在技术上的障碍或其他技术不确定性。(5) 数据资源无形资产开发应当已经达到一定的稳定性，企业应当对数据资源技术成熟度和可靠性进行分析，以合理证明其预计可以在业务环境中稳定运行，不会频繁出现技术故障。

（二）具有完成该数据资源无形资产并使用或出售的意图。这一条件通常同时包括：(1) 企业应当有经批准的数据资源无形资产开发立项相关书面决策文件（如开发计划书、立项决议等），内容一般应涵盖数据资源无形资产的开发目标、预计需求方、开发必要性、开发可行性、开发总体计划、预期成果、预期收益、项目时间表、需要的各项资源等。(2) 企业应当能够说明其开发数据资源无形资产的目的、数据资源无形资产使用的业务模式、应用场景。例如，企业将数据资源无形资产与其他资源相结合使用，从而服务、支持生产经营或管理活动，实现降本增效等目的；企业运用数据资源无形资产对外提供有关服务；企业授权外部单位使用数据资源无形资产从而赚取收入等。

（三）数据资源无形资产产生经济利益的方式，包括能够证明运用该数据资源无形资产生产的产品存在市场或数据资源无形资产自身存在市场，数据资源无形资产将在内部使用的，应当证明其有用性。这一条件通常可分为下列情形：(1) 该数据资源无形资产形成后主要直接用于生产产品或对外提供服务的，企业应当对运用该数据资源无形资产生产的产品或提供的服务的市场情况进行合理估计，能够证明所生产的产品或提供的服务存在市场，有明确的市场需求，能够为企业带来经济利益流入。(2) 该数据资源无形资产形成后主要用于授权使用的，应当能够证明市场上存在对该类数据资源无形资产的需求，开发以后存在外在的市场可以授权，并带来经济利益流入。(3) 该数据资源无形资产形成后主要用于企业内部使用的，应当能够对数据资源无形资产单独或与企业其他资产结合使用以实现降本增效等目的，即在增加收入、降低成本、节约工时、提高运营效率、减少风险损失等方面的情况以定量定性方式进行前后对比分析，合理证明在上述相关方面的收益预计将大于研发支出概算。

（四）有足够的技术、财务资源和其他资源支持，以完成该数据资源无形资产的开发，并有能力使用或出售该数据资源无形资产。这一条件通常同时包括：(1) 企业应当具备开发数据资源无形资产所需的技术团队，能够保证团队投入必要的开发时间，从而有确凿证据证明企业继续开发该项数据资源无形资产有足够的技术支持和技术能力。(2) 企业应当能够证明为完成该项数据资源无形资产开发具有足够的专门资金、软件硬件条件等财务和其他资源。自有资金不足以支持研发活动的，应当能够证明可以获得银行等其他方面的外部资金支持。(3) 企业应当能够证明数据来源、使用范围和方式等方面的合法合规性。(4) 除用于内部使用的数据资源无形资产外，企业应当能够证明具有相应的市场资源、渠道资源等，以确保该项数据资源无形资产或者运用该项数据资源无形资产生产的产品或提供的服务能够顺利推向市场并被客户接受。

（五）归属于该数据资源无形资产开发阶段的支出能够可靠地计量。这一条件通常同时包括：(1) 企业应当对数据资源无形资产研发活动采取项目化管理，对于数据资源无形资产研发活动发生的支出应当单独归集和核算，如外购数据支出、研发使用内部数据时的加工整理支出、与该数据资源无形资产研发活动项目直接相关的研发人员薪酬、研发使用的硬件折旧、研发使用的软件摊销、研发用资源租赁费（或使用费），以及用于研发活动的外购技术服务等其他直接及间接成本等。企业不得将应由其他生产经营活动负担的支出计入研发活动支出。(2) 企业应当具备内部数据治理和成本管理等方面可靠的信息化条件，能够对数据资源无形资产研发支出进行完整、准确、及时记录。(3) 企业同时从事多项研发活动的，所发生的支出应当能够系统合理地在各项研究开发活动之间进行分摊，分摊原则以及方法应当保持一致，无法明确分摊的支出应予费用化计入当期损益。一项研发活动同时产生数据资源无形资产和其他资产的，所发生的支出应当能够系统合理地在数据资源无形资产和其他资产之间进行分摊，分摊原则以及方法应当保持一致。

（三）《关于严格执行企业会计准则　切实做好企业 2023 年年报工作的通知》（财会［2023］29 号）

关于无形资产。

企业应当按照《企业会计准则第 6 号——无形资产》（财会〔2006〕3 号，以下简称无形资产准则）等相关规定，合理划分企业内部研究开发项目的研究阶段和开发阶段。研究阶段的支出，应当于发生时计入当期损益；开发阶段的支出，满足无形资产准则第九条规定的有关条件的，才能确认为无形资产。企业以前期间已经按照无形资产准则等规定费用化计入损益的研究开发支出不得在后续期间重新资本化。

二、数据资源的披露示例

（一）简要分析

自 2023 年 8 月，财政部印发《企业数据资源相关会计处理暂行规定》（2024 年 1

月 1 日正式开始实施）以来，据不完全统计，2024 年半年报有 36 家上市公司披露了数据资源入表相关情况，涉及软件、互联网、建筑、港口、文化传媒、医疗保健等多个行业。这 36 家上市公司合计入表金额为 5.47 亿元，其中 0.14 亿元确认为存货（涉及 2 家上市公司），2.30 亿元确认为无形资产（涉及 23 家上市公司），3.03 亿元确认为开发支出（涉及 18 家上市公司）。具体如表 8－32 所示。

表 8－32　2024 年半年报数据资源入表的部分上市公司

序号	证券代码	证券简称	行业	2024 年半年度			
				数据资源			
				存货（万元）	无形资产（万元）	开发支出（万元）	占总资产的比重（%）
1	688287.SH	观典防务	航天军工	818.08	3,033.82		3.8715
2	301299.SZ	卓创资讯	互联网		1,786.97		1.9604
3	300766.SZ	每日互动	互联网		2,333.31		1.2668
4	688787.SH	海天瑞声	软件	627.06			0.7960
5	688228.SH	开普云	软件		382.13	794.88	0.6205
6	688066.SH	航天宏图	软件		3,674.20		0.6057
7	300229.SZ	拓尔思	软件			1,738.27	0.4675
8	835184.BJ	国源科技	互联网			253.82	0.3903
9	002401.SZ	中远海科	软件		878.73		0.3391
10	688051.SH	佳华科技	软件			255.87	0.2234
11	600100.SH	同方股份	电脑硬件	—	5,797.75	—	0.1166
12	300937.SZ	药易购	零售		183.85	10.10	0.1154
13	300075.SZ	数字政通	软件			501.75	0.1035
14	600415.SH	小商品城	商业服务		844.51	910.14	0.0487
15	002044.SZ	美年健康	医疗保健			751.98	0.0404
16	300071.SZ	福石控股	文化传媒		55.11		0.0394
17	603815.SH	交建股份	建筑		281.11		0.0272
18	301078.SZ	孩子王	零售			258.18	0.0269
19	300364.SZ	中文在线	文化传媒		40.47		0.0249
20	688197.SH	首药控股－U	制药		15.50		0.0151
21	600050.SH	中国联通	电信			8,476.39	0.0127
22	601728.SH	中国电信	电信			10,507.37	0.0121
23	000034.SZ	神州数码	贸易		165.09	389.79	0.0118

续表

序号	证券代码	证券简称	行业	2024 年半年度			
				数据资源			
				存货（万元）	无形资产（万元）	开发支出（万元）	占总资产的比重（%）
24	688676. SH	金盘科技	电工电网			88. 95	0. 0101
25	002152. SZ	广电运通	电脑硬件			262. 59	0. 0100
26	600233. SH	圆通速递	航空与物流			372. 54	0. 0085
27	002465. SZ	海格通信	通信设备			147. 34	0. 0076
28	600282. SH	南钢股份	钢铁		14. 67	485. 73	0. 0072
29	600941. SH	中国移动	电信		2, 900. 00	4, 100. 00	0. 0035
30	688400. SH	凌云光	电子元件及设备		16. 30		0. 0033
31	600720. SH	中交设计	软件		35. 00		0. 0013
32	600017. SH	日照港	港口		44. 26		0. 0011
33	600837. SH	海通证券	券商		413. 56		0. 0009
34	601298. SH	青岛港	港口		22. 98		0. 0004
35	002061. SZ	浙江交科	建筑		22. 67		0. 0003
36	600350. SH	山东高速	公路		32. 69		0. 0002

（二）半年报披露示例

数据资源半年报披露示例汇总如表 8－33 所示。

表 8－33　　数据资源半年报披露示例汇总

序号	参考示例	披露示例
1	示例 8－116　卓创资讯（301299. SZ）	披露了确认为无形资产的数据资源相关情况，属于自行开发形成，按 5 年对数据资源进行摊销，摊销方法为年数总数法
2	示例 8－117　每日互动（300766. SZ）	披露了确认为无形资产的数据资源相关情况，属于自行开发形成，按 5 年进行加速摊销，披露了数据资源的应用情况、原始数据来源、企业对数据资源的加工维护、安全保护、持有和投入等详细信息。
3	示例 8－118　中国移动（600941. SH）	披露了确认为无形资产的数据资源相关情况，属于购买形成，预计使用寿命为 2～5 年，按照直线法进行摊销。披露了数据资源开发支出金额

续表

序号	参考示例	披露示例
4	示例 8－119　观典防务（688287. SH）	披露了确认为无形资产、存货的数据资源相关情况，形成无形资产的数据资源是自行开发的，形成存货的数据资源是自行加工取得的。数据资源的应用场景是无人机服务
5	示例 8－120　海天瑞声（688787. SH）	披露了自行加工形成为存货的数据资源的相关情况，披露了数据加工的成本构成、公司数据资源业务类型等信息
6	示例 8－121　同方股份（600100. SH）	数据资源的内容为期刊文献、文论文献、其他文献的数据库，自行开发形成无形资产，披露了确认为无形资产的数据资源相关情况，预计使用寿命为 3～5 年，采用直线法进行摊销
7	示例 8－122　福石控股（300071. SZ）	披露了内部生成数据资源的类型，本期计入无形资产的金额，以及成本核算内容等

示例 8－116　卓创资讯（301299. SZ）

确认为无形资产的数据资源

单位：元

项目	外购的数据资源无形资产	自行开发的数据资源无形资产	其他方式取得的数据资源无形资产	合计
一、账面原值				
1. 期初余额				
2. 本期增加金额				
其中：购入				
内部研发		19, 722, 077. 18		19, 722, 077. 18
其他增加				
3. 本期减少金额				
其中：处置				
失效且终止确认				
其他减少				
4. 期末余额		19, 722, 077. 18		19, 722, 077. 18
二、累计摊销				
1. 期初余额				
2. 本期增加金额		1, 852, 416. 67		1, 852, 416. 67
3. 本期减少金额				

续表

项目	外购的数据资源无形资产	自行开发的数据资源无形资产	其他方式取得的数据资源无形资产	合计
其中：处置				
失效且终止确认				
其他减少				
4. 期末余额		1,852,416.67		1,852,416.67
三、减值准备				
1. 期初余额				
2. 本期增加金额				
3. 本期减少金额				
4. 期末余额				
四、账面价值				
1. 期末账面价值		17,869,660.51		17,869,660.51
2. 期初账面价值				

摊销方法及年限：年数总数法，按5年对数据资源进行摊销。

示例8-117　每日互动（300766.SZ）

无形资产

1. 使用寿命及其确定依据、估计情况、摊销方法或复核程序：

（1）无形资产包括土地使用权、专利权及非专利技术、自研操作系统和数据资源等，按成本进行初始计量。

（2）使用寿命有限的无形资产，在使用寿命内按照与该项无形资产有关的经济利益的预期实现方式系统合理地摊销，无法可靠确定预期实现方式的，采用直线法摊销。具体年限如下：

项目	使用寿命及其确定依据	摊销方法
土地使用权	土地使用年限（50年）	直线法
著作权、专利权及商标权等资产组	10年	直线法
管理软件	5年	直线法
自研操作系统	5年	直线法
数据资源	5年	加速摊销法

（1）无形资产情况

单位：元

项目	土地使用权	著作权、专利权及商标权等资产组	管理软件	自行开发软件	自行开发的数据资源形成无形资产	合计
一、账面原值						
1. 期初余额	94, 232, 657. 31	49, 114, 770. 85	1, 197, 165. 09	66, 237, 300. 43		210, 781, 893. 68
2. 本期增加金额		2, 481, 132. 15			26, 826, 557. 93	29, 307, 690. 08
（1）购置		2, 481, 132. 15				2, 481, 132. 15
（2）内部研发					26, 826, 557. 93	26, 826, 557. 93
（3）企业合并增加						
3. 本期减少金额						
（1）处置						
4. 期末余额	94, 232, 657. 31	51, 595, 903. 00	1, 197, 165. 09	66, 237, 300. 43	26, 826, 557. 93	240, 089, 583. 76
二、累计摊销						
1. 期初余额	8, 148, 976. 48	15, 931, 454. 63	1, 007, 282. 65	18, 124, 574. 85		43, 212, 288. 61
2. 本期增加金额	942, 522. 06	2, 703, 851. 77	36, 239. 34	6, 623, 730. 06	3, 493, 504. 03	13, 799, 847. 26
（1）计提	942, 522. 06	2, 703, 851. 77	36, 239. 34	6, 623, 730. 06	3, 493, 504. 03	13, 799, 847. 26
3. 本期减少金额						
（1）处置						
4. 期末余额	9, 091, 498. 54	18, 635, 306. 40	1, 043, 521. 99	24, 748, 304. 91	3, 493, 504. 03	57, 012, 135. 87
三、减值准备						
1. 期初余额						
2. 本期增加金额						
（1）计提						
3. 本期减少金额						
（1）处置						
4. 期末余额						
四、账面价值						
1. 期末账面价值	85, 141, 158. 77	32, 960, 596. 60	153, 643. 10	41, 488, 995. 52	23, 333, 053. 90	183, 077, 447. 89
2. 期初账面价值	86, 083, 680. 83	33, 183, 316. 22	189, 882. 44	48, 112, 725. 58	0. 00	167, 569, 605. 07

本期末通过公司内部研发形成的无形资产占无形资产余额的比例38.76%。

2. 确认为无形资产的数据资源

单位：元

项目	自行开发的数据资源无形资产	合计
一、账面原值		
1. 期初余额		
2. 本期增加金额	26,826,557.93	26,826,557.93
内部研发	26,826,557.93	26,826,557.93
4. 期末余额	26,826,557.93	26,826,557.93
二、累计摊销		
1. 期初余额		
2. 本期增加金额	3,493,504.03	3,493,504.03
3. 本期减少金额		
4. 期末余额	3,493,504.03	3,493,504.03
三、减值准备		
1. 期初余额		
2. 本期增加金额		
3. 本期减少金额		
4. 期末余额		
四、账面价值		
1. 期末账面价值	23,333,053.90	23,333,053.90
2. 期初账面价值		

数据资源

(1) 数据资源的应用场景或业务模式、对企业创造价值的影响方式，与数据资源应用场景相关的宏观经济和行业领域前景等。

公司作为专业的数据智能服务商，秉承着“让数好用，把数用好”的理念，致力于用数据让产业更智能，定位于在充分“数字化”的领域里、做“数智化”的工作、实现“数治化”的目标。

公司的业务逻辑分三层（D－M－P，Data－Machine－People）：底层“D”是指数据积累，公司基于在开发者服务中积累的数据以及对海量动态数据的深入洞察，源源不断地为顶层业务提供数据支撑。中层“M”是指数据治理，公司打造了数据智能操作系统（DiOS），可以对数据的归集汇聚、资产化管理、精细加工，然后提供给上层业务系统以数据服务的能力。上层“P”是指数据应用，公司结合数据模型与行业理解，在商业服务、公共服务领域打造了产品化的、规模化盈利的数据智能应用。

(2) 用于形成相关数据资源的原始数据的类型、规模、来源、权属、质量等信息。

公司原始数据主要来源于公司开发者服务，公司积累的数据资源是在用户授权同意的前提下合法收集。公司形成相关数据资源的原始数据的包括设备信息、网络信息、场景信息、App 特征等。截至 2024 年上半年，公司开发者服务 SDK 累计安装量突破 1,100 亿，智能 IoT 设备 SDK 累计安装量超 3.7 亿，SDK 日活跃独立设备数（去重）超 4 亿。公司有专门的数据团队对数据进行深度洞察和治理，积累了深厚的数据资产，确保数据的准确性和有效性。公司通过数据治理和挖掘后形成了 7,000 余种数据标签，直接参与计算的特征参数累计超 2 亿。

(3) 企业对数据资源的加工维护和安全保护情况，以及相关人才、关键技术等的持有和投入情况。

公司通过自研的数据智能操作系统（DiOS）对数据进行加工和治理，实现数据的归集、资产化管理、应用一体化管理，生成的数据产品会定期迭代优化。

关于数据资源的安全保护：

①公司严格遵守《数据安全法》《个人信息保护法》等相关法律法规，对收集的原始数据进行去标识化或匿名化处理，以保护用户隐私，确保数据处理的合规性。

②公司建立了专门的数据管理中心集群，使用防火墙、数据加密等技术保障数据存储和使用的安全性，以确保数据传输过程的安全。

③在使用管理上，公司建立了数据分类分级规范和数据全生命周期安全管理规范，对数据进行分类管理，用户依据实际需求进行精细化授权，同时记录详尽的使用日志。公司内部设立了风控审计部门，负责内部控制流程与制度的建设和落实，以及定期的内部合规审计。

④公司制订了应急预案，以应对可能的数据安全事件，并采取补救措施保护用户数据。

公司投入了大量数据类专业人才进行合规的数据积累、数据加工清洗挖掘、数据应用，打造了数据智能操作系统（DiOS）、大规模图神经网络和深度学习模型、向量化技术，以及高并发、高可用的系统架构等核心能力。

(4) 数据资源的应用情况，包括数据资源相关产品或服务等的运营应用、作价出资、流通交易、服务计费方式等情况。

公司通过自研数据智能操作系统（DiOS）对数据资源进行深度加工和应用，并广泛服务于商业服务和公共服务领域。

一方面，公司利用数据资源为移动应用开发者提供专业的推送解决方案，包括消息推送 SDK、用户运营平台 SDK 等服务。另一方面，公司依托数据资源，开发了面向不同行业的数据智能应用，如智慧交通、医疗健康等，以及为品牌营销、公共治理等提供数据支持。

公司还积极探索数据资源与人工智能等新技术的结合，如接入 ChatGPT 等大模型，开发垂直场景类大模型应用。在推动数据的流通交易上，公司积极参与数据要素市场化配置改革，拥抱公共数据开放及授权运营机遇，参与了数据资源的合规流通和交易。

关于数据服务的计费方式详见本财务报表五、重要会计政策及会计估计（37）。

（财务报表五、重要会计政策及会计估计（37）：（2）数据服务：公司数据服务主要包括商业服务（增长服务、品牌服务、增能与风控服务、其他）和公共服务。

①商业服务——增长服务：公司每月根据后台统计数据作为结算依据，待客户确认且预计相关经济利益很可能流入时按合同约定的计费标准进行结算确认收入。其中效果广告主要采用 CPA、CPC、CPS 等按执行效果结算的方式。公司一般依据其精准营销广告为客户带来的效果或销售收入以及约定的分配比例，与客户核对后进行收入确认；如存在约定保底等固定收费的情形，公司则按照合同约定的固定收费定期确认收入，属于在某一时段内履行的履约义务。

②商业服务——品牌服务、增能与风控服务，以及公共服务和其他：公司根据合同约定或在约定的期间内提供相关服务。其中增能与风控数据报告等服务，在服务完成后一次交付成果的，经客户确认后进行收入确认，属于在某一时点履行的履约义务；除上述服务外，公司根据合同约定为客户提供相关服务，在提供服务的同时客户可以消耗服务，在服务期间分期确认收入，属于在某一时段内履行的履约义务。

（5）重大交易事项中涉及的数据资源对该交易事项的影响及风险分析，重大交易事项包括但不限于企业的经营活动、投融资活动、质押融资、关联方及关联交易、承诺事项、或有事项、债务重组、资产置换等。

不涉及。

（6）数据资源相关权利的失效情况及失效事由、对企业的影响及风险分析等，如数据资源已确认为资产的，还包括相关资产的账面原值及累计摊销、减值准备或跌价准备、失效部分的会计处理。

公司本期不存在数据资源相关权利失效的情况。

关于数据资产相关的会计处理：

公司对满足无形资产计量准则的数据资源，按照投入的成本进行初始计量。对于数据资源无形资产的使用寿命，公司基于近三年的历史数据综合分析，将数据预期可发挥价值的年限确定为 5 年。考虑到数据资源的时效性一般呈现逐年递减的特征，公司按照加速摊销法进行摊销。

公司在资产负债表日，从外部信息来源和内部信息来源两个方面，去分析判断所拥有的数据资源无形资产是否存在可能发生减值的迹象。若存在减值迹象，公司将按照资产减值准则的要求进行减值测试，并计提相应的资产减值准备。

（7）数据资源转让、许可或应用所涉及的地域限制、领域限制及法律法规限制等权利限制。

公司在业务开展过程中，严格遵守《中华人民共和国数据安全法》《中华人民共和国网络安全法》《中华人民共和国个人信息保护法》和《中华人民共和国民法典》等相关法律法规中规定的相关要求，目前公司所拥有的数据资源在转让、许可或应用中暂不涉及地域限制、领域限制等权利限制。

（8）企业认为有必要披露的其他数据资源相关信息。

无。

研发支出——符合资本化条件的研发项目

单位：元

项目	期初余额	本期增加金额		本期减少金额		期末余额
		内部开发支出	其他	确认为无形资产	转入当期损益	
数据资源		26,826,557.93		26,826,557.93		
合计		26,826,557.93		26,826,557.93		

示例 8－118　中国移动（600941.SH）

大数据业务领域，依托梧桐大数据平台，沉淀数据资源超 2,000PB，数据治理水平达到国内最高等级（DCMM 五级），数据年调用量达千亿次，在数据治理、应急管理、智慧文旅等多个行业广泛应用。视联网 12 业务领域，业界率先发布视联网技术标准、服务标准和白皮书，发布视联网大模型，上半年视联网新增视频接入 1,019 万路，累计实现 7,030 万视频云端互联。安全业务领域，构建“网、云、DICT＋安全”产品体系，上半年累计创收人民币 21 亿元。服务方面，持续深化全方位、全过程、全员服务管理，客户满意度行业一流，移动网络质量满意度保持优势，家庭宽带网络满意度连续两年大幅提升；率先研发应用客服大模型，深化基于通信网及互联网的视频客服应用，月均服务量超 1.48 亿次。品牌方面，锚定世界一流卓著品牌目标，开展品牌引领行动，按照“高品质、高品格、高品位”思路，深化“1＋4＋4”战略品牌建设运营，在 Brand Finance2024 年中国品牌价值榜单中名列前茅，品牌价值持续提升，在全球运营商中保持领先。

对于使用寿命有限的无形资产，本集团将无形资产的成本扣除减值准备（如有）后按直线法在预计使用年限或受益期内摊销，除非该无形资产符合持有待售的条件。数据资源预计使用寿命 2－5 年。

无形资产

单位：百万元

项目	土地使用权	软件	频谱	著作权	数据资源	其他	合计
原值：							
2023 年 12 月 31 日	22,049	99,052	5,738	13,339	—	544	140,722
本期增加：购置（a）	6	4,505	266	2,445	30	18	7,270
本期减少：处置	(2)	(1,516)	(452)	(20)	—	(9)	(1,999)

续表

项目	土地使用权	软件	频谱	著作权	数据资源	其他	合计
外币折算差额	5	12	41	—	—	1	59
2024 年 6 月 30 日	22, 058	102, 053	5, 593	15, 764	30	554	146, 052
累计摊销：							
2023 年 12 月 31 日	(7, 172)	(72, 734)	(2, 505)	(10, 403)	—	- (308)	(93, 122)
本期增加：计提	(236)	(5, 264)	(176)	(2, 436)	(1)	(59)	(8, 172)
本期减少：处置	—	1, 432	452	2	—	8	1, 894
外币折算差额	—	(7)	(19)	—	—	(1)	(27)
2024 年 6 月 30 日	(7, 408)	(76, 573)	(2, 248)	(12, 837)	(1)	(360)	(99, 427)
减值准备：							
2023 年 12 月 31 日		(3)					(3)
本期增加							
本期减少							
2024 年 6 月 30 日		(3)					(3)
账面价值：							
2024 年 6 月 30 日	14, 650	25, 477	3, 345	2, 927	29	194	46, 622
2023 年 12 月 31 日	14, 877	26, 315	3, 233	2, 936	—	236	47, 597

于2024年6月30日，本集团无形资产账面价值中无借款费用资本化金额，无用于抵押和担保的无形资产。

(a) 包含由开发支出转入无形资产，开发支出列示如下：

单位：百万元

项目	2023 年 12 月 31 日	本期增加	本期减少	2024 年 6 月 30 日
开发支出项目 (b)	2, 279	2, 030	(1, 990)	2, 319
其中：数据资源		41		41

(b) 研发支出情况：

单位：百万元

项目	截至 2024 年 6 月 30 日止六个月期间	截至 2023 年 6 月 30 日止六个月期间
职工薪酬	7, 551	4, 228
合作研发费用	3, 488	3, 131

续表

项目	截至2024年6月30日止六个月期间	截至2023年6月30日止六个月期间
折旧与摊销	1, 911	1, 493
办公、材料、水电费及其他	1, 051	710
合计	14, 001	9, 562
其中：费用化研发支出	11, 971	8, 515
资本化研发支出	2, 030	1, 047

于2024年6月30日，本集团费用化研发支出中包含与数据资源相关的研发支出约人民币1.21亿元。

示例8－119　观典防务（688287.SH）

飞行服务及数据处理

在无人机其他服务领域，公司紧扣“无人机是诸多行业大数据端口”这一发展趋势，将禁毒服务技术拓展应用到其他领域，面向资源调查、环境监测等领域的应用特点和需求，整合公司现有数据资源，深挖数据资源记录的不可复原历史信息的应用价值，探索除禁毒之外的垂直应用。积极开发处理系统，加快相应基础数据和样本数据的建设，与卫星遥感等形成“空－天地”协同的观测模式，实现对该项业务的多维拉动，培育新的应用市场，打造终端客户新的业态模式。

（1）确认为存货的数据资源

单位：元

项目	外购的数据资源存货	自行加工的数据资源存货	其他方式取得的数据资源存货	合计
一、账面原值		11, 943, 241. 04		11, 943, 241. 04
1. 期初余额		17, 472, 614. 52		17, 472, 614. 52
2. 本期增加金额				
其中：购入		17, 472, 614. 52		17, 472, 614. 52
采集加工				
其他增加		21, 235, 060. 88		21, 235, 060. 88
3. 本期减少金额		21, 235, 060. 88		21, 235, 060. 88
其中：出售				
失效且终止确认				
其他减少		8, 180, 794. 68		8, 180, 794. 68
4. 期末余额		11, 943, 241. 04		11, 943, 241. 04

续表

项目	外购的数据资源存货	自行加工的数据资源存货	其他方式取得的数据资源存货	合计
二、存货跌价准备				
1. 期初余额				
2. 本期增加金额				
3. 本期减少金额				
其中：转回				
转销				
4. 期末余额				
三、账面价值				
1. 期末账面价值		8,180,794.68		8,180,794.68
2. 期初账面价值		11,943,241.04		11,943,241.04

（2）确认为无形资产的数据资源

单位：元

项目	外购的数据资源无形资产	自行开发的数据资源无形资产	其他方式取得的数据资源无形资产	合计
一、账面原值				
1. 期初余额		69,205,093.15		69,205,093.15
2. 本期增加金额				
其中：购入				
采集加工				
其他增加				
3. 本期减少金额				
其中：出售				
失效且终止确认				
其他减少				
4. 期末余额		69,205,093.15		69,205,093.15
二、累计摊销				
1. 期初余额		31,946,406.60		31,946,406.60
2. 本期增加金额		6,920,509.32		6,920,509.32

续表

项目	外购的数据资源无形资产	自行开发的数据资源无形资产	其他方式取得的数据资源无形资产	合计
3. 本期减少金额				
其中：处置				
失效且终止确认				
其他减少				
4. 期末余额		38, 866, 915. 92		38, 866, 915. 92
三、减值准备				
1. 期初余额		30, 338, 177. 23		30, 338, 177. 23
2. 期初账面价值		37, 258, 686. 55		37, 258, 686. 55

示例8－120　海天瑞声（688787. SH）

确认为存货的数据资源

单位：元

项目	外购的数据资源存货	自行加工的数据资源存货	其他方式取得的数据资源存货	合计
一、账面原值		4, 607, 808. 67		4, 607, 808. 67
1. 期初余额		30, 906, 129. 34		30, 906, 129. 34
2. 本期增加金额				
其中：购入		30, 906, 129. 34		30, 906, 129. 34
采集加工				
其他增加				
3. 本期减少金额		29, 023, 888. 86		29, 023, 888. 86
其中：出售		28, 829, 162. 10		28, 829, 162. 10
失效且终止确认				
其他减少		194, 726. 76		194, 726. 76
4. 期末余额		6, 490, 049. 15		6, 490, 049. 15
二、存货跌价准备				
1. 期初余额		264, 959. 22		264, 959. 22
2. 本期增加金额		211, 171. 47		211, 171. 47

续表

项目	外购的数据资源存货	自行加工的数据资源存货	其他方式取得的数据资源存货	合计
3. 本期减少金额		256, 637. 75		256, 637. 75
其中：转回		160, 914. 29		160, 914. 29
转销		95, 723. 46		95, 723. 46
4. 期末余额		219, 492. 94		219, 492. 94
三、账面价值				
1. 期末账面价值		6, 270, 556. 21		6, 270, 556. 21
2. 期初账面价值		4, 342, 849. 45		4, 342, 849. 45

数据资源

根据2023年8月1日发布的《财政部关于印发〈企业数据资源相关会计处理暂行规定〉的通知》（财会〔2023〕11号）的规定，企业日常活动中持有、最终目的用于出售的数据资源，符合《企业会计准则第1号——存货》（财会〔2006〕3号）规定的定义和确认条件的，应当确认为存货。

企业应当按照存货准则、《〈企业会计准则第1号——存货〉应用指南》（财会〔2006〕18号）等规定，对确认为存货的数据资源进行初始计量、后续计量等相关会计处理。

其中，企业通过外购方式取得确认为存货的数据资源，其采购成本包括购买价款、相关税费、保险费，以及数据权属鉴证、质量评估、登记结算、安全管理等所发生的其他可归属于存货采购成本的费用。企业通过数据加工取得确认为存货的数据资源，其成本包括采购成本，数据采集、脱敏、清洗、标注、整合、分析、可视化等加工成本和使存货达到目前场所和状态所发生的其他支出。

企业出售确认为存货的数据资源，应当按照存货准则将其成本结转为当期损益；同时，企业应当按照收入准则等规定确认相关收入。

企业出售未确认为资产的数据资源，应当按照收入准则等规定确认相关收入。

本公司数据资源业务主要分以下三类：

（1）训练数据定制服务；

（2）训练数据产品；

（3）训练数据相关的应用服务。

其中，训练数据定制服务和训练数据产品涉及数据资源的相关核算。

上述两项数据资源的核算，公司采用项目制核算，数据资源的项目成本核算内容为：项目开始至项目完成所发生的、与项目相关的直接人工、数据服务费（即采集和标注的费用）以及其他项目相关的其他费用（如设备费、差旅费等）。

数据资源按初始成本计量。训练数据定制服务初始成本归集项目为存货。在收入确认时点从存货结转至主营业务成本。训练数据产品初始成本的归集项目为研发费用。

存货中数据资源的情况详见本报告第十节“七、10 存货”相关内容（略）。

示例 8-121　同方股份（600100.SH）

无形资产

1. 无形资产包括土地使用权、专利及非专利技术、特许经营权、商标权、数据资源、软件及其他等按成本进行初始计量。

2. 使用寿命有限的无形资产，在使用寿命内按照与该项无形资产有关的经济利益的预期实现方式系统合理地摊销，无法可靠确定预期实现方式的，采用直线法摊销。具体如下：

项目	使用寿命（年）及其确定	摊销方法
土地使用权	38-50 年；产权证约定的使用期限	直线法
专利及非专利技术	3-10 年；预期经济利益年限	直线法
特许经营权	10-30 年；预期经济利益年限	直线法
数据资源	3-5 年；预期经济利益年限	直线法
软件及其他	3-10 年；预期经济利益年限	直线法

无形资产

（1）明细情况

单位：元

项目	土地使用权	专利及非专利技术	……	数据资源	软件及其他	合计
账面原值						
期初数	491,336,361.25	2,576,694,794.46			1,509,104,063.10	……
本期增加金额		68,088,031.91		64,663,827.32	37,224,873.62	……
（1）购置					1,143,664.17	……
（2）内部研发		68,088,031.91		64,663,827.32	36,055,568.42	……
（3）其他					25,641.03	……
本期减少金额		40,874,219.72			58,780,214.66	……
（1）处置、报废或核销					1,883,545.00	……
（2）企业合并减少		40,848,578.69			56,896,669.66	……
（3）其他		25,641.03				……
汇率变动影响	-85,188.11	605,046.51			-69,651.65	……

续表

项目	土地使用权	专利及非专利技术	……	数据资源	软件及其他	合计
期末数	491, 251, 173. 14	2, 604, 513, 653. 16		64, 663, 827. 32	1, 487, 479, 070. 41	……
累计摊销						……
期初数	134, 256, 583. 78	1, 580, 731, 328. 31			1, 008, 144, 905. 13	……
本期增加金额	6, 587, 781. 41	115, 556, 761. 18		6, 686, 320. 97	40, 076, 709. 85	……
(1) 计提	6, 587, 781. 41	115, 556, 761. 18		6, 686, 320. 97	40, 019, 809. 85	……
(2) 其他					56, 900. 00	……
本期减少金额	127, 535. 24	39, 286, 255. 25			61, 041, 584. 30	……
(1) 处置、报废或核销					1, 883, 545. 00	……
(2) 企业合并减少		37, 073, 378. 69			58, 378, 943. 61	……
(3) 其他	127, 535. 24	2, 212, 876. 56			779, 095. 69	……
汇率变动影响	29, 870. 19	251, 752. 10			-64, 703. 36	……
期末数	140, 746, 700. 14	1, 657, 253, 586. 34		6, 686, 320. 97	987, 115, 327. 32	……
减值准备						……
期初数		162, 569, 962. 71			56, 482, 055. 79	……
本期增加金额					3, 251. 49	……
(1) 计提					3, 251. 49	……
本期减少金额		3, 775, 200. 00			3, 251. 49	……
(1) 合并范围内减少		3, 775, 200. 00				……
(2) 其他转出					3, 251. 49	……
汇率变动影响		-543, 770. 41				……
期末数		158, 250, 992. 30			56, 482, 055. 79	……
账面价值						……
期末账面价值	350, 504, 473. 00	789, 009, 074. 52		57, 977, 506. 35	443, 881, 687. 30	……
期初账面价值	357, 079, 777. 47	833, 393, 503. 44			444, 477, 102. 18	……

(2) 确认为无形资产的数据资源

①明细情况。

单位：元

项目	自行开发的数据资源无形资产	小计
账面原值		
期初数		
本期增加金额	64, 663, 827. 32	64, 663, 827. 32

续表

项目	自行开发的数据资源无形资产	小计
其中：内部研发	64, 663, 827. 32	64, 663, 827. 32
本期减少金额		
期末数	64, 663, 827. 32	64, 663, 827. 32
累计摊销		
期初数		
本期增加金额	6, 686, 320. 97	6, 686, 320. 97
其中：计提	6, 686, 320. 97	6, 686, 320. 97
本期减少金额		
期末数	6, 686, 320. 97	6, 686, 320. 97
减值准备		
期初数		
本期增加金额		
本期减少金额		
期末数		
账面价值		
期末账面价值	57, 977, 506. 35	57, 977, 506. 35
期初账面价值		

②重要单项数据资源情况。

数据资源内容	期末账面价值（元）	剩余摊销期限（月）
期刊文献数据库	25, 177, 327. 33	30 ~ 35
论文文献数据库	15, 941, 355. 90	30 ~ 35
其他文献数据库	16, 858, 823. 12	30 ~ 35
小计	57, 977, 506. 35	

期末本公司无外购的数据资源无形资产及其他方式取得的数据资源无形资产。

③所有权或使用权受到限制的数据资源无形资产。

期末本公司无所有权或使用权受到限制的数据资源无形资产。

④数据资源研发支出情况。

单位：元

项目	计入当期损益	确认为无形资产	小计
数据资源研发支出		64, 663, 827. 32	64, 663, 827. 32

示例 8－122　福石控股（300071. SZ）

自财政部会计司发布《企业数据资源相关会计处理暂行规定》后，公司高度重视数据资源的价值，并将其视为公司核心竞争力的重要组成部分。我们的数据资源主要包括已开发及正在开发的大模型语料、垂直行业模型、垂直行业市场分析报告、营销方案、AIGC 数据产品等。这些资源对于我们的业务增幅、产品开发、市场定位和客户服务具有至关重要的作用。本报告期内，数据资源主要涵盖了部分 AIGC 平台化数据产品，根据《企业数据资源相关会计处理暂行规定》，我们已将符合条件的部分 AIGC 平台化数据产品识别为无形资产，并在资产负债表中首次开设“数据资源”科目。该项无形资产——数据资源按照成本进行初始计量。本报告期内我们的数据资源主要通过内部生成，其成本包括数据收集、处理和存储、数据产品研发的相关费用。本报告期公司数据资源包含行业的分析数据、市场数据、媒体数据、用户数据、知识数据等，已经为众多客户品牌提供了业务赋能和支撑，在为客户提供更具价值和创意内容的同时，也大大促进了公司从“降本增效”到“价值创造”的进化。其中行业语料也将是本公司在大营销行业的 AIGC 赛道的核心优势之一，数据覆盖视频、图片、文本等各个类型。

对于购买的数据资源，我们按照购买成本进行计量。对于数据产品研发费用，按照直接成本和人工成本计量。所有数据资源均按照减值测试的要求进行定期评估。仅从 2024 年初截至本报告期末，我们计入的数据资源账面价值为 55. 7 万元。主要来源于数据的收集、数据产品开发成本。

第十二节　ESG 事项对财务报表的影响及披露示例

ESG，即 environmental（环境）、social（社会）和 governance（治理）三个英文单词的缩写，是一种关注环境、社会、治理绩效的投资理念和企业评价标准，其融合了当代经济学和金融学关于社会责任投资、企业社会责任等重要概念，将投资决策标准和关注要素从传统的财务绩效为主扩展到绿色、可持续发展、公共利益和良好公司治理等领域。

ESG 事项，即与上述三个领域相关的事项，对企业的商业模式、财务状况、经营业绩和现金流量均有潜在影响，成为各利益相关方越来越关注的话题。ESG 事项，尤其是气候相关事项，可能对某些直接受此类事项影响的企业的财务报表产生重大影响，如在保险、能源和农业（食品和饮料）等行业经营的企业；对于其他企业而言，虽然影响可能并不重大，但仍然可能被要求或根据财务报表使用者的期望披露与 ESG 事项相关的某些信息。

2023 年 6 月，国际可持续准则理事会（ISSB）发布了《国际财务报告可持续披露准则第 1 号——可持续相关财务信息披露一般要求》（IFRSS1）和《国际财务报告可持续披露准则第 2 号——气候相关披露》（IFRSS2）。ISSB 准则的发布能够帮助企业更好地识别与气候变化相关的影响财务报表的事项，同时帮助企业更好地应用国际财务报告会计准则。鉴于新的 ISSB 准则的发布，2023 年 7 月，国际财务报告准则基金会发布了“教育材料：气候相关事项对财务报表的影响”。基于该教育材料，我们在此归纳了 ESG 相关事项对财务报表的主要影响。

2024 年 11 月，财政部发布《企业可持续披露准则——基本准则（试行）》（财会〔2024〕17 号），标志着我国可持续披露准则体系建设正式启动。总体目标是，到 2027 年，我国企业可持续披露基本准则、气候相关披露准则相继出台。到 2030 年，国家统一的可持续披露准则体系基本建成。

一、ESG 相关事项对财务报表的主要影响

ESG 相关事项对财务报表的主要影响如表 8 – 34 所示。

表 8 – 34　　ESG 相关事项对财务报表的主要影响

序号	会计事项	ESG 相关事项对财务报表的影响
1	持续经营	根据《企业会计准则第 30 号——财务报表列报》，管理层在编制财务报表的过程中，应当利用所有可获得信息来评价企业自报告期末起至少 12 个月的持续经营能力。评价时需要考虑宏观政策风险、市场经营风险、企业目前或长期的盈利能力、偿债能力、财务弹性以及企业管理层改变经营政策的意向等因素。评价结果表明对持续经营能力产生重大怀疑的，企业应当在附注中披露导致对持续经营能力产生重大怀疑的因素以及企业拟采取的改善措施。 如果 ESG 相关事项造成与事件或条件相关的重大不确定性，对企业持续经营的能力产生重大怀疑的，企业应披露这些不确定性
2	存货减值	根据《企业会计准则第 1 号——存货》，资产负债表日，存货应当按照成本与可变现净值孰低计量。存货成本高于其可变现净值的，应当计提存货跌价准备，计入当期损益。 ESG 相关事项可能会导致企业的存货过时、售价下降或完工成本增加。因此，如果存货成本无法收回，《企业会计准则第 1 号——存货》要求企业将这些存货减记为其可变现净值
3	递延所得税资产的确认	根据《企业会计准则第 18 号——所得税》，通常情况下，企业应当以很可能取得用来抵扣可抵扣暂时性差异的应纳税所得额为限，确认由可抵扣暂时性差异产生的递延所得税资产；对于能够结转以后年度的可抵扣亏损和税款抵减，应当以很可能获得用来抵扣可抵扣亏损和税款抵减的未来应纳税所得额为限，确认相应的递延所得税资产；资产负债表日，企业应当对递延所得税资产的账面价值进行复核。如果未来期间很可能无法获得足够的应纳税所得额用以抵扣递延所得税资产的利益，应当减记递延所得税资产的账面价值。 ESG 相关事项可能会影响企业对未来应纳税所得额的估计，从而导致企业无法确认递延所得税资产或终止确认先前已确认的递延所得税资产

续表

序号	会计事项	ESG 相关事项对财务报表的影响
4	固定资产、无形资产使用寿命和净残值的估计	根据《企业会计准则第 4 号——固定资产》，企业至少应当于每年年度终了，对固定资产的使用寿命、预计净残值和折旧方法进行复核。使用寿命预计数与原先估计数有差异的，应当调整固定资产使用寿命。预计净残值预计数与原先估计数有差异的，应当调整预计净残值；根据《企业会计准则第 6 号——无形资产》，企业至少应当于每年年度终了，对使用寿命有限的无形资产的使用寿命及摊销方法进行复核。无形资产的使用寿命及摊销方法与以前估计不同的，应当改变摊销期限和摊销方法。企业应当在每个会计期间对使用寿命不确定的无形资产的使用寿命进行复核。 ESG 相关事项可能会影响资产的估计残值和预期使用寿命，例如，转向更环保的资产意味着固定资产的当前经济使用寿命可能会显著缩短。技术进步或立法可能会倒逼企业尽早淘汰一些旧的固定资产
5	长期资产的减值	《企业会计准则第 8 号——资产减值》规定了企业何时需要估计可收回金额以评估商誉减值和固定资产、无形资产等长期资产减值。企业应当在资产负债表日判断资产是否存在可能发生减值的迹象。因企业合并所形成的商誉和使用寿命不确定的无形资产，无论是否存在减值迹象，每年都应当进行减值测试。《企业会计准则第 8 号——资产减值》还指出，外部信息，如企业经营所处环境的重大变化（包括法规的变化）对企业产生不利影响，是减值的迹象。 ESG 相关事项可能会导致一项资产（或一个资产组）发生减值。例如，对排放温室气体的产品的需求下降可能表明制造厂也许会发生减值，需要对资产进行减值测试；又如，政府立法可能意味着企业资产面临淘汰或产出大幅减少，导致资产出现减值迹象
6	或有事项的确认、计量和披露	《企业会计准则第 13 号——或有事项》要求披露预计负债或或有负债的种类、形成原因以及经济利益流出不确定性的说明。 ESG 相关事项可能影响财务报表中适用《企业会计准则第 13 号——或有事项》的负债的确认、计量和披露，例如，政府因未能达到 ESG 相关目标，或鼓励/不鼓励特定活动而征收的税款；补救环境损害的监管要求；合同可能变成亏损合同（例如，由于与 ESG 相关的立法变化可能导致收入损失或成本增加）；公司重组，以重新设计产品或服务，以实现与 ESG 相关的目标
7	金融工具相关风险的披露	《企业会计准则第 37 号——金融工具列报》要求披露有关企业金融工具的信息，包括有关金融工具风险的性质和程度以及企业如何管理这些风险的信息。 ESG 相关事项可能使企业面临与金融工具相关的风险。例如，对于贷款人来说，可能有必要提供有关 ESG 相关事项对衡量预期信用损失或信用风险集中度的影响的信息。对于股权投资持有人，在披露市场风险集中度时，可能有必要按行业或部门提供投资信息，确定面临 ESG 相关风险的部门
8	金融工具的分类和计量	ESG 相关事项可能以多种方式影响金融工具的会计核算。例如，贷款合同可能包括将合同现金流量与企业实现 ESG 相关目标联系起来的条款。这些目标可能会影响贷款的分类和计量方式（即贷款人在评估金融资产的合同条款是否会产生仅为本金和未偿付本金的利息支付的现金流量时，需要考虑这些条款）。对于借款人来说，这些目标可能会影响是否存在需要与主合同分离的嵌入式衍生品
9	预期信用损失的计量	ESG 相关事项可能影响贷款人的信用损失敞口。例如，野火、洪水或政策和监管变化可能会对借款人履行对贷款人债务的能力产生负面影响。此外，资产可能变得无法获得或无法投保，从而影响贷款人抵押品的价值。在确认和计量预期信用损失时，《企业会计准则第 22 号——金融工具确认和计量》要求使用所有合理且有依据的信息，而无须付出不必要的额外成本或努力。因此，与 ESG 相关的问题可能具有相关性，例如，它们可能影响未来潜在经济情景的范围、贷款人对信贷风险显著增加的评估、金融资产是否存在信贷减值和/或预期信用损失的计量

续表

序号	会计事项	ESG相关事项对财务报表的影响
10	公允价值计量	ESG相关事项可能影响财务报表中资产和负债的公允价值计量。例如，市场参与者对潜在ESG相关立法的看法可能会影响资产或负债的公允价值。 ESG相关事项也可能影响公允价值计量的披露。具体而言，第三层次公允价值计量使用了对其计量具有重要意义的不可观察的输入值。《企业会计准则第39号——公允价值计量》要求不可观察的输入值反映市场参与者在定价时使用的假设，可能包括ESG相关风险的风险假设。《企业会计准则第39号——公允价值计量》要求披露这些公允价值计量中使用的输入值；对于第三层次的公允价值计量，当改变不可观察输入值的金额可能导致公允价值显著变化时，企业应当披露有关敏感性分析的描述性信息
11	保险合同负债的计量、保险风险的披露等	ESG相关事项可能会增加保险事件的频率或规模，或可能加快其发生的时间。可能受到ESG相关事项影响的保险事件示例包括业务中断、财产损失、疾病和死亡等。因此，ESG相关事项可能会影响适用《企业会计准则第25号——保险合同》来衡量保险合同负债的假设。ESG相关事项也可能影响所需披露的信息，例如，在应用《企业会计准则第25号——保险合同》时作出的重大判断和判断变化，以及企业的风险敞口、风险集中度、风险管理方式以及显示风险变量变化影响的敏感性分析
12	政府补助和税收抵免	为了鼓励企业投资环保项目和活动，世界各国政府都在提供各种补贴和税收抵免，以支持这些项目和活动。随着对环保倡议的日益重视，越来越多的企业有资格获得政府补贴或享受税收抵免。如果企业不熟悉这些补贴和抵免的处理，或者刚开始投身环保项目，可能无法正确核算这些补助和抵免。 获得政府补助的一个关键点在于是否满足条件。若不能满足，企业可能需要退还部分补助。例如，如果一个企业未能履行其承诺，用于其环保项目的补助可能会带来一定的负债。因此，企业应考虑是否符合条件，以决定是否确认来自此类补助的收入

如无特别说明，本节示例来自相关公司公开披露的2023年年度报告。

二、ESG事项对财务报表的影响年报披露示例

ESG事项对财务报表的影响年报披露示例汇总如表8－35所示。

表8－35　　ESG事项对财务报表的影响年报披露示例汇总

序号	参考示例	会计事项
1	示例8－123　谢瑞麟（00417. HK）	持续经营
2	示例8－124　L'OCCITANE（00973. HK）	固定资产、无形资产使用寿命和净残值的估计
3	示例8－125　华能国际（600011. SH）	长期资产的减值
4	示例8－126　中国石化（600028. SH）	或有事项的确认、计量和披露
5	示例8－127　中国石油（601857. SH）	或有事项的确认、计量和披露
6	示例8－128　建设银行（601939. SH）	预期信用损失的计量

续表

序号	参考示例	会计事项
7	示例 8－129　中国银行（601988. SH）	预期信用损失的计量
8	示例 8－130　联想集团（00992. HK）	公允价值计量
9	示例 8－131　中国人保（601319. SH）	保险风险的披露
10	示例 8－132　大唐发电（00991. HK）	政府补助和税收抵免

示例 8－123　谢瑞麟（00417. HK）2023/2024 年年报

会计政策

编制基准

持续经营

于本年度，本集团录得港币 374, 000, 000 元亏损。截至 2024 年 3 月 31 日，集团的现金及银行结余（包括已抵押定期存款）为港币 474, 000, 000 元，而计息银行贷款总额为港币 1, 060, 000, 000 元，其中港币 569, 000, 000 元被分类为流动负债。珠宝行业持续呈下滑趋势，主要是由于消费者对天然钻石珠宝的需求大幅下降，尤其是中国内地市场。另外，本集团亦违反部分银行借贷及银行融资借贷的若干财务契诺，然而财务报告期结束前已获得银行豁免。鉴于在年结日前已获得豁免，相关银行借贷继续分类为非流动负债。

有鉴于上述情况，本公司董事在评估本集团是否有足够财务资源持续经营时，已审慎考虑集团未来流动资金及表现，以及其可用融资来源。为缓解流动性压力及改善财务状况，本集团已采取以下计划及措施：

（a）集团持续进行业务模式转型（尤其是中国内地市场）及重组门市网络以提升销售；

（b）本集团将透过监测市场需求，积极管理库存至最佳水平，从而最大限度地减少库存过剩，同时防止短缺；

（c）本集团已实施多项成本控制策略，如透过人员重新配置、大幅裁减员工人数等方式精简组织职能；和

（d）本集团将继续密切监察其对银行融资借贷及银行借款财务契诺的遵守情况，并将在有需要时积极与银行磋商豁免，以避免银行要求立即偿还在银行融资借贷下任何未偿还银行借款。本集团亦将积极与银行磋商，以更适宜的财务契诺为银行融资续期。

本公司董事已审核管理层编制涵盖自 2024 年 3 月 31 日起不少于十二个月的集团现金流量预测。本公司董事认为，集团经营及上述计划和措施所产生的资金令集团将有足够的营运资金履行自 2024 年 3 月 31 日起不少于十二个月期间到期的财务义务和承诺。因此，本公司董事认为以持续经营为基础编制合并财务报表是适当的。

如果持续经营假设不恰当，则可能需要进行调整，将本集团资产的账面价值冲减至可收回金额，为可能产生的进一步负债做好准备，并分别重新分类非流动资产和非流动负债至流动资产和流动负债。这些调整的影响并未反映在本合并财务报表中。

示例8－124　L'OCCITANE（00973. HK）2024财政年度报告

考虑气候风险

本集团目前对气候变化后果的风险有限。因此，现阶段气候变化对合并财务报表的影响并不显著。

化妆品市场需求并无变动可能表明物业、厂房及设备可能减值或需要重新评估物业、厂房及设备及无形资产的可使用年期或剩余价值。

经营表现可能受到原材料价格、生产、输配电成本以及产品年期结束时的相关成本的影响。

该等变动的长期影响目前无法量化，管理层认为不存在短期影响。

本集团承诺到二〇三〇年成为净零排放公司，为世界碳中和作出贡献。第一个里程碑将是到二〇二五年，我们两个法国生产基地实现净零排放。该等品牌亦在制定自身碳中和目标。与此同时，本集团签署首笔600,000,000欧元（循环融资）的可持续发展挂钩贷款，到期日为二〇二六年三月三十一日，其条款以可持续发展指针为索引（附注19.2）：

- 保护和再生自然。
- 培养生物多样性。
- 缓解气候危机并支持本集团参与的小区。

本集团承诺投资于两个环境基金：Livelihoods Carbon fund Sicav及Mirova fund Sicav（附注31.2）。

利息

……

二〇二三财年双边现金池融资及二〇二一财年循环融资均视乎美元提取的金额分别增加35个基点及15个基点差额。

然而，二〇二一财年循环融资可以根据以下4项企业社会责任关键绩效指标获得1个基点的花红：

- 产品所用植物的可追溯性。
- 使用可再生电力。
- 直接供货商企业社会责任评级。
- 共益企业（B－Corp）认证。

于二〇二四年三月三十一日，本集团实现所有适用关键绩效指标，减少差额0.04个基点。

其他承担

……

于二〇二二财年，本集团承诺向 Liveihoods Carbon fund Sicav 投资总额为 5,000,000 欧元。Livelihoods 于二〇〇八年在 Danone 的领导下成立，旨在恢复退化的生态系统、重建当地经济和应对气候变化。作为回报，预计在二〇三〇年前以实物股息的形式获得碳补偿。于二〇二四年三月三十一日，资本催缴金额 266,000 欧元于资产负债表内「其他非流动资产」列账。

于二〇二三财年，本集团承诺向 Mirova fund Sicav 投资总额为 40,000,000 欧元。Mirova 于二〇一二年在 Natixis Investment Managers 的领导下成立，旨在保护和恢复自然资本，包括可持续农业及可持续林业。作为回报，预计在二〇三〇年前以实物股息的形式获得碳补偿。于二〇二四年三月三十一日，资本催缴金额 4,378,000 欧元于资产负债表内「其他非流动资产」列账。

示例 8 – 125　华能国际（600011. SH）

商誉

说明商誉减值测试过程、关键参数（例如预计未来现金流量现值时的预测期增长率、稳定期增长率、利润率、折现率、预测期等，如适用）及商誉减值损失的确认方法。

EMA 在 2021 年 11 月 10 日发布新加坡电力市场展望报告（“SEMO2021”）指出，在兼顾考虑包括人口、气候、经济以及高速增长的需求端如数据中心等影响后，自 2022 年至 2032 年未来 10 年期间，年度电力系统需求与电力峰值需求将以 2.8% 至 3.2% 的年度复合增长率增长。根据 SEMO2021，2009 年至 2020 年期间电力市场年度复合增长率约 2.2%。新加坡大士能源在新加坡的市场份额始终保持稳定，2020 年、2021 年、2022 年和 2023 年的市场份额分别为 21.4%、19.2%、22.3% 和 20.4%。

资产减值损失

华能山东区域聊城热电、临沂发电、济宁运河和众泰电厂共 4 家电厂。

2023 年计提减值原因：

为进一步贯彻落实碳达峰、碳中和的政策要求，近年来国家大力发展非化石能源，推动能源结构持续优化，稳步推进低碳转型。2023 年第四季度，按照国家、山东省有关政策要求，在考虑当地居民供热接续因素并与山东省相关主管部门沟通确认后，经公司决策，华能山东区域 13 台煤电机组计划于 2025 – 2026 年陆续提前关停，出现长期资产减值迹象。

示例 8 – 126　中国石化（600028. SH）

重要会计政策

环保支出

与现行持续经营业务或过去业务所导致的情况有关的环保支出于实际发生时计入当期损益。与未来补救成本有关的负债是当很可能会进行环境评估及/或清洁工作，以及可可靠估计有关成本时入账。当本集团得悉与环保或有事项有关的事实后，本集团会重估其应计负债及其他潜在风险。

固定资产

勘探及开发分部个别油田的油气储量下降及开采成本过高导致与石油和天然气生产活动相关的固定资产的减值亏损，其中油气资产计提减值亏损人民币7.77亿元。勘探及开发分部固定资产减值评估采用的可收回金额是根据相关资产组预计未来现金流量的现值所确定的。预测期年限及预测期内原油及天然气产量依据探明储量结果而确定；预测期内原油及天然气销售价格依据对能源供需关系、中国低碳转型的发展要求及国内外经济形势的综合分析而确定，税前折现率依据加权平均资本成本计算得出，为7.86% -5.94%（2022年：8.17% -14.86%）。在其他条件保持不变，预测未来油价下降5%的情况下，相关固定资产的减值亏损将增加约人民币14.18亿元（2022年：人民币16.93亿元）；在其他条件保持不变，操作成本上升5%的情况下，相关固定资产的减值亏损将增加约人民币6.34亿元（2022年：人民币15.08亿元）；在其他条件保持不变，折现率上升5%的情况下，相关固定资产的减值亏损将增加约人民币0.08亿元（2022年：人民币1.26亿元）。

或有事项

环保方面的或有负债

根据现行法规，管理层相信没有可能发生将会对本集团的财务状况或经营业绩有重大不利影响的负债。然而，中国政府已经开始执行适用的法规并可能加大执行力度，以及采纳更为严谨的环保标准。环保方面的负债存在着若干不确定因素，影响本集团估计各项补救措施最终费用的能力。这些不确定因素包括：(i) 各个场地，包括但不限于炼油厂、油田、加油站、码头及土地开发区（不论是正在运作、已经关闭或已经出售），受污染的确实性质和程度；(ii) 所需清理措施的范围；(iii) 可供选择的补救策略而产生不同的成本；(iv) 环保补救规定方面的变动；(v) 物色新的补救场地。由于未知的可能受污染程度和未知的所需纠正措施的实施时间和范围，现时无法厘定这些日后费用的数额。因此，现时无法合理地估计建议中的或未来的环保法规所引致的环保方面的负债后果，而后果也可能会重大。

截至2023年12月31日，本集团计入合并财务报表标准的污染物清理费用约人民币191.56亿元（2022年：人民币168.23亿元）。

示例8－127　中国石油（601857.SH）

或有事项

环保责任

中国已全面颁布环保法规，该等法规均影响油气营运。根据现有法规，管理层认为，除已计入本合并财务报表的数额外，并不存在其他可能对本集团财务状况产生重大负面影响的环保责任。

于2023年12月31日，已计入本合并财务报表与环保责任相关的资产弃置义务数额为 1,442.99 亿元（2022 年 12 月 31 日：1,420.81 亿元）（附注 36）。

示例 8－128　建设银行（601939. SH）

风险管理——信用风险

预期信用损失计量——信用风险显著增加

本集团至少于每季度评估相关金融工具的信用风险自初始确认后是否发生显著增加。本集团以单项金融工具或者具有共同信用风险特征的金融工具组合为基础，按照实质性风险判断原则，通过比较金融工具在资产负债表日发生违约的风险与在初始确认日发生违约的风险，以确定金融工具信用风险是否显著增加。本集团进行相关评估时充分考虑各种合理且有依据的信息，包括但不限于：债务人的内部信用等级；业务的风险分类，逾期状态，以及合同条款等信息；对债务人授信策略或信用风险管理方法的变动信息；债务人的征信、外部评级、债务和权益价格变动、信用违约互换价格、信用利差、舆情等信息；债务人及其股东、关联企业的经营和财务信息；可能对债务人还款能力产生潜在影响的宏观经济、行业发展、技术革新、气候变化、自然灾害、社会经济金融政策、政府支持或救助措施等。

示例 8－129　中国银行（601988. SH）

金融风险管理——信用风险

预期信用损失计量——前瞻性信息

本集团结合前瞻性信息进行了预期信用损失评估，在预期信用损失的计量中使用了多个模型和假设。本集团对于 2023 年 12 月 31 日的预期信用损失的评估，考虑了当前经济环境的变化对于预期信用损失模型的影响，包括：债务人的经营情况和财务状况及受到经济环境的影响程度，环境与气候变化影响，及特定行业风险。

示例 8－130　联想集团（00992. HK）—2023/2024 年年报

财务风险管理

公允值估算

按公允值入账的金融工具于不同层级的定义如下：

—第 1 层相同资产或负债在活跃市场的报价（未经调整）。

—第 2 层除了第 1 层所包括的报价外，该资产和负债的可观察的资料，可为直接（即价格）或间接（即源自价格）。

—第 3 层资产和负债并非依据可观察市场数据的资料（即非可观察资料）。

在活跃市场买卖的金融工具的公允值根据结算日的市场报价列账。当报价可实时和定期从证券交易所、交易商、经纪、业内人士、定价服务者或监管代理获得，而该等报价代表按公平交易基准进行的实际和常规市场交易时，该市场被视为活跃。本集团持有的金融资产的市场报价为当时买方报价。市场报价已纳入市场对经济环境变化（如利率上升和通货膨胀）以及环境、社会和治理风险（ESG 风险）变化的假设。此等工具包括在第1层。

没有在活跃市场买卖的金融工具（例如场外衍生工具）的公允值利用估值技术厘定。估值技术尽量利用可观察市场数据（如有），尽量少依赖实体的特定估计。如计算一金融工具的公允值所需的所有重大数据为可观察数据，则该金融工具归入第2层。

如一项或多项重大资料并非根据可观察市场数据，则该金融工具归入第3层。这是非上市的股权证券和ESG风险导致重大不可观察调整的金融工具的情况。

示例8-131　中国人保（601319. SH）

风险管理

保险风险——保险风险类型

保险风险是指发生保险事故的可能性以及由此产生的赔款金额和时间的不确定。

……以死亡为主要承保风险而言，传染病、生活方式的巨大改变和自然灾害均为可能增加整体索赔频率的重要因素，而导致比预期更早或更多的索赔。就以生存为承保风险而言，不断改善的医学水平和社会条件有助延长寿命，因此是最重要的影响因素。对于若干分红保险合同而言，其分红特征使较大部分保险风险由投保方所承担。

保险风险也会受保户终止合同、减少支付保费、拒绝支付保费或利用年金转换的权利等影响。因此，保险风险受保单持有人的行为和决定影响。

就财产保险合同而言，索赔经常受到气候变化、自然灾害、巨灾、恐怖袭击等诸多因素影响。

保险风险集中度

中国部分省份的财产保险赔款经常受到洪水、地震和台风等自然灾害的影响，所以这些地区的风险单位的过于集中可能对整体保险业务的赔付有严重影响。本集团通过接受中国不同省份（包括香港）的风险以达到区域风险的分散。

示例8-132　大唐发电（00991. HK）

递延收入

本集团已收取的递延收入主要是来自当地政府环境保护部门对在进行及已核准的环保工程项目的政府补贴。

第十三节　非经常性损益列报常见事项及披露示例

2023年12月22日，证监会发布了《公开发行证券的公司信息披露解释性公告第1号——非经常性损益（2023年修订）》（证监会公告〔2023〕65号）（以下简称“解释1号”），自公布之日起施行。

解释 1 号主要修订内容包括：一是新增三项非经常性损益判断原则，明确非经常性损益应基于交易和事项的经济性质、结合行业特点和业务模式、遵循重要性原则进行认定。二是明确实际执行中存在争议的问题，如规定公司因经营活动不再持续，或因税收、会计等法律法规调整等而对当期损益产生的一次性影响，应计入非经常性损益，减少实务执行争议。三是完善政府补助、金融资产、股份支付相关非经常性损益列举项目，明确相关业务损益计入非经常性损益的标准，帮助投资者恰当评价公司持续经营能力，提升财务信息披露规则与当前资本市场环境、发展阶段之间的契合性。四是结合近年企业会计准则和监管规则修订情况，完善相关表述，在股份支付、显失公允的交易收益等列举项目上，与发行上市、退市环节有关要求保持一致。

对于计入当期损益的政府补助，解释性公告第 1 号的新规则删除定额定量的要求从而适度放宽标准，明确“持续影响”强调的是对损益的持续影响；对于因不可抗力因素导致的损失，解释性公告第 1 号的新规则放宽标准，不限于资产减值准备，包括各项资产损失；对于企业重组费用，解释性公告第 1 号的新规则限定于终止经营情形下发生的一次性费用，不包括收购等不涉及终止经营的重组交易；解释性公告第 1 号新规则新增一次性计入损益的股份支付费用属于非经常性损益（取消、修改导致加速行权），与发行上市环节有关要求保持一致；另外，一次性授予的股份支付费用也属于非经常性损益；明确以现金结算的股份支付可行权日之后的公允价值变动损益属于非经常性损益；对于交易价格显失公允的交易，删除“超过公允价值部分”，包括全部收益，且仅收益扣非、损失不扣非；明确判断依据为“定义和原则”；违反列举项目的，应单独披露“名称、金额及原因”，自行认定非经常性损益的，根据金额是否重大分别披露；与编报规则第 15 号一致，新增保密要求。

上市公司在披露定期报告时，应在财务报表附注中披露执行解释性公告第 1 号新规则对可比会计期间非经常性损益的影响情况。

一、非经常性损益列报常见事项

由于非经常性损益的认定是采用定义和列举并用的方式，在上市公司实际执行过程中，存在重形式轻实质的问题：公司在判断某项目是否属于非经常性损益时，只是简单对照规则中列举的各项目认定，凡是规则中列举的项目，就认定为非经常性损益项目；凡是规则中未列举的项目，就认定为经常性损益项目，而不考虑这些项目与公司经营业务的关联程度、性质和发生频率。

上市公司在非经常性损益列报方面常见的会计事项包括：是否属于非经常性损益的判断、政府补助是否作为非经常性损益披露、非经常性损益项目所得税影响数的计算等。

如无特别说明，本节示例来自相关公司公开披露的 2023 年年度报告。

二、非经常性损益列报的判断

（一）非经常性损益列报的判断框架

非经常性损益的三个要素如图 8－15 所示。

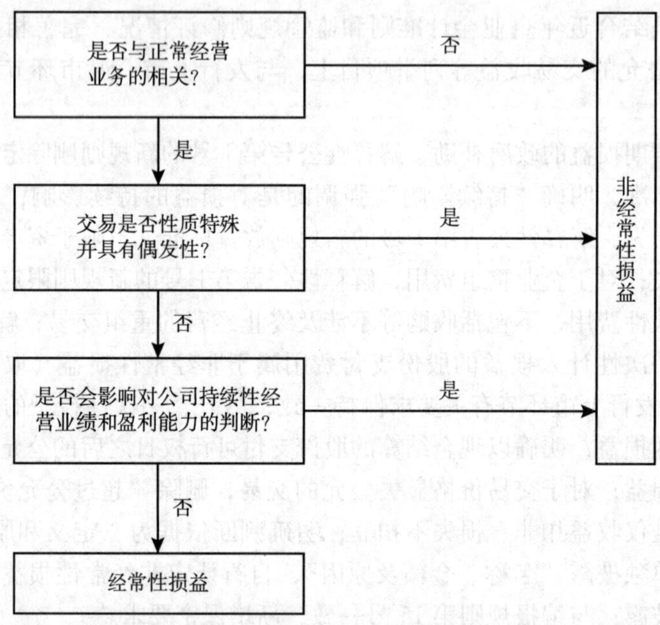

图 8－15　非经常性损益的三个要素

（二）非金融企业常见投资金融产品相关损益的非经常性损益的界定

非金融企业常见投资金融产品相关损益的非经常性损益的界定如表 8－36 所示。

表 8－36　　非金融企业常见投资金融产品相关损益的非经常性损益的界定

常见投资产品	持有期间的利息	持有期间的分红	公允价值变动损益及处置损益
银行理财产品	经常（若单独确认）	经常	非经，项目（三）
结构性存款	经常（若单独确认）	经常	非经，项目（三）
大额存单	经常（若单独确认）	经常	非经，项目（三）
公司债/企业债	经常	经常	非经，项目（三）
股票投资（FVTPL）	N/A	经常	非经，项目（三）
其他权益工具投资	N/A	经常	N/A

续表

常见投资产品	持有期间的利息	持有期间的分红	公允价值变动损益及处置损益
对外借款	非经，项目（四）	N/A	非经，项目（三）
信托计划	非经，项目（五）	非经，项目（五）	非经，项目（三）
资产管理计划	非经，项目（五）	非经，项目（五）	非经，项目（三）
私募基金	非经，项目（五）	非经，项目（五）	非经，项目（三）
委托贷款	非经，项目（六）	非经，项目（六）	非经，项目（三）

注1：持有期间的利息，是指能通过SPPI测试的金融资产按照实际利率法计算的利息收入（投资收益），以及以公允价值计量且其变动计入当期损益的金融资产单独确认的利息收入（投资收益）。

注2：持有期间的分红，是指不能通过SPPI测试的债权投资和股权投资取得的分红和股利。因此，无论投资产品是否能够通过SPPI测试，在持有期间取得的收益若单独确认通常属于经常性损益［属于项目（四）（五）（六）的除外］。

注3：处置损益包括公司在市场上出售、赎回，以及到期收回等方式终止确认金融资产取得的处置损益。

注4：另外，根据《监管规则适用指引——会计类第1号》"1－26　非经常性损益的认定"中"非金融企业收取的资金占用费"，如果产生资金占用费的业务与公司的日常经营活动直接相关，且并非临时性和偶发性，该资金占用费可不认定为非经常性损益。

注5：项目（三）、（四）、（五）、（六）分别指：

项目（三）指除同公司正常经营业务相关的有效套期保值业务外，非金融企业持有金融资产和金融负债产生的公允价值变动损益以及处置金融资产和金融负债产生的损益。

项目（四）指计入当期损益的对非金融企业收取的资金占用费。

项目（五）指委托他人投资或管理资产的损益。

项目（六）指对外委托贷款取得的损益。

三、准则相关规定与监管指引（节选）

（一）《公开发行证券的公司信息披露解释性公告第1号——非经常性损益（2023年修订）》

一、非经常性损益的定义

非经常性损益是指与公司正常经营业务无直接关系，以及虽与正常经营业务相关，但由于其性质特殊和偶发性，影响报表使用人对公司经营业绩和盈利能力做出正常判断的各项交易和事项产生的损益。

二、非经常性损益的界定，应以非经常性损益的定义为依据。在界定非经常性损益项目时，应遵循以下原则：

（一）非经常性损益的认定应基于交易和事项的经济性质判断；

（二）非经常性损益的认定应基于行业特点和业务模式判断；

（三）非经常性损益的认定应遵循重要性原则。

三、非经常性损益通常包括以下项目：

（一）非流动性资产处置损益，包括已计提资产减值准备的冲销部分；

（二）计入当期损益的政府补助，但与公司正常经营业务密切相关、符合国家政策规定、按照确定的标准享有、对公司损益产生持续影响的政府补助除外；

（三）除同公司正常经营业务相关的有效套期保值业务外，非金融企业持有金融资产和金融负债产生的公允价值变动损益以及处置金融资产和金融负债产生的损益；

（四）计入当期损益的对非金融企业收取的资金占用费；

（五）委托他人投资或管理资产的损益；

（六）对外委托贷款取得的损益；

（七）因不可抗力因素，如遭受自然灾害而产生的各项资产损失；

（八）单独进行减值测试的应收款项减值准备转回；

（九）企业取得子公司、联营企业及合营企业的投资成本小于取得投资时应享有被投资单位可辨认净资产公允价值产生的收益；

（十）同一控制下企业合并产生的子公司期初至合并日的当期净损益；

（十一）非货币性资产交换损益；

（十二）债务重组损益；

（十三）企业因相关经营活动不再持续而发生的一次性费用，如安置职工的支出等；

（十四）因税收、会计等法律、法规的调整对当期损益产生的一次性影响；

（十五）因取消、修改股权激励计划一次性确认的股份支付费用；

（十六）对于现金结算的股份支付，在可行权日之后，应付职工薪酬的公允价值变动产生的损益；

（十七）采用公允价值模式进行后续计量的投资性房地产公允价值变动产生的损益；

（十八）交易价格显失公允的交易产生的收益；

（十九）与公司正常经营业务无关的或有事项产生的损益；

（二十）受托经营取得的托管费收入；

（二十一）除上述各项之外的其他营业外收入和支出；

（二十二）其他符合非经常性损益定义的损益项目。

六、公司根据定义和原则将本规定列举的非经常性损益项目界定为经常性损益的，应当在附注中单独披露该项目的名称、金额及原因；公司将本规定未列举的项目认定为非经常性损益的，若金额重大，则应单列其项目名称和金额，同时在附注中单独披露该项目的名称、金额及原因，若金额不重大，可将其计入“其他符合非经常性损益定义的损益项目”列报。

十、本规则自公布之日起施行。2008 年 10 月 31 日发布的《公开发行证券的公司信息披露解释性公告第 1 号——非经常性损益（2008 年修订）》（证监会公告〔2008〕43 号）同时废止。

上市公司在披露定期报告时，应在财务报表附注中披露执行本规则对可比会计期间非经常性损益的影响情况。

（二）《监管规则适用指引——会计类第 1 号》

1－26　非经常性损益的认定

根据《公开发行证券的公司信息披露解释性公告第 1 号——非经常性损益》（以下简称解释 1 号）的规定，非经常性损益是指与公司正常经营业务无直接关系，以及虽与正常经营业务相关，但由于其性质特殊和偶发性，影响报表使用人对公司经营业绩和盈利能力作出正常判断的各项交易和事项产生的损益。

非经常性损益的界定，应以非经常性损益的定义为依据，考虑其定义中的三个要素，即“与正常经营业务的相关性”、“性质特殊和偶发性”以及“体现公司正常的经营业绩和盈利能力”，同时应结合公司实际情况，参考列举项目，进行综合判断，而不应简单地把解释 1 号中列举的项目认定为非经常性损益，或者把解释 1 号中未列举的项目认定为不属于非经常性损益。

如果公司把解释 1 号中列举的项目认定为不属于非经常性损益的，应当在附注中披露该项目的名称、金额及原因；如果公司把解释 1 号中未列举的项目认定为非经常性损益的，若金额不重大，应将其计入“其他符合非经常性损益定义的损益项目”列报，若金额重大，则应单列其项目名称和金额，同时还应在附注中披露该项目的名称、金额及原因。

监管实践发现，部分公司在认定非经常性损益时对解释 1 号的理解存在偏差和分歧。现就具体事项如何适用上述原则的意见如下：

一、软件产品增值税退税款

公司收到的软件产品增值税退税是否属于非经常性损益，判断的关键，一是该增值税退税是否与公司正常经营业务密切相关，二是其是否属于定额定量的政府补助。非经常性损益判断标准中的定额定量标准侧重于此项政府补助是否属于国家持续的产业政策扶持，是否具有可持续性。如果公司收到的增值税退税与其主营业务密切相关、金额可确定且能够持续取得，其能够体现公司正常的经营业绩和盈利能力，则不属于非经常性损益。

二、因重组标的业绩未达承诺确认的业绩补偿和计提的商誉减值

并购重组交易安排中，交易标的出售方一般会对交易完成后交易标的在一定期间的利润作出承诺。标的资产未按预期实现承诺利润时，出售方会以股份或现金方式对收购方给予补偿。由于上述补偿仅针对并购重组交易完成后的特定期间，正常经营情况下，企业取得业绩补偿款不具有持续性，应作为非经常性损益。同时，因并购重组产生的商誉，其减值与企业的其他长期资产（例如固定资产、无形资产等）减值性质相同，属于企业日常经营活动产生，不应认定为非经常性损益。

三、实施重大资产重组发生的中介机构服务费

解释 1 号中列举的企业重组费用，主要包括安置职工的支出、整合费用等，并不包括重大资产重组的中介机构费用。并购重组是企业的正常经济活动，涉及的资产也属于经营性资产，券商、会计师等中介机构的费用是发生此类交易的必要合理支出，

不应认定为非经常性损益。

四、募集资金使用之前产生的定期存款利息

募集资金产生定期存款的利息虽然与公司的日常活动无关，且存在偶发性，但公司发行股份募集资金本质上属于一种融资行为，在募集资金投入使用之前和之后，分别以定期存款和形成的募投项目为企业带来收益，两者只是资产以不同的形态存在从而带来不同的收益。此外，如果将募集资金产生的存款利息收入扣除，会导致计算净资产收益率和每股收益等指标时，出现分子和分母不匹配的结果。因此，募集资金在使用之前产生的定期存款利息不属于非经常性损益。

五、非金融企业收取的资金占用费

解释1号中列举的项目虽然包括“计入当期损益的对非金融企业收取的资金占用费”，但并不意味着资金占用费性质的收入必然属于非经常性损益，公司仍可以依据自身情况做出具体判断。如果产生资金占用费的业务与公司的日常经营活动直接相关，且并非临时性和偶发性，该资金占用费可不认定为非经常性损益。

六、房地产企业出售项目公司股权产生的处置损益

出于税收或者其他一些因素的考虑，房地产企业可能以转让子公司股权的形式，实现对房地产存货或其他物业资产的转让。在判断相关处置损益是否构成非经常性损益时，不能简单地认为处置公司股权产生的损益一概属于非经常性损益，而应视具体情况结合非经常性损益定义进行判断。具体分析时，公司应穿透该股权形式，根据项目公司所开发基础资产的性质和类别，分析该项转让是否与公司常规业务相同。通常而言，基础资产在合并财务报表可能的资产类别包括存货（开发成本、开发产品等）、固定资产、无形资产和投资性房地产等。如果公司常规业务是房地产项目开发完成后出售，则通过转让股权方式把一项待开发的土地使用权和部分开发成本一次性出售所取得的投资收益，应当作为非经常性损益，这与公司处置固定资产或投资性房地产等长期资产适用的判断类似。但是，如果转让股权所对应的基础资产实质上是已开发完成的房屋存货，出售开发完成的房屋属于公司的常规业务，且公司能提供充足的证据（例如近年来出售类似项目子公司股权的频率足够高、金额足够大等）证明其为常规业务，公司均是通过这种方式来获利，则股权处置损益可不认定为非经常性损益。

七、企业集团中关于非经常性损益的判断

公司在编制合并财务报表时，应当将整个企业集团视为一个会计主体，按照统一的会计政策，反映企业集团整体财务状况、经营成果和现金流量。然而，在界定非经常性损益项目时，对于企业集团内的损益项目应基于单独公司进行判断。例如，企业集团内的母公司取得某项收益与其日常经营业务无关，被认定为非经常性损益。在合并财务报表中，该项收益并不能因为合并范围内有子公司存在相关经营范围而被重新认定不属于非经常性损益。

（三）《监管规则适用指引——会计类第 2 号》

2－14　与递延所得税适用税率相关的非经常性损益认定

根据《公开发行证券的公司信息披露解释性公告第 1 号——非经常性损益》规定，非经常性损益是指与公司正常经营业务无直接关系，以及虽与正常经营业务相关，但由于其性质特殊和偶发性，影响报表使用者对公司经营业绩和盈利能力作出正常判断的各项交易和事项产生的损益。其中，根据税收、会计等法律法规的要求对当期损益进行一次性调整对当期损益的影响，通常属于非经常性损益。

监管实践发现，部分公司对于因高新技术企业认定变化，导致适用所得税税率变动而重新计量所确认的递延所得税形成对损益的一次性调整，能否计入非经常性损益，存在理解上的偏差和分歧。现就该事项的意见如下：

公司应分析高新技术企业认定变化的原因。因国家高新技术企业认定相关政策调整导致企业资质认定发生变化的，公司对当期损益进行的一次性调整应当计入非经常性损益；因公司生产经营情况变化导致其资质认定发生变化的，公司对损益进行的一次性调整应当计入经常性损益。

（四）证监会《上市公司年报会计监管报告》

《上市公司 2023 年年度财务报告会计监管报告》

根据《公开发行证券的公司信息披露解释性公告第 1 号——非经常性损益（2023 年修订）》，非经常性损益是指与公司正常经营业务无直接关系，以及虽与正常经营业务相关，但由于其性质特殊和偶发性，影响报表使用人对公司经营业绩和盈利能力做出正常判断的各项交易和事项产生的损益。

审阅分析发现，部分上市公司未按照非经常性损益的定义正确认定非经常性损益项目：

一是未正确认定与收取的资金占用费相关的损益。部分上市公司（非金融企业）将收取的资金占用费用于弥补日常经营活动有关支出，在披露非经常性损益时，错误将该计入当期损益的对非金融企业收取的资金占用费作为经常性损益列报。非经常性损益的认定应根据交易和事项本身的经济性质，若相关收益来自非经常性活动本身，则上市公司应将该收益认定为非经常性损益，不应再考虑该收益产生资金的用途。

二是未正确认定与客户赔偿款相关的损益。部分上市公司将其因履约不当支付给客户的赔偿款确认为营业外支出或销售费用，并认定为非经常性损益。上市公司因未能恰当履约而调整合同价款的，应冲减收入，相关调整事项与公司正常经营业务相关，不应认定为非经常性损益。

三是未正确认定与应收子公司债权相关的预期信用损失。个别上市公司以后续将处置子公司、预计未来将冲减处置子公司投资收益为由，错误地将合并报表中已抵销的对子公司债权计提的预期信用损失认定为非经常性损失。

四是未正确认定递延所得税适用税率对当期损益产生的一次性影响。部分上市公司在国家税收政策、税收优惠认定标准未发生变化的情况下，因公司自身生产经营情况变化导致其资质认定、税率适用等发生变化，对递延所得税进行重估调整，上市公司错误地将相关损益一次性调整认定为非经常性损益。前述上市公司递延所得税适用税率变化对当期损益的影响，不属于根据税法、会计等法律法规的要求对当期损益进行一次性调整，不应认定为非经常性损益。

五是未正确认定企业因相关经营活动不再持续而发生的一次性费用。例如，有的上市公司错误地将重大资产重组聘请相关中介机构支付的费用认定为非经常性损益；有的上市公司调整固定资产折旧年限、进行会计估计变更，错误地将当期折旧费用变化金额认定为非经常性损益。上述并购重组及会计估计变更不属于企业因相关经营活动不再持续而发生的一次性费用。

六是未正确认定股份支付费用。部分上市公司存在附可行权条件的股权激励计划，预计不能满足当期业绩考核指标，未确认当期股份支付费用，同时根据行权的可能性冲回以前年度已计提的股份支付费用，并将相关调整金额认定为非经常性损益。在等待期内的每个资产负债表日，以可行权最佳估计数为基础，将取得的职工提供的服务计入成本费用，为企业正常生产经营所必需的，不属于因取消、修改股权激励计划一次性确认的股份支付费用，不应认定为非经常性损益。

针对上述问题，证监会将进一步做好以下工作：一是梳理审阅发现的上市公司问题线索，及时跟进并按规定进行后续监管处理。二是就监管工作中发现的典型问题，组织召开年度会计监管协调会，统一监管口径。三是密切跟踪市场热点难点会计处理问题，继续以案例解析等形式加强实践指导，提升资本市场执行企业会计准则和财务信息披露规则的一致性和有效性。

《上市公司2022年年度财务报告会计监管报告》

审阅分析发现，部分上市公司未按照非经常性损益相关规定，恰当披露非经常性损益项目：

一是将大规模闭店产生的损失全部计入非经常性损益。一般情况下，上市公司因经营不善等自身经营管理原因而决定关闭门店，是公司维持持续经营能力所作出的正常经营活动决策，不应列报为非经常性损益。

二是将停工期间的设备折旧、人员工资等损失计入非经常性损益。公司正常停工停产期间（如因市场需求不足或生产事故导致停工检修等），生产设备折旧费用属于营业成本，与公司正常经营业务密切相关，不应列报为非经常性损益。

三是将停业期间政府每月按照固定金额发放的停产停业经济损失补偿计入经常性损益。该补偿仅在停产期间发放，具有一定的特殊性和偶发性，可能影响投资者恰当评价上市公司经营业绩和盈利能力，应列报为非经常性损益。

四是将与自身业务模式相关的担保损失计入非经常性损益。部分上市公司因购销业务为供应商、客户提供担保，或者为子公司、联营企业等被投资单位开展经营提供担保，却错误地将相关担保损失计入非经常性损益。上市公司应当综合考虑财务担保对象、商业合理性、交易特点等因素，判断该财务担保是否与公司的正常经营业务相关。通常情况下，上市公司为开展正常经营业务所承担的担保损失不应作为非经常性损益披露。

五是将与自身业务模式相关的资产处置损益计入非经常性损益。上市公司从事分散式房屋管理业务，其先作为承租人与业主方签订房屋租赁合同，后作为出租人将房屋转租出去。按照租赁准则有关规定，上市公司需先确认使用权资产和租赁负债，转租赁后再终止确认使用权资产和租赁负债，并确认资产处置损益。如果使用权资产转租是上市公司的正常经营模式，则使用权资产的处置行为具有持续性，并且对报表使用者恰当评估公司业绩产生重要影响，上市公司不应将相关处置损益计入非经常性损益。

《2021 年上市公司年报会计监管报告》

年报分析发现，部分上市公司对非经常性损益的认定存在以下问题：

一是未正确认定和披露与碳排放额度相关的非经常性损益。个别上市公司将使用购入的碳排放配额履行减排义务所发生的营业外支出列示为非经常性损益。一般情况下，上市公司购入碳排放配额履行减排义务属于与公司正常经营业务相关的支出，通常不属于非经常性损益项目，除非有明确证据表明本期支出的性质特殊和偶发性。

二是未正确认定与终止经营相关的非经常性损益。个别上市公司因子公司经营业绩不理想，决定解散清算该子公司，并自做出决定之日起将该子公司认定为终止经营。上市公司认为子公司停业清算具有偶发性，将终止经营的相关损益（包括管理费用、财务费用、资产减值损失等项目）全部列报为非经常性损益。一般情况下，上市公司因经营不佳而决定终止某一子公司或事业部，是公司维持持续经营能力所做出的正常经营活动决策，是日常运营的商业结果。上市公司应结合损益项目具体形成原因、性质、特点来判断其是否属于非经常性损益范畴，不应简单将全部终止经营损益列报为非经常性损益。

三是未正确认定与长期资产处置相关的非经常性损益。个别上市公司未正确区分长期资产的处置损益和减值损失，将处置长期资产时未及时足额计提减值准备的部分确认为处置损失，并计入非经常性损益。一般情况下，长期资产的处置损益为非经常性损益，减值损失为经常性损益，上市公司不应将处置长期资产时未及时足额计提减值准备的部分计入非经常性损益。

《2020 年上市公司年报会计监管报告》

根据《公开发行证券的公司信息披露解释性公告第 1 号——非经常性损益》(2008 年修订)，非经常性损益是指与公司正常经营业务无直接关系，以及虽与正常经营业务相关，但由于其性质特殊和偶发性，影响报表使用人对公司经营业绩和盈利能力做出正常判断的各项交易和事项产生的损益。上市公司应对照非经常性损益的定义，综合考虑相关损益同公司正常经营业务的关联程度以及可持续性，结合自身实际情况做出合理判断。

年报分析发现，部分上市公司对非经常性损益的认定不正确：一是未将按照套期会计准则处理但属于套期无效部分的损益作为非经常性损益列示，未将因处置套期工具产生的损益作为非经常性损益列示；二是未将取消股权激励一次性计入当期费用的部分作为非经常性损益列示；三是未将单项计提的应收账款坏账准备转回认定为非经常性损益；四是未将确认为交易性金融资产的理财产品持有期间公允价值变动损益作为非经常性损益；五是错误地将权益性金融工具（如其他权益工具投资）持有期间取得的现金股利认定为非经常性损益。

《2019 年上市公司年报会计监管报告》

年报分析发现，部分上市公司对非经常性损益的认定不正确：一是当期发生同一控制下企业合并，未将被合并子公司期初至合并日的当期净损益作为非经常性损益披露；二是在报告期内发生非同一控制下企业合并，合并日取得的存货按公允价值计量，并在当期全部结转成本，上市公司将该存货的公允价值增值部分计入非经常性损益；三是未将非同一控制下企业合并购买日之前持有的股权按照公允价值重新计量产生的利得计入非经常性损益；四是未将本年度确认的较大金额的其他非流动金融资产公允价值变动收益计入非经常性损益；五是非金融企业的上市公司未将处置理财产品等交易性金融资产取得的投资收益作为非经常性损益披露，也未解释原因；六是将通过资产证券化处置应收账款产生的损失错误列示为非经常性损失；七是未将处置无形资产、长期股权投资等资产处置收益作为非经常性损益列报；八是计划关停亏损子公司，错误地将关停之前对子公司资产计提的减值损失作为清算费用列报为营业外支出，并计入非经常性损失；九是未将投资收益中的债务重组利得计入非经常性损益；十是未将不符合“与公司正常经营业务密切相关、按照国家统一标准定额或定量享受”要求的政府补助作为非经常性损益列报，例如稳岗补贴、当地开发区管委会给予的为期三年且后续视园区发展情况适当调整期限的运营补贴；十一是在计算非经常性损益时未考虑所得税影响等。

《2018 年上市公司年报会计监管报告》

年报分析发现，部分上市公司对非经常性损益的认定不正确，主要表现为：一是将与日常经营活动相关事项产生的损益，如处置积压存货产生的损失、子公司因失去主要客户而产生的停工损失等认定为非经常性损益；二是未根据公司经营特征、相关交易和事项发生的频次及性质进行判断，将处置子公司、联营公司股权产生的投资收益作为经常性损益披露；三是将股权激励计划等待期内摊销确认的相关费用作为非经常性损益披露，或将取消股权激励计划确认的加速行权费用作为经常性损益披露；四是未正确区分减值损失与资产处置损失，将处置长期资产时未及时足额计提减值准备的部分确认为处置损失，并计入非经常性损益；五是仅将计入营业外收支的项目作为非经常性损益披露，而未考虑计入“其他收益”和“资产处置收益”的项目等。

《2017 年上市公司年报会计监管报告》

1. 未结合公司自身实际情况恰当识别非经常性损益项目：年报分析发现，部分上市公司报告期内处置子公司、联营企业股权、可供出售金融资产、理财产品，并未根据公司经营特征、相关交易和事项发生的频次及性质进行判断，仅以其自身主要经营活动包括投资及投资管理为由，将上述事项对应的投资收益作为经常性损益列报。个别上市公司将分步实现非同一控制下企业合并中，原持有股权在购买日按公允价值重估产生的损益，或处置合营公司产生的投资损益，错误地列报为经常性损益。

此外，部分上市公司对于属于非经常性损益的政府补助，按照新修订的政府补助准则采用净额法列报，但未将其作为非经常性损益予以披露。另有个别商业零售业公司将提前终止经营门店计提的固定资产减值损失，作为非经常性损益列报。

2. 与非经性损益相关的披露不充分：年报分析发现，个别上市公司将部分政府补助或解释性公告 1 号列举的其他非经常性损益项目作为经常性损益，但未在附注中说明理由和依据。

《2016 年上市公司年报会计监管报告》

1. 未能正确识别与股份支付相关损益的性质：根据解释性公告 1 号的规定，对于以现金结算的股份支付，企业应当在等待期内的每个资产负债表日和结算日对负债的公允价值重新计量，确认为当期成本费用，属于经常性损益；在可行权日之后，企业需将应付职工薪酬的公允价值变动计入当期公允价值变动损益，属于非经常性损益。年报分析发现，部分上市公司未明确区分在等待期内和可行权日之后的以现金结算的股份支付余额，也未披露资产负债表日相关公允价值和损益影响，将实际支付的股票增值权费用超出已计提股权激励费用的股份价值全部划分为经常性损益。

2. 将合并商誉减值错误列报为非经常性损益

并购重组实务中，标的资产的出售方一般会对交易完成后标的资产在一定期间的利润作出承诺。在标的资产未按预期实现承诺利润时，出售方会以股份或现金方式给予上市公司补偿。由于补偿仅针对并购重组交易完成后的特定期间，正常经营情况下，企业取得业绩补偿款不具有持续性，根据解释性公告第 1 号的规定应确认为非经常性损益。同时，因并购重组产生的商誉，其减值与企业的其他长期资产（例如固定资产、无形资产等）减值性质相同，属于企业日常经营活动产生，应作为企业的经常性损益。年报分析发现，部分上市公司将业绩补偿产生的损益列报为非经常性损益，并且认为商誉减值与业绩补偿相关，错误地将商誉减值对损益的影响也列报为非经常性损益。

3. 非经披露不充分：年报分析发现，部分上市公司将规定中列举的非经常性损益项目界定为经常性损益项目，但未在附注中单独作出说明，使财务报告使用者无法根据相关信息作出恰当的判断。个别上市公司对其他符合非经常性损益定义的损益项目未进行充分披露，且与财务报表其他信息可能存在矛盾之处，使投资者很难理解该交易对财务报表的影响，不符合披露要求。

《2012 年上市公司执行企业会计准则监管报告》

部分上市公司并未将其处置股权投资的收益披露为非经常性损益，也未对此作出任何解释说明。此外，对于在非同一控制下分步实现企业合并的过程中对原持股部分进行重新计量所产生的收益，不少上市公司也未将其披露为非经常性损益。

《2011 年上市公司执行企业会计准则监管报告》

发现有公司将固定资产、无形资产及长期股权投资的处置损益计入经常性损益，同时在会计报表附注中未作任何说明；个别公司将与公司日常生产经营业务无关、期限较短的受托经营资产管理费计入经常性损益，该类项目产生的损益很难在未来期间持续存在，计入经常性项目将对投资者判断公司的核心业务利润及持续增长等产生影响。

四、将解释 1 号列举的项目界定为经常性损益的披露示例

（一）简要分析

非经常性损益是指与公司正常经营业务无直接关系，以及虽与正常经营业务相关，但由于其性质特殊和偶发性，影响报表使用人对公司经营业绩和盈利能力作出正常判断的各项交易和事项产生的损益。

非经常性损益可以为投资者了解公司的持续盈利能力、作出科学合理的投资决策提供了更为相关的信息。解释性公告第 1 号明确了非经常性损益的定义、具体项目和披露要求，为提非经常性损益的界定和信息披露提供了指引。

公司根据自身正常经营业务的性质和特点将解释性公告第 1 号列举的非经常性损益项目界定为经常性损益的项目，应当在附注中单独披露该项目的名称、金额及原因。实务中，此类项目主要是与公司正常经营业务密切相关，符合国家政策规定、按照确定的标准享有、对公司损益产生持续影响的政府补助。

（二）年报披露示例

将解释性公告第 1 号列举的项目界定为经常性损益的年报披露示例汇总如表 8 – 37 所示。

表 8－37　　将解释 1 号列举的项目界定为经常性损益的年报披露示例汇总

序号	参考示例	将解释 1 号列举的项目界定为经常性损益的类型
1	示例 8－133　中兴通讯（000063. SZ）	软件产品增值税退税收入；代扣代缴个税手续费收入；深圳市中兴创业投资基金管理有限公司投资收益及公允价值变动收益
2	示例 8－134　中信特钢（000708. SZ）	再生资源回收奖励
3	示例 8－135　华能国际（600011. SH）	增值税即征即退税、个税手续费返还；碳排放配额交易费用；碳排放配额交易收入
4	示例 8－136　江中药业（600750. SH）	植物有效成分提取及保健食品项目产业扶持资金、中药提取智能制造新模式工业转型升级资金等
5	示例 8－137　东方证券（600958. SH）	持有交易性金融资产、交易性金融负债、衍生金融工具产生的公允价值变动损益，持有以公允价值计量且其变动计入其他综合收益的金融资产、交易性金融资产、债权投资和贷款期间取得的投资收益，以及处置交易性金融资产、交易性金融负债、衍生金融工具、债权投资和其他债权投资取得的投资收益
6	示例 8－138　信达地产（600657. SH）	对联营/合营企业及其他外部合作方收取的利息收入；为配合房地产项目的协同拓展、合作开发会持有的公允价值计量的金融资产产生的损益
7	示例 8－139　朗新集团（300682. SZ）	增值税即征即退；发电补贴

示例 8－133　中兴通讯（000063. SZ）

当期非经常性损益明细表

单位：千元

项目	2023 年
非流动资产处置收益	20, 597
处置长期股权投资产生的投资收益	96, 013
除同公司正常经营业务相关的有效套期保值业务外，持有交易性金融资产、衍生金融资产、其他非流动金融资产、交易性金融负债、衍生金融负债、其他非流动负债产生的公允价值变动收益，以及处置交易性金融资产、衍生金融资产、其他非流动金融资产、交易性金融负债、衍生金融负债取得的投资收益（注 2）	（337, 021）
单独进行减值测试的应收款项减值准备转回	51, 446
投资性房地产公允价值变动收益	（211, 643）
除软件产品增值税退税收入和代扣代缴个税手续费收入之外的其他收益	343, 860
除上述各项之外的其他营业外收入和支出净额	（55, 239）

续表

项目	2023 年
其他符合非经常性损益定义的损益项目	2, 353, 649
小计	2, 261, 662
所得税影响数	(339, 249)
少数股东权益影响数（税后）	3, 815
	1, 926, 228

注 1：本集团对非经常性损益项目的确认依照《公开发行证券的公司信息披露解释性公告第 1 号非经常性损益（2023 年修订）》（证监会公告〔2023〕65 号）的规定执行。对于根据非经常性损益定义界定的非经常性损益项目，以及将其列举的非经常性损益项目界定为经常性损益的项目如下：

单位：千元

项目	2023 年	原因
软件产品增值税退税收入	1, 431, 243	符合国家政策规定、持续发生
代扣代缴个税手续费收入	30, 878	符合国家政策规定、持续发生
深圳市中兴创业投资基金管理有限公司（以下简称“中兴创投”）投资收益及公允价值变动收益	(29, 184)	中兴创投经营范围内业务

注 2：公司操作了系列外汇远期合约，在符合套期会计应用条件的前提下，公司未选择应用套期会计。套期工具的盈亏以被套期项目的汇兑损益为限计入经常性损益，本年公司正常经营业务相关的有效套期保值业务计入经常性损益的金额为人民币（307, 382）千元。

示例 8 – 134　中信特钢（000708. SZ）

当期非经常性损益明细表

单位：元

项目	金额	说明
非流动资产处置损益（包括已计提资产减值准备的冲销部分）	115, 225, 139. 79	主要是本期处置废旧厂房及设备产生的利得
计入当期损益的政府补助（与公司正常经营业务密切相关，符合国家政策规定、按照一定标准定额或定量持续享受的政府补助除外）	294, 180, 113. 19	主要是本期获得的政府补贴及递延收益摊销
计入当期损益的对非金融企业收取的资金占用费	71, 971, 103. 11	主要是本期债权利息以及拆迁补贴款利息收入
……	……	……
企业取得子公司的投资成本小于取得投资时应享有被投资单位可辨认净资产公允价值产生的收益	16, 166, 614. 95	

续表

项目	金额	说明
债务重组损益	32, 480, 671. 20	主要是泰富钢管债务重组产生的损益
罚没收入	15, 460, 143. 65	
非流动资产报废损失	-36, 018, 419. 27	主要是本期机器设备的报废损失
无须支付的应付款项	29, 741, 670. 92	主要是本期无须支付的往来款项
除上述各项之外的其他营业外收入和支出	18, 165, 357. 97	
其他符合非经常性损益定义的损益项目	37, 972, 396. 92	主要是收购日前泰富钢管计提的坏账准备转回
减：所得税影响额	109, 865, 854. 77	
少数股东权益影响额	27, 704, 938. 06	
合计	457, 773, 999. 60	—

其他符合非经常性损益定义的损益项目的具体情况：

公司本期其他符合非经常性损益定义的损益项目主要是收购日前泰富钢管计提的坏账准备转回。

将《公开发行证券的公司信息披露解释性公告第 1 号——非经常性损益》中列举的非经常性损益项目界定为经常性损益项目的情况说明。

项目	涉及金额（元）	原因
再生资源回收奖励	36, 592, 845. 00	可持续且稳定获得
合计	36, 592, 845. 00	—

示例 8-135　华能国际（600011. SH）

单位：元

项目	金额	说明
非流动性资产处置损益，包括已计提资产减值准备的冲销部分	1, 692, 418, 369	主要为转让华能四川能源开发 49% 股权实现的投资收益
计入当期损益的政府补助，但与公司正常经营业务密切相关、符合国家政策规定、按照确定的标准享有、对公司损益产生持续影响的政府补助除外	1, 181, 684, 431	主要为购煤补贴、国产设备增值税退税、环保补贴、供热补贴等

续表

项目	金额	说明
委托他人投资或管理资产的损益	-15,538,277	
受托经营取得的托管费收入	193,450,512	
单独进行减值测试的应收款项、合同资产减值准备转回	4,614,899	
对外委托贷款取得的损益	3,208,080	
除上述各项之外的其他营业外收入和支出	-84,917,459	
其他符合非经常性损益定义的损益项目	-23,095,350	主要为处置子公司、接收三供一业资产的影响
减：所得税影响额	42,979,044	
少数股东权益影响额（税后）	74,691,038	
合计	2,834,155,123	

注：本公司及其子公司对非经常性损益项目的确认按照《公开发行证券的公司信息披露解释性公告第1号——非经常性损益》（证监会公告〔2023〕65号）的规定执行。

对公司将《公开发行证券的公司信息披露解释性公告第1号——非经常性损益》未列举的项目认定为的非经常性损益项目且金额重大的，以及将《公开发行证券的公司信息披露解释性公告第1号——非经常性损益》中列举的非经常性损益项目界定为经常性损益的项目，应说明原因。

单位：元

项目	涉及金额	原因
增值税即征即退税、个税手续费返还	161,904,411	与公司正常经营业务密切相关
碳排放配额交易费用	47,513,519	与公司正常经营业务密切相关
碳排放配额交易收入	295,744,079	与公司正常经营业务密切相关

示例8-136　江中药业（600750.SH）

当期非经常性损益明细表

单位：元

项目	金额	说明
非流动性资产处置损益，包括已计提资产减值准备的冲销部分	1,219,015.36	
计入当期损益的政府补助，但与公司正常经营业务密切相关、符合国家政策规定、按照确定的标准享有、对公司损益产生持续影响的政府补助除外	43,437,340.97	

续表

项目	金额	说明
除同公司正常经营业务相关的有效套期保值业务外，非金融企业持有金融资产和金融负债产生的公允价值变动损益以及处置金融资产和金融负债产生的损益	-37, 108, 486. 56	
……	……	
同一控制下企业合并产生的子公司期初至合并日的当期净损益	1, 953, 044. 99	
……	……	
除上述各项之外的其他营业外收入和支出	3, 017, 998. 98	
其他符合非经常性损益定义的损益项目	642, 969. 18	
减：所得税影响额	2, 403, 762. 89	
少数股东权益影响额（税后）	6, 382, 134. 87	
合计	4, 375, 985. 16	

对公司将《公开发行证券的公司信息披露解释性公告第1号——非经常性损益》未列举的项目认定为的非经常性损益项目且金额重大的，以及将《公开发行证券的公司信息披露解释性公告第1号——非经常性损益》中列举的非经常性损益项目界定为经常性损益的项目，应说明原因。

单位：元

项目	涉及金额	原因
植物有效成分提取及保健食品项目产业扶持资金、中药提取智能制造新模式工业转型升级资金等	7, 515, 637. 63	与公司正常经营业务密切相关、符合国家政策规定、按照确定的标准享有、对公司损益产生持续影响的政府补助

示例8-137　东方证券（600958. SH）

当期非经常性损益明细表

单位：元

项目	本年发生额	上年发生额
非流动资产处置损益	3, 166, 261. 24	698, 209. 62
计入当期损益的政府补助（与企业业务密切相关，按照国家统一标准定额或定量享受的政府补助除外）	223, 020, 633. 71	126, 728, 181. 60
除上述各项之外的其他营业外收入和支出	(14, 461, 047. 13)	(28, 093, 189. 49)

续表

项目	本年发生额	上年发生额
所得税影响额	（59, 378, 003. 91）	（34, 807, 074. 29）
少数股东权益影响额（税后）		
合计	152, 347, 843. 91	64, 526, 127. 44

本集团持有交易性金融资产、交易性金融负债、衍生金融工具产生的公允价值变动损益，持有以公允价值计量且其变动计入其他综合收益的金融资产、交易性金融资产、债权投资和贷款期间取得的投资收益，以及处置交易性金融资产、交易性金融负债、衍生金融工具、债权投资和其他债权投资取得的投资收益不作为非经常性损益项目，而界定为经常性损益项目的原因为：本集团作为证券经营机构，上述业务均属于本集团的正常经营业务。

示例 8 –138　信达地产（600657. SH）

当期非经常性损益明细表

单位：元

项目	金额	说明
非流动性资产处置损益，包括已计提资产减值准备的冲销部分	–346, 594. 09	
计入当期损益的政府补助，但与公司正常经营业务密切相关、符合国家政策规定、按照确定的标准享有、对公司损益产生持续影响的政府补助除外	8, 053, 067. 71	
计入当期损益的对非金融企业收取的资金占用费		
除同公司正常经营业务相关的有效套期保值业务外，非金融企业持有金融资产和金融负债产生的公允价值变动损益以及处置金融资产和金融负债产生的损益		
除上述各项之外的其他营业外收入和支出	2, 206, 543. 73	
其他符合非经常性损益定义的损益项目		
减：所得税影响额	1, 933, 155. 14	
少数股东权益影响额（税后）	395, 466. 37	
合计	7, 584, 395. 84	

对公司将《公开发行证券的公司信息披露解释性公告第 1 号——非经常性损益》未列举的项目认定为的非经常性损益项目且金额重大的，以及将《公开发行证券的公司信息披露解释性公告第 1 号——非经常性损益》中列举的非经常性损益项目界定为经常性损益的项目，应说明原因。

本集团主营业务为房地产开发，本集团及合作方向项目公司投入开发资金或调拨富余资金、收到或支付相关资金占用费均属于房地产行业合作经营模式下的日常经营活动，与正常经营业务直接相关，故公司将对联营/合营企业及其他外部合作方收取的利息收入由“计入当期损益的对非金融企业收取的资金占用费”计入经常性损益。

此外，本集团为配合房地产项目的协同拓展、合作开发会持有较多的公允价值计量的金融资产，公司判断这项业务与公司正常生产经营业务直接相关，且在未来期间持续发生，不再具有特殊性和偶发性的特点，不再界定为非经常性损益项目。

其他说明：

中国证券监督管理委员会于2023年颁布了《公开发行证券的公司信息披露解释性公告第1号——非经常性损益（2023年修订）》（以下简称“2023版1号解释性公告”），该规定自公布之日起施行。本集团按照2023版1号解释性公告的规定编制2023年度非经常性损益明细表。

根据2023版1号解释性公告的规定，非经常性损益是指与公司正常经营业务无直接关系，以及虽与正常经营业务相关，但由于其性质特殊和偶发性，影响报表使用人对公司经营业绩和盈利能力作出正确判断的各项交易和事项产生的损益。

示例8－139　朗新集团（300682. SZ）

当期非经常性损益明细表

单位：元

项目	金额	说明
非流动性资产处置损益	408, 187. 90	
计入当期损益的政府补助（与公司正常经营业务密切相关，符合国家政策规定、按照确定的标准享有、对公司损益产生持续影响的政府补助除外）	85, 089, 939. 24	
除同公司正常经营业务相关的有效套期保值业务外，非金融企业持有金融资产和金融负债产生的公允价值变动损益以及处置金融资产和金融负债产生的损益	－15, 460, 848. 13	
单独进行减值测试的应收款项减值准备转回	4, 677. 99	
企业取得子公司、联营企业及合营企业的投资成本小于取得投资时应享有被投资单位可辨认净资产公允价值产生的收益	64, 228. 92	
除上述各项之外的其他营业外收入和支出	－4, 918, 085. 86	
其他符合非经常性损益定义的损益项目	15, 589, 141. 54	
减：所得税影响额	3, 146, 078. 58	
少数股东权益影响额（税后）	6, 849, 265. 00	
合计	70, 781, 898. 02	

其他符合非经常性损益定义的损益项目的具体情况：

包括增值税进项税额加计抵减优惠金额 7, 274, 071. 29 元，转融通证券利息收益 8, 315, 070. 25 元。该两项收入都具有偶发性、不确定性，故定义为非经常性损益。

将《公开发行证券的公司信息披露解释性公告第 1 号——非经常性损益》中列举的非经常性损益项目界定为经常性损益项目的情况说明。

项目	涉及金额（元）	原因
增值税即征即退	1, 203, 890. 32	根据财政部和国家税务总局 2011 年 10 月 13 日发出《关于软件产品增值税政策的通知》（财税〔2011〕100 号），本集团销售的经认证的自行开发软件在获得主管税务机关审批并按 13% 税率（2019 年 4 月 1 日前，本集团适用于 16% 销项税率）征收增值税后，对增值税实际税负超过 3% 的部分实行即征即退政策。前述即征即退的增值税退税被计入本集团的其他收益，本集团认为该等增值税退税属于与本集团正常主营的软件开发业务密切相关，并符合国家政策规定、按照一定标准定额或定量享受的政府补助，故未计入本集团非经常性损益
发电补贴	20, 925. 00	本集团之子公司合肥新耀收到的发电补贴被计入本集团的其他收益，本集团认为该发电补贴属于与合肥新耀正常主营业务密切相关，并符合国家政策规定、按照确定的标准享有、对公司损益产生持续影响的政府补助，故未计入本集团非经常性损益

五、其他符合非经常性损益定义的损益项目披露示例

（一）简要分析

非经常性损益是指与公司正常经营业务无直接关系，以及虽与正常经营业务相关，但由于其性质特殊和偶发性，影响报表使用人对公司经营业绩和盈利能力作出正常判断的各项交易和事项产生的损益。

非经常性损益可以为投资者了解公司的持续盈利能力、作出科学合理的投资决策提供了更为相关的信息。解释性公告第 1 号明确了非经常性损益的定义、具体项目和披露要求，为非经常性损益的界定和信息披露提供了指引。

公司将解释 1 号未列举的项目认定为非经常性损益的，若金额重大，则应单列其项目名称和金额，同时在附注中单独披露该项目的名称、金额及原因。实务中，此类项目主要包括诉讼损失等。

（二）年报披露示例

其他符合非经常性损益定义的损益项目年报披露示例汇总如表 8 – 38 所示。

表8-38　　其他符合非经常性损益定义的损益项目年报披露示例汇总

序号	参考示例	其他符合非经常性损益定义的损益项目的类型
1	示例8-140　首旅酒店（600258. SH）	权益法核算的联营企业所持有金融工具公允价值变动的影响
2	示例8-141　金地集团（600383. SH）	因联营企业和合营企业投资性房地产公允价值变动而产生的投资收益
3	示例8-142　深信服（300454. SZ）	为代扣代缴税费手续费返还和进项税额加计抵减
4	示例8-143　万华化学（600309. SH）	处置长期股权投资产生的投资收益
5	示例8-144　药明康德（603259. SH）	接受股东捐赠用于人才激励和保留的费用

示例8-140　首旅酒店（601899. SH）

当期非经常性损益明细表

单位：元

项目	金额	说明
非流动性资产处置损益，包括已计提资产减值准备的冲销部分	9,939,672.95	
计入当期损益的政府补助，但与公司正常经营业务密切相关、符合国家政策规定、按照确定的标准享有、对公司损益产生持续影响的政府补助除外	19,642,982.05	
除同公司正常经营业务相关的有效套期保值业务外，非金融企业持有金融资产和金融负债产生的公允价值变动损益以及处置金融资产和金融负债产生的损益	37,532,399.18	
计入当期损益的对非金融企业收取的资金占用费	479,642.81	
对外委托贷款取得的损益	4,274,678.12	
同一控制下企业合并产生的子公司期初至合并日的当期净损益	7,294,746.23	
除上述各项之外的其他营业外收入和支出	20,583,665.76	
其他符合非经常性损益定义的损益项目	985,582.81	权益法核算的联营企业所持有金融工具公允价值变动的影响
减：所得税影响额	23,097,140.85	
少数股东权益影响额（税后）	1,956,959.61	
合计	75,679,269.45	

示例 8－141　金地集团（600383. SH）

当期非经常性损益明细表

单位：元

项目	金额	说明
非流动资产处置损益，包括已计提资产减值准备的冲销部分	1, 934, 930, 153. 00	
计入当期损益的政府补助，但与公司正常经营业务密切相关、符合国家政策规定、按照确定的标准享有、对公司损益产生持续影响的政府补助除外	100, 083, 347. 49	
除同公司正常经营业务相关的有效套期保值业务外，非金融企业持有金融资产和金融负债产生的公允价值变动损益以及处置金融资产和金融负债产生的损益	58, 740, 538. 50	
……	……	
单独进行减值测试的应收款项减值准备转回	40, 199, 205. 20	
……	……	
采用公允价值模式进行后续计量的投资性房地产公允价值变动产生的损益	338, 938, 210. 90	
交易价格显失公允的交易产生的收益		
与公司正常经营业务无关的或有事项产生的损益		
受托经营取得的托管费收入		
除上述各项之外的其他营业外收入和支出	136, 050, 764. 52	
其他符合非经常性损益定义的损益项目（注 1）	735, 690, 318. 36	
减：所得税影响额	628, 104, 433. 43	
少数股东权益影响额（税后）	729, 377, 654. 33	
合计	1, 987, 150, 450. 21	

注 1：其他符合非经常性损益定义的损益项目主要是因联营企业和合营企业投资性房地产公允价值变动而产生的投资收益计人民币 768, 274, 961. 10 元。

示例 8－142　深信服（300454. SZ）

当期非经常性损益明细表

单位：元

项目	金额	说明
非流动性资产处置损益	－3, 434, 354. 23	
计入当期损益的政府补助（与公司正常经营业务密切相关，符合国家政策规定、按照确定的标准享有、对公司损益产生持续影响的政府补助除外）	43, 721, 651. 67	不包含软件产品销售增值税即征即退收入在内的其他政府补助

续表

项目	金额	说明
除同公司正常经营业务相关的有效套期保值业务外，非金融企业持有金融资产和金融负债产生的公允价值变动损益以及处置金融资产和金融负债产生的损益	29,942,357.10	为持有交易性金融资产产生的公允价值变动损益以及处置交易性金融资产取得的投资收益
单独进行减值测试的应收款项减值准备转回	918,236.75	
除上述各项之外的其他营业外收入和支出	-1,573,894.02	
其他符合非经常性损益定义的损益项目	2,463,132.73	为代扣代缴税费手续费返还和进项税额加计抵减
联营公司持有及处置其持有的交易性金融资产的相关影响	15,812,567.36	联营公司琥珀安云一期、琥珀安云二期持有交易性金融资产产生的公允价值变动损益，以及处置交易性金融资产产生的投资收益等，通过权益法调整影响本公司当期损益。此影响与经常性业务无关，故将其列入非经常性损益
减：所得税影响额	383,166.84	
少数股东权益影响额（税后）	80,771.64	
合计	87,385,758.88	—

其他符合非经常性损益定义的损益项目的具体情况：

为代扣代缴税费手续费返还和进项税额加计抵减。

将《公开发行证券的公司信息披露解释性公告第1号——非经常性损益》中列举的非经常性损益项目界定为经常性损益项目的情况说明。

项目	涉及金额（元）	原因
软件产品销售增值税退税	327,215,202.71	自2000年国务院发布《国务院关于印发鼓励软件产业和集成电路产业发展若干政策的通知》（国发〔2000〕18号）文件以来，即实行“对增值税一般纳税人销售其自行开发生产的软件产品，对实际税负超过3%的部分即征即退”的税收优惠政策，该项税收优惠政策长期保持稳定，预期未来相当长一段时间内将继续保持；且软件产品增值税即征即退收入与公司产品销售情况密切相关，是常态化的补助。故将该项收入定义为经常性损益

示例8－143　万华化学（600309. SH）

当期非经常性损益明细表

单位：元

项目	金额	说明
非流动性资产处置损益，包括已计提资产减值准备的冲销部分	－242, 321, 258. 75	
计入当期损益的政府补助，但与公司正常经营业务密切相关、符合国家政策规定、按照确定的标准享有、对公司损益产生持续影响的政府补助除外（注）	756, 339, 688. 86	
除同公司正常经营业务相关的有效套期保值业务外，非金融企业持有金融资产和金融负债产生的公允价值变动损益以及处置金融资产和金融负债产生的损益	81, 566, 532. 80	
除上述各项之外的其他营业外收入和支出	－136, 472, 401. 83	
其他符合非经常性损益定义的损益项目	6, 134. 90	系处置长期股权投资产生的投资收益
减：所得税影响额	80, 982, 446. 50	
少数股东权益影响额（税后）	1, 222, 676. 20	
合计	376, 913, 573. 28	

其他说明：扣除的政府补助系集团取得的资源综合利用及节能奖励即征即退增值税及增值税进项税加计抵减，金额为人民币186, 784, 544. 04元。

示例8－144　药明康德（603259. SH）

当期非经常性损益明细表

单位：元

项目	金额	说明
非流动性资产处置损益，包括已计提资产减值准备的冲销部分	8, 040, 724. 42	
计入当期损益的政府补助，但与公司正常经营业务密切相关、符合国家政策规定、按照确定的标准享有、对公司损益产生持续影响的政府补助除外	341, 567, 630. 63	
除同公司正常经营业务相关的有效套期保值业务外，非金融企业持有金融资产和金融负债产生的公允价值变动损益以及处置金融资产和金融负债产生的损益	－188, 367, 272. 87	主要系非流动金融资产、衍生金融工具等公允价值变动及处置损益

续表

项目	金额	说明
除上述各项之外的其他营业外收入和支出	-28,690,901.66	
其他符合非经常性损益定义的损益项目	-180,000,000.00	系接受股东捐赠用于人才激励和保留的费用
减：所得税影响额	94,699,886.28	
少数股东权益影响额（税后）	-1,311,036.24	
合计	-140,838,669.52	

第十四节　A+H股境内外披露差异分析及披露示例

2006年2月，财政部发布新的企业会计准则体系，实现了与国际财务报告准则的趋同，并自2007年1月1日起在所有上市公司、部分非上市金融企业和中央大型国有企业逐步实施。2007年12月6日，财政部会计准则委员会与香港会计师公会签署了《关于内地企业会计准则与香港财务报告准则等效的联合声明》，确认两地会计准则等效互认。香港联交所亦于2010年12月刊发咨询总结，允许自2010年12月15日起或以后完结的会计年度期间，在香港上市的内地企业（H股）直接采用企业会计准则编制财务报表。2023年，经财政部与香港会计师公会充分沟通协调，认可过去一年来中国内地制定发布的企业会计准则解释第16号、企业数据资源相关会计处理暂行规定、企业会计准则解释第17号等与直接采用国际财务报告准则的香港财务报告准则趋同。

在内地上市公司实施新企业会计准则后，分别按企业会计准则与国际/香港财务报告准则编制的财务报告差异在很大程度上已经消除。与以往同类数据相比，A+H股上市公司自2007年起境内外财务报告净资产和净利润的差异有了很大程度的下降。目前仍存在的差异主要包括企业改制资产评估产生的差异、同一控制下企业合并产生的差异、专项储备、政府补助等。如无特别说明，本节示例来自相关公司公开披露的2023年年度报告。

一、A+H股公司概况

（一）A+H股公司行业分布

截至2023年12月31日，A股上市公司共有5,332家，其中143家同时在香港发行了H股。如表8-39所示，这些公司主要集中在制造业，金融业，采矿业，交通运输、仓储和邮政业。

表 8－39　　2023 年 A＋H 股上市公司行业分布

所属证监会行业	家数（家）	行业占比（%）
制造业	57	39.85
金融业	35	24.48
交通运输、仓储和邮政业	15	10.49
采矿业	10	6.99
电力、热力、燃气及水生产和供应业	8	5.59
建筑业	6	4.20
科学研究和技术服务业	4	2.80
房地产业	2	1.40
租赁和商务服务业	2	1.40
批发和零售业	1	0.70
水利、环境和公共设施管理业	1	0.70
文化、体育和娱乐业	1	0.70
信息传输、软件和信息技术服务业	1	0.70
总计	143	100.00

（二）A＋H 股公司年报差异情况

2023 年，58 家 A＋H 股公司选择仅采用企业会计准则编制财务报告，其余 85 家公司选择编制两份财务报告，其中 45 家公司 A 股与 H 股财务报告不存在差异，40 家公司存在差异并披露了差异情况。

境内外财务报告净资产/净利润存在差异的行业主要为制造业，采矿业，交通运输、仓储和邮政业，以及电力、热力、燃气及水生产和供应业。

2023 年引起 A＋H 股公司境内外报告净资产和净利润差异的主要会计事项为“同一控制下企业合并”“维简费、安全生产费及煤矿等行业专项费用”“政府补助”“股权分置流通权”等。此外，“差异调整所引起的税务方面影响”和“调整归属于少数股东损益/权益的部分”是由其他差异调整事项在税务和归属于少数股东损益/权益部分产生的汇总影响，因此不再单独分析。

二、中国企业会计准则与国际财务报告准则的主要差异

为了进一步完善我国的企业会计准则，并保持与国际财务报告准则的持续趋同，近年来，财政部已经先后发布了《企业会计准则第 14 号——收入》（2017 年修订）、《企业会计准则第 22 号——金融工具确认和计量》（2017 年修订）、《企业会计准则第 23 号——金融资产转移》（2017 年修订）、《企业会计准则第 24 号——套期会计》

（2017 年修订）、《企业会计准则第 16 号——政府补助》（2017 年修订）、《企业会计准则第 42 号——持有待售的非流动资产、处置组和终止经营》、《企业会计准则第 21 号——租赁》（2018 年修订）、《企业会计准则第 7 号——非货币性资产交换》（2019 年修订）、《企业会计准则第 12 号——债务重组》（2019 年修订）以及《企业会计准则第 25 号——保险合同》（2020 年修订）等。这使得我国企业会计准则与国际财务报告准则实现了持续的并且进一步的实质趋同。但是，考虑到环境和特殊问题，我国在一些特殊项目上作出了符合实际情况的安排，因此在实务中仍然存在少数的差异。

我国企业会计准则（CAS）与国际财务报告准则（IFRS）的主要差异表现为确认计量差异、列报差异和披露差异。

（一）确认计量差异

中国企业会计准则与国际财务报告准则确认计量差异如表 8－40 所示。

表 8－40　中国企业会计准则与国际财务报告准则确认计量差异汇总

项目	中国企业会计准则（CAS）	国际财务报告准则（IFRS）
固定资产和无形资产的后续计量模式	只允许采用成本模式，禁止采用重估价模式	允许采用成本模式或者重估价模式
长期资产减值准备的转回	存货、持有待售非流动资产等短期资产的减值可以转回，但固定资产、无形资产、长期股权投资、生产性生物资产、商誉等长期资产的减值一经确认不能转回	除商誉的资产减值不能转回以外，其他资产的减值在未来期间允许转回
安全生产费用等专项储备	安全生产费在计提时应当计入相关产品的成本或当期费用，同时贷记“专项储备”，即“借：生产成本/制造费用，贷：专项储备”，在使用时借记“专项储备”。 “专项储备”在资产负债表的所有者权益项下单独列报	安全生产费用不符合 IFRS 对费用或成本的定义，为未来的安全生产项目或活动而计提的安全生产费也不满足 IAS37 的确认条件。在 IFRS 下，安全生产费用应于发生时确认为费用，相关的资本性支出于发生时确认为固定资产，并按相应的折旧方法计提折旧
投资性房地产的定义和范围	投资性房地产定义中的房地产必须是持有的。 投资性房地产不包括未确定用途的土地，将其作为无形资产	投资性房地产定义中的房地产可以是持有的或承租的。 包括未确定用途的土地，视为用于资本增值
投资性房地产后续计量模式	允许选择采用公允价值模式或者成本模式，但限制性使用公允价值	允许选择采用公允价值模式或者成本模式
作为存货的房地产转为公允价值计量的投资性房地产	投资性房地产应按照转换当日的公允价值计价。转换当日的公允价值小于原账面价值的，其差额计入当期损益。转换当日的公允价值大于原账面价值的，其差额计入其他综合收益	转换日该房地产的公允价值与其原先的账面金额之间的任何差额应确认为当期损益

续表

项目	中国企业会计准则（CAS）	国际财务报告准则（IFRS）
经减值后的自用房地产转为公允价值计量的投资性房地产	由于CAS不允许固定资产减值准备转回，所以如果房地产在转换日的公允价值高于转换时的账面价值，差额应确认为其他综合收益	如果房地产在转换日的公允价值高于转换时的账面价值，则增加额中相当于转回以前该项房地产的减值损失部分，应确认为损益。确认为损益的金额不得超过将账面金额恢复为如果以前没有确认减值损失应当已确定的账面金额（扣除折旧后的净额）所需要的金额。增加额的剩余部分应确认为其他综合收益并增加权益内的重估价盈余
金融资产的交易日会计或结算日会计	对常规方式购买或出售金融资产进行确认和终止确认，企业只能采用交易日会计	对常规方式购买或出售金融资产进行确认和终止确认，企业可使用交易日会计或结算日会计。选定使用的方法应一贯地使用于同一类别金融资产的买卖
生物资产的计量基础	生物资产按成本进行初始确认，有确凿证据表明生物资产的公允价值能够持续可靠获得的，应当对生物资产采用公允价值进行后续计量	除非公允价值不能可靠计量，生物资产应以公允价值减去销售所需费用进行初始确认和后续计量
单独财务报表对合营企业和联营企业的核算方法	对合营企业和联营企业投资应当采用权益法核算	IAS27单独财务报表准则，允许主体在编制单独财务报表时，对其在子公司、合营企业和联营企业中的投资，可以选择采用成本法、按照IFRS9，以及权益法三种方法的任意一种进行核算
非全资子公司超额亏损	子公司发生超额亏损时，少数股东权益仍以少数股东享有的被购买方可辨认净资产的份额计量，并要求进行追溯调整	IFRS3有相同要求，但要求采用未来适用法
同一控制下的企业合并	类似权益结合的方法	未规范，实务中存在多种处理方法，例如，一些企业会参考美国公认会计原则对此交易的会计指引，其原理与CAS大致相同；亦有许多企业采用IFRS3中非同一控制下企业合并的处理方法，即采用购买法
非控制性权益的计量	购买方对被购买方的非控制性权益，只能按照在被购买方已确认可辨认净资产中非控制性权益所占的比例份额来计量。 因此，CAS中确认的商誉只是部分商誉，而不是全部商誉	IFRS3第19段规定，对各项企业合并而言，购买方对被购买方的非控制性权益，可以按其公允价值进行计量，也可以按照在被购买方已确认的可辨认净资产中非控制性权益所占的比例份额来计量
豁免编制合并财务报表	CAS33仅规定当母公司是投资性主体且不存在为其投资活动提供相关服务的子公司时，则不应当编制合并财务报表	IFRS10对母公司豁免合并财务报表编制的条件进行了更详细的规定。母公司同时满足四个条件时，不需要编制合并财务报表

续表

项目	中国企业会计准则（CAS）	国际财务报告准则（IFRS）
股份支付的适用范围	CAS 仅规范了以股份支付计划换取职工和其他方服务的交易，未规范以股份支付购买商品的交易	IFRS2 中将股份支付定义为，以基于主体的股份或其他权益工具的价格确定的现金、其他资产或企业的权益工具支付以取得商品或服务的交易
外币专门借款汇兑差额资本化	在资本化期间内，外币专门借款本金及利息的汇兑差额，应当予以资本化，计入符合资本化条件的资产的成本	除了作为利息费用调整额的外币借款产生的汇兑差额可予以资本化外，其他计入当期损益
持有待售的认定	要求已经与受让方签订了不可撤销的转让协议	未要求必须签署不可撤销的出售协议，而是要求为寻找买家和完成该项出售计划的积极活动业已展开
出让、划拨或转让方式取得的土地使用权	适用无形资产准则，不确认使用权资产	适用 IFRS16——租赁，确认为使用权资产
使用权资产的计量模式	只允许承租人按照成本模式计量使用权资产，不允许采用重估模式和公允价值计量	在 IFRS16.3 下，如果承租人采用 IAS40 中的公允价值模式计量投资性房地产，则对符合 IAS40 中投资性房地产定义的使用权资产也应采用公允价值模式计量；如果承租人采用重估模式计量不动产、厂场和设备，那么承租人也可以选择对所有与该类不动产相关的使用权资产采用重估模式进行计量
政府补助与权益性投入	政府拨入的投资补助等专项拨款中，国家相关文件规定作为“资本公积”处理的，属于资本性投入的性质，应当确认为资本公积。根据解释 3 号，满足特定条件的搬迁补偿相关的政府补助，结余也计入资本公积	除非政府补助的本质属于权益性投入性质，否则，政府补助应当以系统的方式，在其拟补偿的相关成本发生期间，确认为该期间的收益
股权分置流通权	财政部会计准则委员会“企业会计准则实施问题专家工作组”意见第一号规定，2007 年 1 月 1 日以后，企业根据经批准的股权分置方案，以现金方式取得的流通权，应当计入与其相关的长期股权投资或其他金融资产的账面价值	认定为与非控制性权益进行的交易，属于权益性交易，送股部分的账面价值应冲减资本公积
对于被投资单位除净损益、其他综合收益以及利润分配以外的因素导致的其他所有者权益变动	按照权益法核算的长期股权投资，对于被投资单位除净损益、其他综合收益以及利润分配以外的因素导致的其他所有者权益变动，相应调整长期股权投资的账面价值，同时确认资本公积（其他资本公积）	2012 年 11 月，IASB 发布的《ED/2012/3——权益法：享有被投资方其他净资产变动的份额（对国际会计准则第 28 号的修订建议）》中，IASB 认为应将此类利得或损失计入权益而不是损益。IAS28 规定，如果在处置相关资产或负债时要求将相关利得或损失重分类为损益，主体应将与所有者权益减少相关的、之前确认为其他综合收益的相应的利得或损失重分类为损益

（二）列报差异

中国企业会计准则与国际财务报告准则列报差异如表 8－41 所示。

表 8－41　　中国企业会计准则与国际财务报告准则列报差异汇总

项目	中国企业会计准则（CAS）	国际财务报告准则（IFRS）
日历年度	12 月 31 日	无固定要求
报表格式不同	统一格式，由财政部给定报表格式及列报科目	参考格式，IFRS 提出了财务报表列报的总体要求，提供了有关财务报表结构的指南，还提出了财务报表列报内容的最低要求
非 GAAP 指标的列报	不能在财务报表中列报，也无相关规定	大多数使用 IFRS 的公司都披露 non－GAAP 或 underlying 的指标，但是 IFRS 对于该类指标在何处披露未要求，也可以在报表中与 GAAP 的指标一起列报
资产负债表中流动资产和非流动资产的列报顺序	先列报流动资产，后列报非流动资产	先列报非流动资产，后列报流动资产
利润表单表法或两表法	只能采用单表法，用一张报表列报综合收益总额	利润表可以选择单表法或者两表法，既可以列报一张单一的综合收益表，也可以列报两张报表，其中一张报表列示损益的组成部分，另一张报表以损益为开始，并列示其他综合收益和综合收益总额
利润表中费用的列报	费用按功能列示，在附注中披露费用按照性质分类的补充资料	费用可以按照功能或者性质列报，如果按照功能列示，还需要在附注中按性质再列示
其他综合收益金额	税后净额	税前总额或税后净额
现金流量表的编制方法	直接法，附注中使用间接法	可以选择直接法或间接法
同一控制下企业合并被合并方在合并前净利润的列报和披露	对同一控制下企业合并当期被合并方在合并前实现的净利润，应当在合并利润表中单列项目反映。此外，合并方应当在附注中披露下列信息： （1）被合并方的资产、负债在上一会计期间资产负债表日及合并日的账面价值； （2）被合并方自合并当期期初至合并日的收入、净利润、现金流量等情况	无类似规定

续表

项目	中国企业会计准则（CAS）	国际财务报告准则（IFRS）
使用权资产的列报	在资产负债表中非流动资产项下增加“使用权资产”报表项目，并在财务报表附注中单独进行披露	允许在资产负债表中单独列报“使用权资产”报表项目；或者不在资产负债表中单独列报“使用权资产”报表项目，而将其列报于“不动产、厂场和设备”等相关的资产项目下，在财务报表附注中，披露“不动产、厂场和设备”等相关的资产中包含的使用权资产
转租赁业务下的土地使用权、房屋建筑物的列报	不论自用或转租赁，均列报为“使用权资产”	以租赁方式取得的土地使用权或房屋建筑物，如符合投资性房地产的定义，则列报为“投资性房地产”

（三）披露差异

中国企业会计准则与国际财务报告准则披露差异如表8－42所示。

表8－42　　中国企业会计准则与国际财务报告准则披露差异汇总

项目	中国企业会计准则（CAS）	国际财务报告准则（IFRS）
同受国家控制的主体不作为关联方披露	不作为关联方披露	IAS24采纳了CAS的意见，但要求披露该政府的名称及其与报告主体关系的性质、各项个别重大交易的性质和金额，以及汇总后（并非单笔）属重大的其他交易的定性和定量指标
已颁布但尚未生效的准则及其可能影响	无此披露要求	要求披露
披露以成本模式计量的投资性房地产的公允价值	无此披露要求	根据IAS40，选择公允价值模式时，如果主体判定在建投资性房地产的公允价值无法可靠计量，但预期建造完成后的房地产公允价值能够可靠计量，那么在公允价值能够可靠计量或建造完成（两者之中较早的一种情况）之前，主体应以成本计量在建投资性房地产。主体还应披露：（1）对该项投资性房地产的描述；（2）对公允价值无法可靠确定的解释；（3）如果可能，公允价值极可能处于的估计范围
无形资产摊销额	无类似披露要求	根据《国际会计准则第38号——无形资产》第118.d段，主体应在财务报表中对内部产生的无形资产和其他无形资产予以区分，就每类无形资产披露其中含无形资产摊销额的综合收益表单列项目

续表

项目	中国企业会计准则（CAS）	国际财务报告准则（IFRS）
企业合并中确认的商誉或廉价购买利得的披露	无类似披露要求	要求购买方应当在财务报表内对报告期内发生的各项企业合并披露所确认的商誉的构成因素的定性描述，比如被购买方和购买方合并活动产生的预期协同效应、不符合单独确认标准的无形资产及其他因素。如果产生廉价购买利得，购买方应说明该交易产生利得的原因。 举例：本次收购S公司产生商誉是由于合并成本中包括了为获得控制权而支付的溢价。此外，为合并支付的对价还包括了与收购S公司预计产生的协同效应，收入增长，未来的市场份额增加和劳动力整合相关的收益。这些收益不符合可辨认无形资产的确认条件，故未将其独立于商誉确认
企业合并中取得的应收项目	无类似披露要求	要求购买方应当对报告期内发生的各项企业合并披露一系列的信息。对于取得的应收项目需要详细披露： （1）应收项目的公允价值； （2）应收项目总合同金额； （3）购买日对预期不能收回的合同现金流量的最佳估计。 这些项目应当按照应收项目的主要类别提供，比如贷款、直接融资租赁和其他类别的应收项目
如同合并在期初已经完成的相关信息的披露	《企业会计准则第20号——企业合并》无类似披露要求	对于报告期内发生的各项企业合并，根据《国际财务报告准则第3号——企业合并》（2008）B64（q）段的规定，除非不切实可行，购买方应披露合并后主体当期的收入和损益，如同当年发生的所有企业合并的购买日都是年度报告期初

三、A+H股境内外披露差异分析

（一）维简费、安全生产费及煤矿等行业专项费用

按照财政部发布的《企业会计准则解释第3号》，高危行业应根据开采量计提安全生产费及维简费，计入生产成本并在所有者权益中的“专项储备”单独反映。企业应按规定范围使用专项储备，对属于费用性质的支出在发生时直接冲减专项储备，对属于资本性质的支出于完工时转入固定资产，同时按固定资产成本冲减专项储备，并全额确认累计折旧，相关固定资产在以后期间不再计提折旧。

在国际财务报告准则下，不允许计提安全生产费及维简费，相关费用性支出应于发生时计入当期损益，相关资本性支出于发生时确认为固定资产，并按相应的折旧方法计提折旧。

此外，根据《企业会计准则解释第3号》，煤矿行业按照政府相关部门规定计提的专项基金，主要用于煤矿转产、土地恢复和环境保护等，其会计处理同上述安全生产费及维简费。在国际财务报告准则下，相关支出也必须在发生时才予以确认。

在2023年年报中披露了此项差异的公司主要是采矿业特别是煤矿行业公司，如

中国神华、兖矿能源、中煤能源和山东黄金，此外建筑业，电力、热力、燃气及水生产和供应业，交通运输、仓储与邮政业以及制造业中的个别企业也有所涉及。该差异金额的变化，主要取决于资产负债表日计提但尚未使用的维简费、安全生产费及煤矿行业专项基金余额。

（二）同一控制下企业合并产生的差异

根据企业会计准则，同一控制下企业合并中，合并方在企业合并中取得的资产和负债，应当按照合并日被合并方在最终控制方合并财务报表中的账面价值计量。合并方取得的净资产账面价值与所支付合并对价的差额，应当调整合并方权益项目。合并方为进行企业合并发生的各项直接相关费用，于发生时计入当期损益。合并利润表应当包括参与合并各方自合并当期期初至合并日所发生的收入、费用和利润。编制合并财务报表时，应当对比较报表的相关项目进行调整，视同合并后的报告主体自最终控制方开始控制时点起一直存在。对于新准则首次执行日之前发生的企业合并，原先的会计处理为：个别报表层面，收购对价超过收购净资产账面价值部分确认为股权投资差额，按直线法在不超过10年内摊销；合并财务报表层面，购买的资产和负债按照近似购买法的方法进行会计处理，由此产生的商誉在估计的使用年限内按直线法摊销；收购发生的收购费用于发生时计入当期损益。首次执行日对该日之前发生的同一控制下企业合并产生的股权投资差额及商誉摊余金额予以冲销并调整留存收益。

虽然香港会计师公会曾于2005年发布《香港会计指引第5号——同一控制下企业合并之权益结合法》，其规定与现行企业会计准则中同一控制下企业合并相似，但该指引仅提供选择性的处理指引而非强制要求实施，一些公司仍按照国际财务报告准则的规定处理。而国际财务报告准则中并未对同一控制下企业合并作出特别的规范，因此一些公司选择按照非同一控制下企业合并的规定采用购买法进行处理。购买方在企业合并中取得的资产和负债，按照购买日被购买方可辨认资产和负债的公允价值计量，购买方为进行企业合并发生的各项直接相关费用计入企业合并成本。合并成本大于合并中取得的可辨认净资产公允价值份额的差额确认为商誉。商誉不进行摊销，但于每年进行减值测试并以扣除累计减值后的金额列示。被收购业务的经营成果自购买日起计入合并报表的经营成果。

上述同一控制下企业合并在企业会计准则和国际财务报告准则下的会计处理差异影响收购当期的权益和利润，同时由于收购取得资产、负债的初始计量基础不同而影响以后期间的折旧和摊销金额，当相关投资处置时对权益和利润的影响亦有所不同。该类差异会随着相关资产的折旧摊销及处置而逐步消除。

在2023年年报中披露了此项差异的有华能国际、华电国际、兖矿能源和南方航空。

（三）重组改制、H股上市资产评估产生的差异

根据内地相关法律，企业进行公司制改制时对资产负债进行评估，并以评估价值

为基础确认相关资产和负债的认定成本；而在H股财务报告中，一些资产的评估增减值需予以冲回，继而影响资产的相关折旧、摊销等，形成A股和H股的差异。

2010年5月6日，国际财务报告准则理事会对国际财务报告准则第1号《首次执行国际财务报告准则》发布了修订稿，规范了重估成本作为认定成本的会计处理。根据修订稿，企业可以将执行国际财务报告准则之前或之后在上市等事件中重估的资产成本作为认定成本。该修订从2011年1月1日起执行，企业可以在修订生效后的一年内使用追溯调整法对以往年度的财务报表进行调整。该修订意味着“A+H”股公司可以运用追溯调整法将资产价值重述为改制时的评估值，消除一部分原准则差异。该修订生效后，多家公司据此追溯调整了在国际财务报告准则下的长期资产评估值，从而消除了此项差异。同时部分公司在2010年12月15日起或以后完结的会计年度期间选择仅采用企业会计准则编制报表，也使得此项差异大幅降低。虽然重估成本差异已大幅降低，但固定资产原值以及折旧时间起点等方面仍存在差异之处，如H股上市国际资产评估师评估结果与国内评估结果差异等。

2023年，皖通高速、龙源电力、中国石油、中国国航披露了该项差异。

（四）政府补助

在准则层面，企业会计准则与国际/香港财务报告准则在对政府补助的确认和计量方面已达到一致，二者均要求将与资产相关的政府补助确认为递延收益，并在相关资产使用寿命内平均分配，转入当期损益；与收益相关的政府补助，视相关费用或损失发生的期间进行递延和摊销。如果政府补助用于补偿企业已发生的相关费用或损失，应直接计入当期损益。

在实务执行中则略有差异，在企业会计准则下，政府提供的补助按国家相关文件规定作为“资本公积”处理的，则从其规定计入资本公积。在国际/香港财务报告准则下，企业仍需根据交易实质进行判断，对规定计入资本公积但不是政府资本性投入的，仍需按政府补助进行会计处理。这两种不同处理造成A股和H股报告的差异。

2023年，中国石化、华电国际、上海石化、海螺水泥、中煤能源和南方航空披露了此项差异。

（五）借款资本化相关问题

一是外币专门借款汇兑差额资本化存在差异。根据企业会计准则，外币专门借款本金及利息的汇兑差额，应当予以资本化，计入相关资产的成本。根据国际/香港财务报告准则，除了作为利息费用调整的外币借款产生的汇兑差额部分可予以资本化外，其他均计入当期损益。

2023年，南方航空、中国石化披露了此项差异。

二是借款费用资本化范围的差异。2023年年报中披露了此项差异的是华能国际。根据华能国际的年报披露，以前年度根据原会计准则，可予以资本化的借款范围为专门借款，因而一般性借入资金的借款费用不予资本化。根据国际/香港财务报告准则，公司及其子公司除了将专门借款的借款费用予以资本化外，还将为购建符合资本化条件的固定资产而借入的一般性借入资金的借款费用予以资本化。《企业会计准则第17号——借款费用》已与国际财务报告准则趋同，并从2007年1月1日起生效。但由于首次执行日不同和不要求追溯调整，A股和H股报表仍有差异，主要为以前年度国际/香港财务报告准则下已资本化计入相关资产价值的利息产生的折旧，该项差异会随着资产的折旧、摊销而最终消除。

（六）投资性房地产计量方法差异

企业会计准则和国际/香港财务报告准则均规定，公司可以选择成本模式或公允价值模式对投资性房地产进行后续计量，并将该政策运用于所有的投资性房地产。若公司采用成本模式对投资性房地产进行后续计量，则按其预计使用寿命及净残值率相应计提折旧或摊销；若采用公允价值模式进行后续计量，则不计提折旧或摊销。企业若在A股财务报告中采用成本模式而在H股财务报告中采用公允价值模式，财务报告便会出现差异。

2023年年报中披露此项差异的有北辰实业、美凯龙两家公司，其H股报告采用公允价值模式，A股报告采用成本模式，形成差异是因为这两家公司在H股先上市、在A股后上市。H股上市时，在香港财务报告准则下对投资性房地产采用公允价值模式进行后续计量，且不允许日后变更计量模式。由于企业会计准则发布初期鼓励企业采用成本模式，对采用公允价值模式计量有较为严格的限定条件，即要求同时满足：（1）投资性房地产所在地有活跃的房地产交易市场；（2）企业能够从房地产交易市场上取得同类或类似房地产的市场价格及其他相关信息，从而对投资性房地产的公允价值作出合理的估计，因此两家公司在A股上市时采用成本模式对投资性房地产进行后续计量，导致产生该项差异。

（七）职工薪酬相关项目

职工薪酬相关项目包括货币化住房补贴、福利分房损失与房改差价、职工奖励及福利基金差异等。

根据财政部《外商投资企业执行〈企业会计制度〉有关问题的规定》，外商投资企业应将从原“应付工资”科目转入的属于应付中方职工的退休养老等各项基金、保险福利费和国家的各项补贴、原职工奖励及福利基金余额，以及外商投资企业按规定从税后利润中提取及使用的职工奖励及福利基金，列入应付福利费单独核算，并应当区分“从费用中提取的福利费”和“从税后利润中提取的职工奖励及福利”。2023年披露该项差异的是广汽集团，在按企业会计准则编制的合并财务报表中，将提取的职工奖励及福利基金作为利润分配事项列示，在根据国际/香港财务报告准则编制的合并财务报表中将提取的职工奖励及福利基金计入管理费用。该项差异仅对净利润产生影响。

（八）股权分置流通权差异

根据财政部2005年发布的《上市公司股权分置改革中相关会计处理暂行规定》，设置“股权分置流通权”科目，并将其视为资产类科目而非损益类科目，将对价视同资产化而不是作为费用处理，不作摊销，并在出售后将此对价作为成本，与收入配比，根据股权转让数量进行结转，即在企业会计准则下，非流通股股东由于实施股权分置改革方案支付给流通股股东的对价在资产负债表上记录在“长期股权投资”等资产类项目中。而在国际财务报告准则中则作为让予少数股东的利益，直接减少归属于母公司股东的股东权益，由此造成了不同准则下净资产列报的差异，该差异并不会因摊销而减少，但会在处置相应股权时一并结转，最终消除。

2023年年报披露此项差异的公司有中煤能源、中国中铁、复星医药和大众公用。

（九）权益法下股权被动稀释

2014年3月19日，财政部修订了《企业会计准则第2号——长期股权投资》，自2014年7月1日起施行。该准则规定，对于企业持有的权益法核算的投资，投资方对于被投资单位除净损益、其他综合收益和利润分配以外所有者权益的其他变动，应当调整长期股权投资的账面价值并计入所有者权益。因此，按照修订后的准则要求，被投资单位其他股东增资导致投资方的被动减资不再视同处置，不能确认损益，而是计入资本公积（其他资本公积）。国际财务报告准则对于应享有或应分担的被投资单位除净损益、其他综合收益和利润分配以外所有者权益的其他变动的会计处理没有具体规定。对于因其他投资方增资导致的被动减资（以下简称“视同处置）的影响，国际财务报告准则下实务中普遍的处理是与普通处置一样计入当期损益。但某些其他类型的被投资单位除净损益、其他综合收益和利润分配以外的所有者权益变动（例如，股份支付、发行的可转债的权益部分等所导致的）实务中的处理存在不一致。国际会计准则理事会曾经在2012年11月发布了一项征求意见稿《ED/2012/3——权益法：享有被投资方其他净资产变动的份额（对国际会计准则第28号的修订建议）》，该征求意见稿提议将权益法下享有被投资方其他净资产变动的份额不论产生于何种交易均计入所有者权益。这项建议与上述企业会计准则的规定一致。但是在该征求意见稿的讨论和征求意见过程中，将近2/3的反馈者反对该项提议，认为基于国际财务报告准则的概念框架，与按权益法核算的被投资企业其他投资人的交易与子公司少数股东权益不同，不具有权益交易的特点，不应计入权益；特别是对于其中有关视同处置的部分，很多反馈者认为，鉴于视同处置与实际处置对于投资方来说具有相似的经济实质，应当采用一致的会计处理方法，即计入当期损益。最终，由于各方未能就征求意见稿的内容达成一致，提议未能在2014年5月的会议中通过，而该修订项目也随之被取消。基于上述原因，产生这项准则差异。

2023年年报披露此项差异的公司有四川成渝、广汽集团、药明康德、中国人保和天齐锂业。

（十）其他项目

除上述（一）至（九）项差异外，其他引起净资产和净利润差异的项目还包括非流动资产减值转回、永续资本债券、商誉、农险大灾保费准备金、与国际财务报告准则第 9 号相关的调整、与国际财务报告准则第 17 号相关的调整等。

1. 非流动资产减值转回

企业会计准则规定，对企业计提的固定资产、无形资产等非流动资产减值准备一经确认，在以后会计期间不得转回；而国际财务报告准则允许转回，计入当期损益。该项差异会随着相关资产的处置而逐步消除。

2023 年年报披露了此项差异的有南方航空、福耀玻璃、兖矿能源、天齐锂业和广汽集团。

2. 永续资本债券

此项差异为 2014 年新增的差异事项，金额虽然较大，但主要为列报差异。根据企业会计准则，母公司发行的分类为权益工具的永续资本债券在报表中列示于归属于母公司的所有者权益，子公司发行的分类为权益工具的永续资本债券在报表中列示于少数股东权益，而在国际/香港财务报告准则中则列示为归属于永续证券持有人。2023 年披露此项差异的仅兖矿能源一家公司，兖州煤业 2014 年发行永续资本债券，该项差异对净资产的影响金额由 2022 年的 132.49 亿元增加至 2023 年的 165.42 亿元。

3. 商誉

2023 年年报披露此项差异的有中国东航、山东黄金和渝农商行。其中，中国东航披露此项差异的产生原因为“在国际财务报告准则及中国企业会计准则下，对吸收合并上海航空股份有限公司（简称‘上航股份’）的合并成本的公允价值及上航股份于收购日的净资产的公允价值的确认计量方法不同，因而就本次吸收合并所确认的无形资产（商誉）的价值有所不同”。山东黄金披露的原因为“企业会计准则下，本公司收购子公司合并成本大于合并中取得的被购买方可辨认净资产公允价值份额的差额，作为一项资产确认为商誉并按成本进行初始计量，在合并财务报表中单独列报。商誉在每年年度终了进行减值测试，并按照成本扣除累计减值准备后的金额计量。本公司按照国际财务报告准则编制在香港联合交易所披露财务报表时，按并购资产价值分摊报告将商誉分摊至相关资产价值中，导致相关资产每年度的折旧、摊销金额不同，因此形成一项差异”。渝农商行披露的原因为“本行于 2008 年 6 月 27 日注册成立为股份有限公司，新成立的股份有限公司收购了原重庆市农村信用合作社联合社、重庆市渝中区农村信用合作社联合社等 38 家县（区）农村信用合作社联合社及重庆武隆农村合作银行的所有资产及负债（‘收购业务’）。本行于 2009 年 1 月 1 日首次执行企业会计准则，无须对收购业务中形成的商誉进行确认。本行于 2010 年 12 月 16 日在香港联交所首次公开发行境外上市外资股（H 股），并于当年首次采用国际财务报告准则，根据首次执行国际财务报告准则的相关规定，追溯确认了收购业务形成的商誉”。

4. 农险大灾保费准备金

此项差异为2023年新增的差异事项，披露此项差异的仅中国人保一家公司，其披露的差异原因为“根据财会〔2014〕12号的规定，在按照《企业会计准则第25号——保险合同》计提保险合同负债之外，按照农业保险自留保费的一定比例计提农险大灾保费准备金，并将当期计提和使用的保费准备金计入当期损益。

国际财务报告会计准则下无此项规定，因此存在准则差异。按照国际财务报告会计准则第17号计提的保险合同负债，与按照《企业会计准则第25号——保险合同》计提的保险合同负债金额相同”。

5. 与国际财务报告准则第9号相关的调整、与国际财务报告准则第17号相关的调整

此项差异为2023年新增的差异事项，披露此项差异的仅中国人寿一家公司，由于其2023年继续执行原金融工具准则和原保险合同准则，因此存在准则差异，其年报中披露的财务报表编制基础为：“根据《关于修订印发〈企业会计准则第25号——保险合同〉的通知》（财会〔2020〕20号）及《关于进一步贯彻落实新金融工具相关会计准则的通知》（财会〔2020〕22号）的规定，境内外同时上市的企业应于2023年1月1日起执行《企业会计准则第25号——保险合同》（财会〔2020〕20号）、《企业会计准则第22号——金融工具确认和计量》（财会〔2017〕7号）、《企业会计准则第23号——金融资产转移》（财会〔2017〕8号）、《企业会计准则第24号——套期会计》（财会〔2017〕9号）、《企业会计准则第37号——金融工具列报》（财会〔2017〕14号）。本公司已向相关监管部门申请并得到同意，2023年继续执行《企业会计准则第25号——原保险合同》、《企业会计准则第26号——再保险合同》（财会〔2006〕3号）、《保险合同相关会计处理规定》（财会〔2009〕15号）、《企业会计准则第22号——金融工具确认和计量》、《企业会计准则第23号——金融资产转移》、《企业会计准则第24号——套期保值》（财会〔2006〕3号）、《企业会计准则第37号——金融工具列报》（财会〔2014〕23号）等相关会计准则”。

总体而言，2023年A+H股公司年度财务报告差异主要源于历史差异和会计政策选择形成的差异。

四、A+H股境内外披露差异披露示例

（一）简要分析

绝大部分公司都在年报中“公司简介和主要财务指标”以及“财务报表补充材料”两部分披露了境内外差异事项调节表，将差异事项及金额逐项列出。大部分公司的差异调节表都以归属母公司股东的权益和净利润作为比较的基础。然而，有少数公司披露的净利润和净资产未扣除少数股东权益/损益，导致口径不一致，影响了信息的可比性。

此外，少数公司未对差异事项进行逐项说明，分析境内外差异产生的原因。

（二）年报披露示例

A+H股境内外会计准则差异年报披露示例汇总如表8-43所示。

表8-43　A+H股境内外会计准则差异年报披露示例汇总

序号	参考示例	A+H股境内外会计准则披露差异的类型
1	示例8-145　上海石化（600688.SH）	政府补助、安全生产费
2	示例8-146　华能国际（600011.SH）	同一控制下企业合并、借款费用资本化、专项储备
3	示例8-147　北辰实业（601588.SH）	投资性房地产计量方法
4	示例8-148　大唐发电（601991.SH）	固定资产折旧计提开始时间、安全生产基金
5	示例8-149　南方航空（600029.SH）	政府补助、借款费用资本化、同一控制下企业合并、固定资产减值转回
6	示例8-150　天齐锂业（002466.SZ）	安全生产费、股权被动稀释、长期资产减值准备计提/转回
7	示例8-151　龙源电力（001289.SZ）	股改评估增值、专项储备
8	示例8-152　中煤能源（601898.SH）	专项储备、股权分置流通权、政府补助
9	示例8-153　兖矿能源（600188.SH）	同一控制下合并、专项储备、永续资本债券、无形资产减值损失

示例8-145　上海石化（600688.SH）

本公司为在香港联合交易所上市的H股公司，本集团按照国际财务报告准则编制了财务报表，并已经审计。本财务报表在某些方面与本集团按照国际财务报告准则编制的财务报表之间存在差异，差异项目及金额列示如下：

单位：千元

项目	净亏损		净资产	
	2023年	2022年（已重述）	2023年	2022年（已重述）
按中国企业会计准则	(1,409,043)	(2,868,110)	24,942,907	26,371,425
差异项目及金额				
政府补助（1）	2,010	2,010	(14,013)	(16,023)
安全生产费调整（2）	57,719	23,906	—	—
按国际财务报告准则	(1,349,314)	(2,842,194)	24,928,894	26,355,402

差异原因说明如下：

（1）政府补助

根据中国企业会计准则，政府提供的补助，国家相关文件规定作为“资本公积”处理的，不属于政府补助。

根据国际财务报告准则，这些补助金会抵销与这些补助金有关的资产的成本。在转入物业、厂房及设备时，补助金会通过减少折旧费用，在物业、厂房及设备的可用年限内确认为收入。

（2）安全生产费调整

根据中国企业会计准则，按国家规定提取的安全生产费，计入当期损益并在所有者权益中的“专项储备”单独反映。发生与安全生产相关的费用性支出时，直接冲减“专项储备”。使用形成与安全生产相关的固定资产时，按照形成固定资产的成本冲减专项储备，并确认相同金额的累计折旧，相关资产在以后期间不再计提折旧。

而按国际财务报告准则，费用性支出于发生时计入损益，资本性支出于发生时确认为固定资产，按相应的折旧方法计提折旧。

示例 8 - 146　华能国际（600011. SH）

八、境内外会计准则下会计数据差异

（一）同时按照国际财务报告准则与按中国企业会计准则披露的财务报告中净利润和归属于上市公司股东的净资产差异情况

单位：元

项目	归属于上市公司股东的净利润		归属于上市公司股东的净资产	
	本期数	上期数	期末数	期初数
按中国企业会计准则	8, 445, 560, 446	-7, 387, 119, 286	132, 138, 663, 588	108, 535, 478, 172
按国际财务报告准则调整的项目及金额：				
同一控制下企业合并会计处理差异及有关资产折旧及摊销、处置及减值差异	-872, 451, 882	-1, 097, 404, 290	5, 109, 523, 448	5, 981, 975, 330
以前年度借款费用资本化折旧的影响	-16, 112, 045	-22, 074, 135	37, 639, 751	53, 751, 796
专项储备的影响	419, 686, 097	65, 207, 479		
其他	-55, 815, 801	-57, 004, 718	-495, 863, 983	-392, 700, 204
记录有关上述会计准则调整所引起的递延税项	211, 635, 688	223, 547, 876	3, 340, 617, 814	3, 128, 982, 126
上述调整归属于少数股东损益/权益的部分	224, 956, 934	248, 614, 325	-1, 367, 466, 344	-1, 642, 964, 355
按国际会计准则	8, 357, 459, 437	-8, 026, 232, 749	138, 763, 114, 274	115, 664, 522, 865

（三）境内外会计准则差异的说明

1. 同一控制下企业合并会计处理差异及有关资产折旧及摊销、处置及减值差异

华能集团是华能开发的控股母公司，因此亦是本公司的最终控股母公司。本公司向华能集团及华能开发进行了一系列的收购，由于被收购的公司和电厂在被本公司及其子公司收购前后与本公司均处在华能集团的同一控制之下，因而该收购交易被认为是同一控制下的企业合并。

根据中国企业会计准则，同一控制下企业合并中，合并方在企业合并中取得的资产和负债，应当按照合并日被合并方在最终控制方合并财务报表中的账面价值计量。合并方取得的净资产账面价值与支付的合并对价账面价值的差额，应当调整合并方权益科目。合并报表中所列示的经营成果均假设现有的结构及经营从所列示的第一个年度开始一直持续存在，并且将其财务数据予以合并。本公司以现金支付的收购对价在收购发生年度作为权益事项处理。购买日后出现的或有对价调整也作为权益事项进行会计处理。

2007 年 1 月 1 日之前发生的企业合并，根据原中国企业会计准则，收购权益比例小于 100% 时被收购方的各项资产、负债应当按其账面价值计量。收购对价超过收购净资产账面价值部分确认为股权投资差额，按直线法在不超过 10 年内摊销。收购全部权益时，全部资产和负债按照近似购买法的方法进行会计处理，由此产生的商誉在估计的使用年限内按直线法摊销。2007 年 1 月 1 日，根据中国企业会计准则，同一控制下企业合并产生的股权投资差额及商誉摊余金额予以冲销并调整留存收益。

在国际财务报告准则下，本公司及其子公司采用购买法记录上述收购。合并方在企业合并中取得的资产和负债，应当按照公允价值进行计量。合并成本大于合并中取得的可辨认净资产公允价值份额的差额记录为商誉。商誉不进行摊销但于每年进行减值测试并以成本扣除累计减值后的金额列示。被收购业务的经营成果自收购生效日起记入本公司及其子公司的经营成果。对于非权益类的或有对价，若其公允价值变动不属于计量期间的调整，在每个报告日以其公允价值进行计量并在损益中确认公允价值变动。

如上所述，同一控制下企业合并在中国企业会计准则和国际财务报告准则下的会计处理差异会影响到权益和利润，同时会由于收购取得资产的计量基础不同而影响以后期间的折旧和摊销金额，当相关投资处置时对权益和利润的影响亦有所不同。该类差异会随着相关资产的折旧摊销及处置而逐步消除。

2. 以前年度借款费用资本化折旧的影响

以前年度，根据原中国企业会计准则，可予以资本化的借款范围为专门借款，因而一般性借入资金的借款费用不予资本化。根据国际财务报告准则，本公司及其子公司除了将专门借款的借款费用予以资本化外，还将为购建符合资本化条件的固定资产而借入的一般性借入资金的借款费用予以资本化。自 2007 年 1 月 1 日起，本公司及其子公司采用未来适用法执行中国《企业会计准则第 17 号——借款费用》，本年调整金额为以前年度国际财务报告准则下已计入相关资产价值的资本化利息当期的折旧。

3. 专项储备的影响

专项储备包括安全生产费。根据中国企业会计准则，计提安全生产费时，将其计入生产成本及股东权益中的专项储备；对属于费用性质的支出于发生时直接冲减专项储备；对属于资本性的支出于完工时转入固定资产，同时按照固定资产的成本冲减专项储备，并全额确认累计折旧，相关固定资产在以后期间不再计提折旧。根据国际财务报告准则，相关支出仅在发生时予以确认，计提未使用的专项储备作为未分配利润拨备处理。

4. 准则间差异的递延税项影响

此金额为上述准则差异的相关递延税项影响。

示例 8 – 147　北辰实业（601588. SH）

境内外会计准则下会计数据差异

（一）同时按照境外会计准则与按中国会计准则披露的财务报告中净利润和归属于上市公司股东的净资产差异情况

单位：元

项目	归属于上市公司股东的净利润		归属于上市公司股东的净资产	
	本期数	上期数	期末数	期初数
按中国会计准则	68, 064	–1, 575, 516	12, 845, 583	12, 786, 706
按境外会计准则调整的项目及金额：				
——冲回中国准则下投资性房地产所计提折旧及减值准备（a）	200, 782	268, 161	2, 621, 558	2, 420, 776
——投资性房地产公允值	–128, 439	–138, 638	4, 077, 029	4, 205, 468
按境外会计准则	140, 407	–1, 445, 993	19, 544, 170	19, 412, 950

（二）境内外会计准则差异的说明

（a）投资性房地产在香港财务报告准则下采用公允价值模式进行后续计量，不计提折旧或摊销；在中国企业会计准则下采用成本模式进行后续计量，按其预计使用寿命及净残值率相应计提折旧或摊销，当投资性房地产的可收回金额低于其账面价值时，账面价值减记至可收回金额。

示例 8 – 148　大唐发电（601991. SH）

境内外会计准则下会计数据差异

（一）同时按照国际会计准则与按中国企业会计准则披露的财务报告中净利润和归属于上市股东的净资产差异情况

单位：千元

项目	归属于上市公司股东的净利润		归属于上市公司股东的净资产	
	本期数	上期数	期末数	期初数
按中国企业会计准则	1, 365, 125	-407, 727	73, 594, 084	62, 609, 195
按国际会计准则调整的项目及金额：				
记录固定资产折旧计提开始时间的差异			-106, 466	-106, 466
记录安全生产基金的会计处理差异	133, 191	96, 213	120, 396	132, 862
记录有关上述会计准则调整所引起的递延税项	-36, 622	-7, 321	-42, 043	-5, 421
上述调整归属于少数股东损益/权益的部分	-22, 953	-8, 226	-10, 234	12, 719
按国际财务报告准则	1, 438, 741	-327, 061	73, 555, 737	62, 642, 889

（三）境内外会计准则差异的说明

（1）由于以前年度不同准则下开始计提折旧时间不同所产生。

（2）根据中国企业会计准则，提取维简费及安全费用时计入相关产品的成本或当期损益，同时记入“专项储备”科目。在使用提取的上述维简费及安全费用时，属于费用性支出的，于费用发生时直接冲减专项储备；属于资本性支出的，通过“在建工程”科目归集所发生的支出，待项目完工达到预定可使用状态时转入固定资产，同时按照形成固定资产的成本冲减专项储备，并确认相同金额的累计折旧。该固定资产在以后期间不再计提折旧。

根据国际财务报告准则，煤炭开采及发电公司需提取一定金额的安全费和维简费，从留存收益/（累计亏损）转入资本公积。对在规定使用范围内的费用性支出，于费用发生时计入当期损益；属于资本性的支出，于完工时转入物业、厂房及设备，并按照本集团折旧政策计提折旧。同时，按照当期维简费和安全生产费等的实际使用金额在所有者权益内部进行结转，冲减“资本公积”项目并增加“留存收益/（累计亏损）”项目，以相关资本公积余额冲减至零为限。

示例 8-149　南方航空（600029. SH）

境内外会计准则下会计数据差异

（一）同时按照国际财务报告准则与按中国企业会计准则披露的财务报告中归属于上市公司股东的净亏损和归属于上市公司股东的净资产差异情况

单位：百万元

项目	归属于上市公司股东的净亏损		归属于上市公司股东的净资产	
	本期数	上期数	期末数	期初数
按中国企业会计准则	(4, 209)	(32, 682)	36, 784	41, 057
按国际财务报告准则调整的项目及金额：				
专项借款汇兑损益的资本化调整（1）	(3)	(25)	11	14
拨款转入（2）	1	1	(3)	(4)
同一控制下企业合并调整（3）			237	237
固定资产减值转回（4）	126		126	
以上调整对税务的影响	1	6	(1)	(2)
以上调整对少数股东权益的影响	(56)	1	(83)	(27)
按国际财务报告准则	(4, 140)	(32, 699)	37, 071	41, 275

（二）境内外会计准则差异的说明

(1) 根据中国企业会计准则，外币专项借款本金及利息的汇兑差额，应当予以资本化，计入符合资本化条件的资产的成本。根据国际财务报告准则，除了作为利息费用调整的外币借款产生的汇兑差额部分可予以资本化外，其他均计入当期损益。

(2) 根据中国企业会计准则，对于与资产相关的政府补助（除专项拨款），本集团将其从相应资产的成本中扣除；对于政府拨入的投资补助等专项拨款，若国家相关规定作为资本公积处理的，本集团将其计入资本公积。根据国际财务报告准则，本集团将所有资产相关的政府补助从相应资产的成本中扣除。以上与政府补助相关的差异是由于以前年度在中国企业会计准则下计入资本公积的政府补助产生。

(3) 根据中国企业会计准则，本公司在同一控制下的企业合并取得的子公司的资产和负债，按照账面价值计量，与支付的合并对价的差额调整所有者权益。同一控制下的企业合并，视同被合并子公司在本公司最终控制方对其开始实施控制时纳入本公司合并范围，因此中国企业会计准则下对合并财务报表的期初数以及前期比较报表进行相应重述。根据国际财务报告准则，对同一控制下企业合并采用购买法计量。

(4) 根据中国企业会计准则，非流动资产减值损失一经确认，在以后会计期间不会转回。根据国际财务报告准则，如果有迹象表明除商誉以外的非流动资产在以前期间确认的减值损失不再存在或已经减少，则减值损失将转回。

示例8－150　天齐锂业（002466. SZ）

境内外会计准则下会计数据差异

1. 同时按照国际会计准则与按中国会计准则披露的财务报告中净利润和净资产差异情况

单位：元

项目	归属于上市公司股东的净利润		归属于上市公司股东的净资产	
	本期数	上期数	期末数	期初数
按中国会计准则	7, 297, 314, 973. 99	24, 124, 588, 724. 44	51, 519, 658, 068. 18	48, 494, 210, 116. 87
按国际会计准则调整的项目及金额				
安全生产费	－18, 972, 320. 60	2, 597, 567. 44		
股权被动稀释		－99, 583, 882. 83		
长期资产减值准备计提/转回		－83, 011, 490. 25	1, 689, 216, 245. 53	1, 661, 563, 804. 60
按国际会计准则	7, 278, 342, 653. 39	23, 944, 590, 918. 80	53, 208, 874, 313. 71	50, 155, 773, 921. 47

3. 境内外会计准则下会计数据差异原因说明

本集团按照中国企业会计准则编制财务报表，同时根据国际财务报表编制H股财务报表。本集团按照国际财务报告准则及中国企业会计准则编制的财务报表之间存在以下差异：

1）根据中国企业会计准则，安全生产费用在提取时计入相关产品的成本或当期损益，同时记入“专项储备”科目，在使用时，对在规定使用范围内的费用性支出，于费用发生时直接冲减专项储备。根据国际财务报告准则，安全生产费用在发生时计入损益。上述国际财务报告准则与中国企业会计准则的差异，将会对本公司的专项储备和主营业务成本产生影响从而导致上述调整事项。

2）本集团于以前期间对SQM长期股权投资和SALA长期股权投资、扎布耶长期股权投资按可回收金额与其账面价值的差额计提减值准备。对于该长期资产减值准备，根据中国企业会计准则，该集团资产减值损失一经确认，在以后会计期间不得转回，也不产生与之相关的递延所得税负债。根据国际财务报告准则，该集团用于确定资产的可收回金额的各项估计，自最后一次确认减值损失后已发生了变化，应当将以前期间确认的除了商誉以外的资产减值损失以及递延税项予以转回。本期未发生新的长期资产减值转回。

3）2022年本集团所持SES股权因被动稀释导致本集团对SES长期股权投资丧失重大影响，对该项投资的会计核算由长期股权投资转为其他权益工具投资。根据中国企业会计准则，对于按照权益法核算的联营企业的长期股权投资，当被投资方向其他股东发行股份时（被动稀释），稀释产生的利得或损失将计入资本公积，直至该长期股权投资被处置时再结转入损益。根据国际财务报告准则，此类交易（被动稀释）不被视为以权益持有人身份进行的权益类交易，因此相关利得和损失均计入当期损益。上述中国企业会计准则与国际财务报告准则的差异，对本集团的上期归母净利润产生影响从而导致上述调整事项。

示例8－151　龙源电力（001289. SZ）

境内外会计准则下会计数据差异

1. 同时按照国际会计准则与按照中国企业会计准则披露的财务报告中净利润和净资产差异情况

单位：元

项目	归属于上市公司股东的净利润		归属于上市公司股东的净资产	
	本期数	上期数	期末数	期初数
按中国会计准则	6, 249, 287, 320. 64	5, 111, 150, 704. 50	70, 917, 868, 017. 98	68, 805, 711, 337. 75
按国际会计准则调整的项目及金额				
1. 股改评估增值	15, 585, 258. 57	15, 585, 258. 57	－316, 726, 038. 86	－332, 311, 297. 43
2. 专项储备	95, 245, 845. 87	21, 777, 386. 62		
3. 其他	－4, 838, 792. 15	－17, 749, 654. 72	－20, 746, 698. 27	－26, 806, 579. 37
按国际会计准则	6, 355, 279, 632. 93	5, 130, 763, 694. 97	70, 580, 395, 280. 85	68, 446, 593, 460. 94

3. 境内外会计准则下会计数据差异原因说明

股改评估增值的会计处理。龙源电力按照《企业会计准则解释第1号》有关规定，国内报表确认了股改时各项资产的评估增值。国际财务报告准则下，将公司改制重组被视为同一控制下的企业合并，重组改制取得的各项资产按账面价值核算，国际报表中冲减了相应资产的评估增值。同时会由于资产的计量基础不同而影响以后期间的折旧金额，当相关投资处置及减值时对权益和利润的影响亦有所不同。该类差异会随着相关资产的折旧摊销及处置而逐步消除。

根据财政部于2022年12月13日印发的《企业安全生产费用提取和使用管理办法》（财资〔2022〕136号），本集团自2022年12月开始计提安全生产费，根据财政部于2009年6月11日颁布的《企业会计准则解释第3号》，按照规定计提的安全生产费计入主营业务成本，同时确认专项储备。国际财务报告准则下，安全生产支出在实际发生时确认为主营业务成本，已提取但尚未使用的安全生产费形成一项根据法定要求计提、有特定用途的专项储备，从未分配利润中提取并列示在“专项储备”中。

示例 8-152　中煤能源（601898. SH）

境内外会计准则下会计数据差异

（一）同时按照国际会计准则与按中国会计准则披露的财务报告中净利润和归属于上市公司股东的净资产差异情况

单位：千元

项目	归属于上市公司股东的净利润		归属于上市公司股东的净资产	
	2023 年	2022 年（经重述）	2023 年 12 月 31 日	2022 年 12 月 31 日（经重述）
按中国会计准则	19, 534, 049	18, 259, 055	144, 121, 015	130, 864, 820
按国际会计准则调整的项目及金额：				
（1）专项储备及相关递延税调整	645, 839	1, 475, 224	-72, 252	-80, 617
（2）股权分置流通权调整			-155, 259	-155, 259
（3）政府补助调整	3, 710	3, 710	-11, 130	-14, 840
按国际会计准则	20, 183, 598	19, 737, 989	143, 882, 374	130, 614, 104

（三）境内外会计准则差异的说明

（1）专项储备及相关递延税调整：专项储备包括维简费、安全费、煤矿转产发展资金和可持续发展准备金。在中国企业会计准则下，公司计提专项储备时，计入生产成本及股东权益中的专项储备；对属于费用性质的支出于发生时直接冲减专项储备；对属于资本性的支出于完工时转入固定资产，同时按照固定资产的成本冲减专项储备，并全额确认累计折旧，相关固定资产在以后期间不再计提折旧。在国际财务报告准则下，计提专项储备作为未分配利润拨备处理，相关支出在发生时予以确认，并相应将专项储备转回未分配利润。

（2）在中国企业会计准则下，非流通股股东由于实施股权分置改革方案支付给流通股股东的对价在资产负债表上记录在长期股权投资中；在国际财务报告准则下，作为让予少数股东的利益直接减少股东权益。

（3）在中国企业会计准则下，属于政府资本性投入的财政拨款，记入“资本公积”科目核算。在国际财务报告准则下，上述财政拨款视为政府补助处理。

示例 8-153　兖矿能源（600188. SH）

境内外会计准则下会计数据差异

（一）同时按照国际会计准则与按中国会计准则披露的财务报告中净利润和归属于上市公司股东的净资产差异情况

单位：千元

项目	归属于上市公司股东的净利润		归属于上市公司股东的净资产	
	本期数	上期数	期末数	期初数
按中国会计准则	20, 139, 502	33, 356, 920	72, 693, 902	99, 850, 638
按国际会计准则调整的项目及金额：				
1. 同一控制下合并①	1, 554, 521	2, 905, 560	-31, 134, 227	-4, 043, 076
2. 专项储备②	1, 217, 481	145, 643	-28, 157	-31, 613
3. 永续资本债券③			16, 541, 777	13, 248, 614
4. 无形资产减值损失	10, 199	10, 199	-69, 042	-79, 241
5. 递延税项④	-421, 671	-122, 704	-165, 665	256, 006
6. 其他			647, 648	647, 648
按国际会计准则	17, 778, 972	30, 418, 222	86, 901, 568	89, 852, 300

（三）境内外会计准则差异的说明

①根据中国会计准则，从山东能源收购的有关资产和子公司为同一控制下的企业合并，被合并方的资产和负债以在合并日被合并方的账面价值计量；本公司取得的净资产账面价值与支付的合并对价的差额，调整资本公积。而根据国际财务报告准则，被购买方按公允价值确认在购买日的各项可辨认资产、负债及或有负债；购买方的合并成本大于被购买方在购买日可辨认净资产公允价值份额的差额，确认为商誉。

②按中国政府相关机构的有关规定，煤炭企业应根据煤炭产量计提维简费、生产安全费及其他类似性质的费用，计入当期费用并在所有者权益中的“专项储备”单独反映。按规定范围使用专项储备形成固定资产时，应在计入相关资产成本的同时全额结转累计折旧。而按国际财务报告准则，这些费用应于发生时确认，相关资本性支出于发生时确认为固定资产，按相应的折旧方法计提折旧。

③根据中国会计准则，母公司发行的永续资本债券在报表中列示于归属于母公司的所有者权益中，子公司发行的永续资本债券在报表中列示于少数股东权益，而在国际准则中需要在权益变动表单独列示。

④根据中国会计准则，长期资产减值准备一经确认，不得转回，在国际准则下，长期资产减值准备可以转回。

⑤上述准则差异同时带来税务及少数股东权益的影响差异。

后　记

致同专业技术部从上市公司2003年年报开始，连续21年对沪深A股上市公司年报进行跟踪分析、形成事务所内部会计提示。本书以历年的年报分析研究成果为基础，从企业合并、收入、金融工具、股份支付、租赁、资产减值、保险合同等重要准则涉及的常见会计事项中选取了一些广受关注事项的披露示例进行列示和分析。同时，对非经常性损益、重要性标准、数据资源、ESG事项等特殊事项的披露示例也进行了整理。

本书的编写工作自2024年1月启动开始，历时近1年，在致同专业技术委员会的指导下，于2024年12月终于完成了本书的定稿。虽经多次讨论和修改，但难免挂一漏万，敬请各界专业人士不吝珠玉。

感谢以下人员参与本书的编写工作：

何先琴　孙晶晶　董　宁　杜　非　樊文景　范震杰　方贵新
盖大江　高　楠　关文源　何　峰　姜　韬　李　萍　梁轶男
刘均山　刘立宇　龙传喜　潘文中　彭玉龙　宋智云　席　琼
冼宏飞　曾　涛　余文佑　赵东旭　赵娟娟

联系致同

总部
北京市朝阳区建国门外大街 22 号
赛特大厦 5 层
邮编 100004
电话 +86 10 8566 5858
传真 +86 10 8566 5120

北京
北京市朝阳区建国门外大街 22 号
赛特广场 5 层
邮编 100004
电话 +86 10 8566 5588
传真 +86 10 8566 5120

长春
吉林省长春市高新区学海街 701 号
吉大科技园孵化大厦 B 座 10 层
邮编 130015
电话 +86 431 8197 2215

长沙
湖南省长沙市开福区中山路 589 号
万达广场 C 区 3 号写字楼 3303
邮编 410000
电话 +86 731 8220 8086
传真 +86 731 8220 8086

成都
四川省成都市青羊区
青羊总部经济基地 2 期
光华北六路 388 号 4 栋 7 层
邮编 610091
电话 +86 28 6150 1466
传真 +86 28 6150 1468

重庆
重庆市两江新区寸滩街道金渝大道 153 号 4 幢
22 楼/23 楼
邮编 400000
电话 +86 23 6293 3329
传真 +86 23 6293 3329

大连
辽宁省大连市中山区鲁迅路 35 号
盛世大厦 1408 室
邮编 116001
电话 +86 411 8273 9275/76
传真 +86 411 8273 9270

福州
福建省福州市台江区祥坂路口
阳光城时代广场 22 层
邮编 350002
电话 +86 591 8727 2662
传真 +86 591 8727 0678

广州

广东省广州市天河区珠江新城
珠江东路32号利通广场10层
邮编 510623
电话 +86 20 3896 3388
传真 +86 20 3896 3399

哈尔滨

黑龙江省哈尔滨市道里区
经纬五道街16号7层（右侧）
邮编 150010
电话 +86 451 8420 8418
传真 +86 451 8420 8498

海口

海南省海口市龙华区民声东路3号美源日月城
综合楼第四层
邮编 570125
电话 +86 898 6854 1408
传真 +86 898 6854 2303

杭州

浙江省杭州市上城区市民街200号
圣奥中央商务大厦3501室
邮编 310020
电话 +86 571 8196 9519
传真 +86 571 8196 9594

香港

香港铜锣湾恩平道28号利园2期11楼
电话 +852 3987 1200
传真 +852 2895 6500

济南

山东省济南市历下区舜海路219号
华创观礼中心4号楼11－12层
邮编 250103
电话 +86 531 6897 8057
传真 +86 531 6897 8060

昆明

云南省昆明市人民西路315号
云投财富广场B3栋23层
邮编 650032
电话 +86 871 6838 3636
传真 +86 871 6837 6929

南京

江苏省南京市秦淮区中山东路532－1号
中山坊A幢2层
邮编 210019
电话 +86 25 6906 3686
传真 +86 25 6906 3667

南宁

广西壮族自治区南宁市良庆区凯旋路18号
广西合景国际金融广场45层
邮编 530028
电话 +86 771 5556 369
传真 +86 771 5536 576

宁波

浙江省宁波市鄞州区福明街道鼎泰路399号保税区国际贸易中心B座16楼
邮编315042
电话 +86 0574 87060762
传真 +86 0574 87060762

青岛

山东省青岛市市南区福州南路16号
中港大厦11楼
邮编266073
电话 +86 532 5861 5858
传真 +86 532 5861 5861

上海

上海市黄浦区西藏中路268号
来福士广场45层
邮编200001
电话 +86 21 2322 0200
传真 +86 21 6340 3644

深圳

广东省深圳市福田区金田南路
大中华国际交易广场写字楼14层（中区）
邮编518048
电话 +86 755 3699 0066
传真 +86 755 3299 5566

苏州

江苏省苏州市苏州工业园区苏州大道东398号
太平金融大厦31层3101室
邮编215000
电话 +86 512 6767 8088

太原

山西省太原市山西综改示范区太原学府园区南中环街426号山西国际金融中心2栋B座16层1605－1608室
邮编030012
电话 +86 351 795 5616
传真 +86 351 795 5616

天津

天津市南开区长江道与南开三马路交口
融汇广场A座2808－2812
邮编300100
电话 +86 22 8747 5588

温州

浙江省温州市鹿城区南汇街道市府路525号恒玖大厦902室
邮编321000
电话 +86 577 8898 6388

武汉

湖北省武汉市武昌区和平大道219号白云边大厦12层
邮编430061
电话 +86 27 8781 9677
传真 +86 27 8781 2377

厦门

福建省厦门市思明区瑞达国际金融中心
北楼2401室
邮编361000
电话 +86 592 516 6881
传真 +86 592 571 0682

西安

陕西省西安市高新区锦业一路陕西永利国际金融中心24层2406室

邮编 710000

电话 +86 29 6563 5588

传真 +86 29 6563 5120

珠海

广东省珠海市香洲区兴业路215号

邮编 519001

电话 +86 756 261 1335

传真 +86 756 261 1719

郑州

河南省郑州市郑东新区普惠路80号绿地之窗云峰座B座2611室

邮编 450000

电话 +86 371 5526 9186

传真 +86 371 6165 5760